★ 임용 수험생을 위한 진심을 담은 강의 ★

임수진
보건임용

03

합격이 보건 임용!

BTB Books

머리말

학습법 안내

효율적인 학습법에 대한 연구는 매년 급변하는 보건임용 출제경향에 대비하여 어떻게 하면 쉽게 무너지지 않고 탄탄한 시험 준비를 하게 할 수 있을까? 하는 진지한 고민에서부터 시작되었습니다.

결국 수많은 고민 끝에 다다른 결론은 **"공부에는 왕도가 없다"**라는 지극히 상식적인 귀결이었습니다. 공부란 무릇 노력한 만큼 결실을 맺는 것이 당연한 이치이고, 또 그렇게 되어야 공부하는 보람을 찾을 수 있겠지요!?

그런데 현실은 때론 왕왕 반대의 결론이 나오기도 하지요. 공부하는 시간과 양은 그 누구보다도 많았으나 거두어들이는 결실은 의외로 적은 경우 말이에요. 그것은 바로 공부하는 방법(학습법)이 잘못되었기 때문이라고 생각합니다.

우리가 자루에 물건을 넣을 때 이것저것 마구잡이로 집어넣다 보면 마구 섞이고 뒤엉켜 자루에 담을 수 있는 양이 적지요? 반면에 자루에 종류별로 분류하여 차곡차곡 집어넣으면 많은 양이 들어가고 다시 꺼내기도 쉽다는 것을 알게 됩니다.

보건임용 시험 준비도 마찬가지입니다.

종류별로 **체계적인 분류를 마이맵**으로 하였고, 차곡차곡 **구조화하는 것을 보건임용(이론서)**로 하였습니다. 그리고, **집어넣고 다시 꺼내고 하는 것을 암기노트**에 맡겼지요.

이 학습법은 너무도 상식적이고 정도를 걷는 학습법으로 이 방법에는 편법이 통할 수 없답니다. 즉, 이 학습법으로 하면 노력한 만큼의 정당한 결실을 맺을 수 있다는 뜻이죠.

마이맵 - 보건임용(이론서) - 암기노트 학습법을 한마디로 표현한다면, 어떤 상황에서도 대처 가능하도록, 수험생 여러분들의 **기초체력을 높이는 학습법**이라고 할 수 있겠습니다.

임수진 보건임용 연간 커리큘럼에서 사용되는 교재와 강의자료까지 총 5종이며, 각 교재와 자료는 체계적으로 분류하고 구조화하여 인출이 용이하게 하기 위한 학습법의 구현을 위해 가장 효율적인 형태 및 구성으로 보건이론을 표현하였습니다.

01 마이맵

마이맵 교재는 각 과목의 전반적인 체계(키워드 구조)의 습득을 목표로 하며, 나침반이자 지도(Map)의 역할을 담당합니다. 이에 따라 각 과목의 학습체계를 키워드 Tree로 연계한 마인드맵 형태로 구성하였으며, 해당 과목의 전체 영역을 한눈에 조망할 수 있도록 하였습니다.

마이맵 학습법이란 방대한 공부량을 지도를 만들듯이 표현해 내는 학습법입니다. 즉, **각 과목의 학습 체계(키워드 구조)를 세우고, 그 체계를 사진을 찍듯이 머릿속에 각인하고 연상**하는 연습을 꾸준히 해나가는 학습법입니다.

연상을 할 수 있다는 것은 곧 쓸 수 있다는 것을 의미합니다. 이러한 학습법이다 보니 서술형 보건임용 시험에 최적합한 학습법이다 할 수 있겠습니다.

또한 마이맵 학습은 수험생활 후반기로 갈수록 정리와 인출하는 시간을 압축시키는 엄청난 힘을 발휘하게 됩니다. 그 이유는 수험 후반기로 갈수록 자신의 현재 상태를 빠르게 점검하는 것이 매우 중요한데, 마이맵 학습이 바로 자신의 현재 상태를 가장 빠르게 점검할 수 있게 하는 도구이기 때문입니다.

마이맵을 펴 놓고 연상하면서 선명하게 떠오르는 부분은 학습이 많이 된 부분이고 흐릿하거나 전혀 연상이 되지 않는 부분은 학습이 더 필요한 부분으로 바로 구분이 가능하기 때문입니다. 또한 마이맵 전체를 놓고 이러한 점검을 진행하기 때문에 학습범위가 중복되거나 벗어날 우려도 없고 반복할수록 익숙해지며 빠르게 인출 및 점검이 가능하기 때문입니다. 실제로 방대한 공부량을 요구하는 시험을 준비하는 고시생에게 필수불가결한 학습체계이며, 그 탁월한 효과는 현재까지 **16년간** 보건임용 수험생들에게 적용하면서 철저하게 입증되고 있습니다.

보건임용(이론서) 교재는 시중의 각론서, 국시교재, 의학서적, 연수원 교재, 유관기관의 보도자료 등의 내용을 포괄하였고, 구조화된 표 형식으로 일목요연하게 요약정리를 하였습니다. 이론의 이해부터 단권화까지 망라한 임수진 보건임용 강의의 기준교재 역할을 맡고 있습니다.

마이맵으로 먼저 전체적인 키워드를 Tree 형태(줄기-세부가지)로 구조화한 후 그 세부 내용을 보건임용(이론서) 교재로 연결하여 그 효과를 극대화시킬 수 있도록 체계적으로 구성하였습니다.

> 🔗 교재 구성을 각 단원마다 「**기출영역분석표 → 마이맵 → 기출문제 → 이론구조화**」 순으로 구성하여 체계적인 학습이 가능토록 하였습니다.
> 🔗 보건임용 교재에 상위 마이맵과 기출문제를 수록하여, 전체 세부 마이맵까지 들어 있는 마이맵 교재 및 기출문제&응용문제가 수록된 기출분석완전학습 교재와의 연결고리를 마련하였습니다.

기출분석완전학습 교재는 **1992~2025학년도까지의 전체 기출문제 수록**과 해설은 물론, 기출문제를 면밀하게 분석 후 다각도로 변형된 문제들로 추가 확장하여 기출 응용의 적응력을 높이고, 기출영역의 완전학습 체계를 구현토록 하였습니다.

암기노트는 기본이론반과 요약정리반 강의에서 제공되는 자료로서 마이맵, 보건임용(이론서)과 연결되어 **신속하고 효과적인 학습의 실행 및 암기의 역할을 담당**합니다. 암기노트는 각 과목별 핵심내용을 정리하여 매 강의에서 제공하여, 접근성과 휴대성을 높이고 학습효율을 극대화하도록 하였습니다.

복습노트는 올해 신규로 출간되는 교재로서 기본이론반 강의를 듣고 체계적인 복습을 진행할 수 있도록 기획되었습니다. **마이맵-단답형 문제(개념정리학습)-서술형(개념인출학습)으로 구성**하여, 객관식 시험인 간호사 국가고시 준비에 익숙한 최근 졸업생뿐만 아니라 졸업하고 임상이나 양육 등 여러 가지 이유로 오랫동안 전공 공부를 하지 않으셨던 분들까지 서답형(단답형+사술형) 시험인 보건교사 임용시험 준비에 실질적인 도움이 되도록 하였습니다.

이 책의 구성과 활용법

Step 1
기출개념 파악하기

1992년부터 2025년까지의 기출문제를 분석하여 정리표로 제시했습니다.
이를 통해서 출제 빈도와 주요 기출내용을 한눈에 확인할 수 있습니다.
학습 시 우선순위를 두어 학습할 개념과 학습 범주를 확인 후 학습을 시작하세요.

📢 평가범주가 넓어서 모두 암기할 수 없습니다. 출제가능성이 있는 영역을 선택해서 암기하는 것이 단기합격의 전략입니다.

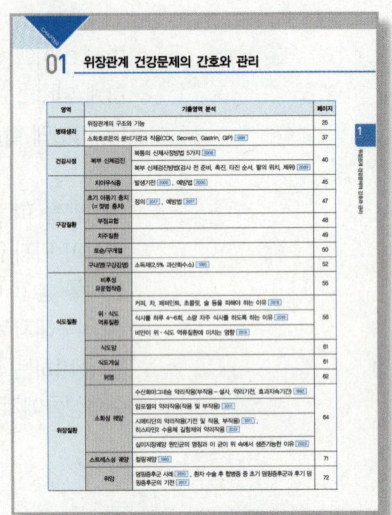

Step 2
영역을 한눈에 확인하기

영역의 내용 구성을 마이맵으로 작성하여 한눈에 볼 수 있도록 정리하였습니다.
학습 전·중·후에 마이맵을 통해 내용의 단순화와 체계화를 통해 효율적인 학습을 해보세요.

📢 전체 맥락과 구성, 흐름을 파악한 후에 다지기 학습, 정교화 학습을 해야 시험일이 가까워올수록 학습의 가속도가 붙습니다. 따라서 전체 구성을 파악하는 것은 단기합격의 전략입니다.

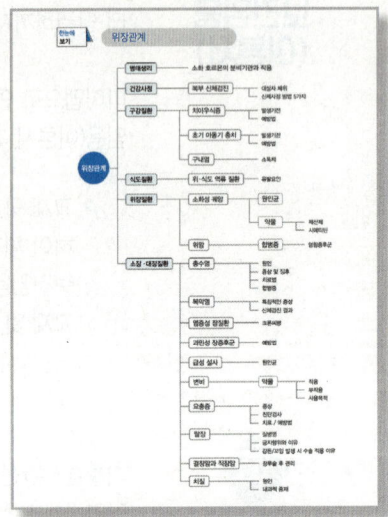

Step 3
기출문제를 통해서 확장학습 영역 확인하기

해당 영역에서 출제된 기출문제를 모두 모아서 정리해서 제시했습니다.
각 문항의 지문과 선지에 포함된 개념을 통해 확장학습을 해보세요.

📢 선택과 집중이 단기합격을 이루어줍니다. 선택은 출제가능성이 있는 영역을 의미합니다. 출제가능성이 가장 높은 내용은 기존 기출문제에 포함된 개념과 표현들입니다.

Step 4

기출기반 내용을 키워드 중심으로 학습하기

시험에 출제된 내용을 기반으로, 시중 각론서, 간호사 국가고시 교재, 의학서적, 보건교사 연수교재, 간호사 연수교재 등의 내용을 포괄하여 논리적으로 구성하였습니다. 또한 키워드는 색글씨로 표시하여 학습 시 키워드에 집중할 수 있게 했습니다.

- 선택과 집중이 단기합격을 이루어줍니다. 집중은 선택된 영역에서 집중해서 기억해야 할 키워드를 의미합니다.

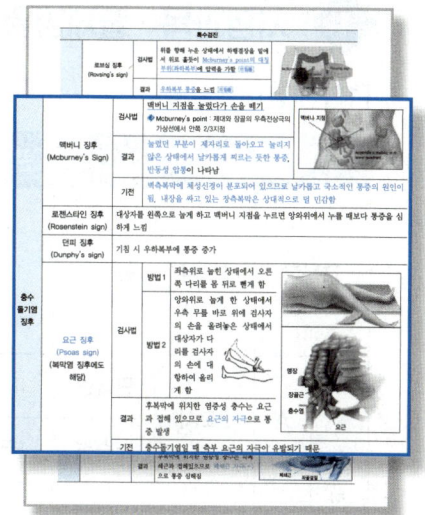

Step 5

보건교사 임용시험과 인접한
관련 시험의 기출표시로 확장 학습하기

보건교사 임용시험의 기출표시뿐 아니라, 8급 간호직 공무원 시험, 간호사 국가고시의 기출표시를 하였습니다.
이를 통해서 보건교사 임용시험 외 확장내용 중 출제가능성이 높은 개념을 학습해보세요.

- 시험에서 고득점을 받기 위해서는 수험생이면 누구나 학습하는 영역에 대해서는 정확도를 높이고, 그 외 확장영역에 대한 학습을 추가하는 것입니다.

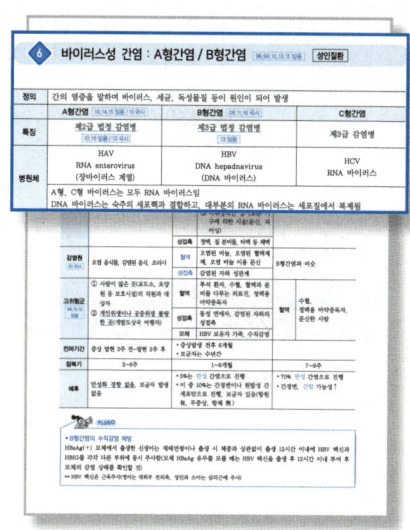

보건교사 임용시험 안내

1. 시험과목·출제범위·출제형식·배점

[1차 시험]

시험 과목 및 유형				문항수	배점	출제 범위(비율) 및 내용
교육학		1교시	논술형	1문항	20점	- 응시시간(60분) : 09 : 00~10 : 00 - 출제범위 : 교육학개론, 교육철학 및 교육사, 교육과정, 교육평가, 교육방법 및 교육공학, 교육심리, 교육사회, 교육행정 및 교육경영, 생활지도 및 상담
전공	A	2교시	단답형	4문항	8점	- 응시시간 • 2교시(90분) : 10 : 40~12 : 10 • 3교시(90분) : 12 : 50~14 : 20 - 출제범위 • 교과교육학(25~35%) : 학교보건, 지역사회간호 • 교과내용학(75~65%) : 아동간호, 응급간호, 성인간호, 모성간호, 정신간호
전공	A	2교시	서술형	8문항	32점	
전공	B	3교시	단답형	2문항	4점	
전공	B	3교시	서술형	9문항	36점	
소계				23문항	80점	
합계(배점)				24문항	100점	

[2차 시험]

시험과목	출제 범위 및 내용	배점
교직적성 심층면접	교원으로서의 적성, 교직관, 인격 및 소양, 시·도교육청 정책	100점

2. 시험장 준비물

챙겨갈 것	가져가지 말 것
흑색필기구(번지지 않는 것) 동일한 것으로 3~4자루	휴대폰
수험표(컬러프린터로 출력한 것, 이면지 사용 불가) ** 원서접수 시 출력한 접수증이 아니니 꼭 확인바람	태블릿 PC, 넷북, 스마트워치 등
신분증(주민등록증, 운전면허증, 여권 등)	귀마개, 무릎덮개, 모자
먹거리(초콜릿, 사탕, 꿀물, 호박죽, 물, 죽, 쿠키 등)	커피, 소화가 잘 안 되는 음식

3 실전 Tip

(1) 실전 시험문제 푸는 요령

① **문제지 받을 때** : 눈을 감고 심호흡을 하세요. 마음이 진정되는 데 도움이 돼요.

② **문제 푸는 순서** : 평소 연습한 방식에 따라 자신만의 문제 풀이 방법을 적용하세요.

③ **시간 안배** : 우선 전체 문제 양을 확인하고 시간을 안배하세요.

④ **문제 풀기**
- 낯선 개념이나 문제 유형에 절대로 당황하지 마세요. 당황스럽기는 모든 수험생들이 마찬가지이므로, 우선 넘기고 나중에 시간을 갖고 해결한다고 생각하세요.
  (매년 예상치 못한 낯선 문제가 적어도 2~3문항 출제되니 미리 마음의 준비를 하세요.)
- 아리송하거나 애매하게 느껴지는 문제는 출제자 입장에서 정답을 생각해 보세요. 왜 출제했는지, 무엇을 묻고 싶었던 것인지, 문제를 통해서 강조하고 싶은 개념이 무엇인지… 등을 생각해서 답을 작성하세요.

⑤ **답지 교환**
- 가급적 이미 쓴 답을 바꾸지 말아요.
- 논리적인 분석, 추론보다 직관이 더 우수할 때도 있답니다.

⑥ **시험 치른 후 마음가짐**
- 이미 치른 시험을 망쳤다는 생각을 하지 마세요.
- 미리 판단하여 나머지 영역까지 망치지 마세요.
- 매 교시 최선을 다한다는 생각으로 임하세요.

(2) 시험을 실수 없이 잘 치르는 요령

① **쉬운 문제부터 순서대로 풀어나가세요.** 어려운 문제에 집착하면 쉬운 문제를 풀 수 있는 시간도 없어져요. 풀지 못한 문제는 나중에 다시 푼다고 생각하며 진행하세요.

② **문제의 함정에 조심하고 끝까지 읽도록 하세요.** 점차 종합적인 사고력과 분석력을 요하는 문제가 늘고 있기 때문에 급하게 풀다 보면 함정에 빠지기 쉬워요.
또 **지문이 긴 문제일수록 의외로 쉬운 문제가 많아요.** 지문이 길다고 긴장 말아요.

③ **답안 작성 시 글씨를 또박또박 쓰고, 체계적으로 답안을 구성하세요.**
- **두괄식**으로 묻는 개념을 **키워드**를 포함해서 답을 작성하고, 문제의 요구에 따라 정의, 근거, 이유 등을 부연하세요.
- 마지막까지 최선을 다해서 작성하세요.
  (**척!척!척!** → 아는 척!, 노력한 척!, 모든 준비가 완료된 척! 하기)

보건교사 임용시험 안내

(3) 시험장에서의 대처방법

① 누구나 시험장에 들어서면 흥분하기 마련이고, 대개 가슴이 두근거리고 머리가 띵해진다고 호소하죠. 이런 현상은 우리가 너무 잘 알고 있는 교감신경이 항진되어 나타나는 자연스런 반응이에요. 시험 시작 전까지 맘껏 흥분하게끔 내버려두세요. 이렇게 하면 막상 시험이 시작될 때 안정을 되찾아져요. 따라서 **시험장에 도착하면 마음을 느긋하게 갖고 '마음대로 흥분해 봐라'라는 식으로 내버려두세요.** 어차피 시험이 시작되면 안정을 되찾게 될 테니까요.
'경고반응'의 지속시간은 짧다! 우리가 익히 알고 있는 바에요..

② **문제지가 배포되었을 때는 조용히 묵상하면서 마음을 가라앉히세요.**
허리를 반듯하게 편 다음, 두 손을 잡고 눈을 감은 채, 조용히 복식호흡을 하세요.
(감독관이 '저 사람은 잘 하는 사람인가보다.'라는 생각이 들게끔 연기를 섞어서~ ^^)

③ **어려운 문제에 부딪히면 속으로 주문을 외우세요.**
문제를 풀어나가다가 어려운 문제를 만나거나 잘 기억나지 않는 경우, 흥분이 다시 시작돼요. 이럴 때를 대비해서 흥분이 멈추는 자기 나름의 주문을 만들어 두세요. 주문의 예로 "걱정하지 말자.", "나는 이미 보건 선생님이다.", "내게 합격이 찾아오고 있다.", "나는 합격에 이르는 공부를 하고 있다.", "해가 뜨기 전에 가장 어둡다.", "반드시 이루어진다.", "나는 할 수 있다.", "이게 마지막 관문이다. 합격은 코 앞에 있다." 등등이 있어요.

④ **시간이 부족할 때는 기분을 바꾸세요.**
문제풀이에 몰입하다가 시계를 보면 시간은 얼마 남지 않았는데, 남아있는 문제는 많을 때가 있을 수 있어요. 이럴 때는 입이 마르며 가슴이 다시 두근거리기 시작하죠. 이것은 초조한 심리에서 나오는 흥분으로 시험 치기 전의 불안에서 나오는 흥분과는 다른 흥분이에요. 이럴 때는 허둥대기보다는 천장을 올려다보면서 판자조각의 수를 세어본다든지 시험 감독관의 나이, 배우자는 어떤 사람일까?, 무얼 가르치는 사람일까 등을 생각하면 빨리 안정을 되찾는 데 도움이 돼요.

⑤ **문제를 풀다가 생각이 얽히고설켜 정리가 안 될 때는 가볍게 몸을 푸세요.**
앉은 채로 손가락, 발가락을 가볍게 움직이게 되면 혈액순환이 좋아져서 흥분이 진정되는 데 도움이 돼요.

⑥ **앞선 시간의 시험을 잘 못 보았을 때도 일단 지난 것은 말끔히 잊으세요.**
1교시가 끝난 다음, 아리송했던 문제를 놓고 맞네, 틀리네 하고 짚어보게 되는데, 이렇게 되면 눈앞이 캄캄해지면서 흥분이 다시 고개를 들기 시작해서 2교시에는 정신없을 정도로 흥분이 높아지게 돼요. 이 같은 당황이 계기가 되어 시험이 망쳐지게 되므로 일단 끝난 것은 말끔히 잊어버려야 다음 교시 시험을 차질 없이 치를 수 있어요.

평가영역 및 평가내용요소

구분	기본이수 과목 및 분야	평가영역	평가내용요소
교과 교육학	학교보건 및 실습	학교 보건의 이해	학교보건의 의의와 기능, 역사와 정책의 변화, 학교보건법, 보건관리인력
		학교 간호과정	학교건강사정을 위한 자료수집과 우선순위 선정, 학교간호 목표설정 및 간호방법과 수단선택, 학교간호의 수행계획과 평가계획, 직·간접 학교간호활동, 학교간호평가
		학교 보건사업	학교 보건교육의 개념과 목표, 방법과 매체활용 및 평가, 학교건강상담의 특성과 기법, 학교건강평가, 환경관리 및 안전과 폭력사고 예방관리
		학교 건강증진	학교건강증진의 배경 및 원칙, 흡연·음주·영양·운동 건강증진, 구강·시력·청력 건강관리, 약물오남용 예방, 성교육, 학교스트레스 관리와 인터넷 중독관리 프로그램
		학교 보건실 운영	학교보건실의 시설, 설비 및 약품관리, 예산관리, 보건실 운영의 기록과 보고, 보건실 운영의 공문서 관리
	지역사회 간호학 및 실습	지역사회 간호학의 개요	지역사회 건강의 이해, 지역사회 간호 관련 이론, 지역사회간호사의 역할, 보건간호사업의 기획/수행 및 평가
		가족 및 가정간호	가족의 구조와 기능, 가족간호과정, 가정간호의 이해, 호스피스
		역학과 질병관리	역학의 이해, 질병의 자연사, 역학적 연구방법, 질병관리
		산업보건	산업보건관리, 근로자 건강진단, 작업환경, 산업재해 통계지표, 주요 직업성 질환
		환경보건	환경관리의 이해, 대기환경관리, 수질환경관리, 식품위생
교과 내용학	기초 건강과학	약리학	약물의 이해, 호흡기계 약물, 심혈관계 약물, 위장관계 약물, 중추신경계 약물 및 기타약물
		병태생리학	호흡기계 질환 병태생리, 심혈관계 질환 병태생리, 소화기계 질환 병태생리, 근골격계 질환 병태생리, 신경계 및 기타 기관 질환 병태생리
	건강사정 및 실습	신체사정	건강사정을 위한 자료수집, 신체검진 기구의 종류 및 사용법, 신체검진방법
		건강사정	피부검진, 호흡기계 검진, 심혈관계 검진, 근골격계 검진, 신경계 및 기타 기관 검진
	아동간호학 및 실습	아동의 성장발달	성장발달 단계별 특성과 요구, 발달 단계별 부모의 역할, 성장발달에 영향을 미치는 요인, 신체발달장애
		안전과 사고관리	아동기 안전사고의 원인 및 유형, 사고예방을 위한 안전한 방법, 아동의 사고에 따른 간호수행, 아동응급처치의 원칙 및 올바른 응급처치
		소아질환의 간호	통증관리가 필요한 아동사정, 진단 및 간호수행, 아동기 급성질환의 유형, 원인 및 간호수행, 전염성 질환의 유형, 원인 및 간호수행, 아동기 악성종양의 진단적 검사와 아동간호수행
		아동학대	아동학대의 현황, 아동학대의 유형과 원인, 아동학대의 징후와 후유증, 아동학대의 예방법, 아동간호수행

평가영역 및 평가내용요소

구분	기본이수 과목 및 분야	평가영역	평가내용요소
교과 내용학	성인간호학 및 실습	수분과 전해질	수분과 전해질의 생리기전, 수분과 전해질 균형/불균형, 산염기의 생리기전, 산염기의 균형/불균형
		성인병 간호와 관리	감염성 질환관리, 급성질환관리, 만성질환관리
		면역과 알레르기	면역에 대한 이해, 특이성 반응과 비특이성 반응, 장기이식에 대한 개념 및 간호중재, 후천성면역결핍 및 자가면역질환
		종양간호	종양에 대한 이해, 종양치료법, 암환자간호
		재활간호	재활간호의 원리, 이학적 요법의 종류
	정신간호학 및 실습	정신건강관리의 기초	인간행동/정신건강 및 정신질환의 이해, 정신건강사정, 심리검사 및 진단분류체계, 정신약물관리, 청소년정신보건정책, 사업 및 관련법규, 학교와 지역사회 정신보건사업의 이해
		아동기 정신건강간호	아동기 주요정신장애에 대한 이해, 아동기 정신장애의 특징과 중재전략
		청소년기 정신건강간호	청소년기 주요정신장애에 대한 이해, 청소년기 정신장애의 특징과 중재전략
	노인간호학 및 실습	노화와 건강문제	노화에 대한 이해, 노인의 건강관리, 노인의 생활환경 및 의사소통
		노인성 질환	노인성 질환의 특성과 간호중재(치매, 낙상, 요실금), 만성질환(고혈압, 당뇨, 골관절염), 노인성 장애의 재활간호
		노인 복지제도	노인인구의 현황과 특성, 노인보건복지 정책 및 제도, 노인보건복지사업
	모성간호학 및 실습	여성의 건강문제	여성생리와 관련된 문제, 여성의 통상적 건강문제, 성 접촉성 질환, 피임
		여성건강 윤리와 법률	모자보건법, 모성보건지표, 가정폭력 관련법
		임신, 출산	임신 및 산전관리, 출산 및 산후관리
		가정폭력	가정폭력의 실태, 가정폭력의 원인과 예방법
	응급간호학 및 실습	응급처치 기본원리	응급간호의 개념, 응급환자 사정, 응급환자의 분류, 긴급이송
		심폐소생술	심폐소생술에 대한 이해, 심폐소생술 방법
		폐색 및 쇼크	기도폐색에 대한 응급처치, 무의식장애에 대한 응급처치, 쇼크에 대한 응급처치
		내과적 응급처치	실신 및 현기증에 대한 응급처치, 저온 및 고온에 대한 응급처치, 중독 등의 응급처치
		외과적 응급처치	화상에 대한 응급처치, 출혈에 대한 응급처치, 두부손상에 대한 응급처치, 척추 및 흉부손상에 대한 응급처치, 근골격계 손상에 대한 응급처치, 기타 손상에 대한 응급처치

임수진
보건임용

이 책의 차례

- 머리말 ·· 2
- 이 책의 구성과 활용법 ··· 4
- 보건교사 임용시험 안내 ··· 6
- 평가영역 및 평가내용요소 ··· 9

PART 06 소아질환, 성인간호 각론

- **제1장** 위장관계 건강문제의 간호와 관리 ··· 17
- **제2장** 간·담도계 건강문제의 간호와 관리 ······································· 105
- **제3장** 호흡기계 건강문제의 간호와 관리 ··· 147
- **제4장** 심장계 건강문제의 간호와 관리 ··· 238
- **제5장** 혈관계 건강문제의 간호와 관리 ··· 318
- **제6장** 혈액계 건강문제의 간호와 관리 ··· 350

제7장 근골격계 건강문제의 간호와 관리 ······ 390

제8장 신경계 건강문제의 간호와 관리 ······ 445

제9장 내분비계 건강문제의 간호와 관리 ······ 525

제10장 신장·요로계 건강문제의 간호와 관리 ······ 577

제11장 남성 생식기계 건강문제의 간호와 관리 ······ 608

제12장 감각계 건강문제의 간호와 관리 ······ 617
  12-1 눈 건강문제 ······ 617
  12-2 귀 건강문제 ······ 644
  12-3 피부 건강문제 ······ 656

임수진
보건임용
03

PART 06

소아질환, 성인간호 각론

CHAPTER 01 위장관계 건강문제의 간호와 관리

CHAPTER 02 간·담도계 건강문제의 간호와 관리

CHAPTER 03 호흡기계 건강문제의 간호와 관리

CHAPTER 04 심장계 건강문제의 간호와 관리

CHAPTER 05 혈관계 건강문제의 간호와 관리

CHAPTER 06 혈액계 건강문제의 간호와 관리

CHAPTER 07 근골격계 건강문제의 간호와 관리

CHAPTER 08 신경계 건강문제의 간호와 관리

CHAPTER 09 내분비계 건강문제의 간호와 관리

CHAPTER 10 신장·요로계 건강문제의 간호와 관리

CHAPTER 11 남성 생식기계 건강문제의 간호와 관리

CHAPTER 12 감각계 건강문제의 간호와 관리

PART 06 소아질환, 성인간호 각론

한눈에 보기 — 소아질환, 성인간호 각론

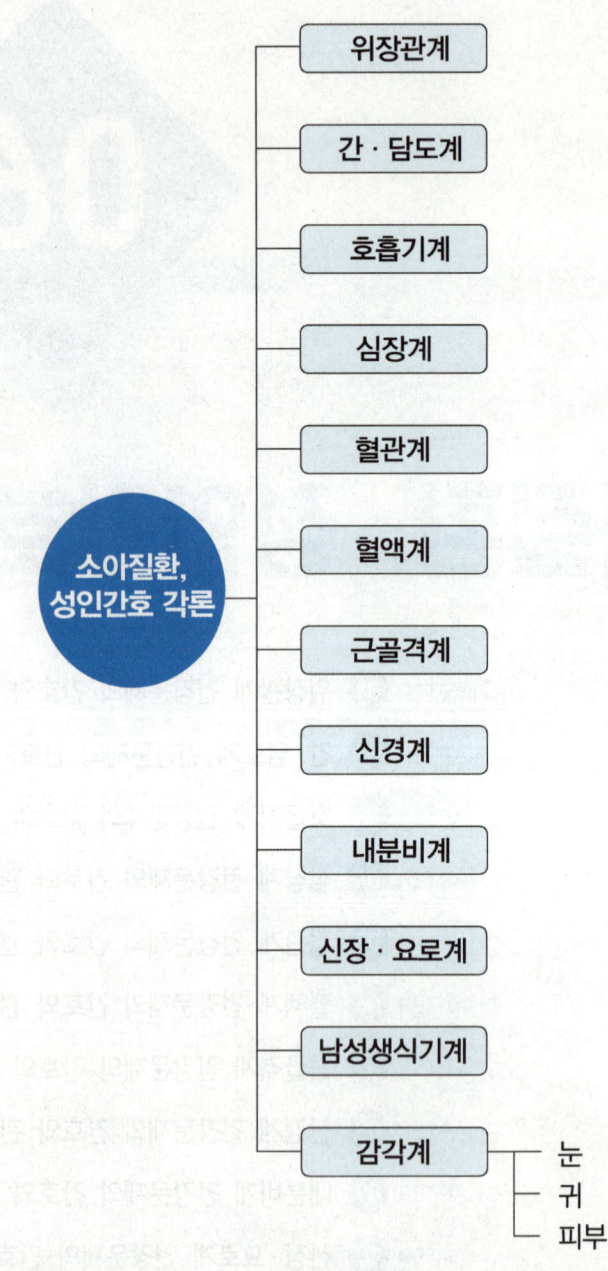

01 위장관계 건강문제의 간호와 관리

영역		기출영역 분석	페이지
병태생리		위장관계의 구조와 기능	24
		소화호르몬의 분비기관과 작용(CCK, Secretin, Gastrin, GIP) 1995	36
건강사정	복부 신체검진	복통의 신체사정방법 5가지 2000	39
		복부 신체검진방법(검사 전 준비, 촉진, 타진 순서, 팔의 위치, 체위) 2009	
구강질환	치아우식증	발생기전 2000 , 예방법 2000	44
	초기 아동기 충치 (=젖병 충치)	정의 2017 , 예방법 2017	45
	부정교합		46
	치주질환		47
	토순/구개열		48
	구내염(구강감염)	소독제(2.5% 과산화수소) 1995	50
식도질환	비후성 유문협착증		54
	위·식도 역류질환	커피, 차, 페퍼민트, 초콜릿, 술 등을 피해야 하는 이유 2019	55
		식사를 하루 4~6회, 소량 자주 식사를 하도록 하는 이유 2019	
		비만이 위·식도 역류질환에 미치는 영향 2019	
	식도암		60
	식도게실		61
위장질환	위염		62
	소화성 궤양	수산화마그네슘 약리작용(부작용-설사, 약리기전, 효과지속기간) 1992	64
		암포젤의 약리작용(작용 및 부작용) 2011	
		시메티딘의 약리작용(기전 및 작용, 부작용) 2011 , 히스타민2 수용체 길항제의 약리작용 2019	
		십이지장궤양 원인균의 명칭과 이 균이 위 속에서 생존가능한 이유 2023	
	스트레스성 궤양	컬링궤양 1993	71
	위암	덤핑증후군 사례 2010 , 환자 수술 후 합병증 중 초기 덤핑증후군과 후기 덤 핑증후군의 기전 2017	72

소장 · 대장 질환	충수염	원인, 증상 및 임상검사 결과, 합병증 `1992`	75
		증상 및 징후, 치료법 `1996`	
		증상 및 징후(로브싱 징후, 맥버니 지점 반동압통) `2011`	
		맥버니점(McBurney's point) 위치 확인을 위한 기준점으로 활용되는 뼈의 명칭 `2021`	
		변완화제 사용이나 관장이 초래할 수 있는 위험 `2021`	
	복막염	복통과 발열, 오심과 구토 외에 특징적인 증상 `2006`, 진단을 위해 필요한 복부 청진과 촉진의 신체검진 결과 `2023`	78
	염증성 장질환	크론씨병 `1992 – 보기 언급`	79
		궤양성 대장염	
	과민성 장증후군	예방법으로 보건교사가 교육해야 할 내용 `2007`	84
	폐쇄성 장질환		86
	장중첩증		88
	선천성 거대결장		90
	급성 설사	원인균 `1992`	92
	탈장	질병명, 무거운 물건을 드는 행위/기침/변비를 조심해야 하는 이유, 감돈이나 꼬임으로 인한 합병증 발생 시 즉시 수술해야 하는 이유(2단계로 제시) `2025`	95
	변비	약물(정장제 – 작용, 부작용, 사용목적) `1992`	96
	요충증	증상, 진단검사(테이프검사), 치료제, 예방법 `2012`	98
	결장과 직장암	장루술 후 관리(정서적 지지, 피부보호 및 관리, 일생생활 적응 등) `2013`	100
	치질	원인, 내과적 중재 `2016`	103

학습전략 Point

1st	소화성 궤양	질병과 관련하여 병태생리, 약물의 작용기전과 효과, 특징적인 중재 등이 자주 출제되고 있다. 따라서 위장관계 대표 질병인 소화성 궤양에 대한 철저한 학습을 통해서 위장관계의 병·생리기전과 대표약물, 대표중재들에 관해 학습한다.
2nd	충수염	1992~2025년까지 4번 출제된 질병이며, 학교에서 병원으로 후송하는 질병요인 중 가장 흔한 요인이다. 따라서 조기발견을 위한 증상과 징후를 필두로 꼼꼼히 학습한다.
3rd	치아우식증, 위·식도 역류질환 등 과년도에 기출되었던 질병	과년도에 기출되었던 질환들에 대해서 병태생리, 대표적인 증상과 징후, 특징적인 치료와 중재들에 관해 학습한다.

PLUS⊕

- **질병의 구조화학습을 위한 틀**

정의		원인, 특징적인 증상과 징후 1~2가지를 포함해서 기술할 것
원인(관련요인)		직접적인 원인, 관련요인
병태생리		진행순서에 따라 기술 or 단계별 특징 기술(키워드 포함할 것)
증상 및 징후	구조화	주증상과 부증상, 계통별 증상, 진행과정별 증상 등으로 구조화
	신체검진 결과	시진, 촉진, 타진, 청진
	임상검사 결과	특징적인 임상검사 결과
	합병증	
치료 및 간호		① 원인제거 ② 대증요법 ③ 보존 및 지지요법

한눈에 보기: 위장관계

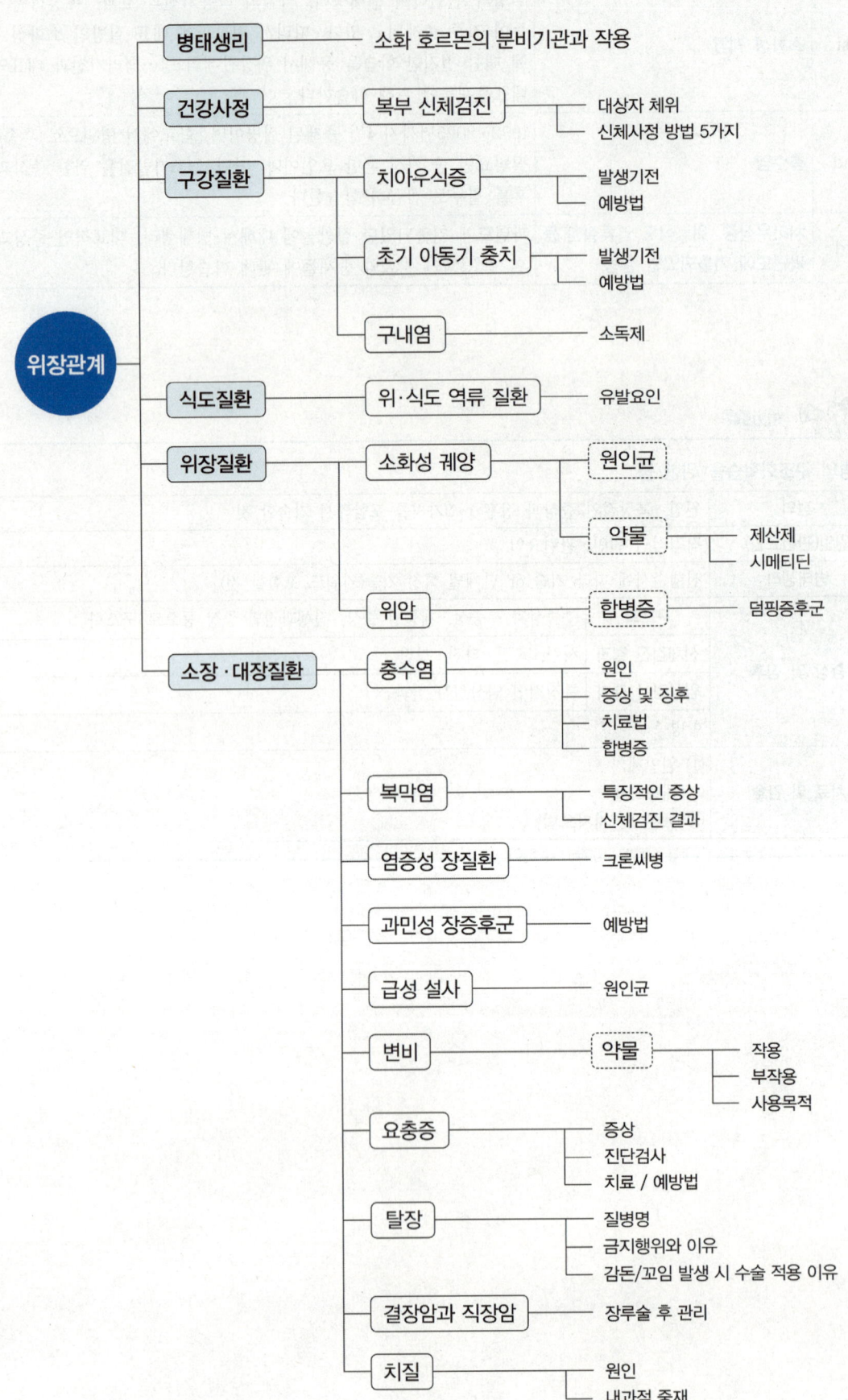

95-55. 〈보기〉에서 설명한 소화 호르몬은?

〈보기〉
- 십이지장 및 공장 점막에서 분비된다.
- 위 운동 억제 자극을 한다.
- 인슐린 분비를 촉진한다.

① CCK ② Secretin
③ Gastrin ④ GIP

00-06. 복통을 호소하는 학생이 보건실을 방문하였다. 다음의 질문에 답하시오.

6-1. 복통의 신체사정(assessment) 방법 5가지를 제시하고 각 방법에 따른 구체적인 내용을 설명하시오.

6-2. 보건교사가 복통 완화를 위해 실시할 수 있는 간호중재에는 어떠한 것들이 있는지 6가지 이상 제시하시오.

09-02. 복부의 신체검진 방법으로 옳은 것을 〈보기〉에서 고른 것은?

〈보기〉
㉠ 통증 부위를 가장 나중에 촉진한다.
㉡ 대상자의 팔을 옆으로 붙이게 한다.
㉢ 시진, 청진, 촉진, 타진의 순서로 검진한다.
㉣ 대상자는 무릎을 편 자세로 앙와위를 취하게 한다.
㉤ 타진은 우상복부부터 시작하여 시계방향으로 진행한다.

00-09. 치아 우식증은 자연치유가 어려우므로 예방에 중점을 두어야 한다. 다음 질문에 답하시오.

9-1. 치아우식증이 발생되는 기전을 설명하시오.

9-2. 치아우식증의 예방법을 5가지 이상 제시하시오.

17-4. 다음은 여 교사가 보건교사와 상담한 내용이다. 괄호 안의 ㉠, ㉡에 해당하는 내용을 순서대로 쓰시오.

92-77. 수산화마그네슘이 제산제로 쓰일 때 약리작용으로 옳지 않은 것은?
① 변비를 일으키는 작용이 있다.
② 칼슘 제산제나 알루미늄 제산제와 병용한다.
③ 위산과 반응하여 생성된 염은 흡수가 잘 되지 않는다.
④ 제산 작용을 하는 시간은 탄산수소나트륨(Sodium bicarbonate)보다 길다.

95-65. 구내염 소독에 적당한 것은?
① 3% 페놀
② 2.5% 과산화수소
③ 0.1% 승홍
④ 70% 알코올

19-14. 다음은 보건교사와 김 교사의 대화 내용이다. 〈작성 방법〉에 따라 순서대로 서술하시오.

김 교사 : 아침에 일어나면 가끔 목소리가 변하고, 잠을 자려고 누우면 속이 쓰렸는데 이번 건강 검진 결과 위식도 역류질환이 있다고 해요. 커피를 좋아하는데 병원에서 커피가 해롭다고 해요.
보건교사 : ㉠커피뿐만 아니라 차, 페퍼민트, 초콜릿, 술 등도 피하셔야 합니다.
김 교사 : 제가 좋아하는 것은 모두 피해야 하네요.
보건교사 : 식사는 ㉡한꺼번에 많이 드시는 것보다 매일 4~6회로 나누어 소량씩 드시면 좋아요.
김 교사 : 그렇군요. ㉢비만이 되지 않게 체중을 잘 관리하라고도 했어요.
보건교사 : 체중을 조절하셔야 해요. 혹시, 약도 드시나요?
김 교사 : 네. 약 이름은 정확히 모르지만 ㉣히스타민2 수용체 길항제(H₂ receptor antagonists)라고 했어요.
보건교사 : 약을 복용하면서 꾸준히 식이요법과 생활습관을 잘 조절하는 것이 중요합니다. 식사 후 2~3시간 이내에는 눕지 않아야 하고 잘 때는 머리를 10~15cm 정도 올리고 자는 게 좋아요.
김 교사 : 감사합니다.

〈작성 방법〉
- 밑줄 친 ㉠, ㉡의 이유를 각각 서술할 것.
- 밑줄 친 ㉢과 관련하여 비만이 위식도역류질환에 미치는 영향을 서술할 것.
- 밑줄 친 ㉣의 약리작용을 서술할 것.

11-31. 최근 시범학교 보고회 준비 때문에 스트레스를 받고 있는 김 교장(남, 61세)이 보건실을 방문하였다. 대화 내용 중 (가)~(마)에 대한 설명으로 옳은 것은?

보건교사 : 어서 오세요, 교장 선생님. 요즈음 십이지장궤양으로 병원에 다니신다고 들었어요.
교장 선생님 : 예. 마침 오늘 병원에 다녀왔어요.
보건교사 : 어떤 약을 드세요?
교장 선생님 : (가)시메티딘과 (나)암포젤을 먹어요.
보건교사 : 그러면 약의 부작용을 알고 계세요?
교장 선생님 : 예. (다)시메티딘은 부작용 때문에 간이 나빠질 수 있고, (라)시메티딘을 복용하면 드물지만 여자처럼 유방이 나올 수도 있대요. 그리고 (마)암포젤은 변비가 생길 수 있다고 알고 있어요.

① (가) 위 점막의 표면을 덮어 자극을 방지해 주고 염증을 감소시키는 약물이다.
② (나) 위산을 중화시켜 위내의 산도를 감소시키는 약물이다.
③ (다) 간 기능이 떨어지면 활성형으로 되어 간에서의 약물대사가 빨라지기 때문이다.
④ (라) 시메티딘이 항에스트로겐으로 작용하여 내분비계에 영향을 미칠 수 있기 때문이다.
⑤ (마) 장내 삼투압을 증가시키기 때문이다.

17-B5. 다음은 보건교사와 동료교사의 대화 내용이다. 밑줄 친 ㉠, ㉡이 나타나는 발생 기전을 순서대로 쓰시오.

> 동료교사 : 선생님, 제 건강관리에 대해 상담하고 싶어요. 저는 6개월 전 위암으로 진단받고 위를 3분의 2 이상 잘라냈어요.
> 보건교사 : 그러셨군요. 수술 후 일상생활에 불편하신 점은 없으세요?
> 동료교사 : ㉠밥을 먹고 나면 얼마 지나지 않아 갑자기 꾸르륵 소리가 심해지고 배가 아파 화장실에 가고 싶어 수업을 중단해야 하는 경우가 자주 있어요. 어떤 때는 토할 것 같고 가슴이 심하게 뛰고 어지러워서 쓰러질 것 같기도 하고요. 자주 이런 일이 생기니 암이 재발한 건지 걱정이 되고 5교시 수업이 두려워요.
> 보건교사 : 많이 힘드시겠네요. 부분위절제술 후 나타나는 합병증인데요. 이러한 증상들을 예방하기 위해 한꺼번에 많이 드시지 말고 소량씩 여러 번 나누어 식사하시고, 식사 중에 수분을 섭취하지 않으셔야 해요. 고단백, 고지방, 저탄수화물 식이를 섭취하시고, 식사 후에 누워서 쉬는 게 좋아요.
> 동료교사 : 네, 고맙습니다. 그런데 ㉡식사 후 2시간 정도 지나면 식은땀이 나고 가슴이 심하게 뛰고 갑자기 기운이 빠져 쓰러질 것 같고 불안해져요.

10-29. 보건교사가 김 교사를 면담한 뒤 작성한 간호 조사지와 병원검사 결과지이다. 밑줄 친 자료 (가)~(바)를 근거로 설정한 실제적 문제로 옳은 것을 〈보기〉에서 모두 고른 것은?

〈간호 조사지〉
작성일 : 2009. 10. 16.
○ 성명 : 김**
○ 연령 : 55세   ○ 성별 : 남성
○ 현재 병력 : 위암 진단 후 위절제술 받음. 1차 보조적 화학 요법 후 10일째 되었음.
○ 투약 상태 : 현재 투약 중인 약물 없음.
○ 활력 징후 : 혈압 120/85mmHg, 맥박 79회/분, 체온 36.8℃(액와 측정), 호흡 17회/분
○ 체질량 지수(BMI) : 22kg/m²
○ (가) 주 호소 : 구강이 헐고, 통증이 심함, 목젖이 붓고, 쉰 목소리가 남.
○ (나) 피부·모발 상태 : 탈모가 심하여 가발 구입처를 궁금하게 여김.
○ 식이 섭취 상태 : 소화가 용이하고, 자극이 적은 음식을 소량씩 자주 먹고 있음. 탄수화물이 많이 포함된 음식을 피하고 있으며, 식사 직후 눕지 않음.
○ 배설 상태 : 설사나 변비 없음. 배뇨 장애 없음.

〈병원 검사 결과지〉
성명 : 김**   날짜 : 2009. 10. 15.
〈총 혈구수(CBC) 검사〉
○ 헤모글로빈 14.5g/dL
○ 적혈구 4,400,000개/mm³
○ (다) 백혈구 1,350개/mm³
   호중구 40.5%
   호중구 3.1%, 호산구 0.2%
   림프구 50.1%, 단핵구 6.1%
○ (라) 혈소판 200,000개/mm³

〈일반 화학 검사〉
○ 총단백질 7.5g/dL
○ (마) 알부민 4.3g/dL

〈소변 분석검사 (UA)〉
○ 요비중 1.021
○ (바) 백혈구 1개
○ 적혈구 없음.

〈보기〉
㉠ (가) – 구강점막 손상
㉡ (나) – 신체상 장애
㉢ (다) – 골수기능 저하
㉣ (라) – 출혈
㉤ (마) – 영양 결핍
㉥ (바) – 요로 감염

11-11. 복부 사정에서 충수염(appendicitis)이라고 생각할 수 있는 증상으로 옳은 것만을 〈보기〉에서 모두 고른 것은?

〈보기〉
ㄱ. 배꼽 주위가 푸르게 변색되었다.
ㄴ. 왼쪽 옆구리 피부가 푸르게 변색되었다.
ㄷ. 좌하복부(LLQ)에 압력을 가했을 때 대칭점의 우하복부(RLQ) 통증을 호소하였다.
ㄹ. 우측 하복부의 맥버니점(Mcburney's point)을 깊이 누른 다음 손을 떼었을 때 통증을 호소하였다.
ㅁ. 우측 늑골하를 촉진하면서 심호흡을 하도록 했을 때 심한 압통을 호소하면서 흡기를 멈추었다.

21-B2. 다음은 고등학교 보건교사가 작성한 교수·학습 지도안의 일부이다. 밑줄 친 ㉠의 위치 확인을 위한 기준점으로 활용되는 뼈의 명칭과 밑줄 친 ㉡이 초래할 수 있는 위험이 무엇인지 순서대로 쓰시오.

교수·학습 지도안			
단원	건강의 이해와 질병 예방	지도교사	최○○
주제	충수염	대상	1학년
차시	2/3	장소	보건교육실
학습목표	•충수염의 정의를 설명할 수 있다. •충수염의 증상을 말할 수 있다. •충수염 의심 시 주의 사항을 말할 수 있다.		
단계	교수·학습 내용		시간
도입	•전시 학습 확인 •동기유발 : 소화기계 구조에 대한 퀴즈 •본시 학습 문제 확인		5분

전개	1. 충수염의 정의
	  충수에 발생한 염증성 장질환
	2. 충수염의 증상
	  –초기에는 배꼽 주위의 통증으로 시작함.
	  –통증은 우측 하복부로 이동하여 ㉠맥버니점(McBurney's point)으로 국한됨.
	3. 충수염 의심 시 주의 사항
	  ㉡변완화제 사용이나 관장은 위험하므로 금함.
	  … (하략) …
			40분

25-A6. 다음은 보건교사와 동료교사의 대화 내용의 일부이다. 〈작성 방법〉에 따라 순서대로 서술하시오.

> 동료교사 : 선생님, 요즘 제가 식스팩 복근을 만들고 싶어서 근육 운동을 열심히 하고 있어요.
> 보건교사 : 건강 관리를 시작하셨군요.
> 동료교사 : 네, 그런데 얼마 전부터 무거운 것을 드는 운동을 하는 날에는 배 아래 부위에 부드러운 주머니형태의 덩어리가 생겨요.
> 보건교사 : 이전에 비슷한 경험을 하신 적이 있나요?
> 동료교사 : 아니요. 이번에 처음 겪은 일이에요. 그런데 누웠을 때 보면 덩어리가 없어져요.
> 보건교사 : (㉠)이/가 의심되는데 복벽이 약해진 것 같아요. ㉡무거운 역기를 들거나 무거운 짐을 드는 행위는 피하시고요. 기침이나 변비도 조심하세요.
> 동료교사 : 그렇군요. 그런데 지금은 괜찮아요.
> 보건교사 : 지금은 괜찮아졌다고 해도 주의해야 합니다. 감돈이나 꼬임으로 인한 합병증이 발생하면 ㉢즉시 수술해야 해요.

〈작성 방법〉
• 괄호 안의 ㉠에 해당하는 용어를 쓰고, 밑줄 친 ㉡의 이유를 서술할 것
• 밑줄 친 ㉢의 이유를 2단계로 서술할 것

96-15. 다음 충수염의 설명으로 맞는 것은?

〈보기〉
㉠ WBC 감소
㉡ 맥박, 호흡수 증가
㉢ 변비, 중등도의 열
㉣ 우측 하복부에 더운 찜질 시 동통완화
㉤ 염증 진행에 맥버니 포인트로 국한

92-24. 충수염의 특징이 아닌 것은?
① 오심과 구토가 일어난다.
② 염증이 계속되면 복막염을 일으킨다.
③ McBurney's point에 통증이 있으며, 백혈구는 감소된다.
④ 세균감염이나 굳은 분변이 충수강을 폐쇄하여 일어난다.

06-03. 한 학생이 허리를 구부린 자세로 복통을 호소하며 보건실을 방문하였다. 이 학생은 어젯밤부터 오른쪽 배가 아프기 시작하였고 보건실 방문 당시 통증이 심해졌으며 발열, 오심과 구토 증상을 호소하였다. 이 증상 이외에 보건교사가 신체사정 결과 복막염이라고 의심할 수 있는 특징적인 증상을 3가지만 쓰시오.

92-52. 지질대사 결핍(Defects in metabolism of lipid)으로 인한 질환은?
① 가와사키병 (Kawasaki's disease)
② 아나필락시양 자반증 (Anaphylactoid purpura)
③ 크론 병(Crohn's disease)
④ 영아성 뇌반점 퇴행 (Tay-Sachs disease)

07-14. 과민성 대장증후군은 기질적 병변 없이 복통, 변비, 설사, 복부팽만감 및 불쾌감의 증상을 나타내는 질환이다. 이러한 문제의 예방법으로 보건교사가 교육해야 할 내용을 5가지만 쓰시오.

92-78. 정장제(Purgative)에 대한 설명으로 옳지 않은 것은?
① 장시간 사용하면 체중감소, 저칼륨증 등을 초래한다.
② 일반적으로 정장제의 사용은 배변을 규칙적으로 만든다.
③ 식물성 섬유(Vegetable fiber)의 대량 사용은 장폐색을 일으킬 수 있다.
④ 대장 또는 직장 수술 시에 사용한다.

92-47. 〈보기〉에 해당하는 설사의 원인균은?
〈보기〉
· 영아에게서 많이 볼 수 있다.
· 잠복기는 48시간 정도이고 발병 3~4일경에 가장 전염성이 높다.
· 호흡기 증상과 함께 수액성 설사를 한다.
① 콕사키 바이러스(Coxsakie virus)
② 로타 바이러스(Rota virus)
③ 살모넬라(Salmonella)
④ 대장균(E. coli)

23-A7. 다음은 고등학교 보건교사와 학생의 대화 내용이다. 〈작성 방법〉에 따라 서술하시오.

학　생 : 선생님, 아빠가 어제 갑자기 배가 심하게 아프셔서 병원에 갔는데 ⊙장이 천공되어 생긴 복막염으로 수술하셨어요.
보건교사 : 저런, 걱정이 많겠구나. 그런데 어쩌다 그렇게 되신 거니?
학　생 : 평소에 십이지장궤양을 앓고 계시기는 했는데 요즘 스트레스를 많이 받으시면서 술과 담배를 다시 하셨던 것 같아요.
보건교사 : 아버님이 많이 힘드셨겠구나. 가족들도 많이 놀랐을 거고.
학　생 : 네, 지금은 조금 나아졌어요. 그런데 십이지장궤양은 왜 생기는 건가요?
보건교사 : ⓒ십이지장궤양의 원인균이 있는데 많은 사람들이 감염되어 있고, 꾸준한 관리와 치료가 필요하단다.
학　생 : 그렇군요. 잘 알려 주셔서 감사합니다.

〈작성 방법〉
· 밑줄 친 ⊙의 진단을 위해 필요한 복부 청진과 촉진의 신체검진 결과를 각각 서술할 것.
· 밑줄 친 ⓒ에 해당하는 원인균의 명칭을 제시하고, 이 균이 위 속에서 생존 가능한 이유를 서술할 것.

12-23. A 초등학교 보건교사가 작성한 보건교육 계획서이다. (가)~(마)에 대한 설명으로 옳지 않은 것은?

보건 교육 계획서			
주제	요충증의 전파 예방과 관리	일시	2011년 ○월 ○일 ○시
장소	학교 강당	대상자	교사 30명
방법	강의, 동영상 시청	매체	빔 프로젝터
도입	· 인사말 · 요충증 아동의 항문 사진을 보여 주며 학습 동기를 유발한다.		
전개	· 요충증의 정의 및 원인균 : Enterobius vermicularis · 발생 현황 … (중략) … · 증상 : (가) 야간에 극심한 항문 주위 가려움증, 수면 장애, 안절부절못함, 잠자리에 오줌 싸기, 주의 산만, 주의 집중력 저하 · 진단 : (나) 테이프 검사 · 치료제 : (다) 메벤다졸 (mebendazole, Vermox), 재감염을 방지하기 위해 2주 후에 한 번 더 투여 · 예방 : (라) 항문 주변 긁지 않기, 손톱을 짧게 하고 입에 손 넣지 않기, 철저한 손 씻기 · 특성 : (마) 가족 중에 감염된 사람이 있는 경우 가족 모두 치료		

① (가) 밤 동안 성충이 항문 주변으로 기어 나와 알을 낳을 때 극심한 가려움증이 있다.
② (나) 아침에 일어나자마자 항문 주변에 투명 테이프의 접착 면을 압착하면 요충 알이 묻어 나온다.
③ (다) 요충 치료에 사용하는 구충제이며 임신부에게는 투여하지 않는다.
④ (라) 손이나 손톱 밑에 남아 있는 알들이 입으로 들어가 재감염되는 것을 방지하기 위함.
⑤ (마) 요충 알은 몸 밖에서 1~2일간 생존하면서 접촉한 모든 가족에게 쉽게 감염될 수 있다.

13-13. 그림은 장루술(Colostomy)과 관련된 신문기사이다. (가)~(라) 중 옳은 것만을 있는 대로 고른 것은?

○○일보　기획 2012년 11월 10일
암을 이기자 -직장암-

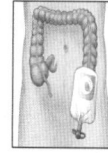

요즘 직장암 환자가 늘어나고 있다. 직장암 수술 후 장루술을 받은 환자는 일상생활에 많은 불편을 겪는다. 장루 관리에 대한 전문가의 의견이다. "장루술을 한 경우 (가) 수치심이나 좌절감 같은 감정을 잘 표현하도록 도와주고, 적극적으로 경청합니다. 그리고 앞으로 장루에 대한 관리를 잘 하여야 하는데 먼저, (나) 장루 주위의 피부는 중성 비누와 물로 닦고, (다) 장루 주머니를 부착하기 전에 피부를 철저하게 말립니다. 장을 비운 후에 장루 주머니를 교환하면 교환하는 동안 배설물이 흘러 나올 위험이 적고, 장루 주머니는 3~7일마다 교환해야 합니다. 수술 후 6~8주가 지나면 (라) 다른 문제가 없는 한 목욕, 수영 같은 일상생활이 가능합니다. 냄새를 유발하는 음식과 가스를 형성하는 음식에 대한 정보를 제공하여 도움을 줄 수 있습니다."
… (이하 생략) …
고○○ 기자 abcde@fghij.com

06-13. 교사나 입시를 앞둔 학생들은 생활여건으로 인해 치질의 발생빈도가 높다. 치질을 예방하기 위해서는 그 원인과 증상 및 관리에 대한 교육이 중요하다. 치질의 원인과 내과적 중재에 대해 각각 3가지만 쓰시오.

93-25. 화상환자의 합병증으로 발생할 수 있는 궤양은?
① Chrome ulcer
② Amputating ulcer
③ Marginal ulcer
④ Curling's ulcer

1 위장관계 구조와 기능(소화기 구조와 기능) 21 임용(지문)

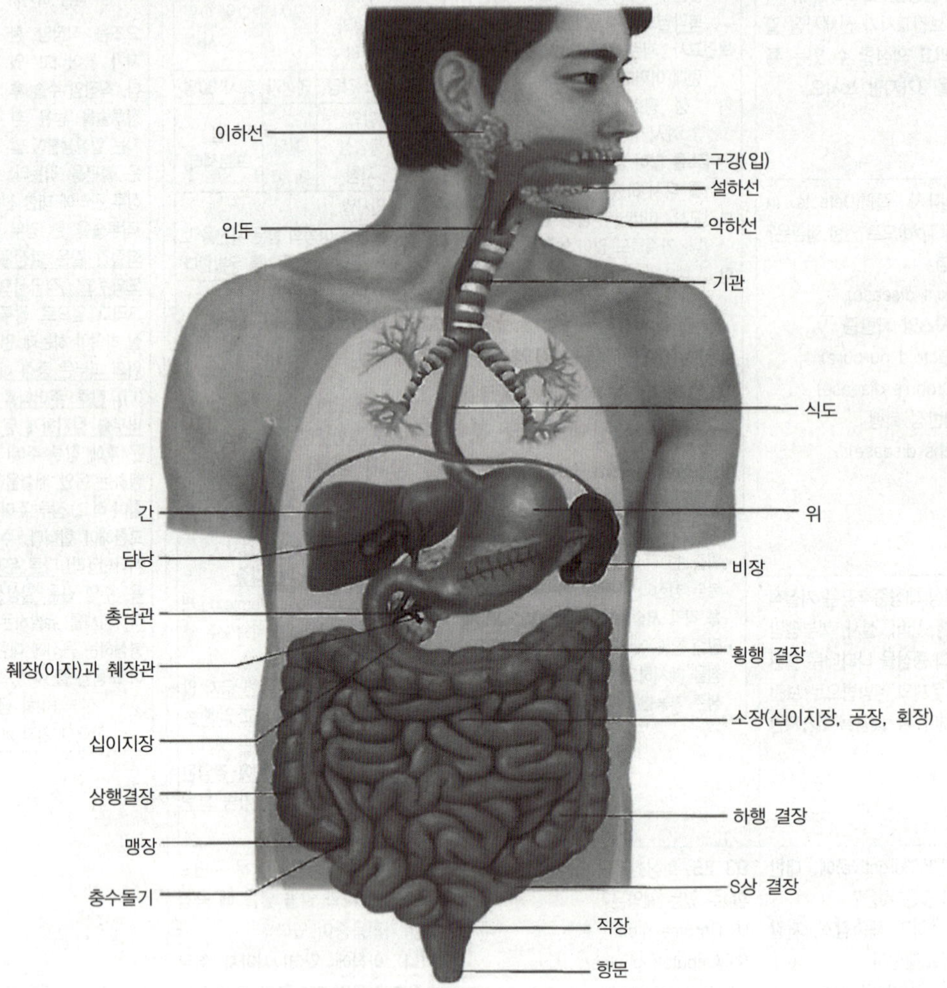

[위장관계 구조]

구조	소화기(7) : 구강 → 인두 → 식도 → 위 → 소장 → 대장 → 직장(약 9m)
	소화기 부속관(3) : 침샘(이하선, 설하선, 악하선), 간, 췌장
기능	소화로 이는 음식물에 들어있는 영양소를 체내로 흡수할 수 있는 상태로 만드는 과정, 탄수화물 → 단당류, 단백질 → 아미노산, 지방 → 지방산과 글리세롤로 만듦
	작용	① 기계적 작용 : 저작운동, 연동운동, 분절운동 등
		② 화학적 작용 : 소화선(췌장 등) 및 위장점막에서 분비되는 소화효소들에 의한 작용

1 구강·인두·식도의 구조와 기능

		구성 및 구조			기능	
구강	구성	구강상부	연구개와 경구개로 구성	저작	제5뇌신경(삼차신경) 작용	
		구강저부	혀, 근육, 3쌍의 침샘으로 구성	미각	혀 유두에 있는 미뢰(미각세포) 담당	
	치아	대개 28개의 치아+2쌍의 사랑니		타액 분비	① ptyalin(amylase)효소를 포함하고 있어 탄수화물을 맥아당과 포도당으로 분해 ② 소화작용 외에 연하/습윤/윤활/청정작용을 함 ③ 교감신경과 부교감신경 모두에 의해 분비 : 스트레스 상황에서 소량의 진한 타액분비(교감신경 자극), 음식을 보면 대량의 연한 타액 분비(부교감신경 자극)	
		구성	치아 조직	치관	법랑질 : 신체조직 중 가장 단단, 불소가 가장 잘 침착되는 조직	
					상아질 : 치아의 가장 많은 부위 차지, 신경섬유 함유로 통증을 느낄 수 있음	
					치수 : 신경조직과 혈관 포함, 치아에 영양공급	
				치경부	치관과 치근의 경계부, 법랑질과 백악질(시멘트질) 결합	
				치근	백악질은 치근의 겉면을 싸고 있음, 치아를 악골에 고정	
			치아 주위 조직	치은	치조골과 치아 사이에 부착되어 치아보호	
				치주 인대	치근을 둘러싸고 있는 시멘트질과 치조골 연결시키는 조직	
				치조골	치근을 둘러싸고 있는 골조직으로 치아를 지지하는 역할을 함	
	타액	pH 6.0~7.0, 1,000~1,500mL/일 분비		연하	음식물이 식도를 따라 위까지 이동	
		타액반사중추 : 연수에 있음				
인두	비강인두, 구강인두, 후두인두로 구성			① 음식과 수분, 공기의 통로 ② 구강인두 : 연하를 돕는 점액분비		

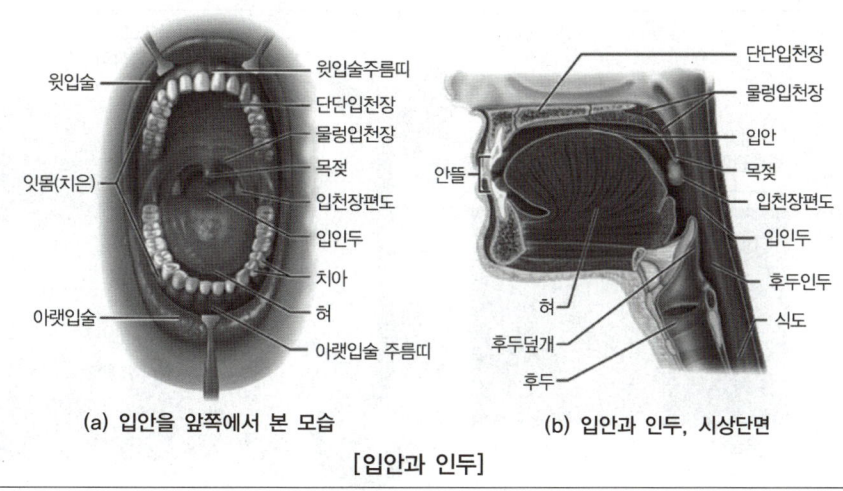

(a) 입안을 앞쪽에서 본 모습   (b) 입안과 인두, 시상단면

[입안과 인두]

		구성 및 구조		기능
식도	정의	음식물이 구강에서 위로 가는 통로	연하	① 조절 : 미주(부교감)신경의 지배를 받음 ② 연동운동 : 음식물이 식도로 연하되면 연동운동에 의해 식도하단의 괄약근으로 이동하고 연결부위인 분문을 통과하여 위로 이동
	길이	총 22cm		
	위치	제6경추~제11흉추까지 (기관과 후두 뒷편에 위치)		
	지름	2.5cm	압력제거	위내 압력 증가 시 공기구멍 역할
	구조	속이 빈 근육성 관으로, 생리적 협착부가 3군데 있음	점액분비	식도분비물(점액)을 분비하여 식도벽 보호
	구성	① 외막/근육/점막하/점막의 4층 ② 식도는 다른 위장관과는 달리 장막으로 둘러싸여 있지 않음. 식도외막은 느슨한 결합조직으로 구성되어 있어 쉽게 확장가능 ③ 식도의 1/3은 가로무늬근이며, 아래쪽 2/3는 민무늬근으로 이루어져 있음 ④ 식도의 위와 아래는 조임근이 존재하며 음식물의 역류를 방지함	식도보호 역류방지	① 하부식도괄약근 ㉠ 하부식도괄약근의 내적 긴장(약하면 역류가 발생하고, 너무 강한 경우에는 식도이완불능증이 유발됨) ㉡ 하부식도괄약근의 압력에 영향을 주는 인자

	상승인자	저하인자
호르몬	가스트린	세크레틴, 글루카곤
신경전달물질	항콜린에스테라제, 콜린 작동제	칼슘길항제, 베타아드레날린 작동제, 항콜린제(아트로핀)
음식	단백식이	지방식이, 커피
기타	–	테오필린, 에피네프린, 니트로글리세린, 니코틴, 연령증가, 스트레스

② 히스각(식도와 위의 각 꺾임)의 판막효과 : 위에 내용물이 충만했을 때 위저부분에 의해 식도와 위의 접합부가 압력을 받아 역류방지
③ 횡격막을 지나 복강으로 들어온 식도부위에 미치는 복부내압의 조이는 힘 : 횡격막 인대에 의해 급격하게 복압이 상승해도 식도의 아래 끝은 복강 내에 머무르며, 복압을 바깥쪽으로 받아 수축함으로써 역류방지

출처 : 질병관리청 국가건강정보포털

[식도의 조직]

(a) 식도의 중간 1/3을 단면을 보여주는 현미경사진
(b) 식도-위 접합부의 단면을 보여주는 현미경사진

2 위의 구조와 기능

	구성 및 구조		기능		
위	위치	상복부 좌측, 늑골 바로 밑에 위치	저장, 혼합, 액화	음식물의 저장, 혼합, 액화 → 유미즙을 생성하여 일정한 속도로 십이지장으로 배출	
	용적	1,500mL			
	위의 구조	분문(들문) 부분	위의 입구로 분문괄약근이 있으며, 식도연결부분	분해	펩신에 의해 위에서부터 단백질을 분해하기 시작함, 점막자극 요인이 되기도 함
		위저부 (위바닥)	식도를 지나온 음식물 저장공간, 공기가 모이기 쉬운 곳	흡수	수분, 알코올, 포도당, 약물이 점막을 통해 흡수됨
				내인자 분비	$VitB_{12}$는 위의 벽세포에서 분비된 내인자와 결합하여 소장의 끝부분인 회장에서 흡수 내적인자 분비
		위체부 (위몸통)	위의 중심부로 위의 대부분 차지, 세로방향 주름이 있어 표면적을 넓혀줌	위액분비 3단계	뇌상	뇌에서 미주신경 자극 – 조건반사, 미각 자극
					위상	음식물이 유문동에 도달 시 Gastrin에 의해 위액분비 증가
		유문(날문) 부분	위의 출구로 유문괄약근을 포함하고 있고, 십이지장 연결부분		장상	음식물이 십이지장으로 이동 시 Gastrin을 소량 분비
	위벽 구성	장막	외층	위액분비 영향 요인	① 위팽만 ② 단백질 성분 ③ 미주신경활동, 아세틸콜린 ④ 히스타민, 가스트린	
		근육층	연동운동			
		점막하층	혈관/임파관/신경분포			
		점막층	위액분비			
	위의 분비샘	분문샘	점액분비	위액분비 억제요인	① 미주신경 자극의 억제(교감신경 자극) ② 음식물의 삼투질 농도 증가 ③ 지방 물질 ④ enterogastrone 호르몬 ⑤ 혈액순환 감소 ⑥ 위염과 같은 염증 ⑦ 십이지장에서 분비되는 세크레틴	
		주세포 (으뜸세포)	점액과 펩시노겐 분비 (pepsinogen은 HCl에 의해 pepsin으로 전환)			
		벽세포	① 가스트린·아세틸콜린·히스타민 수용체가 각 물질과 결합해 양성자 펌프를 활성화 → 염산분비 자극 ② 염산과 수분 분비 ③ $Vit B_{12}$ 흡수시키는 내인자 (Castle 내인자) 생산	위액 기능	① 펩시노겐을 펩신으로 활성화시킴 ② 살균작용	
				위운동	연동운동은 위 기저부에서 매 30초마다 시작되어 유문동을 거쳐 유문부로 계속됨	
		경부세포	점액분비	위배출	① 위에서 소화된 유미즙이 유문괄약근을 거쳐 십이지장으로 서서히 이동되는 현상 ② 일반적으로 식후 10분부터 유미즙 상태에 따라 2~3시간에 걸쳐 80% 배출, 위 내용물이 모두 십이지장으로 옮겨가는 데는 보통 3~4시간 소요(유미즙의 유동성, 유미즙을 받아들이는 십이지장 상태, 정서상태, 교감/부교감 신경, 세크레틴, 인슐린, 음식의 점도/양/상태/산도 등이 위 내용물의 배출에 영향을 끼침)	
		유문샘	가스트린과 점액분비			
	위운동	자율신경계가 조절				
		교감 신경	• 위액분비와 위운동을 억제 • 근육의 수축과 이완 및 염증에 의해 자극			
		부교감 신경	• 위산과 펩신 등의 위액분비 증가 • 위의 활동증가			
	1일 위액 분비량	1,500~3,000mL, 산도는 pH 2~2.5이고 점액, 염산, 염류를 함유하고 있음				

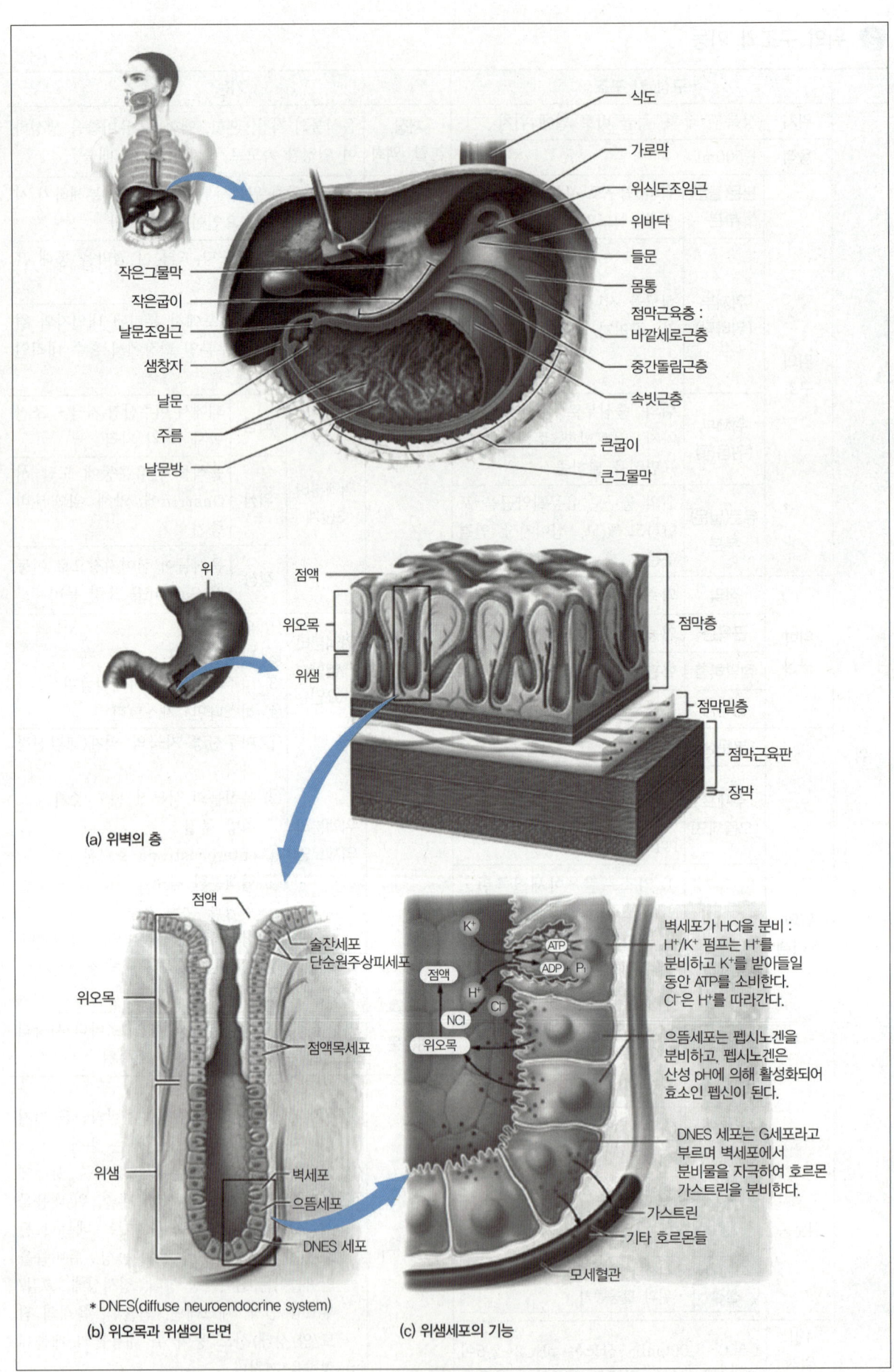

[위점막과 위샘의 구조와 기능]

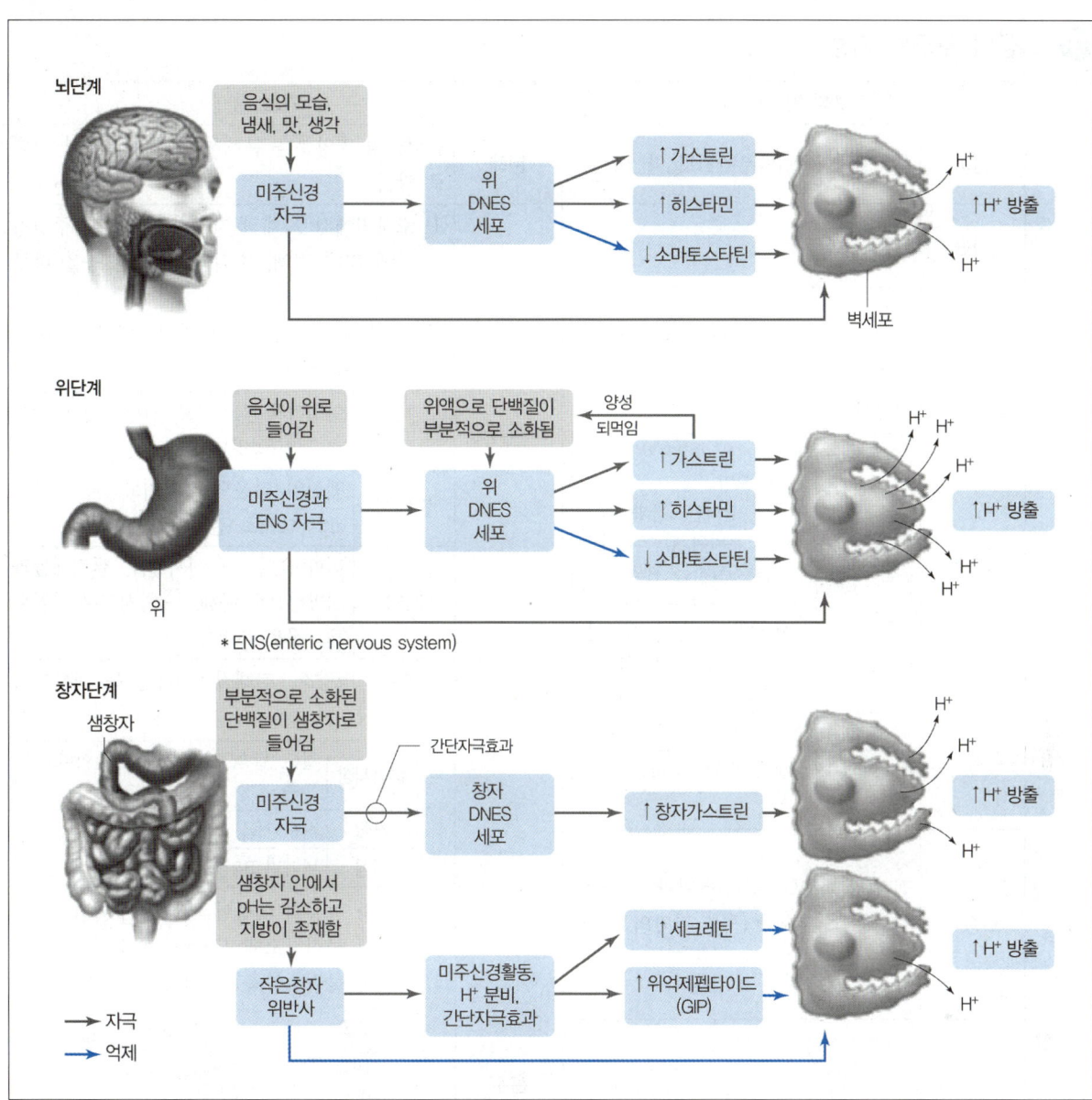

[위에서의 산 분비의 세 단계]

③ 소장의 구조와 기능

구성 및 구조			기능	
소장	길이	유문괄약근~회맹부까지로 약 7m	분해	음식물의 영양분을 분해하여 흡수 가능한 형태로 만듦
	지름	약 2.5cm	소화과정	① 소장벽에서 기계적 자극, 호르몬, 미주신경 등에 의해 점액, 소화액, 호르몬 등을 하루 2L 정도 분비 ② pH 7.0~8.0의 약알칼리성, 하루 1,500~3,000mL 분비
	구성	십이지장, 공장, 회장의 세 부분으로 되어있고, 회장맹장 판막에 의해 대장과 구분됨 **십이지장**: • 유문에서 공장까지 25cm, C자 모양 • 오디 괄약근: 간과 췌장에서 분비된 담즙과 췌장액을 전달하는 관의 개구부를 조여주는 근육으로 모르핀이 경련을 유발함, 따라서 담췌관의 통증은 데메롤로 조절함 **공장**: 소장의 중간부위 약 2.5m **회장**: 소장의 마지막 3.6m		탄수화물: 아밀라제 작용으로 단당류와 이당류로 전환(공장) 단백질: 펩신의 작용으로 아미노산과 소량의 dipeptide로 전환 지방: 리파아제는 중성지방을 글리세롤과 지방산으로 분해, 담즙산염은 지질분해과정을 촉진함
	소장벽	점막(정맥분포), 점막하(혈관, 림프절, 신경총 등 분포), 근육, 장막의 4층으로 구분	흡수	① 수분, 영양소, 전해질, 비타민 등 대부분이 흡수됨 **십이지장**: 철분, 칼슘, 지방, 탄수화물, 아미노산 흡수 **공장**: 탄수화물, 아미노산 흡수 **회장**: 비타민 B_{12} 흡수(내적인자와 결합) ② 확산과 능동적 이동에 의해 이루어짐 ③ 수용성 물질: 모세혈관에서 흡수됨 ④ 지용성 물질: 암죽관에서 흡수됨 ◆ 암죽관: 융털의 중앙에는 림프관이 있는데, 이것을 암죽관이라고 한다. 암죽관으로 흡수되는 영양소는 지방산, 글리세롤, 지용성 비타민 등이다. ◆ 모세혈관: 융털의 암죽관 주위를 무수히 많은 모세혈관이 그물처럼 둘러싸고 있다. 모세혈관으로 흡수되는 영양소는 포도당, 아미노산, 물, 무기염류, 수용성 비타민 등이다.
	신경지배	교감신경 자극 시	작은 창자의 운동이 억제, 통증전달	
		부교감신경 자극 시	장의 긴장력과 운동성이 증가	
			운동	소장에서 3~10시간 머무름, 연동/분절/혼합운동
	혈액공급	① 상장간막동맥으로부터 혈액공급을 받음 ② 정맥혈은 문맥통해 간으로 감	장내균상 (normal flora)	대장의 1/1,000로 소장의 정상균상은 주로 그람양성유산간균, 연쇄상구균, 포도상구균, 대장균 등이고, 담즙산과 위산이 장내 박테리아의 번식을 억제함

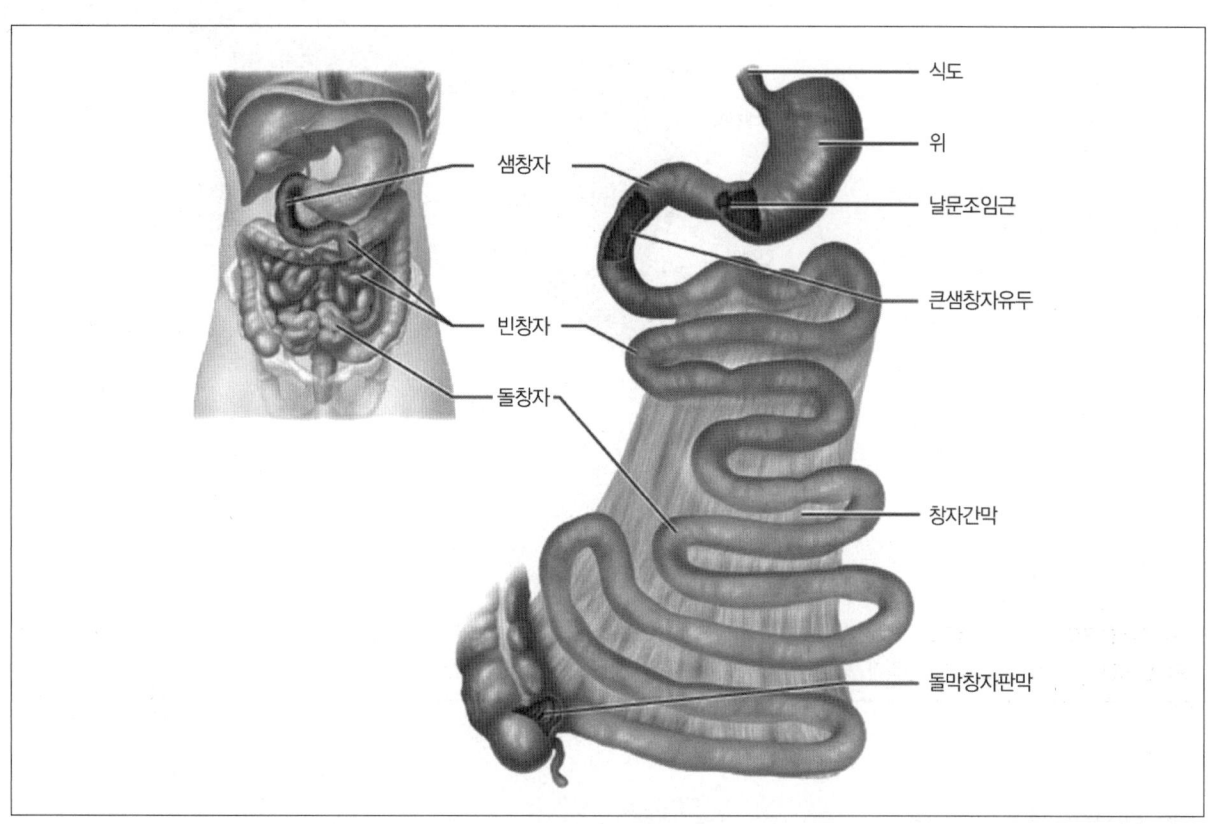

[소장구조]

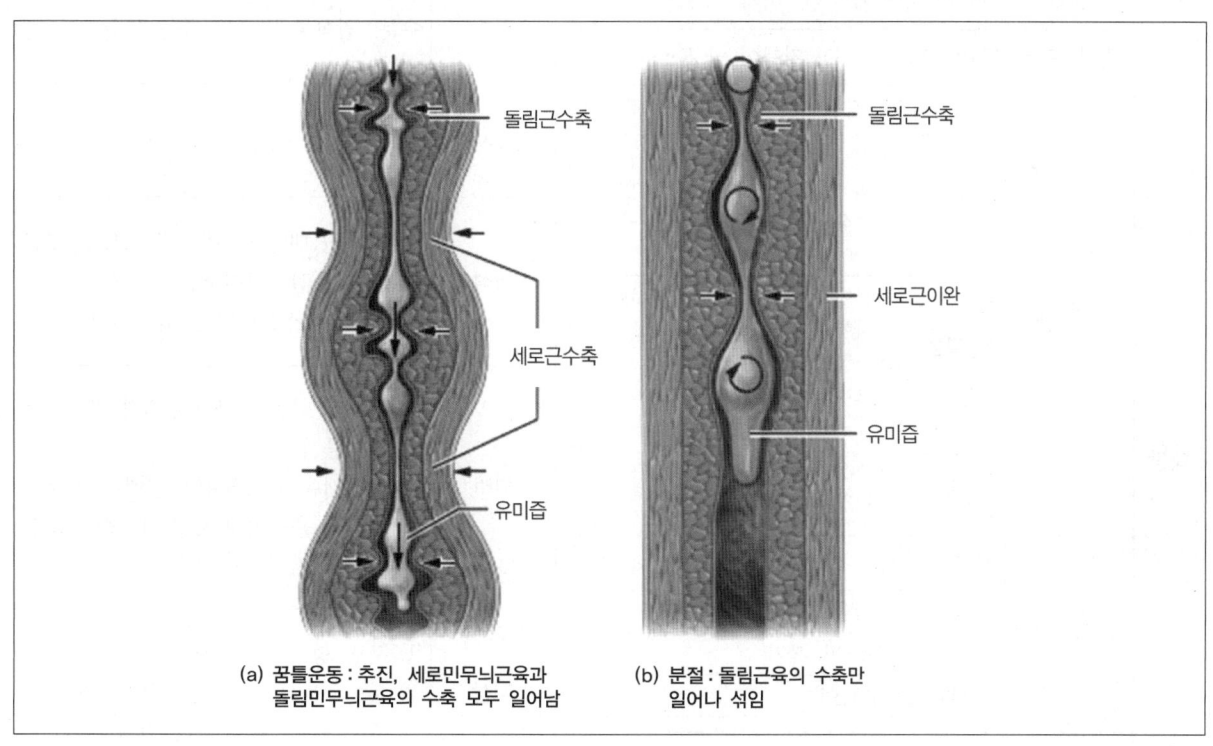

[소장의 꿈틀운동과 분절]

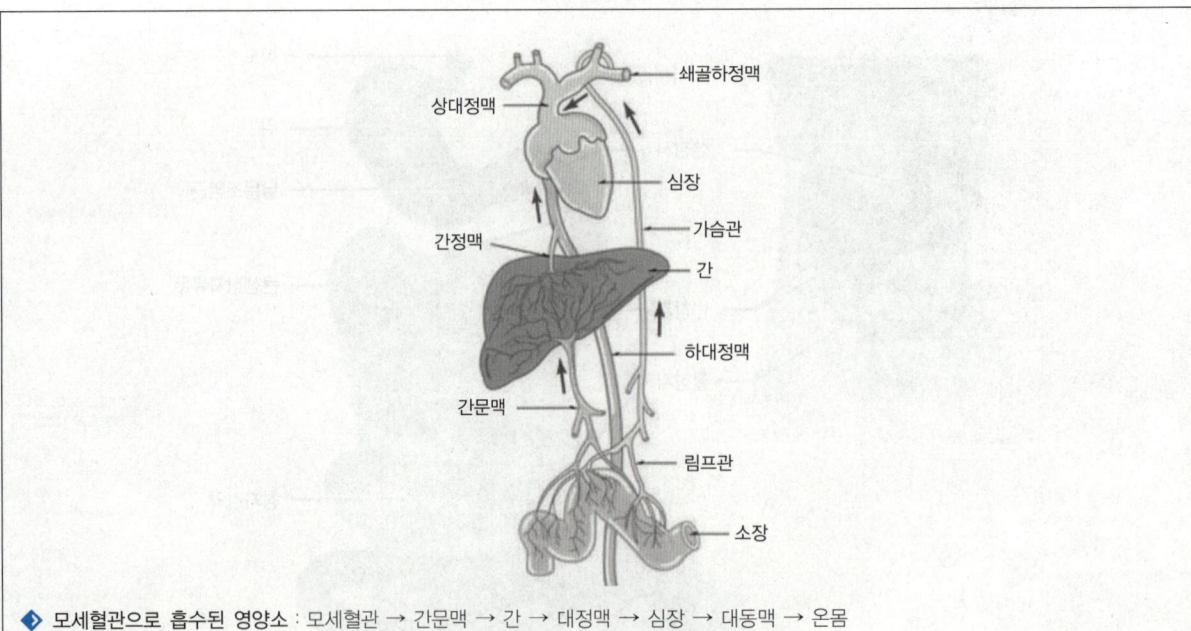

◆ 모세혈관으로 흡수된 영양소 : 모세혈관 → 간문맥 → 간 → 대정맥 → 심장 → 대동맥 → 온몸
◆ 암죽관으로 흡수된 영양소 : 암죽관 → 가슴관 → 쇄골하정맥 → 심장 → 대동맥 → 온몸

[흡수된 영양소의 운반경로]

❹ 대장의 구조와 기능

	구성 및 구조			기능	
대장	위치	회장맹장판막에서 항문까지의 기관		흡수	수분, 염화물 및 나트륨을 흡수
	길이, 지름	길이 1.5~1.8m이고 지름이 약 5cm			
	대장구성	맹장-결장-직장-항문의 4부분으로 나뉨		감소시킴	유미즙 양을 줄임
		맹장	• 첫 5~7cm • 회장맹장판막에서 회장과 연결 • 맹장의 말단은 맹낭으로 충수가 붙어있음	합성	장내 세균(대장균, 장구균, 포도상구균 등이 존재함) : 아미노산을 분해하여 암모니아를 생성, 비타민 B군, K 합성
		결장	• 상행(오름)결장, 횡행(가로)결장, 하행(내림)결장, S상결장으로 나뉨 • 소장보다 지름이 크고 융모가 없으며 점액을 분비	분비	① 윤활제 역할을 하고 점막을 보호하는 점액을 분비 ② 대장액은 pH 8.4의 점액이 풍부한 염기성 용액이지만, 소화효소는 포함되어 있지 않음
		직장과 항문	• 대장의 마지막 부분 • 남성의 직장은 방광 뒤, 여성의 직장은 자궁 뒤에 위치함		
	대장벽 구성	장막, 근육층, 점막하층으로 구분		저장	① 분변 형성하여 배변 시까지 저장 ② 분변 : 음식잔여물(섬유질), 소화효소, 죽은 세포, 담즙색소, 점액
		장막	대장을 싸고 있음		
		근육층	결장 띠, 팽기		
		점막하층	점액분비		
	신경지배	교감신경 자극	① 연동운동 감소 ② 조임근의 긴장력을 증대	대변 배출	① 배변반사 : 직장이 팽만될 때 ② 외항문괄약근 이완으로 배변발생 19 국시
		부교감신경 자극	① 장의 긴장력을 증대 ② 내항문괄약근을 이완시킴 21 국시		

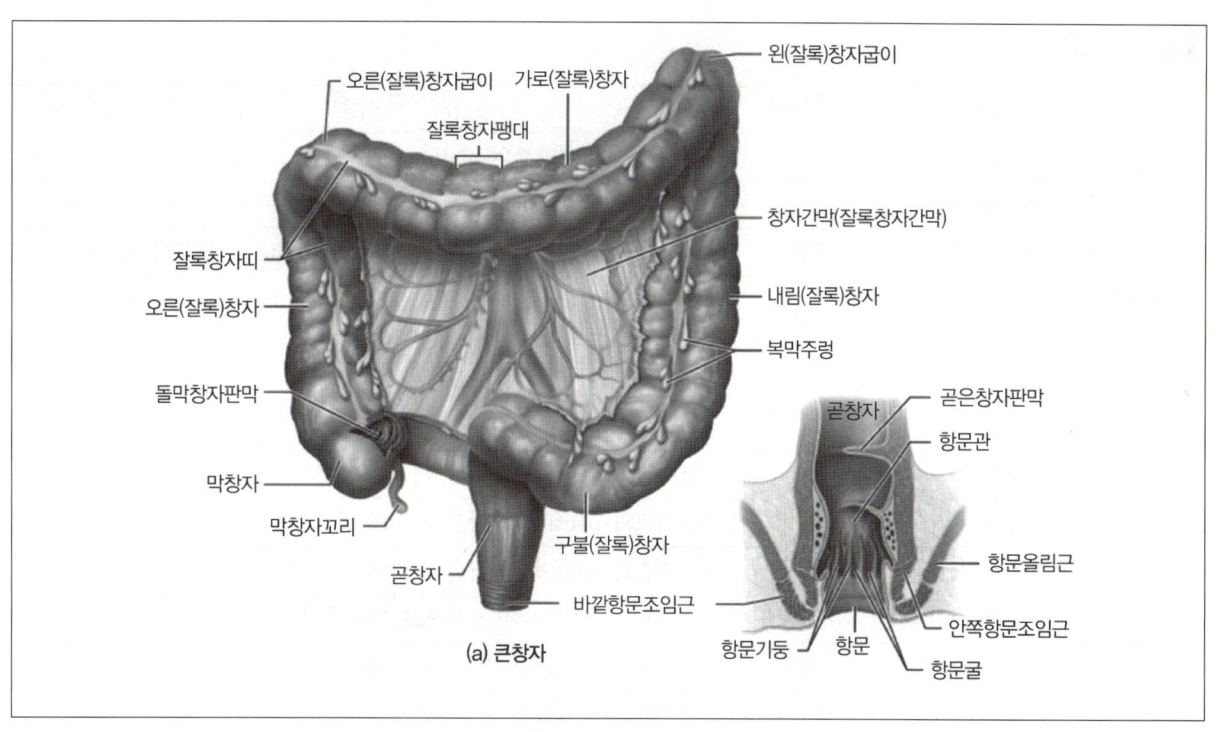

[대장구조]

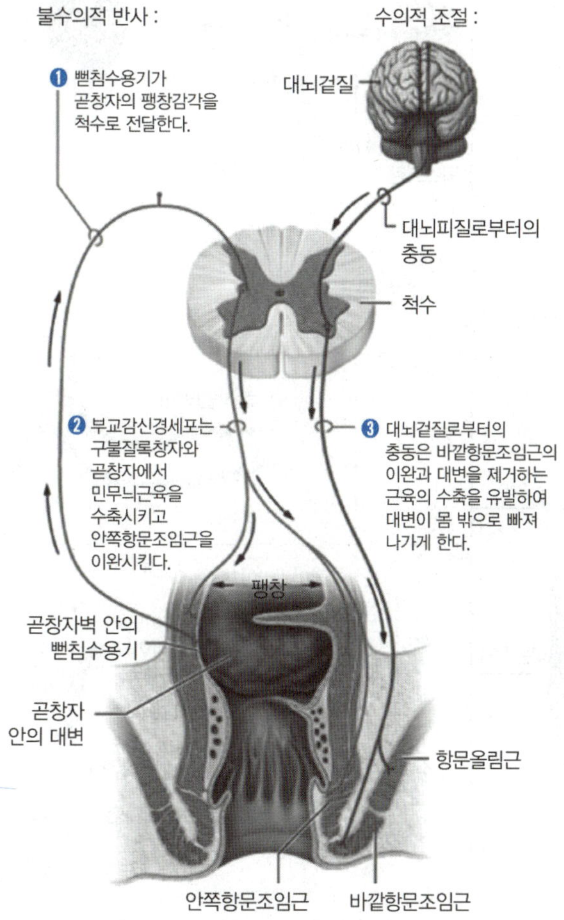

[배변반사]

❺ 소화효소

	효소	분비장소	작용
탄수화물	프티알린	침샘	탄수화물을 이당류의 maltose(맥아당)로 분해
	췌장 아밀라아제	췌장	탄수화물을 이당류의 maltose(맥아당)로 분해
	말타아제	장점막	이당류의 maltose(맥아당)를 단당류인 glucose(포도당)로 분해
	수크라아제	장점막	이당류의 sucrose(자당)를 단당류인 glucose(포도당)와 fructose(과당)로 분해
	락타아제	장점막	이당류의 lactose(유당)를 단당류인 glucose(포도당)와 galactose(젖당)로 분해
단백질	펩신	위점막의 주세포	단백질을 아미노산으로 분해
	트립신	췌장	단백질과 peptide를 작은 peptide로 분해
	키모트립신	췌장	단백질과 peptide를 작은 peptide로 분해
	아미노펩티다아제	장점막	작은 peptide를 아미노산으로 가수분해
지방	췌장 리파아제	췌장	지방을 글리세롤과 지방산으로 분해
	장 리파아제	장점막	지방을 글리세롤과 지방산으로 분해

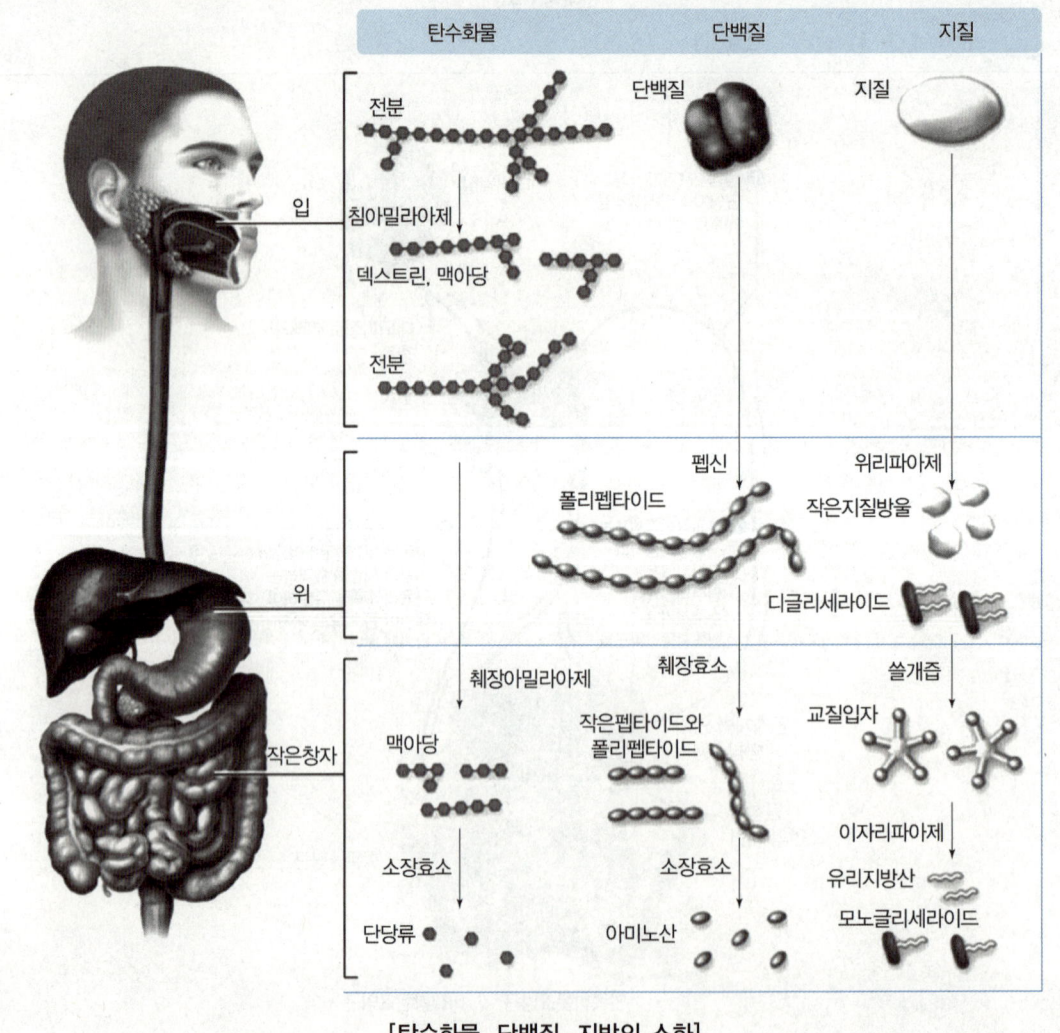

[탄수화물, 단백질, 지방의 소화]

> • 탄수화물의 소화
>
> 다당류 → (타액, 췌장액) → 이당류 → (소장상피세포 효소) → 단당류
>
> 전분 → 아밀라아제 → 맥아당(maltose) → 포도당(glucose) × 2
> 　　　　　　　　　　자당(sucrose) → 포도당(glucose) + 과당(fructose)
> 　　　　　　　　　　유당(lactose) → 포도당(glucose) + 젖당(galactose)

6 영양소와 그 흡수 부위

흡수부위	영양소		결핍에 의한 대표적 장애·질환
위	알코올		–
소장	십이지장~공장	수분(전체의 80~90%)	탈수
		전해질 Na⁺	저나트륨혈증(두통, 간대성 경련, 의식장애)
		K⁺	저칼륨혈증(주기성 사지마비, 부정맥)
		Ca^{2+}, Mg^{2+}	테타니(간헐성 사지강직성 경련) 12,24 임용
		P^-	골연화증, 구루병
		Fe^{2+}	철결핍성빈혈(설유두위축, 스푼형 손발톱, 고박출성 심부전)
		탄수화물	설사, 체중감소
		단백질	부종, 복수
		지방	지방변성 설사
		지용성 비타민 A	야맹증(암순응 반응이 어려움)
		D	골연화증, 구루병
		E	용혈성 빈혈(미숙아)
		K	응고인자 Ⅱ, Ⅶ, Ⅸ, Ⅹ 저하 → 출혈경향 95 임용
		수용성 비타민 B_1	각기병(다발성 신경염, 부종, 심부전), 베르니케 뇌증(기억장애, 작화증, 안구운동이상 등)
		B_2	구각염, 설염
		B_6	말초신경장애 95 임용(보기)
		니코틴산	펠라그라(홍반, 설사, 치매, 피부염, 죽음) 95 임용(보기)
		C	괴혈병(출혈경향)
		엽산	거대적혈구성 빈혈
	회장말단	비타민 B_{12}	거대적혈구성 빈혈(= 악성빈혈) 95 임용(보기)
		담즙산	지방흡수장애
대장	남은 수분, 전해질		설사, 쇠약

2. 소화호르몬의 분비기관과 작용 [95 임용]

호르몬		설명
가스트린(Gastrin) [95 임용(보기)]	분비	위 점막(유문동 부위)에서 분비
	자극	① 펩타이드가 있을 때 ② 미주신경자극(아세틸콜린), 칼슘, 알코올 용액에 반응
	억제	pH 2.5 미만에서 분비 억제
	기능 (= 작용)	① 염산이나 펩시노겐의 분비를 증가(이 두 물질은 단백질 소화를 시작하는 데 중요) ② 위 평활근 수축과 운동성을 자극함 ③ 위점막과 소장 점막에서 소화관의 활발한 기능을 유지시키는 영양에 관여함
Secretin [95 임용(보기)]	분비	십이지장 점막에서 분비됨
	자극	십이지장으로 들어가는 유미즙의 낮은 pH(3.0 미만)에 반응
	기능 (= 작용)	① 위산 분비와 위 운동을 억제함 ② 췌장액과 간의 담즙 생산을 촉진함 ③ 췌장관 세포가 많은 양의 수용성 $NaHCO_3$를 분비하도록 자극함($NaHCO_3$는 십이지장으로 배출되어 그곳에 존재하고 있는 산을 중화시킴) 세크레틴 → 췌장 외분비↑ → $NaHCO_3$ 탄산수소 나트륨이 분비된다. → 위산 중화 세크레틴 → 가스트린 분비↓ → 위산 분비↓ → 중화를 돕는다.

※ 가스트린과 세크레틴의 작용

		가스트린	세크레틴
분비부위		유문동과 십이지장의 G세포	십이지장의 S세포
분비자극		유문동 내의 단백질, 점막신전, 미주신경자극	소장 내의 단백질, 산
작용	위산분비	↑	↓
	위운동	↑	↓
	담낭수축	↑	↑

cf) 고가스트린 혈증 초래 질환
① 가스트린종(Zollinger-Ellison 증후군)
② 악성빈혈 : 벽세포가 자가항체에 의해 파괴된 결과, HCl 분비 안 됨 → 무산증
③ 부갑상선 기능항진증 : 혈중 칼슘증가로 가스트린 분비 자극
④ 만성 신부전 : 가스트린은 신장에서 대사됨. 따라서 신장에서 대사되지 않아 고가스트린혈증 초래

호르몬		설명
CCK (Cholecystokinin) 95 임용(보기) / 08 국시	분비	십이지장과 공장 점막에서 분비됨
	자극	지방과 아미노산에 반응
	기능 (= 작용)	① 위 운동과 분비 억제 → 십이지장에서 흡수되거나 소화되는 영양소에게 적당한 시간 제공 ② 췌장 효소와 담낭에서 담즙 분비 촉진 ③ 담낭 수축을 자극함 → 오디괄약근을 이완시켜 담즙을 십이지장으로 흘러들어가게 하여 음식물과 섞이게 함 ④ 음식 섭취량을 조절하는 데 있어서 중요한 역할, 충분히 음식 섭취 시 느끼는 포만감에도 중요한 역할을 함
		[췌장액의 분비]
GIP (Glucosedependent Insulinotropic Peptide) 95 임용	분비	십이지장과 공장 점막에서 분비됨
	자극	십이지장 안의 포도당은 GIP분비 자극
	기능 (= 작용)	① 인슐린 분비 자극 펩타이드, 췌장에서 인슐린 분비 촉진 : 영양소들이 흡수되었을 때 대사과정을 촉진함 ② 위 운동 억제 자극
Enterogastrone	분비	십이지장 점막에서 분비
	자극	부분적으로 소화된 단백질, 지방에 반응
	기능 (= 작용)	① 위산분비와 운동성을 억제함 ② 오디 괄약근을 이완시킴

PLUS+

• 음식물의 섭취와 소화과정

```
                          ┌─────────────────┐
                          │  음식물이 위로 이동  │
                          └────────┬────────┘
                                   ▼
           ┌──────────────┐  ┌──────────────────┐
           │              │→│ 유문부 G세포로부터    │
           │              │  │ 가스트린 분비        │
           │   ┌────────┐ │  └────────┬─────────┘
           │   │ pH의 감소 │─┤           ▼
           │   └────────┘ │  ┌──────────────────┐
           │              │  │ 염산과 펩시노겐의    │
           │              │←─│ 분비 촉진,          │
           │              │  │ 위의 운동 촉진       │
           │              │  └────────┬─────────┘
           │              │           ▼
           │              │  ┌──────────────────┐
           │              │  │ 소장으로 이동하는    │
           │              │  │ 산성의 유미집의 양 증가 │
           │              │  └────┬─────────┬───┘
           │   소화 안 된  │       │         │ 음식물 속에 있는 산
           │   지방/단백질  │       ▼         ▼
           │              │  ┌─────────┐ ┌─────────┐
           │              │←─│ 소장 점막  │ │ 소장 점막 │
           │              │  │ 으로부터   │ │ 으로부터  │
           │              │  │ CCK분비   │ │ 세크레틴  │
           │              │  │          │ │ 분비     │
           │              │  └──┬────┬──┘ └────┬────┘
           │              │     ▼    ▼         ▼
           │              │  ┌──────┐┌──────┐┌──────────┐
           │              │  │담낭으로││췌장으로││췌장으로부터│
           │              │  │부터    ││부터   ││탄산수소나트륨│
           │              │  │담즙분비 ││소화효소││분비       │
           │              │  │       ││분비   ││          │
           │              │  └───┬──┘└───┬──┘└────┬─────┘
                    지방의 유화   ▼       ▼    산의 중화 ▼
                              ┌──────────────────┐
                              │    음식물의 소화    │
                              └──────────────────┘
```

3 복부 신체검진 00,09 임용

복부검진 순서 : 문진 – 시진 – 청진 – 타진 – 촉진 00,09 임용 / 13 국시

검사 전 준비사항 09 임용 / 13 국시	확인	방광을 비웠는지 확인
	자세 – 배횡와위	앙와위로 편안한 자세 또는 무릎은 구부리기(복근을 이완시켜서 복부검진 시 불편감을 줄이고, 심부촉진을 원활하게 할 수 있음)
	자세 – 팔 위치	팔은 옆에 가지런히 놓거나 가슴에 포개도록 함(대상자가 팔을 머리 위로 올리면 복근을 긴장시켜 촉진이 어려우므로 피함)
	주의점	① 촉진 전 대상자에게 아픈 부위를 가리켜 보도록 하고, 그 부위는 마지막에 검진 (∵ 복근 긴장을 예방하기 위함) ② 손과 청진기를 따뜻하게 하여 사용
	관찰	대상자가 통증이나 불편감 징후를 나타내는지 얼굴표정 관찰
	필요시	필요하다면 이야기나 질문으로 대상자의 주의를 끌고 대상자가 촉진 시 무서워하거나 간지러워하면 대상자의 손을 밑에 놓고 촉진을 시작하고 조금 후에 직접 촉진
문진	주 호소	① 발병기간, 질과 특성, 관계 증상 등 ② 통증의 특성(PQRST), 음식 섭취와의 관계
	현 병력	소화불량, 오심, 구토, 체중감소와 관련된 소화기 주요 증상
	배설 양상	양상변화(빈도, 양, 색, 냄새, 형태), 하제, 좌약 복용, 지방변, 흑색변(상부위장관 출혈), 회색변 여부(담즙부족, 담관 폐색)
	가족력	유전성 질환
	과거력	과거에 앓았던 위장질환, 수술력, 복용약물, 음식 알레르기 등
	사회문화력	식이, 식욕, 기호식품, 운동 등
시진	검사대의 우측에 서서 검진	
	피부	색소침착(황달), 병변 및 반점, 선(은빛 백색이며 갑작스런 체중증가, 복수, 임신에서처럼 피부의 장기 긴장 때문에 생긴 들쭉날쭉한 선), 상흔, 발진, 점상출혈, 피부 혈관종(문맥압 항진증, 간질환), 수술상처(위치와 상처길이 cm으로 표시), 치유된 화상
	복부 윤곽선의 대칭성	① 배가 오목한지, 평편한지, 둥근지, 불룩한지 관찰 ② 대칭적이어야 하며 비대칭성 혹은 국소적 돌출의 유무를 확인 ③ 눈에 띄는 오목한 부분은 영양결핍에 의해 나타남
	혈관 변화	① 정상적으로 복부에는 정맥망이 있음 ② 정맥류 : 문맥압 항진증, 대정맥폐쇄 또는 간경변증의 복수를 의미하는 두드러지게 팽창된 정맥은 없는지 관찰
	탈장	제대 및 절개탈장 : 복직근의 비정상으로 앙와위에서 머리와 어깨를 올려 복압을 증가시키면 돌출부위가 나타남
	팽만	복수가 차면 피부가 팽창하고 반짝거리며 복부팽창
	제대	정상으로는 제대는 들어가고 아무런 염증 증세나 변색, 탈장 증세는 보이지 않음
	제대 – 위치 변화	임신 시 제대가 위로 밀려남, 복수 시 아래로 밀려남
	제대 – 함몰	전신비대 시 깊게 함몰되어 보임
	제대 – 색의 변화	복막에 혈액이 찼을 때에는 제대 부위에서 푸른 착색을 보임
	호흡운동	① 특히 남성의 경우 배의 호흡운동이 보일 수 있음 ② 남성의 배 호흡운동이 감소하거나 가슴(흉식)호흡으로 변했다면 복막 자극이 발생했을 수 있음(복막염)

시진	연동운동 확인방법	① 검진자는 환자의 옆에 앉아 환자의 복부 높이에서 복부를 가로 질러봄 ② 좌측 상복부 사분원에서 '경사지게 융기된 줄'이 오른쪽 아래로 내려오고 다시 이와 평행되는 '경사지게 융기된 줄'이 연속적으로 나타남을 관찰 ③ 정상인 마른 사람에게 발견되며, 팽창된 복부에서 보여지는 연동운동은 장 폐색증을 나타냄	
	대상자의 얼굴표정과 자세 관찰	췌장염	위장관장애 시 안절부절못하고 편안한 자세를 취하기 위하여 계속적으로 이리저리 몸을 돌려대는 사람
		장폐색	산통이 있는 사람
		복막염	완전 정지 자세와 어떤 동작에 대한 저항을 보여줌
청진	• 손과 청진기는 따뜻하게 하고 RLQ-RUQ-LUQ-LLQ 순으로 함(회맹판 부위에서 청진음이 잘 들림) → 청진 먼저 시행하는 이유 : 타진과 촉진이 장음의 빈도와 강도를 변화시키기 때문 • 청진음은 복부장기, 동·정맥, 근육활동, 그리고 복벽의 마찰에 의하여 나타나는 소리를 듣는 것		
	장음 또는 연동음	① 장음은 위장관 내에 공기와 액체의 유무를 나타내는 소리로서 장 운동, 위장관 내에 음식물의 유무 및 소화상태와 관계가 있음 ② 장음은 복부 전체로 널리 전파되므로 한 부분에서만 들어도 되며, 장음 부재라고 결정내리기 위해서는 2분 이상 청진이 요구됨 예 식후 4~7시간 내에는 회맹판 부위에서 잘 들림	
		정상	꼬르륵 꼬르륵 물 흐르는 소리, 5~35회/분, 하복부 사분원에서 들림
		감소 (분당 5회 미만)	복막염, 장폐색, 아편계 약물사용, 장 수술 후
		소실	후기 장폐색, 복막염, 수술 후 마비성 장폐색, 저칼륨혈증
		복명 (분당 30회 이상)	항진된 장음, 높고 커다란 몰아치는 소리, 자주 반복하여 들리는 고음, 위장염, 설사, 조기 기계적 장폐색
	혈관음	청진부위 : 대동맥, 신(장)동맥, 장골동맥, 대퇴동맥 ① 동맥잡음, 정맥잡음, 마찰음은 청진기의 종형을 사용하여 청진함	
		대동맥 잡음	대동맥류
		명치 잡음	신동맥 협착음
		대동맥, 장골동맥, 대퇴동맥 잡음	동맥부전
		정맥 잡음	문맥 고혈압, 간질환
		비장 마찰음	감염, 종창, 경색, 종양 시 유발됨. 좌측전액와선의 흉곽하부에서 가장 잘 들림
		간 마찰음	간암, 간농양 시 유발됨, 우측하부 흉골연에서 가장 잘 들림
		② 대동맥음을 청진하기 위해 검상돌기 바로 아래 중간선에서 잡음을 청진하며 청진기를 옆으로 옮기면서 신동맥, 장골동맥, 대퇴동맥 부위를 청진 ③ 일반적으로 잡음이나 마찰음은 잘 들리지 않은 것이 정상임 ④ 종양, 감염, 경색에 의한 복막 내 염증이 있다면 마찰음이 주로 간과 비장 부위에서 들림	
	복막 마찰음	간, 비장이 복막과 접촉하기 때문에 나는 삐걱거리는 거친 소리, 심호흡 시에 더 크게 들림	

타진		• 검진 순서는 RUQ-LUQ-LLQ-RLQ로 시계방향으로 진행 09 임용 • 복부기관의 크기와 위치, 가스와 액체 축적여부 확인 • 금기 : 복강 내에 동맥류가 의심되는 환자, 복강 내 장기이식 환자
	고장음(Tympany) (= 고음, 가스팽만음)	① 좌상복부의 아홉 번째 늑간에서부터는 고음이 들려야 함 ② 비장 or 좌측신장이 비대 → 이 부위에서 소리가 나지 않거나 탁음이 남
	둔탁음(Dullness)	팽창된 방광, 비대해진 자궁, 일곱 번째 늑간에 위치한 간의 하부 가장자리에 있는 부위, 복수나 종양 시 둔탁음이 들림
	과대 공명음 (Hyperresonance)	고장음과 공명음의 중간소리로 가스로 인해 복부가 팽창됐을 때 발생 (전체적으로 고장음을 가지며 돌출된 복부는 장 폐쇄를 의미함)
	간의 길이	• 6~12cm 정상 • 우측 쇄골중앙선에서 　① 위 → 아래 : 공명음 → 둔탁음으로 변하는 부위 　② 아래 → 위 : 고장음 → 둔탁음으로 변하는 부위 　　(대상자에게 숨을 깊이 들이마시도록 한 뒤, 참도록 하고 타진 시 아래 경계선이 2~3cm 내려와야 함) 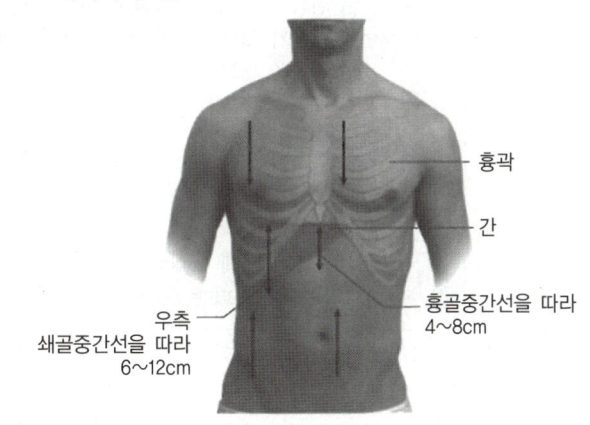
	늑골척추각 압통사정	① 대상자를 바로 앉게 하고 검진자는 대상자의 등 뒤로 서서 한 손을 등의 늑골척추각의 12번째 늑골 위에 두고 다른 한 손의 주먹으로 등 위에 놓여있는 손등을 침 → 통증이 없어야 정상이고, 압통이나 날카로운 통증은 신우신염, 사구체신염, 신결석 등을 의미함 ② 주먹타진 : 소리를 내는 대신 조직을 진동시킴 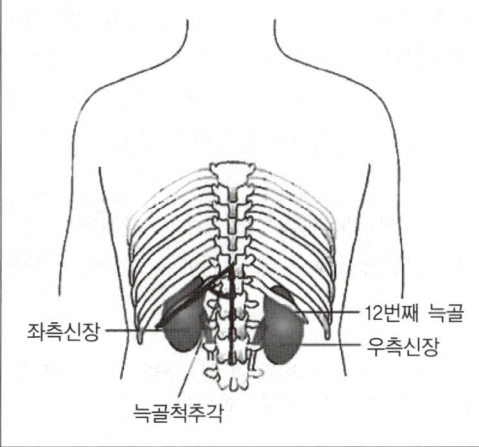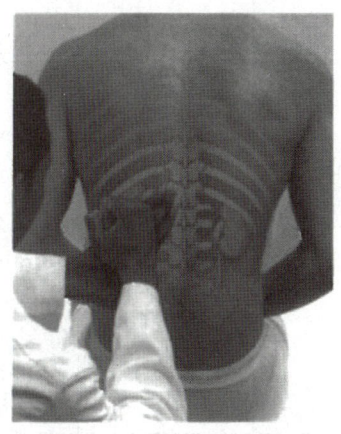

타진	복수의 유무 및 복수량 측정	① 탁음이동검사 : 정상인의 복부중앙은 고장음이 들리고 옆구리 측면에서는 탁음이 들리는데, 정상 시에는 자세변화에 따른 고장음과 탁음의 변화가 없음. 그러나 복수가 있으면 대상자의 자세변화에 따라 타진음이 변화됨 제와가 돌출될 수 있다. 둔탁음 가스팽만음 수분과 함께 불룩나온 옆구리 수분 높이 가스팽만음 둔탁음 ② 액체파동검사 : 대상자의 손이나 다른 검진자의 손의 척골면을 대상자의 복부 중앙선을 단단하게 누르도록 함. 이는 피부를 통해 파동이 전해지는 것을 막아주는 역할을 함 | 복수 | 한쪽 옆구리를 예리하게 칠 때 만일 복수가 있다면 반대편 복부에서 액체 파동을 느낄 수 있음 | | 정상 | 복부에 가스나 지방조직으로 차 있다면 파동의 변화를 느낄 수 없음 | ③ 복부 중앙, 옆구리에 정상음이 들리지 않는다면 원인이 낭종 혹은 부종인지 구별해야 함 ④ 복수는 감염, 간경화증, 울혈
촉진		• 촉진은 시진과 건강력에서 얻은 자료를 확인하는 데 도움이 됨 • 비정상 소견 : 장기를 눌렀을 때의 압통, 반동 압통, 근육의 경직, 덩어리 등 • 촉진하였을 때 팽창된 복부가 단단한지(수분과 가스가 축적되어 실제로 폐쇄된 경우), 부드러운지(해결할 수 있는 폐쇄 증상인지 또한 정상 소견인지) 구분하여야 함
	가벼운 촉진	① 1cm, 시계방향으로 ② 근육저항, 경직, 반동압통 부위 확인
	심부 촉진	5~8cm, 양손 사용해 복부 덩어리의 윤곽 파악
	신장 압통의 사정	① 복부검진 중 압통을 관찰할 수도 있고, 양쪽 늑골척추각에서 압통 관찰 ② 손가락 끝의 압력만으로 압통 유발 가능, 그렇지 않은 경우에는 주먹타진으로 유발함 ③ 한 손을 늑골척추각에 위치시키고 다른 손은 주먹을 쥐고 척골부위를 두드려보는데 충분히 느껴질 수 있는 세기로 시도해도 정상인에서는 통증이 없는 진동과 흔들림만 지각됨
	직장 내진	① 왼쪽이 아래를 향하도록 옆으로 누워 고관절과 무릎을 구부린 자세를 취하게 함 ② 장갑을 끼고 윤활제를 바른 후 항문에 손가락이나 항문경을 이용하여 배꼽쪽 방향으로 삽입 ③ 손가락을 돌려가면서 촉진함 • 직장 검진으로 전립선 비대 확인 가능, 충수돌기염 시 우측 직장벽의 압통 사정 • 항문의 소양감, 누공, 열구, 외치질, 직장 탈구 등 사정

※ 급성 복증의 통증부위와 관련하여 예상할 수 있는 질환

복부 전체	위염(gastritis), 장폐색(ileus), 대장염(colitis), 미만성 복막염(diffuse peritonitis), 급성 췌장염(acute pancreatitis), 식중독(food poisoning), 장간막동맥혈전증(mesenteric a. thrombosis), 복부 대동맥류 파열, 납중독(lead poisoning), 포르피린증(porphyria), 요독증(uremia), 헤노흐쉔라인 자반병(Henoch-Schönlein purpura), 당뇨병성 케토산증(diabetic ketoacidosis), 아니사키스증(anisakiasis)
명치부위	심혈관 질환, 충수염(appendicitis) 초기
우상복부	간질환, 담낭염, 요로감염증, 폐렴, 늑막염
우하복부	회맹장부분(ileocecal portion)에서 자주 발생하는 질환, 부인과 질환, 요로계 질환
좌상복부	췌장(이자), 비장(지라), 횡격막, 심장, 요로 질환
좌하복부	부인과 질환, 요로계 질환, S상결장염전, S상결장게실염, 궤양결장염, 변비

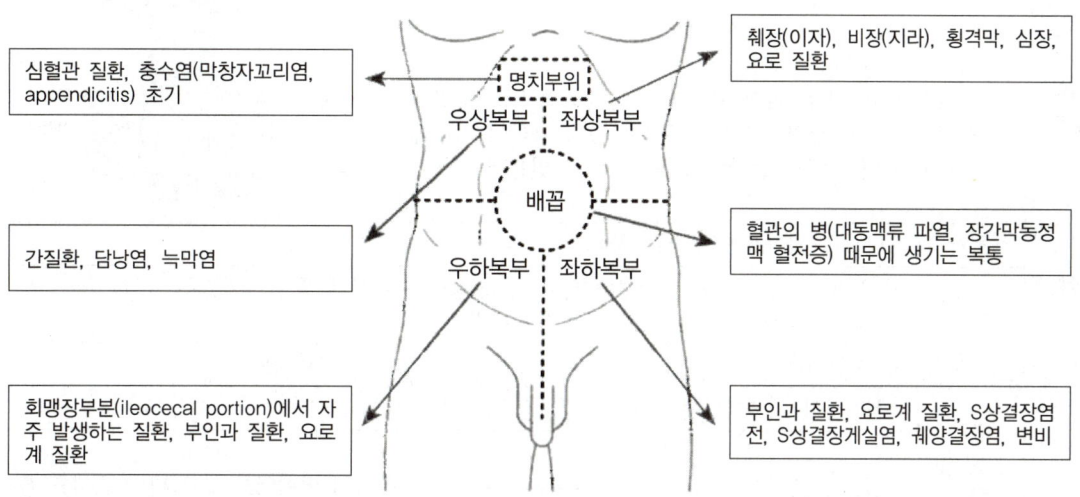

4 치아우식증 00 임용 | 아동질환 | 성인질환

정의		치아 외부의 법랑질을 점진적으로 파괴할 수 있는 일종의 부식과정
원인	개인적 요인	치아의 형태나 위치(치아 고르기, 치열 등), 타액량, 임신, 건강상태 등
	세균 요인	활동성
	환경 요인	구강위생상태, 음식종류, 식수의 불소농도 등
병태생리 (= 발생 기전) 00 임용		① 당이 함유된 식이의 섭취로 치석형성 ② 치석 속의 뮤탄스 연쇄상구균이 당 섭취 후 생산한 산이 구강 내 pH를 5.6 이하로 떨어뜨림 ③ 치아의 법랑질을 탈석회화함 ④ 치아의 주요조직을 파괴, 치수까지 손상되면 통증을 발생시킴(상아질에 신경섬유를 함유하고 있어 자극이 치수에 전달되어 이 시린감 등 불편감을 느낄 수 있음)
증상	초기	육안으로 치아표면의 검은 침식
	진행기	① 뜨거운 것, 찬 것, 음식물이 닿을 때 손상받은 치아에 통증 발생 ② 침범부위가 치수까지 확대되면 통증유발
예방 및 관리법 00 임용		치아우식증은 자연치유가 어려우므로 예방에 중점을 두어야 함 00 임용(지문)
	구강 검진 및 치료	정기검진: 6개월에 한 번씩 정기적으로 구강검진
		계속 구강건강관리: ① 구강검사 ② 치면열구전색(치아홈 메우기) : 어금니 표면에 있는 가느다란 틈새를 플라스틱 계통의 복합레진으로 메꾸어 세균이나 음식찌꺼기가 끼지 못하게 하는 방법
	올바른 칫솔질	칫솔 선택조건: ① 칫솔머리가 입안에 잘 들어갈 수 있는 크기 ② 칫솔머리부터 손잡이까지 칫솔대가 곧고, 손잡이는 넓고 납작한 것 ③ 칫솔 털의 면이 직선인 것 ④ 칫솔 털의 세기는 중간 정도 탄력, 강모의 끝은 둥글고 지나치게 짧지 않고 길이가 동일한 것
		칫솔 잡는 법: 칫솔대 중간을 네 손가락으로 잡고 칫솔머리 바로 밑 부분을 엄지로 힘을 주어 누른 다음 치아를 닦음
		치약 선택 & 양: ① 치아의 최대 청결과 최소의 마모를 유지할 수 있는 치약 ② 입자가 적어서 치아의 마모도가 적은 불소가 함유된 호형치약 ③ 칫솔털 2/3 정도에 치약을 묻혀야 치아가 깨끗하게 잘 닦임
		칫솔질 시기: ① 매 식사 후 또는 간식 후 3분 이내, 하루 3번 이상, 3분 동안 ② 잠자기 전에 닦고 동일 부위를 10회 정도 닦음
		칫솔질 방법 / 회전법: ① 윗니는 위에서 아래로 ② 아랫니는 위로 칫솔을 돌리면서 잇몸에 대고 누르면서 훑어냄 ③ 잇몸부터 시작하여 이, 혀까지 닦음
		칫솔보관: ① 치약과 음식물 찌꺼기가 칫솔에 남아 있지 않게 깨끗이 닦은 후 바람이 잘 통하는 곳에 머리가 위로 가도록 걸어 놓기 ② 마를 때까지 뚜껑 있는 용기에 넣지 않음
		칫솔질 사용기간 (교환시기): ① 3개월 이내 교환 ② 사용기간이 길수록 털 다발이 점차 벌어지게 되어 탄력이 손실 ③ 사용기간이 길수록 칫솔질의 치면 세균막 제거 효과가 점차 떨어짐
	불소 도포	주기적으로 치과에 가서 치아표면에 불소를 도포해 주는 것이 좋고, 특히 어린이(3세, 7세, 10세, 13세)와 청소년(25세 이하) 및 교정 치료를 받고 있는 환자는 불소 도포가 꼭 필요함
	치면 세마	치면 세균막과 같은 연성 부착물과 치석과 같은 경성부착물을 제거하고, 치아 포면을 매끈하게 연마해 주는 치주병 예방법

5 초기 아동기 충치(= 젖병충치) 17 임용 [아동질환]

정의	아동이 낮잠 잘 때나 잠잘 때 우유나 주스가 든 젖병을 물고 있거나, 깨어있는 동안 노리개 젖꼭지 대신 젖병을 사용해서 발생(대개 생후 18개월 이후에 발생됨) 주로 윗니 부식	
원인	식이	야간수유: 오랫동안 지속되는 야간의 모유수유도 종종 광범위한 치아파괴를 가져옴
		당이 함유된 식이: 당분 노출 시 뮤탄스 연쇄상구균에 의해 유산형성
		꿀로 코팅된 노리개 젖꼭지: 꿀로 코팅된 노리개 젖꼭지를 물리는 것도 충치를 생기게 함
	감염	연쇄상구균 감염 초기 근원지 중 하나는 뮤탄스 연쇄상구균을 가진 어머니의 타액임
병태생리	① 당이 함유된 식이의 섭취로 치석형성(특히 수면 중 침분비 저하로 자정작용이 적어서 섭취한 음료가 치아에 부착됨) ② 치석 속의 뮤탄스 연쇄상구균이 당 섭취 후 생산한 산이 구강 내 pH를 5.6 이하로 떨어뜨림 ③ 치아의 법랑질을 탈석회화함 ④ 치아의 주요조직을 파괴, 치수까지 손상되면 통증을 발생시킴	
증상	① 주로 윗 앞니에 발생됨(자는 동안 우유가 앞니에 고임. 아래 앞니는 혀나 침에 의해 보호됨) 10 국시 ② 통증, 통증이 심해서 우유를 먹지 않으려고 함 ③ 치아가 노랗게 삭고, 뿌리만 남기도 함	
관리법	심하게 손상된 치아는 영구치가 날 때까지 공간을 유지하기 위해 스테인리스로 씌어주어야 함	
예방법 17 임용 / 98,02,17, 18 국시	젖병충치 예방법	수유 관련: ① 잠자는 시간에 젖병 수유를 완전히 제한, 밤중 수유 금지 ② 충분히 수유한 후에는 젖병을 빨지 않도록 함
		노리개 젖꼭지: ① 노리개 젖꼭지 대용으로 젖병을 주지 않기 ② 달콤한 것이 발라진 노리개 젖꼭지를 사용하지 않기
		물, 컵: ① 우유나 주스 대신 물을 젖병에 넣어주기(상품화된 주스는 설탕이 이미 산으로 전환된 경우가 흔함), 그러나 젖병을 빨면서 자면 치아가 후방으로 밀릴 수 있으므로 가능하면 1세 전후로 젖병을 떼는 것이 중요함 ② 주스는 컵으로 제공(젖병 수유 장기화를 막기 위함), 1세경이면 조리된 식탁 요리 즐기기가 가능하고 컵사용이 가능함
	치아건강 관리법	치과방문: 모든 유치가 발현하면 치과 방문(2.5~3세)
		칫솔질: ① 부모의 도움을 받아 하루에 2번씩 칫솔질과 치실사용 ② 유치가 12개가량 출현한 18개월경부터 칫솔질 시작 권장
		불소사용: 불소가 함유된 물로 헹구어줄 것(0.25~0.5mg/일)

6 부정교합 [아동질환]

정의	안면 골격, 근육, 치아의 배열 이상			
원인	선천적 요인	① 유전적 요인 ② 근신경계/악골의 선천적 결함 ③ 내분비 장애나 대사 장애 등도 악골의 성장발육에 영향을 줄 수 있음 ④ 악골과 치아 크기의 부조화 ⑤ 치아의 선천적 결손이나 과잉치 같은 치아 수의 이상		
	후천적 요인	치아	유치	① 조기 발치로 인한 인접치의 변위 ② 만기잔존
			영구치	조기상실
		습관	① 엄지손가락을 빠는 습관 ② 젖병을 1세 전후로 떼어야 하는데, 그보다 젖병 사용기간이 길어지는 경우 [17 임용] ③ 음식물을 삼킬 때 혀로 앞니를 미는 것 ④ 입으로 숨을 쉬는 경향 ⑤ 한쪽으로만 잠을 자는 것 ⑥ 주먹으로 턱이나 머리를 고이기 ⑦ 입술을 깨물기, 입술 빨기 등	
증상	구조 변화	① 덧니나 뻐드렁니 ② 덧니는 없지만 아랫니와 윗니를 꼭 다물면 아래턱이 위턱을 덮음(주걱턱) ③ 덧니는 없지만 아랫니와 윗니를 꼭 다물면 위턱 속에 아래턱이 가려짐 ④ 아랫니와 윗니 중심선이 맞지 않고 비뚤어져 있음 ⑤ 얼굴의 좌우측 비대칭		
	기능 변화	① 충치가 없는 데도 음식이 잘 씹히지 않음 ② 입술의 두께가 비슷하지 않음 ③ 숨을 입으로 쉼 ④ 식사할 때 음식물을 잘 흘리고 덩어리 있는 음식을 잘 삼키지 못함		
예방	① 유치의 적시 발치 ② 영구치의 조기 상실방지 ③ 나쁜 습관들을 교정 ④ 1세 전후로 젖병 떼기, 이후까지 젖병 사용 시 치아가 후방으로 밀릴 수 있음			
부정교합 예방이유	① 외모의 개선을 위해서 ② 악습관의 개선을 위해서 ③ 치아의 올바른 기능을 위해서 ④ 불규칙한 치아배열로 일어나는 치주병을 예방하기 위해서 ⑤ 충치발생을 감소시키기 위해서			
교정치료 시작 시기	일반적으로 12~14세 정도, 영구치열이 어느 정도 완성된 시기에 교정치료 시작			

7 치주질환 [성인질환]

정의	치아를 둘러싸고 있는 주위의 부드러운 조직과 **뼈**를 침범하는 만성염증과정 ◆ **치주조직**: 겉으로 드러나 있는 잇몸뿐만 아니라 치아를 둘러싸고 있는 모든 조직으로, 치아를 지탱하고 있는 턱뼈와, 치아 뿌리의 가장 바깥 부위인 백악질, 치아 뿌리와 턱뼈를 연결하는 치주인대, 그리고 가장 바깥 부분인 잇몸(치은) 등으로 구성	
원인	국소	치면세균막, 치석, 나쁜 잇솔질 방법
	전신	영양장애, 대사장애, 내분비계나 면역계이상, 만성감염현상 지속 등
병태생리	① 치면세균막(플러그, 결합한 세균들의 집합) 내의 세균들이 독성물질을 만들어 잇몸에 염증을 일으킴 ② 치면세균막을 빨리 제거하지 않으면 딱딱한 석회화 물질인 치석으로 변함 ③ 치석은 잇몸의 염증을 더욱 심하게 만들고 점차 치조골까지 침범함	
증상	치아	치아가 흔들리고 위치의 변화
	치아와 잇몸	① 잇몸이 아래로 내려가거나 치아가 솟아오른 느낌 ② 치아와 잇몸 사이에 갈색 또는 검은색의 작은 돌 같은 물질이 관찰됨
	잇몸	① 잇몸이 연분홍색이 아니라 검붉은색임 ② 잇몸이 자주 붓고, 잇몸의 이물감, 압박감, 통증이 자주 발생 ③ 칫솔질을 할 때나 사과를 베어 물 때 잇몸 출혈 발생
	입냄새	입냄새가 심하게 남
예방 08 국시	칫솔질	치면세균막이 침착되지 않게 즉시 칫솔질을 해야 함
	치면세마	치면세마를 정기적으로 실시

8. 토순(= 구순열) / 구개열 [아동질환]

정의	태생기에 발생하는 안면 기형으로, 토순은 선천적인 입술의 기형으로 코 바로 밑과 윗입술의 분리이고, 구개 파열은 코안으로 가는 비정상적인 통로를 초래하는 구개의 갈라짐임 [토순(= 구순열)]　　　　　[구개열]		
원인 05 국시	유전	trisomy 13(파타우 증후군)	소안구증, 귀기형, 토순, 구개열, 다지증 등 발생
		trisomy 18(에드워드 증후군)	양안격리증, 귀기형, 소하악증, 후두돌출 등 발생
	환경	풍진, 노산, 임신 초기의 비타민 B_1/B_2/B_{12} 부족, 방사선 노출, 모체의 흡연이나 알코올(태아알코올 증후군)	
병태 생리	갈림기형은 임신 4~14주의 배아 발달기에 상악골과 전상악돌기의 융합부전을 초래하는 세포이동의 결함		
	태생기 7~8주	일차성 판(윗입술과 양쪽 치조)의 결합 실패로 토순 발생	
	태생기 7~12주	이차성 판(연구개와 경구개) 융합의 실패로 구개열 발생	
증상 01 국시	토순	① 주로 외모의 결함이 특이하여 환아와 그 가족의 정신건강에 미치는 영향이 큼 : 외모의 결함에서 오는 정신적 장애는 심한 반면, 기능적인 장애는 적음 ② 구순열이 심한 경우에 수유곤란 ③ 수술교정하지 않고 자라는 경우에 치아발달 문제와 부정교합, 언어발달 지연 등이 발생할 수 있음	
	구개열	① 입천장 근육의 결함으로 인해 유스타키오관(비인두관)의 기능장애가 발생와 반복되는 중이염으로 인한 청력장애 ② 구개열은 치아와 턱뼈의 성장에 영향을 미치므로 성장하면서 얼굴모양이 변하기도 함	

치료 및 간호 중재	교정 시기 99,06 국시	토순	① 외관상 보기 흉하므로 가능한 빨리 교정하는 것이 모아관계 형성에 도움이 됨 ② 대개 생후 6~12주가 바람직함(대부분 생후 1~2개월 이내 봉합수술)		
		구개열	① 구개의 정상적인 성장에 도움이 되기 위해 생후 6개월 이후로 교정연기 ② 언어발달이 본격화되기 전, 생후 6~12개월에 교정하여 언어발달에 장애를 최소화함		
	수술 간호	수술 전	사정	성장발달 사정	
			영양 공급	종류	① 토순만 있는 경우 모유수유 가능함 ② 경우에 따라 위관영양을 하기도 함
				기구	① 구멍이 크고 긴 부드러운 젖꼭지 사용 ② 경우에 따라 위관영양을 하기도 함 ③ 수유 시 작은 숟가락으로 입속 깊이 넣어주기, 고무끝이 달린 점적기 사용 ④ 유아용 컵 등 사용
				자세	upright sitting position으로 앉혀서 수유, 자주 트림시키기

치료 및 간호 중재	수술 간호	수술 전	감염방지	① 파열부분 위생 간호 : 매 수유 후에 입을 물로 깨끗이 씻고, 봉합선은 생리식염수에 묻힌 거즈로 닦아주기 ② 억제대 사용 : 수술 전 미리 미라 억제대나 팔꿈치 억제대 사용을 경험해 보도록 함
			부모 교육 및 지지	① 수유방법에 관해 부모 교육 시행 : 숟가락 옆을 이용하거나 고무끝이 달린 점적기, 유아용 컵 등 변형된 수유 도구 사용에 대한 교육 ② 수술 후 필요한 부모 교육 시행 : Logan bow (수술 부위를 이완시키고 봉합선의 긴장을 막기 위한 금속장치)에 관한 교육 ③ 환아의 성장발달에 맞는 놀이를 하도록 적절한 환경 제공 [Logan bow]
		수술 후 00,01, 10,13,14, 19 국시	기도개방 유지	① 분비물 흡인 및 기도개방 유지 : 습도 유지 등 ② 토순 : 봉합 부위 자극 및 손상우려를 감소시키기 위해 앙와위나 측와위를 취하게 하고, 엎드리지 않게 해야 함. 분비물 배출에 어려움이 있는 경우에는 부분적으로 측위를 취해줄 것 ③ 구개열 : 분비물 배출이 용이하도록 복위나 측와위를 취해줄 것
			봉합선 상해방지	① 측와위 ② Logan bow 적용 ③ 억제대 사용 <table><tr><td>미라 억제대</td><td>• 포로 전신을 감싸는 방법 • 머리나 목 부위의 치료나 검사, 정맥천자, 인후검사, 위관영양을 실시해야 하는 경우, 잠시 동안 억제를 필요로 할 때 적용</td></tr><tr><td>팔꿈치 억제대 19 국시</td><td>• 팔꿈치를 일자로 고정시키기 위한 장치 • 손을 얼굴이나 머리에 가져가지 않도록 하기 위해 사용, 토순 수술, 두피정맥주사 시, 손상된 피부 긁지 못하게 하기 위함</td></tr></table> ④ 비외상성 수유시행, 자주 트림시키기 ⑤ 설압자/빨대/노리개 젖꼭지 사용금지, 입에 숟가락 넣지 말기
			구강과 봉합선 청결	① 수술 후 1~2주간 물로만 입을 헹구게 함 ② 수유 후 식염수를 묻힌 면봉으로 닦아주기
			섭취	적당한 영양과 수분 섭취
			지지 등	안위감을 제공하고 발달 수준에 맞는 놀이 제공

9 구내염(구강감염) 95 임용 성인질환

정의				세균, 바이러스, 곰팡이 등에 의한 감염으로 인해 입안 점막(혀, 잇몸, 입술과 볼 안쪽 등)에 염증이 생기는 질환
원인	국소			천식 환자 → 부신피질호르몬을 흡입하는 환자는 칸디다증에 이환되기 쉬움, 예방 위해 흡입 후 입을 헹구도록 해야 함
	전신	물리적 손상		① 틀니가 맞지 않는 경우나 치열이 고르지 않아 점막에 닿는 경우(부적절한 치아) ② 뜨거운 음식을 먹고 데었을 때 ③ 구강 내의 점막이 건조되어 있을 때
		구강위생불량		① 수분과 식사섭취가 불충분하여 타액 분비가 부족한 경우 ② 이를 닦거나 입을 헹구어 입속을 청결하게 유지할 수 없는 경우
		전신상태의 저하		① 질병이나 과로 등으로 체력이 약해져 있는 경우 ② 식사를 하지 못해 영양상태가 나쁜 경우(비타민 B_2 부족, 빈혈 등) ③ 항생물질이나 스테로이드제를 많이 사용하고 있는 경우 ④ 백혈병이나 재생불량성 빈혈 등의 질병에 걸린 경우
		암의 치료	방사선 요법	방사선을 조사함에 따라 타액 분비가 억제되어 구강 내의 건조, 미각이상 등의 증상이 나타남
			화학요법	항암제, 대사길항제의 부작용으로 나타나는 것이 많으며, 타액 분비가 억제되며, 구강 내 건조 등의 증상이 나타남
		화학적 손상		① 감자튀김, 피클, 핫소스와 같은 맵거나 신맛 또는 짠 음식 등이 원인 ② 알코올, 과산화수소가 포함된 구강 청결제도 원인이 될 수 있음 ③ 흡연으로 인한 화학적 손상은 니코틴 구내염을 유발, 구토로 인한 위산이 구강점막을 반복적으로 헐게 하기 때문에 거식증도 구내염의 위험요인이 될 수 있음
		상주균 변화		구강 내 상주하는 바이러스, 이스트, 진균, 세균 등이 염증을 초래
		영양결핍		① 구내염과 설염은 비타민 B군 결핍으로 초래 ② 비타민 B_2(리보플라빈)와 비타민 B_6(피리독신) 결핍은 구순구각염과 설염 원인 ③ 엽산 혹은 비타민 B_{12}(코발라민) 결핍은 설염의 원인
유형	(1) 아프타 구내염 10 국시	정의		구강, 입술, 혀, 뺨 안쪽에 자주 발생하는 작은 궤양
		역학		젊은 여성에게 호발
		원인		① 정서적 스트레스 ② 비타민 부족, 음식이나 약물 알레르기 ③ 내분비계 장애, 바이러스 감염 등 추정
		증상		① 구강과 입술에 궤양이 있으며, 병변의 중심에 괴사가 진행되고 경계가 분명한, 작고 붉은 염증반응(비전염성) ② 심한 통증, 구강점막 작열감, 가려움증
		치료		① 3주 정도 지나면 자연치유, 스테로이드제를 바르거나 복용하면 치료기간 단축 ② 잦은 구강간호 실시 : 부드러운 칫솔과 거즈 사용 ③ 따뜻한 식염수 등으로 자주 함수

유형					
	(2) 헤르페스성 (단순포진)	원인	감염		단순포진 바이러스(Herpes simplex virus) 제1형에 의해 발생
			재발		원발성 감염 후 감염부위 신경섬유를 공급하는 척수근처의 신경절에 비활성화 상태로 있던 바이러스가 열, 정서적 긴장 등에 의해 주기적으로 재활성화되어 증상을 발생시킴
			기타		지나친 자외선 노출, 치과시술 등
		증상	초기		① 구강 내 수포발생, 수포가 터지면서 생긴 궤양에 가피가 형성되고 수 주 내 회복됨 ② 구강의 소양감, 통증, 작열감 등 ③ 림프절병증, 근육통 등의 전신증상을 동반키도 함
			후기		백태발생, 악취
		치료	원인제거		① 항바이러스제 투여
				약물 종류	아시클로비르(acyclovir, Zovirax), 팜시클로비르(famciclovir, Famvir)의 경우 투여나 피부도포가 가장 효과적인 치료임
				약물 기전	바이러스성 DNA 합성 방해로 바이러스 복재를 억제하여 새로운 병소 형성과 바이러스 번식처를 감소시킴
				약물 부작용	경구제제: 두통, 오심, 구토, 설사 등 도포제: 일시적 화상, 피부건조, 박리, 소양감, 발적 등
				주의 사항	피부도포 시 면봉으로 포진부위와 인접한 부위까지 포함해서 적용, 손으로 도포한 경우에는 추가감염을 예방하기 위해 전후에 철저히 손 씻기
					② 2차 감염 시: 항생제 투여
				약물	페니실린
				기전	세균이 세포벽 합성저지와 파괴를 통한 항균작용
				부작용	오심, 구토, 설사 등
				주의 사항	• 과민반응 확인: 소양증, 두드러기, 열, 아나필락시스 등 확인 • 식후 복용
			대증요법		진통제
			보존 및 지지		① 2차 감염예방: 청결, 건조하게 유지, 손 씻기 강화 ② 면역억제자나 신생아와 접촉하지 않도록 함
	(3) 급성괴사 궤양성 치은염	Vincent's angina(빈센트병), trench mouth(참호성 구강염)이라고도 함			
		역학	노인들에게 호발		
		원인	① 구강위생 불량 ② 영양결핍 ③ 수면과 휴식 부족 ④ 구강조직 손상 ⑤ 소모성 질환: 당뇨병, 바이러스감염, 세균성 감염, 혈액질환 등으로 인한 구강 내 변화와 감염에 대한 저항력 감소로 상주균이 감염을 일으키는 것		
		증상	국소		① 구강 내 궤양이 위막으로 덮여있음 ② 잇몸 통증과 때로 심한 구취 발생 가능
			전신		식욕부진, 발열, 백혈구 수치 상승, 림프절의 병변(림프절종) 등

유형				
	(3) 급성괴사 궤양성 치은염	치료	대증요법	① 항생제와 진통제 연고도포 ② 생리식염수나 과산화수소를 이용한 양치는 통증감소에 효과적임 ◆ 2.5% 과산화수소 : 구강소독에 적당함, 보통 2.5~3%의 수용액을 사용하면 무포자균을 효과적으로 살균함, 자극성이 적음, 살균작용이 짧고 미약한 편임
			보존 및 지지	① 충분한 휴식 ② 구강청결 유지 ③ 비타민 공급
	(4) 칸디다증 (= 아구창) 93,96,19 임용 / 08 국시	원인		① 원인균 : 칸디다 알비칸스(Candida albicans)라는 진균에 이 구강 내 점막조직에 감염을 일으켜서 발생함 　cf) 칸디다 알비칸스는 구강 내 상주균으로 평소에는 병을 일으키지 않지만 면역이 약해지면 병을 일으킴 ② 면역 저하 요인들 　㉠ 항암치료 중이거나 AIDS 감염으로 면역이 결핍된 사람 　㉡ 당뇨, 임신 중인 사람 : 진균 성장 촉진 　㉢ 흡입용 스테로이드제 사용 : 구강자극과 구강 내 면역억제 작용 　㉣ 장기간 항생제 치료 : 정상균총 파괴로 칸디다균 과성장 23 국시 　㉤ 장기간 경관/정맥 영양을 받은 사람 : 구강자극 ③ 칸디다 알비칸스 수직감염 : 칸디다성 질염에 이환된 산모에서 질식분만으로 태어난 신생아에게 발생
		증상		① 혀, 구개, 구강점막에 제거하기 어려운 우유 찌꺼기 모양의 진균성 백반 형성 ② 백반 부위에 건조감과 작열감 호소 ③ 백반 제거 시 홍반과 통증 있는 출혈 ④ 모유수유를 하는 경우, 유두가 빨갛게 되고 벗겨지거나 발진이 생길 수 있음
		치료	원인제거	**nystatin (니스타틴) (Mycostatin, 미코스타틴)** 효능 : 항진균제로 구강 및 소화관 내 칸디다증의 예방 및 치료 기전 : 진균세포벽 파괴로 진균활동 저해 부작용 : 오심, 구토, 식욕감소, 설사 등 주의사항 - 복용 전 충분히 흔들어 균일한 상태로 만들어 복용 - 복용 시 수 분간 입에 머금고 있다가 가글한 후에 삼키기, 투약 후 30분 동안 음식섭취 제한 - 임산부, 수유부는 의사에게 미리 알려서 주의깊게 사용해야 함 **fluconazole (플루코나졸)** 효능 : 항진균제로 점막 칸디다증(구강인두, 식도, 기관지폐감염, 피부점막 등)의 예방 및 치료 부작용 : 오심, 구토, 두통, 어지러움, 발진, 드물게 무과립구증 발생 가능
			대증요법	① 아스피린 같은 진통제 투여 ② 통증감소와 구강위생을 위해 미지근한 물이나 식염수, 과산화수소(물 또는 식염수와 과산화수소를 1:1로 섞은 용액으로 양치하도록 함) 등 처방 95 임용 ③ 유동식 제공

• 소독제의 종류

소독제	설명
과산화수소	• 3% 수용액 사용 • 자극성이 적어서 구내염, 인후염, 구내세척 등에 사용함
승홍	• 승홍(1)＋식염수(1)＋물(1,000) 비율(0.1%)로 만들어 사용 • 온도가 높을수록 살균력이 높음 • 더운 물에 녹는 맹독성으로 식기나 피부소독에 적합하지 않음 • 인수공통 감염병에서 동물 사체처리에 이용함
알코올	• 70~75% 사용 • 손 등 피부 및 기구소독에 사용함 • 상처, 눈, 비강 등 점막에 사용하지 않음
페놀(석탄산)	• 3~5% 수용액 사용 • 단백질 응고작용 • 금속부식성, 피부점막자극, 냄새와 독성이 강해서 기구소독에 사용함

10 비후성 유문협착증 [아동질환]

정의		① 유문근의 비후로 유문이 폐쇄된 상태로 비담즙성 구토의 가장 흔한 원인임 ② 남녀 비율 4:1, 모유를 먹는 아동에 비해 인공유를 먹는 아동에게 흔함
원인		선천성 질환으로, 정확한 원인이 알려지지 않음
병태생리		① 유문부 비후 : 유문부의 비후로 위 내용물이 장으로 이동하지 못해 구토를 유발함 ② 유문부 폐색 : 지속되는 구토와 자극으로 비후된 유문부의 손상으로 폐색이 초래되기도 함
증상 01,02,03, 07 국시	구토	① 생후 7일 이내에 잘 발생하지 않으며, 대개 생후 2~3주 후에 발생 ② 담즙을 포함하지 않은 분출성 구토(초록색을 띠는 담즙을 포함하지 않음) : 초기에는 분출성이 아닌 경우도 있으나, 점차 진행됨 15,20 국시 ③ 먹인 후 바로 구토하고, 구토 후 배고파서 안절부절못하며 다시 먹으려고 함 ④ 탈수 : 체중감소, 농축된 소변 ⑤ 체내 총 칼륨양 감소, 그러나 혈청 내 칼륨 농도는 유지됨(위액은 고농도의 HCl과 낮은 농도의 KCl, NaCl로 구성됨, 구토로 NaCl과 H_2O 소실되면 저혈량증이 초래되고, 그로인한 RAA 작용 저칼륨혈증이 초래됨) ⑥ 대사성 알칼리혈증과 저염소증 : 위액에 포함된 위산(HCl) 손실로 초래됨 ** 위산의 산도는 pH 2~2.5이고 점액, 염산, 염류를 함유하고 있음 ⑦ 영양불량과 변비 : 섭취부족과 체액감소로 초래됨
	시진	복벽이 얇으므로, 장의 폐색을 극복하려는 위의 연동운동(꿈틀운동) 관찰 : 수유 후 왼쪽부터 오른쪽으로 복부상부를 가로지르는 파동 관찰가능
	촉진	우측늑골연 하부에서 연골같이 단단한 지름 2~3cm 크기의 올리브 모양 덩어리(유문부 비후) 촉지 : 구토를 하고 난 직후, 울지 않고 있을 때 촉지가 잘 됨
진단검사	복부초음파 검사	유문부 근육층 두께가 4mm 이상 또는 유문부의 길이가 14mm 이상인 경우 확진
	상부위장관 조영술	① 유문부가 좁고 길어져있는지 확인 ② 비대해진 유문부 근육이 유문의 내강으로 튀어나온 것 확인 ③ 좁아진 유문부를 통과하는 바륨 확인
치료	원인제거	유문근 절제술로 외과적 중재를 하면 완치 가능함
	대증요법	① 구토 시 비위관 삽입으로 감압 ② 구토 후 탈수, 전해질 불균형, 산-염기 불균형의 증상을 관찰하고, 중재
	보존 및 지지	① 천천히 수유하도록 함 ② 수유 중이나 후에 트림을 시켜서 위팽만 예방 ③ 수유 후에는 상체를 높인 우측위를 취해주어 위가 빨리 비워지도록 함(우측으로 누우면 위 내용물이 위식도 접합부에 모여 빨리 비워지게 함) cf) 신생아와 영아에서 좌측위를 취해 주면 위 내용물이 중력의 영향으로 아래쪽에 고여 역류를 방지함
간호중재	수술 전	① 흡인의 위험성을 줄이기 위해 침상머리를 올려줌 ② 비위관 개방으로 위 감압을 해줌
	수술 후	① 경구 전해질 용액으로 소량씩 시작하여 양을 늘림 ② 수술 후 12~24시간부터 먹일 수 있음 : 수술 후 48시간까지는 조제유를 희석하여 제공, 모유는 희석하지 않고 제공해도 됨

11 위·식도 역류질환 19임용 성인질환

정의	위 내용물이 식도로 역류하여 식도 점막을 손상시키는 질환

관련 요인	① 하부식도괄약근 압력의 저하 19임용		
	구분	하부식도괄약근 압력 상승인자	하부식도괄약근 압력 저하인자
	호르몬	• 가스트린	• 세크레틴 • 글루카곤
	약물	• 항콜린에스테라제 • 콜린작동제	• 칼슘길항제(칼슘통로차단제) 19국시 • 베타아드레날린 작동제 • 항콜린제(아트로핀)
	음식	• 단백식이	• 담배 • 지방식이 • 카페인이 든 음료(커피 등) • 페퍼민트 • 초콜릿 • 술
	기타		• 테오필린 • 에피네프린 • 니트로글리세린 • 프로게스테론 • 니코틴(담배) • 연령증가 • 위식도 수술 후, 장기간 위관삽입 후 • 스트레스

② 식도의 연동운동 저하 : 식도의 연동운동 능력이 저하되어 있으면, 식도 내에 산성물질이 정체하게 되어 식도점막을 손상시키는 기회가 많아짐
③ 위산분비 증가 : 위산분비가 증가되는 상태에서는 역류하는 위 내용물이 강한 산성이기 때문에 식도점막에 대한 자극도 증가됨
④ 위의 연동운동 저하 : 위 내용물이 정체되지 않고 원활하게 소장으로 보내진다면 식도로 역류하는 기회는 적어질 것임. 위의 연동운동 저하로 인해 위의 내용물이 정체되기 때문에 역류할 가능성이 높아지는 것임
⑤ 중력 : 중력에 따라 음식물은 식도에서 위로 흘러감. 옆으로 누울 경우, 예를 들어 취침 시에는 역류가 더욱 잘 일어나게 됨
⑥ 복압의 상승 : 유문부 협착, 비만증, 임신, 복수, 변비 등도 원인이 됨
⑦ 위-식도 연접부위 각도(히스각, 식도와 위의 각 꺾임)의 위치 변경

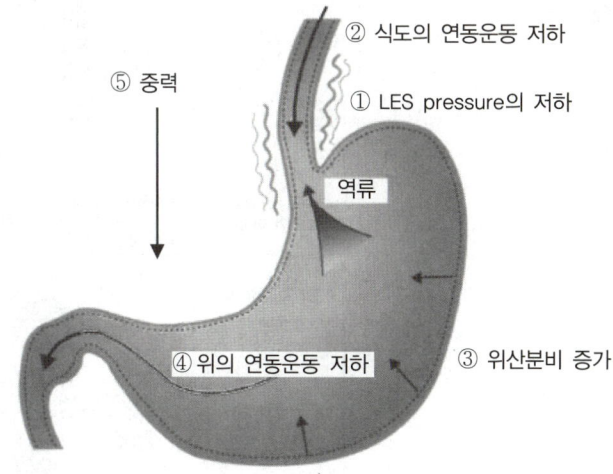

PLUS⊕

- 하부식도괄약근에 의한 역류방지 기전

흡기 시	위에 내용물이 충만되어 있을 때	복압 상승 시

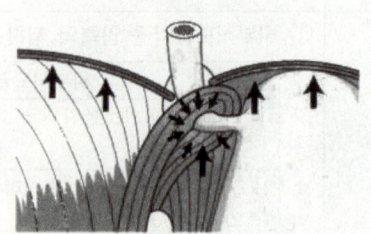

흉강 내가 음압이 되면 횡격막 우각이 식도를 끼워넣듯이 수축한다.

식도와 위는 예각(0~90°)으로 접해서 His각을 형성하고 있기 때문에 위내압이 상승하면 위저 부분에 의해 식도위 접합부(EGJ)가 짓눌린다.

하부식도는 횡격막 인대에 의해 횡격막의 식도열공에 단단하게 고정되어 있다. 따라서 급격하게 복압이 상승해도 식도의 아래끝은 복강 내에 머무르며, 복압을 바깥쪽에서 받아 수축한다.

병태생리

① 관련 원인
   ㉠ 횡격막을 지나 복강으로 들어온 식도부위에 미치는 복부내압 과도한 증가
   ㉡ 위-식도 연접부위 각도의 위치 변경
   ㉢ 하부식도괄약근의 무력증
② ①의 관련 원인으로 위식도괄약근의 역류방지 기능에 변화초래 시 역류 발생
③ 역류로 인해 염산 또는 위 내용물과 담즙산염과 췌장액을 함유하는 십이지장 내용물이 식도점막에 접촉하여 염증을 일으킴

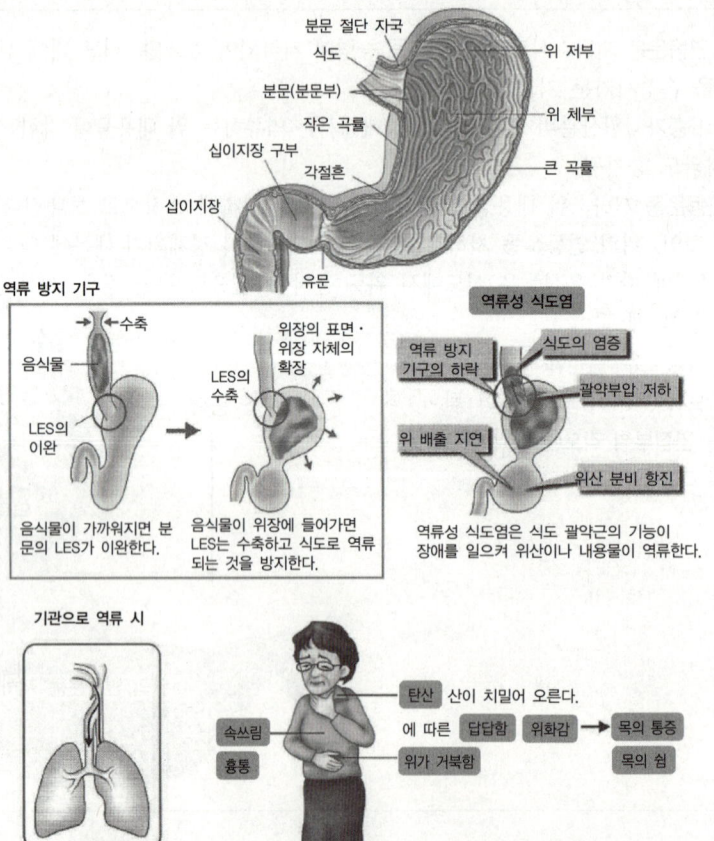

출처 : 근거중심 질환별 간호과정 1, 이노우에 도모코·사토 치후미 편집/신은주 옮김, 한언 출판사, 2014, p.308.

증상	만성기침, 쉰 소리 19 임용(지문), 후두염, 인두염	① 위 내용물이 인두와 구강으로 역류하면 기관-기관지로 흡인됨 ② 보통 수면 중에 발생하며 누운 자세는 위식도 역류를 증가시키고, 입인두 내 근육과 조직을 이완시켜 흡인의 위험을 증가시킴		
	속쓰림, 가슴통증 (= 가슴앓이), 구토, 트림	① 하부식도조임근을 통해 위액이 하부식도로 역류되면 식도점막이 부식성 펩신, 산, 담즙에 노출됨 ② 타는 듯한 감각(작열감)은 약 75%의 환자에게 나타남 ③ 양쪽 견갑골 사이, 목, 턱으로 방사(협심증과 감별하기 위해, NTG 투여로 증상이 경감되는지 확인) ④ 산의 역류로 쓴맛 혹은 신맛을 인두에서 느낌		
		증가요인	① 식사 후나 무거운 물건을 들어올리는 등 복압을 증가시키는 활동과 함께 나타남 ② 앙와위로 누워있거나 위 팽만 시	
		감소요인	① 서 있거나 걸으면 완화됨 ② 제산제나 수분 섭취	
	연하곤란	식도염을 치료하지 않으면 식도조직에 염증성 세포침윤, 섬유화, 흉터가 생겨 식도관이 협착되고 이로 인해 연하곤란과 연하통증이 발생함		
	식후통증	① 위 내용물이 증가하면 위 압력을 증가시켜 식도로 역류하지 않도록 하는 하부식도조임근의 능력에 영향을 미침 ② 역류는 염증이 있는 조직을 자극하여 통증을 일으킴		
	대변잠혈 반응검사	충혈된 식도점막의 미세출혈로 대변잠혈반응검사에서 양성반응을 나타내기도 함		
	합병증	식도염	식도염의 반복적 발생 → 반흔조직 형성 → 식도협착 초래 → 연하곤란	
		바렛식도 (Barrett's esophagus)	정상적인 식도의 편평상피세포가 원주상피세포로 바뀌는 것(화생)으로, 식도의 장형화생은 식도세포가 장조직의 상피세포로 대체되는 식도의 전암병소이므로 1~3년마다 정기적으로 내시경 및 조직검사를 실시해야 함 ** 원주상피세포가 편평상피세포보다 산에 강함	
		식도종양	–	
		위분문부 탈장	–	
		호흡기계 합병증	① 위액분비액의 상기도 자극으로 기침, 기관지 경련, 후두경련, 윤상연골 인두경련 등 ② 위 내용물의 호흡기계 흡입으로 천식, 만성기관지염, 폐렴 등 발생	
진단	바륨연하 검사	① 위식도 역류 증상을 호소 시 필요한 검사 22 국시 ② 식도, 위, 상부소장을 확인할 수 있음		
	상부내시경 검사	① 식도를 직접 볼 수 있음. 악성종양을 확인하고 진단하기 위해 조직검사를 실시 ② 바렛상피세포의 존재와 암을 확진하기 위해 내시경으로 조직생검을 실시함		
	번스타인 검사	검사법	생리식염수와 희석한 산성용액(0.1% 염산용액)을 교대로 식도에 주입함	
		결과해석	위식도 역류병 환자	산성용액은 속쓰림을 유발하고, 생리식염수에는 반응하지 않음
			위식도 역류병이 없는 환자	2가지 용액 모두에 반응이 없음
		검사목적	산도와 속쓰림 증상의 연관성을 보여주며 협심증과 감별함(협심증 시에는 니트로글리세린 투여로 증상 경감)	

진단	24시간 가동 pH 검사 (24시간 보행성 pH 검사)	위식도 역류병 진단을 내리기 위해 실시함	① pH를 감지하는 전극이 달린 작은 관을 코를 통해 식도로 삽입 ② 하부식도괄약근의 5cm 윗부분에 둠 ③ 환자가 정상적으로 섭취하고 행동을 하는 24시간 동안 지속적으로 관찰 (전극은 벨트의 작은 주머니와 연결되어 데이터가 기록되고 데이터는 컴퓨터로 분석됨)
		결과해석	pH가 4 이하로 감소한다면 역류를 의미함(정상 pH는 6)
	식도내압 검사		식도조임근의 압력과 식도의 연동운동을 측정함

	외과적 치료	약해진 하부식도 조임근의 외과적 치료

Nissen 추벽 성형술	Angelchick 보철기구 삽입술
식도하부를 위 기저부로 감싸는 수술	'C'모양의 실리콘 보철기구로 하부식도 주위를 묶어주는 수술

치료 및 중재	원인제거	식이관리 13,14,19 국시	O	소량 자주	위장 팽만은 위식도 역류의 악화요인이므로 가능하면 소량 자주, 하루 4번 이상 섭취 19임용
				천천히	천천히 먹고 충분히 씹도록 교육 : 타액과 충분히 섞이면 식도에 자극을 적게 주고 소화가 잘 되게 함
				수분섭취	음식이 식도에서 잘 내려가도록 식사 시 수분섭취
				저지방, 고섬유, 단백식이	단백질은 하부식도괄약근의 압력을 증가시키고, 지방질은 반대로 하부식도괄약근의 압력을 감소시키며 위 배출을 지연시킴. 고섬유식이는 위배출을 촉진시킴
				자극적인 음식	뜨겁거나 차거나 자극적인 음식물들은 증상을 유발하므로 식초, 신 과일, 마늘, 양파 등을 피할 것
				우유	우유에 포함된 칼슘과 카제인이라는 단백질이 위산분비를 촉진시켜 위식도 역류질환 증상을 더욱 유발함
			×	커피 등	커피, 차, 페퍼민트, 초콜릿, 술 등은 하부식도괄약근을 이완시켜 위 내용물이 식도로 이동하게 하므로 금할 것(∵ 하부식도괄약근의 이완은 미주신경에 의해 조정되고, 뇌간기능에 의해 이루어짐) 19임용
				가스형성 식이	탄산음료, 빨대로 음료수 마시기, 가스발생 음식 등의 섭취를 제한할 것. 특히 추벽 성형술 후 나타날 수 있는 가스팽만 증후군을 예방하기 위함
				야식	잠자리에 들기 2~3시간 전 식사 및 음료를 피할 것

				정상체중	체중증가(비만)는 복압을 상승시켜서 위식도 역류를 증가시킴 `19 임용`
원인제거	생활개선 `13 국시`	○		머리상승	취침 시 머리 부분을 10~15cm 상승시킬 것 `19 임용(지문)`
		×		복압상승요인	① 식사 후 몸을 앞으로 구부리기, 무거운 물건 들기, 배변 시 힘을 지나치게 주기 등은 복압을 상승시켜 역류를 초래하므로 피할 것 ② 꽉 조이는 옷은 복압을 상승시키므로 입지 말기 `19 국시`
				흡연, 음주	하부식도괄약근의 이완을 초래하므로 금연하고, 절주할 것
				눕기	식후 바로 눕지 말 것, 식후 2~3시간 이내 눕지 않아야 함
대증요법	제산제		종류		수산화알루미늄제산제(amphogel), 수산화마그네슘제산제(Mag-Ox), 알루미늄-마그네슘 합성제(mylanta)
			작용		① 위의 pH 3.5로 유지 위해 투여 ② 식전 1시간과 식후 2~3시간마다 섭취, 취침 전 복용 ③ 가슴앓이 증상을 빠르게 완화시키나 효과 지속시간은 짧음
치료 및 중재	보존 및 지지요법 `19 임용 / 07,13,14, 16,20 국시`	○	산 분비 감소	히스타민2 수용체 길항제 (cimetidine, famotidine, nizatidine)	약리작용: ① 벽세포에서 히스타민2 수용체를 길항하여 위산분비를 감소시킴 ② 펩시노겐에서 펩신으로 전환 감소 ③ 식도와 위 점막 자극 증상 감소 부작용: ① 간장애 ② 신장애 ③ 중추신경작용으로 혼돈, 환각, 착각 등 : 혈액-뇌장벽(BBB)을 통과하여 혼란과 중추신경계 억제 효과가 있음 ④ 호중구 감소증 ⑤ 여성형 유방 : 항안드로겐 작용으로 발생함
				프로톤 펌프 억제제 (Omeprazole)	약리작용: ① 위벽세포에서 수소이온의 분비를 담당하는 양성자펌프를 억제함으로써 위산분비를 억제시킴 ② 식도염의 증상을 완화시키고 치유를 증진시킴 부작용: ① 복부경련, 두통, 설사 등이 나타날 수 있음 ② 장기간 투약 시 위암 발생위험이 있음
		×		항콜린제 약물 (Dicyclomine)	위산분비 감소를 위한 투여는 금함 (∵ 하부식도 조임근의 이완, 위 배출 속도 연장이 함께 나타나기 때문)
			역류방지	부교감신경 효능제 (Cisapril, Propulsid)	작용: ① 하부식도괄약근의 압력을 증가시키고 식도 운동을 원활하게 함 ② 위장운동을 촉진함 주의점: ① 위를 빠르게 비울 수 있어 식사나 취침 15분 전에 복용케 함 ② 위산분비를 증가시킬 수 있으므로 제산제나 히스타민2 수용체 길항제와 함께 투여할 것

CHAPTER 01. 위장관계 건강문제의 간호와 관리

12 식도암 성인질환

정의		식도에 발생한 악성종양
관련 요인	연령, 성별	60대 남자에게 흔함, 나이 증가에 따라 점차 증가
	음주, 흡연	독주와 과음, 흡연은 식도암 발생률을 높임
	식습관	뜨거운(65° 이상) 음료를 자주 마시는 습관
	기타	바렛식도, 플러머-빈슨 증후군(Plummer-Vinson Syndrom), 식도협착 등
임상증상 16,22 국시	연하곤란, 연하통	음식을 삼키기 어렵거나 삼킬 때 통증발생, 초기나 종양이 작을 때는 무증상이나 점차 진행되면 심한 체중감소와 영양실조가 발생할 수 있음
	역류	음식물을 삼키지 못하고 역류가 발생하는 경우에 흡인되어 기침이나 흡인성 폐렴 발생 가능
	주변침윤증상	식도주변의 기관(organ)에 암이 침윤함에 따라 쉰 목소리, 기침, 객혈 등이 발생할 수 있음
진단	상부위장관조영술 (식도조영술)	용액형태의 바륨을 삼키고 X-선 검사를 통해서 식도의 구조적 비정상 및 위치 확인
	상부위장관 내시경 검사 (식도 내시경)	내시경을 통해서 식도암의 위치와 크기, 모양 등을 평가하고, 조직검사를 시행함
치료	원인제거	외과적 중재술 : 암이 있는 식도를 절제하고 위장을 흉강 내로 끌어올린 식도-위 문합술이나 대장 일부를 식도와 위 사이에 이식하는 수술 적용
	보존 및 지지요법	① 방사선 요법, 항암요법 ② 유동식 제공(음식 통과 용이), 소량씩 자주 제공 ③ 음식물의 역류를 예방하기 위해 식후 2시간까지와 잠잘 때 침상머리 상승 ④ 잠들기 전 2~3시간 전에 아무것도 먹지말도록 함

13 식도게실 성인질환

정의	식도벽의 일부분이 주머니 모양으로 바깥으로 부풀어 나온 것으로 섭취한 음식이 게실 안에 있다가 역류되거나, 국소농양을 일으켜 식도천공 위험이 있음 ◆ 게실이란, 근육막을 통하여 장점막층이 탈장되거나 바깥으로 돌출되어 나온 것으로 게실염은 게실 내에 소화되지 않은 음식물 덩어리가 있을 때 게실부분에 혈액공급을 감소시키고 게실 안에 세균이 증식되어 발생함 • 게실질환은 저섬유소 식이로 인해 발생함, 저섬유소 식이는 변비를 일으키며 약한 장근육 부분에 압력이 증가하여 게실을 초래할 수 있음 • 다발성 게실증은 장근육의 위축이나 허약함, 장관강 내의 압력증가, 비만 및 만성적인 변비 등으로 발생함 • 게실염이 있는 사람이 옥수수, 팝콘, 토마토나 씨가 있는 오이 같이 소화되지 않은 섬유질 식품을 섭취한 경우에 이 음식물들이 게실의 개구부를 막고 염증을 일으킬 수 있음 • 노화로 인한 장관벽의 긴장도 저하도 게실염의 원인이 됨	
관련 요인	선천적 결손, 식도외상, 흉터조직, 염증 등	
유형	견인성 게실	① 식도점막이 식도에서 바깥쪽으로 당겨진 것 ② 식도 중간 부위에서 가장 많이 발생함
	내압확장성 게실	① 식도점막이 식도근육의 결손된 부위에서 바깥쪽으로 밀려나온 것 ② 상부 식도괄약근 직상부와 하부 식도괄약근의 직상부에서 가장 많이 발생함
임상증상	연하곤란	목의 불편감을 동반한 연하곤란
	역류	① 트림, 소화되지 않은 음식물의 역류 ② 구취, 입안의 신맛 10,12 국시 ③ 역류된 음식물이 기도를 자극하여 기침과 인후통 발생, 야간에 호흡곤란 호소 ④ 역류로 인한 질식, 흡인성 폐렴, 폐농양 등 호흡기계 합병증
	Boyce's sign	일부 대상자에서 공기가 게실을 통과할 때 꾸르륵 소리를 듣게 됨
합병증	식도천공	섭취한 음식이 게실 안에 고여있다가 역류되거나 국소농양을 일으켜 식도천공의 발생 위험성 증가
	흡인성 폐렴	음식물의 역류로 인한 발생 가능
	폐농양	음식물 등의 이물질 흡인으로 폐조직의 염증과 괴사로 생긴 공동 속에 농 고임
진단	상부위장관조영술	용액형태의 바륨을 삼키고 X-선 검사를 통해서 식도, 위, 소장의 구조적 비정상 및 게실의 위치를 확인
	상부위장관 내시경 검사	내시경 검사 시 천공 가능성이 있으므로 각별한 주의가 필요함 10 국시
치료	원인제거	외과적 중재술: 게실을 절개하고, 식도점막의 재연결
	보존 및 지지요법	① 유동식 제공(음식 통과 용이), 소량씩 자주 제공 ② 음식물의 역류를 예방하기 위해 식후 2시간까지와 잠잘 때 침상머리 상승 ③ 꽉 끼는 옷이나 식후 격렬한 운동을 삼가도록 함 ④ 통증 등 증상을 유발하는 요인과 완화시키는 요인을 대상자에게 교육

14 위염 성인질환

1 급성 위염(Acute gastritis) 02 국시

정의	위 점막의 염증성 질환		
역학적 특성	① 50~60대에 가장 호발 ② 여성보다 남성(특히 술이나 담배를 애용하는 사람)에게 호발 ③ 위장관 출혈의 원인 중 10~30%를 차지함		
원인	미생물		① Helicobacter pylori : 요소분해효소(요소를 가수분해해서 암모니아를 생성하는 작용을 함)를 생성하여 위 점막에 손상유발 ② 장염균(salmonella), 포도상구균(staphylococcus) 감염
	음식		① 술 : 염산 생성 자극 ② 카페인 : 염산과 펩신 분비 자극, 혈관수축으로 점막세포의 저산소증 유발 ③ 양념이 많은 음식, 자극성 음식(겨자, 고추, 후추), 너무 빠르게 음식을 섭취하거나 다식, 병원균에 오염된 음식 섭취
	약물	아스피린, 비스테로이드성 항염제	COX-1의 작용을 억제하여 위벽을 보호하는 프로스타글란딘 합성 억제 → 위염, 소화성궤양
		코르티코 스테로이드	① 단백질의 소모로 위점막 세포의 재생률을 감소시킴 : 점막에서의 점액과 중탄산 분비 감소 ② 당류코르티코이드(코티졸)는 위산분비를 증가시킴
		항암제	위 점막세포의 손상
		디기탈리스	산성 시 흡수되는 약의 효과로 위장계 부작용이 있으나 제산제를 병용하지 않음
	질환		화상, 심한 식도 열공, 담즙과 췌장액의 역류, 신부전(가스트린은 신장에서 대사되므로 신부전으로 인해 고가스트린혈증이 초래되어 위산분비↑), 패혈증(극심한 신체적 스트레스로 인해 위 점막 미란과 출혈발생), 쇼크(위장관 혈류 감소)
	환경	스트레스	① 교감신경 자극으로 위장관 혈관의 허혈, 부교감신경 자극으로 염산 분비 증가 ② 코티졸의 분비증가로 위산과 펩신 분비 증가
		방사선	위점막 세포 손상 초래
		흡연	① 췌장에서 중탄산염의 분비 저하 ② H. pylori 감염 위험성 높임
	기타		내시경 검사, 비위관, 흡인
병태 생리	① 프로스타글란딘으로 구성된 위점막 방어벽이 손상을 입으면 염산과 펩신이 위조직과 만나게 되어 염증이나 표재성 미란 발생 ② 염산이 위점막에 접촉하면 작은 혈관들이 손상되어 부종과 출혈이 생기고 궤양을 형성함 ③ 급성위염으로 생긴 손상은 국소적이고, 위점막은 빠르게 재생되므로 며칠 이내에 회복됨		
임상 증상	통증		복부 불편감, 복부 압통, 명치부위 통증
	출혈		위장관 출혈, 토혈, 혈변, 흑색변
	위 기능저하		트림, 오심, 구토, 설사(오염된 음식물에 의해 급성 위염이 발생한 경우에는 음식물 섭취 5시간 이내에 설사함)
진단	① 약물과 음식섭취 과거력 여부 조사 ② 내시경 검사와 생검으로 확진		
치료	원인제거		원인요소를 제거하고 점막이 치유될 때까지 위를 보호(점막 재생 위해 증상이 사라질 때까지 금식시키고 정맥으로 영양을 공급)
	대증요법		① Phenothiazine계 약물 : 구토 감소(기전 : 연수 내 화학수용체 유발구역 내에서 D_2 수용체에 대한 작용을 최소화하여 연수의 구토중추 자극을 감소시킴) ② 제산제(Maalox), H_2 수용체 길항제(Zantac) 투여 : 산을 중화하거나 산의 분비를 감소시켜 증상을 완화시킴 ③ 만약 출혈이 있으면 비위관 흡인과 찬 생리식염수로 세척
	보존 및 지지		① NSAIDs 섭취가 원인이라면 Cytotec(misoprostol, 프로스타글란딘 유사체) 투여 : 위점막 보호, 위산분비 억제 ② 증상이 사라지면, 자극인 음식을 피하면서 서서히 정상식이를 섭취 : 처음에는 하루 4~6회 소량의 식사를 권장 ③ 완전히 회복될 때까지 자극적인 음식, 술, 흡연을 삼가도록 교육

❷ 만성 위염(Chronic gastritis) : 위점막의 만성적인 염증성 질환

정의			위점막의 만성적인 염증성 질환
분류	내시경적 소견과 위 조직상에 따른 분류	표재성 위염	위점막 종창, 충혈, 미란과 출혈
		위축성 위염	① 위의 모든 층에 발생하며 위궤양, 위암으로 발전 ② 위벽 세포와 주세포의 수가 줄어드는 것이 특징임 ③ 위내 분비되는 산의 양이 매우 적어 염산 결핍증 초래하여 위암 발생의 주원인이 됨. 이 경우 산이 풍부한 유자차나 레몬즙 등의 섭취로 소화를 도움. 회장에서 비타민 B_{12} 흡수에 필수적인 내적인자 생산을 하지 못해 악성빈혈 초래 가능
		비후성 위염	① 뚜렷하지 않은 결절성 점막 생김 ② 점막이 두꺼워지고, 불규칙적, 결절성 추벽발생 ③ 출혈 빈번
	기전에 따른 분류	A형	① 자가면역성 위염으로 벽세포의 proton pump와 주세포의 pepsinogen에 대한 자가항체 때문에 발생 ② 산을 분비하는 위조직, 특히 위저부에 있는 조직의 위축으로 내적인자를 분비하지 못함으로써 비타민 B_{12}를 흡수하지 못해 악성빈혈 발생
		B형	① 주로 위동을 침범하는 H. pylori 감염으로 발생 ② 주로 오염된 음식과 물이 원인, 대변을 통해 구강으로 감염되는 형태
원인			① Helicobacter pylori 감염 ② 소화성 궤양, 위수술 : 위분비샘(가스트린 분비선)의 위축을 초래하거나 위공장문합술 후에 담즙과 담즙산이 남아 위로 역류해서 일으키기도 함 ③ 만성위축성 위염/B형 위염 : 주로 오염된 음식과 물이 원인이며, 위험인자는 고령과 낮은 사회·경제적 상태, 혼잡한 주위환경 등 ④ 흡연, 음주, 특정약물 등 급성위염을 일으키는 요인과 유사
병태생리	A형		① 원인 노출 : 신체에서 내적인자와 벽세포에 대해 자가항체를 만들어냄 ② 자가항체에 의해서 위점막세포가 파괴되어 조직이 위축되고 염산과 펩신분비를 못하게 됨 ③ 비타민 B_{12}의 흡수에 필수적인 내적인자의 생산에 영향 → 악성빈혈
	B형		① 원인 노출 : H. pylori에 감염 ② H. pylori에 감염되면 위점막에 염증이 발생되어 중성구와 림프구 침윤 ③ 위점막의 가장 바깥층이 위축되어 염산과 펩신에 의한 자가소화에 대해 효과적인 방어를 할 수 없게 됨
임상증상			① 증상 불분명(염산이 증가하지 않기 때문) ② 위장기능 저하 : 식욕부진, 포만감, 소화불량, 자극음식, 지방성 식이의 소화불량, 식후 상복부 통증, 악성빈혈
진단			내시경 검사와 생검으로 확진
치료 03,06,16 국시	원인제거		① 스트레스, 피로요인 등 악화요인, 유발요인을 피하도록 할 것 ② H. pylori 감염 시 항생제 투여 : clarithromycin(Biaxin) 또는 metronidazole(Flagyl)을 PPI인 omeprazole(Prilosec)과 함께 투여 시 박멸률 90%
	대증요법	약물	제산제, 미주신경차단제, 진정제, steroid(벽세포 재생을 위해), 악성 빈혈 시 비타민 B_{12} 투여, 통증조절 위해 산 분비 억제제(PPI) 투여
		외과적 치료	출혈이 조절되지 않으면 부분적 위절제술, 유문 성형술, 미주신경 절단술, 전체 위절제술 등 적용
	보존 및 지지		① 오심, 구토 증상 없어질 때까지 금식하며 이후 부드러운 음식으로 소량제공 ② 만성 위염은 주기적 위암 검사가 요구됨

15 소화성 궤양 [92, 11 임용] [성인질환]

정의			펩신(Pepsin), 염산에 의한 염증으로 부분적인 결함을 동반하며 식도하부, 위, 십이지장 점막의 연속성이 차단되는 것으로 위액이 접촉되는 위장관의 어느 곳에서나 발생할 수 있음
유형	위궤양		유문부 무력증으로 점액생성 감소, 담즙이 역류되면 위점막 방어벽 손상
	십이지장 궤양		① 대개 높은 위산분비, 빠른 gastric emptying이 특징 ② 산 분비 자극 : 단백질 많은 음식, 칼슘, 미주신경 자극에서 기인
	스트레스성 궤양		급성 내과적 위기 후 발생가능함. 컬링궤양, 쿠싱궤양 등이 있음
	약물 유도성 궤양		아스피린, 비스테로이성 소염제, 알코올 등

유발
요인
[23 임용]
	Helicobacter pylori
	(헬리코박터
	파이로리균)
	[23 임용]
			① 헬리코박터균이 위 점막에 침투 및 부착
			② 요소분해효소(urease, 요소를 분해해서 NH_3를 만들어 위산을 중화시킴)를 생성함
			  - 강한 위산이 분비되는 위 속에서 생존 가능함
			  - 위점막에 손상유발(위점막의 점액층에 침투하여 위점막 방어기전을 교란시키고, 활성산소에 대한 방어체계를 무너뜨림)
			③ 감염되면 위점막에 염증이 발생하여 중성구와 림프구가 침윤하게 되고 궤양형성까지 가능함 : 만성 위염의 증상을 초래함(점막이 얇아지며 주름이 생기는 위축성 위염이 발생함 → 위축된 위점막은 장점막의 상피세포에 잠식해 들어와 장상피 화생이 생김)
			④ 손상과 염증이 반복되면서 위점막 가장 바깥층이 위축되어 위산과 펩신에 의한 자가소화에 대해 효과적인 방어를 할 수 없게 됨
			⑤ 십이지장궤양 환자의 90%, 위궤양 환자의 70%에서 발견됨

	음식	술	위산 생성 자극
		카페인	위산과 펩신 분비 자극, 혈관수축으로 점막세포의 저산소증 유발
		\<양념이 많은 음식, 자극성 음식(겨자, 고추, 후추), 너무 빠르게 음식을 섭취하거나 다식, 병원균에 오염된 음식 섭취	
	약물	아스피린, NSAIDs	프로스타글란딘 합성 억제 → 위염, 소화성궤양 [21 국시]
		코르티코스테로이드	단백질의 소모로 위점막 세포의 재생률 감소 → 점막손상에 반응해서 마개를 형성하지 못하고 점막에서의 점액과 중탄산 분비 감소
		항암제	위 점막세포의 손상
		디기탈리스	산성 시 흡수되는 약의 효과로 위장계 부작용이 있으나 제산제를 병용하지 않음
	질환		간 및 췌장 질환, 내분비 질환, 만성 신부전, COPD, Zollinger-Ellison syndrome (가스트린종으로 Gastrin 과다분비)
	환경	스트레스	교감신경 자극으로 위장관 혈관의 허혈, 부교감신경 자극으로 염산 분비 증가, 코티졸의 분비 증가로 염산과 펩신 분비 증가
		방사선	위점막 세포 손상 초래
		흡연	췌장에서 중탄산염의 분비 저하, H.pylori 감염 위험성 높임

유발요인 23 임용	유전	가족력	
	혈액형	O형 : A · B형 항원이 없는 경우 H. pylori가 위에 잘 붙음	
	스트레스	심각한 외상, 심한 질환, 심한 화상(curling 궤양), 두개손상·뇌내질환(cushing 궤양), 쇼크, 패혈증 → 교감신경 항진으로 혈관수축으로 인한 위장관 혈관 허혈, 부교감신경 항진으로 위산분비 증가, 부신피질 호르몬 중 당류코르티코이드는 위점막 세포의 재생률 감소시키고, 위산분비를 증가시킴	
병태생리	(1) 위산분비 증가	위산의 과다분비는 궤양 형성의 주된 요인임	
		자극요인	위의 확장, 단백질의 존재, 미주신경 활동, 아세틸콜린, 히스타민, 가스트린
		운동성 증가	위 배출속도가 증가해 단백질과 중화 전 위산이 대량으로 십이지장으로 이동, 점막손상으로 궤양 유발
		위 배출 영향 요인	음식물의 점도, 양, 물리적 상태, 삼투질 농도, 음식의 산도, 유미즙, 소장의 수용력, 운동, 약물, 정서, 통증, 체위, 엔테로가스트론, 세크레틴 등
	(2) 점막 방어인자 파괴	위산과 펩신이 점막을 통해 조직으로 들어가 궤양을 형성함	
		H. pylori	요소분해효소를 생성하여 염증발생 유발
		아스피린, NSAIDs	Prostaglandin 합성방해
		Corticosteroid	점막세포의 재생률 감소유발 ◆ 점막방어인자 : 점액(mucos)과 알칼리분비, 세포재생, 점막혈류 ◆ 프로스타글란딘 : 점액분비 항진, 중탄산이온분비 항진, 위점막미세순환 증가
		흡연	중탄산 감소, 감염위험
		스트레스	교감신경 활성화로 혈관수축
	(3) (1)(2)에 의한 병리적 변화	① (1)(2)로 인해 염증 발생 ② 히스타민 분비 증가 → 혈관확장 증가/모세혈관 투과성 증가 → 위 내부로 혈장과 단백질의 상실/점막부종 ③ 산과 펩신 분비 증가 ④ 점막의 미란성 변화 / 출혈 ⑤ 궤양 형성	

공통 증상
• 무증상일 수도 있음 • 소화불량 증후군 : 가득 찬 느낌, 팽만, 상복부 불편감, 식욕부진, 체중감소, 오심, 구토

	구분	위궤양	십이지장궤양
증상 01,10, 22 국시	병태생리	NSAIDs, H. pylori균 ⇨ 점막 방어력↓ ⇨ 궤양	H. pylori균, 위 배출속도↑ ⇨ 위산↑, 점막 방어력↓ ⇨ 궤양
	산 분비	정상 또는 감소	증가
	Pepsinogen	정상	증가
	Gastrin	공복 시-상승, 식후-상승	공복 시-정상, 식후-상승
	발생연령	45~54세 → 위염과 관계 有, 암 가능성 있음	25~50세 → 위염과 관계 無, 암 가능성 드묾
	완화/악화(P)	• 음식에 의해 악화 22 국시 • 제산제에 의해 통증 완화 안 됨 • 구토하면 통증이 완화될 수 있음	• 음식, 제산제에 의해 통증 완화 • 공복 시 통증(공복 시 위산 농도↑, 식사 시 위산이 묽어져 통증 경감)
	통증 양상(Q)	둔한 통증	갉아내는 듯하고 타는 듯한 통증
	통증 부위(R)	LUQ 상복부 중앙	• RUQ 상복부 중앙 • 늑골 가장자리 따라 등쪽으로 방사

	통증 강도(S)	다양함(십이지장궤양보다 덜함)		경증~중등도
	통증 시기(T)	식사 30분 후(음식덩어리가 궤양부위 자극)		식후 2~3시간 후 or AM 0~3시에 발생
	영양상태	영양상태 불량		영양상태 양호
	출혈	토혈(궤양이 혈관부위 통과)		흑색변

			합병증
증상 01,10, 22 국시	(1) 출혈 - 위궤양 多, 노인에게 위험	기전	궤양이 침식해 혈관부위 통과
		증상	토혈, 혈변, 흑색변, 오심, 피로, 현기증, 빈맥, 저혈압, 빈호흡
		치료	• 금식한 채로 Levin tube insertion, 실온 N/S irrigation • 혈관조영술로 색전술을 하거나 필요한 경우 수술을 함 • 출혈 후 산도 5.5~7.0 유지 • 출혈량이 많으면 수액을 정맥주입함
	(2) 천공 - 십이지장 궤양 多 - 외과적 응급상태	기전	소화관 내와 복강 내 연결 → 화학적 복막염, 저혈량 shock, 세균성 패혈증
		증상	갑작스런 심한 상복부 통증 + 우측 어깨방사, 반동압통, 복막자극 증상(근강직, 판모양 강직), 장 연동운동 감소, 구토, 쇼크 증상 23임용
		치료	금식한 채로 Levin tube 삽입, 위 흡인, 정맥수액요법, 수술
	(3) 유문폐색	기전	궤양이 재발되는 동안 염증과 치유 반복하면서 근육경련, 부종, 반흔 → 유문폐색
		증상	연동운동으로 위가 비워지지 못하는 야간 통증이 특징적, 상복부 포만감, 궤양성 통증, 오심, 구토, 위 연동파(좌 → 우), 대사성 알칼리증(반복된 구토로 발생)
		치료	• 금식한 채로 Levin tube 삽입 / 비위관 감압, 흡인 • 비수술적 요법(풍선 부풀림), 유문성형술
진단 13,17 국시	임상검사	CBC검사	Hgb, Hct 감소(출혈 시)
		혈청검사	H. pylori균이 있다면 ELISA법에 의해 혈중 H. pylori IgG 항체 발견
		대변 잠혈	양성 반응(출혈 시)
	방사선 검사	상부위장관조영술 (UGI Series)	① 검사 전 8시간 이상 금식(∵ 위 운동 증가를 예방하기 위함) ② 검사시 방사선이 투과되지 않는 약물(바륨)을 미신 후에 식도, 위, 십이지장의 표면에 바륨액이 코팅된 모습을 방사선 투시조영기로 관찰하면서 식도, 위, 십이지장의 해부학적, 기능적 이상을 진단함 ③ 검사시간은 15~20분 정도 소요되며, 염증, 궤양, 게실, 양성종양, 암, 장폐쇄, 횡격막 탈장 등을 진단할 수 있음 ④ 검사 후 변비 예방을 위해서 물 많이 섭취하도록 권장하고 필요시 하제 투여, 흰색 변 배설에 대한 설명
	내시경 검사	식도위십이지장 내시경 검사 & 생검(EGD)	① 검사 전 금식, 검사 후에도 구개반사 있을 때까지 금식 ② H. pylori균이 있다면, 시약이 황색 → 적색으로 변함
	특수 검사	위산분석 검사	기본분비 검사와 위산자극 검사	① 8시간 이상 금식 후 위산도를 변화시킬 수 있는 약물 제한 ② 기본분비검사에서 비정상적인 위액분비가 의심되면 위산자극 검사를 즉시 시행함(정상 위산치는 2.5mEq/L, 양은 62ml/hr) ③ 위액분비가 현저하게 증가된 경우에는 Zollinger-Ellison 증후군일 경우가 있음, 위액분비가 중간 정도인 경우에는 십이지장궤양, 위액이 감소된 경우에는 위궤양이거나 위암을 의심할 수 있음, 만성 위축성 위염, 악성빈혈, 위암인 경우에는 무산이고 위산자극검사에도 반응하지 않음

진단 13,17 국시	특수검사	요소호기 검사	원리	① ^{13}C-urea(탄산동위원소가 포함된 요소)를 포함한 Helicap을 물과 함께 섭취해서 H.pylori가 있으면 생성한 요소분해효소(urease)가 ^{13}C-urea를 암모니아와 이산화탄소($^{13}CO_2$)로 분해 ② $^{13}CO_2$는 혈액을 통해 폐로 이동하여 호흡으로 배출됨 ③ 이 호흡을 모아서 이산화탄소양을 측정해서 감염여부를 확인함
			장점	① 내시경 검사를 할 필요가 없어 대상자의 불편함이 없고 한 번의 호흡으로 측정 가능 ② 높은 민감도와 특이도 ③ 치료 후 추적검사에 탁월함
		대변을 이용한 항원검사	원리	H.pylori 성장과 증식과정에서 생긴 항원 단백질을 대변에서 직접 검출
			장점	① 내시경이나 요소호기 검사가 어려운 노인이나 소아에서 검사 가능 ② 민감도, 특이도가 90~95%로 정확도가 높은 검사 ③ 제균 치료 후 박멸 여부 확인 가능
		혈청 항체검사	원리	Helicobacter pylori 감염에 의해 생성된 혈청 내의 항체를 측정함
					H. pylori IgG	과거 감염을 나타내나 제균 치료 경험이 없으면 현재 감염 의심
				H. pylori IgM	감염 초기에 나타남으로 조기 진단
			장점	① 혈액으로 검사하므로 병변 부위와 상관없이 간단하게 검사 가능 ② 역학조사 또는 감염의 선별검사로 이용 ③ 과거 감염과 현재 감염의 구별이 어려우며 제균 치료 후 추적검사로 적합하지 못한 단점이 있음 ④ 10세 이전의 소아에서는 항체가가 상대적으로 낮아 진단검사로 사용하기 어려움
치료 및 중재	원인제거	항생제 요법	약물	clarithromycin(Biaxin, 바이악신), metronidazole(Flagyl) → H. pylori균 박멸
			간호	병용	PPI제제인 omeprazole(Prilosec)을 함께 투여 → 박멸률이 비약적으로 상승하여 90%에 이름
				기간	처방된 기간까지는 꼭 복용
				부작용	설사, 기회감염(항생제 사용으로 정상세균총이 파괴되어 병원미생물이 정상세균총을 대신하여 발생) 발생 관찰
		자극제거	위점막 자극약물	Aspirin, NSAIDs, 스테로이드 제제 등 투약 금지
			위점막 자극음식	커피, 술, 우유, 자극적인 양념 많이 있는 음식 등 섭취 금지
		외과적 치료	미주신경절제술	위산분비 감소
			유문성형술	유문괄약근을 확장하는 수술로 위 배출 속도를 증가시킴
			Billroth Ⅰ	위하부 절제하고 십이지장 연결
			Billroth Ⅱ	위동 제거 후 공장문합, 십이지장은 폐쇄시켜서 그대로 둠

■ **약물요법**

① 제산제 : 약한 염기로 위산중화(위내 pH↑), 위산과 반응하여 물과 염기를 형성하고 위산 감소로 펩신의 활성화 저하(펩신의 단백분해작용 저하), 6주~최대 6개월까지 투여가능, 정제보다 액상형의 효과가 강력함. 식전 또는 식후 1hr 또는 취침 전 복용할 것, 투여 2시간 이내 다른 약 복용하지 말 것

	약물	작용	부작용	중재
치료 및 중재	수산화 알루미늄 (amphogel) 92,11 임용	• 염화알루미늄과 물을 생산 → 위산을 중화시켜 위내 pH를 증가시킴 • 알루미늄이 수렴제 작용 → 변비초래	• 변비 • 제산제와 수크랄페이트에 포함된 알루미늄은 장에서 흡수된 후 신장을 통하여 배설되며 요중농도는 1~3주 동안 상승됨 • 정상에서 알루미늄의 혈중농도 상승은 이상반응을 초래하지 않지만 신부전이 있는 경우 알루미늄의 저류로 인한 신경독성과 빈혈이 발생할 수 있음 • 알루미늄은 소장에서 인산염의 흡수를 저해하여 저인산혈증을 유발할 수 있음 • 만성 : 인 결핍, 인 소실로 인한 골다공증, 골연화증 발생, 알루미늄 침착으로 인한 신경독성작용 발생가능	• 적응증 : 신부전 환자(고인산혈증 시에 암포젤 투여 시 위장관에서 인과 결합하여 배출되므로 인 감소 효과), 저칼슘혈증(암포젤이 인산결합체로 혈중 인수치를 낮춰 혈중 칼슘농도 증가 효과) • 인 결핍은 인 부족 식사 시 나타남 (단백질 부족, 알코올중독자에서 흔히 발생) • 흔들어서 복용케 함 • 변비 발생 시 약물 교체나 완화제 처방 • 저염식이를 하는 대상자(고혈압, 신부전 등)에게 투여 시 염화알루미늄을 생산하므로, 고용량 처방 시 주의
	수산화 마그네슘 (Mag-Ox) 92 임용(보기)	• 염화마그네슘과 물을 생산 → 위산 중화 • 위산과 반응하여 생성된 염은 잘 흡수되지 않음 • 제산 작용하는 시간은 탄산수소나트륨보다 긺	• 설사(장내 염류저류로, 장내 삼투압을 증가시켜서 장을 팽창시키고, 장운동을 항진시킴으로써 발생) • 신부전이 있는 경우 : 요배설의 감소로 인한 혈중농도 상승, 전신부작용 유발가능 • 고마그네슘증(정상인은 대부분의 Mg^{2+}이 신장으로 배출) • 체내 수분저류 : 제산제로 포함된 나트륨으로 인해(염화마그네슘임)	• 심한 신장애(고마그네슘혈증 유발 위험성), 분변매복/직장출혈(장내 삼투압 증가로 악화위험성) 시 금기 • 설사를 하면 알루미늄 제산제나 알루미늄 합성제로 교체 • 칼슘 제산제나 알루미늄 제산제와 병용 92 임용(보기)
	알루미늄- 마그네슘 합성제 (Maalox, Mylanta)	• 위산 중화	• 경미한 변비 또는 설사	• 신장장애 대상자 투여금기 (∵ 대부분 마그네슘은 신장으로 배출되므로, 신부전 시 고마그네슘혈증이 초래될 수 있음)
	칼슘탄산염 (Calcium carbonate)	• 위산 중화 • 위점막 보호벽과 식도조임근의 긴장도 강화	• 변비, 위팽만 • 칼슘은 고칼슘혈증과 대사성 알칼리증, 신부전을 유발할 수 있으므로 투여에 주의가 필요함 • 반동성 과산증(가스트린 방출을 자극해서 위산분비를 촉진함), 저인산혈증	• 신장장애 대상자 투여금기 • 우유와 함께 복용 금기, 우유와 함께 복용 시 우유알칼리증후군 발생 가능(고칼슘혈증, 대사성알칼리증, 신부전 등이 초래됨)
	중탄산염 (sodium bicarbonate)	• Na^+이 위산 중화 후 혈액을 알칼리로 변화	• 장기간 복용 시 대사성 알칼리증을 유발하며, 과량 투여 시 체내 나트륨이 축적되어 고나트륨혈증이 초래될 수 있음	• 전신 흡수성 제산제(장기간 복용 시 알칼리증 발생) • 전신 영향 시간이 길고, 제산제로서의 효과 지속시간은 짧음 92 임용(보기) • 흔히 사용 안 함 • 간경변, 고혈압, 심부전, 신장질환 대상자에게 투여 시 주의해야 함

② **산분비억제제**: H_2 수용체 길항제로 1) 벽세포의 히스타민 수용체와 결합하면 히스타민 효과(히스타민이 벽세포의 히스타민 수용체와 결합하면 단백키나제가 활성화되면서 프로톤펌프가 촉진되고 위내강으로 위산분비)를 경쟁적으로 저해하고 2) 가스트린이나 아세틸콜린의 효과도 비경쟁적으로 저해하여 위산분비를 억제함. 식사 시/취침 전 투여, 14일 이상 장기복용 시 내성발생, 약물 중단 시 약물로 유발된 고가스트린 혈증으로 인한 위산분비 증가가 지속되므로 소량 유지용량 후 중단

약물 〈-dine〉	작용	부작용	중재
cimetidine (Tagamet) 11 임용	• 위산분비 감소 • 위조직 치유	• 부작용 흔치 않음 • 간장애, 신장애 　- 간기능이 저하되면 약물의 혈장 반감기가 증가하여 약물농도가 독성수준에 도달할 수 있으므로 이러한 환자에게는 약물의 투여빈도나 용량을 줄여서 사용해야 함 • 중추신경작용: 혼돈, 환각, 착란(특히 노인에서 호발) 　- 혈액-뇌장벽을 통과하여 혼란과 중추신경 억제효과가 나타날 수 있음 • 호중구 감소증, 드물게 적혈구, 혈소판 등도 감소할 수 있음 • 여성형 유방(안드로젠이 수용체에 부착되는 것을 방해하는 항안드로젠 작용으로 인해 발생)	• 노인 or 장기 복용자에 주로 부작용 발생되므로, 부작용 관찰 • 특히 노인일 경우 정신상태 관찰 • 제산제 투여 후 1시간 이내 투여 금지 • clopidogrel, wafarin과 같은 항응고제의 대사를 방해하여 항응고제 효과를 감소시키므로 이러한 약물을 투여하는지 확인할 것
ranitidine(Zantac) ** 19년도에 발암물질 검출로 잠정적 판매중단 famotidine(Gaster) nizatidine(Axid)	• 위산분비 감소 • 위조직 치유	• 설사 또는 변비(ranitidine은 변비, Axid는 설사, Gaster는 설사/변비 둘 다 가능) • 두통, 피로 • BUN/Cr↑(Famotidine) • 졸음(Nizatidine)	• 식사 후 일정 간격을 두고 복용 • famotidine(Gaster): 제산제와 동시 투여가능 • 약물을 끊은 후에 과산증 상태가 되어 궤양이 재발될 수 있으므로 재발 예방을 위해 유지량으로 1년 정도 투여

③ **산분비억제제(항콜린제)**: 장기간 사용하지 말 것(타액분비 억제에 의한 구강, 소화관 운동의 억제에 의한 변비 등의 부작용이 많아서 흔히 사용되지 않으며, 지속성 야간 통증대상자 등에서 단기투여)

약물	작용	부작용	중재
dicyclomine (Bentyl)	• 평활근에 작용하는 아세틸콜린 작용 길항 → 위운동 감소, 위액분비 감소 → 위 배출 시간 연장 → 음식물과 제산제가 위 내 머무르는 시간 연장(제산제 효과가 길게 나타남)	• 두통, 심계항진, 어지러움, 변비, 구강건조, 요정체, 녹내장	• 위산자극이 흔히 나타날 수 있는 식전 30분(공복 시), 식후 1시간(음식섭취로 위산분비 자극)에 투여 • 금기: 녹내장/소화기 폐색, 장무력 폐쇄증, 위출혈 환자

④ **산분비억제제 - 양성자펌프 억제제(PPI제제)** (H. pylori에 의해 유발된 궤양 치료에서 항생제와 병용) 19 국시

약물 〈-zole〉	작용	부작용	중재
omeprazole (Prilosec, Losec)	• 위벽세포 효소분비시스템 억제 → 위산분비 억제 • 위산을 감소시켜 강산에서 활성화되는 펩신의 단백분해작용 감소	• 복부 경련, 두통, 설사, 위암(장기간 복용 시) • 1년 이상 장기투약 칼슘의 섭취와 흡수 방해 → 골절위험성 증가, 항응고 효과	• 아침 식전 • 가루를 내거나 씹지 말고, 삼켜서 복용 • H. pylori에 의해 발생한 궤양 치료를 위해 항생제와 병행

⑤ **산분비억제제(프로스타글란딘 유사체)**

약물	작용	부작용	중재
misoprostol (Cytotec)	• 위산분비 억제 • 위장점막 보호 및 점막 재생	• 설사, 오심, 두통, 복부불편감, 자궁 수축, 유산 등	• 자궁 수축 → 임산부 금기 • 장기간 아스피린, NSAIDs 치료 받은 사람에게 효과적임

◆ **프로스타글란딘**: PGE1, PGE2는 위산분비억제, 조직손상 점막 방어력 증강하는 작용

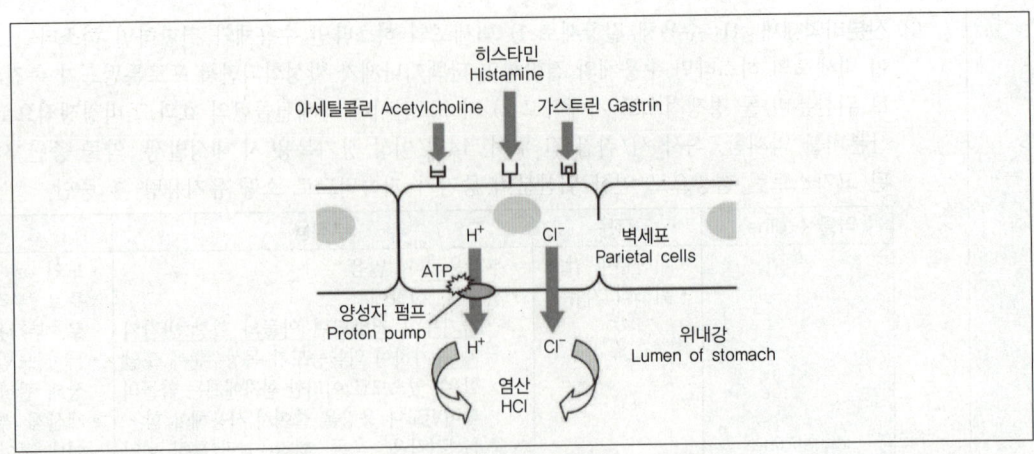

[위산분비 촉진인자]

⑥ 점막 보호제

	약물	작용	부작용	중재
치료 및 중재	Sucralfate (Carafate) (항펩신제) 11 임용(보기)	• 알부민과 피브리노겐 → 접착성 보호막 형성 • 위점막을 덮어 자극을 방지해 주고, 염증을 감소시키는 약물	• 어지러움, 두통, 변비, 설사, 오심	• 투석환자 금기 • 알루미늄을 포함하고 있으므로 신장장애 시 알루미늄 뇌증을 초래할 수 있으므로 주의할 것 • 식전 투여(산성일 때, 공복 투여로 효과가 증진되므로 식전 1시간, 식후 2시간, 취침 시 투여) • 알약을 부수지 말고, 제산제와 투약시 최소 30분 이상 간격을 두고 투여하고 다른 약물은 1시간 이상 간격두어 투약할 것
	Bismuth subsalicylate (Pepto-Bismol)	• 중탄산염, PG생성 촉진 → 염산과 펩신에 의해 손상 예방 • H. pylori균 직접 박멸	• 검은 변, 혀는 일시적으로 나타남 • 장기복용 시 신경독성	• 식사와 함께 복용하도록 함

대증요법	식이	① 급성기에는 NPO → 소화하기 쉬운 형태의 식사 시작 ② 규칙적으로 소식 + 저지방, 저섬유식(악화기) ③ 간식 : 간식으로 통증이 완화된다면 식간에 제공, 잠자기 전에는 섭취하지 말 것 ④ 금지 : 자극적 음식, 너무 뜨겁거나 차가운 음식, 우유, 카페인, 술, 초콜릿
	통증완화	① 위점막 자극하는 약물, 음식 금기(진통제는 Tylenol 사용, Aspirin 금기) ② 통증과 스트레스 대비한 이완요법

보존 및 지지 요법	불안완화	① 자신의 감정(걱정, 불안) 표현 ② 질병에 대한 정보, 관리방법 교육 : 지속적 치료의 중요성, 궤양의 원인, 자극 감소시키는 행동 ③ 가족의 정서적 지지 도모 ④ 지속적인 f/u ⑤ 암 검사 중요성 교육
	스트레스 관리	① 자신의 감정 표현　　　　　　　　② 증상 유발요인 피하기 ③ 스트레스 상황 시 제산제 복용　　④ 증상 악화 시 신체활동 감소 ⑤ 제산제 휴대하기　　　　　　　　⑥ 수면과 휴식 ⑦ 이완요법 : 취미와 오락 활동, 명상, 심호흡, 요가 ⑧ 가정과 작업 환경조절
	감염관리	손 씻기 교육 : H. pylori균은 항문-구강 전파기 때문에 손 씻기 격려

16 스트레스성 궤양 [93 임용] [성인질환]

정의	심한 외상, 화상(컬링궤양) [93 임용], 쇼크, 패혈증 등과 같은 위기상황에서 발생하는 것으로 펩신(Pepsin), 염산에 의한 염증이 발생하고 궤양으로 진행된 것
관련 요인	심한 외상, 화상(컬링궤양), 쇼크, 패혈증, 진행성 암, 급격한 두개내압 상승(쿠싱궤양), 급성호흡장애증후군(ARDS) 등과 같은 위기상황 등
병태생리	① 위기상황에서 교감신경의 항진으로 위장관 혈관이 수축하여 허혈이 발생하고, 부교감신경의 항진으로 위산분비 증가와 펩신의 활성화 증가 ② 위점막의 상피세포는 저산소증에 극히 민감해서 수분 내에 세포괴사를 유발 : 위산과 펩신의 과도생산만으로 궤양이 발병하지는 않지만, 국소허혈이 있는 위점막을 위산이 자극하면 미란성 위염이 발생하고 위궤양으로 진행됨 ③ 궤양발생 3~7일 후 통증 없이 출혈발생, 궤양부위는 다발성이고 위 근위부에 호발함
치료 [08 국시]	① 예방이 가장 중요함 ② 심하게 스트레스를 받는 위기상황에서는 H_2 수용체 길항제를 투여하여 위내 pH를 4.0 이상 유지

17 위암 10,17 임용 [성인질환]

정의	위암은 위점막 상피세포에서 발생하는 악성 종양		
역학	① 악성 종양으로는 90%는 선암이고 나머지는 임파종, 평활근육종이 차지 ② 2024년 국가 암 등록통계 : 남녀 전체에서 가장 많이 발생한 암은 갑상선암이었으며, 이어서 폐암, 대장암, 위암, 유방암, 전립선암, 간암 순으로 많이 발생한 것으로 나타남		
	남자	폐암, 위암, 전립선암, 대장암, 간암 순으로 많이 발생	
	여자	유방암, 갑상선암, 대장암, 폐암, 위암 순으로 많이 발생	
원인	감염 요인	H. pylori 감염(암의 주요 위험요인)	
	식이 요인	① 고염식품(위암 발생률이 50~80% 높아짐) ② 햄, 소시지 등에 포함된 질산염 화합물(위내 미생물에 의해 발암물질인 아질산염으로 전환)의 장기간 섭취 ③ 불에 태운 고기를 먹거나, 알코올, 흡연(비타민 C의 혈중 농도를 낮추고 발암물질인 질소아민의 생성을 촉진시킴, 타르에 여러 가지 발암물질을 포함하고 있음) 등	
	유전적 요인	위암 환자의 10~15%가 위암 가족력이 있음(가족성 경향이 유전 때문인지 환경요인 때문인지 확실하지 않음)	
	관련 병력	만성 위염, 악성 빈혈, 위 용종, 식이, 위산결핍증 등	
	위암의 전암성 병변	이형성	위점막 세포의 이형성이 위암과 관련 ◆ 이형성 : 세포 하나하나는 암세포와 비슷하지만 위점막의 표층부에만 국한되어 있는 경우로 시간이 지나면서 위암으로 진행될 가능성이 높은 위암의 전 단계 병변 → 만성 위축성 위염 : 위점막들의 구조가 파괴되어 점막의 깊이가 얇아져서 그 자리에 장세포로 바뀜
		위절제술 환자	위 pH↑, 세균 증식↑ → 20년 경과 시 위암 발병 위험도가 3~5배↑
병태 생리	위암은 국소 부위에서 시작 → 점막, 점막하층까지 침범/위동, 유문부에 발생↑		
	조기 위암	암이 위의 점막 또는 점막밑층까지 침범한 경우	
	진행성 위암	위의 근육층 이상을 침범한 경우	
	선암	점액을 분비하는 세포에 발생(위암 중 가장 흔함)	
	전이	위암은 림프선이나 혈액을 따라 간, 폐, 난소, 복강으로 전이	
증상 및 징후 05,08, 17 국시	① 증상이 늦게 나타남 → 조기 위암인 경우 약 80% 이상에서 특별한 증상이 없음		
	초기 증상	막연한 소화불량, 조기 만복감, 식욕부진, 오심, 피로, 상복부 불편감 경함	
	질병 진행	체중 감소, 악액질 등 동반, 복부의 종양이 만져짐, 대변 잠혈	
	② 증상은 종양의 위치에 따라 다름		
	분문부 근처	식도 침범으로 연하곤란	
	유문부 근처	폐색 증상을 느낄 수 있음	

진단
16,17 국시
	① 건강력, 신체검진
	② CBC 검사 : 빈혈이 나타나는 것이 위암의 첫 암시
	③ 상부 위장관 X-선 : 위 병변 부위 확인 가능
	④ 상부 위장관 내시경과 조직검사 : 정확한 진단 가능
	⑤ 혈청 아밀라제, 암 지표자 검사(CEA, CA19-9)
	⑥ 위암 진단 후 복부 CT를 이용해 위장촬영, 양전자 단층촬영(PET) 등으로 병기 결정
	◆ 국가암검진사업 : 위암 검진
	  - 대상 : 40세 이상 남·여
	  - 검진주기 : 2년마다
	  - 검사(3) : 위내시경, 조직검사, 위장조영검사		

치료	원인제거	수술	외과적 치료로 위의 산 분비 능력 감소, 악성이거나 잠재적 악성 병변 제거
		위부분 절제술	• 위의 대부분을 절제하는 모든 종류의 수술을 지칭함 • 종류 : Billroth Ⅰ, Ⅱ
		위전 절제술	• 위암병소가 광범위할 때 적용 • 위 전체 절제 → 식도, 공장을 연결(식도-공장문합)
		수술 후 위관 삽관	① 일반적으로 감압, 세척, 위액분석, 위관영양 목적으로 위관을 삽관함 ② 위 수술 후에 부종, 위장운동의 저하, 위장 내의 내용물이나 가스로 인하여 생긴 압력을 완화하기 위하여 비위관 삽관, 위 내용물을 제거하여 유문부 경련을 감소시킴 → 장운동이 정상으로 회복 시에 위관 제거
		시술	내시경 위점막절제술 (EMR): 위암이 튀어나온 모양에서는 병변의 크기가 2cm 이하, 오목하게 들어간 모양에서는 1cm 이하인 경우 점막층에만 국한되어야 적용 가능, 위 절제술과 수술효과가 거의 유사하면서도 위를 보존하며 위 절제술 후 생길 수 있는 합병증이 없어 증가하는 추세
			내시경 위점막하 박리절제술(ESD): EMR보다 진보된 방법. 위점막, 점막하 병변 박리, 절제
	대증요법		① 항암제 치료 : 수술 불가능한 4기 진행성 암환자, 수술 전후 암세포 활동 억제하기 위함 ② 수술 전 항암치료 or 수술 후 방사선 치료를 병행하는 것이 재발 감소, 생존율 향상
	보존 및 지지요법	사정	식욕부진, 조기 만복감, 구토, 식후 상복부 통증, 불수의적 체중감소 등 증상 확인
		통증관리	PCA 사용교육, 조용한 환경 유지, 전환요법, 이완요법 제공
		영양부족	영양상태 사정, 구강간호 제공, 장운동 확인, 선호식이 제공, 식이계획
		지지	정서적 지지

수술 후 합병증

		초기	후기
덤핑 증후군 10(지문), 17 임용 / 19 국시	정의	① 위 절제 수술 후 발생(Billroth Ⅱ 시술 후 호발), 수술 6~12개월 후 소멸 ② 식사 후 섭취된 음식물이 정상적인 십이지장 소화과정을 경유하지 않고 너무 빨리 공장으로 들어가기 때문에 나타나는 식후 운동성 증상	
	구분	초기	후기
	발생 시간	식사 후 5~30분에 발생하여 1~2시간 지속됨	식사 후 2~3시간에 발생하여 20~30분간 지속됨
	병태생리 (=발생 기전)	① 고장성 음식물 덩어리가 급속히 십이지장과 공장으로 들어감 ②-1. 등장성의 혼합물로 전환하기 위해 세포외액이 장 속으로 급속히 이동하여 순환혈액량이 갑자기 감소되어 자율신경계 증상을 일으킴 ②-2. 소화관 호르몬의 증가로 장관 모세혈관 확장, 소장 연동운동 항진으로 위장관계 증상이 나타남	① 고탄수화물 위 내용물이 조절되지 않은 채 공장 안으로 빨리 유입 ② 식사에 의한 일과성 고혈당을 일으킴 ③ 인슐린 과다 분비 ④ 반응성 저혈당 발생
	증상 - 저혈량, 교감신경계	빈맥, 심계항진, 기립성 저혈압, 어지러움, 식은땀, 창백 등	교감신경 우위 증상: 발한, 심계항진, 식은땀, 빈맥, 공복감 등
	증상 - 위장관계	오심, 구토, 위경련과 함께 상복부 통증, 꾸르륵 거리는 소리, 설사 등	신경 저혈당 증상: 어지러움증, 기운 없음, 불안, 두통, 의식저하 등

덤핑 증후군 10(지문), 17 임용 / 19 국시	관리방법	식사 빈도와 양	한꺼번에 많이 먹지 말고, 소량씩 여러 번 나누어서 식사 : 식사 시 장의 과부하를 피하기 위함임
		수분섭취 제한	식전 1시간, 식사 시, 식후 2시간까지 : 수분이 많으면 위 배출속도가 빨라지기 때문에 위 배출속도를 감소시키기 위함임
		식품선택	① 중간 정도의 지방(또는 고지방)과 고단백 : 체조직을 복구하고 필요한 에너지 필요량 충족 ② 저탄수화물, 수분이 적은 식사 ③ 정제된 당 제한 식이 : 농축된 당은 때때로 어지럼증, 설사, 포만감을 유발하기 때문에 제한
		체위	식사 시: 횡와위나 반횡와위 식후: 누워있기 : 음식물의 위내 정체시간을 길게 하기 위함
		약물	항콜린제나 항경련제 투여
빈혈, 영양 문제	빈혈	철분결핍성 빈혈	철분은 십이지장, 근위 공장에서 흡수되므로 철분결핍성 빈혈을 초래함(∵ 위산 분비가 감소하여 Fe^{3+}에서 흡수가 용이한 Fe^{2+}로 변환이 안되어 흡수가 저하되어, 철분이 부족하여 철분결핍성 빈혈이 초래될 수 있음)
		악성빈혈	위의 벽세포는 내인자를 생산하여 회장말단에서 비타민 B_{12}를 흡수하도록 하므로, 악성빈혈을 초래할 수 있음
	영양소 장애		위가 빨리 비워지거나 위공장 연결술을 한 경우 적절한 영양소 흡수 방해
	골다공증		칼슘과 비타민 D의 흡수장애로 흔히 발생함(칼슘과 비타민 D의 흡수 부위는 십이지장과 공장 근위부임)
출혈			비장 손상, 결찰한 것이 풀어져 발생 → 복강 내 출혈 증상 및 징후를 사정하고, 다량 출혈 시 정맥으로 수액주입
위공장 결장루			① 위공장 연결 부위에서 소화성 궤양 재발 → 천공되었을 때 궤양 부위와 인접 장 사이에 누공이 형성 ② 증상은 대변이 섞인 토물, 설사, 체중감소, 식욕부진, 대변냄새가 나는 트림 증상 등
변연궤양 93 임용 (보기)			① 수술 부위인 연결 부위나 십이지장 내의 수술 부위에 위산이 접해 생기는 궤양 ② 흉터로 인해 음식물의 통로 폐색, 출혈, 천공이 생길 수 있음

18 충수염 92,96,11,21 임용 [성인질환]

정의	대장의 일부분인 충수에 발생한 염증성 장질환 21 임용(지문) ◆ 충수돌기 : 15세까지 성장하는 면역 관여 기관 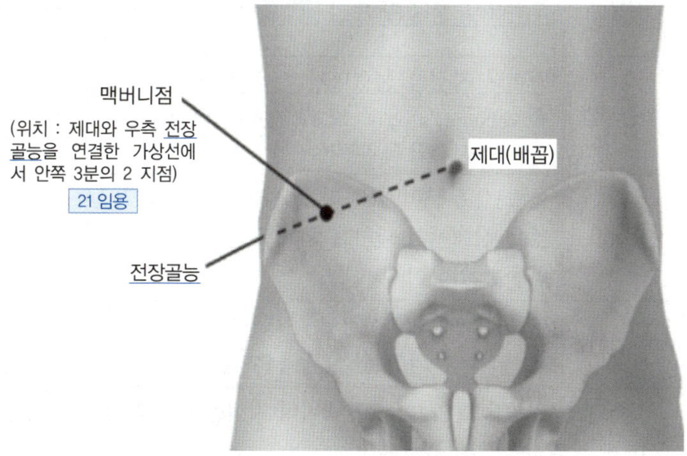 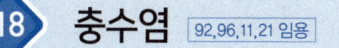 맥버니점 (위치 : 제대와 우측 전장 골능을 연결한 가상선에서 안쪽 3분의 2 지점) 21 임용 제대(배꼽) 전장골능 [충수의 위치]
역학	① 학령기 아동에게 가장 흔한 외과적 응급질환 ② 2세 이하나 노인에게는 흔하지 않으나 노인은 충수가 파열될 위험(+) ③ 예방이 가능하지 않으므로 조기발견이 중요함
원인 92 임용	폐색 : 굳은 분변(대변돌), 결석, 이물질, 충수관 꼬임, 장벽의 섬유화 염증 : 부종/굳은 분변/이물질/기생충 등으로 인해 초래된 염증으로 림프조직 비대 아동에서는 충수의 림프조직의 과증식, 성인에서는 분석이나 결석 등이 각각 주요 요인임
병태생리	① 충수내강의 근위부에 폐색이 나타남. 폐색은 흔히 대변돌이나 딱딱한 대변덩어리에 의해 발생함. 이외에 결석, 이물질, 염증, 종양, 기생충, 림프조직의 부종 등이 폐색의 원인이 됨 ② 폐색 후에는 점막에서 분비되는 수분에 의해 충수관강의 팽창과 내압증가 발생 ③ 충수관 내강압력이 증가하면서 혈액공급이 잘 안되어 염증, 궤양, 괴사 등을 일으킴 ④ 염증 진행으로 형성된 화농성 삼출물은 충수를 더욱 팽창시킴 ⑤ 24~36시간 이내 조직괴사와 괴저가 일어나 천공이 발생할 수 있고 천공은 세균성 복막염을 일으킴

증상 및 징후 92,96,11 임용 / 01,04,06,10,11, 17 국시			복부가 전반적으로 단단
	염증 관련	V/S	① 발열 : 미열이나 중증도의 열, 만약 38.3℃ 이상일 경우 천공 의심 96 임용(보기) ② 맥박/호흡수 증가 96 임용(보기)
		통증	① 초기에는 복부중앙(배꼽근처 또는 epigastric pain)에서 막연한 통증(마치 장운동이 경감되어 가스가 차는 것 같은 불편감으로 지각)이 시작 11 임용(지문) → 염증 진행에 RLQ로 이동해 Mcburney's point로 국한된 반동성 압통(Blumberg sign) 발생 96,11 임용 ② 국소화된 압통, 로브싱 징후 ③ 오른쪽 다리를 끌어올려 구부림(통증 부위를 보호하고 복부긴장을 완화하기 위한 자세), 아픈 곳을 보호하려는 움츠림 등
	부종 관련	소화기계 증상	오심, 구토, 식욕부진, 설사/변비 92,96 임용

특수검진				
충수돌기염 징후	로브싱 징후 (Rovsing's sign)	검사법		위를 향해 누운 상태에서 하행결장을 밑에서 위로 훑듯이 Mcburney's point의 대칭 부위(좌하복부)에 압력을 가함 11임용
		결과		우하복부 통증을 느낌 11임용
	맥버니 징후 (Mcburney's Sign)	검사법		맥버니 지점을 눌렀다가 손을 떼기 ◆ Mcburney's point : 제대와 장골의 우측전상극의 가상선에서 안쪽 2/3지점
		결과		눌렀던 부분이 제자리로 돌아오고 눌리지 않은 상태에서 날카롭게 찌르는 듯한 통증, 반동성 압통이 나타남
		기전		벽측복막에 체성신경이 분포되어 있으므로 날카롭고 국소적인 통증의 원인이 됨. 내장을 싸고 있는 장측복막은 상대적으로 덜 민감함
	로젠스타인 징후 (Rosenstein sign)	대상자를 왼쪽으로 눕게 하고 맥버니 지점을 누르면 앙와위에서 누를 때보다 통증을 심하게 느낌		
	던피 징후 (Dunphy's sign)	기침 시 우하복부에 통증 증가		
	요근 징후 (Psoas sign) (복막염 징후에도 해당)	검사법	방법1	좌측위로 눕힌 상태에서 오른쪽 다리를 몸 뒤로 뻗게 함
			방법2	앙와위로 눕게 한 상태에서 우측 무릎 바로 위에 검사자의 손을 올려놓은 상태에서 대상자가 다리를 검사자의 손에 대항하여 올리게 함
		결과		후복막에 위치한 염증성 충수는 요근과 접해 있으므로 요근의 자극으로 통증 발생
		기전		충수돌기염일 때 측부 요근의 자극이 유발되기 때문
	폐쇄근 검사 (Obturator test) (복막염 징후에도 해당)	검사법		앙와위에서 우측다리의 고관절과 무릎관절을 굴곡시킨 상태에서 검사자의 한쪽 손은 무릎 바로 위, 다른 한쪽 손은 발목을 잡은 후에 외측·내측으로 회전시킴
		결과		후복막에 위치한 염증성 충수는 속폐쇄근과 접해있으므로 폐쇄근 자극(+)으로 통증 심해짐

합병증	① 충수의 파열로 인한 복막염 92 임용(보기) ② 누공(fistula) : 충수와 방광, 소장, S자 결장, 맹장 ③ 복강 내 농양 ④ 천공이 발생하면 통증이 증가하고 고열이 나타남		
진단	이학적 검진	맥버니 징후 92,11 임용	우측 하복부의 맥버니점을 깊이 누른 다음 손을 떼었을 때 통증호소
		로브싱 징후	좌하복부에 압력을 가했을 때 우하복부 통증호소
		요근징후, 폐쇄근 징후 검사	
	혈액검사	경미한 백혈구 증가증	① 10,000~20,000/mm³로 증가, 호중구가 75% 이상 상승 ② 염증 초기에 골수에 여분으로 있던 백혈구를 혈액 속으로 많이 내보내기 때문에 증가함. 염증 지속 시 골수에서 백혈구 생산이 증가함 92,96 임용
	복부 X-선 검사	일반적으로 충수염 진단에 유용하지는 않음	
	복부초음파	급성 충수염 진단에 가장 효과적임 : 우하복부에 진한 음영이나 국소화된 공기흐름 관찰됨	
치료 및 간호	원인제거	충수절제술	
	대증요법 (학교에서의 처치)	NPO	장의 휴식과 수술 전 준비를 위해 실시
		천공예방	① 천공예방 위해 더운물 찜질 금기 : 더운물 찜질은 충수로 순환을 증가시켜 충수내부의 압력이 증가되면 충수로 가는 동맥혈의 흐름이 저하되고 충수벽이 괴사되어 천공으로 진행될 수 있음 96 임용(보기) ② 관장과 하제 금기 : 염증 부위 자극하여 증상 및 징후를 악화시키고, 장천공을 야기할 수 있음 21 임용
		냉요법	염증의 진행을 더디게 하기 위해 얼음주머니 대주고 즉시 응급실 후송
		진통제	염증을 은폐시켜서 진단이 늦어지면, 장천공과 복막염을 초래할 수 있으므로 진단이 확정될 때까지 보류함
		자세	① Semi-Fowler 체위 : 충수 파열시 장의 압력을 감소시키고 염증이 확산되지 않도록 하기 위함 ② 무릎을 구부린 체위 : 복부긴장을 감소시켜서 통증을 경감시킴
	보존 및 지지요법	① 사정 : 충수가 파열된 것을 의미하는 체온 상승, 맥박과 혈압, 복부 경직이 나타나는지 주의깊게 관찰 ② 수분과 전해질 균형을 위해 수액 제공	
충수돌기 절제술 후 합병증과 중재법	복막염	① 복부압통과 열, 구토, 복부경직, 빈맥 등을 관찰 ② 지속적인 비위관 흡인을 적용 ③ 처방에 따라 탈수 교정 ④ 처방에 따라 항생제 적용	
	골반부 농양	① 식욕부진, 오한, 열, 발한 등을 사정 ② 설사 증세 관찰, 설사는 골반부 농양의 증상일 수 있음 ③ 직장검사를 할 수 있도록 대상자 준비 ④ 외과적 배농을 위해 대상자 준비	
	횡격막하 농양	① 대상자의 오한, 열, 발한 등 사정 ② X-ray 촬영을 할 수 있도록 대상자 준비 ③ 외과적 배농을 위해 대상자 준비	
	마비성 장폐색과 기계적 장폐색	① 장음 사정 ② 비위관 삽관과 흡인 적용 ③ 처방에 따라 수분과 전해질을 정맥으로 주입 ④ 기계적 장폐색 진단이 내려지면 수술 준비	

19 복막염 06임용 성인질환

정의			복강내막과 내장기관을 덮고 있는 복막의 염증
원인	손상(염증)		복강 내 장기의 염증, 궤양부위 천공, 충수 파열, 게실 천공, 담낭 파열, 복막 투석 등
	감염		정상적인 장내 세균상이 무균성 복막강 내로 침입하여 발생, 대장균이 가장 많고 연쇄상구균, 포도상구균 등 원인균임
병태 생리			① 장의 염증성 반응으로 다형핵 백혈구(호중구, 호산구, 호염구, 단핵구, 림프구)가 복막에 침윤하여 다른 이물질이나 균에 대해 식세포 작용을 하고, 체내에서 분비된 히스타민 등의 염증 산물들이 국소적으로 혈관을 이완시키고 모세혈관의 투과성을 증가시킴 ② 염증반응이 지속되면 복강 내로 체액이 이동하여 연동운동이 감소되고, 체액과 공기가 장관 내 정체 ③ 순환하는 혈액량이 손실되어 저혈량이 되고, 장관 내 압력은 증가하여 복통과 복압의 상승을 초래 ④ 호흡곤란과 동시에 염증 과정으로 산소요구량이 증가함
증상 및 징후 06임용/ 17국시	염증 관련 증상	V/S	38℃ 이상의 발열, 빈맥, 빠르고 얕은 호흡
		통증	복압과 복부 운동력을 증가시키는 국소화된 통증 : 반동성 압통
		부종 관련	장의 염증 부위로 혈액이 몰림 → 연동운동 감소 → 장내에 체액과 공기 정체 → 복부 팽만, 심한 통증 초래
			<table><tr><td>소화기계 증상</td><td>오심, 구토, 식욕부진 → 전해질 불균형 초래</td></tr><tr><td>시진</td><td>호흡곤란</td><td>복부 팽만으로 인한 횡격막 상승으로 호흡곤란, 얕은 호흡 → 심호흡 시 통증을 심화시킴 → 빈맥, 저산소증, 불안정, 청색증</td></tr><tr><td></td><td>순환혈액량 감소</td><td>혈액 역동에 영향을 미쳐 쇼크 유발</td></tr><tr><td>청진</td><td>장음소실 23임용</td><td>복강 내에 체액과 공기가 이동하여 연동운동 감소 또는 소실</td></tr><tr><td>촉진</td><td>복부강직 23임용</td><td>복부 근육이 판자처럼 단단해짐 → 이를 완화하기 위해 횡와위에서 다리를 구부린 자세</td></tr></table>
	특징적 징후		① Blumberg 징후 : 복막염이 있을 때 염증이 있는 부위에서 반동성 압통 발생 ② 요근징후 ③ 폐쇄근 징후
진단	혈액검사		백혈구 증가(20,000/mm³ 이상, 호중구 상승, 미성숙 백혈구 증가)
	복부 X-선 검사		장의 확대와 부종, 복강 내 공기와 체액정체 관찰 가능
치료 및 간호 10,13국시	원인제거		복막염 일어나기 전 원인이 되는 충수나 게실을 절제
	대증적 치료	NPO	전해질 및 단백질 손실 보충 위해 정맥으로 수액공급
		감염관리	① 광범위 항생제 투여 ② 장관 삽입으로 감압과 복강 세척 ③ 수술 후 패혈증, 쇼크 등 합병증 발생 감시
		체위	Semi-Fowler's position(반좌위) : 농이 골반강 내 국한되도록 하고, 복강 염증과 관련된 호흡곤란 완화를 위함
		금기	진통제와 진토제는 주의해서 사용해야 함 : 증상 은폐 우려가 있기 때문임
		체온관리	급격한 체온 상승은 패혈증 예고

20 염증성 장질환 : 크론씨병, 궤양성 대장염

특성	크론씨병(Crohn's disease)	궤양성 대장염
정의	① 소화관 어느 부위에서나(장의 전층과 구강에서 항문까지) 생길 수 있는 만성·재발성 염증성 자가면역질환 ② 회장 말단에 호발, 이환된 장의 모든 벽, 특히 점막하 조직이 두꺼워짐 ③ 주로 젊은층(20대) 호발, 남자와 여자 발병 동일 ④ 가족적 성향(백인, 유태인에게 호발)	① 대장에만 국한 ② 결장 전체에 걸쳐 점막 및 점막하 조직에 염증이 생기는 만성질환 ③ 직장, 결장 말단 부위에서 시작해서 S상 결장, 하행 결장으로 번져감 ④ 젊은층에서 중년층(30~50대)에게 호발, 여성과 유태인에게 호발 ⑤ 가족적 성향, 주기적인 회복과 악화 반복
원인	원인 불분명, 자가면역질환으로 추정	원인 불분명, 세균감염, 알레르기 반응 또는 면역상태 변화, 장벽에 보호물질 부족, 정서적 장애 등이 거론됨
병태 생리	① 염증이 장벽 전층 침범, 주위 림프샘, 장간막까지 침범 ② 장 비후, 장내강 협착 ③ 점막 결절화, 누공, 열구, 농양 형성 가능, 육아종 발견 가능 ④ 만성화 시 섬유화, 장폐색 발생	① 대장의 염증반응, 염증이 연속적이며 정상 점막을 볼 수 없음 ② 직장 대부분이 침범되며 상부로 확산 ③ 염증의 반복으로 점막하 섬유화 생성 → 대장이 좁아지고 짧아짐

	침범된 깊이	점막하조직의 모든 층	점막과 점막하조직
	직장 침범	50%	95%
	오른결장 침범	빈번함	가끔
	소장 침범	침범됨, 회장이 좁아짐	정상
	병변분포	분절	계속적(연속적)
해부 특성	염증성 덩어리	만성적이며 광범위함	드묾
	자갈을 깐 것 같은 점막과 육아종	흔함	없음
	장간막 림프침범	부종과 비후됨	침범 안 됨
	독성거대결장	가끔	크론씨병에서보다 흔히 발생함
	지방성 설사	빈번함	없음
	악성변화	드묾	10년 후
	섬유성 유착	흔함	없음

특성	크론씨병(Crohn's disease) 92 임용(보기) / 04,21 국시		궤양성 대장염 14,18 임용	
특징	호발 부위	회장말단에 흔함(회장말단을 침범되면 배꼽주위에 통증을 초래함. 회장말단 발생 시 통증은 간헐적이며 우하복부 사분역에 느끼게 됨)	호발 부위	직장은 대부분 침범되며, 염증은 직장 상부로 연속해서 올라감
	양상	① 장의 전층을 침범하는 병변이 국소적, 분절성으로 분포 ② 궤양이 점막하를 침범, 장 근육층을 통과하여 점막 내 통로를 만들어 누공, 열구, 농양을 형성 ③ 병이 진행되면 점막은 결절화, 점막비후와 궤양의 결과 자갈모양으로 보임 ④ Peyer's Patches : 부종이 생겨서 두껍게 부풀어 오른 보라색을 띠는 육아종과 균열을 동반한 작은 표재성 궤양 ⑤ 점막 침범 부위가 비연속적으로 건너뛰면서 도약 부위가 나타남 ⑥ 직장과 대장의 조직검사에서 육아종이 발견되기도 함 건너뛰는 병변 점막을 넘어서는 염증궤양, 항문의 샛길	양상	① 염증의 반복으로 점막하 섬유화가 생기고 대장은 좁아지고 짧아짐 ② 대장에 염증반응이 있고 내시경 검사에서 대장에 여러 개의 궤양, 발적, 출혈, 울혈 발생 ③ 음와 농양(움농양, crypt abcess) : 점막에서 움푹 들어간 곳에 호중구가 꽉 차 있는 상을 생검에서 볼 수 있음 ④ 가성폴립 : 궤양과 탈락된 점막조직 사이의 염증성 폴립 관찰 광범위한 연결된 병변 거짓폴립 궤양 얕은 병변
	만성화	섬유화와 장폐색 발생(장은 비후되고 가죽처럼 변하며 장내강은 협착/섬유성 유착)	만성화	팽기현상 소실, 만성화되면 전암성 변화

특성	크론씨병(Crohn's disease) 92 임용(보기) / 04,21 국시	궤양성 대장염 14,18 임용
증상 11 국시	① 간헐적 우하복부 통증, 설사, 체중감소, 병이 진행되면 통증지속(배변 시/걸을 때/앉아 있을 때 통증이 심해지고 배변 후 완화되는 양상) ② 궤양성 대장염보다 경하나 수분전해질 불균형, 영양장애, 흡수불량과 지방변 발생 | 대변의 경도	무르거나 반유동 상태인 것이 특징임
---	---
지방변	대변은 악취가 나고 흡수불량 상태가 되며 갑작스런 배변욕구 때문에 한밤중에 잠을 깨기도 함
심한 지방변증	설사, 장기간의 장염을 앓는 대상자는 영양결핍, 체중감소, 식욕부진, 통증, 빈혈, 무기력, 피로 및 대사장애 등이 발생함
혈변	궤양성 대장염에 비하면 눈으로 볼 수 있는 혈변은 거의 없고, 혈변이 있다면 궤양이 있음을 의미함 | ③ 급성 증상을 보이기도 하지만 경과가 느림, 호전과 악화 반복 ④ 복통, 영양결핍으로 인한 체중감소 등이 전형적임 : 많은 영양분이 흡수되는 공장과 회장에서 주로 발생하여 염증조직과 궤양이 흡수를 방해하기 때문임. 궤양부분에서 나온 삼출물의 상실은 단백질 상실뿐 아니라 잠혈이 생기거나 실제 출혈을 일으킴 ⑤ 오심과 구토는 소장 폐색 전에는 거의 발생되지 않음 ⑥ 대변 양상 : 궤양성 대장염보다 설사가 덜 심함. 심한 지방 설사(악취, 흡수불량 상태, 배변욕구로 잠을 깨기도 함)나 설사(무르거나 반유동 상태) ⑦ 장기간의 장염을 앓게 되면 영양결핍, 체중 감소, 식욕부진, 통증, 빈혈, 무기력, 피로감 및 대사 장애 발생 ⑧ 침범부위별 통증 발생 | 침범부위	통증 발생
---	---
회장	간헐적이며 우하복부에서 통증 초래
회장말단	배꼽주위 통증 초래
공장	중상복부와 좌측 중복부에서 통증 초래 | ⑨ 영양불량의 결과 : 면역기능, 감염에 대한 저항력 감소, 상처치유 감소, 췌장효소분비 감소, 치유장애, 만성적인 감염이나 혈액손실로부터 초래되는 철분결합능력 감소 ⑩ 체온상승 : 급성 염증, 누공이나 농양, 열상, 류마티스 증상과 함께 발생	① 좌하복부에 산통, 배변 전 통증 ② 혈액, 점액, 농이 포함된 물 같은 설사를 1일 10~20회 이상 21 국시 ③ 발열, 탈수, 체중감소, 오심, 구토 ④ 백혈구 증가증, 장관침범 시 장관 내 단백 소실로 저알부민혈증 발생
합병증	① 마비성 장폐색으로 복통, 오심, 구토, 복부 팽만감 ② 직장-질 누공으로 실금, 요로감염 ③ 항문농양 흔히 발생 ④ 관절염(20%) ⑤ 피부 : 결절성 홍반, 괴저성 농피증 등이 흔함 ⑥ 소장암 발생률 증가, 대장암 발생률은 증가하나 궤양성 대장염에서의 발병률보다 낮음	① 복막염으로 인한 천공, 독성거대결장(근육층 파괴와 신경총마비로 초래됨), 출혈 등 ② 누공발생은 드묾 ③ 관절염(10%) ④ 간담도 침범(15% 담즙분비정지 기능장애, 20~40% 지방간, 30~50% 담낭주위염 등) ⑤ 10년 후 대장암 발병률이 높음

특성		크론씨병(Crohn's disease) 92 임용(보기) / 04,21 국시	궤양성 대장염 14,18 임용
임상적 특성	병의 진행	느리게 진행, 완화와 악화 반복	완화와 악화 반복
	직장출혈	가끔	흔함(90~100%)
	복부통증	산통(45%)	배변 전 발생(60~70%)
	혈변배설	가끔 혹은 없음	거의 항상 있음
	설사	있음(65~85%)	조기에 발생하며 빈번함(80~95%)
	구토	있음(35%)	있음(15%)
	영양결핍	흔함	흔함
	체중감소	있음(60~70%)	있음(10%)
	열	있음(35%)	있음(10%)
	직장농양	흔함(75%)	가끔(10%)
	누공과 직장 주위 치열 누공	흔함(80%)	드묾(10~20%)
전신적 증상	관절염	20%	흔하지 않음(10%)
	말초적 천장골염	18%	18~20%
	간담도 침범	흔하지 않음	① 15% 담즙분비정지 기능장애 ② 20~40% 지방간 ③ 30~50% 담낭주위염
	피부 : 결절성 홍반, 괴저성 농피증	흔함	있음(5~10%)
	신결석	가끔	드묾
진단	혈액검사	① Hb 감소, 백혈구 증가 ② 적혈구 침강속도(ESR) 수치 증가 ③ 알부민과 단백질 수치 감소	혈액검사: ① Hb 감소, 백혈구 증가 ② 적혈구 침강속도(ESR) 수치 증가 ③ 알부민과 단백질 수치 감소
	대변검사	잠혈, 지방변 확인	대변검사: 혈변 확인
	바륨관장	장의 분절 수축, 궤양(크론병과 궤양성 대장염을 구별하기 위해 시행), 열상, 누공 확인	바륨관장: 점막의 불규칙성, 짧아진 결장, 장고리 확장 상태를 확인하여 결장 질환과 감별함
	컴퓨터 단층촬영	두꺼워진 장벽, 누공 형성	
	대장 내시경 검사	① 비연속적 분포 ② 궤양이 장의장축에 평행 ③ 결절화 : 점막 비후와 궤양의 결과로 점막은 결절화, 자갈 모양(peyer's patches) ④ 궤양, 협착, 폐쇄, 누공, 틈새 등	대장 내시경 검사: ① 연속적 분포 ② 궤양이 장의 장축에 직각 ③ 점막에 불규칙적으로 미세과립상을 나타냄 ④ 틈새가 없음

특성	크론씨병(Crohn's disease) 92 임용(보기) / 04,21 국시		궤양성 대장염 14,18 임용	
치료 14,15,21 국시	궤양성 대장염과 크론병의 치료방법은 유사, 크론병이 장벽을 더 깊이 침범하므로 치유가 느림 ① 약물요법			
	지사제	• loperamide(Imodium) • 작용 : 내장근육에 영향을 미쳐서 위장운동성을 감소시킴으로써 많은 수분이 장에서 흡수되도록 하고 항문 괄약근의 긴장을 증가시킴 • 부작용 : 구강건조, 오심, 구토, 변비		
	항염제	• hydrocortisone, prednisone • 작용 : 면역반응억제로 염증반응을 감소시킴		
	면역억제제	• 6-mercaptopurine(Purinethol), azathioprine(Immuran), methotrexate(대사길항제) • 작용 : T-림프구의 활성화를 억제함		
	부교감신경 차단제	• belladonna, propantheline, glycopyrrolate • 작용 : 위장관운동 감소, 복부경련, 설사 감소 등 • 주의점 : 궤양성 대장염 증상이 악화되면 장운동을 억제하므로 사용하지 말 것		
	항생제	• sulfasalazine(Sarazopyrin), sulfonamide 제제 • 효과 : 장내 박테리아에 의해 sulfapyridine과 5-ASA(aminosalicylic acid)로 분해되는데, sulfapyridine은 항균작용을 하고, 5-ASA는 항염작용을 함. 이 중 항염작용이 염증성 장질환의 증상개선에 도움이 됨 • sulfasalazine 부작용 : 오심과 복부불편감 등의 위장장애, 두통, 피부발진, 엽산결핍(엽산흡수 방해), 골수억제로 인한 백혈구 감소, 간독성 등		
	② 식이관리			
	총비경구 영양	약물치료에 반응하지 않은 경우, 수술을 위한 준비, 장 절제술을 받은 경우		
	구강영양	화학적·물리적 자극이 없어야 하며 칼로리와 단백질, 무기질이 풍부		
	저잔여식이와 저지방식이	고섬유소식이와 고지방식이는 장의 운동을 자극하므로		
	비타민 B_{12} 공급	크론병의 호발부위인 말단 회장에서 비타민 B_{12}가 흡수되므로		
	기타	소량자주 섭취, 카페인 제한 등		
	③ 외과적 치료(수술) : 궤양성 대장염(내과적 치료실패 시) 치료 위해 실시, 크론병일 경우에는 합병증(출혈, 폐색, 농양, 누공 형성 등) 치료 외에 시행하지 않음			
간호	목적	① 장 휴식 ② 비경구 영양요법 실시, 면역력 증강, 영양 결핍 교정 ③ 감염에 대한 저항력 증가		
	침상안정	① 급성기에는 최소한의 신체활동 유지 (장운동 유지하기 위해) ② 잦은 설사, 열, 출혈, 통증이 있을 때	배변 조절	① 지사제 투여 ② 배변 양상 관찰 ③ 항문 주변 피부 관리
	식이	권장	① 수분 전해질 보충, 싱겁고 자극 없는 고칼로리·고단백질·고무기질 식이 ② 저잔여·저지방식이 ③ 비타민 B_{12} 공급 : 크론씨병은 회장말단이 흔히 침범되며, 변화를 일으켜 말단회장에서 흡수되는 비타민 B_{12} 부족이 생길 수 있으므로 정기적인 비타민 B_{12} 근육주사가 필요함(비타민 B_{12}는 장내흡수가 안 되므로, 경구투여를 하지 않고 근육주사로 투여할 것)	영양 관리	① 총 비경구적 영양 섭취 ② 소량씩 자주 섭취 ③ 저잔여식이, 저지방식이, 짜지 않고 자극적이지 않은 음식 ④ 코코아, 초콜릿, 레몬주스, 찬 음료, 씨앗류를 피해야 함 ⑤ 악화기에는 고섬유성 식이는 피해야 함(장휴식, 비경구 영양 요법)
				통증 완화	진통제, 항경련제 투여
				합병증	감시 및 관리
		제한	코코아, 초콜릿, 레몬주스, 찬 음료, 씨앗류, 팝콘, 알코올	제한	복압 증가시키는 행동

21 과민성 장증후군(IBS, Irritable Bowel Syndrome) 07 임용 성인질환

정의	기질적 병변 없이 복통, 변비, 설사, 복부팽만감 및 불쾌감 증상을 나타내는 질병 07 임용(지문), 불규칙한 배변 양상과 간헐적이고 주기적인 복통을 특징으로 하는 복합적인 증후군	
역학적 특징	발생빈도	여 > 남
	추정원인	스트레스, 과도한 음식섭취와 관련, 종종 신체 또는 성폭행과 관련됨
	호발연령	사춘기 후기, 30대 중반
유발요인	원인 물질에 노출 시 증상이 나타나지만 장 점막구조에는 어떠한 변화도 없음	
	위장 운동	식이와 정서적 상태 등의 많은 요인, 신경전달물질 불균형, 장의 과민성에 의해 변화
	내장 감수성	회장, 결장, 직장에서 다양한 자극에 대한 과장된 반응의 결과
	신경전달물질의 불균형	세로토닌(위장관에서 존재하는 세로토닌은 장의 운동성과 내장 감수성 조절) 상승으로 연동반사와 장 분비의 원인이 되어 오심, 구토, 복통, 복명 초래, 또 다른 신경전달물질은 장 수축, 내장 감수성, 중추신경계 사이에 관련성이 있음
	정신사회적 요인	스트레스는 IBS 대상자, 정상 대상자 모두의 소화관 운동성에 영향을 미침
병태생리	① 병리적 현상이 거의 없음 ② 검사결과는 정상임. 단, X-선 검사와 내시경 검사에서 대장 경련을 볼 수 있음 ③ 소장과 대장의 운동성의 강도와 빈도 모두 증가	
증상 및 징후	경련성 복통, 장 기능의 변화, 변비나 설사, 결장 점액의 분비 과다, 소화불량 증상(오심, 공기연하증과 가스의 이동 감소로 인한 복부장애, 식욕부진, 호흡 시 악취, 신물이 올라옴), 불안과 우울 등의 증상이 복합적으로 나타남	
	전형적 증상	LLQ의 통증(특히 S자 결장 부위에 압통), 변비와 설사의 반복 발생 20 국시
	복통	지속적 또는 간헐적, 경련성 수축이 작고 단단한 배변과 함께 나타나고 배변에 의해서 완화, 아침이나 식후에 경련과 함께 둔하면서도 심한 불편감
	증상 악화	섬유질 식품, 과일, 알코올과 피로, 식사 등은 통증과 배변 양상을 악화시킴. 그러나 가스를 배출하거나 배변을 하면 일시적으로 증상이 완화됨
		정서적 장애 → 자율신경계 기능 장애 → 장 운동성과 장 내용물 통과시간 변화
	배변양상 변화 20 국시	설사(큰 문제가 되는 경우가 흔함, 오전 중에 많이 발생, 야간 설사는 장의 기질적 질환과 관련되어 있는 경향), 변비(가끔 작고 단단한 대변 호소), 점액변
	관련 행동장애	불안, 긴장, 신경질, 우울증, 수면장애, 허약, 정신집중곤란
진단기준	평균 주 1일 이상의 복통이 6개월 전에 시작되고 지난 3개월 동안 반복되면서 두 가지 이상의 동반 증상이 함께 있을 때 진단함(ROME IV, 2016) ① 배변과 연관된 복통 ② 배변 횟수의 증가 혹은 감소 ③ 대변이 물러지거나 단단해지는 배변굳기의 변화	
진단검사	① 확진하는 진단검사, 조직학적 특징이 없으므로 진단은 다른 질환이 없는 것을 확인함으로써 이루어짐 ② 염증성 장질환이 의심되는 50세 이상 되는 환자는 암 또는 게실질환을 감별하기 위해 세심한 검사 요함 ③ 촉진 : 복부의 압통이 결장을 따라 나타남 ④ (S상)결장경 검사 : 결장의 관강 내에 경련이나 점액 ⑤ 대변검사 : 점액은 발견되나 혈액은 나타나지 않음	

치료 및 간호중재	대증요법 (약물요법)	지사제	① loperamide(Imodium) ② 내장근육에 영향을 미쳐서 위장운동성을 감소시킴으로써 많은 수분이 장에서 흡수되도록 하고 항문 괄약근의 긴장을 증가시킴
		항우울제	① 중증의 과민성 대장증후군에서 투약 ② 삼환계는 장 이동을 지연시킴 ③ 세로토닌 재흡수 억제제는 통증 증상 개선 효과
		부피형성 완화제	① 팽대성 완화제인 psyllium hydrophilic mucilloid(Metamucil) ② 대변의 양을 증가시킴 ③ 장의 경련감소, 장의 운동 횟수와 변의 형태를 정상화시킴
		항콜린성 약물	① belladonna, propantheline, glycopyrrolate ② 위장관운동 감소, 복부경련, 설사 감소 등 ③ 식전 30~60분에 투약, 식후 복부통증 완화
	보존 및 지지요법 (예방법으로 보건교사가 교육해야 할 내용) 07 임용	사정	① 대상자에게 증상과 식이, 스트레스 상황에 대한 일기를 작성해보도록 해서 무엇이 과민성 대장증후군 증상을 유발하는지 구분할 수 있도록 함 ② 가족력 등의 유전성 요인이 있는지 확인
		식이관리	① 섬유질이 많은 음식 : 대변 양 증가, S자 결장벽의 긴장 감소 ② 충분한 수분섭취(6~8잔/일) ③ 저지방식이 ④ 설사가 문제면 찬 음료와 같은 음식은 피하고 식사 시간보다는 식간에 음료수를 섭취하도록 교육(금기 식품 : 가스 생성 식이, 자극식이, 카페인이 들어 있는 음료수, 술 및 콩과 같이 소화되지 않는 탄수화물, 우유와 유제품) ⑤ 과식을 피하고, 규칙적인 식사
		정신요법	① 이완요법 등을 활용해 스트레스 관리 ② 적절한 수면과 휴식

22 폐쇄성 장질환 [아동질환]

정의	① 장의 특정 부위가 일부 혹은 전부가 막혀 장 내용물이 통과하지 못하는 상태 ② 대부분 소장, 특히 회장의 가장 좁은 부분에서 발생하는 장이 폐색되는 장애			
원인과 병태 생리	기계적 요인 01,11 국시	장 유착이나 탈장 등 물리적 폐색이나 종양, 감염, 협착 등 장 내부의 방해물에 의해 폐쇄되는 경우		
		유착	복부 수술 후나 특별한 이유 없이도 발생	
		탈장	정복성 탈장	탈장환이 복강 내로 돌릴 수 있는 것
			감돈탈장	감금탈장이라고도 하며, 탈장된 장이 원래 있어야 할 자리에서 벗어났다가 다시 원위치로 돌아가는 중에 정상이 아닌 곳에 끼이거나 붙어서 원래의 상태로 돌아가지 못하는 상태
			꼬인(염전) 탈장	탈장 부위로의 혈액공급을 막는 결함 부위의 경계에 의해 발생하는 탈장에서는 혈액공급이 차단되어 장이 기능을 할 수 없어 항상 폐색발생
		장 염전	복강 내 정체된 병변을 중심으로 발생하는 장의 꼬임	A. 탈장 B. 유착 C. 장중첩 D. 장 염전
		장중첩증	① 장의 어느 한 부분이 다른 한쪽으로 포개어져 들어간 상태 ② 연동운동으로 인해 근위부의 장 부분이 원위부 안으로 포개져서 들어감	
		종양	① 대장에서 발생하는 폐색증상 : 대장폐색의 주 원인이나, 장의 관강이 넓기 때문에 폐색의 진행은 서서히 이루어짐 ② 소장에서 발생하는 폐색증상 : 종양을 암시하는 첫 증상임	
	비기계적 요인	신경근육의 장애로 발생하는 마비 또는 무력증 등 장관 내·외부의 물리적 폐색이 원인이 아니며, 장 연동운동이 감소하거나 사라짐으로써 장관에 있는 내용물이 느리게 움직이거나 막혀서 발생		
		신경성 요인 (마비성 장폐색)	① 복부수술 후 연동운동의 결여로 발생함 ② 선천성 거대결장, 복막염 등으로 발생	
		혈관성 요인	완전 폐색 (장간막 경색)	장간막 혈전증과 같이 장으로 가는 동맥 혈액이 막혀서 발생함. 감돈탈장으로 탈장 부위의 혈액공급 차단 발생
			부분적 폐색 (복부 색전발생)	장간막 동맥의 동맥경화증에 의해 발생 – 음식을 섭취한 지 15~30분 후에 통증유발
		기타	복막자극, 폐렴, 심근경색증, 외상, 패혈증, 전해질 불균형, 다발성 경화증, 파킨슨병	

구분		소장폐색	대장폐색
증상 및 징후	통증	① 복부 불편감이나 상복부와 중간복부에서 연동운동을 동반한 통증 ① 산통, 경련성 복통, 간헐적 복통 22 국시	① 하복부에 간헐적 경련통 ② 저강도의 경련성 복통
	복부팽만	① 상복부 팽만 ② 장관 내 정체된 장 내용물에 세균이 증식하고 공기를 삼킴으로써 복부팽만 악화 ③ 빠르게 진행됨	① 하복부 팽만 ② 서서히 진행됨
	구토	① 오심과 초기에 과다한 구토 ② 대변 같은 악취 나는 구토물	경하게 발생하거나 없음
	변비	변비	변비 또는 리본 모양의 배변
	체액불균형	① 중증의 체액과 전해질 불균형 ② 대사성 알칼리증	① 체액과 전해질 불균형 없음 ② 대사성 산증
	장음	초기에 고음, 후기에는 감소나 소실 15 국시	
	발열	괴사 시 고열 발생	
진단	혈액검사	① 탈수 시 Hb과 Hct 증가, 출혈 시에는 Hb과 Hct 감소 ② 장 염전, 천공 시에는 백혈구 증가	
	복부 X-선 검사	폐색 시 액체와 가스로 인해 팽만	
	대장 내시경 검사	장폐색 부위 확인	
치료 및 간호	원인제거	장 절제술, 우회술 등의 수술로 원인 제거	
	대증요법	비위관 삽입으로 장 압력을 감소시킴	
	보존 및 지지	수분과 전해질 균형 유지와 위장 조직관류 유지를 위해서 정맥으로 수액 공급	

23 장중첩증 [아동질환]

정의	근위부 장의 일부분이 원위부 장관 내로 합입되어 장폐색이 초래된 상태로 생후 6개월부터 2년 사이에 가장 많이 발생함
원인	① 정확한 원인은 알려지지 않음 ② 회장 내 림프조직이 음식물 항원이나 바이러스로 인해 림프선 종창 발생 시 대장을 끌어들여 초래되기도 함 ③ 장의 기형이나 혈관종과 같은 종양 등으로 초래되기도 함
병태생리	① 장중첩증이 발생하면 장에 혈액을 공급하는 혈관들이 눌리고, 구부러짐에 따라 장의 혈액공급이 제대로 빠져나가지 못함 ② 장중첩증 발생 부위의 부종과 울혈 발생으로 장 허혈이 유발되어 복부팽만과 압통이 심해짐 ③ 결국에는 장 괴사, 장 천공이 발생하여 패혈증, 쇼크 등으로 사망에 이르게 됨

증상 및 징후	특징적 3대 증상	주기적 복통	① 평소 건강하던 아기가 갑자기 자지러지듯이 1~2분간 울다가 5~15분간 아무렇지도 않게 잘 노는 모습을 보임 ② 비명을 지르며 무릎을 가슴까지 끌어안는 모습을 보임 ③ 잦은 간격으로 호소, 토하면서 안절부절못함, 차고 축축한 피부, 창백한 피부
		구토	처음에는 위 내용물이 섞인 구토나, 진행되면서 담즙 섞인 구토 발생 cf) 유문협착증에서는 담즙이 섞이지 않은 구토발생, 선천성 거대결장에서는 담즙 섞인 구토가 나타날 수 있음
		대변	12시간 이내에 혈액과 점액 섞인 건포도 젤리같은 대변 배출 [21 국시]
	촉진		① 우상복부 또는 상복부에서 소시지 모양의 덩어리 촉진 : 통증발작 사이에 촉진 가능 ② Dance sign : 우하복부는 비어있음
	복부팽만		정상 배변이나 가스배출이 어려워서 복부팽만 발생
	복막염		장 천공으로 복막염 발생 가능함

진단검사	복부 초음파 검사	① 횡단면으로는 도넛모양이 관찰되고, 종단면으로는 원통형 종괴가 관찰됨 ② 단순 방사선 검사로 의심할 수 있지만, 최종 진단 검사는 초음파 검사임
	바륨 대장조영술	① 진단 및 치료 목적으로 적용함 ② 바륨 관장 후 단순 X-선 촬영에서 장중첩증 발생 전 부위의 바륨 흐름 폐쇄가 관찰되고, coil spring 모양이 관찰됨

치료 및 간호중재	원인 제거	기본관리	수술치료의 가능성에 대비해서 금식을 시행하면서 탈수교정을 위한 수액요법 적용
		공기관장 (공기정복술)	① 치료가 지연되면 장 괴사 가능성이 있으므로 빠른 관장을 적용하는 것이 좋음 ② 항문에 고무관을 집어넣고, 장 파열을 예방하기 위해 80~100mmHg 정도의 압력으로 공기를 주입하여 장관 내 압력을 증가시켜 중첩된 장을 풀어줌 ③ 바륨관장에 비해 정복시간 단축, 천공의 부작용의 최소화할 수 있는 장점이 있어 가장 흔히 적용하고 있으나 바륨관장에 비해 추적관찰이 곤란함
		바륨관장 13,19,20 국시	① 바륨을 항문으로 주입하여 정수압을 이용해서 겹친 장을 밀어내는 방법 ② 장 천공이 발생할 경우에 복막염, 장 유착 등의 합병증 위험이 있어서 잘 사용하지 않음
		외과적 중재술 — 도수정복술	발병 48시간 이내 공기관장이나 바륨관장으로 장이 환원되지 않으면 개복하여 직접 손으로 겹친 장을 풀어주는 방법
		외과적 중재술 — 장 절제술	도수정복술로 외과적 환원이 안 될 때 괴사된 장조직을 절제 후 남은 장끼리 문합하는 방법

24 선천성 거대결장(= 히르슈슈프룽병, Hirschsprung's disease) [아동질환]

정의	결장과 직장에 부교감신경절세포의 부재로 장폐색을 초래하는 선천성 장운동 장애	
병태생리	① 결장과 직장에 부교감신경절세포의 부재로 긴장성 수축과 연동운동 소실 : 주로 S상 결장과 직장에 발생 ② ①로 인해서 부분적 폐색이 진행되어 만성 변비, 근위부 분절의 확장으로 완전한 장폐색, 장염 등이 초래됨 ③ 거대결장 형성 : 대변찌꺼기와 가스로 확장	

증상 및 징후 02,18 국시	대부분 생후 24시간 이내에 태변이 나오지 않거나 복부팽만, 담즙성 구토가 있을 때 의심함		
	태변배출 지연	출생 후 24~48시간 이내에 태변이 정상적으로 배출되지 않는 것이 가장 특징적인 소견임	
	변 양상	① 만성적인 변비, 장염이 생기면 설사도 가능함 ② 리본모양의 대변 ③ 악취가 남	
	구토	담즙성 구토(초록색 담즙이 섞인 구토물)	
	복부촉진	복부팽만과 복부에서 대변덩어리가 만져짐	
	영양장애	빈혈, 저단백질혈증	
	소장결장염	① 장의 팽창과 국소빈혈로 소장 결장염이 초래될 수 있음 ② 혈액 섞인 설사, 고열, 복부팽만감, 탈수 진행 증상을 보이면 집중치료를 해야 함	
	시기별 증상과 징후	생후 1주일	① 태변 배출이 없음 ② 수유거부 ③ 담즙성 구토 ④ 호흡곤란을 초래하는 심한 복부팽만 ⑤ 장 천공 발생 가능
		영아기	① 태변배출은 정상이나 곧이어 변비, 복부팽만, 구토 등의 증상이 나타남 ② 보채거나 잘 먹지 않아 성장부진 초래
		유아기	① 출생 수주 후부터 변비가 심하고, 리본같이 가는 변을 봄 ② 복부팽만, 좌측복부에서 대변덩어리가 만져짐 ③ 직장수지검사상 직장에 대변 없음 ④ 드물게 장폐색이 나타날 수 있고, 빈혈, 저단백증, 성장부진 발생가능

진단검사	병력 확인	태반배출 이상, 변비, 복부팽만감 등 확인
	직장지두검진	① 직장에 손가락을 넣으면 직장이 비어있음 ② 직장에 넣은 손가락을 빼는 순간 변이나 고약한 냄새의 가스가 분출됨
	직장압력검사	검사대에 대상자는 좌측위로 누워서 양쪽 다리를 잡은 자세를 취하게 하고, 이후 풍선달린 카테터를 직장에 넣어 풍선에 공기를 주입 → 항문 외괄약근을 수의적으로 수축시키면 항문 내괄약근은 반사적으로 이완되는데, 선천성거대결장에서는 항문내괄약근이 이완되지 않아 압력이 상승함
	대장조영술	관장 등의 전 처치를 하지 않은 상태에서 항문을 통해 바륨 조영제와 공기를 대장에 주입 후 X-선 촬영 → 1) 좁아진 무신경절 부위와 확장된 정상적인 상부 장 사이의 이행부위 관찰, 2) 조영제 등 주입 24시간 후에 X-선 촬영하여 대장에 조영제가 잔류 여부를 확인 검사 07국시
	직장생검법	항문 2cm까지는 정상적으로 신경절이 적으므로, 항문 2cm 이상의 상방에서 흡인 생검을 하여 신경절세포의 부재를 확인하는 것으로 확진검사임

치료 및 간호중재	원인제거 및 대증요법	① 무신경절 제거술		
		수술 방법	2단계 수술	㉠ 1단계 : 감압수술로 무신경절 상부에 일시적 결장루 형성술 만듦 ㉡ 2단계 : 감압 수술 후 생후 6~12개월경에 근치수술 적용 → 장의 무신경절 부위를 절제하고, 결장직장 문합하고, 1단계에서 수술한 결장루를 봉합
			단일단계 수술	장염이나 다른 합병증이 없으면, 복강경하 단일단계 직장 내 견인술 적용
		간호	수술 전 03,08 국시	㉠ 수술 전 생리식염수(등장성 식염수) 관장 반복하여 장운동을 유도함 ㉡ 복부 팽만을 확인하기 위해 복부둘레 매일 측정 ㉢ 저잔여식이, 고열량/고단백 식이 제공
			수술 후	㉠ 수술부위 감염예방, 결장루 피부통합성 유지를 위한 간호 ㉡ 저잔여식이 제공
		② 보툴리누스 독소 주사 : 무신경절 부위가 아주 짧아서 내괄약근에만 국한된 경우에는 항문에 보툴리누스 독소 주사를 놓아 괄약근을 이완시키는 치료 적용		
	보존 및 지지요법	① 영양과 수분 상태 유지 ② 통증완화 : 진통제, 비약물적 통증관리 요법		

25 급성 설사 `02 임용` `아동질환`

		삼투성 설사	삼출성 설사	분비성 설사
설사의 종류	병태	장관 내의 다량의 고삼투성 물질이 물을 장관 내로 끌어들임	장의 염증에 의해 장관 벽의 투과성이 항진되어 다량의 삼출액이 장관 내로 나옴. 혈성 설사가 흔함	소화관 점막의 분비 이상 항진

	주된 요인 (급성)	• 약인성 대장염
		• 염류설사
		• 솔비톨
		• 락틀로즈
			• 세균성 대장염
			• 바이러스성 대장염
			• 약인성 대장염
			• 허혈성 대장염
				• 엔테로톡신에 의한 장염
				  - 콜레라균
				  - 이질균
				  - 포도상구균
				  - 장관출혈성 대장균

	주된 요인 (만성)	• 흡수불량증후군
		  - 유당불내증
		  - 만성 췌장염 등
			• 염증성 장질환
			  - 궤양성 대장염
			  - 크론씨병
			  - 장결핵
				• 내분비 종양
				  - Zollinger-Ellison 증후군

	치료	원인질환의 치료가 중심이 되며, 대증적으로 식사요법이나 수액요법(수분·전해질·영양분 보급) 실시		

설사의 흔한 원인	로타-바이러스 (Rotavirus) 감염 `92 임용`	특성	① 겨울에 흔함 ② 5세 이하 아동 주요설사 원인(50%) ③ 생후 6~12개월 영아 가장 취약 ④ 3세 이상에서는 경증, 면역억제 치료받은 아동은 합병증 발생 위험이 높음
		잠복기	48시간
		진단검사	Enzyme immunoassay(EIA)
		전파경로	변-구강 전염, 비말감염
		임상증상	① 묽은 변(수액성 설사)과 구토 ② 열과 구토는 2일 이내 줄어듦 ③ 설사는 5~7일간 지속 ④ 호흡계 질환이 이전 또는 동시에 발생
		치료	① 약물치료하지 않음 ② 접촉에 유의(전염성이 가장 높은 시기는 발병 3~4일째임)
		예방법	① 안전식수 제공 ② 철저한 개인위생 ③ 예방접종 | 백신종류	접종 시기
---	---
1가 백신 (로타텍, Rotateq)	생후 2, 4개월
5가 백신 (로타릭스, Rotarix)	생후 2, 4, 6개월	

		증상 및 징후		병태생리적 근거
설사에 동반되는 흔한 임상증상	탈수증상	의식이 있는 경우 갈증이 있음		세포가 수분 부족으로 수축되면서 시상하부의 '갈증' 삼투수용체를 자극하기 때문(등장 체액 손실 시에는 갈증이 나타나지 않음)
		피부 탄력성의 저하		간질액의 감소는 피부조직을 서로 달라붙게 하기 때문
		피부와 점막이 마름		점막 세포와 혀의 건조(혀 유두가 현저하게 보임)
		안구의 함몰		안구의 수분 장력이 감소하기 때문
		체온상승		수분결핍으로 증발할 수 없음
		불안감, 안절부절못함, 혼수		뇌세포의 탈수 때문
		빈맥(100회 이상)		순환성 허탈을 보상하기 위해 심장이 빨리 뛰기 때문
		수축기압 15mmHg, 이완기압 10mmHg 이상 하강		등장성 수분 손실의 경우 혈장량이 부족하게 되어 수축기압이 떨어지기 때문
		맥압 감소, 중심정맥압 감소		정맥 귀환의 감소
		누운 자세에서 경정맥을 볼 수 없음		정맥 귀환의 감소
		체중 감소		체중에서 수분이 차지하는 부분의 감소
		핍뇨(30mL/hr 이하)		저혈량증에 대한 신장 반응(수분과 염분의 재흡수) 때문
		검사 결과	혈장 삼투압 증가 (>295mOsm/kg) 19 국시	용질보다는 수분량의 손실이 많기 때문
			혈장 Na⁺이 증가하거나 정상(>145mEq/L)	Na⁺보다 수분량의 손실이 많거나 고장성 체액손실, 등장성 수분 손실로 혈장 Na⁺은 정상 범주에 있을 수 있음
			BUN의 증가(>25mg/dL)	혈액의 농축 때문에 약간 상승될 수 있음
			요비중 증가(>1.030)	신장의 기능 변화로 용매에 비해 용질 증가
			고혈당(>120mg/dL)	혈액의 농축으로 포도당 수준이 상승하고 포도당이 증가하면 이뇨와 수분 상실을 야기하여 혈장 삼투질 농도 상승
			Hct상승(>55%)	고장성 체액 손실 시: 혈액의 농축으로 헤마토크릿 상승 / 등장성 용액 상실 시: 헤마토크릿은 정상일 수 있음
	전해질의 불균형	sodium, chloride, potassium, bicarbonate의 손실		
	영양장애	영양부족 현상 초래		
	대사성 산증	① 설사로 인한 중탄산이 소실되어 초래됨 ② 증상 　초기: 두통, 정신기능 둔화, 쿠스마울 호흡 　후기: 지남력 상실, 혼수, K⁺ 과잉		

설사 치료제 (지사제)	로페라마이드 (loperamide, Loperin)	작용	① 마약성 지사제로 장벽의 신경종말에 작용함으로써 위장의 운동성을 감소시킴 ② 마약성 제제이나 중추에 영향을 미치지 못함
		부작용	진정작용, 피로, 어지러움, 오심, 구토, 변비
		주의점	지사효과가 48시간 내 나타나지 않으면 투여 증가하고, 지사효과가 충분히 나타나면 즉시 투약 중지할 것
	차살리실산비스무스 (bismuth subsalicylate, Pepto-bismol)	작용	흡착제로 설사치료뿐 아니라, 항박테리아와 항바이러스 작용
		부작용	혀의 변색, 흑회색 대변
		주의점	살리실레이트 성분이 포함되어 있으므로 아동에게 주의(특히 인플루엔자나 수두의 경우 라이증후군 발생 위험)

26 탈장 　아동질환　성인질환　25 임용

정의	복벽의 약해진 근막이나 근육부위로 장기의 일부가 제자리에 있지 않고 돌출된 상태 ** 간, 소장, 대장과 같은 복부 내장은 복막에 싸여있으며, 그 주위를 둘러싸고 있는 근육과 근막, 피부를 합쳐서 복벽이라고 함		
원인	① 복벽의 약화(질병이나 노화과정) ② 복압의 증가(임신, 비만, 기침, 재채기, 무거운 짐 들기, 변비, 배변 시 긴장 등)		
유형	부위에 따른 구분	서혜부 탈장	간접 서혜부 탈장	복막이 주머니를 만들어 그 안에 장이 들어감. 이 주머니가 서혜륜을 통과하여 나옴
			직접 서혜부 탈장	약화된 복벽 부분에서 발생, 성인 남성에서 주로 발생
		대퇴탈장	대퇴륜에서 발생, 여성에서 주로 발생
		절개탈장	① 선천적, 후천적으로 발생 ② 가장 흔한 탈장 ③ 복압상승, 비만 시 발생
		제대탈장	① 이전의 수술절개 부위에서 발생 ② 주로 성인 여성에서 주로 발생
	정도에 따른 구분	환원성 탈장	탈장낭의 내용물이 조작에 의해 복강 내 제자리로 환원 가능
		비환원성 탈장	탈장낭의 내용물이 촉진에 의해 환원될 수 없는 상태, 치료하지 않으면 염전 초래
		감돈탈장	탈장내공을 나온 장이 환원되지 않고 끼어 있는 상태로 염전 초래
증상 및 징후	① 신체검진 시 복부 돌출 확인 ② 덩어리 촉진 시 유연하고 통증 있음 ③ 긴장 시 또는 힘을 주면 탈장이 커지고 압통 호소 ④ 염전이나 감돈 시 심한 통증, 오심, 구토, 발열 동반		
진단검사	촉진	① 가장 중요한 검사로 대상자에게 발살바 수기를 하도록 해서 복압을 상승시키면 탈장을 밀어 쉽게 촉진됨 ② 서혜부 탈장의 경우 검지손가락으로 고환을 함입시키고, 외부 서혜관 입구를 통해 집어넣으면 탈장되어 생성된 주머니를 보다 확실히 확인할 수 있음 ** 서혜관은 태생기에 고환이 이동한 통로임	
	청진	탈장의 경우 장음을 청진할 수 있음	
	방사선 검사	초음파 검사, 복부 컴퓨터 단층 촬영 검사 등	
치료 및 간호중재	내과적 치료 16 국시	복압감소	① 무거운 역기를 들거나 무거운 짐을 드는 행위를 피하고, 기침과 변비도 조심해야 함(∵ 복압이 증가되어 탈장이 커지고 압통이 발생할 수 있기 때문)　25 임용 / 19 국시 ② 변비와 배변 시 긴장예방을 위해 변 완화제와 고섬유식이 제공 ③ 흡연으로 인한 기침 시 금연
		지지	탈장대(hernia belt) 착용 : 고무판을 탈장부위에 맞추고 벨트 고정
		환원시도	탈장을 손으로 눌러 복강 내로 밀어 넣어 환원 시도
	외과적 치료	① 복구가 안 되거나 재발이 흔한 경우 수술 적용 ② 탈장봉합술 ③ 감돈이나 꼬임으로 인한 합병증 발생 시 즉시 수술해야 함(∵ 꼬인 장 부분에 혈액공급이 부족해지면, 빠르게 괴사되기 때문임)　25 임용	

27 변비 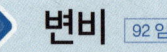 성인질환

정의	① 대장 연동운동의 저하로 원활한 배변운동을 하지 못해, 배변이 1주일에 2회 미만 ② 1주일에 3회 이상 배변을 해도 굳은 변을 보거나 배변 시 통증이나 출혈이 동반되는 경우			
유형	구분		원인	치료
		식사성 변비	섬유질이 적은 편식 또는 소식	섬유질이 많은 음식 섭취
	기능성 변비	직장성(습관성) 변비	• 반복되는 배변자극의 무시 • 설사제, 관장의 오용·남용	규칙적인 배변습관의 확립
		이완성 변비	• 대장의 긴장저하·운동의 둔화 • 복근력이 약하기 때문에 배변 시에 충분한 복압을 얻을 수 없는 경우	• 섬유질이 많은 식사 • 적당한 운동 • 네오스티그민계 약제(아세틸콜린 분해효소 억제제)나 팽창성 설사제 사용
		경련성 변비	부교감신경의 과다긴장 등에 의해 장관(특히 S상 결장)이 지나치게 긴장하여 변의 이동이 장애를 받음(과민성 장증후군)	장운동 조정제와 항불안제 병용
	기질성 변비		대장의 통과장애(종양, 염증 등에 의한 협착) 또는 대장 이외의 기질적 질환이 동반되는 대장의 운동기능 이상에 의한 변비	원인질환의 치료
병태생리	① 직장배설 감소로 직장벽의 팽창에 대한 직장벽의 압력 수용체의 민감성 감소 등으로 부교감신경에 의한 장운동 저하 ② 대변이 정체되고 물의 재흡수로 대변이 단단해져서 장 운동 감소			
증상 및 징후	① 복부팽만, 복통, 식욕부진, 장 운동 감소, 딱딱하고 건조한 변 ② 두통, 직장 내 압력증가, 오심, 혈변 등 ③ 합병증 : 치핵, 치열, 치루 등			
치료 및 간호 중재	원인제거		원인 확인 위해 복부방사선 촬영, 바륨 관장, 직장 내시경 등으로 원인을 확인 후 제거	
	대증요법	정장제(Purgative)/하제 투여		
		하제 사용목적	• 장 운동 촉진, 장 내용물 배설, 급·만성 변비 • 검사, 대장 또는 직장 수술 전 처치에 사용	
		사용 시 주의점	• 필요 이상의 정장제 사용은 오히려 정장제의 의존도를 높여 정상적인 배변활동 저해 • 장기간 사용 시 무른 변이나 설사가 잦아져서, 수분과 전해질의 불균형(저칼륨혈증 등), 체중감소 초래 • 식물성 섬유는 소화·흡수되지 않은 상태로 대장에 이르게 되므로 포만감에 이어 변의 유발, 장내 찌꺼기 제거에 유용하다고 알려져 있음. 그러나 노인이나 만성질환자의 경우처럼 장의 연동운동이 저하되어 있거나 정상 장내 연동운동능력 이상의 과량의 식이섬유를 섭취한 경우에는 장에 이른 식이섬유가 장폐색의 원인이 될 수 있음	

		※ 하제의 종류			
치료 및 간호 중재 20 국시	대증요법 92임용	약물	작용	부작용	비고
		자극성 완화제 : 비사코딜 (Dulcolax, Laxadol), 센나(Senokot) 13 국시	• 감각신경말단을 자극하여 결장 상피가 자극되게 하고 점액분비를 증가시킴(= 대장의 연동운동을 증가시켜 배변 유도) • 급·만성 변비 및 수술/내시경 등의 전처치 • 약의 효과는 6~8시간 내에 나타남	복통, 위부 불편감, 복부경련, 오심 등	• 원형 그대로 투약 • 반복사용 시 전해질 손실로 인한 허약이나 기립성 저혈압 초래, 특히 노인에서 흔함 • 장기간 사용 또는 과다 사용 시 장기적으로 변비 초래 • 충수염/항문 출혈/심부전 등에 금기
		삼투성 완화제 : 락툴로즈 [lactulose (Duphalac)] 21 국시	• 수분에 의존해서 변의 부피가 팽창 • 만성 변비, 간성 뇌증에 사용	오심, 구토, 설사, 복통	• 장에 흡수될 만큼의 충분한 수분제공, 작용 빠름, 수분과 전해질 불균형 초래가능(노인이나 심장이나 신장질환이 있는 대상자에게 주의)
		팽대성 완화제 : 싸이리움 [psyllium(Mutacil)]	• 식물성 다당류로 장내 수분을 흡수하여 변을 부드럽게 하고 변의 양을 증가시킴 • 만성 변비의 1차 약물(장기사용도 안전)	복통, 설사, 구토	• 공복에 한 컵 이상의 냉수와 함께 복용, 충분한 액체 투여 안 되면 장폐색과 식도폐색 일으킴
		염류성 완화제 : 수산화마그네슘 [Magnesium hydroxide(Milk of magnesia)]	• 수용성 무기염류가 장에서 흡수되지 않고 삼투압 작용에 의해 수분을 저류시켜 연동운동 촉진 • 변비의 2차 약물, 주로 내시경의 전처치나 장관 내 독극물 제거에 사용 • 약 효과는 2시간 내에 나타남	고마그네슘혈증, 저혈압, 복통, 근력저하	• 장기간 사용 시 전해질 불균형과 탈수 초래 • 액상제제가 정제보다 효과적임 • 독성(중추신경계나 신경근육계의 기능저하, 전해질 불균형)이 있으므로 단기간만 사용 • 신기능 부전 대상자 금기
		연화성 완화제 : 도큐세이트 소듐 [docusate sodium (Colace)]	• 비흡수성 탄수화물이 장 점막의 윤활을 통해 대변을 부드럽게 해 이동이 원활해짐(변의 표면장력을 감소시켜 수분의 투입을 증가시키는 음이온 계면활성제임) • 미네랄 오일의 효과는 6~8시간 내에 나타나고 글리세린 좌약의 효과는 30분 이내에 나타남 • 굳은 변에 지방과 수분을 침윤시킴 • 병원 입원환자나 장기요양, 수술 후 상태 또는 마약성 진통제를 처방받은 사람들에게 오는 변비 치료	경증의 복통 경련과 설사, 쓴맛	• 인후 자극 초래, 쓴맛 감소 위해 우유나 주스와 복용 • 장기간 사용 금지(만성변비에서 효과↓), 작용 느림 • 미네랄 오일이 지용성 비타민의 흡수를 방해하고 위 배출을 지연시키므로 식사 중 복용하지 않아야 함 • 오일이 인두로 넘어가 지질성 폐렴을 일으킬 수 있으므로 조심해서 삼켜야 함
		※ 글리세린 : 삼투성 하제로 수분흡수 작용, 연화성 하제로 비흡수성 탄수화물이 장점막 윤활작용, 자극성 하제로 장점막 신경총 자극 작용을 함			
	보존 및 지지요법	① 식이요법 : 식이 섬유소 섭취, 수분(3,000mL) 섭취 증가 ② 운동 프로그램 : 장의 연동운동 증가를 위해 걷기 등의 운동 권장 ③ 배변 시 중재 : 앉은 자세에서 허리 구부리기, 복부 마사지 20 국시 ④ 매일 일정한 시간에 변기에 앉기 22 국시(보기)			

28 요충증 12임용 [아동질환]

정의	사람 고유의 기생충인 요충(Enterobius vermicularis)에 감염된 상태
특징	① 전 세계에 널리 분포 - 인구밀도가 큰 도시에 多 ② 영아원, 유치원, 학교, 기숙사 등에서 집단생활을 하는 아동 多 ③ 유아원과 초등학교 저학년 감염률 높음 ④ 가족 내 감염, 우리나라에서 가장 흔한 접촉 감염성 기생충 질환
기생충 형태	수컷 2~5mm, 암컷 8~13mm, 가늘고 방추형의 하얀 선충
기생장소	맹장 내
잠복기	1~2개월
감염경로	① 충란 : 암컷이 밤에 항문 밖으로 기어나와 주위에 산란(항문주름에 알을 낳음) ② 감염 : 성숙한 충란을 자가접종(항문 주위를 긁은 손을 통해 충란 섭취)이나 환경(의류, 침구류 등)을 통해 섭취함으로써 감염됨 ※※ 감염성 충란(체외 : 2~3주일 생존 - 건조에 강함) ③ 부화 : 소장에서 부화유충이 됨 ④ 성충 : 성충은 결장, 맹장에 정착함 ⑤ 전파 : 충란 섭취 후 암컷이 성체가 되어 산란까지의 기간은 약 1개월, 암컷은 항문 주변으로 이동하여 알을 낳으며 야행성으로 항문 주위를 기어다님

증상 12 임용	초기증상		항문 주위의 심한 소양증으로 불안, 안절부절못함, 수면장애, 잠자리에 오줌 싸기, 주의산만, 주의집중 저하
	이차감염		항문 주위의 피부가 벗겨지거나 세균의 이차감염까지 일어날 수 있음
	합병증	복통, 설사	성충은 맹장점막에 염증을 만들기 때문에 감염된 충체가 많으면 복통, 구토와 설사를 유발하기도 함
		충수돌기염	드물지만 충수돌기로 들어간 충체가 점막층에 끼어 충수돌기염의 원인이 될 수 있음
		질과 요도 감염 가능	충체가 여자 어린이의 항문 주위 피부에 붙어 있다가 질, 자궁, 난관, 복강 등으로 침입하여 일어남
	복막염, 난관염 등		
진단 12 임용	테이프 검사		① 충란검사 방법 교육 : 아침에 일어나자마자 항문 주변에 투명 테이프의 접착면을 압착하면 요충 알이 묻어 나옴(= 셀로판테이프의 접착부를 항문 주위 주름에 부착 후 떼어내서) 셀로판테이프의 접착부를 슬라이드에 잘 펴 붙인 후 저배율로 충란을 확인함) → 슬라이드를 느슨한 비닐백, 유리병에 설압자를 넣어 병원으로 후송 ② 감염 검사를 세 번 연속 실시 ③ 가족 모두 테이프 검사 실시
	대변 도말검사		장내 기생충 질환의 기생충 판별검사를 위해 실시
치료 12 임용	원인제거 : 구충제		① mebendazole(Vermox)

기전	기생충의 미세소관 변형을 일으켜 포도당 섭취를 차단하고 에너지 공급을 고갈시켜 운동성 저하와 함께 성충 및 충란, 유충에 대한 살균작용을 함
효과	80~100% 구충
부작용	• 흔한 부작용 : 두통, 간효소 수치 상승 • 중추신경계 부작용 : 두개내압 상승, 어지러움증, 수막증(경부강직, 수명증, 두통의 3가지 특징적인 증상을 보임) 등이 나타날 수 있음

치료 원칙	• 20일(2주) 간격으로 (2~3회) 반복투여
	  - 어린 충체가 구충제에 잘 듣지 않고 계속 자라 성충이 되어 재발이 흔함
	  - 충란은 속옷/침구/방안의 먼지/가구 등에 붙어서 2~3주 동안 감염력을 유지하기 때문에 재감염을 예방하기 위해 반복 투여해야 함
	• 가족 내 감염방지를 위해서 전원 동시 치료

주의점	2세 이하 아동이나 임산부 금기(∵ 배아독성)

② piperazine : 가장 안전한 약물임

cf) 프라지콴텔은 거의 모든 종류의 흡충증과 일부 조충증 치료에 효과적임, 작용기전은 기생충칼슘투과성을 증가시켜 기생충을 수축시키고 마비시킴

예방법 12 임용	보건교육	① 손 : 손톱 짧게 하기, 철저한 손 씻기, 입에 손 넣지 않기 ② 항문 주위 긁지 않기
	환경관리	③ 진공청소기로 청소 ④ 좌변기를 비누로 세척
	재발방지	⑤ 침구나 속옷 삶거나 일광 ⑥ 통 목욕보다는 매일 샤워하기 ⑦ 기저귀는 오염 즉시 갈아줄 것

29. 결장암과 직장암 13 임용 성인질환

정의		① 결장직장에 발생한 악성 종양, 대부분 선암 ② 대장암 호발부위 : 직장(38%) > S상 결장(29%) > 맹장(15%) > 하행결장(10%) > 상행결장(5%) > 횡행결장(3%) 순으로 발생함	
원인 (위험요인) 17 국시	조절불가능 요인	① 연령(50세 이상) ② 가족력 : 선종성 폴립, 유전성 비용종성 대장암	
	조절가능 요인	생활습관	비만, 흡연
		식생활	저섬유식이, 고지방식이, 정제된 음식 등은 장내 대변통과 시간을 지연시켜 변 내 발암 물질과 장점막의 접촉시간 증가
		생활환경	좌식, 사무직 증가
		질병	결장 용종이나 선종, 궤양성 대장염
병태생리		① 저섬유식이 섭취는 대변의 장내 통과시간 길어짐 ② 변 내 발암물질과 장점막의 접촉시간 길어짐 ③ 선종성 용종 → 악성변성 → 장벽침윤 → 주변 장기로 전이	
증상 및 징후		① 비특이적이고 질병이 진전될 때까지 나타나지 않음 ② 혈변, 직장출혈(대부분 출혈 증상으로 병원을 찾게 됨) ③ 장습관의 변화, 장폐색, 복통, 경련과 오심, 구토 ④ 빈혈, 식욕부진, 체중감소, 피로 | 상행결장 병변 | 하행결장, 직장 병변 | |---|---| | • 묽은 변 • 검은 변 • 빈혈 • 식욕부진, 체중 감소 • 복통 • 덩어리 촉진 | • 선홍색 혈변 • 배변습관의 변화 • 변비 또는 설사 • 연필이나 리본모양 배변 • 이급후증 • 폐색이 초기에 발생 |	
진단검사		① 직장지두검사 : 윤활제를 바른 장갑을 끼고 직장에 손가락을 삽입하여 종양이 만져지는지 확인 ② 대변 내 잠혈검사 : guaiac 검사 ③ 대장 내시경(결장경 검사) : 생검 가능, 확진 가능 ④ 대장 X-선(바륨 관장 - 장 구조의 결함 또는 장 협착 확인) ⑤ 임상병리검사 : CEA 수치, CBC, 응고검사, 간 전이 확인을 위한 간 기능 검사 ◆ 국가암검진사업 : 대장암 검진 　- 대상 : 50세 이상 남·여 　- 검진주기 : 1년마다 　- 검사(3) : 분변잠혈검사, 대장내시경검사, 조직검사	
치료 및 간호중재 13 임용 / 03,06,11,12, 18,19,20 국시	원인제거	방사선 치료, 동위원소치료, 항암요법, 수술(결장루술, 내시경적 절제술, 복회음 절제술)	
	보존 및 지지요법	영양관리	① 수술 후 회복기 동안 연동운동 감소 위해 고열량, 고단백, 고탄수화물, 저잔여식이, 유동식 섭취 ② 가능하면 정상식이로 영양보충, 필요시 TPN ③ 장 운동 증진시키는 음식 제한 ④ 가스 생성 음식, 냄새를 많이 나게 하는 음식(달걀, 생선류, 양파 등) 제한 ⑤ 수술하기 전부터 식이조절
		감염관리	① 수술 전 24~48시간 동안 경구로 항생제 투여 ② 수술 전 장 준비 시행(청결 관장)
		수술 후	① 합병증 관리 ② 수술부위 관리 ③ 배액관 관리

치료 및 간호중재 13 임용/ 03,06,11,12, 18,19,20 국시	보존 및 지지요법	장루 간호	회장루 간호		① 수분전해질 균형유지 ② 집에서 체액상태 모니터하기 : 소변 색깔과 양 확인 ③ 식이 : 비타민 A/D/E/K 보충, 폐색에 민감하므로 줄기가 있는 채소나 껍질이 있는 음식 등을 제한
			결장루 세척	목적	형성된 배변제거 및 규칙적 배변 및 장 운동 시간을 규칙적으로 함
				시간	수술 전 배변시간
				절차	① 500~1,000cc의 미온수 준비 ② 변기 앞에 편히 앉아 통의 높이를 45cm 정도로 하고, 손에 장갑을 끼고, 세척 튜브에 윤활제를 발라 장루로 10cm 정도 삽입 ③ 5~10분에 걸쳐 세척액이 들어가도록 하고, 20~30분 후 배출 ④ 완전 배출 후 개구부 주위 피부를 청결히 하고 건조시킴
			공통 간호	피부 간호	① 장루 양상 관찰 : 약간 융기되어 있음. 붉고 습기가 있으면 혈액 공급이 적절하다는 것을 의미하고, 흐린 푸른색은 허혈, 매우 건조하고 회색빛이나 검은 갈색 개구부는 괴사를 의심할 수 있음 ② 장루 주위 피부는 중성비누와 물로 닦음 ③ 주머니 부착 전 피부를 철저히 말리고, 보호제 도포 22 국시
				주머니 관리	① 주머니 부착판은 장루보다 0.2~0.3cm 정도 크게 ② 주머니가 1/3~1/2 정도 찼을 때 비우고, 4~7일마다 주머니 교환 20 국시 ③ 방취용액, 방취제를 주머니에 넣어서 냄새 방지
				식이	냄새나 가스를 유발하는 식이에 관한 정보 제공 |	냄새 유발	마늘, 양파, 달걀, 생선, 양배추, 양념장류, 브로콜리 등 19 국시
---	---	---
제한	가스 발생	음식: 콩, 맥주, 양파, 탄산음료, 오이, 무, 풋고추, 양배추, 옥수수 등
		행동: 흡연, 빨대 사용, 껌 씹기, 말하면서 식사하기 등
권장	• 시금치, 파슬리, 요구르트나 버터밀크와 같은 것들은 냄새를 감소시킴 • 고단백, 고탄수화물, 고칼로리, 저잔유식이, 균형 잡힌 정상식이 권장		
				정서적 지지	① 수치심이나 좌절감 같은 감정을 잘 표현하도록 지지, 적극적 경청 ※ 장루형성 환자들의 적응 단계 • Watson은 위기에 처한 사람이 경험하게 되는 심리적 4단계를 '장루형성술' 환자들의 적응단계와 비교하였음 ① 쇼크 ② 방어적 위축 ③ 인정 ④ 적응 • 간호사들이 많은 지지를 제고해야 하는 단계를 방어적 위축단계라고 하고, 간호사는 환자에게 많은 지지를 제공하고 환자의 상황을 현실적으로 평가하고 환자 자신이 간호에 참여하도록 격려해야 한다고 하였음 ② 수술 후 6~8주면, 다른 문제가 없는 한 목욕, 수영 같은 일상생활이 가능, 무거운 물건을 들어 올리는 것, 격렬한 운동이나 테니스, 너무 꽉 조이는 벨트나 옷을 피하도록 함

※ 장루 주머니 교환 : 장을 비운 후에 장루 주머니를 교환하면 교환하는 동안 배설물이 흘러나올 위험이 적고, 장루 주머니는 3~7일마다 교환해야 함 13 임용

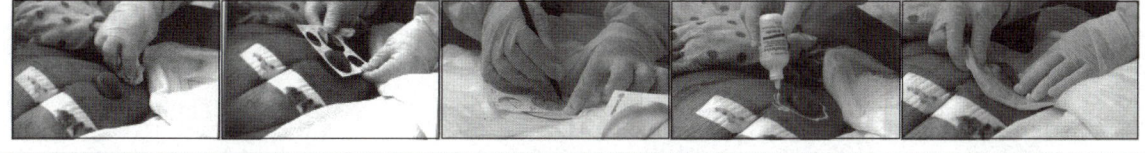

• 장루의 종류와 특징

	회장루	결장루		
		상행	횡행	S상
대변의 농도	액체성에서 반액체성	반액체성	반액체성에서 반고형성	고형
수분요구량	증가	증가	증가 가능성	변화 없음
배설조절	없음	없음	없음	규칙적 장습관이 형성되었다면 조절가능
주머니와 피부보호막	필요	필요	필요	조절정도에 따라 다름
세척	필요 없음	필요 없음	필요 없음	매 24~48시간마다
수술적응증	궤양성대장염, 크론씨병, 외상, 암	하부결장 게실염, 외상, 종양, 직장질누공	상행결장과 동일, 선천성 기형	직장·직장~S상 결장 부분의 암, 게실의 천공, 외상

30 치질(항문질병) 06 임용 | 성인질환

정의	치핵	항문 주위의 정맥류
	치열	항문관에 생기는 궤양이나 열상으로 세로로 놓여 수직으로 찢어진 것
	치루	항문누공, 항문음와에 1차 개구부가 있고 2차적으로 항문이나 회음부 피부, 직장점막선에 염증성 관이 생긴 상태
	\<그림: 치질, 치열, 치루\>	
	cf) 항문의 구조	
	치정맥총	정맥이 그물망처럼 퍼져 있는 곳
	치상선	직장(점막)과 항문(피부)의 경계로 항문 안쪽 1.5cm 지점에 있음
유형	내치질	위쪽 치정맥 얼기의 정맥염(점막 피부의 경계 부위 위에 생김), 점막에 의해 덮여 있으며 자율신경계에 의해 신경 지배를 받음(= 항문의 점막 피부 연결부위 위쪽의 정맥얼기에 영향을 주며 통증이 거의 없고, 출혈이 나타남, 내치핵에서의 출혈은 선홍색으로 대변과 섞이지 않고, 대변을 시원하게 보지 못한 느낌 또한 내치핵의 증상일 수 있음)
	외치질	점막 피부의 경계 부위 밑에 있는 아래쪽 치정맥 얼기가 확장된 것으로 항문 피부에 의해 덮여 있음(= 점막피부 경계 아래 하부직장 정맥얼기에 발생함, 외치핵에서 출혈은 드물게 나타나며 항문자극, 압박감, 항문부위가 청결하지 못한 것 등이 증상임) ⇨ 혈관이 확장됨에 따라 이들을 덮고 있던 점막과 피부를 신장시켜서 결국 항문관 아래로 돌출
역학	남성과 여성, 어느 연령층에서도 생길 수 있으나 20~50세 사이에 발생률이 높음	
위험요인 (= 원인) 06 임용 / 19 국시	변비, 설사, 임신, 울혈성 심부전증, 장기간 앉아 있거나 서 있는 자세, 문맥성 고혈압, 간경변증 등 → 복부 내압 및 치질의 정맥압을 증가시키는 조건	
	※ 정맥 얼기 사이의 많은 망상 연합과 문맥에 이르는 위쪽 치정맥 얼기 내 판막결핍에 의해 직립자세로 있게 되면 과팽창되기 쉬움	
병태생리 20 국시	① 여러 원인에 의해 결체조직의 결함을 촉진, 복부 내압상승으로 치질정맥압 증가로 치질정맥 확장 ** 치핵조직은 배변 시 항문괄약근을 보호하고, 평상시에는 항문이 완전히 닫힐 수 있도록 해 주는 혈관 및 결체조직으로 이루어진 완충(cushion) 역할을 해 주는 조직 ② 직장의 팽대부가 대변으로 가득 차게 되면 정맥에 폐색 생김 ③ 압력과 폐색의 반복이 장기화되면서 혈관조직을 근육에 고정시켜주는 결체조직들이 탄력성을 잃어 늘어나게 되면서 치질정맥의 영구적 확장 ④ 굳은 대변이 통과할 때 외상을 입거나 치핵이 항문 바깥으로 밀려나오게 됨	

증상 및 징후	내치질	보통 무증상(∵ 치상선의 위는 자율신경의 지배를 받으므로 통증에 둔감함), 출혈(선홍색)과 탈출, 직장 소양증, 변비, 혈전증 시 통증발생
	외치질	항문에 확장된 혹이 생김, 통증에 예민함(∵ 치상선 아래는 체성신경의 지배를 받아 통증에 예민함)
합병증	출혈	철분 결핍성 빈혈 발생
	치질의 염전	탈출된 형태의 치질로, 항문 조임근에 의해 혈액 공급이 차단되고 치질 안의 혈액이 응고되면 혈전증 발생 → 심한 통증, 부종 및 염증 발생 → 냉찜질, 둔부상승
	수술 후 합병증	감염, 병변이 치유됨에 따라 생기는 유착 및 출혈
진단검사	내치질	과거력, 손가락 촉진(직장지두검진), 직장경 검사로 진단
	외치질	시진으로 진단
치료 및 간호중재 06 임용 / 08,12,13 국시	원인 제거	① 변비 시 변비 조절 : 완화제 투여, 운동 증가, 규칙적 배변습관, 섬유질과 수분섭취량 증가(부피 형성과 변을 부드럽게 해줌, 연동운동 증가), 올바른 배변습관 형성(필요 이상으로 오래 화장실에 앉아 있지 않기), 배변 시 강하게 힘주지 않기 ② 오래 앉기, 화장실에 앉아 있기, 서 있기 등 주의 ③ 비만인 경우 체중감량 ④ 비만이나 임신과 관련된 압력을 경감시키기 위해 앉아 있을 때 자주 다리를 올려놓도록 해야 함
	대증요법 - 외과적 치료	고무밴드 결찰법, 경화제 요법, 냉각 절제술, 레이저 수술 등
		고무밴드 결찰법: 내치질인 경우 시행, 치질의 기저부에 고무밴드를 끼워 허혈이 생기면 치질 축소되어 탈락 및 위축
		경화제 요법: 출혈 있는 내치질에 효과적임. 경화성 용액을 치질조직 내로 주입해 염증 반응을 일으키는 방법
		냉각 절제술: 내치질인 경우 조직이 괴사되도록 냉각시키는 방법
		레이저 수술: 외치질을 태워 제거하는 방법
		치질 절제술: 치질을 외과적으로 절제하는 방법
	대증요법 - 식이	① 급성기에는 저잔류식이 ② 땅콩류, 강한 양념의 음식, 커피, 알코올은 환부를 자극하므로 피할 것
	대증요법 - 통증관리 - 좌욕	통증이 있을 때는 냉찜질 후에 따뜻한 물로 좌욕 실시 22국시 효과: 불편감 완화, 경련 완화, 감염예방, 환부 치유 촉진 시기: 치핵절제술 12시간 후부터, 매번 배변 시마다 혹은 3~4회/일
	대증요법 - 투약	소염 진통제, 리도카인과 같은 국소 마취제(Nupercaine) : 진통과 수렴효과로 불편감 및 주위 조직 자극 감소 효과
	대증요법 - 위생관리	① 배변 후 청결 유지 : 부드럽고 흰색의 향료 없는 화장지 사용 ② 씻을 때 잘 씻을 것 ③ 이차 감염방지 및 수술 후 협착 예방
	대증요법 - 소양증 감소	① 수렴성 로션 ② 스테로이드 크림

02 간·담도계 건강문제의 간호와 관리

영역	기출영역 분석			페이지
병태생리	간·담도계 구조와 기능			109
	췌장의 외분비선에서 분비되는 소화효소 1996			115
	빌리루빈 대사	장내에서 무엇으로 변화되어 배설되는지 1996 , 글루쿠론산전이효소(glucuronyltransferase)의 빌리루빈 대사작용 2023		116
간질환	황달			117
	간경변증	병태생리(황달, 복수형성, 식도정맥류, 문맥성 고혈압, 간성혼수) 2009, 2010		120
		간성뇌병증	유발물질, 치료약물과 투여경로, 네오마이신 투여 목적 2022	
	바이러스성 간염	A형간염	원인 및 전파경로, 치료법, 예방법 등 2010, 2013	128
			항체, 전파경로 2015	
		B형간염	만성 B형간염 설명(병리, 유형, 간 생검 특성, 증상 등) 1996	
			B형간염의 고위험군 6가지 1999	
			치료(만성환자 치료 : 인터페론 알파), 원인과 전파경로, 법정 감염병, 적절히 치료하지 않았을 때의 예후 2013	
	지방간	지방간을 조절하기 위한 자가관리방법 2005		136
	간암	원발성 간 신생물 중 악성 신생물 : 육종 1995		137
담도질환	담석증, 담낭염	총담관 조루술로 담즙이 유출됨으로써 나타나는 부작용 : 출혈성 소인 1995		138
		Murphy's sign 2011		
췌장질환	급성 췌장염	징후 : 쿨렌징후, 터너징후 2011		143
	만성 췌장염			146

학습전략 Point

1st	간경변증	질병과 관련하여 병태생리, 약물의 작용기전과 효과, 특징적인 중재 등이 자주 출제되고 있다. 따라서 간·담도계의 대표 질병인 간경변증에 철저한 학습을 통해서 간·담도계의 병·생리기전과 특징적인 중재에 관해 학습한다.
2nd	바이러스성 간염	원인, 전파경로, 고위험군, 예방 및 치료법 등 다양하게 출제되었던 질환이다. 따라서 기출된 내용을 중심으로 포괄적으로 학습한다.

한눈에 보기

간·담도계

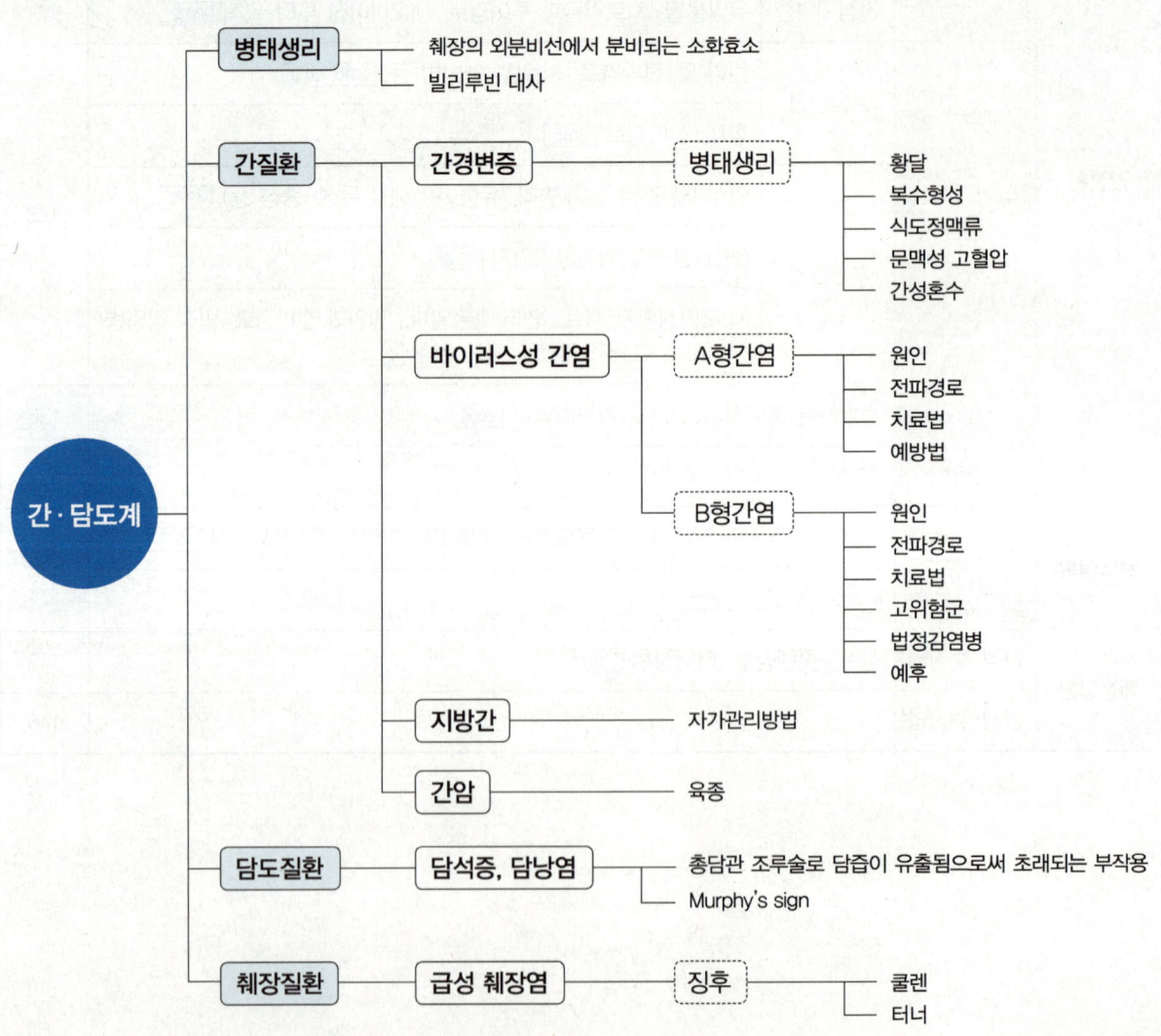

96-20. 췌장의 외분비선에서 분비되는 것은?
① Insulin-Trypsin-Lipase
② Amylase-Glucagon-Lipase
③ Trypsin-Amylase-Lipase
④ Insulin-Glucagon-Amylase

96-49. 빌리루빈은 장내에서 무엇으로 변화되어 배설되는가?
① urobilin
② urobilinogen
③ stercobilin
④ stercobilinogen

23-A11. 다음은 보건교사와 동료교사의 전화 통화 내용이다. 〈작성 방법〉에 따라 서술하시오.

동료교사: 선생님, 안녕하세요?
보건교사: 출산하느라 고생하셨어요.
동료교사: 네, 아기가 ㉠ 미숙아로 태어났는데 빌리루빈 수치가 20 mg/dL로 증가해서 뇌손상의 위험이 있다고 하네요.
보건교사: 걱정되시겠군요. 신생아는 성인과 달리 간기능이 미숙해서 ㉡ 글루쿠론산전이효소(glucuronyltransferase)의 활성도가 떨어져요. 그로 인해 빌리루빈 수치가 증가하게 되지요.
 … (하략) …

─〈작성 방법〉─
• 밑줄 친 ㉠에 해당하는 질환명을 제시할 것.
• 밑줄 친 ㉠에 해당하는 질환의 초기에 소실되는 신경계 반사(reflex)의 명칭을 제시하고, 이 반사의 개념을 서술할 것.
• 밑줄 친 ㉡의 빌리루빈 대사 작용을 서술할 것.

09-20. 간경변증 진단을 받은 지 10년 된 53세의 남자가 말이 어눌해지고 장소에 대한 지남력이 떨어져서 병원에 입원하였다. 사정결과 간 떨림 증상과 복수가 나타났다. 이 환자는 수분정체 완화를 위해 이뇨제인 퓨로세마이드를 투여받고 있다. 이 환자를 위해 간호중재로 옳은 것을 〈보기〉에서 고른 것은?

─〈보기〉─
㉠ 변의 색깔을 확인한다.
㉡ 저칼륨혈증을 관찰한다.
㉢ 저단백식이를 공급한다.
㉣ 중추신경자극제를 투여한다.

10-18. 간경변의 병태생리에 관한 설명으로 옳지 않은 것은?
① 간세포의 광범위한 파괴로 황달이 일어난다.
② 간의 알부민 합성능력이 저하되어 저알부민혈증이 초래되므로 복강 내로의 수분유출이 억제된다.
③ 문맥으로 혈류를 보내는 비장과 위장관의 울혈 현상으로 식도정맥류가 나타난다.
④ 간경변증이 심하면 문맥계 안에서 혈류에 대한 저항이 증가되어 문맥성 고혈압이 발생한다.
⑤ 간성혼수는 단백질 대사물질인 암모니아를 요소로 전환시키는 간의 능력이 저하되기 때문에 나타난다.

10-25. 다음 이 군의 사례에서 보건교사가 인지하고 있어야 할 질병의 특성 및 관리에 대해 옳은 것을 〈보기〉에서 모두 고른 것은?

중학생 이 군은 발열, 쇠약감, 오심, 구토, 식욕부진과 우측 상복부 통증이 수일간 지속되었다. 그 후 소변 색깔이 담황색으로 진해지면서 회색 변, 황달 증상이 나타나 병원에서 검사를 받은 결과 혈액검사에서 IgM형 anti-HAV항체가 양성으로 나타났다.

─〈보기〉─
㉠ 주로 혈액을 통해 감염되며, 만성화 경향이 있다.
㉡ 특별한 치료법은 없으며 증상 발현 시 보존요법을 시행한다.
㉢ 우리나라에서는 제2군 법정전염병으로 분류하여 관리하고 있다.
㉣ 개인위생이나 공중위생이 불량한 곳에서 많이 발생한다.
㉤ 감염자와 접촉 후 2주 내에 면역글로불린을 예방접종하면 예방에 효과적이다.

15-A7. 다음은 A형간염의 혈청학적 임상 경과를 나타낸 그림이다. ㉠은 과거에 감염된 후 면역이 형성되어 있음을 나타내고 있다. 이에 해당하는 항체명과 HAV의 주요 전파 경로를 쓰시오.

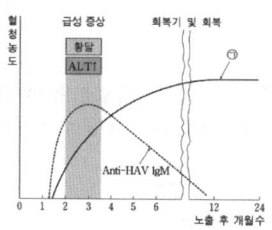
[그림] A형 혈청학적 임상 경과

96-41. 만성 B형간염에 대한 설명으로 옳지 않은 것은?
① 소아에서는 황달이 3개월 이상 지속된다.
② 간 생검상 Piecemeal necrosis가 특징적이다.
③ 염증소견은 없으나 간 괴사 소견은 볼 수 있다.
④ 예후가 좋은 만성 지속성과 예후가 나쁜 만성 활동성이 있다.

99지방-03. B형간염의 고위험군을 6가지 이상 쓰시오.

13-31. 다음은 K 교사의 보건 일지이다. 보건 일지에 나타난 K 교사의 질병에 대한 설명으로 옳은 것만을 〈보기〉에서 있는 대로 고른 것은?

보건 일지			
상담일	2012년 8월 30일	장소	보건실
이름	K	성별/연령	남자/55세
주호소	최근 피로감이 심해지면서 밥맛도 없고, 속이 메스껍고 소화불량, 복부 불편감이 있다고 함. 3일 전부터는 소변색이 진해졌음		
신체사정	활력 징후: 체온 36.5℃, 맥박 72회/분, 호흡 18회/분, 혈압 120/80mmHg 피곤한 안색이지만 창백하지는 않음		
과거력	그동안 별다른 건강 문제 없었으며, 동일 질환 과거력 없음		
비고	• 하계 방학 중에 동남아 여행을 다녀왔음 • 취미로 낚시를 즐기는 편임 • 병원 진료 결과 – HBsAg : 양성 – HBsAb : 음성 – SGOT/SGPT : 상승 – 빌리루빈 수치 : 상승		

☞ 상담실시

─〈보기〉─
ㄱ. 오염된 음식, 식수, 대변-구강 경로로 감염되므로 배변 후 손 씻기를 철저히 하고, 술잔을 돌리는 것을 피해야 한다.
ㄴ. 만성 환자 치료에 인터페론 알파(Interferon alpha)가 유용하다.
ㄷ. 이 질환은 집단 발생의 우려가 커서 유행 즉시 방역 대책을 마련해야 하는 제1군 감염병이다.
ㄹ. 적절히 치료받지 않으면 만성 보균자가 될 위험과 간세포성 암(Hepatocellular carcinoma)으로 진행될 가능성이 있다.

22-A9. 다음은 보건교사와 동료교사의 대화 내용이다. 〈작성 방법〉에 따라 서술하시오.

> 동료교사 : 선생님, 제 남편이 8년 전에 간경화증(liver cirrhosis) 진단을 받고 별 문제 없이 지내 왔어요. 그런데 2~3일 전부터 손목을 아래쪽으로 파닥거리며 떠는 증상(flapping tremor, asterixis)과 함께 의식이 점점 저하되어서 병원에 입원했어요.
> 보건교사 : 얼마나 놀라셨어요.
> 동료교사 : 병원에서는 간성뇌병증(hepatic encephalopathy)이라고 하던데 왜 그런 증상이 나타나는 걸까요?
> 보건교사 : 간기능이 저하되어 ㉠장으로 흡수된 단백질 대사산물이 간에서 전환되지 못해 혈중에 축적되어 뇌에서 신경학적 독성을 일으키기 때문이에요.
> 동료교사 : 지금도 의식이 회복되지 않고 있어요. 약물 치료는 어떻게 하나요?
> 보건교사 : ㉡장관 내 삼투압을 상승시켜 대사산물의 배설을 촉진하고, 장 내용물을 산성화하는 약물을 투여합니다. ㉢상황에 따라 네오마이신(neomycin sulfate)이라는 약을 사용하기도 해요.
> 동료교사 : 식이 섭취는 어떻게 하는 게 좋을까요?
> 보건교사 : 당분간 단백질 섭취는 줄이는 것이 좋겠습니다.

─〈작성 방법〉─
- 밑줄 친 ㉠을 유발하는 물질을 제시할 것.
- 밑줄 친 ㉡에 해당하는 약물의 일반명과 위 상황에 적합한 투여 경로를 제시할 것.
- 밑줄 친 ㉢의 투여 목적을 서술할 것

05-[14~15] 다음 글을 읽고 물음에 답하시오.

> 기혼남인 35세 김 교사는 신체검진 결과에서 중증도의 지방간이라는 진단을 받았으며 경증의 비만 이외에 특이 사항은 없었고 본인이 느끼는 불편감도 없는 상태이다. 김 교사는 평소 술과 담배를 즐기는 편이며 현재 대학원에서 석사학위 논문을 쓰고 있는 중이어서 스트레스가 높은 상태이다. 또한 김 교사는 조부가 간경화로 사망한 가족력이 있다.

05-14. 김 교사의 지방간을 조절하기 위한 자가관리방법을 5가지만 쓰시오.

05-15. 지방간이 만성질환으로 진행되었을 경우 김 교사나 가족에게 미칠 수 있는 영향을 4가지만 쓰시오.

95-67. 원발성 간 신생물 중 악성인 것은?
① 선종　　② 육종
③ 섬유종　④ 혈관종

95-51. 총담관 조루술로 인하여 담즙이 유출됨으로써 나타날 수 있는 부작용은?
① 말초 신경염
② 펠라그라병
③ 악성빈혈
④ 출혈성 소인

11-11. 복부 사정에서 충수염(appendicitis)이라고 생각할 수 있는 증상으로 옳은 것만을 〈보기〉에서 모두 고른 것은?

─〈보기〉─
ㄱ. 배꼽 주위가 푸르게 변색되었다.
ㄴ. 왼쪽 옆구리 피부가 푸르게 변색되었다.
ㄷ. 좌하복부(LLQ)에 압력을 가했을 때 대칭점인 우하복부(RLQ) 통증을 호소하였다.
ㄹ. 우측 하복부의 맥버니점(Mcburney's point)을 깊이 누른 다음 손을 뗐을 때 통증을 호소하였다.
ㅁ. 우측 늑골하를 촉진하면서 심호흡을 하도록 했을 때 심한 압통을 호소하면서 흡기를 멈추었다.

1 간·담도계 구조와 기능

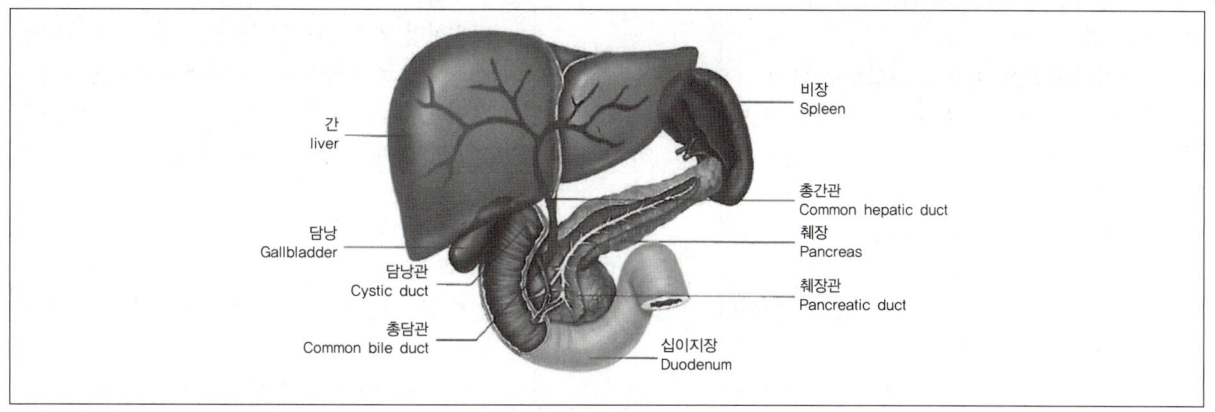

[간·담도·췌장의 구조]

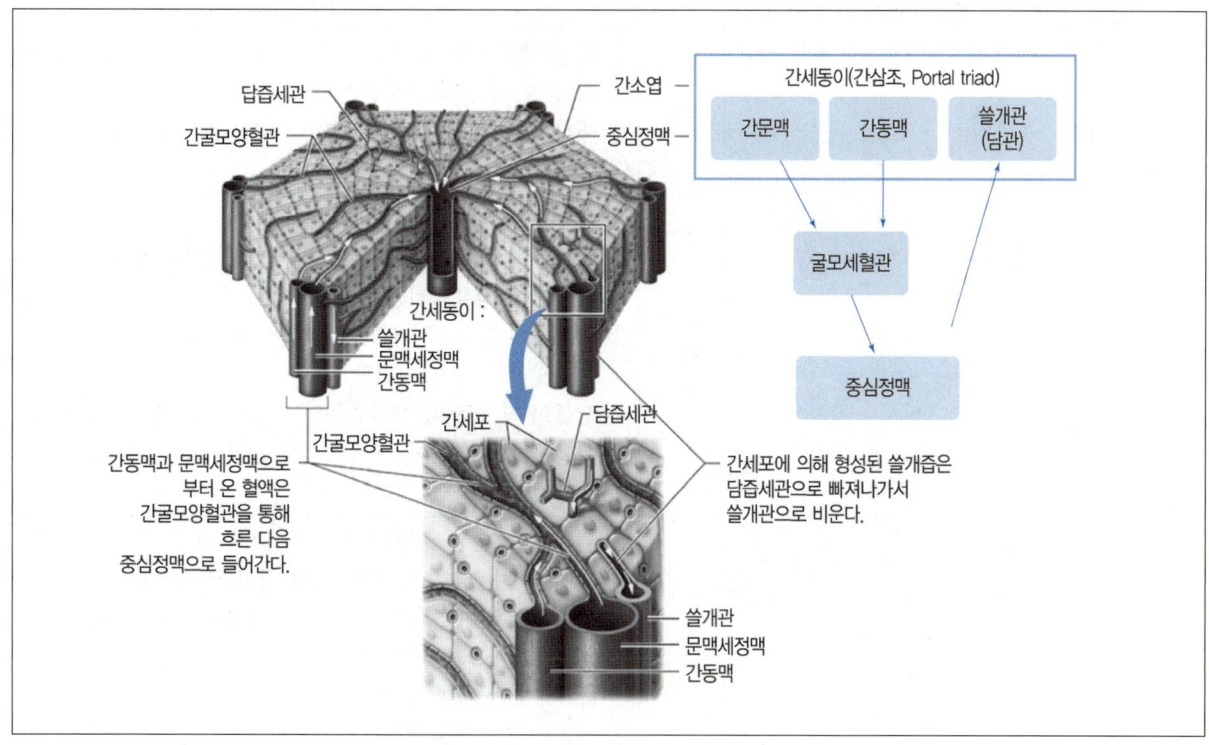

[간소엽 : 간의 기능단위로 간의 중심정맥 주위로 마차바퀴같이 배열]

1 간의 구조와 기능

구성과 구조	기능	

① 인체에서 가장 큰 샘(무게는 1,500g)
② RUQ 위치
③ 겸상인대에 의해 우엽과 좌엽으로 나뉨
④ 우엽의 후면과 하면은 미상엽(꼬리엽)과 방형엽(네모엽)으로 되어 있음. 이 두엽의 경계가 되는 부분이 간문으로 정맥, 동맥, 신경, 림프관 등이 간으로 출입
⑤ 간소엽 : 간기능 단위
⑥ 간의 순환 : 간문맥, 간동맥을 통해 들어온 혈액이 동양혈관에서 섞임
   ㉠ 분당 1,100mL 정도의 정맥혈이 간문맥을 통해 유입
   ㉡ 400mL의 동맥혈이 간동맥을 통해 유입
   ㉢ 정맥혈과 동맥혈이 동양혈관에서 섞여 간을 순환한 후 중심정맥으로 들어가 간정맥과 하대정맥을 거쳐 심장으로 유입
	대사 기능	탄수화물 대사	① 탄수화물 대사를 통해 혈당유지
			② 당원형성(포도당을 위장관으로 흡수하여 문맥계로 간으로 이동시켜서 간에서 글리코겐 형성), 당원분해(글리코겐을 포도당으로 분해), 당질생성(단백질과 지방으로부터 당 생성)

	단백질 대사	① 혈장단백질, 응고인자 합성 : 알부민 합성, 프로트롬빈(응고인자Ⅱ), 피브리노겐(응고인자Ⅰ), 그 외 응고인자(V, Ⅵ, Ⅶ, Ⅸ, Ⅹ) 합성, 응고인자 Ⅱ, Ⅶ, Ⅸ, Ⅹ는 간에서 합성될 때 비타민 K가 요구됨 ② 단백질 이화작용 : 단백질이 당으로 전환
	지방대사	① 지방산의 산화기능 : 에너지 방출 ② 지방을 글리세롤과 지방산으로 분해 ③ 지단백 형성, 콜레스테롤 형성 ④ 단백질과 탄수화물로부터 지방 합성
저장		① 저장기능(심박동량의 1/4 간으로 유입, 혈액저장하고 있다가 출혈 시 간에 저장된 혈액이 유리되어 순환 혈량 유지) ② 비타민(A, D, B 복합체) 저장, 비타민 D 활성화 ③ 철분(페리틴 형태) 등 저장
담즙 형성과 분비		① 담즙은 하루 1L, 간세포에서 생성됨 ② 담즙은 담즙산염, 빌리루빈, 콜레스테롤 등으로 구성되고, 담즙이 지방유화기능을 함 ③ 담즙분비 경로 : 간세포의 분비액 → 담세관 → 총담관 → 오디괄약근 → 십이지장 ④ 담즙이 장으로 배설되지 못하고 혈관 속으로 흡수되면 피부, 공막에 황달이 생기고 담즙산염이 피부에 축적되어 소양증이 나타남

해독 작용		① 빌리루빈 대사 : 간세포에 의해 글루크론산과 같이 결합되어 직접 빌리루빈 또는 결합 빌리루빈을 생성하고 이는 담즙으로 분비, 빌리루빈은 장내 세균에 의해 유로빌리노겐으로 전환되어 신장으로는 urobilin으로 배설, 대장으로 stercobilin으로 배설
		② 에스트로겐, 프로게스테론, 테스토스테론, 스테로이드 등 또는 다른 화학물질을 전환하는 기능
		   ㉠ 에스트로겐과 프로게스테론은 간에서 대사되어 담즙으로 배설
		   ㉡ 테스토스테론은 간에서 대사되고 소변으로 배설
		   ㉢ 스테로이드는 간에서 불활성화되어 신장으로 배설
		③ 단백질 대사작용에서 생성된 암모니아를 무독성의 요소로 전환함(탈아미노 작용으로 요소형성, 요소는 신장으로 배설됨)

식균 작용		Kupffer세포는 혈액을 통해 간에 들어온 세균의 90~100% 제거

PLUS⊕

- **간, 담낭 및 췌장의 기능에 대한 혈액검사**

기능	항목	참고치	방법	해석
담즙배설	Serum bilirubin direct (직접/포합 빌리루빈)	0~0.5mg/dL	혈액을 뽑고 채혈된 혈액은 자외선에 노출되지 않게 함	• 간염, 간경화증, 일차성 담즙성 간경변증, 담낭 폐쇄에서 증가함 • 간접빌리루빈은 적혈구 용혈 현상의 가속화나 간세포 손상시 증가함 • 총빌리루빈은 직접과 간접 빌리루빈 수치를 합한 것임
	Serum bilirubin indirect (간접/비포합 빌리루빈)	0.2~0.7mg/dL		
	Serum bilirubin total (총빌리루빈)	0.2~1.2mg/dL		
	Urine bilirubin	0	소변채취 : 빛에 노출되지 않게 함	• Urine bilirubin은 직접빌리루빈만을 검사한다. 담도폐색 시 상승한다.
	Urine urobilinogen	0.2~1.2U/dL 0.5~1mg/dL	sodium carbonate가 들어 있는 병에 차게 보관하면서 24시간 모으거나 저녁에 2시간 모음	• 담도폐색 시 소변 내 urobilinogen이 감소한다. • 적혈구 용혈 시 증가한다.
	Fecal urobilinogen	90~280mg/24h	배변된 대변 전부를 검사실에 보냄	• 담도폐색 시 대변 내 urobilinogen이 감소한다. • 적혈구 용혈 시 증가한다.
	Serum cholesterol	0~200mg/dL	12시간 전부터 저콜레스테롤 식사 후 혈액검사	• 담도폐색으로 인한 분비차단으로 혈청 콜레스테롤이 증가한다.
탄수화물 대사	Serum amylase	60~180IU/L	혈액채취	• 샘꽈리세포의 파괴, 췌관폐쇄 시 상승한다.
	Urine amylase	80~5,000IU/dL	특별한 언급이 없다면 방부제 없이 2시간, 12시간 혹은 24시간 소변채취	• 혈청수치는 췌장염으로 인한 통증 발생 2~3시간 후 증가하다가 24~48시간 후에는 정상으로 돌아온다. • 아밀라제 검사는 췌장 아밀라제와 타액 아밀라제 모두를 측정한다. 소변에서의 수치는 췌장염일 때 좀 더 오랫동안 상승한다.
단백질 대사	Total protein	6.0~8.0g/dL	혈액채취	• 알부민과 α와 β글로불린은 간세포에서 주로 생산되므로 간손상 시 혈청단백질의 합성은 줄어든다.
	Serum albumin	3.3~5.5g/dL		
	Serum globin include $\alpha_1, \alpha_2, \beta_1, \gamma$	2.7~3.5g/dL		• γ글로불린은 간이 아니라 형질세포에서 생성된다.
	A/G ratio (albumin/globin)	1.5/1~2.5/1		• 비율의 감소는 만성적인 간질환을 나타내기도 한다.
	Serum ammonia	15~51μg/dL		• 간세포손상이 심할 때는 신체의 암모니아를 urea로 전환시키는 능력이 감소하여 혈액 내 암모니아치가 상승한다.
지방대사	Serum lipase	< 160U/L	금식 후 혈액채취	• 췌장의 소화효소는 샘꽈리세포가 파괴되면 방출된다.
이물질의 대사	Bromsulphalein(BSP) 분비	< 5% retention/hr	12시간 금식 후 혈액을 채취한 뒤 BSP를 정맥주사하고 일정시간 간격별로 혈액채취	• 염료는 간세포가 혈액으로부터 이를 제거하거나 배출시키는 능력이 감소함에 따라 정체된다.

기능	항목	참고치	방법	해석
혈청효소	Aspartate aminotransferase [AST, (구) SGOT]	0~40U/L	혈액채취	간장, 신장, 콩팥, 근육세포의 손상이 있을 때 AST, ALT, LDH 효소가 방출된다. 그러나 손상의 정도와 비례관계는 아니다. 급성 간세포 손상에는 400U/L 이상 상승한다.
	Alanine aminotransferase [ALT, (구) SGPT]	0~40U/L		ALT는 주로 간에 존재하므로 간세포 손상 시 증가한다. 알코올성 간질환에서는 대개 정상 또는 약간 상승한다.
	Lactate dehydrogenase(LDH)	250~350U/L		조직파괴 시 방출된다.
	Alkaline Phosphatase(ALP)	30~115U/L		ALP가 정상보다 4배 이상 상승할 경우는 담즙정체성 간질환, 간암, 파제트병이 있음을 의미한다.
	Serum 5-nucleotidase(5NT)	0~11U/L		이 효소는 주로 간에 있다. 이 효소와 함께 ALP도 상승한다면 간질환의 발생이 확실하다.
	Serum gamma glutamyl transpeptidase (γ-GT, γ-GTP)	남 11~63 U/L 여 8~35 U/L		이 효소는 간에 있다. γ-GTP와 ALP가 상승하면 간에 질환이 있음을 나타낸다.
간염의 항원과 항체		항원은 음성, 항체는 음성 혹은 양성 (과거력에 따라)		항원은 간염을 나타낸다. 항체는 과거나 현재 간염을 앓았거나 면역(B형 바이러스 간염)이 생긴 것을 의미한다.
지혈기능	Prothrombin time(PT) PT% PT INR	12~15초 80~120% 0.8~1.2INR	혈액채취	응고과정 중 외부 통로의 기능을 사정한다(응고인자 I, II, V, VII, VIII, IX, X). - 응고인자 I - 응고인자 II - 비타민 K는 간이 프로트롬빈(응고인자 II, V, VII, X)을 합성하는데 필수임
	Partial thromboplastin time (PTT)과 Activated partial thromboplastin time(aPTT)	68~82초 39~45초		간이 응고인자를 생산하지 못하므로 간세포 손상에서 증가한다.
	Platelets	150,000~ 450,000mm^3		문맥고혈압, 비장이 비대되면 수치가 떨어진다.
췌장의 외분비 기능	fecal elastase test(FET)	> 200μg/g	대변채취	대변 내의 human pancreatic elastase-1의 생성을 측정한다.
종양 표지자	α fetoprtoteon(AFP)	0~7ng/mL	혈액채취	AFP는 태아에게는 합성되지만 건강한 성인에게서는 합성되지 않음. AFP가 1,000ng/mL 이상이면 대개 간세포암을 의미함

*INR : International Normalized Ratio

② 담도계의 구조와 기능

구분	구성과 구조		기능
담낭	위치	간의 오른쪽 바로 아래, 움푹 들어간 곳	담즙(간에서 생성)을 저장, 농축하여 십이지장으로 배출함
	크기	남성의 엄지손가락만한 크기로 길이는 7~10cm, 담즙 50cc 보유	
	모양	서양배	

담도	담낭은 담즙을 농축하여 저장, 담낭관으로 배출하여 총담관을 통과해 십이지장으로 흐르게 함		① 담즙이 간에서 장으로 배설되는 통로를 제공하고, 담즙의 흐름 조절
			② 담즙
			
			    ・주성분: 담즙산, 담즙색소, 콜레스테롤
			    ・배출: 담낭에 저장된 후 필요에 따라 총담관에서 십이지장으로 하루 500~800mL 정도 배출
			    ・기능: 지방소화와 흡수를 촉진하고 지용성 비타민과 철분, 칼슘의 흡수를 촉진
			    ・조절인자
			      - 세크레틴: 간의 담즙생산 자극, 연동운동 자극, 담낭에서 십이지장으로 담즙 배출
			      - 콜레시스토키닌(CCK): 지방이 소장에서 소화될 때 장 점막에서 유리되어 담낭벽의 평활근을 수축시키고, 오디괄약근을 이완시킴
			      - 미주신경: 담낭의 수축을 도움

췌장	① 간 다음으로 큰 소화샘
	② 췌관을 통해 많은 소화효소를 분비하는 외분비샘인 동시에 인슐린과 글루카곤을 분비하는 내분비샘
	③ 위와 십이지장 가까이 후복벽에 위치하고 있음
	④ 십이지장에 가까운 부분을 두부, 위의 안쪽에 있는 체부, 비장 쪽에 있는 미부로 구성
	⑤ 췌장관은 총담관과 함께 바터팽대부를 통해 십이지장으로 연결
			외분비 기능
			① 주기능: 십이지장 내의 pH 조절(HCO_3^- 분비)이며 Na^+, K^+, Cl^-, HCO_3^- 등의 전해질, 소화효소 분비
			② 분비하는 효소로는 아밀라아제, 리파아제, 트립신 [96 임용]
			
			    ・아밀라아제: 탄수화물 분해
			    ・리파아제: 지방을 지방산과 글리세롤로 분해
			    ・트립신: 단백질 분해
			
			내분비 기능
			랑게르한스섬에서 인슐린을 생성, 분비
			
			췌장선 분비를 자극하는 요소
			① 부교감 미주신경말단에서 생산되는 아세틸콜린
			② 위액분비 단계 중 위상단계에 많이 분비되는 가스트린
			③ 음식물이 소장으로 들어갈 때 십이지장과 공장 상부에서 분비되는 CCK
			④ 산성 유미즙이 소장으로 들어갈 때 십이지장과 공장의 점막에서 분비되는 세크레틴

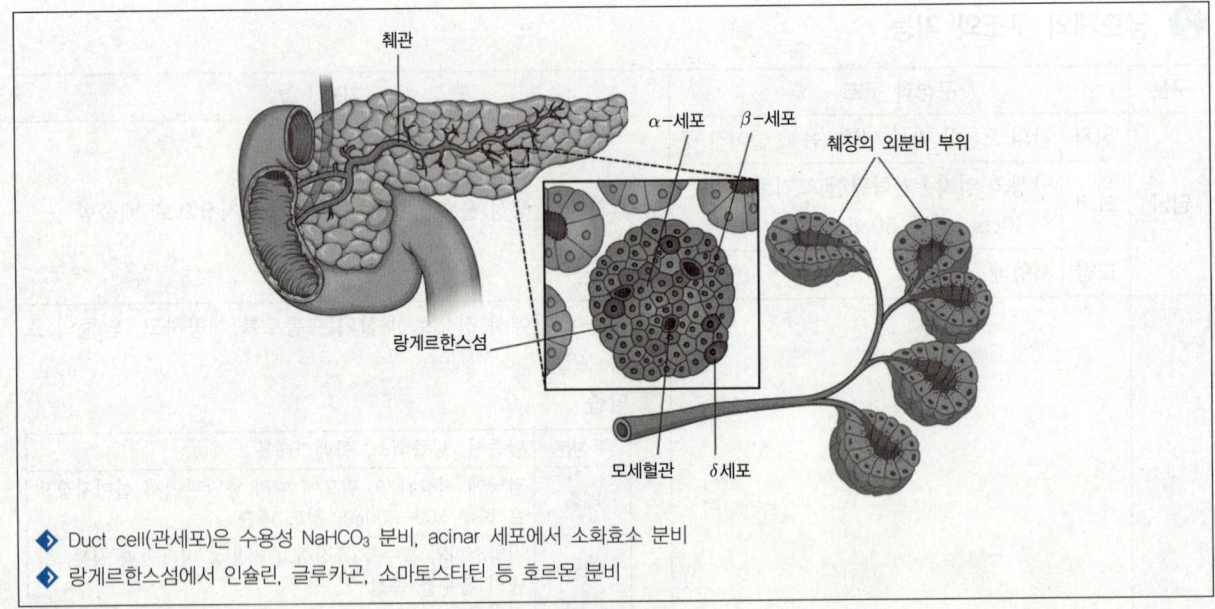

◆ Duct cell(관세포)은 수용성 $NaHCO_3$ 분비, acinar 세포에서 소화효소 분비
◆ 랑게르한스섬에서 인슐린, 글루카곤, 소마토스타틴 등 호르몬 분비

[췌장의 구조]

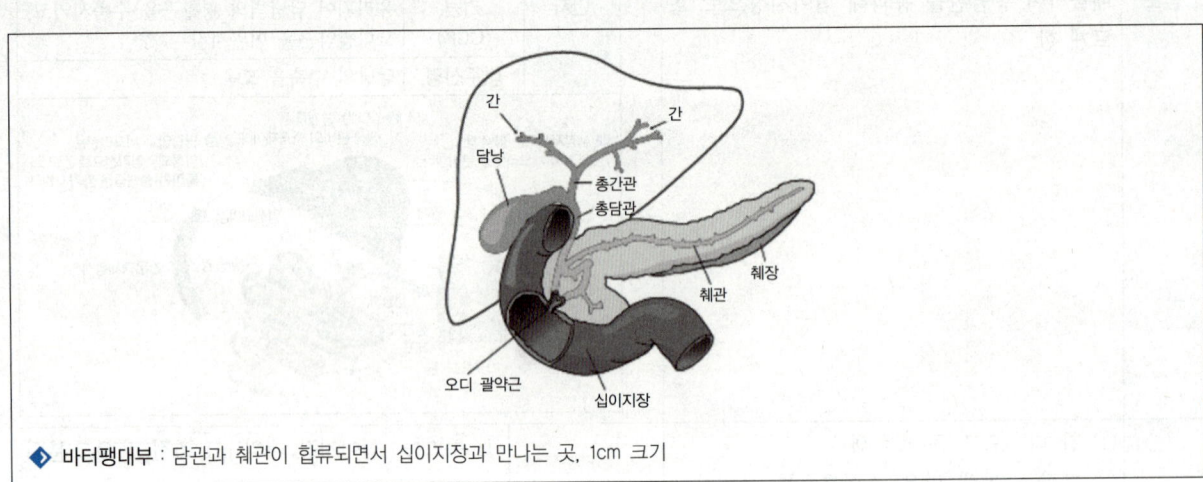

◆ **바터팽대부** : 담관과 췌관이 합류되면서 십이지장과 만나는 곳, 1cm 크기

[췌담도의 구조]

2 췌장의 외분비선에서 분비되는 소화효소 96 임용

기능	내분비 기능			외분비 기능 96 임용		
구조	랑게르한스섬			샘꽈리 세포		
분비 세포	α세포	β세포	δ세포	샘꽈리 세포		
분비물	글루카곤 (glucagon) 96 임용(보기)	인슐린 (insulin) 96 임용(보기)	성장호르몬 억제인자 (somatostatin)	트립신 (trypsin)	아밀라아제 (amylase)	리파아제 (lipase)
작용	혈당수치 상승이 필요할 때 글리코겐을 포도당으로 전환함	포도당을 글리코겐으로 전환하여 혈당을 낮춤	성장호르몬, 인슐린, 가스트린 호르몬이 나오는 것을 억제	단백질을 분해하는 효소	탄수화물을 덱스트린과 말토스로 분해하는 효소	지방을 글리세롤과 지방산으로 분해하는 효소

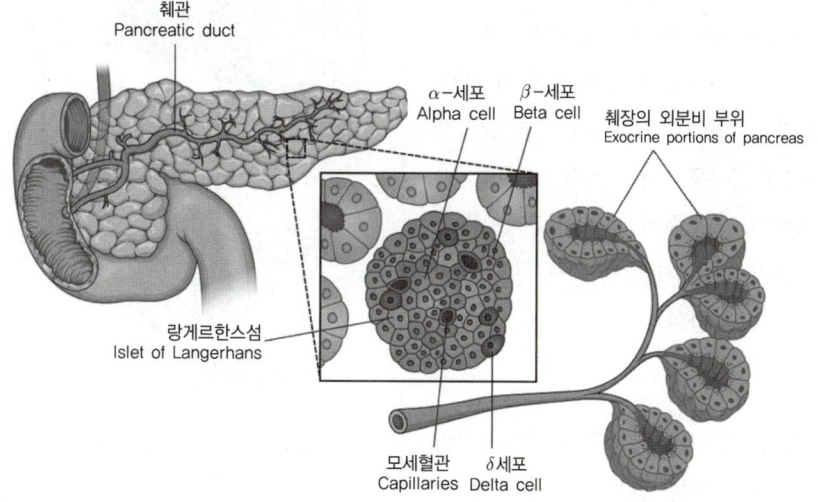

췌장의 기능	외분비 기능	• 전해질, 수분, 소화 효소를 분비 • 주기능은 십이지장 내의 pH조절 • Na^+, K^+, Cl^-, HCO_3^- 등의 전해질 분비
	내분비 기능	랑게르한스섬에서 글루카곤, 인슐린, 성장호르몬 억제인자 분비
췌장선 분비 자극요소	아세틸콜린	부교감 미주신경말단에서 생산
	가스트린	위액분비 단계 중 위상단계 때 많이 분비
	CCK	음식물이 소장으로 들어갈 때 십이지장과 공장 상부에서 분비
	세크레틴	산성 유미즙이 소장으로 들어갈 때 십이지장과 공장의 점막에서 분비

3 빌리루빈 대사 [96,23 임용]

(1) **비포합(= 간접, 비결합) 빌리루빈 형성**

비장, 골수, 간의 세망 내피계에서 대식세포에 의해 적혈구 파괴(RBC 수명은 약 120일) → heme, globin으로 나뉨 → globin은 새로운 혈색소의 재합성을 위해 보존되고, heme은 적혈구 생성에 필요한 철과 철이 포함 안 된 색소(담록소, biliverdin)로 나뉨 → 담록소는 환원되어 비포합 빌리루빈(간접 빌리루빈)이 됨

(2) **유로빌리노겐 형성**

빌리루빈은 혈중 알부민과 결합하여 비포합 빌리루빈(간접 빌리루빈으로, 수용성이 아니기 때문에 신장에서 여과되지도 않고 소변으로 배설되지 않음) 형태로 존재 → 간에 들어가면 간 내에서 글루쿠론산과 결합(글루쿠론산 전이효소가 작용함)하여 빌리루빈 글루쿠로니드(= 결합 빌리루빈으로 수용성 상태)로 담즙에 섞여 담관을 통하여 분비됨 → 창자 속의 세균에 의해 빌리루빈은 유로빌리노겐으로 전환 [23 임용]

(3) **배설**

유로빌리노겐의 90%는 장관 내에 스테르코빌리노겐으로 남고, 약 10%는 간으로 재흡수됨 → 스테르코빌리노겐(stercobilinogen)은 대변에서 스테르코빌린(stercobilin, 대변이 갈색을 띠게 함)으로 산화되어 배설되고, 재흡수된 유로빌리노겐은 간으로 재순환 후 장으로 배설되고 일부는 소변에 유로빌린(urobilin, 산화된 형태)으로 배설됨 [96 임용]

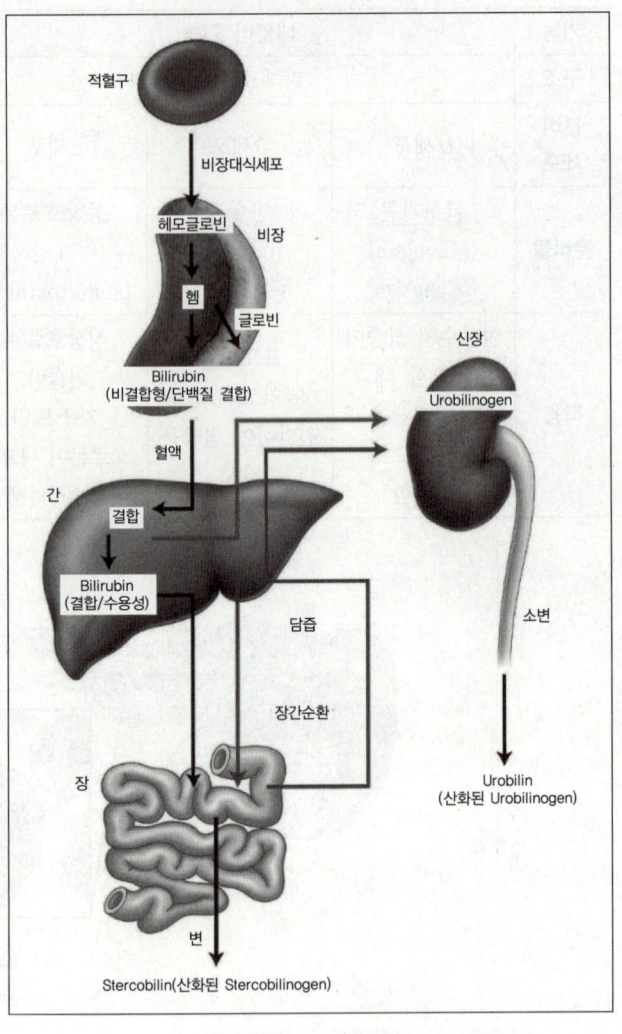

[빌리루빈 대사과정]

4 황달

정의	혈청 내의 빌리루빈 색소가 지나치게 축적(혈청 내 빌리루빈이 2.5mg/dL 이상)되어 공막, 피부, 심부조직이 황색으로 착색된 상태 ※ 빌리루빈 구분 혈청 빌리루빈은 보통 총 빌리루빈, 직접 빌리루빈, 간접 빌리루빈으로 구분된다. 대부분의 빌리루빈은 노화되거나 비정상적인 적혈구가 순환과정에서 제거되거나 파괴될 때 혈색소(헤모글로빈)로부터 형성된다. 혈색소는 단백질과 결합하여 간으로 이동하는데 이렇게 단백질과 결합된 빌리루빈을 간접 빌리루빈 또는 비결합 빌리루빈이라고 한다. 간에서는 빌리루빈이 단백질과 분리되어 용해될 수 있는 형태로 전환되는데 이를 직접 빌리루빈 또는 결합 빌리루빈이라고 한다. 결합 빌리루빈은 담즙으로 분비된다. **총(혈청) 빌리루빈** • 간접과 직접 빌리루빈 모두 포함함 • 성인의 경우 총 빌리루빈의 정상범위는 0.1~1.2mg/dL임, 신생아는 생후 1주간 약 10mg/dL까지 정상임 • 총 빌리루빈은 생산이 증가하거나(예 적혈구 용혈), 빌리루빈 대사나 분비가 손상되었을 때(예 간질환이나 담도폐색) 증가함 **직접(결합) 빌리루빈** • 정상범위는 성인에서 0.1~0.3mg/dL임 • 간 내 폐색(예 간경화, 간염, 간세포 독소에 노출)이나 담도계 폐색에 의한 분비 손상 시 증가 **간접(비결합) 빌리루빈** • 성인의 경우 총 빌리루빈의 정상범위는 1.0mg/dL 미만임 • 적혈구 용혈증가(예 겸상세포빈혈, 수혈반응) 시 수치가 증가함
빌리루빈 대사 과정	[세망내피계] 빌리루빈 → [혈액 내] 간접 빌리루빈(= 비포합 빌리루빈, Bilirubin-Protein 복합체) → [간] 직접 빌리루빈(= 포합 빌리루빈) → [창자 내강] 직접빌리루빈(빌리루빈 글루쿠로니드) → [창자 속 세균] 유로빌리노겐/스테르코빌리노겐 → [배설되어 산화] 유로빌린/스테르코빌린 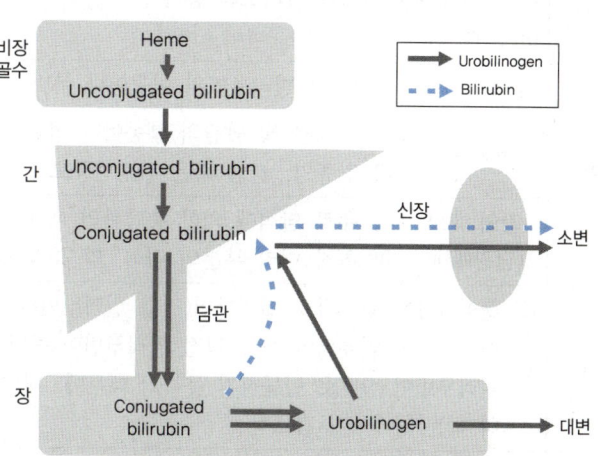
유형	(1) 용혈성 — **원인** ① 적혈구의 과다한 파괴(∵ 수혈 부작용, 용혈성 빈혈, 겸상적혈구 빈혈, 심한 화상, 알부민 결합의 손상, 말라리아) ② 정상적인 간의 배설능력보다 많은 양의 담즙 색소 형성 **기전** ① 적혈구의 파괴는 간접 빌리루빈(비결합 빌리루빈)의 양을 증가시킴 ② 간은 혈중 간접 빌리루빈이 증가하면 정상적인 보상작용으로 빌리루빈 결합의 속도를 증가시키고, 과량은 소변과 대변을 통해 배설됨 ③ 간에서 빌리루빈이 생성되는 속도만큼 빌리루빈을 배설할 수 없을 때 황달 발생 (∵ 용혈성 황달은 용혈의 속도가 늦어지면 사라짐)

유형			
(1) 용혈성	증상		피부는 노랗지만 소양증은 없음(소양증은 담즙산염의 축적으로 발생되나, 담즙배설기능 유지되므로)
	진단 검사		① 간접 빌리루빈 상승 : 과다한 적혈구 파괴로 간접 빌리루빈 생성과다 ② 직접 빌리루빈 보통 : 정상 간 기능으로 직접 빌리루빈 생성과 배설은 보통 ③ 소변과 대변에 포함된 유로빌리노겐 증가 : 간접 빌리루빈 증가로 유로빌리노겐 생성증가
(2) 간세포성	원인		① 간이 혈액으로부터 빌리루빈을 취하거나 합성 또는 배설하는 능력의 변화에 기인함 (∵ 간염, 간경변증, 간암) ② 간세포의 기능손상이나 괴사, 담관 및 담세관의 담즙이동장애로 인한 고빌리루빈혈증
	기전		① 간접 빌리루빈(비결합 빌리루빈)과 직접 빌리루빈(결합 빌리루빈)이 혈장 내에 모두 증가함 : 간세포 내로 간접 빌리루빈 수송에 장애발생 시 간접 빌리루빈 증가, 간접 빌리루빈을 직접 빌리루빈으로 전환하는 효소의 장애로 직접 빌리루빈 생성이 저하되면 간접 빌리루빈 증가, (간세포의 손실로 직접 빌리루빈 역류) 직접 빌리루빈 배설장애 시 직접 빌리루빈 증가 ② 직접 빌리루빈은 수용성이므로 소변으로 배설됨 ③ 문맥순환으로부터 유로빌리노겐을 취하는 간의 능력이 저하되는 정도에 따라 소변의 유로빌리노겐은 정상이 될 수 있으나, 대개 상승되어 있음 ④ 대변의 유로빌리노겐은 섬유증이나 염증으로 인한 간 내의 폐쇄 정도에 따라 정상이거나 또는 저하됨 ⑤ 장내에 담즙산 분비가 충분하지 못하여 지방, 비타민 K의 흡수가 이루어지지 않고 이에 따라 간에서 프로트롬빈 형성이 부족하게 됨으로써 출혈 발생
	증상		피부가 노랗고, 소양증, 출혈 소인 등
	진단 검사		① 직접 빌리루빈과 간접 빌리루빈 모두 상승, 그러나 직접 빌리루빈 우위 ② 소변에 포함된 유로빌리노겐 증가 ③ AST, ALT 증가
(3) 폐쇄성	원인		담낭계에서의 부적절한 빌리루빈의 이동이나 분비
		간내 폐쇄	① 간세관 및 담관의 부종이나 섬유증과 관련하여 발생 ② 간종양, 간염 혹은 간경변증으로 인한 손상에 의해 발생
		간외 폐쇄 (담관폐쇄)	① 주로 담석에 의한 총담관의 폐쇄 ② 췌장 머리 부분의 결석, 암 등과 같은 간외 부분의 폐쇄에 의해 발생
	기전		① 혈액검사 결과, 직접 빌리루빈(결합 빌리루빈)이 혈장 내에 증가됨 : 간에 고여있는 빌리루빈이 역류되어 혈중 직접 빌리루빈이 증가됨 ② 빌리루빈이 장내로 이동하지 못하기 때문에, 대변 또는 소변에서 유로빌리노겐이 전혀 없는 상태까지 감소함
	증상		① 담낭 폐쇄로 인한 담즙배설장애는 혈청 알칼리성 인산분해효소(ALP, 담도계 상피세포에 많이 포함)와 콜레스테롤 수치의 심한 증가, 극심한 소양증, 대변 내 유로빌리노겐의 부재로 인하여 회색이면서 기름기가 흐르는 지방변 증상 발생 ② 황달은 1~2주에 최고조로 달하며 2~4주 후에 천천히 감소함 ③ 출혈소인
	진단 검사		① 직접 빌리루빈 상승 ② 대변과 소변 내 유로빌리노겐 없음 ③ 콜레스테롤 증가

		직접 빌리루빈, 간접 빌리루빈, 총 빌리루빈, 유로빌리노겐, AST/ALT, PTT, PT, 단백질, 콜레스테롤 수치										
진단 검사		혈액(Blood)				요(Urine)		대변(Stool)		AST/ALT	PT	단백질	콜레스테롤
		In. Bilirubin	D. Bilirubin	Bilirubin	Uro-bilinogen	Bilirubin	Uro-bilinogen	Bilirubin	Uro-bilinogen				
	용혈성 황달	↑↑	–	↑↑	↑↑	–	↑↑	–	↑↑	–	–	–	–
	간세포성 황달	↑	↑↑	↑↑	↑↑	↑↑	↑↑	–	↓	↑	↑↑	↓	↑
	폐쇄성 황달	– (검출안됨)	↑↑	↑↑	–	↑↑	–	↑↑	–	–	↑	–	↑↑
치료 및 간호 중재	원인제거	① 원인질환 치료 ② 외과적 관리(총담관조루술 : 담즙배액/담도폐쇄 수술)											
	대증요법 / 소양감 완화	① 시원하며 가볍고 조이지 않는 의복을 착용하며, 모직담요나 옷은 사용하지 않음 ② 부드럽고 깨끗한 침요 사용 ③ 미지근한 물로 목욕하거나 전분목욕 ④ 크림과 로션을 사용하여 피부건조 방지 ⑤ 체온 상승과 발한을 증진시키는 운동을 삼가기 ⑥ 시원한 환경 유지 ⑦ 처방된 항히스타민제를 투여, 일부 환자에서 진정제는 담즙의 흐름을 증진시켜줌 ⑧ 독서, TV 시청, 라디오 청취 등으로 대상자의 관심전환											
	보존 및 지지요법 / 신체상 적응지지	① 이러한 상태가 일시적임을 확신시키며 좋은 개인위생 상태를 유지하도록 조력 ② 환자가 자신의 자아상에 대한 느낌을 표현하도록 격려											
	환자 교육	① 일반적으로 4~6주 이내에 사라지기 시작한다는 것과 대소변 색깔이 정상이면 황달이 해소되었다고 간주할 수 있음을 교육 ② 출혈성 소인이 높으므로 손상주의											

5 간경변증 99,10,22 임용 [성인질환]

정의	① 간경변증은 간소엽의 정상구조가 변형되는 만성 과정, 즉 세포의 괴사가 일어나고 반흔화로 재생이 된 것 ② 간세포가 손상되어 넓게 퍼진 섬유증과 소결절을 특징으로 하는 만성적·진행적 질환	
역학	① 만성 알코올중독 환자의 10~15% 정도에서 발생(모든 간경변증의 45% 이상 알코올과 관련됨) ② 남성에서 호발, 우리나라의 35~54세 연령군에서 4번째의 사망원인이 되고 있음	
관련 요인 & 형태	과다한 알코올 섭취와의 관계가 밝혀져 있지만 원인이 분명하게 규명되지 않음	
	알코올	알코올 남용, 알코올 남용 가족력 ▶ 알코올성 간경변(Laennec's cirrhosis) － 소결절성 경화증 [알코올 간질환의 진행] ① 알코올 섭취 시 간세포 내에서 NAD(Nicotinamide Adenine Dinucleotide)의 작용에 의해 산화되어 아세트알데하이드를 거쳐 아세틸 CoA이 되고, TCA 회로에서 연소되어 생체 에너지를 발생시킴 ② 알코올독성작용으로 인슐린 저항성 증가로 말초 조직에서 지방산 유리 증가가 초래되고, 간세포에서 지방산과 중성 지방의 합성이 증가함 ③ 알코올 대사물인 아세트알데히드는 간세포를 손상시켜 멜로리 유리질을 형성하고, 섬유모세포에 의해 콜라겐 합성이 증가함
	질병	B형간염, C형간염으로 인한 만성 활동성 간염 ▶ 괴사 후 간경변(多) － 광범위한 손상, 결절, 황달 심함 담낭질환 : 만성 담낭염, 담관 폐쇄 ▶ 담즙성 간경변 : 염증과 괴사 심질환 : 만성 심부전, 심막염, 판막질환 ▶ 심장성 간경변 : 경미한 증상 but 갑작스러움
	약물	① 화학적인 간독성 물질(비소) ② 간독성 약물(Acetaminophen, Methyldopa, isoniazid) ▶ 괴사 후 간경변(多)
	기타	① 영양장애 ② 기타 질환 : 알파-항트립신 부족증, 침윤성 질환, Wilson병(선천성 구리대사장애로 주로 간과 뇌에 구리 축적)
병태 생리 10 임용 🔼 상대 압박	재생하는 동안 결절세포가 형성되어 간의 형태를 변형시키고 간으로의 혈액과 임파의 흐름을 막아 간부전과 문맥성 고혈압을 야기시킴	
	손상	과다한 알코올, 만성 B형간염이나 C형간염 등에 의해 지속적이고 반복적인 간세포의 파괴로 인한 간 실질 조직 손상
	대치	손상 부위가 섬유화 및 재생결절조직으로 대치됨
	압박	대치된 섬유조직 등이 간소엽의 혈관과 임파관을 압박함

	관련 증상	① 간세포 파괴와 관련한 간기능 부전 증상 초래 : 간성뇌병증 초래
병태생리 10 임용		② 간소엽의 혈관과 임파관 압박으로 문맥성 고혈압 초래 : 측부순환, 복수 형성 등 초래

증상 10 임용	1. 간세포 기능 부전		전신증상 : 피로, 오심, 구토, 식욕부진	
		(1) 대사 장애	① 탄수화물 대사장애	당원분해(글리코겐을 포도당으로 전환), 당원신생(단백질과 지방을 포도당으로 전환) 감소로 포도당 전환 장애 → 저혈당, 피로, 영양 결핍
			② 지방 대사장애	지방산 산화 장애 → 지방산과 중성지방 합성증가 → 지방간 초래, 에너지 생산 감소
			③ 단백질 대사장애	알부민 합성 능력 저하 / 저알부민혈증 → 부종(복강 내로 수분 유출로 발생), 말초부종
				응고인자 합성장애 / 출혈경향(소화기계 : 토혈, 혈변)
				항체 합성장애 / 면역계 저하, 감염 위험
		(2) 담즙 생성 & 분비기능 저하		담즙분비의 폐쇄 → 지방 흡수 감소
		(3) 비타민, 무기질 저장기능 저하	지용성 비타민(A, D, E, K) 저장 감소	응고인자 감소 → 출혈 경향(소화계 : 토혈, 혈변)
			Vit B_{12} 저장 감소	빈혈
			Ferritin 저장 감소	빈혈
		(4) 간세포의 광범위한 파괴로 빌리루빈 대사 장애		① 직접 / 간접 빌리루빈 증가 → 황달, 소양감(담세관의 담즙이동 장애로 담즙산염이 피부 아래 축적되어 발생됨) ② 장으로 빌리루빈 배출 감소 → 회색 변 ③ 직접 빌리루빈이 소변으로 배설 → 진한 소변

증상 10 임용	1. 간세포 기능 부전	(5) 해독작용 저하	① 외인성 물질(알코올, 약물, 화학물질) 대사감소 → 약물효과 변화, 독작용 & 부작용 증가
			② 내인성 물질(성호르몬) 대사감소 → 에스트로겐 / 프로게스테론 / 테스토스테론 증가 → 남성은 여성화(고환 위축, 여성형 유방, 손바닥 홍반), 여성은 남성화 * 에스트로겐 대사기능 저하 : 1) 여성형 유방, 2) 거미모양 혈관종, 3) 손바닥 홍반
			③ Aldosterone 대사감소(비활성화 실패) → Aldosterone 증가 → 복수, 말초 부종, K⁺↓, Na⁺↑ 09 임용(지문)
			④ 단백질 대사물질인 암모니아를 요소로 전환시키는 간의 능력 저하 → 요소전환의 실패로 소변으로의 배출 실패 → 체내 암모니아 증가 → 뇌 축적(암모니아는 중추신경계의 독성물질이며 특히 아교세포와 신경세포에 크게 영향을 미쳐서 중추신경계의 대사작용과 기능에 변화를 초래함) → 신경학적 변화, 간성뇌변증(= 간성혼수) 10,22 임용
			[간성뇌병증과 저칼륨혈증의 관계] 콩팥은 저칼륨혈증 시 암모니아를 생산함 정상적으로 간에서 암모니아는 글루타민(glutamine)으로 전환되고, 간에 저장되었다가 나중에 요소로 전환되어 콩팥을 통해 배설됨. 간세포의 손상과 괴사로 인해 이러한 과정을 수행할 수 없을 때 혈액 내 암모니아 수치는 상승함
			⑤ 필수아미노산 중 하나인 메티오닌이 소장에서 세균에 분해되면서 메르캅탄 생성 → 간 대사 기능이 저하되어 메르캅탄이 체내에 축적되면 단맛이 조금 섞인 암모니아성 심한 악취나 계란 썩는 듯한 구취가 발생됨(간성 구취 발생)

※ 간성혼수 단계(4)
1 피로, 불안정, 과민성, 지적수행 저하, 집중력 저하, 기억력 감퇴, 성격변화, 수면양상의 변화
2 기면(sleeping tendency), 글씨 쓰는 능력 저하, 간성악취, 자세고정 불능(= 간성떨림, 환자가 누워있는 상태에서 환자의 손목 약간 아랫부분을 들고 위팔을 들어올리면 축 늘어졌던 손이 탁 올라갔다가 다시 축 늘어지는 것이 반복됨)
3 심한 착란, 깨어날 수 있는 깊은 기면상태
4 혼수, 통증자극에 무반응, 제피질 경직 또는 제뇌경직

[간성 떨림]

PLUS⊕

• 간성 떨림(자세고정 불능증, asterixis) 22 국시

사정법	환자가 누워있는 상태에서 환자의 손목의 약간 아랫부분을 들고 위팔을 들어올리면 축늘어졌던 손이 탁 올라갔다가 다시 축 늘어지는 것이 반복됨
	대상자에게 양팔을 앞으로 내밀고 손목은 배측굴곡하고 손가락은 벌리고 눈을 감도록 하고 30초간 관찰하면 손목에서 파닥거리는 떨림이 나타남
발생기전	정상 대사	암모니아는 단백질에서 생산되며 아미노산은 장내 세균에 의해 분해되어 전신순환계로 들어가기 전에 간에서 요소로 전환됨
	병리	기능적인 간 조직이 파괴됨에 따라 암모니아는 더 이상 요소로 전환되지 않고 혈중에 그대로 축적됨. 또는 마약류나 안정제와 같은 다른 신경억제제 역시 간성 뇌병증의 원인이 될 수 있음

증상 10 임용	2. 문맥성 고혈압에 의한 증상 07,08,13, 14,17 국시	간의 섬유화 → 혈관계 압박 → 문맥압 상승 → 측부 순환 증가 (알코올, 질병, 약물 등으로 간세포가 손상 후 재생되는 동안 결절세포가 형성되어 간의 형태를 변형시키고 간으로의 혈액과 임파의 흐름을 막아서 문맥성 고혈압이 발생)		
		문맥압 상승 (문맥압 참고치 : 5~10mmHg)	① 복수 19,21 국시	정맥계의 정수압 상승 + 저알부민혈증 + Aldosterone 증가 ㉠ 문맥성 고혈압으로 인한 혈장과 림프의 정수압 상승으로 　→ 림프성 정체가 일어나 복강 내로 수분 유출을 일으킴 ㉡ 알부민 합성능력이 저하되어 → 저알부민혈증이 초래되고 　→ 교질 삼투압 저하로 복강 내로 수분 유출이 증가됨 ㉢ 저하된 순환혈량은 　→ 고알도스테론증을 야기시켜 신장에서 수분과 염분을 재흡수하고, 나아가 복강 내 수분축적을 증가시킴
			하지부종	저알부민혈증, 고알도스테론증, 복수로 인한 압력으로 인해 하지에서 돌아오는 정맥이 폐쇄되기 때문
			② 식도정맥류, 위정맥류 21 국시	문맥압 상승 + 측부 순환 → 식도정맥이나 위정맥 벽이 늘어나고, 얇아져서 정맥류 형성, 정맥류에 가하는 압력 증가 시 혈관 벽이 터져서 출혈이 발생되면 토혈, 혈변, 다량의 상부위장관 출혈, 저혈량성 쇼크, 간성 뇌증 등이 유발될 수 있음
			③ 비장비대 (= 비장울혈)	백혈구 감소, 혈소판 감소, 적혈구 감소
			④ 간신증후군	내장혈관 울혈에 대한 보상작용으로 신장 동맥 수축 발생 → 신기능 저하(소변량 감소, BUN/Cre↑)
			⑤ 내치질	직장정맥 확장
		측부순환 증가	⑥ 복부정맥 확장(메두사의 머리) + 상복부 잡음 : 문맥혈액이 흉터조직이 있는 간을 거치지 않고 상대정맥으로 가기 위해 측부순환 형성하기 때문	

진단 11 국시	신체검진	시진	청진	타진	촉진
		① 일반적 외모 ② 표정과 움직임 ③ 복부 윤곽선/대칭 ④ 영양상태(체중 등) ⑤ 피부 : 황달 ⑥ 혈관변화 : 정맥류	① RUQ 청진 ㉠ 늑골 마찰음 : 간 종양, 생검 후 염증 소견 ㉡ 흉막 마찰음, 잡음 : 간암	① 간의 타진 ㉠ 우측 늑골중앙선 ㉡ 위-아래 　: 공명음 → 탁음 ㉢ 아래-위 　: 고창음 → 탁음 ㉣ 정상 : 6~12cm ㉤ 간경화 시 비대	① 가벼운 촉진 ㉠ 근육 경직, 긴장 ㉡ 반동압통 ② 중등도, 깊은 촉진 ③ 간의 촉진 ㉠ 흡기 시 Rt. 11~12th ㉡ 간이 단단, 소결절 만져짐 → 말기 : 딱딱해짐
	진단검사	① 간의 혈청효소(AST, ALT, LDH) 증가 ② 저알부민혈증 : 알부민 정상치 3.3~5.5g/mL ③ Prothrombin time 지연, 빈혈			
	간 생검	간조직 표본을 얻는 검사로 진단가능(결정적 검사)			
		검사 전	간 스캔, Coagulation 확인, 동의서 받기, 금식		
		검사 시	• 자세 : 앙와위 또는 우측 팔 윗부분 올리고 왼쪽을 아래로 한 측위 • 침 삽입 시 숨을 내쉰 상태에서 멈추기(횡격막 위치를 위로 올려줌)		
		검사 후	우측으로 눕기(최소 2시간 이상) (∵ 출혈 예방)		

진단 11 국시	합병증 검사	문맥성 고혈압 & 식도정맥류 출혈	① 문맥압 간접 측정 : 간 스캔, 비장문맥 촬영술, 복부 혈관 조영술, 간 생검 ② 식도정맥류 : 방사선 촬영, 내시경
		복수	① 신체검진 | 시진소견	타진소견		
• 복부둘레 측정 • 배가 불룩 • 옆구리 돌출 + 팽만	타진음 변화 양상	복수 있을 때	• 앙와위 : 위-고창음(나머지), 아래- 탁음(복수) • 측위 : 상부-고창음, 하부-탁음 (복수)
		복수 없을 때	자세 변화에도 경계선 변화 없음
	액체 파동검사	검사법	• 보조자가 양손을 세워 중앙선 지지 • 검진자 한 손의 손바닥을 옆구리에 대기 • 반대쪽 손가락으로 복부 치기
		결과해석	복수형성 시 파동전달됨	 ② 진단검사 : 복수천자, 복부 X-선 촬영, 초음파, CT ※ 복수천자 	검사 전	동의서, 배뇨
---	---
검사 시	Sitting position(좌위) + 등 지지
검사 후	쇼크와 저알부민혈증, 전해질 불균형 사정	
		간성 뇌병변	① 혈청 암모니아 수치 증가 ② 뇌척수액 : 글루타민(아미노산의 일종) 증가 ③ EEG : 델타파(가장 큰 진폭, 꿈 없는 수면과 관련된 뇌파로 깊은 수면과 관련됨) cf) 세타파(슬픔이나 즐거움 등 감정 경험 시 더 발생, 졸릴 때 발생, 델타파 다음으로 진폭이 크고 느린 서파), 알파파(침착, 잠들지 않은 저녁에 발생하는 것으로 주로 긴장이완 시 스트레스 전후 발생), 베타파(주의력, 긴장과 관련)
치료 및 간호 중재	위험요인 제거		① 간 독성 물질 노출 제한 : 알코올, 진통제, 진정제, 마약제, Aspirin ② 관련 질환 치료 : 담관 폐색 제거, 심혈관 장애 치료, 알코올 중독증 치료(Vit B, 지용성 비타민 투여)

	대증요법
	(피로, 영양,
	출혈, 감염,
	소양증,
	복수, 정맥류,
	간성혼수)
	13,19,20 국시
			① 피로 조절 : 휴식과 충분한 수면, 침상 안정(급성기나 합병증 시), 회복기에도 견딜 수 있는 정도만 신체활동(맥박 10회 이상 상승×)
			② 영양증진 : 고탄수화물 + 고칼로리(2,000~3,000kcal) + 비타민, 고단백(간의 재생 위해, but 간성 혼수 시 저단백), 염분과 수분제한(복수나 부종 시), 소량씩 자주 제공하고 구강 간호 제공
			   ㉠ 식물성 단백질 권장 : 동물성 단백질에 비해 식물성 단백질에는 암모니아를 형성하는 아미노산이 적게 함유되어 있음
			   ㉡ 문맥계 간성 뇌병증 대상자의 암모니아 수치가 높은 경우 보통 저단백, 단순 탄수화물 식이를 제공
			   ㉢ 채소와 유제품을 포함한 식이는 변비 예방에 도움을 주어 암모니아 낮추어줌
			   ㉣ 간이 아닌 근육에서 대사되는 선택적 분지쇄 아미노산(Branched chain amino acid)을 공급하는 식사나 정맥제제를 사용할 수 있음. 이는 각종 음식 섭취를 통해 섭취할 수 있으며 육류, 콩, 우유, 통밀, 현미 등에 다량 함유되어 있음
			③ 감염 예방 : 감염 증상 관찰(호흡기, 비뇨기 감염, 체온 상승), 청결한 위생과 손 씻기, 침습적 시술은 무균적, 필요시 역격리
			④ 식도정맥류 예방 간호(파열 시 응급상태임!!!!)
			   ㉠ 출혈 예방 : Valsalva maneuver(기침, 구토, 배변 시 힘주기 등) 금기, 자극적 음식, 향료 피하기

치료 및 간호 중재	대증요법 (피로, 영양, 출혈, 감염, 소양증, 복수, 정맥류, 간성혼수) 13,19,20 국시	ⓒ 출혈 시 : 바소프레신 투여(항이뇨 호르몬으로 고용량 투여 시 강력한 말초혈관 수축작용을 함), 찬 N/S 위세척, 수혈, 수액, minnesota tube(식도 내 풍선 부풀림, 위 내 풍선 부풀림, 위 흡인, 식도 흡인의 4관으로 구성), S-B tube(식도 흡인관 없음), 내시경 경화법(내시경을 통해 주삿바늘을 넣고 정맥류가 있는 곳에 경화제 주입), 외과적 중재술(문맥 전신우회) ** 식도정맥류에서 S-B 튜브적용 시 중재법 - 구강 간호 : 갈증 해소를 위해서 제공 - 심호흡 금지, 기침 금지(∵ 식도풍선이 기도로 빠져 질식위험이 있으므로) - 얼음주머니 적용 금지(∵ 장시간 혈관수축으로 식도괴사 초래 위험이 있으므로) - 주기적 압력제거로 순환유지 : 8~12시간마다 5분간 압력 제거 - 합병증 : 식도괴사(예방 위해서 주기적으로 압력제거), 흡인성 폐렴, 비공의 미란, 기도 폐색(위풍선이 터지거나 바람이 빠지고 이로 인해 식도풍선이 구강인두까지 올려졌을 때 발생되므로 침상가에 가위를 준비하여 응급상황대비) ⑤ 출혈예방 : 사정(잇몸 출혈, 혈뇨, 토혈, 흑변, 자반증), PT/PTT 측정, 부드러운 칫솔사용, 외상(낙상, 타박상)보호, 가는 주삿바늘 사용, 주사 후 지혈, 코 세게 풀거나 배변 긴장 행동×, 위산분비 억제제 투여(위장출혈 감소), Vit K 투여, 간경변증으로 인해 응고인자합성장애로 출혈경향이 증가할 수 있으므로 신선동결혈장 투여로 혈액응고인자 보충 cf) 신선동결혈장 전혈로부터 채혈 후 6시간 이내에 분리하여 농축혈소판을 제거하고 남은 신선 혈장을 -18℃ 이하에서 급속 냉동시킨 혈액성분 제제임, 모든 혈액응고인자를 함유하고 있어 혈액응고인자결핍을 보충해줌, 파종성 혈관내응고증, 중증간질환, 쿠마딘계 항응고제 사용 시 발생된 출혈, 선천성응고인자 결핍증, 유전성응고억제제 결핍증, Vit K 결핍증, 출혈량을 예측할 수 없는 출혈로서 응급으로 혈액응고검사를 시행할 수 없는 경우에 사용함 ⑥ 소양증 간호 : 환경조절(가볍고 조이지 않는 면 옷, 시원한 환경), 목욕(미지근한 물, 전분 목욕 + 보습제 사용), 과도한 운동×(발한, 체온상승×), 긁지 않기 → 손톱 짧게, 항히스타민제, 전환요법(독서, TV 시청 등) ⑦ 복수 간호 : 사정(Wt, I/O, 복부 둘레, 피부 상태 등), 자세(High-Fowler's position ; 복수가 차서 횡격막이 밀려올라가 호흡운동 공간을 감소시켜 호흡부전을 일으킬 수 있으므로 호흡곤란과 기좌호흡을 포함하여 폐부종의 임상지표를 지속 확인해야 함), 호흡(Deep breathing + coughing), 호흡기 감염증상 확인, 식이(수분제한, 염분제한 : 10mg/day, 비타민/엽산 권장), 피부 간호(체위변경, sore 예방, 로션, 크림), 투약(이뇨제 : aldactone + 알부민), 필요시 복수천자 ⑧ 간성혼수 간호(위장관계 출혈이 있을 때 흔히 발생됨) 09,22 임용 ⊙ Neomycin, Flagyl 투여(장내 정상세균 감소) : 부작용(설사, Vit K 결핍, 장기투여 시 신부전과 청신경독성 증상이 나타날 수 있음) 관찰 ⓒ Lactulose 관장 or 경구 투여 ◆ Lactulose : 갈락토스, 프락토스가 결합된 이당류로 소장에서 분해되거나 흡수되지 않고 대장에 도달하여 ① 대장 내에서 pH 5 이하로 암모니아(NH_3)를 암모늄 이온(NH_4^+)으로 전환시킴. 이는 체내에 흡수되지 않는 형태로 대변을 통해 배출됨, ② 장내로 물을 끌어들여 일일 배변 횟수를 증가시킴, ③ 암모니아를 형성하는 장내 상주균 수 감소 $NH_3 + H_2O \leftrightarrow NH_4^+ + OH^-$ pH가 낮으면 NH_4^+(암모늄 이온)가 형성되고 pH가 높으면 NH_3(암모니아)가 형성됨 ⓒ 식이 : 저단백식(20~30mg/일, 식물성단백) + 고탄수화물, 고칼로리 + 변비 예방식 (장내 세균↓) ⓔ 위장관 출혈 예방과 조기발견(위장관 출혈 여부를 확인하기 위해서 변색깔 확인) : 토혈, 혈변(∵ 장내 세균이 혈액을 대사하여 암모니아 농도를 증가시켜서 간성혼수를 유발할 수 있음) 09 임용 ⓜ 감염예방 ⓗ 저산소증 예방 ⓢ 무의식환자 안전과 신체기능유지 : 자세변경 + Side rail ⓞ 금지약물 : Thiazide, 마취제, 진정제 등 09 임용
	지지요법	자긍심 증진 : 감정표현, 간호에 대상자 참여, 결정권 부여, 긍정적 강화

간호 진단	① 혈장 단백질 감소, 문맥 고혈압과 관련된 체액과다 → 부종 간호, 호흡 간호 `19 국시` ② 불충분한 섭취, 식욕 부진, 복수로 인한 조기 포만감과 관련된 영양 부족 → 영양 간호 ③ 혈액응고인자 장애, 식도정맥류, 문맥성 고혈압과 관련된 출혈위험성 → 출혈 예방간호, 식도정맥류 예방간호 ④ 복수압박으로 인한 횡격막 운동의 감소와 관련된 비효율적 호흡양상 위험성 → 복수 간호, 호흡 간호 ⑤ 간의 해독기능 상실과 관련된 급성혼돈의 위험성 → 의식과 신경학적 사정 + 간성혼수 간호 ⑥ 면역력 저하(백혈구 감소)와 감염위험성 → 감염 간호 ⑦ 순환 및 대사 장애, 부종, 복수, 담즙산염의 축적과 관련된 피부손상 위험성 → 소양증 간호, 피부 간호

PLUS⊕

- 간경화와 약물

간경화 치료를 위한 약물	근거	제한 또는 피해야 하는 약물	근거
Vit K	• 혈액응고	• 아세트아미노펜 (Acetaminophen)	• 치명적 간 손상 유발 가능
vasopressin (Pitressin)	• 세동맥 수축제 • 식도정맥류 출혈 시 사용	• 페노바비탈 (Phenobarbital) • 페니토인(Phenytoin) • 클로르프로마진 (Chlorpromazine)	• 간의 주요 약물대사 체계를 자극 • 간질환 손상의 경우 약이 적절히 대사되지 않을 수도 있고, 독성이 발생할 수 있음 • 감각기를 변형시키거나 간성뇌증과 관련한 사고과정을 변형시킬 수도 있음
lactulose (Duphalac)	• 삼투성 하제 • 장내 암모니아의 배설촉진 • 간성혼수 관련 사용		
neomycin sulfate (Neomycin)	• 글리코사이드계 항생제 • 장내 세균감소로 인한 암모니아 형성 감소 • 간성혼수 관련 사용		
spironolactone (Aldactone)	• 칼륨보존 이뇨제 • 알도스테론 작용 차단 • 복수 관련 사용 • 기립형 저혈압 초래	• 모르핀(Morphine) • 파라알데히드 (Paraldehyde) • 코데인(Codein)	• 담관의 경련 및 압력을 유발하여 불편을 초래할 수 있음
furosemide (Lasix)	• 루프성 이뇨제 • 세뇨관에서 나트륨과 수분 재흡수 차단 • 복수 관련 사용 • 저칼륨혈증 초래	• 알코올(Alcohol)	• 간의 주요 약물대사 체계를 자극하여 추가 손상 가능함

- 문맥계

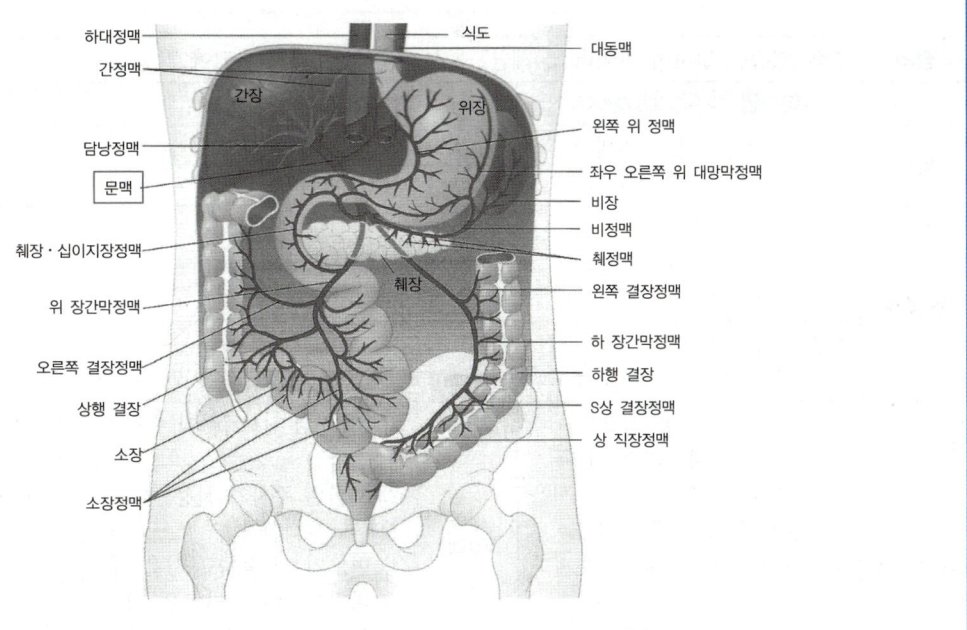

문맥계는 위장과 소장, 대장 등 소화기 점막에서 양분을 모아 간장으로 보내는 정맥이다. 간장과 소화관의 2개의 모세관에 낀 특수 정맥이기 때문에 '문맥'이라 불린다.

- 문맥압 항진

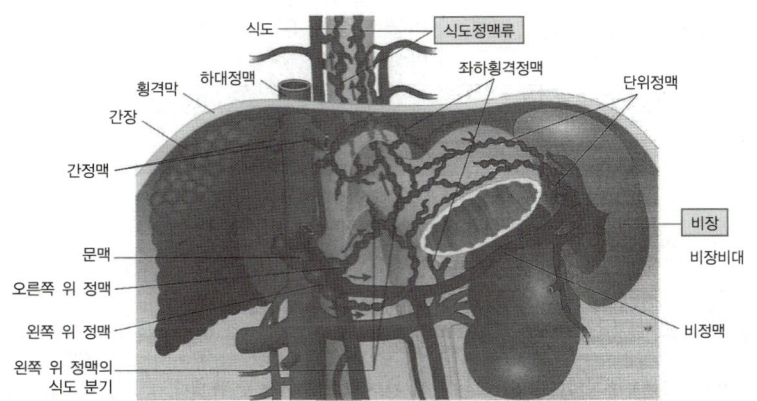

문맥 혈액은 거의 모두 간을 통과하지만 극히 일부는 얇은 정맥을 통해 직접 심장으로 돌아온다. 일반적으로 이 세정맥으로 향하는 혈액은 문제가 되지 않을 정도로 미량이지만, 간경변이 발생하여 간에서 혈액 흐름이 나빠져, 문맥의 압력이 높아진다(문맥압 항진). 세정맥이 우회 역할을 하여 심장으로 돌아오려고 하는 문맥 혈액이 대량으로 유입된다(→). 그 결과 세정맥 혈관벽이 확장하고, 파열의 위험을 가진 정맥류가 된다. 또한, 해독되지 않은 혈액이 대량으로 전신을 둘러싸고 간성 뇌증 등의 합병증을 일으킨다.

6. 바이러스성 간염 : A형간염 / B형간염 96,99,10,13,15 임용 [성인질환]

정의	간의 염증을 말하며 바이러스, 세균, 독성물질 등이 원인이 되어 발생			
	A형간염 10,14,15 임용 / 13 국시		**B형간염** 08,11,16 국시	**C형간염**
특징	제2급 법정 감염병 10,15 임용 / 13 국시		제3급 법정 감염병 13 임용	제3급 감염병
병원체	HAV RNA enterovirus (장바이러스 계열)		HBV DNA hepadnavirus (DNA 바이러스)	HCV RNA 바이러스
	A형, C형 바이러스는 모두 RNA 바이러스임 DNA 바이러스는 숙주의 세포핵과 결합하고, 대부분의 RNA 바이러스는 세포질에서 복제됨			
전파경로	① 대변-구강 전파 15 임용 (대변으로 바이러스 배출) ② 분변에 오염된 식수나 음식을 섭취하는 과정에서 전파 ③ 분비물 과다 시에 공기 전파	혈액	① B형간염 산모로부터 수직 전파 ② 오염된 주사기 사용 ③ 혈액투석환자 ④ 면도기, 칫솔 공동사용 ⑤ 비위생적인 날카로운 기구에 의한 시술(문신, 피어싱)	① 혈액(주로 수혈) ② 드문 원인으로 성 접촉 & 모체 주산기 전파
		성접촉	정액, 질 분비물, 타액 등 체액	
감염원 20 국시	오염 음식물, 감염된 음식, 조리사	혈액	오염된 바늘, 오염된 혈액제제, 오염 바늘 이용 문신	B형간염과 비슷
		성접촉	감염된 자와 성관계	
고위험군 99,10,13 임용	① 사람이 많은 곳(교도소, 요양원 등 보호시설)의 직원과 대상자 ② 개인위생이나 공중위생 불량한 곳(개발도상국 여행자)	혈액	투석 환자, 수혈, 혈액과 분비물 다루는 의료진, 정맥용 마약중독자	수혈, 정맥용 마약중독자, 문신한 사람
		성접촉	동성 연애자, 감염된 자와의 성접촉	
		모체	HBV 보유자 가족, 수직감염	
전파기간	증상 발현 2주 전~발현 2주 후		• 증상발생 전후 6개월 • 보균자는 수년간	
잠복기	2~6주		1~6개월	7~9주
예후	만성화 경향 없음, 보균자 발생 없음		• 5%는 만성 간염으로 진행 • 이 중 10%는 간경변이나 원발성 간세포암으로 진행, 보균자 있음(항원 有, 무증상, 항체 無)	• 70% 만성 간염으로 진행 • 간경변, 간암 가능성↑

 **PLUS+**

- **B형간염의 수직감염 예방**

HBsAg(+) 모체에서 출생한 신생아는 재태연령이나 출생 시 체중과 상관없이 출생 12시간 이내에 HBV 백신과 HBIG를 각각 다른 부위에 동시 주사함(모체 HBsAg 유무를 모를 때는 HBV 백신을 출생 후 12시간 이내 투여 후 모체의 감염 상태를 확인할 것)

** HBV 백신은 근육주사(영아는 대퇴부 전외측, 성인과 소아는 삼각근에 주사)

<table>
<tr><td rowspan="6">병태생리</td><td colspan="2">바이러스 → 간세포에 침입 → 인체 면역 반응으로 염증반응 → 괴사(조각괴사, 염증세포가 문맥을 넘어서 간세포들을 향해 괴사를 일으키고 있는 병리적 상태, 생검 결과 특이적 소견) 및 간 기능의 변화 96 임용
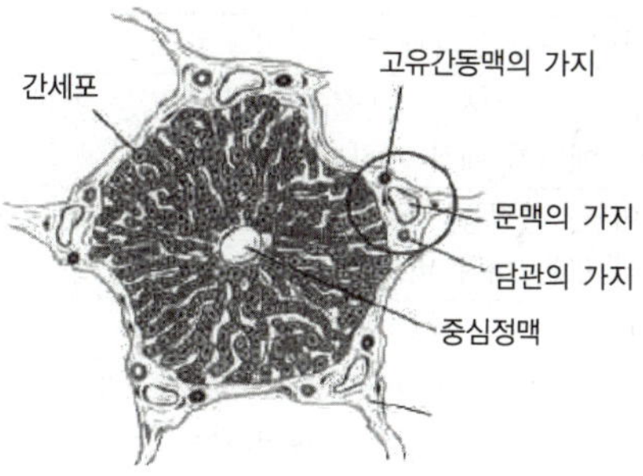
간세포
고유간동맥의 가지
문맥의 가지
담관의 가지
중심정맥
[정상 간소엽]
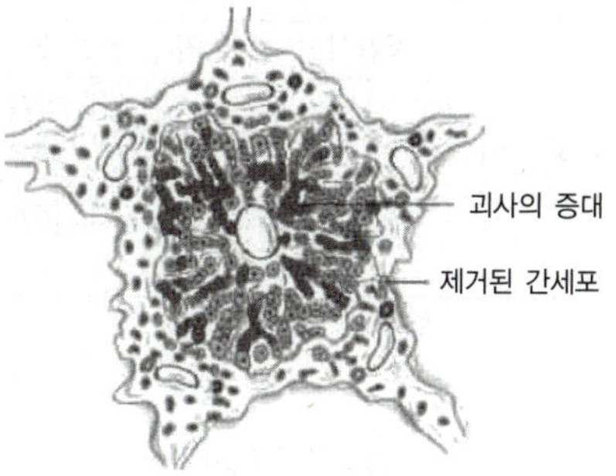
괴사의 증대
제거된 간세포
[손상된 간소엽]</td></tr>
<tr><td colspan="2">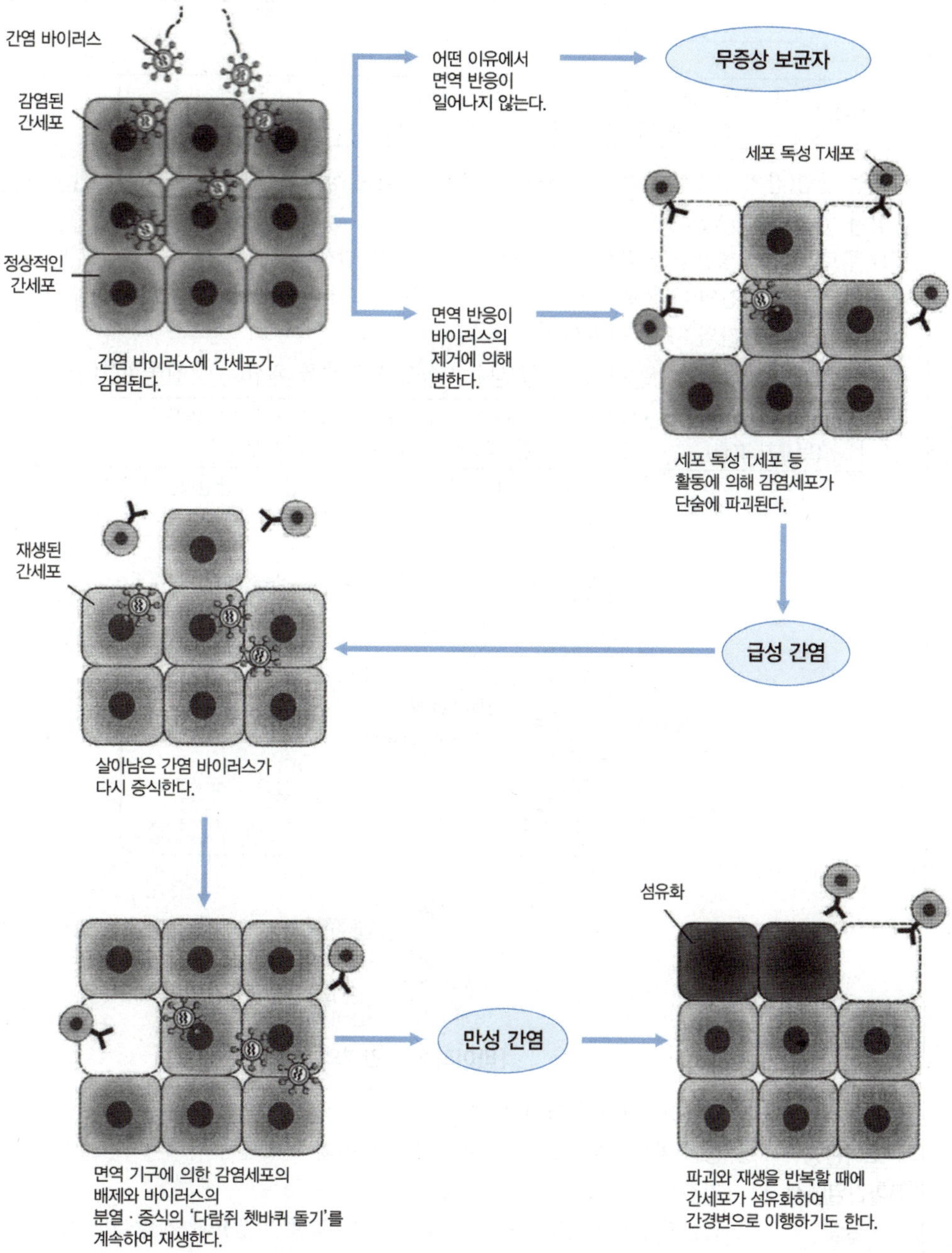
간염 바이러스
감염된 간세포
정상적인 간세포
간염 바이러스에 간세포가 감염된다.
어떤 이유에서 면역 반응이 일어나지 않는다.
무증상 보균자
면역 반응이 바이러스의 제거에 의해 변한다.
세포 독성 T세포
세포 독성 T세포 등 활동에 의해 감염세포가 단숨에 파괴된다.
급성 간염
재생된 간세포
살아남은 간염 바이러스가 다시 증식한다.
만성 간염
섬유화
면역 기구에 의한 감염세포의 배제와 바이러스의 분열 · 증식의 '다람쥐 쳇바퀴 돌기'를 계속하여 재생한다.
파괴와 재생을 반복할 때에 간세포가 섬유화하여 간경변으로 이행하기도 한다.</td></tr>
<tr><td rowspan="3">간세포 기능 변화</td><td>① 단백질 합성 능력↓ ⇨ 응고시간 연장(PT↑)</td></tr>
<tr><td>② glucuronide 결합↓ ⇨ 혈청 빌리루빈↑, 황달</td></tr>
<tr><td>③ 스테로이드 등 해독 작용↓</td></tr>
<tr><td colspan="2">쿠퍼세포 크기와 수 증가</td></tr>
</table>

증상	▶ 급성 간염(감염 6개월 이내) : 잠복기 → 급성기 → 회복기 • A형간염은 급격하게 발생하며 사망률이 낮음. 드물게 전격성 간부전을 초래함		
	잠복기	A형간염인 경우 최대 전염기로서 비특이적인 증상이 나타남	
		전반적 대사기능 저하	① 식욕부진, 오심, 구토, 설사, 영양불량 ← 소화기능 저하 ② 피로, 권태감 ← 에너지 대사 저하
		염증반응 증상	① RUQ 불편감, 미열, 관절통, 두통, 복통 ② 빈혈 ← 간 비대 또는 비장 비대
	급성기	황달기 또는 비황달기	
		빌리루빈 대사↓	① 황달 ← 직접 빌리루빈의 장내 이동감소로 조직으로 확산되어 발생(혈청 빌리루빈 수치가 상승하며 피부와 점막이 노랗게 되는 황달 발생) ② 짙은색 소변, 회백색 변 ← 담즙색소가 정상 대변통로로 배출되지 않아서 발생됨 ③ 소양증 ← 담세관의 담즙이동 장애로 담즙산염이 피부 아래에 축적
		혈장 단백질 형성↓	
		출혈경향	
	회복기	① 황달이 사라지면서 시작 ② 권태감, 피로는 계속 호소 / 간 비대 및 비장 비대는 없어짐	
	▶ 만성 간염(간의 염증과 괴사가 3~6개월 이상 지속되는 상태로 만성 보균자 또는 간 세포암으로 진행가능성이 있음) 96,13 임용 ① 주로 B형·C형간염을 적절히 치료받지 않은 경우 발생함 　㉠ 만성 B형간염 : HBsAg(+), HBcAb(IgG)(+, 고역가 양성), HBV-DNA(+) 　㉡ 만성 C형간염 : HCV-RNA(+) ② 지속성/활동성 모두 염증반응은 있으나 지속성은 간세포 괴사(−) / 활동성은(+)		
	만성 지속성 간염 (보균자 포함)	• 예후가 좋은 편 → 간경화나 섬유화로 진행되지 않음 • 증상은 경미한 염증반응(피로/식욕부진/복부통증)	
	만성 활동성 간염	• 예후 나쁨 → 간 염증, 괴사, 진행성 섬유증/간경화, 간 부전, 사망 • 증상 : 심한 피로, 황달, 고빌리루빈혈증	
	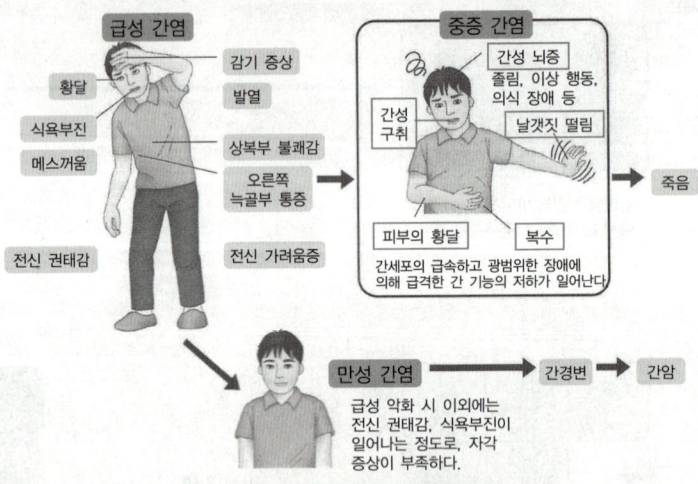

[바이러스성 간염의 증상] | | |
| | 소아만성
B형간염에서
증상 | ① 영유아 : 간염이 감기 앓듯이 가볍게 앓음
② 황달 발생 비율 : 2~3세 유아에서 약 20%, 4~6세 유아에서 약 50% 발생하며, 황달 지속 기간도 성인에 비해 짧음 96 임용
③ 연장자나 성인 연령 : 증상이 심해지며, 황달 발생률과 사망률도 높음, 성인 연령에서는 80%에서 황달 발생 | |

합병증		전격성 간염(증상 발현 후 8주 이내에 고도의 간 기능 장애와 간성혼수 발생, PT가 정상의 40% 이하), 만성 간염, 만성 보균상태, 재생불량성 빈혈	
진단 07,12, 18 국시	이학적 검사	① 타진 : 오른쪽 쇄골중앙선에서 6~12cm보다 더 비대 ② 촉진 : 흡기 시 양손을 이용하여 갈고리법으로 촉진 → 비대 & 압통	
	혈액검사	① 간의 혈청효소(AST, ALT, LDH) 상승 ② 황달 관련 : 혈청 빌리루빈 상승, 소변 내 빌리루빈 증가 ③ 단백질 관련 : 프로트롬빈 시간 지연, 암모니아 상승 ④ 호중구의 일시적 감소와 림프구의 증가 후 감소	
	바이러스 검사	A형 간염 10,15 임용	① 감염 후 평균 4주 내외에 A형간염 항체(anti-HAV)가 나타남 ② 감염 초기에 혈액이나 분변에서 HAV-Ag 또는 HAV-RNA를 직접 검출할 수 있으나 황달이 시작되면 바이러스의 혈중 농도와 분변 배출이 급속히 감소하므로 진단은 주로 혈청 IgM anti-HAV에 의존함 ③ IgM anti-HAV는 감염 즉시 생성되어, 첫 주에 최고치에 달하며, 6개월 안에 사라짐 ④ IgG anti-HAV는 감염 1개월 후에 최고치에 이르며, 수년간 몸에 남아 있으면서 면역 활동을 하며, 이 지표는 과거 감염 후 획득한 면역상태를 의미함 [A형간염의 혈청학적 임상경과] ※ 항원/항체 해석 | HAV | Hepatitis A virus : A형바이러스 간염, A형바이러스간염의 원인물질 | | Anti-HAV | Antibody to hepatitis A virus : A형바이러스간염의 항체, 증상 후 곧 바로 혈청 내에 나타났다가 3~12개월 후에 사라짐 | | IgM anti-HAV | IgM antibody to HAV : HAV에 대한 IgM 항체, 최근에 HAV에 의한 감염을 나타냄, 감염 후 6개월까지 양성으로 나옴 |
		B형 간염	① B형간염 바이러스는 내부 핵(inner core)과 표면 외피(surface envelope)를 가진 DNA 바이러스로서, 신체는 B형간염 바이러스 핵항원(HBcAg)과 B형간염 바이러스 표면 항원(HBsAg)에 대해 항체를 형성함 ② 감염된 환자의 혈청에서 검출되는 항원은 HBsAg, HBeAg이며, 항체로는 anti-HBs, anti-HBe, anti-HBc가 있음 cf) 항원 생성순서 s → e, 항체 순서는 c → e → s | 급성기 | HBsAg, HBeAg, anti-HBc IgM | | 일생 | anti-HBs, anti-HBc | | 보균자 | 항원검사 양성(HBsAg), 무증상, 항체(−) |

| 진단 07,12, 18 국시 | 바이러스 검사 | B형 간염 |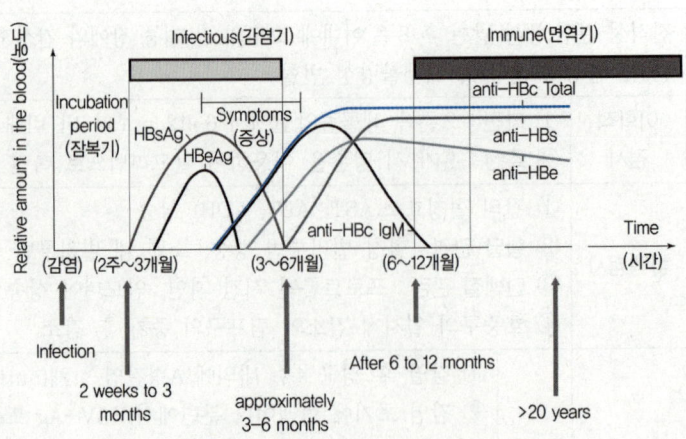

[급성 B형간염의 임상경과와 혈청학적 변화]

※ 항원/항체 해석

HBV	• Hepatitis B virus : B형바이러스 간염, B형바이러스간염의 원인물질
HBsAg	• Hepatitis B surface antigen : B형바이러스간염 표면항원(Australian 항원), 급성이나 만성 B형바이러스간염이나 보균상태 • 6개월 이상 지속되면 만성간염을 의미함
Anti-HBs	• Antibody to hepatitis B surface antigen : B형바이러스간염 표면항원에 대한 항체. 전에 B형바이러스간염에 노출되어 감염상태가 끝나고 면역된 상태. HBIG (hepatitis B immunoglobin)에 의해 수동적으로 항체를 형성했거나 B형바이러스간염 예방주사에 의해 면역이 된 것을 나타냄
HBeAg	• Hepatitis B e-antigen : B형간염바이러스감염 e항원. 질병초기에 혈청에 나타남 • 바이러스증식이 활발하므로 타인에게 감염되며, 산모로부터 신생아에게 수직감염률이 높음
Anti-HBe	• Antibody to hepatitis B e-antigen : B형바이러스간염 e항원에 대한 항체. HBV 감염의 급성기가 끝나거나 거의 끝나고 있음을 의미하므로 양성이면, 전염력이 감소함
HBcAg	• Hepatitis B core antigen : B형간염바이러스감염 핵항원. 혈액에 존재하지 않고 간세포에서만 발견되며, 바이러스 증식이 지속됨을 의미함
Anti-HBc	• Antibody to hepatitis B core antigen : B형바이러스간염 핵항원에 대한 항체. B형 간염바이러스간염을 가장 잘 나타냄. • HBV 급성기 후기에 나타남 • HBsAg의 소실기와 Anti-HBS발현기의 중간시기에 상승함. 이 기간을 core window 기간이라고 부름. 이 기간동안 Anti-HBc 존재는 급성 간염 진단에 도움이 됨
Anti-HBc IgM	• IgM antibody to HBc-Ag : B형바이러스간염 핵항원에 대한 IgM 항체. 급성 HBV를 의미하며, 감염 후 6개월까지 나타남

※ B형간염 바이러스 감염에서의 혈청학적 진단

구분	HBsAg	Anti-HBc	Anti-HBs	의의
1	음성	음성	음성	감염되기 쉬운 상태
2	음성	양성	양성	자연적인 감염으로 인해 면역이 된 상태
3	음성	음성	양성	예방접종 후 면역이 된 상태
4	음성	양성	음성	4가지 가능성이 있음 ① 감염이 해결됨(가장 흔함) ② 위양성 anti-HBc, 감염될 가능성이 있음 ③ "Low level" 만성간염 ④ 급성감염이 해결됨
5	양성	양성	음성	IgM anti-HBc 양성이면 급성간염
6	양성	양성	음성	IgM anti-HBc 음성이면 만성감염

| | | C형 간염 | C형간염 바이러스 항체가 혈중에 있으면 진단 |

(1) 원인제거
　① 항바이러스제 투여 : 바이러스의 DNA 합성 억제

	경구용	주사용
B형간염	Lamivudine(제픽스), entecavir(바라크루드), Clevudine(레보비르), telbivudine(세비보)	Interferon α - 기전 : 숙주세포로의 바이러스 유입차단, 바이러스의 RNA와 단백질 합성 억제로 바이러스 복제 예방, 자연살해세포와 대식세포 활성화, 종양세포 증식 억제하여 만성 환자 치료에 유용 - 투여방법 : 주 1회 피하주사(반감기가 긺)
C형간염	Ribavirin(바이라미드)	

　② 원인 불명의 만성간염 : 면역치료 - Azathioprine과 함께 혹은 단독으로 스테로이드 투여

(2) 대증요법
　① 약물요법

Vit K, 신선동결혈장	프로트롬빈 시간 지연 시 [21 국시]
진토제	trimethobenzamide(Tigan) : 도파민2 수용체 길항제로 연수의 화학수용체 트리거영역에 작용하여 오심과 구토 억제
항히스타민제	소양증 완화, 진정작용 주의
담석 용해제	담즙정체에 의한 소양증 완화에 도움, 콜레스티라민(Cholestyramine - 담즙산과 결합하여 대변으로 배설), 우르소디올(ursodiol - 담석의 콜레스테롤 가용화로 담석을 용해하고 콜레스테롤의 흡수를 억제함, 상품명은 우루사)
피해야 할 약물	Aspirin(간독성), acetaminophen(간독성) [20 국시], 진정제(간에서 대사), Chlorpromazine(전형적 항정신성 약물 : 간에서 대사)

치료 및 간호
13 임용 / 01,06,17 국시

　② 소양증 관리

대증요법	소양증 완화제 도포, 항히스타민 투여, 담석 용해제 투여
피부보호	로션도포와 청결유지, 지방크림(Eucerin), 전분 목욕, 알칼리성 비누 사용×
악화요인 제거	• 온/습도 관리 : 시원한 환경 관리, 미지근한 물로 샤워 • 자극요인 없앨 것 : 가볍고 조이지 않는 의복, 모직 담요/모직 옷 피하기, 청결한 옷, 발한 피하기(과도한 운동×)
감염예방	손톱 짧게 자르고 청결하게 관리
모니터링	피부손상 가능성 사정

　③ 식이관리

원칙	• 고열량, 고탄수화물, 고단백질, 보통량 지방식 • 간성뇌병증 위험 시에는 저단백 식사를 제공
피할 것	지방식이 : 담관의 폐쇄가 심한 경우 소화장애가 발생하며 오심을 유발할 수도 있기 때문
방법	소량 자주 식사(오심 감소), 영양이 많은 아침식사 제공(오후 늦게는 오심이 심해짐)

　④ 피로관리 : 피로감이 심할 때는 침상안정, 합리적 활동수준 유지, 전환요법, 환경 자극 감소
　⑤ 적절한 운동 : 장기간의 부동으로 발생할 수 있는 합병증(욕창, 골다공증, 우울증) 예방

(3) 보존/지지요법 [13 임용]

치료 및 간호 [13 임용 / 01,06,17 국시]	A형간염	개인위생 [19 국시]		대변 후에 손 씻기 철저, 특히 음식 다루는 사람들의 감염 스크리닝하기, 개인용 수건 사용
		식수공급		개인적으로 식수를 조달하는 방법은 오염의 원인이 됨
		동물 돌보기		수입 동물은 두 달간 격리, 격리 불가할 경우 보호의복 입고 손을 잘 씻기, 감염 위험↑ → 예방적 표준 글로불린 주사
		예방접종	능동 면역	• 필수예방접종으로 생후 12~23개월에 1차 접종 • 1차 후 6~12개월 간격으로 접종(접종 4주 후부터 약 20년까지 예방효과 있음) • 삼각근 근육주사 접종대상: • A형바이러스간염을 예방하고자 하는 모든 사람 • 여행자 • 남성동성애자 • 불법마약을 주사하는 사람 • 혈액응고 장애나 만성간질환을 가진 사람 • 직업군으로 위험군인 사람
			수동 면역	• 면역글로불린 주사, 간염에 노출되기 전후에 모두 예방적 효과가 있음 • A형간염 노출된 지 2주 내에 주사(면역글로불린으로 3개월까지 보호가능) • 큰 근육에 주사 접종대상: • A형 바이러스간염 환자와 밀접한 접촉을 한 사람 • 어린이를 돌보는 기관이나 A형바이러스간염을 가진 사람이 조리하는 식당 등에서 잠재적으로 노출되었을 가능성이 있는 사람
		격리		A형간염 대상자의 격리는 불필요하나 실변이 있거나 개인위생이 좋지 않으면 독방사용
	B형간염	개인위생		손 씻기, 칫솔/면도기/목욕 수건/담배 등 공용 불가
		혈청 감염 예방		공여 혈액 선별검사(HBsAg, anti-HBc, ALT 상승 검사), 일회용 주사침과 주사기 사용, 혈액 접촉 시 장갑 사용
		체액 감염 예방		성관계 시 콘돔 사용 [21 국시]
		예방접종	능동 면역	• 필수예방접종으로 생후 0/1/6개월 사백신(접종 후 4주 후부터 약 10년까지 예방효과 있음) → anti-HBs 생김 • 1회와 3회 접종이 적어도 16주 이상 걸려야 함, 삼각근 근육주사 접종대상: • 신생아와 청소년 • 만성 간질환자 • 남성 동성애자 • 성매매종사자 • 성병보유자 • 불법마약을 주사하는 사람 • 장기재소자(남성) • 투석 중인 환자 • 의료인 • B형 간염바이러스를 예방하고자 하는 모든 사람
			수동 면역	• 노출된 사람에게 투여, B형간염 면역글로불린(HBIG) 노출 24시간 안에 투여 → 이후에는 백신 스케줄 돌리기 [22 국시] • 큰 근육에 주사 접종대상: • B형바이러스간염인 산모로부터 태어난 신생아 • 예방접종을 하지 않았거나 항체가 형성되지 않은 상태에서 B형바이러스간염인 사람과 피부 또는 점막을 통해 접촉이 있었을 경우

(4) 모니터링 : 증상의 악화를 사정 → 간성 뇌병증 사정
(악화 증상 관찰 : 의식수준, 지남력, liver flap, liver breath, 글씨 쓰기, 말하기 등 관찰)

간호진단	① 간 독성 약물, 바이러스성 감염과 관련된 간 기능 장애 　→ 간 독성 약물 확인, 검사 수치 확인, 직업군이나 오염음식 먹었는지 여부 확인 ② 대사성 에너지 생산 감소와 관련된 피로 　→ 급성기에 침상 안정, but 지나친 침상 안정은 허약감을 초래하기 때문에 합리적 활동수준 유지 ③ 섭취부족과 소화·흡수 장애와 관련된 영양부족 ④ 오심, 구토, 설사로 인한 수분상실과 관련된 체액부족 위험성 ⑤ 불쾌하고 허약한 신체 상태와 관련된 상황적 자존감 저하 → 감정을 표현하도록 격려 ⑥ 소양증과 관련된 피부손상 위험성 ⑦ 면역 억제와 관련된 감염 위험성 ⑧ 정보부족과 관련된 지식부족 　• 질병의 원인, 전파양식, 질병 과정에 대한 교육 　• 재발 예방법에 대해 교육 　• 전파 방지에 대한 교육(전염성 없어질 때까지 성적 접촉 피하기) 　• 약물교육(아스피린, 알코올, 진정제 피하기) 　• 그 외 휴식이나 활동의 수준 균형 맞추기 교육

• 바이러스성 간염의 급성기 진단

	A형간염	B형간염	C형간염
급성기 진단	• anti-HAV IgM	• HBsAg • anti-HBc IgM • HBV	• HCV • anti-HCV(후기)

• 기생하고 있는 간염 바이러스와 신체의 면역체계와의 관계

상태	설명
급성 바이러스성 간염	신체면역이 바이러스에 감염된 세포를 모두 인식하여 감염된 세포 모두를 사멸시킴
만성 바이러스성 간염	신체면역이 바이러스에 감염된 세포의 일부만을 인식하고, 인식된 세포만을 사멸시키고, 인식하지 못한 세포는 세포 내에 바이러스가 그대로 존재하게 됨. 인식이 점차 진행되면서 세포의 사멸과 재생의 과정이 반복되어 간경화로 진행됨
보균자	신체면역이 바이러스 감염을 인식하지 못하는 경우, 즉 바이러스가 발각되지 않은 경우는 그대로 세포 내에 존재하고 있는 상황임

7. 지방간 05 임용 성인질환

정의	간세포 속에 지방이 축적된 상태로 아주 흔한 대사질환 • 정상 간의 지질은 3%, 이 중 2/3는 인지질, 1/3은 콜레스테롤이나 중성지방임 • 간 중량의 5~10% 이상 지질이 차지할 때 지방간으로 불림 • 지방간을 일으키는 주요 지질은 중성지방임		
원인	영양섭취 과다	• 만성 알코올 중독(간세포가 알코올 대사 시 아세트알데하이드가 생성되고, 이는 아세테이트를 생성하고, 아세테이트는 지방산과 물, 이산화탄소로 전환됨) • 당뇨병(→ 혈중 지나친 포도당으로 간에서 중성지방 합성) • 비만(과영양 또는 에너지 소비 저하 시, 혈중 포도당이나 유리지방산 증가되어 간으로 흡수됨) • 쿠싱 증후군(→ 지방산 대사가 느려짐) • 장기간의 고단위 영양 공급(과잉영양은 간세포에 흡수되어 중성지방합성)	
	영양섭취 부족	• 어린 시절 단백질 섭취 부족 • 영양부족, 식욕부진(→ 당질 부족으로 체내 지방이 분해되어 간으로 이동)	
	기타 독성 물질	• Reye's 증후군 : 급성 뇌증(심한 뇌부종), 심한 간질환 • 간 독성 물질 • 스트레스 : 코티졸은 혈청 콜레스테롤치를 상승시킴	
병태생리	① 지방간을 일으키는 주요지질은 중성지방이지만, 소량의 콜레스테롤과 인지질도 함께 간에 침윤 → 간세포 속 지방덩어리가 커지고 딱딱해짐 ② 간세포의 중요한 구성 성분이 한쪽으로 밀림 → 간세포 기능 저하 ③ 간세포 사이 미세혈관과 임파선 압박 → 간세포가 산소와 영양을 공급받을 수 없음 ④ 간세포 손상이 초래되면 섬유화 및 재생결절조직으로 대치되고, 대치된 섬유조직 등이 간소엽의 혈관과 임파관을 압박하면 간경변증이 초래됨		
증상	① 무증상 : 흔히 증상이 없음 → 지질 침윤 원인 교정 시 회복가능 ② 심하게 침윤 시 → 식욕부진, 피로감, 전신 권태, 우상복부 통증, 황달		
진단	간 생검	확진	
	혈액검사	혈청 빌리루빈(참고치 : 0.1~1.2mg/dL), alkaline phosphatase(참고치 : 40~120IU/L) 상승	
치료 및 간호 05 임용	원인제거/보존/지지요법(= 지방간 조절을 위한 자가관리 방법)		
	금주	아세트알데하이드 생성억제 : 알코올 대사산물인 아세트알데하이드는 간을 손상시키고, 지방산을 축적함	
	식이요법	제한	① 기름진 음식 → 과잉 섭취한 지방은 간에 축적됨 ② 고칼로리 식이 → 남는 탄수화물은 중성지방을 형성함
		권장	① 고섬유질 식이 → 장운동 항진시켜 콜레스테롤 배설을 촉진, 당질 흡수를 저하 ② 신선한 채소, 해조류, 과일은 적당량만 ③ 저지방 식이, 적정수준의 칼로리 식이
	비만조절	유산소운동	복부지방이 지속적으로 지방분해를 일으켜 지방산을 생성함. 이는 간문맥을 통해 간에 지방축적
		체중감소	인슐린 민감성을 향상시키고 간 효소 수치를 낮춤
	스트레스	코티졸 및 교감신경계 자극은 지방 조직에서 지방을 분해시켜 혈중 콜레스테롤치를 상승시키므로 이완요법을 적용하여 스트레스 관리	
	혈당 조절	고혈당은 중성지방을 형성하여 지방간을 악화시킴	

8 간암 [95 임용] [성인질환]

정의	간의 종양			
유형	원발성 간종양 [95 임용]	구분	양성	악성
		간세포	간 선종	간세포암(HCC) : 90%
		결합조직	간 섬유종	간육종
		혈관	간 혈관종	간혈관육종, 간혈관내피 세포암
		담관	담관종	담관암종
	전이성 간종양	① 원발성보다 20배 흔함 ② 모든 암으로부터 전이가 잘됨 : 혈류 통한 전이가 흔하고, 종양의 크기가 크고, 문맥정맥계 장기들로부터 전이가 잘됨		
위험 요인	간의 선종(양성)	호르몬 의존성 : 경구피임약 복용하는 여성에게 흔히 발생함		
	간세포암(악성)	① B, C형 바이러스 간염 ② 알코올성 간염 ③ 간경변증, 알코올성 만성 간질환 ④ 아스페르길루스라는 곰팡이에 존재하는 아플라톡신(발암물질-부패된 땅콩, 옥수수) [95 임용] ⑤ 비알코올성 지방간		
병태 생리	간의 선종(양성)	파열 → 출혈(양성임에도 혈관분포가 많아 위험)		
	악성 간종양	B, C형 바이러스 간염, 간 손상 → 유전자 변이 축적 → 종양		
	전이성 간종양	① 직접 전이(인접장기) ② 간동맥계 ③ 간문맥계 ④ 세포 이동으로 간 표면에 전이 세포가 퍼짐		
증상	종양이 커질 때까지(악성세포가 정상적 간세포를 90% 대치할 때까지) 증상은 미미함 → 침묵의 장기			
	초기	RUQ 덩어리, 복통, 명치가 더부룩함, 피로, 체중 감소		
	후기	식욕부진, 허약감, 황달, 복수, 간 부전, 호흡장애		
진단	임상검사	① 간 기능 저하 : ESR(참고치 : 0~20mm/L)↑, Bilirubin(참고치 : 0.1~1.2mg/dL)↑, AST/ALT↑, alkaline phosphatase(참고치 : 40~120IU/L)(ALP)↑, albumin↓, A/G ratio (알부민과 글로불린 비율, 정상인 1.1~2.0)↓, 혈당↓ ② 종양표식자 : CEA 상승(폐, 유방, 위장관의 암전이), AFP(alpha fetoprotein) 상승(간세포성 암환자의 약 70%에서 50~500ng/mL, 정상치 < 9.6ng/mg)		
	방사선 검사	① Liver 초음파, Liver 생검 ② Liver Scan ③ CT, MRI ④ 간동맥 촬영법 ⑤ 역행성 내시경 간담도 촬영술(ERCP)		
치료 및 간호 중재	양성 간종양	① 경구피임제, 안드로젠 사용하지 말 것 ② 간엽 절제술 : 예후 좋음(단, 출혈 주의)		
	악성 간종양	수술치료	간엽 절제술	
			수술 전	간기능 검사+교정(알부민, FFP, Vit K), 영양공급, 대증요법, 교육+정서적 지지
			수술 후	일반적 수술 후 간호+10% DW, albumin, 수혈
		비수술적 치료	항암요법 : 수술의 보조요법, 생존기간 연장	
			고주파 열치료(RFA) : 종양괴사	
			경피적 에탄올, 방사선 물질 주입술	
			방사선 요법 : 단독치료로는 적용하지 않음. 크기 & 통증 감소	
			경피경간적 담도배액술(PTBD) : 담관폐색 완화	
			간 이식 : 이식 수술 후 거부반응 조절목적으로 시클로스포린(cyclosporine) 투여 [20 국시]	
	조기검진(예방)	40세 이상 남·여 중 간암 발생 고위험군(간경변증, B형간염 항원 양성, C형간염 항체 양성, B형 또는 C형 간염 바이러스에 의한 만성 간질환 환자)은 6개월마다 간초음파 검사, 혈청알파태아단백검사 실시(암관리법 시행령)		

9 담도 질환 : 담석증, 담낭염 [11 임용(보기)] 성인질환

정의	담석증	담낭과 담도계에 담즙의 구성 성분들이 돌같이 굳어져서 결절이 생기는 질환
	담낭염	담관의 폐색이 일반적인 원인으로 발생된 염증

정상 생리	담낭의 기능	담즙배설 조절
	① 담즙농축, 저장 ② 지방유화 : 담즙결핍 → 지방과 지용성 비타민(A, D, E, K) 흡수×	① 신경성 조절 : 부교감↑, 교감↓ ② 호르몬성 조절 : 아세틸콜린, 세크레틴, CCK, 가스트린

원인	① 담즙 성분의 변화 : 콜레스테롤 높을수록 ② 담낭 수축성 감소 & 오디괄약근 경련 → 담낭의 정체 → 담즙의 정체 　예 한 달 이상 완전 비경구 영양공급 ③ 감염 : 염증반응으로 인해 떨어져 나간 조직 파편 ④ 유전적 영향

유해 인자	고위험 집단(4F)	기타
	① 여성(female) : 여성이 남성보다 2~3배 높음 ② 40세 이상(forty) ③ 다산부(fecund) ④ 비만(fatty)	① 경구 피임약, 에스트로겐 요법 ② 고지방 섭취 ③ 고령 ④ 담석증의 가족력 ⑤ 인종과 민족 : 북미 원주민(북반구 또는 남반구), 북유럽 출신 ⑥ 급격한 체중감량(예 비만 수술 후) ⑦ 담즙정체 : 임신, 금식, 지속적인 비경구영양 ⑧ 질병 : 당뇨병, 간경화, 장폐색증, 장절제술, 겸상적혈구 빈혈

병태 생리 [15 국시]	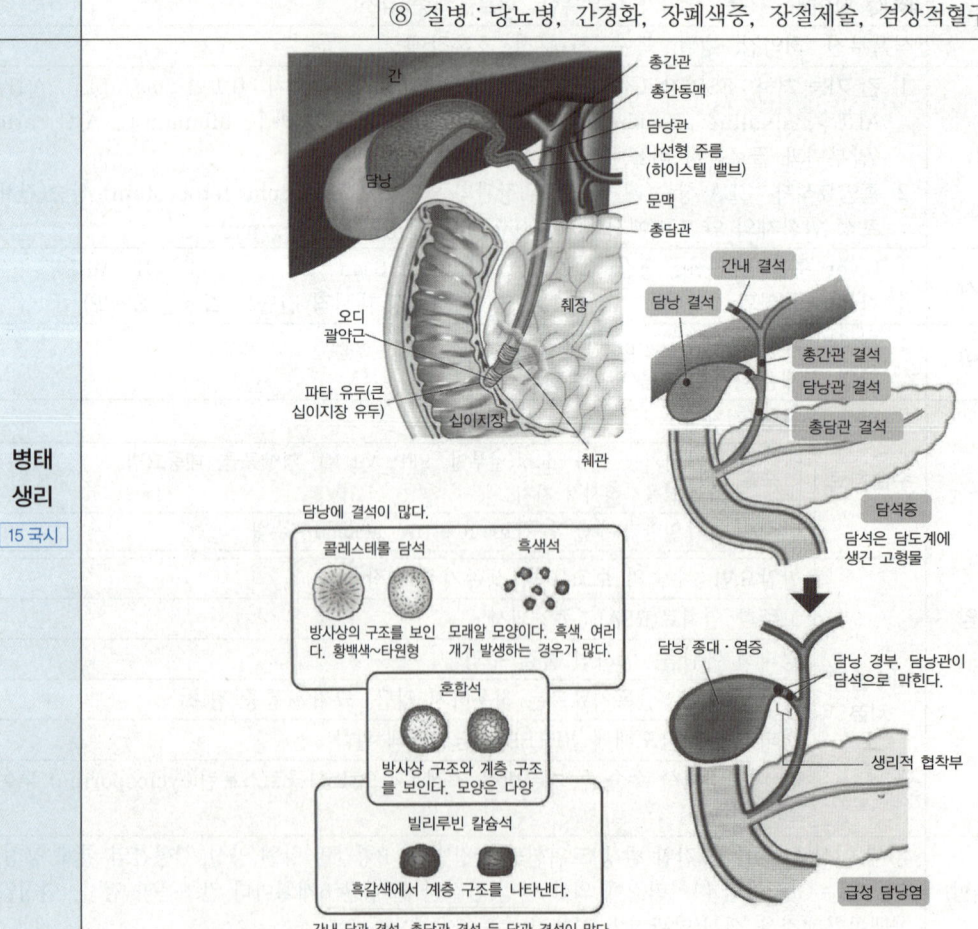

병태 생리 15 국시	담석증	콜레스테롤 담석	콜레스테롤은 담즙의 구성성분으로서 물에 용해되지 않음 → 콜레스테롤의 용해도는 담즙에 포함된 담즙산이나 레시틴 성분의 비율에 따라 달라짐 ① 간에서 담즙산의 합성은 감소하고, 콜레스테롤의 합성 증가 → 담즙에서 콜레스테롤이 과포화 상태가 되므로, 침전되어 담석을 형성함 ② 담낭에 염증성변화를 일으킴
		색소성 담석	비결합성 빌리루빈이 담즙을 형성함
		혼합형 담석	콜레스테롤 담석과 색소성 담석의 결합물 또는 콜레스테롤 담석이나 색소성 담석 중 어느 하나와 칼슘탄산염, 인산염, 담즙산염 등이 담석을 형성함
	담낭염	급성 담석성 담낭염	① 담관의 폐색 → 담낭 팽만 ② 2차적으로 정맥성·림프성 배액 장애, 세균증식 유발, 국소적 피부자극 또는 침윤, 허혈 부위가 악화될 수 있음 ③ 염증이 있는 담낭벽은 부종이 있고 딱딱하며 괴사되는 경우도 있음 ④ 담낭에 농이 차 있는 상태(담낭축농) → 패혈증이 유발되기도 함 ⑤ 급성 담낭염의 재발은 담낭벽의 섬유화를 유발함
		급성 무결석 담낭염	심한 외상, 화상 수술, 지연된 출산 후 산욕기, 세균성 패혈증, 심혈관 질환, 결핵, 육종증과 관련하여 발생 → 질병의 진행과정에 있어서 괴사와 천공의 발병률이 조금 높은 것 이외에 급성 담석성 담낭염과 다르지 않음

증상 11 임용 / 08,09,11, 16,18 국시	증상	병태생리적 근거
	담석이 담관을 막기 전까지 혹은 염증이 생기기 전까지 → 지방음식 섭취 후 소화불량, RUQ 불편감, 식후 트림, 복부 팽만 등	결석담낭염은 담낭관의 팽창유발, 정맥 림프배액의 장애가 생김 → 박테리아 번식 → 국소세포의 자극 및 침윤이 발생 → 조직의 허혈이 발생
	담석산통 : 대부분 상복부, RUQ 통증으로 가끔 등으로 방사됨 ※ 머피징후 : 대상자의 오른쪽 늑골부를 누르면서 심호흡을 시키면, 통증 때문에 끝까지 깊이 심호흡을 할 수 없음. 흡기 도중 통증으로 중단 11 임용(보기)	① 담석증인 경우 담관으로 결석이 이동할 때 담관의 경련이 발생하며 이 경련은 담즙성 산통의 원인이 됨 ② 담낭염인 경우 통증은 염증 때문에 지속되고 복막의 강도가 통증과 함께 심해짐
	원리 : 담낭염 등으로 담낭이 팽창되어 있으면 심호흡 시(횡격막 수축으로 담낭이 아래로 2~3cm 내려옴) 담낭 기저부가 9~10번째 늑골 복벽에 닿아 충분한 흡기가 어려움	
	확인 방법 : ① 대상자의 오른쪽 늑골부를 누르면서 심호흡을 하게 함 ② 통증 때문에 끝까지 깊이 심호흡을 하지 못하고 흡기 도중 중단함	
	담석이 총담관 폐쇄(폐쇄로 인해 십이지장으로 흘러 들어가지 못한 담즙은 혈류로 흡수되어 피부나 점막을 노랗게 변화시키고 심한 소양감을 유발함) ① 황달(폐쇄성 황달) ② 심한 소양증 ③ 지방변, 회색변 ④ 지용성 비타민 흡수× ⇨ 출혈성 경향	담낭염인 경우 때로 부종이 → 혈청 빌리루빈을 증가시키는 원인이 되며 21 국시 → 피부나 점막을 노랗게 변화시킴
	미리지(Mirizzi) 증후군 ⊙ 황산발	담석이 담낭관이나 담낭의 경부에 매복되고 있어 담낭염뿐만 아니라 총담관의 폐쇄증상을 유발하는 질환으로 황달, 산통, 발열 발생
	오심, 구토	담관의 확장은 구토 중추에 자극 파동을 발생시킴

	지방 음식의 불내성	지방 음식을 소화시키는 데 필요한 담즙을 배출하기 위해서 염증성 담낭이 수축할 때 통증을 유발함
증상 11 임용 / 08,09,11, 16,18 국시	열, 백혈구 증가증	염증상태에서는 열과 백혈구가 증가함

머피 징후: 환자의 오른쪽 늑골부를 누르면서 심호흡을 시키면 통증 때문에 끝까지 깊이 심호흡할 수 없다.

발열, 오한, 전율
오른쪽 늑골부 통증
황달 ← 미리지(mirizzi) 증후군: 총간담관 폐쇄증상으로 황달, 산통, 발열 발생

합병증 95 임용	① 담즙이 복강 내로 유출되어 복막염 ② 담낭 천공으로 누관 형성(주로 십이지장) ③ 담석이 크면 이동하다가 회장 말단을 막음 → 담석성 장 폐색증 ④ 총담관 조루술 후 합병증: 담즙유출로 지용성 비타민 K 부족 초래 → 출혈성 소인(∵ 비타민 K는 혈액 응고인자 형성 시 필수인자)
진단	초음파 촬영술, CT, 자기공명 담췌관 조영술(MRCP), 내시경 초음파 검사(EUS), 내시경 역행 담췌관 조영술(ERCP) ** 담낭조영술이 예정된 대상자에게 요오드계 조영제 투여 전 알레르기 유무를 확인해야 할 음식: 미역 20 국시

치료 및 간호 13,14,17, 18,19,20 국시	원인제거	① 내시경 역행 담췌관 조영술(ERCP)을 이용하여 담석 제거 ② 복강경 담낭 절제술 ③ 체외 충격파 쇄석술

금기증	급성 담낭염, 담관염, 췌장염
합병증	충격파 부위 점상출혈, 미세혈뇨, 담석 통과 시 산통

④ 담낭 절제술 〈T-tube 간호〉

사정자료	병태생리적 근거
최소한 4시간마다 그 다음은 8시간마다 배액량, 색깔, 내용물, 냄새 등을 관찰. 수술 후 초기에는 혈액이 배액될 수 있음. 혈액이 배액되면 담즙색은 초록색에서 갈색으로 변함. 담즙 배액량이 하루 1,000mL가 넘으면 보고할 것	담즙배액을 위해 담관이 뚫려있고, T자관이 제대로 바른 위치에 잘 있는지 알 수 있음. 수술 후 초기에 담즙 배액이 줄어들면 단관이 폐쇄되었거나, 담즙이 복강 내로 유출되고 있음을 나타냄. 과도한 배액은 전해질 불균형과 함께 탈수를 초래함
과도하게 배액되는 담즙은 비위관으로 모아서 투여하거나, dehydrocholic acid(Decholin)과 같은 합성 담즙산염 투여	담즙이나 담즙산염 보충요법은 지나친 손실을 줄이고 전해질의 불균형을 예방함
정상적으로 배액량이 감소한 뒤 갑자기 배액량이 증가할 경우에는 보고(수술 후 9~10일 전후로)	갑작스런 배액량의 증가는 T자관 밑의 담관 폐쇄를 의미함
나쁜 냄새나 농이 배액되는지 관찰. 이런 것들은 감염이나 광범위한 염증을 의미함. 의사에게 배액의 변화보고	감염 시 항생제 투여
T자관을 삽입한 피부 주위에 발적, 부종, 홍반 같은 염증증상은 없는지, 주변으로 담즙이 새지 않는지 관찰	담즙배액은 피부를 자극하고 벗겨지게 함. 담즙의 유출은 T자관이 제자리에 있지 않음을 의미하기도 함
배약관은 담낭위치보다 아래 두기, 환자는 반좌위 유지	이 체위에서는 담즙이 자연스럽게 배액됨
의사의 지시 없이 세척, 흡인, T자관을 잠그지 않도록 함	이런 행위들은 담즙을 역류시켜서 봉합선을 파열시킬 수 있음

치료 및 간호 13,14,17, 18,19,20 국시		원인제거	배액관이 잡아당겨지거나 꼬여있는지 관찰, 특히 환자가 오른쪽으로 돌아누울 때 조심하도록 하고, 조기 이상과 보행을 도움	담즙이 자연스럽게 배액되도록 하며, T자관이 제자리에서 이탈하는 것을 예방함
			의사의 지시가 있을 때 배액주머니를 복부와 같은 위치로 올림(대개 수술 후 4~5일째). 그런 다음 가득찬 느낌, 오심이나 통증이 있는지 관찰	총담관이 뚫려있는지 검사하는데 도움을 줌
			의사의 지시에 따라 음식을 먹기 전후 1~2시간 동안 T자관을 잠금. 환자가 음식 섭취 후 소화해내는지 반응 관찰	T자관의 잠금은 환자가 음식을 소화할 수 있는지 검사하는데 도움을 줌
			수술 후 7~10일경에 대변이 갈색으로 돌아오는지 관찰함	수술 후 담관의 부종이 가라앉음에 따라 담즙양은 줄어들고 정상적으로 십이지장으로 들어가게 됨. 이에 따라 T자관으로 배액되는 담즙의 양은 줄고, 담즙이 직접 십이지장으로 들어가서 지방 음식 소화와 지용성 비타민을 위해 활용됨
		⑤ 담석용해제인 Ursodiol(우르소데옥시콜산) 투여 : 수술을 할 수 없는 경우 구강투여, 부작용 (설사, 오심, 구토, 복통, 가슴앓이, 가려움증, 감염증상, 빈뇨, 배뇨통 등) 있으므로 꼭 필요한 경우에만 투여		
	대증요법	담석산통 관리	진통제	Demerol(단, morphine은 담도 경련과 오디괄약근 경련을 증가시키므로 사용에 주의해야 함)
			제산제	위산 과다로 인한 통증 경감 위해
			항콜린제	담도의 긴장과 경련 저하를 위해
		식이관리	① 급성기에는 금식하고 IV ② 저지방식이, 공복 후 과식 금지 ③ 폐쇄성 황달일 경우 → 지방 흡수 돕기 위해 담즙산염 투여, 지용성 비타민 보충	
	보존 및 지지요법	급성 담낭염 예방수준	1차예방	① 저지방, 체중감소 식이 유지 ② 운동과 활동계획 수립
			2차예방	① 가능한 합병증과 함께 급성염증이 진행되고 있는 고위험환자 모니터링 ② 고위험환자에게 치료되지 않는 급성 담낭염의 합병증 및 감염증상 교육 ③ 환자에게 운동의 유익성과 건강한 식사습관 교육
			3차예방	① 환자에게 저지방 식사와 체중감량 식사를 하도록 권장 ② 운동과 활동계획을 세우도록지지 ③ 고위험 집단에 속하는 환자(특히 위장계 병력이 있는)에게 추후관리의 중요성 교육
간호 진단	① 급성통증 ② 영양부족			

- 비타민의 주요 기능 및 결핍증

종류		주요 기능	결핍증	공급원
지용성	비타민 A	시력유지, 상피세포의 건강유지, 세포분화에 필수, 신경계 및 생식계 기능유지, 골격성장	야맹증, 안구 건조증, 피부이상, 성장부전, 면역기능 악화, 성기능 장애	동물의 간, 생선 간유, 달걀, 당근, 김
	비타민 D	뼈의 성장과 석회화 촉진, 칼슘과 인의 흡수 촉진	아동 : 구루병 성인 : 골다공증, 골연화증	생선 간유, 달걀, 비타민 D 강화 우유
	비타민 E	세포의 손상을 막음, 비타민 A와 불포화 지방산의 파괴를 보호하는 항산화제로 작용	적혈구 용혈, 빈혈, 신경파괴	식물성 기름, 씨앗, 녹황색 채소, 마가린, 쇼트닝
	비타민 K	칼슘과 결합하는 단백질 형성에 관여(오스테오칼신), 혈액응고	출혈(내출혈), 응고지연	녹황색 채소, 간, 곡류, 과일
수용성	비타민 C	항산화제, 수산화반응(콜라겐 형성, 혈관유지, 면역기능 향상)	괴혈병(피로, 식욕감퇴, 상처치유 지연, 점상출혈, 잇몸출혈, 체중감소)	감귤류, 오렌지, 자몽, 토마토, 딸기, 레몬, 콩, 양배추, 고추
	비타민 B군			
	티아민(B$_1$)	에너지 대사, 특히 신경계 기능, 베르니케증후군	각기병(허약, 피로, 다리의 감각상실, 보행불능, 부종, 심부전증, 식욕부진)	돼지고기, 전곡, 강화곡류, 내장육, 깍지강낭콩, 땅콩, 콩류
	리보플라빈 (B$_2$)	탄수화물, 단백질, 지질 대사에 관여	구내염, 구각염, 설염, 구순염, 눈부심	우유, 치즈, 요구르트, 육류, 달걀, 강화된 곡류제품, 간, 버섯, 시금치 및 엽채류
	나이아신 (B$_3$)	탄수화물, 단백질, 지질대사, 뇌의 에너지 대사에 필수적임	펠라그라(어린이에게 호발, 지속적 설사와 영양실조, 피부염, 치매유사 증상, 죽음) 95 임용(보기)	참치, 닭고기, 간, 육류
	피리독신 (B$_6$)	단백질·지질의 체내 이용률 향상, 신경전달물질 합성, 혈액의 호모시스테인 수준의 정상유지	설염, 홍분, 정신이상 ◆ INH 투여 시 말초신경염을 예방하기 위해 투여 95 임용(보기)	버섯, 땅콩, 완두콩, 밀가루
	엽산(B$_9$)	DNA와 RNA 합성(임신 시 기형아 출산율 감소에 기여), 아미노산의 합성, 적혈구의 성숙	피부염, 설염, 발작, 두통, 구토, 빈혈	육류, 닭고기, 연어, 바나나, 해바라기, 감자, 시금치, 밀 배아
	코발라민 (B$_{12}$)	엽산 대사 과정 관여, 신경기능 유지	거대적아구성 빈혈(악성빈혈), 설염, 설사, 성장장애, 정신질환, 신경관 결함 95 임용(보기)	시금치, 진녹색 채소, 간, 내장육, 오렌지, 밀 배아, 아스파라거스, 멜론

10 췌장질환 : 췌장염 11 임용(보기) | 성인질환

1 급성 췌장염

정의	십이지장으로 배설되지 못한 췌장효소가 췌장 안에서 활성화되어 자가소화되며 나타나는 췌장의 염증	
원인	(1) 만성 알코올 중독	췌장의 분비자극, Oddi 괄약근의 경련유발, 췌장에서 분비되는 단백질 구성변화
	(2) 담석, 담낭염	담석이 췌장의 개구부를 막아 췌액이 췌장 내로 역류
	(3) 기타 질환	고지혈증, 고칼슘혈증(칼슘이 췌관 내에 침착되어 췌장 실질 내 트립신을 활성화시킴), 췌장손상(외상, 손상), 췌장폐쇄(종양, 낭종), 신부전 합병증
	(4) 유행성 이하선염의 합병증	
병태 생리	췌관 폐색 → 췌장 내 압력 증가 → 췌관 파열 → 췌장 소화효소들이 췌장의 실질세포 내로 유출 → 효소에 의한 췌장의 자가분해 발생	
	(1) 지방분해과정	① Lipase에 의해 췌장의 내·외 분비세포의 괴사 ② 지방산이 배출되어 이온화된 칼슘과 결합 → 저칼슘혈증
	(2) 단백분해과정	trypsin에 의해 췌장실질세포 자가소화 → 혈전형성 → 괴사
	(3) 혈관 및 췌관의 탄력 섬유 용해 및 괴사	① Elastase : 혈관벽과 췌관의 탄력섬유 용해 → 혈관괴사 → 출혈 ② Kallikrein : 혈관확장 및 혈관투과력 증가 → 혈관파괴 → 출혈 ③ 혈액이 후복막으로 누출 시 → 출혈성 췌장염 → 쇼크로 사망
	(4) 염증과정	① 출혈부위와 괴사부위에 염증 ② 농양형성 ③ 석회화와 섬유화 → 가성낭종

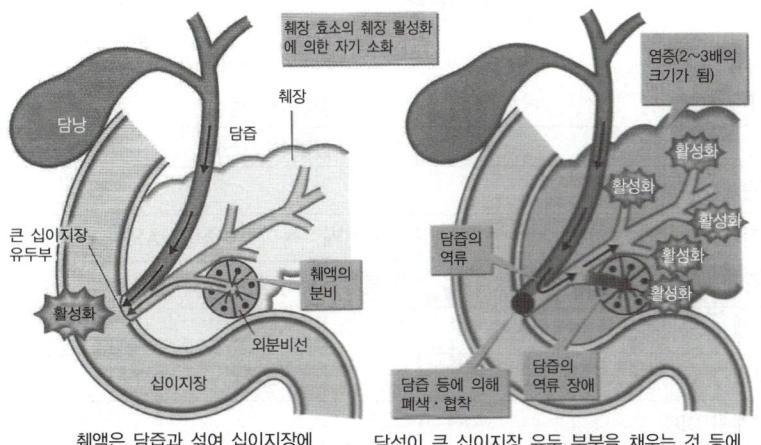

췌액은 담즙과 섞여 십이지장에 유입하여 처음으로 소화 효소가 활성화된다.

담석이 큰 십이지장 유두 부분을 채우는 것 등에 의해 췌액 유출이 장애가 되고, 담즙의 췌관 내 역류가 발생하면 췌액에서 소화 효소가 활성화된다.

	증상	병태생리적 근거
증상	갑자기 시작된 통증 : 극심하고 지속적인 상복부 또는 배꼽 주위의 통증이 등과 허리 부분으로 퍼짐 ** 앙와위나 횡와위를 취하면 더 심해짐, 태내 자세나 좌위를 취하면 감소됨, 대상자가 배를 보호하는 자세를 취함	① 췌장 피막의 부종성 팽창 ② 복부 내 효소 유출로 인한 국소적 복막염 ③ 음식 섭취로 인해 효소 분비가 자극되어 나타나는 췌관의 경련이나 췌장의 자가소화작용
	지속적인 구토	통증으로 인한 구토 중추(뇌간의 연수)의 자극, 국소적인 복막염으로 인한 장 연동운동의 감소

	증상	병태생리적 근거
증상	복부팽만	국소적 복막염으로 인한 소장의 마비성 장폐색
	발열	조직 파괴로 인한 발열 물질의 유출, 39℃ 넘지 않음
	쇼크, 심장 기능 이상	췌장액이 후복막강 안으로 누출, 키닌(Kinin : 혈관확장, 혈관 투과성 증진물질 및 독성물질) 방출에 의한 혈액량 부족 → 심장으로 혈액이 충분히 귀환하지 못함
	저칼슘혈증(대개 경미하게 나타남) – 강직(tetany)증상 발현	리파아제에 의해 췌장의 내외분비 세포를 괴사시키고, 지방산이 배출되면 이온화된 칼슘과 결합하여 저칼슘혈증을 유발함(칼슘이 지방괴사 부위에 침전하여 저칼슘혈증 유발)
	고혈당	랑게르한스섬의 손상
	황달	췌장 부종에 의한 총담관의 폐색
	흉막 삼출액(좌측)	췌장 주위로 수분 이동
	심한 출혈성 췌장염의 징후 [11 임용]	터너징후(Turner's sign) : 왼쪽 옆구리가 푸르게 변색
		쿨렌징후(Cullen's sign) : 배꼽주위가 푸르게 변색

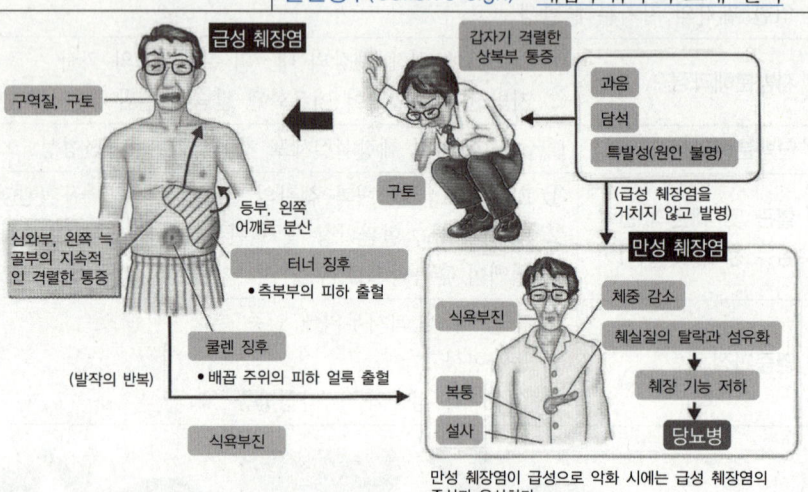

[췌장염의 증상]

	합병증(전신)	
	위장관계	위장관 출혈
	호흡기계	췌장액이 흉막강 유입 – 폐렴, 무기폐, 늑막 삼출증, ARDS
	심혈관계	췌장액이 복막강으로 유입 – 저혈압, 저혈량 shock, MI
	신경계	뇌졸중, 뇌지방색전증
	신장계	급성 세뇨관 괴사, 신부전
	혈액계	DIC

진단 01,19 임용	임상 검사	① 혈청 아밀라아제 수치 상승 : 2hr 이내 상승~36hr까지 지속, 정상 3배 이상(정상치 : 65~160U/L), 확진 위해 보완적 검사 필요(∵ 당뇨병성 케톤산증, 유행성 이하선염, 신장이식 등에서도 상승)
		② 소변 아밀라아제 상승 : 2주 이상 상승 [19 국시]
		③ 혈청 리파아제 상승 : 알코올과 관련된 췌장염에서 더 높게 상승, 혈청 아밀라아제 수치보다 더 오래 지속, 2주 이상 상승(혈청 리파아제 정상치 : 15~60U/L)
		④ 백혈구 수 증가 : 10,000cells/mm^3
		⑤ 혈당치 상승
		⑥ 혈청 빌리루빈과 ALP(alkaline phosphatase) 수치 상승(ALP 정상치 : 30~115IU/L)
		⑦ Ca^{2+} 수치 저하(정상 8.4~10.5mg/dL)
	방사선 검사	① 흉부 X-ray : Lt. 폐기종, 횡격막 상승, Lt. 흉막삼출 → 횡격막 주위 후복막염의 염증 소견
		② 복부 CT : 췌장의 크기, 낭포, 종양

치료 및 간호 03,04,10, 14,20 국시	원인 제거	항생제 투여	Cefuroxime, Ceftazidine → 세균감염 치료
		Calcitonin 투여	Calcitonin↑ → Secretin↓, CCK↓ → 췌액 분비↓(칼시토닌은 고칼슘혈증, 고마그네슘혈증, 가스트린, 글루카곤, 세크레틴, CCK에 의해 분비가 촉진된다. 췌장염의 저칼슘혈증과 무관하게 음성회환 기전에 의해 췌장액 분비자극을 줄이기 위해 칼시토닌을 투여한다.)
		외과적 시술	췌장 절제술 → 향후 인슐린, 소화효소 투여
	대증 요법	통증관리	① 약물 : 마약성 진통제(데메롤), 항콜린성 약물, 제산제, 위산분비 억제제 ② 자세(무릎 구부리기, 측위, 슬흉위, 앉아서 앞으로 구부리는 자세) 20 국시 ③ 이완요법(등 마사지)
		복부팽만 & 구토관리	비위관 삽입 후 흡인
		순환보조	① NPO + 등장성 용액 ② 전해질 불균형 조절
		혈당조절	인슐린 투여
		호흡보조	① 산소 투여 ② 체위 변경 ③ 심호흡과 기침
		식이관리	① NPO → 맑은 유동식 → 소화하기 쉬운 음식 ② NPO + 경장영양(췌장효소 분비예방, 면역력 증진에 효과)
	지지 요법	정보제공 ① 질환에 대한 원인과 치료방법 교육 ② 췌장염의 재발증상 및 응급상황 교육, 외과적 시술 후 인슐린 투여와 소화효소 투여에 대해 설명 ③ 식이교육 : 알코올, 흡연, 차, 커피, 기름진 음식, 과식 등을 금하도록 교육 ④ 알코올 자조집단인 금주 동호회에 대한 정보 제공	
간호 중재	① 부종, 과도한 체액축적, 복막염과 관련된 급성통증 → 통증간호 ② 지속적인 구토, 위장관 흡인, 복수와 관련된 체액부족 → 순환 보조 간호 ③ 부적절한 식이 섭취, 췌액 분비장애와 관련된 영양 불균형 → 식이간호 ④ 복부 팽만, 통증과 관련된 비효율적 호흡양상 → 호흡관리, 통증		

❷ 만성 췌장염

정의			재발을 특징으로 하는 췌장의 염증성 질환
원인			① 급성 췌장염이 계속 재발되어 만성화 ② 담석증과 담도질환이 지속적으로 염증 야기 시 ③ 만성 알코올 중독
병태 생리			① 췌장의 외분비선 파괴 → 소화장애, 단백질과 지방의 흡수장애 → 지방변, 메스꺼움, 구토 ② 만성 염증 → 췌관 내에 단백질이 과다분비되고 침전 → 단백질 마개(Protein plug) 형성 ③ 내부조직의 염증반응, 섬유화, 협착으로 췌장의 기능이 상실됨 ④ 췌장세포가 섬유조직으로 대체 → 췌관, 총담관, 십이지장 팽대부가 폐쇄 → 통증
증상 07 국시	복통		타는 듯하거나 긁어내는 듯한 통증양상, 복부 압통
	흡수 불량		① 리파아제 생산 감소로 악취발생, 지방변 ② 트립신 생산 감소로 알부민 저하(부종, 복수 등) ③ 체중 감소
	당뇨병		다뇨, 다갈, 다식증 발생
	기타		오심, 구토, 발열, 황달, 경련 등
진단			① 혈청 아밀라아제와 리파아제 : 정상 또는 약간 상승 ② 혈청 빌리루빈과 ALP(alkaline phosphatase) : 상승 ③ 혈당 : 일시적으로 상승 가능 ④ 초음파 검사 ⑤ ERCP(내시경적 역행성 담췌관 조영술), 생검 : 췌장조직의 석회화, 협착 확인
치료 및 간호 15,16 국시	원인 제거	외과적 시술	오디괄약근 성형술, 췌장-공장 문합술(담즙배액)
	대증 요법	통증조절	진통제(비마약성으로 시작해서 심하면 마약성 진통제 투여)
		영양보충	권장: 고열량, 고탄수화물 또는 중정도의 탄수화물, 고단백식이, 저지방식이 제한: 고지방 음식, 자극성 음식, 카페인, 금주, 금연

		외분비
		기능부전
		치료
			① 위산분비억제를 위해 히스타민 수용체 길항제(Zantac), PPI 투여
			② 췌장효소 보충
			  • 식사와 같이 투여
			  • 위산분비억제제를 복용 후 투약(위산이 있으면 약물의 작용을 억제함)
			  • 구강 내 자극을 최소화하기 위해 코팅제를 씹거나 부수지 말고 그대로 투약
			  • 판크렐리파아제(췌장효소 혼합물) 투여 시 부작용 관찰(특히 고용량 투여 시 과민증상, 오심, 설사, 고요산요증, 고요산혈증 등 발생)
			  • 분말형 효소는 피부자극이 가능하므로 복용 후 입주변 닦기
			  • 효소치료의 효과 : 변의 횟수가 줄고 변 속의 지방 감소를 통해 확인가능함

		내분비 기능부전 치료	혈당조절을 위해서 인슐린이나 경구혈당강하제 투여
	지지 요법	정보제공	① 질환에 대한 원인과 치료방법 교육 ② 식이교육 : 알코올, 흡연, 차, 커피, 기름진 음식, 과식 등을 금하도록 교육

03 호흡기계 건강문제의 간호와 관리

영역	기출분석 영역			페이지
병태생리	호흡기계 구조와 기능			155
	체내 가스교환 : 내호흡과 외호흡의 정의, 가스분자 이동 원리(확산) `1996`			161
건강사정	전두동 : 광선 투시법, 폐 타진음 `2009`			163
상부호흡기 질환	알레르기성 비염	병태생리 `2018`		168
		증상과 징후 `1996`		
		코막힘 완화제 투여 시 주의점 `2018`		
	수면무호흡증			172
	감기(= 비인두염)	소아에서 가장 흔한 원인균 `1994`		173
	부비동염	호발부위 `1993`		174
		투약 시 체위 `1993`		
		부비동 수술환자의 간호방법 `1995`		
	편도선염	절제술 대상 `1992`, 편도선 적출술 금기증 `1993`, 편도선염 `2017-사례`		177
	후두의 염증성 질환	후두염		179
		크룹 증후군	특징 `1992`	180
	후두종양	양성		183
		악성	`2015-사례`	
하부호흡기 질환	무기폐	증상 및 징후 `1992`		184
	성인호흡곤란장애 증후군	정의 `2013-보기`		185
	폐순환 장애	폐색전증과 폐경색	병태생리 `2011-보기`	187
	염증성 질환	폐렴	정의 `2013-보기`, 원인, 증상, 합병증, 중재법 `1992`	189
			바이러스성 폐렴의 기침양상 `2021`	
			글루코코르티코이드 작용기전과 투약 시 주의점 `2021`	
		폐농양	병태생리 `2011-보기`	195
	감염성 질환	폐결핵	정의 `2022`	196
			서구 발병증가 원인 `1996`	
			성인 결핵의 특징 `1993`	
			병태생리 `2011, 2012, 2016`	
			선별검사: 투베르쿨린 피부반응검사 결과해석방법 `2016`, Tbc 집단검진 `2015-사례`	
			PPD 검사 반응 억제 요인 `1992`	
			투베르쿨린반응검사 양성반응 `1993`	

하부호흡기 질환	감염성 질환	폐결핵	유아 및 학동기 어린이 폐결핵 집단검진 순서 `1995`	196
			항결핵제 부작용 `1992, 1994, 2013`	
			항결핵제 복용 관련한 교육 내용 `2007`	
			전파방지를 위해 교육할 내용 `2004`	
		히스토플라스모시스병	발생기전 `1992`	211
	만성 폐쇄성 폐질환 (COPD)	만성기관지염		212
		폐기종	병태생리 `2011`	
		기관지확장증		218
	천식	정의 `1992`, 원인 `1992`, 병태생리 `2007, 2014`, 증상 `1992`		220
		치료 및 간호중재 `1992, 2010`, 약물 `2009, 2010`, 최대호기유속기 사용법과 관리 `2011`		
		약물 : 치료지수 `2022`, 작용제와 대항제 `2021`		
흉막질환	기흉	병태생리 `1992, 2011-보기, 2013-보기, 2019`		229
	혈흉			232
	늑막삼출증(= 흉수)			234
악성종양	폐암	역학적 특성, 유형별 특성 `2011`		235

학습전략 Point

1st	결핵	호흡기계 질병 중 기출 빈도가 가장 높은 질병이다. 따라서 기출 가능성이 높은 질병이다. 기출된 내용을 포함하여 질병에 관해 포괄적으로 학습한다.
2nd	천식	질병과 관련하여 병태생리, 약물의 작용기전과 효과, 특징적인 중재 등이 자주 출제되고 있다. 따라서 호흡기계 대표 질병인 천식의 철저한 학습을 통해서 호흡기계의 병·생리기전과 대표약물, 대표중재들에 관해 학습한다.
3rd	알레르기성 비염, 부비동염, 편도선염, 폐렴, 폐농양 등 과년도에 기출되었던 질병	과년도에 기출되었던 질환들에 대해서 병태생리, 대표적인 증상과 징후, 특징적인 치료와 중재들에 관해 학습한다.

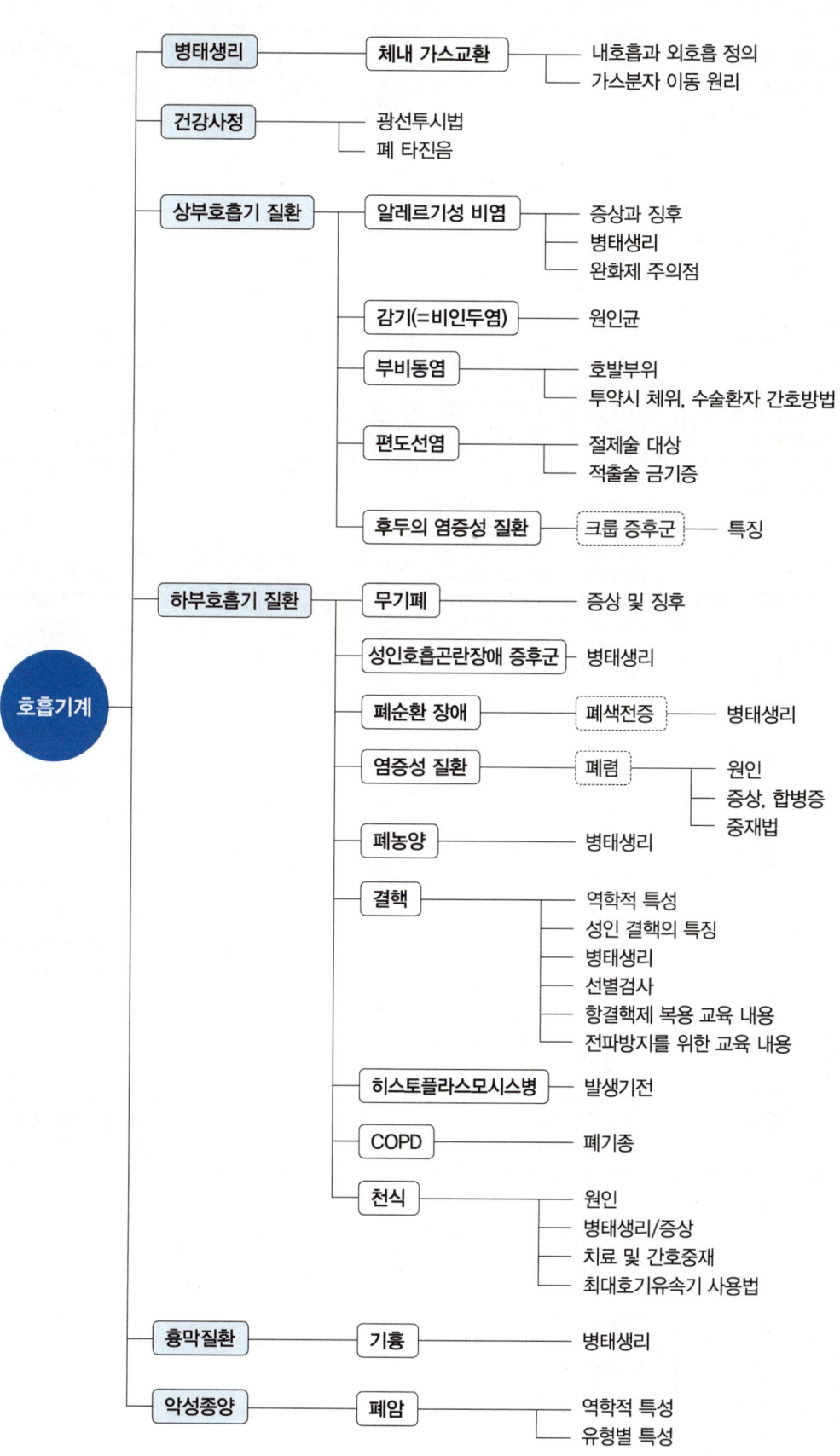

96-60. 체내 가스교환에 대한 설명으로 옳은 것은?
① 내호흡은 폐포와 모세혈관 사이의 가스교환이다.
② 외호흡은 모세혈관과 조직 사이의 가스교환이다.
③ 가스분자는 분압이 높은 곳에서 낮은 곳으로 이동한다.
④ 가스분자는 분압이 낮은 곳에서 높은 곳으로 이동한다.

09-12. 성인의 건강사정 결과 전문가에게 의뢰하여 추후 검사가 필요한 비정상 소견을 〈보기〉에서 고른 것은?

〈보기〉
㉠ 폐 타진: 탁음이 들린다.
㉡ 광선 투시법으로 부비동 검진: 전두동에 빛이 투시된다.
㉢ 슬개건 반사: 등급이 2+이다.
㉣ 고환검사: 1.5cm 이하로 작고 부드러운 고환이 촉진된다.
㉤ 린네 검사: 골 전도가 공기 전도소리보다 더 오랫동안 들린다.

96-09. Allergy성 비염의 설명으로 옳은 것은?
① 전염성이 현저하다.
② 눈의 증상은 거의 없다.
③ 코 분비물의 도말에서 호산구가 증가한다.
④ 코가 막히고 열이 나면서 서서히 발병한다.

94-65. 감기를 일으키는 가장 흔한 virus는?
① Rhino virus
② Coxachie virus
③ Adeno virus
④ Influenza virus

93-33. 부비동염(sinusitis)이 가장 잘 발생하는 곳은?
① 상악동　② 사골동
③ 접형동　④ 전두동

93-64. 다음 〈보기〉에 해당하는 체위는?

〈보기〉
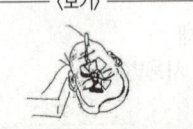

① Proetz 체위
② Supine 체위
③ Parkinson 체위
④ Trendelenburg 체위

95-29. 부비동 수술환자의 간호 방법으로 옳지 않은 것은?
① 가습기를 틀어준다.
② 얼음 주머니를 대준다.
③ 코를 자주 풀도록 한다.
④ 비인후로 나오는 침을 삼키도록 한다.

18-A7. 다음은 알레르기 비염에 관한 신문 기사이다. ㉠을 매개하는 항체와 괄호 안의 ㉡에 들어갈 약물을 순서대로 쓰시오.

○○일보　2017년 ○○월 ○○일
========================
알레르기 비염 치료제 알고 써야……

알레르기 비염은 증상이 유사해 감기로 오인하는 사례가 많다. 알레르기 비염은 ㉠특이 항원에 대한 코 점막의 과민반응으로 우리나라에서는 주로 집먼지 진드기나 꽃가루 등에 의해 발생한다. 주요 증상으로 코나 목안의 가려움, 발작적인 재채기, 맑은 콧물, 코막힘, 후각 기능의 감소가 나타낸다.
알레르기 비염은 원인 항원을 피하는 환경요법이 중요한데, 특히 꽃가루에 민감한 계절성 비염 환자는 꽃가루의 농도가 높은 날에는 가급적 외출을 자제하는 것이 좋다.
치료 약물 중 코에 분무하는 (㉡)은/는 장기간 사용 시 코막힘이 더 심해지는 반동 작용이 나타날 수 있어 주의가 필요하다고 전문가들은 권고한다.
알레르기 비염을 방치하면 천식, 부비동염, 중이염 등의 합병증 발생 위험이 높아 적극적인 예방과 관리가 필요하다.
[○○○ 의학전문기자]

92-55. 편도선 절제술의 대상이 되지 않는 것은?
① 급성 편도선염으로 인한 비대증
② 만성적 염증 비대
③ 일측성 고도 비대
④ 비대로 인한 호흡장애

93-66. 다음 중에서 어느 전염병이 유행할 시기에 편도선 적출술을 금해야 하는가?
① 유행성이하선염
② 회백수염
③ 유행성출혈열
④ 뇌막구균성 뇌막염

13-17. 다음은 K 및 S지역의 지역 건강 현황 분석 자료이다. 자료에 근거한 두 지역의 상대 위험도(Relative Risk)와 비례사망지수(Proportional Mortality Indicator)를 비교한 것으로 옳은 것을 〈보기〉에서 고른 것은?

〈K 및 S 지역의 지역 건강 현황 분석〉
o 목적
  • 고등학생들에게 흡연의 장기적 위해성을 알리기 위함.
  • 흡연과 후두암 발생률의 상관관계를 밝히기 위함.
  • 생정 통계를 통한 지역의 건강 수준을 평가하기 위함.
o 구체적 과제(※ 한랭군의 반올림은 없이 소수점 첫째 자리까지 제시할 것)
  • 지역의 상대 위험도 산출 (과제 I)
  • 지역의 비례 사망 지수 산출 (과제 II)
과제 I. 코호트 연구에 의한 두 지역의 후두암 발생 현황

K 지역 (단위: 명)
흡연 유무	후두암		계
	환자군	비환자군	
흡연자	100	50	150
비흡연자	30	260	290
계	130	310	440

S 지역 (단위: 명)
흡연 유무	후두암		계
	환자군	비환자군	
흡연자	60	40	100
비흡연자	40	160	200
계	100	200	300

과제 II. 2011년 두 지역의 연령대별 사망 현황 (단위: 명)
연령대	K 지역	S 지역
60세 이상	360	800
50~59세	120	600
40~49세	320	155
30~39세	180	40
20~29세	150	25
10~19세	30	50
0~9세	40	80
총사망자 수	1,200	1,750

〈보기〉
ㄱ. K지역의 흡연군은 비흡연군에 비해 후두암 발생 위험이 6.4배 높다.
ㄴ. K지역의 흡연군은 비흡연군에 비해 후두암 발생 위험이 17.3배 높다.
ㄷ. S지역의 흡연군은 비흡연군에 비해 후두암 발생 위험이 3배 높다.
ㄹ. S지역의 흡연군은 비흡연군에 비해 후두암 발생 위험이 6배 높다.
ㅁ. K지역의 비례사망지수는 S지역의 비례사망지수보다 낮다. 따라서 S지역보다 K지역의 건강수준이 더 높다.
ㅂ. S지역의 비례사망지수는 K지역의 비례사망지수보다 높다. 따라서 K지역보다 S지역의 건강수준이 더 높다.

92-49. 〈보기〉의 특징을 나타내는 질환은?

〈보기〉
• 추운 계절 밤에 잘 일어난다.
• 흡기시 천명음과 흉부 함몰이 동반된다.
• 호흡 촉진을 위하여 고습도 환경을 유지해야 한다.

① 크룹(Croup) 증후군
② 급성 인두염(acute pharyngitis)
③ 기흉(Pneumothorax)
④ 급성 편도선염(Acute tonsillitis)

92-27. 무기폐(Atelectasis)의 설명으로 옳은 것은?
① 심한 고열이 계속되며, 흉부 X-선 촬영시 하얗게 삼각형 모양이 나타난다.
② 겨울이나 이른 봄에 흔히 생기는 전염성 호흡기 질환으로 비말에 의해 직접 전염된다.
③ 공기가 폐에서 늑막으로 새어나와 폐를 허탈시키고 호흡을 저해한다.
④ 심한 호흡곤란, 점액성 객담, 호기 시에 쌕쌕 소리가 나는 등 세 가지 특징적인 증상이 있다.

92-51. 폐렴에 관한 설명으로 잘못된 것은?
① 호흡수가 증가하며 마른기침을 한다.
② 절대 안정이 필요하므로 체위를 자주 변경하지 않는다.
③ 기관지 확장증과 폐농양 등의 합병증을 유발한다.
④ 원인균의 대부분은 뉴모코커스(pneumococcus)이다.

92-03. 최근의 예방 접종으로 PPD 검사의 반응이 억제될 수 있는 것은?
① DPT　② 홍역
③ 백일해　④ 장티푸스

21-A7. 다음은 고등학교 보건교사가 2학년 학생과 상담한 내용이다. 〈작성 방법〉에 따라 순서대로 서술하시오.

학 생: 선생님! 저희 할머니가 ㉠<u>바이러스성 폐렴</u>으로 병원에 입원하셨어요.
보건교사: 그랬군요. 많이 놀랐겠네요.
학 생: 할머니가 기침도 심하게 하시고 숨쉬기도 힘들어하셨는데, 프레드니손(prednisone)이라는 약을 쓰시고 많이 좋아지셨어요. 프레드니손은 어떤 약인가요?
보건교사: 그것은 우리 몸에서 분비되는 글루코코르티코이드(glucocorticoid) 호르몬 역할을 하는 약물이에요.
학 생: 그렇군요. 그 약은 어떤 효과가 있나요?
보건교사: 네, 여러 가지 방법으로 항염증 작용을 하는데, 그중에서도 (㉡)의 작용을 억제하여, 세포막으로부터 프로스타글란딘과 류코트리엔의 전구물질인 (㉢)이/가 생성되는 것을 방해합니다. 즉, 염증 관련 물질의 생성 억제를 통해 항염증 효과를 나타내는 거예요.
학 생: 네, 알겠습니다. 혹시 그 약을 투여할 때 주의해야 할 사항이 있나요?
보건교사: 있어요. 그 약이 글루코코르티코이드 호르몬 역할을 하기 때문에, ㉣<u>고용량으로 투여하다가 갑자기 중단하면 위험하므로 양을 서서히 줄여가야 해요.</u>
학 생: 네, 알겠습니다. 자세한 설명 감사드립니다.

―〈작성 방법〉―
- 밑줄 친 ㉠에서 삼출액의 양과 관련하여 나타나는 기침의 양상을 제시할 것.
- 괄호 안의 ㉡에 들어갈 효소의 명칭과, 괄호 안의 ㉢에 들어갈 물질의 명칭을 순서대로 쓸 것.
- 밑줄 친 ㉣의 이유를 서술할 것.

11-30. 21세부터 시작하여 30년간 흡연을 하고 있는 박 교사(남, 51세)는 기침, 가래 및 호흡 곤란의 증상이 있다. 진료 소견을 참고했을 때 박 교사에게 나타나는 호흡기계의 병태생리적 변화에 대한 설명으로 옳은 것은?

[진료 소견]
〈신체검진〉
- 흉부 시진 시 전후경이 넓은 가슴(barrel chest)을 보임
- 흉부 청진 시 천명음(wheezing) 또는 악설음(crackle)이 들림
- 흉부 타진 시 과다공명음(hyperresonance)이 들림

〈폐기능검사〉
- 잔기량(residual volume)이 증가함
- 1초 강제호기량(forced expiratory volume in first second)이 감소함

〈흉부 X선 후-전면 촬영사진〉 〈흉부 X선 측면 촬영 사진〉

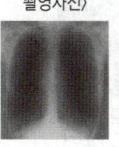 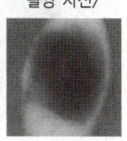

① 폐 조직 내에 회색의 반투명한 결절이 있다.
② 흉강 내에 들어온 공기 때문에 폐가 압박되어 쭈그러든다.
③ 순환계에 유입된 과립 물질 혹은 공기로 인해 폐혈관이 막힌다.
④ 폐포가 지속적으로 확장되어 폐 탄력성이 감소되고 과잉 팽창된다.
⑤ 폐 실질 조직에 염증이 생겨 폐포가 삼출액으로 채워졌다가 폐 조직이 경화된다.

92-05. BCG접종 후 나타나는 코흐씨(Koch's) 현상을 설명한 것으로 옳은 것은?
① 접종 후 10일 후에 나타난다.
② 급성 염증 반응으로 치료가 잘 안 된다.
③ PPD반응 양성자에게 나타난다.
④ 켈로이드(keloid) 체질에서만 나타난다.

22-A1. 다음은 고등학교 보건교사가 작성한 교직원 대상 연수 계획안의 일부이다. 밑줄 친 ㉠에 해당하는 교육방법과 괄호 안의 ㉡에 해당하는 감염병의 명칭을 순서대로 쓰시오.

○○○○학년도 감염병 예방 및 대응 역량강화 연수

교육 주제	감염병 예방 및 대응	교육 시간	2시간
교육 방법	• 1교시: 질병관리청 전문가 1인의 발표 후 사회자의 진행에 따라 발표 내용 중심으로 교직원들과 질의응답 전개 • 2교시: 학교 내 감염병 발생을 가정하고 ㉠<u>교직원들이 직접 실제 상황 중의 인물로 등장하여 연기를 하면서 상황을 분석하며 각자의 대응 방법을 찾는 방식으로 진행</u>		

1. 감염병별 예방 및 대응
  1) (㉡)
  ① 임상증상: 전신 감염증으로 주 감염부위에 따라 임상 증상이 매우 다양함

일반적인 공통 증상	발열, 전신 피로감, 식은땀, 체중감소 등
주 감염 부위에 따른 임상 증상	폐	발열, 기침, 가래, 혈담, 흉통, 심한 경우 호흡곤란 등
	폐외	일반적인 증상 외에 침범 장기에 따른 증상

  ② 학교장의 조치: 학교장은 (㉡)이/가 발생한 경우에는 의사, 치과의사 또는 한의사의 진단이나 검안을 요구하거나 해당 주소지를 관할하는 보건소장에게 신고
※ 근거: 감염병의 예방 및 관리에 관한 법률[법률 제18507호, 2021. 10.19., 일부개정]
… (하략) …

93-08. 투베르쿨린 반응검사에서 양성반응이 나타나는 것은?
① INH를 투여할 경우
② 프리텐성 결막염일 경우
③ ACTH, corticosteroid를 사용할 경우
④ 시약을 피하에 주입했을 경우

93-40. 성인 결핵에 대한 설명으로 옳은 것은?
① 국소 임파선 침범이 흔하다.
② 치유과정에 석회화 경향이 있다.
③ 폐의 하부보다 상부 혹은 쇄골 직하부위에 잘 발생한다.
④ 혈행성 감염으로 속립 결핵과 결핵성 뇌막염이 많다.

12-07. 장 씨의 병태생리에 대한 설명 중 옳은 것만을 〈보기〉에서 있는 대로 고른 것은?

〈진료 소견〉
장 ○○(남, 72세)
- 주 호소: 혈액이 섞인 객담과 기침
- 최근 발병일: 15일 전
- 동반 증상: 식욕 부진, 피로, 체중 감소, 감기에 자주 걸림, 오후에 미열이 있음
- 과거병력: 젊었을 때 폐결핵으로 진단받은 적은 있으나 처방된 약을 꾸준히 복용하지 않았음
- 신체검진: 흉부 검진 결과 수포음(crackle), 감소된 폐포음
- 객담 항산균 도말 검사: 양성

〈보기〉
ㄱ. 병소에는 괴사 과정으로 이루어진 건락화가 나타난다.
ㄴ. 치료 여부에 따라 육아종은 반흔으로 되거나 석회화된다.
ㄷ. 재발 시 원인균이 활동하는 부위를 시몬(simmon)병소라고 한다.
ㄹ. 액화된 물질이 소결절에서 배농된 후 공기가 차 있는 공동(cavity)을 형성하기도 한다.

96-19. 서구의 Tb 발병증가의 원인은?
① 성병
② 알러지
③ AIDS
④ 만성피로 증후군

17-A1. 다음은 보건일지의 일부이다. 보건교사가 이○○ 학생에게 아세트아미노펜(acetaminophen)이 아닌 이부프로펜(ibuprofen)을 투여한 것은 이부프로펜(ibuprofen)의 어떤 약리 작용 때문이며, 식후 30분에 복용하도록 한 이유는 무엇인지 순서대로 쓰시오.

〈보건일지〉
2016년 ○○월 ○○일   ○○중학교

번호	학년-반	성명	건강 문제	조치 사항
1	3-3	박○○	머리가 지끈거리고 아픔.	아세트아미노펜 500mg을 복용하도록 함.
2	3-5	이○○	편도가 부어있고, 음식물을 삼킬 때 통증이 있으며, 체온이 37.7℃임.	이부프로펜 200mg을 식후 30분에 복용하도록 함.

… (하략) …

15-A1. K 보건교사는 최근 우리나라 청소년들 사이에서 결핵 유병율이 증가한다는 신문 기사를 접하고, 재직 중인 고등학교 학생들의 전반적인 건강 실태 및 결핵 감염 여부를 확인해야겠다고 판단하였다. 다음은 구체적 실천을 위하여 K 보건교사가 작성한 결재안이다. 〈보기〉의 지시에 따라 서술하시오.

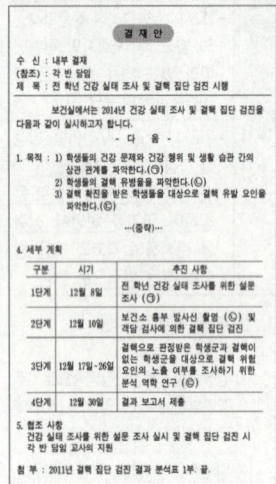

〈보기〉
1) K 보건교사가 ③과 ⓒ을 위해 각각 적용하려는 역학 연구 방법이 무엇인지 제시하시오. 그리고 보건교사가 고려해야 할 각각의 연구 방법이 가지는 제한점 또는 단점을 4가지씩 서술하시오.
2) ⓒ을 시행하기 앞서 K 보건교사는 과거 자료를 가지고 결핵 검사의 타당성을 확인하고자 한다. 첨부 자료에서 제시한 '2011년 결핵 집단 검진 결과 분석표'에 근거해서 흉부 방사선 촬영 검사의 양성 예측도와 음성 예측도를 백분율로 산출하고(단, 산출값은 반올림 없이 첫째 자리까지 제시할 것), 산출값의 의미를 각각 서술하시오.

16-A10. 다음은 보건교사가 고등학생을 대상으로 작성한 폐결핵 예방 교육자료이다. 〈작성 방법〉에 따라 서술하시오.

♣ 폐결핵을 예방하자!
- ③ 폐결핵이란?
  결핵균이 폐에 침범하여 감염된 상태
- 원인균은?
  결핵균
- 선별검사는?
  ⓒ 투베르쿨린 피부반응검사
- 진단검사는?
  – 객담의 도말 및 배양검사
  – 흉부 X-ray 검사
- 폐결핵 환자의 흉부 X-ray 예시
  ⓒ 공동(cavity)

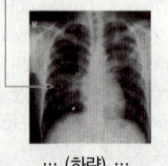

… (하략) …

〈작성 방법〉
- ③이 「제3군 법정 감염병」으로 구분되는 이유를 제시할 것
- ⓒ에서 판독기준으로 삼는 피부반응을 제시할 것
- ⓒ이 형성되는 병태생리적 기전을 제시할 것

94-44. 결핵의 치료제와 그 치료제로 인한 주요 부작용이 바르게 연결된 것은?
① EMB – 8차 뇌신경 장애
② INH – 시신경염
③ SM – 말초 신경염
④ RFP – 혈소판 감소증

13-39. 다음은 결핵약을 복용하고 있는 학생(남, 17세)과 보건교사의 상담내용이다. (가)~(라) 중 옳은 것만을 있는 대로 고른 것은?

보건교사 : 어서 와, 약은 잘 먹고 있니? 약 먹은 지 한 달쯤 됐지?
학생 : 예.
보건교사 : 네가 먹는 약이 아이나(Isoniazid, INH) 맞지? 약 먹으면서 이상 증상은 없었니?
학생 : 예, 아직은 잘 모르겠어요.
보건교사 : 아이나에 대해서 설명해주려고 불렀다. (가) 아이나는 부작용 때문에 간이 나빠질 수도 있고, (나) 말초 신경염이 생길 수도 있단다. (다) 말초 신경염은 비타민 B_{12}를 먹으면 예방할 수 있다. 그리고 (라) 아이나를 복용하면 소변이 붉은 오렌지색으로 나올 수 있는데, 걱정하지 않아도 된단다.

95-37. 유아 및 학동기 어린이의 폐결핵 집단 검진 순서는?
① 간접촬영 → 직접촬영 → 배양검사
② 방사선 촬영 → 투베르쿨린 테스트 → 배양검사
③ 간접촬영 → 투베르쿨린테스트 → 직접촬영
④ 투베르쿨린 테스트 → 방사선 촬영 → 배양검사

92-19. 항결핵제를 장기간 투여했을 때 주로 나타나는 부작용으로 바르게 짝지어진 것은?
① EMB – 신장기능 장애
② PAS – 간 장애
③ INH – 시각 장애
④ SM – 근육 경련

07-08. 항결핵제 복용을 시작해야 하는 학생에게 약물복용과 관련하여 교육해야 할 내용을 4가지만 쓰시오.

04-07. 보건교사는 활동성 폐결핵으로 약물치료를 받고 있는 한 남학생과 건강 상담을 하고 있다. 이 학생에게 폐결핵의 전파방지를 위해 교육해야 할 내용을 5가지만 쓰시오.

93-16. 소아결핵의 치료제 중에서 제8뇌신경장애를 유발할 수 있는 약물은?
① PAS   ② INH
③ Rifampin   ④ Streptomycin

92-21. 자가면역병(Autommuse disease)이 아닌 것은?
① 다발성 경화증(Multiple sclerosis)
② 만성 사구체 신염(Chronic glomerulo nephritis)
③ 류머티스 열(Rheumatic fever)
④ 히스토플라스모시스 병(Histoplasmosis)

92-32. 기관지 천식(Bronchial asthma)에 해당하지 않는 것은?
① 알레르기성 물질이 기관지에 수축, 경련, 염증을 일으키는 현상이다.
② 먼지, 꽃가루, 동물의 비듬, 깃털 등이 원인이다.
③ 특징적인 증상은 발작(Paroxysm)으로, 밤에 잘 일어난다.
④ 발작이 오는 동안 환자를 편안히 눕혀둔다.

14-07. 다음은 천식의 병태생리를 설명하는 그림이다. 괄호 안의 ㉠, ㉡에 해당하는 용어를 차례대로 쓰시오.

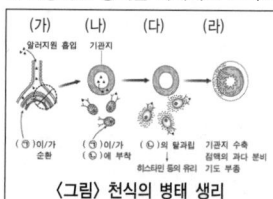

〈그림〉 천식의 병태 생리

(가) 알러지원이 기도로 흡입되면 (㉠)이/가 순환한다.
(나) 기관지에서 (㉠)이/가 (㉡)에 부착하여 알러지원의 수용체가 된다.
(다) (㉡)이/가 탈과립되면서 히스타민, 류코트리엔, 프로스타글란딘 등이 유리된다.
(라) 기관지 수축, 점액의 과다 분비, 기도 부종으로 기도가 좁아진다.

07-12. 알레르기성 천식 아동이 알레르기를 일으키는 인자에 노출되었을 때 체내에서 일어나는 과민반응의 기전(병태생리)을 5가지만 쓰시오.

20-B1. 다음은 보건교사가 동료교사와 나눈 대화 내용이다. 괄호 안의 ㉠, ㉡에 해당하는 내용을 쓰시오.

동료교사: 선생님, 안녕하세요? 제가 천식 약물에 대해서 여쭤볼 것이 있습니다.
보건교사: 어떤 것이 궁금하세요?
동료교사: 제가 천식 치료를 받고 있는데, 이번에 '테오필린(theophylline)'이라는 약을 처방 받았어요. 그런데 이 약 때문에 다음 진료 전에 미리 혈액 검사를 해야 한다고 하는데 왜 그런 거예요?
보건교사: 혈액 검사로 혈중 약물 농도를 측정하기 위해서예요. 왜냐하면 테오필린은 치료 지수(therapeutic index)가 낮기 때문이에요. 검사를 통해 혈중 약물 농도를 확인할 수 있고, 이 결과를 토대로 테오필린의 다음 처방 용량을 결정합니다.
동료교사: 그런데 치료 지수가 낮다는 게 무슨 뜻이에요?
보건교사: 치료 지수가 낮다는 것은 (㉠)와/과 (㉡) 사이가 좁다는 뜻입니다.
… (하략) …

09-11. 천식 아동의 치료를 위한 약물 중 주 기능이 기관지 확장인 것을 〈보기〉에서 고른 곳은?

〈보기〉
㉠ 류코트리엔 길항제
㉡ 코르티코스테로이드
㉢ 항콜린제
㉣ 메틸산틴
㉤ 베타2 교감신경 자극제

10-40. 다음 호흡기계 치료 약물에 대한 설명으로 옳은 것을 보기에서 고른 것은?

〈보기〉
ㄱ. 항히스타민제(antihistamine)는 기관지부종, 평활근 경련, 모세혈관의 투과성을 감소시키기 위해 사용된다.
ㄴ. 에피네프린(epinephrine)은 기관지를 확장하는 β_2 수용체에만 작용한다.
ㄷ. 테오필린(theophyilline)은 혈중농도가 높으면 독성반응이 나타날 수 있으므로 투여 후 혈중농도를 모니터한다.
ㄹ. 코데인(codeine)은 기침반사를 억제하고, 시럽형태의 약은 인두점막의 국소진정효과를 지속시키기 위하여 복용 후 물을 마시지 말아야 한다.
ㅁ. 브롬헥신(bromhexine)은 폐포의 표면활성제의 작용을 상승시켜 기관지를 확장시킨다.

① ㄱ,ㄴ,ㄷ ② ㄱ,ㄷ,ㄹ
③ ㄱ,ㄷ,ㅁ ④ ㄴ,ㄹ,ㅁ
⑤ ㄷ,ㄹ,ㅁ

11-03. 재규(남, 6세)는 천식이 있어 휴대용 최대 호기유속기(peak expiratory flow rate meter)를 사용하고 있다. 병원에서 받아온 최대 호기유속기 사용방법과 아동 관리 내용 중 옳은 것만을 모두 고른 것은?

최대 호기유속기 사용방법과 아동 관리

• 사용방법
 - 측정기의 화살표가 '0'을 가리키는지 확인하고 사용한다.
 - (가) 아동을 의자에 똑바로 앉힌다.
 - 숨을 깊게 들이마신 후 측정기 입구에 입을 대고 최대한 힘껏 숨을 불어 내쉰다.
 - 측정기의 화살표가 가리키는 눈금을 확인한다.
 - (나) 위의 단계를 3회 실시하여, 평균 점수를 아동의 최대 호기유속량 측정치로 한다.
• 최대 호기유속량 측정치가 녹색 구역일 때
 - 천식이 잘 조절되고 있는 상태이다.
 - 현재의 처방대로 하면 된다.
• 최대 호기유속량 측정치가 황색 구역일 때
 - (다) 병원에 가서 의사의 진료를 받는다.
 - (라) 기도가 심하게 좁아져 있으므로 응급실로 간다.
 - (마) 처방받은 속효성 기관지 확장제를 즉시 투여한다.
• 최대 호기유속량 측정치가 적색 구역일 때

13-21. 다음은 K군(남, 18세)의 진료 소견이다. K군의 호흡기계 병태생리적 변화에 대한 설명으로 옳은 것은?

[진료소견]
- 신장 : 189cm, 체중 : 59kg
- 체온 36.7℃, 맥박 102회/분, 호흡 24회/분, 혈압 100/70mmHg
- 얕고 가쁜 숨을 쉬며, 숨을 들이쉴 때 가슴 통증이 나타남
- 타진 상 왼쪽 가슴 윗부분에서 과다공명음이 들림
- 청진 상 왼쪽 가슴에서 호흡음이 감소됨

① 감염된 폐 조직이 괴사되어 건락화(caseation)된 상태이다.
② 흉막강 내에 들어간 공기가 폐를 압박하여 폐가 허탈된 상태이다.
③ 폐포 모세혈관의 손상으로 폐포의 가스 교환기능이 상실된 상태이다.
④ 폐포 내에 세균으로 인한 염증이 있고, 액체성 삼출물이 폐포 내에 축적된 상태이다.
⑤ 폐포의 과도한 팽창으로 인하여 폐포막이 파괴되고 폐의 신장성이 상실된 상태이다.

11-02. 폐암(lung cancer)에 관한 특성으로 옳은 것을 〈보기〉에서 고른 것은?

〈보기〉
ㄱ. 폐암은 조기발견이 쉬우므로 생존율이 높다.
ㄴ. 소세포암(small cell carcinoma)은 외과적 절제로 치료 효과가 좋다.
ㄷ. 편평세포암(squamous cell carcinoma)은 흡연과 밀접한 관련이 있다.
ㄹ. 선암(adenocarcinoma)은 여성에게 더 흔하며, 폐의 말초에 발생하는 경우가 많다.

19-11. 다음은 호흡기질환 관리에 관한 보건교사 연수 자료의 일부이다. 〈작성 방법〉에 따라 순서대로 서술하시오.

기흉

○ 정의
 • 흉막강에 공기나 가스가 고여 폐의 일부 또는 전체가 허탈된 상태
○ 분류
 • 자연 기흉 : 원발성, 이차성
 • 외상성 기흉 : 개방성, 폐쇄성
 • 긴장성 기흉
○ 증상
 • ㉠갑작스럽고 날카로운 흉통, 빈호흡, 호흡곤란, 심계항진, 기침, 불안, 발한 등
○ 신체 검진
 • 타진 : 손상된 쪽의 (㉡)
 • 청진 : 손상된 쪽의 호흡음 감소 또는 소실
 • 시진 : 비대칭적 흉곽 팽창, 손상된 쪽의 흉부 움직임 감소, 청색증, ㉢경정맥의 팽대
○ 진단검사
 • ㉣흉부 X-선 촬영
  … (하략) …

〈작성 방법〉
- 밑줄 친 ㉠의 발생기전을 설명할 것.
- 괄호 안 ㉡에 타진음을 제시할 것.
- 밑줄 친 ㉢의 긴장성 기흉에서 발생하는 기전을 설명할 것.
- 밑줄 친 ㉣ 검사로 기흉에서 폐 허탈 이외에 확인할 수 있는 특징적인 소견을 제시할 것.

21-B8. 다음은 고등학교 보건교사가 약물요법 교육을 위해 준비한 지도안의 일부이다. 〈작성 방법〉에 따라 서술하시오.

교육 지도안	
일시	○월 ○일 ○시
대상	1학년 5반 20명
수업단원	Ⅲ. 통증관리를 위한 약물요법
수업목표	통증관리를 위한 약물요법에 관하여 설명할 수 있다.
교육 내용	1. 약물-수용체 상호작용 ○ ㉠작용제(agonist) ○ ㉡대항제(antagonist) … (중략) … 2. 통증관리를 위한 약물요법의 종류 ○ 비마약성 진통제 • (㉢) : 안전한 비마약성 진통제로서 프로스타글란딘의 합성을 억제하여 진통 효과를 나타내고, 체온조절 중추에 직접 작용해 해열 작용을 나타내지만 항염증 효과는 거의 없음. • 비스테로이드 소염제 : 시클로옥시게나아제(cyclooxygenase, COX)라는 효소의 작용을 억제함으로써 프로스타글란딘의 생성을 방해하여 진통작용을 나타냄. – 비선택적 COX 억제제 예) ibuprofen – ㉣선택적 COX-2 억제제 예) celecoxib ○ 마약성 진통제 … (하략) …

〈작성 방법〉
- 밑줄 친 ㉠, ㉡의 약리작용 기전을 순서대로 서술할 것.
- 괄호 안의 ㉢에 들어갈 약물의 명칭을 일반명으로 쓸 것.
- 비선택적 COX 억제제와 비교할 때, 밑줄 친 ㉣의 장점을 위장관계(gastrointestinal system)와 관련하여 제시할 것.

1 호흡기계 구조와 기능

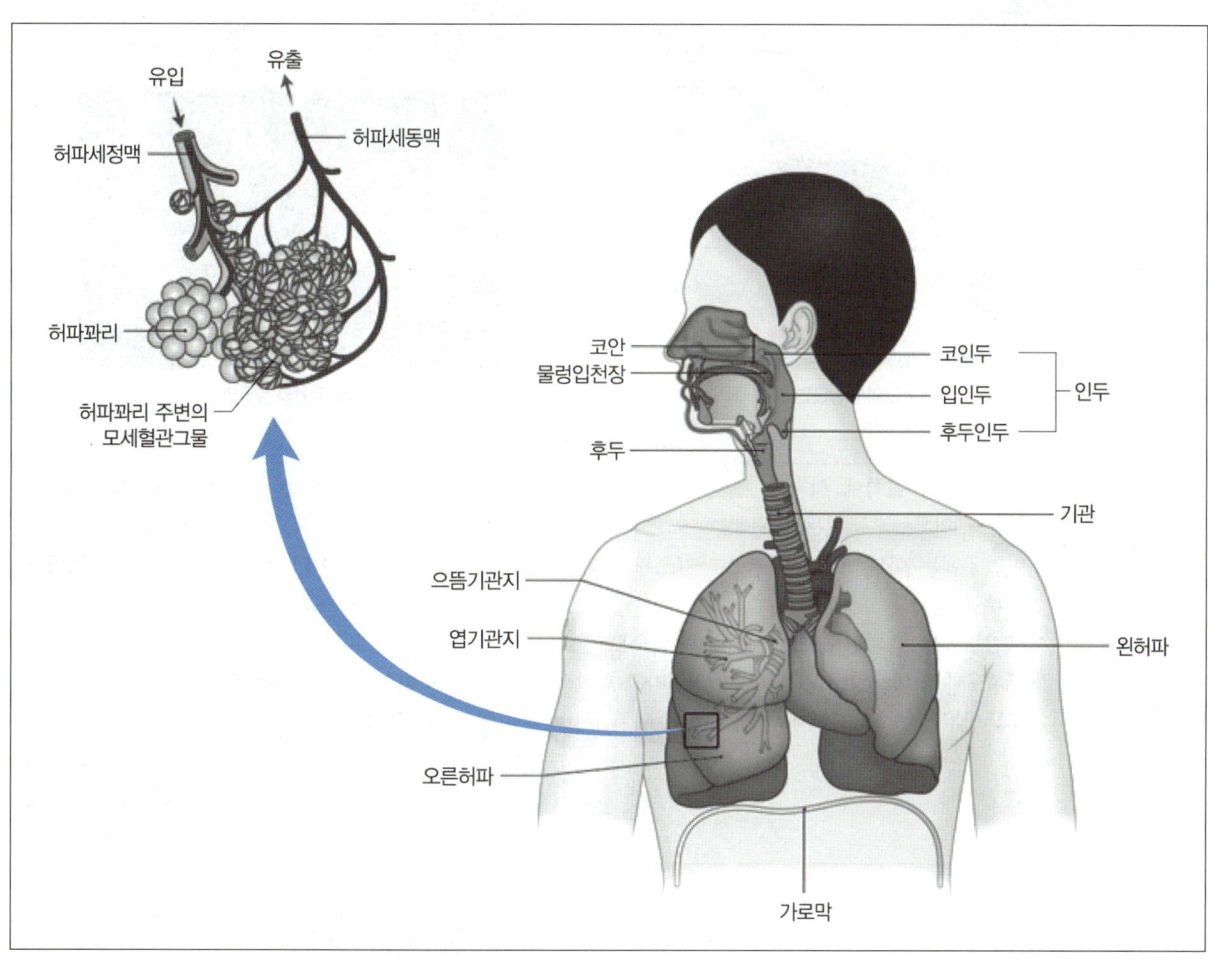

[호흡기계 구조]

❶ 상부기도

코, 부비동, 인두, 후두로 구성되며, 가장 주된 기능은 공기정화, 가습, 가온이다.

	구성 및 구조	기능
비강	① 비중격에 의해 좌우로 나뉨 ② 비중격과 비강의 아래쪽 벽은 혈액이 풍부한 점막으로 덮여있음 ③ 비강의 내측벽에는 3개의 돌기(비갑개)가 있음	① 가온·가습 : 흡입된 공기는 비모에 의해 여과되고 점막에 의해 습화, 풍부한 혈관망에 의해 데워짐 ② 후각 : 비강 상부에 후각신경(제1뇌신경)이 분포되어 있어 냄새를 맡음
부비동	① 비강을 둘러싼 뼛속의 빈 공간으로 공기가 차 있음 ② 사골동(양눈 사이, 코뼈 안쪽, 여러 개의 작은 공간으로 벌집굴이라 불림), 전두동, 접형동(나비존으로 양눈 부위 깊은 안쪽에 위치), 상악동이 있음 ③ 점막은 편평상피세포로 덮여 있음	① 발성 시 공명을 하고 두개골의 무게를 가볍게 함 ② 비강 내의 염증이 쉽게 부비동에 파급될 수 있는데, 특히 상악동에 염증이 생긴 것을 상악동염(축농증)이라고 함

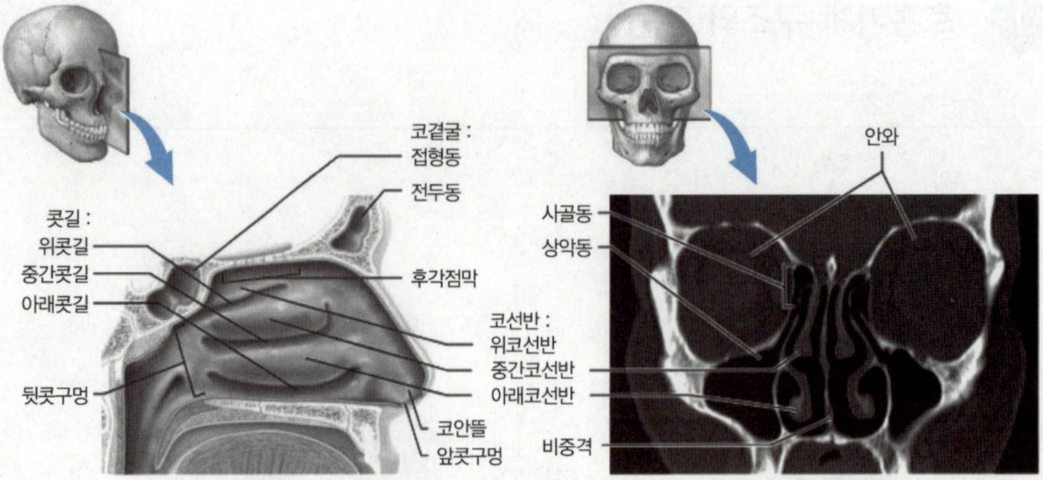

[코 안의 구조]

인두	① 구강과 비강의 뒤쪽에 위치 ② 비인두, 구인두, 후두인두로 구분 　㉠ 비인두에는 아데노이드와 유스타키오관의 개구부 위치 　㉡ 구인두에는 구개편도가 위치, 염증 등으로 인두편도가 비대해지는 것을 편도선염이라고 함 　㉢ 후두인두는 혀 기저부에서 식도까지 위치	① 아데노이드는 비강 혹은 구강을 통해 침입하는 미생물을 포획(방어작용) ② 유스타키오관은 중이와 비인두를 연결하는 점막으로 중이와 대기와의 공기압 평형을 유지, 인두의 염증은 중이관을 따라 고실(이소골이 있는 공간)로 들어가 중이염을 일으키는 일이 어린이에게 흔함 ③ 구인두는 공기와 음식이 통과 ④ 의식이 없어졌을 때 목의 자세, 혀의 위치에 따라 막힘으로써 기도가 막혀 호흡이 끊어지는 수가 많은 곳임

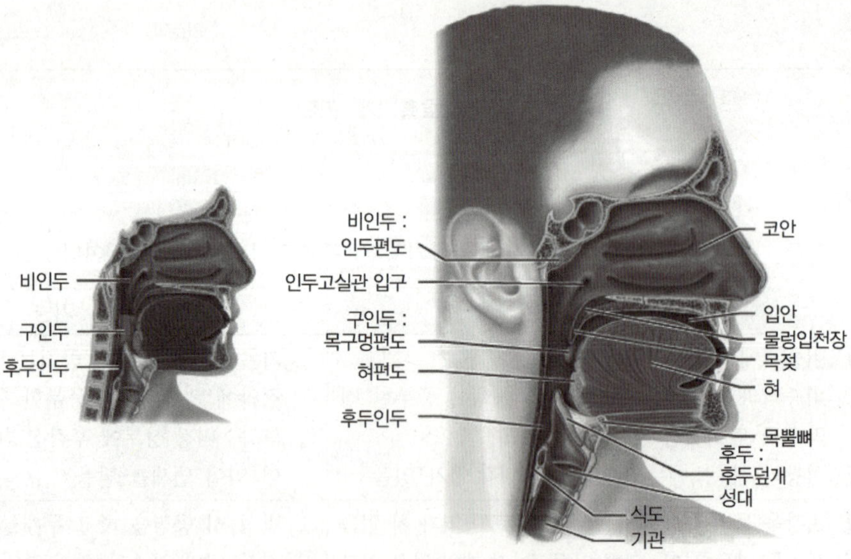

[인두의 구조]

	구성 및 구조	기능
후두	① 인두와 기관 사이에 위치 ② 상하 후두동맥으로부터 혈액을 공급받고, 미주신경의 지배를 받음 ③ 갑상연골 구성 | 설골(목뿔뼈)	아담의 사과
---	---
윤상연골 (= 반지 연골)	• 후두 아래와 뒤를 형성하는 반지모양 연골 • 성대 포함(가성대와 진성대로 구분 : 발성, 기침반사 관여) • 진성대 사이의 개구부 : 성문
방패 연골	후두를 이루는 가장 큰 연골, 후두 앞면 대부분을 이룸
후두개 (= 후두 덮개)	• 지렛대 역할을 하는 나뭇잎 모양의 탄력성 있는 구조로 후두 위쪽 위치 • 음식물의 하부기도 유입방지		① 후두의 성대는 발성기능과 기침반사에 관여 ② 후두개는 음식물을 삼키는 동안 음식물이 기도에 못 들어가게 함(후두개는 연골로 되어 있고, 음식을 삼킬 때 제대로 닫히지 않으면 재채기 유발)

[후두의 구조]

(a) 앞가쪽 단면도 — 목뿔뼈, 방패연골, 반지방패인대, 반지연골, 기관연골

(b) 등쪽 단면도 — 후두덮개, 잔뿔연골, 모뿔연골

(c) 정중시상 단면 — 목뿔뼈, 지방조직, 방패연골, 안뜰주름, 성대주름, 반지연골, 기관연골, 식도

② 하부기도

기관, 기관지, 모세기관지, 폐로 구성되어 있으며 주된 기능은 섬모운동, 폐포의 대식세포, 점액분비 등으로 감염을 예방하고 호흡기를 보호하는 것이다.

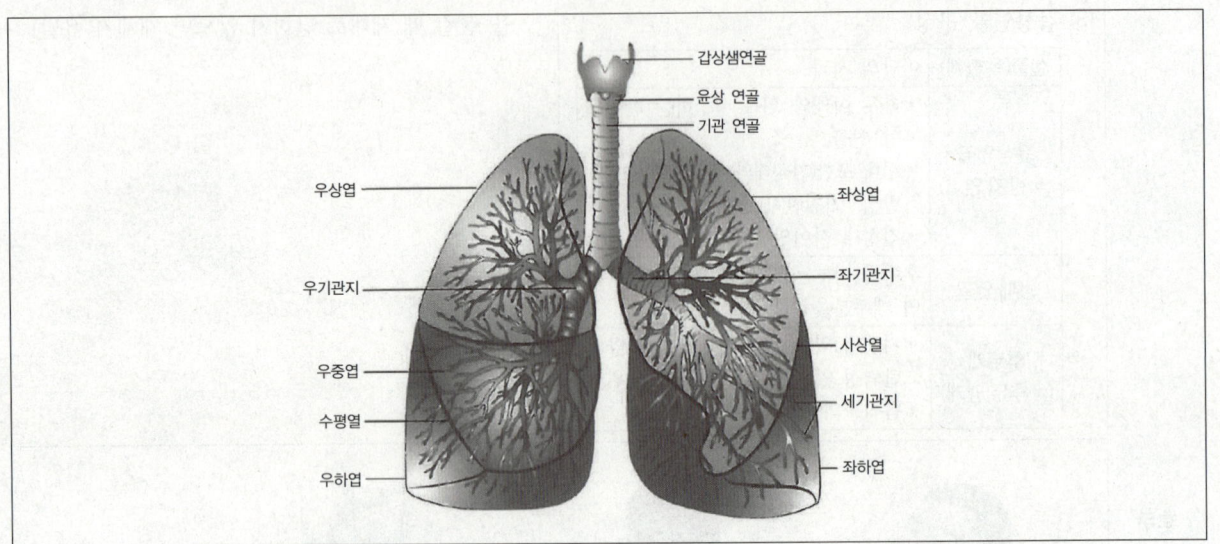

[폐의 구조]

	구성 및 구조	기능
기관	① 직경 2~2.5cm, 길이 11cm의 관으로 제5흉추의 높이에서 좌우 2개의 기관지로 갈라짐. 이 지점을 분기점이라 함 ② 기관은 16~20개의 C모양의 연골로 구성 ③ 자율신경계의 지배, 교감신경의 흥분으로 이완되고, 부교감신경 흥분으로 수축	① 내강은 섬모가 분포되어 있는 상피세포로 되어있고, 이 세포들 사이에 있는 술잔세포에서 점액을 분비하여 기도 청결 유지 ② 여러 가지 이유로 기관이나 후두가 막히는 경우 공기의 출입을 도와 질식을 막기 위해 구멍을 내주는 기관절개를 하기도 함

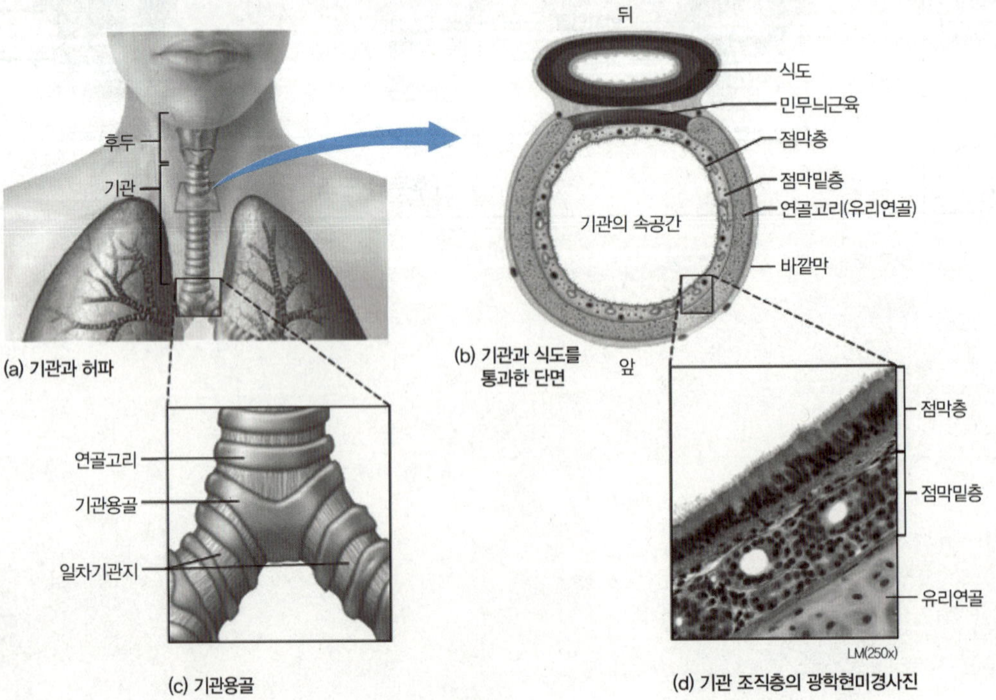

[기관의 구조]

	구성 및 구조	기능
기관지 및 세기관지	① 기관지는 좌우폐로 들어감. 기본구조는 기관과 유사 ② 우측기관지는 좌측보다 짧고 굵으며 수직에 가까움 ③ 기관지는 계속 갈라져 2차 기관지(엽기관지) → 3차 기관지(구기관지) → 세기관지 → 호흡세기관지 → 폐포관의 순서로 이어짐	① 기관지의 상피세포에는 섬모가 있어서 하부기도에서 기관쪽으로 점액을 밀어냄 ② 기관지는 공기의 전진이동 및 종말폐포까지의 공기의 균등한 분포를 도움. 그러나 가스교환에는 참여하지 않음
폐	① 폐는 흉곽 내 가장 큰 기관으로 가볍고, 스펀지 모양의 탄력성 있는 원추형 기관(위는 뾰족하여 폐첨이라 하고, 아래로 넓게 퍼져 폐저라고 함) ② 수억 개의 폐포와 폐포관, 세기관지, 주기관지로 구성 ③ 우측폐는 3엽, 좌측폐는 2엽으로 나뉨. 각 폐엽에는 폐문이 있어 기관지와 큰 혈관들의 입구가 됨 ④ 늑막은 폐와 흉곽을 싸고 있는 두 겹의 장막, 이 두 늑막 사이에 장액이 있어 윤활제 역할	① 호흡 및 가스교환 ② 산-염기 조절 ③ 폐의 대사 작용 　㉠ 포도당 산화작용 : 폐세포의 에너지원은 포도당의 산화작용과 무산소 대사작용을 통해 얻어지는데, 포도당 산화과정을 통해 얻어지는 에너지가 무산소보다 18배 많음 　㉡ 폐세포막의 포도당 통과는 인슐린에 의해 증가되고, 인슐린이 높을 때 폐세포의 포도당 이용률이 높기 때문에 공복, 당뇨병에서 포도당 이외의 다른 에너지원이 필요함 　㉢ 무산소 대사작용 : 폐세포는 무산소성 대사를 하며, 산소와 가장 쉽게 접할 수 있지만, 산소가 필요하지 않은 무산소성 당원분해에 의해 조직에 산소를 공급하고 젖산을 혈액 내로 내보냄
폐포관 및 폐포	① 폐포관은 호흡세기관지에서 나오고 포도송이 모양과 비슷한 관 ② 폐포주머니는 폐포관을 둘러싸고 있으며, 폐포덩어리를 포함 ③ 폐포는 분비기능을 가진 얇은 편평상피로 덮여 있음, 성인은 약 3억 개의 폐포가 있음 ④ 호흡기의 말단부위인 호흡세기관지, 폐포관, 폐포를 세엽이라고 부름	① 폐포는 편평세포조직으로 된 고무풍선 모양의 얇은 막으로 가스교환에서 중요한 역할을 담당 ② 폐포벽의 분비선에서 폐포의 표면장력을 감소시키는 계면활성제와 인지질을 생산 ③ 폐포 내에 대식세포, 백혈구 존재

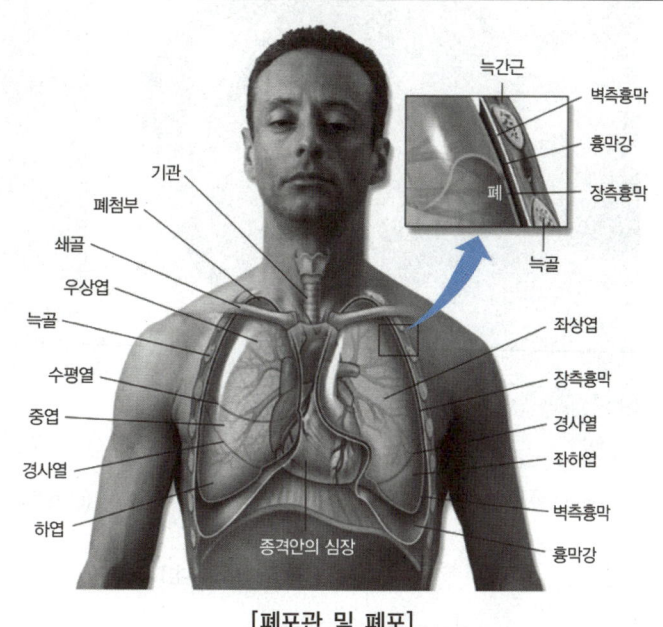

[폐포관 및 폐포]

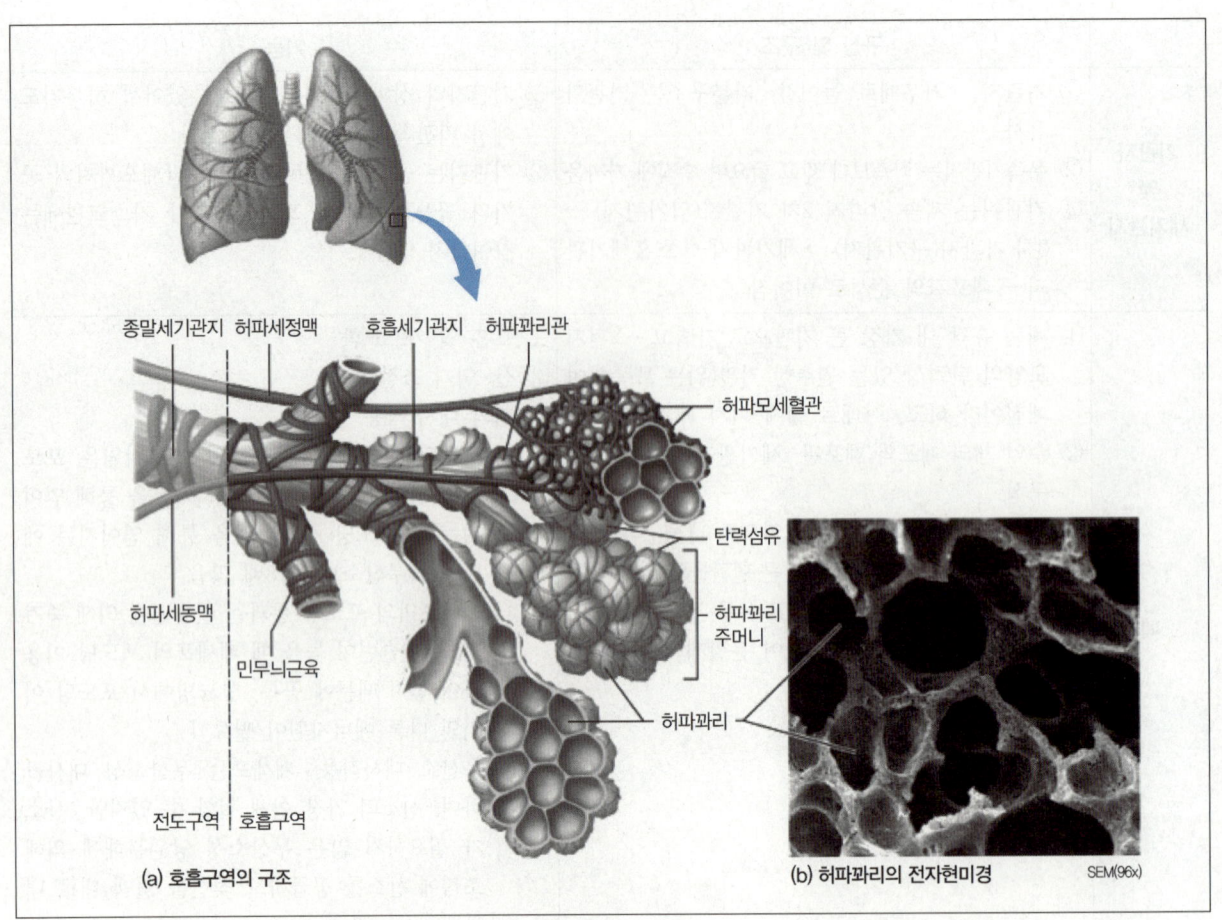

[호흡구역의 구조]

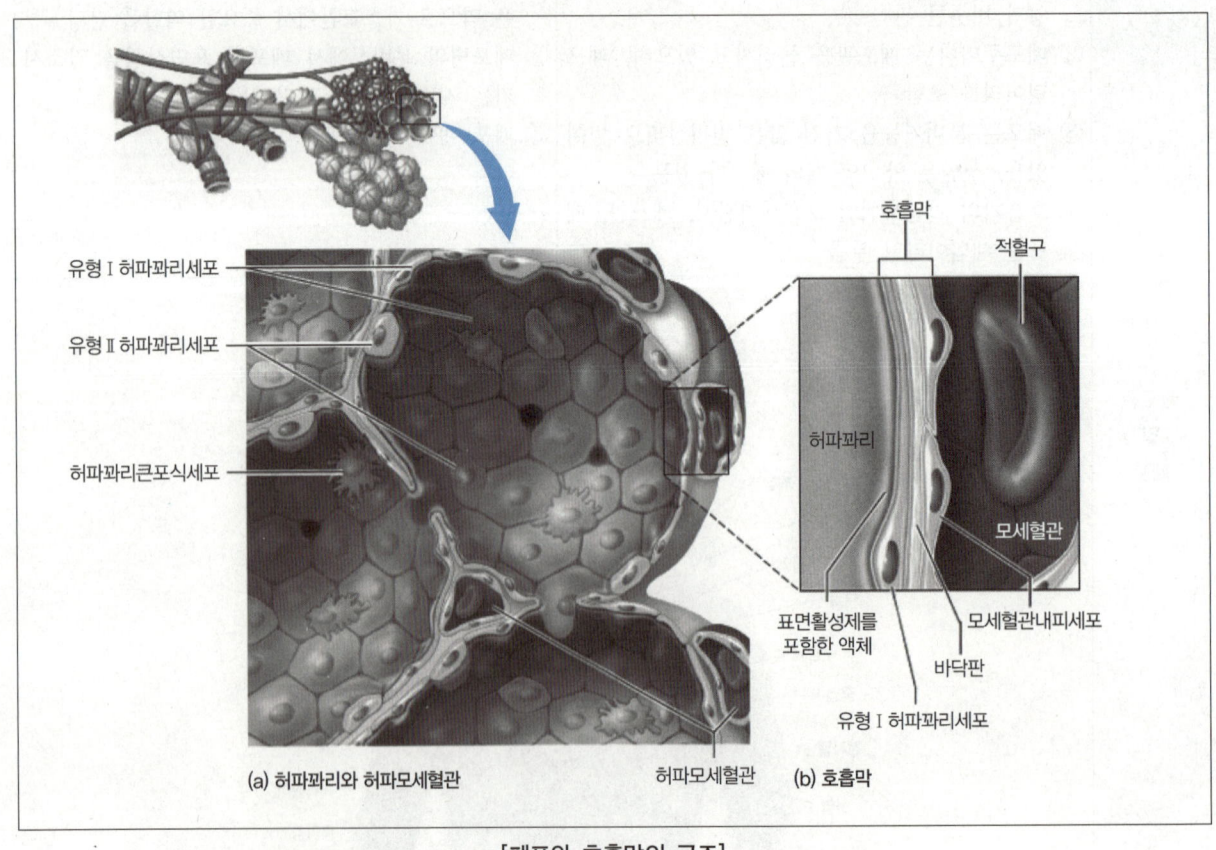

[폐포와 호흡막의 구조]

2 체내 가스교환 - 내호흡과 외호흡의 정의, 가스분자 이동 원리(확산) [96 임용]

호흡 종류 [96 임용]	폐호흡 (= 외호흡, 허파순환)	비강으로부터 폐포에 이르는 호흡 기도를 통하여 들어온 공기와 폐에 들어온 혈액 사이에서 산소와 이산화탄소의 가스교환이 이루어지는 것(폐포와 모세혈관 사이의 가스교환)
	조직호흡 (= 내호흡, 온몸순환)	혈액 속의 산소와 조직 속의 탄산가스의 교환. 동맥혈이 조직 속의 모세혈관을 지나는 동안 인접조직에 산소를 공급하여 주는 대신 조직으로부터 탄산가스와 노폐물을 받아들임으로써 다시 정맥혈이 되어 정맥계를 통하여 심장으로 들어가는 것(모세혈관과 조직의 가스교환)
	(a) 허파순환 (b) 온몸순환	
호흡 생리	환기	① 기도를 따라 폐로 드나드는 공기의 흐름 ② 흡기와 호기에 의해 산화된 공기는 폐로 투입, 사용된 공기는 체외로 배출되는 순환과정 ③ 뇌에 있는 호흡중추와 말초에 있는 호흡 감수체, 뇌척수액의 화학적 성분, 이산화탄소의 분압, 산소 분압, 혈액의 산도, 체온, 정서적 변화 등에 따라 환기량이 변화

	확산 [96 임용]	① 폐포에서 가스교환은 가스의 분압 차에 의해 확산이 일어남
		  ㉠ 가스분압이 높은 곳 → 낮은 곳으로 확산
		  ㉡ 산소는 폐포에서 혈액으로 이동(폐포 산소분압 > 정맥혈 산소분압)
		  ㉢ 이산화탄소는 혈액에서 폐포로 이동(정맥혈 이산화탄소 분압 > 폐포 이산화탄소 분압)
		② 인체가 정상적인 가스교환을 하기 위한 조건
		  ㉠ 폐포 내의 충분한 산소농도
		  ㉡ 산소와 결합할 수 있는 충분한 양의 혈색소
		  ㉢ 혈액을 충분히 포화시킬 수 있는 폐포 내 산소의 확산
		  ㉣ 세포에 필요한 만큼 충분한 산화혈색소의 운반능력
		  ㉤ 운반된 산소를 사용하는 조직의 능력
		※ 효율적인 가스교환을 위한 필수조건은 폐포에 적정한 혈액의 흐름(관류)과 공기의 흐름(환기)이 필수적이며, 적절한 환기와 관류의 비율이 중요함
		  (폐첨에서 환기 : 관류 = 1 : 1, 폐 기저부에서 환기 : 관류 = 0.8 : 1)

호흡 생리	폐 신장성 (폐순응도)	① 압력을 가했을 때 폐가 팽창되는 정도 ② 팽창이 잘되는 폐는 폐 신장성이 높음을 의미 ③ 감소 : 폐포 내에 수액이 축적되는 폐부종, 급성호흡곤란증후군, 탄성이 저하되는 폐섬유화, 폐의 운동성이 제한되는 흉막염 등의 질환
	탄성 반동	폐가 확장된 시점에서 폐를 허탈시켜 팽창되기 전으로 되돌아가고자 하는 압력
	기도 저항	① 호흡 중에 이겨내야 하는 힘 ② 기도가 흡기 시에는 넓어지고, 호기 시에는 좁아지므로 흡기 시보다 호기 시에 높으며, 기도저항이 클수록 호기량이 적어짐
	가스운반	산소 운반은 폐포-모세혈관에서 확산성 가스교환으로 혈액 내로 이동한 산소가 좌심장으로부터 혈액순환을 따라 호기성 대사과정이 이루어지는 사립체로 이동하는 과정
	수소이온 균형	폐는 우리 몸의 수소의 균형을 유지, 호흡장애가 생기면 호흡성 산증이나 호흡성 알칼리증이 발생
호흡 조절	수의적 조절	대뇌피질에 존재하며, 흥분을 피질척수로를 통하여 호흡근의 운동 뉴런에 전도
	자율조절	중추신경계의 연수와 뇌교에 의해 조절, 이곳에서 발생하는 흥분을 호흡근의 운동 뉴런에 전도
	신경성 조절 : 호흡중추	
	환기	① 환기는 신경성 반사에 의해 조절되며 이 신경성 반사는 물리적/화학적 자극물질에 따라 작용 ② 화학물질의 중요한 감수체는 중추성과 말초성 화학감수체임

환기	화학감수체	중추성 화학감수체	연수 근처에 위치, 뇌척수액의 산도(pH)와 이산화탄소 농도변화에 민감 (COPD 등에서 혈중 CO_2 농도의 지속적 증가는 중추성 화학감수체의 민감도가 낮아져서 호흡조절기능 저하, 말초성 화학감수체에 의해 조절됨) 혈중 CO_2 증가 → pH 감소 → 호흡 증가 혈중 CO_2 감소 → pH 증가 → 호흡 감소
		말초성 화학감수체	대동맥궁 부위의 대동맥소체, 경동맥 근처의 경동맥소체가 있으며 만성적인 이산화탄소 농도의 상승에 중추성 화학감수체가 기능하지 못하면 말초성 화학감수체가 동맥혈 내 산소농도 저하를 감지
	물리적 자극 (기침반사)		흡입된 자극물과 점액은 기관지와 흉골 부위에 집중적으로 모여 있는 폐 신장감수체를 흥분시켜 기침을 유발
	압력 감수체 (대동맥궁, 경동맥동)		혈압의 급격한 상승에 호흡중추를 일시적으로 억압해 호흡 감소

호흡기계 건강사정 09 임용

1 호흡기계 관련증상

기침	발생시기, 지속기간, 특성(이른 기침, 객담, 헛기침), 기침과 함께 호흡곤란이나 코막힘, 객담 여부 등		
객담	폐질환에 따른 객담의 특성		
	① 무색 혹은 맑은 점액	비감염성 염증과정	
	② 다량이고 진한 노란색 혹은 녹색의 화농성 객담	세균성 감염	
	③ 녹슨 쇳빛 객담	폐렴구균성 폐렴	
	④ 묽은 점액성 객담	바이러스성 기관지염 21 임용	
	⑤ 객담량의 점차적 증가	만성 기관지염, 기관지 확장증	
	⑥ 분홍빛의 점액성 객담	폐종양	
	⑦ 다량의 거품이 있는 분홍색 객담	폐수종	
	⑧ 악취 나는 객담	폐농양, 기관지확장증, 혐기성 균의 감염	
	⑨ 다량의 3층 객담	기관지 확장증(상층은 색깔이 없거나 옅은 녹갈색으로 거품 많은 객담, 중간층은 탁한 점액농성 객담, 하층은 화농성의 끈적끈적한 객담)	
객혈	① 호흡기로부터 혈액이 배출되는 객혈 : 폐질환이나 심장질환의 한 증상 ② 폐결핵, 기관지확장증, 기관지염, 폐렴, 폐암, 폐농양에서 나타남		
피로	호흡기 감염, 체내 산소와 이산화탄소 수준의 변화나 신생물 등에서 발생		
흉통	하부호흡기계 흉통의 특징		
	가슴통증부위	특징	원인
	흉벽	• 국소부위에 국한, 운동 시 지속적으로 통증 증가	• 외상, 기침, 대상포진
	흉막	• 날카롭고 급격한 통증 시작, 흡기 또는 기침, 재채기로 통증악화, 일측성	• 흉막염 • 자가면역질환과 결합조직질환
	폐실질	• 둔탁한 통증이 지속, 광범위한 부위의 통증 • 국소부위에 국한, 날카롭고 급격하게 발생하는 통증 • 갑자기 발생, 흡기 때 통증악화, 방사통을 보임	• 양성종양, 악성종양 • 기흉 • 폐색전과 폐경색

2 코와 부비강 신체검진

시진	코의 기형, 비대칭, 염증 등을 검사
	비강을 통해 비경을 전정까지 삽입하여 검사
	비점막의 색깔 종창, 삼출물, 출혈을 본다. : 비중격의 출혈, 천공, 편위 및 하비갑개, 중비갑개, 중비도 등의 색깔, 종창, 삼출, 용종 확인
촉진 09 임용	전두동과 상악동 부위를 눌러 부비강의 동통 확인. 이때 눈에 압력을 피할 것
	부비동염 시 눌렀을 때 압통이 발생하고, 빛 투과 정도 저하(전두동 투시법, 상악동 투시법)

❸ 가슴과 폐의 신체검진(문진 - 시진 - 촉진 - 타진 - 청진 : Posterior → Anterior chest)

문진 (Subjective Data)	① 현병력 : 기침, 숨참, 흉통 ② 과거력 : 호흡기 감염, 검사 여부, 예방접종 ③ 가족력 ④ 개인력과 사회력 : 직업, 주거환경, 흡연, 영양상태, 타지역 노출 여부		
시진	① 흉곽의 모양과 대칭	전후직경 : 좌우직경 = 1 : 2	
	② 호흡횟수, 양상, 보조근 사용 유무	흡기 보조근(3)	흉쇄 유돌근, 사각근, 승모근
		호기 보조근(2)	내늑간근, 복근
	③ 피부, 사지	피부, 손톱, 입술, 젖꼭지, 사지의 색, 곤봉형 손톱 등	
	④ 전신 외모	자세, 얼굴표정	
	⑤ 정신활동	LOC	

PLUS⊕

● 청색증

정의	• 피부나 점막이 푸르스름해지는 것으로 환원 적혈구가 많을 경우에 발생함 • 환원혈색소는 혈색소가 산소와 결합하지 못한 것으로 환원혈색소의 혈중 농도가 50% 이상시 청색증이 발생됨 • 청색증은 주로 입술, 손가락 끝, 귀 등에서 쉽게 관찰됨	
유형	중심성	혀, 입술, 구강점막 등 중심부위에서 주로 청색증이 나타나는 경우로 폐에서 가스교환의 문제가 있는 호흡기 질환이나 고산지대 등에서 발생됨
	말초성	손가락 등의 신체의 말단 부위에 청색증이 있는 경우로 주로 혈액순환이상으로 발생됨

촉진	① 흉곽과 흉부근육 촉진	정상	늑골, 척추, 흉추의 선열이 탄탄, 안정적	
		비정상	• 염발음(바스락) : 피하조직 내 공기, 파열 有 • 흉막 마찰음(가죽 비비는 소리) : 흉막염증 • 흉곽 비대칭	
	② 흉곽팽창 촉진	Thumb to T_9~T_{10} → 벌어짐 정도 확인(좌우 동일, 3~5cm 벌어지는 것이 정상임)		
	③ 촉각 진동감	say "Ah" + 가슴벽 진동감		
		비정상	↑	수액, 고형물질(예 폐렴, 종양)
			↓	공기가 많거나 적을 때
타진	(1) 타진 (순서 : 후면→앞면→측면)	방법	직접 또는 간접 타진법 with 손목 ① 어깨뼈의 꼭대기에서 시작해서 양쪽 어깨의 윗부분을 타진하고 5cm 간격으로 늑간을 지나 내려오면서 타진 실시. 이때 양쪽 비교 ② 폐 기저부의 끝부분을 타진하여 양쪽 비교	
		종류	① 공명음	• 정상 폐 대부분에서 들림 09 임용 • 길고 크고 낮은 음(속이 비웠을 때 나는 소리)
			② 과다 공명음	• 폐기종, 기흉과 같이 공기가 지나치게 많은 경우 • 매우 크고 낮은 음조의 길게 들리는 소리(울림소리)
			③ 둔탁음 (= 탁음) 09 임용	• 폐렴, 늑막삼출과 같이 폐 내부가 차 있는 경우, 간과 심장과 같은 장기 • 무기폐와 과도한 흉막삼출액으로 인한 경화 시 • 중간 정도의 강도와 음조(쿵쿵거리는 소리)
			④ 편평음	• 대퇴부나 견갑골과 같이 단단한 곳을 타진 시 나는 소리 • 강도가 약하고 높은 음조에 짧은 소리(딱딱한 소리)

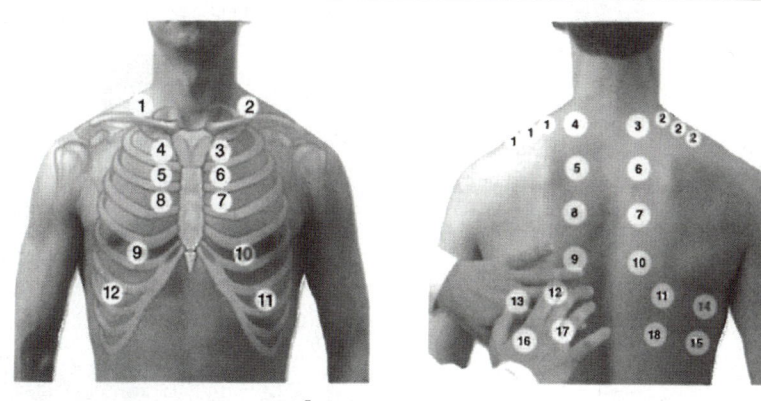

[타진과 청진 패턴]

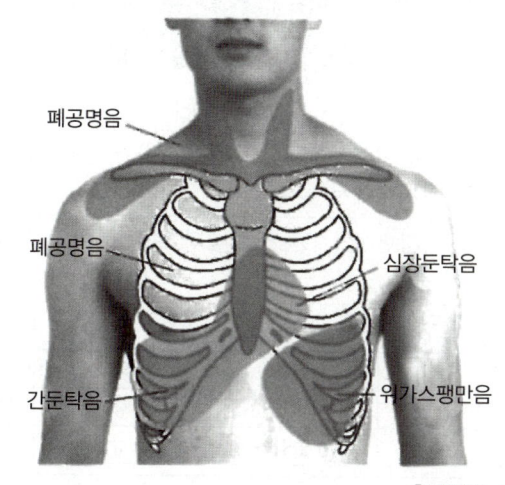
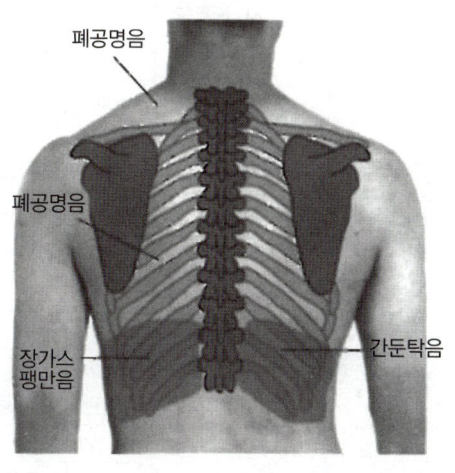

[위치별 정상 타진음]

타진		
	① 대상자에게 크게 숨을 내쉬도록 하고 좌우 중앙쇄골선을 따라 각각 타진하여 공명음에서 횡격막 둔탁음으로 변하는 지점을 표시함 ② 다시 숨을 최대한 들이쉬고 공명음에서 횡격막 둔탁음으로 변하는 지점을 표시한 후 그 간격을 측정함 : 들이 마신 후 참기 : 공명음 → 탁음 　　　　　　　　　　　　　　　　다시 내쉬기 : 탁음 → 공명음 ③ 정상적으로 그 차이는 여자에게서 3~5cm, 남자에게서 5~6cm 정도이며, 간 때문에 횡격막은 오른쪽이 왼쪽보다 약간 위에 있음		
(2) 횡격막 운동	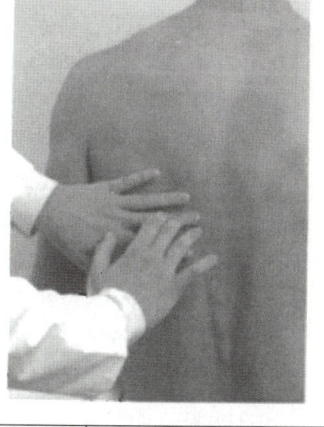 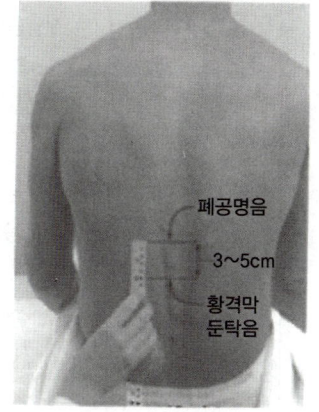	
	정상	• 대칭적, 3~5cm • 휴식기의 횡격막 위치 : 10번째 흉추
	비정상	• 10번째 흉추보다 높은 위치 : 위확장, 횡격막 신경손상 • 횡격막 운동범위 감소 : 늑막삼출, 폐기종, 무기폐

청진	(1) 정상 호흡음	후면 → 앞면 → 측면 : 판형으로, 강도, 음조, 질, 지속시간 청진	

(1) 정상 호흡음

① 폐포음	5 : 2(흡기 : 호기), 낮고 약함(대부분 폐)
② 기관지 폐포음	1 : 1 중간 높이와 중간 강도(폐기관지) – 흉골 양쪽의 중심기관지와 견갑골 사이에서 들림
③ 기관지음	1 : 2 높고 강한 음(기관) – 들숨과 날숨 사이의 간격이 있음, 흉골 위에서 들림

	흡기 : 호기	높이	강도	위치
폐포음	5 : 2	낮음	약	폐
기관지 폐포음	1 : 1	중간음	중	폐기관지(폐첨)
기관지음	1 : 2	높음	강	기관

(2) 성대음 청진

경화 또는 진동 촉진 검사결과, 비정상 시에 시행
① 기관지 성음
② 속삭이는 소리
③ 양명성음(E－A)

정상	거의 안 들리는 게 정상
비정상	잘 들리면 경화상태임

(3) 우발음 (비정상 호흡음)

① 천명음(wheezing)	• 고음이나 저음이 특징임 • 좁은 기도를 공기가 고속으로 통과할 때 생기는 쌕쌕거리는 혹은 휘파람 부는 듯한 소리 • 흡기와 호기 모두에서 들을 수 있으나, 보통 호기 시에 더 큼 • 기관지경련, 염증, 이물질이나 종양에 의한 기도폐쇄로 나타날 수 있으며, 가장 흔한 원인은 천식과 만성기관지염
② 수포음(Rhonchi) = 거친 악설음	• 기침하면 사라짐. 고음, 진한 분비물(천식, 늑막염, COPD) • 큰 기도에 분비물이 있을 때 발생 • 흡기 동안 공기방울이 분비물로 좁아져 있는 큰 기관지나 기관을 통과하면서 나는 거칠고 낮은 음조의 습한 소리 • 20~30초, 저음, 코고는 소리
③ 악설음(crackle, 거품소리) = 나음	• 기침해도 계속 들림 • 작은 기도에 분비물에 있을 때 발생 • 울혈성 심부전, 폐렴, 초기 결핵에서처럼 장액성 분비물이 있는 말단 세기관지나 폐포에 공기가 들어가면서 들리는 과열되는 듯한 소리 • 5~10초, 고음, 짧은 소리

		④ 늑막 마찰음	• 염증으로 인해 거칠어진 늑막 표면이 서로 마찰하면서 생기는 가죽을 문지르는 듯한 소리 • 흡기와 호기 모두에서 발생하며 앞면의 하부 외측표면에서 가장 크게 들림 • 흉벽 촉진 시 진동을 느낄 수 있음 • 마찰음이 들리는 부위의 통증 호소
청진	(3) 우발음 (비정상 호흡음)	⑤ 협착음	• 기관 또는 후두의 방해물로 인해 나는 비정상적인 높은 소리 • 보통 흡기 때 들리며 성문부종, 천식, 디프테리아, 후두경련과 유두종을 포함한 종양 또는 염증상태를 의미함 • 흉벽보다 목에서 더 크게 들리며 후두나 기관지의 부분 폐쇄를 의미하므로 즉시 주의를 기울여야 함 • 고음, 단일음, 까마귀 울음과 유사한 소리로 응급상황임

❹ 질환별 소견

비정상 소견	시진	촉진	타진	청진
천식	빠른 호흡, 코 벌렁임, 곤봉지, 부속근	빠른 맥박, 진동감 감소	때때로 과도공명, 횡격막 하강	길어진 호기, 쌕쌕음, 호흡음 감소
만성 기관지염	호흡부전, 만성 사출성 기침, 부속근	정상 촉진 가능한 진동감 (좁아졌으나 허탈된 것이 아니므로)	공명음(정상)	천명음(쌕쌕, 좁아짐), 악설음(바스락), 나음
무기폐	지연된/감소된 폐 확장, 청색증, 빠른 호흡, 호흡부전	진동음 감소(공기)	영향받은 부분 둔탁음	① 상엽 : 양명성음, 속삭임 소리 ② 하엽 : 호흡음 감소 또는 소실 ③ 허탈 정도에 따라 다양한 천명음, 악설음
폐기종 11,19 임용	술통형 가슴, 보조근, 청색증, 곤봉지, 전후경이 넓은 가슴(Barrel chest)	흉부확장 감소, 진동감 감소(공기)	과도 공명음(공기)	가끔 길어진 호기와 들리는 우발음(천명음 또는 악설음)
기흉 13 임용	얕고 빈호흡, 흡기 시 가슴통증, 흉벽 확장 감소, 기관이 영향받지 않는 쪽으로 기움	진동감 감소(공기)	과도 공명음(공기)	호흡음과 목소리는 감소하거나 없음(폐 내부에 가스흐름 없음)
늑막 삼출액	호흡곤란, 심각한 삼출액 기관이 영향받지 않는 쪽으로 기움	진동감 감소(음파전도가 늑막액으로 차단되므로 감소됨)	둔탁음(수분)	호흡음과 목소리 감소하거나 없음. 늑막 마찰음
폐 경화	빠르고 얕은 호흡, 코 벌렁거림	경화부위 진동감 증가	경화 심하면 둔탁음	다양한 수포음, 성대음 (기관지성음, 속삭임, 양명성음)

4 알레르기성 비염 [96,18 임용] [아동질환]

정의	특이 항원에 대한 코 점막의 과민반응으로 나타난 비점막의 염증성 질환 [18 임용]
특성	① 보통 아동기에 발생하지만 2세 이전에는 드묾 ② 알레르기 비염은 알레르기원의 노출 시기에 따라 계절성 알레르기 비염과 다년성 알레르기 비염으로 구분 <table><tr><td>계절성</td><td>보통 봄~가을의 양상을 따르며 나무, 풀, 꽃가루와 같은 실외 알레르기원과 관련이 있음</td></tr><tr><td>다년성</td><td>• 계절적 영향을 받지 않고 어느 시기에나 나타남 • 주로 집먼지 진드기, 애완동물의 털이나 비듬, 곰팡이 등의 실내 알레르기원과 관련이 있음</td></tr></table>
원인	① 유전적 요인과 환경적 요인이 복합적으로 관여하는 질환으로 아토피성 피부염과 천식처럼 알레르기 비염도 보통 가족력이 있음 ② 알레르기원 : 꽃가루, 진드기, 계절성, 곰팡이, 동물 털이나 비듬, 스트레스, 내분비 장애로 인한 자율신경계 장애 등
병태 생리 [18 임용] 🎧 출E 탈	실내, 실외 알레르기 항원에 대한 1형 과민반응에 의해 발생 <table><tr><td rowspan="2">① 노출</td><td>감작</td><td>알레르기 항원에 처음 노출 시에 B림프구에서 IgE 항체 생성 후 비만세포에 부착 (히스타민은 비만세포 내 과립형태로 저장되어 있음)</td></tr><tr><td>재노출</td><td>알레르기 항원이 상부기도로 흡입</td></tr><tr><td>② IgE</td><td colspan="2">알레르기 항원이 비만세포의 IgE에 부착</td></tr><tr><td>③ 비만세포 탈과립</td><td colspan="2">비만세포가 탈과립되어 히스타민이 분비되고, 면역세포에서 사이토카인 분비 * 히스타민 : 강력한 혈관 확장제로 혈관확장, 점막부종, 점액생성을 증가시킴 * 사이토카인 : 염증세포(중성구, 호염구, 호산구, 대식세포, T림프구)를 모아 염증반응 활성화</td></tr><tr><td rowspan="2">④ 반응</td><td>초기</td><td>• 알레르기 항원에 노출된 지 10~30분 후 발생 • 히스타민 등의 영향으로 혈관확장, 점막부종, 점액생성 증가 초래</td></tr><tr><td>후기</td><td>• 알레르기 항원에 노출된 지 4~8시간 후에 발생 • 사이토카인에 의해 염증반응의 활성화</td></tr><tr><td>⑤ 반복</td><td colspan="2">알레르기 항원에 지속적으로 노출되면 만성적인 알레르기 질환을 일으킴</td></tr></table>

증상 및 징후 96,18 임용	3대 증상	발작적 재채기	히스타민에 의한 점막 자극으로 코 점막 가려움증
		맑은 콧물	히스타민에 의해 혈관투과성 증가와 비점막의 분비샘 자극으로 점액분비 증가
		코막힘	히스타민 영향으로 혈관확장 및 투과성 증가로 비강충혈
	알러지 관련 증상	allergic salute	코 가려움으로 손바닥으로 코를 문질러서 코에 가로로 줄이 생기는 것
		allergic gape	코 막힘이 심해지면서 구강호흡으로 인해 늘 입을 벌리고 있음
		allergic shiners	비강 폐색으로 정맥혈이 정체되어 눈 밑에 다크서클 또는 알레르기성 색소침착
	후각		기능 감소
	비강		확대된 비갑개와 함께 창백하고 습한 비점막
	눈		증상이 심해지면 결막이 충혈되고, 알레르기성 결막염이 동반되기도 함
	수면장애		잠자는 동안 코를 골거나 수면장애가 올 수 있음
	기타 증상		기타 : 안절부절못함, 피로, 우울, 식욕상실
	관찰		부비동염, 중이염, 상기도 감염, 천식과 같은 다른 질환 관련된 증상이 있는지 관찰 필요
합병증 18 임용 (지문)	삼출성 중이염		유스타키오관으로 삼출성 중이염 초래
	부비동염		코막힘으로 부비동염 초래(폐렴과 같이 하부기관지까지의 감염은 드묾)
	천식		서로 별개의 병적 상태라기보다는 하나의 기도질환으로 흔히 나타나며 대상자에 따라서 하나의 병증만이 두드러지고 다른 병증은 가려져있다고 보는 경향
	코폴립		알레르기 치료로 호전되기도 하지만, 그렇지 못한 경우에는 수술로 제거해야 함
진단 96 임용	① 신체검진과 병력 ② 알레르기 징후/증상 : 천식, 음식 알레르기 혹은 아토피 피부염의 징후나 증상과 동반한 아토피를 근거로 함 ③ 혈액검사 : 호산구 상승, 특이 IgE 항체 발견 ④ 코 분비물 도말검사(코 분비물의 세포 관찰) : 호산구 수치 상승(소아 – 4% 이상 관찰되면 알레르기 비염에 합당한 소견으로 봄) ⑤ 피부반응검사 : 민감한 알레르기 항원을 알기 위해 피부반응검사 실시 ⑥ 방사선 알레르기 흡착검사(RASTs) : 혈청 내 항원-특이 IgE항체를 알기 위해 실시		
치료 및 간호	원인 제거 18 임용 (지문)	알레르기원을 피할 것(= 회피요법, 환경요법) ① 집먼지 진드기 : 실내 습도 50% 이하 유지 침구류 55℃ 이상 뜨거운 물로 주 1회 세탁과 햇빛에 자주 말리기 ② 애완동물 키우지 않기 ③ 꽃가루 : 많이 날리는 시기에는 창문과 문을 닫아 실내로 유입 막기, 가급적 외출 자제, 외출 시 마스크 착용 ④ 손 씻기 철저히 하기	

약물요법

① **항히스타민제제**: 가려움증, 재채기, 콧물을 치료하는 데 효과적이나 코막힘에는 거의 효과가 없음

약명	작용	부작용	비고
1세대(비선택적 제제나 진정작용이 있는 제제, 전통적 항히스타민제)			
디펜하이드라민 [diphenhydramine (Benadryl)] 알킬아민[alkylamine (Chlorpheniramine)] 에틸렌디아민 [ethylenediamine (Tripelennamine)]	• IgE 항체에 감작된 비만세포에 작용하는 항원에 의해 유발되는 알레르기 질환의 치료에 효과적임 − 알레르기 비염, 아토피성 피부염의 가려움을 완화하기 위해 사용 • 중추신경계에 대한 효과로 진정 및 수면작용	• 가장 일반적인 부작용은 졸림, 집중력 저하, 어지러움, 운동실조 등임 • 중추신경에 대한 효과 : 졸음, 진정, 현기증, 실신 등 • 역설적 흥분(특히 어린이) • 항콜린 효과(부교감신경 억제 효과) : 아트로핀과 유사한 구조로 구갈, 눈 건조, 핍뇨, 요정체, 빈맥, 저혈압 등의 증상을 나타냄	• 약물을 복용하는 동안 정밀한 작업이나 위험 행동을 하지 말 것 • 임산부와 수유부도 가능한 한 사용하지 말 것

약명	작용	부작용	비고
2세대(선택적 제제나 진정작용이 없는 제제)			
로라타딘[loratadine (Claritine)]	• 만성 특발성 두드러기 • 알레르기 비염	• 두통(1세대에 비해 졸림이나 현기증은 거의 발생하지 않음), 현기증, 구갈, 위장장애, 흥분	• 간효소를 저해하는 약물과 같이 사용 시 QT간격 연장
세티리진[cetirizine (Zyrtec)]	• 만성 특발성 두드러기 • 알레르기 비염		
페소페나딘 [fexofenadine (Allegra)]	• 알레르기 비염		• 졸림증이 없으며, 심장에 부작용 없음
데스로라타딘 [desloratadine (Clarinex)]	• 만성 특발성 두드러기 • 알레르기 비염		

항히스타민제	diphenhydramine, alkylamine, ethylenediamine, loratadine, cetirizine
	일반명의 특징으로 ~mine, ~zine, ~dine이 붙음

② **교감신경효능제**: 비충혈제거제로 코막힘 완화 [18 임용]

약물	작용	부작용	비고
pseudoephedrine (α, β 효능제)	• α 수용체에 작용하여 비점막 혈관수축, 모세혈관 투과성 감소 : 알레르기성 비염, 부비동염, 급·만성 비염(감기) 등으로 인한 비충혈과 분비물 감소	• 불면증, 심계항진, 진전	• 경구제
oxymetazoline (α 효능제)		• 불면증, 근 진전, 오심과 구토	• 비강분무제 • 3일 이상 투여 시 경구제제로 변경(∵ 반동성 충혈) • 심혈관계의 부작용 가능성↓

<table>
<tr><td rowspan="2">치료 및 간호</td><td rowspan="2">대증 요법</td><td colspan="2">③ 스테로이드제 : 알레르기 비염 치료에 가장 효과적, 코막힘에도 효과가 좋고, 눈 증상(결막염)도 호전시킴</td></tr>
<tr><td>

약명	작용	부작용	비고
베클로메타손 [beclomethasone (Beclovent)] 부데소나이드 [budesonide (Pulmicort)]	• 기관지 평활근에 직접적인 작용은 나타나지 않음 • 염증을 감소시키고 점막 부종을 완화시키고, 모세혈관의 투과성을 감소시켜 류코트리엔의 유리를 억제하는 작용을 함 • 천식, 알레르기 비염 치료제	• 구강건조, 인두자극, 구강 내 진균 감염 등 • 흡입용 코르티코스테로이드를 과다 흡입하게 되면, 신체 모든 기관에 영향을 미침 – 부신피질 기능부전, 감염에 대한 감수성 증가, 피부문제, 골다공증 등	• 고혈당을 일으킬 수 있음 • 어린아이들은 성장감시 (성장장애 우려) • 부신피질 호르몬제와 기관지 확장제 함께 복용 시 기관지 확장제 먼저 투여 • 구강칸디다증과 같은 합병증이 발생할 수 있으므로 spacer를 이용하여 투여하거나, 흡입 후 입 헹구기 • 국소 코르티코이드 스테로이드는 천식증상 예방에 도움이 됨 • 2~3일 이상 연속사용 시 효과가 나타남

④ 비만세포안정제 : 비만세포의 탈과립화를 방해하는 효과를 가지고 있어 염증반응 감소

약물	작용	부작용	비고
cromolyn (Intal)	• 비만세포의 탈과립화를 방해하여 천식, 알레르기 비염의 예방	• 독성은 적지만, 쓴맛과 인후두의 자극이 있음	• 예방적 항염제임(알레르기원 접촉 15~20분 전 투약해야 효과적임) • 천식 예방과 알러지원에 감수성이 있는 소아나 임산부에게 유효함 • 구강건조 예방 위해 투약 후 입안 헹굴 것, 기관지 확장제는 크로모린 투여 20~30분 전에 투여하는 것이 최적임
nedocromil (Tilode)	• 만성치료에 효과적임(기관지 확장 효과 없음)	• 기관지 경련, 홍반, 발적, 두드러기, 이하선염	• 혼탁한 용액은 사용금기

</td></tr>
<tr><td rowspan="2">보존 및 지지 요법</td><td colspan="2">① 면역요법(탈감작 요법)

정의	확인된 알레르기원을 희석하여 용액을 조제 후 피하로 주입, 점차 양을 늘려 항원에 둔해지게 하는 방법으로 IgG를 증가시키는 작용을 함
목적	제1유형(IgE 중개형) 과민반응 치료에 사용
주사법	항원 관련 : • 확인된 알레르기원을 희석하여 용액으로 조제 후 피하로 주마다 주입, 점차 양을 늘려 항원에 둔해지게 하는 방법 • 항원용액병은 냉장고에 바로 세워서 보관 주사 관련 : • 상박에 주사하며 항원용량 정확히 측정하기 위해 1cc 주사기 사용 합병증 관련 : • 쇼크에 대비한 응급처치 준비 • 주사 후 20분간 환자 관찰(소양감, 둔해지는 감각, 인후부종, 쇼크 등)
치료기간	최대농도(보통 1 : 100)가 될 때까지 약 5년 정도 소요

② 충분한 휴식, 스트레스 조절
③ 수분섭취 증가
④ 감염예방 : 기침과 재채기는 휴지로 입을 가리고 할 것, 사람이 많이 모인 집회 등을 가지 말 것, 손 씻기 철저히
⑤ 코를 풀 때 양쪽 비강이 열려있는 상태로 풀어서 염증이 유스타키오관으로 퍼지는 것을 예방
⑥ 치료약과 관련된 자세한 정보 제공 : 비충혈 제거제(주로 아드레날린 약물이 사용됨)를 비강 분무제로 투여하는 경우 3일 이상 투여 시 경구제제로 변경해야 반동성 충혈을 방지할 수 있음. 또한 신경과민과 불면증 등의 발생을 예방함 18 임용</td></tr>
</table>

CHAPTER 03. 호흡기계 건강문제의 간호와 관리

5 수면무호흡증 [성인질환]

정의	수면 도중 1시간 동안에 20~30회 이상, 1회에 적어도 10초 이상 호흡이 정지되는 상태
역학	남성이 여성보다 흔하며, 연령증가에 따라 빈도가 높아짐
원인 및 유발요인	① 수면무호흡은 신경학적 장애 혹은 중추장애로 인해 발생할 수도 있지만, 대부분 연구개 혹은 혀에 의해 상기도가 폐색되어 발생됨 ② 유발요인 : 비만, 고혈압, 목젖 비대, 짧은 혀, 흡연, 편도 혹은 아데노이드 비대, 구인두 부종, 가족력 등
증상	① 낮잠을 깊게 자며, 기억력과 집중력이 저하됨 ② 수면 시 코를 심하게 골고, 자주 깨며 피곤해함 ③ 기타, 안절부절못하고 인격변화가 나타남
진단검사	① 먼저 병력 조사 ② 코, 귀, 목의 신체검진 ③ 내시경 검진 ④ 두경부 X-선 검사 또는 컴퓨터단층촬영 : 구조의 폐쇄성 여부와 턱과 연관시켜 혀의 위치 파악 ⑤ 수면다원검사 : 급속 안구운동성 수면과 숙면을 포함한 모든 수면단계 측정 ⑥ 뇌파검사, 심전도, 맥박산소측정기, 근전도 등을 이용하여 대상자의 수면 깊이와 형태, 호흡곤란, 산소포화도, 근육움직임 등 확인

치료 및 간호		
원인제거	비수술 요법	① 이단양압기도 압력 : 비강마스크나 안면 마스크를 통해 흡기 동안은 양압을, 호기 시에는 낮은 압력을 전달, 이러한 수준의 압력은 1회 호흡량을 증가시키고 상기도를 개방시킴 ② 비강지속성 기도양압 : 안면마스크를 이용하여 흡기와 호기 동안 계속 양압을 유지하여 기도폐쇄를 막는 방법, 부작용으로 구강건조, 비염, 부비동 울혈이 나타나면 공기습화 및 항히스타민제로 조절할 수 있음
	수술 요법	① 단순 아데노이드 절제술이나 목젖절제술 실시 ② 전통적인 수술방법이나 레이저를 이용해 목젖구개인두성형술 실시
보존 및 지지요법		① 수면무호흡의 정도와 대상자의 의지와 이행능력에 따라 달라짐 ② 체중감소와 금주, 금연, 수면제 사용을 피하는 행동변화가 중요함 ③ 증상이 가벼운 대상자 : 베개를 낮은 베개로 교환, 반듯이 누워 자는 자세를 옆으로 누워 자는 자세로 변경, 혀나 턱을 앞으로 나오게 하는 치과보정물 사용

6 감기(= 비인두염) [아동질환]

정의	비인두의 급성감염
특징	소아(3세 이하)의 가장 흔한 감염성 질환(겨울이나 이른 봄에 흔히 생기는 전염성 호흡기 질환으로 비말에 의해 직접 전염됨)
원인	① 바이러스: Rhino virus 30~50%, parainfluenza, influenza virus, Adeno virus(성인) ② 세균: A군 β-용혈성 연쇄상구균(이후 류마티스성 심질환이나 사구체신염을 유발할 수 있음), 디프테리아균 **리노바이러스(Rhino virus)** • 2세 이하에서 호발 • 1년 내내 발생(학기 초를 중심으로 1, 4, 9월에 호발), 추위나 습도와는 관계없이 발생빈도는 노출횟수에 비례함 — 합병증: 중이염 → 감기 도중에 다시 열이 오르거나 귀가 아프고 보채면 의심
병태생리	① 바이러스나 세균에 의한 감염으로 비인두의 염증 발생 ② 비인두의 염증부위에 조직부종과 삼출물 형성으로 비충혈과 전신 염증 증상 발생
증상	**바이러스성** ① 나이가 어릴수록 증상 심함 ② 발열, 두통 ③ 콧물, 인후통, 기침, 호흡곤란 ④ 고막충혈 ⑤ 식욕상실, 구토, 설사 ⑥ 과민성, 불안정성 **세균성** ① 갑자기 발병 ② 두통과 발열 ③ 편도와 인두에 염증
합병증	① 중이염: 감기 도중에 열이 다시 오르면 의심 ② 부비동염, 경부임파절염, 유양돌기염, 편도주위 봉와직염, 안와주위 봉와직염 ③ 후두기관지염, 세기관지염, 폐렴 ④ 바이러스성 감기는 천식발작의 흔한 유발인자임

치료 및 간호	원인제거	바이러스	특수요법 없음
		세균	항생제 투여
	대증요법	통증조절	① 약물요법: 진통해열제, 진해거담제, 비충혈제거제, 항히스타민제 ② 경부통증 완화: 냉습포나 온습포, 따뜻한 식염수 함수 등
		분비물, 코막힘, 구강건조 완화	① 생리식염수 3~4시간 간격으로 점적 ② 비강분비물이 많아서 호흡수가 증가된 대상자에게 비강흡인 우선 제공 ③ 가습기 제공, 충분한 수분섭취
	보존 및 지지요법	전파방지	① 수건, 컵 따로 사용 ② 사람과 접촉 피하기: 사람이 많이 모이는 장소에 가지 말 것 ③ 손 씻기를 철저히 할 것

간호진단	① 비인두의 염증과 관련된 비효율적 기도 청결 ② 비강충혈, 구강호흡, 인후통과 관련된 불편감으로 인한 수분섭취 부족과 관련된 체액 부족 ③ 인후통, 염증과정과 관련된 급성통증

7 부비동염 93,95,09 임용 [아동질환] [성인질환]

정의		부비동 점막의 세균감염, 바이러스 감염, 알레르기, 물혹, 종양 등으로 인해 염증성 변화가 초래된 상태
원인	급성	상부 호흡기 감염, 알레르기성 비염, 수영이나 치과 치료 후
	만성	알레르기, 비용종, 재발되는 급성 부비동염
병태 생리		(1) 보통 Rhinovirus나 콧물이나 기침을 동반한 일반적인 감기 후에 나타남 (2) 코를 자주 푸는 것 → 강제로 비강의 정상적인 양성 세균을 부비동으로 보내서 원인을 제공하는 것(부비동은 정상적으로 무균상태임) ① 상기도 감염으로 인해 점막에 염증과 부종 　㉠ 분비물의 양 증가 　㉡ 염증과 감염은 부비동 점막을 덮고 있는 섬모의 보호청정 작용을 방해 → 손상된 점액 섬모는 부비동 내 분비물의 정체를 초래하고, 축적된 점액이 비강의 섬모 운동을 손상시킴 → 박테리아 성장 매개체를 제공하게 됨 ② 이환된 부비동은 화농 물질로 채워져 좁은 부비동 통로 폐쇄 → 분비물 역류 ③ 부비동 통증, 염증 유발
		호발부위 : 상악동 > 전사골동 > 전두동 순으로 호발 (후사골동과 접형동의 이환빈도는 낮음) 93 임용 ① 영아기 초기 : 상악동, 사골동은 감염을 일으키기에 충분히 커져 있음 ② 전두동과 접형동 : 학령기 이전에는 문제되지 않음 [부비동의 앞면]　[부비동의 옆면]

증상 및 징후

통증 부위	상악동	볼과 눈 사이, 눈 뒤나 코 양쪽, 윗니 치통, 부종
	전두동	일반적으로 안와위에 국한
	사골동, 접형동	눈의 심부, 눈 위와 앞 이마, 눈과 눈 사이, 두정골 통증

	급성 화농성 부비동염	만성 화농성 부비동염
주호소	① 감기가 평소보다 심하거나 10일 이상 지속 ② 감염부위의 압박감, 코막힘, 비음(코막힌 소리) ③ 두통, 전신권태, 미열(37~37.5℃) ④ 부비동과 코의 통로 폐쇄 시 심한 통증 호소 ⑤ 악취 나는 호흡	① 열, 안면통 혹은 두 가지 증상 혼합 ② 전신적 증상 ③ 심한 통증 없음
분비물	초기에는 장액성 혹은 혈액이 섞인 분비물 ⇩ 다량의 점액성 및 점액농성 분비물	진하고 푸른색 or 화농성의 비강 분비물이 수 주일 혹은 몇 달 지속
비점막	① 붉고 종창 존재 ② 얼굴은 침범된 부위와 눈 주위가 붉게 부음	① 비강 충혈 : 발적과 부종(울혈) 있음 ② 점막이 두꺼워져 있음
합병증	① 안구의 세균염, 균혈증, 눈 주위 화농 ② 뇌막염, 해면동 혈전증, 경막과 지주막외농, 뇌염, 골수염 ③ 전도성 난청	① 부비동 점액류종(부비동의 개구부가 막히면서 점액성 분비물이 저류되어 발생하는 양성 병소) ② 골수염 ③ 뇌막염 ④ 안와 봉와직염

	부비동염의 진단은 일반적으로 아동의 병력과 신체 사정에 기초함				
	① 촉진과 타진 : 부종이나 압통 검사				
		전두동	촉진	눈위, 안와의 뼈 부분 바로 아래	
			타진	눈썹 위	
		상악동	촉진	관골 바로 아래 코 양쪽	
			타진	눈 아래, 코 양쪽	
진단 검사	② 코 분비물 관찰				
	③ 부비동 광선 투시법 : 부비동이 액체나 농으로 차 있는지 여부를 확인하기 위해 촉진과 타진 시 부비동에 압통여부를 확인하고, 압통이 느껴지면 광선투시법으로 확인 09임용				
	구분	Ⓐ 전두동		Ⓑ 상악동	
	절차	㉠ 어두운 방에서 ㉡ 눈썹 아래 강하고 가는 손전등을 비추고 ㉢ 다른 손은 빛을 가리고 ㉣ 전두동을 투시		㉠ 어두운 방에서 ㉡ 대상자에게 입을 벌리도록 하고 ㉢ 손전등을 상악동에 비추어 본다. ㉣ 다른 쪽 상악동을 검사하기 위해 이 방법을 반복한다.	
	정상 소견	붉은빛 투시 : 이것은 정상이며 공기가 차 있는 부비동임을 나타냄			
	비정상 소견	붉은빛이 투시되지 않는 경우는 대개 액체, 농 또는 만성 부비동염에서 나오는 진한 점액으로 차 있는 부비동임을 나타냄(울혈되었거나 화농성 액체가 고인 것을 의미함)			
	④ X-선 촬영 : 공기가 있어 부비동 부위가 검게 보이면 정상				
	⑤ CT, 비강내시경 등				
치료 및 간호	원인 제거	항생제 투여 : 아목시실린 10~14일 동안 처방			

	대증 요법	① 배액촉진
		    ㉠ 비충혈제거제 : 알파교감신경 효능제(ephedrine 등)
		    ㉡ 자연 개구부를 통한 부비동의 배액과 환기
		    ㉢ 수분섭취 권장(하루 6~8컵)
		    ㉣ 세척 : 부비동의 배액과 환기유지를 위해 멸균 식염수 등으로 세척
		    ㉤ 40~50% 습도유지
		② 통증완화 : 해열진통제
		③ 염증완화
		    ㉠ 비강스테로이드제
		    ㉡ 하루에 2회 뜨거운 물에 샤워
		    ㉢ 더운물 찜질 : 매일 1~2시간 증기흡입
		
		비강 약물 점적 방법
		(1) 목적 : 점막부종을 감소시키거나 비강이나 부비동의 감염 치료를 위해서
		(2) 절차
		    ① 대상자로 하여금 코를 풀게 하여 약물흡수 증진
		    ② 치료부위에 맞는 체위를 유지하게 함
		    ③ 간호사는 대상자의 머리를 지지하여 목의 근육이 긴장하지 않도록 함
		    ④ 입으로 숨쉬도록 하면서 투약 후 5~10분간 그 체위를 유지하도록 함
		    ⑤ 점적기가 비점막에 닿지 않게 함
		    ⑥ 점적 후 약물의 효과나 대상자의 반응을 사정할 것			

	대증 요법	(3) 체위 ① 유스타키오관의 개구부 치료 시(배횡와위) : 질 검사나 여성의 인공 도뇨 시 주로 이용되는 자세로 대상자로 하여금 등을 대고 누운 자세에서 무릎을 60도 정도로 굽히고, 다리를 약간 벌리고, 발바닥은 침대에 붙인 자세 ② 사골동과 접형동을 치료 시(Proetz 체위) : 대상자로 하여금 등을 대고 누운 자세에서 침대 끝으로 머리를 내리거나 어깨 밑에 베개를 대어주어 대상자의 머리가 후하방으로 기울게 함 ③ 상악동과 전두동을 치료 시(Parkinson 체위) : Proetz 체위에서 머리를 옆으로 돌림 93임용 [Proetz 체위]　　　[Parkinson 체위]
	보존 및 지지 요법	① 금연 : 점막자극 감소 ② 갑작스런 체온변화 피할 것 : 증상악화 방지 ③ 저항력 증진 : 침상안정, 영양식, 정신적 안정 ④ 코를 세게 풀지 않도록 교육(∵ 점액이 부비동 내로 침입하게 하여 감염 전파 확장될 수 있음)
치료 및 간호	수술 간호	[부비동염 수술 후 간호] 95임용 ① 부비동 수술 후 24시간 동안 심한 비출혈이나 호흡문제, 반상출혈, 안와 및 안면 부종이 발생하는지 관찰 ② 코와 뺨에 얼음주머니를 대어 주어 부종과 출혈 감소시킴 ③ 수술 후 24~48시간 동안 부종을 최소화하기 위해 침상상부를 45도 이상 상승시키는 자세 유지 ④ 비 심지는 일반적으로 다음날 제거하나, 상악동 심지는 36~72시간 유지하고, 심지로 인한 불편감을 완화시키기 위해 경한 진통제 투여 ⑤ 분비물을 묽게 하기 위해 수분섭취 증가, 가습기 적용 ⑥ 코 밑에 점적 패드를 대주어 코를 자주 닦지 않도록 함 ⑦ 수술 후 7~10일간 코를 풀지 않도록 함 19국시 ⑧ 재채기는 입을 벌리고 할 것 ⑨ 수술 후 3~5일쯤부터 식염수를 코에 분무하여 비점막에 습기 제공 ⑩ 약 2주간 과격한 운동, 무거운 물건을 들어 올리는 행위, 힘주는 동작을 피하고 신체활동을 최소화하도록 함 ⑪ 비인후에서 나오는 정상적인 침은 점막을 부드럽게 만들고 이물질 제거를 위해 나오는 것으로 삼키도록 하고, 분비물이 많은 경우에는 살짝 뱉는 것은 괜찮지만 삼키기를 권장함 [부비동염 내시경 수술 후 주의사항] ① 수술 후 코를 심하게 풀면 피부 밑 조직에 공기가 들어가는 질환이 일시적으로 생길 수 있으므로 삼가 ② 수술 후 비내 출혈을 막기 위해 코를 막으므로 눈물관이 막혀 눈이 불편할 수 있음 　- 안과질환이 생길 경우 병원에서 처방한 안약을 2~3시간마다 한 방울씩 코를 막은 쪽의 눈에 점안 ③ 수술 후 코를 막아 구강호흡을 하게 됨 : 입안 건조 　- 가습기 사용, 젖은 수건을 걸어두어 습도 유지, 구강청결 위해 베타딘 용액으로 양치(가글) ④ 수술 후 소량의 피가 일시적으로 목 뒤로 흐를 수 있으나, 만약 많은 양의 피가 지속적으로 넘어갈 때는 삼키지 말고 즉시 의사에게 연락 ⑤ 수술 후 수술 부위에 피딱지가 많이 생겨서 일시적으로 수술 전보다 막힐 수 있음 → 수술 후 외래 방문하여 가피 및 조직편을 제거하고 코 상태 점검 ⑥ 부비동의 구조상 상부에 뇌, 바로 외측은 눈이 위치하고 수술부위는 동맥이 지나가는 매우 복잡하고 미세한 구조를 갖고 있음 → 수술 후 극히 드물기는 하나 뇌척수액 비루, 시력장애 및 복시, 다량의 출혈, 눈 주위의 피멍과 안구통이 발생할 수 있음 ⑦ 술과 담배는 치유를 저해하므로 삼가

8. 편도선염 : 편도선 절제술 대상, 편도선 적출술 금기 [92,93 임용] [아동질환]

정의	백혈구, 죽은 세포, 박테리아 등이 음와에 축적되고 편도조직이 염증과 함께 비대된 상태 ※ 편도선		
	정의	인두점막 속에 발달한 림프세포인 여포의 집합체	
	기능	① 호흡기와 소화기 보호, ② 병원체 여과, ③ 항체를 형성함	
	특성	아동은 청소년이나 성인에 비해 편도의 크기가 큼 : 상기도 감염에 감수성이 높은 어린 아동의 정상 방어기제임. 그러나 아동은 인두강 내 림프조직이 비대해 있기 때문에 편도염에 자주 이환됨	
원인	박테리아 : A군 베타 용혈성 연쇄상구균이 가장 흔한 원인균(전체 20% 차지) - 연쇄상구균 감염으로 인한 편도선염과 인두염을 치료하지 않으면 성홍열, 중이염, 주위 조직 화농성 감염을 초래할 수 있음		
병태 생리	① 전파 : 공기, 음식 등에 의해 박테리아 또는 바이러스에 전염 ② 염증 : 편도는 림프조직으로 구개인두에 위치하며 세균으로부터 신체를 보호하는 기제로, 염증에 의한 부종으로 연하곤란과 호흡곤란 호소 ③ 회복 : 5~7일 후에 자연회복		
증상 및 징후	A군 베타 용혈성 연쇄상구균 감염 관련	편도염, 인두염, 두통, 복통, 오심, 구토, 설사 증상 경험	
	국소증상	구인두 관련	① 구개편도의 부종으로 비대로 연하곤란, 호흡곤란 호소 ② 시진 : 목젖 및 구개의 발적과 부종 ③ 촉진 : 경부림프절의 종대, 압통
		비인두 관련	비강충혈, 아데노이드 비대로 인한 구강호흡으로 구강건조와 통증악화
	전신증상	열, 오한, 식욕부진, 두통, 근육 불편감	
진단	① 아동의 호소 ② 직접 촉진 또는 시진(인두경에 의한 인두구개 검사) ③ A군 베타 용혈성 연쇄상구균이 원인일 때 혈청검사 : ASO titer 증가, ESR 증가, WBC 증가		
합병증	① 주위 조직의 화농성 감염 초래 : 급성중이염, 비염, 부비동염, 편도선 주위농양, 경부농양 등 ② 만성 편도선염, 수막염 등 ③ A군 베타 용혈성 연쇄상구균의 합병증 : 성홍열, 류마티스열, 급성 사구체 신염, 폐렴, 신장염, 골수염		
치료 및 간호	원인 제거	① 항생제 7~10일 투여 ② 수술 적용 　㉠ 편도선 절제(구개편도) : 호흡곤란이나 연하곤란을 초래하는 과잉증식이 있을 때, 악성종양과 상기도를 폐쇄하는 경우 시행 　　※ 실시 시기 : 3세가 지난 후 실시할 것 　　　① 어릴수록 과다출혈을 야기할 수 있음 　　　② 편도가 다시 자라거나 다른 림프조직이 비대해질 수 있음 　　　③ 이관 편도와 설편도가 절제된 림프조직을 보상하기 위해 커지는 경우가 있어 인두와 유스타키오관을 막게 됨 　㉡ 아데노이드 절제 : 아데노이드의 비후로 코가 막혀서 호흡이 곤란한 경우 시행 　　(3세 이하 아동은 편도선 절제와 병행하지 말 것)	
	대증 요법	① 해열진통제 : 아스피린, 코데인　　② 안정 격려 ③ 냉 가습기 : 점막의 습기 유지　　④ 따뜻한 식염수 함수 ⑤ 목에 얼음칼라 [19 국시]　　⑥ 인후세척 방법 교육 ⑦ 부드럽고 자극성 없는 음식 섭취	

치료 및 간호	수술 간호	(1) 편도절제술 적응증 [92 임용] 🎧 중이 삼 무 악보 농양 종양 재발		
		① 재발 : 재발성 편도염 & 급성 편도선염의 잦은 재발 ② 증식 : 편도선 과잉증식(만성 염증비대, 일측성 고도비대) – 연하곤란, 기도폐쇄, 부정교합, 안면발달장애, 비강 기도 폐색, 비대로 인한 호흡장애 ③ 농양 : 편도주위 농양 ④ 종양 : 편도의 악성종양		편도 관련 적응증
		⑤ 중증의 중이염 ⑥ 재발성 삼출성 중이염과 아데노이드 비대증 ⑦ 수면무호흡증 ⑧ 편도선염이 류마티스열, 천식, 관절염, 홍채염을 악화시킬 때 ⑨ 디프테리아 보균자		합병증 관련 적응증
		(2) 편도절제술 금기증 [92,93 임용] ① 모든 종류의 급성 감염 ② 활동성 결핵 ③ 혈액질환 : 혈우병, 고도빈혈, 자반증, 백혈병 등 출혈을 증가시킬 수 있는 질환 ④ 전신질환 : 당뇨, 심장병, 심장염, 면역저하로 감염위험성이 높은 경우 ⑤ 연령 : 고령자, 만 3세 이하 ⑥ 소아마비(= 회백수염) 유행 시기(∵ 편도가 소아마비 바이러스의 잠복 기관이므로, 소아마비는 95%가 불현성 감염으로 감염되었다가 회복되므로 무증상 상태에서 편도선절제술을 적용하게 되면 확산될 위험이 있음) – 인두나 소장의 림프조직에서 증식함 ⑦ 구개파열 : 말하는 동안 양쪽 편도선이 공기의 유출을 막아 줌		
		(3) 수술 전 간호 ① 출혈경향 사정 ② 흔들리는 치아 발치 ③ 상기도 감염 완화 2~3주 후 수술 : 급성 감염 시 출혈경향 증대, 타 기관으로 염증 전파		
		(4) 수술 후 간호 [11,14,17,19 국시] ① 분비물이 흡인되지 않고, 배액분비 촉진 : 엎드리거나 옆으로 눕히기(복위 또는 측위) ② 출혈예방 및 확인하고, 출혈이 의심되는 경우 의사에게 알리기		
			예방	• 기침, 목소리 사용 자제 • 조심스런 흡인, 빈번한 기침이나 코풀기 금지(∵ 수술부위에 응고를 방해하거나 출혈을 유발할 수 있으므로) • 빨대 사용 금지(∵ 빨대를 빠는 압력으로 인해 수술부위 출혈유발 가능) • 자극성 음식 섭취(양념이 강한 음식, 거칠거나 삼키기 어려운 음식) 금지
			확인	• 응고된 혈액과 분비물의 관찰, 콧속·치아 및 구토물의 혈액유무 확인 • 출혈유무 관찰 : 전등과 설압자를 이용하여 주기적으로 목 뒤를 확인 • 출혈징후 관찰 : 자주 뱉어내거나 삼키는 행동, 선홍색 출혈, 다량의 토혈, 맥박상승, 불안정, 혈압하강, 창백함 등 확인
		③ 인후 통증관리 : 얼음 목도리, 일정한 간격으로 진통제(타이레놀 투약, 아스피린 금기) 투여 ④ 적용 및 금기		
			적용	• 음식과 수분공급 : 의식회복 후, 출혈 증상 없을 때 • 찬 가습기 적용 : 구강호흡 시 점막이 건조해지므로 구강점막의 촉촉함의 유지를 위함 • 제공가능한 음식은 수프, 으깬 감자, 부드러운 과일 등임
			금지	• 수술부위에 자극을 주므로 찬물과 얼음을 제공하지 말고, 회복 후 미지근한 물 제공 • 붉은색 갈색 주스는 출혈징후와 감별위해 금지 • 감귤류 주스 등 신맛나는 주스는 목에 열감을 제공하므로 제공금지 • 유제품(우유, 아이스크림, 푸딩) 금지 : 구강과 인후에 막 형성 → 제거 시 출혈 가능성이 높음

9 후두염 [성인질환]

정의	후두점막의 염증 → 발성과 호흡기능에 영향	
유형	급성 후두염	만성 후두염
원인	① 상부 호흡기 동반 ② 목소리 혹사 ③ 뜨거운 가스 또는 부식물질의 흡입	① 화농성 물질 배액 : 만성 부비동염, 기관지염 ② 알레르기, 갑상선 기능저하증, 후두결핵 ③ 알코올 중독
증상 (사정내용)	① 목이 쉼 ② 기침과 연하 시 후두부위 불편감 ③ 발열(40℃ 이상)은 나타나기도 하고, 없기도 함 ④ 성대 발적/부종 ⑤ 후두 전체 분비물	① 쉰 목소리 ② 말하기 어려움 ③ 심한 마른기침 ④ 용종 ⑤ 발적, 부종, 비후

치료 및 간호		
	원인제거	① 세균이면 항생제 투약 ② 말하지 않고 쉬기
	대증요법	① 필요시 진통제나 진정제 ② 수분섭취 증가 ③ 금연(∵점막을 자극하여 후두염을 악화시킴) ④ 증기 흡입 : 습도 조절
	보존 및 지지요법	악성종양 감별진단 : 쉰 목소리 2주 이상 계속될 경우 후두경 검사 실시

10 크룹 증후군 92 임용 아동질환

정의	① 크룹(Croup)은 후두 부위의 부종 혹은 폐쇄로 인한 [1]쉰 목소리, [2]개 짖는 소리 같은 금속성 기침소리, [3]흡기 시 협착음, [4]호흡곤란 등의 복합적인 증상을 말함 ② 크룹 증후군은 후두, 기관, 기관지에 다양하게 영향을 주지만 호흡이나 발성이 어려워지는 후두침범이 가장 두드러짐 ③ 침범된 해부학적 위치에 따라 후두개염, 후두염, 후두기관 기관지염, 기관염으로 불림
역학 92 임용	① 남아 > 여아 ② 대개 6개월~3세 아동(유아기 & 학령전기아동 多) ③ 계절 : 늦가을~초겨울 빈도 높음, 추운 계절 밤에 흔함

원인	바이러스	Parainfluenza virus 75% 그 외 adenovirus, influenza virus, measles 등
	세균	Haemophilus influenzae, staphylococcus aureus, staphylococcus pneumonia 등, 후두개염은 대부분 Haemophilus influenzae type B형

병태 생리 92 임용	① 후두부위 점막 염증과 부종으로 기도 좁아짐 ② 거친 쇳소리의 기침발작, 쉰 목소리 ③ 상기도 폐쇄에 의한 → 흡기성 협착음(천명음), 호흡곤란 ④ 흉골하 또는 흉골상부 견축(상기도폐쇄로 인한 호흡곤란으로 인해 보조호흡근육인 사각근, 흉쇄유돌근, 대흉근 등의 이용증가로 나타나는 것), 초조, 창백 또는 청색증, 심박수 증가, 극도의 불안정 또는 무관심, 저산소증

증상 (사정내용) 92 임용 / 18 국시 🎧 호기 협소	점막염증과 부종으로 기도 좁아짐(4가지 증상) ① 호흡곤란 : 상기도 폐쇄에 의한 호흡곤란 ② 기침 : 거친 쇳소리의 기침발작(개 짖는 소리) ③ 협착 : 상기도 폐쇄에 의한 흡기성 협착음(천명음) ④ 목소리 : 쉰 목소리 ⑤ 시진 ㉠ 흉골하 또는 흉골상부 견축(함몰), 초조, 창백 또는 청색증 → 심박수↑, 극도의 불안정, 저산소증 ㉡ 인두와 후두개 : 붉은색, 부종으로 커져 있음

합병증	① 바이러스 크룹의 약 15%에서 합병증 발생 ② 후두개염 : 중이, 말단세기관지, 폐 실질 등의 호흡기계 감염 확산 → 폐렴, 경부림프절염, 중이염, 뇌수막염, 관절염, 종격동 기종 & 기흉(기관 절개를 받을 때)

치료 및 간호	가장 우선 간호	호흡상태의 지속적 사정
	병원으로 후송해야 하는 경우	① 후두개염이 있거나 의심이 되는 경우 ② 천명음의 진행 ③ 휴식 시에도 심한 천명음이 있는 경우 ④ 호흡곤란, 저산소증, 불안, 창백, 의식 약화, 위독하게 보이면서 고열이 있는 경우 → 청색증이 나타날 때까지 지체하지 말고, 맥박수와 호흡수가 증가하고 흉골 함몰이 차츰 심해질 때 바로 후송
	기도유지와 환기지지	

	급성후두개염 (세균성 크룹) 13,19,21 국시	급성후두기관기관지염 (바이러스 크룹) 15 국시	급성경련성후두염 (급성연축후두염) 17 국시	급성기관기관지염 (세균성 기관염)
정의	후두개, 후두개 주위 염증으로 급속 진행되는 후두폐쇄 → 내과적 응급질환(크룹의 가장 중한 형태)	상기도 감염 후에 발생. 성대, 성대하부 감염으로 흡기 시 성대 아래 기도가 갑자기 폐쇄되는 질환(가장 흔함)	흡기 시 후두경련에 의해 성대주위 기도폐쇄	기관 상부의 감염으로 크룹과 후두염의 증상이 나타나는 기도폐쇄(후두 침범 ×)
호발 연령	2~7세	3개월~5세 이하	1~3세	1개월~6세(3세 이하)
발생 원인	• Haemophilus influenzae (Hib 예방접종 시행 후 심각한 질환의 80~90% 감소)	• Parainfluenza virus	• 알레르기, 바이러스 • 정신적 요인	• Staphylococcus aureus(포도상구균) • A군 베타 용혈성 연쇄상구균 • Haemophilus influenzae
발병	갑자기, 빠르게 진행	서서히 진행 (주로 밤에 심해짐)	밤에 갑자기 나타나고, 낮 동안에는 증상 없음	중증도로 진행
증상	1. 조기증상 ① 인후통과 연하곤란 → 갑자기 호흡곤란 ② 자발적 기침의 부재 ③ 앞으로 기울어진 채 똑바로 앉아 있음. 턱을 빼고 입을 벌린 채로 혀를 내민 상태로 침을 흘리는 모습 ④ 불안, 초조, 겁에 질린 표정 2. 진행 ① 고열, 심하게 아파함 ② 목소리는 굵고 잘 들리지 않음. 말하기 힘들어함 ③ 흡기 시 천명음, 협착음 (누우면 더 심함) ④ 흉부견축 증가 ⑤ 저산소증 → 창백, 청색증	1. 조기증상 ① 상기도 감염 선행 ② 미열 + 별로 아파 보이지 않음 2. 진행 ① 개 짖는 소리 + 금속성 기침소리 ② 쉰 목소리 ③ 흡기 시 천명 & 협착음 ④ 흉부견축 증가 ⑤ 심하면 호흡성 산증, 호흡부전 ※ 기도폐쇄 직전 증상 • 맥박과 호흡수 상승 • 흉골 및 흉골위, 늑골간 견축 • 코 벌렁거림, 무력감, 호흡곤란 • 흡기 시 협착음, 천명음 : 기도가 좁아지면서 흡기를 하기 위해 노력하므로 나타남 • 개 짖는 소리, 쇳소리 같은 기침 • 쉰 목소리 • 심하면 호흡성 산증, 호흡부전	1. 조기증상 특별한 증상 × : 가벼운 호흡기 증상 2. 진행 ① 자다가 한밤중에 갑자기 나타남 : 11P~2A 사이, 겨울마다 재발↑ ② 개 짖는 듯한 쇳소리 기침 ③ 쉰 목소리 ④ 흡기 시 천명음 ⑤ 흉부견축 증가 ⑥ 불안, 초조, 공포감 3. 호전 ① 수시간 후 발작, 기침 사라짐 ② 다음날 아침에 약간 쉰 목소리 외 건강해보임 (대부분 자연치유) ③ 2~3일마다 재발 경향, 열과 전염성은 없음	1. 조기증상 상기도 감염 선행 2. 진행 ① 진한 화농성 분비물 → 호흡곤란 ② 고열 ③ 침 분비 저하 ④ 흡기 시 천명음/협착음 ⑤ 크룹성 기침 ⑥ 급성후두기관기관지염 치료에 무반응

	급성후두개염 (세균성 크룹) 13,19,21 국시	급성후두기관기관지염 (바이러스 크룹) 15 국시	급성경련성후두염 (급성연축후두염) 17 국시	급성기관기관지염 (세균성 기관염)

진단	1. 후두경 검사
	  : 염증으로 부종과 붉은색의 후두개
	2. X-ray 검사
	  : 부어있는 후두개 음영
	※ 설압자로 후두개 직접 검사 금기, 누워서 검사하지 말고, 무릎에 앉혀서 검사할 것. 기관삽관 준비 상태에서 인후 검진 시행
		1. 기관지경
		  : 성문하, 기관지 점막 발적, 종창
		2. 진단 시 심리적인 불안과 울음, 설압자 등의 인후조작으로 증상이 심화될 수 있음. 경우에 따라서 심폐정지를 야기할 수 있음
				1. 특징적 증상
				  - 상기도감염 후 발생
				  - 고열과 농성 객담
				  - 급성 후두개염 배제된 경우

치료	1. 약물요법
	  ① 항생제 21 국시
	    : 7~10일 정도 경구 투여, 24시간 후 부종 경감, 염증호전
	  ② Corticosteroid
	    : 부종 경감
	  ③ Racemic epinephrine
	    : 분무형 비강충혈 억제제, 혈관수축 → 기도 폐색, 기도경련 완화
	2. 기관삽관, 기관절개술
	  : 호흡곤란 심할 때
		1. 약물요법
		  ① Racemic epinephrine
		    : 분무형 비강충혈 억제제, 혈관수축 → 기도 폐색, 기도경련 완화
		  ② Corticosteroid
		    : 염증성 부종 감소
		  ③ 항생제 처방하지 않음. 단, 2차성 세균 감염 있을 때는 처방함
		  ④ 진정제 처방금기
		    : 상태악화 시 증상과 불안정 은폐
			1. 약물요법
			  ① Corticosteroid
			    : 부종경감 치료에 효과적
			  ② Epinephrine 흡인
			    : 기관지 확장에 효과적
			※ 대부분 가정에서 치료 가능, 증상이 심할 때만 입원치료
				1. 약물요법
				  ① 항생제
				  ② 해열제
				  ③ 수액치료

간호	1. 기도 & 환기 유지
	  ① 가습된 산소 제공
	  ② 머리나 침상 상승체위: 횡격막의 움직임과 흡입 용이
	  ③ 호흡기 증상 관찰
	2. 기도폐쇄 위험 방지
	  ① 응급물품 준비 : 기관내 삽관, 기관절개술 시
	    19 국시
	  ② 조심스럽게 다룰 것. 불필요하게 자세 변경 하지 말 것
	3. 정서적 지지
	  ① 부모에게 아동의 진행 상태 설명
	  ② 아이와 함께 있기
	4. 예방
	  2개월 이후 예방접종
	    : H. influenzae type B
	  ** Hib, 2,4,6개월 기본접종, 12~15개월 추가접종
		1. 기도 & 환기 유지
		  ① 찬 고농도의 습기 제공: 가습기, 가습텐트 →
		    찬 습기 : 기관지 분비물 묽게, 객담배출 용이, 부어 있는 기도 혈관 수축시킴
		  ② 저온 치료: 부은 혈관 수축시킴
		    - 집에서 차가운 밤공기 마시기
		    - 차가운 바닥 위에서 냉장고 문 열고 서 있기
		  ③ 헬륨과 산소 혼합기체 투여 : 호흡곤란과 기도 폐색 완화
		  ④ 호흡기 증상 관찰
		2. 정서적 지지/휴식
		  ① 부모에게 아동의 진행 상태 설명
		  ② 아이와 함께 있을 수 있도록 함
		  ③ 안아주기, 노래 불러주기
		  ④ 좋아하는 음료수 제공 (심한 호흡곤란 시 제외)
		    - 차가운 음료는 금지
		    (∵ 후두경련 유발)
			1. 가습된 공기 흡입(고습도)
			  ① 욕실 증기요법: 화장실 문 닫고 뜨거운 물 틀어 수증기 쐬기
			  ② 후두경련 완화 후 재발방지 위해 가습기 2~3일 동안 지속적 적용
			2. 저온 치료
			  : 차고 습한 밤공기 쐬면 완화
			3. 구토 유발
			  : 후두 경련 완화
			  → 기침, 토근시럽으로 구토 유발
				1. 사정과 조기발견이 중요
				  : 치명적인 기도폐색 예방
				2. 기도 & 환기 유지
				  : 가습된 산소주입
				3. 흡인 실시
				  : 기도개방, 기도폐색 예방

11 후두종양 [성인질환]

정의			후두에 생기는 악성종양	
유발요인	자극성 물질		술, 흡연, 독성 연기 (후두암 환자의 4명 중 3명이 흡연가일 정도로 후두암의 첫 번째 원인은 흡연임)	
	연령		50세 이후에 가장 흔한 암, 50세 이하에서 흔히 사람유두종바이러스(HPV) 감염과 관련있음	
	성별		여자보다 남자에게 2배 많이 발생함	
	기타		태양광선 노출, 방사선 치료, 석면, 유해가스 흡입 등의 직업환경, 구강위생 불량, 성대의 남용, 만성적인 후두염	
증상 및 징후	① 초기증상 : 종양의 위치에 따라 다름			
		성문상부 종양	삼킬 때 인후통이 있음	
		성문부 종양	쉰 목소리가 나며(쉰 목소리가 나는 이유는 말하는 동안 종양이 성대의 활동을 방해하기 때문에 2주 이상 지속됨)	
		성문하부 종양	기도를 폐쇄할 만큼 커지기 전까지 증상 없음	
	② 일반적인 초기 증상 : 통증, 뜨거운 액체나 오렌지 주스 등을 마실 때 목의 작열감 ③ 말기 증상 : 연하곤란, 호흡곤란, 쉰 목소리, 체중감소, 전신쇠약, 호흡 시 냄새, 기침 시 혈액이 포함된 가래 ④ 암이 성대에만 국한되어 있으면 진행과 전이가 느리지만 다른 부분을 침범하면 빠르게 자라서 전이됨 ⑤ 전이증상 : 연하곤란, 호흡곤란, 기침, 목의 림프절 증대, 귀로 퍼지는 통증 등			
진단검사			후두경 검사, 생검, 흉부 X-선 검사, 후두조영술, CT, MRI 등	
치료 및 간호	후두 절제술	부분 후두 절제술	① 수술 직후 45도 이상 반좌위를 취해 기도부종을 감소시키고, 호흡과 안위를 증진함 ② 수술 후에는 기관절개관을 통해 호흡하지만, 부종이 사라지면 제거 ③ 수술 2일 후부터 구강섭취가 가능하고, 쉰 목소리지만 말을 할 수 있음 ④ 수술 후 2~3일까지는 목소리를 내면 안 되고 차츰 휘파람 부는 것부터 허용됨 ⑤ 수술 후 기관절개 부위 부종이 가라앉고 분비물을 삼킬 수 있을 때 혹은 기관절개관을 제거하고 누공이 치유된 후 구강으로 음식섭취 ⑥ 부분 후두절제술의 경우 전체 후두절제술보다 기도유지가 더 위험하므로 주의깊게 관찰해야 함, 연하 시에 적절한 조절작용이 이루어지지 않으면 기도로 흡입될 수 있음	
		전체 후두 절제술	수술 전	① 수술 전 수술과정 설명 ② 후두절제술 후 제한점 및 변화설명
			수술 후	① 기도유지 ② 침상머리 약 30~45도 정도 상승시킨 자세 유지(배액증진, 봉합부위 압력감소) ③ 체위변경 시 머리부분 지지(봉합선 긴장 방지) ④ 수술부위가 긴장되지 않도록 통증관리 : 진토제 투여 ⑤ 수술부위 무균적 관리와 배액관 관리 ⑥ 개구부 관리 : 개구부는 보호덮개로 덮어주고, 중성비누와 물로 깨끗이 하고 주위에 윤활제를 바름 ⑦ 출혈사정 : 활력징후 측정(저혈압, 빈맥) ⑧ 의사소통 방법 교육 : 식도언어 교육, 인공후두 이용에 관한 교육 ⑨ 운동 : 어깨와 목 운동 등
	방사선 치료		① 피부간호 　㉠ 태양노출 삼가, 치료범위 표시 부위가 지워지지 않도록 주의 　㉡ 건조하고 깨끗한 피부 유지 ② 구강간호 시행 ③ 소량의 식사 자주 제공	

12 무기폐 92 임용 성인질환

정의	폐 조직의 일부 또는 전부가 허탈(탄력성 소실)되어 공기가 없거나 줄어든 상태(공기가 폐에서 늑막으로 새어나와 폐를 허탈시키고 호흡을 저해함) 92 임용 / 07 국시
원인과 병태생리	① 기도폐색 : 이물질, 기관 분비물, 기관지 경련, 종양에 의한 기도폐색은 폐환기를 감소시키고 말초기도에 남겨진 가스는 폐모세혈관으로 흡수되어 폐가 허탈됨 ② 폐실질 장애(예 폐렴, 폐농양, 폐종양 등) : 손상된 폐실질 허탈 ③ 흉막 삼출액 : 흉막 삼출액이 폐를 압박, 폐허탈 발생 ④ 산소 독성 : 장기간 고농도 산소에 노출되었을 때 폐포 내피세포의 손상과 표면활성제의 결핍에 의해 폐 허탈 ◆ 폐포 내피세포 유형 – 제1형 폐포세포 : 폐포벽을 형성함(단층 편평상피세포를 형성) – 제2형 폐포세포 : 계면활성제 분비

증상 및 징후		
	시진	① 영향받은 쪽의 폐확장이 감소 ② 호흡수 증가 ③ 호흡부전, 청색증 발생 ④ 증상이 심각하면 기관이 영향을 받은 쪽으로 기울어짐
	촉진	진동음이 부족함 ** 수액 또는 고형물질 축적 시 고음 공기양이 많거나 적으면 저음
	타진	영향받은 부분에 둔탁음
	청진	① 기도폐쇄로 인한 무기폐에서는 호흡음과 목소리가 감소되거나 없음 ② 기도폐쇄로 인한 무기폐가 아닌 경우에는 폐실질의 밀도증가로 호흡음 증가
	흉부 X-선 검사	① 폐의 일부나 전부가 하얗게 보임 ② 종격동이 무기폐쪽으로 이동 ③ 무기폐쪽 횡격막의 상방 이동

치료 및 간호	① 체위를 자주 변경 ② 기도 분비물 제거 ③ 심호흡과 기침으로 폐의 효과적 환기 증진 ④ 유발 폐활량 측정계(incentive spirometery, 호기가스를 재흡수하는 기구로 분당 환기량을 증가시킴) 사용 권장

13 성인호흡곤란장애 증후군(= ARDS, Acute Respiratory Distress Syndrome) 13 임용(보기) 성인질환

정의	폐포 모세혈관막의 손상으로 폐포의 가스교환 기능이 상실된 상태 13 임용(보기) → 폐포 모세혈관의 투과성이 증가되어 혈액 내 액체가 사이질을 통해 폐포 내로 투과됨으로써 폐포에는 액체로 차게 되고 그 결과 극심한 호흡곤란, 산소요법에 반응하지 않는 불응성 저산소혈증, 폐신장성 저하 및 광범위한 폐 침윤을 나타내는 증후군(= 폐포막의 투과성을 증가시키는 폐의 광범위한 염증반응으로 이는 간질강과 폐포강 내에 수분이 유입되도록 함. 이로 인해 비심인성 폐부종이 발생되어 폐의 신장성이 감소되고, 산소 운반 장애가 초래됨) 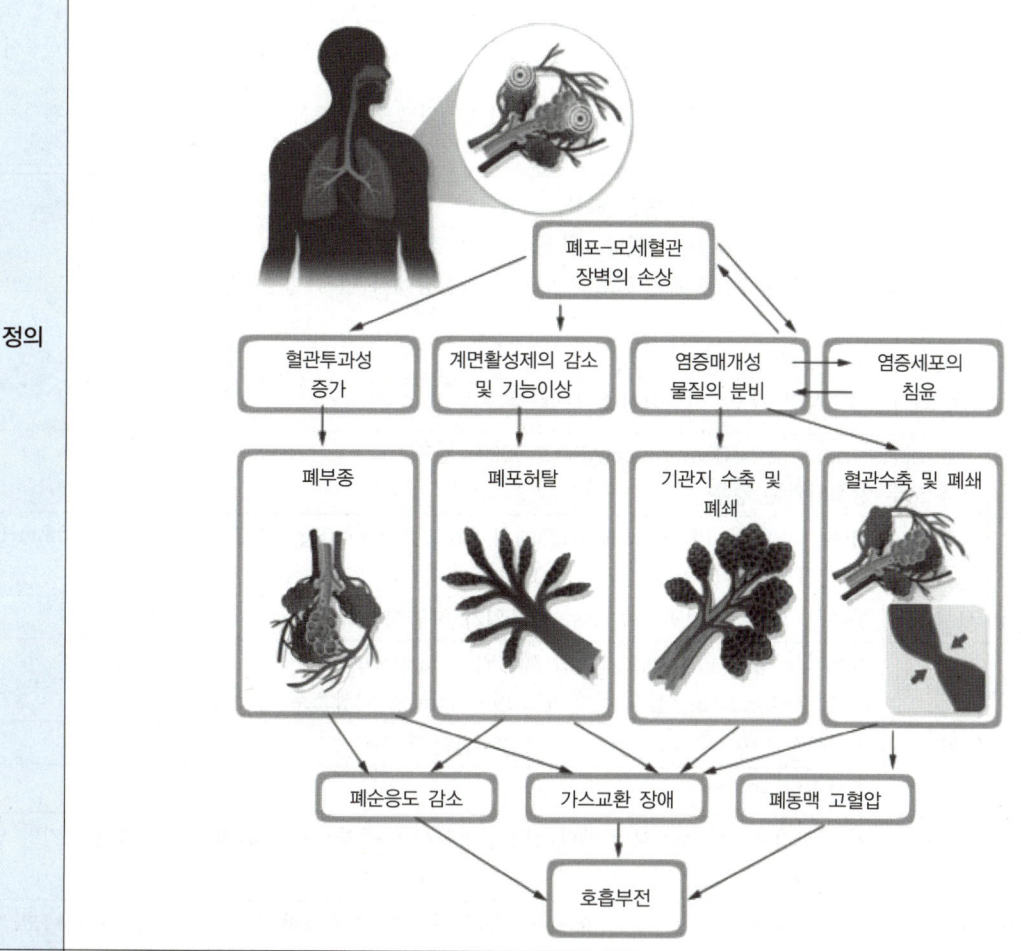
역학	치료에도 불구하고 사망률이 50% 이상임 그람 음성균으로 인한 패혈증과 ARDS가 합병된 경우 사망률은 70~90%임
원인	심각한 신경계 손상	외상, 종양 등으로 급격하게 뇌척수압(참고치 : 0~15mmHg) 상승 → 교감신경계 항진 → 말초혈관 수축 → 다량의 혈액이 폐순환으로 유입
	모세혈관 내피세포 손상	독성 가스 흡입, 급성 췌장염(췌장액이 흉막강으로 유입되어 폐렴, 무기폐, 늑막 삼출증, ARDS 발생)으로 폐와 모세혈관 내피 손상
	섬유소 응고	외상, 패혈증, 중증 화상, 다장기 기능부전 증후군 등으로 말초혈관에서 섬유소 응고 → 허혈로 폐모세혈관막 손상
병태 생리	정확한 기전은 알려져 있지 않지만 염증반응과 면역체계 자극으로 호중구가 폐간질에 부착함으로써 나타남 → 호중구는 생화학적, 체액성, 세포성 매개물질을 분비시켜 폐모세혈관의 투과성 증가 엘라스틴과 콜라겐 파괴, 미세색전 형성 및 폐혈관 수축을 포함한 폐의 변화유발

원인 표의 셀 구조는 3행 2열로 되어 있음

		진행 4단계	
병태 생리	1. 폐포-모세혈관막 손상	① 세균독소에 의해 대식세포와 호중구가 폐포와 모세혈관 상피세포 표면에 부착 ② 대식세포는 산화제, 염증매개물질, 펩티드를 분비하고 리소솜 효소를 분비하여 폐포와 모세혈관벽을 파괴함	
	2. 폐부종	① 손상된 모세혈관-폐포로 혈장, 단백질, 적혈구가 간질로 이동(모세혈관 투과성 증가) ② 간질 압력증가로 액체가 폐포로 누출됨	
	3. 폐포허탈	① 단백질이 풍부한 액체가 폐포로 누출되어 계면활성제 기능을 억제하고, 폐포의 2형 상피세포 손상으로 계면활성제 생성이 감소함 ② 표면장력이 높아지고 폐포는 허탈되며 호흡수가 증가함 ③ 폐의 신장성 저하와 폐허탈 및 폐부종 때문에 가스교환장애로 저산소혈증이 발생함 ④ 빈호흡에 의해 탄산가스는 확산되어 배출되어 낮은 이산화탄소 분압을 보임	
	4. 섬유소화	① 마지막 단계로 폐포내막에 섬유소와 괴사세포 조각이 유리질막을 형성하고 폐신장성 감소와 기체교환 장애 발생 ② 탄산가스는 유리질막을 통과하지 못하기 때문에 이산화탄소 분압이 증가되어 호흡성산증이 나타나고 산소분압이 떨어짐 ③ 환기보조를 하지 않으면 호흡부전이 발생되고 집중치료를 하더라도 50%의 ARDS 환자는 사망할 수 있음	

증상	① 그르렁거리는 호흡, 과호흡, 청색증, 늑간 함몰, 호흡곤란 ② 발한, 의식상태의 변화(혼돈, 혼수), 저혈압, 빈맥, 부정맥 가능, 저산소혈증 ③ 청진 시 비정상적인 폐음은 없음(폐부종으로 기도보다 간질강에서 먼저 발생하므로) 19 국시 ④ 임상검사 결과 　㉠ 흉부 X-선 검사 : 광범위한 양측성 침윤 　㉡ ABGA 검사 : 산소분압 감소, 이산화탄소 분압 증가

진단 기준	American European Consensus Conference(AECC, 1994) 진단기준 아래 4가지를 모두 만족시키는 경우	
	불응성 저산소혈증	$FIO_2 > 40\%$와 $PEEP > 5cmH_2O$에서 $PaO_2 > 50mmHg$, PaO_2/FIO_2 비 $\leq 200mmHg$ (정상치 : 400~500mmHg) (산소요법에 반응하지 않음)
	흉부 X-선 촬영	양측성 간질 및 폐포 침윤으로 폐부위가 하얗게 보임
	폐모세혈관 쐐기압	심장기능 상실 없이 폐모세혈관 쐐기압 $\leq 18mmHg$ (정상 7~15mmHg, 심장 문제 있으면 25mmHg 이상으로 상승됨)
	ARDS 발생조건	임상증상 발현 후 48시간 이내 ARDS 진단

치료 및 간호 19,21 국시	산소요법	저산소혈증의 개선	
	기계환기	기능 잔기용량을 증가시켜 폐에서의 산소확산을 증가시키기 위해 기계환기의 호기말 양압호흡을 적용함	
		장점	호기말 양압호흡 적용 시 환기/관류 비의 개선과 폐 허탈 감소가 나타나고 흡입산소량(FiO_2)도 저하되어 산소독성을 감소시킴
		단점	폐내 압력증가로 정맥귀환이 감소되어 전부하, 심박출량 저하 및 저혈압 초래
	체위	복위	① 저산소혈증의 개선을 위해 대상자의 체위를 복위로 함 ② 중력을 이용하여 폐의 전면부 혈액의 관류량을 증가시키고 공기가 차 있는 폐포에 산소확산을 용이하게 함
		측와위	체위배액을 증진시키고, 폐내 분비물을 이동시킴
	심박출량과 조직관류량 유지	① 지속적인 심전도, 모니터, 폐모세혈관 쐐기압의 정상범위 유지 ② 정상혈색소 수치유지 ③ 도부타민이나 도파민(노르에피네프린 전구물질)과 같은 혈압상승제 투여	
	체액균형유지	폐포-모세혈관막을 통해 체액이 누출됨으로써 전신체액의 결핍을 초래하므로 폐모세혈관 쐐기압, 섭취량과 배설량, 체중 등을 모니터하면서 수액공급	

14 폐색전증과 폐경색 [11 임용] [성인질환]

정의	① 심부정맥혈전증의 혈괴가 골반이나 하지에서 떨어져 나와 대정맥과 우심방 거쳐 폐의 혈관으로 이동해 폐혈관을 막음
		폐동맥의 작은 혈관을 막음	혈류감소 또는 정지 초래 → 관류장애 → 환기관류 불균형 초래	
		폐동맥의 큰 혈관을 막음	폐혈관 저항 증가 → 폐동맥압 증가 → 우심부전 초래	
	② 저산소증 초래, 심폐장애 환자의 30% 정도에서 폐경색 발생
위험인자	① 혈전정맥염(심부정맥혈전) ② 부동, 최근의 수술, 골절 ③ 비만, 임신 ④ 울혈성 심부전, 심근경색증, 심내막염(심내막염에서 생긴 판막의 증식물로 발생) ⑤ 에스트로겐 요법 : 경구 피임법
병태생리 11 임용 / 14 국시	① 색전으로 혈류가 막혀 관류가 감소하여 환자는 계속 환기를 하지만 환기-관류 비율이 맞지 않아 저산소혈증 발생 ② 저산소혈증으로 폐혈관수축이 되어 폐색전증 악화 ③ 폐혈관 압력이 증가하면서 우심장 부하가 증가되어 우심부전 발생(순환계에 유입된 과립물질 혹은 공기로 인해 폐혈관이 막힘) 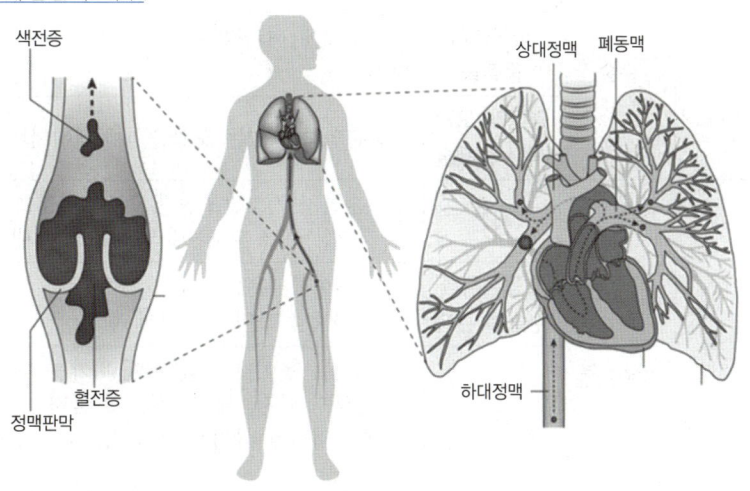
증상 및 징후 19,20 국시	① 폐동맥압 상승, 호흡곤란, 저혈압, 빈맥, 고탄산증, 동맥 혈액 pH 감소 ② 저산소증, 빈호흡, 기침, 청색증 ③ 객혈, 늑막 마찰음, 흡기와 호기 시 흉통 ④ 폐경색의 경우에는 폐색한 폐동맥 주변의 폐조직에 삼각형 모양으로 출혈성 폐경색 ⑤ 폐경색은 조직검사상 폐포 내에 출혈이 있고 간질조직은 응고괴사 소견을 보임
합병증	① 우심부전 ② 습성늑막염
진단검사	① 폐 스캔 : 혈류 감소나 혈류 정지 보임 ② 폐동맥 조영술 ③ 흉부 X-선 : 대개 정상임 ④ 심전도 검사 ⑤ 경식도 초음파 검사 ⑥ 혈장 D-dimer : 폐색전 진단 지표로 상승함, 섬유소용해효소 분해산물 ⑦ 동맥혈 가스분석 검사 : 호흡성 산증

치료 및 간호	원인제거	대증요법	산소요법	① 심한 저산소혈증 시 기계적 환기 적용 ② 비강 캐뉼러 마스크로 산소투여
		약물요법	항응고요법	① 효과 : 색전이 커지는 것을 막고 새로운 혈괴 형성 예방 ② 금기 : 출혈, 뇌졸중, 위장관 질환, 수술 후, 최근의 외상 ③ INR 2.0~3.0 될 때까지 계속 치료 22국시 **헤파린** • PTT(정상치 : 50~90초)를 정상의 1.5~2.5배로 유지, 4시간마다 검사 * aPTT 정상치 : 30~40초 • 7~10일간 사용 **와파린** • PT(정상치 : 11~14초)를 정상의 1.5~2.5배로 유지, 4시간마다 검사 • 헤파린 중지 3~5일 전(와파린은 반감기가 길어서 충분히 작용하는데 2~3일이 소요됨)부터 시작하여 3~6개월간 계속 투여 ** INR(International Normalized Ratio, 국제표준화비율) 정상치 : 0.8~1.3
			혈전용해 요법	① 혈전이나 색전을 용해시키는 작용 ② Urokinase, streptokinase, tPA 등 정맥주입 또는 폐동맥 가지에 선택적 주입 ③ 금기 : 수술 후, 기타 출혈위험환자 ④ 부작용 : 출혈(심한 폐색전증이나 심부정맥혈전증에서만 사용) ⑤ 시행 전 PT, aPTT, Hematocrit, 혈소판 검사 시행, 치료 후 4시간마다 검사 ⑥ 혈전용해제 주입이 끝나면 항응고 요법 시작
		수술	색전제거술	심폐기 이용한 개흉술 필요
			하대정맥 중절술	하대정맥에 여과장치를 설치하는 시술로 혈전이 폐로 들어가는 것 방지
			경정맥 도관 색전 절제술	진공흡인력이 있는 도관을 폐동맥에 삽입 후 색전을 흡입하는 시술
	보존 및 지지요법	예방간호	사정	말초순환 사정 : 말초혈관 충전검사(3초 이내), 피부색 변화 관찰 (하지거상 60초 이후 내리고 10초 이내 피부색 돌아오면 정상임)
			부동환자나 수술 후 환자	① 조기이상, 운동격려 ② 색전예방 스타킹 착용케 함
			금기	① 조이는 옷이나 무릎 밑에 베개를 대는 것 금기 ② 마사지 금지, 다리 꼬는 것 금지 ③ 경구피임약 금기 ④ 흡연 금기
			체위	① 문제 있는 다리는 심장보다 20도 이상 상승시켜 정맥귀환 촉진 ② 2시간마다 체위변경
		퇴원 시 교육내용	출혈예방	① 전기면도기만 사용 ② 부드러운 칫솔 사용(치실 사용 금지) ③ 치과 치료 시 치과 의사에게 병력을 알림 ④ 아스피린이나 아스피린이 함유된 약물을 복용금지 ⑤ 외상을 유발하는 과격한 운동은 삼가고 외상부위는 즉시 얼음 찜질 ⑥ 배변완화제 투여(관장이나 좌약 금기)
			재발위험 감소	① 꽉 조이는 옷 금지 ② 허리를 구부리는 동작, 장시간 무릎을 구부리는 자세, 장시간 앉아 있거나 서 있는 자세를 피할 것 ③ 처방된 탄력스타킹 착용 ④ 처방약은 정확한 시간에 복용하고, 임의로 약을 중단하지 말 것
			병원방문을 해야 하는 경우	① 손상이 있거나 지속적인 출혈이 있을 때 ② 큰 타박상이나 자줏빛 피부반점이 있을 때 ③ 월경출혈이 심할 때 ④ 소변이나 대변에 혈액이 있을 때

15 폐렴 : 원인, 증상, 합병증, 중재법 [92,21 임용] [아동질환] [성인질환]

정의	① 세기관지와 폐의 폐포부위의 염증이나 감염 ② 폐포 내에 세균으로 인한 염증이 있고, 액체성 삼출물이 폐포 내에 축적된 상태 [13 임용(보기)]
역학	① 아동기에 빈번하며 특히 영아와 아주 어린 아동에게 자주 나타남 ② 저개발 국가의 사망률과 관련 있음 ③ 아동에서 대부분의 폐렴은 지역사회획득 폐렴으로 발생됨

원인	정상 방어기전 손상		① 기침반사, 후두개반사 억제 : 의식상태 저하, 기관 내 삽관 ② 점액섬모 방어기전 손상 : 공기오염, 흡연, 고령, 상부기도 감염 ③ IgA의 분비 및 폐포 대식세포의 방어작용 손상 ④ 면역기능 억제 : 영양실조, 오랜 기간 부동, 면역억제약물(corticosteroids, 항암제, 면역억제제), 질환(만성질환, 소모성질환, HIV)
	유발 위험요인 노출 시		의식상태 저하, 기관 내 삽관, 공기오염/흡연/상기도염/노화, 영양장애
	원인균 침입		① 흡인, 흡입, 혈액을 통해 침입 　• 가장 흔한 원인균 : 폐렴구균(streptococcus pneumoniae = pneumococcus) [92 임용] ② 세균과 바이러스는 폐 안에서 다르게 작용함
		세균	- 혈류를 통해 순환하다 폐포로 들어가고, 여기에서 세포를 손상시키고 염증과 부종을 일으킬 수 있음 - 세포파편과 점액은 기도를 막음 - 세균은 한쪽 폐의 하나 이상의 엽 전체에 걸쳐 고루 분포되는 경향이 있음(일측성 대엽성 폐렴)
		바이러스	- 상기도로 들어가서 한쪽 또는 양쪽 폐의 기관지와 가장 가까운 폐포에 침투함 - 바이러스는 세포에 침입한 뒤에 복제해서 강하게 파열하면서 세포를 죽이고 세포파편을 밖으로 내보냄. 그러면 근접 부위가 침습 당해서 이 파편들이 고르지 못한 패턴으로 드문드문 분포되어 기관지 폐렴이 발생함

위험 요인	① 고령, 장기간의 부동 ② 의식수준 변화 : 알코올 중독, 두부외상, 경련, 마취약물과용, 뇌졸중 ③ 항생제 사용으로 인한 구강인두 상주균의 변화 ④ 만성질환 : 만성폐질환, 당뇨병, 암, 말기 신질환 ⑤ HIV감염, 면역억제제 사용 ⑥ 장관이나 비위관 영양, 영양실조 ⑦ 흡연, 공기오염, 유해한 물질 흡입 ⑧ 상부기도 감염, 기관 내 삽관, 기관 절개술, 인공호흡기 사용 등

분류	역학적 분류	지역사회 획득 폐렴 (CAP)	정의	지역사회 감염 or 입원한 지 48시간 이내
			위험요인	흡연, 65세 이상, 알코올 중독, 면역장애
			종류	• 폐렴구균이 가장 흔함(Streptococcus pneumoniae = pneumococcus) • 폐렴 마이코플라즈마(mycoplasma pneumoniae) : 사춘기, 청소년 多 • 헤모필루스 인플루엔자(Haemophilus influenzae) : 5세 이하 아동 多 • 레지오넬라(Legionella) : 6%, 에어컨 or 난방장치를 통해 발병
		병원 감염성 폐렴 (HAP)	정의	병원 입원 후 48시간 지나 발생
			위험요인	입원환자, 기계환기, 전신쇠약, 기구오염
			주된 오염균	녹농균, enterobacter, 황색포도상구균, 폐렴구균

분류				
분류	병원체에 따른 분류	바이러스성 폐렴	원인균	RS바이러스(Respiratory Syncytial virus), 파라인플루엔자바이러스, 아데노바이러스, 인플루엔자 A, B 바이러스 등
			특징	신생아 시기를 제외한 아동에서 가장 흔한 폐렴
			증상	세균성 폐렴에 비해 증상이 비교적 천천히 나타나고 열이 높지 않으며 비교적 덜 심한 증상을 보임. 상기도 감염 증상이 먼저 나타나고, 객담이 거의 없는 마른 기침이 동반됨. 대상자에 따라 발열과 오한, 피로, 식욕부진 등이 동반되기도 함 [21 임용]
		세균성 폐렴	원인균	폐렴구균, 포도상구균, 인플루엔자균이 대표적이며 소아의 세균성 폐렴의 가장 흔한 원인균은 폐렴구균임
			전형적인 증상	고열, 기침, 흉통 등
			증상 - 영유아	가벼운 상기도 감염 증상 후 고열, 호흡곤란, 불안 등의 폐렴 증상이 발생하고, 수포음, 타진상 탁음 등
			증상 - 학령기 이후	고열, 빠른 호흡, 마른기침, 불안, 나음, 흉부함몰, 타진상 탁음 등
		마이코 플라스마 폐렴	원인균	마이코플라스마균
			특징	비말감염을 통해 감염되는 질병으로 단체생활이 많은 3~15세에 호발하며 주로 늦여름에 유행함
			증상	일반적으로 기침이 심하고 오래 지속됨. 인후통, 무력감, 38도 이상의 고열, 피부발진, 구토 등
		진균성 폐렴	원인균	Histoplasmosis, candidiasis, coccidioidomycosis
			위험군	HIV, 면역억제제 투여, 낭포성 섬유증
	발병 기전에 따른 분류	흡인성 폐렴	정의	구강이나 위 내용물이 기도로 흡입되어 유발
			위험 요인	의식장애나 인두의 신경근육질환 및 연하장애를 일으키는 질환을 가진 대상자에게 흔히 발생함
			증상	서서히 며칠에 걸쳐 점진적으로 발생, 악취 나는 객담, 괴사성 폐렴, 폐농양 및 농흉이 흔히 유발됨
		흡입성 폐렴	정의	상기도의 방어기전에 의해 제거되지 않은 5μm 미만의 비말핵이 작은 세기관지 및 폐포에 침착되어 발생하는 감염
			원인균	결핵, 인플루엔자, 레지오넬라, 히스토플라스마증 등이 있음
		혈행성 폐렴	정의	패혈증의 세균이나 감염된 혈전 등이 폐외 감염부위에서부터 혈행성으로 전파되어 이차성 폐렴을 유발하는 것
			원인균	황색포도상구균에 의한 폐렴이 대표적임
			특징	흉부 X-선 검사결과 혈류의 중력에 의한 영향으로 주로 하엽의 폐 부위에 병변을 보임
	면역에 따른 분류	기회성 폐렴	정의	선천적 혹은 후천적으로 면역기능이 저하된 대상자에게 발생하는 폐렴
			위험군	면역기능억제(이식, 항암제, 방사선치료, corticosteroids), B세포와 T세포 기능장애, 골수기능장애
		노인 폐렴	정의	65세 이상의 노인에서 일어나는 폐렴
			위험 요인	노인은 흔히 동반된 기저질환을 가지고 있기 때문에 숙주의 방어기전의 저하가 심하여 지역사회획득 폐렴, 병원감염성 폐렴 모두 이환될 위험이 높음

분류	해부학적 분류	대엽성 폐렴 (=폐포성 폐렴)	폐의 특정엽 전체를 침범한 폐렴
		[정상 흉부방사선] [대엽성 폐렴]	
		소엽성 폐렴 (=기관지성 폐렴)	폐의 특정엽 일부를 침범한 폐렴
		[기관지성 폐렴] [간질성 폐렴]	
		간질성 폐렴	• 정의 : 하부기도의 폐포 주변 결체조직을 주로 침범하는 폐렴 ** 폐간질 : 혈관과 폐포 사이 • 특징 : 흉부 X-선 검사상 모래를 흩뿌린 것 같은 망상형 침범이 관찰됨

세균성 엽상 폐렴 병태생리	폐의 방어기전 손상 → 원인균이 하부기도에 침입 → 폐에 염증 발생 ① 폐울혈기(발병 1~2일) : 폐포의 부종, 다핵형 백혈구 증가, 액체성 삼출물 ② 적색 간변기(2~4일) : 조기 경화기 - 건조하고 단단한 붉은 과립상의 대엽상태, 폐포내 섬유소 삼출액, 적혈구·다형핵 백혈구 존재, 흉막표면에 섬유소 부착, 모세혈관 울혈로 발생됨 ③ 회색 간변기(4~8일) : 진행 경화기 - 섬유성 삼출물의 덩어리가 흉막 표면을 덮어 건조해지고 회백색 과립상의 대엽상태, 삼출물(화농) 증가, WBC 증가, 대엽은 더욱 단단해지고 섬유소 삼출물 덩어리가 흉막 표면을 덮음(폐포내 삼출액 증가, 화농성 삼출액) ④ 용해기(8~9일) : 세균제거, 염증과정 감소, 다핵형 백혈구 감소, 폐는 정상으로 회복

증상	① 폐렴에 앞서 흔히 비염과 기침을 수반한 상기도 감염이 선행됨 ② 열, 수포음, 악설음, 천명(쌕쌕거림), 기침, 호흡곤란, 빠른 호흡, 초조 등이 나타남 ③ 경화가 일어나는 경우에 호흡음이 감소함 ④ 신생아와 영아 : 그렁거림과 코 벌렁임, 견축, 과민증, 기면, 식욕감퇴가 나타날 수 있음. 호흡음 감소가 눈에 띌 수도 있음 ⑤ 세균성 폐렴 : 흉통이 나타날 수도 있고, 기침을 할 때 가슴을 지지하려 할 수도 있음		
	주된 증상	① 갑자기 시작되는 발열 ③ 흉부통증 : 흡기 시 흉통 ⑤ 촉진 : 촉각 진탕음 상승	② 화농성 객담 동반 기침 ④ 폐 타진 : 탁음 ⑥ 청진 : 수포음
	그 외 증상 92,21 임용	건성기침 (= 마른기침)	바이러스성 폐렴 시 삼출액은 없거나 소량의 묽은 점액성 객담으로 마른 기침이 특징적으로 나타남
		폐외 증상	두통, 근육통, 인두염, N/V, 설사, 피로, 호흡곤란, 호흡수 증가

합병증 92 임용	흉막	흉막염, 흉막 삼출
	폐	기관지 확장증, 무기폐, 폐농양, 폐확장 부전
	장기	심막염, 심내막염, 수막염, 패혈증, 세균성 쇼크, 복부팽만, 마비성 장폐색

진단	임상검사	혈액검사	WBC↑, 전해질 불균형, BUN/Cr↑, LFT 비정상
		소변검사	혈뇨, 농뇨, 단백질(+)
		ABGA	저산소혈증, 고탄산혈증
	배양검사	객담배양검사	병원체 확인 → 병원체 균에 따라 항생제 종류가 결정되기 때문에 규명이 우선되어야 함
		혈액배양검사	
	흉부 X-선 검사	폐렴의 병변부위가 뿌옇게 보임(폐침윤) 92 임용	
	특수검사	항생제 적합성 검사(피부반응검사), 폐 스캔, 부비동 검사, 흉부 CT 촬영 등	

치료 및 간호 13,20 국시	원인제거	① 세균이면 항생제		
			객담 & 혈액배양검사	결과에 따라 항생제 결정 : 세균이면 효과가 있으나, 바이러스가 원인이면 효과 없음
			병력조사	알러지 과민반응 여부 + 과민성 검사(AST)
			부작용 발생 여부 관찰	위장관 장애(설사, 오심, 구토), 알레르기(가려움, 발진, 아나필락시스)
		② 바이러스는 대증요법		
		③ 이물질 제거		
	대증요법	염증 조절	① 당질코르티코이드(코르티코스테로이드, glucocorticoid) 항염제	
			작용	현저한 염증반응을 감소시키고 면역을 억제시킴
			기전 21 임용	• 말초 림프구와 대식세포 기능의 저하 및 억제 • phospholiphase A2(인지질 용해제)를 저해함으로써 막결합 인지질로부터 prostaglandin과 leukotriene의 전구체인 arachidonic acid의 유리를 저해함 → cyclooxygenase-2 합성이 보다 감소하여 프로스타글란딘의 이용을 감소시킴 • 비만세포의 탈과립 방해로 히스타민 유리 및 투과성 감소
			사용 시 주의점	• 대상자의 증상이 감염에 의한 것인지, 염증에 의한 것인지 명확히 구분해서 투약해야 함. 염증에서는 확실한 효과를 볼 수 있지만, 감염에서 사용 시 악화를 초래하기 때문임 • 고용량으로 투여하다가 갑자기 중단하면 급성부신기능부전증을 일으켜 부신기능 저하 증상이 발생함. 심한 경우 사망에 이르게 할 수 있음 21 임용
			② 비스테로이드성 항염제	
			약물 종류	• aspirin : COX I, II 억제 - 혈소판 기능억제, 항염, 해열, 진통 • ibuprofen : COX I, II 억제 - 혈소판 기능억제(×), 항염, 해열, 진통 • celecoxib : COX II 억제 - 혈소판 기능억제(×), 항염, 해열, 진통
			부작용	• 위-장관 : 가장 흔한 부작용으로 소화불량에서 출혈까지 다양 • 출혈위험(aspirin), 급성 신장손상, 임신 시 신중하게 사용
		체온 조절	① 약물 : 해열제 투여 ② Tepid massage ③ 탈수방지 : 수분섭취와 수액요법	
		통증 조절	① 약물 : 진통제 ② 이완 & 전환요법	
		객담 배출	① 약물	
			초기	진해제(기침반사 억제, 무기폐)
			후기	거담제, 기관지 확장제
			② 호흡법 : 호흡하기 편한 자세, 심호흡(= 복식호흡), 입술오므리기 호흡	
			입술 오므리기 호흡 20 국시	• COPD에서 기도는 탄력성을 잃고 호기 시 허탈되어 이산화탄소 배출을 저하시키므로 입술 오므리기 호흡법을 교육함 • 실시방법 : 입은 다물고 코로 천천히 숨을 들이쉼 → 입술을 오므리고 천천히 호기하도록 함. 입술을 오므리는 것은 기도를 개방하는 상태로 유지시키고 COPD 환자에게 발생되는 호기 시 기도허탈을 최소화하며 호기가 길어져 폐에 남아 있는 공기제거에 효과적임(효과 : 세기관지의 허탈방지, 효과적인 이산화탄소 배출)
			복식호흡	• 횡격막을 이용하는 호흡(횡격막은 평상시 호흡을 할 때 흉곽 총 용적의 75%를 담당함. 환기량이 많으면 횡격막은 6~10cm 정도 움직임, 1cm 하강할 때마다 흉곽의 용적은 350mL 정도 증가함) • 실시방법 : 흡기 시에는 환자가 자세를 반좌위로 취한 후 간호사는 환자의 늑골 아랫부분에 손 올림 → 코를 통해 숨을 들이마시게 하고 환자가 복근을 사용하면서 간호사의 손아래 부분의 늑골부분이 움직이는 것에 집중하도록 함 → 이 운동을 통해 폐의 바닥 면의 환기가 증가된다는 것을 설명함 → 호기 시에 간호사는 환자의 복근 위에 손바닥을 대고 환자가 충분히 숨을 내쉬는 것을 도움(효과 : 횡격막의 운동을 도움)

치료 및 간호 13,20 국시	대증요법	객담 배출	③ 효과적 기침 권장 : 베개로 흉부지지
			• 기침하기 전후에 흉부청진을 하여 그 효과를 평가함 • 기침할 때는 좌위를 하게 되면 흉곽이 팽창됨 `22 국시` • 실시방법 : 앉은 자세에서 머리를 약간 숙이고 어깨를 편안하게 하며 무릎을 구부리고 베개에 복부를 대고 가능한 발을 바닥에 닿게 함 → 천천히 입술 오므리기 호흡으로 호기하면서 머리를 앞쪽으로 숙임 → 천천히 깊게 횡격막 호흡으로 숨을 들이쉬면서 몸을 일으킴 → 이상의 내용을 4회 반복하여 가래를 이동시킴 → 횡격막 호흡으로 깊게 흡기한 상태에서 몸을 앞으로 숙이고, 호기하면서 3~4회 강하게 기침함. 이때 베개로 복부지지 `21 국시`
			④ 체위변경, 체위배액(식전, 오후 늦게, 잠자기 전 15분간 지속/식후에는 피로와 구토를 유발할 수 있음) `21 국시`
			⑤ 흉부물리요법, 두드리기(경타법)
			<table><tr><td>타진법</td><td>• 끈끈한 분비물을 이동시키기 위함 • 손으로 컵 모양을 만들어 흉벽을 두드림 • 컵 모양 손 안의 공기는 흉벽을 통해 분비물까지 진동을 전달함 • 방법 : 한 부위 여러 번, 30~60초 동안 시행 • 금기 : 척추, 유방, 흉골, 신장, 늑골연 등 돌출부위를 피할 것 (∵ 조직손상의 위험이 있음)</td></tr><tr><td>진동법</td><td>• 손을 펴서 강한 떨림을 만들어 흉벽에 전달함 • 진동 전, 분비물을 액화시키기 위해 약물 투여, 가습 시행함 • 진동 후, 기침하여 분비물을 배출하도록 대상자를 격려함 • 방법 : 한 부위 여러 번, 천천히 호기하는 동안 200회/분의 속도로 진동을 적용함 • 금기 : 척추, 유방, 흉골, 신장, 늑골연 등 돌출부위를 피함</td></tr></table>
			⑥ 가습
	보존 및 지지요법	영양/ 휴식	① 급성기 : 휴식, 수면 ② 구강간호 : 혀를 깨끗하게 할 것, 입술 윤활제 ③ 유동식 → 연식 → 정상식으로 식이 진행 ④ 고단백, 고칼로리, 고비타민 식이 ⑤ 고형식을 최대한 빨리 시작(복부팽만, 장폐색 예방) ⑥ 오심/구토 시 수액공급 ⑦ 합병증 관찰

		예방 교육	① 약물요법 이행 : 항생제 치료준수
			② 면역증진
			  ㉠ 충분한 휴식과 점진적 활동
			  ㉡ 균형 잡힌 식사
			③ 환경관리
			  ㉠ 사람 많은 곳 피하기/감기, 호흡성 질환 환자 접촉금지
			  ㉡ 실내오염 제거 : 먼지, 간접흡연

		예방법	① 예방접종(폐렴백신, 독감접종) : 65세 이상, 호흡기질환(천식, COPD), 만성질환(당뇨병, 간경화, 심근경색), 중증질환 회복 중인 환자, 알코올 중독자, 장기흡연, 폐렴 고위험군
			② 약물요법 시행 : 항생제 치료준수
			③ 면역증진 : 충분한 휴식과 점진적 활동, 균형적인 식사
			④ 환경관리
			  ㉠ 사람이 많이 모이는 곳 피할 것
			  ㉡ 감기, 호흡성 질환 환자 접촉금지
			  ㉢ 실내오염 제거 : 먼지, 간접흡연, 금연
			  ㉣ 가정에서 사용하는 호흡치료기구 청결히 관리

- 코르티코스테로이드

작용	① 항염증 작용 : PG, histamine 합성억제, 대식세포와 림프구 억제 ② 단백질 분해 : 포도당 신생의 기질로 사용 ③ 혈당 증가 : 간에서 포도당 신생과 글리코겐 분해를 증가 ④ 지방분해 : 지방산은 에너지원으로, 글리세롤은 포도당 신생에 이용 ⑤ 골밀도 감소 : 소장에서 칼슘 흡수를 감소시키고, 신장에서 칼슘 배출을 증가시킴(스테로이드를 많이 적용하면 골다공증이 초래됨)
적응증	① 코르티코스테로이드는 심한 염증 질환의 단기 치료에 주로 사용함 ② 활동성 감염의 경우는 금기이고, 장기치료가 필요한 경우에는 투여량을 줄여서 사용해야 함

부작용	① 부신기능부전, 고혈당, 백내장, 소화성 궤양, 전해질 불균형, 골다공증 등
	② 쿠싱증후군
	  • 장기간 많은 양의 코르티코스테로이드에 노출되면 생기는 질환
	  • 얼굴과 등의 비만이 특징이고, 고혈압, 과도한 모발성장, 월경 불규칙 등이 발생함
	  • 뼈 질량의 과도한 소실로 골다공증이 생기고, 근육쇠약, 체지방의 재배열, 염분의 저류 등
	  • 류마티스 관절염 치료를 위해 복용하는 스테로이드가 원인인 경우가 가장 흔함

16 폐농양 - 병태생리 [11 임용] 성인질환

정의		폐조직 내에 농이 고여 있는 상태
원인	단일 폐농양	보통 기관지 폐색의 원위부에서 발생, 주로 흡인된 토물 또는 종양에 의해 발생
	다발성 폐농양	패혈성 정맥염과 같은 감염된 병소에서 생긴 패혈성 색전으로부터 발생
병태 생리 [11 임용] (보기)		폐 실질조직에 염증 → 폐포가 삼출액으로 채워졌다가 폐조직이 경화됨 ① 폐엽이나 폐조직에 경화부위가 생김 ② 둥근 모양의 고름이 차 있는 공동형성 ③ 기도를 파열 → 개구부 형성 ④ 악취 나는 농성객담 배출 ⑤ 완전히 배농 후 치유
증상 및 징후	초기 증상	기관지폐렴 환자와 유사증상: ① 오한, 39℃ 이상의 발열 ② 늑막성 흉통(심호흡 시 찌르는 듯한 통증) ③ 다량의 가래가 동반된 기침 ④ 창백, 피로, 악액질
	화농성 객담	많은 양의 혈액 섞인 악취 나는 농성 객담
	흉부 청진	호흡음 감소, 농양이 배출되면서는 악설음이 들릴 수 있음
	타진	둔탁음이 폐농양 부위에서 들림
	합병증	농흉, 뇌농양, 패혈증
치료 및 간호	원인제거	객담 배양검사 결과 항생제 치료
	대증요법	악취 나는 다량 객담 배출을 위한 중재 ① 충분한 수분공급 ② 효과적인 기침교육 ③ 반좌위 ④ 체위배액 ⑤ 구강간호 등
	보존 및 지지요법	① 투약 관련 교육 : 투약목적, 투약방법, 부작용, 부작용 시 관리 등 ② 고단백, 고열량 식이 제공

17 결핵 92,93,94,95,96,04,12,13,16,22 임용 [성인질환]

1 폐결핵

정의	① 결핵균(Mycobacterium Tuberculosis)에 의해 발생하는 감염병(= 폐결핵균이 폐에 침범하여 감염된 상태) 16 임용(지문) ② 2급 법정 감염병 ③ 대부분 폐에서 발생하지만 신장, 신경, 뼈 등 우리 몸속 대부분의 조직이나 장기에서 병을 일으킬 수 있음 ④ 전신 감염증으로 주 감염 부위에 따라 임상증상이 매우 다양함. 침범장기에 따른 증상 발생 22 임용	
역학	① OECD 국가 중 발생률 1위 : 90명/10만명, 매년 4만명씩 발생 + 연간 3천~3천 5백명 사망 ② 젊은층 급증 : 20대(19.4%)~30대(16.2%) 예 서구 : 60대(면역↓) 多 ※ 유병률 증가요인 96 임용 ① 집단 면역 수준 저하 ② IMF로 인한 노숙자 증가와 불법 체류자 같은 고위험집단 증가 ③ 평균 수명증가에 따른 인구의 노령화 ④ 전문 인력 부족 ⑤ HIV, 결핵 전문 관리 대책 부족 : 서구의 경우, 주된 발병증가 원인 ⑥ 개인의 권리 신장에 따른 환자 등록 관리의 어려움 증가	
원인	Mycobacterium Tuberculosis 16 임용(지문)	① 호기성, 항산성균 : 산소가 많은 환경을 좋아하는 호기성균 ② 다른 균에 비해 천천히 증식, 인간의 몸에서만 증식 ③ 지방 성분이 많은 세포벽으로 둘러싸여 있어 건조한 상태에서도 오랫동안 살 수 있고 강한 산이나 알칼리에도 잘 견딤 ④ 열, 직사광선, 살균제, 자외선에 의해 파괴 ⑤ 인체가 저항력이 약해지면 증식/회복하면 균은 정지 상태로 몸에 남아 있음

	고위험군	① 접촉증가 : 장기간 모여 있는 곳(정신병원, 감옥), 감염된 사람과 빈번한 접촉
		② 성별과 연령
		  ㉠ 사춘기 여아 多, 영아기(→ 저항력 감소) & 청소년기(→ 새로운 질병, 접촉 증가)
		  ㉡ 2세 이하 아동, 청소년기, HIV 감염된 아동은 예후 나쁨(어린 아동은 다른 부위 전이 잘됨)
		③ 면역 장애, 영양 결핍, 과도한 다이어트
		④ HIV 감염자, 반복감염(HIV, 홍역, 백일해 - 결핵병소 활성화), 치료 불이행자
		⑤ 약물, 알코올 중독자
		⑥ 사회경제적 빈곤층 : 노숙자, 소외계층, 외국인 노동자
		⑦ 최근 투베르쿨린 양성 반응자
		⑧ 스트레스

병태 생리 12,13,16 임용	(1) 침입	결핵균은 비말감염을 통해 전파됨(감염된 대상자의 기침, 재채기, 가래에 의해 타인에게 흡입됨 → 직접전파 + 공기전파)
	(2) 방어 (염증반응)	결핵결절 형성 11 임용(보기)	① WBC의 식균작용 ② 대식세포가 결핵균을 포식하여 림프절로 이동(쌓이다 보면, 후에 림프절염이 초래되기도 함) ③ 결절은 감염된 부위와 세균을 둘러싸서 만든 결핵의 특징적으로 나타나는 병소임(결절은 거대세포를 포함하는 작은 구형으로 상피성 결합조직층으로 둘러싸인 회색의 반투명한 결절)

병태 생리 12,13,16 임용	(3) 건락괴사 (= 건락화, 치즈화) : 결핵에서만 볼 수 있는 괴사과정 12,13 임용	① 염증반응상피세포와 섬유성조직이 감염된 부위와 세균을 둘러싸서 만든 결핵결절중앙에 결핵균과 죽은 백혈구와 괴사된 폐조직으로 치즈같은 덩어리 형성 ② 치즈화 물질은 벽으로 쌓여 X-선 촬영에서 소결절로 보임 ③ 치즈화 소결절은 염증부위로 여기서 백혈구는 결핵균을 계속 포식함 ④ 치즈화 소결절의 중심부의 괴사로 인해 혈관이 없으므로 혈전이 형성됨 • 기도를 통해 배출되지 못한 괴사된 폐 조직은 결핵균이 살기에 매우 좋은 배양지가 됨 • 혈관도 없고 기도와도 통하지 않으므로 이곳에 살고 있는 결핵균은 치료하기가 매우 어려움	
	(4) 치유	공동형성 12,16 임용	① 감염성 있는 가래 배출 : 건락화가 진행되어 소결절의 중심에 있는 치즈화 물질은 부드러워지고 액화되고, 기관지와 연결되면 기도로 들어가 가래로 배출되는데, 이때 가래는 매우 감염성이 높음 ② 감염된 물질은 폐를 통해 전파되거나 혹은 기관지를 통해 반대편 폐로 들어감 ③ 액화된 물질이 소결절에서 배농된 후 공기가 찬 낭을 공동이라고 함
		병변은 섬유화 또는 석회화로 진행하기도 함	섬유화 : 활동성 염증이 가라앉고 염증성 산물은 용해되어 흡수되고 흉터로 남음 석회화 : 점차 칼슘이 침착하여 석회화되어 치유되기도 함 → X-선 촬영상에서 석회화된 결절로 보임
		[결핵 병소]	
	(5) 전파	객담 배출로 전파	기관지와 연결 시 치즈화 물질이 액화되어 배출되어 감염성 높음
		장기로 전파	직접, 혈관이나 림프관을 통해서 여러 장기로 전파됨
유형	1차 폐결핵 12 임용	곤 복합체 (하엽의 상부나 상엽의 하부)	곤 결절(석회화된 결절) + 석회화된 림프결절
			이들 병변 속에는 살아 있는 결핵균이 존재할 수 있으며, 수년이 지난 후에도 재활성화되어 재감염을 일으킬 수 있음
	2차 폐결핵	시몬병소 (폐의 첨부)	① 곤 복합체 재활성화 or 재감염 ② 재발 시 원인균이 활동하는 부위 12 임용
	잠복결핵	결핵에 감염되어도 모두 결핵환자는 아님. 감염자 중 90%는 단순히 잠복결핵감염 상태 유지	
		정의	결핵에 감염되어 결핵감염검사에서 양성으로 확인되었으나 결핵에 해당하는 임상적, 방사선학적 또는 조직학적 소견이 없으며 결핵균검사에서 음성으로 확인된 자(결핵예방법 제2조)
		치료	INH 9개월요법(9H) or RPF 4개월요법(4R) or INH와 RPF 병용 3개월요법(3HR)
	활동성 결핵	정의	다른 사람에게 전염되고, 주로 공기를 통해 확산되는 결핵
		증상	만성기침, 열, 체중감소, 주로 밤에 나는 식은땀, 객혈 등

※ 활동성 결핵과 잠복결핵감염 비교

구분		활동성 결핵	잠복결핵감염
증상		3주 이상 기침, 흉통, 혈액 또는 가래가 섞인 기침, 피로감, 체중감소, 식욕부진, 오한, 발열, 야간발한, 객혈, 식욕감퇴 증상 중 하나 이상이 보통 있음	무증상
지각		병이 있다고 지각함	병을 지각하지 않음
검사	결핵감염검사	TST 또는 IGRA 검사에서 대부분 양성	TST 또는 IGRA 검사에서 양성
	흉부 X-선 검사	보통 비정상 소견(유소견)	정상
	객담검사	양성	음성
전염성 여부		가능(타인에게 결핵 전파 가능)	없음
치료		결핵치료 : 표준처방은 2HREZ/4HR(E) *2개월의 초기집중치료 후 4개월 후기 치료유지기, 이소니아지드(H), 리팜핀(R), 에탐부톨(E), 피라진아미드(Z)	잠복결핵감염(결핵예방 위해) 치료 • 이소니아지드 9개월 요법(9H) • 이소니아지드/리팜핀 3개월 요법 • 리팜핀 4개월 요법(4R)

유형			
약제내성 결핵	정의		1가지 이상의 결핵 치료약제에 내성균이 재출현하는 경우를 의미함
	원인		① 환자가 결핵 치료 약제를 처방대로 규칙적으로 복용하지 않거나 조기에 중단하였을 때 ② 의료진이 잘못된 처방을 할 때 ③ 약제의 용량, 종류, 복용기간 등 약 공급이 일정하지 않을 때 ④ 약물이 불량 품질일 때
	종류	다제내성 결핵	① 아이나(INH)와 리팜피신(Rifampicin)이라는 약제에서 모두 내성을 보이는 결핵 ② 일반 결핵균이 1차 변이를 일으킨 상태 ③ 다른 2차 항결핵제를 조합하여 치료를 하더라도 치료 성공률이 50%에 불과하며, 다른 사람에게도 다제내성 결핵을 감염시킬 수 있음
		광범위 내성결핵 (슈퍼결핵)	• 다제내성 결핵이 또 다시 변이를 일으킨 상태 • 결핵균이 가장 진화된 상태 ① 다제내성 결핵이면서, ② 퀴놀론 제제에 내성을 보이고, ③ amikacin, capreomycin, kanamycin 중 1제 이상 내성인 경우
	예방법		① 가장 중요한 것은 모든 약제를 정확하고 규칙적으로 꾸준히 복용하는 것 → 약 복용 중 문제가 있으면 의사나 간호사에게 즉시 상담을 받아야 함 ② 의사는 결핵환자의 신속한 진단과 치료지침에서 권장하는 적절한 치료를 하며 치료에 따른 환자의 반응을 모니터링하면서 치료를 완료해야 함 ③ 병원, 교정시설, 노숙인 쉼터 등과 같은 폐쇄되거나 집단수용시설은 다재내성 결핵환자의 노출을 피해야 함 • 환기 또는 자외선 소독(침구 등) 등 환경적인 과정이 요구됨 • 마스크 착용 ④ 결핵환자가 증상이 좋아지거나 귀찮다고 약을 불규칙하게 먹거나 마음대로 복용을 중단할 경우에는 내성균을 만들고 사망에까지 이를 수 있음

유형	\[일차 폐결핵\] — 작거나 중간 크기 정도의 손상 / 허파문 림프절 관련됨 \[이차 폐결핵\] — 폐첨부 손상 흔히 양측성 \[속립성 결핵(= 좁쌀 결핵)\] — 작은 결절(육아종)			

유형 및 특성	구분	일차 폐결핵(아동결핵)	이차 폐결핵(성인결핵) 93 임용
	초기 폐병변	주로 폐 하부 침범	주로 폐 첨부 침범(폐의 하부보다 상부 혹은 쇄골 직하부에 잘 발생함)
	림프절 침범	흔히 림프절 침범이 동반됨 93 임용(보기)	림프절 침범이 흔치 않음
	치유 양상	석회화된 병소로의 종결이 흔함 93 임용(보기)	섬유화된 병소로의 종결이 흔함
	진행 양상	혈행성 진행이 흔함 (속립결핵 또는 결핵 수막염) 93 임용(보기)	기관지성 진행이 흔함 (건락괴사, 공동형성)
	감염 방법	초감염 결핵이 대부분임	재감염 또는 균의 재활성화로 발생됨

증상			
국소 증상 22 임용	폐		천천히 발병하므로 증상이 없을 수도 있음
		기침	초기: 가래가 없는 마른기침 → 진행: 점액, 화농성, 객혈 2주 이상 계속되는 기침은 반드시 결핵 여부를 의심해야 함
		객담	누런 점액성 객담
		객혈	육아종 내부의 고름이 가래와 함께 섞여 나올 때 피가 묻어나올 수 있음. 혈액 섞인 객담 12 임용(지문)
		호흡곤란	폐결핵 발생 초기에 치료하지 않으면 폐 여기저기에 육아종과 공동이 생기면서 폐 조직이 망가짐 → 폐기능이 점점 나빠지고 결국에는 조금만 움직여도 숨이 찬 호흡곤란 증상이 발생하게 됨
			흉통, 흉부 압박감
	폐외		전신증상 외에 침범 장기에 따른 증상
전신증상 22 임용	무력감, 전신피로감, 식욕부진, 체중감소		결핵균은 매우 천천히 증식하면서 우리 몸의 영양분을 소모시키고, 조직과 장기를 파괴 → 기운이 없고 입맛이 없어지며 체중이 감소하는 증상이 나타남
	발열 (오후 미열, 야간 발한, 식은땀)		① 일반 감기 몸살과 달리 고열은 잘 나타나지 않음 ② 오후가 되면서 약간 몸이 좋지 않다 싶을 정도의 미열이 발생했다가 식은땀이 나면서 열이 떨어지는 증상이 반복
	빈혈		창백, 월경불순, 빈맥
합병증	좁쌀결핵 (= 속립결핵)		혈류나 림프관 통해 인체 모든 기관에 좁쌀 크기의 병변이 여러 조직에 발생 → 그중에서 생식기 전이가 가장 많 → X-ray상에서 양쪽 폐에 셀 수 없는 많은 병소가 박혀 있음
	흉막결핵		흉막강에 있던 박테리아가 염증반응을 일으키면 단백질이 많은 흉막삼출액이 발생됨
	농흉		흉막강에서 많은 수의 결핵균이 있을 때 발생
	결핵성 폐렴		많은 수의 결핵간균이 육아종에서 빠져나가 폐림프절로 들어가면 발생
	뼈와 관절조직의 결핵, 결핵성 뇌막염		

	(1) 병력	과거 결핵에 노출된 적이 있는지 사정	
	(2) 신체검진	타진	청진 12 임용(지문)
		탁음(폐가 액체나 딱딱한 조직으로 바뀌면 발생됨)	① 수포음과 감소된 폐음: 폐포, 기도가 분비물로 막힐 때 ② 천명음: 기관지 결절로 부분폐색

폐결핵의 선별검사(집단검진) 95 임용
- 14세 이상: 흉부 X-선 직접촬영 → 객담검사(도말검사, 배양검사)
- 14세 미만: 투베르쿨린 검사 → 흉부 X-선 직접촬영 → 객담검사(도말검사, 배양검사)
- 법상 결핵검진

결핵검진	- 임상적, 방사선학적 또는 조직학적 검사 - 객담의 결핵균 검사 - 결핵감염의 위험 정도를 고려하여 질병관리청장이 고시하는 검사
잠복결핵 감염검진	- 면역학적 검사

- 폐결핵은 ① 투베르쿨린검사 양성, ② X-선 촬영 감염부위 확인, ③ 객담 배양 시 양성 확인될 때 확진함

진단	선별 검사	(3) 투베르 쿨린 검사 (투베르쿨린 피부반응 검사) 92,93,16 임용/ 20 국시	기전	지연형 과민반응(4형): 세포매개성 면역반응은 감작된 T세포의 형태로 나타나 투베르쿨린 피부반응에서 양성반응으로 나타남 (활동성 결핵이 의심되는 고위험군에서 기본적으로 실시)
			대상자	① 활동성 결핵 환자와 접촉력이 있는 경우 ② 결핵 발병의 위험성이 큰 경우: HIV 감염인, 만성 신부전, 당뇨병 등 ③ 의료기관 내 결핵환자를 진료한 보건의료인 ④ 주의사항: 임신 및 BCG 접종력은 투베르쿨린 검사의 금기사항이 아님. 수두나 MMR 같은 생백신 접종과 동시에 시행할 수 있지만, 따로 하는 경우는 생백신 접종에 의해서 투베르쿨린 반응이 억제될 수 있기 때문에 4~6주 이후에 실시함. 과거에 투베르쿨린 검사에서 심한 반응이 나타났거나 양성반응이 확인된 적이 있는 경우에는 할 필요가 없음
			방법	투베르쿨린 용액 0.1cc의 PPD(한국 2TU)를 전박내측 피내주사하여 6~10mm 직경의 팽진을 만들고, 48~72시간 내 경결(촉지되고 단단하고 융기되어 있는) 크기 측정 시 상완의 장축과 교차하여 직경의 크기 확인
			결과 해석	음성(5mm 미만), 양성(10mm 이상), 약양성(10~15mm), 강양성(15mm 이상)
				양성	① 1차 검사에서 10mm 이상인 경우 ② 프리텐성 결막염(플리크텐성 결막염)일 경우 93 임용: 4형 지연형 과민반응으로 결핵에 대한 알레르기 반응으로 아동들에게 흔히 발생함. 증상은 눈의 이물감, 눈부심, 눈물 등의 일반적 결막염 증상 발생 ③ 다음과 같은 경우에는 5mm 이상일 경우에도 양성으로 판정 ㉠ 최근에 감염성 결핵환자와 접촉한 경우 ㉡ 흉부 X-선 검사에서 결핵이 의심되거나 앓은 흔적이 있는 경우 ㉢ 면역 억제 상태에 있는 경우 ㉣ BCG를 접종하지 않은 신생아에서 5mm 이상인 경우 ※ 양성이더라도 경결의 크기가 클수록 BCG 접종시기와 투베르쿨린 피부반응 검사시기와의 간격이 멀수록 결핵 감염의 가능성이 높아짐 ④ 의미: 단지 결핵균에 노출되었다는 것만을 나타냄. 치료와 관련하여 나타낸 결과가 아니라면 언제든지 활동성 결핵으로 발전할 수 있음

진단	선별 검사	(3) 투베르쿨린 검사 (투베르쿨린 피부반응 검사) 92,93,16 임용/ 20 국시	결과 해석	위음성	① 결핵 감염 후 2~10주 ② 질병 　㉠ 감염 : 바이러스 감염(홍역, 수두, 볼거리), 세균 감염(장티푸스, 브루셀라병, 발진티푸스, 나병, 백일해, 심한 결핵, 결핵성 늑막염), 진균감염(Blastomycosis) 　㉡ 심한 발열성 질환 이환 시 　㉢ 갑상선 기능저하나 바이러스성 질환을 앓고 있는 경우 　㉣ 대사의 이상 : 만성 신부전 　㉤ 림프조직을 침범하는 질환 : 호지킨병, 림프종, 만성 림프성 백혈병, 사르코시도시스 ③ 약물 　㉠ 현재 INH와 같은 결핵약 복용 시 93 임용(보기) 　㉡ 스테로이드 호르몬 요법이나 면역억제제 투여 93 임용(보기) ④ 백신 　㉠ 바이러스 백신(홍역, 인플루엔자 등) 접종 후 한 달이 채 지나지 않은 경우 92 임용 　㉡ 생백신(홍역, 볼거리, 소아마비) ⑤ 검사 　㉠ 검사 시 잘못하여 피하로 주입 시 93 임용(보기) 　㉡ 잘못된 검사 약물 보관 시 ⑥ 영양 상태 : 심한 단백 감소 ⑦ 나이 : 신생아, 노인 ⑧ 스트레스 : 수술, 화상
				판독 및 결과 관리	① 판독 : 투베르쿨린 검사는 PPD 0.1cc를 왼쪽 전박 내측에 피내 주사하며 결과 판독은 72시간(3일) 후에 경결의 직경을 측정하며, 10mm 이상일 때 양성, 5mm 미만이면 음성, 10~15mm이면 약양성, 15mm 이상이면 강양성으로 판독한다. ② 판독 결과 : 음성 시에는 BCG 접종을 해주고, 약양성이 나왔다면 과거에 지나간 감염 또는 BCG 접종을 했음을 의미하며, 강양성이면 현재 살아 있는 결핵균이 몸속에 있음을 의미한다. 양성 시 결핵치료 요한다. ③ 결과에 따른 처치 : 양성이 나온 경우 X-ray 직접촬영을 한다. 직접촬영에서 이상소견이 나오면 객담 배양 검사를 하고 균 검출 시 보통 6개월에서 2년 동안 결핵약을 투여한다.

※ 결핵의 진단검사

검사명	검사소견	이론적 근거
Purified Protein Derivative (PPD)의 Mantoux 검사	48~72시간 뒤 주사 부위의 지름을 측정하여 판독(10cm보다 커지면 양성)	• PPD 검사 양성 : 결핵에 노출된 적이 있고, 항체가 있음을 의미 • BCG 백신을 받은 적이 있으면 결핵 항체가 있으므로 양성으로 나타남
흉부 X-선 검사	결핵의 병변, 공동, 침윤	• 결핵 확진은 할 수 없음 • PPD 양성 대상자의 결핵진단을 위함
객담검사 (Acid-Fast Bacilli, AFB)	객담 표본 AFB 검사에서 양성	결핵 확진

	(4) 흉부 X-선 검사 16 임용 (지문)	투베르쿨린 검사에서 양성이면 임상적으로 활동성 결핵인지, 아니면 치료된 병소인지를 확인하기 위해 흉부 X-선 촬영검사와 객담검사를 함	
		① 비활동성 결핵	석회화된 병변, 치유된 병소
		② 활동성 결핵	폐 침윤, 소결절, 공동, 흉막 삼출액

진단	진단검사	(4) 흉부 X-선 검사 16 임용 (지문)	[정상인의 폐 사진] [폐결핵환자의 폐 사진]		
		(5) 객담검사 16 임용 (지문)	객담 도말 검사 12,16 임용 (지문)	목적	폐결핵이 의심되는 환자에게 결핵균의 배출 여부를 확인하기 위해 환자의 가래(객담)를 슬라이드에 얇게 펴서 바른 후 항산균을 선택적으로 염색을 하여 현미경으로 결핵균의 존재 여부를 확인하는 검사로 검사 소요기간은 1~2일임
				장점	결핵의 확진은 결핵균의 배양 및 동정에 의한 것으로 객담 항산균 도말검사는 간단하고 경제적이며, 감염력이 있는 폐결핵 환자를 찾을 수 있음
			객담 배양 검사 20 국시	목적	항산성 염색으로 결핵균 확인 + 항결핵제 적합성 파악하는 검사로 검사 소요기간은 2~4주임
				장점	객담 도말검사에 비해 훨씬 적은 양의 균도 찾아낼 수 있으며 약제감수성 검사도 시행 가능함
				방법	이른 아침(폐에 고인 분비물 多) 3회간 연속해서 수집 → 약물을 사용하기 전, 칫솔질이나 구강 청결제 사용 전에 객담 수집, 객담을 잘못 뱉어낼 때는 식염수를 분무한 후 격려
				양성	AFB(+), 결핵균 확인
		(6) 혈액검사	적혈구 침강속도 (ESR)		활동성 결핵에서 증가
			인터페론 감마분비검사 (IGRA)		결핵균에 의한 인체의 세포매개성 면역반응을 관찰하는 방법 → 과거 결핵균에 감작된 면역세포(T-림프구)에 결핵균 특이항원이 자극하여 분비되는 면역반응물질(인터페론감마)을 측정하여 감염 여부 판단
					결핵환자와 접촉한 사람 중에서 결핵에 감염된 사람(잠복결핵감염)을 찾아내는 데 유용한 검사법
	국가 잠복결핵 검진사업 (잠복결핵검사 방법)	5세 미만			투베르쿨린 검사 단독 실시
		5~18세			투베르쿨린 검사를 원칙으로 하고, IGRA는 제한된 경우에만 실시
		19세 이상			투베르쿨린 검사와 IGRA 모두 사용 가능, 투베르쿨린 검사 양성자에게 IGRA 확인 가능
		투베르쿨린 검사의 결과 판정 시에 1세 이전에 접종한 BCG 접종력은 고려하지 않음			
간호 및 치료	(1) 원인 제거	1. 약물요법(가장 주된 방법) 92,93,94,07,13 임용 / 21,22 국시 🔵 병공기량 1) 원칙(약물복용과 관련한 교육내용) 4제 병합 요법 - INH + Rifampin + Pyrazinamide + (Ethambutol or SM)			
			병용		병용 요법(효과 증진, 내성 감소)
			공복		한꺼번에 다 같이 아침 식전 공복에 투여(혈중 농도↑)
			기간		규칙적으로 처방된 기간 투여(전체 투여기간 최소 6개월, 객담검사 음성전환 후 최소 3개월 이상)
			용량		충분한 약의 용량을 사용

2) 약물 종류(1차 & 2차 약물)

		약물	작용기전	부작용	간호 주의사항
간호 및 치료	(1) 원인 제거	1차 약물	Isoniazid (살균작용) 92,93,94,13 임용(보기) / 19,20,21 국시	세포 밖에서 활발하게 증식하고 있는 mycobacteria 사멸, 대식세포 내 휴지기 박테리아의 성장억제(살균제)	① 간 장애(2달 이내) ② 말초신경염 (장기복용 시 발생) ③ 위장장애, Vit B₆ 부족 ④ 과민반응 : 피부발진, 발열, 관절통	① 말초신경염 예방을 위해 피리독신 (Vit B₆) 투여 - 말초신경염 확인을 위해서 주기적인 신체검사 및 모노필라멘트 검사 ② 간기능 검사(AST·ALT) f/u ③ Dilantin함께 복용 시 Phenytoin toxicity 발생 ④ 말초신경염이 많이 나타나는 군 : 노인, 영양장애, 알코올중독자 ⑤ aluminium hydroxide는 INH 흡수 저하시키므로 함께 복용하지 말 것 ⑥ 경구용 혈당강하제 배설을 촉진시키므로 경구용 혈당강하제 복용하는 대상자는 혈당 확인할 것 ⑦ 치료 시 병행요법, 결핵균 예방목적으로 단독사용 ⑧ 임신 중 안전
			Ethambutol (균활동 정지) 92,94 임용(보기)	세균의 RNA 합성을 방해하여 세균성장 억제(정균제)	① 시력장애, 시신경염 ② 통풍, 피부발진 ③ 신독성	① 투여 전·중 시력검사와 색맹검사 f/u ② 시력장애, 신 장애 금기 ③ 임신 중 안전
			Rifampin (살균작용) 92,94 임용(보기) / 23 국시	건락성 육아종과 대식세포에서 서서히 증식하고 있는 병원균을 사멸(살균제)	① 위장장애, 간 장애 ② 붉은 소변, 침, 객담, 땀 13 임용(보기) ③ 과민반응(소양증) ④ 혈소판감소성자반증	① 부작용 설명, 간기능 검사 f/u ② 위장장애 확인 ③ 콘택트렌즈도 오렌지 색깔로 변함 ④ 같이 복용하는 약제의 대사를 증가시켜 혈중농도를 떨어뜨려 용량을 증가시켜야 함 : 주의해야 할 약제들은 항부정맥약(quinidine, phenytoin), 와파린(warfarin), 경구피임약, 스테로이드(glucocorticoids), 인슐린, 경구용 혈당강하제(sulfonylurea) 등 ⑤ 알코올 섭취금지 : 간손상 가속화방지 ⑥ 임신 중 안전
			Streptomycin (살균작용) 92,94 임용(보기)	광범위항생제	① 청신경 손상(이명, 어지러움증) 93 임용 ② 신 장애, 신경 독성	① 주기적 청력증상 확인
			Pyrazinamide (살균작용) 22 국시	산성환경에서만 활성화되는 피라진아미다제를 포함하고 있음. 피라진아미다제로 활성화된 피라지나마이드는 pyrazinoic-acid로 변해 세균 내에 축적되어 결핵균을 사멸함	① 간 장애, 위장장애 ② 요산 혈증으로 관절통 발생 ③ 피부발진 : 광감수성 유발, 일광화상 위험	① 간 독성 증상 관찰 ② 간 기능, 요산 검사 결과 관찰 ③ 수분섭취 증가 ④ 햇빛노출을 피하기 위해서 외출 시 보호할 수 있는 의복 및 모자 착용, 자외선차단제 사용 ⑤ 임신 중 안전

(1) 원인 제거		2차 약물	마이신계열 (viomycin, Capreomycin, Kanamycin)	항생제	① 살균작용(단백질합성 억제) ② 청각장애, 신 독성 ③ 말초신경장애, 알레르기	① 신 장애, 청력장애 증상 관찰 → Romberg test(+) ② 근육주사, 경구용 항결핵 약물 효과상승 ③ 임산부 금기 (임부에게 적용 가능한 약물은 INH, EMB, RFP임)
			Ethionamide	항생제	① 위장장애, 간 수치 증가 ② 금속 맛 나는 침 ③ 내분비장애	① 위장장애 증상 최소화(용량 줄이거나, 투여시간 바꾸어서) ② 당 조절 힘들어서 주의
			PAS (Para-aminosalicylic acid) 93 임용(보기)	항생제	① 위/간 장애 92 임용 ② 나트륨 정체, 흡수장애	① 수분이 닿으면 정제가 변하므로 (갈색, 보라) 주의 ② 위궤양, 신 장애, 간질환 주의
			Cycloserine	항생제	① 중추신경 : 정신이상, 성격 변화, 경련, 발진 ② 말초신경장애 ③ 신 장애, 발진	① 경련 관찰(알코올 사용 시 증가) ② 신장/간 기능 관찰 ③ 신경독성 예방 위해 pyridoxine (Vit B_6) 투여

간호 및 치료

    2. 외과적 치료
      ① 약물요법 실패
      ② 공동이 커서 폐 실질 파괴
      ③ 결핵성 기관지 확장증
      ④ 객혈 반복 시 시행

(2) 대증 요법	영양교육	① 고열량, 철분, 단백질, Vit C 풍부한 균형 잡힌 식이 제공 • 철분 : 빈혈 예방(육류, 해산물, 잎이 많은 채소, 시금치, 콩류, 곡류, 건포도 등) • 단백질 : 면역 강화(달걀, 고기, 육류, 생선, 견과류) • Vit C : 면역 강화, 철분 흡수 촉진(오렌지주스, 과일, 녹색 야채) ② 약물 부작용으로 영양 장애 시 의사와 약물 복용시간 상의
	휴식과 활동	① 휴식과 충분한 수면 ② 일상생활을 수행할 수 있을 정도의 적절한 운동

(3) 지지 요법

  1. 전파예방 교육 04 임용

호흡기 위생	① 기침, 재채기 시 휴지로 입과 코 가리기 ② 사용한 휴지는 객담 용기에 두고 소각 ③ 타인과 가깝게 접촉× ④ 가정은 유아나 5세 이하 아동 보호 ⑤ 비말, 마스크, 휴지 접촉 시 손 씻기
환경관리	① 환기 ② 침구나 물품 자외선 소독 ③ 환자의 침구, 의류, 식기는 전파가 안 됨을 교육 ④ 사람 많은 곳 피하기
항결핵제 복용	① 치료법 준수 ② 함부로 투약을 중지하면 안 됨을 교육 ③ 장기간 치료 ④ 약물치료 후 2주 격리 21 국시
환자간호	① 마스크 착용 ② 기침 전, 후 손 씻기 ③ 필요시 보호구
활동성 결핵 환자의 감염방지를 위한 방법	① 음압병실 사용(반드시 병실 문닫기) ② 헤파필터 사용하여 환기 ③ N95 마스크 사용
면역증강	① 좋은 영양섭취 ② 비타민 C와 단백질 섭취 ③ 충분한 수면과 적절한 신체활동

		2. 고위험 접촉자 관리		
간호 및 치료	(3) 지지 요법	흉부 X-선 검사	감염 여부 판단 위해 흉부 X-선 검사를 받고 필요시 치료	
		INH와 같은 예방적 약물 투여	적응증	HIV 감염, 활동성 결핵환자와 접촉자, 최근 PPD test 양성 반응자, 결핵 고위험군(영양불량, 면역결핍, 암, 마약 등)
			효과	6~12개월간 INH 예방요법 실시 후 활동성 결핵 진행 감소
		3. BCG 예방접종		
		적응증	생후 0~4주 예방접종, 소아, 치료하지 않은 결핵환자와 반복접촉, PPD test 음성이면서 INH 예방 치료받지 못한 자 예 금기증 : 면역기능 저하, HIV 감염자, 임신부, TST 양성자 등	
		효과	• 세포매개성 면역반응을 유도하여 이루어짐 • 결핵균의 감염과 일차 병소의 형성을 막지 못하나 일차 병소에서 결핵진행은 방지할 수 있음 • 특히 소아의 속립성 결핵과 결핵성 뇌수막염 등 중증 결핵발병 예방에 효과적	
		방법	삼각근 피내주사	
		금지 대상자	• 선천성면역결핍증후군, HIV 감염, 백혈병, 림프종 및 저감마글로불린혈증 등 면역결핍 상태에 있는 경우 • 스테로이드, 항암제 치료, 방사선 치료 등으로 면역억제 상태 • 미숙아, 심한 영양실조, 심한 전신 피부병이 있거나 입원을 요할 정도의 심한 질환을 앓고 있는 경우는 접종을 연기하는 것이 좋다.	
		이상 반응	단순비대 림프절염(백신 접종 후 림프계를 따라 소속 림프절로 운반되고 증식하는 과정에서 액와 및 목 등에 림프절염이 발생할 수 있음), 화농성 림프절염, 코흐씨 현상, 무통성 궤양, 켈로이드 반흔(반흔이 피부 위로 돌출되어 피부색이 보라색을 띠고 표면이 팽팽하고 반질반질하며 모세혈관 확장증이 보이기도 하는 경우로 주로 유전적인 소인이 있는 개체에서 재접종시 호발함) 등	
			코흐씨 현상 92 임용	결핵에 이미 감염되었거나 과거에 BCG를 맞아 투베르쿨린에 대한 지연형 과민반응이 있는 사람에게 BCG를 접종했을 때 생기는 현상으로 접종부위가 심하게 파괴되는 반응이 나타났다가 빨리 치유되는 것이 특징임(접종 후 48시간에 가장 심해서 접종부위를 중심으로 심한 경결과 발적이 생겨 부어오르고 고름이 배출되지만 2~3일 안에 놀라울 정도로 자연 치유되므로 특별한 치료가 필요 없음)
			화농성 림프선염	BCG가 인체에 접종되면 겨드랑이(액와) 및 목(경부) 등에 림프선염이 발생할 수 있음. 특별한 치료 없이 시간이 지나면 없어지기도 하고, 때로 곪아서 고름을 형성하기도 함. 항결핵제 복용치료는 필요 없으며 경과 관찰만 하거나 주사기로 고름을 뽑아주면 좀 더 빨리 아물거나 터지는 것을 예방 가능함
			무통성 궤양	접종병변이 아물기에 충분한 기간, 즉 13~16주가 지나도 접종부위의 궤양이 치유되지 않고 커다란 병변이 진행되는 경우로 그대로 두면 낫게 됨
			켈로이드 반흔	드물게 접종 후 켈로이드 반흔이 형성될 수 있음
간호 진단	① 지식부족과 관련된 불이행 → 약물요법, 부작용 ② 공기, 매개체를 통한 전파와 관련된 감염위험성 → 전파예방 교육 + 영양 ③ 식욕부진과 관련된 영양부족 → 영양교육 ④ 전파 두려움과 관련된 사회적 고립 → 전파예방 교육, 약물요법			

- **소아결핵의 초치료 시 진단적 범주에 따른 치료요법**

진단적 범주	치료요법		비고
	집중 치료기	유지 치료기	
폐결핵 또는 폐외결핵 (결핵성 수막염 및 골관절 결핵 제외)	2HRZE	4HR (E)	약제감수성검사 결과에서 약제 내성이 없는 것으로 확인된 경우에는 유지치료기에 E를 중단하고 HR로 시행
골관절 결핵	2HRZE	4~7HR (E)	
결핵성 수막염	2HRZE 또는 2[HRZ + AG 또는 Plo]	7~10HR (E)	

* E : ethambutol, H : isoniazid, R : rifampin, Z : pyrazinamide, AG : aminoglycoside, Plo : prothionamide

- **결핵예방법** [법률 제19442호, 2023.6.13., 일부개정]

목적 (제1조)	결핵을 예방하고 결핵환자에 대한 적절한 의료를 실시함으로써 결핵으로 생기는 개인적·사회적 피해를 방지하여 국민의 건강증진에 이바지함	
용어 정의 (제2조)	결핵	결핵균으로 인하여 발생하는 질환
	결핵환자	결핵균이 인체 내에 침입하여 임상적 특징이 나타나는 자로서 결핵균검사에서 양성으로 확인된 자
	결핵의사환자	임상적, 방사선학적 또는 조직학적 소견상 결핵에 해당하지만 결핵균검사에서 양성으로 확인되지 아니한 자
	전염성 결핵환자	결핵환자 중 객담의 결핵균검사에서 양성으로 확인되어 타인에게 전염시킬 수 있는 환자
	잠복결핵 감염자	결핵에 감염되어 결핵감염검사에서 양성으로 확인되었으나 결핵에 해당하는 임상적, 방사선학적 또는 조직학적 소견이 없으며 결핵균검사에서 음성으로 확인된 자

결핵관리
사업 등
(제7조)
	① 질병관리청장은 결핵의 예방 및 퇴치를 위한 다음 각 호의 결핵관리사업을 실시하여야 한다.
	  1. 결핵의 예방 및 관리사업
	  2. 결핵환자 조기발견 사업
	  3. 결핵환자등과 잠복결핵감염자의 진료 및 투약 등 치료와 관리사업
	  4. 전염성 결핵환자 접촉자 조사 및 관리사업
	  5. 결핵퇴치를 위한 조사·연구
	  6. 결핵의 발생과 관리실태 등에 대한 정보의 수집·분석 및 제공
	  7. 결핵예방을 위한 교육·홍보사업
	  8. 그 밖에 결핵관리에 필요하다고 인정하는 사업
	             … (하략) …	

의료기관
등의
신고의무
(제8조)
	① 의사 및 그 밖의 의료기관 종사자는 다음 각 호의 어느 하나에 해당하는 경우에는 지체 없이 소속된 의료기관의 장에게 보고하여야 한다. 다만, 의료기관에 소속되지 아니한 의사는 그 사실을 관할 보건소장에게 신고하여야 한다.
	  1. 결핵환자등을 진단 및 치료한 경우
	  2. 결핵환자등이 사망하였거나 그 사체를 검안(檢案)한 경우
	② 제1항 본문에 따른 보고를 받은 의료기관의 장은 24시간 이내에 관할 보건소장에게 신고하여야 한다.
	③ 의료기관에 소속되지 아니한 의사 또는 제2항에 따른 의료기관의 장은 제1항 제1호에 해당하여 신고한 결핵환자등을 치료한 결과를 관할 보건소장에게 보고하여야 한다.
	④ 제1항 단서 및 제2항에 따른 신고가 관할 구역 외의 환자에 관한 것일 때에는 신고를 받은 보건소장은 해당 관할 보건소장에게 지체 없이 이를 알려야 한다.
	⑤ 제1항부터 제3항까지의 규정에 따른 신고 또는 보고의 방법 및 절차 등에 필요한 사항은 보건복지부령으로 정한다. 그 밖에 신고와 보고에 관한 사항은 「감염병의 예방 및 관리에 관한 법률」 제11조부터 제13조까지 및 제15조를 준용한다. 이 경우 "감염병환자등"은 "결핵환자등"으로 본다.	

결핵환자등 발생 시 조치 (제9조)	① 보건소장은 제8조에 따라 신고된 결핵환자등에 대하여 인적사항, 접촉자, 집단생활 여부 등 감염원을 조사하기 위하여 보건복지부령으로 정하는 바에 따라 사례조사를 실시하여야 한다. ② 누구든지 보건소장이 실시하는 사례조사를 정당한 사유 없이 거부 또는 방해하거나 회피하여서는 아니 된다. ③ 보건소장은 제8조에 따라 신고된 결핵환자등에 대하여 결핵예방 및 의료상 필요하다고 인정되는 경우에는 해당 의료기관에 간호사 등을 배치하거나 방문하게 하여 환자관리 및 보건교육 등 의료에 관한 적절한 지도를 하게 하여야 한다.
결핵 집단 발생 시 의 조치 (제10조)	① 시·도지사 또는 시장·군수·구청장은 결핵이 집단적으로 발생한 것이 의심되는 경우에는 역학조사를 실시하고, 질병관리청장이 정하는 기준에 따라 결핵검진과 잠복결핵검진(이하 "결핵검진등"이라 한다)을 실시한 후 잠복결핵감염자에 대한 치료 등의 조치를 하여야 한다. ② 질병관리청장, 시·도지사 또는 시장·군수·구청장은 역학조사를 하기 위하여 역학조사반을 각각 설치하여야 한다. ③ 누구든지 질병관리청장, 시·도지사 또는 시장·군수·구청장이 실시하는 역학조사를 정당한 사유 없이 거부 또는 방해하거나 회피하여서는 아니 된다. ④ 그 밖의 역학조사의 내용과 시기·방법 및 역학조사반 구성, 업무 등은 「감염병의 예방 및 관리에 관한 법률」 제18조를 준용한다.
결핵검진 등 (제11조)	① 다음 각 호의 어느 하나에 해당하는 기관·학교의 장 등은 그 기관·학교 등의 종사자·교직원에게 결핵검진등을 실시하여야 한다. 다만, 다른 법령에 따라 건강진단을 받은 경우에는 이 법에 따른 결핵검진등을 받은 것으로 갈음할 수 있다. 　1. 「의료법」 제3조에 따른 의료기관의 장 　2. 「모자보건법」 제15조에 따른 산후조리업자 　3. 「초·중등교육법」 제2조에 따른 학교의 장 　4. 「유아교육법」 제7조에 따른 유치원의 장 　5. 「영유아보육법」 제10조에 따른 어린이집의 장 　6. 「아동복지법」 제52조에 따른 아동복지시설의 장 　7. 그 밖에 보건복지부령으로 정하는 기관·학교 등의 장 ② 특별자치시장·특별자치도지사 또는 시장·군수·구청장은 결핵을 조기발견하기 위하여 필요한 경우에는 결핵발생의 우려가 높은 다음 각 호의 어느 하나에 해당하는 자에 대하여 결핵검진등을 실시할 수 있다. 　1. 「사회복지사업법」에 따른 사회복지시설에 수용되어 있는 자 및 그 시설의 직원 　2. 부랑인, 노숙인, 미신고 시설 수용자 등 집단생활을 하는 자 　3. 결핵에 감염될 상당한 우려가 있다고 인정하여 학교의 장이 요청하는 자 　4. 그 밖에 결핵에 감염될 상당한 우려가 있다고 특별자치시장·특별자치도지사 또는 시장·군수·구청장이 인정하는 자 ③ 제1항 및 제2항에 따른 결핵검진등의 대상, 주기 및 실시방법 등에 관하여 필요한 사항은 보건복지부령으로 정한다. **동법 시행규칙 제4조(결핵검진등의 주기 및 실시방법)** ① 법 제11조 제1항에 따른 결핵검진등의 실시주기는 다음 각 호의 구분에 따른다. 　1. 결핵검진 : 매년 실시할 것 　2. 잠복결핵감염검진 : 법 제11조 제1항 제1호부터 제6호까지의 기관·학교 등에 소속된 기간(다른 기관·학교 등으로 그 소속을 변경하여 근무한 기간을 포함한다) 중 1회 실시할 것. 다만, 다음 각 목의 어느 하나에 해당하는 사람은 매년 실시한다. 　　가. 결핵환자를 검진·치료하는 「의료법」 제2조 제1항에 따른 의료인 　　나. 결핵환자를 진단하는 「의료기사 등에 관한 법률」 제1조의2 제1호에 따른 의료기사 　　다. 그 밖에 호흡기를 통하여 감염이 우려되는 의료기관의 종사자로서 질병관리청장이 정하여 고시하는 사람 ② 제1항에도 불구하고 신규채용된 사람에 대해서는 신규채용을 한 날부터 1개월 이내에 최초의 결핵검진등을 실시해야 하고, 휴직·파견 등의 사유로 6개월 이상 업무에 종사하지 않다가 다시 업무에 종사하게 된 사람에 대해서는 다시 업무에 종사하게 된 날부터 1개월 이내에 결핵검진을 실시해야 한다. ③ 법 제11조 제1항 및 제2항에 따른 결핵검진등의 실시방법은 다음 각 호의 구분에 따른다. 　1. 결핵검진 : 다음 각 목의 검사 　　가. 임상적, 방사선학적 또는 조직학적 검사 　　나. 객담(喀痰)의 결핵균 검사 　　다. 결핵감염의 위험정도를 고려하여 질병관리청장이 정하여 고시하는 검사 　2. 잠복결핵감염검진 : 면역학적 검사. 다만, 결핵 또는 잠복결핵감염의 치료 이력이나 면역학적 검사에서 잠복결핵감염 양성 판정을 받은 적이 있는 경우에는 문진과 진찰로 대체할 수 있다. ④ 제1항부터 제3항까지에서 규정한 사항 외에 결핵검진등의 실시주기, 실시 방법 및 그 밖에 결핵검진등의 실시에 필요한 사항은 질병관리청장이 정한다.

구분	내용
업무종사의 일시제한 (제13조)	① 특별자치시장·특별자치도지사 또는 시장·군수·구청장은 전염성결핵환자에 대하여 접객업이나 그 밖에 사람들과 접촉이 많은 업무에 종사하거나 제19조 제1항 제2호에 따른 집단생활시설에서 수행하는 업무에 종사하는 것을 보건복지부령으로 정하는 바에 따라 전염성 소실(消失)의 판정을 받을 때까지 정지하거나 금지하도록 명하여야 한다. ② 제1항에 따라 업무종사 정지 또는 금지 명령을 받은 환자는 전염성 소실 판정을 받을 때까지 업무에 종사할 수 없다. ③ 제1항에 따라 업무종사 정지 또는 금지 명령을 받은 환자의 사업주 또는 고용주는 해당 환자가 전염성 소실 판정을 받을 때까지 업무 종사를 금지하여야 한다. ④ 사업주 또는 고용주는 비전염성결핵환자에 대하여 결핵환자라는 이유만으로 취업을 거부할 수 없다. ⑤ 제1항에 따라 취업이 정지되거나 금지되는 업무에 대하여는 보건복지부령으로 정한다. 동법 시행규칙 제5조(취업이 정지 또는 금지되는 업무) 법 제13조 제1항에 따라 전염성결핵환자의 업무의 종사가 일정 기간 정지되거나 금지되는 업무는 다음 각 호와 같다. 1. 「의료법」 제3조에 따른 의료기관에서 근무하는 의료인의 업무 및 그 보조업무 2. 「영유아보육법」 제2조 제5호에 따른 보육교직원과 「유아교육법」 제7조에 따른 유치원 및 「초·중등교육법」 제2조에 따른 학교에서 근무하는 교직원의 업무 및 그 보조업무 3. 「선박안전법 시행규칙」 제15조 제5항에 따른 원양구역을 항해구역으로 하는 선박의 승무 업무 및 「항공안전법」 제2조 제17호에 따른 객실승무원의 1회 8시간 이상 비행근무 업무 4. 그 밖에 여러 사람이 모이는 장소에서 공중(公衆)과 직접 접촉하는 횟수가 잦거나, 영유아·임산부·노인 등 결핵발병 고위험군과 대면하는 빈도가 높아 호흡기를 통한 전염성결핵의 전파가 우려된다고 질병관리청장이 정하여 고시하는 업무

전염성 결핵환자 접촉자의 관리 (제19조)	① 특별자치시장·특별자치도지사 또는 시장·군수·구청장은 전염성결핵환자와 접촉하여 결핵에 감염되기 쉬운 다음 각 호의 어느 하나에 해당하는 자에 대하여는 보건복지부령으로 정하는 기준에 따라 결핵검진등을 실시하여야 한다.
	  1. 전염성결핵환자의 가족 및 최근 접촉자
	  2. 전염성결핵환자가 소속한 학교, 군부대, 사회복지시설 및 사업장 등의 집단생활시설에서 생활을 같이한 자
	② 특별자치시장·특별자치도지사 또는 시장·군수·구청장은 제1항에 따른 검진 결과 결핵환자등이나 잠복결핵감염자를 발견하였을 때에는 질병관리청장이 정하는 바에 따라 결핵 치료 및 잠복결핵감염치료 등 결핵의 전파 방지 및 예방에 필요한 조치를 하여야 한다.
	③ 보건소장은 제1항 및 제2항에 따라 전염성결핵환자의 접촉자 조사 및 결핵예방 조치를 시행할 때에는 보건복지부령으로 정하는 바에 따라 대상자를 기록하고 그 명부(전자문서를 포함한다)를 관리하여야 한다.
	④ 제1항 제2호에 해당하는 기관의 장은 제1항에 따른 결핵검진등의 조치와 제2항에 따른 결핵예방 조치에 적극 협조하여야 한다.

PLUS⊕

- 접촉자 조사 범위(연수교재)

발생상황	접촉자 범위	검진
1. 학생 전염성 결핵 환자(도말양성 또는 배양양성인 결핵) 1명 또는 학급 수업에 들어가는 선생님 결핵 환자	해당 학습(반) 생(교직원 포함)	TST, 흉부 X-선 검사(보건소)
	흉부 X-선 검사상 유소견자 및 유증상자	객담검사(도말 및 배양)
2. 교직원 또는 학습(반)에 관계없이 동일 학년에서 6개월 이내 결핵환자 (폐외 결핵 포함) 2명	해당 학년 전원(교직원 포함)	TST, 흉부 X-선 검사(보건소)
	흉부 X-선 검사상 유소견자 및 유증상자	객담검사(도말 및 배양)
3. 교직원 또는 학습(반)에 관계없이 동일 학년에서 6개월 이내 결핵환자 (폐외 결핵 포함) 3명 이상	해당 학교 전원(교직원 포함)	TST, 흉부 X-선 검사 (대한결핵협회의 이동검진)
	흉부 X-선 검사상 유소견자 및 유증상자	객담검사(도말 및 배양)

2 폐외 결핵

혈액 결핵	좁쌀 결핵 (속립성 결핵)		① 혈행이나 림프혈행으로 결핵균이 전파되어 전신 및 각종 장기에 좁쌀 모양의 결절이 형성되는 결핵의 일종 ② 결핵균이 폐의 결핵 병소에서 폐문 림프절을 거쳐 정맥각에서 혈행으로 들어가거나 직접적으로 병소가 폐혈관 내에서 깨져 혈행으로 들어가 전신 장기에 결핵결절을 만듦 ③ 유아뿐만 아니라 모든 연령에서 볼 수 있고 스테로이드 호르몬이나 항암제 투여, 방사선 요법 등에 의해 면역력이 감소되었을 때 발생하기 쉬움 ④ 확진은 결핵균을 증명해야 하지만 결핵균 음성 시에도 흉부 X-선상에서 양측 전폐역에 소립 크기 또는 약간 큰 결절성 음영이 있는 경우는 일단 의심함

	혈소판 감소증	원인	① 혈소판 생산의 감소 : 감염(특히 패혈증, 바이러스, 결핵), 독극물, 약물, 알코올, 항암치료, 혈액학적 종양(특히 백혈병), 골수이형성증후군, 고형암의 골수 침범, 재생불량성 빈혈, 거대적아구성 빈혈
			② 혈소판 파괴의 증가
			  ㉠ 항체로 인한 경우(특발성 혈소판감소성 자반증, 전신성 홍반성 낭창, 악성 림프종, 만성 림프성 백혈병, 약물)
			  ㉡ 감염 때문에 발생하는 경우(세균혈증, 바이러스 감염 후)
			③ 혈소판 소모의 증가 : 파종성 혈관응고장애

		증상	① 혈소판 수 20,000/mm³ 이하 점상출혈, 비출혈, 잇몸출혈, 과도한 생리혈, 수술 후 또는 치과 치료 후 과도한 출혈 동반 ② 혈소판 수 5,000/mm³ 이하 자발적 출혈 → 치명적인 중추신경계 또는 위장관 출혈 발생
		진단	골수 생검을 통해 진단
		치료 및 간호	**원인제거**: 원인이 되는 질환 치료 **출혈조절**: ① 비출혈이 있는 환자에게 좌위, 얼음팩을 목 뒷부분에 대주고 코에 직접적인 압박을 가함 ② 출혈이 지속된다면 의사에게 알림(10분 이내에 멈추지 않는 출혈) ③ 혈소판, 신선냉동혈장, 농축적혈구를 처방하여 주입 ④ 최소한 매일 전혈구, 혈소판 수치 확인 : 응고검사 **합병증 예방**: ① 격렬한 기침과 코풀기 피하기 ② 면도 시에는 전기 면도기 사용 ③ 구강간호를 위해 부드러운 솔의 칫솔 사용 ④ 이동 시 낙상을 최대한 예방 ⑤ 아스피린과 아스피린 함유 약물을 복용하지 말고, 가능하다면 혈소판 기능을 저해하는 약물들을 제한
신 결핵	특성		① 남성 > 여성 ② 대부분 폐결핵으로부터 신장으로 침입하고 결핵균이 여러 해 동안 잠복, 결핵균이 다시 활동을 시작하게 될 때는 감염된 원래부위는 때때로 치유된 것을 볼 수 있음 ③ 흔히 1차 결핵균 감염부위는 증상이 없어 병력만을 가지고는 신 결핵을 감별하기 어려움
	병태생리		① 신 결핵의 임상과정은 매우 서서히 진행, 임상적인 징후나 증상도 질병의 말기까지 불분명함 ② 초기에 신장속질이나 피질 침범 → 치료하지 않으면 파괴는 계속되어 더 큰 부위가 파괴되며 건락화 물질은 신장조직을 파괴시키고 융합시킴 ③ 결핵균이 하부 요로계에 도달했을 때 가장 문제되는 것은 요관방광판막의 섬유화, 협착 형성과 파괴임. 만약 협착되면 감염된 신장으로부터 농과 요의 출구가 축소되므로 신장 파괴는 가속화, 결핵균이 내려가서 남성 생식기관 내에 기숙하면 생식기능이 감소되는 원인이 됨

신 결핵	증상과 징후		① 신 결핵의 첫 증상은 요로계 감염 증상 ② 전신쇠약, 체중감소, 미열과 밤에 발한이 나타날 수 있지만, 폐결핵 증상보다는 미미함 ③ 방광염의 증상이 가끔 나타날 수 있으며 요통, 혈뇨, 농뇨도 흔히 있을 수 있음 ④ 남성들에게 종종 부고환염의 증상과 징후가 있음
골 결핵	특성		① 뼈나 관절에 결핵균이 침범하면 뼈 조직이 파괴됨. 모든 뼈와 관절에서 발생 가능하며 대개는 속발성으로 폐나 림프절로부터 전파됨 ② 호발부위 : 척추, 대퇴부, 무릎 등
	병태생리		① 결핵균은 혈행성 ② 평면골에서 이환된 부위가 충혈되고 탈칼슘화되며 육아조직이 증가함 ③ 결핵성 결절이 형성되며 활액막과 연골로 파급됨. 조직괴사로 뼈가 파괴되고 만성 배농루(drainage sinus)가 형성됨 ④ 뼈 주위에는 저온농양(cold abscess)이 형성되고 골파괴와 관절 구축이 심하면 관절이 변형됨
	증상		① 전신적으로 창백, 식욕부진, 체중감소, 미열, 발한 및 전신 쇠약 ② 통증은 천천히 진행되면서 점차 심해지고, 특히 근육이 이완된 상태에서 움직이는 밤에 심해짐 ③ 점차적으로 이환된 부위에 부종이 나타나고 근육경련 및 위축과 이환부 압통으로 기동성 저하, 상태가 심해지면 뼈가 파괴되고 관절이 구축되어 활동에 장애를 받음
	진단		임상적으로 균 배양, X-선 촬영, 투베르쿨린 검사, 혈액검사, 객담검사
	종류	척추 결핵	특성: ① 척추 결핵은 결핵균이 척추에 직접 침범하거나 폐나 림프절로부터 이차적으로 전파되어 국소적으로 척추뼈가 파괴되는 것 ② 항결핵약의 발달로 발생률이 많이 줄었으나 아직도 척추 결핵의 발병률은 상당히 높은 편임. 특히 하흉추와 요추부에 발생률이 높음
			병태생리: ① 결핵균으로 척추가 파괴되면 체중을 감당하지 못하게 되며 특히 흉추가 돌출되는 척추후굴 상태가 됨 ② 손상된 뼈 주위에 결핵성 저온농양이 방추상으로 형성되고 척추 주변을 둘러싸게 됨 ③ 저온농양은 인접한 척추뼈에서 시작되어 주위 조직에 형성됨 ④ 전방으로 밀려나온 농양은 근막 등을 따라서 흘러나와 피하농양 형성 ⑤ 농양이 점점 커지면서 섬유층을 따라 하강하면 서혜부의 상부 내측 대퇴에 요근농양이 형성되고, 때로는 피부를 통하여 외부로 배농되기도 함
			증상과 징후: ① 하지마비 : 흉추의 상부와 중간부에 결핵이 생기면 결핵성 농양이나 증식된 육아조직과 뼈의 변형으로 척수에 압력이 가해지면서 하지 마비가 초래, 초기에는 보행만 불편하지만 점차 운동 마비가 오며 감각도 저하됨 ② 요통 : 환부 척추를 움직일 때 요통이 심하며 특히 밤에 통증이 심함 ③ 척추의 압통발생, 척추운동(예 물건을 집는 일 등)에도 제한 ④ 연하곤란 : 저온농양이 경추, 흉추에 있으면 발생함 ⑤ 늑간 신경이 자극되어 방사통 발생 ⑥ 요추의 압박으로 근육경련, 대퇴관절의 굴곡과 외회전 불가, 변비 및 마비 ⑦ 척추후만증이나 척추측만증이 올 수 있음

골 결핵	종류	대퇴부 결핵	특성	① 하지 결핵의 가장 호발부위는 대퇴부와 무릎, 때로 발목과 발에도 결핵이 이환되거나 예후가 좋지 않음 ② 대퇴부의 경우 호발부위 : 비구(acetabulum) 상부, 대퇴골 상부, 대퇴 대전자부
			병태생리	조직 변화로 연골파괴, 뼈 노출 및 뼈의 파괴 → 병의 진전에 따라 대퇴골이 파괴되고 탈구되며 가관절이 형성, 서혜부의 배농과 골반 농양이 형성
			증상과 징후	① 특징적으로 결핵이 서서히 만성적으로 진행됨 ② 초기에는 파행 보행과 통증이 있고 고관절 굴곡 변형, 하지의 내전 및 하지의 단축 → 후에는 골 파괴나 관절강직으로 하지가 단축되며 대퇴부가 심하게 위축됨
		무릎 결핵	병태생리	초기에는 활액막 부종 → 점점 비대해지면서 활액 증가 → 활액막이 유착, 슬관절의 아탈구
			증상과 징후	운동제한, 파행보행, 부종, 통증, 하지 단축, 무릎의 굴곡 변형 등

18 히스토플라스모시스병 [92 임용] [성인질환]

정의	진균성 폐감염
원인	Histoplasmosis capsulatum (이 진균은 적절한 화학성분을 가진 축축한 토양, 버섯 저장소, 양계장 바닥과 같은 곳에 기거)
증상 및 징후	① 일반적으로 무증상 또는 가벼운 증상 ② 약 1~2개월간의 발열, 피로, 기침, 호흡곤란, 체중감소 등 ③ 소수 대상자에서 파종성 혹은 만성적인 형태의 진균 질환 발생 : 중추신경계, 간, 비장, 위장관, 근골격계 등에 발생 ④ 만성적인 경우 결핵과 유사한 진행성 변화 관찰
치료 및 간호	원인제거	진균제 투여
	대증요법	① 경한 1차적인 형태 : 치료가 필요치 않음 ② 만성인 경우 : 진균제 투여
	보존 및 지지요법	대상자가 감염력 있는 진균류에 접촉하지 않도록 예방교육

19 만성 폐쇄성 폐질환(COPD) 11,13 임용 [성인질환]

정의	만성기관지염이나, 폐기종에 의해 공기흐름이 폐쇄되는 질환	
원인	흡연 & 간접흡연	① 술잔세포를 포함한 폐세포 증식 + 섬모운동 감소 → 분비물이 증가되나 배출되지 않음 ② α_1-antitrypsin의 활동 차단 → 폐포 조직 파괴 ③ CO(일산화탄소)와 Hgb의 높은 친화력 ④ Nicotine의 혈관수축작용 → 허혈심장병의 원인
	감염	① 기도의 정상 방어기전 파괴 ② 세기관지, 폐포의 파괴
	유전	α_1-antitrypsin(ATT)결핍증(상염색체 열성요인)으로 폐포가 파괴되어 폐기종 발생 (α_1-antitrypsin : 폐포에서 단백질 용해효소가 폐포 조직의 용해를 억제하는 효소)
	노화	① 폐의 탄성 저하(폐포 지지 조직과 폐포 내막 상실, 폐포막 얇아지고, 폐포막과 모세혈관 소실) → 산소분압 감소 ② 골다공증 & 뼈의 석회화, 흉곽강직, 폐 신장성 저하로 인한 늑골의 운동성 저하 → 술통형 흉곽
	대기오염	대기오염의 오염물질
병태 생리	**만성기관지염(Chronic bronchitis)** 기관지에서 과도하게 점액이 생성되어 1년에 적어도 3개월 이상 만성 기침이 지속되는 상태	**폐기종(Pulmonary emphysema)** 11,13 임용 폐포의 과도한 팽창으로 인하여 폐포막이 파괴되고 폐의 신장성이 상실된 상태(= 폐포벽의 탄력성 상실, 폐포의 과신전과 확대, 작은 기도의 허탈에 의해 폐포 내 공기가 포획되고, 호흡곤란 유발)
	[COPD에서의 세기관지와 폐포의 변화]	
	① 지속적인 기관 자극과 염증 ② ㉠ 점액 과다분비(∵ 술잔세포 증식, 점액분비선 증식, 섬모 손실) ㉡ 기관부종, 기관 경련(∵ 세기관지 좁아짐, 만성 염증성 변화) ③ 기관지 조직 주변의 섬유화 진행 ④ 기도폐쇄, 호흡곤란, 잦은 감염	① 흡연, 대기오염, 반복되는 감염 → 염증과 자극증가로 호중구 침윤 증가 ② 알파1 안티트립신(α_1-AT) 부족 시 → 단백질분해효소들의 작용을 억제하지 못함 ③ ①, ②에 의해 엘라스타제(탄력섬유분해효소), 기타 프로테아제(단백질분해효소) 활성화 ④ 폐포막과 폐포 모세혈관막의 파괴(폐포벽 파괴) ⑤ 폐포의 과팽창(∵ 공기가 쉽게 유입되나 폐 신장성 악화로 배출이 안 됨) ⑥ 호흡곤란, 술통형 흉곽(폐포막과 폐포 모세혈관의 파괴로 폐포의 과팽창으로 공기가 쉽게 유입되나 폐의 신장성 악화로 배출이 안 되어 초래됨)

		만성기관지염(Chronic bronchitis)	폐기종(Pulmonary emphysema) 11,13 임용
증상		① 호흡곤란 : 운동성 호흡곤란 ② 기침 : 가래동반 ③ 객담 : 양이 많고 화농성 ④ 호흡기 감염 빈번 ⑤ 저산소혈증 + 과탄산혈증 ⑥ 적혈구 증가증 : 보상작용	① 호흡곤란 : 호기 시 쌕쌕거리는 소리가 남. 빈호흡, 서서히 악화 cf) 흡기 시 dyspnea : 크룹 ② 기침 : 호흡곤란 후에 발생 ③ 가래 : 양은 적으며, 점액성 ④ 기도 폐쇄 ⑤ 술통형 흉곽 : 횡격막 평편, 전후경 증가 ⑥ 저산소혈증(과탄산혈증은 질병 말기)
	합병증	① 폐성심(Cor pulmonale) : 폐질환에 기인하는 우심실부전(심장의 기능 상실 없이) 	기전	폐혈관 수축(저산소증, 산증) + 적혈구 증가증(보상작용, 점성증가) → 폐혈관저항 증가 → 폐동맥고혈압 → 우측심장 압력증가 → 우심부전 | 	증상	전신정맥 울혈, 정맥압 상승 → 간 비대, 의존성 부종, 경정맥 팽창, 오심, 식욕부진 | ② 만성기관지염 악화 : 기침, 객혈, 천명음, 호흡곤란 더 악화 ③ 폐렴 : 화농성의 객담, 발열, 오한(원인균 - 폐렴연쇄상구균, 헤모필루스 인플루엔자 바이러스) ④ 급성호흡부전 : 급성 호흡계 감염, 폐성심 ⑤ 위궤양 : CO_2 증가와 O_2 감소로 위산분비 자극 ⑥ 위식도 역류질환 : 위 내용물이 상기도 자극하여 증상 악화 ⑦ 적혈구 증가증 : 만성 저산소혈증의 보상작용 → 점성 증가 → 색전증, 심장부담	
신체사정	시진	미세한 전후경 증가	시진 : 흉부 전후경 증가 11 임용(지문) 청진 : 천명음(좁은 기도를 공기가 고속으로 통과할 때 생기는 쌕쌕거리거나 휘파람 부는 듯한 소리) 또는 악설음(작은 기도에 분비물이 있을 때 들리는 소리) 11 임용(지문) 타진 : 과다공명음(공기가 지나치게 많은 경우에 매우 크고 낮은 음조의 길게 들리는 소리) 11 임용(지문)
	청진	시끄러운 호흡음, 악설음, 수포음	
동맥혈가스검사 (ABGA)		PaO_2 감소, PCO_2 증가	말기 : PaO_2 감소, PCO_2 증가
임상진단검사		① WBC 증가 : 염증 ② Hgb, HCT 증가 : 만성기관지염일 때 현저히 나타남(폐기종은 말기) ③ 혈청 ATT(α_1-antitrypsin) 감소	
객담배양검사		원인균 규명	
심장기능검사		① EKG : 폐심장증 소견 ② Echocardiogram : 우심부전	

흉부 X-선 검사	▶ 초기, 경증 단계에서는 도움 안 됨
		만성기관지염(Chronic bronchitis)	폐기종(Pulmonary emphysema) 11,13 임용	
		심장 비대, 만성염증 소견, 울혈성 폐	과팽창 11 임용(지문), 편평한 횡격막	
	[COPD의 흉부방사선 소견]
폐 확산검사	▶ CO가 폐포-모세혈관막을 통과하여 확산하는 능력(일산화탄소를 흡입하여 폐포까지의 전달능력을 측정하는 방법)
		확산능력 정상	확산능력 감소	
폐기능 검사 (PFT) 11 임용 / 20,22,24 국시	▶ 만성 폐쇄성 폐질환의 진단과 중증도 평가 ① 1초 노력 호기폐활량(FEV1), 노력중간호기유속(FEF), 최대 환기량, 노력 폐활량 감소 　• FEV1/FVC의 비율이 70% 미만　cf) 정상 시 1초 83%, 2초 93%, 3초 97%　22 국시 　• FEV1 : 질병진행 정도 평가기준　20 국시 ② 잔기량(RV), 총폐용량(TLC), 기능잔기량(FRC) 증가 　• 총폐용량 : 만성기관지염일 경우에는 정상 또는 미미한 증가 • 폐기능 검사 결과만으로 특정 폐질환을 진단할 수 없으므로 다른 검사소견을 확인해야 함 • 검사 전에 금연을 하도록 함 • 의사의 특별한 처방이 없을 경우 4~6시간 전부터는 기관지확장제 투여를 중지

폐기능 검사 (PFT) 11 임용/ 20,22,24 국시	1회 호흡량 (TV)	① Tidal Volume(TV)은 호흡 1회에 들이쉬거나 내쉬는 공기의 양 ② 정상치는 500mL인데, 150mL는 가스교환에 참여하지 못하는 해부학적 호흡사강임 ③ 호흡사강이 증가하면 과탄산혈증(폐포 환기저하)이 발생할 수 있으므로 이를 예방하기 위해 환기량을 늘려야 함
	예비흡기량 (IRV)	Inspiratory Reserve Volume(IRV)은 정상적인 흡기 후 더 들이 마실 수 있는 공기의 양으로 약 3,000mL임
	흡기용적 (IC)	① Inspiratory Capacity(IC)은 보통의 호기가 끝난 후 최대로 들이 마실 수 있는 공기의 양 ② 정상 성인의 경우(체표면적 1.7m^2) 3,500mL임
	호기예비량 (ERV)	① Expiratory Reserve Volume(ERV) ② 정상적인 호기 후 더 호기해 낼 수 있는 공기의 양으로 약 1,000mL임
	잔기량 (RV)	① Residual Volume(RV)은 최대 호기가 끝난 후 폐 안에 남아 있는 공기의 양으로 1,500mL 정도임 ② 제한성 폐질환이나 폐포가 막혀 있으면 감소됨
	기능잔기용량 (FRC)	① Functional Residual Capacity(FRC) ② 정상호기 후 폐 내에 남아 있는 공기의 양으로 정상 성인의 경우 2,500mL임 ③ 호기예비량에 남은 공기량을 더 한 것과 같음
	폐활량 (VC)	① Vital Capacity(VC)은 힘껏 들이쉰 후에 힘껏 내쉰 공기의 최대량 ② 폐질환을 진단하는 데 많은 정보를 제공하므로 폐기능 검사의 가장 중요한 기본 요소
	강제 폐활량 (Forced Vital Capacity, FVC)	① 최대흡기 후 최대한 빠르게 호기할 수 있는 공기량 ② 남자 > 여자, 젊은이 > 노인 ③ 정상 성인의 폐활량은 4,500mL, 예측값의 80% 이상시 정상임
	총폐용량 (TLC)	① Total Lung Capacity(TLC)은 폐가 보유할 수 있는 최대 공기의 양으로 정상 성인의 경우 6,000mL임 ② (기능잔기용량 + 흡기용적) or (폐활량 + 잔기량)
	강제호기량 (FEV)	① Forced Expiratory Volume(FEV)은 1초, 2초, 3초 간격으로 측정하여 초당 강제호기량(Forced Expiratory Volume timed, FEVt)이라고도 함 ② 1초 시점에서는 강제호기량의 83%, 2초에는 93%, 3초에는 97%를 호기함 ③ 강제호기량을 전부 내쉬는 데 4초 이상 걸리면 폐쇄성 폐질환을 의심할 수 있음 ④ 강제 폐활량(FVC)에 대한 1초 강제호기량(FEV1)의 비율이 80% 이상이면 정상임
	강제 날숨유량 (FEF)	① Forced Expiratory Flow 200~1,200(FEF 200~1,200)은 강제 폐활량을 내쉴 때(호기), 호기 시작 시점으로부터 1,000mL의 유속을 측정하는 것으로 큰 기도의 공기 흐름을 평가하는 데 이용됨 ② 정상치는 분당 250~450L이며, 심한 폐쇄성 폐질환이 있으면 분당 60L 이하로 감소함
	최고호기유속 (PEFR)	① Peak Expiratory Flow Rate(PEFR)는 강제로 호기할 때의 최고 유속을 말함 ② 천식에서의 기관지 수축평가에 유익함 ③ 정상수준은 분당 600L 이상임

간호 중재	원인 제거	흡연	니코틴 대체요법 → 폐 기능 호전, 폐암과 심혈관 질환 발생률 저하	
		감염 예방	① 매년 독감 예방접종 + 사람이 많은 곳 피하기 ② 감염 초기증상 교육 + 빠른 치료	
		외과적 시술	정맥 절개술(Phlebotomy)로 사혈 : 적혈구 용적 55% + 신경증상이 있을 때 적용	

(1) 기관지 확장제 : 유지요법

① β_2 agonist	속효성(3~6hr)	albuterol(Ventolin), isoproterenol(Isuprel)
	지속성(12hr)	salmeterol(Serevent)
작용	㉠ 기관지 경련 완화 ㉡ 염증 매개물질 억제	
부작용	빈맥, 떨림, 불면, 저칼륨혈증	
간호중재	㉠ Isuprel 흡입(심장자극 우려) ㉡ 흡입 시 약물이 혀에 닿지 않도록(흡수 빠름)	

② 항콜린제	Ipratropium(Atrovent)
작용	㉠ 아세틸콜린 방출억제 ㉡ 기관지 수축물질 감소
부작용	기침, 어지러움, 위장장애
간호중재	㉠ 만성 환자 천식치료 유지 효과, 심한 발작 시 2차적, 만성 폐쇄성 폐질환 환자, 심장질환이 있을 경우 유용 ㉡ 협우각 녹내장(∵산동시키므로) 환자와 BPH 환자(∵전립선평활근을 수축시키므로)에게는 투약 시 주의해야 함

③ Methylxanthines	Theophylline
작용	㉠ 중추신경 흥분제 ㉡ 기관지 수축 물질방출 억제
부작용	각 계통마다 과잉자극 Sx ㉠ 소화계 : 오심, 구토, 위산↑, 식욕부진 ㉡ 심혈관계 : 부정맥, 빈맥, 협심증, 심계항진 ㉢ 중추신경자극 : 불안, 두통, 불면, 발작
간호중재	㉠ 흡입제로는 효과가 없어 경구투여나 정맥투여 ㉡ 다른 약제 반응하지 않는 경우 ㉢ 심부작용 예방 위해 지속적인 약물농도 F/U

(2) 항염증제

① 흡입스테로이드제	Budesonide, flunisolide, Beclomethasone
작용	㉠ 염증반응 억제 ㉡ 기관지내경 증가
부작용	두통, 소화불량, 구강 칸디다증
간호중재	흡인 후 가글

② 비만세포안정제 (흡입용)	Cromolyn, nedocromil
작용	㉠ 비만세포 탈과립 억제 ㉡ 염증 매개물질 분비 억제 ㉢ 증상 감소
부작용	작열감, 발진, 구강건조, 기침, 불쾌한 맛
간호중재	투약 후 가글
	nedocromil → 혼탁한 용액 사용금기

(3) 거담제

① 점액용해제	Acetylcystein, ambroxol, Bromhexine	〈기전〉 기관지 점액점도 감소
② 표면활성제의 작용상승	Acebrophylline	〈기전〉 폐포가 쭈그러지는 것 방지

대증 요법	산소요법	효과	① 안정 상태에서 PaO$_2$ 55mmHg 이하 시 ② 폐 모세혈관 수축 감소 → 폐 모세혈관압 완화 ③ 적혈구 증가증 개선
		간호중재	① 낮은 농도 산소를 비강 캐뉼러로 1~2L/분 공급 ② 간헐적×, 24시간 투여 ③ 고농도 산소는 투여× : 고농도 산소는 호흡기계 억제(폐포의 저환기로 인해 호흡부전이 발생되는 경우, 너무 많은 양의 산소투여는 이산화탄소 정체를 초래함. 이들은 늘어나는 부화량에 맞춰 환기량을 늘릴 수 없기 때문에 호흡중추 자극의 감소로 고탄산혈증을 유발하고 심하면 사망에 이르게 할 수 있음) 17국시 → 혼수, CO$_2$ 중독증 초래
간호 중재 대증 요법 + 지지 요법	호흡 재활	목적	① 증상 조절 ② 일상생활 수행능력 최대한 유지 ③ 삶의 질 증진
		내용 21국시	① 물리요법(기관지 청결, 운동, 호흡 훈련, 에너지보존) 　㉠ 과탄산혈증 증상 교육 : 혼돈, 기면, 두통, 의식 변화, 발한, 호흡수 증가 　㉡ 호흡법 : 입술 오므리기 호흡법(호기를 연장하고 기도허탈을 최소화하기 위해 실시, 호기를 최대화시켜 효과적으로 이산화탄소를 제거할 수 있게 함. 따라서 호기 동안 기도를 열 수 있도록 기도압력을 증가시키고 기도가 조기 폐쇄되는 것을 예방함), 복식호흡 　㉢ Incentive spirometry 사용 : 10~20번/10시간, 입으로 심호흡 → 3~5초간 숨 참기 → 내쉬기 　㉣ 체위 배액법 　㉤ 야간수면 장애 : 예방을 위해 낮 동안 운동과 활동 권장(걷기운동 권장) 　㉥ 지치지 않도록 운동 사이사이 휴식 ② 영양 　㉠ 영양상태 관찰 : 섭취 열량, 체중, 혈청 알부민 　㉡ 고열량, 고단백, 소량씩 자주, 식사 후 휴식시간 계획(∵ 위장 팽만 감소) 　㉢ 탄수화물은 50% 내외로 섭취 제한 : 탄수화물은 소화되면서 이산화탄소를 생성하여 증상을 악화시킴 ③ 교육 : 감염의 초기증상 교육, 급성 호흡부전 증상 교육, 약물교육, 사람 많은 곳에 가지 말도록 함 ④ 환경조절 : 환경 자극물과 알레르기원 관리, 대기오염이 심한 날 외출금지, 기온과 갑작스런 습도변화×, 호흡억제/중추신경억제 약물 금지 ⑤ 건강증진 ⑥ 심리상담 & 직업재활 : 호흡곤란과 관련된 불안과 두려움을 표현 + 정서적 지지
간호진단			① 폐포 저환기, 폐포의 파괴, 산소 공급 변화와 관련된 가스교환장애 → 분비물 액화, 호흡, 산소 ② 점액생산 증가와 기관지 경련과 관련된 기도개방유지 불능 → 약물, 호흡, 호흡 재활 ③ 폐기능 감소, 비효율적 기도 청결과 관련된 감염의 위험성 → 감염 예방 ④ 식욕부진, 에너지수준 감소와 관련된 영양부족 → 영양교육 ⑤ 불안, 호흡곤란, 호흡곤란과 관련된 수면양상장애 → 호흡 완화, 운동 ⑥ 질병의 정보 부족과 관련된 지식부족 → 호흡 재활, 교육

20 기관지확장증 [성인질환]

정의	① 탄력성과 근육구조의 손상으로 하나 혹은 그 이상의 큰 기관지가 영구적이고 비정상적으로 확장된 것 (폐의 하엽, 특히 좌하엽에 호발) ② 만성기침과 악취 나는 다량의 객담, 발열 등을 주요증상으로 하는 질병		
원인	① 선천적·후천적 혹은 양쪽 모두와 관련된 기관지벽의 허약 ② 운동성이 없는 섬모증후군 ③ 호흡기 감염 : 유년기 초기에 홍역, 백일해, 유행성 감기 등의 호흡기 감염을 앓은 후에 흔히 발생 ④ 기도장애 : 기관지암이나 폐결핵, 낭성 섬유증, 기관지염 등으로 초래된 기도의 장애 ⑤ 기관지 협착 : 종양, 이물질, 염증 때문에 생긴 기관지 협착		
병태 생리	장기간 호흡기도 감염, 기관지 폐쇄로 기관지 염증 발생 → 기관지 점막 손상 ① 섬모방어기전 손상 : 세기관지 섬모상피가 비운동성 섬모상피로 대치 → 섬모방어기전 손상 → 가래나 미생물의 배출장애로 기관지에 점액, 농이 고임 ② 기관지 확장 : 기관지 벽의 탄력 섬유, 근육의 파괴로 조직은 늘어나 주머니 형태로 탄력성은 없고 영구적으로 확장		
증상 및 징후	국소	흔한 증상	① 많은 양의 농성 객담 : 3층 객담으로 옅은 녹갈색의 거품 많은 객담이 가장 상층, 중간층은 탁한 점액농성 객담, 하층은 끈적끈적한 화농성 객담 ② 객담을 생산하는 심한 기침 : 아침 기상 때와 누울 때 발작적 기침 발생
		동반 증상	③ 호흡곤란 ④ 저산소혈증 : 고상지두, 청색증, 호흡곤란 ⑤ 객혈 : 염증으로 약해진 점막 출혈, 기관지 동맥 침범으로 대량 객혈 ⑤ 폐고혈압증, 폐성심 ⑥ 촉진 : 촉각진탕음의 증가(촉각진탕음은 경화되었거나 수액물질이 많을 때 증가함) ⑦ 타진 : 점액성 마개부위 표면에 둔탁음이나 편평음 ⑧ 청진 : 나음과 수포음, 중엽과 하엽 표면에서 유성음(성대음)이 청진됨 ⑨ 횡격막 운동의 감소

증상 및 징후	전신	① 피로와 허약 ② 식욕상실과 체중감소
		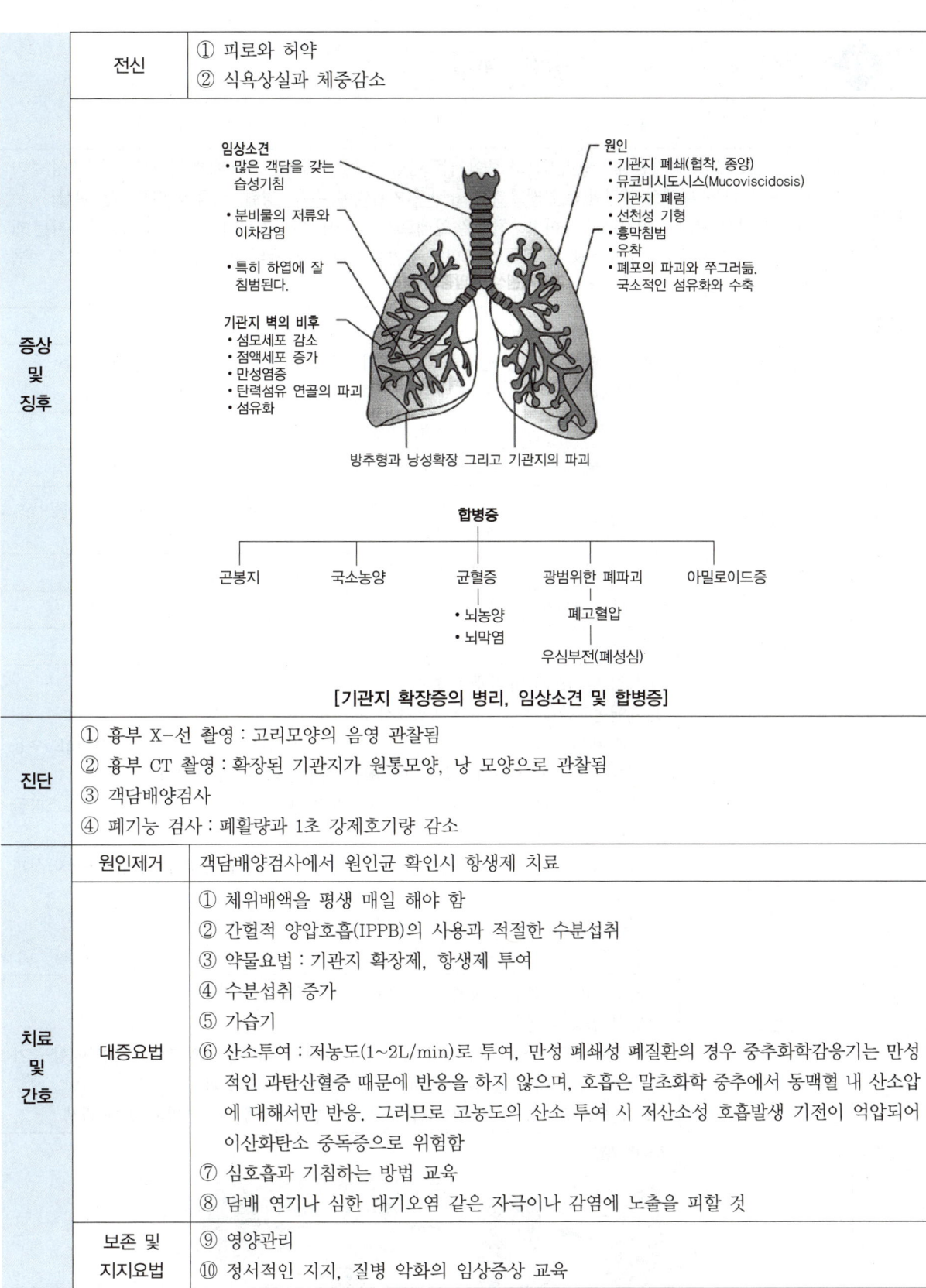 [기관지 확장증의 병리, 임상소견 및 합병증]
진단		① 흉부 X-선 촬영 : 고리모양의 음영 관찰됨 ② 흉부 CT 촬영 : 확장된 기관지가 원통모양, 낭 모양으로 관찰됨 ③ 객담배양검사 ④ 폐기능 검사 : 폐활량과 1초 강제호기량 감소
치료 및 간호	원인제거	객담배양검사에서 원인균 확인시 항생제 치료
	대증요법	① 체위배액을 평생 매일 해야 함 ② 간헐적 양압호흡(IPPB)의 사용과 적절한 수분섭취 ③ 약물요법 : 기관지 확장제, 항생제 투여 ④ 수분섭취 증가 ⑤ 가습기 ⑥ 산소투여 : 저농도(1~2L/min)로 투여, 만성 폐쇄성 폐질환의 경우 중추화학감응기는 만성적인 과탄산혈증 때문에 반응을 하지 않으며, 호흡은 말초화학 중추에서 동맥혈 내 산소압에 대해서만 반응. 그러므로 고농도의 산소 투여 시 저산소성 호흡발생 기전이 억압되어 이산화탄소 중독증으로 위험함 ⑦ 심호흡과 기침하는 방법 교육 ⑧ 담배 연기나 심한 대기오염 같은 자극이나 감염에 노출을 피할 것
	보존 및 지지요법	⑨ 영양관리 ⑩ 정서적인 지지, 질병 악화의 임상증상 교육

21 천식 92,07,09,10,11,14 임용 | 아동질환 | 성인질환

정의 92 임용	알레르기 염증에 의해 기관지가 반복적으로 좁아지는 만성 염증, 가역적인 기도폐색 및 기도의 과민성 증가를 특징으로 하는 폐쇄성 폐질환(= 알레르기성 물질이 기관지에 수축, 경련, 염증을 일으키는 현상) cf) 천식과 만성 폐쇄성 폐질환의 차이점 : 천식은 알레르기 염증에 의해 기관지가 반복적으로 좁아지는 만성 염증으로 가역적인 기도폐색 및 기도의 과민성 증가를 특징으로 하는 폐쇄성 폐질환임. 천식은 가역적인 기도폐색을 일으키고 주된 요인은 알레르기임		
특징	특징적인 발작은 밤에 잘 일어남		
원인 92 임용	외인성 요인	알레르기 항원 : 먼지, 공해물질, 진드기, 곰팡이, 동물 비듬, 꽃가루, 깃털 등 ※ 다양한 항원이 IgE를 매개로 하는 항체 매개 과민반응을 유발	
	내인성 요인	질환	호흡기 감염, 비염, 부비동염, 코 폴립 등
		약물	Aspirin(PG 억제 → 류코트리엔 증가), β-blocker
		음식	비타민, 맥주, 포도주의 방부용 첨가물인 sodium metabisulfite, MSG(PG 억제)
		운동	격렬한 운동(운동유발 천식)
		정신적 스트레스	불안, 공황상태
	가족력	천식, 호흡기 문제	
병태 생리 (기전) 07,14 임용 / 19 국시	초기 반응(30~60분) 매개 : 비만세포, 호염기구	① 특정 알레르기 항원에 노출 ② 체액면역반응 유발 : 형질세포에서 IgE 유리됨 ③ IgE-비만세포 복합체 : 기관벽 기저막 아래에 위치한 비만세포 표면의 IgE 수용체에 부착 → IgE-비만세포 복합체를 이룸 → 비만세포 활성화 ④ 비만세포 탈과립 : 염증 매개물질(히스타민, 브라디키닌, 류코트리엔, 프로스타글란딘 및 사이토카인) 분비 ⑤ 화학매개체는 기관지평활근 수축, 혈관이완, 모세혈관 투과성 증가, 기관지 상피세포 손상 유발 ⑥ 기관지 경련, 점액생산 증가, 점막부종, 짙은 가래 분비 ▶ 주 증상 : 천명음, 흉통, 호흡곤란, 기침		
	후기 반응(5~6시간) 매개 : 호산구, 호중구, 단핵구, 림프구	① 기도 내에 호산구와 호중구가 침윤되어 염증반응이 발생 ② 만성 염증 발생 　→ ㉠ 기도직경의 감소, 점막 염증, 기관수축 및 과다한 점액분비 → 기도저항 증가 　→ ㉡ 폐포 내에 공기가 걸려(air trapping) → 폐의 과팽창 ▶ 호흡근육 운동의 변화, 환기-관류비 불균형, 동맥혈 가스분압의 변화 발생		

증상 92,10 (지문) 임용	염증 → 기관지 경련, 부종 및 점액 분비 → 기관지 내경 좁아짐 → 폐포 과팽창, 호기 어려움 (기침, 객담) (천명음) (호흡곤란)					
	① 쌕쌕거림 (천명음)	호기 시 천명음 → 흡기, 호기 모두 천명음 → 소실 시 응급상황 : 천식 발작(특징적인 증상으로 주로 밤에 잘 발생됨) 92 임용				
	② 기침	야간성 기침, 이른 아침 기침				
	③ 객담	희고 진한 양상, 점액성 객담				
	④ 호흡곤란	호기 지연				
	⑤ 기타 호흡계 증상	노력성 호흡, 빈호흡, 맥박↑, BP↑, 불안정, 불안, 창백, 푸르스름한 입술				

진단	신체검진	<table><tr><th>시진</th><th>촉진</th><th>타진</th><th>청진 10 임용(지문)</th></tr><tr><td>① 호흡곤란 : 짧고 거침 ② 호기 연장 + 호흡 부속근 사용, 흉부압박감, 흉통 ③ 술통모양 ④ 기침(초기 마른기침 → 심한 기침, 끈적한 객담)</td><td>① 진동감 감소</td><td>① 과다 공명음 (∵ 폐포 내 공기배출 어렵고 과팽창)</td><td>① 호흡음 감소 ② 천명음 : 호기 시 → 흡기, 호기 → 소실</td></tr></table>
	객담, 혈액	① 호산구 증가(정상 1~4%), 혈청 IgE 증가 ② 화농성 객담 발생 시 객담 배양검사 실시
	동맥혈 가스 분압검사 (ABGA)	① 초기 : 호흡성 알칼리증(과다환기, 저탄산혈증) ② 후기 : 호흡성 산증(과탄소혈증, 저산소혈증) <table><tr><th>시기</th><th>pH</th><th>PaCO$_2$</th><th>PaO$_2$</th><th>생리적 변화</th><th>임상증상</th></tr><tr><td>초기</td><td>↑</td><td>↓</td><td>↓</td><td>• 폐포 과환기 → 저탄산혈증 • 환기-관류비율 불균형의 2차 증상 : 저산소혈증 • 적절한 폐포 환기</td><td>• 기도 저항 감소를 위해 모든 호흡 부속근 사용 • 심박동수 증가, 발한, 흉부압박감, 기침, 천명음</td></tr><tr><td>진행기</td><td>N</td><td>N</td><td>↓</td><td>• 탄산가스 제거 저하 • 효과적인 폐포 환기 저하</td><td>• 피곤함, 운동성 호흡곤란으로 인한 문제</td></tr><tr><td>지속</td><td>↓</td><td>↑</td><td>↓</td><td>• 환기 부전을 의미하는 과탄산혈증 • 폐포 저환기 → 호흡성 산증 • 저환기, 환기-관류비율 불균형으로 저산소혈증 악화</td><td>• 기진맥진, 호흡음 저하, 기관 내 삽관과 기계환기 필요</td></tr></table>
	흉부 X-ray 검사	증상 없는 천식은 정상, 천식 발작 시 공기유입 증가
	폐기능 검사(PFT)	1초 노력호기폐활량(FEV1), 최고날숨유속(PEFR) : 천식환자의 진단, 관리의 지표 ① 증상이 없는 경우 정상 ② 천식 발작 시 감소(15~20%) ③ 기관지 확장제 투여 : 기관제 확장제 투여 후 노력호기폐활량이 12~15% 증가 (기도 평활근이 가역적인 변화가 유발됨)
	알레르기 피부검사	항원선별검사
	RAST (Radioallergosorbent test)	① 피부검사 음성 시 알레르기 원인 규명, 특정 알러지원에 대한 IgE 검출(방사선 동위원소를 표식자로 검사) ② 음식과 관련된 알레르기원 찾는 데 유용, 심한 습진으로 피부검사 못할 때 적용

1. 원인제거 : 회피요법 - 유발요인 피하기(감염예방, 정서적 안정, 알러지원) `22 국시`
2. 대증요법
   1) 약물요법(기관지 확장제, 항염증제, 진해제, 항히스타민제, 거담제, 진해용해제) `09 임용 / 21 국시`
      (1) 기관지 확장제 `09 임용`

	약물	작용	부작용	중재
치료 및 간호	① α, β agonist epinephrine	• 응급 시 (5분 내 빠른 효과)	• 혈당 상승 • 심장 흥분 • 심계항진	① 당뇨 환자 주의 ② 오랫동안 사용×
	② β₂ agonist `09 임용` ㉠ 속효성 (3~6hr) albuterol (Ventolin) `10 임용` / isoproterenol (Isuprel) ㉡ 지속성 (12hr) salmeterol (Serevent)	• 기관지경련 완화 (기관지 확장) • 염증 매개물질 억제	• 빈맥, 떨림, 불면 • K⁺↓	① Isuprel 흡입(심장자극 우려) ② ventolin : 급성천식 악화예방, 운동성(전 30분)/알레르기 천식 유용, N/S 4배 희석 10분간 흡입 ③ Serevent : 천식발작 예방, 야간발작천식 약을 Tapering할 때 ④ 흡입 시 약물에 혀에 닿지 않도록 주의(흡수 빠름) ⑤ Steroids와 함께 사용 시 고용량 흡입보다 효과적
	③ methylxanthines `09 임용` theophylline `20 임용(지문)` aminophylline	• 중추신경 흥분제 (CO_2 민감도↑) • 기관지수축 물질 방출억제	(각 계통마다 과잉자극!!) • 소화계: 오심, 구토, 위산↑, 식욕부진 • 심혈관계 : 부정맥, 빈맥, 협심증, 심계항진 • 중추신경자극 : 불안, 두통, 불면, 소아 : 과다행동 • 발작(경련환자 금기)	① 천식치료보다 예방으로 사용 ② β₂ 작용제 병합투여 시 효과 ③ 흡입은 효과 없어서 경구 또는 정맥 ④ 심부작용 예방 위해 지속적인 약물농도 F/U ⑤ 치료약물 농도 F/U-theophylline : 10~20mcg/mL은 주로 po, 30mcg/mL 이상 시 심부정맥 발생함 → 치료약물 농도 측정을 위한 혈액검사를 통해서 혈중약물 농도를 확인할 수 있고, 이 결과를 토대로 테오필린 다음 처방용량을 결정함
	④ anticholinergic(항콜린제) ipratropium(Atrovent) `09 임용` atropine	• ACH방출억제 • 기관지수축 물질 감소	(부교감신경 억제작용) • 건조함으로 인한 기침 • 어지러움 • 위장장애	① 만성 환자 천식치료 유지효과, 심한 발작 시 2차적, 만성 폐쇄성 폐질환 환자 심장질환 있을 경우 유용 ② 주의 : 협우각 녹내장(∵산동), 양성 전립선 비대증 환자(∵전립선평활근 수축)

(2) 항염증제

약물	작용	부작용	중재
① 흡입 스테로이드제 (코르티코스테로이드) `09 임용(보기)` budesonide fluticasone beclomethasone	• 염증반응 억제(인지질용해 억제) • 항염-항체반응 자체 억제 • 기관지 내경증가	• 두통, 소화불량 • 구강 칸디다증	① 만성 천식 사용 : 천식유지(급성 NO) ② 고혈당 주의 ③ 흡인 후 가글 : 구강건조 예방, 구내염(아구창) 예방을 위함 `19,22 국시` ④ 기관지 확장제 함께 사용 시 확장제부터 먼저 사용(효과↑)
② 류코트리엔 완화제, 류코트리엔 길항제 (경구) `09 임용(보기)` zafirlukast, zyflo	류코트리엔 : • 기관지수축염증 물질 • 기관지 이완 • 항염 작용	• 간 수치 상승 • 발열, 발진 • 피로, 두통	① 지속적 천식 예방(급성 ×) ② 간기능 검사 F/U ③ 식전 1hr, 식후 2hr
③ 비만세포안정제 (흡입용) cromolyn nedocromil	• 비만세포 탈과립 억제 • 염증매개물질 분비 억제 • 증상 감소	• 작열감, 발진 • 구강 건조 • 기침, 불쾌한 맛 • 기관지 경련 • 홍반, 발진	① 천식 유지(급성 발작×) ② 아스피린, 운동성 천식 등 항원을 알 때 노출 15~20분 전 예방효과, 접촉 15~20분 전 투여 ③ 투약 후 입안 헹굴 것 혼탁한 용액 사용금기

(3) 기침약(진해제)

약물	작용	부작용	중재
codeine	• 기침중추억제 • 기침수용체 차단 → 마른기침 효과	• 마약중독성 • 중추신경계, 호흡기계 억제작용 → 저혈압, 서맥, 호흡억제	• 시럽 형태는 복용 후 바로 물× (인두점막의 약을 씻겨 국소 진정 효과 방해)
dextromethorphan, levodropropizine	• 비마약성 진해제	• 현기증, 두통, 졸림, 진정, 구강건조, 오심, 구토 등	• 마약 사용 없이 코데인과 유사 효과

(4) 항히스타민제(H_1 수용체길항제)

약명	작용	부작용	중재
〈제1세대〉 에탄올아민 알킬아민	• 기관지 평활근 이완 • 점액분비 감소 • 혈관투과성 감소 (기관지 부종, 기관지평활근 경련, 모세혈관 투과성을 감소시킴)	• 비선택 제제, 진정 효과 有, 졸림, 역설적 흥분, 항콜린 효과 (구강건조, 복시, 배뇨 어려움)	① 현기증, 졸음 사정 ② 정밀 작업, 위험행동 삼가
〈제2세대〉 로라타딘(loratadine) 세티리진(cetirizine) 펙소페나딘 (fexofenadine Allegra)		• 선택제제, 진정작용 無, 두통, 현기증, 위장장애(1세대에 비해 졸림, 현기증 거의 없음)	① 간 효소 저해하는 약물과 함께 사용 시 QT 연장 ② 펙소페나딘 : 졸림 없고 심장 작용 부작용 없음

치료 및 간호

(5) 거담제, 점액용해제
  ① 작용 : 기관지 분비물 배출 도움
  ② 종류 : guaifenesin(객담의 표면장력을 감소시키고 콜린성 경로를 자극하여 기도 내 점액분비 촉진), acetylcysteine, bromhexine(점액용해제), ambroxol(점액활성제, 기도 내의 섬모에 작용하여 점액섬모청소능을 증가시킴)
  ※ bromhexine : 급·만성 기관지염, 폐결핵 등 점액 점도 저하 효과로 응급 시 사용함. 흡인 후 입을 헹구어서 비인두 작용을 최소화해야 함
  cf) acebrophylline : 폐포의 표면활성제 작용을 상승시켜 기관지확장

2) 호흡곤란 완화 [92 임용(보기)]
  (1) 자세 : High-fowler 자세, 침상 위나 테이블에 베개를 놓고 앞으로 기댄 자세 → 호흡 부속근 작용 도움
  (2) 호흡 : 복식 호흡과 입술 오므리기 호흡(흡기 : 호기 = 1 : 2~3)
  (3) 기침을 해서 객담 배출함

3. 지지요법 [22 국시]
  1) 환경 관리 : 청결, 적당한 습도 조절, 조용하고 안전한 환경, 대기오염 심할 때 외출 금지
  2) 활동과 안정 : 급성기에는 침상안정, 완화 시 적합한 운동 실시(서서히 활동 증가), 찬 공기 피해서 운동
  3) 영양공급 : 적절한 영양과 수분 섭취 – 고단백, 고열량 식이제공
  4) 운동요법 : 수영이 효과적, 조깅할 땐 찬 공기가 자극요인이 되지 않도록 마스크 착용, 폐활량 증가에 도움이 됨
  5) 면역요법 : 원인 항원에 따라 개개인에 맞는 면역 주사 사용, 독감 예방접종
  6) 최대호기유량 측정기 사용법 교육

※ 학교에서 천식발작 일어났을 때 처치 [10 임용]
  ① 기도유지 : 호흡과 산소화 상태 확인, 고개를 옆으로 돌리거나 분비물 뱉기
  ② 자세와 호흡 : fowler's 체위 + 앞으로 기댄 자세에서 천천히 호기를 한 후 기침 격려, 입술 오므리기 호흡과 이완요법
  ③ 응급약물 투여 : 환자가 소지한 기관지 확장제 확인하여 분무, 분무 시 좌위에서 적정용량흡입기를 이용해서 흡입하고, 약물을 흡입했을 때 10초간 숨을 참은 뒤 호기함
  ④ 가스교환장애 간호 : 과호흡에 의한 호흡성 알칼리증 방지 위해 종이봉지 호흡
  ⑤ 불안 간호 : 심리적 안정 + 감정표현 + 환자 곁에 있기
  ⑥ 환경관리 : 신선한 공기 공급, 자극이 가장 적은 환경
  ⑦ 천식발작교육 : 천식발작 유발요인 확인하고 피하도록 교육, 가정에서 최대호기유량 측정기의 사용법 교육 → 상태가 호전되었다면 안정, 상태가 악화되거나 호전되지 않으면 즉시 응급실 후송

간호 진단 10 임용	① 객담으로 인한 기도개방 유지 불능 ② 기관지 연축과 관련된 가스교환장애 22 국시 ③ 호흡곤란과 관련된 불안 ④ 지식부족으로 인한 치료요법의 비효율적 이행

※ 적정용량흡입기(계량흡입기)

사용법	① 사용 시 흡입구가 아래로 오게 세워둔 다음 흡입구 뚜껑을 열고, 내용물이 균등하게 섞이도록 흡입기를 잘 흔들어 줌. 흡입기를 처음 사용하거나 일주일 이상 사용하지 않은 경우에는 사용 전에 공기 중으로 약 3회 분무하여 흡입기가 제대로 작동하는지 확인 ② 숨을 충분히 내쉰 후 입에 흡입구를 묾. 이때 흡입구의 주위를 양 입술로 물어서 약물이 새어나가지 않도록 함 ③ 입으로 천천히 깊게 숨을 들이마시는 동시에 흡입기 윗부분을 세게 눌러 약을 분사시킴 ④ 흡입기를 입에서 떼고 약 10초가량, 환자가 편하게 느끼는 범위에서 숨을 참기 ⑤ 참았던 숨을 천천히 내쉼, 허가된 용법과 용량에서 1회 이상 사용하도록 되어 있는 제품은 약 1분 정도의 간격을 두고 위의 과정 반복 ⑥ 흡입기 뚜껑을 제 위치에 놓고 잘 닫기
장점	① 흡입 시 경구제제에 비해 적은 용량으로 필요한 약 효과를 낼 수 있음 ② 표적기관에 직접 도달하여 전신 부작용을 최소화함 ③ 빠른 약효를 나타냄
주의사항	① 흡입기 안으로 숨을 내쉬지 않아야 함 ② 약의 보관 중에 침전물이 생성되었을 경우, 흔들어주었을 때 골고루 섞이지 않고 침전물이 남아 있으면 사용해서는 안 됨 ③ 흡입구는 마른 티슈나 천으로 닦아주고, 흡입기를 씻거나 물속에 넣지 않도록 함 ④ 얼거나 직사일광을 받지 않도록 보관함 ⑤ 고압용기이므로 화기에 가까이 두지 않도록 하고, 용기가 비었다 하더라도 용기에 구멍을 뚫거나 태워서는 안 됨

※ 천식의 초기 치료제(2022년 천식 진료 지침)

증상	초기치료(1안)	초기치료(2안)
한 달에 2번 미만의 드문 천식 증상이 있으면서 악화 관련 위험인자가 없는 경우	• 필요시 저용량 흡입스테로이드 : formoterol	• 흡입속효성베타작용제 사용 시 저용량 흡입스테로이드 동반 투여
천식증상 또는 증상완화제 필요가 한 달에 2번 이상	• 필요시 저용량 흡입스테로이드 : formoterol	• 저용량 흡입스테로이드와 필요에 따른 속효성흡입베타작용제 • 흡입속효성베타작용제를 증상완화제로 사용하는 경우 반드시 조절제의 순응도를 확인해야 함
거의 매일 문제가 될 정도의 천식 증상이 있거나 한 주에 한 번 이상 야간에 천식증상으로 깨는 경우, 특히 위험요소 동반하는 경우	• 저용량 흡입스테로이드 : formoterol 유지 및 완화요법	• 저용량의 흡입스테로이드 : 흡입지속성베타작용제와 필요에 따른 흡입속효성베타작용제 • 중간용량 흡입스테로이드와 필요에 따른 흡입속효성베타작용제 • 조절의 사용에 대한 순응도를 확인해야 함
천식의 초기 증상이 중증의 조절 안 되는 상태이거나 급성악화인 경우	• 중간용량 흡입스테로이드 : formoterol 유지 및 완화요법 • 단기간 경우 스테로이드 투여가 필요할 수 있음	• 고용량 흡입스테로이드, 또는 중간용량 흡입스테로이드 : 흡입지속성베타작용제와 필요에 따른 흡입속효성베타작용제 • 조절의 사용에 대한 순응도를 확인해야 함 • 단기간 경우 스테로이드 투여가 필요할 수 있음

최대호기유량 측정기 11 임용

- 최대호기유량 측정기로 천식조절 정도를 확인할 수 있으며, 중증도 혹은 심각한 천식을 가진 사람에게 유용
- 천식증상이나 발작 시, 발작 후, 발작의 정도와 약의 효과 평가자료가 됨
- 이 지침서는 (1) 최대호기유량의 최고기록을 측정하는 방법
  - (2) 최고기록을 이용하여 최대호기량 zone의 설정방법
  - (3) 최대호기유량을 측정하는 방법
  - (4) 천식을 매일 확인하기 위한 적절한 측정 시기에 대해 설명

사용 시작	개인 최대호기유량 최고기록의 측정 ① 최대호기유량 최고기록을 측정하기 위해 2~3주 동안 매일 최대호기유량을 측정한다. 　이 기간 동안 증상을 잘 조절해야 한다. 　• 최대한 아래의 시간에 맞추어 측정한다. 　　㉠ 매일 정오와 오후 2시 사이 　　㉡ 증상발현 시 속효성 약을 복용한 후 　　㉢ 건강관리자가 추천하는 다른 시간 　→ 위의 시간에 맞추어 측정하는 것은 개인 최대호기유량의 최고 기록을 측정하기 위함이다. 　　천식 확인을 위해서는 아침에 최대호기유량을 측정해야 한다. ② 각 측정의 값을 기록하고, 2~3주 동안 가장 높았던 최대호기유량이 개인의 최고기록이다. 　최고치는 이후 변경될 수 있다. 새로 기록을 체크할 때는 건강관리 제공자에게 요청한다.
계획	천식활동 계획을 위해 기록할 사항 • 최대호기유량과 녹색, 황색, 적색 zone을 색 테이프, 펜으로 표시한다. • 각 zone일 때 복용할 약물을 확인한다.
사용 시기	• 천식확인을 위한 최대호기유량 측정기 사용 시기 ① 매일 아침 일어난 후 약 복용 전 ② 천식증상이나 발작 시, 발작 후, 발작의 정도와 약의 효과 평가 자료가 된다. ③ 건강관리자, 주치의가 추천하는 다른 시간 • 하나 이상의 최대호기유량 측정기를 사용하고 있다면 반드시 같은 제품을 사용한다.

최대호기유량 ZONE	zone은 최대호기유량 최고 기록치에 근거한 것으로, 개인의 천식 체크와 천식 조절을 위한 적절한 활동에 도움을 준다. 녹색·황색·적색의 색깔은 신호등에서 따온 것이다.	
	녹색 (최고 기록의 80~100%) 11 임용(지문)	① 의미: 천식이 잘 조절되고 있는 상태 ② 처치 　㉠ 장기유지요법의 약물을 복용 　㉡ 황색이나 적색존으로 악화된 경우에도 복용을 계속함(= 현재의 처방대로 하면 됨)
	황색 (최고 기록의 50(60)~79%) 11 임용(지문)	① 의미: 경고상태로, 증상이 악화됨을 의미함 ② 처치 　㉠ 속효성 약물을 추가복용: 복용 후에도 증상이 완화가 안 되면 병원 방문할 것 　　(단, 녹색존으로 개선되고 유지할 수 있으면 그대로 경과를 관찰함) 　㉡ 병원에 가서 의사의 진료를 받아야 함(주치의에 의해 다른 약물의 증량이 필요함)
	적색 (최고 기록의 50(60)% 미만) 11 임용(지문)	① 의미: 의학적 응급상태(= 기도가 심하게 좁아져 있으므로 응급실 방문) 11 임용(지문) ② 처치 　㉠ 처방받는 속효성 기관지 확장제를 즉시 투여 　㉡ 즉시 건강관리자에게 연락하거나 응급실 방문

측정방법 (= 사용 방법) 10 임용	① 측정기의 화살표가 '0'을 가리키는지 확인하고 사용한다. ② 똑바로 서거나 의자에 똑바로 앉힌다. ③ 폐를 가득 채우는 느낌으로 숨을 깊게 들이마신 후 호흡한다. ④ 측정기 입구에 입을 대고 최대한 힘껏 숨을 불어 내쉰다. 혀를 구멍 안으로 넣지 않는다. ⑤ 최대한 강하고 빠르게 숨을 내쉰다. 측정기에 숨의 빠르기가 측정된다. ⑥ 측정기의 화살표가 가리키는 눈금을 확인하고 이를 기록한다. 실수나 기침을 했다면 기록하지 않고 재측정한다. ⑦ 1~6단계를 2회 더 시행하고 총 3회 측정치 중 가장 높은 값을 기록한다. 이것이 최대호기유량이다. ⑧ 측정치가 해당하는 zone을 확인한다. 각 zone에 해당하는 의사의 지시사항을 수행한다. ※ 건강관리자는 최대호기유량을 매일 기록하도록 하며, 달력이나 다른 기록지를 이용해 시간의 흐름에 따른 천식 조절 정도를 파악하도록 한다.

※ 건강관리자 방문 시 필요한 것
- 최대호기유량 측정기
- 기록한 측정값

※ 건강관리자 / 간호사는 환자가 올바르게 측정기를 사용하는지 확인한다.

22 천식약물 : 약동학 [20,21 임용]

약동학 (Pharmacoki- netics)		약물이 어떻게 세포 내로 흡수 및 분포되어지고 작용부위에 도달하여 배설되는가를 연구하는 것으로 약효가 나타나는 기전은 작용부위에서의 약물분자 크기 및 형태, 흡수부위에서의 용해도, 산성도, 이온화 정도, 수용성과 지용성 등에 달라짐
	세포막의 영향	① 약물이 작용하는 세포막은 단백질과 지질의 모자이크 구조로 친수성 및 소수성의 통로 역할을 하고 있으며 대부분의 약물은 막에 용해되어 농도경사에 의해 세포막을 통과함 ② 지용성이 크면 막에서의 약물농도가 높아 약물의 확산속도가 빨라짐
	산성도의 영향	① 대부분의 약물은 약산이거나 약염기이며 용액 내에서는 이온과 비이온 상태로 존재함 ② 이온형 약물과 비이온형 약물의 분배비율은 pH에 따라 달라짐
	투여방법	① 약물의 투여방법에 따라 흡수 정도와 효과가 달라지며 방법에 따라 장·단점이 있음 ② 가장 흔한 방법이 경구투여이며, 비경구투여는 많은 장점이 있고, 응급환자 처치 시 가장 좋은 방법이기도 함
	흡수속도에 영향을 주는 요인	약물의 농도, 용해도, pH, 흡수부위의 순환 정도, 약물의 흡수면적 등
	약물분포	① 세포막을 잘 통과하지 못하는 약물은 조직으로의 분포가 느림 ② 지용성 약물은 세포막 통과가 용이하여 조직으로의 분포가 잘됨 ③ 태반이 약물에 대해 장벽역할을 하지는 않으나 지용성이 낮은 약물은 태반을 잘 통과하지 못함 ④ 혈류량이 많은 심장, 간, 뇌, 신장 등에는 흡수속도가 빠름 ⑤ 혈장 단백질인 알부민이나 기타 단백질과의 결합 정도가 강하면 작용부위 세포로의 침투력이 떨어지며 대사와 배설이 잘 일어나지 않음 ⑥ 약물의 조직에 대한 용해도에 따라 영향을 받음
	약물대사	대부분 간효소에 의해 일어나며 혈장, 신장, 폐 등에서도 일부 일어남
	약물배설	① 소변으로의 배설 : 수용성인 것은 여과와 세뇨관 분비 및 재흡수로 배설 ② 담즙과 대변으로의 배설 : 일반적으로 불용성인 것은 약물 대사물이 담즙과 함께 장으로 이동하고 소화가 안 된 물질과 함께 변으로 배설됨 ③ 기타 : 땀, 침, 눈물, 젖 등에 의해 배설됨
약력학 (Pharmacod- ynamics)	수용체에 의한 약물작용 [21 임용]	효능제 (= 작용제) : 약물이 수용체에 결합하여 생화학적 반응이 일어나 약효를 나타냄
		길항제 (= 대항제) : 약효 없이 단지 수용체와 결합만 하여 효능제와 수용체의 결합을 방해하고 결국 효능제의 작용을 방해함
	치료지수 [20 임용]	① 원하는 반응을 얻기 위해 필요한 약물의 최소농도를 치료의 역치 또는 최소유효량이라고 하는데, 이러한 역치 이하의 농도는 임상적인 반응을 유도하지 않으며 반대로 약물의 농도가 높게 되면 해롭게 되거나 치명적일 수 있음 ② 약의 효과농도(치료농도)에 대한 치사농도(중독농도)의 비율(집단의 절반에 해당하는 수에서 임상적으로 원하는 치료적 반응을 나타내는 용량에 대한 집단의 절반에 해당하는 수에서 독성을 일으키는 용량의 비율) ③ 값이 큰 것은 치료농도와 중독농도 간의 폭이 넓은 것으로 부작용을 겪게 될 위험성이 낮은 안전한 약물이라는 의미임 → 치료지수의 범위가 넓은 약물은 정해진 복용 스케줄에 따라 처방하면 되나, 치료지수의 범위가 적은 약물은 치료적 감시(혈액 내 일정한 약물농도를 유지하기 위해 시간 간격을 두고 약물을 측정하는 것)를 해야 함

약력학 (Pharmacod-ynamics)	반감기	① 약물투여 후에 약물의 혈중 농도가 절반으로 감소하는 데 소요되는 시간 ② 반감기가 길수록 약물이 배설되는 시간이 긺 ⑩ 10시간의 반감기를 가진 약물은 5시간 반감기를 가진 약물보다 약물배설시간이 길어지고, 따라서 인체 내에서 약물의 효과가 더 오래 지속됨
	효력과 효능	효력(potency)	효력이 높은 약물은 같은 분류 내의 다른 약물에 비해 적은 용량으로 더 많은 효력을 발휘함
		효능(efficacy)	특정한 약물을 사용하여 기대할 수 있는 최대의 반응
		⑩ 두통 시 이부프로펜과 아스피린은 가장 흔하게 사용하는 비처방진통제임 ① 이부프로펜은 더욱 적은 용량으로도 통증을 진정시키는 효과가 있으므로 아스피린보다 효력이 더 크다고 할 수 있음 ② 두 약물 보두 권장 용량으로 투여할 경우 두통을 완화하는 효능이 동일하기 때문에, 동일한 효능을 갖음

약물의 작용	흥분작용과 억제작용	흥분작용	생체의 기능을 높여주는 약리작용
		억제작용	생체의 기능을 억제하는 약리작용
		⑩ 메트암페타민(methamphetamine)은 화학적으로 에페드린(ephedrine)과 아주 유사한 화합물인데 말초장기에 작용을 나타내지 않는 적은 용량으로도 현저한 중추자극효과를 나타내어 중추신경흥분제로 쓰임	
	전신작용과 국소작용	전신작용	국소나 경구투여로 간에 흡수되어 순환계를 통하여 전신에서 작용하는 것
		국소작용	생체의 일부에 국한되어 작용하는 경우
		⑩ 국소마취제인 리도카인(lidocaine)은 정맥 내에 투여하여 항부정맥약으로 전신작용을 나타냄	
	선택작용과 비선택적 작용	선택작용	약물이 전신에 흡수되더라도 특정세포나 조직, 장기에 친화성이 높아서 중점적으로 작용하는 것
		비선택적 작용 (= 일반작용)	특정기관에 국한되지 않고 전신의 많은 조직과 기관에 광범위하게 작용하는 것
		⑩ 항암제는 정상세포보다는 세포분열이 심한 암세포에 잘 작용함	
	주작용과 부작용	① 치료목적에 합당한 작용을 주작용이라 하고 효과를 바라지 않는 작용을 부작용이라고 함 ② 주작용과 부작용은 사용목적에 따라 서로 바뀔 수 있으며 부작용은 다음과 같은 여러 형태로 나타날 수 있음 ㉠ 과량 또는 장기투여에 의한 부작용 ㉡ 불내성에 의한 부작용 ㉢ 알레르기 반응에 의한 부작용 ㉣ 특이체질에 따른 부작용	
	협동작용	두 가지 약물을 병용하여 투여했을 때 그 작용이 각 약물의 산술적 합보다 크게 나타나는 것	

23 기흉 92,11,13,19 임용 [성인질환]

정의	① 흉막강 내에 들어간 공기가 폐를 압박하여 폐가 허탈된 상태(공기가 폐에서 늑막으로 새어나와 폐를 허탈시키고 호흡을 저해함) 11,13,19 임용(지문) ② 공기가슴증이라 하며 장측 또는 벽측 가슴막의 손상으로 인하여 폐와 흉벽 사이의 가슴막강 안에 공기가 축적되어 흉막내압이 상승하고 폐의 허탈 정도에 따라 폐활량이 감소하는 현상 ※ 정상으로는 흉강 내는 외부기압에 비해 음압(-5~ -8mmH₂O)이 되어 있으므로 어떤 원인으로든 흉강과 외기가 교통하면 흉강 내에 공기가 들어오게 됨	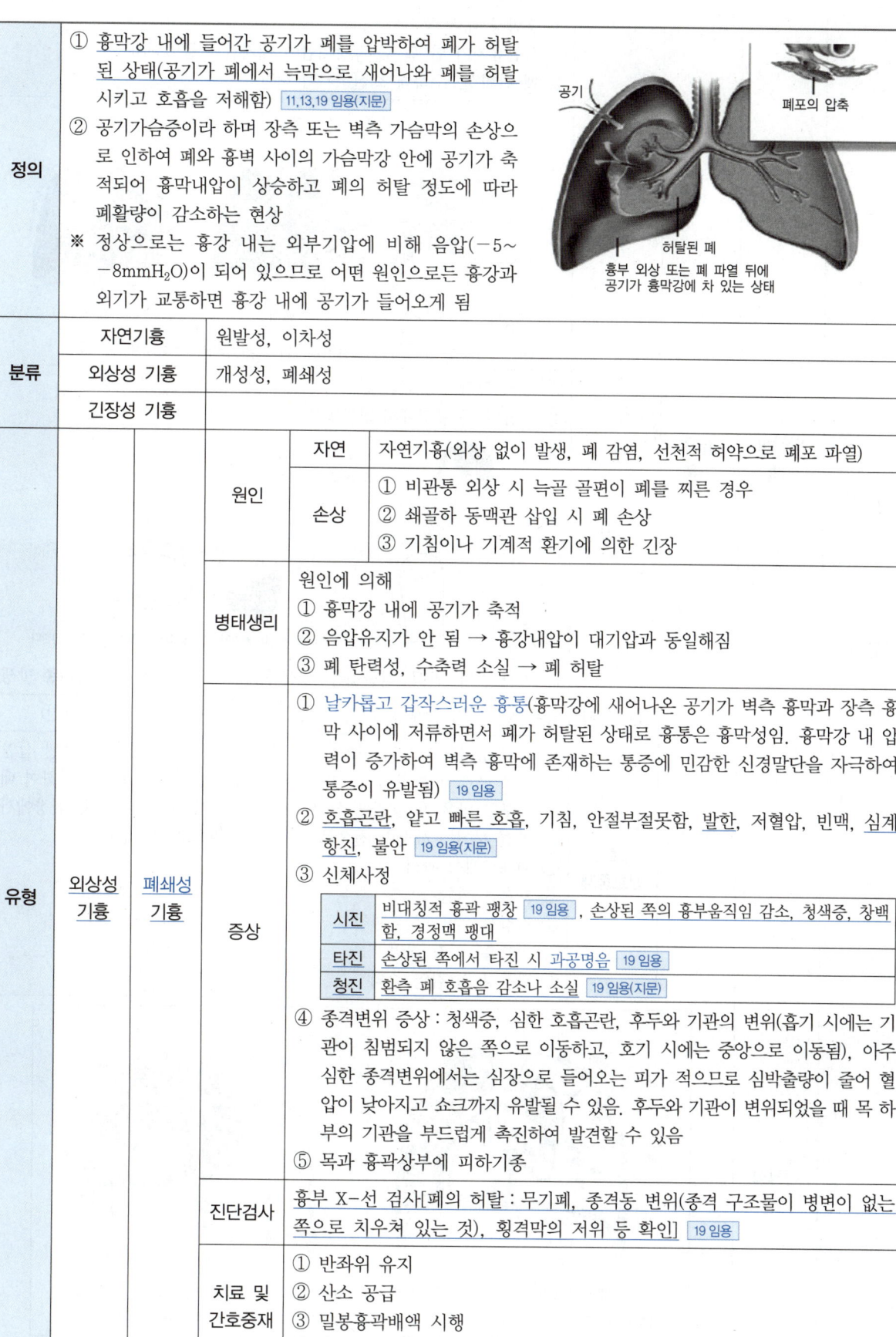 흉부 외상 또는 폐 파열 뒤에 공기가 흉막강에 차 있는 상태

분류	자연기흉	원발성, 이차성
	외상성 기흉	개성성, 폐쇄성
	긴장성 기흉	

유형	외상성 기흉	폐쇄성 기흉	원인	자연	자연기흉(외상 없이 발생, 폐 감염, 선천적 허약으로 폐포 파열)
				손상	① 비관통 외상 시 늑골 골편이 폐를 찌른 경우 ② 쇄골하 동맥관 삽입 시 폐 손상 ③ 기침이나 기계적 환기에 의한 긴장
			병태생리		원인에 의해 ① 흉막강 내에 공기가 축적 ② 음압유지가 안 됨 → 흉강내압이 대기압과 동일해짐 ③ 폐 탄력성, 수축력 소실 → 폐 허탈
			증상		① 날카롭고 갑작스러운 흉통(흉막강에 새어나온 공기가 벽측 흉막과 장측 흉막 사이에 저류하면서 폐가 허탈된 상태로 흉통은 흉막성임. 흉막강 내 압력이 증가하여 벽측 흉막에 존재하는 통증에 민감한 신경말단을 자극하여 통증이 유발됨) 19 임용 ② 호흡곤란, 얕고 빠른 호흡, 기침, 안절부절못함, 발한, 저혈압, 빈맥, 심계항진, 불안 19 임용(지문) ③ 신체사정 {| 시진	비대칭적 흉곽 팽창 19 임용, 손상된 쪽의 흉부움직임 감소, 청색증, 창백함, 경정맥 팽대
타진	손상된 쪽에서 타진 시 과공명음 19 임용
청진	환측 폐 호흡음 감소나 소실 19 임용(지문)	} ④ 종격변위 증상 : 청색증, 심한 호흡곤란, 후두와 기관의 변위(흡기 시에는 기관이 침범되지 않은 쪽으로 이동하고, 호기 시에는 중앙으로 이동됨), 아주 심한 종격변위에서는 심장으로 들어오는 피가 적으므로 심박출량이 줄어 혈압이 낮아지고 쇼크까지 유발될 수 있음. 후두와 기관이 변위되었을 때 목 하부의 기관을 부드럽게 촉진하여 발견할 수 있음 ⑤ 목과 흉곽상부에 피하기종
			진단검사		흉부 X-선 검사[폐의 허탈 : 무기폐, 종격동 변위(종격 구조물이 병변이 없는 쪽으로 치우쳐 있는 것), 횡격막의 저위 등 확인] 19 임용
			치료 및 간호중재		① 반좌위 유지 ② 산소 공급 ③ 밀봉흉곽배액 시행 ④ 자연기흉인 경우 스쿠버다이빙, 비행기 탑승을 피하도록 교육

유형				
외상성 기흉	개방성 기흉	원인		외상에 의해 횡격막이나 흉벽에 구멍이 생겨 늑막강으로 공기가 유입된 상태(자상, 총상, 흉곽천자, 중심정맥압 위한 튜브삽입 등)
		병태생리		원인에 의해 ① 흉막강 내에 공기가 축적 ② 음압유지가 안 됨 → 흉강내압이 대기압과 동일해짐 ③ 폐 탄력성, 수축력 소실 → 폐 허탈 ※※ 가는 화살표는 공기의 움직임이고, 굵은 화살표는 구조물의 움직임
		증상		① 상처 가까이 흡인음 들림 ② 손상된 쪽 흉곽에서 과공명음 타진 ③ 기관 변위, 빈맥, 저산소증, 청색증, 목과 흉곽 상부에 피하기종 발생
		진단검사		흉부 X-선 검사(폐의 허탈, 종격동 변위, 횡격막의 저위 등 확인)
		치료 및 간호중재		① 즉시 상처를 바셀린 거즈로 드레싱하여 배출구를 막은 후 흉관 삽입으로 공기 배출(응급처치 : 즉시 상처를 바셀린 거즈로 드레싱하여 배출구를 막은 후 흉관을 삽입하여 공기를 배출시켜야 하며, 현장에서 발견 시에는 깨끗한 천으로 막은 후 병원으로 후송함) ② 폐쇄드레싱 관리 ③ 호흡음 관찰 ④ 긴장성 기흉 여부 관찰 ⑤ 심호흡, 기침 격려 ⑥ 관통상 시 감염 주의
	긴장성 기흉			흡기 시에는 종격이 이환되지 않은 폐로 이동하여 호흡에 지장을 준다. / 호기 시에는 종격의 이동으로 대정맥이 일그러지며 정맥귀환이 감소한다. [긴장성 기흉의 이해]

유형				
유형	긴장성 기흉	정의		손상된 폐 조직을 통하여 흡기 시 매번 흉막강 내로 공기가 들어가지만, 호기 시 나오지 못하는 심한 기흉 상태로, 심각한 순환 및 폐 손상을 유발하여 신속하게 치료하지 않으면 생명을 잃는 상태임
		원인		개방성, 폐쇄성 기흉의 합병증으로 발생(흡기 동안 늑막강 내로 들어온 공기가 호기 동안 밖으로 배출되지 못하는 경우 계속 공기량이 증가되어 늑막내압 상승, 대정맥 압박으로 순환장애 유발, 응급상황 발생)
		병태생리 92,11,13, 19 임용		① 흡기 동안 늑막강 내로 들어온 공기가 호기 동안 밖으로 배출되지 못하는 경우 → 계속 공기량이 증가됨 ②-1. 흉부 내압이 지속해서 증가 → 기흉이 발생한 부위의 폐 허탈 → 호흡곤란, 흡기 시 흉통, 안절부절못함 등 ②-2. 흉부내압이 지속해서 증가 → 종격동 이동(= 변위) → 종격동 장기압축으로 인해 심박출량 감소, 정맥귀환 감소 → 대정맥 압박으로 응급상황 발생
		증상 13(지문), 19 임용		① 흉곽의 비대칭, 손상되지 않은 쪽으로의 기관변위 ② 손상된 쪽의 호흡음 상실, 경정맥 팽대(종격에 가해지는 압력으로 인해 흉강 내 장기가 반대쪽 폐쪽으로 이동함으로써 결국 반대쪽 폐에도 압력이 가해짐. 심장과 대정맥들이 압박되어 심장귀환이 감소하게 되어 발생) ③ 청색증, 손상된 쪽 흉곽(손상된 가슴 윗부분) 타진 시 과도공명음 ④ 호흡곤란, 숨을 들이쉴 때 가슴통증 발생, 심한 흉통, 안절부절못함, 흥분, 비공확장, 빈맥, 쇼크, 피하기종 등
		진단검사		ABGA에서 저산소증과 호흡성 알칼리증, 후기 호흡성 산증
		치료 및 간호중재		① 밀봉흉곽배액 시행(공기를 제거하기 위해서는 흉관을 삽입할 경우에 바로 누운 자세를 취해주고, 2번째 늑간과 쇄골중앙선이 만나는 지점에 관을 삽입함) ◆ 점액체를 제거하기 위해서는 반좌위 체위를 취해주고 체액이 모이는 8~9번째 늑간과 쇄골중앙선에 관 삽입 ② 호흡과 심장상태 관찰
치료	원인제거			① 침범부위가 적은 기흉은 활동을 제한하고 침상안정을 시키면서 산소투여를 하면 흉막강의 공기가 점차 흡수됨 ② 닫힘배출장치를 하여 공기를 제거하고 폐를 재팽창시킴 ③ 계속 공기가 나오면 닫힘배출장치를 통해 Vibramycin, tetracycline과 같은 항생제를 무균적으로 주입함
	지지요법			산소를 투여하고 호흡곤란 완화시키고 앉은 자세로 안정하도록 권고

24 혈흉 성인질환

정의	폐 열상과 혈관의 파열 등으로 흉막강 내에 혈액이 고여 있는 상태
원인	둔기성, 관통성, 흉부손상
증상 및 징후	① 폐 압박, 종격동 이동 ② 출혈로 인한 혈액량 감소 ③ 심한 혈흉(흉강 내 1,500mL 이상의 혈액이 고이는 것)에서 호흡음 감소, 폐 타진 시 탁음 ④ 객혈, 손상된 폐의 반상출혈 ⑤ 가슴 죄어드는 느낌, 비대칭적인 흉곽운동 ⑥ 호흡곤란 증가 및 빈맥 ⑦ 안절부절못함, 저혈압, 저혈량성 쇼크 등

치료 및 간호

① 원인제거: 흉관을 즉시 삽입하여 흉강 내 혈액 배액, 출혈 심할 시 개흉술로 출혈부위 지혈

※ 흉관

	구성	① 흉막강에 있는 공기와 혈액은 배액병으로 배출되고, 혈액은 배액병에 모이며, 공기는 짧은 다른 유리대롱을 통해 밀봉병의 긴 투명관으로 이동됨 ② 밀봉병의 긴 투명관은 300mL의 물속에 2cm 잠기도록 함. 이는 일방향 밸브로 작용하여 배액병의 공기가 밀봉병으로는 이동하나 밀봉병의 공기는 배액병으로 이동할 수 없게 함 ③ 배액병에서 밀봉병으로 이동된 공기는 밀봉병의 짧은 관을 통하여 흡인압력 조절병으로 이동됨 ④ 기흉이 있으면 밀봉병에서 물방울 발생, 숨을 내쉬거나 기침 또는 재채기를 하면 간헐적으로 밀봉병에 물방울이 발생됨 ⑤ 흡인압력 조절병에 있는 나머지 짧은 관은 흡인기에 연결됨. 흡인압력 조절병에는 대기 중의 공기가 들어올 수 있는 긴 관이 물속에 잠겨 있음. 흡인압력 조절병의 물속에 잠긴 긴 관은 흡인압력을 조절함
밀봉흉관 배액 환자의 간호	위치	밀봉흉관 배액기구는 항상 환자의 가슴보다 낮은 높이에 놓아야 함. 배액병은 가슴으로부터 70~90cm 아래에 두어 흉막강으로 역류가 되지 않도록 함
	환자자세	반좌위, 흉관이 있는 쪽으로 환자를 돌려 눕힐 때는 튜브가 눌리거나 꼬이지 않도록 함

[흉관 삽입]

[밀봉흉관 배액장치]

치료 및 간호	② 대증요법 　㉠ 통증완화 : 편안한 체위, 마약성 진통제 투여, 늑간신경 차단 　㉡ 저혈압, 체액부족 현상 관찰 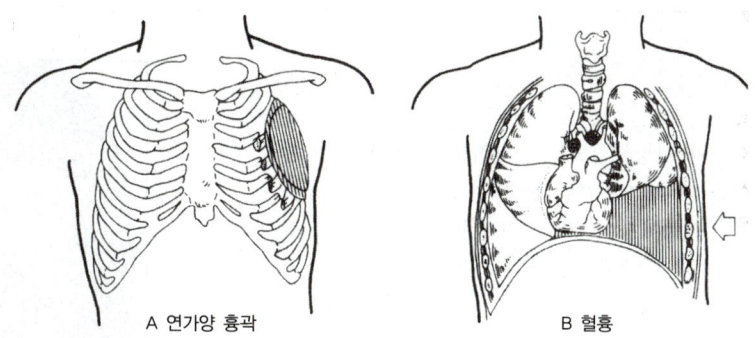 [연가양 흉곽과 혈흉] cf) 연가양 흉곽 <table><tr><td>정의</td><td>흡기 시에 정상적으로 흉곽 전체가 확장될 때 연가양 분절이 빨려 들어가고 호기에 흉곽이 정상적으로 수축될 때 밖으로 부풀어 나오는 움직임을 보이는 것</td></tr><tr><td>증상</td><td>① 호흡부전 : 정상적인 흉벽기전의 변화로 인해 대상자는 1회 호흡량이 감소되고, 적절한 기침을 하지 못하게 되고, 이로 인해 환기저하와 저산소증이 초래되어 호흡부전이 나타남 ② 종격동 전진 : 종격동 구조는 심한 역리운동으로 인해 앞뒤로 움직이는 종격동 전진이 나타남 ③ 동맥압 감소 : 종격동의 전진은 순환역학에 심각한 영향을 미치고 정맥압을 상승시켜 우심이 채워지는데 손상을 초래하고 결국 동맥압이 감소됨</td></tr></table>

25 늑막삼출증(= 흉수) [성인질환]

정의		흉막액이 비정상적으로 증가하는 상태 ** 정상적으로 늑막강에 소량의 액체가 존재(5~15mL), 벽측 늑막과 장측 늑막이 마찰하지 않고 매끄럽게 움직이게 하는 윤활제 역할을 함
병태생리		늑막의 병변 → 늑막표면에 삼출액 과잉 생산 → 늑막강 내 액체가 비정상적으로 축적, 흉벽감염, 심장염, 폐색전 등 초래
증상 및 징후	국소 증상	① 일측성 흉통 : 염증이 있는 흉막 근처에서 통증이 느껴짐. 심호흡이나 기침할 때 악화됨 ② 호흡곤란 : 늑막삼출액이 많이 축적되어 폐를 압박할 때 발생 ③ 마른기침 : 늑막액이 폐를 압박해 기관지 자극으로 기침반사가 일어남 ④ 촉진 : 촉각 진탕음 감소, 탁음 ⑤ 청진 : 호흡음 감소 21 국시
	전신 증상	① 고열 ② 전신 쇠약감
진단검사		① 흉부 X-선 검사 : 늑막삼출액 확인 ② 확진검사 : 초음파 검사, 흉강천자 ③ 늑막액 검사 : 세균배양검사, 혈구검사
치료 및 간호 21 국시	원인제거	늑막삼출증을 초래한 건강문제(울혈성 심부전증, 간경화증 등) 치료
	대증요법	① 흉강천자로 늑막액을 제거하여 호흡곤란 완화 ② 늑막유착술 : 폐를 둘러싸고 있는 장측 흉막과 흉벽을 둘러싸고 있는 벽측 흉막 사이 공간인 흉막강(늑막강) 사이에 약물을 주입하여 인위적으로 염증을 유발시켜 두 흉막을 유착시켜 흉수나 공기의 지속적인 유출을 하도록 하는 치료법
	보존 및 지지요법	흉막천자 후 심호흡 권장 19 국시

26 폐암 [11 임용] [성인질환]

정의	폐에서 생긴 암(원발성 폐암 90%가 기관지 세포 조직에서 발생)
역학	① 발병률 4위(10.2%), 암 사망률 1위(27.5명 / 10만명) ② 50세 이상 급증, 55~65세 발병, 남 > 여 ③ 여성의 폐암 인구 증가추세(흡연인구↑) ④ 조기 발견이 드물고 쉽게 전이되는 경향이 있기 때문에 생존율 저조 [11 임용(보기)]
원인	내인적 요인: ① 흡연 & 간접흡연: 흡연량·기간, 시작연령, 타르와 니코틴 함량, 필터 없는 흡연 ② 호흡계 질병: 만성호흡기 질환자, 폐결핵, 폐 반흔 ③ 유전적 소인 외인적 요인: ① 산업장의 발암물질: 석면, 크롬, 비소, 카드뮴과 같은 중금속 ② 대기오염: 이산화질소, 석면 등

병태생리 [11 임용]

	소세포암(20%)	비소세포암		
		편평세포암(20~30%)	선암(30~40%)	대세포암(10% 이하)
병소위치				
흡연 여부	○	○, 남자 多	×(흡연과 관련 없이 발생함), 여자 多	○
성장속도	매우 빠른 성장	느리게 성장	중간 속도	빠른 성장
위치	기관지, 폐문중앙부	중앙부에 위치, 기도상피	말초 폐 조직 (기존 반흔 있는 조직)	말초 폐 조직
증상	• 기관지 폐색, 폐렴 • 내분비계 장애와 관련	• 초기 증상: 마른기침, 객혈 • 기관지 폐색, 공동 → 조기 발견	무증상	공동형성
전이	• 초기 전이 흔함 • 대뇌로의 전이가 흔함 ◆ 소세포암 병기 - 제한병기: 암이 종격동을 포함해서 폐의 한쪽에만 국한된 경우 → 항암화학요법과 방사선 병용요법 - 확장병기: 암의 반대편 폐나 다른 장기로 전이된 경우 → 항암화학요법 시행	잘 안됨	전이 흔함	초기 전이 흔함(림프전이와 혈행전이가 흔함)
치료	• 화학요법이 주 치료방법이나 예후 불량 • 보조요법이나 완화요법으로 방사선 치료	• 절제술 • 보조화학요법과 방사선요법 • 암 병기에 따라 소세포암보다 생존율이 높음	• 절제술 • 화학요법에 반응이 낮음	• 전이로 절제술이 어려움(1기, 2기 경우에 수술) • 보조요법이나 완화요법으로 방사선 치료

병태 생리 11 임용	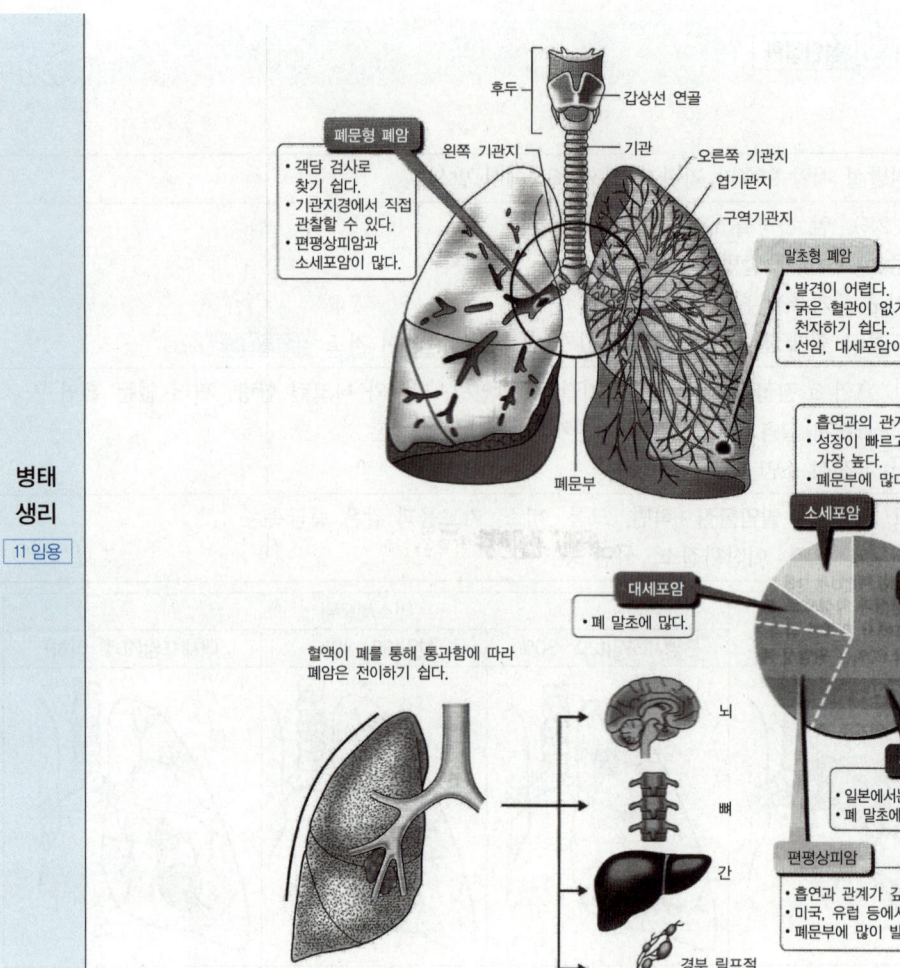
증상	폐암의 종류, 발생 부위, 전이에 따라 다름 |	전신 증상	식욕부진, 오심, 구토, 체중 감소, 피로
---	---	---
부위	기관지에서 시작됨 (소세포암, 편평세포암)	① 기침(by 기도폐색) ② 객혈 ③ 기관지 폐색 : 호흡곤란, 천명음, 흡기 시 협착음 ④ 폐렴 : 폐색 심해질 때
	말초 폐 조직에서 시작됨(선암, 대세포암)	① 흉막 증상(초기 증상 없이) : 호흡 시 통증(흡기) ② 흉막 삼출액 : 전이가 될 가능성↑

	전이 증상	① 후두신경 침범 : 쉰 목소리, 연하곤란
		② 세기관지 말단부, 말초혈관신경 : 흉부, 어깨통증
		③ 종격동 침범(소세포암), 심낭 침범 : 심낭 삼출, EKG 변화
		④ 경부교감신경절 전이 : 호르너(Horner's) 징후(침범된 부위의 한쪽 발한 감소, 한쪽 축동, 안검하수 등)
		⑤ 상대정맥 폐쇄: 편평세포암은 폐의 기관지 점막의 구성세포인 편평상피세포의 변성에 의해 발생됨. 주로 폐 중심부에서 발생하기 때문에 상대정맥 주위에 폐암이 진행되면 상대정맥을 압박하여 상대정맥 증후군이 발생할 수 있음
		  ㉠ 이는 혈액순환 장애로 상지에 부종이 나타날 수 있음
		  ㉡ 호흡곤란이 생기며, 가슴에 정맥이 돌출되기도 함
		  ㉢ 몸을 앞으로 숙이거나 누우면 증상이 악화됨
		  ㉣ 청색증이 나타나면 응급상황임

			촉진	타진	청진
진단	신체검진		촉각 진탕음 증가(종양, 액체), 촉각 진탕음 감소(기관지폐색)	편평음 증가	흉막 마찰음 (말초 폐조직, 염증)
	객담검사 & 기관지경검사		세포학적 검사, 조직검사		
	흉부 X-ray		1cm 넘어야 발견 가능		
	흉부컴퓨터 단층촬영(CT)		정확한 해부학적 위치		
	자기공명영상(MRI)		침범 정도 확인		
간호 중재	원인제거	수술요법	Ⅰ, Ⅱ단계 비소세포암, 초기 전이한 흔한 대세포암은 2기 이후 수술이 어려움		
		항암요법	① OP 후 보조요법 cf) 선암은 효과 없음 ② 소세포암의 주된 치료법 ③ 항암제 : 5-FU(대사길항제), vincristine(식물성 알칼로이드)		
		방사선 요법	① 수술과 화학요법의 병행요법 ② Pre OP : 전이 위험과 크기 감소 ③ Post OP : 전이 의심 시 시행		
	대증요법	호흡증진	① 호흡하기 편한 자세 ② 객담 배출 : 가슴 지지 ③ 체위 배액법 & 폐 물리요법		
		영양증진	① 영양결핍 증상(체중, I/O, 식욕부진) 여부를 관찰 ② 고칼로리, 영양소 충분한 식이 ③ 기호식품 소량씩 제공		
	지지요법	심리적 지지	① 가족과 환자의 심리적 지지 : 감정 표현과 공감 ② 의뢰 : 가정간호, 호스피스 간호 의뢰		
		예방요법	① 금연 : 금연 프로그램, 흡연자 발생 감소, 환경관리 ② 호흡기 질환, 폐결핵 예방 | 예방접종 | 결핵 예방접종, 독감 예방접종 | | 개인위생 | 손 씻기, 마스크 착용 | | 환경관리 | 사람 많은 곳 피하기, 환기 | | 면역증가 | 영양 공급, 휴식과 수면, 적절한 운동 | ③ 대기오염 노출 피하기 | 법적 규제 | 오염기준 마련 | | 감시 | 법적 준수 지속적 감시, 안전한 물질 개발 | | 계몽과 교육 | | ④ 산업장 발암물질 피하기 | 환기 | 환기 & 배기장치 | | 대치 | 작업공정 변경(습식), 다른 물질로 변경 | | 격리 | 마스크 & 보호구 착용, 작업 후 샤워 | ⑤ 폐암 검진 사업 | 대상자 | 54세 이상 74세 이하 남·여 중 고위험군 고위험군은 30갑년 이상의 흡연력(평균 담배소비량 × 흡연기간)을 가진 사람임 | | 주기 | 2년 | | 검사항목 | 저선량 흉부 CT 검사, 사후결과 상담 |		

04 심장계 건강문제의 간호와 관리

영역	기출분석 영역			페이지
병태생리	심장의 구조와 기능 – 심장 전도계 2016			245
건강사정	청색증을 보이며 주저앉은 학생의 오감을 이용한 신체검진 내용 1997			252
	심음	심음(S₁~S₄)의 정의 및 특성 1993		
		승모판막음 청진부위 1995		
선천성 심질환	청색증형 선천성 심질환	유형 1993, 1994		256
		활로 4징후 1992, 2010, 2023		
	비청색증형 선천성 심질환	심실중격결손 2017		
		동맥관 개존증 1992, 1996		
	선천성 심장질환 아동에게 요구되는 건강관리 내용 2003			
판막성 심질환	승모판 협착증			266
	승모판 폐쇄부전증			
	대동맥판막 협착증			
	대동맥판막 폐쇄부전증			
허혈성 심질환	유발요인 중 조절 가능한 요인 5가지 2005			270
	협심증	정의 및 병태생리 / 증상 및 징후 1995, 2011		
		위험요인 : 흡연의 영향 2019		
		니트로글리세린 투약교육 내용 : 예방적 사용 가능 / 알코올과 상호작용 시 위험성 / 휴대용기 / 투약 목적 / 부작용 2012, 2020		
	심근경색증	예방 위해 금연지시를 했을 때 니코틴 일차적인 작용 1996		
		고혈압 합병증으로 인해 심근경색이 초래되는 기전 2020		
		심근경색의 증상과 예후 2015 지문		
	심장재활 – 교육내용 2011			280
	고지혈증			284
	죽상경화증 · 동맥경화증			287
	대사증후군 : HMG – CoA 환원효소 억제제 약리작용 2010, 진단기준 2013, 2022			288

울혈성 심질환	정의 2011, 심부전 명칭 2023		289
	병태생리 2009, 심부전 보상기전 : 신경계와 신장에서의 호르몬 반응 2023		
	가장 흔한 합병증 1996		
염증성 심질환	류마티스열	주로 침범하는 판막의 심음을 가장 잘 들을 수 있는 부위 1995	297
		심장에 염증성 변화를 초래하는 가장 흔한 원인 1996	
		병태생리 2011	
		진단기준 : 증상과 징후 2014	
	가와사키병	진단기준 : 증상과 징후 2012	300
		눈과 혀의 특징적인 증상, 고열특성 2022	
		심장합병증 여부 확인 위한 비침습적 검사 명칭 2022	
	심내막염		302
	심막염(= 심낭염)	삼출성 심막염 : 정의 2011	303
	심장압전		305
	심근증	정의 및 병태생리 2011	306
심부정맥	심실조기수축 : EKG 판독, 증상과 징후, 치료 2012		308
	심실빈맥 : EKG 판독, 무맥박성 심실빈맥에서 첫 번째로 투여하는 혈관수축 약품명 2024		
	EKG 파형의 의미 2016		
	인공심박자율기 삽입 시 자가확인방법 2020		

✓ 학습전략 Point

1st	허혈성 심질환	질병과 관련하여 병태생리, 약물의 작용기전과 효과, 특징적인 중재 등이 자주 출제되고 있다. 따라서 심장계 대표 질병인 허혈성 심질환의 철저한 학습을 통해서 심장계의 병·생리기전과 대표약물, 대표중재들에 관해 학습한다.
2nd	선천성 심질환	1992~2025년까지 7번 출제된 질병이다. 따라서 선천성 심질환의 유형, 대표적인 증상과 징후, 중재 내용을 포함하여 꼼꼼히 학습한다.
3rd	울혈성 심질환, 류마티스열, 가와사키병, 심부정맥 등 과년도에 기출되었던 질병	과년도에 기출되었던 질환들에 대해서 병태생리, 대표적인 증상과 징후, 특징적인 치료와 중재들에 관해 학습한다.

한눈에 보기 — 심장계

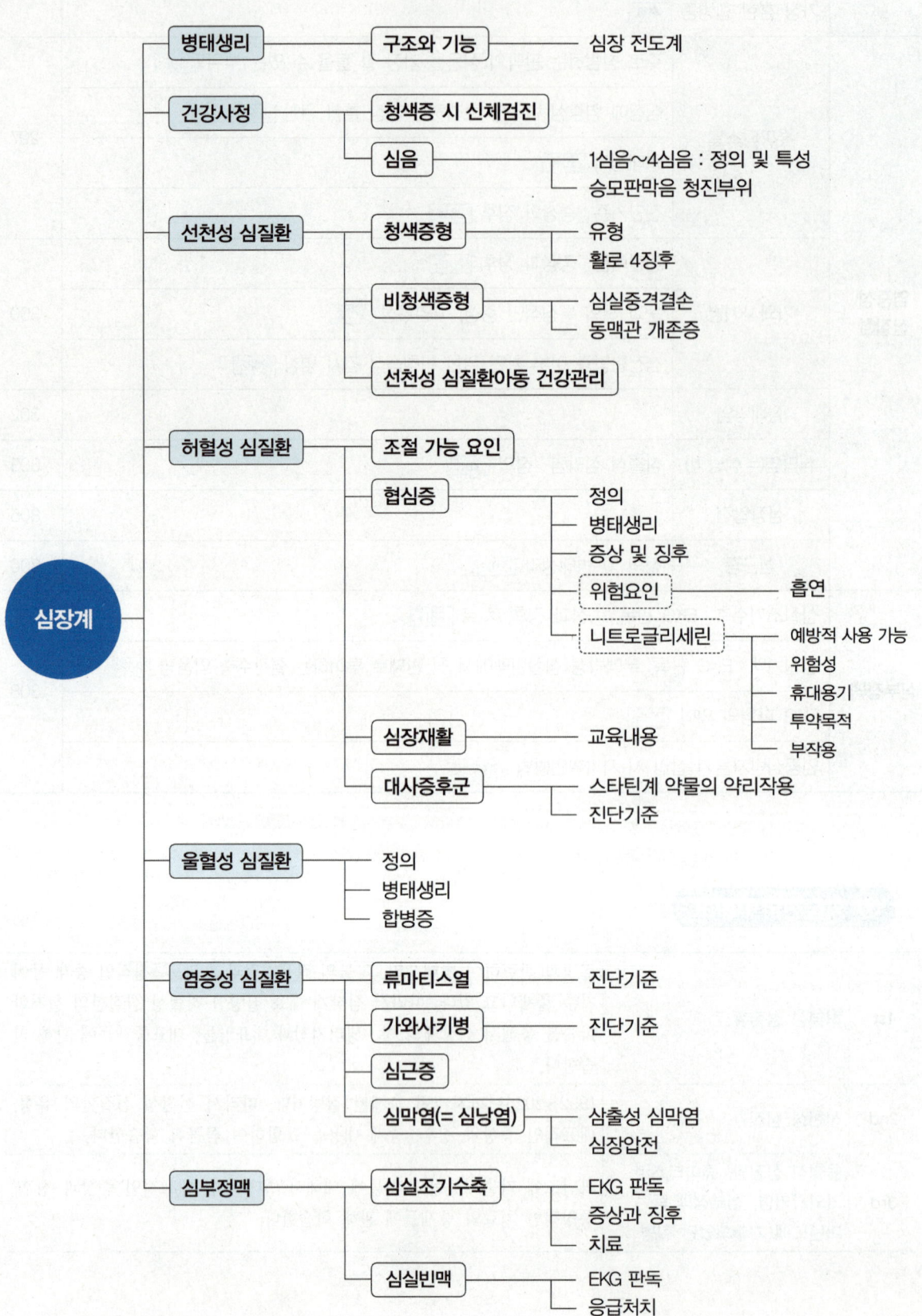

97-05. 중학교 체육시간에 청색증을 보이면서 주저앉은 학생을 체육교사가 보건실로 데리고 왔다. 오감을 이용한 방법으로 이 학생에게 실시해야 할 신체검진내용을 기술하시오.

16-A9. 다음은 고등학교 보건교사의 교육용 자료이다. 심장 전도계와 심전도를 보고 〈작성 방법〉에 따라 서술하시오.

(가) 심장전도계

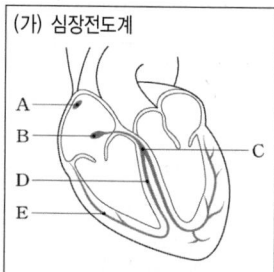

(나) K 환자의 심전도

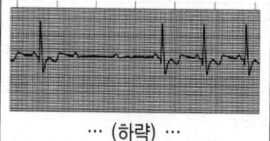

… (하략) …

─ 〈작성 방법〉 ─
- (가)에서 C의 명칭을 제시할 것
- 정상 심전도와 비교했을 때 (나)에서 누락된 파형의 명칭을 쓰고, 그 의미를 제시할 것.
- K환자의 요골동맥을 촉지할 때 확인할 수 있는 맥박의 양상을 제시할 것.

93-32. 심음(Heart sound)에 대한 설명으로 옳은 것은?
① 제1심음은 심실 확장 직후에 대동맥판과 폐동맥판이 닫힘으로써 발생한다.
② 제2심음은 제1심음 후 심장 확장기 초에 일어나는 심실의 충만 소리로서 청진 상으로 잘 들린다.
③ 제3심음은 40대 이후에 잘 들리며, 갑상선 기능 항진증 환자에게서는 들리지 않는다.
④ 제4심음은 정상 심장을 갖고 있는 사람에서 일반적으로 들을 수 없으며 선천성 심장 질환자에게서 청진된다.

95-45. 〈보기〉에서 류마티스열이 주로 침범하는 판막의 심음을 가장 잘 들을 수 있는 부위는?

─ 〈보기〉 ─

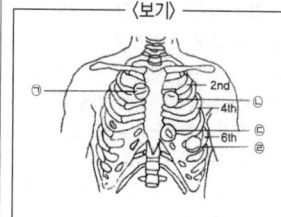

93-26. 다음 선천성 심장질환 중에서 청색증을 동반하지 않은 것은?
① Fallot 4징후(Tetralogy of Fallot)
② 대동맥판 협착증(Aortic stenosis)
③ 삼첨판 폐쇄증(Tricuspid atresia)
④ 엡스타인 기형(Ebstein's anomaly)

94-17. 청색증형 선천성 심질환에 해당되는 것은?
① 대혈관 전위
② 동맥관 개존
③ 심실 중격 결손
④ 심방 중격 결손

17-A5. 다음은 심장질환이 있는 중학교 신입생이 보건교사에게 제출한 진료 소견서의 일부이다. 괄호 안의 ㉠, ㉡에 해당하는 내용을 순서대로 쓰시오.

진료 소견서

성명 : ○○○
성별 : 남
연령 : 14세
주소 : ○○시 ○○구 ○○로
진단명 : (㉠)

상기 환자는 아래 사항으로 진료 중입니다.
- 아 래 -
- 선천적으로 심실 사이의 비정상적인 개구(opening)가 존재함.
- (㉡) 단락과 우심실의 비대가 있고, 폐동맥 압력이 증가됨.
- 청색증은 없음.

따라서 울혈성 심부전, 세균성 심내막염 등의 합병증 발생에 대한 주의 및 관찰이 요구됨.

2016년 ○○월 ○○일
면허번호 : ○○○○○
주 치 의 : ○○○
○○○ 병원

92-54. 활로 4징후(Tetralogy of Fallot)가 아닌 것은?
① 폐동맥 협착증
② 심방 중격 결손
③ 우심실 비대
④ 대동맥 우측 전위

10-17. 선천성 심질환이 의심되는 다음 사례의 아동에게서 발견할 수 있는 신체소견을 〈보기〉에서 모두 고른 것은?

초등학교 1학년인 민아는 자주 호흡곤란이 있고, 걸을 때 숨이 차서 평소에도 결석이 잦았다. 생후 2세 이전부터 가끔 무산소 발작(hypoxic spells)이 일어나 의식을 잃고 경련을 일으킨 적도 있다고 한다. 이번 정기 신체검사에서 흉부 X-선 사진 촬영 결과는 아래와 같았다.

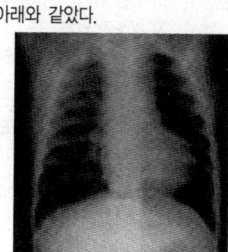

〈흉부 X-선 결과〉
- 정상 크기의 심장
- 좌측 폐혈관 음영 감소
- 장화 모양의 심장

─ 〈보기〉 ─
㉠ 또래 아동에 비해 성장발육 상태가 지연되어 있다.
㉡ 손가락과 발가락에 곤봉지를 보인다.
㉢ 계단을 오를 때 청색증이 있으며 자주 쪼그리고 앉는 자세를 취한다.
㉣ 맥박 산소 측정기로 측정한 산소포화도가 96%이다.
㉤ 심음 청진 시 흉곽의 우측 쇄골 상부에서 수축기 박출성 심잡음이 들린다.

23-B7. 다음은 보건교사와 동료교사의 대화 내용이다. 〈작성 방법〉에 따라 서술하시오.

동료교사: 선생님, 제 조카가 ㉠Fallot 4징후(Tetralogy of Fallot)를 가지고 태어났는데 벌써 세 살이 되었어요.
보건교사: 보통의 경우 Fallot 4징후는 태어나자마자 수술을 통해 치료하는데, 조카는 수술을 안 하고 내과적으로 관리해 왔나 봐요.
동료교사: 네. 그런데 요즘 호흡곤란도 심해지고 ㉡청색증이 나타난대요.
보건교사: 그렇군요. 아이가 호흡하기 힘들어할 때 (㉢)을/를 취하게 하면 도움이 돼요.

─ 〈작성 방법〉 ─
- 밑줄 친 ㉠에 해당하는 해부학적 특징 중 2가지를 제시할 것.
- Fallot 4징후에서 밑줄 친 ㉡이 나타나는 원인을 서술할 것.
- 괄호 안의 ㉢에 들어갈 체위의 명칭을 제시하고, 이 체위가 도움이 되는 이유를 서술할 것.

92-62. 〈보기〉에 해당되는 질병은?

─ 〈보기〉 ─
- 남아보다 여아에게 더 많다.
- 폐동맥에 있는 맥관압이 증가한다.
- 청진시 기계성 심잡음(machinery murmur)이 들린다.

① 심실 중격 결손증
② 심방 중격 결손증
③ 동맥관 개존증
④ 대동맥 협착증

96-46. (그림)에서 나타내는 질환은?

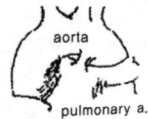

① 심방 중격 결손
② 대동맥 축착
③ 동맥관 개존증
④ 폐동맥 협착

05-13. 허혈성 심장질환을 유발시킬 수 있는 요인 중 조절 가능한 요인을 5가지만 쓰시오.

03-07. 선천성 심장질환 아동의 수가 증가되었으나 수술기법의 발달로 많은 아동들이 삶을 영위할 수 있게 되었다. 그러나 일상생활에서 건강한 삶을 유지하기 위해 주의해야 할 요소들이 있다. 신체적 측면에서 선천성 심장질환 아동에게 요구되는 건강관리 내용을 4가지만 쓰시오.

22-A7. 다음은 보건교사가 작성한 A 교사의 비만 관리 계획안이다. 〈작성 방법〉에 따라 서술하시오.

〈A교사의 비만 관리 계획안〉
1. 일반적 특성
   1) 성별, 연령: 남자, 54세
   2) 신장, 체중: 170cm, 100kg
2. 비만 관리
   1) 사정: 식습관, 운동력, ㉠체질량지수(body mass index, BMI), ㉡허리둘레, 건강 상태, 가족력, 과거력
   2) 적용 이론

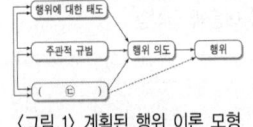
〈그림 1〉 계획된 행위 이론 모형
… (하략) …

〈작성 방법〉
- 밑줄 친 ㉠의 산출 값을 제시할 것. (소수점 둘째 자리에서 반올림할 것)
- 대한비만학회(2018) 기준으로 밑줄 친 ㉡의 성인 남자 복부 비만 기준을 수치로 제시할 것. (단위를 포함할 것)
- 괄호 안의 ㉢에 해당하는 요인을 쓰고 그 의미를 서술할 것.

11-35. 건강 조사 내용을 보고 홍 교사의 심장에 나타난 병태 생리적 변화에 대한 설명으로 옳은 것은?

날짜: 2010년 ○월 ○일		
이름: 홍○○		
성별: 남		
나이: 57세		
직업: 고등학교 교사		

건강 조사 내용	
활력 징후	• 체온: 36.4℃ • 맥박: 68회/분 • 호흡: 16회/분 • 혈압: 135/90mmHg
주 호 소	• 평소에는 괜찮으나 등산이나 운동 도중 흉통을 느꼈음 • 기타 불편감은 없음
건강 습관	• 육식을 자주 먹고 생활이 불규칙함 • 규칙적인 운동은 하지 않음 • 최근 학교 문제로 스트레스를 많이 받음
심전도 검사 결과	
관상 동맥 조영술 결과	• 좌측 관상동맥 전하행가지 80%가 막힘 • 우측 관상동맥에 측부순환이 생김

① 심낭 내의 삼출액이 빠른 속도로 다량 축적된 상태이다.
② 심근에 아쇼프소체(Aschoff body)가 형성되어 반흔 조직이 생긴 상태이다.
③ 심근의 섬유가 두꺼워지고 섬유의 배열이 변하게 되어 심근의 무게가 무거워진 상태이다.
④ 심장의 펌프기능에 장애가 생겨 조직대사에 필요한 혈액을 충분히 박출하지 못하는 상태이다.
⑤ 관상동맥의 산소공급량이 심근의 산소요구량보다 부족하여 심근에 충분한 혈액을 공급할 수 없는 상태이다.

95-50. 〈보기〉와 같은 특징을 보이는 질환은?

〈보기〉
- 허혈성 심질환의 가장 흔한 증후군이다.
- 통증이 예고 없이 갑자기 나타난다.
- 과로 → 동통 → 휴식 → 완화로 진행된다.
- 환자 중 일부는 정상 심전도를 나타낸다.

① 부정맥   ② 심근 경색증
③ 대동맥 협착증   ④ 협심증

12-17. 김 씨(남, 56세)는 협심증으로 니트로글리세린(Nitroglycerin, Nitrostat)을 처방받았다. 김 씨가 알아야 할 사항으로 옳은 것만을 〈보기〉에서 있는 대로 고른 것은?

〈보기〉
ㄱ. 협심통이 예견되는 활동을 하기 전에 예방적으로 니트로글리세린을 복용할 수 있다.
ㄴ. 니트로글리세린이 알코올과 상호작용하면 심한 고혈압 위기를 일으킨다.
ㄷ. 니트로글리세린을 휴대하고 다닐 때는 솜이 깔린 휴대용 플라스틱 용기를 사용한다.
ㄹ. 니트로글리세린은 심장 박동수와 심근 수축력을 감소시켜 심근의 산소 요구량을 감소시키기 위해 복용한다.
ㅁ. 니트로글리세린 복용 후 기립성저혈압(orthostatic hypotension)이 발생할 수 있으므로 세심한 주의가 필요하다.

16-B6. 다음은 고등학교의 보건교사가 작성한 교수·학습 지도안이다. 〈작성 방법〉에 따라 서술하시오.

교수·학습 지도안			
단원	질병발생모형	지도 교사	보건교사
주제	원인망 모형 (거미줄 모형)	대상	2-1, 36명
차시	2/3	장소	교실
학습 목표	원인망 모형으로 질병발생 과정을 이해하고, 예방수준별 건강관리 방법을 적용할 수 있다.		
단계	교수·학습 내용		시간
도입	• 전시학습 확인: 질병발생의 생태학적 모형과 수레바퀴 모형 • 동기유발: 우리나라 청소년의 생활습관병 실태에 관한 동영상 시청 • 본시학습 목표 확인		5분
전개	• 질병발생의 원인망 모형 ▷ 심근경색의 발생에 관한 원인망 모형 …(중략)… • 심근경색의 증상과 예후 • 질병의 자연사와 예방적 조치의 적용수준 - 질병의 자연사 5단계 - 리벨(H. Leavell) 등이 제시한 질병예방 단계와 구체적 건강관리 전략 • 모둠별로 심장질환과 관련하여 원인망 모형에서 본인과 가족에게 해당되는 위험요소를 찾고, 이를 관리하기 위한 방안을 3단계 예방수준으로 분류하고 토론하기		35분
정리 및 평가	• 모둠 활동에서 정리한 것을 발표하기		10분

〈작성 방법〉
- 수레바퀴 모형의 강점 2가지를 제시할 것.
- 원인망 모형의 강점 2가지를 제시할 것.
- 리벨(H. Leavell) 등이 제시한 '1차 예방'의 목적을 질병의 자연사 1, 2단계와 연계하여 제시할 것.

10-16. 55세의 최 교사는 다음과 같이 대사증후군의 검진 소견을 보여서 HMG-CoA환원효소 억제제인 심바스타틴을 처방받았다. 이 약물의 약리작용을 가장 잘 반영해 주는 것으로서 일차적으로 관찰해야 될 것은?

최 교사의 투약 전 검진 결과
• 저밀도 지단백 콜레스테롤(LDL): 240mg/dL • C-반응성 단백(CRP): 0.9mg/dL • 공복 시 혈당(FBS): 170mg/dL • 혈압: 150/100mmHg • 체질량 지수: 28kg/m²

① 저밀도 지단백 콜레스테롤
② C-반응성 단백
③ 공복 시 혈당
④ 수축기혈압
⑤ 체질량 지수

11-04. 허혈성 심장질환(ischemic heart disease)으로 입원한 대상자들의 심장재활 교육 내용으로 옳지 않은 것은?

① 심장재활은 병원에 입원할 때부터 계획하여야 한다.
② 금단증상이 나타나는 흡연자는 점차적으로 금연하도록 한다.
③ 운동요법은 고밀도 지단백 콜레스테롤(HDL-C) 수치를 올려준다.
④ 운동 시 수축기 혈압이 하강하거나 변화가 없으면 운동을 지속한다.
⑤ 운동, 식이요법 등을 통한 비만관리는 허혈성 심장질환의 위험요인을 감소시킨다.

96-48. 심근 경색증을 예방하기 위해 금연지시를 했을 때 니코틴 일차적인 작용으로 옳은 것은?

① 폐암의 원인이 된다.
② 혈관의 수축을 초래한다.
③ 응고시간의 변화를 초래한다.
④ 심장의 혈액을 적게 하고 말초혈관을 이완시킨다.

19-A9. 다음은 협심증을 진단받은 최 교사와 보건교사가 나눈 대화의 일부이다. 〈작성 방법〉에 따라 순서대로 서술하시오.

> 보건교사 : 선생님! 방학 동안 협심증 진단 받으셨다고 들었는데 건강은 어떠세요?
> 최 교사 : 요즈음 괜찮은데 다시 가슴 통증이 있을까봐 생활습관을 바꾸려고 노력하고 있어요.
> 보건교사 : 그렇군요. 협심증은 위험 요인들을 꾸준히 관리하는 것이 중요합니다.
> 최 교사 : 20년 동안 하루에 한 갑 이상 피워오던 담배를 끊어야 한다고 해서 두 달 전부터 금연하고 있어요. 그런데 담배와 협심증은 어떤 관련이 있나요?
> 보건교사 : 담배의 ㉠ 니코틴은 혈압과 맥박을 상승시키고, 관상동맥을 수축시켜요. 흡연은 혈관내피세포를 손상시키고 혈소판 응집을 증가시켜 (㉡)의 형성을 촉진합니다. 담배를 피울 때 연기에서 나오는 ㉢ 일산화탄소는 심장근육에 유용한 산소량을 감소시킵니다. 그래서 간접흡연도 피하셔야 해요.
> 최 교사 : 아! 그렇군요. 꼭 금연해야겠어요. 이번 검사에서 고지혈증이 있다고 하면서 ㉣ 고밀도지질단백질(HDL)을 높여야 한데요.
> … (하략) …

─〈작성 방법〉─
- 밑줄 친 ㉠의 이유를 설명할 것.
- 괄호 안 ㉡에 해당하는 용어를 제시할 것.
- 밑줄 친 ㉢의 기전을 설명할 것.
- 밑줄 친 ㉣의 이유를 설명할 것.

13-02. 다음은 미국 콜레스테롤 교육 프로그램(National Cholesterol Education Program[NCEP])의 진단 기준에 따라 대사증후군으로 판정받은 K 교사(남, 55세)의 〈건강검진 결과 통보서〉이다. 판정 결과의 근거가 되는 검사항목 및 검사 결과 (가)~(사) 중 옳은 것만 있는 대로 고른 것은?

건강검진 결과 통보서

이름	K	생년월일	1957. 10. 10.
성별	남	주민등록번호	571010-0000000

- 흡연: 30년간 하루 1갑씩 흡연함
- 체중: 점진적으로 체중이 증가하여 2년 전보다 10kg 증가함
- 생활 습관: 퇴근 후에는 주로 소파에 누워 텔레비전을 보면서 시간을 보냄

구분		검사 항목	검사 결과	구분		검사 항목	검사 결과
신체 검진		신장	172cm	소변 검사		요단백	음성
		(가) 체중	80kg			백혈구	음성
		(나) 허리 둘레	105 cm			잠혈	음성
기관 계통		호흡 기계	이상 없음	혈액 검사		(다) 공복 시 혈당	180mg/dL
		순환 기계	이상 없음			(라) 중성 지방	180mg/dL
		비뇨 기계	이상 없음			(마) 총콜레스테롤	238mg/dL
		소화 기계	이상 없음			(바) 고밀도지단백(HDL)	30mg/dL
		신경계	이상 없음			AST	25IU/L
		기타	이상 없음			ALT	28IU/L
진찰 및 상담		과거 병력	없음			(사) 수축기/ 이완기 혈압	140/90 mmHg
		외상 및 후유증	없음				
판정 의사		면허 번호	○○○	검진일 및 검진 기관명		검진일	2012. 9. 15.
		의사명	박○○			검진 기관명	○○병원
판정 결과	대사증후군으로 관리를 요함						

09-03. 울혈성 심부전의 증상에 대한 병태 생리 설명으로 옳은 것을 〈보기〉에서 고른 것은?

─〈보기〉─
㉠ 전체 순환 혈액량을 증가시키기 위해 빈맥을 초래한다.
㉡ 오른쪽 심장의 울혈성 심부전은 전신부종을 초래한다.
㉢ 왼쪽 심장의 울혈성 심부전은 호흡곤란을 초래한다.
㉣ 신장으로 가는 혈류량이 증가되어 소변량이 증가한다.
㉤ 부종에 대한 보상작용으로 부교감신경계를 자극하여 발한이 나타난다.

96-55. 울혈성 심부전 합병증 중 가장 많은 것은?
① 류마티스열
② 폐부종
③ 만성 심장질환
④ 심근경색

14-서술형 02. 다음 진료 기록지의 진단명을 근거로 하여 진료 기록지의 잘못된 내용 3가지를 찾아 바르게 고쳐 쓰시오.

진료 기록지

이름	김○○	성별/연령	남/13세
임상 증상	• 무릎관절통을 호소한다. • 손목에 압통을 동반하는 피하결절이 있다. • 수면 중에는 불수의적인 운동장애가 나타나지 않는다. • 얼굴에 분홍색의 유연성 홍반(erythema marginatum)이 보인다.		
검사 소견	• CRP(C-반응 단백) : 증가 • ESR(적혈구 침강 속도) : 증가 • ASO(antistreptolysin-O) titer : 양성		
진단명	류마티스열(Reumatic fever)		
특이사항	• 3주일 전에 황색 포도상구균성 인두염으로 입원한 병력이 있음		

96-28. 심장에 염증성 변화를 초래하는 가장 흔한 원인은?
① 심근염
② 류마티스열
③ 심낭염
④ 세균성 심내막염

23-B6. 다음은 보건교사가 동료교사와 나눈 대화 내용의 일부이다. 〈작성 방법〉에 따라 서술하시오.

> 동료교사 : 선생님, 제가 5년 전에 고혈압 진단을 받고 치료 중인데 혈압 조절이 잘 안 되어 최근 혈압계를 사서 집에서 혈압을 재고 있어요. 그런데 병원에서 측정할 때와 차이가 있더라고요.
> 보건교사 : 혈압측정 결과에 영향을 줄 수 있는 여러 가지 요인이 있을 수 있는데 혈압계 커프가 영향을 줄 수 있어요. ㉠ 혈압계 커프의 폭이 너무 좁거나 길이가 짧을 때, 또는 커프를 너무 헐겁게 감았을 때 생기는 오류로 인해 혈압 수치가 다르게 나타날 수 있어요.
> 동료교사 : 그렇군요. 제대로 다시 측정해 봐야겠어요. 그나저나 고혈압 관리가 잘 안 되면 여러 가지 합병증이 생긴다고 들었어요.
> 보건교사 : 잘 알고 계시네요. 그중에 특히 ㉡ 심장이 신체의 조직 활동에 필요한 혈액을 충분히 박출하지 못하는 상태가 발생할 위험이 큽니다. 이렇게 되면 심장은 보유 능력을 총동원하여 자체의 힘을 보강하려는 보상기전이 발생해요. 이 기전은 ㉢ 신경계와 신장에서의 호르몬 반응을 통해 일어납니다.
> … (하략) …

─〈작성 방법〉─
- 밑줄 친 ㉠에 해당하는 혈압측정 결과를 서술할 것.
- 밑줄 친 ㉡에 해당하는 질환명을 제시할 것.
- 밑줄 친 ㉢에 해당하는 보상기전을 각각 서술할 것.

20-A12.
다음은 보건교사가 교감과 나눈 대화 내용이다. 〈작성 방법〉에 따라 순서대로 서술하시오.

교 감 : 선생님, 제가 지난 번에 심한 가슴 통증으로 쓰러졌을 때 신속하게 병원으로 이송해 주셔서 감사합니다.
보건교사 : 저도 그때 정말 놀랐어요. 쓰러진 원인은 찾으셨어요?
교 감 : ⊙고혈압 합병증으로 인해 급성 심근 경색이 와서 그런 거래요.
보건교사 : 그래서 병원에서 무슨 치료를 받으셨나요?
교 감 : 가슴 통증을 호소하니 응급실에서 ⓒ혀 밑에 작은 알약을 넣어 주었어요. 그리고 입원해서 '인공 심장박동 조율기'라는 기계를 심었어요. 그런데 이 기계가 작동을 잘 하는지 어떻게 알 수 있나요?
보건교사 : 병원에서는 심전도로 확인 할 수 있지만, 가정이나 직장에서는 교감 선생님께서 (ⓒ) 측정을 통해서 확인할 수 있습니다.

─〈작성 방법〉─
• 밑줄 친 ⊙이 발생하는 병태생리 기전을 2단계로 서술할 것.
• 밑줄 친 ⓒ에 해당하는 약물명과 투여 목적을 서술할 것.
• 괄호 안의 ⓒ에 해당하는 내용을 제시할 것.

12-21.
이 군(3세)의 사례에서 가와사키병(Kawasaki disease)의 증상 또는 징후로 옳은 것만을 있는 대로 고른 것은?

이 군은 (가)5일 이상 열이 지속되었고, 몹시 보채고 불안정하여 응급실을 통해 소아과 병동에 입원하였다.
신체검진 소견은 다음과 같다.
눈 : (나) 화농성 분비물을 동반한 일측성(우측) 점막 충혈이 관찰됨.
입 : 구강 점막의 발적, 입술의 홍조와 균열, (다) 딸기(모양) 혀가 관찰됨.
목 : (라) 1.5cm 이상의 경부 림프절 종창이 촉진됨.
사지 : (마) 손과 발의 부종과 손바닥, 발바닥의 홍반이 관찰됨.
(이하 생략)

12-06.
심전도(EKG)에서 보이는 결과 (가)~(라), 나타날 수 있는 증상 또는 징후 ㄱ~ㄹ과 치료 A~D가 옳게 연결된 것은?

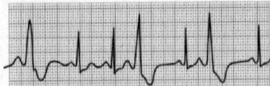

(가) 심실세동
(나) 3도 방실 차단
(다) 심방 조기수축
(라) 심실 조기수축

ㄱ. 실신
ㄴ. 경련
ㄷ. 서맥
ㄹ. 흉부 불편감

A. 경정맥동 마사지
B. 인공 심박동기 삽입
C. 아트로핀(atropin) 투여
D. 리도카인(lidocaine) 투여

22-A5.
다음은 보건교사와 동료교사의 대화 내용 일부이다. 〈작성 방법〉에 따라 서술하시오.

동료교사 : 선생님, 4세 된 제 조카가 어젯밤에 ⊙가와사키병(Kawasaki disease)으로 입원했다고 해요.
보건교사 : 걱정되시겠어요. 아이 상태가 어떤데요?
동료교사 : 5일 전부터 ⓒ고열이 있었대요.
… (중략) …
동료교사 : 가와사키병은 위험한가요?
보건교사 : ⓒ심장 합병증 여부에 따라 예후가 결정됩니다.
동료교사 : 네, 알려 주셔서 감사합니다.

─〈작성 방법〉─
• 밑줄 친 ⊙의 진단기준 중 급성기에 나타나는 눈과 혀의 특징적인 증상을 각각 서술할 것.
• 밑줄 친 ⓒ의 특성을 서술할 것.
• 위의 상황에서 밑줄 친 ⓒ을 확인하기 위한 비침습적 검사의 명칭을 제시할 것.

24-A6.
다음은 고등학교 보건교사가 작성한 〈응급 환자 이송 및 사고 기록지〉이다. 〈작성 방법〉에 따라 서술하시오.

응급 환자 이송 및 사고 기록지	
사고 개요	오전 10시 15분경 3학년 2반 교실에서 한○○ 교사가 수업을 하다가 갑자기 가슴을 움켜잡고 쓰러짐. 수업을 받던 김○○ 학생으로부터 사고 신고를 받음. 신고를 받자마자 교실로 가서 교사의 상태를 확인한 후 응급조치하고 오전 10시 30분에 병원으로 이송함.
환자 상태	• 연령 : 58세 • 병력 : 최근 2년 전에 부정맥 진단을 받았고, 평소에 스마트워치를 이용해 심전도 리듬을 관찰함. • 한○○ 교사의 스마트워치 상에 〈그래프 1〉과 같은 심전도 리듬이 나타남. 〈그래프 1〉 • 의식 수준 : 의식 없음. • 활력 징후 : 맥박과 호흡 없음. • 신체 부위의 다른 외상은 관찰되지 않음.
응급 조치 내용	• 병원 밖 심장 정지에 대한 기본소생술을 실시함. • 심폐소생술 중에 구급차가 도착하여 ○○○대학병원 ⓒ응급실로 이송함.

─〈작성 방법〉─
• 〈그래프 1〉과 같은 심전도 리듬의 부정맥 유형을 쓸 것.
• 박스 안의 ⊙ 단계에서 해야 할 소생술의 명칭을 쓰고, 이 소생술의 4단계를 순서대로 서술할 것.
• 밑줄 친 ⓒ에서 〈그래프 1〉의 리듬이 나타나고 맥박이 없을 때 한○○ 교사에게 첫 번째로 투여하는 혈관 수축제의 약품명을 쓸 것.

1 심장의 구조와 기능

1 심장의 구조

외부 구조	위치	좌측 제3~6늑골 사이의 종격동, 횡격막 위/좌측흉곽/심첨 : 전향 A. 흉골, 늑골 그리고 횡격막과 심장의 관계 B. 흉부에 있는 심장의 위치 관계를 절단면으로 본 것 C. 심장과 대혈관과 폐와의 관계 [흉부의 종격 안에 있는 심장의 위치]		
	크기	12cm, 무게는 300g으로 자신의 주먹만함		
	조직구성	심막	심외막	장측심낭과 같은 구조인 심장의 가장 바깥층
			심근	선모양의 근섬유로 구성되어 심장의 수축을 담당하는 중간층
			심내막	내피조직으로 되어 있는 심장의 가장 안쪽 층
		심낭	심장은 심낭에 싸여있고 내층의 장측심낭과 외층의 벽측심낭 사이를 심낭강이라 하며, 약 10~20mL의 심낭액이 있음(심장수축 시 마찰을 방지)	
			장측심낭	심장과 큰 혈관 일부를 싸고 있음
			벽측심낭	앞은 흉골의 검상돌기와 흉골벽, 뒤는 척추, 아래는 횡격막에 붙어있음

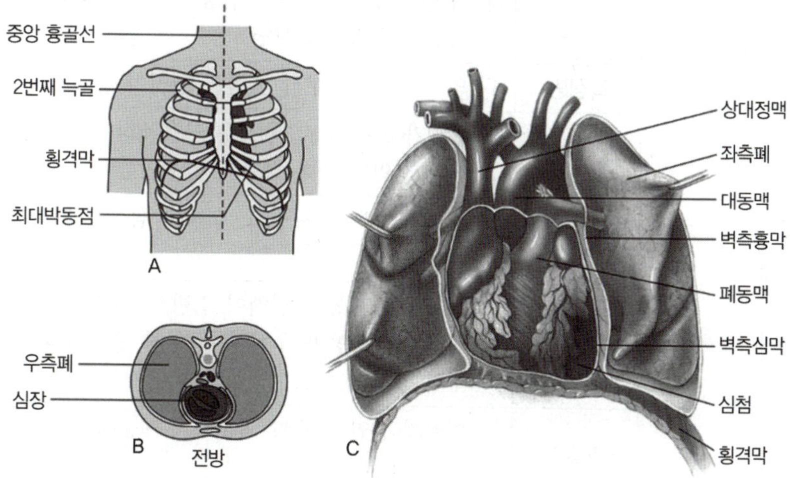

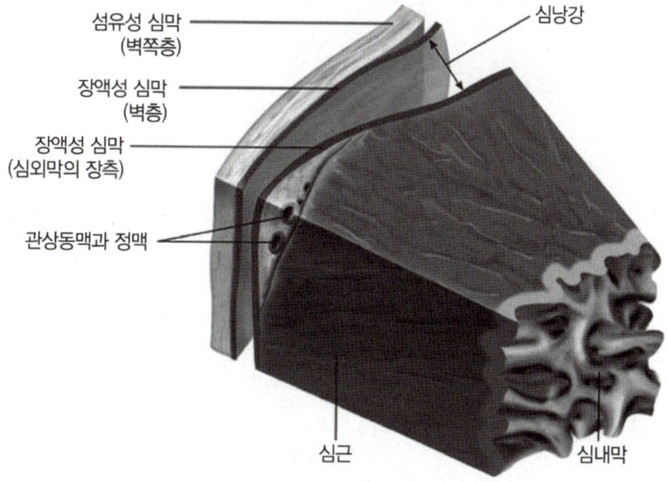

[심장층]

CHAPTER 04. 심장계 건강문제의 간호와 관리 245

내부 구조	심방과 심실		심장은 중격에 의해 우심과 좌심으로 나뉘고 혈액이 유입되는 좌·우심방과 혈액을 유출시키는 좌·우심실의 4개의 방으로 구성됨
		우심방	① 얇은 막으로 된 구조 ② 심장으로 돌아오는 정맥혈을 상·하대정맥과 심장의 관상정맥동을 통해서 유입
		우심실	① 심장의 가장 앞쪽에 있는 구조, 흉골 바로 아래 위치 ② 초생달 모양의 방같이 생겼고, 벽의 두께는 4~5mm ③ 심실의 이완기 동안 우심방으로부터 혈액을 받고 이 혈액을 25mmHg의 압력으로 폐동맥으로 보냄
		좌심방	4개의 폐정맥으로부터 산화된 혈액이 유입
		좌심실	① 두께가 8~15mm, 두꺼운 근육조직 ② 젊은 성인의 경우 대동맥궁 혈압은 100~120mmHg
	판막		4개의 심장판막은 피부판과 같은 구조, 심방과 심실을 통과할 때 혈액이 한 방향으로만 흐르게 함
		방실판막	① 심실이완기 동안 혈액이 심방으로부터 심실로 흐르도록 깔때기 역할 ② 삼첨판(우심방과 우심실 사이)과 승모판(좌심방과 좌심실 사이)이 있으며 유두와 건삭이 있음
		반월형 판막	① 이완기 동안 혈액이 대동맥과 폐동맥으로부터 심실로 역류되는 것을 막기 위해 닫힘 ② 대동맥판막과 폐동맥판막이 있으며 3개의 컵 모양임

[심장판막 구조]

내부 구조	관상순환	① 심장 자체의 혈액공급은 관상동맥에 의해 이루어짐 ② 대동맥판의 윗부분(valsalva's sinus)에서 나와 좌측과 우측으로 나뉨	
		우관상동맥	변연동맥(우측심근에 혈액공급), 후심실간동맥(심실후벽에 혈액공급)
		좌관상동맥	전심실간동맥(심실 내 중격, 심실 전벽에 혈액 공급), 회선동맥(좌심방, 좌심실 후벽 혈액공급)으로 퍼져 심근에 혈액을 공급한 후 우심방으로 돌아와서 전신순환에서 온 정맥혈과 합류됨
		[심장혈관 전방] [심장혈관 후방]	
		③ 운동이나 심박동수의 증가, 교감신경계의 자극으로 관상순환 혈량의 요구가 증가	
	폐순환과 체순환	혈액순환을 가능하게 하는 원동력은 좌우심실의 펌프작용으로 발생하는 혈압임(우심실의 수축기 혈압은 25~30mmHg, 좌심실은 120~130mmHg)	
		폐순환	우심방 → 우심실 → 폐동맥판막구 → 폐(확산작용으로 혈액을 산화) → 폐정맥 → 좌심방으로 순환하며, 전신 순환혈량의 1/5에 해당됨
		체순환	좌심방 → 좌심실 → 대동맥판 → 전신 동맥계 → 신체 각 조직과 장기에 혈액공급을 하고, 전신 순환혈량의 4/5에 해당됨

❷ 심장의 기능

심근의 전기 생리적 특성 (심박수와 리듬 조절기전)	자동성	심장박동을 자발적으로 시작하게 하는 심장의 능력, 동방결절에서 자동성이 가장 두드러지며 일차적 심박조절자로 작동
	흥분성	자극이 있을 때 심장박동을 시작하는 심근세포의 능력, 자율신경활동의 호르몬, 전해질, 영양, 산소공급, 약물, 감염 등의 영향을 받음
	전도성	세포막을 따라 전기적 충격을 전파시키는 심근세포의 능력, 심방과 심실이 한 단위로 수축하게 함
	수축성	자극에 대해 수축하는 반응
	불응성	먼저 온 자극에 대한 탈분극이 진행되는 동안 새로운 자극에 반응하지 않는 심장 특성
심근의 전기적 활동	심근세포 내외에 분포된 전해질의 활동으로 심근은 전기적으로 자극받아 전기적 활동이 끊임없이 일어나고 있으며 이 상태를 활동전위라 하고, 휴식기를 안정막전위라고 함	
	탈분극	① 심장박동의 시작은 탈분극 과정과 함께 시작됨 ② 탈분극 과정 : 나트륨에 대한 세포의 투과성이 자동적 또는 자극에 의해 증가 → 나트륨이 빠르게 세포 내로 유입 → 칼륨은 세포 밖으로 이동(이러한 막을 통한 이온의 이동이 전류를 발생시킴) → 세포 내 나트륨이 위기수준에 이르면 전기적 충격 발생 → 이 충격이 인접한 세포로 탈분극의 파동을 통해 퍼짐 ③ 탈분극 동안 칼슘에 대한 심근세포막 투과력이 증가하여 세포 내로 이동하여 심근섬유 수축에 기여
	재분극	① 세포가 안정막 전위로 되돌아가는 과정 ② 세포막이 안정막 전위로 돌아가면서 나트륨 투과력이 급격히 감소, 칼륨 투과력이 증가하여 세포가 능동적으로 나트륨을 내보내고 칼륨이 들어오면서(나트륨-칼륨펌프) 양이온의 균형을 이룸
심장의 자극전도계 _{16 임용 / 04 국시}	동방결절	① 심박조절자로 상대정맥과 우심방 접합부위에 위치함 ② 분당 60~100회 정도의 전기자극(심박동)을 일으킴 ③ 탈분극 파동은 방실 간 경로를 통해 우심방에서 방실결절과 좌심방으로 전달 ④ 교감신경계와 부교감신경계의 조절을 받음
	방실결절	① 방실접합부로서 심방중격 하부에 위치 ② 이차적 심박조절자(분당 40~60회) 기능을 함 ③ 정상적으로 동방결절의 전기자극을 받아들이며, 심방에서 심실로 자극을 전달하는 유일한 통로역할 ④ 심방수축 동안 0.07초 정도 방실결절 내 자극이 지체되어 심실수축 전에 심방수축이 완결됨
	히스번들	① 심실 간 중격에 위치, 좌우로 가지를 치고 있음 ② 우각은 심실간 중격의 오른쪽을 따라 전달 ③ 좌각은 좌심실 안으로 전달 ④ 좌우각은 푸르킨예 섬유에서 끝남
	퍼킨제 섬유	① 심실의 내막 안에 널리 흩어져 있는 전도 섬유망을 말함 ② 탈분극 파동을 빠르게 심실로 전달 ③ 심실벽 안에서의 탈분극은 심내막에서 심외막으로 진행됨

심장의 자극전도계 16 임용 / 04 국시		
심장의 기계적 특성		심근의 전기적, 기계적 특성은 심혈관계의 기능을 결정
	심박동량 (stroke volume) 00 국시	① 심장박동 시 좌심실에서 동맥계로 분출되는 1회 혈액량, 약 70mL ② 매 박동 시 이완기 말 혈액량의 2/3 정도를 분출함 ③ 박동량 = 이완기 말 심실혈액량 − 수축기 말 심실혈액량
	심박출량과 심장지수	① 심박출량 : 좌심실에서 대동맥으로 내보내는 분당 혈액량을 의미(심박출량은 성인남자의 경우 약 5L, 여자는 4.5L이고, 심박동량은 안정시에 70mL임) ∴ 심박출량(CO) = 1회 박동량(stroke volume, SV) × 심박동수(heart rate, HR) ② 심부전 환자에서 심박출률(좌심실 수축기 기능을 평가하기 위한 대푯값)을 평가하기 위한 검사 : 심장초음파 23 국시 ③ 심장의 요구는 개개인의 체격에 따라 다양하므로 조직관류를 사정하기보다 심장지수를 계산하는 것이 정확함 ④ 심장지수(CI) : 체표면적 $1m^2$에 대해 분당 심박출량을 표현한 것 ∴ 심장지수(CI) = 심박출량(CO) / 체표면적(m^2)
	박동량에 영향을 주는 요인 01 국시	전부하 (= 용적부하) — 이완기 말 심실의 용적과 압력, 심실수축 전에 심근의 팽창정도, 전신순환 후 심장으로 되돌아온 혈량이 많을수록 전부하 증가
		후부하 (= 압력부하) — 수축기 동안 좌심실에서 대동맥으로 혈액을 내보내기 위해 심실이 생성해야 하는 긴장정도, 좌심실 분출에 대한 주요저항은 일차적으로 말초혈관저항에 의해 결정
		A. 전부하(preload)　　B. 후부하(afterload)
		심근수축력 — 심근섬유의 길이나 전부하와 관계없는 심장수축의 힘으로 근육수축력을 의미, 교감신경계 자극과 칼슘, 에피네프린 같은 약물에 의해 증가

심장의 기계적 특성	혈압의 규칙성	자율신경계	일차적으로 심박동수를 조절
		교감신경	① 흉수에서 나와 심방, 심실, 동방결절, 방실결절에 분포 ② 교감신경계의 자극이 증가되면 신경전달물질인 norepinephrine이 신경말단에서 방출되고 심박동수 증가, 심방과 심실의 수축력 증가, 방실결절의 전도 속도가 증가 ③ 부신수질은 순환계로 분비되는 catecholamine의 자극에 대해 반응
		부교감 신경	① 연수에서 시작되며 일차적으로 심방, 동방결절, 방실결절에 분포 ② 부교감신경계가 자극을 받으면 미주신경 말단에서 신경전달물질인 acetylcholine이 방출되어 norepinephrine의 반대효과를 보임
		압수용기	대동맥궁과 경동맥동에 위치, 음성회환기전으로 동맥들의 압력조절, 혈관저항을 조절
		화학수용기 중추	이산화탄소 농도가 높아 연수를 직접 자극
		화학수용기 말초	경동맥소체와 대동맥소체에 저산소증을 민감하게 알아차리는 분화된 화학 수용기
		신장	① 신장으로의 혈류량 또는 압력이 줄어들면 신장은 나트륨과 수분을 정체시킴(수분정체와 레닌-엔지오텐신-알도스테론 기전의 활성화로 혈압상승) ② 혈관 내 혈류량은 뇌하수체 후엽에서 분비되는 항이뇨호르몬에 의해 조절
		내분비계	교감신경계를 자극하는 여러 가지 호르몬을 분비(카테콜라민, 키닌, 세로토닌 등)
		외부요인	감정적 행동(흥분, 고통 등), 운동, 체온, 연령 등

3 아동의 순환기 기능

태아순환 특징 [19 국시]	① 태반에서 가스교환이 진행됨 ② 우심방으로 유입되는 혈액은 난원공을 통해 좌심방으로 유입됨 ③ 폐순환 저항이 매우 높아 폐동맥은 동맥관을 통해 하행대동맥으로 흐름 ④ 산소분압이 높은 혈액은 제대정맥에서 정맥관을 통해 전신에 공급함 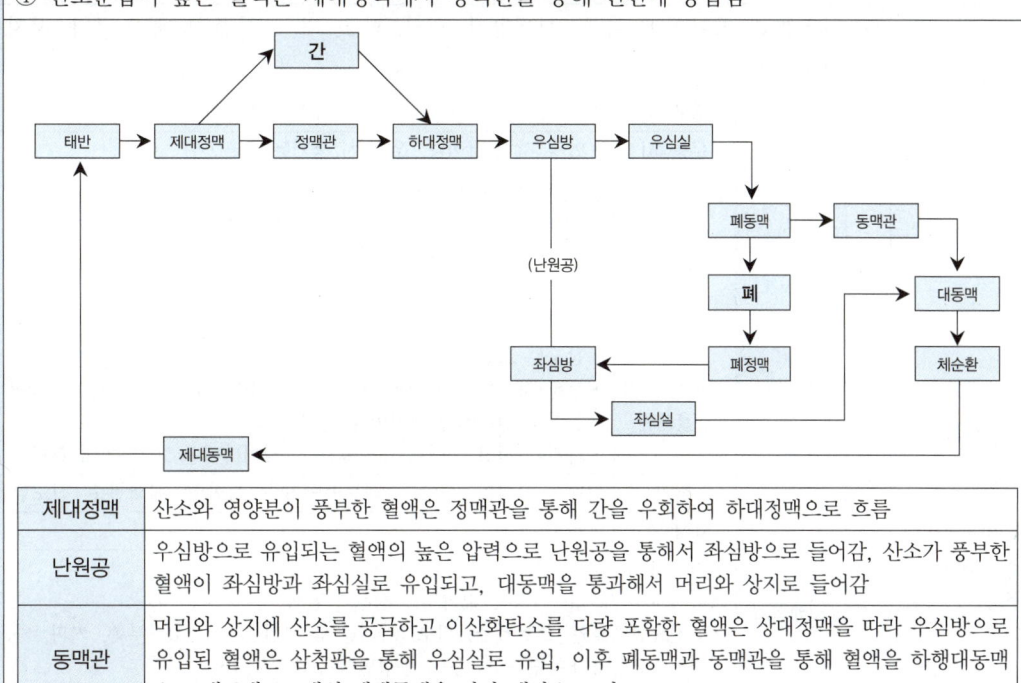
제대정맥	산소와 영양분이 풍부한 혈액은 정맥관을 통해 간을 우회하여 하대정맥으로 흐름
난원공	우심방으로 유입되는 혈액의 높은 압력으로 난원공을 통해서 좌심방으로 들어감, 산소가 풍부한 혈액이 좌심방과 좌심실로 유입되고, 대동맥을 통과해서 머리와 상지로 들어감
동맥관	머리와 상지에 산소를 공급하고 이산화탄소를 다량 포함한 혈액은 상대정맥을 따라 우심방으로 유입된 혈액은 삼첨판을 통해 우심실로 유입, 이후 폐동맥과 동맥관을 통해 혈액을 하행대동맥으로 내보내고 2개의 제대동맥을 따라 태반으로 감
출생 후 신생아 순환의 변화	① 폐에서 가스교환 시작, 태반순환 중지 → 체순환 압력증가, 폐순환 압력 감소 ② 폐혈류량 증가 → 동맥혈의 산소분압 증가, prostaglandin E 감소 → 동맥관 닫힘 ③ 우심방 압력 저하, 좌심방 압력 상승으로 좌심방 압력이 우심방 압력 초과 → 난원공 닫힘

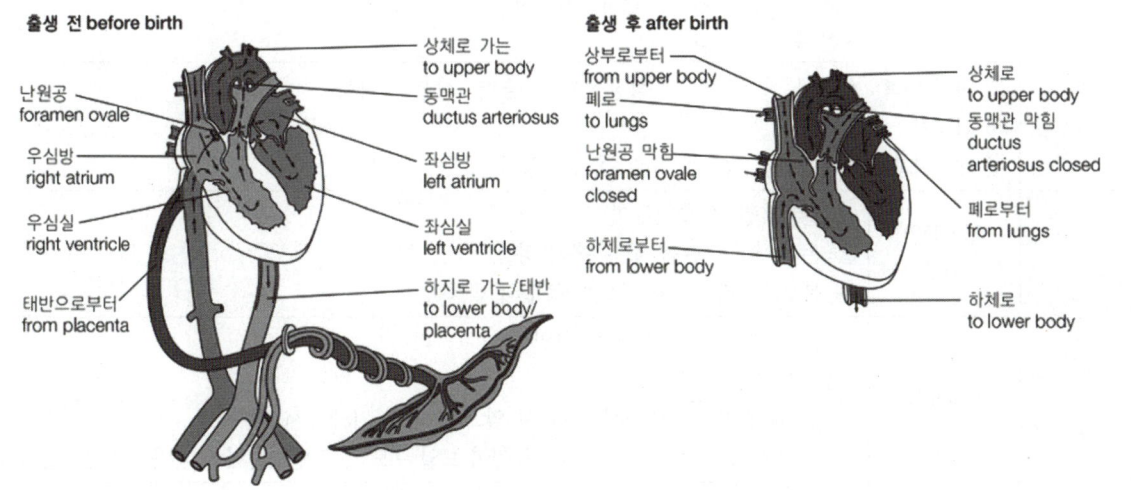

[주요 기관의 위치와 출생 전 혈관의 존재와 출생 후 심혈관계 구조]

2 흉부 건강사정 [97임용]

1 흉부 신체검진(오감을 이용한 신체검진방법) [97임용]

문진 (Subjective Data)	① 현재 병력 : 호흡곤란, 흉통, 심계항진, 실신, 피로, 기침, 부종 및 체중 증가, 사지통증(간헐적 파행증) 등		
	호흡곤란		심장과 폐질환의 가장 흔한 증상으로 숨이 가쁘고 호흡이 불편한 상태
		운동 시 호흡곤란	• 안정 시 정상이나, 운동 시 생기는 호흡곤란 • 주로 울혈성 심부전증의 초기증상
		기좌호흡	• 누웠을 때 폐의 정수압이 증가하여 발생하는 호흡곤란 • 앉거나 상체를 올리면 몇 분 이내 완화 • 운동 시 호흡곤란보다 심질환이 더 심해졌음을 의미 • 누울 때 베개를 이용하여 머리를 올려주면 예방가능
		발작성 야간 호흡곤란	• 잠자는 도중 갑자기 질식할 것 같은 느낌의 심한 호흡곤란 • 누운 자세는 하지에서 돌아온 정맥귀환량이 많아져 폐수종 유발 • 울혈성 심부전증 환자에게 흔히 발생 • 다리를 침상 아래로 내려놓거나, 걸어다니면 20분 이내 완화됨
	흉통	원인	허혈성 심질환, 심낭염, 대동맥박리증, 늑막염, 폐색전증, 식도열공탈장, 흥분 등
		사정내용	PQRST
	심계항진		• 가슴이 두근거리거나 심장이 팔딱거림 • 갑자기 시작되고 갑자기 없어지는 경우가 흔함 • 촉진요인 : 불안, 스트레스, 피로, 카페인, 니코틴, 과식, 수면부족, 커피, 차, 술 등 • 원인 : 심실조기수축, 심방세동, 동성빈맥 등의 부정맥
	실신		• 일시적 의식상실과 함께 근육에 힘이 없어 쓰러지는 증상 • 가장 흔한 원인 : 뇌의 혈류 감소 • 심맥관계 질환, 체위성 저혈압, 저혈량, 부정맥(심박출량 감소 → 뇌혈류량 감소)
	간헐적 파행증		• 말초혈관의 정맥부전과 죽상경화로 인한 허혈로 발생 • 걸을 때 다리나 대퇴부에 심한 통증을 호소하는 간헐적 파행증이 나타남 • 휴식 및 아픈 다리를 내리면 통증감소 • 찬 곳에 노출 금지
	② 과거 병력 : 선천성 심장질환 외 심장질환, 수술력, 심장 검사력 ③ 가족력 ④ 개인력과 사회력 : 직업, 흡연, 음주, 영양, 성격, 운동, 취미 등		
시진	일반적인 외모		① 얼굴, 귀, 입술, 두피 ② 손과 손톱 : 손톱 끝 분홍색(정상) ③ 복부, 다리 : 색깔, 모양, 복부의 박동
	전흉부벽		① 윤곽, 박동, 융기, 퇴축 확인 ② 심첨 맥박(PMI) 　㉠ 펜라이트 사용해서, 앉아서 앞으로 숙인 자세에서 검사 　㉡ 좌측 중앙 쇄골선과 4~5th 늑간이 보일 수도 있고 안보일 수도 있음(∵ 비만, 큰 유방)
	경정맥 박동(JVP) [10 국시]		우측 심장활동을 나타냄 : 우측 심장의 펌핑이 효과적이지 않을 때 JVP 상승 예 앙와위에서는 경정맥 울혈이 정상
		경정맥압 측정방법	① 45도 누운 상태, 고개 반대편 돌리기 ② 루이스각에서 자를 수직으로 두고 가장 높이 확장되는 곳에 자를 수평으로 두어 높이 확인 ※ 정상) 보통 2~3cm 이하

시진	경정맥 시진	① 흉쇄유돌근 중간의 홈의 기관 옆쪽에서 시진 ② 양쪽에서 모두 볼 수 있음 ③ 우심방 내 압력으로 순환량을 측정하는 지표, 우심실 기능 나타냄 <table><tr><td>정상</td><td>4~10cmH$_2$O(3~8mmHg) ** 1cmH$_2$O = 0.73mmHg</td></tr><tr><td>증가</td><td>10cmH$_2$O 이상이면 순환혈액 과다, 우심부전 or 좌심부전 후기</td></tr><tr><td>감소</td><td>전신 혈량 부족, 탈수, 초기 좌심부전(심박출량 감소)</td></tr></table>
촉진	전흉부 촉진	① 심첨부(apex) → 좌흉골연 → 심장저부(with 손바닥) ② 심첨부 : 좌측 쇄골중앙선과 5번째 늑간이 만나는 지점 <table><tr><td>정상</td><td>1cm 넘지 않는 반경에서 촉진됨</td></tr><tr><td>비정상</td><td>㉠ 융기(밀어올림, lifts) : 비정상 심실운동 ㉡ 진동(Thrill) : 판막손상</td></tr></table>
	경정맥압 측정	① 대상자를 눕힌 상태에서 상체를 45도 상승시키고 내경정맥을 확인하고, 박동확인 ② 내경정맥 박동의 최고점 확인 후 이 점과 흉골각 사이 수직거리 측정 ③ 흉골각의 상부를 cm로 수직거리를 확인하여 기록(예 침상머리 45도 상승으로 내경정맥의 박동이 흉골각에서 4cm임) <table><tr><td>정상</td><td>앙와위에서 경정맥 울혈, 침상머리 45도 상승시 울혈이 없어져야 함(4cm 이하)</td></tr><tr><td>비정상</td><td>머리 상승 시 울혈이 있는 가장 높은 부분에서 흉골각까지 거리가 4cm초과 시 우심부전, 순환혈액량 과다 등을 의미함</td></tr></table>
	중심정맥압 측정	① 앙위로 눕힌 상태에서 압력계 0점과 대상자의 액와 중심선 맞추기 ② 수액세트를 압력계에 연결 후 대상자의 중심정맥관에 연결 ③ 원하는 눈금까지 수액을 서서히 채운 후에 수액이 대상자쪽으로 흘러가도록 함 ④ 수액이 더 이상 들어가지 않으면 눈금 읽기 <table><tr><td>정상</td><td>4~12cmH$_2$O</td></tr><tr><td>비정상</td><td>출혈 등으로 감소 시에는 중심정맥압 감소, 우심부담 증가나 순환혈액량 증가시 중심정맥압 증가</td></tr></table>
		A 경정맥압 측정 자세
	경동맥 촉진	① 경동맥 촉진 시 동시에 양쪽 촉진하면 안 됨 ② 정상 경동맥은 양쪽에서 같은 강도와 규칙적으로 촉진됨
타진		심장의 크기와 심장선 확인 : 타진 시 둔탁음(공명음 → 둔탁음)

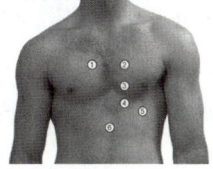
흉부의 촉진을 위한 지표

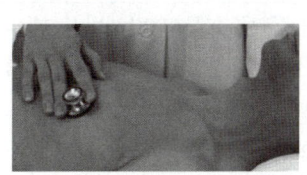
심장의 청진을 위한 자세 (앙와위)

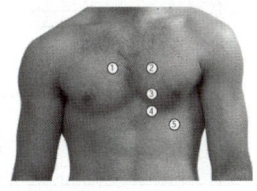
흉부 5부분의 지표를 청진

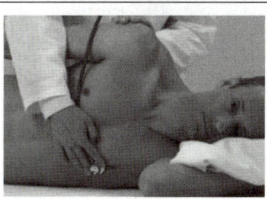
심장의 청진을 위한 자세 (측위)

청진	심음청진 93,95 임용		청진 순서 : supine → on the Lt. side → sit up to forward		
		(1) 위치 : 5곳에 청진기의 판형을 가볍게 대고 (S₁, S₂) 높 이, 강도, 지속 시간, 시작 시간 확인	대동맥판	2nd 우측 늑간과 흉골이 만나는 지점	
			폐동맥판	2nd 좌측 늑간과 흉골이 만나는 지점	
			erb's point	3th 좌측 늑간과 흉골이 만나는 지점	
			삼첨판 부위	4th 좌측 늑간과 흉골이 만나는 지점	
			승모판 부위	5th 좌측 늑간과 쇄골 중앙선이 만나는 지점	
		(2) 심음	정상 심음	S₁(Lubb)	① 삼첨판과 승모판이 닫히면서 나는 소리(심실수축의 시작) ② 부드럽고 길며 낮은 음조 ③ 청진 시 경동맥 맥박과 함께 거의 동시에 발생함
				S₂(dubb)	① 폐동맥판과 대동맥판이 닫히면서 나는 소리로 심저부분에서 청진(심실수축 말에 발생하며 심실이완 시작) ② 짧고 높은 음조 ③ 정상 분열음임 : 폐동맥판과 대동맥판이 동시에 닫히지 않으므로 S₂는 정상적으로 흡기말에 매우 좁은 분열음이 발생하며, 호기에 사라지므로 흡기에는 lub-di-dud으로 들리고 (흡기 시에 감소하는 흉강내 압력이 우심방으로 혈액유입을 증가시킴), 호기에는 lub-dud으로 들림
			비정상 심음	S₃	① 심실이완기갤럽, 약한 저음 ② 심실성 분마성 리듬으로 이완성 초기에 발생 ③ 대상자를 좌측으로 눕게 한 상태에서 심첨부위에서 청진기 벨형으로 들어야 잘 들림
					정상 : 소아와 젊은 사람
					비정상 : 노인에게는 병리적 소견, 심실 탄성 감소, 비순응 시, 좌우션트, 승모판 역류, 심부전 등
				S₄	① 심방성 분마성 리듬으로 이완기 말기에 발생 ② 심실벽을 진동하면서 들림 ③ 저음으로 청진기의 종형으로 들어야 함
					정상 : 정상 심장을 가진 사람에게 잘 들을 수 없음
					비정상 : 고혈압성 심질환, 특발성 비후성 대동맥판 협착, 심근경색, 선천성 심질환(대동맥 축착)
				심잡음 (murmurs)	① 혈류 흐름이 방해받을 때 나는 소리 ② 시간, 위치, 고음, 자세, 특성 확인
				심낭 마찰음	심낭에서 발생하는 고음의 긁는 소리(심낭염, 감염, 침윤 등 의심)
		청진기의 bell형으로 부드럽게(잘 들리지 않음) : S₃, S₄, 심잡음, 경동맥 잡음 청진			

- 심음

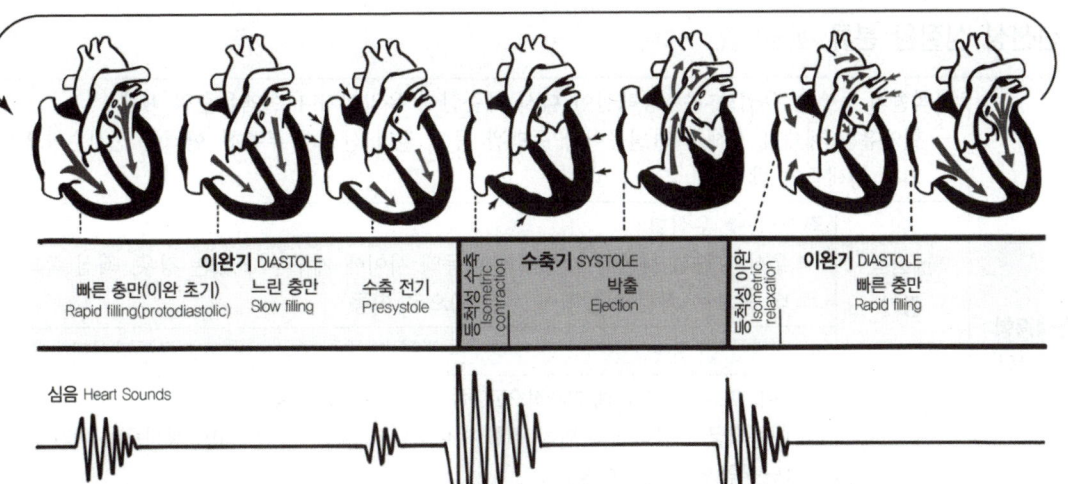

정상 심음	1심음	① 정상심음 ② 삼첨판과 승모판이 닫히면서 나는 소리(심실수축의 시작) ③ 부드럽고 길며 낮은 음조 ④ 청진 시 경동맥 맥박과 함께 확인할 수 있음(경동맥 맥박과 거의 동시에 발생)
	2심음	① 정상심음 ② 폐동맥판과 대동맥판이 닫히면서 나는 소리(심실수축 말에 발생하며 심실이완 시작) ③ 짧고 높은 음조 ④ 정상 분열음임 : 폐동맥판막과 대동맥판막이 동시에 닫히지 않으므로 S_2는 정상적으로 흡기말에 매우 좁은 분열음이 발생하며 호기에 사라지므로 흡기에는 lub-di-dud으로 들리고(흡기 시 감소하는 흉강내 압력이 우심방으로 혈액유입을 증가시킴), 호기에는 lub-dub으로 들림 ⓔ 비정상적인 분열음 ① 호기 시 분열음 : 폐동맥협착, 대동맥 협착에서 발생 ② 호흡에 관계없는 분열음(고정성 분열음) : 심방중격결손 시 발생
분마성 리듬	3심음	① 심실성 분마성 리듬으로 이완기 초기에 발생 ② 저음으로 청진기의 종형으로 들어야 함 ③ 어린이, 젊은 성인에서 정상적으로 나타나기도 함
	4심음	① 심방성 분마성 리듬으로 이완기 말기에 발생 ② 저음으로 청진기의 종형으로 들어야 함 ③ 정상적으로 건강인에서 들을 수 없음

3. 선천성 심질환 [92,93,94,96,03,10,17 임용] [아동질환]

1 선천성 심질환 분류 [16 국시]

비청색증형 '좌-우단락'	정맥혈의 동맥혈 유입보다는 동맥혈이 다시 폐순환에 유입되거나 혈액유출의 폐쇄 → 혈액유출 폐쇄가 심해져 난원공이나 동맥관 등이 열려 산소가 부족한 혈액이 전신순환으로 유입되면 청색증이 발생함	
	폐혈류 증가	좌심혈 ➡ 우심혈 : 우심과 좌심 사이나 대동맥과 폐동맥 사이에 개구부가 있는 경우, 좌심 쪽의 압력이 더 크므로 좌심의 혈액이 우심 쪽으로 이동
		✓ 심방중격 결손, 심실중격 결손, 동맥관 개존증 [94 임용(보기)], 공통방실판구
	심실에서 혈액 유출의 폐쇄	혈액이 흐르는 곳이 해부학적으로 좁아져 흐름이 막힘 : 대동맥궁이 막히면 울혈성 질환이 나타나고 폐동맥이 막히면 청색증이 나타날 수 있음 (난원공으로 혈액이동)
		✓ 대동맥 축착, 대동맥 협착 [93 임용], 폐동맥 협착 *축착: 관 전체가 밖에서부터 잘록하게 좁아진 것 *협착: 단순히 내강이 좁아지는 것
청색증형 '우-좌단락' [93,94 임용 / 01,07 국시]	동맥혈과 정맥혈이 혼합되어 폐순환을 통해 산소공급을 받지 못한 혈액이 대동맥 순환에 유입되는 경우 ※ 청색증 시 동반되는 증상 ❶ 다 산 호 심 감 봉 중 지 자 세	
	① 호흡곤란	
	② 심잡음	
	③ 적혈구 과다증 (= 다혈구혈증)	만성적인 저산소증 시 신장의 조혈촉진인자(erythropoietin) 증가 → 상대적 철결핍성 빈혈 유발 → 혈액의 점성도를 높이므로 혈전증, 색전증 유발 위험 증가
	④ 곤봉상지	• 손톱과 손톱저부 사이의 각도가 180도 이상 (정상: 160도) • 기전: 말초조직의 저산소증에 대한 보상작용으로 모세혈관 증식/연조직의 섬유화 및 비대 등 연조직 기형 발생 • schamroth window test(샴로스 징후) – 정상소견: 나머지 손가락을 펴고, 넷째 손가락의 손톱을 맞댔을 때 손톱 맞닿은 부위에 다이아몬드 모양이 관찰됨 – 비정상소견: 손톱을 맞댔을 때 손톱의 기시부만 맞닿아서 다이아몬드 모양이 관찰되지 않음. 곤봉상지를 의미함 [정상(A)과 곤봉형 손가락(B)]
	⑤ 저산소증형 발작	
	⑥ 반복적인 호흡기 감염	폐울혈로 세균이나 바이러스 감염에 취약해짐
	⑦ 웅크린 자세(슬흉위)	활동 후 하지로부터 낮은 산소포화도의 혈액 귀환을 저지하여 심부담을 줄이고, 하지로 가는 동맥혈류 저항 높여서 심박출량을 줄이고, 폐로가는 혈액을 늘림
	⑧ 중추신경계 합병증	두경부로의 산소공급 저하로 인해 실신, 정신혼란, 간질발작 등
	⑨ 성장지연과 운동내성 감소	

청색증 '우-좌단락' 93,94 임용 / 01,07 국시	폐혈류량 감소	폐혈류의 대동맥 유출 : 폐혈류 유출로의 폐쇄 + 우심과 좌심의 해부학적 결손 → 폐혈류 폐쇄로 우심압력 증가, 불포화 혈액이 좌측으로 흘러 체순환에 혼합
		✓ 활로 4징후, 삼첨판 폐쇄(엡스타인 기형) 93 임용(보기)
	혈류의 혼합	그 외 복잡한 심장 기형 : 폐순환과 체순환의 혼합 정도에 따라 출생 후 생존 여부 달라짐 - 압력의 차이로 주로 좌심의 혈액이 우심으로 유출 - 폐울혈 → 심실부담 → 전신울혈
		✓ 대혈관전위 94 임용, 총폐정맥환류이상, 총동맥간증, 좌심형성부전증후군

(1) **비청색증 심질환**

① 폐혈류 증가(좌 → 우 단락)

㉠ 심방중격결손(Atrial Septic Defect, ASD) 92,96 임용(보기) / 18 국시

기전	ⓐ 심방 사이의 비정상적인 개구 : 좌 – 우단락으로 압력이 높은 좌심방에서 우심방으로 혈류가 이동하여 우심에 산화혈류가 증가함 ⓑ 폐혈류량 증가 : 좌 – 우단락으로 압력이 높은 좌심방에서 우심방으로 혈류가 이동하여 우심의 혈류량 증가하고 그로 인해 폐동맥압 증가	
증상	ⓐ 무증상 또는 울혈성심부전(CHF) ⓑ 특징적인 심잡음 • 넓은 고정성 분열음의 제2심음(S₂) : 대동맥판과 폐동맥판이 닫히는 소리가 호흡에 관계없는 넓은 고정성 분열음으로 들림 cf) 폐동맥판막과 대동맥판막이 동시에 닫히지 않으므로 S₂는 정상적으로 흡기말에 매우 좁은 분열음이 발생하고, 호기에는 사라지므로 흡기에는 lub-di-dud으로 들리고(흡기 시 감소하는 흉강내 압력이 우심방으로 혈액유입을 증가시킴), 호기에는 lub-dub으로 들림 • 하부 흉골좌연에 이완기 잡음 : 이완기에 삼첨판을 지나는 혈행으로 인해 들림 ⓒ 큰 심장중격결손은 심방성 부정맥을 초래할 수 있음 : 심방비대, 전도 섬유의 신전으로 초래됨 ⓓ 작은 심장중격결손이라도 좌심이 자연적으로 경직되고, 좌 – 우 단락을 통해 더 많은 혈액을 흐르게함으로써 폐고혈압, 색전으로 인한 뇌졸중이나 허혈성심질환 등을 초래할 수 있음	
진단	흉부 X-선	ⓐ 우심방/우심실 확대 ⓑ 폐혈관 음영 증가 → 혈류량 증가
	심초음파	심방중격결손의 크기와 위치, 심방 및 심실 비대 여부 확인
	심도자	피부를 통해 카테터를 삽입하여 조영제를 주입하고 X-선 촬영을 해서 심장의 형태와 압력, 포화도를 측정 : 우심방의 산소 농도 증가 확인
치료	ⓐ 생후 2년 동안 막힐 수도 있음 ⓑ 수술 : 증상이 없어도 좌 – 우단락으로 흐르는 혈류량이 많으면, 생후 3~5년 후에 수술 적용	

ⓛ 심실중격결손(Ventricular Septic Defect, VSD) 92(보기),94(보기),17 임용 / 14 국시

기전	ⓐ 심실 사이의 좌-우단락(결손호발부위 : 막양부-막성심실중격) ⓑ 좌심실의 높은 압력으로 폐혈류량이 증가하여 폐동맥압 상승으로 폐순환의 저항 증가, 심하면 Eisenmenger 증후군(= 폐혈관 폐색성질환)으로 진행됨 ⓒ 우심실 근육비대 : 압력이 높은 좌심실에서 압력이 낮은 우심실로 혈액이 흐르게 하는 좌-우단락이 형성되어 폐혈류의 증가를 가져오고 결국 심부전을 초래함. 좌-우단락을 통해 우심실의 압력이 증가되고 폐순환 저항이 증가되어 우심실 근육비대가 초래됨
증상	ⓐ 울혈성 심부전(CHF)이 흔함 : 호흡곤란(숨쉬느라 못먹음) ⓑ 특징적 심잡음 　• S_2 커짐 : 폐동맥압 증가로 초래됨 　• 심첨부에서 이완기 잡음 청진 : 승모판을 통한 혈류증가로 발생 　• 좌흉골연하부 : 우심실 부위에서 범수축기 잡음 청진 ⓒ 세균성 심내막염 : 혈액배양 검사, 심초음파 검사가 필수. 그 외에도 혈액검사에서 염증수치(ESR, CRP) 증가, 백혈구 증가 등으로 확인 ⓓ 폐혈관 폐쇄성 질병 위험 증가
진단	흉부 X-선 ⓐ 우심방/우심실 확대 → 심비대 초래 　　　　　　 ⓑ 폐혈관 음영 증가 : 혈류량 증가로 인함
치료	작은 결손 ⓐ 내과적, 외과적 치료는 필요하지 않음 　　　　　ⓑ 심내막염 예방을 위해 항생제 투여 가능 　　　　　ⓒ CHF 치료를 위해 강심제(digoxin), 이뇨제(furosemide) 투여 수술 ⓐ 생후 3~12개월 사이에 시행, 성장장애 있는 경우 더 일찍 시행 가능 　　　 ⓑ CHF, 성장장애, 폐렴반복 등이 있을 때 수술 적용

ⓒ **동맥관개존증(Patent ductus arteriosus, PDA)** 92,94(보기),96 임용

특징	ⓐ 여아에게 흔함 92 임용(보기) ⓑ 풍진 증후군(신생아 풍진 IgM 양성) 환아에게 흔히 발생		
기전	ⓐ 태생기에 동맥관이 출생 1주일 이내 닫히지 않아 좌 – 우단락 발생 ⓑ 동맥관 사이 좌 – 우단락으로 대동맥에서 폐동맥으로 흐름(폐동맥 맥관압 증가) 92 임용(보기) : 체순환압 > 폐순환압, 이는 좌 – 우단락은 체순환압이 폐순환압보다 높기 때문에 발생함 ⓒ 대동맥으로부터 동맥관을 통해 다시 폐순환하여 좌심방, 좌심실로 돌아가 좌심의 부담이 증가됨 ⓓ 폐혈관 울혈과 저항 증가로 인해 우심실 압력증가/비대		
증상	ⓐ 무증상 또는 CHF 징후 보일 수도 있음 ⓑ 폐동맥 부위(흉골과 좌측 제2늑간이 만나는 지점)에서 지속적 기계성 심잡음 92 임용(보기) ⓒ 맥압차 증가[SBP−DBP(↑)] : 심장의 수축기에 많은 양의 혈액을 동맥계로 밀어낼 때의 압력에서 심장의 이완기에 혈관에서 유지되는 압력을 빼는 것 ⓓ bounding pulse(도약맥, 대동맥에서 폐동맥으로 혈액이 흐르면서 튀는 듯한 맥박) : 맥압의 증가에서 나타나는 특징적인 맥박 ⓔ 세균성 심내막염, 폐혈관 폐쇄성 질병의 발생 위험		
진단	흉부 X-선	ⓐ 좌심방/좌심실 비대 ⓑ 폐혈관 음영 증가 ⓒ 폐고혈압증 있다면 우심실 비대	
치료	내과적 치료	인도메타신(프로스타글란딘 억제제) 투여 : 동맥관 닫힐 수 있음 cf) 프로스타글란딘은 동맥관 개존을 유지함	
	외과적 치료	ⓐ 기구를 통한 심도자 폐쇄술 : 동맥관 개존이 크지 않을 때 심도자를 통해 코일을 넣어 동맥관을 폐쇄시킴 ⓑ 수술요법 : 동맥관 개존부위 절단	

수술적 치료

절개방법: 좌측개흉술 / 정중흉골절개술

수술방법

기구를 이용한 심도자 폐쇄술

코일

출처 : 질병관리청 국가건강정보포털

② 심실로부터 혈류폐쇄
　㉠ 대동맥 축착(Coarctation of Aorta, COA) 06,21 국시

기전	ⓐ 대동맥내 좁아짐(축착) → 좌심실 후부하 증가 → 좌심실과 좌심방 비대 → 폐정맥 울혈 초래 ⓑ 대동맥내(기시부) 좁아짐(축착) → 근위부(머리/상지)압력 증가, 원위부(몸/다리) 압력 감소	
증상	상지 고혈압 21,23 국시	초기	현기증, 두통, 실신, 비출혈
		후기	대동맥 파열, 대동맥류, 뇌졸중 위험
	박출성 수축기 심잡음	흉골 위의 목부분이나 쇄골 아래 좌측 늑골 사이에서 박출성 수축기 심잡음이 들릴 수 있음
	하지 저혈압	ⓐ 수족냉증, 경련성 통증 ⓑ 대퇴맥박 없거나 미약
	울혈성 심부전	ⓐ 영아기에 발생 ⓑ 심한 산혈증, 저혈압
진단	흉부 X-선	ⓐ 좌심방/좌심실 비대 ⓑ 폐정맥 울혈 ⓒ X-선상 상하동맥 : 3자형 그림자가 관찰됨 ⓓ 심전도 : 좌심실 비대 확인 ⓔ 혈관조영술
치료	ⓐ 풍선확장술과 금속관(스텐트) 삽입술 : 대퇴동맥이나 경동맥을 통해 풍선도자를 삽입하여 풍선을 부풀리거나, 금속관 삽입하여 축착된 부위를 확장시킴 ⓑ 대동맥 절제와 단측 문합술 ⓒ CHF 치료 : 강심제(디곡신, 도파민), 이뇨제 ⓓ 구강간호 : 상기도 감염, 심내막염 예방	

　㉡ 대동맥 협착(Aortic Stenosis, AS) 92,95 임용(보기)

기전	ⓐ 대동맥 유출구(판막)의 협착 → 좌심실에서 분출되는 혈류 저항 생김 → 심박출량(CO) 감소 → 좌심실 과부담 → 좌심실 비대 → 확장기말 압력↑ → 폐정맥, 폐동맥 고혈압(폐동맥 울혈) → 체순환 감소 ⓑ 좌심부전으로 진행되는 경우 : 좌심방 압력↑ → 폐정맥압 상승 → 폐혈관 울혈(폐부종) → 관상동맥 순환방해 → 심정지, 판막폐쇄부전 초래	
증상	ⓐ 심박출량 감소로 약한 맥박, 저혈압, 빈맥, 식욕부진, 활동 내구성 감소, 현기증 초래 ⓑ 흉통, 협심증 : 심근비대와 좌심실 기능부전으로 관상혈류가 저하되어 초래 ⓒ 특징적 심잡음 : S_2 분열(흡기 시 흉강내압 저하로 우심방 혈액유입이 증가)	
합병증	감염성 심내막염, 관상동맥부전, 심실기능부전, 폐울혈	
진단	흉부 X-선	좌심실 비대, 대동맥 두드러짐, 폐울혈
	심전도	경미한 좌심실 비대, 중증 진행 시 T파 역전(심근허혈)
	심장초음파	판막의 첨판수, 판막의 압력 사이, 대동맥 크기 관찰
치료	교정수술	영아	대동맥판막 절개술
		나이 든 아동	풍선판막 성형술 선호

ⓒ 폐동맥 협착(Pulmonary Stenosis, PS) 96임용(보기) / 06 국시

기전	폐동맥 입구 좁아지면 혈류저항이 증가하여 우심실 비대 초래 → 우심실 비대와 폐혈류 저하 → 우심방 압력 증가 → 난원공 열림(개방) → 우-좌단락 발생 → 청색증 발생	
증상	ⓐ CHF → 전신정맥 팽대 ⓑ 무증상 또는 경한 청색증(심한 협착 : 신생아에서도 청색증) ⓒ 특징적 심잡음 : 약화되고 넓게 분열된 S_2, 좌측 상부(폐동맥 부위)에서 수축기 분출성 심잡음	
진단	흉부 X-선	우심실 비대
	심장 초음파	심장구조와 움직임 관찰
치료	프로스타글란딘 E1	효능	동맥관 확장
		부작용	발열, 신경과민, 설사, 무호흡증 등이며, 약물 중단 시 소실됨
	수술	ⓐ 풍선확장술 ⓑ 폐동맥판막 절개술

(2) **청색증 심질환**

① 폐혈류 감소(우 → 좌 단락)

㉠ 활로 4징후(Tetralogy Of Follot, TOF) : 영아기 이후 보이는 청색증형 심질환 중 가장 높은 빈도로 발생 92,10,22,23 임용 / 00,04,09,12,16,17 국시

기전	ⓐ 심실중격결손 • 폐순환저항 > 체순환저항 → 우 - 좌 단락 • 폐순환저항 < 체순환저항 → 좌 - 우 단락 ⓑ 폐동맥 협착 → 폐혈류량 감소 ⓒ 대동맥 기승(= 대동맥 우측 전위) : 대동맥이 우심실 쪽에 있어 양 심실로부터 혈액 유입됨 → 좌우심실로부터 혈액 받아 체순환으로 분산 ⓓ 우심실 비대 : 폐동맥 협착 등 우심실의 압력 과부하에 의한 2차적 현상		
증상	ⓐ 청색증 23 임용 • 무산소 발작(Anoxic spell) 10 임용(지문)		
		정의	울음, 수유, 배변 등을 계기로 돌발하는 과다호흡과 전신성 청색증의 악화발작
		기전	혈액공급보다 산소요구량이 많을 때 발생하는 것으로 울거나 수유 후에 주로 나타나는 것으로 폐혈류 유출로의 폐쇄와 심실중격결손으로 불포화(비산화) 혈액이 좌측으로 흘러 체순환으로 혼합되어 발생됨
		증상	갑작스런 청색증과 저산소증
		합병증	무산소 발작 후 색전, 뇌경련, 의식상실, 돌연사 위험 증가
		치료	① 슬흉위(웅크린 자세) : 쪼그리고 앉기, 무릎을 굽혀 가슴에 붙인 자세 유지 • 체혈관 저항 증가 : 혈관긴장과 말초혈관 저항 증가로 1) 폐로 많은 혈액 유입, 2) 지속적 심장귀환혈액 감소(지속적 효과, 주된 효과) ② 수분공급 : 정맥으로 수분공급 ③ 산소공급 ④ Morphine : 교감신경억제작용으로 과잉호흡억제, 과호흡을 막아 발작 멈춤 ⑤ $NaHCO_3$: 중탄산나트륨으로 대사성산증 교정 ⑥ Propranolol(β차단제) : 심박동 감소, 폐혈류량 증가

증상		• 성장지연 • 운동 시 호흡곤란 ※ 합병증 : 곤봉형 손가락, 다혈구혈증 → 뇌혈전증, 혈전성 정맥염, 뇌농양, 경련 ⓑ 특징적 심잡음 • 좌흉골연 상부 박출성 수축기 심잡음(폐동맥 협착) 10 임용(지문) • 단일 S_2 : 폐동맥 협착이 심하면, 폐동맥판막음이 약하게 들리거나 들리지 않음으로 발생됨 ⓒ 대사성 산혈증		
진단	흉부 X-선	[정상 흉부 X-선 사진] 우측심장 윤곽을 만드는 구조 1. 상대정맥 2. 우심방 좌측심장 윤곽을 만드는 구조 1. 대동맥 2. 폐동맥 3. 좌심방돌기 4. 좌심실	[활로 4징후] ① 장화모양의 심장 ② 심첨이 들려있음(*표) ③ 폐동맥이 협착되어서 좌측 심장윤곽이 들어가 있음(화살표) ④ 좌측 폐혈관 음영이 감소되어 있음 (폐동맥 협착) ⑤ 정상 크기의 심장	
	심전도	우심실 비대		
	심장초음파	폐동맥 협착, 심실중격결손, 대동맥 기승, 폐동맥 크기		
	혈액검사	적혈구 용적률과 혈색소상승, 응고시간 증가		
치료	원인제거	ⓐ 폐동맥 판막 확장술 : 저산소증으로 인한 증상과 합병증을 방지하기 위해 제공 ⓑ 완전 교정술 : 수술방법을 결정하는 가장 중요한 요소는 폐동맥 크기로 폐동맥이 충분히 크면 생후 4~5개월에 수술이 가능함		
	대증요법	ⓐ 철분투여 : 적혈구 과다증으로 인한 상대적 철결핍성 빈혈교정 ⓑ PGE1 투여 : 동맥관을 유지시켜 동맥혈의 산소포화도를 높임		
	보존 및 지지요법	ⓐ 감염성 심내막염 예방 : 구강위생 청결, 예방접종 ⓑ 다혈구혈증의 합병증 예방 : 탈수예방		

ⓛ 삼첨판 폐쇄(Tricuspid Astresia, TA) 93 임용(보기)

기전	ⓐ 삼첨판 폐쇄 • 출생 시 난원공이나 심방중격결손 있는 경우 : 중격 통해 좌심방으로 혈액 흐름 • 동맥관 개존 있는 경우 : 혈액이 폐동맥을 통해 폐로 들어가 산소화됨 • 심실중격결손 있는 경우 : 적당량이 우심실로 흘러가서 산소화됨 ⓑ 좌심에서 산소화된 혈액과 불포화된 혈액의 완전 혼합 ⓒ 일반적으로 폐혈류량은 감소 ※ 엡스타인 증후군 : TV가 정상보다 아래쪽에 부착 → 우-좌단락 형성 93 임용(보기) • 흉부 X-선 : 크고 둥근 심장, 폐혈관 음영 감소 • 심초음파 : 삼첨판의 전위, 우심방 확대
증상	ⓐ 저산소증 : 청색증, 빈맥, 호흡곤란, 곤봉형 손가락 ⓑ 심잡음 : S_1 단일음(승모판만 닫힘), S_2(대동맥판 닫힘) 단일음 or 정상분열음 ⓒ 뇌농양 : 혈액 내 원인균이 폐순환 거치지 않고 뇌로 이동
합병증	감염성 심내막염, 뇌졸중
진단	흉부 X-선 : 정상적인 크기 또는 약간 비대해진 심장 심전도 : 우심방 비대(커진 P파) 심장초음파 : ⓐ 작게 형성되고 부전된 우심실 공간과 삼첨판 ⓑ 우심실에서 나가는 통로가 없고 우심방 확장 ⓒ 심장중격에 걸친 우-좌단락
치료	내과적 치료 : PGE1 투여로 동맥관을 열린 상태로 유지함 수술 : ⓐ 상대정맥-폐동맥 연결수술 : 청색증과 저산소증으로 인한 증상이 심하나 나이가 너무 어리거나 Fontan 수술 적용이 위험한 경우 실시함 ⓑ Fontan 수술 : 하대정맥을 폐동맥과 연결하는 수술로 생후 2~3년 이후에 실시해야 함

② 혈류혼합

㉠ 대혈관 전위(Trana Sposition of the Great Artery, TGA / Transposition of the Great Vessel, TGV) 94 임용(보기)

기전	대동맥이 우심실에서 기시되고, 폐동맥이 좌심실에서 기시되어 우측 혈액이 산화되지 못한 채 대동맥으로 흐르고, 산화된 혈액은 폐로 흐름
증상	※ 동반하는 결손 크기, 종류에 따라 다름 ⓐ 최소 심박출량을 가진 아동 : 심한 산소부족으로 청색증, 쇠약, 대사성 산독증, 저체온증 발생 ⓑ 난원공 개존, 중격결손(큰 중격결손, 동맥관개존증) : 청색증이 심하지 않으나 울혈성 심부전을 초래할 수 있음 ⓒ 출생 후 몇 주 후면 심장비대 현저

진단	흉부 X-ray	ⓐ 달걀모양 : 심비대로 인해서 달걀을 옆으로 놓은 모양이 관찰됨 ⓑ 종격동 좁음(종격동 음영감소) ⓒ 폐혈관 음영 증가 [대혈관 전위]	[정상 흉부 X-선 사진] 우측심장 윤곽을 만드는 구조 1. 상대정맥 2. 우심방 좌측심장 윤곽을 만드는 구조 1. 대동맥 2. 폐동맥 3. 좌심방돌기 4. 좌심실
	심초음파	대동맥이 폐동맥보다 오른쪽에 있고, 대동맥이 우심실에서 나옴	
	ABGA	PO_2 : 35mmHg	
치료	내과적 치료	PGE1 투여로 동맥관을 열린 상태로 유지함	
	수술	ⓐ 풍선 이용한 심방중격 절개술 : 산소함량이 높은 좌심방 혈액을 우심방으로 흐르게 하여 동맥혈의 산소포화도를 높임 ⓑ 대동맥 치환술	

ⓒ 총동맥 간증(Truncus Arteriosus, TA)

기전	ⓐ 대동맥과 폐동맥이 분리되지 않고 하나의 혈관으로 남아 있는 심기형으로 체순환과 폐순환이 섞임 ⓑ 폐동맥 고혈압 : 주로 낮은 압력의 폐동맥으로 혈액이 흐름으로 인해 폐혈관 질병이 발생함
증상	ⓐ 심한 CHF ⓑ 청색증 : 성장지연, 활동 내구성 결여 ⓒ 특징적 심잡음 : S_2가 단일음으로 크게 들림, 좌측 제2늑간(폐동맥 부위)에서 수축기 잡음 들림
합병증	뇌농양, 세균성 심내막염
진단	흉부 X-ray	심장이 커져 있고, 폐혈관 음영 증가
	심초음파	양측 심실 비대
치료	울혈성심부전 치료	강심제, 이뇨제투여
	완전교정수술	생후 4~8주 이내 적용하는 것이 좋음. 생후 3개월이 넘으면 폐 저항이 너무 높아져서 수술의 위험성이 매우 높아짐

2 심질환 환아 간호 03 임용

활동과 휴식	① 정상수유 및 수면 격려 : 활동수준을 제한하진 않고 일상적인 활동하도록, 아동이 스스로 활동을 조절하도록 도움 ② 수술 후 6주 동안은 체육활동을 제한하나 이후 적당한 활동 격려 ③ 정신적 스트레스가 과하거나 경쟁적인 운동경기는 피하도록 함
영양	① 충분한 열량공급이 필요하나 피로와 빈호흡으로 잘 빨지 못하므로 쉬운 수유방법과 영양분이 풍부한 모유제공을 교육 ② 영아는 모유수유나 조제유 수유를 적절하게 섭취하게 하고, 아동은 균형진 일반식이를 섭취하게 함 ③ 아동이 음식을 수단으로 부모를 조절하려는 것을 예방하도록 하고 아동에게 구할 수 있는 음식 중 선택권 제공
감염예방	호흡기 감염을 주의하고, 감염 시 조기치료해야 함
응급처치	① 저산소증의 조기증상, 심박출량 감소 예측증상(약한 맥박)과 대처법, 의사 연락방법 숙지 ② 환아의 진단, 치료과정, 알레르기 경력, 다른 건강상 문제, 약물에 대한 정보를 알고 교사나 돌보는 이에게도 정보제공

PLUS⊕

- **심혈관 질환이 있는 아동사정**
① **아동의 영양상태** : 성장장애 또는 체중증가의 불량을 확인하기 위함
② **청색증** : 선천성 심장질환의 흔한 증상이며 곤봉형 손가락도 이로 인한 것
③ **창백한 피부** : 선천성 심질환으로 인한 관류저하와 관련됨
④ **비대해진 심장** : 간혹 흉곽의 형태를 변화시키기도 함
⑤ **복부촉진과 타진** : 선천성 심질환으로 인한 간비대 또는 비장비대 여부를 확인하기 위함

4 판막성 심질환 성인질환

정의	심장판막의 정상기능은 혈액이 한쪽방향(심방 → 심실, 심실 → 대혈관)으로 흐르게 하는 것으로, 판막손상 시 혈액의 흐름이 방해받게 되어 심장이 확대되고 혈액이 역류되어 심장기능장애를 초래하는 장애
역학	발생빈도 : 승모판 협착증 > 승모판 폐쇄부전증 > 승모판 탈출증 > 대동맥판막 협착증 > 대동맥판막 폐쇄부전증

1 승모판 협착증

정의	① 승모판 손상으로 혈액의 흐름이 방해되어 심장이 확대되고 혈액이 역류되는 장애 ② 대부분 30~40대 여성에서 흔하고, 2/3가 여성임
원인	① 류마티스열에 의해 초래 ② 드물게 심방에 점액종, 칼슘축적, 혈전형성이 원인이 되기도 함 ③ 잠행적 진행, 심방세동 등의 합병증에 의해 증상이 발현됨
병태생리	① 류마티스성 심내막염 시 승모판막이 섬유화되어 두꺼워지거나 석회화 → 판막구가 좁아지고 잘 움직이지 않아 혈류의 장애 초래 ② 판막 좁아져 좌심실로의 혈액유입에 지장 초래 → 좌심방이 확대되어 좌심방의 압력 증가 → 이를 보상하기 위해 좌심방벽 비대 → 폐정맥과 폐혈관 울혈 → 좌심부전 증상 발생 → 좌심실 혈류량 감소하여 심박출량 저하 → 폐동맥압 상승 → 우심부전 초래

증상과 징후 13 국시	좌심부전	폐모세혈관압 증가	운동성 호흡곤란, 피로감
		폐정맥 울혈	기좌호흡, 기침, 객혈
		심박출량 감소	혈압저하, 맥압이 약하고 불규칙함
		뇌혈류량 감소	실신
		확대된 폐동맥	후두신경을 압박하여 쉰 목소리
	우심부전		간비대, 복부불편감, 말초부종, 경정맥 확대
	심방확대, 심방벽 비대 시		심방세동(승모판 협착증 50~80%에서 나타남), 심방세동으로 혈액이 좌심방에 정체 시 혈전생성
	심음		1심음 항진, 이완기 심잡음

치료와 간호중재	원인제거	① 외과적 수술 : 판막구의 면적이 1.5cm² 이하로 좁아질 때 사용 ㉠ 석회화가 없으면 승모판막 연합절개술 적용 ㉡ 석회화가 심하면 승모판막 대치술 시행
	대증요법	① 염분제한, 반좌위 체위 ② 약물 : 이뇨제, 디곡신, 항응고제
	보존 및 지지요법	휴식과 활동 조절

② 승모판 폐쇄부전증

정의		승모판막의 기능부전으로 승모판막이 완전히 닫히지 않아 좌심실이 수축하는 동안 좌심실에서 좌심방쪽으로 혈액이 역류되는 장애
원인		① 류마티스성 심질환에 의해 초래 ② 드물게 승모판막탈출증, 선천성심질환, 대동맥판막질환, 감염성 심내막염 등으로 초래됨
병태생리 09,21 국시		① 승모판막이 심실수축기에 완전 폐쇄가 안 되어 혈액이 좌심실에서 좌심방으로 역류되어 심박출량 감소 ② 보상기전으로 빈맥발생, 혈액의 역류량이 커서 좌심방과 좌심실이 하나의 연결된 방처럼 됨 ③ 심장의 비대 → 좌심부전 → 우심부전 초래 → 전신 정맥울혈
증상과 징후		① 승모판 협착증과 유사함 ② 혈전이나 색전 형성은 흔하지 않음 ③ 1심음 감소, 수축기 심잡음(심첨부)
진단검사		형광투시 아래 좌심도자법과 혈관조영술로 진단
치료와 간호중재	원인 제거	외과적 수술 : 판륜성형술, 판막성형술, 인공판막대치술
	대증요법	① 염분제한, 반좌위 체위 ② 약물 : 이뇨제, 디곡신, 항응고제
	보존 및 지지요법	① 류마티스열 재발방지를 위해 항생제 투여 ② 휴식과 활동 조절

❸ 대동맥판막 협착증

정의		대동맥판막구가 좁아진 상태로 심실수축기에 좌심실에서 대동맥으로 혈액분출이 어려운 상태
원인		선천성 기형, 노인에게 많은 퇴행성 병변(죽상경화증), 류마티스열의 후유증
병태생리 10,19 국시		① 대동맥판막 협착으로 심실수축기 동안 심박 출량 감소 ② 이전과 같은 혈액박출을 위한 보상기전으로 좌심실벽이 비후되어 후부하 증가 ③ 좌심실의 섬유비대, 좌심부전, 우심부전 초래
증상과 징후	심음	대동맥판막 부위의 수축기 심잡음
	좌심부전 — 폐모세혈관압 증가	운동성 호흡곤란, 피로감
	좌심부전 — 폐정맥 울혈	기좌호흡, 기침, 객혈
	좌심부전 — 심박출량 감소	혈압저하, 맥압이 약하고 불규칙함
	좌심부전 — 뇌혈류량 감소	실신
	좌심부전 — 확대된 폐동맥	후두신경을 압박하여 쉰 목소리
	우심부전	간비대, 복부불편감, 말초부종, 경정맥 확대
진단검사		심초음파, 도플러 검사
치료와 간호중재	원인제거	① 좌심실과 대동맥 압력의 차이가 50mmHg 이상이면 증상 없어도 수술시행 ② 석회화가 심하면 인공판막대치술 시행
	대증요법	① 약물 : 디곡신, 이뇨제 ② 저염식이
	보존 및 지지요법	① 휴식 ② 운동제한

④ 대동맥판막 폐쇄부전증

정의	대동맥판막이 선천적 또는 염증과정에 의해 변형되어 완전히 닫히지 않아 좌심실에서 대동맥으로 나간 혈액이 좌심실로 역류되는 현상
원인	감염성 심내막염, 선천성 대동맥판막기형, 고혈압, Marfan 증후군(유전성 질환으로 키가 크고 사지가 길고, 폐/눈/심장/혈관 등 결체조직이상이 나타나는 질환임)
병태생리	① 심장 이완기 때 판막이 닫히지 않으므로 이완기 동안 대동맥으로부터 좌심실로 혈액 역류 ② 좌심실 확장, 좌심실 비후 ③ 보상작용으로 강하고 빠르게 혈액을 분출하여 초기에는 무증상임 ④ 50% 이상의 혈액이 역류되면, 좌심실 부전 증상 발생 손톱 밑의 모세혈관에서도 맥박 촉지

증상과 징후	① 무증상이 흔하며, 심계항진만이 증상으로 나타나는 경우도 흔함
	② 폐울혈 증상 : 호흡곤란, 기좌호흡
	③ 심박출량 감소 : 뇌혈류 불충분으로 인한 현기증이나 실신, 관상동맥 순환 감소로 협심통
	④ 혈압변동
	  ㉠ 수축기압 과도상승과 이완기압의 하강으로 인한 맥압 증가
	  ㉡ Hill's sign : 하지 혈압이 상지수축기 혈압보다 10~15mmHg 높은 것이 정상이나 이보다 더 높아짐
	⑤ 맥박이상

코리간맥(corrigan's pulse), 허탈맥(collapsing pulse), 수추맥(물망치맥, water hammer pulse)	1회 박동량 증가로 수축기압의 과도한 상승과 이완기압의 하강으로 맥압 상승, 심장수축 시에 급격히 상승했다가 급격히 하강하는 맥박
Musset's sign	경동맥의 과도한 맥박으로 심장 수축기에 대상자가 머리를 앞뒤로 끄덕이는 양상
Quincke sign	손톱 밑의 모세혈관에서도 맥박 촉지

⑥ 청진 시 이완기 잡음

진단검사	심초음파, 도플러 검사	
치료와 간호중재	원인제거	판막대치술 : 좌심실 부전이 생기면 조기수술이 바람직함
	대증요법	심부전 발생 : 디곡신, 이뇨제 사용, 염분제한
	보존 및 지지요법	① 휴식 ② 운동제한

5 허혈성 심질환 95,96,05,11,12,19,20 임용 [성인질환]

정의 95,11 임용		관상동맥의 산소공급량이 심근의 산소요구량보다 부족하여 심근에 충분한 혈액을 공급할 수 없는 상태
	협심증 95 임용(보기)	① 심근허혈에 의해 갑작스런 흉통을 특징으로 하는 임상증후군(관상동맥의 부분적, 일시적 차단) ② 허혈성 심장질환의 가장 흔한 증후군 ③ 통증이 예고 없이 발생 ④ 과로 → 흉통 발생 → 휴식 → 완화
	심근경색 95 임용(보기)	죽상반의 파열에 의한 혈전으로 인한 관상동맥의 갑작스런 폐쇄로 심근에 혈액공급이 안되어 괴사된 상태(관상동맥의 완전한 차단)
역학		발병률 급격히 증가 : 최근 10년 동안 IHD가 115% 증가(식생활의 서구화와 생활양식의 변화)
원인		주 원인은 관상동맥의 죽상경화증
조절 불가능 요인 13,17 국시	(1) 연령과 성별	① 연령증가에 따른 혈관탄력성 감소 ② 남성은 여성보다 젊은 나이에 관상동맥질환을 경험함 ③ 여성은 조기폐경, 경구용피임약의 사용, 호르몬 대체요법 등은 여성에서 관상동맥 질환을 발생시키는 요인임. 여성은 폐경 이후부터 급격히 증가(폐경 후 HDL이 감소하고, LDL이 증가함)
	(2) 가족력과 유전	① 심질환의 가족력 : 부모가 55세 이전에 심질환 발생 ② 영향 요인 : 지질대사, 호모시스테인 대사, 안지오텐신 전환효소의 수준, 응고력 증가 등
조절가능 요인 ⇩ 예방요법 05,19 임용 / 06,10,11,13, 17,21 국시	(1) 고지혈증	① 죽상경화성 병변 형성물질 증가 ② 혈청 내 콜레스테롤 증가 또는 중성지방 증가, 혈청 내 콜레스테롤과 중성지방 모두 증가(정상 : 총 콜레스테롤 200mg/dL 미만, LDL 130mg/dL 미만, HDL 60mg/dL 이상) ③ 혈관 내피세포 손상을 유발하고 죽상경화성 병변의 초기 단계로서 죽종 형성물질을 증가시킴 ※ 심장질환의 강력한 예측요인 : LDL, 중성지방 증가 – LDL : 저밀도 지질단백질로 VLDL과 킬로마이크론의 대사산물임. 특히 콜레스테롤 함량이 많으며 말초조직 혈관세포에 콜레스테롤을 운반함. LDL은 거의 대부분이 콜레스테롤 에스테르로 구성되어 있으며 관상동맥질환의 가장 큰 위험요인임. 130mg/dL 미만이 바람직하고, 130~159mg/dL는 경계성 위험, 160mg/dL는 고위험임 ※ HDL은 다른 지단백에 비해 더 많은 양의 단백질을 함유하고 있으나 지방은 거의 가지고 있지 않으며, 조직에서 과다 콜레스테롤을 제거하고 처리를 위해 간으로 이동시킴(대사를 위해서 동맥에서 간으로 지질을 운반함, 콜레스테롤을 담즙으로 배설되도록 함, 이러한 운송과정은 동맥벽의 지질축적을 방지하므로 혈액 내 HDL 수준이 높을수록 관상동맥의 위험이 낮아지게 됨) 19 임용
	(2) 고혈압	① 혈관탄력성 감소, 동맥 내피세포 손상 → 지질 침전물 축적 ② 혈관저항 높임 → 심 부담 증가 ③ 혈관수축과 이완능력에 영향 초래(140/90mmHg 이상 시)
	(3) 당뇨	① 혈액 내 인슐린↑(인슐린 저항성이 있으면 TG↑, HDL↓) → 동맥 내막 손상 → 죽상경화증 촉진 ② (인슐린 조절실패) 고혈당, 고인슐린 혈증 → 혈소판 기능 변화, 혈중 섬유소 증가, 염증↑ → 응고장애, 비만, 고혈압 초래

조절가능 요인 ⇩ 예방요법 05,19 임용 / 06,10,11,13, 17,21 국시	(4) 비만	① 내장조직에 저장되어 있는 지방이 지속적인 지방분해를 일으킴 : VLDL↑, LDL↑, HDL↓ ② 인슐린 저항성 증가로 인한 포도당 불내성 유발 ③ 혈압증가 ④ 허리-엉덩이 비율이 남성은 0.9, 여성은 0.8 이상이면 관상동맥질환의 위험이 증가함 ※ 한국인에서 체지량지수와 허리둘레에 따른 비만동반 질환위험도(대한비만학회 비만진료지침 2022)
	(5) 통풍	통풍의 원인물질인 요산이 혈관에 쌓여서 혈관이 딱딱해져서 죽상경화성 질환을 유발함
	(6) 운동저하	① 운동은 심폐기능을 항진시켜줌 ② 운동은 체내 축적된 지방조직을 소모하므로 혈중 콜레스테롤 저하, HDL 형성 촉진 ③ 운동은 말초조직의 인슐린 민감성을 증가시킴
	(7) 흡연 (간접 흡연도 포함)	
	(8) 스트레스	① 교감신경 항진에 의한 카테콜라민의 과다분비 : 혈소판 응집, 혈관경련, 혈관손상 ② 코티졸 증가는 혈관내피의 카테콜라민, 안지오텐신Ⅱ에 대한 감수성 높임
	(9) 호모시스테인	① 메티오닌이 시스테인으로 대사될 때 생기는 중간 대사산물임 ② 건강한 사람에서 호모시스테인의 대사과정에서 Vit B_{12}(코발라민)와 엽산(Vit B_9, folic acid), Vit B_6(피리독신)가 필요함. Vit B_6 부족 시 호모시스테인 양이 증가됨 ③ 혈중 증가된 호모시스테인은 동맥내피세포에 독성손상을 일으켜 동맥경화를 유발하여 혈소판을 응집시키고 혈관 평활근 세포의 증식을 자극함 ④ 호모시스테인은 당뇨병, 고지혈증, 고혈압, 흡연 등과 함께 심혈관계 질환의 위험요인임 ⑤ 15μmol/L 이상 시 심질환의 사망률과 유병률이 증가함
	(10) 대사 증후군	① 흡연과 마찬가지로 조기관상동맥 질환의 위험요인임 ② 대사증후군은 인슐린 저항과 인슐린에 대한 조직반응의 장애와 밀접한 관련성이 있음 ③ 인슐린 저항에는 유전적 요인이 중요하며 복부비만과 신체활동 저하 등은 후천적으로 획득된 요인임
	(11) 염증	① 아스피린과 항혈소판제 치료는 심근경색의 위험을 감소시키는 것으로 알려져 있음 ② 염증과정이 죽상경화판을 형성하고 염증과정은 파열된 플라그와 관련 있음. 염증은 파열된 플라그 자리에 혈관형성을 증가시킴
	(12) 식이	지방, 콜레스테롤 섭취는 관상동맥질환의 위험요인 cf) 관상동맥질환 예방식이 : 과일, 야채, 곡류, 불포화지방산

한국인에서 체지량지수와 허리둘레에 따른 비만동반 질환위험도:

분류	체질량지수(kg/m²)	허리둘레에 따른 비만 동반 질환의 위험도	
		< 90cm(남자) < 85cm(여자)	≥ 90cm(남자) ≥ 85cm(여자)
저체중	< 18.5	낮음	보통
정상	18.5~22.9	보통	약간 높음
비만전단계(= 과체중)	23~24.9	약간 높음	높음
1단계 비만	25~29.9	높음	매우 높음
2단계 비만	30~34.9	매우 높음	가장 높음
3단계 비만(= 고도비만)	≥ 35	가장 높음	가장 높음

(7) 흡연:

니코틴	① 교감신경계 흥분 → 카테콜라민(에피네프린, 노르에피네프린) 방출 → 혈압↑ → 혈관내피 세포를 손상시키고, 혈관손상 부위에 지방질 침착이 진행되어 죽상경화증 초래 → 죽상경화증으로 인해 혈압을 더욱 높이고, 맥박 증가, 분당 심박출량 증가 → 심근의 산소요구량↑ → 동맥 수축 → 조직관류 방해, 혈소판 응집↑ → 색전(혈전) 형성으로 허혈성 심질환 초래 ② 헤파린 방출 억제, 혈중 저밀도 콜레스테롤 합성 증가로 혈액점도를 증가시켜 혈압을 상승시켜 혈관내막 손상을 악화시킴
CO	O_2 감소, CO_2 증가(산소 운반이 가능한 부위를 감소시켜 혈색소의 산소전달능력을 저하시킴) → 혈관내피 손상 → 고지혈증 초래(HDL↓, 피브리노겐↑) → 혈액점도 증가 → 혈관내벽의 혈전형성, 혈관의 긴장과 수축 야기 → 순환장애 초래

			죽상반(죽종) 형성 → 허혈 → 폐색 → 괴사	
병태 생리 95,96(보기), 11,20 임용		죽상경화증 단계 (6단계)	평활근 증식 단계	(1) 혈관내막 비후	손상된 혈관 내막 → 혈관 내막 두꺼워짐	만성적인 내피세포 손상 • 고혈압 • 흡연 • 고지혈증 • 고호모시스테인혈증 • 당뇨 • 감염 • 독성
			(2) 지방선조 (지방침착)	혈관 내피에 1mm 미만의 다발성 황색 줄무늬 또는 점같은 지방선조가 나타남 : 지질침착이 시작됨	지방선조 • 지질이 침윤되어 평활근으로 이동
			(3) 죽상반 전 단계	단핵구, 림프구가 대식세포로 변하여 지방층을 형성함	
			(4) 죽상반 형성	혈관 내경이 좁아지고 평활근 세포의 증식 → 증상 발현	섬유죽상반 • 콜라겐이 지방선조를 덮음 • 혈관내강이 좁아짐 • 혈류감소 • 균열 발생
		섬유 죽상반	(5) 섬유 죽상반	죽상반이 커지고 섬유층으로 둘러싸임	
		복합 죽상반	(6) 복합 죽상반	석회화되어 복합죽상반으로 변함 → 파열 시 혈전으로 폐색됨	복합 병변 • 죽상반 파열 • 혈전 형성 • 혈관 폐색
	협심증	(1) 심근의 산소 요구에 산소 부족 시	① 관상동맥의 협착과 폐색, 저혈압, 빈혈 및 저산소혈증 ② 심근의 산소 요구에 산소공급 부족으로 협심증 발생		
		(2) 심장이 부담을 많이 느낄 때	① 생리적 요인(운동, 흥분, 과음, 과식 등)과 병리적 요인(갑상샘기능항진증)에 의해 심박출량 증가 ② 심장의 부담 증가로 협심증 발생		
	심근경색	경색 과정	① 허혈로 인해 조직에 산소부족 ② 혈관이 국소적으로 확장, 산증 발생 ③ 세포에서의 전해질 불균형으로 정상전도와 수축기능 억제 ④ 저산소증에 대한 반응으로 카테콜아민(에피네프린, 노르에피네프린) 방출, 통증 유발 ⑤ 심박동수, 수축성, 후부하 증가 ⑥ 산소 결핍된 조직의 산소요구도 증가 ⑦ 경색부위의 범위가 손상과 허혈의 부위로 확대됨		
		생리적 반응	① 경색 후 처음에는 신체적 변화 없음 ② 6시간 후 : 경색 부위가 푸르스름해지고 부종 발생 ③ 48시간 후 : 호중구가 괴사세포 제거 → 경색부위가 노란색 줄무늬를 띤 회색으로 변화 ④ 8~10일 후 : 괴사조직의 가장자리에 과립조직 생성 ⑤ 2~3개월에 걸쳐 괴사조직 수축 → 단단한 반흔으로 바뀌어 좌심실의 형태, 크기 변화시킴 → 좌심실 기능감소, 심부전 야기, 사망률과 이환율 증가		

(1) **흉통**(흡연, 고지혈증 등의 여러 가지 요인으로 관상동맥이 협착 또는 폐색 → 심근의 혈액공급 감소 → 심근의 국소빈혈 부위에 산화되지 않은 대사산물 축적 → 신경의 말단부 자극 → 통증 발생)

11(지문),13,18 국시

증상	유형	협심증			심근경색
		안정형	불안정형	이형성	
	특성	심근허혈	복합 죽상반 파열	관상혈관 경련, 질환유무와 관계없이 발현	관상 동맥 폐색, 심근 괴사
	유발·악화 인자 (P)	운동 시 악화	휴식과 운동 시 발현	스트레스, 흡연, 휴식 중이나 특정시간 발현	특이 원인 없이 발생, 활동 중/휴식/수면 중에도 발생가능
		휴식 or NTG 완화됨	NTG에 의해 완화 안 됨	운동으로 완화 or 자연소실 되기도 함. NTG로 완화	휴식, NTG로 완화 안 됨
	양상 (Q)	① 발작성 흉통, 답답함, 질식감, 화끈거리는, 분쇄통 ② 소화불량, 감각이상 cf 하루 종일 답답하거나 날카롭거나 쑤시는 통증은 협심통이 아님			날카롭고 조이는 듯한 격렬하고 쥐어짜는 듯한 심한 분쇄통
	부위(R)	흉골 중앙 하부에서 시작 → 좌측 어깨와 팔의 안쪽을 따라 방사			
	시간 (T)	15분 이내	15분 이상	다양함	30분 이상 지속 (일정 강도로 지속적), 흔히 아침에 발생
	EKG	T파 역전 (심근허혈) ST분절 하강 (심내막하 허혈)	T파 역전 ST분절 하강	T파 역전 ST분절 상승(심근손상, 심외막하 허혈)	병리적 Q파, ST분절 상승 T파 역전

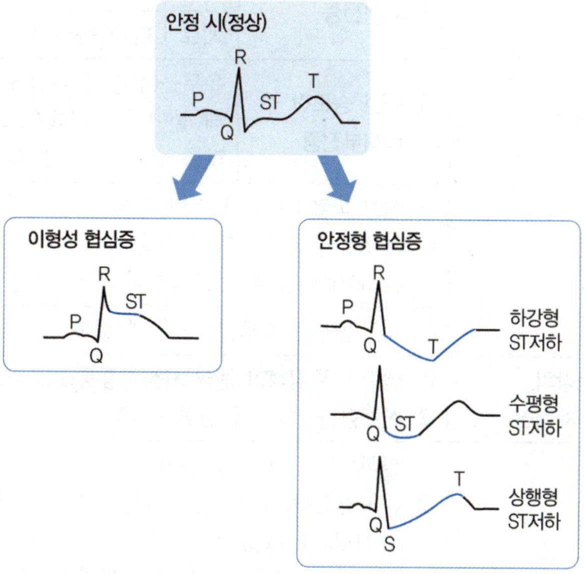

[협심증 환자 심전도]

(2) 호흡곤란	① 좌심실 심근의 20% 괴사 → 심부전 → 폐울혈 (폐울혈 상태에 따라 호흡곤란 정도가 달라짐)
	② 좌심실 심근의 40% 괴사 → 심장성 쇼크 → BP↓, 사지 냉감, 식은땀, 실신

증상		(3) 소화기계 증상	① 오심, 구토	경색된 부위에서 혈관 미주반사 자극, 심한 통증으로 구개반사 자극됨. 통증완화를 위해 트림이나 구토가 발생하기도 함
			② 소화불량, 막연한 불편감	
		(4) 염증반응	① 미열	발병 24시간 내에 38℃ 정도의 열이 1주일 지속
			② WBC 증가	1주일 지속
			③ CRP(정상치 : 0.5~1.0mg/dL) 상승	
		(5) MI의 합병증	▶ MI의 환자 중 2주 이내에 50% 합병증 발생	
			① 부정맥	PVC, VT, VF : PVC 1분 동안 5회 이상, 여러 가지 PVC 모양, 3개 연달아 나오는 PVC는 VF 전조증상
				항부정맥제 투여 → 리도카인 정맥주사 투여 12 임용
			② 심장성 쇼크	좌심실기능 저하(심실구축률 40% 이하) 시 발생 ** 심실구축률(좌심실에 들어온 혈액 중 전신으로 나가는 혈액의 비율) 　정상치 : 55~70% 　40% 이하 : 심부전, 심근병증 의미 　75% 이상 : 비후성심근병증 의미
				증상 | SBP 80mmHg 미만으로 30분 이상 지속, 발한, 빈맥, 축축하고 차가운 피부, 소변량 감소
				치료 | 혈관 수축제(dopamine, dobutamine)
			③ 심부전과 폐수종	좌심부전에 이어 폐수종 발생
				증상 | 호흡곤란, 기좌호흡, 부종, 간 비대, 경정맥 울혈, 수포음
				치료 | 모르핀 IV, Swan-ganz 카테터로 PCWP(정상치 : 4~12mmHg) 10~18mmHg 유지, 혈관수축제 or 확장제로 심박출량 유지
			④ 폐색전증	원인 | 장시간 ABR, 혈액점도 상승, 혈액의 과응고력
				치료 | 다리 올리기 + 수액공급 + 아스피린, 헤파린
			⑤ 급성 승모판 폐쇄부전증	유두근(심장의 심실에 위치하며, 방실판막의 첨판에 건삭을 통해 붙어있는 근육으로 심실의 수축기 동안 판막의 뒤집히거나 탈출 방지) 파열에 의해 나타나며, 바로 응급 수술
			⑥ 심장 파열 : 좌심실 전벽 경색 　㉠ MI 발생 4~7일경 발생 　㉡ 60세 이상/여성/고혈압 환자에서 흔함. 심장눌림증으로 경정맥의 심한 울혈 발생	
			⑦ 심근경색 후 증후군 : 드물게 흉통, 발열, 흉막염, 폐렴 등이 지속됨	
진단 검사	(1) 건강력, 신체검진	① 병력과 특징적인 증상 사정 : 흉통(PQRST) ② 신체검진 : 일시적 심잡음(S_3)		
	(2) 임상병리검사	① 혈청지질 : 위험요소 존재 ② C-반응단백(CRP) : 급성 심근증후군 환자에서 합병증 증가 위험과 관련(CRP 정상치 : 0.5~1.0mg/dL) 　cf) CRP로 심장위험도를 평가하고 예후 추정지표로 활용함(미국심장협회) 　　< 1.0mg/dL : 위험성 낮음, 1.0~3.0mg/dL : 위험성 있음, ≥ 3.0mg/dL : 위험성 높음 ③ 적혈구침강속도(ESR) 상승(ESR 정상치 : 0~15mm/hr) ④ WBC 상승 : 12,000~15,000mm³/L 상승, 3~7일간 ⑤ BST 상승 : 스트레스 반응 ⑥ 심근효소 검사 : MI결정(CK-MB, Troponin T, I가 가장 전형적 MI 지표)		

		▶ Myoglobin 먼저 상승 − Troponin 상승 − CK−MB 상승 ⇒ M−T−C 13,16 국시				
		검사	특성	상승	최고점	정상회복
		CK	전체 CK의 3~5%↑−MI	3~12시간	12~24시간	2~5일
		CK−MB	심근에 가장 많이 존재	2~4시간	12~20시간	2~3일
	(2) 임상병리검사	LDH LDH1 LDH2	LDH1은 심근에 특이도가 있음	24시간 4시간 4시간	48시간	7~10일 20일 10일
		Troponin T Troponin I 22 국시	T는 경미할 땐 × I는 심근경색 진단에 특이성	3~12시간	12~24시간	1~2주 지속
진단 검사		Myoglobin	심장뿐 아니라 골격근 손상 시 상승(소변으로 배설)	2시간	3~15시간	35시간
	(3) 심전도 & 운동부하 심전도 09,11,17,20 국시	허혈성 심질환의 심전도 특성 ① ST 분절 변화, T파 변화, U파 변화 ② 운동 중 가장 중요한 허혈성 심전도의 변화는 ST 분절과 관련 있음				

		협심증	심근경색
안정 시		① 대개 안정 시엔 EKG 변화 없음 ② ST의 하강이나 상승, T파의 역전	① ST분절 하강 및 상승 발생기전 : 심내막하 허혈은 ST분절 하강, 심외막 허혈이나 전근 침범의 경우에는 ST분절 상승 20 국시 ② T파 역전 발생기전 : 심근경색을 동반하거나 동반하지 않은 중증의 전벽 허혈 ③ 이상 Q파(폭 0.04초 이상, 깊이는 R파의 1/4 이상) : 심근경색
운동부하	목적	협심증, 부정맥 진단, 심장질환자 운동능력 평가	
	방법	운동 + 예상 최대 맥박 수 (220−연령)의 85% or 양성 판정이 될 때까지 계속	
	결과 음성	예상 최대 맥박 수까지 올려도 EKG 변화 없음	
	결과 양성	흉통 발생, ST분절이 1mm 이상 상향 혹은 하향, 혈압 변화(수축기혈압 20mmHg 전후)	

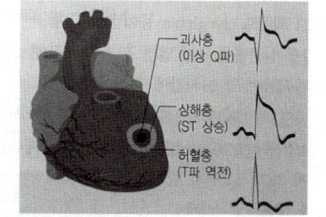

예 ST 상승이 없는 경우에도 MI 배제할 수 없다(후측벽 MI).

단계	심전도 변화	
초급성기 (발작직후 ~수시간)	① T파의 파고와 폭의 증대	정상심전도 / T파 상승
급성기 (수시간 ~1일)	① ST 상승 ② 이상 Q파(폭 0.04초 이상, 깊이 R파 1/4 이상)	ST 상승 / 이상 Q파
아급성기 (수일 ~1주간)	① 상승되었던 ST 상승이 기저선에 가까워짐 ② T파 역전 ③ 이상 Q파가 더욱 뚜렷해짐	ST 상승이 기저선에 가까워짐 / 뚜렷해진 이상 Q파 / T파 역전
만성기 (2주간 이후)	① ST는 기저선에 돌아옴 ② T파 역전이 점차 정상화됨 ③ 이상 Q파가 남음	ST 분절 기저선으로 돌아옴 / T파 역전 점차 정상화 / 이상 Q파 남음

[급성심근경색의 심전도 변화]

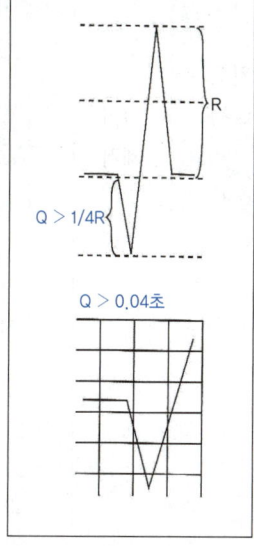

[이상 Q파의 기준]

진단 검사	(4) 심초음파 검사	심장의 형태 & 좌심실 기능 평가		
		협심증	① 운동스트레스 심초음파 검사	운동 시 심근허혈부위 진단
			② Dobutamine echocardiography	도부타민(합성 카테콜라민) 주사로 맥박을 증가시키면서 검사, 협심통 발생, 심장벽의 움직임 등으로 진단
		심근 경색	① 흉부심초음파	심근의 수축과 이완 능력의 이상 유무, 심실의 구축률(EF)을 구할 수 있음
			② 경식도 초음파 검사 (TEE, Transesophagal echocardiography)	심근경색과 감별해야 할 심장질환과 심근경색으로 인한 합병증 유무를 확인하는 데 용이
	(5) 관상동맥 조영술 (CAG)	협심증 진단에 가장 정확함		
		방법	대퇴, 요골동맥 통해 관상동맥 내로 진입 후 혈관조영제를 주입하여 관상동맥의 모양을 촬영 : 관상동맥의 형태나 이상 관찰, 관상동맥 중재술을 적용할 수 있음(PCI)	
	(6) 심근관류 영상	심장 핵의학 검사로 심근손상의 정도 알 수 있음		
		방법	방사성 동위원소를 정맥주입 → 심근에 침착된 동위원소 분포 확인 → 4hr 후 재촬영	
		해석	혈류가 좋은 곳	방사성 동위원소가 존재
			허혈과 경색된 곳	방사성 동위원소가 침착되지 않음(cold spot)
	(7) 전자빔 컴퓨터 단층 촬영(EBCT)	증상 나타나기 전 혈관구조의 비정상을 확인하는 비침습적인 검사 - 개인력, 가족력, 위험요인, IHD 치료 중인 환자에게 실시		

간호 중재 01,03,05, 07,19,21, 22 국시		MI인 경우에는 심장성 돌연사(SCD) 위험이 있기 때문에 즉시 ER 방문하여 응급치료를 받아야 함 → 3hr 이내 초급성기에 이루어져야 성공률 높음 (1) 내과적 요법(약물요법)
	원인 제거	

(1) 내과적 요법(약물요법)

약물	약리작용	주의점
항혈소판제 Aspirin Clopidogrel Ticlopidine	① 허혈성 심질환의 예방 및 치료제 ② 혈소판 응집을 억제	① Ticlopidine은 백혈구 감소증 ② MI 환자는 평생 복용 ③ 아스피린은 과민반응, 출혈 없을 때
Thrombin 억제제 Heparin	응고인자 억제	① aPTT 1.5~2배 정도로 유지 ② 출혈 경향 관찰
지질저하제 HMG-CoA 환원효소 억제제	관상동맥 내 지질침착물질 감소 HMG-CoA 환원효소 억제제 → LDL-chol 감소	① 간 장애, 소화기계 증상 주의 ② 식사 및 운동요법 효과가 없을 때
섬유소 용해제 Urokinase(UK) t-PA 22국시 Streptokinase(SK)	⟨MI 초급성기⟩ ① 급작스런 흉통 6hr 이내 ② 허혈이 간헐적이며 6hr된 흉통 ③ 12유도에서 MI 진단 ④ 출혈가능성 없을 때 →Plasminogen으로부터 plasmin으로 활성화	① EKG, V/S, 심폐기능, 부정맥 사정 ② 투여 후 재관류, 재폐색 확인 ③ 합병증 : 출혈 - 경한출혈 : 압박 드레싱, 얼음팩 - 중증출혈 : Stop

(2) 외과적 요법
① 경피적 관상동맥 중재술(PCI)
② 관상동맥 스텐트 삽입술(PTCA)
③ 죽종 절제술
④ 관상동맥우회술(CABG) : 복재 정맥, 내흉 동맥 사용

(1) 약물요법

	약물	약리작용	주의점
간호 중재 01,03,05, 07,19,21, 22 국시	대증 요법	질산염제제 Nitroglycerine (NTG) isosorbide 12,20 임용 / 02,04,07,10,20,23 국시	혈관 평활근 이완작용 → 동맥과 정맥의 확장작용 → 1) 동맥확장으로 말초저항 감소로 심부담 저하, 2) 정맥확장으로 심장귀환혈액량 감소로 심부담 감소로 흉통완화	① NTG 혀 밑에 녹여 흡수시키기 : 5분 간격으로 3번까지 투여가능 ② 기립성 저혈압 주의 12 임용(보기) ③ 앉아서 투여

[심장에 질산염이 미치는 효과]

		사용법	① 악화요인(과식, 과음, 흡연, 피로, 긴장, 추위) 알려줌 → 예상될 때 미리 NTG 투여하도록 설명 ② NTG 사용방법과 약리작용(관상동맥과 전신혈관 이완) 교육 ㉠ 앉은 자세로 SBP 90mmHg 이상일 경우 복용 ㉡ 혀 밑에 NTG 넣고 녹여 복용(타액 삼키지 않기) 1회 1정씩 5분 간격으로 최대 3회까지 복용 후 → 효과가 없으면 병원으로 후송 ㉢ 혀 밑에 넣었을 때 작열감이 있어야 효과 있음을 교육 ㉣ 알코올과 상호작용하면 혈압강하, 현기증, 기절 등을 일으킬 수 있으므로 주의	
		관리	① NTG 항상 소지 ② 약물 보관함에 솜을 두지 말 것(솜이 약물 흡수) ③ 약물은 서늘하고 어두운 곳 ④ 갈색 유리병에 담아 마개 닫기 ⑤ NTG가 몸에 직접 닿지 않게 ⑥ 3~5개월이 넘은 약은 다시 교환	

		β-blocker propranolol (β_1, β_2 차단) metoprolol(β_1 차단) atenolol(β_1 차단) 06,07,18 국시	교감신경과 카테콜라민의 작용 차단 → HR↓, C/O↓, BP↓ → 심근의 산소 요구량을 감소시킴	① 심부전 환자에게 주의 ② 질산염과 함께 사용 시 효과

[베타차단제의 치료효과와 상호작용]

간호 중재 01,03,05, 07,19,21, 22 국시	대증 요법	Ca-channel blocker verapamil(Isoptin) diltiazem(Herben) 약물	심근의 수축력 억제, 말초 세동맥 평활근 이완 → 심근산소요구량 감소	① 혈관 경련, 고혈압 때 처방 ② 정맥 혈관에는 효과 없음
			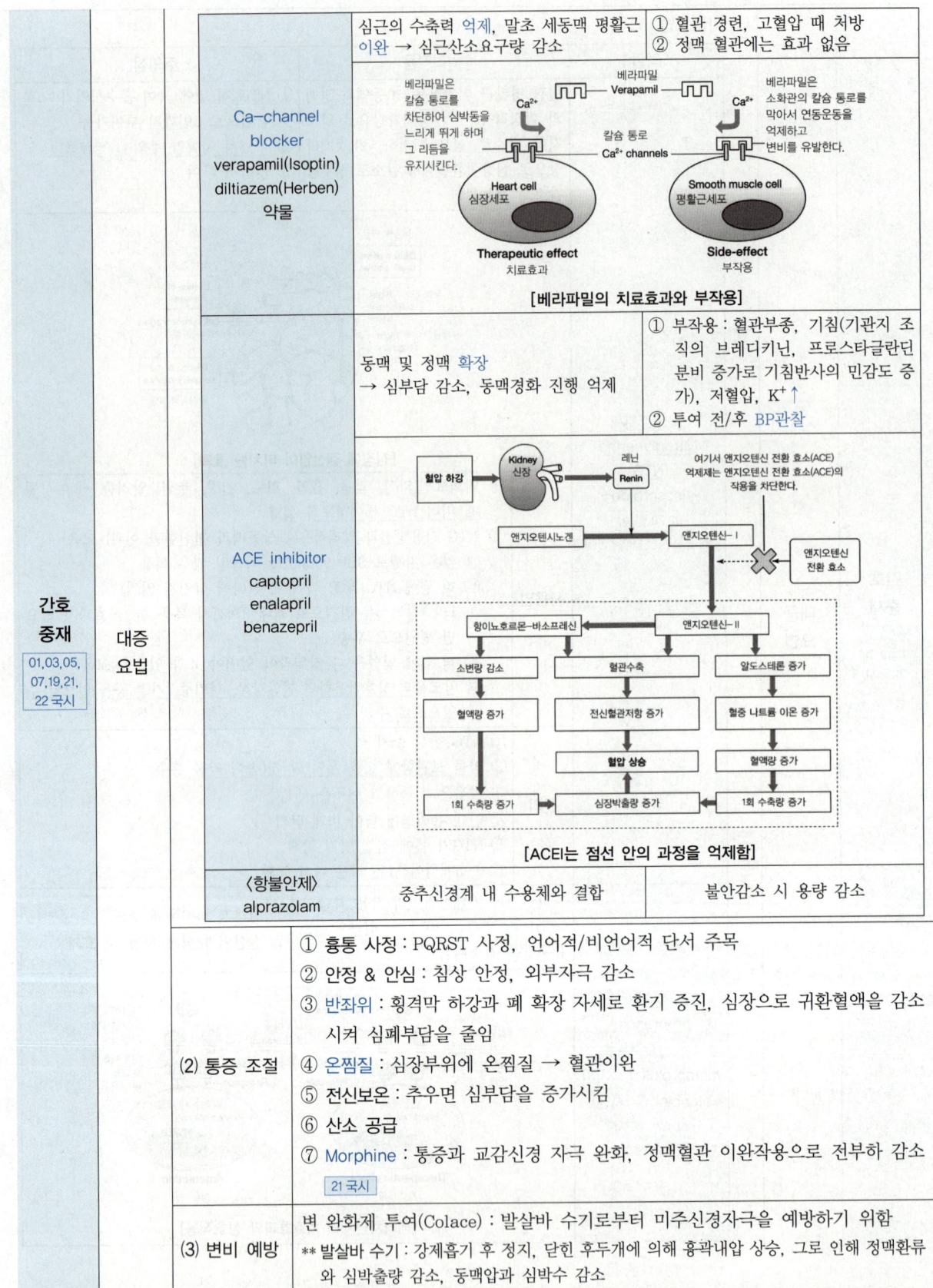 [베라파밀의 치료효과와 부작용]	
		ACE inhibitor captopril enalapril benazepril	동맥 및 정맥 확장 → 심부담 감소, 동맥경화 진행 억제	① 부작용 : 혈관부종, 기침(기관지 조직의 브레디키닌, 프로스타글란딘 분비 증가로 기침반사의 민감도 증가), 저혈압, $K^+\uparrow$ ② 투여 전/후 BP관찰
			[ACEI는 점선 안의 과정을 억제함]	
		〈항불안제〉 alprazolam	중추신경계 내 수용체와 결합	불안감소 시 용량 감소
	(2) 통증 조절		① 흉통 사정 : PQRST 사정, 언어적/비언어적 단서 주목 ② 안정 & 안심 : 침상 안정, 외부자극 감소 ③ 반좌위 : 횡격막 하강과 폐 확장 자세로 환기 증진, 심장으로 귀환혈액을 감소시켜 심폐부담을 줄임 ④ 온찜질 : 심장부위에 온찜질 → 혈관이완 ⑤ 전신보온 : 추우면 심부담을 증가시킴 ⑥ 산소 공급 ⑦ Morphine : 통증과 교감신경 자극 완화, 정맥혈관 이완작용으로 전부하 감소 21 국시	
	(3) 변비 예방		변 완화제 투여(Colace) : 발살바 수기로부터 미주신경자극을 예방하기 위함 ** 발살바 수기 : 강제흡기 후 정지, 닫힌 후두개에 의해 흉곽내압 상승, 그로 인해 정맥환류와 심박출량 감소, 동맥압과 심박수 감소	

간호 중재 01,03,05, 07,19,21, 22 국시	보존 요법	(1) 식이 조절	① 급성기 : 적은 양의 부드러운 식이, 저지방식이, 저염분식이, 저칼로리식이 ② 가스형성 식이 금기 ③ 식후 2시간 정도는 육체적 운동 금기 ④ 담배, 술, 카페인 금기
		(2) 활동량 조절	① 흉부의 불편감, 호흡곤란, 피로를 일으키지 않는 범위 내에서 활동 ② 작업 전후나 식전에 가벼운 운동 　→ 운동효과 : 고밀도지단백콜레스테롤은 콜레스테롤을 말초조직에서 간으로 돌려보내 관상동맥질환의 발생위험을 낮춤(고밀도지질단백질은 에너지 생산에 사용하기 위해 그 일부를 취하도록 분리하고 세포 속에 포함하는 말초조직으로 콜레스테롤을 운반함. 초저밀도지단백질은 중성지방과 콜레스테롤을 구성하는 큰 입자로 중성지방을 근육세포와 지방세포로 운반함. 중성지방이 이들 조직으로 유리될 때 남은 입자들이 저밀도지질단백질임) ③ 모든 등척성 운동이나 갑작스런 운동은 금기 ④ 표준체중을 유지하며, 비만이면 체중감량 ⑤ 스트레스 피하고 스트레스 완화방법 사용

간호 진단	① 심근 허혈과 관련된 급성 통증 　→ 흉통 사정, 모르핀, 안정, 반좌위, 보온, 산소, 이송 ② 심근수축력 감소와 관련된 심박출량 감소 　→ 활력징후·부정맥·심음 관찰, 피부상태, 호흡음, 소변량 등 관찰, 산소투여, (prn)응급대비 ③ 심근의 산소 요구와 공급 간의 불균형과 관련된 활동장애 　→ 급성기는 절대침상안정, 발살바 수기 금기, 변 완화제, 점차 활동량 증가, 심장재활 ④ 상실이나 죽음에 대한 위협과 관련된 불안 / 공포 　→ 감정표현, 설명, 일관된 정보, 의사소통 증진, 사생활 보호, 외부자극 제한

기타 추가	※ 안정형 협심증의 10대 중요 치료요소 　A. Aspirin(아스피린), Antianginal therapy(협심증 요법) 　B. β-adrenergic blocker, Blood pressure 　C. Cigarette smoking, Cholesterol 　D. Diet, Diabetes 　E. Education, Exercise

PLUS⊕

• 교감신경 수용체 분포와 작용

수용체	분포	작용
α_1	위장, 피하	혈관수축, 발한
α_2	시냅스 전	카테콜라민 분비 억제(노르에피네프린 억제, 인슐린 분비 억제)
β_1	심장	심박동수 증가, 심장수축력 증가, 레닌 분비 증가
β_2	기관	기관지 확장, 뇌혈관과 심혈관 확장, 당원분해 증가(글루카곤 분비로 당생성 증가)

6 심장재활 11 임용 / 20 국시

정의	① 운동요법, 관상동맥 질환의 위험인자 교정, 교육과 상담, 행동수정(식사요법, 금연, 생활습관 변경 및 스트레스 관리) 등을 포함한 총체적 프로그램 ② 심장질환 환자가 이전의 일상생활로 복귀할 수 있도록 그리고 더 나아가 신체적, 정서적, 사회적으로 건강하고 생산적인 생활을 유지할 수 있도록 도와줌으로써 궁극적으로 환자의 삶의 질을 높임
구성 요소	① 운동처방에 따른 운동요법 ② 관상동맥 질환에 대한 전반적인 건강교육 ③ 영양상담 ④ 금연프로그램 ⑤ 스트레스 관리를 위한 정신사회적 상담 프로그램
효과	① 사망률과 이환율의 감소 ② 기동능력의 증진 ③ 심근능력 : 심근 산소전달능력 향상, 심근 산소섭취량 감소(→ 심박동수 감소, 수축기 혈압 감소, 순환 카테콜라민 감소와 관련됨) ④ 관상동맥 질환의 위험인자 교정 : <u>운동은 고밀도 지단백 콜레스테롤을 높여줌(고밀도 지단백 콜레스테롤은 조직에서 과다콜레스테롤을 제거하고 처리를 위하여 간으로 이동시켜 허혈성 심질환을 예방함)</u> 11 임용(보기)

운동요법 22 국시

절대적 금기증	• 불안정성 협심증, 급성 심근경색, 고혈압 > 200/100mmHg, 증상을 동반한 기립성 저혈압(혈압저하 > 20mmHg), 심한 부정맥, 완전 방실차단, 조절이 안된 동빈맥(> 120회/분), 전신적 혹은 폐동맥 색전, 심부정맥 혈전, 대동맥박리, 발열(> 38도), 관상동맥 우회로술 후 흉골이 불안정할 때, 안정되지 않은 심부전증, 심낭염, 심근염, 심한 대동맥판 협착증(압력차 > 50mmHg, 대동맥판 면적 < 0.75cm^2), 폐쇄성 비후성 심근증 • 조절이 안된 당뇨병(공복 시 혈당 > 400mg/dL) • 운동을 제한하는 심한 정형외과적 문제, 급성 전신적 질환, 기타 : 전해질 이상, 탈수 등
운동처방의 원리	• 운동처방 구성요소는 빈도, 강도, 지속시간, 종류 및 진행 정도를 포함함 • 심혈관계 단련 목적 운동 빈도는 주 3~4회가 적합, 운동시간은 일반적으로 30~60분간 시행, 운동 강도는 증상관련 단계별 운동부하 검사결과에 준해 정함

※ 심장재활 환자를 위한 위험도 분류표

위험도	임상적 특성
저위험군	• 합병증이 없는 임상경과 • 기능능력 > 7MET • 심근허혈 소견이 없는 상태 • 좌심실 구혈률(= 구축률) > 50%
중간 위험군	• 의미 있는 심실기외 수축이 없는 상태 • 수평형 혹은 하행형 ST분절 하강 > 2mm • 핵의학 검사상 가역적 심근손상 소견 • 좌심실 구혈률 35~49% • 협심증의 변화양상 혹은 새로운 발현 • 좌심실의 35% 이상이 침범된 심근경색
고위험군	• 좌심실 구혈률 < 35% • 운동 시 수축기 혈압의 하강 혹은 수축기 혈압이 10mmHg 이상 상승되지 않는 경우 • 입원 후 24시간 이상 지속성 혹은 빈발성 허혈 • 기능능력 < 5MET, 저혈압이나 1mm 이상의 ST분절 하강을 동반 • 심부전 소견 • ST분절 하강 > 2mm(심박동수 135회/분 이하에서) • 고도 심실성 기외수축 • 심장마비 기왕력

단계			
	1단계		① 심장재활 프로그램의 기본적인 단계 ② 입원과 동시에 시작되며 퇴원 시까지 지속됨(심장재활은 병원에 입원할 때부터 계획되어야 함) 11 임용(보기) ③ 재원기간 동안 환자가 일상생활에 대한 자신감을 가질 수 있도록 도움을 줌 ④ 질환 및 위험인자에 대한 교육과 상담을 통해 관상동맥 질환에 대한 이해와 위험인자를 파악하고 교정함 ⑤ 입원기간 중 질환에 대한 교육, 수술 또는 시술에 대한 설명, 복용약물에 대한 교육, 운동교육, 위험인자 교육 등이 프로그램에 포함됨 ⑥ 이 시기 운동은 침상에서의 활동, 관절운동인 ROM 운동, 일상생활에서의 활동(앉기, 서기, 걷기) 등이 있음, 근력강화운동이나 긴장을 초래하는 운동을 제한해야 함
	2단계	운동요법	① 목적 : 생활습관을 변화하고 정상적인 생활로 복귀하는 것 ② 유산소 운동을 시작하고 운동할 때 혈압과 심전도를 확인하면서 심장의 반응 관찰(운동 전 NTG 준비, 숨이 차지 않는 낮은 강도 운동부터 시작) ③ 급성 심근경색증은 퇴원 1개월 후부터, 관상동맥 우회로술은 수술 후 2~3개월 경과 시부터 6~12주간 실시 ④ 호흡곤란 없으면 운동을 서서히 시작 19 국시
		위험인자 교정을 위한 교육	① 금연(가장 최선의 방법은 당장 금연을 시도해야 함. but, 혈중 니코틴치가 갑자기 떨어져 금단증상이 선행질환에 악화를 초래할 위험이 있는 환자는 점차적으로 금연) 11 임용(보기) ② 식사 조절 ③ 고혈압 조절 ④ 체중감소에 관한 교육실시
		정서・사회적 간호제공	
	3단계		① 목적은 체력을 향상시키고 정신적 안정을 강화하며 재발위험을 감소함 ② 2단계를 마친 후 약 3~6개월간 시행 ③ 자신의 운동능력에 알맞게 운동하고, 맥박수와 자각증상수를 기준으로 운동
	4단계		① 목적은 체력 및 건강의 지속적인 향상을 유지하고 운동프로그램에 지속적으로 참여할 수 있도록 순응도를 향상시키는 것 ② 장기간 지속되는 과정으로 일반적으로 관찰 또는 심전도 모니터링을 실시하지 않거나 제한적으로 실시

PLUS⊕

- MET(metabolic equivalent) 의미 : 특정 신체활동에 소요되는 상대적 대사량

1MET	1분 동안 앉아서 휴식 동안 섭취하는 산소량
2MET	시속 3.2km 정도 보행
4MET	시속 6.4km 정도 보행
5MET	일상생활 중 기본활동의 최고치

• 심장질환의 3단계 예방수준(질병관리청)

	심장질환의 3단계 예방수준		Leavell의 예방조치단계
1단계	① 정기적인 건강검진 : 심근경색의 전 단계인 동맥경화증이나 협심증이 있는지 확인하고, 가족력이 있거나 당뇨병, 고혈압, 비만과 같은 성인병이 있다면 주의해야 함 ② 식습관 관리 : 고혈압, 당뇨병, 고지혈증에 도움이 되는 식이요법을 하면 좋음, 콜레스테롤이 많은 식품은 적게 섭취하고, 신선한 채소나 과일 등 섬유소가 풍부한 음식 섭취 ③ 규칙적인 운동 : 규칙적인 운동을 해서 비만이 되지 않도록 관리해야 함 ④ 금연 : 흡연은 죽상경화혈전증을 유발하는 가장 큰 요인 중 하나임		• 1단계 : 비병원성기로 숙주의 저항력이 있고, 환경요인이 숙주에게 유리하게 작용하는 건강유지 상태 • 2단계 : 초기병원성기로 병원체의 자극이 시작되었으므로, 질병의 저항력이 요구되는 시기임 → 건강증진, 건강보호
2단계	심뇌혈관질환 예방관리를 위한 9대 생활수칙	① 금연 ② 금주 ③ 적당량의 음식을 규칙적으로 골고루 짜지 않게 먹고 통곡물, 채소, 콩, 생선 섭취 ④ 규칙적으로 매일 30분 이상 운동하고 오래 앉아서 생활하는 시간 줄이기 ⑤ 적절한 체중과 허리둘레 유지 ⑥ 스트레스 관리로 즐거운 마음으로 생활화 ⑦ 정기적으로 혈압, 당뇨, 콜레스테롤 수치 측정 ⑧ 고혈압, 당뇨병, 이상지질혈증 환자는 생활습관을 개선하고 약물치료 ⑨ 뇌졸중, 심근경색증의 응급증상을 미리 알아두고 응급상황이 발생하면 즉시 119 부르기	• 3단계 : 병원체의 자극에 숙주가 반응하는 시기(불현성기)로 비감염병은 자각증상이 없는 초기단계, 감염병은 잠복기 단계임 • 4단계 : 해부생리적 기능변화로 증상과 징후가 나타나는 시기(현성감염기)
	약물요법	아스피린	• 혈소판 활성화를 억제하여 혈전의 생성을 예방함 • 평생 동안 복용해야 함	
		베타차단제	• 교감신경계를 억제시켜 심근의 산소 소모량 감소, 혈소판 응집 억제 및 항부정맥 효과 있음	
		안지오텐신 전환효소 억제제 혹은 안지오텐신 수용체 차단제	• 심장의 후부하를 감소시켜 심장의 기능을 개선시킴	
		스타틴	• 고지혈증치료제로 사망률을 30~50% 정도 감소시킴 • 죽상반을 안정화시켜 심근경색증의 재발을 감소시킴, 결과적으로 급성 심근경색증 환자에게 적절한 약물치료로 이차예방을 하는 것은 매우 중요함	

		심장질환의 3단계 예방수준		Leavell의 예방조치단계
3단계	심장재활 프로그램	심장재활환자가 이전의 일상생활로 복귀할 수 있도록 신체적, 정신적, 사회적으로 건강하고 생산적인 생활을 유지하기 위함		• 5단계 : 질병으로 인한 신체적, 정신적 후유증과 불구를 최소화하고 잔여기능을 최대한 재생하도록 하는 재활기 단계
		효과	• 사망률과 이환률 감소 • 기동능력의 증진 • 심근능력의 증진 → 심근산소전달능력 향상, 심근산소섭취량 감소(→ 심박동수 감소, 수축기 혈압감소, 순환카테콜아민 감소) • 관상동맥 질환의 위험인자 교정 → 운동은 고밀도 지단백 콜레스테롤 높여줌	
		단계	1단계	심장재활프로그램의 기본적인 단계로 입원과 동시에 시작되며 퇴원 시까지 지속, 질환 및 위험인자에 대한 교육과 상담을 통해 관상동맥 질환에 대한 이해와 위험인자를 파악하고 교정함	
			2단계	급성심근경색증은 퇴원 1개월부터, 관상동맥우회술은 수술 후 2~3개월 경과 시부터 실시 ① 운동요법 : 유산소 운동을 시작하고 운동할 때 혈압과 심전도를 확인하면서 심장의 반응 확인 ② 위험인자 교정을 위한 교육	
			3단계	2단계 마친 후 3~6개월간 시행, 자신의 운동능력에 맞게 운동을 하고 맥박수와 자각증상수를 기준으로 운동실시함	
			4단계	장기간 지속되는 과정으로, 건강의 지속적인 향상을 유지하고 운동프로그램에 지속적으로 참여할 수 있도록 순응도를 향상시키는 것	

7 고지혈증, 죽상경화증 · 동맥경화증, 대사증후군 10,13 임용 성인질환

1 고지혈증

정의	혈청 내 콜레스테롤이 상승되거나 중성지방의 증가 혹은 이 두 가지의 지질성분이 동시에 증가하는 상태 → 혈관내피손상을 유발하고 죽상경화성 병변의 초기단계 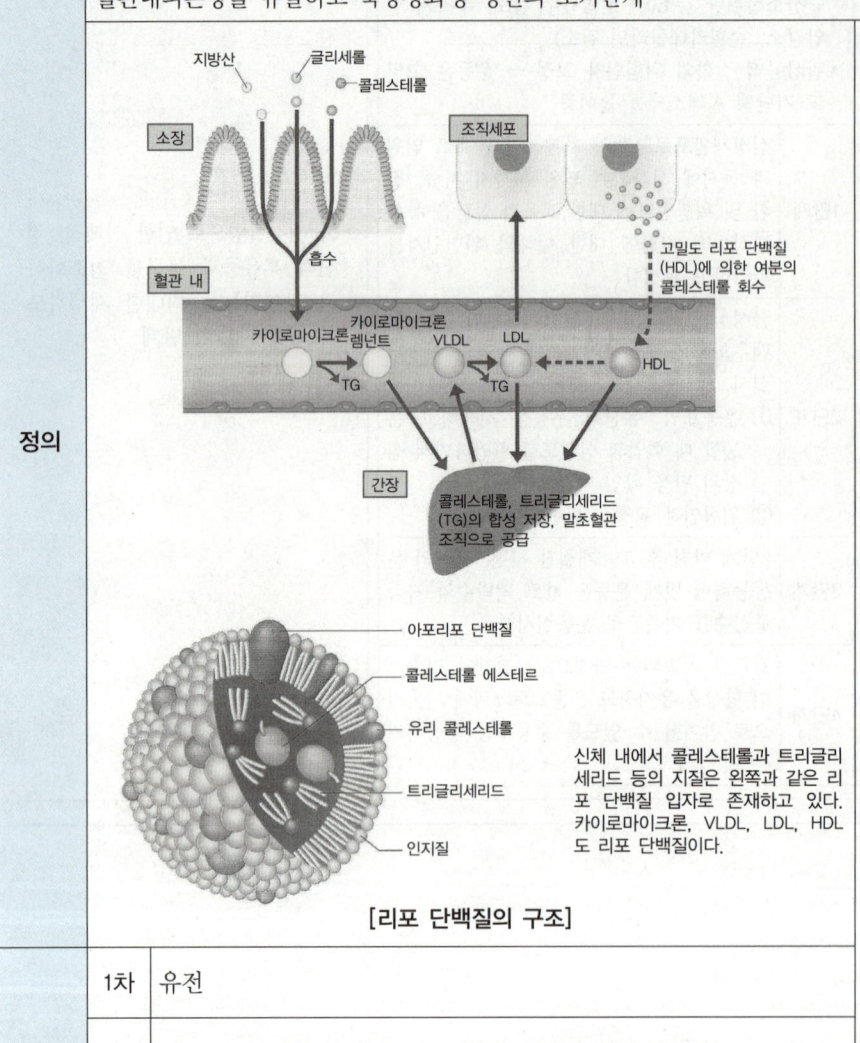 [리포 단백질의 구조]	* 트리글리세리드는 식사 중의 트리글리세리드가 분해 · 흡수 · 재합성됨과 동시에 당을 원료로 생체 내에서 합성됨. 간에서 합성된 트리글리세리드는 VLDL(초저밀도 리포단백질)에 흡수 · 방출되어, 혈액 속에서 일단 분해되었다가 일부는 에너지원으로 이용되고 나머지는 말초의 지방조직 내에서 재합성되어 저장됨 * 장관에서 흡수된 지질은 카이로마이크론을 형성함. 카이로마이크론의 트리글리세리드는 혈류 속에서 분해되어, 카이로마이크론렘넌트가 되어 간으로 흡수됨 * 간은 생체에 필요한 콜레스테롤의 주요한 합성 · 저장 장소임. 신체의 각 부분이 필요로 하는 콜레스테롤을 VLDL 입자로 방출함. VLDL은 혈류 속에서 트리글리세리드를 상실하고, 콜레스테롤이 풍부한 LDL(저밀도 리포단백질)이 됨 * LDL은 말초조직에서 LDL 수용체를 통해서 흡수되어, 콜레스테롤을 공급함. 여분의 LDL은 간에서 회수됨 * 말초조직의 여분 콜레스테롤은 HDL(고밀도 리포단백질)에 의해서 세포에서 빼내어짐. 콜레스테롤은 혈류 중에서 LDL로 인도되어, 간의 LDL 수용체를 통해서 간으로 되돌아가 동맥벽의 지질축적을 예방함 * 간이나 말초조직의 LDL 수용체가 선천적으로 결손되거나 대사의 영향으로 후천적으로 감소되면, 혈액속의 LDL은 갈 곳을 잃게 되면서 고LDL 콜레스테롤 혈증을 초래하게 됨, LDL은 혈관에서 이동 중 단핵구에 의해 흡수되면 죽상반을 형성함

원인	1차	유전
	2차	당뇨(지방이 1차 에너지원으로 이용 → 혈액 내 지방상승) 식습관, 운동부족, 흡연, 고혈압(혈관내피손상으로 지질 침착) 신부전(고인슐린혈증으로 간에서 중성지방 생산증가, HDL 감소)

지질 성분	① 총콜레스테롤(200mg/dL 미만)
	  → Chylomicrons(유미지립 : 특히 지방을 소화할 때 혈장 및 유미임파 속에 들어 있음)
	    - VLDL → LDL(정상 130mg/dL 미만, 고위험 160mg/dL 이상)
	    - HDL(정상 60mg/dL 이상, 고위험 35mg/dL) 유지는 35mg/dL 이상
	② 중성지방(공복 시 중성지방 150mg/dL 이하)
	  → 지방산(포화지방산 + 불포화지방산)
	③ 인지질
	◆ 관상동맥질환 발생의 위험사정 : 총콜레스테롤/HDL 비율

약물	목적 : 혈청콜레스테롤 저하, 혈청 트리글리세리드 저하 아세틸 CoA → HMG-CoA → 메바론산 → 콜레스테롤 → 담즙산 　　　　　　(HMG-CoA 환원효소) 　　　　　　　　↓　　　　　　　　↓　　　　　↓ 　　　　　HMG-CoA 환원효소억제제　　니코틴산계　담즙산 제거제		
약물	**작용**	**부작용**	**비고**
HMG-CoA 환원효소 억제제, Statines (Atorvastatin, Fluvastatin, Lovastatin, Simvastatin) [10 임용]	① 정의 : LDL-콜레스테롤 농도를 감소시키는 가장 효과적인 약물로 대개 1차 요법제로 사용됨 ② 작용기전 : 간에서 HMG-CoA 환원효소는 HMG-CoA가 메바론산으로 변화되는 과정에 작용하는 효소로 이를 억제함. 메바론산은 콜레스테롤의 전구체이며, HMG-CoA 환원효소 억제제는 <u>LDL-콜레스테롤</u> 합성과 혈중 수치를 낮춤 ③ 적용대상 　㉠ 인슐린 비의존성 당뇨병 환자 또는 신질환으로 인한 고지혈증 　㉡ 콜레스테롤 수치가 유의하게 높고, 식이요법이 효과적이지 못했던 고지혈증 환자	① 가장 흔한 부작용(비특이적 증상) : 두통, 소화기 부작용(소화불량, 복통, 설사 또는 변비 등) ② 간 독성 : 간 효소 수치를 정상의 2~3배 증가시키는 간 기능 이상으로 피로감, 식욕 감소, 복통, 짙은 색 소변, 황달 등이 발생하는 경우 ③ 근육병 　㉠ 근육통은 흔하나, 극소수에서 근손상이 초래되는 횡문근융해증으로 발생해 생명에 위험을 줄 수 있음 　㉡ 피브릭산계약물과 병용 시 부작용 발생 빈도 증가 　㉢ 자몽주스와 복용 시 근육병 발생위험 증가(∵ 소화관에서 HMG-CoA 환원효소 억제제 대사에 작용하는 효소작용을 억제함)	① 치료 전과 치료 중에 혈중 콜레스테롤과 간효소 수치를 모니터할 것(12주 후와 이후 적어도 매년 실시) ② 근육통과 압통 사정, CPK 수치 상승 시 이를 모니터할 것 ③ 임산부이거나 임신을 계획하고 있다면 사용 금기 ④ 20세 이하의 대상자에게는 사용이 추천되지 않음 ⑤ 저녁 식사시간에 투약(인체 콜레스테롤 생산이 가장 활발한 시간이 자정에서 새벽 2시 사이임)
Fibric acid 유도체 (Fenofibrate, Gemfibrozil)	① 정의 : 중성지방을 감소시키고 HDL-콜레스테롤 수치를 상승시키는 효능이 LDL-콜레스테롤 수치를 낮추는 효능보다 뛰어남 ② 작용기전 : 말초조직의 혈청 지단백 리파아제 활성을 촉진하여 혈중 중성지방 수치를 저하시키고, VLDL의 분해를 증가시켜 LDL-콜레스테롤 수치를 낮춤(HDL 콜레스테롤 수준은 증가하나 1차적 효과는 아님) ③ Fenofibrate : LDL 콜레스테롤/총 콜레스테롤/중성지방 수치가 모두 상승된 경우 효과적임, 당뇨병을 동반한 고지혈증 환자의 당뇨병성 망막병증의 진행을 억제함 ④ Gemfibrozi : 중성지방 감소효과가 뛰어나며 혈당을 낮추는 작용이 있어서 중성지방이 높은 당뇨병 환자에게 사용가능	① 소화기계 부작용 : 오심, 소화불량, 복부팽만 ② 콜레스테롤 담석증 : 담석증, 담낭염 등이 발생할 수 있음 ③ 근육병 : 근육손상, 근육통과 함께 CPK 수치 상승이 나타날 수도 있고, 심하면 횡문근융해증이 발생할 수 있음 ④ Gemfibrozil의 사용 시 발진, 피부염, 소양증	① 치료효과 달성에 2달 정도 소요될 수 있음. 치료시작 후 두 번째나 세 번째 달에는 효과가 감소되면서 수치가 재상승할 수 있음 ② 투약 후 3개월이 지나도 효과가 없으면 투약 중단 ③ 담낭환자나 신장질환자에게는 금기 ④ 임신부나 임신을 계획하고 있다면 복용금기

약물	작용	부작용	비고
니코틴산	① 작용기전: VLDL의 간 생성을 억제하여 중성지방과 LDL-콜레스테롤을 저하시키며, HDL-콜레스테롤의 상승에도 효과적임 ② 적응증: 대부분의 지질 및 지단백 이상에 사용할 수 있으나, VLDL이 높은 고콜레스테롤 혈증에 주로 사용함	① 소화기계 부작용: 오심, 복부 불쾌감, 설사 ② 홍조: 투약 후 15분~2시간에 일어나며 기간과 강도는 치료 중에 차츰 감소함(이러한 부작용은 프로스타글란딘 매개 반응이므로 니코틴산 복용 30분 전에 아스피린 또는 NSAIDs를 미리 투여하면 홍조를 감소시킬 수 있음. 공복 시 복용하지 말고, 복용 시 알코올 및 뜨거운 음료의 섭취는 피할 것) ③ 간독성: 용량 의존적임	① 식사 시 복용하도록 하고, 위장관계 영향을 최소화하기 위해 찬 음료를 같이 마시게 함 ② 활동성 간질환, 소화성 궤양질환, 통풍, 제2형 당뇨병 환자에서 주의해서 투여 ③ 치료 중 혈당, 요산수치, 간기능 검사 모니터
담즙산 제거제 (= 담즙산 수지) (Cholestyramine, Colestipol, Colesevelam)	① 작용기전: 음이온 교환수지로 장내의 콜레스테롤이 많은 담즙산과 결합하여 흡수되지 않고 변으로 배설됨 ② 적응증: 중성지방 수준 상승 혹은 콜레스테롤 수준이 함께 상승하였을 때 식이관리와 함께 부가적 치료법으로 사용	① 전신부작용은 거의 없음 ② 소화기계 부작용: 변비, 복통, 오심 등 ③ 담즙산 결핍으로 담석증이 발생할 수 있음 ④ 고용량 투여 시 지용성 비타민(A, D, K)의 흡수 장애가 발생할 수 있음	① 약물의 부피가 큼 ② 예정된 시간대로 투여(최대효과 위함), 충분한 수분 섭취와 부피가 많은 식사하게 함 ③ 임신을 고려 중인 여성에게 사용
에제티미브 (ezetimibe)	① 작용기전: 콜레스테롤 흡수 억제제로 음식으로 섭취한 콜레스테롤이 소장에서 체내로 다시 흡수되는 것을 막아주어 혈액 중 지질관련 수치들을 낮추어 줌 ② 적응증: 스타틴계 약물의 치료에도 불구하고 LDL-콜레스테롤이 치료목표에 도달하지 못하는 경우에 에제티미브 병용 권고	① 일반적인 부작용: 두통, 피로, 복통, 설사, 혈청 아미노전달효소치 상승, 상기도 감염, 관절통 등 ② 드문 부작용: 혈관부종, 발진, 담낭염, 간염, 우울 등	① 간기능장애 환자에서는 부작용이 나타날 수 있으므로 투여를 권장하지 않음 ② 에제티미브와 HMG-CoA 환원효소 억제제를 함께 투여할 때 투여 시작 전과 그 이후 지속적으로 추가적인 간기능 검사 요구

PLUS⊕

- 체내 콜레스테롤 생성 기전

섭취	식이로 흡수된 콜레스테롤이 소장에서 흡수 → 유리형 콜레스테롤은 세포 내에서 에스테르화된 콜레스테롤로 저장됨 → 에스테르화된 콜레스테롤은 아포단백질과 다른 지질들이 결합되어 지방조직이나 근육에 지질 공급 후 나머지는 수용체를 통해 간으로 유입됨
합성	LDL 수용체에 의해 간으로 유입된 콜레스테롤은 두 분자의 아세틸-CoA가 간에 존재하는 HMG-CoA 환원효소 및 여러 효소에 의해 매개되어 유리형 콜레스테롤로 생합성됨 → 생합성된 콜레스테롤은 세포막, 스테로이드 호르몬, 담즙산 등을 생성하는 데 사용됨

- 지단백의 수준과 분류

LDL-chol 10 임용(지문)	< 100mg/dL	적정	**중성지방(TG)**	< 150mg/dL	정상
	100~129mg/dL	정상		150~199mg/dL	높음(경계)
	130~159mg/dL	높음(경계)		200~499mg/dL	높음
	160~189mg/dL	높음 21 국시		≥ 500mg/dL	매우 높음
	≥ 190mg/dL	매우 높음			
총콜레스테롤	< 200mg/dL	정상	**HDL-chol**	≥ 60mg/dL	정상
	200~239mg/dL	높음(경계)		< 40mg/dL	낮음
	≥ 240mg/dL	높음			

❷ 죽상경화증과 동맥경화증

	3단계	6단계	설명
	정의		동맥내벽에 노폐물 덩어리인 죽상반이 형성되어 혈관내강이 좁아진 상태 • 형태 : 지방줄, 섬유성 반점, 복합병변 • 흡착이 흔한 부위 : 경동맥분기점, 척추동맥이 시작되는 곳, 관상동맥, 경동맥, 신동맥 등
	영향		관상동맥(안정형 협심증, MI), 허혈성 뇌졸중, 동맥류, 동맥폐쇄질환
죽상 경화증	평활근 증식 단계	(1) 혈관내막 비후	손상된 혈관 내막 → 혈관내막 두꺼워짐
		(2) 지방선조 (지방침착)	혈관 내피에 1mm 미만의 다발성 황색 줄무늬 또는 점같은 지방선조가 나타남 : 지질침착이 시작됨
		(3) 죽상반 전 단계	단핵구, 림프구가 대식세포로 변하여 지방층을 형성함
		(4) 죽상반 형성	혈관 내경이 좁아지고 평활근 세포의 증식 → 증상 발현
	섬유 죽상반	(5) 섬유 죽상반	죽상반이 커지고 섬유층으로 둘러싸임
	복합 죽상반	(6) 복합 죽상반	석회화되어 복합죽상반으로 변함 → 파열 시 혈전으로 폐색됨
동맥 경화증	정의		동맥벽이 딱딱해진 상태
	과정		소동맥과 세동맥 내벽이 두꺼워지거나, 특징적으로 혈관 근육의 섬유화가 오는 광범위한 과정 근육세포와 교질섬유가 혈관내벽으로 이동 → 중막의 탄력성 이동 → 혈관내벽에 콜라겐과 칼슘 축적 → 혈관 탄력성 및 유연성 감소

만성적인 내피세포 손상
- 고혈압
- 흡연
- 고지혈증
- 고호모시스테인혈증
- 당뇨
- 감염
- 독성

지방선조
- 지질이 침윤되어 평활근으로 이동

섬유죽상반
- 콜라겐이 지방선조를 덮음
- 혈관내강이 좁아짐
- 혈류감소
- 균열 발생

복합 병변
- 죽상반 파열
- 혈전 형성
- 혈관 폐색

〈죽상경화증〉 〈동맥경화증〉

고콜레스테롤 혈증
동맥의 내막이 손상
혈관벽에 콜레스테롤이 축적

고혈압 / 노화현상
동맥의 중막이 퇴행성변화 / 섬유화
혈관의 탄성이 감소

③ 대사증후군

정의	내장지방으로 일어나는 대사증후군으로 허리둘레, 혈압, 혈당, 공복혈청중성지방이 증가하는 질환으로 방치하면 뇌졸중, 관상동맥 질환 등과 같은 동맥경화성 질환의 발생위험이 높아짐	
병태 생리	내장지방 축적	유리지방산 + 아디포사이토카인 분비이상 → ① 고지혈증 ② 인슐린 저항성 ③ 고혈압 → 동맥경화성 질환
	아디포사이토카인	복부 지방과 지방세포는 아디포사이토카인을 분비하여 → 고혈압, 내당능, 지질대사, 염증반응에 영향을 미침
	당뇨병	비만은 세포의 인슐린 민감성을 저하시키고 간세포의 당 방출을 항진시켜 고혈당이 됨
	죽상경화증	복부 지방조직에 저장되어 있는 지방, 콜레스테롤이 지속적으로 지방분해를 일으켜 혈중 콜레스테롤, 중성 지방 상승 → 죽상경화증에 의한 심혈관 질환으로 진행
	① 영양과다, 운동부족 ② 지방세포의 비대·내장지방 축적 ③-㉠ 문맥중의 유리지방산 증가 → 지질대사 이상(고지혈증) ③-㉡ 아디포사이토카인 생산 이상 → 내당능 이상(당뇨병) / 고혈압 ④ 동맥경화성 질환	
진단 기준 10,13 임용 🔊 허혈 중고 당	modified NCEP ATP Ⅲ(modified National Cholesterol Education Program Adult Treatment Panel Ⅲ, 2005) : 5가지 지표 가운데 3가지 이상이 기준치를 넘을 경우	

항목	수치	건강위험요인
허리둘레	남자 102(90)cm 이상 22 임용 여자 88(85)cm 이상	복부비만
혈압	수축기 혈압 ≥ 130mmHg 또는 이완기 혈압 ≥ 85mmHg 또는 약물치료 중	높은 혈압
중성지방	150mg/dL 이상 또는 약물치료 중	고중성지방혈증
고밀도 콜레스테롤	남자 40mg/dL 미만 여자 50mg/dL 미만	이상지질혈증
공복혈당	100mg/dL 이상 또는 약물치료 중	혈당장애

*( ) 안은 대한비만학회(2018)에서 제안한 한국인 기준

약물	HMG-CoA 환원효소 억제제, fibric acid 제제, nicotinic acid, 항고혈압제

🔊	대사증후군 진단기준 항목	허혈 중고 당
	의미	허(리둘레)혈(압)로 중(성지방)고(밀도 콜레스테롤)가 되었(공복혈)당

8. 울혈성 심질환  성인질환

정의	심장의 펌프기능장애로 조직 대사에 필요한 혈액을 충분히 박출하지 못하는 상태 11 임용(선지) - 심박출량의 감소로 체내조직의 대사 요구를 충족할 수 없음 - 조직 혈류량은 감소되고 폐혈관 및 전신 정맥계에는 울혈이 초래됨

원인	① 심혈관 질환	심근경색, 고혈압, 심근증, 선천성 심질환, 판막질환
	② 호흡기 질환	COPD, 폐기종, 호흡기감염
	③ 전신 질환	빈혈, 갑상선 항진증, 발열, 스트레스
	cf) 위험요인	고혈압, 당뇨병, 비만, 고령, 음주, 흡연
	▶ 좌심부전의 원인 : 고혈압, 허혈성 심질환(심근경색), 판막질환, 류마티스성 심장질환, 부정맥, 수축성 심장질환, 심근증		
	▶ 우심부전의 원인 : 폐질환으로 인해 발생될 수 있으나 대개 좌심실부전 후 우심실부전 발생, 만성폐쇄성 폐질환, 폐기종, 급성 호흡부전 증후군, 삼첨판 이상, 폐동맥판막 이상(기전 : 만성기관지염에서 폐포 저산소증에 대한 반응으로 폐혈관이 수축하기 때문에 폐고혈압이 발생하고, 만성저산소증 때문에 폐동맥 근육이 비대되고 저산소증에 대한 보상작용으로 초래된 적혈구 증가증으로 혈액의 점성이 증가하여 폐고혈압이 발생되고 우측심장의 압력이 증가하여 우심부전이 초래됨)		

병태 생리 96,11, 23 임용	1. 펌프기능장애 : 심박동량(C/O) 영향 요인 – 전부하, 후부하, 심박수, 심근수축력			
		전부하	• 이완기 말, 심실수축 전에 심근의 팽창 정도를 말하며 용적부하라고 함 • 심장으로 돌아오는 혈액량 많으면 전부하 증가 • 심장의 심근 섬유 늘어나면 심장은 더욱 강하게 수축함		
		후부하	• 수축기 동안 좌심실에서 대동맥으로 혈액을 내보내기 위한 심실의 긴장 정도 • 압력부하라고 함 • 심실이 반월판막을 거쳐 말초혈관까지 혈액이 흐르게 하기 위해 극복해야 할 압력 또는 저항 • 영향요인 : 말초혈관의 저항, 혈액의 점성도, 전신의 혈관 저항, 대동맥압, 심실의 크기		
		심근수축력	• 심장수축의 힘으로 근육수축력을 의미 • 수축력의 증가 영향요인 : 액틴-미오신 결합부위의 상호작용 증가, 교감신경계 자극, 칼슘과 에피네프린 투여 등		
	(1) 전부하 증가 (용적과부하)	① 전부하	좌심실 이완기 말 용적	
		cf) Frank-Starling 법칙 : 심실의 이완 말기 용적이 커지면 1회 박동량 증가(심근길이가 길어지면, 어느 정도까지는 심근수축력이 증가함) but, 심부전이 발생되면 이완기 말 용적이 늘어나도 심박출량은 증가되지 않으며 용적과부하로 가벼운 운동만으로도 호흡곤란 호소			
		② 용적과부하의 영향 요인	순환 혈량 증가 → 수액과다 주입, Na^+과 수분정체, 비만, 임신	
			판막역류 → 대동맥판 폐쇄부전증, 승모판 폐쇄부전증	
	(2) 후부하 증가 (압력과부하)	① 후부하	심장이 순환혈관 속으로 혈액을 박출해내기 위해 심실이 수축하면서 받는 저항	
		② 영향요인	고혈압, 대동맥판 협착증, 폐동맥판 협착증 압력부하가 증가되면 좌심실의 수축력이 떨어져 박동량, 심박출량 감소	
	(3) 심근의 수축력 저하	① 영향요인	허혈성 심질환, 염증성 심질환, 심근증, 심장압전	
		cf) 심장근육은 불수의적인 횡문근으로 자극을 받으면 강하게 수축하고 신장하는 특성이 있어 심근수축력의 저하는 심박출량의 감소로 나타남			
	(4) 심실충만장애 (저박출성 심부전)	① 정의	이완기 동안 심실에 적정량의 혈액이 모이지 않아 심박출량을 정상으로 유지할 수 없음	
		② 영향요인	출혈, 쇼크, 화상, 탈수	

병태 생리 96,11, 23 임용	2. 보상기전(for 조직의 대사요구 충족) → 대상부전(심장의 과부담이 계속되면 심근세포의 산소 소모량이 증가되어 결국 조직의 대사요구에 적절하게 대처할 수 없게 됨. 심실수축 부전) 09,23 임용 / 17 국시	
	(1) 교감신경 활성화	① 심박동수 증가 : 빈맥으로 심박출량 증가 유도 09 임용 , 첫 번째 보상기전이지만 효과는 가장 적음 21 국시 ② 심장수축력 증가(= 심실확대) : 초기에는 심장의 수축력이 강화되나 어느 한계가 오면 제한을 받음 ③ 심근비대 : 계속적인 용적과부하로 인해 심근 섬유의 직경이 굵어지고 심방과 심실의 벽이 두꺼워짐 ④ 동맥과 정맥의 수축 　㉠ 동맥의 수축 : 피부의 혈관을 수축시켜 보다 중요한 장기(뇌, 심장, 신장)의 혈관으로 혈액을 재분배함 　㉡ 정맥의 수축 : 심장으로 돌아오는 정맥귀환 증가로 전부하 증가 → 심장펌프 능력 증가(Frank-Starling 법칙)
	(2) 신장 : 레닌-안지오텐신- 알도스테론계 활성화	① 심박출량 감소로 신장의 혈액 관류량 감소 초래 ② 레닌-안지오텐신-알도스테론계를 활성화시켜 체액 보존하려는 보상기전 즉시 발현 　㉠ 사구체 옆 세포 → renin분비 　㉡ 안지오텐시노젠을 안지오텐신Ⅰ으로 전환 　㉢ 폐에서 생성되는 안지오텐신전환효소에 의해 안지오텐신Ⅰ을 Ⅱ로 전환시킴 　㉣ 안지오텐신Ⅱ는 동맥을 수축시켜 후부하를 증가시킴. 알도스테론의 분비를 촉진하여 신세뇨관에서의 나트륨이나 수분의 재흡수율을 증가시킴. ADH 방출(뇌하수체후엽)하여 수분의 재흡수율이 증가되어 소변량 감소 　㉤ 혈액량 증가, 정맥충만압 증가, 심장으로의 환류량 증가, 전부하와 후부하 증가로 이어져 심부전을 악화시킴
	(3) 조혈기관 : 간, 비장, 골수	① 간이나 비장에서는 비상사태에 대비하기 위해 저장해 놓았던 적혈구를 대량 방출 ② 골수에서는 적혈구, 혈색소, 혈소판 등의 혈구를 생산하여 혈류의 산소부족 상태를 보상함 ③ 결과적으로 혈액의 점성도가 증가되어 혈전의 위험이 따름
	(4) 대상부전	(1)~(3)의 보상기전에도 불구하고 심장의 과부담이 계속되면 ① 심근세포의 산소 소모량이 증가되어 결국 심장은 조직의 대사요구에 적절하게 대처할 수 없게 되는데, 이를 '대상부전'이라고 함 ② 보상기전이 실패한 경우 적절한 순환을 유지할 수 없게 되고 결국 펌프 기능을 완전히 상실하게 되어 심장 수축부전으로 사망에 이르게 됨
분류 & 증상	1. 시기에 따라 : 급성 심부전 vs 만성 심부전	
	분류 　　급성 심부전	급속한 혈액량 감소, 순환 혈량 과잉증가, 혈전, 색전, 경색 → 갑작스런 펌프기능 상실
	만성 심부전	장기간에 걸쳐 이루어짐. 증상 미미(전신정맥계의 지속적 울혈)

2. 위치에 따라 : 좌심부전 vs 우심부전 02,05,11,13,15 국시

분류	좌심부전		우심부전	
분류	좌심실이 펌프기능장애로 인해 전신혈관 속으로 동맥혈을 충분히 박출하지 못하는 상태		폐순환계 속으로 정맥혈을 충분히 박출하지 못하는 상태로서 전신 정맥계에 울혈을 초래 09 임용	
분류 & 증상	증상 20,21 국시	(1) 심박출량 감소(C/O↓)		전신정맥계 울혈 증상 09 임용 - 가장 큰 원인 : 폐인(肺因)성 심질환(COPD)	
		① 심장	㉠ 빠르고 약한 맥박 ㉡ 교대맥 : 진폭이 크고 작은 맥이 교대로 나타남 ㉢ 기이맥 : 흡기 시 SBP 낮아지다가, 호기 시 SBP 차이 15mmHg↑ ㉣ 분마성 리듬	① 심장	㉠ CVP↑ (정상 : 4~12cmH$_2$O) ㉡ 경정맥 팽대 22 국시 ㉢ 분마성 리듬
		② 뇌	뇌의 저산소증 → 불안정, 집중력 약화, 불면증, 혼미	② 부종 & BWT↑	요흔성 부종, 의존성 말초부종, 전신 부종 09 임용, 복수(정맥혈을 역류시 킴으로써 경정맥이 확장되고 문맥 고혈압을 초래하며 복부정맥울혈로 발생됨), 흉수 → 부종에 대한 보상작용으로 교감 신경계를 자극하여 발한 발생
		③ 신장	신장으로 가는 혈류량이 감소되어 → 소변량이 감소, 신기능 저하, 부종, 체중증가 • 주간 : 소변량 감소(핍뇨) • 야간 : 야뇨증	③ 신장	소변량 감소 09 임용, BUN/Cr↑, 야간다뇨
		④ 피부	말초 청색증, 창백하고 차가운 사지	④ 피부	사지 냉감, 말초청색
		⑤ 전신	피로, 전신쇠약 : 조직의 대사산물을 빨리 제거하지 못함	⑤ 전신	허약감, 피로, 영양실조, 심리적 불안, 우울 - 심박출량 감소로 사지근육과 피부로 가는 혈류가 줄어들어 전신 허약이 오고, 정맥울혈로 인한 순환시간의 지연으로 조직에서의 대사산물이 빨리 제거되지 못해 쉽게 피로를 느낌
		(2) 폐정맥압 상승 및 폐울혈 → 급성 폐수종 (좌심실이 혈액을 적절하게 박출하지 못하면 좌심실로부터 폐로 혈액이 역류되어 폐울혈 발생, 폐정맥압 25mmHg↑초래) : 수축력 감소를 보상하기 위한 다음 증상들이 초래됨			
		① 호흡 곤란 09 임용	㉠ 폐정맥압 상승과 폐울혈로 인한 가장 흔한 증상 : 초기에는 운동 시 호흡곤란이 나타나지만, 점차 발작성 야간성 호흡곤란, 기좌호흡 및 안정 시 호흡곤란 등으로 진행됨 ㉡ 발작성 야간성 호흡곤란(좌심부전의 특징적인 증상) ㉢ Cheyne-Stokes 호흡, 운동 시 호흡곤란	⑥ 소화기계	㉠ 간 비대, 간 울혈, 비장비대, OT/PT↑ ㉡ 식욕부진, 오심, 복통, 복부팽대
		② 기침, 객담	폐수종으로 폐포 내 수분축적으로 거품섞인 객담 발생과 가스교환 저하로 세포손상이 되면 거품섞인 분홍색 객담 초래, 밤에 악화		
		③ 폐 청진	악설음		
		④ 전신	청색증, 불면증		

분류 & 증상	증상 20,21 국시	좌심부전	우심부전
		심박출량 저하, 폐울혈, 폐수종, 혈압 저하, 청색증, 소변 양 감소	경정맥 노화, 중심 정맥 압력 상승, 간 종대, 체순환 정맥계의 울혈, 전신의 울혈 = 부종

합병증	급성 폐수종 (= 급성 폐부종) -가장 흔한 합병증 96 임용	정의		폐의 간질 조직이나 폐포 내에 체액이 비정상적으로 축적되어 폐울혈이 극심한 상태를 말함
		원인		심근경색, 심질환 → 좌심부전 → C/O↓ → 좌심실압 & 좌심방압↑ → 폐정맥압 & 폐모세혈관압↑ → 체액이 폐 간질강 & 폐포 내 유출
		증상		① 시진 : 청색증, 기침, 기좌호흡, 객담(거품, 분홍) ② 청진 : 천명음, 수포음 ③ 증상 진전 시 뇌혈액 공급 감소, 혼미 상태, 호흡곤란 등이 나타나므로 즉각적 조치가 필요함
		진단		① 흉부 X-ray : 양측 폐문부 잿빛 모양의 그림자 + 폐 말초부 밝음 ② PCWP : 30mmHg↑(정상 7~15mmHg)
		치료 및 간호	가스 교환	① 산소 : 40~60% O₂ 6~9L/분 apply. PaO₂ 60mmHg로 유지 ② 기계적 환기 : PEEP(호기 시 폐포가 찌그러지지 않도록 필요한 최소한의 공기압력으로 5cmH₂O) ③ 불안 제거 : Morphine ④ 기관지경련 완화 : 기관지 확장제 IV(theophylline)
			전부하 감소	① 이뇨제(furosemide) ② 체위 : 반좌위, 좌위 + 다리를 아래로 ③ 윤번(rotation)지혈대 : 15분마다 교대로 시계방향으로 감기 1회를 45분 이내 + 피부 관찰 + 하나씩 제거
			후부하 관련	① 혈관확장제 : nitropress, NTG ② digoxin, 교감신경 효능제
	고질성 심부전			약물요법, 식이요법, 기타 치료로 증상이 완화되지 않는 심한 심부전 상태

	신체검진	임상진단 검사	방사선 검사	중심정맥압(CVP)	PCWP
진단	① 심음 : S₃, S₄, 분마성 리듬 ② 폐 청진 : 수포음, 천명음(호기)	① BUN/Cr↑, 단백뇨 ② BNP↑ ③ Hgb↑, Hct↑ (원인 : 보상기전)	① 흉부 X-ray : 심실, 심방, 폐정맥 확대, 폐혈관음영 증가 ② Echo ③ EKG	① 우심부전 ② 15~30cmH₂O (정상 4~12cmH₂O)	① 좌심부전 ② 20mmHg↑ (폐울혈) ③ 30mmHg↑ (폐수종) ** 정상 7~15mmHg

※ 기능적 분류

1단계(Class Ⅰ)	신체활동에 전혀 제한받지 않음, 심잡음 청취되나 자각증상 없음
2단계(Class Ⅱ)	신체활동에 약간의 제한받은 상태, 중증도의 신체활동으로 쉽게 피로감, 심계항진, 활동 시 호흡곤란 있음
3단계(Class Ⅲ)	신체활동에 현저한 제한받는 상태, 약간의 신체활동으로 피로, 심계항진, 호흡곤란, 협심통 발생
4단계(Class Ⅳ)	휴식 중에도 피로, 호흡곤란, 심계항진, 협심통 발생

간호중재 - 원인 제거

1. 원인되는 질환 & 위험인자 조절
2. 약물요법
   (1) 혈관이완제(전부하 & 후부하 감소)

약물	작용	부작용	중재
말초혈관 확장제 hydralazine, prazosin	동맥을 확장시켜 후부하 및 혈압 감소 22국시	어지러움, 저혈압, 두통 심계항진, 빈맥, 말초부종	두통과 심계항진은 초회 투여 후 발생 가능할 수 있으나 자연 소실됨을 교육
질산염과 아질산염제 nitroglycerin, isosorbide	① 혈관 평활근 이완작용 ② 동맥과 정맥의 확장작용 → 혈관저항과 혈압을 하강(심부담 경감), 협심통 완화와 치료에 사용	두통, 체위성 저혈압, 홍조	① 투약 19국시 - NTG 혀 밑에 녹여 흡수시키기 : 5분 간격으로 3번까지 투여 가능 - 기립성 저혈압 주의 - 앉아서 투여 ② 보관 : 열이나 빛 / 습기에 조심

(2) 이뇨제(전부하 감소)

약물	작용	부작용	중재
Thiazide계통 : chlorothiazide	① 나트륨과 수분의 배설 증가 (원위세뇨관에서 Na⁺의 재흡수를 억제)시킴으로써 혈압을 낮추는 작용을 함 → 세포 외액의 부피를 줄여 심박출량과 신혈류량을 감소시키는 역할을 함 ② 혈압저하 : 세동맥 직접 이완, 말초혈관의 총 저항 감소 ③ 부종과 고혈압이 나타날 때 적용 ④ 즉각적인 이뇨효과는 없음	① 수액, 전해질 불균형 : 체액소실, 저칼륨혈증, 저나트륨혈증, 저염화혈증, 저마그네슘혈증, 고칼슘혈증, 고요산혈증, 대사성 알칼리증 ② 중추신경계 장애 : 현훈, 두통, 허약감 ③ 위장관계 장애 : 식욕부진, 오심, 구토, 설사, 변비, 췌장염 ④ 성 문제 : 발기부전, 성욕감소 ⑤ 혈액질환 ⑥ 피부장애 : 광과민증, 피부발진 ⑦ 당내성 감소	① 체위성 저혈압, 저칼륨혈증, 염기증을 모니터할 것 ② 치아자이드는 저칼륨혈증을 유발하여 디곡신의 심장독성을 증가시킬 수 있음 ③ 소금의 섭취제한은 저칼륨혈증의 위험을 감소시킴 ④ 인슐린 효과를 저해시킬수 있으므로 당뇨환자는 혈당검사 정기적 실시 ⑤ 크레아티닌 청소율이 30~50mL/min(정상 125mL/min)에는 사용하지 않음

약물	작용	부작용	중재
Loop이뇨제 : furosemide, Torsemide [20,22 국시]	① 상행 헨레고리에서 작용하여 염분과 물, 칼륨, 염소 등 분비 촉진 ② 사구체 여과율의 일시적 증가, 말초혈관 저항 감소 위해 신장혈관 이완 ③ 치아자이드 이뇨제보다 빠른 이뇨작용 ④ 사구체 여과율이 낮은 대상자나 고혈압성 위기에서도 사용 ⑤ 부종, 폐부종, 울혈성 심부전, 만성 신부전, 간경화증 등에도 사용	① 치아자이드 이뇨제와 동일 ② 주로 회복가능한 이독성 : 청력손실, 현훈 ③ 고혈당, HDL 콜레스테롤 감소와 LDL 콜레스테롤과 중성지방의 증가	① 체위성 저혈압과 전해질 비정상을 모니터할 것 ② 인슐린 효과를 저해시킬 수 있으므로 당뇨 환자는 혈당검사 정기적 실시 ③ 밤에는 복용을 금함
K^+ sparing diuretics : aldactone	원위세뇨관에 Na^+배출 증가, K^+분비 감소, 심부전과 관련된 부종, 고혈압 사용, 원발성 고알도스테론증, 월경전 증후군, 남성형 다모증 진단 활용, BP↓, U/O↑, K^+↑	두통, 허약감, 어지러움, 기립성 저혈압, 오심, 구토, 설사 및 변비, 발기부전, 근육경련, 여성형 유방, 유방통, 광과민성, 구갈	① K^+, Bun/Cr level check – 고칼륨혈증은 디곡신의 효과를 감소시키므로 주의 ② Na^+보충식이, K^+제한식이 ③ 신장애 환자 금기 ④ 장기간 사용 시 남성에서 여성형 유방발생 가능

(3) 후부하감소

	종류	부작용	중재
안지오텐신 전환효소억제제 (ACE inhibitors) [19 국시]	〈~pril〉 captopril, enalapril, ramipril, lisinopril	저혈압, 만성기침, 불안, 어지러움, 신기능 이상, K^+↑	▶ 좌심실 구축률(EF) 증가, 당뇨병 신환자 선호됨 ① K^+보충제, K^+보존 이뇨제 투약 금지(∵ 심한 저혈압과 고칼륨혈증이 발생할 수 있음) ② 약물 거르지 말 것(∵ 반동 고혈압을 초래하므로) ③ 노인이나 신장애자 주의 ④ 저용량부터 투여 시작
안지오텐신Ⅱ 길항제(ARBs)	〈~sartan〉 losartan, valsartan, irbesartan, candesartan	저혈압, 어지러움, 기침, K^+↑, 위장장애	▶ ACEI에 부작용이 있을 때 사용 ① 약물 갑자기 중단하지 말 것 ② 신장과 간 기능 F/U ③ 자기 전 복용하지 말 것

(4) 심근수축증가 [02,03,07,10,11,14,17 국시]

① 디기탈리스제(Digoxin) : 울혈성 심부전 환자의 심근의 수축력 향상, 심박출량 증가, 신장 혈류 증가, 심박수와 전도속도 감소, 심실이완기를 연장시킴

작용기전	심근세포의 Na^+/K^+ ATPase(나트륨, 칼륨 가수분해 효소펌프)를 억제하여 세포 내부에 들어와 있던 Na을 세포외부로 배출할 수 없게 됨 → 세포내부에 Na^+농도가 증가하면 Na^+/Ca^{2+} exchanger(나트륨 칼슘 교환기)가 작동할 수 없게 되고 심근세포 내부에 칼슘농도가 유지 또는 증가됨
작용효과 🔺 수서요	㉠ 심근수축력 높임 : 심근수축에 이용되는 세포 내의 칼슘이온을 늘리고 농도를 높임으로써 수축력을 높임 ㉡ 서맥작용 : 심방세동 등 상실성 빈맥성 부정맥을 합병한 만성 신부전의 치료에 효과적임 ㉢ 이뇨작용 : 심장 수축력이 높아지면 조직에 쌓여있던 수분이 혈액으로 이동하여 소변으로 배설 ㉣ 대표약물이 디곡신(Digoxin)으로 경구에 의한 흡수율이 높고 빠르게 배설되므로 많이 사용됨

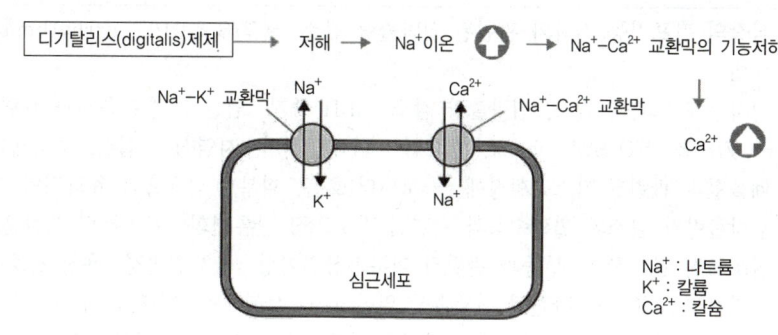

- K^+과 digitalis는 서로 Na^+/K^+ ATPase에 결합하는 것을 방해한다. 따라서 고칼륨혈증에서는 디기탈리스 억제, 저칼륨혈증에서는 디기탈리스 작용을 촉진한다.

	독성증상	주의사항
위장계	오심, 구토, 복통, 설사, 식욕부진	① 투여 전 1분간 심첨 맥박 - HR 60회 이하, 불규칙할 때 투약 중단 후 notify ② K^+ level check(저칼륨 시 독성↑) ③ 치료농도 확인 ④ 치료지수(치료용량과 중독 일으키는 용량 차이)가 근소함 ⑤ 독성 시 digoxin immune Fab(Digibind) 투여
중추신경계	두통, 피로, 불안, 우울, 흥분, 혼수, 경련	
심맥관계	부정맥	
눈	시력감퇴, 복시	
내분비계	여성형 유방	
알러지성	두드러기, 호산구 증가증	

② β 교감신경 효능제

약물	작용
dopamine(α, β) dobutamine(β) epi/norepinephrine	① 단기간 악화된 CHF 사용 ② 심근 수축력 증가 ③ 신동맥, 뇌혈관 등 혈류량 증가, U/O↑

(5) 심장부담 감소 : β-blocker

β-blocker : atenolol, sotalol, carvedilol		
작용	부작용	주의사항
카테콜라민 작용 직접 억제 → 심장부담 경감	어지러움, 부종	① 투여는 천천히 시작 ② 처음에 낮은 용량 → 서서히 증량 ③ 장기간 노출 시 심기능 악화

대증요법		
안정(신체요구량에 따른 충분한 혈액량 박출이 안 되므로)	① ABR(조직의 산소요구도 감소) → Sx 완화 시 점차 활동증가 - 주의점 : ABR 시 혈전, 폐렴, 우울의 발생에 주의 ② 호흡하기 편한 자세 : 반좌위, 좌위 + 다리를 아래로 내린 자세	
식이 염분제한 & 수분제한 19 국시	① 저칼로리 + 비타민 + 염분/수분 제한 + 소량씩 자주 ② 염분제한 : 경한(2~3g), 중등도(0.8~1.2g), 심한(0.5g), 극심한(0.25g) ③ 염분대용품 사용 : 양파, 후추, 레몬즙, 식초, 마늘 ④ 수분제한 + I/O check + 시간당 소변량 확인 - 수분제한은 이뇨제 & 염분제한 요법에 효과 있는 경우 사용하지 않음 - 1일 1,000mL 이하로 수분제한	
산소공급	① 40~60% 산소를 6~9L/분 공급	

| 간호진단 | ① 심장의 펌프기능 저하와 관련된 심박출량 감소 → V/S & U/O, arrhythmia 관찰, 반좌위 + 산소, 식이요법
② 신사구체 여과율 감소, 심박출량 감소, ADH 증가, 염분 & 수분축적과 관련된 체액과다
  → V/S & U/O BWT check, 반좌위 + 다리내리기, 저염식이 섭취, 수분제한
③ 폐울혈과 관련된 가스교환장애 → 모니터(호흡, 피부), 심호흡과 효과적인 기침, 체위
④ 심박출량과 감소와 혈관수축과 관련된 말초조직 관류변화 → 피부의 색깔온도, 사지보온, 관절운동
⑤ 말초조직 관류장애, 부동과 관련된 피부손상위험성 → 체위변경, 욕창 간호
⑥ 디기탈리스 중독과 관련된 신체손상 위험성 → 심첨맥박, 혈중 K^+수치, 치료약을 감시
⑦ 심박출량 감소, 가스교환장애와 관련된 활동지속성 장애 → 침상 안정
⑧ 심박출량 감소, 저산소증, 죽음의 공포증과 관련된 불안 → 정서적 지지, 교육, 수면제, 진정제 |

- 침습적 혈역학 검사

혈역학 지표	정상범위	의미
평균동맥압	70~90mmHg	중요기관의 실제관류압
중심정맥압	2~6mmHg	순환하는 용적과 평균 우심방압, 우심방 전부하 반영
폐동맥 쐐기압	4~12mmHg	평균 좌심방압과 좌심실 이완기말 압력
폐동맥 수축기압	20~35mmHg	우심실에서 폐동맥으로 가는 혈류의 압력
심장지수	2.4~4.0L/분/m^2	신체조직으로의 혈액공급량
심장구축률	55m^2, 70%(평균 60%)	수축 시 좌심실에서 분출하는 혈액량의 비율로 40% 이하는 심부전, 심근경색증 의미

9 류마티스열  95,96,11,14 임용 │ 아동질환 │ 성인질환

정의 96 임용	항원-항체 복합체에 의한 심장·관절·피부·중추신경계에 침범하는 조직의 과민반응(자가면역질환), 심장에 염증성 변화를 초래하는 가장 흔한 원인임 cf) 류마티스성 관절염 : 활액막에 면역복합체 축적(침범)으로 발생		
역학	학령기(5~10세), 여 > 남		
원인 14 임용	① A군 베타 용혈성 연쇄상구균의 상기도 감염 후에 발생하는 과민반응 ② 차고 습한 기후 ③ 가족력, 재발 가능성		
병태 생리 11 임용 / 10,22 국시	① A군 베타 용혈성 연쇄상구균에 의한 상기도 감염 ② 제3형 과민반응으로 감마글로불린이 자가항원에 대한 항체를 형성하여 면역복합체를 형성함 ③ 아소프소체(커다란 다핵세포)가 심장, 관절, 피부, 중추신경계를 침범한 염증반응 ★ Aschoff소체 : 심근조직검사에서 발견 가능 • 특이한 심근의 손상으로 침범된 판막 주위에 있는 수많은 소결절 (다핵의 Aschoff세포, 단핵구, 섬유아세포, 교질섬유의 파괴된 세포와 호산구들이 모여 증식을 이루며, 침범된 판막 주위에 수많은 결절을 이룸) • 심장, 혈관, 장액성 표피, 관절, 흉막에서 발견 • 염증성, 출혈성, 원형의 병변으로 색전증의 원인이 됨		
증상 95,96,14 임용	① 심장	※ RF는 심장에 친화성↑, 재발률↑ → 손상된 심장의 판막을 반복하여 침범 → 영구적 손상 초래	
		심염 (carditis)	㉠ 호발부위 - 승모판(심부정맥 / 심장판막, 심근의 영구적 손상) ㉡ 증상 - 열(이장열), 오한, 근육통, 전신허약, 식욕부진 - 수축기성 심잡음(← 승모판 역류 or 심낭 삼출물) - PR간격(정상 : 0.12~0.2초/3~5칸) 연장, 불규칙한 리듬, 심방세동(잔물결 모양의 기저선, 불규칙적인 정상 QRS파)
		판막 협착	손상된 판막은 비후되거나 위축되어 판막구가 좁아지고 협착 → 심방과 심실을 통하여 대동맥으로 혈액을 내보내기 어려움 ⇨ 심부전
		판막 폐쇄부전	손상받은 판막이 비후되거나 짧아져 꼭 닫히지 않음 → 혈액 역류
	② 관절	다발성 관절염 (가장 흔한 징후로 약 70%에서 나타남) 19 국시	㉠ 이동성관절염(염증이 1~2일 후 다른 관절로 옮겨감) ㉡ 큰 관절에 잘 생김 : 평균 5~6개 관절에 침범, 주로 슬관절 침범, 그 외 발목, 어깨, 팔, 손목 등 ㉢ 2~3주 지속 ㉣ 관절강 내 삼출액, 통증 호소 22 임용 ㉤ 영구적인 변형×, 강직× ㉥ 가장 흔함(70%)
	③ 피부	피하결절	㉠ 건삭, 골막에 느슨히 붙는 소결절(0.5~1cm) ㉡ 대칭성(손가락, 손목, 발가락, 발목 등), 신전부에서 발생됨 ㉢ 소결절은 투명한 잿빛, 움직임, 단단함 / 발적×, 통증× ㉣ 임상경과에 따라 사라졌다가 새로운 부위에 하나씩 또는 여러 개가 한꺼번에 나타났다가 사라지며 보통 질병 초기에 첫 주 동안 발생되어 수주간 계속되기도 함
		윤상홍반	㉠ 초생달 모양의 발진 ㉡ 중앙은 깨끗하고 주위가 명확한 선으로 둘러싸임 ㉢ 따뜻한 신체부위에 나타나 원심성(주로 몸통, 사지 안쪽 등에서 시작하여 말초로 진행)으로 확대하는 경향, 소양증 없음
	④ 중추 신경계	무도증 (= 무도병)	㉠ 뇌혈관 주위의 세포침윤으로 인한 중추신경계의 장애 ㉡ 정서장애(감정기복 심함), 무의식적 불수의적 운동(얼굴 찡그림), 언어장애, 점진적 근육약화 ㉢ 휴식, 수면 시 완화되며, 특별한 치료 없이 회복됨 20 임용 ㉣ 사춘기 이전의 여자아이들에게 흔함, RF 경과 마지막 단계 ㉤ 시덴함(Sydenham) 무도병 : 갑작스럽고 불규칙적임, 목적없는 불수의적 운동

CHAPTER 04. 심장계 건강문제의 간호와 관리

Jones 류마티스성 열의 발병 초기의 진단지침 🔊 관 심 홍반 무 결 통 발 C P R

(1) 주증상 2 + 연쇄상구균 감염증거
(2) 주증상 1 + 부증상 2 + 연쇄상구균 감염증거

진단
14 임용 /
14,15,16,
20,22 국시

주진단기준			부진단기준
① 심염(5)	빈맥	발열 정도에 비례하는 빈맥	① 관절통 ② 발열 ③ 적혈구 침강속도(ESR) 상승 (참고치 : 남 0~10mm/hr, 여 0~20mm/hr) ④ C-반응 단백(CRP) 상승 (참고치 : 0~1mg/dL) ⑤ PR 간격 지연
	심비대		
	흉통		
	심전도	특히 PR 간격 연장	
	심음	새로운 심잡음이나 전에 있던 심음의 변화, 심음의 저하, 심막 마찰음	
② 다발성 관절염(3)	염증증상	붓고, 열나고 붉고, 통증 있는 관절(들)	
	이동	1~2일 후에 다른 관절(들) 침범	
	호발부위	큰 관절에 호발 : 무릎, 팔꿈치, 엉덩이, 어깨, 손목 등	
③ 홍반성 반점(3)	형태	맑은 중심, 분명한 경계	
	특성	일시적임, 소양감 없음	
	발생부위	몸통과 사지(내측)에 처음 발현	
④ 무도병(4)	사지움직임	갑작스럽고 목적 없는 불규칙한 사지의 움직임	
	얼굴	얼굴의 불수의적인 찡그림, 언어장애, 정서적 불안정	
	근육허약감	(심각할 수 있음)	
	악화요인/완화요인	불안에 의해 근육움직임이 악화되고, 휴식 시 완화됨. 수면 중에 나타나지 않음	
⑤ 피하결절(2)	부위	압통이 없는 부종 → 뼈 돌출 부위에 위치, 대칭성	
	변화양상	얼마동안 지속하다가 서서히 사라짐	
연쇄상구균 감염증거			

① 혈청 ASO titer 상승
② 인후배양 또는 속성 연쇄상구균 항원검사 양성(Group A, β hemolytic streptococcus 감염 확인)
** ASO는 anti streptolysin O : 감염 후 1주 내 증가 시작, 3~6주 후 최고치에 이르고 이후에 감소됨

치료 및 간호	원인제거	약물요법	급성기에 항생제 투여(페니실린) : 10일간
	대증요법 20 국시	심염	① 안정 : 심장의 긴장과 부담 완화, 신체의 대사 요구 최소화 ② 식이 : 고단백 / 고탄수화물 / 고비타민 식이, 충분한 수분섭취 ※ 심한 심염, 심부전 시 : 저염식이, 수분제한, 저칼로리 ③ 약물 : 스테로이드 제제(판막침범 시), 이뇨제
		관절염	① 아스피린(확진 전까지는 사용금기, 관절의 염증 반응 / 열 / 불편감 완화) ② 마사지 금기
		무도증	① 안정 및 안전간호 ② 무도증은 일시적 증상임을 설명, 신경과민, 주의산만, 학습 부족 등의 증상과 혼동되어 판단될 수 있음 ③ 주위 사람에게 무도증이 나타날 수 있음 설명

	지지요법 (예방) 15,16 국시	1차 예방	① 처방된 기간까지 꾸준히 투약(특히, 페니실린은 10일간)
			   ㉠ RF는 재발이 잦음(특히 5년 이내)
			   ㉡ 반복된 감염은 판막 협착과 역류로 심부전, 사망의 원인
			   ㉢ 재발되지 않도록 예방적 항생제 요법이 중요
			② 호흡기감염 예방 및 연쇄상구균, 편도선염 시 10일간 항생제 예방투여
			③ 부작용 주의 : 아스피린의 경우 제산제와 병용 투여, 출혈 경향 감시 등
			④ 정서적 지지 : 약물치료에 협조하도록 격려

		2차 예방	① 예방적 항생제(페니실린) IM으로 1회/달 ② 5년마다 f/u(재발 잘 됨)
		기타	① 개인위생교육 : 손 씻기 등 상부호흡기계 감염 예방 ② 휴식, 적절한 영양 공급, 환경위생(온도조절, 습기제거 등)

10 가와사키병 92,12,22 임용 [아동질환]

정의	아동기의 후천성 심장질환의 원인이 되는 급성 전신성 혈관염과 관련된 열성 증후군(피부점막임파절증후군)
역학	유아 & 학령전기 – 5세 이하 영유아(80%), 생후 6개월~1세에 가장 높은 빈도
원인	원인불명 – 자가면역질환으로 추정
병태 생리	① 혈관염 : 세동맥, 세정맥, 모세혈관을 침범하여 혈관벽 손상 및 염증반응 ② 관상동맥의 반흔, 협착 : 혈류의 흐름 방해 → 심근의 국소빈혈, 경색증 ③ 동맥류 : 발병 7일 후, 관상동맥류(혈관벽 늘어짐) ④ 관상동맥 혈전증 : 혈소판 증가 + 혈류의 흐름 느려짐 ⑤ 후유증 및 합병증으로 심근경색, 동맥류, 울혈성 심부전, 무균성뇌막염 등이 초래될 수 있음

증상	급성기 (시작 후 8~10일) 12 임용	① 지속적인 열(5일 이상 지속) : 38℃ 이상, 항생제나 해열제 반응 × ② 결막염 : 양안 충혈, 눈꼽이나 삼출물 없음 ③ 구강 : 붉고 갈라진 입술, 딸기 모양 혀, 붉은 혀와 인후 ④ 경부 림프절 비대 : 1.5cm 이상 ⑤ 홍반성 발진 : 목, 흉부, 복부, 엉덩이 등에서 관찰되며, 경계가 뚜렷하지 않고 수포로 진행되지 않음 ⑥ 손과 발의 종창 : 손발 부종 및 손바닥과 발바닥의 홍반 ⑦ 무균성 뇌막염, 간염 ⑧ 소변검사와 혈액검사 : 무균성 농뇨, 단백뇨, 빈혈 & WBC 증가 ⑨ 발병 전 또는 동시에 호흡기계 증상 동반(콧물, 기침, 중이염), 설사 / 구토 및 복통 ⑩ 혈관염에 의한 심근염 발생, 빠르고 불규칙한 맥박 ⑪ 외모 : 야위고 쇠약한 사지, 뚜렷한 복부 부종 ⑫ 몹시 보채고 불안정함
	아급성기 (10~35일)	① 발열증상이 사라지기 시작되며 모든 임상 증상이 소실될 때까지의 시기임 ② 결막충혈 지속, 불안정, 식욕부진, 관절염, 관절통, 혈전증 ③ 심장과 혈관의 증상(혈관염)이 나타남 : 혈소판 증가, 응고항진 현상 → 관상동맥 혈전 위험성 증가 → 합병증(관상동맥류, 심근경색 등) 증상 주의 ④ 손가락 및 발가락 피부의 건조와 박피(피부낙설)
	회복기	① 증상의 회복, 관절염과 심장 합병증(관상동맥류, 심근경색 등) 지속가능함 ② ESR/CRP 비정상적 상승 유지 : 발병으로부터 6~8주 후 모든 혈액검사 수치 정상으로 돌아옴

진단	(1) 진단기준 : 열을 포함해서 5개 이상 임상증상 92(보기),12 임용 / 12,14 국시 오열 사부 결 구 경		
	고열	① 5일 이상 지속되는 고열 : 해열제에 반응 없는 고열, 38도 이상 22 임용 / 22 국시	

	사지말단	② 사지말단의 변화
		   ㉠ 급성 : 홍반 또는 손/발의 홍반과 부종
		   ㉡ 아급성기 및 회복기(열이 발현된 후 1~3주) : 피부박리, 낙설	

	부정형 발진	③ 일정하지 않은 모양, 홍반성 발진(부정형 발진)	
	안구결막 충혈	④ 양측성, 무통성의 삼출물이 없는 안구결막 충혈 22 임용	
	입 / 구강	⑤ 홍반성의 갈라진 입술, 딸기 모양 혀 22 임용 , 구인두 점막의 홍반	
	림프절 비대	⑥ 비동요 경부 림프선종, 직경이 1.5cm 이상, 일반적으로 편측성	

진단			(2) 열을 동반한 관상동맥 이상(일반적으로 질병 발현 10일 이후) : 5가지 임상적 증상보다 진단에 더욱 도움됨
			(3) 다른 신체적 소견 : 관절염 또는 관절통, 열과 관련 없는 빈맥, 분마성 리듬(심근염의 증상), 새로운 심잡음(흔하지 않음), 무균성 농뇨, 말초동맥의 동맥류(흔하지 않음)
			(4) 심장합병증 확인
			  ① 심장합병증 여부에 따라 예후가 결정됨
			  ② 심초음파 실시 : 관상동맥의 상태와 심근기능을 살피기 위해서 실시, 진단단계에서 심초음파의 기초자료를 얻어두고 계속 검사하여 심실과 판막의 기능을 비교할 수 있음 22임용
			  ③ 추후
			    • 심초음파는 질환 발생 2주 내에 실시
			    • 열이 발생하고, 6~8주에 관상동맥 내경의 확대가 있는지, 좌심실의 수축력과 판막기능을 살피기 위해 다시 검사 실시
			    • 지속적으로 열이 있거나 IVIG의 재치료를 필요로 하는 환아, 기존의 심초음파에 비해 관상동맥의 확대가 있는 환아는 반복적으로 심초음파를 하여 관상동맥의 크기를 확인해야 하는 대상이 됨. 이런 환아는 관상동맥이 안정화될 때까지 매주 2회씩 심초음파 실시

치료 및 간호	원인 제거	약물요법	① 주사용 면역글로불린(IVIG) : 발병 10일 이내 투여 → 항염 효과, 관상동맥 기형방지 ② Aspirin : 항염과 항혈소판 작용을 위해 고용량 투여하여 심장의 관상동맥 폐쇄 예방 ③ Warfarin : 동맥류가 발생된 경우에 투약, Vit K 길항제로 혈전형성을 예방함
	대증 요법	발열간호	① 안정 ② 탈수예방
		피부간호	① 시원하고 부드럽고 헐렁한 복장 ② 자극 감소 ③ 로션
		구강간호	① 입술 윤활제 적용 ② 부드럽고 자극적이지 않은 액체
		관절염	욕조 안에서 수동운동
		영양증진	고단백, 고칼로리식
		합병증 간호	① MI, CHF, IHD 증상 사정 ② 혈압관리 ③ 콜레스테롤 관리 ④ 일상생활 관리 : 저지방 + 고섬유식이 + 운동
	지지 요법 (교육)		① 계속적인 감시와 진찰 필요함 ② 부모에게 CPR 교육 ③ IVIG 투여 후 3~11개월 동안 MMR 등 생균백신의 예방접종 연기(∵ 항체형성을 방해할 수 있음) ④ 수두, 유행성 독감 시에는 aspirin 금기, Aspirin 부작용에 대해 설명

11 심내막염 [96 임용(보기)] [성인질환]

정의		심장내막의 내피세포에 발생하는 염증 [07,11 국시]
원인균		황색포도상구균, 녹색연쇄상구균, 대장균, 간균 등이 흔함
호발부위		승모판막, 대동맥판막, 삼첨판막 순으로 발생
감염경로		편도선, 잇몸, 치아의 염증, 구강수술, 상기도 수술, 심장수술, 혈액투석, 오염된 바늘과 투약 시 부주의 등
분류	급성 심내막염	① 독성이 강한 세균(포도상구균)에 의해 발생, 감염이 급속히 진전됨 ② 고열, 심잡음, 패혈증, 비장비대 등이 흔함 ③ 초기에 심내막을 심하게 손상시킬 수 있음
	아급성 심내막염	① 원인균은 90%가 용혈성 연쇄상구균으로 판막기형 대상자에게 발생률이 높음 ② 느린 점차적 감염으로 계속적 발열, 체중감소, 피로, 관절통, 비장비대 등이 나타날 수 있음 ③ 항생제를 잘 사용하면 심근내막의 손상이 적음 ④ 독성이 비교적 약한 세균에 의해 발생한 후 수개월 경과됨
병태 생리		① 병원균이 혈류를 타고 들어가 심장의 내막에 붙어서 염증을 일으킴, 때로 무균성 혈전에 세균이 침입하기도 함 ② 흔히 승모판과 대동맥판에 붙어 섬유종(손상부분에 섬유소, 백혈구, 혈소판, 세균의 침전이 생겨서 불규칙한 결절의 증식) 증식인 병식결절이 형성됨 ③ 섬유종 증식인 병식결절은 떨어져 나가 색전을 만들고, 색전은 혈류를 통해 다른 장기의 동맥에 색전으로 광범위하게 장기손상을 초래할 수 있음
증상 및 징후 [20 국시]	세균감염	고열(황색포도상구균 감염), 미열(용혈성 연쇄상구균 감염), 간헐적 발열, 오한, 식욕부진, 피로, 두통, 근육통
	판막손상	빈맥, 심잡음

	색전	① 뇌경색 : 일과성 뇌허혈, 뇌졸중, 언어장애, 혼미
		② 폐색전 : 기침, 빈맥, 빈호흡, 늑막 통증
		③ 비장경색 : 복부에서 반동성 압통, 갑작스런 복통, 왼쪽 어깨로 방사통
		④ 신장경색 : 옆구리 통증, 서혜부로 방사통, 단백뇨, 혈뇨
		⑤ 혈관색전
		  ㉠ 점상출혈 : 피부, 점막(구개, 결막)의 점상출혈, 손톱 아래의 출혈
		  ㉡ Roth's spot : 망막에 작은 붉은색 점
		  ㉢ Janeway's lesion : 손바닥과 발바닥에 무통의 적색병변, 편평한 반점
		  ㉣ Osler's node : 손가락, 발가락, 발에 통증을 수반한 피하결절
		
		[손톱 아래의 선상 출혈 : 얇은 검은 선] [Janeway 병소] [Osler 결절]

	심부전증	판막침범으로 급성 판막역류로 심부전증 발생 → 우심부전, 좌심부전
진단검사		혈액배양검사 [20 국시], 심초음파(심내막 침범 확인)
치료 및 간호	원인제거	① 항생제 치료 ② 수술적 교정 : 감염된 판막제거, 판막대치술
	대증요법	심부전이 있으면 이뇨제, 강심제, 저염식이
	지지요법	① 안정 : 심 부담을 줄이고, 심근세포의 산소화를 돕기 위함 ② 정서적 지지

12 심막염(= 심낭염) [96(보기),11 임용] 성인질환

정의	① 심낭염이라고도 하며, 장측, 벽측 심막과 심막강에 오는 염증 ② 염증으로 삼출액이 심막강 내에 축적되면 심장의 활동이 제한을 받아 전신 순환으로부터 정맥 귀환 혈액을 정상적으로 받아들이지 못하고, 수축력도 감소되어 결국 심부전을 초래함
원인	① 원발성 감염 ② 이차적 발생 : 류마티스열, 요독증, 폐결핵, 박테리아, 바이러스, 곰팡이 등으로 인한 감염과 암, 심근경색, 약물중독, 외상 등
병태생리 11 임용(보기)	심장조직의 손상이 염증반응을 유발하게 되면 염증 매개체가 손상된 조직으로부터 분비되면서 혈관확장, 충혈, 부종을 일으킴(= 심낭 내의 삼출액이 빠른 속도로 다량 축적된 상태) * 심장막 사이의 공간인 심낭에는 정상적으로 15~20mL의 액체가 있어 심막의 마찰을 방지해줌

유형			
급성	섬유성		① 심막강 내 삼출액이 고이지 않는 심막염의 형태 ② 염증으로 인한 섬세한 바이올린 줄과 같은 섬유소가 심막강 내에 발생되어 심장활동 방해
		증상 및 징후 07,09 국시	① 흉부 중앙부위에서 심막 마찰음(심장 활동 시 염증부위의 벽측심막과 장측심막이 서로 마찰되면서 일어나는 연한 소리로, 발병 후 7~10일 동안 지속) 청취, 진단 시 중요 소견임 ② 중앙 흉부나 흉골 하부에서 흉통 느낌, 흉통은 어깨와 목, 왼쪽 팔을 통해 아래로 파급되고 기침을 하거나 삼킬 때나 똑바로 누우면 더욱 심해지며 앞으로 상체를 굽히면 완화됨 ③ 가끔 호흡곤란, 발열(37.6~39.4℃) ④ 혈액검사 : 백혈구 증가(10,000~20,000/mm³) ⑤ 흉부 X-선 : 심장의 확대된 음영 ⑥ 심전도 : ST분절, T파 변화
		치료	침상안정, 항생제 치료, 심한 통증 시 demerol이나 morphine 투여하고 경증 시 아스피린 사용
	삼출성		① 심막강 내 염증성 삼출액이 축적된 상태(정상 시 심막액 15~20mL) ② 심막강 내에 삼출액이 빠르게 축적되거나 다량의 액체가 고이게 되면 심장 압전으로 진전됨
		증상 및 징후 00,04,21 국시	① 호흡곤란 : 삼출액의 심장압박으로 인한 심박출량 감소(혈압감소를 초래함)와 폐울혈로 인해서 발생 ② 기침유발 : 삼출액으로 심장이 확대되어 폐와 기관지가 압박을 받아 발생 ③ 심막 마찰음은 잘 들리지 않고, 심음도 약하게 들리거나 잘 들리지 않음 ④ 통증 : 심장 부위에 둔하고 파급되는 통증발생 ⑤ 체온상승, 빈맥, 경정맥 울혈 등
		치료	침상안정, 항생제 치료, 심막천자
만성			① 만성 심막염은 흔히 만성 수축성 심막염, 만성 유착성 심막염이라고 함 (급·만성 심막염이 치유되면서 육아조직이 형성되어 심막강에 유착 발생) ② 심막이 두꺼워지고 섬유화되며 점점 석회화된 단단한 벽으로 심장을 둘러싸서 강하게 압박하므로 심장활동에 제한받아 결과적으로 심부전 초래
	원인		결핵성 심막이 만성 수축성 심막염으로 발전되며 우심부전으로 심박출량의 감소와 울혈성 심부전 상태 초래
	증상		운동 시 피로감, 호흡곤란, 하지부종, 복수, 낮은 맥압, 경정맥의 울혈 등
	치료		① 디기탈리스 처방 : 심장수축력 강화를 위해서 ② 이뇨제 처방, 저염식이 : 울혈성 심부전 증상완화 위해서 ③ 심막절제술

합병증: 급성 심장압전	① 심낭강 내에 혈액 및 삼출액의 축적으로 인하여 심낭강 내압의 상승으로 심장이 압박받아 심장수축력이 제한되는 현상 ② 증상 : 쇼크, 저혈압 21국시 , 빈맥, 청색증, 불안, 창백, 발한, 호흡곤란, 기이맥, 정맥울혈과 정맥압 상승(경정맥압 상승) 23국시 , 복수, 하지부종 등이 나타남	
진단검사	① 혈액검사 : 백혈구 증가(10,000~20,000/mm^3) ② 혈액배양검사 : 원인균 발견, 항생제 민감도 검사 ③ 흉부 X-선 촬영 소견 : 심장의 확대된 음영 ④ 심전도 : ST분절과 T파의 변형 ⑤ 경정맥압 상승 : 급성 심낭염에서 심낭 삼출액 과다 축적 시 발생 23국시	
치료 및 간호	원인제거	① 항생제 투여(가장 중요한 치료) ② 심막천자 : 검상돌기 하부와 좌측 늑골연 부위에서 주로 시행
	대증요법	① 침상안정 ② 흉통 호소 시 진통제 투여 ③ 심부전 동반 시 만성 협착성 심장막염의 치료 : 심장의 수축력을 강화시키기 위해 디기탈리스와 이뇨제 처방, 저염식이로 울혈성 심부전 증상완화

13 심장압전 [성인질환]

정의	심막강 내에 혈액, 삼출액의 축적으로 심막강 내압이 상승되어 심장이 압박받는 상태		
원인	심장수술 후 합병증, 심장열상, 흉부자상, 급성 심낭염		
병태생리	① 심막강 내 혈액, 삼출액의 비정상적 액체저류로 심막강 내 압력의 상승으로 심장이 압박을 받아 이완기 심실충만 제한 ② 귀환 정맥혈 감소로 인한 심박출량 감소로 혈압 하강, 빠르고 약한 맥박 ③ 심박출량 저하로 즉각적 치료를 하지 않으면 심정지 가능		
증상과 징후 06,13,18 국시	중요한 3징후 (Beck's triad)	전신 정맥계 울혈	① 경정맥이 혈액을 심장으로 돌려보내는데 힘이 들기 때문에 늘어난 경정맥으로 인해 울혈 발생 ② 정맥압 상승 → 경정맥 울혈, 간비대, 복수, 다리부종
		약해진 심음	① 심낭 내 팽창하는 액체층으로 인해 발생됨 ② 심음과 심장박동이 약해짐
		저혈압	① 심장이 펌프질하여 박출하는 혈액량의 감소로 인해 발생됨 ② 저혈압과 함께 약맥 발생
	기이맥(= 모순맥) 10,18 국시		흡기 시 수축기 혈압이 정상보다 10mmHg 이상 감소(흡기 시 우심실이 확장하면서 비정상적으로 좌심실을 압박하여 발생)
	심장성 쇼크		빈맥, 빠르고 얕은 호흡, 발한, 불안정, 창백, 청색증
	심장흉부비 감소		흉곽 내에서 폐의 용적이 커지면서 심장흉부비가 감소함(심음영의 최대직경과 흉부 최대 직경과의 길이 비로 정상에서 50% 이하임), 심낭삼출액 축적 시 발생가능함
치료 및 간호	원인제거	심막천자	심막강으로부터 액체를 빨리 제거
		응급수술	외상으로 인한 심장압전은 응급수술 시행

14 심근증 성인질환

정의		심근의 구조적·기능적 능력에 일차적으로 영향을 주는 질병의 총칭, 심장근육의 기능장애 [정상 심근]　　[비후성 심근]　　[확장성 심근]
분류 12 국시	확장성 심근증	가장 흔히 발병하는 유형으로 광범위한 염증과 심근섬유의 급속한 변성에 의한 심실의 확장과 수축능력의 장애, 심방비대, 좌심실의 혈액정체를 동반하는 심비대가 특징으로 심부전과 부정맥 등을 유발하는 질환
	비후성 심근증	심장의 비후를 일으키는 뚜렷한 원인 없이 심근비후를 보이는 경우, 심근의 섬유가 두꺼워지고 섬유의 배열이 변하게 되어 심근의 무게가 무거워진 상태 11 임용(보기). 4가지 주요 특징은 광범위한 심실비대, 빠르고 강한 좌심실 수축, 이완불능, 대동맥 분출폐쇄임
	제한적 심근증	심근증 중 가장 드물게 발생함, 심실의 확장기 기능장애를 일으키는 질환으로, 심실벽이 매우 단단하고 심실의 혈액유입 장애가 특징임. 심장근육질환으로 이완기 충만이 안되고 심장근육이 늘어나지 않음, 심실 충만을 방해하므로 심박출량을 요지시키기 위해 높은 심실충만압이 요구됨(단, 수축기능은 영향을 받지 않음)
원인	확장성 심근증	① 바이러스감염 후 자가면역 반응에 의해 심근세포가 계속적으로 파괴됨으로써 심근 탄력섬유의 광범위한 퇴행성 변화 ② 심장독성 요소 : 알코올, 코카인, 항생제(Adriamycin, cyclophosphamide 등) ③ 유전 또는 가족력 ④ 고혈압, 관상동맥 허혈, 대사성 질환, 근디스트로피, 심근염, 임신, 판막질환
	비후성 심근증	대동맥 협착, 유전, 고혈압
	제한성 심근증	아밀로이드증(단백질의 형성과정에서 형태에 이상이 생겨 여러 장기와 조직에 섬유질이 형성되는 질환), 심내막의 섬유화, 신생물, 유육종증(면역 체계의 비정상적인 과민반응에 의한 것으로 신체의 여러 부위에 염증 발생), 심실성 혈전
병태 생리 11 임용	확장성 심근증 12 국시	① 좌우심실과 심방 모두 확장되며 → 심근수축력 저하로 → 좌우심실부전 유발 ② 심근섬유 : 미세구조의 소실, 부분적 괴사, 유화와 중등도 염증세포의 침윤 동반 ③ 심내막 : 부분적 비후로 인해 심근조직과 탄력조직으로 구성된 백색의 둥글게 돈은 반점 발생 　(심내막 섬유탄성증)
	비후성 심근증 12 국시	① 수축기 초 : 좌심실로부터 대동맥 내로 혈액 유출이 빠르게 일어남 ② 수축기 말 : 대동맥 판구의 폐쇄로 혈액 유출이 어렵게 됨 ③ 확장기 : 심장이완기능장애로 심실이완압이 상승되어 좌심방에서 좌심실로의 혈액유입에 방해를 받게 되어 이완기 연장됨 → 좌심부전으로 좌심방압, 폐정맥압, 폐모세혈관압 상승 ※ 운동 시 증상이 야기되며, 갑자기 사망할 수 있음 ※ 4가지 주요특성 　① 광범위한 심실비대 ② 좌심실의 빠르고 강력한 수축 ③ 이완불능 ④ 대동맥 분출의 폐색 등
	제한성 심근증	① 심실벽의 과잉경직이 특징임 → 경직된 심실벽은 확장기에 심실로의 혈액충만을 억제함(수축기 때의 심근수축력은 정상) ② 심내막과 심내막하 및 심근층의 근섬유가 침범되며 섬유화가 일어나서 확장기 때 심장의 신장성이 약화되므로 → 심박출량이 감소됨

진단	① 과거력과 신체검진 ② 심전도, 혈청검사 ③ 흉부 X-선 검사, 심장초음파, 핵의학검사, 심도자술, 심장생검						
증상	구분	주요증상	심장비대	수축력	판막기능부전	부정맥	심박출량
	확장성 심근증	피로, 허약감, 심계항진, 호흡곤란, 마른 기침	중 정도 이상	감소	심실판막(특히 승모판 기능부전)	동방빈맥, 심방과 심실의 부정맥	감소
	비후성 심근증	운동 시 호흡곤란(심실충만의 감소와 분출의 폐색으로 초래), 피로, 협심증, 실신, 심계항진	약간 정도	정상 또는 감소	승모판 기능부전	빈맥	감소
	제한성 심근증	호흡곤란, 피로, 심계항진	약간에서 중 정도	감소 또는 증가	승모판 기능부전	심방과 심실부정맥	정상 또는 감소
치료 및 간호	원인제거	① 원인에 따른 치료 ② 수술적 교정 : 심근절제술, 부분적 심실종격근 절개술 등 ③ 심장이식					
	대증요법	약물치료 : ARB, 이뇨제, 강심제, 항응고제, 항부정맥제, 베타교감신경차단제(propranolol) 등					
	지지요법	① 안정 : 심 부담을 줄이고, 심근세포의 산소화를 돕기 위함 ② 저염식이 ③ 정서적 지지 ④ 알코올 금지					

PLUS+

● **심근증** 95 임용(보기)

정의	감염성 및 비감염성 원인 등 다양한 원인에 의해 유발되는 심근의 염증성 질환	
원인	감염성	아데노바이러스, 엔테로 바이러스, 파르보바이러스 B19
	비감염성	전신질환, 약물과민반응, 독소물질
증상 및 징후	증상	① 무증상~급속도로 진행하는 치명적인 상태 등 다양함 ② 선행증상 : 발열, 전신쇠약, 관절통 등 ③ 가장 흔한 증상 : 피로, 운동 시 호흡곤란, 심계항진, 휴식 시 흉통 등
	임상검사	① 혈액검사 : 백혈구 증가, ESR 상승, 호산구 증가증 등 ② 심초음파, MRI, 심내막심근생검
진단기준	다음 4가지 사항을 고려하여 진단할 수 있음 ① 심근염을 의심할 만한 임상 증상 ② 관상동맥의 문제없이 새롭게 혹은 최근에 발생한 심근 손상의 증가 ③ 심근부종과 염증을 시사하는 심혈관 MRI 촬영 소견 ④ 심내막심근생검상 심근염증의 증가	
치료 및 간호	① 대부분 후유증 없이 자연치유되므로 항생제나 항바이러스제, 면역억제제 등의 사용을 권장하지 않음 ② 전신 자가면역질환(전신홍반성루푸스, 피부경화증 등)으로 인한 심근염에서는 면역억제제 사용 고려	

15 심부정맥 95(보기),12,20 임용 성인질환

정의	자극형성장애 또는 자극전도장애로 인해 심장 리듬이 불규칙하거나 박동수가 비정상적인 상태
원인	① 심장질환: 선천성·후천성 심장질환 / 비정상적 전도경로, 전도장애 / 심근비대, 심근세포 손상 / 폐성심 등 ② 기타: 전해질 불균형, 산-염기 불균형, 저산소증, 출혈 등 혈량 감소, 정서적 불안정, 약물중독(예 디기탈리스제 독작용, 항우울제, phenothiazines, lithium, theophylline 등), 알코올, 담배, 커피, 차 ③ 노인: 심근의 콜라겐 양 증가 → 심근 경직, 순응도 감소, 심내막 지질 축적과 섬유화 촉진 → 방실 전도장애 발생
정상생리	(1) 심장의 자극 전도계

동방결절 (SA node) ⇩	위치	상대정맥과 우심방 접합부(아래)
	기능	• 전기적 자극 발생시켜 심장박동(60~100회/분) 일으키는 pacemaker • 탈분극 파동은 방실결절, 좌심방으로 전달 • 심전도상 P파
	조절	교감신경계, 부교감신경계
방실결절 (AV node) ⇩	위치	심방중격의 하부, 심실중격의 상부
	기능	동방결절의 전기 자극을 받아들이고 심실로 자극을 전도하는 경로(이차적 심박조절자)
	조절	정상상태에서의 AV node의 흥분은 동방결절에 의해 억제됨
히스 속 (Bundle His, 히스다발) ⇩	위치	심실 간 중격 상부
	기능	• 좌우 각으로 가지를 쳐 자극을 푸르키녜 섬유에 도달시킴 (심방 → 심실로 전기 자극 전달) • 심전도상 PR간격
푸르키녜 섬유	위치	심실 내막 안에 널리 흩어져 있음
	기능	• 탈분극 파동을 빠르게 심실로 전달함(심실수축) • 심전도상 QRS군

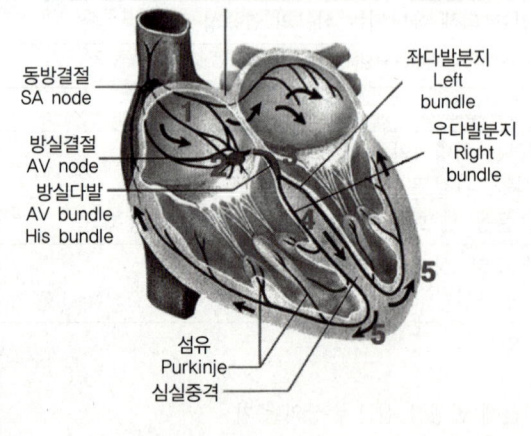

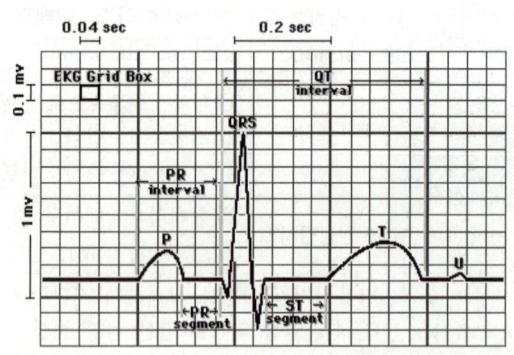

(2) 심장 세포의 탈분극

탈분극	① 심근세포가 자극을 받아 심방과 심실의 근육이 수축하게 되는 상태
	② Na^+이온과 Ca^{2+}이온의 세포막 투과력이 증가하여 세포막 안으로 밀려들어가면서 세포 내 전압이 상승함(20mV)
	  ㉠ 심근세포의 탈분극 : Na^+
	  ㉡ 동방결절, 방실결절 : Ca^{2+}	

재분극	① 한 자극에 대하여 흥분이 끝난 후 다시 본래의 휴식 상태로 이완되는 복구의 과정 ② Na^+-K^+펌프가 작동하여 세포 내 과다 Na^+이온은 밖으로 내보내고 K^+이온은 세포 내로 유입하여 다시 세포막 안정전위 유지	
탈분극 → 재분극	심방, 심실의 수축과 이완(1분간 60~100회)	

심박동수
19 국시
	① R파와 다음 R파의 간격
	  ㉠ 300/R-R 사이의 큰 네모 칸의 수(또는 1500/R-R 사이의 작은 네모 칸의 수)
	  ㉡ 6초 동안의 QRS군×10(또는 3초 동안의 QRS군×20)	

(3) 심전도 파형과 간격

① 심전도
  ㉠ 심장 세포의 탈분극과 재분극에 의해 형성된 전기의 흐름을 체표면에서 기록한 것
  ㉡ X축 1mm당 0.04초, 1칸 0.2초

		정상치	의미	이상치
정상생리	P파	0.06초~ 0.10(0.12)초 작은 칸 2~3칸	SA node → 좌우심방벽의 흥분 동방결절에서 전기적 자극 발생 심방 탈분극(심방수축, 자극전도)	⇧ 심방비대 – 우심방비대 : P파 높이증대 → 뾰족 – 좌심방비대 : P파 폭이 넓어짐
	PR간격	0.12~ 0.20(0.21)초 작은 칸 3~5칸	심방흥분 → AV node → 심실수축 직전 동방결절에서 나온 자극이 심방자극 후 방실결절을 거쳐 심실수축 직전까지 P파 시작~QRS파 시작까지 = 심방에서 심실근육까지 흥분전도 시간	⇧ 방실차단 등 전도장애 시
	Q파		심실간중격의 탈분극 (히스속 → 심실간중격 뒤쪽으로 내려감)	R파 높이의 1/4 이상, 깊이는 0.04초 이상 폭은 작은 칸 1개 이상일 때 • 급성심근경색의 특징적 EKG : 이상 Q파 – 괴사층
	QRS군 16 임용	0.06초~ 0.10(0.12)초 작은칸 2~3칸	심실의 흥분전파기(심실의 총 흥분시간) 좌우심실벽, 심실중격의 복합흥분소견	⇧ 심실비대 – 우심실 비대 : QRS의 R파 높이, 폭 상승 – 좌심실 비대 : QRS 높이, 폭 증가 / T파 역전
	ST분절	0.12초	심실의 탈분극 (심실의 흥분극기)	⇧ 심근경색 상해층, 심근손상, 이형성협심증, 급성섬유성심낭염, 저칼슘혈증 ⇩ 안정형협심증, 심근허혈, 심내막 허혈, 고칼슘혈증
	T파	0.1~0.25초	심실의 재분극 (심실수축의 회복기)	⇧ 고칼륨혈증 ⇩ 급성심근경색(역전 or 편평 = 관성T) – 외측허혈층 저칼륨혈증
	QT 간격	0.30~0.45초	QRS군 시작~T파까지 (심실 탈분극 → 재분극 → 회복)의 전기적 활동 시간으로 심박동수에 의해 변함 = 전기적 심실 수축시간	⇧ 저칼슘혈증 ⇩ 고칼슘혈증
	U파			서맥, 저칼륨혈증 : 뚜렷한 U파

병태생리	전기자극 형성장애	종류	① 이소성 박동 (딴곳박동, ectopic beat)	동심방결절이 아닌 잠재성 심박조절자의 흥분성이 높아져 정상수축보다 조기에 출현함
			② 이탈박동 (박탈박동, escaped beat)	동심방결절 자체의 기능이 저하될 때, 전기자극을 만들어 낼 수 있는 자동능을 가진 방실결절, 히스다발, 각분지, 푸르키네 섬유 등이 전기자극을 만들어 박동조율기의 역할을 함
	전기자극 전도장애	정의	동방결절에서 시작된 전기적 자극이 정상적인 전도계를 통해 전달하지 못하게 방해 받는 것	
			자극 전도계	빠른 전도로	① 전도속도가 빠른 세포로 이루어짐 ② 자극을 전달하는 속도는 빠르지만 불응기가 긴 편
				느린 전도로	① 전도속도가 느린 세포로 이루어짐 ② 전도속도가 느린 반면 불응기가 짧은 편
			정상동리듬에서 자극전도는 빠른 전도로를 따르지만 심박동수가 빨라지거나 조기박동일 때는 빠른 전도로가 아직 불응기 상태이기 때문에 느린 전도로를 따라 자극이 전달되기도 함	
		기전	① 자극전달이 억제되거나 일부 영역이 병리적인 원인에 의해 차단되면 → 차단되지 않은 부분이 차단된 부분보다 먼저 활성화됨 ② 균일하지 않은 전도 때문에 → 처음 시작된 자극이 차단으로 인해 자극전도가 되지 않았던 부분으로 다시 흘러가게 됨(= 재돌입 = 회귀, reentry) ③ 자극이 재돌입하여 → 조기박동 유발 또는 빈맥 유발	
	혼합장애	자극형성장애와 전도장애가 함께 발생함		

부정맥 분류	① 규칙성 확인, 맥박수 측정			
		정의		특징 / 원인
	동성빈맥 19 국시	분당 심박동수 (맥박수) 100회 이상/분	원인	교감신경계 활성화, 이소성 수축(이소성 빈맥)과 감별이 중요
				약물(부교감신경차단 또는 교감신경흥분제 등), 담배, 카페인 등의 물질, 불안, 통증, 스트레스, 두려움 등의 심리적 상태, 저산소증, 빈혈, 출혈, 쇼크, 염증, 발열 및 질환(심부전, 갑상선기능항진 등과 같은 대사성 질환, 폐질환 등)
			증상	심박동수의 과도한 증가(심박출량의 저하를 보상하기 위함), 빈맥 지속으로 심귀환량 감소 → 심박출량 감소, 혈압하강, 약맥
			치료	• 원인제거 • 베타차단제(프로프라놀롤, 아테놀롤), 칼슘통로차단제(베라파밀), 아데노신(수면촉진과 각성억제, 혈관확장으로 혈류를 향상시킴) 투여
	동성서맥	분당 심박동수 (맥박수) 40~60회/분		교감신경계 억제작용에 의해 동방결절에서의 흥분발생 빈도가 감소하여 맥박이 1분 동안 60회 미만으로 떨어지는 느린 맥박
			원인	약물(교감신경차단제, 칼슘통로차단제, 디기탈리스, 모르핀 등), 구토, 흡인, 발살바 수기, 뇌압상승, 안압상승, 저체온, 영양실조 및 질환(갑상샘 기능 저하, 점액수종), 운동선수, 정상적으로 수면성 동성서맥, 미주신경자극
			증상	심박동수의 감소 → 심박출량 감소 → 순환혈량 감소 → 저산소혈증, 저혈압, 협심증, 현기증, 실신 등
			치료	• 원인 제거 : 디곡신 등의 약물이 원인인 경우 약물 투약 중지 • 베타효능제(이소프로테레놀), 부교감신경차단제(아트로핀) 투여 • 경피적 인공심박동기 • 부교감신경 자극을 피함 : 흡인시간을 짧게 하고, 구개반사 자극을 피할 것

② QRS 확인

		정의	EKG상 특징		특성
부정맥 분류	PVC 심실 조기 수축 12 임용	심실 내에서 이소성으로 발생하는 기외수축 (동방결절에서 정상적인 수축을 내보내기 전 심실내으이 세포가 먼저 흥분하여 심실수축)	QRS군 비정상 : 0.12초 이상으로 넓고 조기에 나타남		(1) 원인 : 교감신경흥분, 미주신경흥분, 저산소증, 담배, 커피, 홍차, 알코올, 심장질환자(MI, CHF, IHD 등), 디기탈리스 중독(→ 저칼륨혈증), 심방성부정맥 치료제 등(quinidine 중독 등) (2) 증상 : 심계항진, 목과 흉부불편감, 협심증, 저혈압 등 (3) 치료 ① 기질적 심질환이 없는 경우 치료 불필요 ② 리도카인 또는 퀴니딘(나트륨 채널차단제) 투여 : 심실탈분극 저하, 심실세동 예방 ③ 강심제(디기탈리스제제) 투여
			주의	심실세동의 전조증인지 세심히 관찰 - PVC가 분당 6회 이상이거나 2~3개가 동시출현 - PVC모양이 각각 다를 때 - PVC가 T파 초기에 발생 시(R on T)	
	VT 심실 빈맥 12 임용 / 21 국시	(1) 심장의 자동성 증가로 반복적 불안정한 심실기외수축(PVC)이 3회 이상 (2) 치명적인 심실세동을 야기할 수 있는 위험한 부정맥	(1) 맥박수 140~250회/분, 규칙적임 (2) 비정상 QRS군이 반복 (3회 이상) (3) 리듬은 규칙적 맥박이 없는 VT → 즉시 제세동, CPR, 첫 번째로 에피네프린(혈관수축제) 투여		(1) 원인 : 심장질환자(MI, CHF, IHD 등), 전해질불균형(저마그네슘 혈증 등), 디기탈리스 중독(→ 저칼륨혈증), 심방성부정맥 치료제(quinidine 중독 등) (2) 증상 : 의식없음, 맥박과 호흡없음 (3) 치료 : 심장리듬전환술, 맥박 없는 심실빈맥 시 제세동과 심폐소생술
	심실조동 19 국시	심실이 극히 빠른 속도로 흥분하는 부정맥 (심실로부터 혈액방출이 거의 정지된 상태)	(1) 맥박수 150~300회/분 (2) 모양이 일정하지 않는 톱니바퀴 모양의 QRS군이 매우 빠르게 반복, 규칙적 출현(QRS군, ST분절, T파 구분 안 됨), 기저선이 크게 동요하는 파형을 볼 수 있음		(보통 VT → VF로 가는 도중) 치료 : 심장리듬전환술(심실주기에 맞추어서 전기자극), 제세동
	VF 심실 세동 12 임용 (보기)	(1) 심실벽의 여러 이소성 자극에 의한 심실의 잔떨림 상태 (2) 임상적 사망단계로 3~5분 내 즉각적 응급처치 없으면 뇌, 심장의 비가역적 변화로 인한 생리적 사망	(1) 심전도상 P파 관찰 안 됨 / PR 간격, QRS군, T파가 감별 안 됨 (2) 기저선 근처의 불규칙한 잔 세동파(300~600회/분)		(1) 원인 : 심장질환자(MI, CHF, IHD 등), 전해질불균형(저마그네슘혈증 등), 디기탈리스 중독(→ 저칼륨혈증), 심방성부정맥 치료제(quinidine 중독 등), Adams-Stokes 발작 병력자 등 (2) 증상 ① 의식상실, 맥박소실 및 무호흡 상태, 혈압측정 안 됨 ② 즉시 치료하지 않으면 수분 내에 사망 가능 (3) 치료 ① 전기심장충격요법 시행 : 제세동(가장 우선적으로 시행) ② 제세동 직후 : 리도카인, 에피네프린, 아미오다론, 중탄산나트륨(제세동 효과증진 위해 투여) 등을 투여 ③ 즉각적인 제세동이 불가능하면, 심폐소생술 시행
	각블록	심실중격 상부에서 히스속이 좌우 심실로 흥분전달이 되지 않는 상태, 조직손상으로 히스속 좌우가지 중 어느 한 곳으로의 전도차단 -좌각블록, 우각블록	QRS군 비정상 : 0.12초 이상으로 넓어지고 독특한 모양을 보임(우각블록 rSR´ 파형(우측 흉부 유도 V₁, V₂에서 Q파가 보이지 않음, 우각 전도지연으로 우심실면 수축이 늦어짐, Q파 없고 QRS 폭넓고 ST하강, T파 역전), 좌각블록 M자형 파형(좌심실 좌측벽의 수축지연, 폭넓은 R파 관찰, Q파 없음, S파 거의 없음)		(1) 원인 : 심장질환자(MI, CHF, IHD 등), 심실비대, 선천성 심질환자 등, 디기탈리스 중독(→ 저칼륨혈증) (2) 증상 : 특별 증상 없음 (3) 치료 : 인공심박동기 필요한 경우가 있음

PLUS⊕

• 심실조기수축의 유형

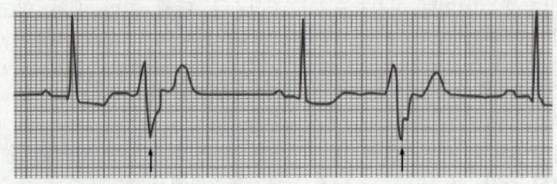

심실조기수축(PVC) : 심실성 이단맥
(정상리듬 : PVC=1 : 1 교대로 발생)

속도	기존 리듬의 속도에 따라 달라짐
리듬	PVC 발생 시마다 불규칙
P파	PVC와 관련 없음
PR간격	PVC와 관련 없음
QRS	넓음(>0.12초), 기이한 모습

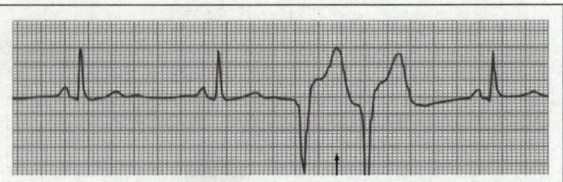

심실조기수축(PVC) : paired PVC(PVC가 연달아 발생)

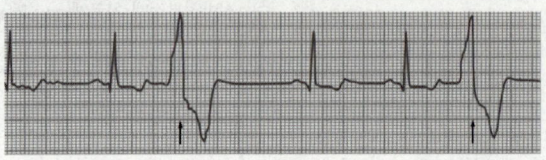

심실조기수축(PVC) : 심실성 삼단맥(매 3번째 PVC 발생)

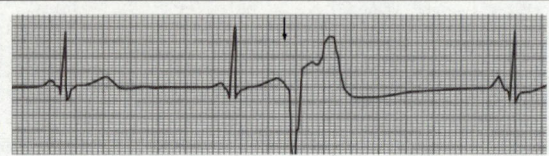

심실조기수축(PVC) : R on T 현상(선행하는 QRS 복합의 T파의 상대적 불응기 때 PVC가 시작하는 경우)

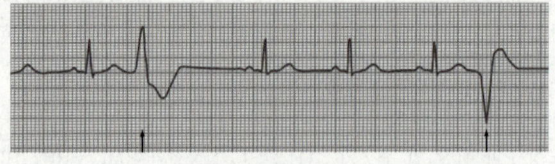

심실조기수축(PVC) : 다원심실조기수축(이소성 자극이 다른 위치에서 시작되어 PVC 모양 다양)

★ 경고증상으로 간주해야 하는 PVC ★
- 분당 6회 이상이거나 2~3개 연달아 발생
- 모양이 각기 다를 때
- R on T

③ QRS 정상, P파 확인

	정의	EKG상 특징	특성
PAC 심방 조기 수축 12 임용 (보기)	(1) 심방벽에서 형성되는 이소성 자극에 의해 정상보다 미리 심방이 흥분되는 상태 (2) 심방이 동방결절의 심박조절기능을 대신할 때 발생	(1) 조기에 나타나는 변형된 P파, P-R 간격 감소 (2) 정상과 비슷한 QRS군(리듬은 불규칙함), T파가 조기에 나타남 ※ 임상적으로 별 의미가 없는 기능적 상태로 건강한 경우 특별한 치료를 하지 않아도 됨	(1) 원인 : 스트레스, 카페인, 담배, 감염, 저산소증, 심방비대, 심근허혈 등 (2) 치료 : 베타차단제(프로프라놀롤, 아테놀롤), 칼슘통로차단제(베라파밀) 투여
APT 심방 발작성 빈맥, 심실상성 빈맥 PSVT	심방의 박동수가 160~240회/분 정도 발작적으로 현저히 증가한 상태	(1) P파 구분이 어려움 (흔히 T파와 겹쳐져서 R파가 잘 안보임), P-R 간격 짧아짐, QRS파 정상 (2) ST하강, T파 역전 : 장시간 심근허혈 시	(1) 원인 : 심장질환자(MI, CHF, IHD, RF 등), 만성 폐질환, 소화장애, 신경과민, 과로, 음주, 생활환경의 변화(정상인에서도 나타나지만, 흔히 심장문제가 있는 경우에 나타남) ※ 재발이 잦음 (2) 증상 : 주로 심계항진을 호소하지만 심박출량 감소로 인해 저혈압, 호흡곤란, 흉통, 어지러움증 등을 호소하기도 함 (3) 치료 ① 경동맥 마사지, 발살바수기 등을 통해 미주신경을 자극하여 심박수를 조절함. 효과가 없으면 아데노신을 정맥투여함, 심장리듬전환술
심방 조동	심방이 빠른 빈도로 규칙적으로 흥분하는 상태(심방의 한 세포가 비정상적으로 반복적으로 흥분함)	(1) 심방 박동수 250~350회/분 정도 → 방실결절 차단 → 맥박수(심실 박동수) 60~150회/분 정도 (2) 거의 볼 수 없는 P파 ※ 톱니바퀴 모양의 조동파	(1) 원인 : 심장질환자(IHD, 판막질환, CHF), 만성 폐쇄성 폐질환, 개심술 후 무균성 심외막염, 디지탈리스 중독(→ 저칼륨혈증) (2) 치료 ① 베타차단제(프로프라놀롤, 아테놀롤), 칼슘통로차단제(베라파밀) 투여 ② 나트륨통로차단제(퀴니딘) 투여 ③ 심장리듬전환술 : 낮은 전력(50Jules)의 전기흉부쇼크
심방 세동 22 국시	(1) 심방벽에서 발생되는 이소성 자극에 의한 심방의 잔떨림 (2) 심방의 근섬유가 제각기 수축하여 심방표면이 빠르게 떠는 상태	(1) 심방 박동수 350~600회/분 → 방실결절 차단 → 심실 박동수 160~200회/분 정도 (2) 뚜렷한 P파 없이 잔물결 모양의 기저선, 불규칙적으로 정상 QRS군이 나타나 매우 불규칙함(QRS 모양은 정상이나 불규칙한 리듬), PR간격 측정 안됨	(1) 원인 : 심장질환자. 특히, 구조적 심장병, 고혈압과 심부전 동반 시, 노인에게 흔함 (2) 증상 ① 심박출량 저하(피로, 호흡곤란, 어지러움증) ② 경정맥울혈, 불안, 실신, 심계항진, 흉통, 저혈압 등 ③ 우심방에서 혈전이 생성되어 우심실을 거쳐 폐로 이동하여 폐색전증 위험이 있음 ④ 심방울혈로 혈전을 형성시키는 경향이 있어서 뇌졸중 발병 위험이 높음 (3) 치료 19,21 국시 ① 심실박동 저하 위해 diltiazem, digoxin, 베타차단제 등 투여 ② 항응고제(헤파린, 와파린 등) 투여 ③ ABC 치료 • 뇌졸중 예방(A, avoid stroke) • 증상조절(B, better symtom management) • 위험인자 조절(C, cardiovascular risk management)에 초점을 두고 이루어짐 ④ 심장리듬전환술

부정맥 분류

④ PR간격 확인 : P파와 QRS파 간의 관계 확인

		정의	EKG상 특징	특성
부정맥 분류	1도 방실블록	(1) 방실결절을 통한 전기적 자극의 전도가 지연되어 발생 (2) 심방의 전기 자극은 심실에 모두 전도되지만 전도시간이 길어지는 경우	(1) PR간격 : 0.2초 이상	(1) 원인 : 심장질환자(MI, CHF, IHD, RF 등), 디기탈리스 중독(→ 저칼륨혈증), 심실성 빈맥치료제(amiodarone) 투여에 대한 반응 (2) 별다른 치료가 필요치 않음
	2도 방실블록	심방에서 전달되는 전기 자극이 부분적으로 차단되어 심실로 전달되면서 심실수축이 탈락되거나 느려지는 현상	(1) 맥박수, 리듬 : 규칙적 (2) Mobitz I : PR간격 연장, QRS 1회 탈락 (→ 특별한 치료하지 않음) (3) Mobitz II : PR간격 일정, 예고 없는 QRS 탈락 (→ 인공심박동기 삽입)	(1) 원인 : 방실결절 기능장애 또는 심장질환자(MI, CHF, IHD, RF 등), 디기탈리스 중독(→ 저칼륨혈증), 심실성 빈맥치료제(amiodarone) 투여에 대한 반응 등 (2) 치료 ① 증상이 없는 모비츠 I : 치료불필요 ② 모비츠 II : 심박동지원(인공심박동기 삽입), 항콜린제 투여
	3도 방실블록	심방에서 전기 자극이 심실로 전혀 전달되지 않는 경우(심방, 심실이 전기적으로 완전히 해리되어 따로 수축하는 상태)로 방실완전차단이라고 불림	(1) 맥박수 : 자동적 수축 20~40회/분 • 리듬 : 불규칙, P파와 QRS 따로 수축 (2) P파 정상, 이상 QRS 좁거나 넓음, PR간격 증가(5~10초) • 심실의 수축지연(심박출량↓) → 뇌혈류량 감소 → 심한 현기증, 실신, 경련 등 • 15초 이상 → 전신경련, 청색증, 체인-스톡 호흡 동반 → 돌연사 위험성↑(→ 인공심박동기 삽입) : Adams-Stokes 증후군	(1) 원인 ① 급성 심근경색, 울혈성 심부전, 허혈성 심질환 등의 심장질환 ② 심전도계의 만성적 병변, 선천성 기형, 심근병에 의한 자극전도 장애 ③ 디지탈리스 중독으로 인한 저칼륨혈증 (2) 치료 21 국시 ① 처음 발병한 경우, 내과적 응급상황임 ② 부교감신경차단제인 아트로핀 (급성으로 증상이 있는 서맥환자에서 일차치료약제) 투여 ③ 베타효능제(이소프로테레놀) 투여 ④ 경피심장박동조율기(인공심박기) 적용

⑤ 기타

조기흥분 증후군	WPW 증후군(심방과 심실 사이에 비정상적 전기회로 존재) 환자의 심실 조기흥분 비정상적인 우회로로 발생하는 심실흥분, 역행적인 방실전도를 일으키는 모든 질환을 가리킴 - 짧은 PR간격(0.12초 이하), 넓은 QRS(0.12초 이상)
para systole	심실의 불응기에 따라 두 개의 심박조절자(동방결절 / 심방, 심실) 중 한 개에 의해 흥분
방실 해리	심방과 심실이 두 개의 분리된 심박조절자의 지배를 받는 경우(심방과 심실이 독립적으로 박동하는 상태)

증상	심장의 상태, 환자의 (정서적) 반응에 따라 다름 - 심계항진, 현기증, 실신, 목과 머리의 진동(불편감), 가쁜 호흡, 전흉부의 불편감이나 동통, 불안 등

- 심근 세포막 투과성

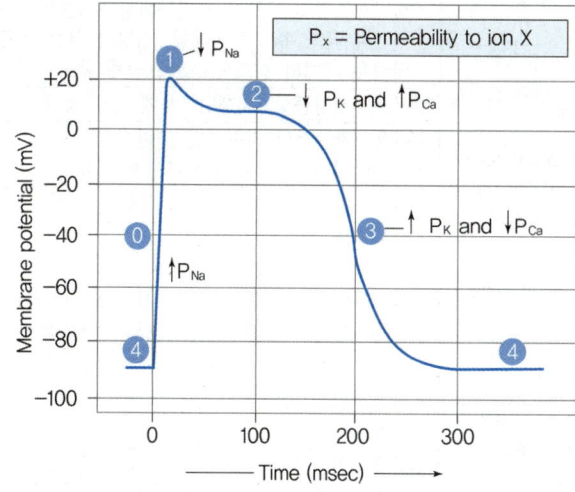

부정맥 약물 분류

단계	부정맥 약물 분류
0단계	나트륨 채널 열림 : 1군(NCB)
1단계	나트륨 채널 닫힘
2단계	칼륨채널 닫힘 : 4군(CCB)
	칼슘채널 열림(칼슘유입 = 칼륨유출로 절대불응기가 긺)
3단계	칼륨채널 열림, 칼슘채널닫힘 : 3군(KCB)
	휴지기

① 약물요법(항부정맥제 사용 관련 교육) + 간호(부작용 관련 대비)

치료 및 간호	class 1 Na⁺ channel blocker	• 심근세포막의 Na⁺channel 통과 차단하여 심장의 탈분극 속도 억제 ※ 투약 전 심첨맥박 확인	lidocaine (IV) 12임용
			• 활동전위 지속시간 불변 • 심실성 부정맥 시 가장 먼저 사용하는 약제 • 심근세포막의 나트륨 채널통과를 차단하여 심장의 탈분극화 속도를 억제함. 심방과 심실/푸르키녜섬유 체계의 전도속도를 느리게 함
			부작용: 신경증상, 저혈압, 서맥, 간독성 등
		phenytoin (Dilantin)	• 작용: 활동전위 지속시간 불변 • 디기탈리스 중독에 의한 부정맥 치료 시
			부작용: 일시적 저혈압, 순환정지, 심정지, 쇼크
		quinidine (PO)	• 활동전위 지속시간 연장 • 주로 심방성 부정맥 시 사용 • 심장의 탈분극 동안 심근세포 내로 Na⁺의 빠른 유입을 차단하여 심장의 탈분극 저하, 절대불응기 연장
			부작용: 위장장애, 간독성, 발열과 발진 등
		procainamide (PO)	• 활동전위 지속시간 연장 • 주로 만성 심실성 부정맥 시
			부작용: 위장장애, 간독성, 발열과 발진 등
		disopyramide	• 작용: 활동전위 지속시간 연장 • Lidocaine, Procainamide에 듣지 않는 심실성, 심방성 부정맥
			부작용: 심근수축력 저하, 울혈성 심부전, 소변정체 등
	class 2 β-adrenergic blocker	• 카테콜라민 차단 → 동방결절 자극형성 억제, 방실결절의 전도속도지연 • 심실상성 부정맥에 효과	• −olol: 프로프라놀롤, 아테놀롤 등 • 부작용: 서맥, 저혈압 등
	class 3 K⁺ channel blocker	• 심근의 활동전위 지속시간 연장 • 만성 심실성 빈맥, 심실세동 시	amiodarone
			• 작용시간 늦음(평균 4~10일) • 다른 항부정맥제에 반응하지 않는 부정맥에 사용 • 심실성 빈맥의 발작/심실세동의 예방차원
			부작용: 피부, 각막의 색소침착(약물중지하면 자연소실됨), 근 허약, 저혈압, 경한 위장장애
		bretylium tosylate (Bretylol)	• 다른 항부정맥제에 반응하지 않는 부정맥 • 응급 시에 사용
			• 부작용: 오심, 구토(천천히 주입), 저혈압(체위: 앙와위) • 디기탈리스 중독증상 위험
	class 4 Ca²⁺ channel blocker	• 심근세포막의 Ca²⁺ channel 통과 차단 → 관상동맥, 세동맥 확장을 통한 관상동맥 경련 예방 등	verapamil, amlodipine, diltiazem, nifedipine → 발작성 심실상성 빈맥에 효과
			부작용: 저혈압, 말초부종, 홍조, 두통, 위장장애
	기타	• 방실결절 전도 억제 • 발작성 심실상 빈맥에 효과	adenosine
			부작용: 서맥, 저혈압, 안면홍조, 호흡곤란, 흉통 등
		• 심근 수축력 증가시킴 • 심방성 부정맥 치료	digoxin
			부작용: 위장장애(식욕부진, 두통, 오심, 구토), 독작용, 저칼륨혈증 등 (투약 전 심첨맥박 1분간 측정/혈청 칼륨치, 칼슘치 확인 후 투약)
		강력한 말초혈관 수축작용	vasopressin
			제세동술에 반응하지 않는 심실세동, 무수축에 고용량 투여
			부작용: 강력한 혈관수축으로 인한 심근허혈 위험

② 미주신경자극법(vagal maneuver)
㉠ 심장전도계, 특히 동방결절과 방실결절의 미주신경의 자극을 유도하여 심실상부 빈맥을 해결하는 방법
㉡ 경동맥 마사지(경동맥을 부드럽게 문질러주면 미주신경이 자극되어 부교감신경활성화)와 valsalva maneuver(숨을 들이쉬고 입닫기, 15~20초간 버틴 후 입열고 숨쉬기를 통해서 혈압과 맥박감소 − 기전: 흉곽내압을 높이면 폐정맥 유입방해로 심장과 순환에서 주요혈관압박으로 심박수 증가 → 부교감신경 자극)이 있음 12임용(보기)

③ 인공심박동기 : 동방결절 기능부전 또는 동방결절과 심방으로부터 자극이 방실 접합부를 통해서 심실까지 도달할 수 없을 때 인공적으로 심박동을 일으키기 위해 사용(= 맥박이 너무 느리거나 빠를 때, 맥박이 불규칙적일 때 심장내 전기자극이 차단될 때 규칙적인 심장리듬으로의 회복을 위해 사용하는 장치)

일시적·영구적 인공심박동기 12(보기),20 임용	〈인공심박동기 설치 환자와 가족 교육 지침〉 • 심박조절기 부위 점검과 기능 파악, 설명서 참조 • 절개부위 감염징후 관찰 22국시 / 전원부위 직접 타격 금지 • 맥박 측정법 교육 / 전자레인지, 공항 안전경보장치 등에 올리지 않음 • 이식 후 일주일간, 절개부위 건조하게 유지 + 어깨선 이상으로 수술부위 팔을 올리지 않음 • 고압전기발생장치, 자기영상촬영장치 등의 자력장치는 영향 있음 / 심박동기 정보 담긴 카드 가지고 다니기
	〈영구적 인공심박동기 설치 환자의 주의사항〉 • 손목이나 목에서 맥박을 매일 측정하고 퇴원하기 전에 맥박 측정법을 익혀야 함 • 심박동기의 기능장애나 염증을 유발할 수 있으므로 심박동기를 만지지 말아야 하며, 상처와 박동생성기에 과도한 압력을 가하지 않도록 꽉 조이는 옷을 피할 것 • 설정된 맥박수보다 느리면 의사에게 알리도록 함 • 항상 심박동기 확인 ID 카드를 소지하고 경고용 팔찌 등을 착용해야 함

④ 전기충격요법

심장율동전환술	• 낮은 전력(50Joules)의 전기흉부 쇼크 • 약물요법으로 잘 치료되지 않는 만성 부정맥 제거, 각종 기외성 부정맥 등(발작성 심실상부빈맥, 심방조동, 심방세동)
심장충격기	심실세동을 제거하는 가장 효과적인 방법(심실세동 발생 15~20초 이내 실시) (1) 준비 　• 제세동 준비할 동안 CPR 실시 　• CPR을 하는 동안 제세동기 전기 충전(미리 충전) + 동시 작동 스위치 off (2) 심장충격기 실시 　• 위치 : 우쇄골 하부위(우쇄골 중앙선상 2번째 늑간), 심첨부위(좌측 전 액와선상 4번째 늑간) 　• 환자 침상에서 모두 뒤로 물러나도록 주의 　• 초기 1회 제세동 후 즉시 CPR 실시(2분간) → 심장리듬 확인

⑤ CPR

05 혈관계 건강문제의 간호와 관리

영역	기출분석 영역		페이지
병태생리	혈관계 구조와 기능		322
	말초혈관 수축과 혈압상승 작용에 영향을 주는 호르몬 `1992`		325
건강사정	모세혈관 충전 검사 `2019`		326
	트렌델렌버그 검사단계를 4단계로 제시 `2008`		
	호만스 징후 `2012, 2016`		
고혈압	역학적 특성, 합병증, 유형 및 유형별 발생빈도 `1993, 2020`, 합병증 `2020`		329
	고혈압성 두통 `1992`		
	혈압상승 초래하는 순환계 요인 4가지 `2003`		
	종류 2가지 `1992추가`		
	JNC-7에 근거한 고혈압 단계와 단계별 초기약물치료 `2012`		
	항고혈압제	aldactone 부작용 `1995`	
		푸로세마이드 투여 대상자 간호중재 `2009`	
		이뇨제 2가지의 작용기전과 부작용 5가지 `2012`	
		이뇨제와 베타차단제의 부작용 증상 각각 5가지 `1999추가`	
		고혈압 위기 시 투여약물 `2012`	
	고혈압 환자의 자가간호 내용 5가지 `1999추가`		
동맥질환	급성 동맥 폐색질환		339
	만성 동맥 폐색질환 `2019`		340
	레이노 현상 / 레이노병 `2020, 2024`		342
	폐쇄성 혈전혈관염		343
	동맥류		344
정맥질환	정맥류 `2002`	발생기전, 증상, 간호중재 4가지	345
	심부정맥혈전증	혈전이 형성되는 병태생리기전 `2016`	347

✓ 학습전략 Point

1st	고혈압	질병과 관련하여 병태생리, 약물의 작용기전과 효과, 특징적인 중재 등이 자주 출제되고 있다. 따라서 혈관계 대표 질병인 고혈압에 대한 철저한 학습을 통해서 혈관계의 병·생리기전과 대표약물, 대표중재들에 관해 학습한다.
2nd	레이노 현상, 정맥류, 심부정맥혈전증 등 과년도에 기출되었던 질병	과년도에 기출되었던 질환들에 대해서 병태생리, 대표적인 증상과 징후, 특징적인 치료와 중재들에 관해 학습한다.

한눈에 보기 — 혈관계

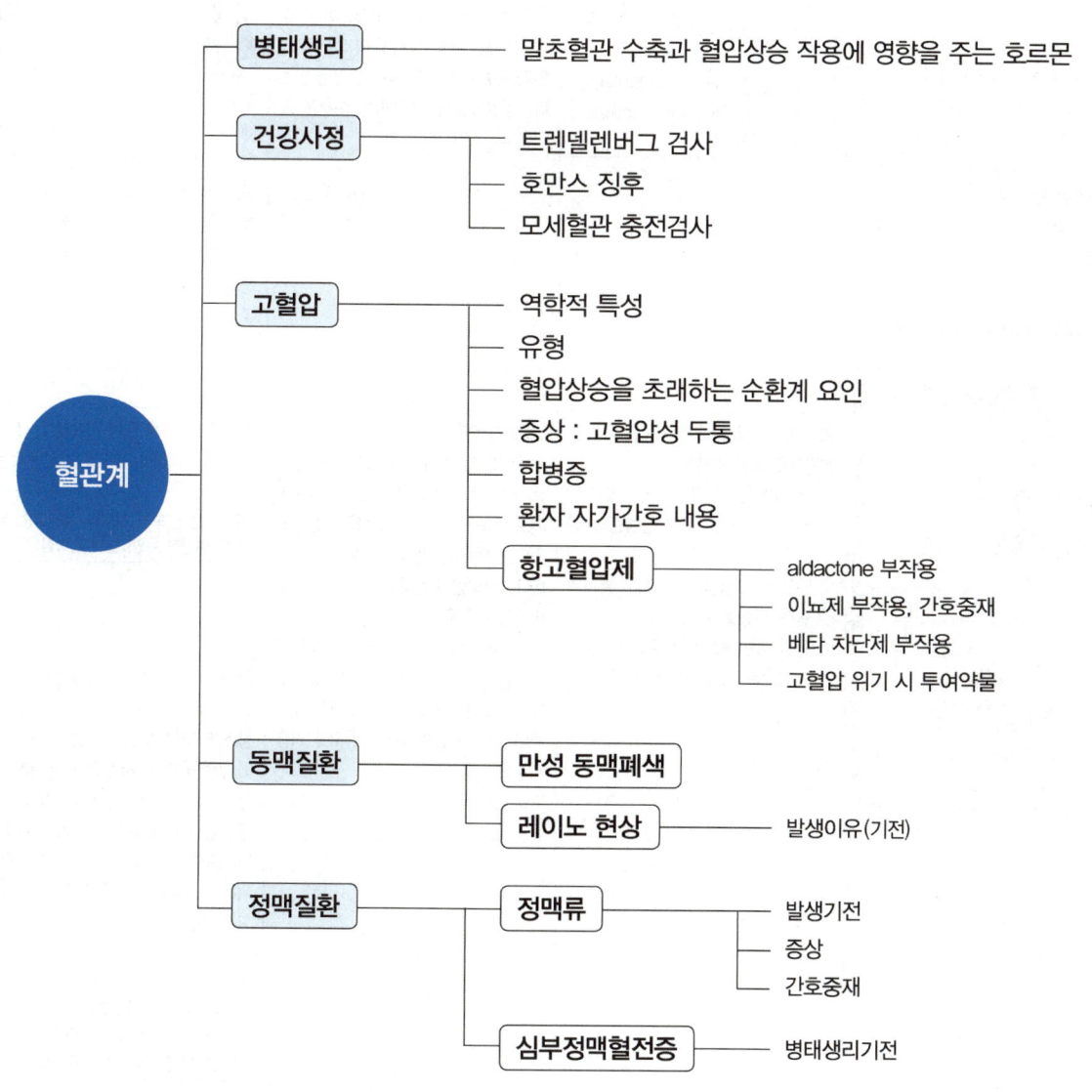

CHAPTER 05. 혈관계 건강문제의 간호와 관리

92-42. 말초혈관 수축과 혈압 상승 작용에 영향을 주는 호르몬은?
① 노아드레날린(Noradrenaline)
② 알도스테론(Aldosterone)
③ 코티손(Cortisone)
④ 옥시토신(Oxytocin)

08-08. 종아리 부위에 정맥류가 의심될 때 하지정맥의 판막기능을 비침습적으로 사정하기 위해 트렌델렌버그 검사를 실시하고자 한다. 이 검사방법을 순서대로 4단계로 쓰시오.

16-01. 다음은 보건교사가 박 교사와 상담한 내용이다. 괄호 안의 ㉠에 들어갈 혈전이 생기는 병태생리적 기전을 쓰고, 그림 ㉡의 신체검진 방법의 명칭과 괄호 안의 ㉢에 들어갈 신체검진 결과의 양성반응을 순서대로 서술하시오.

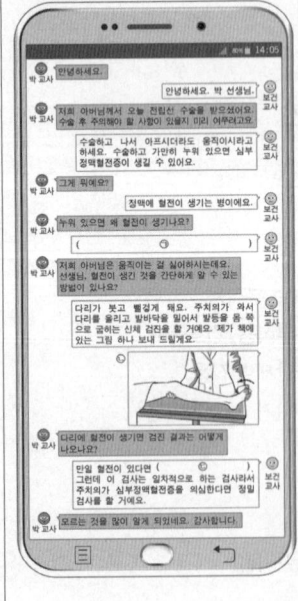

12-03. 저칼슘혈증의 양성 반응을 사정하는 검사 (가)~(라)와 중재 ㄱ~ㄹ로 옳은 것은?

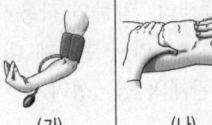

(가) 팔에 혈압 커프를 감아 팽창시키면 수분 이내에 손목 경련을 호소함.

(나) 무릎을 펴고 눕게 한 후 슬개상낭(suprapatellar bursa)에 그림과 같이 압력을 가하면 팽윤이 관찰됨.

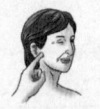 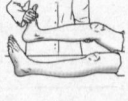

(다) 안면신경 부위(관자놀이 바로 밑)를 가볍게 쳤을 때 안면근 수축이 관찰됨.

(라) 무릎을 약간 굽히고 발을 족배 굴곡하였을 때 통증을 호소함.

ㄱ. 비타민 D를 투여한다.
ㄴ. 인(phosphorus)을 투여한다.
ㄷ. 칼시토닌(calcitonin)을 투여한다.
ㄹ. 글루콘산칼슘(calcium gluconate)을 투여한다.

03-06. 다음 표는 50세인 박 교사의 건강검진 결과지이다. 박 교사는 특별한 질환은 없으나 정상범위를 벗어난 몇 가지 검사항목으로 인하여 걱정을 하고 있다. 박 교사는 현재 하루에 한 갑 정도의 담배를 피우고 술과 커피는 마시지 않는다.

항목	측정치	정상범위
비만도	29kg/m²	19~24kg/m²
혈압	140/90mmHg	140/90mmHg 미만
총콜레스테롤	250mg/dL	160~220mg/dL
중성지방	200mg/dL	50~150mg/dL
고밀도지단백	32mg/dL	40~70mg/dL

6-1. 위의 검사결과를 근거로 발생 가능한 만성질환을 예방하기 위하여 박 교사에게 필요한 건강관리 내용 중 생활양식을 중심으로 4가지만 쓰시오.

6-2. WHO의 고혈압 분류기준에 의하면 박 교사는 1단계 고혈압이다. 혈압은 연령, 체중, 정서 등의 외부적 요인과 순환계 요인에 의해 영향을 받는다. 혈압 상승을 초래하는 순환계 요인을 4가지만 쓰시오.

92-25. 〈보기〉의 특징이 있는 두통은?

〈보기〉
• 후두부에 강한 둔통이 생긴다.
• 아침잠에서 깨어날 때 심하다.
• 낮에는 점점 사라지는 경향이 있다.

① 고혈압성 두통
② 긴장성 두통
③ 열성 두통
④ 편두통

12-주관식01. 고등학교 2학년 학생에게 실시한 고혈압 예방 교육에서의 교사와 학생 간 대화내용이다.

미국 고혈압 합동위원회 제7차 보고서(JNC-7)에 근거하여 고혈압의 단계를 혈압 수치를 제시해 분류하고, 단계별 '초기 약물치료(initial drug therapy)'를 기술하시오. 또한 항고혈압제로 사용되는 이뇨제의 종류를 2가지로 제시하고, 각 이뇨제의 작용 기전 1가지와 부작용 5가지를 기술하시오.

93-19. 다음 중에서 고혈압에 대한 설명으로 옳은 것은?
① 우리나라는 40대가 가장 많다.
② 뇌, 심장, 신장 등에 합병증을 일으킨다.
③ 속발성 고혈압이 고혈압 환자의 90% 이상을 차지한다.
④ 동양에는 관상동맥 질환이 많고, 서양에는 뇌졸중이 많다.

99추가-06. 고혈압을 진단받은 K 선생님은 현재 다른 질병이 없는 상태로 160/100mmHg 수준이며 혈압강하제로 이뇨제와 β-차단제를 복용하고 있다. 다음 물음에 답하시오.

6-1. 고혈압의 종류를 2가지로 나누어 설명하시오.

6-2. 이뇨제와 β-차단제의 부작용 증상을 각각 5가지씩 기술하시오.

6-3. 보건교사가 K 선생님에게 교육해야 할 자가간호 내용 5가지를 기술하시오.

95-27. 치료를 위한 이뇨제 중 〈보기〉와 같은 부작용을 가져올 수 있는 것은?

〈보기〉
두통, 설사, 보행 실조증, 월경불순, 남자의 여성형 유방, 털이 많아짐

09-20. 간경변증 진단을 받은 지 10년 된 53세 남자가 말이 어눌해지고 장소에 대한 지남력이 떨어져서 병원에 입원하였다. 사정결과 간 떨림 증상과 복수가 나타났다. 이 환자는 수분정체 완화를 위해 이뇨제인 퓨로세마이드를 투여 받고 있다. 이 환자를 위해 간호중재로 옳은 것을 〈보기〉에서 고른 것은?

〈보기〉
㉠ 변의 색깔을 확인한다.
㉡ 저칼륨증을 관찰한다.
㉢ 저단백식이를 공급한다.
㉣ 중추신경자극제를 투여한다.

12-11. 처방된 약물 복용으로 발생할 수 있는 고혈압 위기와 관련된 주의사항으로 옳은 것만을 〈보기〉에서 있는 대로 고른 것은?

―― 처방전 ――

환자이름 : 김○○
성별/나이 : 여/45세

진단명 : 주요 우울 장애
　　　　 (major depressive disorder)

[10월 22일]
• Nardil(phenelzine sulfate) 45mg 하루 두 번 복용하시오.

――〈보기〉――
ㄱ. 고혈압 위기로 서맥이 되면 의료진에게 알린다.
ㄴ. 교감신경 흥분제와 함께 사용하면 고혈압 위기를 막을 수 있다.
ㄷ. 치즈, 요구르트 등을 섭취하면 고혈압 위기가 올 수 있다.
ㄹ. 고혈압 위기 시 펜톨라민(phentolamine, Regitine) 5mg을 천천히 정맥주사한다.

20-A12. 다음은 보건교사가 교감과 나눈 대화 내용이다. 〈작성 방법〉에 따라 순서대로 서술하시오.

교　감 : 선생님, 제가 지난 번에 심한 가슴 통증으로 쓰러졌을 때 신속하게 병원으로 이송해 주셔서 감사합니다.
보건교사 : 저도 그때 정말 놀랐어요. 쓰러진 원인은 찾으셨어요?
교　감 : ㉠고혈압 합병증으로 인해 급성 심근경색이 와서 그런 거래요.
보건교사 : 그래서 병원에서 무슨 치료를 받으셨나요?
교　감 : 가슴 통증을 호소하니 응급실에서 ㉡혀 밑에 작은 알약을 넣어 주었어요. 그리고 입원해서 '인공 심장박동 조율기'라는 기계를 심었어요. 그런데 이 기계가 작동을 잘 하는지 어떻게 알 수 있나요?
보건교사 : 병원에서는 심전도로 확인할 수 있지만, 가정이나 직장에서는 교감 선생님께서 (㉢) 측정을 통해서 확인할 수 있습니다.

――〈작성 방법〉――
• 밑줄 친 ㉠이 발생하는 병태생리 기전을 2단계로 서술할 것.
• 밑줄 친 ㉡에 해당하는 약물명과 투여 목적을 서술할 것.
• 괄호 안의 ㉢에 해당하는 내용을 제시할 것.

19-B1. 다음은 보건교사가 작성한 건강 상담 일지이다. 〈작성 방법〉에 따라 순서대로 서술하시오.

건강 상담 일지			
일자	2018년 ○○월 ○○일	이름	윤○○
대상	교사	연령/성별	52세/남

〈건강 문제〉
○ 오른쪽 엄지발가락 외측에 물집이 터지고 피부가 벗겨짐.

〈면담 및 신체 사정〉
○ 제2형 당뇨병으로 혈당강하제 복용 중임.
(가)
　○ 오른쪽 엄지발가락 상처 부위 통증은 없음.
　○ 양쪽 발이 자주 쑤시고 저리며 화끈거림.
　○ 단사(monofilament)를 이용한 양측 발가락과 발바닥 접촉검사에서 감각저하가 있음.
　○ 최근 3층 이상 계단을 오를 때 간헐적 파행증이 있음.
　○ 오른쪽 엄지발가락의 모세혈관 충만 시간은 4초임.
(나)
　○ 발등 동맥의 맥박이 약하게 촉진됨.
　○ 양쪽 다리를 올렸을 때 발이 30초 이내에 광범위하게 창백해짐.
　○ 양쪽 다리를 내렸을 때 발에 의존성 발적이 나타남.
○ 평소 '발 관리 방법'을 확인함.
　• 매일 발을 따뜻한 물로 잘 씻고 완전히 말린다고 함.
　• 잘 보이지 않는 곳은 거울을 이용해 관찰한다고 함.
　• 발톱은 상처가 나지 않도록 일직선으로 자른다고 함.
　• 건조하지 않도록 발과 발가락 사이사이에 로션을 바른다고 함.

〈조치 사항〉
○ 발의 상처를 소독함.
○ ㉠병원에서 발 검사를 받도록 권유함.
○ 발 관리법을 교육함.

――〈작성 방법〉――
• (가)와 (나)의 신체 사정 결과로 알 수 있는 당뇨병의 합병증을 각각 제시할 것.
• 밑줄 친 ㉠과 같이 조치한 이유를 설명할 것.
• 윤 교사의 평소 '발 관리 방법' 중 잘못된 것을 찾아 올바른 방법으로 고쳐 쓸 것.

20-B4. 다음은 보건교사가 고등학생과 나눈 대화 내용이다. 〈작성 방법〉에 따라 순서대로 서술하시오.

학생 : 선생님! 궁금한 게 있어서 왔어요. 엄마가 아파서 병원에 가셨는데, '전신 홍반 루푸스'라는 진단을 받았어요. 그 병은 어떤 거예요?
보건교사 : 전신 홍반 루푸스는 일종의 자가 면역 질환이에요. 자가 면역이란 (㉠)을/를 의미해요.
학생 : 네, 그런데 엄마 양쪽 뺨에 나비 모양의 붉은 발진이 생겼던데 왜 그런 거예요?
보건교사 : 발진이 생기는 기전은 (㉡)입니다.
학생 : 지난 일요일 아침에 엄마와 산책을 갔는데, 날씨가 추워서 그런지 손끝이 차고 창백하게 변했어요. 이 병과 관련이 있나요?
보건교사 : 네, 관련이 있을 수 있어요. 레이노(Raynaud) 현상이라는 것이 있는데, 이러한 현상이 발생하는 이유는 (㉢) 때문입니다.
학생 : 선생님 설명을 듣고 나니 엄마 상태에 대해 많이 이해하게 되었어요.
… (하략) …

――〈작성 방법〉――
• 괄호 안의 ㉠에 자가 면역의 정의를 제시할 것.
• 괄호 안의 ㉡에 해당하는 발생 기전을 2단계로 서술할 것.
• 괄호 안의 ㉢에 해당하는 내용을 서술할 것.

02-07. 교사들을 대상으로 "하지 정맥류 예방"에 대한 보건교육을 실시하고자 한다. 다음 물음에 답하시오.

7-1. 정맥류는 정맥혈이 정체되어 늘어난 상태이다. 정맥류가 발생하는 기전을 쓰시오.

7-2. 하지 정맥류의 증상을 3가지만 쓰시오.

7-3. 하지 정맥류를 예방하기 위한 구체적인 간호중재를 4가지만 쓰시오.

24-B11. 다음은 보건교사와 동료교사가 대화한 내용의 일부이다. 〈작성 방법〉에 따라 서술하시오.

동료교사 : 안녕하세요? 선생님. 제 동생 때문에 여쭤보고 싶은 것이 있어서 왔어요.
보건교사 : 네. 선생님, 동생에게 문제가 있나요?
동료교사 : 제 남동생이 10여 년간 가구 공장에서 일하면서 ㉠드릴을 사용하는 일을 오랫동안 해서 그런지 특히, 추운 날에는 손가락의 감각이 떨어지고 화끈거리는 통증과 냉감이 더 있다고 해요.
보건교사 : ㉡드릴 사용으로 인해 손에 전달되는 진동 관리를 잘하셔야 해요. 오랫동안 드릴을 사용하는 일을 계속하면 작업 관련성 질병으로 판정을 받을 수 있어요. 근로자 건강진단은 받으셨나요?
동료교사 : 네. 건강관리 구분상 D₁이라고 하더라고요.
보건교사 : 직업병 유소견자로 진단받으면 ㉢산업재해보상 신청을 할 수 있어요.
… (하략) …

――〈작성 방법〉――
• 밑줄 친 ㉠의 증상을 나타내는 질병의 명칭을 쓰고, 발생기전을 서술할 것.
• 밑줄 친 ㉡으로 인한 건강 장해를 예방하기 위한 보호구의 명칭을 쓸 것.
• 밑줄 친 ㉢의 업무를 수행하는 기관의 명칭을 쓸 것.

1 혈관계 구조와 기능

1 구조와 기능

	구조	기능
동맥	① 내막, 중막, 외막 세 개의 층으로 구성 ② 중막에 탄력섬유가 많아 탄성↑ ③ 대동맥(25mm), 동맥(4mm), 세동맥(30μm)으로 나뉨	① 심장에서 조직 쪽으로 혈액운반 ② 평활근의 수축과 이완은 중추신경계, 신경전달물질, 호르몬 등으로 조절 → 혈관지름 변화 ③ 세동맥(평활근이 발달되어 수축하면 혈관지름이 감소해 혈류저항을 증가시킴)은 동맥계의 혈액량과 압력을 조절, 모세혈관으로 가는 혈류의 속도를 조절
모세혈관	① 지름이 5~10μm ② 평활근과 외막이 없고 단일 내피세포층으로 얇음	① 동맥과 정맥을 이어주고 세포에 영양을 공급하고 대사성 노폐물 제거 ② 세동맥에서 갈라져 나오는 모세혈관의 입구에 있는 전모세혈관괄약근으로 모세혈관의 유입 혈류량 조절 ③ 피가 흐르는 속도는 혈관 중에서 가장 느리며, 보통 가스교환을 비롯하여 분비/흡수/배설 등을 하는 기관(폐, 간, 신장 등)에 특히 많이 분포함
정맥	① 구조는 동맥계와 유사 ② 벽은 세층으로 구성되었으나 명확하게 구분되지 않고 얇음 ③ 중막이 발달하지 않아 탄성 약함. 외막이 잘 발달되어 많은 혈액 보유가능 ④ 동맥과 달리 판막이 있음	① 저장혈관(총혈액량 70~75% 보유): 출혈 등 응급상황에서 정맥수축으로 생명에 필수적인 장기에 혈액 재배치 ② 중력과 반대방향으로 혈액을 흐르게 하는 정맥은 한쪽방향으로 된 판막에 의해 혈액역류방지 08 임용(지문) A. 절개된 정맥 내 판막의 모양 B. 판막이 열려 혈액이 심장으로 올라가는 상태 C. 판막이 닫혀 혈액이 말초로 역류하는 것을 막은 상태 [정맥판막]
림프관	① 혈관과 같이 온몸에 퍼져 있음 ② 정맥벽보다 얇고 중막에 평활근이 거의 없음 ③ 판막이 있음	① 림프(혈장과 유사한 체액)와 체액(미세단백질, 세포, 괴사세포를 포함)은 간질강에서 정맥으로 이동 ② 작은 림프관은 조직액 속의 단백질 분자, 죽은 세포, 입자가 큰 분자 등을 모아 혈관으로 되돌려 보냄 ③ 시간당 약 120mL의 림프액을 혈관계로 배액, 부종 예방에 중요한 기능

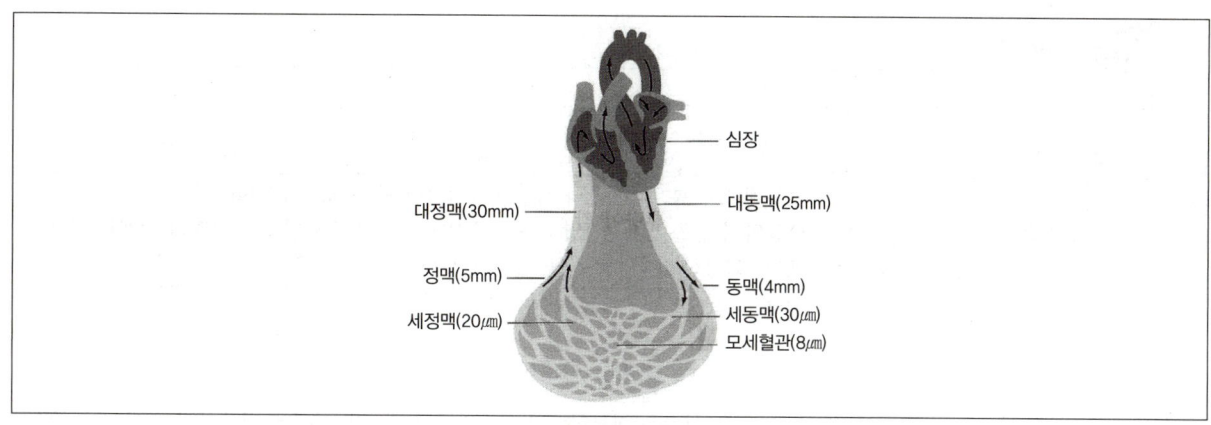

[전신순환모형도]

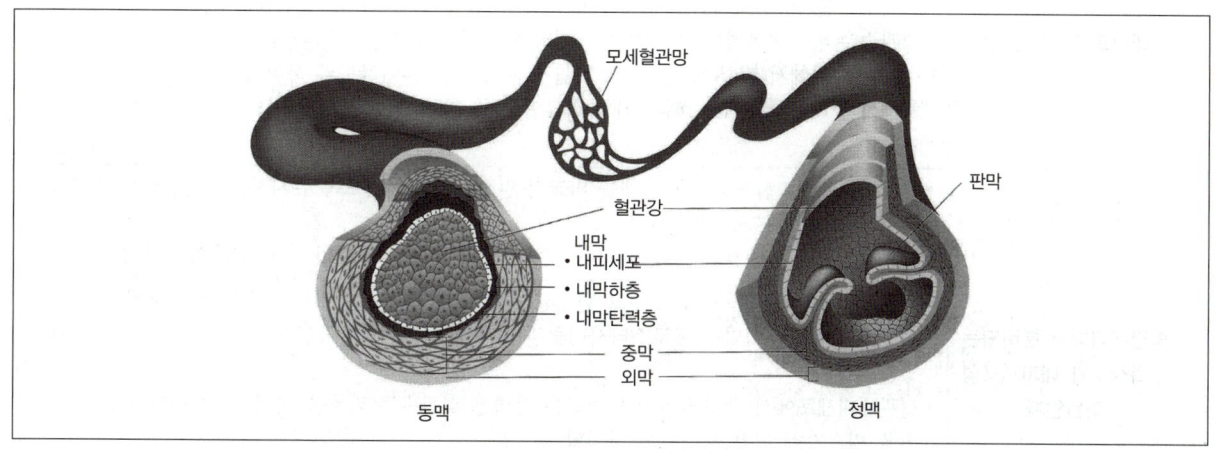

[동맥, 정맥, 모세혈관 구조]

2 학교보건

	설명
내적 조절기전	심장과 신장에 의해 조절되는 것 • 혈액 귀환량이 증가하면 심실이 강하게 수축하여 심박출량과 혈압 증가 • 신장에서는 혈류량이 감소하는 경우 여과과정을 줄이고 소변량을 감소시켜 혈액량을 증가시킴 • 혈압이 감소하면 신장에서 레닌을 분비하고 이는 안지오텐신Ⅱ의 형성을 자극하여 혈관 수축을 일으키고, 부신피질에서도 알도스테론의 분비를 자극하여 혈압을 상승시킴
신경 조절기전	뇌의 연수에 위치한 심장 중추와 혈관운동 중추에 의한 것 • 혈압이 상승하면, 심장의 경동맥동과 대동맥궁에 위치한 압력수용체에 자극이 가해짐 → 연수는 이런 변화를 받아들여 심장억제 중추를 자극하고 혈관운동 중추를 억제 → 심박동수, 심박출량이 감소되고, 혈관이 이완되며 말초저항이 감소되어 혈압이 정상으로 감소하게 됨 • 혈압이 감소하면, 경동맥동과 대동맥궁의 압력수용체가 억제 → 연수의 혈관운동 중추와 심장가속 중추가 자극되어 혈관 수축 → 말초저항 증가, 심박동수와 심박출량 증가 → 혈압이 정상범위로 상승하게 됨

PLUS➕

• 조절 중추

부위	기능
시상하부	자율신경조절 중추, 체온조절 중추, 삼투압 조절(갈증 중추)
중뇌	안구운동 중추, 동공반사 중추
연수	호흡과 심장운동 중추, 혈관운동 중추, 기침 중추, 구토 중추, 연하 중추

- 혈압을 안전하게 조절하여 순환허탈 상태를 초래하지 않는 5가지 조절기전

조절기전	설명
동맥압 수용체	• 일차적으로 경동맥에서 볼 수 있으나 대동맥과 좌심실의 벽에도 존재함 • 압수용체가 혈압의 수준을 감시함. 압수용체 체계는 혈압이 오르면 미주신경의 중재로 심박동을 감소시키며, 교감신경계의 긴장을 감소시켜 혈관을 확장시킴
수분량의 변화	• 전신혈압에 영향을 줌 • 체내 염분과 수분이 과다하면 심장으로 들어오는 정맥귀환량이 증가되어 심박출량을 증가시키는 복합적인 생리기전으로 혈압이 상승함
레닌과 안지오텐신	• 혈압이 떨어지는 경우 신장은 신장혈류의 감소와 교감신경의 자극에 반응하여 혈액 내로 레닌이라는 효소를 분비함. 이는 혈장단백질의 말단에 있는 아미노산 배열을 분리시킴으로써 안지오텐신I을 유리시킴. 이는 폐에서 효소작용에 의한 안지오텐신II로 전환 → ① 강력한 혈관수축제로 작용하여 말초혈관의 저항을 증가시킴, ② 부신피질을 자극하여 알도스테론(원위세뇨관에서 칼륨 배설, 수분과 염분 재흡수)을 분비하도록 하여 신장에서 염분을 보유하도록 함/염분보유로 인해 증가된 삼투압은 뇌하수체 후엽에서 항이뇨호르몬을 분비하도록 자극함
혈관자가조절	• 혈관자가조절: 신체조직에 혈액을 비교적 일정하게 관류하도록 유지하는 과정, 이는 혈류가 증가하면 혈관저항을 감소시킴 • 혈관자가조절은 염분과 수분의 과다를 동반한 고혈압에 중요한 기전으로 알려져 있음
혈관내피에서 분비되는 산화질소와 내피세포성 이완인자	• 휴식 시 동맥의 긴장도를 낮추고 혈소판 응집을 억제하며 평활근의 성장을 억제함 • 혈관내피에서 분비되는 프로스타사이클린과 내피세포성 과분극인자도 국소혈관 이완효과가 있음 • 혈관내피세포에서 생산되는 엔도텔린은 강력한 혈관수축 작용을 하며, 호중구의 유착과 응집을 일으키며 평활근 성장을 자극함

2 말초혈관 수축과 혈압상승 작용에 영향을 주는 호르몬 및 순환계 요인 92 임용

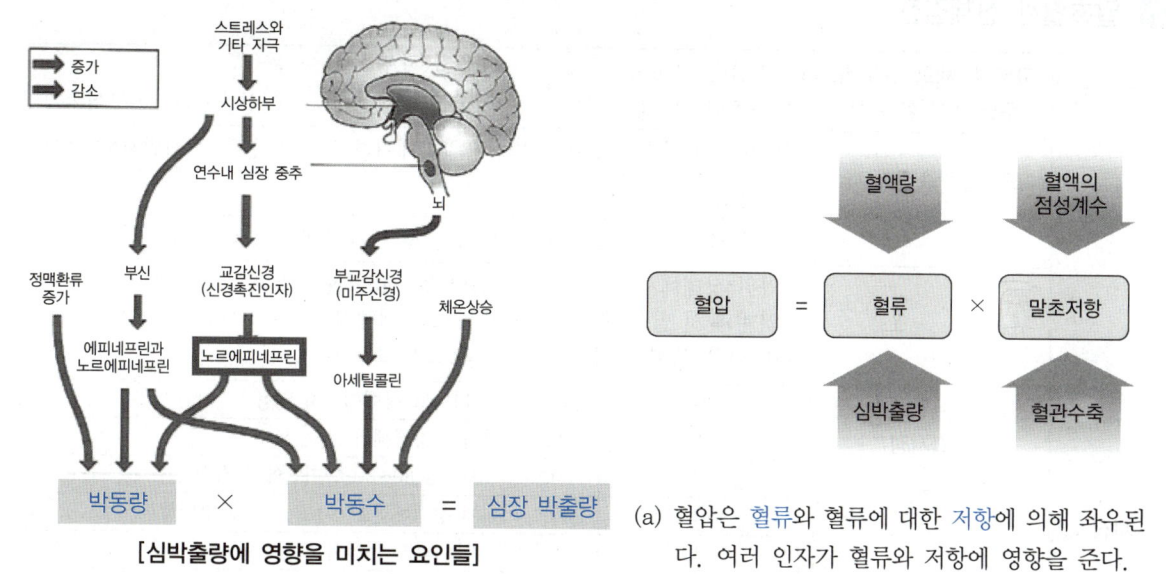

(a) 혈압은 혈류와 혈류에 대한 저항에 의해 좌우된다. 여러 인자가 혈류와 저항에 영향을 준다.

[심박출량에 영향을 미치는 요인들]

> 박출량 = 박동량 × 박동률(1분당 심실의 수축횟수) = 70mL/1회 × 72회 박동률/분 = 5,040mL/분(약 5L/분)

① 혈압은 혈관내벽에 작용하는 혈관의 압력으로, 혈압은 박출량, 혈액량 및 혈류저항에 의해 결정됨
② 정상 동맥압은 압수용체 반사라 불리는 음성회환기전에 의해 유지
 → 혈압이 감소되면 즉각적으로 교감신경계가 활성화되어 심박출량이 증가되며, 동맥 내에 혈액을 보유시키기 위해 말초저항이 증가되어 동맥압이 회복
③ 압수용체에 의한 혈압의 조절은 압력이 낮은 심방과 정맥에 존재하는 용적 - 민감수용체에 의해 증대
④ 혈류량은 신장의 수분균형, 혈관수축 물질인 안지오텐신Ⅱ, 항이뇨호르몬, 노르에피네프린 등에 의해 조절(노르에피네프린은 말초혈관 수축과 혈압 상승 작용을 함) 92 임용
⑤ 장기적인 혈압의 조절은 혈액량과 관계가 있음
⑥ 혈압을 안전하게 조절하여 순환허탈 상태를 초래하지 않게 하는 조절기전
 : 동맥압 수용체 체계, 수분량의 변화, 레닌-안지오텐신 체계, 혈관자가조절 및 혈관내피 등

$$평균동맥압 = \frac{\{SBP + (2 \times DBP)\}}{3}$$

⑦ 동맥압은 다음과 같은 요인들에 의해 영향을 받음 03 임용 🎧 저탄양심점

순환 요인	심박출량	박동량이 증가되면 동맥압이 상승되고 감소되면 동맥압이 하강됨	심장
	말초저항	말초동맥이 수축되어 저항이 증가되면 혈압이 상승되고 말초동맥이 이완하면 혈압이 하강됨	혈관
	동맥의 탄력성	탄력이 강한 혈관은 혈류의 변화에 민감하게 대처하지만 경화된 혈관은 수축기압과 맥압을 증가시킴	
	혈액량	출혈로 인한 혈량의 감소는 혈압을 저하시킴	혈액
	혈액의 점도	적혈구나 혈장 단백의 증가로 인한 혈액 점도의 증가는 혈압을 상승시키고 빈혈이나 적혈구 감소 등으로 인한 혈액 점도의 감소는 혈압을 하강시킴	
개인적 요인	연령	혈압은 신생아에서 가장 낮으며 성인에서 가장 높음	
	체중	체중의 증가는 혈관을 수축시켜 혈압을 상승시킴	
	정서, 감정	심한 정서적 긴장으로 인한 카테콜라민(에피네프린, 노르에피네프린)의 방출은 혈압을 상승시킴	
	운동	신체활동의 증가는 혈압을 상승시키고 휴식을 취하면 혈압은 하강됨	

3 건강사정 08,12,16,19 임용

1 말초혈관 신체검진

시진	피부색, 체모, 손발톱, 부종, 대칭성 검사		① 손톱은 분홍색 ② 손톱면 각도는 160도가 정상(손톱각도가 180도 이상 증가시 곤봉형손가락)	
	모세혈관충전 검사 19 임용(지문)		창백해질 때까지 손발톱 압박 → 압박제거하고 붉게 혈관이 채워지는 시간확인	
			정상	2~3초 이내가 정상
			비정상	정상 시간보다 지연 시 관류장애(말초동맥질환)
	하지 상승 시 피부색 변화사정		앙와위 상태에서 다리를 60초 동안 30~45° 올리고 피부색 변화 확인 동맥폐색 시 발을 올리면 회색빛깔로 창백해지고, 다시 내리게 되면 거무스름해지며 붉은 색이 되기까지는 30~60초가 소요됨	
			0	60초 이상 되어도 창백해지지 않음
			1	60초 이상되면 창백해짐
			2	30초에 창백해짐(30~60초 미만에서 창백함)
			3	30초 이내에 창백해짐(1~30초 미만에 창백함)
			4	다리를 똑바로 펴고 누워서도 창백함
	피부탄력성 검사		피부를 집었다가 놓으면서 탄력성 확인	
			정상	바로 원래대로 돌아감
			비정상	텐팅
	요흔부종(Pitting edema) 사정		경골이나 안쪽 복사뼈 위를 수(5)초간 검지로 압박한 후 떼어보면 손을 뗀 후 흔적 확인	
			0	부종 없음
			+1	2mm, 약간 함몰, 빨리 사라짐
			+2	4mm, 10~15초 이내 사라짐
			+3	6mm, 함몰이 깊고 1분 이상 지속가능
			+4	8mm, 함몰이 매우 깊고 2~5분간 지속
촉진	상지	맥박촉지	① 부위 　㉠ 요골, 상완, 대퇴, 슬와, 후경골, 족배 동맥 : 횟수, 리듬 규칙성, 대칭성, 진폭을 양쪽 모두 확인 　㉡ 응급상황에서의 맥박촉지 부위 : 성인과 아동(경동맥), 영아(상완동맥) ② 강도	
			+4	튀어 오르는 박동
			+3	증진된 박동
			+2	정상
			+1	감소
			0	없음
			③ 리듬/진폭	
			연맥(약맥)	• 맥박의 긴장도가 약한 것 • 너무 약해서 거의 감지할 수 없는 맥박(약하고 작은 맥박, 수축기 최고점이 지연됨)
			강맥	• 맥박의 긴장도가 강한 것(강하고 도약 발생, 상승과 하강이 빠르고 수축기 최고점이 짧음)
			간헐맥 (intermittent pulse) 92,16 임용	• 정맥과 부정맥이 교대로 계속됨(규칙적인 맥박과 불규칙적인 맥박이 교대로 계속됨) • 심장박동 중 몇 번 박동이 없음 • 원인 : 심부전 등

촉진	상지	맥박촉지	결손맥 (= 맥박결손) (pulse deficit)	• 심맥관 질환자 사정 시 2명의 간호사가 동시에 요골맥박과 심첨맥박을 측정 • 심첨맥박과 요골맥박의 차이로서 측정치가 차이(분당 10회 이상)가 날 때 • 원인 : 심장수축력의 저하로 말초동맥까지 충분히 혈액을 공급하지 못해 발생함
			교대맥(= 교호맥) (pulsus alternans)	• 강한 맥박과 약한 맥박 교차 • 약한 박동 후에 강한 박동이 나타나는 현상 • 규칙적인 리듬, 맥박이 뛸 때마다 진폭(강도)이 변함 • 원인 : 좌심실 기능상실
			이중맥(= 이봉맥, bisferiens pulse)	• 이완기에도 작은 박동이 느껴지는 것 • 원인 : 수축기 심실기능장애, 심박동량이 매우 적을 때 등
			이단맥 (bigeminal pulse)	• 규칙적인 리듬과 불규칙한 리듬이 섞여 있음 • 서로 다른 진폭이 교대로 나타남(강한 맥박 한 번 뒤에 빠르고 약한 맥박 한번) • 원인 : 대동맥판 역류, 대동맥판 협착증과 역류의 조합
			기이맥(= 모순맥, paradoxical pulse)	• 흡기 시에는 약맥, 호기 시에는 강맥 • 흡기 시 SBP 낮아/호기 시 SBP 10mmHg↑ • 원인 : 심낭염, 심장압전, 폐쇄성폐질환 등
		팔의 림프절, 액와 림프절 촉진		
		Allen test		ABGA 하기 전에 시행함. 요골, 척골동맥 개방성 확인 가능
			방법	① 손바닥 위로 하여 요골, 척골동맥 모두 압박 ② 5회 정도 주먹 쥐기, 펴기 ③ 척골동맥만 풀어서 관류 확인 ④ 같은 검사를 요골동맥에 검사
			정상	4~5초 이내에 혈액귀환
			비정상	4~5초 이후에도 피부창백 지속 시 동맥폐색 의미
	하지	하지체온과 정맥촉진		

② 특수검진

검사		방법	결과 해석
정맥류 검사	도수압박 검사 = 정맥압박 검사 (트렌델렌버그 검사 간이검사)	① 대상자가 선 자세 ② 한 손으로 정맥류 아랫부분 촉진 ③ 다른 한 손을 정맥류보다 15~20cm 위에 정맥압박 1. 정맥을 압박한다. 2. 파동없음 – 판막 정상 파동촉진 – 판막 부전 [정맥압박 검사]	정상 : 판막이 완전하다면 파동의 전달을 막아 멀리 있는 손가락에서 어떤 변화를 느낄 수 없음 비정상 : 판막이 기능하지 않는다면 정맥 안에서 자극이 느껴짐

검사		방법	결과 해석
정맥류 검사	트렌델렌버그 검사 (정맥판막기능 확인) 08 임용	복재정맥계의 판막기능과 교통정맥과 심부정맥의 판막기능을 사정하는 검사 ① 허혈 : 앙와위 자세 → 다리 90도 상승 ② 표재성 정맥차단 : 허벅지 윗부분에 압박 고무줄 묶기 ③ 심부정맥과 교통정맥의 판막기능 확인 : 대상자 서게 하여 정맥계 충전 관찰 (정상 : 30~35초 이후에 채워짐) ④ 복재정맥 판막기능 확인 : ③에서 20~30초 후 변화가 없을 때 압박 고무줄 제거하고 채워지는 양상을 확인하고 기록 (정상 : 정맥이 채워지는 흐름 안보임)	비정상 ① 지혈대로 복재정맥 폐쇄한 상태서 빠르게 채워진 경우 ⇨ 교통정맥의 판막, 심부정맥 판막 부전을 의미(∵ 심부정맥으로부터 표재성 정맥계로 거꾸로 혈액이 흐름) ② 지혈대 제거 시 혈액이 갑자기 채워지는 것이 관찰되는 경우 ⇨ 복재정맥 판막 부전
발목 – 상완지수(ABI) (동맥폐쇄 사정)		후경골 수축기압 ÷ 상완 수축기압 (도플러 청진기는 말초혈관질환 정도를 결정하기 위한 비침습적 방법으로 수축기의 발목 혈압을 분자로 팔 혈압을 분모로 하여 나눈 값) ① 혈압기의 커프를 발목돌기(복숭아뼈) 부위 위쪽에 감고, 발등동맥(족배동맥)이나 후경골동맥의 맥박 촉지 ② 발등동맥과 후경골동맥의 두곳에서 측정하여 둘 중 높은 압력을 이용함 ③ ②에서 측정한 수치를 상완동맥압으로 나눔	해석 : 정상수치 : 0.91~1.3 • 정상적으로 상완 혈압보다 발목 혈압이 약간 높게 나타나는데 이는 다리가 더 굵기도 하지만 중력이 작용하기 때문임 • 0.9 이하는 말초동맥질환을 의미함. 0.4 이하인 경우는 동맥의 심한 국소빈혈을 의미함 • 당뇨나 혈관이 심하게 석회화된 대상자는 실제 몸 상태보다 높게 나옴(∵ 혈관의 중막 석회화로 인한 경화증에 이환되면 발목이 눌리지 않아서 혈압이 실제보다 높게 나옴) | 값 | 의미 | |---|---| | > 1.30 | 압박받지 않는 상태 | | 0.91~1.30 | 정상 | | 0.41~0.90 | 경증~중등도 말초동맥질환 | | 0.00~0.40 | 중증 말초동맥질환 |
호만스 징후 (심부정맥혈전증) 12,16 임용		① 앙와위 상태 ② 무릎 약간 굽히고 발을 뒤로 굽힐 때 (족배굴곡) 통증사정	비정상 : 장딴지 통증(+) : 심부정맥혈전증 의심

4 고혈압 93,99,03,09,12,20 임용 [성인질환]

정의	수축기와 확장기 압력이 상승된 소동맥의 비정상적인 상태
역학 93 임용	① 30대에서 50대에 주로 발병하며 나이가 듦에 따라 점차 유병률이 증가하는 만성질환임 ② 동양에서는 뇌혈관 질환 발생률이 높고, 서양에서는 심혈관 질환 발생률이 높은 편임

분류 93,99 임용	(1) 본태성 고혈압 (90% 이상)	① 원발성 혹은 정확한 원인은 모름 ② 유전, 호르몬의 변화, 교감신경의 긴장, 환경적 요인 등과 관련 있는 것으로 파악		
		요인	설명	
		고연령	• 동맥경화증 → 동맥의 팽창성 감소 → 수축기 혈압 상승 • 세동맥경화증 → 말초저항 증가 → 확장기 혈압 상승	
		카페인	교감신경자극 작용으로 인해 1) 혈관수축과 심장운동 촉진 → 혈압 상승 2) 부신에서 카테콜라민 분비 증가 → 혈관수축 → 혈압 상승	
		고지방식이	고지혈증 → 동맥벽에 지질침착 → 동맥경화증, 죽상경화증 → 신장의 유입 및 세동맥의 관류저하 → 사구체에서 레닌방출 → 안지오텐신Ⅰ → 안지오텐신Ⅱ → 세동맥 수축 증가 → 혈압 상승	
		고염식이	염분정체 → 삼투압 상승 → 시상하부 삼투감수체 자극 → 뇌하수체 후엽에서 ADH 분비 증가 → 수분재흡수 증가 → 세포외액량 증가 → 혈압 상승	
		스트레스	• 교감신경계 활성화 → 혈관수축, 심장수축력 증가 → 혈압 상승 • 뇌하수체 후엽에서 항이뇨호르몬 분비 → 혈압 상승 • 부신피질에서 당류코르티코이드 분비로 체내 콜레스테롤 상승으로 혈압 상승, 염류코르티코이드 분비로 혈압과 혈량 증가	
	(2) 2차성 고혈압 (= 속발성 고혈압)	신장질환	가장 흔한 2차성 고혈압의 원인	
			신장혈관질환, 신실질질환	
		뇌손상 등	뇌압 상승 → 뇌혈류감소, 혈관운동중추자극(연수) → 혈압 상승	
		에스트로겐 함유 경구피임약 사용	레닌, 알도스테론 증가 → 혈압 상승	
		부신피질호르몬장애	알도스테론 증가 → 혈압 상승 예 양성선종	
			당류코르티코이드 과다분비 → 혈압 상승 예 쿠싱증후군	
		부신수질 기능장애	카테콜라민 증가 → 혈압 상승 예 갈색세포종	
		말단비대증	성장호르몬 과잉분비, 나트륨, 수분 정체 → 혈압 상승	
		임신성 고혈압	태반에서 생산되는 혈관 내피세포 성장물질(endotherlin)의 강력한 혈관수축작용 및 평활근 성장 자극 → 혈압 상승	

※ 혈압의 분류(대한고혈압학회, 2018)

혈압분류		수축기혈압(mmHg)		이완기혈압(mmHg)
정상혈압 (심뇌혈관질환의 발생위험이 가장 낮은 최적 혈압)		< 120	그리고	< 80
주의혈압		120~129	그리고	< 80
고혈압 전단계		130~139	또는	80~89
고혈압	1기 03 임용	140~159	또는	90~99
	2기	≥ 160	또는	≥ 100
수축기단독고혈압		≥ 140	그리고	< 90

위험요인			
	조절 불가능요인	가족력(유전 + 환경적 요인)	
		연령	60대 절반 이상, 70대 이상의 3/4은 고혈압
		남성 > 여성	
		흑인	
	조절 가능요인 04 국시	부적절한 식이	과다한 나트륨 섭취(여러 개의 승압 기전을 활성화하고 수분 정체를 야기) / 부족한 칼륨, 칼슘섭취
		스트레스	교감신경계 자극 → 말초혈관 저항 증가, 심박출량 증가 → 혈압 상승
		비만	비만은 교감신경계를 항진시킴 복부비만은 지속적 지방분해로 혈중 지방산유리↑ → 혈압 상승
		흡연	니코틴 → 말초혈관 수축, 카테콜아민 방출 → 혈압 상승
		음주, 운동부족, A형 성격, 직업 등	

	내용	기전
	과다염분섭취	체내 나트륨 증가 → 수분, 염분 축적 → 삼투압 증가(혈관으로 수분을 끌어당기는 힘), 정맥귀환량 증가(부종) → (시상하부) 삼투감수체 자극 → (뇌하수체후엽) ADH 분비 자극 → ADH 분비 → 신세뇨관의 수분 보유, 수분량(체액량) 증가 → 혈압 상승
		cf) 혈압 상승 → 미주신경 → 심박동 감소, 교감신경계 긴장 감소 → 혈관확장 → 혈압 하강
		수분량의 변화는 전신 혈압에 영향(체내에 염분과 수분이 과다하면 심장으로 들어오는 정맥귀환량이 증가되어 심박출량을 증가시키는 복합적인 생리적 기전으로 혈압이 상승)
	동맥압수용체	동맥압수용체 : 경동맥, 대동맥, 좌심실의 벽에 존재
		혈압이 오르면 미주신경의 중재로 심박동을 감소시키며, 교감신경계의 긴장을 감소시켜 혈관 확장시킴. 올라간 혈압을 떨어뜨리게 되고 반대로 혈압이 낮아졌을 때 혈압을 상승시킴 → 고혈압에서는 이러한 조절에 실패하게 되어 혈압이 오르게 됨
	교감신경계 자극 (흡연, 음주, 비만, 스트레스 등)	카테콜아민 방출 → 심근수축력 증가, 심박동수 증가, 말초저항(소동맥의 혈류저항) 증가 → 혈압상승
		(레닌)-(안지오텐신)-(알도스테론)체계 항진 → 혈압 상승
		(신장) : 레닌 → (간) : 안지오텐신Ⅰ 유리 → (폐) ACE → 안지오텐신Ⅱ 전환
		안지오텐신Ⅱ : → 말초혈관 저항 증가 → 혈압 상승 / → (부신피질) 자극 → 알도스테론 분비
		알도스테론 └ (뇌하수체 후엽) ADH 분비 자극 → ADH 분비 → 신세뇨관의 수분 보유, 수분량(체액량) 증가 → 혈압 상승
	혈관내피세포	혈관내피세포 성장물질(endotherlin)의 강력한 혈관수축 작용 및 평활근 성장 자극 → 혈압 상승(임신성 고혈압)
		cf) 혈관내피 - 산화질소와 내피세포성 이완인자 분비(휴식 시 동맥의 긴장도를 낮추고 혈소판 응집억제, 평활근의 성장억제 + 국소 혈관이완물질 분비) - 엔도델린 : 강력한 혈관수축 작용을 하며 ET1/ET2/ET3로 구분
	혈관수축물질 분비	키닌 : • 세포에서 형성되는 혈관활성 물질이며 혈류의 자율조절기전을 도움 • 동맥평활근 이완, 모세혈관의 투과성 증가, 세정맥 수축시킴
		PG : 프로스타글란딘은 세포막에서 합성되는데 혈관을 수축시키거나 이완시킴
	혈관변화	죽상경화증 → 대동맥, 관상동맥, 뇌의 기저동맥 같은 큰 혈관들과 사지의 말초혈관들은 딱딱해지고 구불구불해지며 약해지고 구경이 좁아져서 결과적으로 심장, 뇌, 하지로 가는 혈류가 감소
	혈액 점성도 증가	혈액의 점성도 증가 → 혈류저항 증가 → 혈압 상승 (혈액이 끈적끈적한 다혈구증환자들은 고혈압이 되기 쉬움)

병태생리 03 임용	혈압 = 혈액이 혈관벽에 가하는 힘 = 심박출량 × 전신혈관저항 = (심박동수 × 전부하, 후부하, 심근수축력) × 체액조절, 교감신경계조절, 국소조절		
	(1) 혈압 조절기전은 심박출량이나 전신혈관 저항에 영향을 줌 (2) 혈압조절은 신경계, 심혈관계, 신장계, 내분비계가 관여		
	신경계	교감신경계 활성화 → 심장박동수 증가, 수축력 증가, 말초세동맥 수축, 신장에서 renin분비 자극 → 심박출량, 전신혈관 저항 증가 → 혈압 상승	
	심혈관계	혈관작용 물질(이완 및 수축)과 성장물질 생산으로 혈압에 영향을 미침	
	신장계	체액량 조절과 레닌 – 안지오텐신 – 알도스테론체계로 혈압에 영향을 미침	
	내분비계	에피네프린, 알도스테론, 항이뇨 호르몬 등이 혈압조절에 작용	

증상	① 초기 : 혈관의 병리적 구조 변화 거의 없음 : 무증상(대부분 / 침묵의 살인자) ② 진행된 상태 : 두통 발생		
	발생시기	특히 이른 아침의 후두부 강한 통증, 머리가 무거움, 낮에 점점 사라짐 92 임용	
	발생기전	수면 시 이산화탄소 축적, 기상 후 혈관확장으로 혈관벽과 그 주위 통각장치 자극	
	완화법	머리를 상승하면, 정맥귀환량이 증가되어 두개내압 하강	
	동반증상	흐린 시야, 현기증, 비출혈, 우울, 피로, 심계항진 등	
	③ 악성고혈압		
	고혈압성 망막증	망막출혈, 삼출물, 유두부종 및 실명	
	고혈압성 뇌증	불안정, 의식변화(혼돈, 졸음, 기면, 기억력 저하, 혼수, 발작), 흐린 시야, 어지러움, 두통, 오심, 구토	
	④ 합병증 : 장기간 혈압 상승 → 주요장기의 혈관 손상(혈관 두꺼워짐, 혈액관류 감소) → 장기의 손상 → 장기의 기능장애 92 임용		
	심장	죽상경화성 혈관 20 임용	지속적인 고혈압 → 혈관내피 손상 → 지방질 / 죽상반 침착 → [파열 → 복합병변(혈전 등)] → 관상동맥의 죽상경화성 변화 → 관상동맥의 혈류감소 → 관상동맥질환(허혈성질환) 발생 : 협심증, 심근경색, 부정맥, 급사
		혈관저항 증가	지속적인 고혈압 → 혈관저항 증가 → 후부하 증가 → 심부담 증가 → 심근비대 → 좌심부전 초래
	말초 혈관	죽상경화성 혈관	지속적인 고혈압 → 혈관내피 손상 → 지방질 / 죽상반 침착 → [파열 → 복합병변(혈전 등)] → 말초동맥의 죽상경화성 변화 → 하지 혈류감소 → 조직 내 국소빈혈로 인한 간헐적 파행증
		혈관 벽 손상	지속적인 고혈압 → 대동맥 벽 내막 손상 → 박리형 동맥류
	신장	죽상경화성 혈관	지속적인 고혈압 → 혈관내피 손상 → 지방질/죽상반 침착 → [파열 → 복합병변(혈전 등)] → 신동맥의 죽상경화성 변화 → 신장 혈류 감소, 신장 실질손상 → 신장경화 → 신부전 초래
		혈관저항 증가	신동맥의 혈압 증가 → 혈관저항 증가, 신부담 증가 → 신부전
	뇌	죽상경화성 혈관	지속적인 고혈압 → 뇌혈관의 죽상경화증 → 뇌혈관 협착, 폐쇄 → 뇌조직 손상, 뇌부종 → 허혈성 뇌졸중
		혈관저항 증가	지속적인 고혈압 → 뇌혈관 저항 증가 → 혈관 파열 → 뇌내 출혈 → 뇌조직 손상, 뇌부종 → 출혈성 뇌졸중
	망막	죽상경화성 혈관	망막 내 혈관의 죽상경화 → 혈류저하 → 세동맥압 상승 → 출혈 → 시력손상, 시신경의 유두부종

PLUS⊕

- 고혈압 환자에서 확인해야 할 심혈관질환의 위험요인 03 임용(지문)

증상		
	성별	남성
	연령	남성 ≥ 55세, 여성 ≥ 65세
	심혈관질환의 가족력	남성 < 55세, 여성 < 65세인 부모·형제자매의 심혈관질환 발생
	건강행태	흡연
	이상지질혈증	총콜레스테롤 ≥ 230mg/dL, LDL-콜레스테롤 ≥ 150mg/dL, HDL-콜레스테롤 < 40mg/dL, 중성지방 ≥ 200mg/dL
	공복혈당	≥ 100mg/dL
	체질량지수	≥ 25kg/m²
	복부비만	남성 ≥ 90cm, 여성 ≥ 85cm

1. 치료간호

- 고혈압 치료의 목표 : 140/90mmHg 미만으로 혈압 조절 03 임용
원인제거와 보존 및 지지를 위한 중재 → 생활습관 교정(혈압의 주기적 측정)

간호진단 : 생활양식 변화에 대한 이해부족과 관련된 치료불이행	
(1) 정기검진	개별화된 간호수행과 고혈압의 질병과정 및 합병증에 대해 설명하고 정기검진의 필요성 강조
(2) 자가검진	가정에서 최소 1주일에 1회 이상 혈압을 측정하도록 교육

간호진단 : 생활습관 교정과 관련한 불이행 / 대처부족 99 임용			
(1) 비만 관리 (체중 관리)	① 체중조절은 혈압을 감소시키는 가장 효과적 방법 중 한 가지임 ② 과체중인 고혈압 환자의 체중감소는 혈압을 낮추어 심장부담을 줄임 ③ 이상적인 체중감소는 일주일에 0.5kg 초과하지 않아야 함 → 10kg 감량 시 혈압 5~20mmHg 감소 가능 ④ 적어도 하루에 250kcal 열량을 감소시켜야 함		
	식이	① 저칼로리음료수, 고섬유식이 ② 식사는 하루 세끼 규칙적으로 정해진 곳에서 천천히 오래 씹어먹기 ③ 결식, 야식을 피하고 과식하지 않음 ④ 포만감을 느끼기 전에 식사를 중지 ⑤ 다른 일을 하면서 먹지 않음	
	금기	식욕억제제 사용 → 교감신경흥분제가 포함된 식욕억제제는 혈압을 올림 무거운 물건을 들어오리는 것 같은 복압 상승 → 혈압 상승	
(2) 식이 관리	제한	① 저나트륨식이	나트륨 섭취 2g 줄이면 수축기 혈압 평균 2.2mmHg 감소함 / 1일 6g 이하로 섭취 제한
			베이킹파우더, 베이킹소다, MSG, 소스, 케첩, 마요네즈, 통조림, 훈제요리, 절인 고기, 보존 야채 등
		② 저콜레스테롤식이(총열량 섭취량조절), 포화지방산 제한, 저칼로리식이	1일 250kcal 정도 감소, 저카페인
			닭껍질, 오징어, 내장(알)류, 당류, 곡류, 고기, 치즈, 버터, 튀김
	◆ DASH 식이 : 미국국립보건원에서 고혈압을 관리하기 위하여 권장하는 식이로 채소, 과일, 미정제 곡물, 저지방식이, 생선, 콩, 식물성 지방을 주로 섭취하고, 염분과 지방식이를 제한하는 식이 23 국시 ◆ 술이나 과당 같은 단당류도 고혈압 환자에게 해로움. 이유는 과량의 포도당은 혈당을 정상수준으로 내리기 위하여 과량의 인슐린을 분비하는데, 고인슐린혈증은 나트륨의 배설을 억제하고 교감신경계를 자극하여 혈압을 증가시킴		

(2) 식이 관리	제공	③ 고칼륨식이	칼륨섭취를 통해 나트륨을 체외로 배설가능
			포타슘보유 이뇨제, 신장질환자 주의
			고등어, 연어, 감자, 딸기, 바나나, 오렌지, 건포도, 시금치, 멜론, 토마토, 가공치즈, 땅콩, 잣
		④ 고칼슘식이	칼슘 200~400mg 섭취시 SBP 1.5mmHg, DBP 0.4mmHg를 낮출 수 있음
			신장 결석자, 가족력자 주의, 변비주의
			저지방우유, 저지방요구르트, 칼슘제제
		⑤ 오메가3-지방산	중성지방 감소, 혈압감소
		⑥ 고섬유식이	음식물의 장내 체류시간을 단축하여 콜레스테롤의 배설을 촉진하고, 지방산의 합성을 방해, 고지혈증 감소
		⑦ 마그네슘 보충제	
(3) 절주	음주 → 포도당 과다 → 인슐린 과다분비(인슐린은 신장에서 수분과 염분배설 억제작용을 함) → 나트륨 배설 억제, 교감신경계 자극 → 혈압 상승		
	알코올 해독과정 중 발생하는 알데히드 → 혈압 상승		
(4) 금연	니코틴 → 말초혈관 수축, 카테콜라민 방출, 말초저항(소동맥의 혈류저항) 증가 → 혈압 상승		
	니코틴, CO 상승 → 혈관내피 손상 → HDL 감소, LDL 증가, 플라즈미노겐 감소, 혈소판 응집, 피브리노겐 증가 → 혈액의 점도 증가 → 혈전 형성 → 관상동맥 내 죽상경화증 발생 촉진		
(5) 적절한 운동	운동은 의사의 허락 후에 점차적으로 운동량을 증가시키고 운동 강도는 최대심박수의 60~80% 정도		
	주의	이뇨제 복용환자는 운동으로 인한 칼륨배설 가속 → 저칼륨혈증 주의	
		급격한 운동 이후 : (체위성) 저혈압 주의	
	운동효과	주 3~5회 30분 유산소운동 시 혈압 4~9mmHg 감소	
		① 카테콜라민 감소 → 혈압 감소	
		② 섬유소 용해 증가, 혈청콜레스테롤 감소, HDL 증가 → 죽상경화증 감소	
		③ 심장기능 향상 → 심장 혈액 공급하는 혈관분포 증가	
		④ 이완, 긴장의 배출 등	
	강도	최대심박수(220-본인나이)의 60~70%	
	예	걷기, 조깅, 자전거타기, 수영	
	금지	복압 상승 활동와 발살바 수기 피하기	
(6) 스트레스 관리	스트레스	(시상하부), 부신수질 자극 → 카테콜라민(에피네프린, 노르에피네프린) → 교감신경계 자극 → 혈압 상승	
		(시상하부), 부신피질 자극 → 코티졸 분비 = 혈관내피의 카테콜라민과 안지오텐신Ⅱ의 감수성 향상 → 혈압 상승	
	스트레스관리 관련 중재 ① 스트레스 사정(요구, 반응, 대처) : 건강 위협 행위 및 스트레스 유발 행위 인식 ② 현실적인 스트레스 관리 목표 설정 ③ (목표달성을 위한) 건강욕구의 우선순위 재사정 ④ 건강한 생활양식 갖기 : 충분한 수면, 규칙적 식사, 규칙적 운동, 이상체중 유지, 휴식, 절주, 금연 등 ⑤ 스트레스 대응전략 학습(스트레스를 감소시키는 특수한 행위 중재하기) 예 바이오피드백, 이완요법 등		

2. 대증요법 → 약물요법(항고혈압제)

간호진단 : 지속적 항고혈압제 투여와 관련한 불이행/지식부족/대처부족/체액(전해질)불균형

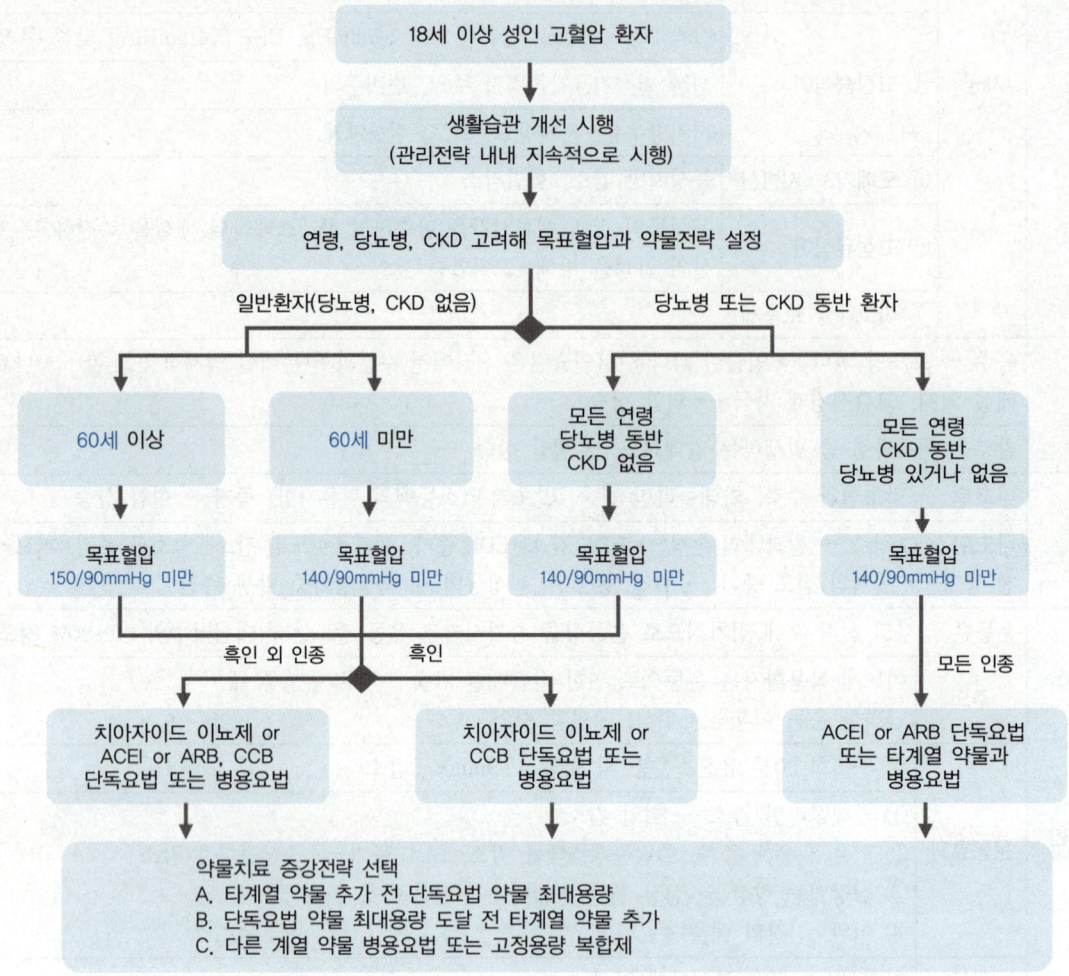

※ 대한의학회 고혈압 임상진료지침

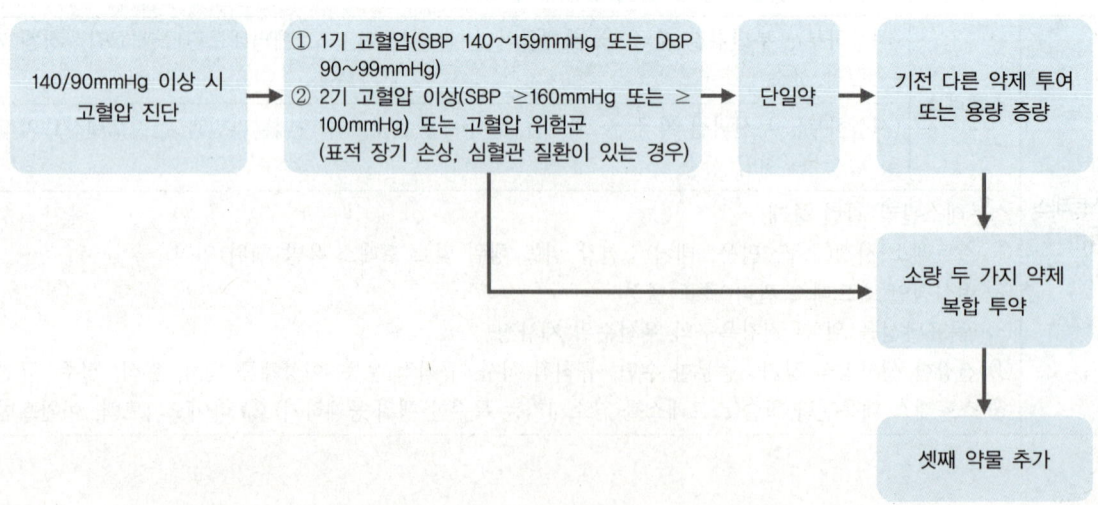

[치료 알고리즘(JNC 8차 보고서)]

PLUS⊕

- 항고혈압제의 작용부위

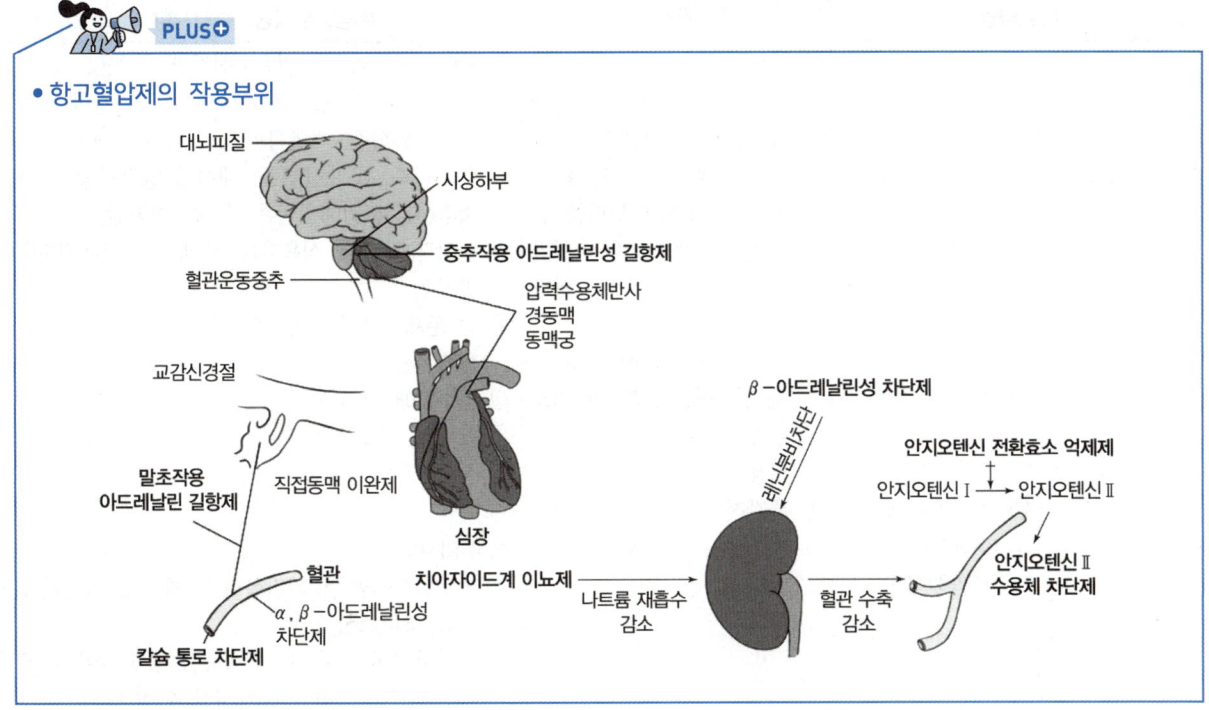

PLUS⊕

- 이뇨제의 기전

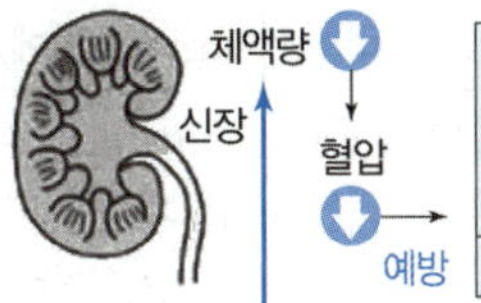

CHAPTER 05. 혈관계 건강문제의 간호와 관리

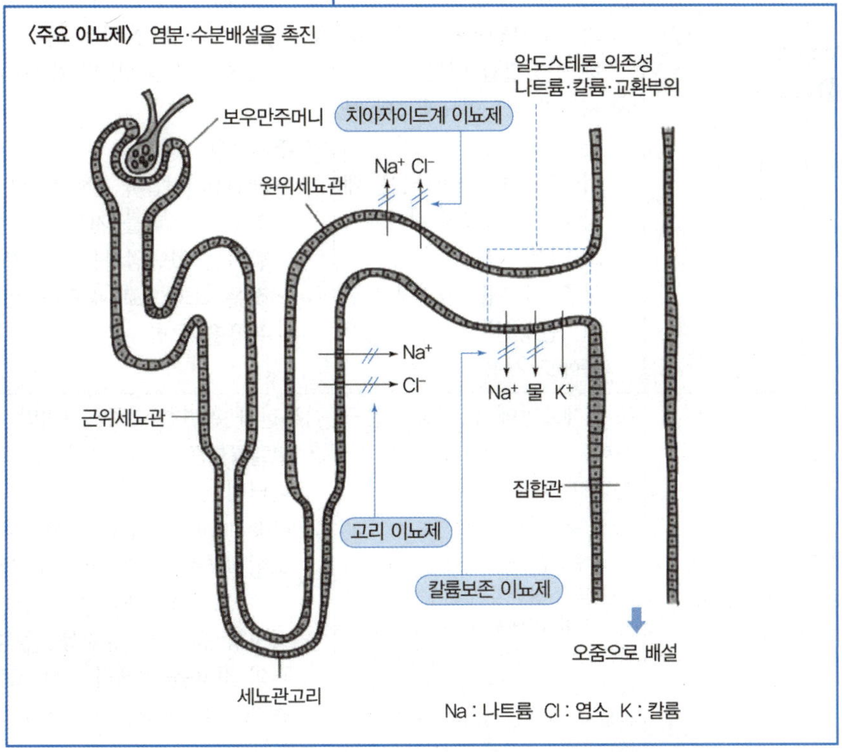

	대표약물	기전	특징, 부작용, 주의사항
이뇨제 99,03,12 임용	thiazide계 95 임용(보기) 1차 선택약물 예 chlorthalidone (Diuril) 95 임용(보기)	① 나트륨과 수분의 배설 증가 (원위세뇨관에서 Na^+의 재흡수를 억제)시킴으로써 혈압을 낮추는 작용을 함 → 세포외액의 부피를 줄여 심박출량과 신혈류량을 감소시키는 역할을 함 ② 혈압 저하: 세동맥 직접 이완, 말초혈관의 총 저항 감소 ③ 부종과 고혈압이 나타날 때 적용 ④ 즉각적인 이뇨효과는 없음	즉각적인 이뇨효과는 없음 / 심각한 부작용도 없음 ① 수분과 전해질 불균형: 체액소실, 저칼륨혈증, 저나트륨혈증, 저염화혈증, 저마그네슘혈증, 고칼슘혈증, 고요산혈증, 대사성 알칼리증 ② 중추신경계 장애: 현훈, 두통, 허약감 ③ 위장관계 장애: 식욕부진, 오심/구토, 설사/변비, 췌장염 ④ 성 문제: 발기부전, 성욕감소 ⑤ 혈액질환 ⑥ 피부장애: 광과민증, 피부발진, 소양증 ⑦ 당내성 감소(인슐린 분비장애와 인슐린 저항성 증가가 발생할 수 있음) ※ 주의사항 • 체위성저혈압, 저칼륨혈증, 대사성 알칼리증을 모니터할 것 • 치아자이드는 저칼륨혈증을 유발하여 디곡신의 심장독성을 증가시킬 수 있음 • 소금의 섭취제한은 저칼륨혈증의 위험을 감소시킴 • 인슐린 효과를 저해시킬 수 있으므로 당뇨환자는 혈당검사 정기적 실시 ＊크레아티닌 청소율이 30~50mL/min(정상125mL/min)에는 사용하지 않음
	loop계 예 Lasix 95 임용(보기) furosemide 09 임용	① 상행 헨레고리에서 작용하여 염분과 물, 칼륨, 염소 등 분비 촉진 ② 사구체 여과율의 일시적 증가, 말초혈관 저항 감소 위해 신장혈관 이완 ③ 치아자이드 이뇨제보다 빠른 이뇨작용 ④ 사구체 여과율이 낮은 대상자나 고혈압성 위기에서도 사용 ⑤ 부종, 폐부종, 울혈성 심부전, 만성신부전, 간경화증 등에도 사용	thiazide보다 빠른 이뇨작용(효과는 짧다.) ① 치아자이드 이뇨제와 부작용 동일, 단, 저칼슘혈증 ② 주로 회복가능한 이독성: 청력손실, 현훈 ③ 고혈당, HDL 콜레스테롤 감소 및 LDL 콜레스테롤과 중성지방의 증가 ※ 주의사항 • 체위성저혈압과 전해질 비정상을 모니터할 것 • 인슐린 효과를 저해시킬 수 있으므로 당뇨환자는 혈당검사를 정기적을 실시할 것 • 잦은 소변으로 수면을 방해하므로 밤에는 복용을 금함
	칼륨보유 이뇨제 spironolactone Aldactone	(원위세뇨관에서 작용, 알도스테론 길항작용) ① 나트륨과 수분 배설 증가 ② 칼륨 분비 감소 (RAA체계에서 알도스테론은 원위세뇨관 및 집합관의 수용체에 결합하여 나트륨을 재흡수하고, 칼륨을 분비함, 스피로락톤은 이 수용체를 경쟁적으로 차단하여 신장을 통해 수분을 내보내고, 나트륨재흡수와 칼륨분비를 감소시켜 고칼륨혈증의 위험이 있음)	심부전과 관련한 부종, 고혈압 치료에 사용 ① 고칼륨혈증 주의: 포타슘, 크레아티닌수치 모니터링 ② Aldactone 부작용: 두통, 허약감, 어지러움, 보행실조증, 털이 많아짐, 기립성 저혈압, 오심 구토, 설사 및 변비, 발기부전, 근육경련, 여성형 유방 및 유방통 / 월경불순(테스토스테론의 작용을 억제하고 에스트라디올의 합성을 증가시킴), 광과민성, 구갈 등 95 임용

	대표약물	기전	특징, 부작용, 주의사항
안지오텐신 전환효소 억제제 ACE inhibitors	-pril 예 captopril enalapril	안지오텐신전환효소억제제로 안지오텐신Ⅱ의 생성을 억제하여 혈압 상승 예방 - 안지오텐신Ⅱ는 ① 강력한 혈관수축제로 작용하여 말초혈관의 저항을 증가시킴, ② 부신피질을 자극하여 알도스테론을 분비하도록 하여 신장에서 염분을 보유하도록 함, 염분보유로 인해 증가된 삼투압은 뇌하수체 후엽에서 항이뇨호르몬을 분비하도록 자극함으로써 혈압 상승에 기여함	① 반동성 고혈압 가능성 : 약물을 거르지 말고 규칙적으로 복용 교육 ② 브레디키닌 농도를 상승시켜 마른기침과 혈관부종을 초래함. 기침지속 시 약물 중단하기 ③ 칼륨보존이뇨제, 칼륨보충제 병용 투여 금지 (고칼륨혈증 유발)
안지오텐신Ⅱ 길항제	-sartan 예 Losartan	안지오텐신Ⅱ 길항제로 안지오텐신Ⅱ의 기능을 억제하여 혈압 상승을 예방함	① ACE inhibitor보다 부작용 적음 / 대부분의 HTN에 적용 가능 ② 약물을 갑자기 중단하지 말 것 • 신장기능, 간기능 사정(장기 복용 시 체내 축적)
베타차단제	-olol 예 propranolol (inderal)	① 심장, 카테콜라민의 교감신경계 베타수용체 작용 차단 : 심박수 감소, 심박출량 감소 ② 신장, 레닌 분비 억제	① 고혈압 및 허혈성 심질환, 일과성 허혈성 발작 시 투여 ② 심박동수, 심박출량 감소 목적으로 투여 ③ 부작용 : 서맥, 울혈성 심부전, 저혈당, 피로감, 우울증, 오심, 구토, 설사, 수분정체, 기관지 경련 등
알파차단제	-zocin(zosin) 예 prazosin phentolamine	말초혈관 이완, 말초혈관 저항 감소	① 어지러움, 저혈압, 두통 등 주의 ② 고혈압 위기 때는 단기작용의 α-아드레날린성 차단제인 phentolamine과 chlorpromazine을 투여
칼슘통로차단제	verapamil diltiazem amlodipine nifedipine	① 심근세포막의 칼슘통로차단 → 심장의 자동성, 전도성 감소 ② 혈관 평활근 이완	베타차단제(propranolol)와 병용 투여 시 효과적
혈관이완제	Hydralazine Nitroprusside	말초 소동맥벽의 평활근 이완	어지러움, 저혈압, 두통 등 주의
	NTG	관상동맥, 전신혈관 이완 → 심근의 산소, 혈액 증가	고혈압, 허혈성 심질환 - 전부하, 후부하 감소 ① 50% 두통 호소, 체위성저혈압, 홍조 등 부작용 유발 ② NTG 투약 관련 교육

① 약물별 부작용 주의 안내 : 특히 저칼륨혈증, 체위성저혈압 등

> **체위성저혈압**
> - 가만히 서 있거나 기립경사 검사 시, 수축기혈압 20mmHg 이상, 이완기 혈압 10mmHg 이상으로 떨어질 때
> - 간호중재
>   - 천천히 자세 변경
>   - 어지러우면 즉시 앉도록 함
>   - 한 자세로 오래 서 있지 않음(특히 약물복용 2시간 이내)
>   - 주의 : 뜨거운 물 목욕, 통목욕, 사우나, 한증탕 / 복압 상승 활동, 변비(고섬유질식이 제공)

> **저칼륨혈증 증상**
> 근허약(근육이 늘어짐), 마비(감각이상, 건반사 감소) (하지)경련, 비정상호흡(빠르고 얕은 호흡 → 무호흡), 저혈압, 서맥, 피로, 식욕부진, 복부팽만, 마비성 장폐색, 변비, 다뇨, 야뇨 등
> ※ 간호중재 : 고칼륨식이 권장, 포타슘보충제 제공

② 고혈압 질환에 대한 정보, 약물에 대한 효과 및 투약방법 등도 설명
③ 생활습관 교정 + 약물요법의 이행 : 약물치료를 하는 경우도 생활습관 교정이 함께 병행되어야 함
④ 합병증, 응급을 요하는 증상(고혈압성 위기 등)에 대한 교육
⑤ 기타 : 혈압측정 방법(주 1회 측정, 기록), 고혈압 자조모임 정보, 도움을 받을 수 있는 연락처(상담 및 응급상황 시) 등

고혈압성 위기		
정의	단시간 내에 급격한 혈압의 상승 → 치료하지 않으면 2년 이내 90%의 이환율 / 사망률	
	고혈압성 응급상태	① 180/120(180/110)mmHg 이상으로 주요기관의 손상이 있는 상태 ② 고혈압성 뇌증, 뇌내 출혈, 지주막하 출혈, 급성 좌심부전과 폐수종, 심근경색증, 신부전, 박리성 대동맥류, 망막병변을 초래한 상태, 치료하지 않으면 5일 이내 뇌졸중, 신부전으로 인하여 사망
	고혈압성 긴급 상태	혈압이 수일, 수주 걸쳐 상승되나 주요기관의 손상의 증상이 없는 경우

증상	① 고혈압성 뇌질환의 징후 : 안절부절못함, 의식수준의 변화(혼돈 및 섬망 상태, 지남력 장애), 경련, 흐려진 시야, 두통 및 오심, 구토, 심한 혈압 상승, 어지러움
	② 심장성 후부하의 극적 증가 : 좌심부전, 허혈성 심근질환으로 진전
	③ 신장손상 : 질소혈증, 핍뇨
	④ 혈액 : 용혈성 빈혈, 산재성 혈관 내 응고증(DIC)
	⑤ 치료하지 않는 경우 시작된 지 5일 이내 뇌졸중이나 신부전으로 사망
	⑥ 고혈압성 위기 경고 증상
	   ㉠ 심각한 두통과 의식 혼미 또는 의식저하를 동반한 심한 흉통
	   ㉡ 짧은 호흡, 오심, 구토, 어지러움
	   ㉢ 흐린 시야, 혼미, 빈맥, 경련, 무반응 / 무의식	

중재	즉시 치료를 시작 ① 반좌위 & 산소공급 ② 이완기 혈압이 90mmHg가 될 때까지 5~15분마다 혈압측정 반복하고, 그 다음부터 이완기 혈압이 75mmHg가 되지 않도록 혈압을 30분마다 측정하며 감시 ③ 신경계, 심혈관계 합병증 관찰(경련, 무감각, 허약감, 사지 저림, 부정맥, 흉통 등) ④ 투여약물: 응급상황 벗어난 후 이뇨제와 베타차단제 등의 복합적 처방	
	혈관이완제	nitroprusside, nitroglycerine, diazoxide, hydralazine
	교감신경차단제	phentolamine(단기작용 α차단제) 12 임용, chlorpromazine(단기작용 α차단제), labetalol(α·β차단제)

5 급성 동맥 폐색질환 [성인질환]

정의	하지동맥이 모두 또는 부분적으로 갑자기 폐색되어 사지 전체나 한 부분의 혈액공급이 차단되고 심한 통증, 괴사를 일으키는 상태	
원인	① 주원인 : 색전증, 혈전증, 외상 ② 인공판막수술 후, 심방세동 후, 심근경색증 후, 류마티스성 심질환 후 생긴 혈전이 심장에서 떨어져 나와 상지에 발생하는 경우가 가장 흔함 ③ 하지에 생기는 색전증은 대부분 표재성 대퇴동맥, 슬와동맥에서 발생함	
증상 및 징후 (6P)	통증(Pain)	하지의 말단부위에 통증, 작열감, 안정 시 허혈성 통증
	창백(Pallor)	하지의 말단부위에 발생, 표피정맥이 비워지고 모세혈관이 채워지지 않아서 발생됨. 창백하다가 점차 청색증이 초래되며 차갑게 될 수 있음
	맥박소실(Pulselessness)	폐색된 부위의 말단부에서 약한 맥박 또는 잡히지 않음
	이감각증(Paresthesias)	감각이상, 저림, 작열감 등
	마비(Paralysis)	폐색된 부위의 신경손상으로 발생되며, 움직임 불가능
	냉감(Poikilothermia)	하지의 말단부위에 발생
진단검사	① 발목-팔 지수(ABI) 측정 : 하지동맥의 협착 시 0.9 이하 ② 도플러 초음파검사(=혈관 초음파 검사): 팔/다리 및 목의 중요 동맥과 정맥의 혈류를 측정할 수 있고, 이를 통해서 혈관의 협착정도를 파악하거나 좁아진 혈관을 넓혀주는 혈관성형술이나 늘어나 정맥들로 인한 하지정맥류 수술 대상을 결정하는데 사용함	
치료 및 간호	원인제거	① 내과적 치료 　㉠ 항응고제 : 더 이상 색전이 생기지 않도록 즉각적으로 미분획 헤파린(unfractionated heparin, UFH)을 정맥주사 　㉡ 혈전용해제 : 혈전이나 색전을 분해하기 위해 섬유소용해제인 urokinase, streptokinase나 t-PA(tissue plasminogen activator)를 사용 　㉢ 동맥혈전이나 색전은 심한 혈관경련을 유발할 수 있으므로 papaverine(평활근이완제), tolazoline(알파교감신경길항제), 칼슘통로차단제(칼슘채널차단제, 칼슘길항제) 등 투여 　㉣ aspirin이나 indomethacin은 출혈의 위험성 때문에 피해야 함 ② 외과적 치료 　㉠ 색전제거술 : 혈전이나 색전으로 주요 동맥이 폐색되었다면 국소마취 후 즉각적인 색전 제거술 　㉡ 혈관의 개존상태 유지 : 필요시 경피적 혈관성형술이나 혈관내 초음파술, 레이저 혈관성 형술, 죽종제거술, 스텐트삽입술 등
	대증요법	통증완화를 위해 모르핀 투여할 수 있고, 필요하다면 진정제 투여 가능
	보존 및 지지치료	① 활력징후, 말초동맥의 맥박, 동맥폐색 징후 사정 ② 섬유소용해제를 항응고제와 함께 사용할 때는 출혈의 위험성이 증가하므로 주의해야 함 ③ 조직관류 증진 : 하지 수평자세 또는 다리 약간 낮은 자세 ④ 따뜻한 방에서 휴식하게 함(너무 덥거나 춥지 않게 할 것) ⑤ 이환된 부위에 크레들을 적용하여 외상을 받지 않도록 보호해야 함

6 만성 동맥 폐색질환 [19 임용] [성인질환]

정의	말초동맥의 폐색이 서서히 진행되면서 사지의 혈액공급이 감소, 차단이 초래되고, 이에 따른 증상이 나타나는 것
원인 및 병태생리	① 죽상경화증이 가장 흔한 원인임 <table><tr><th>죽상경화증 진행단계</th><th>내용</th></tr><tr><td rowspan="4">1단계 : 평활근 증식</td><td>혈관 내막 비후</td></tr><tr><td>지방선조(지질침착)</td></tr><tr><td>죽상반 전 단계로 단핵구, 림프구가 대식세포로 변해서 지방층을 형성함</td></tr><tr><td>죽상반 형성 : 혈관내경이 좁아지고 평활근 세포 증식</td></tr><tr><td>2단계 : 섬유죽상반</td><td>섬유죽상반 : 죽상반이 더 커지고 섬유층으로 둘러싸임</td></tr><tr><td>3단계 : 복합죽상반</td><td>석회화로 진행됨</td></tr></table>② 50세 이상의 남성에게 호발 ③ 주로 하지에서 발생 : 표재성 대퇴동맥, 장골동맥, 슬와동맥, 동백분지 주위에 침범함
증상 및 징후 [19 임용/ 20,22 국시]	임상과정이 4단계로 진행되면서 증상이 발현됨 <table><tr><th colspan="2">임상과정 진행단계</th><th>내용</th></tr><tr><td colspan="2">1단계 : 무증상</td><td>통증 없음, 혈관잡음이나 동맥류 있음</td></tr><tr><td rowspan="3">2단계 : 간헐적 파행증</td><td></td><td>운동 시 근육통증이나 경련, 화끈거림 등 발생, 안정 시 증상이 완화됨</td></tr><tr><td>답차검사로 확인가능</td><td>답차검사는 누운상태에서 5~10분간 도플러 혈류측정기로 발목 혈압 측정 → 통증이 생길때까지 답차 위를 걷고, 통증이 발생하면 다시 누워서 혈압을 측정한다.</td></tr><tr><td></td><td>운동 시 혈압이 안정 시 혈압보다 높은 것이 정상반응임</td></tr><tr><td colspan="2">3단계 : 안정 시 통증</td><td>수면 중 통증으로 잠에서 깨어남, 치통 양상의 통증이며 사지의 원위부인 발가락 / 발뒤꿈치 / 발등에서 통증 발생, 종아리나 발목에서의 통증 발생은 드묾, 다리를 밑으로 내려뜨린 자세가 완화에 도움이 됨</td></tr><tr><td colspan="2">4단계 : 괴사</td><td>발가락이나 발뒤꿈치 등에 궤양이나 까맣게 된 조직발생, 괴사된 조직의 특유 냄새가 남</td></tr></table>
진단검사	① 발목-팔 지수(ABI) 측정 : 하지동맥의 협착 시 0.9 이하 ② 하지 도플러 초음파검사(= 혈관 초음파 검사) : 혈관의 협착정도를 파악하거나 좁아진 혈관을 넓혀주는 혈관성형술을 결정하는데 사용함 ③ 그 외 국소부위 수축기혈압 측정, 운동부하검사, 혈량측정법 등
치료 및 간호	<table><tr><td rowspan="3">원인제거</td><td>내과적 치료 (간헐적 파행증 치료)</td><td>① pentoxifylline(Trental) : 적혈구의 유연성을 증가시키며 혈소판 응집을 억제하고, 섬유소원을 감소시킴 ② cilostazol : 혈소판 응집을 방해하는 혈관이완제 ③ 항혈소판제 : aspirin, clopidogrel(Plavix)을 투여함으로써 혈전성 색전형성을 막아서 심근경색증이나 뇌졸중을 예방함</td></tr><tr><td>외과적 치료</td><td>① 경피적 혈관내성형술 : 풍선이 있는 도관을 이용하여 협착된 혈관을 확장하는 방법으로 동맥벽을 늘려 지름을 넓히고 혈관 내에 스텐트 삽입, 시술 후 혈전형성을 예방하기 위해 장기간 aspirin이나 dipyridamole 투여 ② 레이저 이용 풍선혈관성형술 : 동맥을 넓히기 위해 레이저섬유관을 진입시켜 폐색부위를 뚫은 후, 혈관지름을 더 넓히기 위해 풍선혈관성형술 시행, 시술 후 항혈소판제나 항응고제 투여 ③ 말초죽종제거술 : 죽경화성 동맥에서 죽종을 제거하기 위해서 고속회전드릴 등을 이용하여 딱딱한 플라크 표면은 긁어냄 ④ 동맥우회술 : 약물요법이나 경피적 시술이 효과없을 때 동맥촬영술로 폐색부위의 위치를 파악하여 외과적으로 동맥의 우회로를 만드는 방법</td></tr></table><table><tr><td rowspan="3">보존 및 지지치료</td><td>조직관류증진</td><td>하지를 내려뜨리는 자세, Buerger-Allen 운동 등</td></tr><tr><td>통증관리</td><td>진통제, 점진적 근육이완법 등</td></tr><tr><td>환자교육</td><td>운동, 식이, 안전도모 등</td></tr></table>

- 말초동맥질환과 정맥질환의 비교

	말초동맥질환	정맥질환
말초맥박	감소되거나 소실	존재, 부종으로 촉진이 어려울 수 있음
모세혈관 재충전	< 3초	< 3초
발목-상완지수	≤ 0.90	> 0.90
부종	다리가 지속적으로 의존적 자세가 아니면 없음	하지 부종
체모	다리, 발, 발가락의 체모소실	체모는 있거나 없을 수 있음
궤양위치	발가락 끝, 외측 복사뼈	내측 복사뼈 근처
경계부위	둥글고 부드러우며 천공 모양	불규칙한 모양
배액	소량	보통부터 다량
조직	검은 딱지 또는 창백한 분홍색의 육아조직	누런 허물 또는 검붉은 '불그레한' 육아조직
통증	발에 간헐적 파행증 또는 안정 시 통증, 궤양은 통증이 있을 수도 있고 없을 수도 있음	종아리나 허벅지의 둔통이나 무거움, 궤양은 종종 통증이 있음
손톱	두껍고 부서지기 쉬움	정상이거나 두꺼움
피부색	의존성 홍조, 상승 시 창백함	청갈색의 색소 침착, 정맥류가 보일 수 있음
피부조직	얇고 분홍빛으로 부서지기 쉽고 건조	두껍고 딱딱하며 단단함
피부온도	차갑고 다리로 가면서 더 낮음	따뜻하고 온도변화가 없음
피부염	거의 발생하지 않음	흔하게 발생함
가려움	거의 발생하지 않음	흔하게 발생함

7 레이노 현상 / 레이노병 [20 임용] 성인질환

정의			손가락, 발가락의 작은 피부 동맥을 침범하는 혈관경련성 질환
원인 및 병태생리	레이노 현상 (2차성 레이노병) [20,24 임용 / 19,20 국시]	특성	① 일반적으로 손가락, 발가락의 피부부위의 작은 동맥을 침범하며 일측성임 ② 30대에 보통 발생하며, 남녀 모두에게 발생됨 ③ 전신성홍반성 낭창과 같은 전신성 결체조직질환이나 진행성 전신경화증을 흔히 동반함 ④ 외상 후 흔히 발생, 폐색성 동맥질환이나 신경성 손상과도 관련됨
		병태생리	한랭이나 심리적 변화에 의해 손가락이나 발가락 혈관의 연축이 촉발되고 허혈발작 (말초혈관의 폐색이나 혈관경련장애)으로 피부색조가 창백, 청색증, 발적의 변화를 보임
			한랭자극 → 혈관연축 → 허혈 → 청색증 → 충혈 ↓ ↓ ↓ 흰색 보라색 붉은색
	레이노병 (원발성 레이노병)	특성	① 일반적으로 손가락의 피부부위의 작은 동맥을 침범하며 양측성임 ② 17~50세 사이에 발생하며, 일반적으로 여성에서 흔히 발생됨 ③ 손가락 동맥이 추위에 과민한 상태, 세로토닌의 유리, 선천적으로 혈관경련이 잘 오는 상태를 원인으로 추정함
		병태생리	한랭이나 심리적 변화에 의해 손가락이나 발가락 혈관의 연축이 촉발되고 허혈발작 (말초혈관의 폐색이나 혈관경련장애)으로 피부색조가 창백, 청색증, 발적의 변화를 보임
		진단기준	① 심리적 자극이나 추운 곳에서 손가락 청색증 발생 ② 증상이 양측성, 대칭성으로 발생 ③ 손가락 동맥폐색의 징후는 없고, 손가락을 변화시킬만한 전신질병 없음 ④ 괴저가 와도 손가락 끝 피부에 국한됨 ⑤ 적어도 2년 동안의 과거력이 있음
증상 및 징후 [20 임용(지문)]			① 손의 색깔 변화(창백증) ② 손가락 끝부분에 국한된 괴사 ③ 혈관경련이 멈추면 발적 발생 ④ 통증, 부종, 무감각, 차가움 호소
진단검사	혈액검사		류마티스질환에 의한 레이노 현상인 경우에는 혈액 속에 항핵항체가 양성인지 확인
	한랭부하검사		4~6℃ 냉수에 2분 정도 양손이나 양발을 담근 후 피부온도측정계나 체열측정기에 의해 피부온도 회복과정 관찰
	손톱모세혈관 현미경		손톱에 있는 혈관모양 관찰, 혈관이 구불구불하며 중간에 끊어져 있으며 전신성 경화증 의심
치료 및 간호	원인제거		원인질환 제거

	대증요법		① 혈관수축을 완화하거나 예방하는 약물 : 칼슘길항제, 프로스타글란딘, 2% 니트로글리세린 크림, 안지오텐신전환효소억제제, 안지오텐신수용체차단제, 보툴리눔독소A 등 [20 국시]
			② 수술요법
			  ㉠ 교감신경절제술 : 약물요법으로 증상완화 실패 시
			  ㉡ 풍선카테터 혈관확장술

	보존 및 지지요법 [19 국시]		① 금연, 카페인이나 초콜릿 섭취 제한 ② 추위에 노출되지 않도록 함 : 외출 시 양말과 장갑 착용, 몸을 따뜻하게 할 것 ③ 스트레스 관리 : 이완요법, 바이오피드백 프로그램 등이 도움이 될 수 있음

8 폐쇄성 혈전혈관염(Buerger's disease) [성인질환]

정의	① 동맥이나 정맥이 어떤 원인으로 혈전을 형성하고 비화농성인 동맥염과 정맥염을 형성하여 혈관을 폐색시킴으로써 말초순환부전을 일으키는 질환 ② 상하지 원위부와 작고 중간 크기의 동정맥(동맥이 정맥보다 흔히 침범됨)을 침범하는 염증성 폐쇄성 장애	
원인 및 병태생리	① 원인은 정확히 알려진바 없음 ② 흡연과 밀접함. 가족력과 유전적 소인 및 자가면역 등도 가능한 원인으로 추정되고 있음 ③ 40세 이전의 남성에게 높은 발생률, 40세 이후에는 드물게 발생함 ④ 흔히 상하지 말초부에 침범됨	
병태생리	① 상지나 하지혈관의 동맥과 정맥에 염증이 반복해서 발생하여 형성된 혈전이 혈관을 폐색시킴 ② 질병이 진행되면서 혈관외벽에 섬유화와 반흔을 형성하여 혈관과 신경을 누르게 됨 ③ 혈류가 방해받아 통증이 점차 심해짐	
증상 및 징후	통증	추위에 노출 후 발생, 거의 모든 환자에게 간헐적 파행증이 나타남. 질병이 더 진행되면 수면 시나 안정 시에 통증발생
	궤양	말초의 국소빈혈로 궤양과 괴사 발생, 침범된 손가락이나 발가락에서 괴저가 발생할 수 있음
	감각이상	① 초기에는 하나 이상의 발가락에 계속적인 허혈로 안정 시 통증, 냉감 또는 추위에 민감해지는 감각이상 발생 ② 후경골동맥과 족배동맥이 약하게 촉지되거나 소실
	피부변화	추위에 노출되면 처음엔 흰색, 다음에 청색, 마지막에는 적색으로 변화하는 이를 일명 3단계 색조변화라고 함
합병증	궤양과 괴저	① 질병의 초기에 나타날 수 있음, 이것은 저절로 발생하기도 하나 종종 외상 후 발생함 ② 괴저는 대개 한 번에 한쪽 사지에서 나타나고 많이 진행된 경우 하지 부종이 발생됨
	혈전성 혈관염	대상자의 40% 정도, 세정맥에서 발생, 생명을 위협하지는 않지만 통증으로 인한 장애가 있으면 사지를 절단할 수 있음
	패혈증	상처가 감염되면 패혈증이 발생할 수 있음
	동맥폐색	폐색성혈관염이 대뇌, 관상동맥, 신동맥, 췌장동맥, 장간막동맥폐색의 원인이 되기도 함
진단검사	① 특별한 진단법은 없음 ② 진단은 임상증상과 흡연력, 50세 이전의 발병, 허혈성 궤양, 통증 등에 근거함 ③ 신체검진 : 팔과 다리의 부위별 혈압검사를 통한 말초부위 허혈상태 파악, 궤양이나 괴저 여부 확인 ④ 다리에 동맥촬영술, 염증부위 조직생검을 시행할 수 있음 ⑤ 초기에 손과 발, 팔과 다리의 혈량측정법(사지의 혈액량 변화측정검사)으로 진단내림	
치료 및 간호	원인제거	혈관확장을 위해 금연, 혈관확장제(nifedipine, prazosin) 투여, 국소적 교감신경절제술
	대증요법	① 통증완화를 위해 진통제, 혈관확장제 투여 : 일로프로스트(iloprost) 정맥주사(기전 : 프로스타글란딘의 수용체와 결합, 혈관확장과 통증완화) ② 궤양부위 상처간호
	보존 및 지지요법	① 기계적/화학적/열적 손상방지 ② 이완요법 ③ 보온 20 국시 ④ 심리적 지지 제공

9 동맥류 [성인질환]

정의		동맥벽이 탄력성을 잃어 부분적으로 약해지거나 늘어나서 영구적으로 확장된 상태	
원인	선천적 요인	Marfan's 증후군	미세섬유 결손으로 뼈, 눈, 심폐계, 중추신경계 영향 (마르판 증후군은 상염색체 우성유전질환으로, 결체조직을 구성하는 유전자 이상으로 심혈관, 안구, 골격에 심각한 장애를 초래함)
		Ehlers-Danlos 증후군	선천성 결합조직 질환 (엘러스 단로스 증후군은 상염색체 우성유전질환으로, 콜라겐의 결함으로 피부, 혈관, 관절 등이 느슨하고 약해짐)
	후천적 요인		① 죽상경화증 : 가장 흔한 원인으로 동맥내벽에 죽상판 형성, 중층은 닳아지고 갈라지며 영양이 부족하게 되는 등의 복합요인에 의해 약해짐 ② 외상, 감염 및 매독 등 ③ 고혈압 : 동맥내벽에 죽상반 형성, 혈관 중층은 닳아지고 갈라지며 영양이 부족하게 되는 등의 복합요인에 의해 약해짐
병태생리			① 동맥중층의 파괴 ② 내벽과 외벽이 늘어남 ③ 중층이 더 약해져서 늘어져 동맥류 발생
동맥류 형태 및 위치	형태	방추형	가장 흔한 형태, 동맥의 한 부분이 항아리 모양으로 된 상태
		낭상형	동맥의 한 부분이 주머니 모양으로 튀어나온 형태
		박리형	혈관 내막이 찢어져 중층과 내층 사이로 혈액이 새어나가 형성된 상태
	위치		① 가장 흔한 부위는 대동맥, 복부대동맥 75%, 흉부대동맥 25% 차지 ② 골격근에 의해 지지되지 않는 동맥부위나 동맥가지가 구부러지는 부위 및 만곡을 이루는 줄기에서 흔히 발생됨
복부대동맥류의 증상 및 징후	복부박동		복부에서 심장뛰는 것 같은 박동 느낌(복부대동맥류), 복부의 박동성 덩어리 촉진 [19 국시]
	통증		심한 복부 통증(복부대동맥류)
	파열증상		동맥류 파열 시 쇼크 발생 - 저혈압, 발한, 핍뇨, 부정맥, 의식소실 등
	압박증상		기관지, 기관, 폐를 압박하여 호흡곤란, 기침, 쉰 목소리, 협착음, 무성증, 연하곤란 등
진단검사			초음파 검사, CT검사, 대동맥 혈관 촬영술 등
치료 및 간호	원인제거		외과적 치료 : 복부대동맥류 지름이 6cm 이상이거나 점점 커지면 수술 시행
	대증요법		
	보존 및 지지요법		① 혈압을 조절하여 파열의 위험성을 줄여야 함 ② 내과적 치료 : 항고혈압제 투여로 대동맥 흐름을 감소시켜 파열 예방

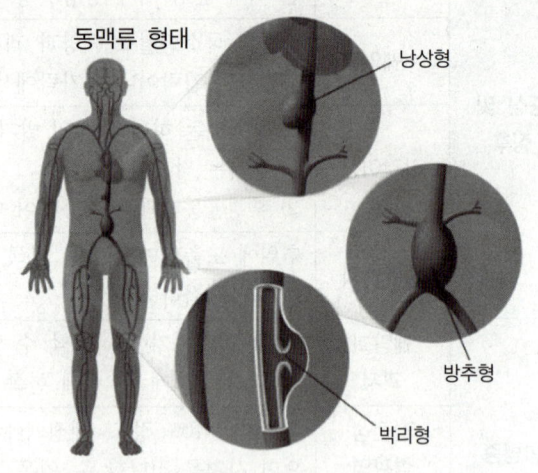

동맥류 형태
- 낭상형
- 방추형
- 박리형

10 정맥류 [02 임용] [성인질환]

정의	정맥의 판막기능부전으로 인해 정맥이 영구적으로 확장되는 것. 주로 복재계에서 나타남(= 정맥혈이 정체되어 정맥이 늘어난 상태) [02 임용(지문)]
원인	① 원발성 정맥류 : 선천적, 가족력, 정맥벽의 탄력성 상실, 임신, 오랫동안 서있는 자세 등 ② 속발성 정맥류 : 외상, 폐색, 심부정맥혈전증, 손상된 판막의 염증 시
발생 기전 [02 임용]	① 하지 표재정맥이 늘어나고 구불구불해지면서 정맥압 증가 ② 정맥이 늘어나면 판막이 불완전해지면서 정맥혈류가 역류됨 → 정맥압 증가 ③ 모세혈관압이 증가하여 부종 초래 ④ 부종이 생긴 조직은 혈액으로부터 충분한 영양을 공급받지 못해 조직 손상 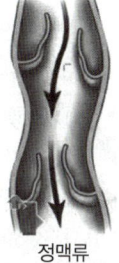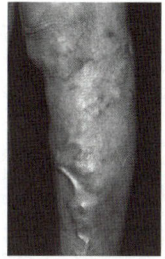 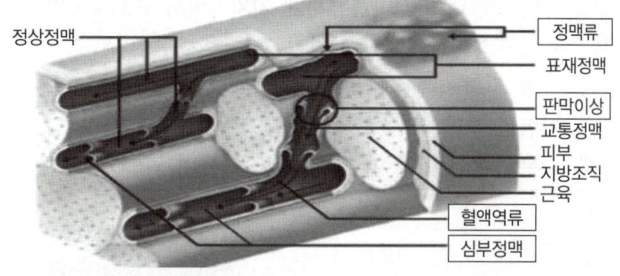
증상 및 징후 [02 임용]	① 다리의 통증(오랫동안 서 있은 후에 발생하는 통증/걷거나 다리를 상승시키면 완화), 무거움, 가려움증, 중정도의 부종 및 외관상의 문제 호소 ② 근육경련, 하지근육의 피로, 야간성 경련 등
진단 검사	① 걷는 중에 정맥압의 변화 확인　　　　② 정맥압박 검사 ③ Trendelenberg 검사 [08 임용]　　　　④ 정맥관 조영술 ⑤ 도플러 초음파 검사(= 혈관 초음파 검사, 팔/다리 및 목의 중요 동맥과 정맥의 혈류를 측정할 수 있고, 이를 통해서 혈관의 협착 정도를 파악하거나 좁아진 혈관을 넓혀주는 혈관성형술이나 늘어나 정맥들로 인한 하지정맥류 수술 대상을 결정하는데 사용함) ⑥ 혈량 측정 검사
치료 간호	정맥제거술	① 심부정맥이 정상이며 지름이 4mm이상 늘어나 있거나 혈관이 뭉쳐 있을 때 시행 ② 전신마취 상태에서 복재(두렁)정맥을 결찰하고 분리, 정맥은 복재정맥과 대퇴정맥이 만나는 서혜부에서 상부쪽으로 결찰, 그다음 발목부위를 절개하여 금속이나 플라스틱 철사를 정맥 길이만큼 충분히 집어넣어 정맥 제거 ③ 수술 중에 다리를 압박하고 상승시켜 출혈을 최소화함 정맥제거술 후 간호 ① 목적 : 전체 다리 위의 단단하고 탄력성 있는 압력을 유지하고 다리의 규칙적인 움직임과 운동 증진 ② 침대의 발치를 15~20cm 상승하여 다리를 심장 높이 이상으로 상승 ③ 수술 후 24~48시간 만에 간단한 운동 시작 ④ 수술 후 3일째 조기퇴원 가능 : 통증과 부종이 문제 없을 시 ⑤ 수술 후 3주 : 탄력붕대와 능동적인 걷기 운동 필요 ⑥ 합병증 사정 : 출혈, 감염, 신경 손상, 심부정맥혈전증

치료간호	경화요법	① 0.5% sodium tetradecy; sulfate(Sotradecol)를 정맥 내로 주입하여 정맥염과 섬유증을 유발하여 정맥내강을 폐쇄하는 방법 ② 작은 정맥류와 정맥을 결찰하여 정맥류를 제거한 후 실시 ③ 증상완화를 위한 방법일 뿐 치료를 위한 처치는 아님 ④ 경화물질을 주입한 후 5일 동안 탄력압박붕대를 다리에 감고, 그 후 5주 정도 탄력스타킹을 더 신기 ⑤ 걷기 운동은 하지의 혈류를 유지하는 데 매우 중요함, 하지에 경화제를 주입한 후 1~2일 동안 작열감을 호소하면 약한 진정제를 투여한 후 걷게 함
	대안요법	① 수술에 대한 대안으로 고주파 에너지, 레이저 에너지를 이용하여 정맥류로 흐르는 혈관에 열을 직접 적용하여 혈관을 폐쇄하는 방법 ② 고주파치료법은 정상조직의 손상이 적고 수술 후 멍이 들거나 통증이 적다는 장점이 있음
예방법 02 임용/ 22 국시	정맥귀환 증진	① 오랫동안 앉아 있거나 서 있는 것을 피하도록 함 : 정맥의 순환 방해 ② 의자에 앉을 때는 두 발이 바닥에 닿게 하며 다리를 포개지 않도록 함 ③ 꽉 끼는 옷을 피함 : 정맥순환방해, 혈액정체 ④ 섬유질이 많은 야채와 적당한 운동으로 변비예방 ⑤ 탄력스타킹은 침대에서 일어나기 전에 착용하도록 함 : 아래쪽 다리부터 충분하게 지지하면서 고르게 압박 → 표재성 정맥의 지름을 감소시켜 심부정맥흐름을 증진시킴 ⑥ 안정 시 4~6회 하지를 심장보다 높게 올리기 → 통증, 부종완화 ⑦ 피임약 투약금기 : 혈액의 과응고력 ⑧ 수분섭취 : 탈수는 혈액의 점도를 높여 과응고력을 갖게 함
	운동	① 매 시간 잠깐씩이라도 걸어야 하며 증상에 따라서는 하루에 4~6번 심장보다 다리를 높게 함 : 근수축이 정맥 압박하여 혈관을 누르므로 귀환증가 ② Buerger-Allen운동 ㉠ 발을 편한 의자 위로 1분 동안 올리기 ㉡ 편한 자세로 앉기, 발을 양쪽으로 돌리고, 발가락을 구부렸다 올렸다 하는 운동을 30초 동안 하기. 이때 발은 완전히 붉은색이 되어야 하며 만일 발이 청색을 띠거나 통증이 있으면 발을 올린 후 하게 함 ㉢ 똑바로 누워서 1분 동안 다리를 똑바로 하고 누워 있기 ㉣ 위의 과정을 한 번에 6회씩, 하루 4회 실시하기	1. 발을 편한 의자 위로 1분 동안 올린다. 2. 편한 자세로 앉는다. 그런 후 발을 양쪽으로 돌리고, 발가락을 구부렸다 올렸다 하는 운동을 30초 동안 한다. 이때 발은 완전히 붉은색이 되어야 하며, 만일 발이 청색을 띠거나 통증이 있으면 올린 후 하게 한다. 3. 똑바로 누워서 1분 동안 다리를 똑바로 하고 누워 있는다. 4. 이 운동은 한 번에 6회씩 하루에 4회 한다. [Buerger-Allen 운동]
	발 간호	발은 조심스럽게 중성비누로 닦고, 문지르지 않고 두드려 말린 후 로션이나 오일을 발의 건조한 부분에 바르도록 함
	식이	비타민이나 단백질이 포함된 조절된 식이

11 심부정맥혈전증 16임용 성인질환

정의	① 심부정맥혈전증: 정맥 내 혈전 형성 ② 혈전성 정맥염: 혈전 형성으로 인한 정맥내벽 염증 상태		
원인	Virchow's triad: 정맥혈 정체, 정맥벽 손상, 혈액의 과응고력 3가지 중 적어도 2가지가 있을 때 발생		
	① 정맥혈 정체	장딴지 근육펌프운동× • 심부전이나 shock으로 인한 혈액흐름의 정체 • 골격근 수축의 감소: 부동상태, 마비, 절대침상안정 • 임신, 비만	① 정맥판막기능 부전 ② 비활성 사지근육 ③ 일방향 혈류의 변화
	② 정맥벽 손상	IV, 버거씨병, 골절이나 탈구 후 혈관의 손상, 복부와 골반 수술(부인과 수술, 비뇨기계 수술-수술 후 누워있으면 정맥혈이 정체되고 전립선수술은 정맥벽을 손상시킴. 정맥벽 손상부위에 국소적으로 혈소판이 응집되고, 섬유소가 모이면 혈구를 끌어들여 혈전을 형성함 16임용). 경화제로 인한 화학적 손상, X-선 불투과 염료, 항생제(Chlorteracycline)	① 응고인자 방출 ② 혈소판 활성화
	③ 혈액의 과응고력	장기암, 난소암 등의 악성종양, 탈수, 경구용 피임약, 혈액질환(혈소판 증가, 섬유소용해 저하, 혈액점도 증가), 산욕기	① 응고기전 불균형 ② 피브린 생성 증가
발생 기전 16임용	① 혈전형성: 혈관내벽에 국소적으로 혈소판이 응집되고 섬유소가 모이면 적혈구, 백혈구, 혈소판을 끌어들여 혈전형성(주로 정맥판막엽 부위에 형성) 　- 혈소판 모임 → 응고인자가 활성화되어 피브린 형성 → 피브린은 적혈구, 백혈구, 혈소판을 포착하여 정맥벽에 부착시킴 → 혈전형성 ② 혈관폐색: 혈전이 커지면서 큰 혈괴를 만들어 정맥 내부 폐쇄 ③ 색전: 혈전이 떨어져 색전이 되면 폐로 가서 폐색전 유발		

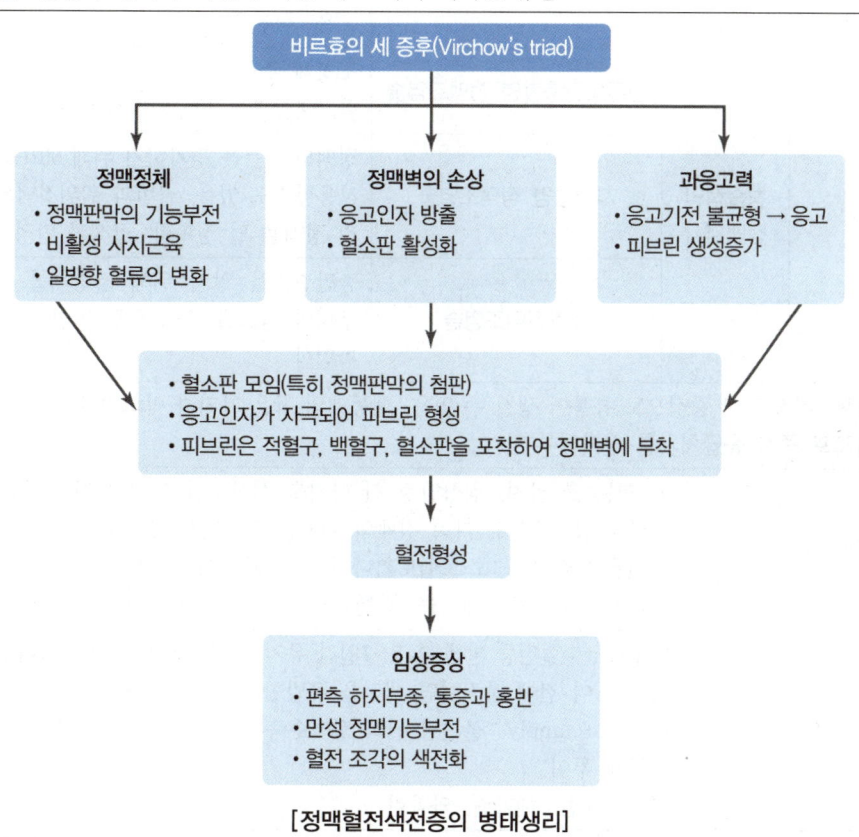

[정맥혈전색전증의 병태생리]

	표재성 정맥	① 통증, 압통, 발적, 열감 ② 정맥 촉진하면 nodule이 만져짐, 촉진 시 정맥이 단단	
	심부 정맥	① 부종, 종창, 압통, 열감 • 하대정맥이 침범받은 경우 : 두 다리에 부종과 청색증 발생 • 상대정맥이 침범받은 경우 : 팔, 목, 얼굴 등에 유사한 증상 발생, 해당하는 사지에서 특히 걸을 때 조임이나 둔통으로 묘사되는 장딴지 통증이 가장 흔한 증상임(심부정맥혈전증의 5~10%가 상지의 정맥에서 발생되고, 내경정맥 또는 상대정맥으로 확대될 수 있음) • 압통과 부기, 온기 및 홍반은 침범된 정맥의 경로를 따라 나타날 수 있음 • 해당하는 사지는 창백하고 종종 부종이 있을 수 있음 ② 색전의 위험이 높아 폐색전 증상 나타남 ③ Homan's sign (+) : 무릎을 약간 굽히고 발을 족배굴곡하였을 때 종아리 통증을 호소함 16 임용	
증상 및 징후	진단검사		
		검사	설명 및 비정상 소견
		혈액검사	
		ACT, aPTT, 출혈시간, Hb, Hct, PT-INR, 혈소판수	혈액질환이 있으면 변화됨(적혈구증가증이 있으면 Hb, Hct가 증가됨)
		D-dimer	섬유소 분해와 응고용해로 인해 형성된 섬유소의 조각은 정맥혈전색전증을 유발(정상치 : 250mcg/L)
		fibrin monomer complex	항트롬빈을 초과하는 트롬빈이 농축될 때 혈전이 형성된다는 근거이며, 정맥혈전색전증을 암시함
		비침습적인 정맥검사	
		이중초음파	압박초음파와 컬러도플러의 병합. 정맥내 혈전의 위치와 정도 및 혈관내 충만결함을 확인(정맥혈전증을 진단하기 위해 보편적으로 시행되는 검사)
		정맥압박초음파	심부대퇴, 슬와, 후경골정맥을 평가 • 정상 : 외부압력이 있으면 정맥허탈 • 비정상 : 외부압력이 있을 때 정맥이 허탈되지 않음, 혈전을 암기
		침습적인 정맥검사	
		컴퓨터단층촬영 정맥조영술	조영제 주사 후 골반, 대퇴, 종아리의 정맥을 평가함, 폐혈관조영술을 동시에 하기도 함
		자기공명 정맥조영술	정맥의 흐름을 평가하기 위해 MRI를 사용, 조영제를 사용할수도 있음, 골반과 원위정맥은 정확하며 종아리 정맥을 덜 정확함. 급성과 만성 혈전을 구분함
		대조정맥조영술	충만결함을 알기 위해 조영제를 사용하여 응괴의 우치와 정도를 X-선으로 확인, 측부순환의 발생을 확인함
합병증	폐색전증 : 가장 흔한 증상으로 흉통이 생길 수 있음. 폐동맥의 작은 가지가 막히거나 허혈, 폐실질에 염증이 나타나므로 즉시 응급처치를 실시해야 함		
치료 및 간호	원인제거	① 꽉 끼는 옷 금지, 침상안정 시 하지를 심장보다 높게 유지(무릎을 약간 구부려서 오금의 압력 방지, 다리 정맥의 위치는 우심방의 위치와 같은 높이) ② 혈전용해제 투여 : 스트렙토키나제, 유로키나제, t-PA ③ 외과적 치료 : 혈전제거술, 간헐적 공기압축 기구 사용	
	대증요법	① bed rest : 혈전증 발생 후 5~7일간 유지(∵혈전이 정맥벽에 달라붙는데 필요한 시간으로 이 전에 움직이면 색전을 유발함), 색전형성 방지 ② hot pack apply : 불편감 완화(정맥수축완화, 염증완화) ③ 진통제 투여 ④ 항응고요법 : 헤파린, 와파린	
	보존 및 지지요법	급성기에는 침상안정(혈전이 떨어져나가는 것을 방지하기 위함), 이후 다리운동 권장	

예방법	① 탄력스타킹 : 발끝에서 서혜부까지 착용 [22 국시]
	  ㉠ 사지를 고르게 압박하고 표재성 정맥의 직경을 감소시켜 심부정맥의 흐름을 증진시킴
	  ㉡ 침상에서 일어나기 전에 착용함
	② 하지상승 : 표재성 정맥의 정맥귀환을 촉진 - 2시간마다 30분씩 15cm 높이로 상승(하지를 심장보다 높게 유지하면 혈액정체와 부종완화에 도움이 됨)
	③ 능동적, 수동적 운동권장 : 하루에 몇 번씩 다리근육(장딴지 근육)을 수축, 이완
	④ 오랫동안 앉아 있거나 서 있는 자세를 피하고, 걷기를 권장함
	⑤ deep breathing : 흉부의 음압을 증가시키며 정맥귀환 촉진
	⑥ 슬와 부위를 압박하는 자세(예 다리를 포개고 앉는 자세 등)를 피할 것
	⑦ 거들이나 벨트와 같이 꽉 조이는 의복을 피할 것
	⑧ 다리궤양, 봉와직염, 괴저, 급성혈전, 폐색환자는 침상안정을 취할 것

06 혈액계 건강문제의 간호와 관리

영역		기출분석 영역		페이지
병태생리	백혈구	호중구의 특성 1995		354
		과립구의 주요작용 1996		
	조혈기관	종류 1996		358
		성인이 된 후에도 계속 조혈작용이 이루어지고, 골수 천자 시 흔히 사용되는 부위 1995		
빈혈	전혈검사 결과 2020			360
	영양결핍성	철분결핍성 빈혈	영아를 위한 간호중재 2009	
			철분제 복용 2021 - 철분제 섭취와 함께 권장하는 영양소와 그 이유 - 액상 철분제 복용 시 빨대와 점적기 사용 이유 - 혈색소가 정상화된 후에도 일정기간 철분제 복용을 하는 이유	
		악성빈혈	원인 1996, 거대적아구성 빈혈 혈구 특징 2020	
	골수부전	재생불량성 빈혈	혈구 특성 1995	
	유전성	겸상적혈구 빈혈	유전양상 2015, 적혈구 특성 2015	
지혈장애	혈액응고과정 1995			371
	혈우병	반성열성유전 혈액질환 1996, 2024		374
		혈우병 유전될 수 있는 여러 가지 상황의 발생확률 계산 2007, 2016, 2024		
		혈우병 유전양상 및 그 이유 2016		
	자반증	특발성 혈소판 감소성 자반증		377
		아나필락시스양 자반증 - 주요 침범기관 3가지와 기관별 증상 1992-보기, 2008		378
	산재성 혈관 내 응고증(DIC)			380
백혈병	급성 림프구 백혈병 정의 2024			382
	급성 림프구성 백혈병 병태생리 2013			
	백혈병에서 범혈구 감소증이 나타나는 이유 2024			
	백혈병 환아에게 요추천자를 하는 목적 2024			
	구강간호 1993			
기타 혈구장애	원발성 다혈구혈증			387
	과립구 감소증과 무과립구증			
악성 림프종				389

학습전략 Point

1st	빈혈	철분결핍성 빈혈, 악성빈혈, 재생불량성 빈혈, 겸상적혈구 빈혈 등 각 빈혈의 원인, 발생기전, 중재 등이 다양하게 출제되었다. 따라서 각 빈혈에 관해 꼼꼼히 학습한다.
2nd	지혈장애, 백혈병	혈우병, 자반증 등 지혈기전의 손상으로 발생할 수 있는 건강문제와 기출되었던 백혈병에 대해서 병태생리와 증상과 징후, 특징적인 치료와 중재들에 관해 학습한다.

한눈에 보기 — 혈액계

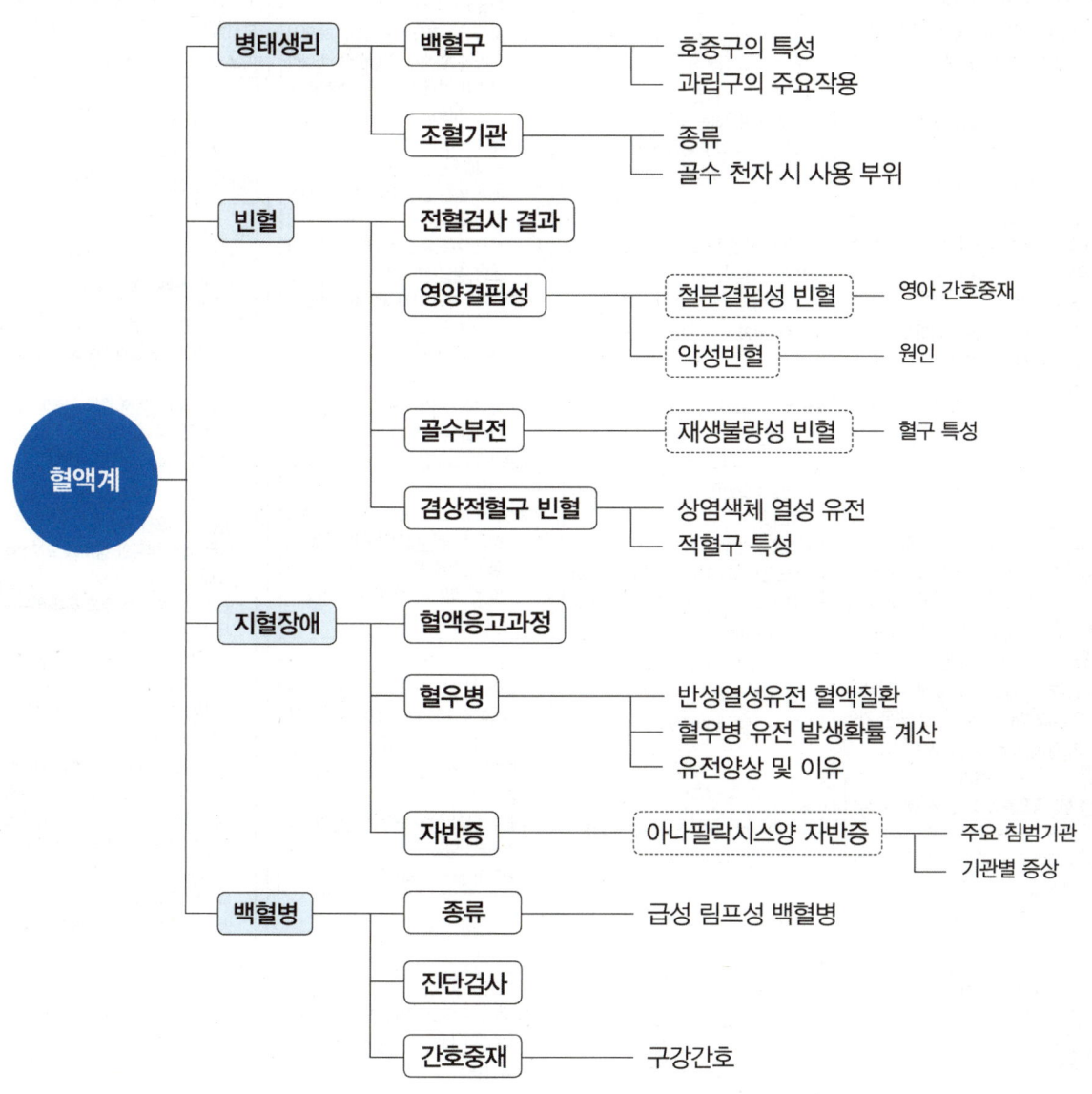

CHAPTER 06. 혈액계 건강문제의 간호와 관리

95-12. 〈보기〉에 해당하는 백혈구는?

〈보기〉
- 식균 작용을 한다.
- 백혈구 중 가장 많은 수를 차지한다.
- 정상 수명은 약 8일이다.

① 호중구 ② 호산구
③ 호염기구 ④ 임파구

96-24. WBC는 과립구와 무과립구로 구성되어 있다. 과립구의 주요 작용은?
① 식균작용
② 항원생산 작용
③ 항체생산 작용
④ 단백질 합성작용

95-42. 성인이 된 후에도 계속 조혈 작용이 이루어지고 골수천자를 할 때 흔히 사용되는 부위는?
① 요골 ② 흉골
③ 늑골 ④ 쇄골

96-07. 조혈기관이 바르게 나열된 것은?
① 골수 – 비장 – 간 – 췌장
② 골수 – 간 – 비장 – 임파절
③ 골수 – 췌장 – 임파절 – 위
④ 골수 – 임파절 – 신장 – 위

09-32. 현재 조제유만을 섭취하고 있는 7개월 된 영아가 소아과를 방문하여 혈액 검사를 받았다. 검사결과 혈청-철 농도가 정상보다 낮았고 총 철결합능이 정상보다 높게 나타났다. 이 영아를 위한 간호중재로 옳은 것을 〈보기〉에서 모두 고른 것은?

〈보기〉
㉠ 철분공급을 위해 철분강화 생우유를 첨가하여 준다.
㉡ 비타민 C는 철분흡수를 방해하므로 철분제와 같이 주어서는 안 된다.
㉢ 철분이 많이 함유된 곡분으로 고형식이를 시작한다.
㉣ 무증상 출혈이 있을 수 있으므로 대변의 잠혈을 관찰한다.

① ㉠, ㉡ ② ㉠, ㉢
③ ㉡, ㉣ ④ ㉢, ㉣
⑤ ㉡, ㉢, ㉣

21-B11. 다음은 중학교 학부모와 보건교사의 전화 통화 내용이다. 〈작성 방법〉에 따라 서술하시오.

학부모: 선생님, 안녕하셨어요? 1학년 최OO 어머니입니다. 선생님의 조언대로 병원을 다녀왔는데 철결핍 빈혈로 진단을 받았고요. 병원에서 ㉠철분제를 먹으라고 해서 처방을 받아왔어요.

보건교사: 네, 철결핍 빈혈(iron deficiency anemia)은 처방받은 철분제를 잘 먹으면 빈혈이 교정될 수 있어요.

학부모: 네, 다행이에요. 그런데, ㉡액상으로 된 철분제도 있더군요.
…(중략)…
학부모: 철분제는 언제까지 먹어야 할까요?
보건교사: ㉢혈색소가 정상화된 후에도 일정 기간 동안 철분제를 먹어야 합니다.
…(하략)…

〈작성 방법〉
- 밑줄 친 ㉠의 경우, 함께 섭취를 권장하는 영양소의 명칭을 쓰고, 그 이유를 서술할 것.
- 밑줄 친 ㉡을 빨대나 점적기를 이용하여 복용하는 이유를 제시할 것.
- 밑줄 친 ㉢의 이유를 제시할 것.

96-61. 악성 빈혈을 일으킬 수 있는 것은?
① 비장적출 ② 위절제
③ 동맥출혈 ④ 임파선종

95-62. 〈보기〉와 같은 현상을 보이는 빈혈은?

〈보기〉
- 적혈구 낱개의 크기와 기능은 정상이다.
- 백혈구 중 과립구가 특히 저하된다.
- 혈소판이 $30,000mm^2$ 이하로 떨어진다.

① 악성 빈혈
② 골수 부전 빈혈
③ 용혈성 빈혈
④ 겸상 세포 빈혈

95-24. 〈보기〉의 혈액응고과정이다. ( )에 알맞은 것은?

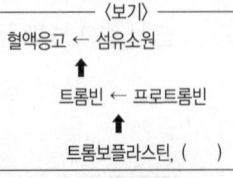

① K^+ ② Ca^{2+}
③ 비타민 K ④ Fe

20-B8. 다음은 보건교사가 첫 아이를 임신한 동료교사와 나눈 대화 내용이다. 〈작성 방법〉에 따라 순서대로 서술하시오.

동료교사: 선생님, 안녕하세요? 제가 임신 진단을 받았는데 노산이라 여러 가지가 걱정이 돼요. 태아의 건강 상태를 어떻게 알 수 있나요?
보건교사: 혈액이나 초음파를 이용한 검사가 있어요.
동료교사: 그렇군요. 다음 산전 검사에서 ㉠태아에게 기형이 있는지 선별하는 4가지 혈액 검사를 한다고 들었는데 어떤 검사인지 알려주시겠어요?
보건교사: 네, 자세한 내용을 설명 드릴게요.
… 중략 …
동료교사: 그런데 혈액 검사 외에도 ㉡태아 목덜미 투명대 검사를 한다고 했어요. 이 검사로 어떤 것을 알 수 있나요?
보건교사: 그 검사는 초음파를 보면서 태아의 염색체 이상뿐만 아니라 다양한 선천성 이상을 예측할 수 있는 거예요.
동료교사: 그런데 선생님, 결혼 전부터 제가 완전 채식주의자예요. 그래서 임신 진단을 받고 나서 채식을 계속해도 되는지 걱정이 많이 돼요. 채식을 고수하면 어떤 영양소가 결핍될까요?
보건교사: 여러 가지 영양소가 결핍될 수 있지만, 그중에서도 (㉢)은/는 고기, 달걀, 유제품 등 동물성 식품에만 포함되어 있기 때문에 채식주의자에게는 결핍 현상이 나타날 수 있어요.
동료교사: 그러면 어떤 문제가 발생할까요?
보건교사: 이 영양소가 결핍되면 특징적으로 ㉣거대적아구성 빈혈, 설염, 신경계 질환이 임부에게 나타날 수 있으니 주의하셔야 해요.
… (하략) …

〈작성 방법〉
- 밑줄 친 ㉠ 중에서 신경관 결손을 선별할 수 있는 검사 항목을 제시할 것
- 밑줄 친 ㉡에서 '태아 목덜미의 투명대'를 확인할 수 있는 부위를 서술할 것
- 괄호 안의 ㉢에 해당하는 영양소의 명칭과, 밑줄 친 ㉣에서 나타나는 혈구의 특징을 제시할 것.

96-26. 여자의 열성인자를 통해서 남성에게만 나타나는 혈액질환은?
① 자반병
② 백혈병
③ 혈우병
④ 재생불량성 빈혈

07-13. 혈우병은 성염색체 열성 유전 질환이다. 다음 3가지의 상황이 발생할 수 있는 확률을 각각 구하시오.
1) 보인자인 어머니와 정상인 아버지에게서 자녀가 태어날 경우 혈우병이 있는 아들이 태어날 확률
2) 정상인 어머니와 혈우병 아버지에게서 자녀가 태어날 경우 보인자인 딸이 태어날 확률
3) 보인자인 어머니와 혈우병 아버지에게서 아들이 태어났을 경우 그 아들이 혈우병일 확률

15-06. 다음은 보건교사가 작성한 보건일지이다. ㉠, ㉡에 해당하는 용어를 순서대로 쓰시오.

보건일지

상담일	2014년 12월 1일	성별	여
이름	이OO	나이	17세

주 호소
- 체육 시간에 걷기 운동을 한 후 숨이 차고 힘이 없다고 함.

면담 및 관찰 내용
- 겸상적혈구 빈혈(sickle cell anemia)이 있다고 함.
- 10일 전에 넘어져 발목 외측에 상처가 생겼으나 잘 호전되지 않음.
- 손발이 차갑고 피부가 창백함.

간호 내용
- 혈압과 호흡을 사정함.
- 발목 외측 부위의 상처에 드레싱을 실시함.
- 몸을 따뜻하게 해 주고 침대에 누워서 쉴 수 있게 함.
- 학생이 겸상적혈구 빈혈의 유전적인 부분에 대해 알고 싶다고 하여 설명해 줌 : 겸상적혈구 빈혈은 보인자(carrier)인 양쪽 부모 모두로부터 유전되는 (㉠) 열성 질환임 유전자의 돌연변이로 인해 정상 HbA 대신 (㉡)이/가 만들어져 낫 모양의 적혈구가 생성됨. 이 적혈구는 체내 산소 공급을 감소시켜서 호흡이상 등의 다양한 증상을 유발함.
- 병원 진료를 받을 수 있도록 안내함.

24-B1.
다음은 보건교사가 동료교사를 상담한 내용의 일부이다. 괄호 안의 ㉠에 해당하는 용어와 ㉡에 해당하는 숫자를 순서대로 쓰시오.

동료교사 : 선생님, 결혼할 날이 점점 다가오니까 여러 가지 걱정이 돼요.
보건교사 : 결혼을 앞두고 걱정이 많으시지요? 그런데 무슨 걱정이 있으세요?
동료교사 : 사실 제게 유전병이 있어요.
보건교사 : 어떤 병이에요?
동료교사 : 제가 혈우병 보인자예요. 그래서 임신하는 것이 너무 두려워요. 태어날 우리 아이들은 괜찮을까요?
보건교사 : 걱정되시겠네요. 혈우병은 (㉠) 연관 열성 유전병이에요. 선생님이 보인자이니 결혼하실 분이 혈우병이 아니라면 태어날 아이가 딸인 경우 보인자일 확률은 (㉡)%이고, 아들인 경우 혈우병일 확률은 50%예요.
동료교사 : 그래요?
보건교사 : 자세한 것은 결혼 전에 유전 상담을 받아보시면 좋겠어요. 태어날 아이가 혈우병인 경우 출혈이 발생하지 않도록 주의하셔야 해요.
… (하략) …

16-2.
다음은 보건교사가 혈우병 가족력을 가진 동료 여교사와 상담한 내용이다. 대화 내용을 읽고 <작성 방법>에 따라 서술하시오.

여 교 사 : 선생님, 결혼을 하려니 여러 가지 걱정이 돼요.
보건교사 : 무슨 걱정이 있으세요?
여 교 사 : 우리 가족에게 유전 질환이 있어요. 저는 혈우병 보인자를 가지고 태어났어요.
보건교사 : 네, 걱정되시겠어요.
여 교 사 : 결혼을 하려고 하니 유전 질환이라 아기가 태어나면 어떻게 될지 불안해요. 제가 결혼을 하여 아들이나 딸을 낳는다면, 어떻게 유전이 되나요?
보건교사 : 남편 되실 분이 혈우병이 아니라면 두 분 사이에서 태어날 아들은 ㉠_____, 딸은 ㉡_____.
여 교 사 : 네, 그렇군요.
보건교사 : 선생님의 부모님 중에서 어느 분이 유전질환을 가지고 계신가요?
여 교 사 : 어머니는 혈우병이 아니고, 보인자도 없으신데 아버지가 혈우병이셨어요. 제 오빠와 남동생은 ㉢_____, ㉣ 아들과 딸이 다르게 유전되는 이유는 뭔가요?
… (하략) …

─〈작성 방법〉─
- 혈우병 보인자인 여성이 자녀에게 유전적 결함을 어떻게 물려주는지 ㉠, ㉡에 각각 제시할 것.
- 혈우병인 아버지가 아들에게 유전적 결함을 어떻게 물려주는지 ㉢에 제시할 것.
- ㉣의 이유를 제시할 것.

93-28.
백혈병으로 입원한 아동의 구강 간호로 거리가 먼 것은?
① 부드러운 칫솔로 이를 닦는다.
② 잇몸의 기계적 자극을 줄이기 위해 연식을 준다.
③ 과산화수소나 레몬 액으로 입 안을 헹구어 낸다.
④ 건조감과 구열을 막기 위해 윤활유를 바른다.

13-09.
다음 S학생(여, 8세)의 진료 기록지이다. S학생에게 일어난 병태생리적 변화에 대한 설명 중 옳은 것을 <보기>에서 고른 것은?

진료기록지		
이름	S	생년월일	2004.00.00
성별	여	진료번호	000
구분	검사항목	검사결과
신체검진	신장	119cm
	체중	19.2kg
혈액검사	혈색소	8.3g/dL
	백혈구	1,000/mm³
	호중구	7%
	미성숙 호중구	7%
임상증상	한 달 전보다 체중이 1.5kg 감소함. 식욕부진과 피로감, 두통을 호소함. 간과 비장이 커져 있음.	
진단	급성 림프구성 백혈병	
판정의사	면허번호	○○○○○
	의사명	박○○

─〈보기〉─
ㄱ. 호중구 감소로 감염의 발생가능성이 높아짐.
ㄴ. 미성숙 림프구가 간에서 지속적으로 생성되어 간비대가 나타남.
ㄷ. 골수의 기능부전으로 적혈구 생산이 감소하여 빈혈이 나타남.
ㄹ. 호중구의 감소 및 미성숙 호중구의 증가로 절대 호중구 수가 증가함.
ㅁ. 미성숙 림프구의 증식에 따른 대사항진으로 체중이 감소하고 식욕부진, 피로가 나타남.

24-B9.
다음은 고등학교 보건교사와 보건 동아리 학생들이 대화한 내용의 일부이다. <작성 방법>에 따라 순서대로 서술하시오.

보건교사 : 지난주에 백혈병에 대해 특강을 들었죠? 오늘은 특강 내용에 대해 이야기해 보려고 해요. 먼저 아동의 백혈병에 대해 이야기해 볼까요?
학 생 A : 백혈병은 혈액암의 하나이고 소아암에서 가장 흔한 질병이라고 하셨어요.
학 생 B : 그리고 아동의 백혈병은 일반적으로 급성 림프구 백혈병과 급성 골수성 백혈병이 있는데, 이 중에서 ㉠ 급성 림프구 백혈병이 더 흔하대요.
보건교사 : 백혈병에 대해서 자세하게 공부했군요. 그럼 이번에는 백혈병의 검사에 대해서 이야기해 볼까요?
학 생 A : 백혈병은 혈액검사에서 ㉡ 범혈구감소증이 나타나고 빈혈, 출혈, 감염이 생긴다는 것을 알았어요.
보건교사 : 백혈병 환아의 혈액검사는 중요하죠. 다른 검사에 대한 설명도 있었는데 특별히 생각나는 검사가 있나요?
학 생 B : 저는 특강에서 본 동영상 중에 요추천자가 기억에 남아요. 선생님, ㉢ 백혈병 환아에게 요추천자를 하는 목적이 궁금해요.
… (하략) …

─〈작성 방법〉─
- 밑줄 친 ㉠의 정의를 서술할 것.
- 밑줄 친 ㉡이 나타나는 이유를 서술할 것.
- 밑줄 친 ㉢을 서술하고, 요추천자를 할 때 아동의 자세에 대해 서술할 것.

92-52.
지질대사 결핍(Defects in metabolism of lipid)으로 인한 질환은?
① 가와사키병 (Kawasaki's disease)
② 아나필락시스양 자반증 (Anaphylactoid purpura)
③ 크론병 (Crohn's disease)
④ 영아성 뇌반점 퇴행 (Tay-Sachs disease)

08-06.
다리에 이상한 반점이 생겨 보건실에 온 초등학교 1학년 학생을 보고 보건교사는 아나필락시스양 자반증을 의심하였다. 피부증상 외에 이 질환에서 침범되는 3가지 주요 기관과 각 기관별 증상 1가지씩을 쓰시오.

1. 백혈구 `95,96 임용`

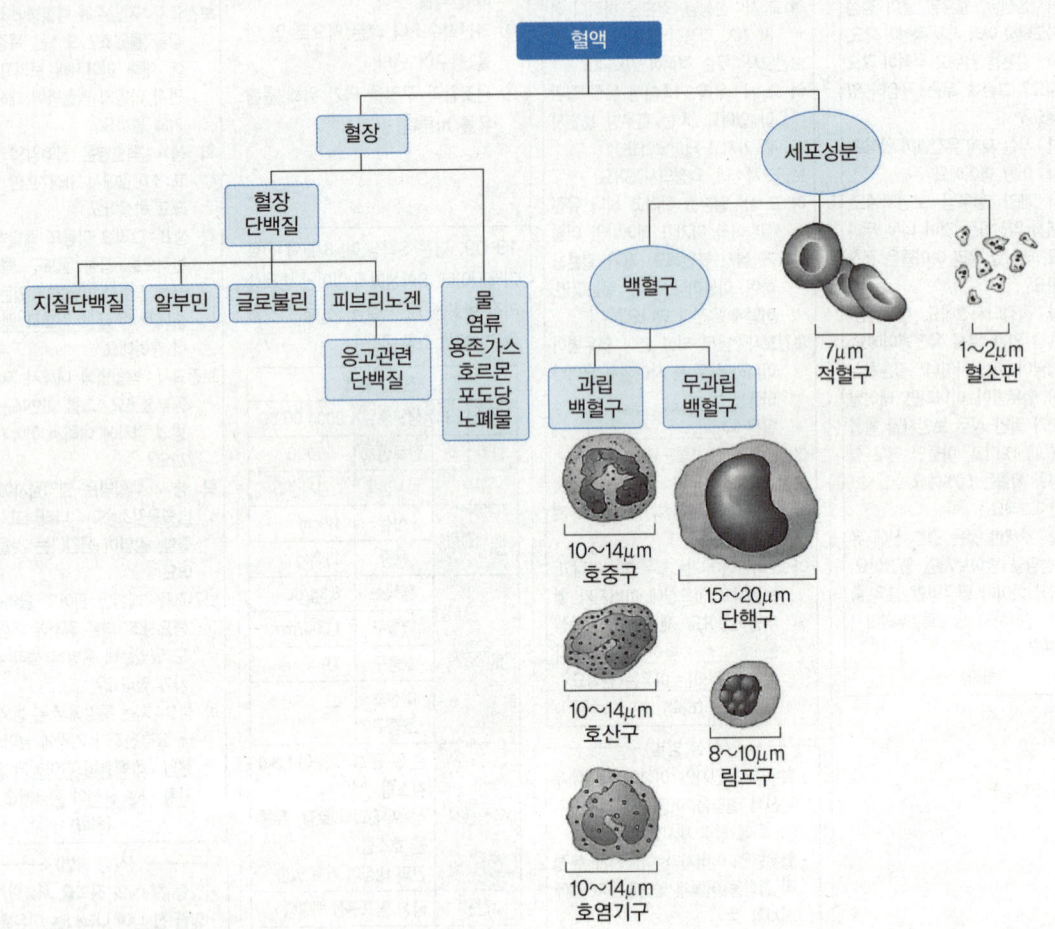

	구성		기능
혈장	물(92%)		① 물질운반 ② 혈액의 점성유지 ③ 완충작용 ④ 알부민은 간에서 생성되며, 혈장교질삼투압 유지기능 ⑤ 글로불린은 림프기관에서 생성, 면역기능 ⑥ 혈액응고
	단백질(7%)		
	항체, 효소, 영양분, 응고인자 등(1%)		
혈구	적혈구 (혈액의 가장 많은 비율 차지)	세포막	① 주요기능은 산소와 이산화탄소를 운반, 산-염기 균형 유지 ② 골수에서 적혈구 조혈, 단백질 / 철분 / 엽산 / 코발라민(Vit B_{12}) / 리보플라빈(Vit B_2) / 피리독신(Vit B_6) 등이 조혈에 필수적 영양소임 ③ 적혈구 생성 : 골수에서 형성되어 망상적혈구(그물적혈구)라고 하는 미성숙한 형태로 방출, 망상적혈구는 적혈구 형성 비율의 지표로 순환하는 적혈구의 1% 차지함 ④ 수명주기가 보통 120일, 오래된 적혈구는 골수 / 간 / 비장에서 처리 ⑤ 적혈구 파괴 → 혈색소 유리 → heme과 globin으로 분해 → 빌리루빈으로 분해 → 담즙으로 배설
		혈색소	

- 철분의 대사

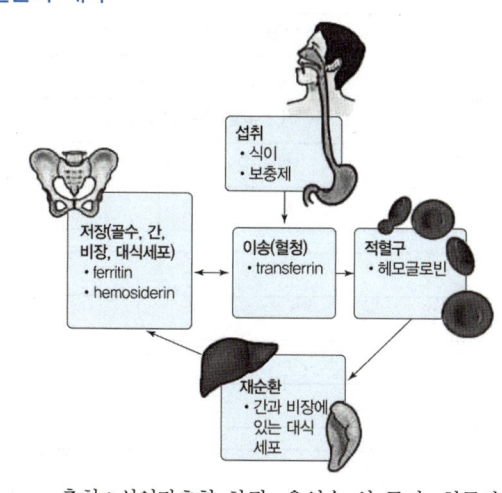

① 보통 매일 식사에서 약 10~15mg의 철분을 섭취하는데 이 중 10%인 약 1mg 정도가 십이지장과 공장에서 체내로 흡수됨
② transferrin이 적혈구나 패반세포, 간세포, 비장(지라), 골수로 운반함

출처 : 성인간호학 하권. 유영숙 외 공저. 현문사.

혈구	백혈구 95,96 임용 / 99.02 국시	무과립구 (40%)	림프구	① 면역반응 관여(세포성과 체액성 면역반응), 항체형성 ② 1차적으로 이물질 침입을 막는 물질 생성 ③ 정상 수명 : 약 3~10일
			단핵구	조직 내에서 강력한 식균작용, 세포성 면역반응(감염반응 후기에 유입), 간의 쿠퍼세포・복막대식세포・폐포의 대식세포 등으로 변화함
		과립구 (60%)	호중구	① 급성염증, 국소염증의 주된 방어기능 : 식균세포 ② 청소제 역할 : 염증과정에서 죽은 조직을 처리함 ③ 발열요소 ④ 수명은 비교적 짧음(정상수명 : 약 8일) ⑤ 백혈구 중 가장 많은 수 차지(50~70%)
			호산구	항알레르기 작용, 과민반응에 관여, 기생충 감염으로부터 보호(2~4%)
			호염구	모세혈관에서 응혈방지(히스타민, 세로토닌, 헤파린의 저장소), 감염 시 혈류증진
	혈소판			혈액응고기전에 중요한 역할(손상부위로 이동하여 누출을 막음), 10일 생존

- 과립구 수 증감의 원인질환

과립구 수가 이상수치를 나타내는 경우 어떤 혈구가 증감하고 있는가를 알아보는 것은 질환감별에 도움이 된다.

과립구	증가의 원인		감소의 원인	
호중구	감염증	특히, 세균	감염증	특히, 바이러스
	조직손상	외상, 화상, 심근경색 등	혈액 질환	재생불량성 빈혈, 급성 백혈병
	종양성 질환	만성골수증식성 질환	결합조직 질환	SLE, 류마티스관절염
호산구	감염증	기생충	약제	항갑상선제
	알레르기 반응	기관지천식 등	감염증	세균(특히, 장티푸스)
	결합조직 질환	류마티스관절염, 결절성 다발동맥염 등	기타	부신피질스테로이드 투여
	종양성 질환	호지킨 림프종		
호염기구	종양성 질환	만성골수증식성 질환		
	기타	크론병, 궤양성대장염		

• 전혈검사 정상치

검사	정상치	
전혈구 수 측정		
적혈구 수	남 : 450만~600만/μL	여 : 400만~550만/μL
혈색소(헤모글로빈)	남 : 13~18g/dL	여 : 12~16g/dL
헤마토크릿(전체혈액에 대한 RBC 용적률)	남 : 40~54%	여 : 37~47%
적혈구 지표		
평균적혈구용적(MCV)	76~100fl(펨토리터)	
평균적혈구혈색소량(MCH)	25~35pg	
평균적혈구혈색소농도(MCHC)	30~38%	
백혈구 수	5,000~10,000/μL	
감별 백혈구수		
호중구	3,000~7,500(54~75%)	
림프구	1,500~4,500(25~40%)	
단핵구	100~700(2~8%)	
호산구	100~500(2~5%)	
호염기구	25~100(0~1%)	
적혈구 침강속도(ESR)	0~20mm/h(성별, 연령, 검사방법에 따라 변화)	
망상적혈구 수 ** 망상적혈구는 2~3일이면 망상물질을 잃고 성숙 RBC가 됨	RBC당 0.5~1.5%	
혈소판 수	150,000~400,000/mm³	

• 혈액계 임상진단 검사

검사명	설명
혈액학적 검사	
전혈구 검사	골수에서 생성되는 주요 혈구 3가지에 대한 정보를 제공해줌
말초혈액도말 검사	적혈구, 백혈구, 혈소판의 크기와 모양, 색깔의 변화를 평가하는 검사
철분 검사	① 혈청 철분치는 트렌스페린(transferrin)과 결합하고 있는 철분의 농축 정도를 측정함 ② 정상치 : 50~1,250mg/dL ③ 총철분결합능력(TIBC) : 혈액 내 철분과 결합할 수 있는 트렌스페린 양을 측정하는 검사 ④ 혈청 철분치와 총 철분결합능력은 소세포성 빈혈을 진단하는 검사법임
적혈구 침강속도 측정	① 다양한 질병상태, 특히 염증상태를 평가할 수 있음 ② 세포파괴가 증가되는 급성 및 만성 염증상태에서 가장 흔히 볼 수 있음 ③ 악성질환, 심근경색, 말기 신장기능 상실상태에서도 증가됨
응고기능 검사	출혈장애의 요인이 혈관이나 혈소판, 응고인자 중 어떤 것과 관계가 있는가를 확인하기 위해 시행하는 검사임
쿰즈 검사	① Coombs 혈청을 이용하여 적혈구 항원에 대한 항체를 발견하기 위한 검사임 ② 항글로불린 검사라고 하며 직접과 간접 검사가 있음 ③ 직접 쿰즈 검사 : 적혈구를 손상시키는 자가 항체를 발견하기 위해 수행되며 수혈을 위한 교차시험이나 태아적아구증 진단을 위한 제대혈액검사, 자가면역성 용혈성 빈혈을 진단하는 데 사용됨 ④ 간접 쿰즈 검사 : 순환하고 있는 적혈구 항체의 존재를 밝혀내는 검사, 수혈을 받고자 하는 사람이 공혈자 적혈구에 대한 혈청 항체를 가지고 있는지의 여부를 확인하기 위함
적혈구 취약성 검사	① 저장성 식염수에 적혈구를 담가 적혈구가 파괴되는 정도를 식염수 농도에 따라서 평가하는 검사임 ② 비정상 적혈구는 취약성이 증가되어 있어 보다 높은 식염수 농도에서 용혈이 시작됨(정상 적혈구는 0.45~0.39%에서 용혈이 시작되어 0.33~0.30%에서 완전히 끝남) ③ 적혈구 취약성이 높은 질환으로는 유전성 용혈성 빈혈과 유전성 구상적혈구증이 있음
골수검사	
골수천자	① 검사 전 환자에게 검사목적을 설명하고 검사동의서 받기 ② 검사에 대한 불안을 완화하고 검사 중 통증을 최소화하기 위해 진정제를 투여함 ③ 피부와 피하조직 및 골막을 리도카인 등으로 국소마취한 후 짧고 날카로운 탐침이 있는 바늘을 뼈의 피질을 통해 골수로 삽입 ④ 바늘이 골수에 들어가면 탐침은 빼고 주사기를 연결하여 1~2mL의 골수를 뽑음, 이때 약간의 통증이 있지만 골수를 다 뽑으면 통증은 사라짐
골수생검	① 골수천자 후 특수한 바늘을 이용하여 바로 시행 ② 흉골은 생검하기에 너무 얇아 부적절하므로 장골능이 가장 많이 이용됨

유로빌리노겐 검사	① 소변과 대변으로 배설되는 유로빌리노겐의 양을 측정하는 검사
	② 유로빌리노겐은 적혈구 파괴의 부산물인 빌리루빈이 담즙에 섞여 간에서 배설한 후 장내 세균작용에 의해 합성되는 물질임
	③ 정상적으로 유로빌리노겐의 약 99%는 대변으로 배설되고 나머지 1%는 소변으로 배설됨
	   ㉠ 소변 내 유로빌리노겐 : 1~4mg/24시간
	   ㉡ 대변 내 유로빌리노겐 : 50~300mg/24시간

2 조혈기관 95,96 임용

기관	특성 및 기능
골수	① 뼈의 중심부를 채우는 부드러운 물질로서 적혈구, 백혈구, 혈소판 등 혈액세포를 생산하는 조혈기관 ② 적골수와 황골수로 구분, 적골수는 활발하게 혈구를 생산하나 황골수는 대부분 지방이 차 있음 ③ 태아기에는 간과 비장에서 혈구 생성, 임신 말기에 골수에서 생성, 출생 시 모든 뼈에서 골수를 생성하나 성인에서는 장골의 말단부위, 골반뼈, 천골, 흉골, 늑골, 견갑골 등에서 적골수 발견 ※ 흉골은 성인이 된 후에도 계속 조혈작용이 이루어지며, 골수천자 시 흔히 사용됨 95임용 (흉골은 15세 이후에 골수천자 가능함. 유·소아는 전장골능에서 골수천자, 후장골능은 어느 연령이나 골수천자 가능) 20 국시 [가장 흔한 골수 천자부위 : 후장골능] | 부위	대상
후장골능	모든 연령층에서 골수생검과 천자
전장골능	유아와 소아, 비대증 환자
경골	18개월 미만의 유아에서 실시하며 보통 골수천자만 시행

흉골	15세 이하에서는 실시하지 않고 어른에서 가능함, 그러나 엉덩이뼈에 어떤 질환이 있다거나 비만증이 심하여 골수검사가 어려울 경우에만 흉골의 골수검사를 고려할 수 있음 |
	
	〈골수천자 후 간호중재〉
	① 장골능에서 골수검사를 한 경우, 똑바로 누운 상태로 안정을 취하면서 출혈 가능성을 사정하고 이를 예방하는 것이 가장 우선적인 간호이다.
	② 검사부위의 드레싱 상태를 통해 출혈을 직접 확인하면서 활력징후 측정을 통해 출혈의 증거인 빈맥과 저혈압을 모니터해야 한다.
	③ 검사부위에 대한 불편감과 출혈예방을 위해서 얼음주머니나 냉습포를 적용하고, 처방에 따라 예방적 항생제를 투여한다.
	
	④ 체중의 4~5% 차지
	⑤ 조혈과정
	  ㉠ 1단계 : 골수에서 분화되지 않은 미성숙 세포인 줄기세포(stem cell)를 만듦
	  ㉡ 2단계 : 줄기세포가 위임줄기세포(committed stem cell)로 분화
	  ㉢ 3단계 : 위임줄기세포는 각각의 성숙경로를 따라 다른 형태의 세포로 분화됨, 위임줄기세포가 분화하기 위해서는 특정한 성장인자가 필요함 - 적혈구로 성숙하기 위해서는 적혈구조혈인자가 필요하고, 백혈구와 혈소판 성숙에도 다른 성장인자들이 필요함
	
	[조혈과정]

비장	① 림프계 중에서 가장 큰 기관으로 혈관이 많이 분포함
	② 조혈조직으로 혈구의 생성과 파괴에 관여
	   ㉠ 조혈기능(태아기)
	   ㉡ 여과기능(항원제거, 노쇠한 적혈구 파괴)
	   ㉢ 면역기능 : 소아에서 항체의 일차적 자원으로 작용, 성인에서 림프구/단핵구/혈장세포/항체 생성
	   ㉣ 저장기능(적혈구와 혈소판의 주요 저장소)

임파절	① 림프계는 림프액, 림프 모세관, 림프관 및 림프절로 구성, 간질강에서 혈액으로 체액을 운반함 ② 림프절은 1~25mm의 작은 림프조직의 덩어리로서 겨드랑이, 서혜부, 목옆 그리고 복대동맥과 그 가지 주변 등에 집단으로 모여 있음 ③ 림프절의 주된 기능은 외부 입자나 병원균을 림프절로 이동시켜 여과하는 것임

간	① 주요한 여과조직으로 지혈과 혈액응고에 필수적인 응고인자를 형성함
	② 구체적인 기능
	   ㉠ 혈장단백과 응고인자 합성
	   ㉡ 헤모글로빈을 빌리루빈으로 분해하고 그것을 다시 담즙으로 전환시켜 지방 소화를 도움
	   ㉢ 혈색소 성분 중 ferritin의 형태로 저장
	   ㉣ 소량의 적혈구 조혈인자를 생성
	   ㉤ 태아기 조혈기능

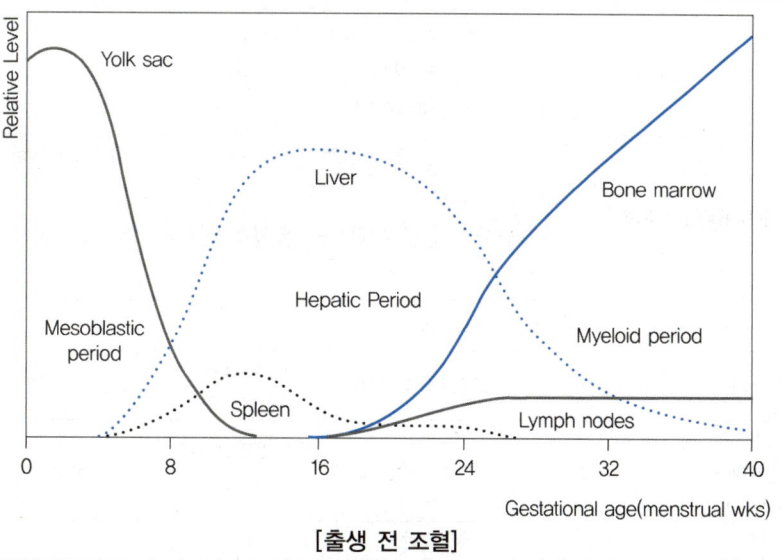

[출생 전 조혈]

PLUS⊕

- **적혈구**

생성	적골수에 있는 간세포(stem cell)인 조혈간세포(hematopoietic stem cell or hemocytoblast)에서 생성됨
기간	망상적혈구가 되기까지는 3~5일 소요, 망상적혈구는 2일 이내 성숙 적혈구가 됨
생성조건	① 조혈촉진인자(EPO) ② 영양물질(철분, 구리, Vit C, Vit B_{12}, Vit B_6, 엽산, 단백질 등)

3 빈혈 95,96,09,15,20,21 임용 │아동질환│ │성인질환│

정의	① 적혈구 수, 혈색소 수준, 적혈구 용적비가 정상보다 낮은 상태 ② 그 자체가 질병이라기보다는 적혈구 수나 구조 및 기능이 변화된 상태를 의미하고, 생리적으로는 조직에 산소를 공급해주는 혈색소가 부족함으로 인해 증상이 발현됨
역학	① 영양상태가 좋지 않은 저개발국가, 십이지장충(장벽에서 영양을 착취)이 있는 열대지방 ② 연령의 증가와 함께 빈도도 증가 → 노인 인구의 약 20%는 경험 ③ 세계인구의 반 정도가 살아가면서 한 번쯤은 이환
병태 생리	혈액의 산소운반력을 저하시켜 조직의 산소결핍을 초래 → 저산소증은 빈혈에 수반되는 모든 증상의 기본적 원인이 됨

증상

정상	남	13~18g/dL		여	12~16g/dL

경한 빈혈	Hb 10~14g/dL	① 다른 질환이 동반되지 않는다면 증상 없음 ② 심한 노작 후 심계항진, 호흡곤란, 심한 발한 등의 증상이 나타남(심한 운동으로 체조직의 부족한 산소를 감당하기 위해서는 심장, 폐가 더 많은 활동을 해야 하기 때문)
중등도 빈혈	Hb 6~10g/dL	① 일반적인 활동 후 증상 발현함 ② 심한 노작 후 발한이 더욱 심해짐 ③ 활동과 무관하게 만성피로
심한 빈혈	Hb 6g/dL 이하	① 신체 모든 장기에 빈혈의 특징적 증상이 나타남(진행과정 중 심장 합병증 흔히 생김) ② 빈맥(산소 공급 위해) → 울혈성 심부전 → 심근 산소 공급 원활치 못함 → 협심증

진단검사

① 혈액검사, 신체검사, 환자 병력에 의해 진단

혈액검사	만성빈혈	철분결핍성 빈혈	Vit B$_{12}$ 결핍 (악성빈혈)	엽산결핍성 빈혈	지중해성 빈혈
MCH (평균 적혈구 혈색소량)	정상	감소(소구저색소)	증가(대구적아구) 20 임용	증가	감소
철분	정상	약간 감소	상승	상승	상승
TIBC (총철분결합능력)	약간 감소	상승	정상	정상	정상
빌리루빈	정상	정상	상승	상승	상승
Vit B$_{12}$	정상	정상	감소	정상	정상
엽산	약간 감소	정상	정상	감소	약간 감소

② 신체검사 및 병력
 ㉠ 빈혈 징후 관찰
 ㉡ 수주 / 수개월 동안의 소변과 대변 색깔(흑색변, 갈색 또는 흐린 색의 소변은 내출혈을 의미)
 ㉢ 식사의 적절성(식욕부진, 암, 이상 식욕증)
 ㉣ 운동에 대한 지구력
 ㉤ 최근에 투여했거나 현재 투여받고 있는 약
 ㉥ 최근에 살충제와 같은 독성물질에 노출 여부
 ㉦ 만성감염, 암, 신장질환, 간질환, 출혈성 궤양이나 치질에 대한 과거력

① 영양결핍성 빈혈

(1) 철분결핍성 빈혈 09 임용 / 97,98,00,02,06,08,13 국시

정의		① 일반적으로 만성적, 적혈구 크기가 작으며 혈색소 수치가 정상보다 낮은 특성이 있음 ② 세계적으로 발생 빈도 높은 빈혈 중 하나
역학	지역	① 영양이 극도로 빈약한 나라 ② 남아메리카, 멕시코와 같은 열대지방 ③ 십이지장충 같은 흡혈기생충 유행지역
	사람	① 월경이 있는 15~45세 여성 ② 성장이 빠른 아동 ③ 성인 남자와 폐경기 이후 여성 드묾
원인 15,16 국시	철분 손실	① 급성 및 만성 출혈 ② 월경과다 여성 ③ 위장계의 잠혈성 출혈 : 소화성 궤양, 위암, 치질, 궤양성 대장염 등 ④ 혈액투석 : 잦은 혈액검사와 기계를 통한 혈액손실
	섭취 부족	① 철분섭취의 부족 ② 철분요구량 증가 : 임부, 청소년, 유아 ③ 출생 시 불충분한 철분 저장 시 : 조기출산, 모체 철분부족 등으로 모체로부터 받은 철분이 만삭아는 5~6개월, 다태아 2~3개월 동안 유지됨. 재태기간이 짧으면 철 저장량이 저하됨
	흡수 장애	① 십이지장에서 철분 흡수 부족(철분은 십이지장, 공장 상부에서 가장 잘 흡수됨) ② 십이지장 절제, 우회술 받은 사람 ③ 십이지장 내 철분의 흡수면적 변화 or 파괴질환 ④ 간질환으로 transferrin이나 hepcidin 합성장애 ⑤ 식물성 단백질 과잉 섭취 및 동물성 단백질 섭취 부족 ⑥ 사회경제적 낙후지역의 어린이, 여성의 진흙섭취 ⑦ 탄닌산(차 성분), 탄산, EDTA(음식방부제), 마그네슘(제산제)
병태 생리		① 철분은 헤모글로빈 구성요소의 하나로, 철분 부족은 적혈구 생산에 장애를 줌 ② 성인은 대략 4g의 철분을 함유하고 있는데, 그중 헤모글로빈에 3g, 간과 골수에 0.5~1g, 나머지는 조직과 효소계에 포함되어 있음 ③ 헤모글로빈 합성에 필요한 철분의 불충분한 흡수나 과잉손실은 철분결핍성 빈혈을 초래함 ◆ 철분균형 • 정상수치 : 신체 2~6g / 혈청 50~150μg/dL • 분포(저장) – 2/3 혈색소 내 heme – 1/3 골수, 비장, 간, 근육에 ferritin, hemosiderin 형태로 저장 • 배출 : 소변, 땀, 담즙, 대변 또는 탈락세포의 형태로 피부 통해

증상	① 가벼운 빈혈에서는 대개 증상 없음 ② 피로감이나 창백함을 보이다가 점차 심해지면 권태, 피로, 운동 시 호흡곤란 호소 ③ 더욱 심해지면 전형적인 빈혈증상 나타남	
	순환	심계항진, 창백, 호흡곤란, 빈맥, 스푼형 손톱
	소화	연하곤란, 구내염, 위축성 설염(혀유두 위축으로 매끈한 혀) ➡ Plummer-vinson syndrome(점막세포대사로 소모 多)
	신경, 감각	현기증, 두통, 이상감각, 추위에 예민
	피부	머리카락과 손톱 부서짐

진단검사		
	혈액	① 혈색소 감소 ② MCV(혈구용적, Hct/RBC 수), MCH(혈구혈색소량, Hgb/RBC수), MCHC(평균적혈구 혈색소 농도, Hgb/Hct) 저하 ③ ferritin 감소 ④ 혈청 철분 감소(10g/dL↓) ⑤ 총철결합능력(TIBC) 상승 350~500μg/dL(정상치 : 250~410μg/dL)
	골수	① 적혈구 모양이 소구성이며 창백함 ② hemosiderin(불용성 형태의 저장된 철분) 고갈
	잠혈	위장출혈 : 잠혈 검사, 위·대장내시경, 대변잠혈검사 [22 국시]

치료 및 간호		
	✤ 중재-1. 원인제거	
	치료목표 : 빈혈의 원인을 규명하여 교정, 고철분 식이 및 철분제를 투여하여 결핍 교정 ① 원인이 되는 해당 질환 치료 및 교정 ② 제산제 등 약물 투여 시 주의 ③ 철분치료	
	효과	• 48시간 이내 나타남 → 7~12일에 절정 도달 그 후 감소 • 생기가 나고 덜 민감해지며 식욕이 좋아짐 • 혈색소 생성보다 철분의 저장이 느리므로 혈색소 정상치로 회복된 후 2~3개월까지 철분제 복용 [21 임용]

	복용
	방법
	01,09,10,
	13,20,21,
	22 국시
		▶ 경구투여와 비경구투여가 있음(경구투여가 바람직)
		① 경구투여
		• 약물 : ferrous sulfate(Fesol), ferrous gluconate(Fergon)
		• 철분은 십이지장과 공장 상부에서 가장 잘 흡수
		  ➡ 유리속도가 지연되는 당의정이나 캡슐은 비효과적이며, 액체형 철분제가 효과적임
		• 철분의 하루 투여량 : 150~200mg을 3~4회 분할
		• 산성 환경에서 잘 흡수됨 [21 임용]
		  - 식전에 투여 : 음식물과 섞이지 않게
		  - 아스코르빈산 함유된 Vit C 제제(산화형의 Fe^{3+}이온에 전자를 주어 Fe^{2+}로 환원시켜 철분흡수를 촉진함), 오렌지주스와 함께 투약
		  - 위장자극 증상 : 식사와 함께 투약
		• 투여 시 주의사항
		  - 액체형은 빨대 또는 점적기 사용 : 치아착색 방지 [21,23 임용 / 21 국시]
		  - 변비유발 : 고섬유소식이 + 변 완화제
		  - 철분제 부작용 : 위장관 장애가 가장 흔함, 오심, 구토, 설사, 변비, 식욕부진 등이 흔함
		  - 흑색변(또는 청록변) : 철분제제가 섞여 있음을(투약 중 정상증상임) 미리 설명 [20 국시]
		② 비경구투여(근육주사)
		• 약물 : Iron dextran(Infed)
		• 적용
		  - 경구투여 불가 / 경구투여 용량 초과 시
		  - 흡수불량 환자
		  - 습관적으로 약물 섭취 잊을 경우

치료 및 간호	복용 방법 01,09,10, 13,20,21, 22 국시	• 투여(Z-track 방법사용) : 주사부위의 피부와 피하조직을 한쪽으로 당긴 후 주사바늘을 뽑는 동시에 잡아당긴 부위의 손을 떼는 방법으로 주사깊이는 7~8cm, 19~20G 바늘 사용, 둔부 근육 깊이 주사, 팔이나 다른 부위에 주사하지 않음
		– 약물을 뽑을 때 사용한 바늘과 주사 시 바늘 분리사용,
		  바늘에 남아 있는 철분이 조직에 착색 및 자극 유발
		– 주사 속에 0.5mL 공기 남겨둠,
		  주사 뺄 때 약물 새어나오는 것을 방지
		– 주사부위 마사지 금기 / 주사 후 걷게 하여 흡수촉진
		– 꽉 낀 옷은 흡수에 지장초래
		– 지속 투여 시 주사부위 통증, 종기 발생 여부 관찰

❖ 중재 – 2. 대증요법

① 식이 : 자극적 음식 피할 것, 부드러운 식이, 소량씩 자주
② 안정 및 보온 : 추위에 민감함, 감각이상 있으므로 국소적 온 적용은 피할 것
③ 안전 : 자세 변경 시 천천히(누워 있다가 일어날 때 등)

❖ 중재 – 3. 지지요법

① 식이(철분함유 多) – 혈색소 합성
 • 간, 살코기, 달걀
 • 건야채, 진녹색 야채, 콩류, 전곡류, 빵, 시리얼, 감자

 PLUS⊕

- **철분결핍성 빈혈 환자에서 철분제 요법에 대한 신체반응**

경과시간	효과
12~24시간	세포 내 iron enzyme이 보충되고 증세가 호전, 덜 보채고 식욕이 좋아짐
36~48시간	최초의 골수반응 – 적혈구계 증식
48~72시간	망상적혈구 증가, 5~7일에 가장 현저
4~30일	혈색소치 상승
1~3개월 21 임용	철분저장이 이루어짐

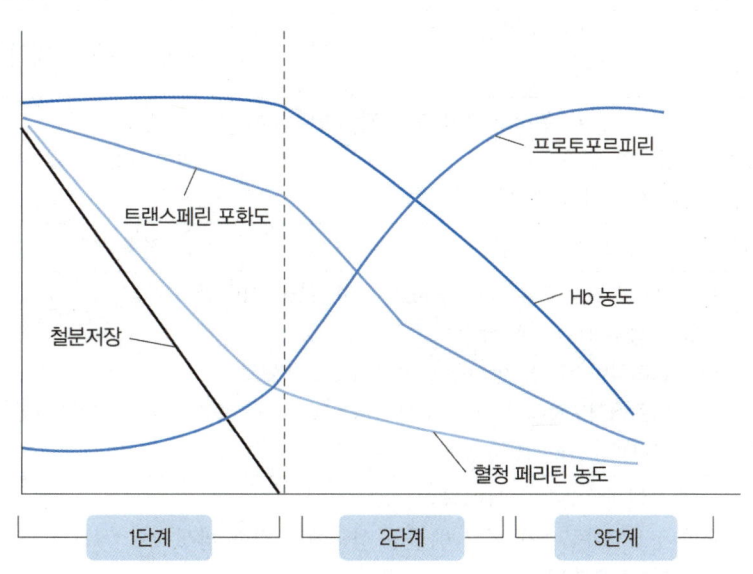

(2) 악성빈혈 [95 임용(보기)]

정의		비타민 B$_{12}$(cobalamin)가 체내에 부족하면 생기는 병으로서 거대적아구 빈혈의 일종임 [20 임용]
역학	지역	북유럽 계통이나 아프리카계 미국인
	사람	① 주로 40세 이상 시작, 60세 이후 진단이 흔함 ② 아프리카 미국인의 경우, 젊은 나이에 발생, 여성에서 흔함
원인 [96 임용 / 18 국시]	섭취부족	Vit B$_{12}$는 동물성 단백질에서 발견되는 영양물질로 엄격한 채식주의자에서 섭취 부족

	내적인자
	부족
		▶ 내적인자 : Vit B$_{12}$가 회장에서 흡수될 때 필요한 인자
		       산성 환경은 내적인자 분비에 필수적 조건
		   → 위점막 위축이나 자가면역반응에 의한 벽세포의 파괴로 인해 발생
		① 위절제술, 만성 위축성 위염
		② H$_2$ 수용체 길항제의 장기 사용자
		③ Vit B$_{12}$는 고기, 달걀, 유제품 등 동물성 식품에만 포함되어 있으므로 임신 시 채식주의를 지속할 때 발생할 수 있음 [20 임용]

	회장 흡수 장애	▶ Vit B$_{12}$는 회장(소장)에서 내인자 존재 아래 흡수됨 → 회장에서 흡수된 Vit B$_{12}$는 혈액 내로 흡수됨 ① 회장절제술 ② 크론씨병, 회장염, 소장게실(게실은 관통형 장기에서 바깥으로 불룩하게 튀어나온 막혀 있는 주머니, 맹낭을 의미함)
병태 생리		▶ Vit B$_{12}$ ① 조혈과정에 관여, 아미노산 대사에서 조효소 작용함 ② 생체 내의 핵산 합성에 필요함 ③ 정상 신경계 기능에 필수 비타민임. 따라서 결핍 시 말초신경과 중추신경계를 변화시킴 ④ 간에서 3~5년 정도의 Vit B$_{12}$를 저장함 → 부족 시, 합성이 잘 되지 않아 적혈구의 세포분열이 되지 않으므로 적혈구 크기는 커지고 수는 현저히 감소함(∴ 거대적아구성 빈혈 발생 → 깨지기 쉬운 형태)

증상	▶ 원인과 관계없이 혈액계, 위장계, 신경계 증상을 공통으로 보임	
	혈액계 : 빈혈증상(쇠약, 창백, 호흡곤란, 심계항진, 피로)	→ 적혈구 산소운반 능력저하
	위장계 : 구내염, 설염, 붉고 매끄러운 혀, 소화불량, 체중감소, 변비/설사 [20 임용(지문)]	→ 위점막 위축, 내인자와 위산분비 저하
	신경계 [20 임용(지문)] : 손, 발 쑤시고 멍멍한 감각, 마비, 초조, 우울, 정신병적인 행동 ※ 신경계 증상은 영구적일 수 있음 [22 국시]	→ 말초신경과 척수 및 뇌신경 퇴화
	황달 : 피부가 창백한 노란색을 띰	→ 큰 적혈구가 모세혈관 통과 시 용혈발생

진단 검사	혈액	① CBC : 적혈구수 300만/mm^3 이하, Hct, Hb 감소 ② 혈청 LDH : 매우 상승 ③ 빌리루빈 : 간접 빌리루빈 증가(RBC 용혈로) ④ 말초혈액도말검사 : 정상보다 RBC 크며, Hb 증가(RBC 300만/mm^3 이하로 감소, MCV↑, MCHC↑, MCH↑) [20 임용]
	골수	① 거대적아구수가 늘어남 ② 정상적아구수가 적고 백혈구 성숙에도 결함 발생 ** 적혈구 생성과정 거대세포 → 전적아구 → 호염기성적아구 → 다염성적아구 → 정염성적아구 → 망상적혈구 → 적혈구
	내적인자 흡수	Schilling test : 위장 내 벽세포의 기능을 평가하여 내적인자 결핍을 찾는 검사(악성빈혈 진단에 가장 명확)

진단 검사	위액	① 위액분석검사
		② 벽세포의 HCl 분비능력을 평가하는 검사
		③ 비정상 : HCl 분비↓ → pH↑
		    히스타민 주입에도 HCl 분비 증가가 안됨
		    └ HCl 분비를 자극함

	Vit B_{12}	① 비경구적 Vit B_{12} 투여법 ② Vit B_{12} 근육 내로 10일간 주사 후 환자의 반응과 혈액소견을 보고 진단 ③ 비정상 : 주사 후 건강한 느낌을 갖게 되고 혈액 내 망상적혈구 수가 많아질 때 진단

❖ 중재 - 1. 원인제거

① 원인이 되는 해당 질환 치료 및 교정
② H_2 수용체 길항제 투여 시 주의
③ Vit B_{12} 비경구 투여 [10 국시]

효과	• 약물투여에 따른 신체 반응은 매우 극적으로 나타남 • 24~48시간에 더 건강해진 느낌 + 차분해짐 + 식욕↑ • 72시간 내 망상적혈구가 증가되기 시작 • 일주일 만에 적혈구 수는 현저하게 증가 • Vit B_{12} 투여 지속되는 한 혈액상태 호전 → 증상 개선 ※ 신경근육계 합병증은 영구적으로 남을 수 있음
투약 방법	• 용량 / 경로 : Vit B_{12} 1,000mg을 근육주사 • 첫 2주 : 매일 투여 • Hct 정상화될 때까지 : 매주 투여 • 그 후 평생 : 매달 투여 • 최근에는 비강에 투여하는 젤 형태의 약물이나 설하에 투여하는 약물들이 유용하게 사용되고 있음

❖ 중재 - 2. 대증요법

치료 및 간호	혈액계	① 산소요법 : 조직의 산소결핍증 예방 ② 침상안정 : 급성증상이 지나고 혈액상태가 좋아질 때까지 ③ 조기이상 : 상태 호전되면 치료시작 2~3주 이내로(특히, 밤에 낙상주의)

	신경계	① 섬망 상태 : 낙상예방(side rail) - 심한 불안정과 혼돈 시 억제대 적용
		② 관절 경직, 근육위축, 그 외 안정으로 인한 합병증
		  • 하루 3번 이상 완전범위 관절운동
		  • 족하수 예방을 위해서 foot board, 크레들 적용
		③ 심한 신경계 손상
		  • 물리치료 → 근육이완, 경련성 마비 예방

	위장계	① 소량씩 자주 음식 섭취 ② 자극적인 음식 피할 것, 부드러운 식이 ③ 구강간호

❖ 중재 - 3. 지지요법

① 식이(Vit B_{12} 多) - 적혈구 성숙
  • 붉은 고기(특히 간), 우유, 달걀

② 화상으로부터 보호
  • 신경손상으로 열, 통증에 감각 둔해짐
  • 국소적 온 적용 시에는 피부의 발적을 수시로 살핌

③ 평생 치료 계획
  • 급성상태가 지난 뒤 평생 치료 계획 세움
  • 일생 동안의 약물치료와 신경계 손상 시 물리치료

<table>
<tr><td rowspan="9">치료 및 간호</td><td colspan="4">④ 정기적인 검진
　㉠ 원인이 위축성 위염일 경우, 위암 발생 위험성 높음
　㉡ 일년에 2번 정도 완전한 신체검진</td></tr>
<tr><td colspan="4">◆ Schilling test 18 국시
• 1단계 : 8~12시간동안 금식 후 방사성 Vit B$_{12}$ 구강섭취 후 24시간 소변을 모으기 시작, 1~2시간 후 비방사성 Vit B$_{12}$ IM 투여하여 간이나 혈장의 Vit B$_{12}$ 수용체를 일시적으로 포화시킴
　** 정상 : 경구투여한지 3~4시간 후부터 장에서 흡수된 방사성 Vit B$_{12}$는 결합장소가 포화된 상태이므로 체내에서 결합하지 못하고 소변으로 배설됨, 24시간 소변에서 방사성 Vit B$_{12}$는 10% 정도 수집
　　　비정상 : 10% 미만 → 1주 후에 2단계 진행
• 2단계 : 방사성 Vit B$_{12}$ 구강섭취 + 내인자 60mg 추가 구강섭취
　** Vit B$_{12}$↓ : 회장의 흡수전 확인
　　Vit B$_{12}$↑ : 내적인자(IF) 결핍으로 인한 악성빈혈을 진단할 수 있음</td></tr>
<tr><td>1st 검사</td><td>2nd 검사</td><td colspan="2">결과</td></tr>
<tr><td>Normal</td><td>-</td><td colspan="2">정상 or Vit B$_{12}$ 결핍</td></tr>
<tr><td>Low</td><td>Low</td><td colspan="2">회장말단 흡수부전</td></tr>
<tr><td>Low</td><td>Normal</td><td colspan="2">내적인자 결핍</td></tr>
</table>

❷ 골수부전 빈혈

(1) 재생불량성 빈혈(범혈구 감소증) 95,96(보기) 임용 / 14,18 국시

정의	골수의 손상이나 파괴로 적혈구 조혈이 중단되어 순환적혈구가 부족한 상태	
역학	① 인구 백만 명 중 약 4명의 비율로 발생 ② 모든 연령층에서 남 / 여 유사한 비율로 발생	
원인	선천적 요인	염색체 이상 : 청소년기에 나타나는 재생불량성 빈혈의 약 30%가 관련됨
	후천적 요인	① 방사선, 화학물질(벤젠, 살충제 비소, 알코올 등) ② 바이러스나 세균 감염(간염, 담즙성 결핵, parvovirus 감염) ③ 자가면역장애 : 조혈세포의 성장을 방해하는 항체 존재
병태 생리	① 혈액을 생산하는 활동이 중단되거나 감소됨 ② 백혈구 수의 감소, 혈소판 수의 감소, 적혈구 형성의 감소로 빈혈이 발생됨	
증상 03 국시	백혈구, 적혈구, 혈소판 감소와 관련된 증상 ① 혈소판 감소(첫 징후) : 타박상의 증가, 출혈위험 ② 백혈구 감소 : 감염에 대해 더 민감해짐(과립구 감소 - 발열, 인후염, 패혈증) ③ 적혈구 감소 : 빈혈(허약, 창백, 호흡곤란) ④ 성장장애, 급성 골수성 백혈병	
진단 검사	▶ 환자의 증상, 독성물질에 노출된 병력, 혈액검사 ① 골수검사 : 황골수 증가, 세포수 현저히 감소 ② 혈액검사 95 임용 　㉠ MCV, MCH, MCHC 정상(정구성, 정색성) 　㉡ 범혈구 감소증 　　• 망상적혈구 수 감소, BT(출혈시간) 지연 　　• 적혈구 수 10,000/mm³ 이하 　　• 백혈구 수 2,000/mm³ 이하(정상 : 4,000~11,000/mm³) 　　• 과립구 수 500/mm³↓ - 극적인 감염 진행(특히 과립구 수의 감소가 현저함) 　　• 혈소판 20,000/mm³ 이하(정상 : 15만~40만/mm³)	

치료 및 간호 08,17 국시	원인제거	① 골수기능을 위축시키는 약물이나 물질 등 원인 제거
		② 면역억제치료 : 조혈모세포를 손상시키는 림프구의 활동을 억제하는 antithymocyte globulin (ATG), cyclosporine(Sandimmune), prednisone 등 사용
		③ 수혈 : 빈혈과 출혈이 심하고 교정되지 않을 때 수행, 그러나 혈소판에 대한 면역반응을 일으키거나 나중에 조혈모세포이식 시 거부반응을 일으킬 가능성이 높으므로 골수가 적혈구 생산하기 시작하면 바로 중단해야 함
		④ 조혈모세포이식 : 중증 재생불량성빈혈 환자에게 적용하며 혈액제제를 투여받지 않고 조기에 시행하는 경우에 성공률이 높음, 수혈경험이 있는 경우에는 이식편대숙주반응이 발생할 확률이 높음
		⑤ 비장(지라)절제술
		  ⊙ 코르티코스테로이드에 반응하지 않은 자가면역성 용혈성빈혈이나 원발성 혈소판감소증의 경우에 비장이 비대되어 적혈구를 계속 파괴하면 실시해야 함
		  ○ 선천적 적혈구결함으로 심한 빈혈이 있을 경우, 비장이 비대되어 과립구를 파괴하거나 과립구 감소증을 초래할 때, 골수섬유증이나 만성골수성백혈병에서 비장비대로 세포감소증이나 통증을 유발할 때, 유전성 구상적혈구증으로 비장에서 용혈을 계속 일으킬 때에도 비장 절제
		  © 수술 후 무기폐, 폐렴, 복부팽만, 횡격막하 농양, 패혈증이 발생할 수 있음
		  ② 치명적인 감염위험이 있으므로 가능하다면 수술 전 폐렴구균 예방접종을 하는 것이 좋으며, 감염증상이 가볍더라도 즉시 치료해야 함

	대증요법	① 백혈구 1,000/mm³ 감소 : 엄격한 역격리 필요
		  ⊙ 고비타민, 고단백 식품 섭취
		  ○ 구강 내 염증 : 구강위생제 사용
		  © 원인균을 확인하여 적합한 항생제 사용(예방적 항생제 사용을 하지 말 것)
		② 출혈조절
		  ⊙ 코르티코스테로이드 : 모세혈관의 저항력을 증가시켜 줌
		  ○ 혈소판 농축액 수혈
		  © 여성 : 에스트로겐이나 프로게스테론 제제를 투여하여 무월경 유도

	지지요법	① 출혈예방
		  ⊙ 코를 후비지 않고 부드러운 칫솔 사용
		  ○ 전기면도기 사용
		  © 약물은 주사가 아닌 경구 투여
		  ② 주사부위는 마른 솜을 사용하여 출혈이 완전히 멈출 때까지 가볍게 눌러줌
		  ⑩ 변비 : 대변 완화제

(2) 겸상적혈구 빈혈 15임용

정의	상염색체 열성 유전으로 인한 유전자 이상에 따른 헤모글로빈 단백질의 아미노산 서열 중 하나가 정상과 다르게 변이하여 적혈구가 낫모양으로 변하여 빈혈을 유발하는 유전성 질환
역학	미국 내 아프리카계, 지중해, 카리브해, 중남미, 아랍계, 동인도
원인	① 겸상세포 빈혈: 부모 양쪽으로부터 유전인자를 받은 동형접합인자로 증상 심함, 전형적 용혈장애가 발생함 ② 겸상세포 체질: 한쪽 부모로부터 유전인자가 전해진 이형접합인자

병태생리

β-chain이 비정상적인 HbS를 가지는데, 적혈구 산소함량량에 따라 민감하게 변화함 → 혈중 산소농도가 감소→ 낫모양, 초승달 모양의 적혈구로 변형 → 모세혈관에서 차단→ 조직 저산소증→ 겸상화가 가속화→ 겸상세포가 응집하여 광범위한 혈관이 폐쇄되는 겸상세포위기가 유발됨

** 성인 정상혈색소는 2개의 α-chain과 2개의 β-chain을 가진 HbA, 정상 성인은 혈색소의 98~99%가 HbA이며, 소량의 HbF(태아혈색소)를 가지고 있음

겸상세포빈혈의 경우 다음과 같은 위기상황이 발생됨

혈관폐색위기	• 겸상세포의 길고 단단한 chain 때문에 작은 혈관들이 폐색되면 허혈성 손상과 경색으로 심한 통증을 유발함 • 겸상적혈구로 비장이 막혀 그 결과 순환하는 혈장량이 감소하면 혈압이 저하되고 혈류가 정체됨 • 통증이 있으면서 단단하며 육안으로도 비대된 비장을 볼 수 있음
재생불량성 위기	겸상세포빈혈로 비장에서 많은 적혈구가 파괴됨으로써 골수에서 많은 적혈구를 생산하다가 정상적인 피드백 기전을 잃고 기능이 완전히 정지됨 → 망상적혈구가 생산되지 않아 혈색소가 저하됨
과다용혈위기	• 드문 합병증 • 적혈구가 과다하게 파괴되어 혈색소가 급격하게 감소하지만 골수의 기능이 정상이면 망상적혈구 생산이 증가함

증상

① 질병의 중증도와 범위는 유전적인 장애에 따라 달라짐: HbS/HbA를 가진 대상자는 증상없이 생활할 수 있지만, HbS만 가진 대상자는 감염이나 통증, 실혈, 고산지대 방문과 같은 스트레스가 없으면 증상 없이 잘 지낼 수 있음
② HbS/HbA를 가진 대상자는 저산소증이 계속되면 겸상세포위기가 나타나고 말초조직이나 기관이 손상을 입음
  ㉠ 통증: 조직의 저산소증이나 무산소증으로 인해 유발됨, 통증은 등, 흉부, 사지 등에 국한되거나 전신적일 수 있고, 통증부위가 이동할 수 있음
  ㉡ 혈관폐색: 겸상세포에 의해 혈관이 폐색되면 허혈성심질환(심근경색증, 흉통, 심부전), 뇌졸중(운동이나 감각신경 마비, 의식수준 저하), 간색전(간비대), 비장비대, 신장기능장애(혈뇨, 신부전), 음경색전(음경부위 정맥의 울혈과 정체로 발기가 지속되어 고통스러움), 시각기능장애(망막박리나 시력상실), 대퇴골두의 동류혈류가 방해받으면 무혈관 괴사가 일어나 만성적인 관절통을 유발하며 체중부하능력이 감소하고 관절변형을 초래함
  ㉢ 과도용혈: 적혈구가 과다하게 파괴되면 빌리루빈이 증가하여 황달이 나타나고 비장이 비대되며, 미오글로빈과 적혈구 산물 때문에 신부전이 유발되어 혈청 크레아티닌이 상승하고 소변량이 감소함

진단검사

혈색소 전기영동법: 겸상세포 혈색소(HbS) 확인, 겸상세포 빈혈과 겸상세포체질을 구별하기 위함
− 헤모글로빈 합성장애로 혈색소 polypeptide 고리 중 하나가 비정상일 때 겸상세포 혈색소(HbS)가 형성됨
겸상세포 혈색소(HbS)는 혈색소 분자 β-Chain 내에 글루타민산 대신 발린으로 대치되어 있음

* HbF: 태아적혈구, 산소친화도↑
* HbA: 정상적혈구

위기유발 요인	조직 저산소증	전신마취, 높은 고도, 비행기 여행 등은 조직 저산소증 유발, 이는 겸상세포위기를 촉진시킴
	극단의 온도	겸상세포위기를 촉진하므로 춥거나 더운 날씨에 노출을 피할 것 - 추운기후는 정맥정체를 유발하여 혈구의 겸상화를 초래함 - 더운 날씨는 탈수를 일으켜 혈액의 점성이 증가하면 혈류정체와 저산소증의 원인이 됨
	대사산증	산증은 적혈구의 환원을 촉진하고 겸상화 유발, 겸상화된 적혈구는 혈관폐색과 위기상태 유발
	감염	폐의 감염은 겸상세포위기를 일으킴
합병증	겸상세포위기가 반복되면 비장, 폐, 신장, 뇌와 같은 주요 장기에 영향을 미침	
	중추신경계	뇌경색, 두개강내출혈
	눈	망막의 미세혈관폐색으로 인한 출혈, 망막박리, 실명, 망막병증
	폐	폐고혈압, 폐렴
	심장	심부전
	신장	혈뇨, 신부전
	비장	비장의 위축
	뼈와 관절	족하수증후군, 대퇴골두괴사
	간-담도	간비대, 담석
	음경	지속발기증
	피부	손이나 발목(내측 복사뼈)과 발의 궤양
	기타	성장지연, 연쇄상구균성(사슬알균성) 폐렴, 살모넬라, 인플루엔자, 대장균, klebsiella 균으로 인한 감염의 위험 증가
치료 및 간호	원인제거	① 가임연령의 부부에게 상담 ② 위기유발요인에 대해 교육하고 이를 피하도록 함
	대증요법	① 생리식염수를 정맥으로 주입하고, 혈관폐색으로 통증이 심할 경우 진통제 투여 ② 저산소혈증과 산증을 교정하기 위해 산소 투여 ③ 빈혈 증상이 심하지 않으면 수혈을 권장하지 않으나 필요시에는 농축적혈구 수혈
	지지요법	① 단백질, 칼슘, 비타민 등이 풍부한 식이와 수분 섭취 ② 관절가동범위 운동, 걷기, 수영 등을 규칙적으로 하도록 격려 ③ 상해를 입을 수 있는 격렬한 운동은 피하게 할 것 ④ 정맥귀환을 돕기 위하여 조이는 옷을 입지 않으며, 다리를 꼬고 앉거나 누웠을 때 무릎 밑에 베개로 괴지 않게 함 ⑤ hydroxyurea 투약 : 항암제로 대사길항제인데, 겸상적혈구 빈혈에서 HbS 대신 HbF를 재활성화시키는 작용을 함

PLUS+

• 헤모글로빈의 분자 구조

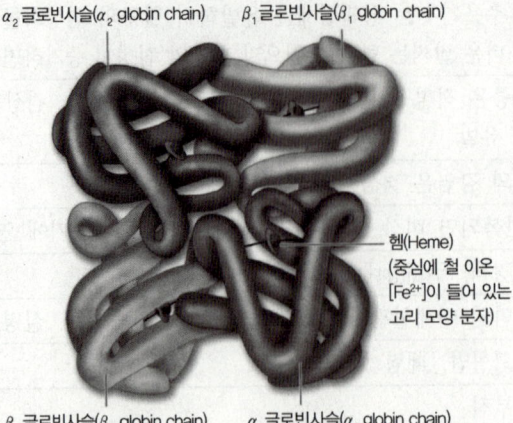

PLUS+

• 혈관폐쇄위기의 흔한 증상

증상	원인	설명
통증위기	골수성 허혈	• 갑자기 발생하는 깊고, 신경을 갉아먹는 것 같은 욱신거리는 통증 • 정상적인 신체 및 혈액검사 결과 • 주로 요추, 무릎, 어깨, 팔꿈치, 대퇴 부위에서 나타남
손·발증후군	손발에 골수성 허혈	• 압통이 있고, 따뜻하고 부종이 있는 손과 발 • 대부분 급성 열이 있고 백혈구 수치 증가
급성흉부증후군	감염, 겸상세포 또는 지방색전에 의한 폐경색 또는 이 둘의 혼합	• 흉부 또는 사지의 통증, 열, 호흡곤란, 저산소증 • 생명의 위협이 됨
뇌졸중	경부 또는 대뇌동맥의 경색	• 마비, 언어장애, 국소경련, 보행기능장애
음경지속발기증	음경정맥의 폐색	• 지속적인 발기 • 요정체

4 혈액응고과정 [95 임용]

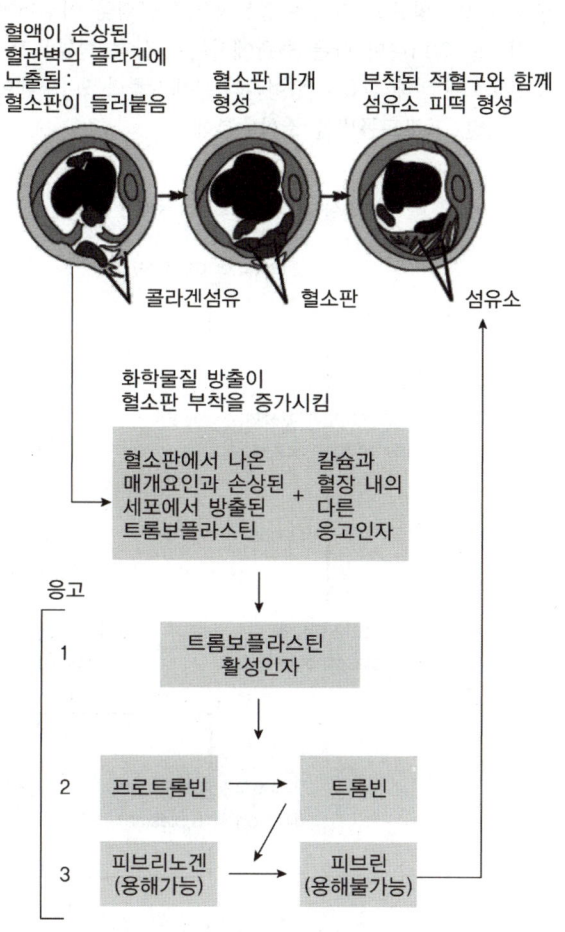

[혈소판 마개 형성과 혈액응고]

(1) 혈관 반응	반응	혈관이 손상되면 근육조직, 반사적 신경계 반응, 세로토닌에 의해 혈관수축이 일어남
	효과	손상부위의 혈류흐름을 감소, 혈액유실 최소화
(2) 혈소판 반응 (혈소판 마개형성)	반응	혈관벽 손상으로 내피세포층의 콜라겐 표면에 혈소판이 접촉 → 손상부위에서 혈소판의 집합과 상호유착이 진행
	효과	① 혈관표면을 덮음 & 혈소판 자체 분비 기능에 의해 ADP, 칼슘, 트롬복산, 콜라겐 등이 유리됨 ② 순환하는 혈소판을 자극해 혈전 형성을 촉진함 ③ 혈소판 마개 형성(지혈기능 유지 위한 적정 혈소판 수 15~40만/mm³개)
(3) 혈액응고 반응		① 내외적 요인에 의해 이루어지며 매우 빠르게 진행됨
	내적경로	혈관손상으로 내피세포층의 콜라겐 표면에 혈액이 접촉됨으로써 활성화(일반적으로 3~6분 소요됨)
	외적경로	손상된 조직으로부터 조직 트롬보플라스틴이 유리됨으로써 활성화(일반적으로 15초 소요됨)
		② 내외 공통경로에서 트롬빈은 응고를 진행시키는 가장 강력한 효소로 혈장 단백질인 섬유소원을 섬유소로 전환 ③ 손상부위에 최종적으로 형성된 섬유소 그물망에 모든 혈구세포와 혈장산물들의 집합체로 혈관벽에 응고덩어리 고정, 응고인자 XIII은 섬유소들을 단단히 연결하여 안정된 응고를 만듦 ④ 위의 모든 과정에 혈청 내 칼슘이 적정수준으로 존재해야 함

(3) 혈액응고 반응		느린 내인성 경로와 좀 더 빠른 외인성 경로 모두 응고인자 X는 다른 인자와 결합하여 프로트롬빈 활성인자를 형성함, 프로트롬빈 활성인자는 프로트롬빈을 트롬빈으로 전환시키고, 트롬빈은 섬유소원을 긴 섬유소 가닥으로 전환시킴(전체 응고과정은 혈관손상 후 3~6분 내로 일어남)
(4) 섬유소 용해	반응	① 혈액응고와 항응고 기전은 정상적으로 균형을 이루어야 손상된 부위로 응고기전이 제한적으로 일어나며 다른 혈관에서는 정상적 혈류유지 ② 특정효소에 의해 섬유소 덩어리가 분해 : 플라즈미노겐이 플라즈민으로 전환 → 섬유소, 섬유소원, 프로트롬빈을 소화 / 분해 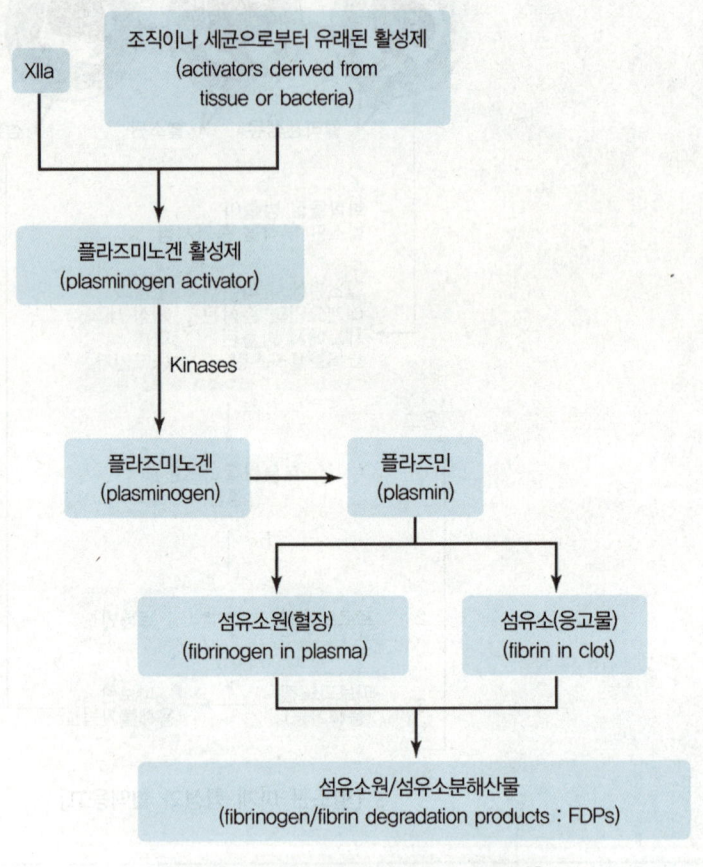 [섬유소 용해체계(fibrinolytic system)]
	효과	건강한 혈관의 경우에는 혈관 내에서 혈액응고와 섬유소 용해(항응고기전)는 균형을 이루어야 손상된 부위로 응고기전이 제한적으로 일어나며, 다른 혈관에서는 정상적 혈류가 유지됨

- 응고인자

인자번호	인자명	근원, 특징, 기능
I	Fibrinogen	① 간에서 생성되는 혈장단백 ② thrombin에 의해 섬유소로 전환하여 응고(clot)형성
II	Prothrombin	① thrombin의 전구물질 ② 간에서 비타민 K의 존재하에 생성 ③ 활성형이 인자 I, V, VII, VIII, 혈소판을 활성화시킴
III	Tissue factor (Thromboplastin)	외적경로에서 인자 VII과 함께 인자 X를 활성화시킴
IV	Calcium	효소 활성화를 위해 모든 응고과정에서 필요한 전해질
V	Proaccelerin(Lavile factor)	인자 X에 의한 prothrombin 활성화 과정에서 조력인자 역할
VI	Unassigned	인자 V의 활성형, 지금은 사용되지 않음
VII	Stable factor(Thrombin conversion accelerator)	① 간에서 비타민 K의 존재하에 생성 ② 외적경로에서 인자 X를 활성화시켜 prothrombin을 thrombin으로 전환시키는데 촉진작용
VIII	Antihemophilic factor(AHF)	내적경로에서 인자 X를 활성화시켜 prothrombin을 thrombin으로 전환시키는데 촉진작용
IX	Plasma thromboplastin component (Christmas factor, AHF B)	① 간에서 비타민 K의 존재하에 생성 ② 내적경로에서 인자 VIII과 함께 tenase complex를 형성하여 인자 X를 활성화시킴
X	Stuart power factor	① 간에서 비타민 K의 존재하에 생성 ② 인자 V와 함께 prothrombinase complex를 형성하여 prothrombin을 thrombin으로 전환시킴
XI	Plasma thromboplastin antecedent(AHF C)	내적경로에서 인자 IX를 활성화시킴
XII	Hageman factor	내적경로에서 인자 XI을 활성화시키는 한편 섬유소를 용해시킴
XIII	Fibrin stabilizing factor	fibrin을 교차결합시켜 응고를 보다 견고화시킴

5. 혈우병 (96,07,16,24 임용) [아동질환]

정의	① 혈액응고인자가 유전적으로 결핍한 선천성 출혈성 질병 ② 응고의 첫 단계에서 한 개의 인자가 부족하여 발생하는 출혈질환의 그룹 ③ 응고장애 중 가장 흔하고 심함 　예) 지혈기전의 3대 요소: 혈관, 혈소판, 응고인자
병태생리 96,07,16, 24 임용 / 07,08,13, 16 국시	① 성염색체 반성(X) 열성 유전(80%)(= 여자의 열성인자를 통해서 남성에게만 나타나는 혈액질환) ② 응고인자 Ⅷ(혈우병 A), Ⅸ(혈우병 B) 결핍이 가장 흔함 ③ 정상: 응고인자는 응고과정에서 필수적인 부분으로 손상된 혈관을 복구하기 위한 덩어리를 만들기 위해 적절한 피브린을 형성하도록 함 ④ 응고인자의 결핍 혹은 부분적인 감소는 신체가 덩어리를 형성하는 데 장애를 일으키거나 방해 ⑤ X염색체 열성 유전인 경우 　㉠ 어머니가 보인자인 경우, 자녀의 50%는 정상이며 25%는 보인자, 25%는 질환자가 됨 　㉡ 아버지가 질환자인 경우, 자녀의 50%는 정상이며, 50%는 보인자가 됨 　㉢ 어머니가 보인자인 경우, 아버지가 질환자인 경우 50%는 질환자, 25%는 보인자가 됨 　　　　　　　　　　　　　　　아들이 질환자일 경우는 50%가 됨 [혈우병 유전방식]

분류		특성	발생
분류	혈우병 A	고전 혈우병, 응고인자 Ⅷ(AHF인자) 결핍	반성유전에 의한 열성형질로 전달, 어머니부터 아들에게 유전
	혈우병 B	크리스마스 질병, 응고인자 Ⅸ 결핍	
	혈우병 C	응고인자 Ⅺ의 결핍에 의한 출혈장애가 초래됨	
	Von willebrand's	상염색체 우성형질로 유전되는 혈우병 유사장애 (남·녀 같은 비율로 이환됨) → von-Willebrand 응고단백질의 결핍과 혈소판 기능부전 초래 → 출혈장애 발생	상염색체 우성형질의 혈우병 유사장애, 남·녀 모두 같은 빈도로 이환

증상			
증상	출혈	지연된 출혈	사소한 외상 후 느리고 오래가며 계속됨(수시간 또는 수일 후 다시 시작되는 지연성 출혈): 혈관의 기능과 혈소판 생성에는 이상이 없으므로 혈관반응(손상부위 혈관수축)과 혈소판 반응(혈소판 집합과 상호유착으로 혈관표면 덮음)이 일어나 초기 지혈과정을 진행함. 그러나 응고인자의 결손으로 안정된 응고덩어리를 형성하지 못해 느리고 계속되는 지연된 출혈이 나타날 수 있음
		내출혈	① 목, 입, 흉부, 두개 내 출혈 ② 위장출혈: 위궤양 출혈, 후복막강 안 출혈 ③ 자연적 혈뇨, 비출혈 ④ 척수의 혈종: 마비 야기
		피하출혈, 근육 내 출혈	
	혈종 13 국시	혈관절증	① 관절 내 출혈이 나타나고 지속되면 팔꿈치, 무릎, 발목의 통증발생 및 운동이 제한되고, 후에는 퇴행성 관절 변화를 만듦 ② 관절주위 통증, 압통, 열감, 부종, 운동제한 등
	운동장애	재발성 혈종	① 잦은 혈관절증(혈종) 재발로 운동장애 ② 깊은 피하조직, 근육 내, 말초신경 등 영구적 신경손상, 근처 신경이 혈종에 의해 압박받으면 심한 동통 → 심한 관절기형, 마비, 근위축 등을 초래할 수 있음
	기타		두통, 혈뇨, 혈변 ※ 비출혈, 점상출혈 등 작은 출혈은 드묾: 작은 출혈 응고기전은 혈소판에 달려 있음

진단	① 출혈경향 확인, X염색체 유전검사(어머니 → 아들)
	② 응고시간(CT) 지연, 활성부분트롬보플라스틴(aPTT) 지연
	㉠ 혈소판 정상, 피브리노겐 농도 정상
	㉡ 프로트롬빈(PT) 정상
	㉢ 출혈시간(BT) 정상
	③ 혈우병의 종류는 트롬보플라스틴형성검사(thromboplastin generation test)로 알아낼 수 있다.

※ 정상수치

항목	정상수치 및 의미
출혈시간(Bleeding time)	성인에서 1~4min
응고시간(activated clotting time)	7(9)sec~2min, 정맥혈의 응고과정 평가
활성부분트롬보플라스틴(aPTT)	25~28sec, 내적 응고과정(피브리노겐, 프로트롬빈, Ⅷ(8), Ⅸ(9))
프로트롬빈(PT)	11~15sec, 외적 응고과정(피브리노겐, 프로트롬빈, Ⅴ(5), Ⅶ(7), Ⅹ(10))

치료 간호 (19,20,21 국시)

원인 제거	약물투여	① 항혈우인자 투여 : 일차적 치료로 투여 [22 국시] 　㉠ 재조합형 8번인자 농축액 합성 바소프레신(응고인자 8번을 증가시킴 - A형 혈우병의 치료) 　㉡ AHF(anti-hemophilic factor) 보충 　㉢ 투여량은 증상의 중증도에 따라 다른데 지나친 출혈 또는 혈관절증이 있을 경우 정기적으로 투여 ② 항섬유소용해제와 EACA(e-aminocapric acid) : 플라즈미노겐 활성화 억제로 섬유소용해를 방해하여 혈괴의 안정성을 촉진함 ③ DDAVP acetate : VWF(폰빌레블란트, 응고인자 8번 활성화물질로 혈소판 응집을 촉진함)의 유리를 자극하여 응고인자 8번과 결합하여 혈중농도를 증가시켜 응고를 향상시킴, 혈우병 A에서 효과적임
대증 요법	약물요법	Amicar : 국소도포, 응혈파괴예방
	출혈 시 응급처치	① 약물치료 : 섬유소 용해효소 억제제 ② 출혈 시 응급처치 : RICE 적용, 지혈제
	통증조절	① 냉찜질 ② 스테로이드, 아세트아미노펜(아스피린 금지) ③ 관절혈액 흡인
지지 및 보존 요법	출혈예방	① 출혈 동안 관절을 높게 고정 ② 능동적 관절범위 운동은 급성기 이후에 실시 ③ 물리요법 전 진통제 투여
	장애예방	관절강 내 혈증으로 인한 장애 예방 ① 식이요법을 통한 체중조절 : 체중부하관절(특히 무릎)의 긴장 증가로 관절강 내 혈증 유발 ② 운동, 물리요법의 조기 실시 : 계획된 신체활동을 통한 관절 주위 근육 강화, 자연 출혈 횟수 감소 ③ 격렬한 운동, 과도한 신체 접촉 금지 : 안전한 환경, 안전장비 착용, 비접촉성 스포츠 권유(수영, 골프 등) [19 국시]
	합병증 관리	기도폐색 예방, 뇌출혈 조기발견
교육		① 질병, 출혈예방법, 응고인자 투약법 교육 ② 유전상담, 지지 모임 소개 ③ 혈우병 환자의 기본적 예방법 ④ 위험징후 교육(두통, 의식불명, 위장 내 출혈징후) ⑤ 환자, 가족교육 : 결핍인자 자가투약 간호, 혈우병 환자의 기본적 예방법, 위험징후에 대한 교육(두통, 의식불명, 위장 내 출혈징후 등), 유전상담, 가족지지 및 가족간호

• 지혈검사 항목

검사	정상치	설명
혈소판 검사		
혈소판 수	150,000~450,000/mm³	① 50,000/mm³ 이하로 떨어지면 자연발생적 출혈 발생 ② 감소증 : 재생불량성 빈혈, 골수기능 저하, 진전된 감염, 침윤성 골수질환 등 ③ 증가증 : 급성 출혈, 감염성 질환, 악성질병, 철분결핍성 빈혈, 비장절제술 등
출혈시간 (bleeding time)	1~4분	① 피부표면을 천자하여 출혈되는 시간을 측정한 것 ② 혈관벽의 탄력성과 혈소판의 수 및 기능에 의해 좌우됨 ③ 귓불을 천자하여 출혈이 멎는 시간을 측정(Duke법) ④ 지연 : 백혈병, 혈소판감소성자반증, 악성빈혈 등
지혈대 검사 (tourniquet test)	10개 미만	① 모세혈관저항검사라고도 함 ② 지혈대로 정맥을 압박하여 모세혈관 내의 증가된 혈관내압 하에서 모세혈관벽의 탄력을 측정하는 비특이적 방법 ③ 혈압계의 커프를 팽창시켜 수축기와 이완기 혈압의 중간압으로 상승시켜 순환이 정지된 상태를 5분 동안 유지시킨 후 모세혈관이 파열되어 생긴 출혈반을 커프로부터 5cm원 내에 찾아 그 수를 측정(10개 이상) ④ 양성반응 : 모세혈관벽의 악화, 혈소판 결손 의미
혈액응고기전검사		
프로트롬빈 시간 (prothrombin time : PT)	11~14초	① 외인성 응고과정을 종합적으로 검사하는 방법 ② 칼슘이온을 제거한 혈장에서 조직트롬보플라스틴(응고인자 3번)을 첨가한 후 다시 칼슘을 넣어 응유가 형성되기까지의 시간 측정 ③ 연장되는 경우 : 피브리노겐, 프로트롬빈, 지혈인자 5번/6번/10번 결핍 등
부분적 트롬보플라스틴 시간(partial thromboplastin time : PTT)	50~90초	① 응고인자 7번 / 13번과 혈소판을 제외한 내인성 응고체계의 전반적인 선별검사 ② 지연 : 산재성 혈관 내 응고와 간질환, 저장혈의 대량수혈, 헤파린 투여 혹은 헤파린에 의한 오염, 순환 항응고인자 결핍 시에 지연됨
부분적 트롬보플라스틴 활성화 시간 검사(aPTT)	30~40초	PTT 시간검사에 사용된 시약에 활성제를 첨가해서 정상 응고시간을 단축시킨 검사

6 특발성 혈소판 감소성 자반증 [아동질환]

정의	과도한 혈소판 파괴로 인한 혈소판 감소와 자반으로 특징지어지는 후천성 출혈성 질환
원인	① 과도한 혈소판 파괴 ② 2~8세 ③ 정확한 원인을 알 수 없음 ④ 1~3주 전 선행감염 : 풍진 / 홍역 / 호흡기감염 ⑤ 자가항체의 공격을 받은 혈소판이 비장 등의 세망내피계 기관에 의해 수명을 다하기 전에 파괴 → 혈소판 감소

증상
[03 국시]
	① 출혈양상 : 잦은 타박상
	  ㉠ 피부 아래 점상 출혈반, 일혈반(뼈 돌출)
	  ㉡ 점막출혈(코피, 잇몸 출혈)
	② 내출혈 : 토혈, 하혈, 혈관절, 과다월경, 하지의 혈종, 혈뇨
	③ 3가지 특징
	  ㉠ 혈소판 과다 파괴
	  ㉡ 자반증
	  ㉢ 정상적이거나 증가한 거대핵세포(혈소판의 전구체)를 동반한 정상적인 골수

구분	PTT	PT	CT	BT
혈우병	지연	Vit K 결핍↑	지연	정상
특발성 자반증	정상	정상	정상	지연
알러지 자반증	정상	정상	정상	정상

진단	혈소판 검사(2만 이하), BT 연장, 병력(1~3주 전 선행감염)

치료	원인제거		면역글로불린, anti-D항체(1회용량으로 혈소판 수치의 극적 증가)
	대증요법	혈소판 감소 억제	① FFP(Fresh Frozen Plasma) 수혈 : 혈소판 파괴가 급격히 진행되는 것을 예방함 ② 스테로이드 ③ 비장절제 : 6개월 이상 지속, 재발된 경우
		감염방지	비장절제 후 페니실린 치료
		통증조절	아세트아미노펜
		활동제한	① 혈소판 수 10만 이하일 때 ② 접촉성 운동, 등산, 스케이트, 체조, 달리기 등 제한
		일차적 치료	지지요법
	보존 및 지지요법		① 불확실한 경과에 대한 정서적 지지 ② 부딪히거나 넘어지지 않도록 주의 [20 국시] ③ 부모교육 : 가구의 모서리에 스펀지 덧대기 등 [20 국시]

7 아나필락시스양 자반증(= Henoch-Schönlein 자반증, 알러지성 자반증) [아동질환]

정의	비혈소판 감소병 자반증, 세동맥, 세정맥, 모세혈관의 소혈관의 전신성 혈관장애 (알러지성 자반증, Henoch-Schönlein purpura)		
역학	2~8yr, 겨울		
원인	상기도감염 선행(50%) or 알레르기		
병태생리	① 세동맥, 세정맥, 모세혈관의 작은 혈관의 염증으로 전신성 혈관장애 ② 염증과 출혈을 야기하며 비혈소판 감소성 자반으로 피부의 점상출혈 반응을 일으킴 ③ 복부통증, 출혈 등의 위장관 증상과 관절염, 종창 등의 관절 증상과 신장의 사구체 출혈 등의 증상		
증상	피부	자반, 발진	① 좌우대칭 붉은 자반 ② 발진 : 두드러기 모양 → 붉은 자반 → 적갈색 몇 주 지속 ③ 엉덩이, 다리 후면, 팔다리 전면 등에 발진이 나타남(주로 어덩이, 종아리에 특징적으로 나타남) 얼굴, 복부, 손바닥, 발바닥에 드묾
		부종	④ 두피, 눈꺼풀, 입술, 귀, 손등, 발등에 뚜렷한 부종
		표피탈락	⑤ 심한 경우 표피가 국부적 화상과 비슷하게 벗겨짐
	복부		① 배꼽부근에 심한 산통, 구토, 위장출혈 ② 드물게 장천공이나 췌장염
	관절		① 무릎, 발목관절 동통 ② 후유증 없이 사라짐 cf) 혈우병 : 무릎의 혈관절증 재발로 관절기형, 영구적 불구 초래함
	신장		① 육안적 또는 현미경적 혈뇨, 단백뇨 ② 심한 경우 핍뇨, 고혈압, 고질소 혈증 ③ 대부분 완벽히 회복되나 만성 신질환으로 발전 가능 → 신장침범여부가 예후에 가장 중요함
진단	① 확진검사 없음 ② 혈액응고와 관련된 수치 모두 정상 ③ IgA(모세혈관의 혈관 벽에 면역글로불린 A, 보체, 면역복합체와 더불어 다형핵 백혈구를 관찰할 수 있음. 소혈관 염증에 의한 특징적인 피부병변, 위장, 신장 증상을 동반한 질환임), IgM 증가(50%) ④ 백혈구, 호산구 증가 ⑤ 요검사 : 신장 침범 시 적혈구, 백혈구(+)		
	진단기준 (미국류마티스학회, 1990)		이 항목 중 3가지를 충족할 경우 진단함 ① 촉지되는 자반증 : 혈소판감소증이 없으면서 약간 융기된 만져지는 출혈성 피부병변 ② 허혈성 장병증(bowel angina) : 혈변이나 흑색변으로 나타나는 장 출혈 ③ 위창자관 출혈 : 대변의 잠혈반응 양성 ④ 혈뇨 : 육안적 혈뇨 또는 현미경적 혈뇨 ⑤ 20세 이전에 첫 증상 발병 ⑥ 이 질병을 일으킬만한 약물의 투여 병력이 없음

치료 및 간호	대증요법	사정	소변특성 관찰
		통증	① prednisone(스테로이드제) : 부종, 관절통, 산통에 효과, 증상완화에 도움은 되나 2주 이상 복용하지 말 것 ② NSAIDs : 부종 발진, 관절통 cf) ITP, 혈우병은 NSAIDs 금기 ③ 관절통 시 적절한 체위 조심히 움직임
		신증상	수분전해질균형, BP 확인
		피부	건조하고 청결하게 유지, 피부 벗겨지면 화상유사치료 실시
		합병증	① 치명적 징후 조사 ② 임상검사 ③ 처방약 투여
	지지요법		자아상 관리(부모교육) ① 소매가 긴 옷과 바지 입히고 일시적 증상임을 설명함 ② 피부발진이 일시적 현상임을 알림

8 산재성 혈관 내 응고증(DIC) 19 임용(지문) [성인질환]

정의	응고기전이 갑작스럽게 비정상적으로 항진되는 상태
원인	악성종양, 심맥관계 질환, 패혈증, 태반조기박리 등
병태생리	① 비정상적으로 혈액응고계가 활성화되면 광범위하게 미세혈전이 형성됨 ② 이 과정에서 혈소판, 응고인자, 섬유소원 모두 고갈됨 ③ 과도한 혈전형성은 섬유소 용해계를 활성화하여 심한 출혈을 야기함 **[DIC에서 발생하는 현상]** 응고 활성화 → 혈전을 초래하는 사건 → 순환하는 혈전 → 모든 기관의 미세순환이 혈전으로 폐색 → 미세순환 속에서 섬유소 용해 작용 → 순환하는 섬유소 분해산물 → 혈소판과 응고인자의 소모 (출혈을 초래하는 사건) **미세혈관 혈전의 증후** • 신경계 : 섬망, 혼수 • 피부 : 국소 빈혈, 표재성 괴저 • 신장 : 혈뇨, 핍뇨, 질소혈증, 피질 괴사 • 폐 : 급성 성인성 호흡곤란증후군 • 위장관 : 마비성 장폐색 **출혈의 증후** • 신경계 : 두개강내 출혈 • 피부 : 점상출혈, 반상출혈, 정맥천자 후 출혈 • 신장 : 혈뇨 • 폐 : 호흡기 울혈, 호흡곤란, 객혈 • 위장관 : 대량출혈 • 점막 : 비출혈, 잇몸출혈
증상	**혈전형성** ① 중추신경 : 뇌혈류 차단으로 의식수준의 변화, 섬망, 혼수 ② 신장 : 혈뇨, 핍뇨, 질소혈증, 피질괴사 등 ③ 피부 : 국소빈혈, 표재성 괴저 ④ 폐 : 급성 성인호흡곤란증후군 ⑤ 위장관 : 마비성 장폐색 **출혈** ① 중추신경 : 두개강내 출혈 ② 신장 : 혈뇨 ③ 피부 : 점상출혈, 반상출혈, 정맥천자 후 출혈 ④ 폐 : 호흡기 울혈, 호흡곤란, 객혈 ⑤ 위장관 : 대량출혈 ⑥ 점막 : 비출혈, 잇몸출혈 ⑦ 혈소판과 응고인자가 소모되어 출혈발생 : 반상출혈, 비출혈, 혈뇨, 토혈, 혈변 등 19 임용 ⑧ 혈압저하, 빈맥, 저혈량성 쇼크

진단	① 혈소판 감소 ② 플라즈미노겐 감소 ③ 섬유소원 감소 ④ 섬유소 분해산물(FDP, D-dimer) 증가 ⑤ PT/PTT 지연 *FDP는 피브린이 피브리노겐으로 용해되면 FDP 생성, FDP가 더 용해되면 D-dimer 생성 (FDP 정상치 : < 5μm/mL, D-dimer 정상치 : < 0.4μm/mL)	
치료 및 간호	원인제거	원인질환 치료
	대증요법	① **혈전치료** : 혈소판 투여, 신선냉동 혈장 투여, 섬유소용해요소 억제제 투여, 항응고제 투여 ② **출혈치료** : 사정, 수혈
	지지요법	① 손상예방 ② 심리적 지지

9 백혈병 92(보기),93,96(보기),13 임용 [아동질환] [성인질환]

정의	혈액과 골수, 비장, 림프절 등의 조혈기관에 하나 또는 그 이상의 미분화된 백혈병세포(아세포, Blast cell)들이 비정상적으로 증식하는 혈액의 악성질환
역학	① 15세 미만의 아동에게 가장 흔한 악성질환 ② 2세부터 발생빈도가 증가하여 5세에 가장 많고 그 이후 점차 감소됨 ③ 모든 연령집단에서 발생 : 성인 백혈병 환자 10배 > 아동
원인	유전적 요인과 환경적 요인들을 포함한 다양한 요인들이 복합적으로 관련되어 발생 ① **염색체 변화** : 만성 골수성 백혈병 - 정상 유전자라도 일단 변형되면 백혈병을 포함한 많은 종류의 암을 유발할 수 있는 비정상 유전인자가 될 수 있음 ② **유전적 요인** : 다운증후군, 판코니 빈혈 ③ **환경적 요인** : 벤젠, 항암제, 바이러스, 방사선에 만성적인 노출, 면역결핍증 ④ **위험요소** : 호지킨병, 비호지킨림프종, 다발성 림프종, 진성 적혈구 과다증, 유방암, 폐암, 전립선암에 대한 세포독성 치료 후
병태생리	① 단일 줄기세포의 악성변화로 시작함 → 백혈구 세포는 천천히 증식하나 정상적으로 분화되지 않음 → 백혈구의 수명은 길어지며, 골수에 축적됨 → 백혈구 세포가 골수에 축적되면 다른 정상 혈구세포의 증식을 억제함 ② 백혈구 세포는 성숙 백혈구의 기능을 하지 못하게 되므로 → 감염이나 염증과정에 비효율적으로 작용함 ③ 백혈구 세포는 골수에서 정상 조혈요소를 대치하게 되므로 → 적혈구와 혈소판 생성이 감소함 → 심한 빈혈, 비장비대, 출혈장애 발생 ④ 백혈구 세포는 골수에서 방출되어 전신을 순환하면서 중추신경계, 고환, 피부, 위장관계, 림프절, 간, 비장과 같은 다른 신체조직으로 침윤됨 ⑤ 백혈병은 일반적으로 내출혈과 감염으로 사망하게 됨

증상			
	빈혈	피부 창백, 피로, 권태감, 호흡곤란, 심계항진, 빈맥, 심잡음, 기립성 저혈압 등	조혈기능장애로 적혈구 감소
	출혈	점상출혈, 하지와 발의 반상출혈, 타박상, 잇몸출혈 20 국시 , 혈뇨, 망막출혈 등	조혈기능장애로 혈소판 생산 감소
	감염	폐렴, 패혈증, 구강 내 점막감염, 인후감염 등에 쉽게 노출, 발열 동반	미성숙한 백혈구 증가
	백혈구 장기침윤	간/비장 비대, 림프선증, 골수 세포 증식증, 신부전, 뼈의 통증 (미성숙한 백혈구 세포의 골수 침범 : 직접적 증상), 골절 경향	백혈구가 축적되어 조직의 섬유조직 형성
		CNS 침범증상 : 뇌압상승, 뇌막염(증상 : 두통, 지남력 상실, 오심과 구토)	
	고요산 혈증	요로결석이나 통풍, 신통증, 감염	백혈구 파괴에 따라 다량의 요산이 혈중으로 방출됨
	중추 신경계 침범증상	수막침범은 성인보다 급성림프성백혈병 소아에서 흔함, 수막병변은 뇌압을 상승시켜서 불안정, 두통, 오심과 구토, 지남력 상실, 성격의 변화, 흐릿한 시야, 제3뇌신경장애, 제4뇌신경장애, 의식수준의 변화, 안저검사에서 유두부종	비정상적인 백혈병 세포가 중추신경계에 침윤
	대사항진	근육소모, 체중감소, 식욕부진, 피로	대사항진으로 세포침범에 의한 영양소의 세포분리
	기타	불안, 치은 과다증식(잇몸비대), 녹색종(미성숙 골수구로 이루어진 침윤성의 골수외 고형 종양), 골수육종(피부나 림프절, 위장관, 폐, 난소, 고환이나 연조직 등에 백혈병 세포로 이루어진 종양)	

진단	전혈구 검사	① 총 백혈구 수는 정상 또는 비정상적으로 높거나 낮음 ② 적혈구, 혈색소, 혈소판 수는 일반적으로 저하	※ 절대호중구 수 = {백혈구 수 ×(호중구 비율(%) + 미성숙호중구 비율(%)} / 100 말초혈액 속 절대호중구 수가 1,500/mm³ 이하일 때 호중구 감소증으로 감염위험이 높은 상태이고, 절대호중구 수 500/mm³ 이하일 때는 역격리가 요구되는 무과립구증 상태임
	혈액응고 검사	① 섬유소원과 응고인자가 감소함 ② PTT 증가하고 혈액응고시간 지연	
	말초혈액 도말검사	미성숙 아세포 형태의 비정상적 백혈구 증가	
	골수검사	골수천자나 골수 생검 → 백혈병 진단 확진, 악성세포 형태 확인	
	요추천자, CT	암세포가 혈액이나 골수 외의 부위로의 전이 여부 확인	
	림프계 검사	림프관 조영술이나 림프절 생검은 악성병변의 위치 확인과 형태를 정확히 분류함	

```
백혈병 ─┬─ 아구 증가 ─┬─ 골수성 ─→ 급성 골수성 백혈병
        │              └─ 림프성 ─→ 급성 림프성 백혈병
        └─ 성숙세포 증가 ─┬─ 골수성 ─→ 만성 골수성 백혈병
                          └─ 림프성 ─→ 만성 림프성 백혈병
                                   ─→ 성인 T세포 백혈병/림프종 등
```

	분류	특징/역학	증상	진단검사

분류	급성 골수성 백혈병	골수아구(과립구의 전구세포)의 무한 증식
		• 연령이 많아짐에 따라 발생빈도 증가
		  - 청소년기나 55세 이후
		  - 성인 급성 백혈병 85%
		  - 어린이 백혈병 중 두 번째로 많음
		** 급성 골수 백혈병은 과립구 전구물질인 골수모세포의 조절되지 않는 증식, 골수와 비장의 과다형성이 그 특징임, 급성 골수 백혈병의 증상은 중성구감소증과 혈소판감소증으로 발생됨
			백혈병세포(미성숙한 과립구)가 비정상적으로 증식하여 골수체 축적
			① 중성구감소증 관련 증상 : 폐렴, 패혈증, 농양과 점막궤양 등 심각한 감염의 재발 초래
			② 혈소판감소증 관련 증상 : 출혈점, 자색반, 출혈반(멍), 코피, 혈종, 혈뇨와 위장관 출혈 등
			③ 녹색종(미성숙골수구로 이루어지니 침윤성 골수 외 고형 종양)
			• 피부 또는 피하
			• 뇌 : 중추신경계 증상
			④ 경막외
			• 아동 보행 어려움
			• 대소변 조절의 어려움
			⑤ 급성 림프성에 비해 예후가 좋지 않음
				① 범혈구 감소
				② 골수아구를 가진 백혈구 감소 또는 증가
				③ 골수검사 : 골수아구의 현저한 증가

	급성 림프성 백혈병 (= 급성 림프구 백혈병) 13,24 임용	주로 B-세포에서 유래된 미성숙한 림프구나 림프모구와 비슷한 백혈구 림프구가 골수에 축적된 상태 • 14세 이전(특히, 2~9세) • 어린이 백혈병 중 가장 흔함	① 골수부전 관련증상(범혈구 감소증) : 빈혈, 혈소판 감소, 백혈구 감소와 출혈경향, 멍, 피로감, 호흡곤란, 감염, 식욕부진, 두통 ② 골수외 조직침범 : 림프절 종대, 비장비대, 간비대(미성숙 백혈구 침윤으로 발생됨) ③ 중추신경계 침범 : 지주막의 침윤으로 백혈병성 수막염, 뇌압상승 ④ 고환에 덩어리 촉지 ⑤ T세포 급성 림프모구백혈병인 경우 종격동 덩어리가 발견되기도 함 ⑥ 체중감소	① 혈액검사 : 범혈구 감소 ② 백혈구 : 정상 / 증가 / 감소 ③ X-ray : 장골의 골단부 횡선이 희미해짐 ④ 골수검사 : 림프구성 아세포의 비율이 20% 이상인 경우 진단내림, 환자의 20~25%는 필라델피아염색체를 가지고 있음 ⑤ 요추천자 : 백혈병의 임상경과 중 중추신경계 침범 시 뇌막염, 뇌압 상승 등이 초래될 수 있어 이를 확인하기 위함

분류	만성 골수성 백혈병	성숙형태 악성과립구 증식으로 골수, 혈액, 간이나 비장에 비정상적으로 과다축적되는 악성질환 • 25~60세 사이 호발 • 특히 40대 중반 높게 발생 • 성별 차이 없음	① 점진적 발생과 느린 진행 ② 초기 : 무증상, 피로, 허약, 체중감소, 발열, 발한증가, 흉골압통, 관절통, 뼈통증, 심한 비장종대	① RBC, Hb, Hct 감소 ② 혈소판 초기 증가, 후기 감소 ③ 현저한 백혈구 증가증 (다핵형호중구 증가) ④ 림프구 증가, LAP 감소 ◆ LAP(Leukocyte Alkaline Phosphatase) : 호중구 특수 과립에 존재 ⑤ 단핵구 정상 또는 감소 ⑥ 골수검사 : 필라델피아 염색체 존재, 성숙형태의 악성 과립구 증가, 환자의 90~95%가 염색체 이상(필라델피아 염색체)과 관련됨 ◆ 필라델피아 염색체가 존재하면 잔여질환이나 치료 후 재발이 있음을 나타내는 중요지표임
	만성 림프성 백혈병	림프절에 작고 비정상적인 B림프구 축적으로 인해 면역글로불린의 합성이 저하되어 저감마글로불린이 나타나고, 항체반응이 억제됨 • 고령층에서 발생 (50~70세) • 남자	① 질병이 진행됨에 따라 골수는 비정상적인 림프구로 대치되어 정상 조혈기능 저하 ② 피로, 식욕부진, 비장비대, 간비대, 발열, 야간발한, 체중감소, 피로, 잦은 감염, 림프절병증 등	① 백혈병세포는 20,000~100,000/mm³로 증가하여, 혈액의 점도가 증가하고 혈액이 쉽게 응혈됨 ② 백혈병세포는 망상내피계(간과 비장)와 골수침범하고 혈액에 축적됨

치료 및 간호

원인제거 [11,18 국시]

항암화학요법, 중추신경계치료(MTX, 뇌 방사선), 방사선요법, 조혈모세포 이식 등

① 화학요법

단계	치료
관해유도 단계 (= 유도항암 요법)	• 대상자는 완전한 회복(완전관해, 골수의 정상화)을 목표로 화학요법 집중치료를 받음. 이 치료에서는 고용량의 화학요법제를 사용하기 때문에 골수기능억제가 심함. 골수기능이 회복되는데 보통 2~3주가 소요되므로 이 기간 동안 감염에 노출되지 않는 것이 중요함. 다른 부작용으로는 화학요법제로 인한 오심, 구토, 설사, 탈모, 구내염, 신장독성, 간독성, 심장독성 등이 있음 • 완전회복의 일반적인 기준은 골수세포 중 모세포의 비율이 5% 미만이고, 말초혈액의 혈구수가 정상인 경우임. 최소 1년간 두 가지 기준을 모두 유지해야 함 • 일단 회복이 되면 관해강화 단계를 시작함
관해강화 단계 (= 공고 항암 단계)	• 남아 있는 질환을 완전히 치료하기 위해서 집중적으로 화학요법을 시행함. 일반적으로 한 종류 혹은 여러 종류의 화학요법제를 고용량으로 투여함
관해유지 단계 (= 유지항암 단계)	• 재발방지 목적으로 치료 • 병용약제의 조합을 달리한 화학요법제를 3~4주마다 소량씩 투여함. 이 단계는 1년 혹은 그 이상 지속될 수 있으므로 대상자가 가능한 한 정상생활을 할 수 있도록 계획 • 급성 골수성 백혈병은 관해유지요법이 효과가 없으므로 일반적으로 급성 림프구성 백혈병 대상자에게 이용됨. 급성 골수성 백혈병은 조혈모세포이식을 시행함

② 조혈모세포 이식
  ㉠ 목적 : 악성세포를 제거할 수 있는 강력한 항암화학요법이나 방사선 치료를 실시한 후 골수 기능이 억압된 대상자에게 건강한 조혈모세포를 다시 생착시키는 것
  ㉡ 적응증 : 급성 및 만성 백혈병, 중증 재생불량성빈혈, 선천성 면역결핍증, 겸상세포빈혈, 지중해성빈혈, 비호지킨림프종, 만성육아종증 외 고형암인 유방암, 소세포성폐암, 신경모세포종, 난소암 등

	원인제거 11,18 국시		ⓒ 합병증 : 조혈모세포이식 후 2~3주 정도까지 혈구세포를 생성할 수 없어 이 기간에 심각한 범혈구감소증과 면역억제 증상을 경험함, 즉각적인 합병증으로 감염과 출혈이 일어날 수 있으므로 예방에 중점을 두어야 함, 감염예방을 위해 광범위한 항생제를 투여하고 출혈 시에는 혈액제제 투여, 이식편대숙주반응(공여자의 세포가 수혜자의 세포를 파괴하는 거부반응, 공여자의 골수세포가 대상자의 조직, 특히 피부, 소화기관, 간 등의 장기를 공격하여 발생함) ③ 방사선 치료 : 백혈병세포가 중추신경계, 피부, 직장, 종격동, 고환에 침투했을 때 항암화학요법의 보조수단으로 사용, 전신방사선조사는 조혈모세포이식을 준비할 때 실시하며 간, 비장, 기타 다른 장기에 국한하여 방사선을 조사하기도 함 ④ 중추신경계 치료 ㉠ 중추신경계 침범예방이나 치료를 위하여 사용하는 methotrexate, cytarabine, aminopterin, hydrocortisone 등 ㉡ 전통적인 항암화학요법은 뇌혈관장벽을 통과하지 못하기 때문에 수막공간 내 경로를 이용 : 요추천자를 실시하고 항암제를 식염수나 물로 희석시켜 점적 - vincristine sulfate는 신경독성이 강하기 때문에 수막공간 내로 주입해서는 안됨 ㉢ 중추신경계 백혈병이 발생하면 머리 부분에 방사선 조사

치료
및
간호
	대증요법
	93 임용 /
	20 국시
		감염예방	① 감염증상 사정
			  ㉠ 38℃ 이상 또는 36℃ 이하인 경우 의사에게 알림
			  ㉡ 열은 호중구 감소의 유일한 감염을 의미하는 소견일 수 있음
			② 거친 음식이나 생과일과 야채를 먹지 말도록 함
			③ 충분한 수분섭취 권장
			④ 생백신 예방접종 금기
			⑤ 구강간호 93 임용 / 22,24 국시
			  ㉠ 하루 4회 구강위생관리, 부드러운 칫솔로 이 닦기
			  ㉡ 혈소판 수치가 낮으면 칫솔 대신 면봉이나 손가락 싸개로 구강세척
			  ㉢ 알코올을 함유한 구강세정제는 피할 것(과산화수소, 레몬액 사용 금지), 생리식염수로 입안 헹구기
			  ㉣ 글리세린 등의 윤활유 도포 : 건조감과 구열 예방
			  ㉤ 부드럽고 자극적이지 않은 음식(예 연식 등) 제공
			  ㉥ 수분섭취 권장
			⑥ 필요하면 역격리 : 절대 호중구 수치가 500/mm^3 이하이면 laminar air flow(특수 공기유통장치)가 있는 1인실에 격리하여 보호

		출혈예방	① 근육주사나 면도날 사용 금지 ② 안전한 환경유지 ③ 여성 탐폰 사용 금지 ④ 변비예방 ⑤ 비타민 K가 풍부한 식이권장 등 ⑥ 혈소판 5만/mm^3 이하 : 출혈 증상 관찰 ⑦ 잠혈 상태 확인 ⑧ 혈소판, 혈색소, Hct 매일 측정 ⑨ 코 세게 풀기 + 근육/피하주사 피하기 ⑩ 아스피린이나 다른 항응고제를 사용하지 않기 ⑪ 필요시 혈소판 농축액이나 신선동결혈장과 같은 혈액제제 투여
		통증조절	진통제 ① 골 통증, 장기와 림프선 비대로 인한 불편감, 신경통, 연하곤란증 시 ② 아스피린 : 발열상태 은폐, 항혈소판 작용이 있으므로 사용 금함
	지지요법	충분한 휴식	① 충분한 휴식으로 에너지 보존과 대사활동 감소 ② 기초대사율 증가와 빈혈로 인한 산소 부족증으로 만성피로 상태
		영양공급	① 고단백, 고칼로리 식이제공, 충분한 수분섭취 ② 구강궤양 : 구강섭취 전 구강 진통제 투여하여 식사 시 편안함 증가
		심리적 지지	① 신체적·지적 성장 및 발달과정을 지속적으로 관찰 ② 부모의 역량 강화를 촉진시키는 방법 옹호

- **신경아세포종(= 신경모세포종)** 03,07,21 국시

정의	부신수질과 교감신경계를 형성하는 원시 신경관 세포에서 발생하는 악성종양
특징	① 발생빈도 : 전체 발생의 75%가 5세 미만, 여아<남아, 흑인<백인 ② 잘 발견되지 않고 전이가 빠름 : 장골에 전이되며, 75%가 복강 또는 골반에서 발생하는데, 대개 팔다리의 통증으로 발견됨
병태생리	① 신경관 세포가 있는 어떤 부위에서도 발생가능함 ② 절반이 복부에서 발생되며 주로 부신수질에서 발생함 ③ 그 외 척수 주위의 교감신경절, 흉곽, 경부, 비강, 눈, 간, 신장, 두개 내에서도 발생함
진단	① 소변검사 : 카테콜라민과 티로신 증가(90~95%) ② 단순 X-선 검사, 전산화단층촬영(CT) 또는 뼈스캔 등을 통해서 진단과 병기 결정 ③ 골수천자와 생검 : 골수 전이를 확인하기 위해 골수에서 신경아세포종 세포관찰

[신경모세포종 주요 발생부위]

증상과 징후	원발종양 관련 증상	① 복부종양 21 국시 　㉠ 복부중앙선을 넘어가는 단단하면서 불규칙적 복부 덩어리 촉진 　㉡ 신장, 요로, 방광을 압박하므로 빈뇨, 잔뇨, 배뇨곤란 　㉢ 카테콜라민 상승에 의한 고혈압 　㉣ 복부의 큰 종양은 혈관을 압박하여 사지 부종을 초래함 ② 후종격동 종양 : 흉부 X-선 검사로 발견, 크기가 크면 호흡곤란을 호소함 ③ 척추신경절 종양 : 척수신경절에 발생하여 사지 마비 초래 가능	
	전이에 의한 증상	골수전이	범혈구 감소증으로 빈혈, 감염빈발, 출혈 등
		골전이	통증호소
		안구전이	종양이 안와 뒤로 전이하여 안구돌출, 안검의 반상출혈
		간 전이	간 비대
		피부전이	피부결절
치료 및 간호	① 복부촉진 금지 : 악성세포의 전이 예방하기 위함 ② 치료적 적출술, 항암화학요법과 방사선 요법, 조혈모세포이식 등		

- **신아세포종(= 윌름스 종양)** 04,07,10,13 국시

정의	일측이나 양측으로 신장을 침범하는 악성 배아기 신생물
특징	신생물이 복강 내에서 급성장함
병태생리	신실질이나 중앙부 혹은 양극 부위에서 발생, 병변 중앙부 괴사됨
진단	CT, 흉부 방사선 촬영
증상과 징후	① 복부에 덩어리 촉진됨(복부의 중앙선을 넘지 않는 덩어리), 촉진 시 통증 없음 ② 초기에 복통은 흔하지 않음, 진행되면서 복부팽만감과 복부불편감을 호소함 ③ 종양이 커지거나 전이될 경우에 복통이 동반됨 ④ 혈뇨, 식욕부진, 체중저하, 고혈압 등
합병증	① 요도폐색, 혈뇨, 식욕부진, 고혈압(신장혈관 압박으로 인한 레닌 생성 증가로 초래) ② 전이성 질환 : 폐, 간, 이환되지 않은 쪽 신장, 뼈, 뇌 등에 전이될 수 있고, 폐 전이가 가장 흔함
치료	① 진단 즉시 수술로서 제거하고 전이에 대해 관리함 ② 복부촉진 금지 : 종양은 뚜렷한 피막을 형성하며, 피막은 쉽게 터질 수 있음. 피막이 터지면 전이될 수 있음

10 기타 혈구장애 : 원발성 다혈구혈증, 과립구 감소증과 무과립구증 [성인질환]

1 원발성 다혈구혈증

정의	범골수증(골수섬유증과 함께 비정상적인 미성숙 혈구세포들이 비장과 골수에 나타나는 골수화생)에 의한 골수증식성 장애
특징	① 잠행성으로 시작하여 오랫동안 점진적으로 진행 ② 골수가 섬유화되거나 골경화성 변화되면 빈혈 초래, 혈류 내 미성숙한 과립구 발현
원인	정확한 원인은 불명
증상 및 징후	초기에 무증상, 말기에 심해짐
	범골수증	① 적혈구, 백혈구, 혈소판 모두 증가, 비장비대(혈장은 그대로임) ② 적혈구수 : 정상의 2~3배, 혈액의 점성증가 ③ 혈소판 증가 : 혈전형성 → 비장, 심장, 뇌경색 초래, 중추신경계 증상발생 ④ 충혈로 정맥벽 손상, 파열 초래 ⑤ 혈구가 비정상적으로 과도 생산되어 혈구수명 단축, 쉽게 파괴
	기초대사율 증가	갑상샘 기능 변화 없이도 기초대사율이 상승하여 체중감소, 피로발생
	고요산혈증	백혈구 증가와 파괴로 고요산혈증, 고요산요증 발생 → 통풍성 관절염으로 진행
	피부변화	① 호염기구 수가 증가하면서 히스타민의 방출이 증가하여 전신소양증이 나타나는데 더운 물로 목욕 한 후에 악화되는 특징이 있음 ② 감각이상이나 홍색사지통증(손과 발에 통증이 있으며 작열감과 발적이 생김) 혹은 혈전성 정맥염이 발생할 수 있음
	심장의 부담증가	① 혈액점성 증가로 혈압상승, 좌심실비대, 심계항진 ② 심근부담 증가로 협심증이나 심부전 발생
	대뇌혈류장애	두통, 현훈, 이명, 복시, 흐릿한 시야 등
	식도정맥류와 출혈	혈류증가로 정맥이 확장되어 식도정맥류, 치질발생, 비출혈 발생
	소화성궤양	정상인보다 10배 이상 발생 이유는 불분명하나 위액분비의 증가나 간과 비장의 비대때문으로 추정함
진단검사	① 적혈구 800~1,200만/mm^3, 혈색소 18~25g/dL ② 헤마토크릿 : 남성 45% 이상, 여성 49% 이상 증가 ③ 혈소판과 백혈구 증가, 망상적혈구 증가 ④ leukocyte alkaline phosphatase, 요산, cobalamin, histamine 수치 증가
치료 및 간호	대증요법	① 혈액의 점성과 혈량감소에 중점 치료 ② 정맥절개술 : 주기적으로 정맥천자를 통해 혈액을 제거, 반복 시 혈액점성은 감소하나 철분결핍성 빈혈 초래 ③ 방사성 동위원소 인(^{32}P)을 투여하여 골수기능 억제하면 혈구생성 감소 ④ 항암화학요법 : 골수기능 억제
	보존 및 지지요법 (환자교육내용)	① 최소 1일 3L 수분 섭취 ② 조이는 옷 금지 ③ 감염증상 즉시 보고 ④ 처방대로 항고혈압제 투여 ⑤ 앉을 때도 하지 상승 ⑥ 처방에 따라 운동 실시 ⑦ 출혈위험 줄이기 : 전기면도기 사용, 치실사용 금지, 부드러운 칫솔 사용

② 과립감소증과 무과립구증

정의	① 백혈구 중 과립구의 수가 급격히 감소되는 현상 ② 호중구 감소증이라고도 하며(과립구의 93%가 호중구) 호중구 수 감소로 감염률 증가		
	호중구 감소증	말초혈액 속 절대호중구 수가 1,500개/μL 이하	
	무과립구증	말초혈액 속 호중구가 500개/μL 이하	
	절대호중구 수	총 백혈구 수에 호중구가 차지하는 비율을 곱해서 계산	
원인	① 약물: 항암제, 알킬화제, 대사길항제, 항염증제, 항우울제, 항균제 등 ② 혈액계 질환: 특발성 호중구 감소증, 재생불량성 빈혈, 악성빈혈, 백혈병 ③ 자가면역장애: 전신성 홍반성 낭창, 펠티증후군, 류마티스 관절염 ④ 감염: 간염, 인플루엔자, HIV, 홍역, 발진티푸스, 속발성 결핵 등 ⑤ 기타: 패혈증, 골수침윤, 비장비대 등		
증상과 징후	① 생명을 위협하는 감염발생 ② 호중구가 500/mm³ 이하로 저하되면 심한 세균성 패혈증 초래 ③ 감염증상: 발열, 심한 피로, 허약, 인두/구강점막의 궤양, 연하곤란, 고열, 빈맥 ④ 식욕부진, 두통, 권태감, 폐렴, 피부농양 등		
진단	① 백혈구 수치 감소(500~3,000/mm³) ② 골수검사: 과립구 감소, 과립구 전구세포 증가 ③ 소변 배양검사, 혈액배양 검사		
치료 및 간호	원인제거	원인규명하여 제거, 독성약물에 의한 경우 중단 시 2~3주 안에 호전됨	
	대증요법	감염치료: 균배양 검사 시행, 항생제 투여	
	보존 및 지지요법	① 고단백, 고비타민, 고함수탄소 식이 제공 ② 수분은 하루에 2,500mL 이상 제공 ③ 변비예방을 위해 변 완화제 사용 ④ 감염예방 ㉠ 환자격리, 방문객 제한 ㉡ 생과일, 생채소, 꽃이나 화분 금지 ㉢ 체온측정, 잠재적인 감염부위 관찰 ㉣ 피해야 할 약물 및 의사의 처방 없이 약물 복용금지 교육	

11 악성 림프종 [성인질환]

정의	① 림프구의 비정상적인 증식으로 발병
	② 전신에 퍼져 있는 림프조직, 특히 림프절과 비장에서의 림프구 증식

호지킨병과 비호지킨 림프종으로 구분

유형		호지킨 림프종	비호지킨 림프종
	정의	림프절에 존재하는 Reed-sternberg 세포라는 비정상적 거대 다핵세포 증식	Reed-sternberg 세포를 가지지 않아 호지킨병으로 분류할 수 없는 모든 악성 림프종
	특징	① 남성 > 여성 ② 20대 초반, 50대 이후 흔히 발병 ③ 원인 : 불명, EpsteinBarr 바이러스 감염, 가족력, 화학물질에 노출 등 ④ 치료율 높음 ⑤ 림프절에서 발생하여 인접 림프조직을 통해 확산됨 ⑥ 진행양상 : 연속성, 규칙적임	① 호지킨 외의 모든 악성 림프종 의미 ② 남성 > 여성 ③ 50~70세 호발 ④ 원인 : 종양억제유전자의 기능을 잃게 하는 유전자의 손상, 바이러스 감염, 자가면역, 방사선, 유해물질 노출, 면역억제 상태 ⑤ 림프절 외에 피부, 위장관, 뼈, 골수 등에 많이 발생, 림프절에서 시작하나, 초기결절 이외 조직을 침범하고 광범위하게 확산됨 ⑥ 진행양상 : 비연속적, 무작위
	임상증상	① 무통성 림프절 비대 ② 주 침범부위 : 경부, 쇄골상부, 종격동 ③ 결절이 단단하고 분리됨 ④ 종창이 있으나 통증없음 ⑤ 림프절, 간, 비장 비대 ⑥ 소양증, 피로, 허약, 식욕부진, 발열 ⑦ 종양이 있는 경우 통증과 압박 증세 | 식도압박 | 연하곤란 | | 기관압박 | 호흡곤란 | | 신경압박 | 후두마비, 상완마비, 요추 / 천골 신경통 | | 정맥압박 | 사지부종 | | 림프관폐색 | 다량의 수분이 흉부, 복부의 전신조직에 축적되어 전신부종, 혈압 하강, 쇼크 유발 | | 담관압박 | 폐쇄성 황달 발생 | ⑧ 초기 증상 : 거의 없음	① 무통성 림프절 비대(경부, 액와, 서혜부, 대퇴부 림프절) ② 주침범 부위 : 호지킨병과 유사, 초기결절 이외 조직침범, 피부, 위장관, 뼈, 골수 침범 ③ 비호지킨림프종은 침범부위에 따라 간이나 비장 비대, 신경학적 증상, 기도폐쇄, 고요산혈증, 신부전, 종양용해증후군, 심장압전, 위장관계 불편감과 같은 증상이 나타날 수 있음 ④ 발한, 체중감소, 피로, 소양증, 간과 비장비대 ⑤ 초기 증상 : 거의 없음
	진단검사	① 림프생검으로 Reed-Sternberg 세포(호지킨 세포 : B세포와 T세포 2개의 핵을 가짐)의 유무 검사 ② 흉곽 X-선 검사, CT : 종격동에서 종괴를 찾아 내며, 임상병기 확인 ③ 골수생검 : 골수침범 시 골수생검 ④ 림프관조영술 : 림프관 내에 조영제를 주입하여 복강 내 림프절을 진단하는데 이용함 ⑤ 혈액검사 : 소구성/저색소성 빈혈, 백혈구와 혈소판 감소, 뼈를 침범하면 leukocyte alkaline phosphatase가 증가하고 고칼슘혈증이 나타남, 간 침범 시 저알부민혈증 보임	① CT, 골수생검, 뇌척수액 검사 ② 림프절 조직검사
	치료 및 간호	1, 2단계에서 방사선 치료와 화학요법 병행	① 1, 2단계인 경우 방사선 치료 실시 ② 과립구집락자극인자인 뉴포젠(neupogen) 투여 : 호중구 증가를 위해 투여 [21 국시] ③ 병소 확산된 경우에는 항암 화학요법 함께 실시

CHAPTER 07 근골격계 건강문제의 간호와 관리

영역	기출영역 분석		페이지
병태생리	근골격계 구조와 기능		396
건강사정	팽윤징후, 부구감 검사 2012		400
수근관 증후군	증후군 검진법(Tinel, Phalen 징후) 및 해석법 2015		405
고관절 형성장애	특징적 징후, 가능한 빨리 치료받아야 하는 이유 2018		407
근이영양증 (진행성 근육 퇴화증)	주로 남성에서 볼 수 있는 질환 1993, 베커형 근이영양증 2013		410
척추측만증	척추측만증 진단방법 – 전방굴곡검사 1998, 2003, 2014, 2019		413
	증상 1992, 2003, 예방법 2006		
류마티스 질환	류마티스 관절염	병리학적 소견 : 울혈/부종/관절낭염 1992, 병태생리/징후 2012	417
		주호소, 류마티스 결절, 혈액검사와 X-ray 검사결과를 골관절염과 비교 2014	
	강직성 척추염		423
	전신홍반성 낭창	원인, 역학적 특성, 자외선 노출과 스트레스와 증상과의 관련성, 발진 특성 1992, 1996, 2003	424
	연소성 류마티스양 관절염	소수관절형의 증상을 고려한 신체적 간호 2008	427
골관절염	병태생리/징후 2012		430
골대사장애	골다공증	의심할 수 있는 특징적인 증상 4가지 2008	434
		발생위험요인 1998, 2010, 2003	
		예방법 1998, 2013	
	통풍	병태생리/징후 2012	437
		원인물질과 악화요인 1992-보기, 2014	
		정의, 급성통증 시 중재법, 프로베네시드 투여목적, 고퓨린 식이 섭취 시 질병악화 이유 2018	
골연화증	치료 비타민(Vit D) 1992		440
골연골종	1993-보기		442
감염성 질환	골수염		443
절단과 간호	의족착용 및 관리방법 2013		444

학습전략 Point

1st	류마티스 관절염, 골관절염	질병과 관련하여 병태생리, 약물의 작용기전과 효과, 특징적인 중재 등이 자주 출제되고 있다. 따라서 근골격계 대표 질병인 류마티스 관절염과 골관절염 비교학습을 통해서 근골격계의 병·생리기전과 대표 약물, 대표중재들에 관해 학습한다.
2nd	척추측만증	1992~2025년까지 6번 출제된 질병이며, 학령기 후기와 청소년기에 흔히 발생하는 건강문제이다. 따라서 진단방법, 증상, 예방법 등을 꼼꼼히 학습한다.
3rd	수근관 증후군, 고관절 형성장애, 근이영양증, 골다공증, 통풍 등 과년도에 기출되었던 질병	과년도에 기출되었던 질환들에 대해서 병태생리, 대표적인 증상과 징후, 특징적인 치료와 중재 등을 학습한다.

한눈에 보기: 근골격계

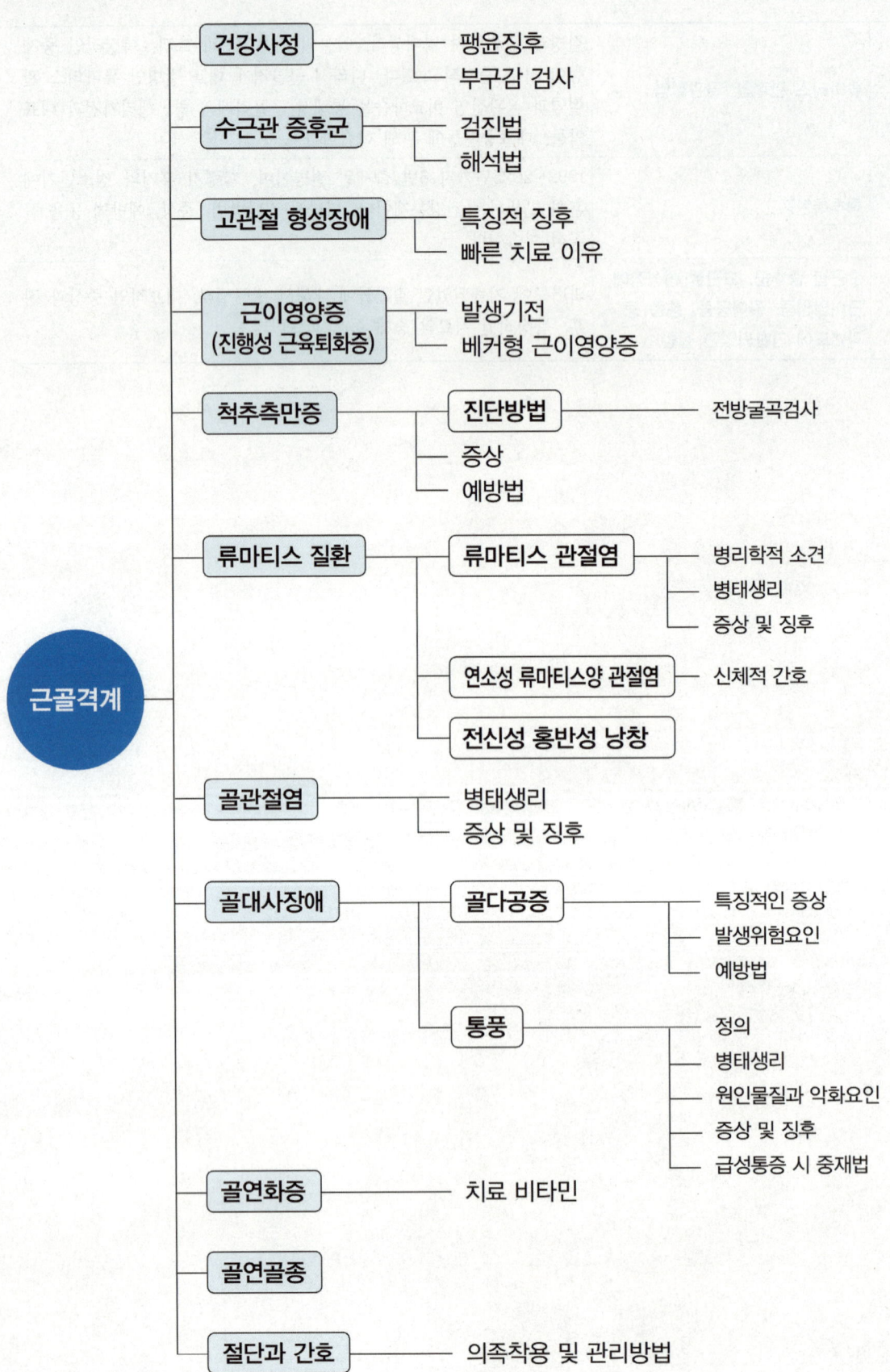

12-03. 저칼슘혈증의 양성 반응을 사정하는 검사 (가)~(라)와 중재 ㄱ~ㄹ로 옳은 것은?

	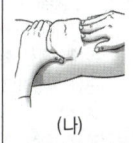
(가)	(나)
팔에 혈압 커프를 감아 팽창시키면 수분 이내에 손목 경련을 호소함.	무릎을 펴고 눕게 한 후 슬개상낭(suprapatellar bursa)에 그림과 같이 압력을 가하면 팽윤이 관찰됨.
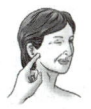	
(다)	(라)
안면 신경부위(관자놀이 바로 밑)를 가볍게 쳤을 때 안면근 수축이 관찰됨.	무릎을 약간 굽히고 발을 족배굴곡하였을 때 통증을 호소함.

ㄱ. 비타민 D를 투여한다.
ㄴ. 인(phosphorus)을 투여한다.
ㄷ. 칼시토닌(calcitonin)을 투여한다.
ㄹ. 글루콘산칼슘(calcium gluconate)을 투여한다.

15-04. 김 교사는 손목의 이상을 호소하며 보건실을 방문하였다. 다음은 보건교사가 김 교사에게 시행한 검진 방법을 나타낸 그림이다. 괄호 안의 ㉠, ㉡에 해당하는 검사(혹은 징후) 명칭을 쓰고, 각 검사의 정상소견과 비정상 소견을 서술하시오. 또한 보건교사가 ㉠, ㉡ 검사를 통하여 검진하고자 하는 증후군은 무엇인지 쓰시오.

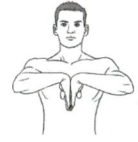	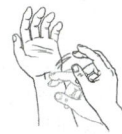
(㉠)	(㉡)

18-10. 다음은 육아 휴직 중인 여교사와 보건교사가 통화한 내용이다. 〈작성 방법〉에 따라 서술하시오.

여교사 : 선생님, 안녕하셨어요?
보건교사 : 네, 선생님. 그동안 잘 지내셨어요? 아기는 건강하게 잘 크고 있지요?
여교사 : 실은, 궁금한 게 있어서 전화 드렸어요. 아기 엉덩이 부위가 기저귀를 갈 때마다 이상한 점이 있어서 병원에 가야 하는지 여쭤 보려고요.
보건교사 : 어떤 점이 이상한가요?
여교사 : 기저귀를 갈 때 아기 다리를 벌리면 왼쪽 고관절이 완전히 벌어지지 않고, 왼쪽 고관절 부위에서 미끄러지는 느낌이 들어서요.
보건교사 : 아기의 고관절이 비대칭적으로 벌어지고, ㉠아기를 눕히고 무릎을 세워 보았을 때 양쪽 무릎 높이의 차이가 있으면 병원에 가셔서 검진을 받고 ㉡가능한 빨리 치료를 시작하셔야 해요.
… (중략) …
여교사 : 선생님, 안녕하세요?
보건교사 : 네, 아기의 상태에 대해 병원에서 뭐라고 하던가요?
여교사 : 병원에서 의사가 초음파 검사와 신체검진을 하더니 ㉢피스톤 징후가 있다고 하면서 '발달성 고관절 이형성증'이라고 하네요.

〈작성 방법〉
• ㉠에 해당하는 징후의 명칭을 제시할 것.
• ㉡의 이유를 서술할 것.
• ㉢을 검진하는 방법과 양성 소견을 서술할 것.

93-13. 다음 중에서 주로 남아에게서 볼 수 있는 질환은?
① 소아마비(polioyelitis)
② 다발성 신경감염 증후(Gullian-Barre증후)
③ 진행성 근육 퇴화증(Progressive muscular dystrophy)
④ 골연골증(osteochondroma)

13-16. K군(남, 12세)은 베커형(Becker type) 근이영양증(Muscular dystrophy) 진단을 받았다. K군의 부모에 대한 교육 내용으로 옳지 않은 것은?
① 반성 열성 유전에 의해 발생됨을 인지시킨다.
② 근육의 기능을 유지하기 위한 운동을 권장한다.
③ 호흡운동을 자주시켜 호흡근육을 강화시킨다.
④ 하지의 골격근부터 근육의 소모와 위축이 발생하므로 잘 넘어질 수 있음을 인지시킨다.
⑤ 디스트로핀(Dystrophin)이 존재하지 않아 근섬유의 괴사가 빨리 진행되어 증상이 심하게 나타남을 인지시킨다.

98-08. 보건교사가 학교에서 특별한 기구 없이 척추측만증을 진단할 수 있는 방법에 대해 5가지 이상 제시하시오.

03-02. 학생들의 척추측만증은 조기에 발견하여 치료, 교정하여야 하는 주요 질환이다. 다음 물음에 답하시오.
2-1. 척추측만증이 계속 진행될 때 나타날 수 있는 주요증상을 3가지만 쓰시오.
2-2. 척추측만증 여부를 판별하기 위한 전방굴곡검사의 실시방법을 4가지만 쓰시오.

14-01. 그림은 보건교사가 학생들을 대상으로 척추측만증을 검진하는 장면이다. 〈그림 1〉의 자세에서 검진해야 할 내용 3가지와 〈그림 2〉의 자세에서 검진해야 할 내용 2가지를 서술하시오.

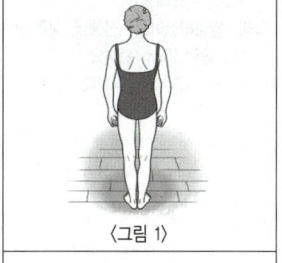
〈그림 1〉

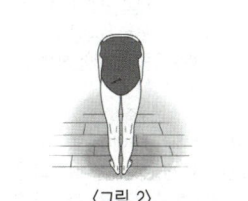
〈그림 2〉

92-50. 척추측만증의 설명으로 옳은 것은?
① 앞으로 굽혔을 때 심한 늑골의 함몰
② 어깨와 둔부가 각기 좌우로 대칭
③ 하지의 길이는 정상임
④ 조기발견 시 수술 없이 치료 가능

06-05. 보건교사가 청소년기에 증가하는 척추측만증에 관한 가정통신문을 발송하고자 한다. 이때 예방방법으로 제시해야 할 내용을 4가지만 기술하시오.

19-13. 다음은 ○○중학교 1학년 학생이 보건교사와 대화한 내용이다. 〈작성 방법〉에 따라 순서대로 서술하시오.

보건교사 : 오랜만이에요. 그동안 키가 많이 자랐네요.
학생 : 안녕하셨어요? 선생님, 여름 방학 동안 10cm 컸어요.
보건교사 : 이제 선생님보다 더 클 것 같네요.
학생 : 그런데 교복치마가 자꾸 틀어지고, 친구가 제 몸이 한쪽으로 기울었다고 해요.
보건교사 : 척추측만증 검사를 해 볼게요. 그럼 스크린 안쪽으로 가서 ㉠겉옷을 벗고 뒤돌아 서 보세요. 이번엔 ㉡몸을 앞으로 숙이고 팔을 바닥으로 쭉 뻗어 보세요.
(검사를 마친 후)
… (중략) …
학생 : 선생님, 저 어때요?
보건교사 : 급성장기에는 척추측만증이 발생할 수도 있으니까, 병원에서 진료를 받아 보는 게 좋을 것 같아요.

〈작성 방법〉
- 밑줄 친 ㉠의 방법으로 검진해야 할 사항 2가지를 서술할 것.
- 밑줄 친 ㉡에 해당하는 검사명과 이 방법으로 검진해야 할 사항 1가지를 서술할 것.

12-05. 근골격계 건강문제 (가)~(다), 병태생리 ㄱ~ㄷ, 징후 A~C가 옳게 연결된 것은?

(가) 골관절염
(나) 류마티즘 관절염
(다) 통풍성 관절염

ㄱ. 면역 복합 질환으로 관절 활막과 결합 조직이 손상되어 발생
ㄴ. 마모로 인한 관절의 점진적 퇴행과 관절의 과부하 등으로 인해 연골이 파괴되어 발생
ㄷ. 혈청 요산 침전물 증가로 인해 관절 및 결체 조직에 요산 나트륨이 축적되어 발생

A. 척골 기형
B. 토피
C. 헤베르덴 결절 (Heberden's node)

08-16. 보건교사가 연소성 류머티스양 관절염의 소수관절형으로 진단 받은 여중생에 대한 간호를 계획하고 있다. 약물의 투여 및 이에 따른 부작용 관리 외에 이 질환의 증상을 고려하여 학생에게 제공해야 할 주요한 신체적 간호를 5가지만 쓰시오.

14-01. 다음은 류마티스 관절염 환자인 강○○의 진료기록지이다. 진료기록지의 밑줄 친 부분에서 유추할 수 있는 류마티스 관절염의 특징 6가지를 쓰시오. 그리고 6가지 특징을 골관절염과 비교하여 설명하시오.

진료 기록지			
이름	강○○	성별/나이	여/38세

• 주 호소
  - 특정 부위 관절이 붓고 아픔
  - 하루 중 특정 시간에 손이 뻣뻣하여 주먹을 쥐기 어려움
• 검진내용
  - 손 : 검지와 중지의 중수지 관절이 부어 있고 열감이 있음
  - 팔꿈치 : 그림과 같은 특징이 나타남

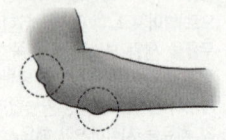

• 검사 결과
  - 혈액검사 : 골관절염에서 나타나지 않는 특정 물질이 검출됨
  - X-ray : 사진과 같은 결과가 나타남

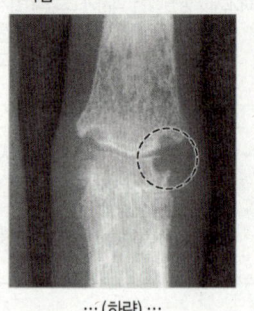

… (하략) …

20-04. 다음은 보건교사가 고등학생과 나눈 대화 내용이다. 〈작성 방법〉에 따라 순서대로 서술하시오.

학생 : 선생님! 궁금한 게 있어서 왔어요. 엄마가 아파서 병원에 가셨는데, '전신 홍반 루푸스'라는 진단을 받았어요. 그 병은 어떤 거예요?
보건교사 : 전신 홍반 루푸스는 일종의 자가 면역 질환이에요. 자가 면역이란 (㉠)을/를 의미해요.
학생 : 네, 그런데 엄마 양쪽 뺨에 나비 모양의 붉은 발진이 생겼던데 왜 그런 거예요?
보건교사 : 발진이 생기는 기전은 (㉡)입니다.
학생 : 지난 일요일 아침에 엄마와 산책을 갔는데, 날씨가 추워서 그런지 손끝이 차고 창백하게 변했어요. 이 병과 관련이 있나요?
보건교사 : 네, 관련이 있을 수 있어요. 레이노(Raynaud) 현상이라는 것이 있는데, 이러한 현상이 발생하는 이유는 (㉢) 때문입니다.
학생 : 선생님 설명을 듣고 나니 엄마 상태에 대해 많이 이해가 되었어요.
… (하략) …

〈작성 방법〉
- 괄호 안의 ㉠에 자가 면역의 정의를 제시할 것.
- 괄호 안의 ㉡에 해당하는 발생 기전을 2단계로 서술할 것.
- 괄호 안의 ㉢에 해당하는 내용을 서술할 것.

92-33. 류마티스성 관절염의 병리학적 소견이 아닌 것은?
① 울혈(Congestion)
② 부종(Edema)
③ 퓨린(Purine)
④ 관절낭염(Synovitis)

10-34. 다음 61세 여성의 신체 소견 중 골다공증 발생위험 요인으로 옳은 것을 모두 고른 것은?

㉠ 폐경 후 10년 경과
㉡ 체질량 지수 : 16kg/m²
㉢ 50세부터 당뇨병을 앓고 있음
㉣ 혈중 콜레스테롤 : 180mg/dL

92-41. 전신 홍반성 낭창(SLE)을 바르게 설명한 것은?
① 자가 항체의 과소생산으로 인한 질환이다.
② 사춘기와 청년기의 남자에게 많다.
③ 자외선 노출과 스트레스에는 별 관계가 없다.
④ 발진은 특히 뺨과 코에 나비 모양으로 나타난다.

08-19. 갱년기 여성은 폐경 이후에 에스트로겐의 분비 감소로 인한 골관절계의 변화로 골다공증을 경험할 수 있다. 골다공증을 의심할 수 있는 특징적인 증상을 4가지만 쓰시오.

98지방-02. 폐경기 이후 여교사가 골다공증이 증가하고 있다. 골다공증의 원인과 예방대책을 기술하시오.

96-57. 〈보기〉의 설명에 해당되는 질환은?

〈보기〉
• 여자에게서 많이 발생
• 면역기전의 이상과 관련
• 뺨에 나타나는 나비모양의 홍반
• 혈관 및 결체조직을 침범하는 전신적 질환

① SLE
② Morphea
③ Scleroderma
④ Purpura fulminans

13-06. 다음은 J 여자고등학교 보건교사가 작성한 교수·학습 지도안이다. (가)~(마) 중 옳지 않은 것은?

교수 · 학습 지도안			
단원	근골격계 건강관리	지도교사	K
주제	골다공증의 위험요인과 예방법	대상	3-2반 30명
차시	2/3차시	장소	3-2반 교실
학습목표	골다공증의 위험 요인과 예방법을 이해할 수 있다.		
단계	교수·학습 내용		시간
전개	1. 위험요인 • (가) 여성은 폐경으로 인해 골손실이 빠르게 진행되므로 골다공증이 발생할 수 있음. • (나) 코르티코스테로이드를 장기간 투여하면 골다공증이 발생할 수 있음. • (다) 비타민 D 결핍으로 장에서 칼슘의 흡수가 감소되어 골다공증이 발생할 수 있음. • (라) 칼슘섭취가 부족하면 갑상선 호르몬 분비가 증가되어 골다공증이 발생할 수 있음. 2. 예방법 • (마) 골질량 유지를 위해 체중 부하 운동을 권장함. • 흡연과 과도한 음주를 피하도록 함. … (이하 생략) …		40분

14-11. 다음은 통풍에 대한 신문기사 내용이다. 괄호 안의 ㉠, ㉡에 해당하는 내용을 차례대로 쓰시오.

○○신문

○○년 ○월 ○일

통풍 치료 시 맥주·등푸른 생선 등 과다 섭취 금물

질병 치료를 위해 약물을 복용할 때 음식 조절에 각별한 주의가 요구된다. 약효를 떨어뜨리거나 부작용을 유발하는 식품이 있기 때문이다. (㉠)이/가 과다 생성되거나 배설이 안 되는 통풍의 경우 콜히친(colchicine), 프로베네시드(probenecid), 알로퓨리놀(allopurinol) 등을 복용한다. 이때 맥주나 (㉡)이/가 많은 내장류, 등푸른 생선, 조개, 멸치, 새우 등을 과다 섭취하면 통풍이 악화될 수 있다.

… (하략) …

오○○기자 / abcd@dong.com

92-48. 비타민과 그의 임상적 용도가 바르게 짝지어진 것은?
① 비타민 A - 레버(Leber) 시신경 위축 치료
② 비타민 B - 골연화증 치료
③ 비타민 C - INH 장기 투여 시 병용
④ 비타민 D - 부갑상선 기능 저하증 치료

18-04. 다음은 보건교사와 동료교사와의 대화 내용이다. 〈작성 방법〉에 따라 순서대로 서술하시오.

동료교사 : 어제 야외 체험활동 후 술을 마셨는데 새벽부터 오른쪽 엄지발가락이 빨갛고 부은 것 같더니 너무 심하게 쑤시고 아파서 잠을 못 잤어요. '아침에 일어나면 괜찮겠지'했는데 통풍이 심해 신발을 신을 수도 없고 걸을 수도 없는 거예요. 병원에 갔더니 ㉠ 요산결정체가 관절에 축적되어 염증 반응이 일어나 심한 발작성 관절통을 유발한 것이라고 하더군요.
보건교사 : 통증이 심하셨죠?
동료교사 : 세상에 태어나 그런 통증은 처음이에요. 다시 통증이 있을까봐 두려워요. 또 통증이 있을 때에는 어떻게 해요?
보건교사 : 급성 통증이 있을 때에는 해당 관절을 (㉡), 냉습포도 도움이 되고요. 약을 잘 드시는 것이 중요해요.
동료교사 : 의사가 콜히신(colchicine), 알로퓨리놀(allopurinol)과 ㉢ 프로베네시드(probenecid)를 처방해 주었어요. 그런데 선생님, 이 병이 있을 때 혹시 주의해야 할 음식이 있나요?
보건교사 : 간, 곱창과 같은 내장이나 고기 국물, 멸치 같은 ㉣ 퓨린 함량이 높은 음식은 질병을 악화시킬 수 있어요.

〈작성 방법〉
• ㉠에 해당하는 질환의 명칭을 쓰고, 괄호 안의 ㉡에 적합한 중재를 1가지 제시할 것.
• ㉢의 투여 목적을 제시할 것.
• ㉣의 이유를 설명할 것.

13-33. 의족착용 및 관리 방법에 대한 설명으로 옳은 것만을 〈보기〉에서 있는 대로 고른 것은?

〈보기〉
ㄱ. 의족을 착용하기 전에 소켓(socket) 속을 마른 수건으로 건조시킨다.
ㄴ. 절단부 상처가 치유될 때까지는 체중을 증가시켜 지구력을 강화한다.
ㄷ. 절단부는 단련을 위하여 봉합 부위가 치유되지 않아도 의족 착용을 시작한다.
ㄹ. 봉합부위가 치유된 다음에는 절단부의 부종을 감소시키기 위해 착용한 의족을 수시로 벗는다.
ㅁ. 절단부에 찰과상이 발견되면 일회용 반창고를 붙이고 의족을 착용하여 감염으로부터 보호한다.
ㅂ. 절단부가 있는 다리가 외회전 되지 않도록 하고 규칙적으로 내전시킨다.

1 근골격계 구조와 기능

1 뼈

신체조직의 내부골격을 이루며 성장, 적응, 재생이 이루어지는 조직이다. 총 206개이며 두개골, 척추, 흉곽과 같이 축을 이루는 뼈가 80개이고, 상하지, 어깨, 골반을 구성하는 부속 뼈가 126개이다.

구조			기능
(1) 뼈의 모양과 구조에 따른 분류			내부장기를 지지하고 보호(골막)하며, 자발적으로 움직이고 혈액세포를 생성(골수)하며 무기물을 저장 ① 신체에 형태를 제공하고 체중부하와 직립자세를 취하게 함 ② 근육과 건의 작용으로 주위조직을 지지함 ③ 부착된 근육과 관절 구조물을 통하여 운동을 보조함 ④ 심장과 폐와 같은 주요기관을 보호함 ⑤ 적골수에서 혈액세포를 만들어 냄 ⑥ 무기염 저장
	장골	상지나 하지에 있는 뼈로 길이가 긴 뼈 (상완골, 요골, 척골, 대퇴골, 경골, 비골, 수지골)	
	단골	손목과 발목을 형성하는 뼈(수근골, 족근골)	
	편평골	면이 넓고 근육이 쉽게 부착(늑골, 흉골, 두개골)	
	불규칙한 뼈	독특한 모양을 가진 뼈(척추골, 안면골 일부, 골반대)	
(2) 뼈의 구조			
	육안적 구조	① 골단(두부) : 원형으로 된 뼈의 끝부분 ② 골간(골체) : 중앙부분, 골간 가운데 골수강이 있음 ③ 골막 : 조밀한 흰 섬유질 막으로 골체부를 싸고 있으며 건과 인대가 부착되는 장소로 내층에는 혈관과 신경분포가 많고 조골세포가 있음	
	현미경적 구조	① 피질 : 밀도가 높고 조밀한 뼈 조직인 치밀골로 구성, 구조적 단위는 하버시안계(모세혈관을 포함하는 복잡한 통로망으로 뼈와 열공에 영양과 산소공급)임 ② 수질 : 스펀지 같은 망상조직인 해면골로 구성, 적골수와 황골수로 채워진 넓은 공간의 결체조직인 골소주가 있음	
(3) 뼈의 구성 ① 교원질(= 콜라겐)로 형성 ② 골아세포, 골세포, 파골세포의 3종류의 세포를 가지고 있음(조골세포는 골기질 / 골조직 형성, 골세포는 성숙한 뼈세포, 골조직 대사유지에 중요, 파골세포는 뼈의 광물질과 기질 흡수)			

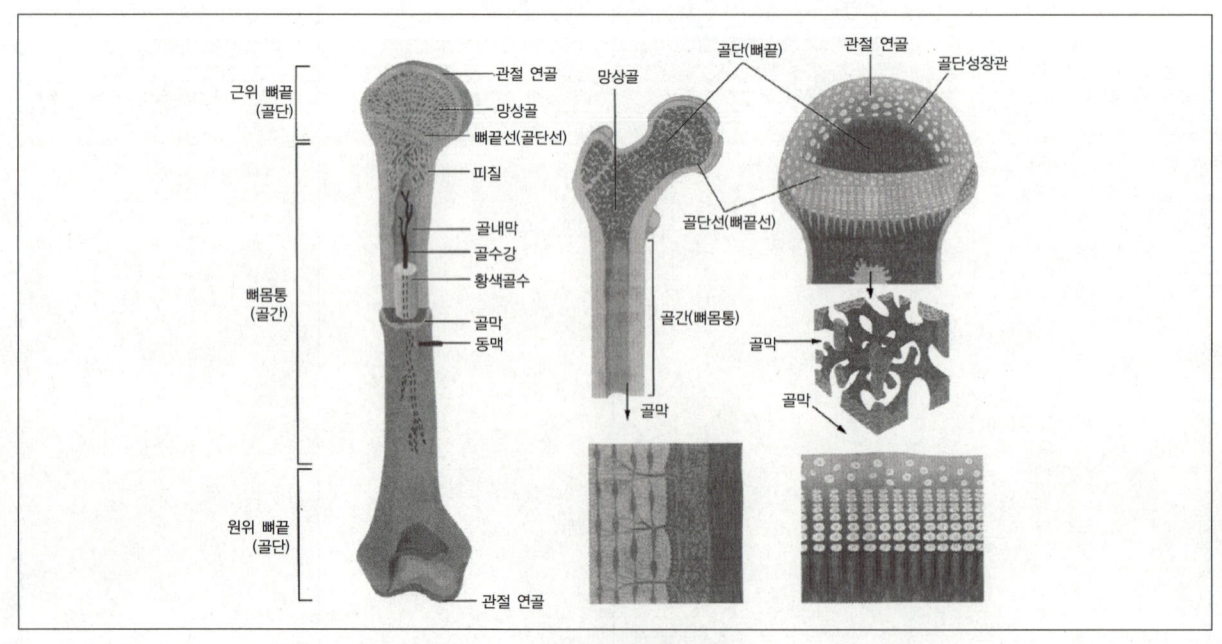

[장골의 구조]

② 골격근

신체의 근육은 평활근, 심근, 골격근 세 가지 형태. 평활근은 횡문이 없는 불수의근인 반면, 심근은 횡문이 있는 불수의근으로 둘 다 자율신경계에 의해 조절됨

구조	기능
① 골격근은 횡문근, 수의근으로 중추신경계와 말초신경계에 의해 조절 ② 골격근은 근섬유라고 하는 수축성 단백질을 포함. 세포의 길이를 변화시키는 작용을 함 ③ 골격근 섬유는 다핵세포로 되어 있으며 실과 같은 근원섬유가 다발을 형성하고 있고, 근원섬유는 밝은 밴드와 어두운 밴드가 교대로 되어 있어서 줄무늬로 보임 ④ 근원섬유는 결합조직으로 근속에 포함. 근속은 조밀한 섬유조직과 근막에 둘러싸여 있으며 혈관, 림프와 신경을 포함하고 있음	① 뼈를 움직이는 데 필수적으로 뼈는 지렛대로서 작용하고 관절은 지렛목을 회전시키며 근육은 지렛대를 움직이는데 힘을 제공 ② 자세를 유지, 근육의 긴장은 신체를 바로 서 있게 하고 활동과 자세를 취하게 해줌 ③ 열 생산, 추위를 느끼면 골격근은 작고 빠르게 수축하여 오한을 일으키고 열을 생산

③ 관절

구조		기능
신체의 관절은 세 가지 형태가 있음		① 뼈와 연결되어 다양하게 움직일 수 있음. 유연성 제공 ② 근육, 인대, 건과 관절의 움직임은 신체부위를 안정시키고 활동할 수 있게 해줌
유합관절 (섬유성관절)	완전히 움직일 수 없는 관절 (예 봉합관절 - 두개골, 인대결합 관절)	
긴밀관절 (연골성관절)	약간 움직일 수 있는 관절 (예 연골결합, 섬유연골결합)	
가동관절 (활막관절)	자유롭게 움직일 수 있는 관절 (예 팔꿈치와 무릎)	

④ 지지구조

	구조	기능
연골	① 늑연골, 초자연골, 노랑연골 등 여러 형태가 있음 ② 칼슘침착 없음 ③ 신경과 혈관분포 없음. 단백질로 구성	뼈의 충격을 완충
건	결합조직으로 골막에 근육을 부착. 섬유성 초의 연장으로 각 근육을 싸고 골막에 연속되어 있음	건은 부착된 뼈를 잡아당겨서 움직이게 함. 건초에는 건의 운동을 용이하게 해주는 활액과 활액막이 있음
인대	① 섬유성 결합조직 ② 관절과 뼈를 연결	뼈를 서로 연결하며 움직이는 동안 안정감을 주며, 안정을 취할 때는 신장되는 능력이 있음
근막	피부의 바로 아래에 있는 느슨한 결체조직의 표재근막과 근육신경 및 혈관의 초(구획)를 형성하는 치밀한 심부근막으로 구성	결체조직, 근육, 신경, 혈관의 초(구획) 형성
활액낭	서로 스치며 움직이는 동작을 용이하게 하는 액체가 가득찬 낭	피부와 뼈, 근육과 뼈, 건과 뼈, 인대와 뼈 그리고 근육 사이에 있으며 움직일 때 생기는 마찰을 감소시키는 완충작용을 함

❺ 골격계의 기능의 특징

운동	기능	내용
관절운동	굴곡(flexion)	① 시상면(정중면)을 따라 고정된 뼈와 움직이는 뼈 사이의 각이 감소하고 서로 가까워지는 운동 ② 뼈 사이 각도를 줄여 뼈로 서로 근접. 구부리는 것
	신전(extension)	① 시상면(정중면)을 따라 뼈와 움직이는 뼈 사이의 각이 커지고 서로 멀어지는 운동 ② 뼈 사이 각도를 증가시켜 뼈가 서로 멀어짐. 곧게 폄 ③ 굴곡과 반대되는 것
	외전(abduction)	① 몸의 정중선 또는 정중면에서 사지가 멀어지도록 하는 운동 ② 인체 중심부에서 멀어지는 운동
	내전(adduction)	① 외전과 반대되는 것으로 몸의 정중선 또는 정중면에서 사지가 가까워지도록 하는 운동 ② 인체 중심부를 향한 운동
	회전(rotation)	① 뼈의 긴 축을 중심으로 도는 운동 ② 내회전, 외회전, 회내(손바닥이 뒤로 가도록 회전시키는 것), 회외(손바닥이 앞으로 향하도록 회전하는 것)가 있음
	회선(circumduction)	① 굴곡 – 신전 – 내전 – 외전 등이 연속적으로 일어나는 것 ② 장축이 원추를 그리는 운동(원을 그리는 움직임)
	내번(inversion)	① 발목관절에서 가능한 운동범위로 발이 기본축보다 안쪽으로 휘는 것 ② 발목을 접지르면 대부분 내번임
	외번(eversion)	발목관절에서 가능한 운동범위로 발이 기본축보다 바깥쪽으로 휘는 것
골격근 수축의 유형	강직성(tonic)	자세유지에 필요한 지속적이고 부분적인 수축
	등장성(isotonic)	근육의 길이는 짧아지지만 근육긴장은 그대로인 수축
	등척성(isometric)	근육길이는 그대로이고 근육긴장은 커지는 수축
	연축(twitch)	단일 자극에 대해 반사적 반응
	강직증(tetanic)	지속되는 수축
	계단현상(treppe)	규칙적으로 반복되는 강한 수축
	세동(fibrillation)	근섬유가 각기 독립적으로 수축을 일으키며 떨림
	경련(convulsion)	비정상적이고 조화되지 않은 강직성 수축

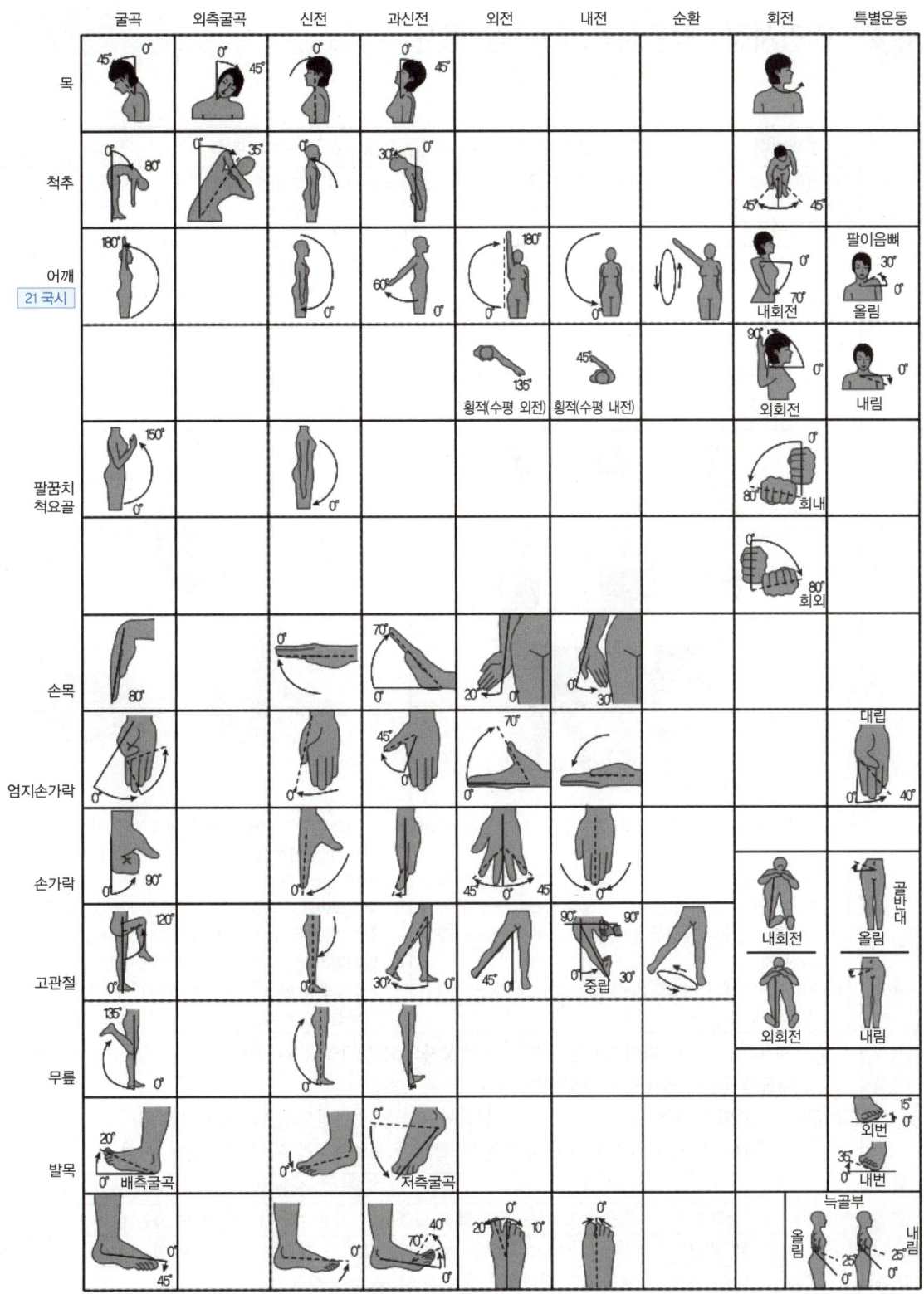

[관절의 운동범위(ROM)]

출처: 수문사 성인간호학 9판 그림 23-17

2. 건강사정 - 팽윤징후, 부구감 검사

문진	① 현재병력	관절, 근육, 골격증상, 손상, 활동 정도, 투여 약물
	② 과거력	외상이나 손상, 선천적 뼈나 관절이상, 수술력
	③ 가족력	
	④ 개인력과 사회력	직업, 운동, 기능적 능력, 체중, 신장, 영양, 흡연여부
	⑤ 일반적인 위험요인	측두하악관절장애, 통풍, 골관절염, 골다공증, 고관절골절
시진	(1) 사지골격 ① 정렬상태, 윤곽, 대칭성, 크기, 기형여부 확인(앞, 뒤, 양측 관찰) ② 척추는 정상굴곡(경추는 오목, 흉추는 볼록, 요추는 오목만곡)이고 곧아야 함 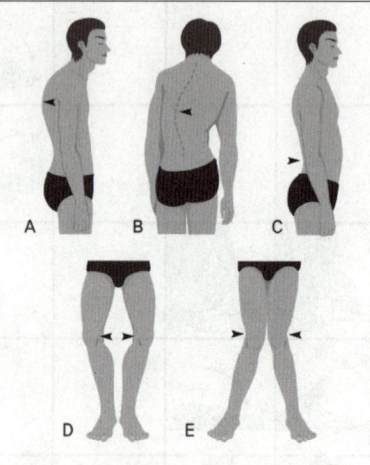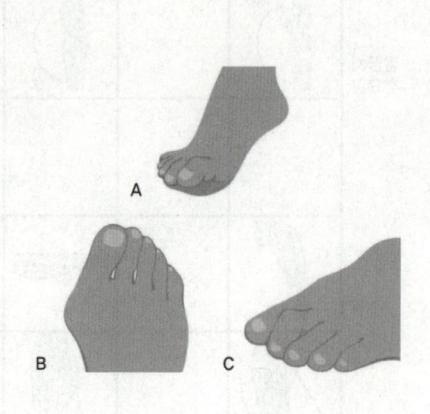 A. 척추후만증 : 비정상적으로 흉추만곡이 둥글게 증가된 것 B. 척추측만증 : 척추가 옆으로 휘어져 기형을 이룬 것 C. 척추전만증 : 요추의 만곡이 비정상적으로 증가된 것 D. 내반슬 : 신체의 원위부가 중앙선으로부터 안으로 구부러진 것 E. 외반슬 : 신체의 원위부가 신체의 중앙선으로부터 바깥쪽으로 멀어진 것 A. 갈퀴족 : 후족부에 비하여 전족부가 첨족형태이며 아치가 비정상적으로 높음. 족저근막이 구축되어 있고 보행 시 쉽게 피곤함 B. 무지외반증 : 양측성으로 엄지발가락이 돌출된 상태로 심하면 모든 발가락이 외측으로 경사됨 C. 망치발가락 : 근위지 관절의 굴곡변형이 특징이며, 제 2족지에 흔함. 굴곡된 발가락의 위쪽이 신발 안에서 자극을 받아 티눈이나 굳은살이 생김 ③ 하지길이 측정 : 다리길이는 누워있는 대상자의 전상장골극에서부터 발의 내측와까지 측정하거나, 배꼽에서부터 발목의 내측와까지 측정 (2) 근육 : 크기와 대칭성, 근력(0~5등급, 5등급이 정상임), 근강도(ROM 이내 저항력) ① 질병상태 진단, 대상자의 보행과 활동에 필요한 보조정도를 파악하기 위해 사정	

근력의 사정방법	
삼각근	팔을 들고 있는 동안 팔을 밀었을 때 팔을 내리려 저항할 수 있는 상태
이두박근	팔을 완전히 뻗고 있는 동안 팔을 잡았을 때 팔을 구부릴 수 있는 상태
삼두박근	팔을 굽힌 상태에서 팔을 쭉 펼 수 있는 상태
손목과 손가락 근육	손가락을 펼 때 손가락을 한데 모으려 하며 저항할 수 있는 상태
쥐는 강도	주먹을 쥐면서 검지와 중지를 끌어당길 수 있는 상태
둔근	다리를 완전히 신전하고 있을 때 다리를 잡아도 다리를 들 수 있는 상태(앙와위에서)
둔근(외전)	무릎의 외측에서 저항을 주어도 다리를 바깥쪽으로 뻗을 수 있는 상태(앙와위에서)
둔근(내전)	무릎내측에서 저항을 주어도 다리를 안쪽으로 붙일 수 있는 상태
사두근	앙와위에서 무릎을 굴곡한 상태에서 저항을 받아도 무릎을 뻗을 수 있는 상태
슬와근	앙와위에서 무릎을 부분적으로 신전한 상태에서 저항을 받아도 무릎을 굴곡할 수 있는 상태
발목과 발근육	저항을 받아도 발을 배굴할 수 있고 발을 굴곡할 수 있는 상태

② 어떤 동작에 저항하는지 또는 저항에 대항하여 움직이는지 검사하는 지표

등급	사정내용
0(zero)	근수축력 없음(마비)
1(trace)	약간의 근수축력 있음
2(poor)	중력을 배제한 능동적 움직임 있음
3(fair)	중력에 대항하는 능동적 움직임 있음
4(good)	중력과 약간의 저항에 대항하여 완전히 움직임
5(normal)	중력과 충분한 저항력에 대항하여 정상적이고 완전하게 움직임

(3) 주요 관절과 주요 근육 : 운동 범위, 운동 시 통증, 관절 안정성, 관절기형 유무
(4) 손과 손목 : 위치, 모양, 손가락 수, 근력, 운동범위
　① 류마티스 관절염

백조목 기형	근위지 관절(과신전), 원위지 관절(굴곡)
부토니에 기형(단추구멍 기형)	근위지 관절(굴곡), 원위지 관절(과신전)
척골 편위	척골 쪽으로 손가락 휨

　② 골관절염 : 헤베르덴 결절(원위지 과잉 증식), 부샤르 결절(근위지 과잉 증식)
(5) 신경혈관 사정 : 허혈, 기형, 사지의 기능 손상위험이 높은 경우에 필수적임
　① 신경혈관 사정요소
　　㉠ 통증사정 : 통증의 정도를 0에서 10까지의 등간 척도 사용, 부종과 신경의 압박으로 인해 악화되는지 여부 확인
　　㉡ 온도 : 창백, 냉감, 청색증은 사지의 혈액순환 부전을 의미함
　　㉢ 양측 맥박 확인
　　㉣ 모세혈관이 채워지는 시간 : 2~3초보다 짧아야 함
　　㉤ 감각이상, 손상된 관절의 가동성 등 점검
　② 말초신경 사정 : 말초신경의 감각과 운동 기능 검사
　　㉠ 눈을 감게 하고 감각자극을 줄 때 대상자가 인지하면 정상
　　㉡ 특정관절을 능동적으로 움직이게 했을 때 관절을 움직이지 못하거나 통증이 있으면 구획증후군 의심 → 모세혈관재충전 시간, 맥박, 색깔, 열감 사정
　　㉢ 석고붕대를 한 경우 신경혈관 사정방법 : 부종, 모세혈관재충전 시간, 관절움직임 사정
　　㉣ 비골, 경골, 요골, 척골, 정중신경 사정

시진

감각	운동	
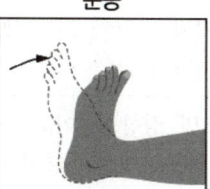	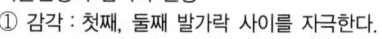	비골신경의 감각과 운동 ① 감각 : 첫째, 둘째 발가락 사이를 자극한다. ② 운동 : 발목과 발등을 굴곡하고 엄지발가락 위로 신전한다.
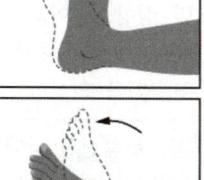	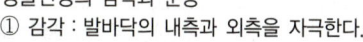	경골신경의 감각과 운동 ① 감각 : 발바닥의 내측과 외측을 자극한다. ② 운동 : 발바닥, 발목, 발가락을 굴곡한다.
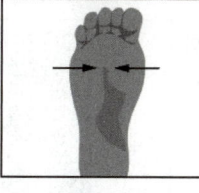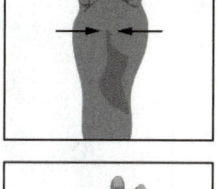	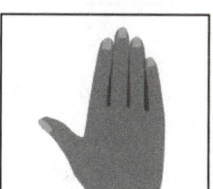	요골신경의 감각과 운동 ① 감각 : 엄지와 둘째 손가락 사이를 자극한다. ② 운동 : 엄지를 과신전하고 손목과 손가락을 과신전한다.

시진	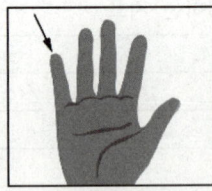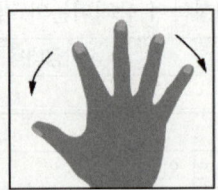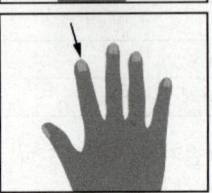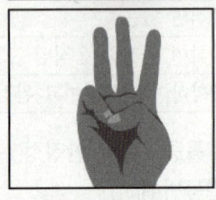		척골신경의 감각과 운동 ① 감각 : 다섯째 손가락쪽의 원위부를 자극한다. ② 운동 : 모든 손가락을 외전한다. 정중신경의 감각과 운동 ① 감각 : 둘째 손가락의 원위부를 자극한다. ② 운동 : 엄지와 다섯째 손가락을 맞붙여서 손목의 굴곡을 확인한다.
촉진	(1) 뼈, 관절, 근육의 압통, 열감, 부종 및 긴장도 촉진 (2) 신경혈관 상태		
	순환(C)	맥박(요골동맥, 족배동맥), 모세혈관 혈액충만도, 색깔, 온도	
	동작(M)	손상부위 아래근육군 능동적 수축시켜 평가	
	감각(S)	예리한 물체로 피부면 자극해서 평가	

특수검진

(1) 수근관 증후군	Phalen 징후 15 임용 / 19 국시	양쪽 손목 굴곡하여 손등 맞대기 for 1분	
		⇨ 신경 따라 손의 저림과 방사통(+)	
	Tinel 징후 15 임용	정중신경 따라 중지로 두드림	
		⇨ 1st~3rd finger + 4th finger 일부 무감각, 통증 시(+)	
	손가락 외전검사	손바닥 위로, 엄지손가락을 수직으로 펴게 한 후 검사자가 엄지손가락 근력확인	
		⇨ 근력저하(+)	
	손목압박검사	팔목 굴근 표면에 30초간 압박	
		⇨ 1st~3rd finger + 4th finger 일부 무감각, 통증 시(+)	
(2) 회전근개 손상	낙하 상완검사 (= 상지하수검사)	손상된 팔을 외전시킨 상태 → 점차 팔을 내려서 외전각도를 줄이도록 함	
		회전근개 손상 시 90도 전후의 어느 시점에서 갑자기 힘이 빠지며 팔이 떨어지는 현상	
(3) 손목건초염	핑겔스타인 검사 (finkelstein test)	엄지손가락을 접어서 손바닥에 붙이고, 다른 손가락으로 엄지손가락을 감싸 쥔 후에 손목을 아래로 꺾어보는 방법	
		이때 불편감이 없으면 정상소견이고, 엄지손가락과 이어지는 손목부분에서 통증이 느껴지면 손목건초염(드퀘르뱅병)을 의심함	
(4) 무릎 삼출물	팽륜징후 검사 (Bulge sign) 12 임용 (보기)	삼출물이 적을 때 적용, 무릎신전 상태 → 왼쪽 손을 무릎 위(슬개상낭)에 놓고 아래쪽 짜기 → 내측으로 압력주어 팽륜확인 → 오른손으로 반대쪽 두드리며 파동확인	
		비정상 > 액체 파동(+)	
	부구감 검사	삼출물 多 : 무릎신전 → 한 손의 엄지와 검지로 슬개골 상낭 아래쪽으로 압력 → 다른 손으로 대퇴를 향해 힘껏 밀었다가 떼기	
		비정상 > 액체파동, 딸각거리는 소리(+)	

(5) 무릎 안정성	라흐만 검사 (Lachman's test, 30도 전위검사) 22 국시	대상자는 앙와위로 눕히고 검진자는 한 손으로 대상자의 무릎을 20~30도 각도로 굴곡시키고, 다른 손으로 대퇴를 고정시킨 상태에서 경골을 약간 외회전시키고 앞쪽으로 전위시킴	
		전십자인대손상 시(양성)	경골이 앞쪽으로 밀림
	전위징후 (Drawer sign, 서랍검사)	대상자를 앙와위로 눕히고, 대상자의 고관절을 45도, 무릎을 90도 굴곡시킨 상태에서 검진자는 엄지손가락으로 무릎 관절선을 촉지하고 경골을 앞쪽으로 당기고, 동일한 방법으로 경골을 뒤쪽으로 밀어서 검사	
		전십자인대 손상 시(양성)	6mm 이상 앞으로 당겨짐
		후십자인대 손상 시(양성)	6mm 이상 뒤로 밀림
	무릎의 McMurray 검사	대상자 : 앙와위 → 대상자의 손상된 다리 : 무릎 90도 굴곡 검사자 : 한 손으로 대상자의 발목을 잡고, 다른 손으로 무릎을 잡아 경골을 외회전, 내회전시키며 통증여부 확인 [무릎관절]	
		내측반월연골손상	외회전 시 통증이나 딸각거리는 소리
		외측반월연골손상	내회전 시 통증이나 딸각거리는 소리
	잠긴현상	슬관절 운동 중 갑자기 무릎이 구부러지지도 않고 펴지지도 않는 것으로 슬관절의 가동범위가 원활하지 못한 것	
		반월상연골손상 시 파열된 연골판 조각이 위·아래의 뼈 사이에 끼어서 발생됨	
	Apley 검사	반월연골파열 평가	
		복위 → 무릎 90도 굴곡한 상태에서 외측회전 시 통증여부 확인	
(6) 고관절굴곡 경축	Thomas 검사	앙와위 → 한쪽 다리 신전 → 다른 다리를 가슴에 대고 굴곡 → 신전된 다리 반응 사정	
		신전된 다리가 들어 올려지면 고관절굴곡 경축(+)	

3 회전근개 손상 [성인질환]

정의	회전근개	어깨와 팔을 연결하는 어깨 관절의 앞, 뒤와 상부를 싸고 있는 4개의 근육 및 건(힘줄)으로 이루어져 있으며 이는 상완골의 대·소 결절에 부착되어 있음 전면: 극상근, 견갑하근, 극하근 후면: 극상근, 소원근, 극하근	
	회전근개 파열	힘줄의 퇴행성 변화, 부상 등으로 어깨를 들고 돌리는 힘줄이 끊어져 통증이 있고 팔을 움직이는 힘이 약해지는 질병임	
원인	외상	특히 무거운 것을 옮기거나 드는 경우	
	탈구	견관절 전방탈구	
	과도사용	특히 전혀 사용하지 않은 기간 다음이나 팔을 머리 위로 들어 사용하는 경우	
	연령	나이 증가에 따른 퇴행성 변화, 즉 회전근개 부분의 혈액순환이 나쁠 때	
	낙상	팔을 뻗은 상태에서 넘어질 때	
	충돌	어깨 힘줄의 점차적인 약화, 특히 어깨 충돌 시	
진단검사	임상적 진단	① 특징적인 증상과 회전근개 부위를 눌렀을 때 통증의 발생 ② 관절운동의 양상, 마찰음의 발생(장작불 타는 소리) ③ 특정한 방향으로 관절을 움직일 때 통증이 발생하는지 여부 ④ 근육의 힘을 측정하는 진찰방법 ⑤ 점액낭 부위에 국소마취제를 주사하여 임시적으로 증상이 감소하는 정도 등	
	영상진단	단순방사선, 견관절 조영술, 초음파 검사, MRI 등	
	자기진단	극상건 파열 (가장 흔함)	손으로 콜라캔을 잡고 엄지손가락이 땅 쪽을 가리키도록 팔을 내회전시킨 상태에서 팔을 어깨 위로 힘껏 들어 올릴 때 어깨의 통증이 심해지거나 올릴 수 없음
		견갑하건 파열	대상자의 손등이 요추의 중앙에 닿도록 자세를 잡게 하고 대상자의 손바닥을 누른 채로 등에서 "손을 떼세요" 하면서 저항을 줄 때 통증이 심해지거나 뒤로 밀어 내지 못함
		극하건 및 소원건 파열	팔꿈치를 몸에 붙이고 팔을 외회전 시 어깨의 통증이 심해지거나 외회전을 시킬 수 없음
증상 및 징후	통증	가장 심하며, 대부분 어깨 관절의 전방에서 느껴지고 팔을 사용하면서 악화됨. 대개 야간에 악화되어 수면을 방해하게 됨	
	다른 증상	근력약화, 근육사용 시 피로감 또는 능동적인 외전이 안 되는 경우가 있음	

4 수근관 증후군(손목굴 증후군, carpal tunnel syndrome) [15 임용] 성인질환

정의	손목의 정중신경에 압박이 가해지는 가장 흔한 신경성 질환. 정상적으로 손목관절을 굴곡할 때 횡수근 인대 때문에 정중신경이 압박받게 되는데, 이런 상태가 심해져서 발생됨		
원인과 발생요인	① 손목을 많이 사용하는 직업(컴퓨터 사용자, 손가락과 손목을 많이 쓰는 산업근로자, 계속적으로 망치를 사용하는 자) ② 골절치료 시 불유합의 합병증이 있는 경우(외상이나 건의 염증으로 인한 부종) ③ 비만, 당뇨, 갑상선 기능이상 ④ 30~60세 여성(여성이 남성보다 손목터널이 더 좁음), 류마티스 관절염 환자, 임신 말기, 폐경 시		
진단검사	Tinel 징후 [15 임용]	손가락을 이용하여 팔목의 정중신경 부위를 가볍게 타진	
		정상	무반응(짜릿한 증상 없음)
		수근관 증후군	정중신경의 분포 부위인 세 개 반 정도의 손가락에서 얼얼한 느낌 발생(엄지손가락의 손바닥면, 검지 / 중지손가락, 약지손가락 일부 무감각, 통증)
	Phalen 징후 [15 임용 / 19 국시]	대상자에게 팔목을 90도로 굴곡시키고 손등과 손등을 마주 대고 60초간 힘 있게 굴곡	
		정상	무반응
		수근관 증후군	팔목 부위가 무감각해지고 얼얼해짐
	손가락 외전검사	대상자의 손바닥을 위로 하고, 엄지손가락을 수직으로 펴게 한 후 검사자가 엄지손가락을 아래쪽으로 힘을 가하면서 근력 확인	
		정상	가하는 압력에 충분히 저항함
		수근관 증후군	가하는 압력에 저항하지 못함
	손목압박 검사	팔목 굴근표면에 30초간 손으로 압박을 가함	
		정상	감각변화 없음
		수근관 증후군	감각 이상이 나타남
	확진을 위해 근전도 검사를 시행		
증상	압박이나 염증상태가 비교적 약하면 감각의 변화가 엄지, 검지와 중지, 약지의 1/2에 나타남		
	손을 흔들어보거나 손가락을 마사지하면 증상이 완화됨		
	통증	주로 밤에 더욱 심해지고 팔로 뻗치며 섬세한 움직임이 어려워짐	
	허약감	근육이 허약해지면서 손에 힘이 없어 엄지손가락의 외전이 약해져 물건잡기가 어려움	

증상			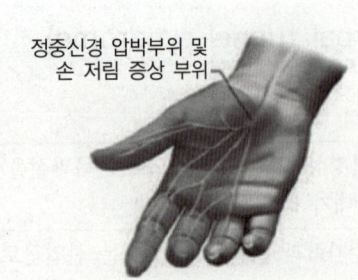 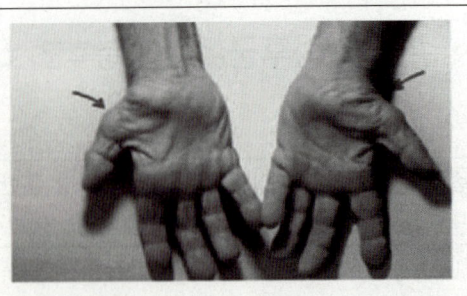 정중신경 압박부위 및 손 저림 증상 부위
치료 및 간호	원인제거		수근관 해리술 시행 : 외과적으로 횡수근 인대 절단
	대증요법	손목안정	손목부목으로 손목굴곡운동 제한
		통증관리	얼음찜질, 진통제로 비스테로이드성 진통제 복용이나 코르티코스테로이드의 환부 주입
		부종관리	이뇨제, 저염식이, 피리독신(비타민 B_6) *피리독신은 말초신경염 완화에 도움이 됨
	지지요법		환자교육 ① 질병의 과정 ② 부목사용법, 적절한 손목자세 ③ 휴식 ④ 약물복용 ⑤ 수근관 해리술 후 가정간호 　㉠ 환측 팔을 상승시키고 부목을 대어 부종 감소 　㉡ 손가락의 굴곡 및 신전운동을 매 시간 시행 　㉢ 수술 후 약 2개월간 물건 들어올리기 등의 자세 금할 것
	지속관리		합병증으로 근육허약과 위축, 건의 파열이 있을 수 있으므로 신경혈관계 기능을 세심하게 관찰

5 발달성 고관절 이형성증 [18 임용] [아동질환]

정의	① 출생 시부터 고관절이 잘 형성되지 않은 경우나, 그로 인해 아탈구나 탈구가 초래된 상태 ② 선천성 골반형성부전, 선천성 고관절 탈구의 용어에서 고관절 형성장애로 용어가 변화된 것은 고관절 형성 장애가 얕은 골반 관골구, 아탈구, 탈구 등의 다양한 형태의 골반 기형 등을 더 잘 반영하기 때문임	
위험 요인	신체적 요인	모체의 호르몬 분비와 자궁 내 자세와 같은 요인 : 둔위, 쌍둥이, 양소과소증 등으로 인한 지속적인 내전 또는 신전된 상태로 유지하면서 고관절 탈구의 원인이 됨
	유전적 요인	가족력
장애 정도	관골구의 형성장애	① 탈구나 아탈구가 없는 가장 경미한 상태 ② 관골구개의 골형성 부전으로 사선이 얕은 상태이므로 관골구 형성의 지연이 분명해 보임 ③ 아탈구나 탈구 없이 대퇴골두는 관골구 내에 존재함
	아탈구	① 선천성 고관절 형성장애 중 가장 많이 나타남 ② 고관절의 불완전 탈구 또는 불완전한 폐쇄라고 할 수 있음 ③ 대퇴골두는 관골구 내에 위치해 있으나 늘어난 피막과 원형인대로 인해 부분탈구를 초래함 ④ 연골두개에 대한 화골화가 지연되고 관골구가 납작하게 됨
	탈구	① 가장 심각한 형태 ② 대퇴골두가 관골구와 연결되어 있지 않으며 섬유연골둘레를 넘어 후상방으로 탈구된 상태임 ③ 대퇴의 원형인대가 늘어나서 당겨진 상태

정상   형성장애   아탈구   탈구

진단 검사	① 조기진단이 도움이 되는 대표적인 질환으로 현재 우리나라 생후 4~6개월 영유아 검진 시 발달성 고관절 이형성증 의심환아를 선별하여 상급 진료기관으로 의뢰하고 있음 ㉠ 가능한 신생아기 동안에 진단이 내려져서 치료가 생후 2개월 전에 시작되어야 치료 성공확률이 높음 ㉡ 초기 중재가 정상적인 골격구성과 기능으로의 회복에 더욱 도움이 됨 ㉢ 치료를 하지 않고 방치를 하게 되면 관골구 형성장애, 대퇴골 무혈성 괴사, 보행장애 등이 초래될 수 있음 ② 종류		
	신체검진 18 임용 / 99.03.07 12.14 국시	대퇴내측피부 주름 검사	신생아의 겨드랑이를 지지하여 세운 뒤 하지의 대퇴내측과 둔부 부위를 관찰하면 비대칭적이거나 더 깊은 피부 주름이 나타날 수 있음 : 탈구에 의해 대퇴골두가 뒤로 빠져나가면서 상대적으로 짧아진 뼈에 대해 내전(다리를 몸쪽으로 모았을 때)-둔부 주름이 생기는 것임
		외전제한	• 아기를 눕힌 상태에서 대퇴관절과 슬관절을 90도 굴곡시킨 상태에서 외전시키면 탈구가 있는 쪽 대퇴관절의 외전이 제한되어 있음 [18 임용(지문)] • 생후 6주까지는 모체에서 분비된 relaxin이 남아 있어 6주 이후에 의의가 있음
		Galeazzi sign (= Allis sign) [18 임용]	아동을 편평히 눕힌 상태에서 무릎을 세우면 무릎의 높이가 다름 : 탈구에 의해 대퇴골두가 뒤로 빠져나가 탈구된 측의 무릎 높이가 낮음

진단 검사	신체검진 18 임용 / 99,03,07 12,14 국시	오토라니 검사 [Ortolani test(+)] 🔵 오토 외환	아동을 눕힌 후 대퇴관절을 90° 굴곡시키고 슬관절도 굴곡시킨 후 중지는 대전자부에, 엄지는 소전자부에 위치한 다음 대전자부를 내측으로 밀어 올리면서 외전시키면 '뚝' 하는 느낌을 받음 : 외전 시 고관절 환원
		바로우 검사 [Barlow test(+)] 🔵 바로 내탈	아동을 눕히고 고관절과 슬관절을 90°로 굴곡시키고 엄지를 소전자부에 위치한 다음 후외방으로 밀면 대퇴골 두부가 탈구되는 것 : 내전 시 고관절 탈구
			※ Ortolani test, Barlow test는 출생에서 생후 4주까지 가장 신뢰성 있는 검사임
		트렌델렌버그 징후 [Trendelenburg sign(+)]	정상인 다리를 들고 탈구 있는 쪽 다리로 서면 정상인 쪽 골반이 아래쪽으로 기우는 것
		대전자부 돌출	대전자가 전상장골극에서 좌골조면에 이르는 선의 위쪽에 두드러지게 나타남
		이상한 걸음걸이	단측성 시 절름걸음, 양측성 시 오리걸음
		관절 피스톤 징후	아기를 눕힌 후 고관절을 90° 굴곡시킴 → 검사자의 한 손은 골반을 고정하고 한 손은 대퇴를 감싸쥐어 상하로 밀고 당김 → 이때 탈구가 되었으면 움직임이 정상보다 많이 나타남(= 탈구측 하지를 하방으로 잡아당기거나 상방으로 밀어올릴 때 대퇴상단의 비정상적인 하강 혹은 상승 운동이 촉진됨) 18 임용
	임상검사	단순 X-선 검사	• 영아 후기 아동을 진단, 확진하는 데 유용한 검사(∵ 대퇴골 두부의 골화가 정상적으로 생후 4~6개월까지는 이루어지지 않기 때문임) • 관골구(엉덩이뼈와 고관절의 오목면을 이루는 부위) 위쪽 경사가 30°보다 크고 대퇴골두가 위로, 바깥쪽으로 변위된 것이 보임
		초음파 검사	연골성 대퇴두부는 높은 해상도를 보이는 초음파에 의해서 직접적으로 확인가능. 4~6개월 이전에는 가장 정확함(∵ 생후 4~6개월 이후 대퇴골두의 골화가 시작되기 때문임)
임상 양상	영아		① 영향을 받은 쪽의 다리가 짧아짐(Galeazzi 징후, Allis 징후) ② 대퇴주름의 비대칭(엎드린 자세) ③ Ortolani 검사에서 양성(외전 시 고관절 환원) ④ Barlow 검사에서 양성(내전 시 고관절 탈구)
	나이 든 아동		① 영향을 받은 쪽의 다리가 다른 쪽보다 짧음 ② 관절의 피스톤 운동 : 다리를 편 상태에서 허벅지를 아동의 머리 쪽으로 올렸다가 아래로 잡아당기면 엉덩이쪽에서 대퇴골두가 위와 아래로 움직이는 것이 느껴짐 ③ 트렌델렌버그 징후 : 아동의 의자나 지지대 또는 다른 사람의 손을 잡고 한쪽 다리로 서 있다가 의심되는 고관절 쪽으로 체중을 옮기면 정상인 골반이 아래로 기울어짐 ④ 대퇴전자가 전상장골극에서 좌골조면에 이르는 선의 위쪽에 두드러지게 나타남 ⑤ 현저한 척추전만이나 뒤뚱거리는 걸음(양측성 탈구)

치료 및 간호	대증 요법	교정 치료		대퇴골 두부를 관골구 안으로 재 위치시키고 뼈 외부에 있는 혈관과 신경을 보호하는 것이 치료의 목적임
			출생 후 3개월까지	① 적용시기 : 생후 6개월 미만의 영아에게 가장 많이 사용하는 정복장치 ② 적용법 : 파브릭 보장구(Pavlik harness) 적용, 치료를 위한 고관절움직임으로 고관절의 굴곡과 60° 외전 상태 유지, 무릎 굴곡 상태 유지하는 보장구(대퇴골두가 과도하게 벌어지면 대퇴골두 괴사위험성이 있음) ③ 적용기간 : 임상적 소견과 방사선 소견이 정상잉 될 때까지 착용하는 것이 원칙임, 정상이 되더라도 갑자기 제거하지 말고 1~2개월에 걸쳐 착용시간을 점차 줄여나가며 착용을 종료해야 함 18,20 국시 [파브릭 보장구를 착용한 모습] 출처 : 질병관리청 국가건강정보포털
			4개월부터 보행 전까지	① 적용시기 : 생후 6~18개월 시기에 적용하는 방법 ② 적용법 : 정복 불가능한 고위(high level) 탈구와 연부조직 구축이 있는 경우에 유용하며 대퇴골두의 무혈성 괴사를 방지하는 단계로 약 2~3주간 견인을 적용함(생략가능) → 수술실에서 마취하에 도수정복 실시 → 정복 후 최소 8~12주간의 석고붕대 적용하고 대개 6주 단위로 석고붕대를 교체하고, 관절안정성이 확보되면 외전보조기로 교체함
			보행 이후	① 적용시기 : 생후 18개월 이후 환아에서는 도수정복이 성공해도 점진적인 아 탈구의 발생이 잦으며 50% 이상에서 이차적 수술이 필요함 ② 연부조직 구축, 연골성장 저해, 대퇴골의 변형 등으로 인해 수술 치료 요구

	보존 및 지지 요법	Pavlik harness 환아 영아 간호 20 국시	피부보호	① 사정 : 파브릭 보장구의 고리나 옷 밑에 발적된 부분이 있는지 자주 확인(적어도 하루 2~3번 정도)
				② 마사지 제공 : 고리 밑의 건강한 피부는 순환을 도모하기 위해서 하루에 한 번 부드럽게 마사지 제공
				③ 정보제공
				  ㉠ 면 속옷을 입히고, 양말을 신긴 후 착용하게 함
				  ㉡ 일반적으로 피부를 자극할 수 있기 때문에 로션이나 파우더는 피하도록 교육제공

			보장구 유지	① 착용상태에서 기저귀 교환 ② 부모가 임의로 제거하지 않도록 교육 ③ 보장구 각각의 끈 길이를 조절하는 것은 기술이 필요한 것이므로 부모가 임의로 조절하지 말고, 의사가 조절하게 함
		Cast나 Brace 착용 환아 간호		① 석고 부위를 받쳐주며 통풍 및 순환장애 관찰 ② 보고해야 할 증상 : 부종, 통증, 변색 ③ 청결 유지 간호 ④ 압박으로 인한 욕창 방지 : 체위변경, 수동적 관절운동 ⑤ 침강성 폐렴 방지 : 병 불기, 풍선 불기, 비누거품 불기 등 ⑥ 안전하고 일상적인 환경제공 : 외출 시 넓고 너울거리는 바지, 장난감은 큰 것으로 제공하여 cast 사이에 들어가지 않도록 주의

6. 진행성 근육 퇴화증(= 근이영양증) 93,13 임용 [아동질환]

정의	① 근육소모를 야기하는 진행성 퇴행적 유전적 질환 ② 질병의 임상적 심각정도는 유전적 돌연변이, 단백질변이(dystrophin)와 관련 깊음 ③ 뒤시엔느는 진행이 빠르며, 수명이 사춘기~20대 초반임. 일부에서 지적장애 발생 ④ 베커형이 늦게 나타나고, 느리게 진행됨(사춘기 후반까지 움직일 수 있고, 정상지능임)
원인 93,13 임용	① 아동기에 가장 흔하고 심각한 유형 ② 반성 열성 유전(X염색체 연관) : 어머니로부터 결함 있는 유전자가 아들에게 전달되므로 주로 남아에게 볼 수 있는 질환임 ③ 3세 전후 남아 多 : 65~75% 가족력 有
병태생리 (= 발생 기전)	① 유전적 변화(유전자 돌연변이)로 인해 근육세포를 온전하게 유지하는 데 도움이 되는 골격근 단백질인 Dystrophin의 변화로 인해 근섬유의 괴사가 빨리 진행됨 → 근육세포 재생이 안 되며, 재생된 근섬유들은 결합조직이나 지방으로 대치되어 근육의 가성비대가 나타나고, 근력이 저하되어 진행성 근육 퇴화가 진행됨 ② 근육뿐 아니라 신체 다른 장기에도 영향을 미치므로 호흡부전과 심부전으로 인한 사망까지 진행됨

분류	유형	발생시기/진행양상	역학적 특성	임상증상
	뒤시엔느형 (Duchenne type) 13 임용(보기)	① 3~5세 사이 조기발현 ② 질병진행이 빠름	① 남아 ② 가장 흔함 ③ 모든 인종에서 발생 ④ 출생인구 1,000명당 0.2명	체근육의 단백생산물 디스트로핀 완전결핍 ① 근력저하 : 진행적, 대칭적으로 발생 - 팔다리 상부와 몸통근육에 먼저 발병, 하지의 골격근부터 근육의 소모와 위축이 발생하므로 잘 넘어짐 ② 허벅지 비대 : 지방침윤으로 발생 ③ 자세변경 어려움 : 누웠거나 앉았다 일어서기 힘듦 ④ 걸음 : 뒤뚱거리는 걸음 ⑤ 합병증 : 점차 인지기능장애와 비만, 호흡기 마비 발생 ⑥ 수명 : 사춘기~20대 초반
	베커형 (Becker type) 13 임용	① 6~19세 ② 질병진행이 느림	① 남아 ② 출생인구 1,000명당 0.05명 ③ 합병증 : 폐렴, 심부전, 기도흡인	디스트로핀 감소 / 비정상 ① 뒤시엔느와 비슷하나 더 늦게 나타나고 느리게 진행 ② 사춘기 후반까지 움직일 수 있음 ③ 정상지능 ④ 수명 : 뒤시엔느보다 긺

증상	(1) 느린 운동 발달	① 3~4세경 근력저하 : 첫 번째 발견되는 시기 ② 앉거나 일어서는 행동, 걷기, 달리기, 계단 오르기, 자전거타기 등 어려워함	
	(2) Gower 징후 (골반근육의 약화와 척추전만증이 특징임)	① 팔다리 상부와 몸통근육에 먼저 발병 ② 엎드린 상태에서 일어서면 바로 일어서지 못함 ③ 처음에는 네발로 기는 자세를 취하다가 ④ 손 → 무릎 → 대퇴부 순으로 짚으면서 서서히 일어나게 되는 현상	일어설 때 손으로 다리를 지지함
	(3) 뒤뚱거리는 걸음 (Waddling gait)	① 발목 뒤 인대가 굳고 짧아져 발뒤꿈치를 들고 발가락으로 걷게 됨(까치발) 엉덩이를 흔들고, 배와 가슴을 내밀며 걷게 됨 → 자주 넘어짐 ② 척추전만	보행 시 어깨와 팔은 뒤로 젖혀짐 굽은 등 엉덩근육 약화 체중지지 시 무릎뒤 젖힘 종아리근육 비대 (대부분 지방, 강하지 않음) 뒤꿈치 짧아짐 배근육 약화로 배가 볼록 나옴 허벅지 앞쪽이 약화 종아리 뒤쪽 근육 약화로 발이 처지고 발끝이 구축됨
	(4) 근육의 가성 비대	① 비복근(종아리 근육 과잉증식), 대퇴부, 상완근 촉진 시 단단한 느낌 ② 실제 근육이 비대해지는 것이 아니라 체근육의 단백생산물 디스트로핀이 결핍되어 근섬유가 괴사된 자리에 지방 및 섬유화가 진행되어 단단하고 커진 것처럼 보이는 것	
	(5) 점진적 근육약화 & 소모, 경축 13 임용(보기)	① 하지의 골격근부터 근육의 소모와 위축이 발생하므로 잘 넘어질 수 있고, 양측 슬개건 반사가 감소됨 ② 후기 : 눈에 띄는 근육위축, 대소관절 경축과 모양변화 ③ 근육 탈진 및 위축 : 손을 위로 올리거나 들거나 하는 동작 못함 ④ 9~12세 독립적 이동 상실 : 보행불가, 휠체어 사용 ⑤ 심장근육, 호흡근육의 문제 발생으로 심부전, 폐렴 등의 문제 발생	
	(6) 지능장애 등	20~30% 지능장애 발생	
합병증	초기	대퇴관절, 무릎관절 및 발목의 경축	
	후기	불용성 위축, 비만, 심폐기능장애(횡격막, 심근 등 침범으로 초래)	
진단	임상징후와 근육 침범양상에 기초함		
	혈청효소검사	CPK(혈청 Creatine phosphokinase)	지속적 상승을 보이므로 조기진단에 도움됨
		AST치	근력저하 증상이 나타나기 전 2년간은 높다가 근력저하, 근육소모가 나타나면 감소
	근생검 (근육조직검사)	근력약화가 있는 근육에서 약간의 조직을 떼어내어 근육상태를 여러 가지 염색방법을 통해 확인하는 검사법으로 이를 통해 근섬유의 변성(섬유화, 지방침윤) 파악	
	근전도	근육은 수축할 때 미약한 전기를 발생하고 이러한 전기활동을 측정하는 검사임, 근이영양증에서 신경전달 속도는 정상이나 운동단위의 진폭과 기간은 감소됨	
	면역조직화학적 검사, 유전자 진단(임신 12주 혈중 PCR 검사로 확인)		

간호 및 치료	치료 목표	1차 목표	근육의 기능을 가능한 오래 유지
		2차 목표	근수축 예방
		호흡기계, 심장계 합병증 예방	예방백신, 감염주의, 기본 폐기능 검사, 심전도검사, 심초음파 검사 권장
		정서적 지지	부모교육, 자조모임
	대증요법	운동	(1) 심폐기능 유지 ① 가벼운 운동, 보행훈련(보조기 착용) ② 정기적인 진료를 통해 심폐기능 등 체크 받음 ③ 운동량 : 피로감을 느끼지 않을 정도로 적은 듯 가볍게 주기적으로 1일 몇 차례 실시 ④ 운동 전후 맥박의 변화 관찰 : 120~130회/분 이하 ⑤ 호흡운동 : 호흡근육 강화 13 임용, 집중 폐활량계 사용(폐활량 유지) (2) 관절 경축 감소 ① 스트레칭 : 아픔이 강하지 않는 범위로 하여 통증이 남지 않을 정도 ② 관절운동 : 관절이 갖는 모든 운동방향으로 움직일 수 있는 전 범위에 걸쳐서 온수입욕 후에 실시하는 것이 좋음 ③ 최소 매일 3시간 이상 움직여야 함 : 아동의 근육강도 유지(근육기능 유지를 위해 매일 운동을 권장함) 13 임용(보기) ④ 줄일 수 없는 경축의 경우 석고붕대나 외과적 정복
		약물요법	(1) 스테로이드, 데플라자코트(스테로이드보다 부작용이 적은 제제) : 근육 기능을 보존하면서 오랜 기간 동안 걸음을 유지시킬 수 있음 (2) 호흡기계 감염 : 심호흡과 기침, 흡입기 치료제 및 항생제로 적극적 치료
	지지요법	일상생활 (작업활동)	(1) 어깨 / 팔꿈치 / 손의 전부를 사용 : 공 던지기, 도예, 가죽세공 등 (2) 팔꿈치~손끝을 주로 사용 : 오려붙이기, 그림, 유화, 수채화, 바둑 등 (3) 손끝을 주로 사용 : 자수, 모자이크, 퍼즐, 비디오게임, 지점토 등 ① 작업할 때의 자세 : 앉거나, 누운 상태 등 ② 적절한 작업환경 설정 : 테이블의 높이, 도구의 무거움 등 ③ 활동량은 피로감이나 자각 증상, 자세의 흐트러짐 등에 주의해 결정 (4) 식사 / 배설 / 입욕 등의 일상생활 동작, 경축변형제거 위한 수술, 석고붕대· 보조기구 착용 ① 너무 일찍 휠체어 사용 금지 ② Recumbent position : 누워 있는 자세

7 척추측만증 92,98,03,06,14,19 임용 〔아동질환〕

정의 및 원인	① 척추가 중앙에서 측면으로 10도 이상 만곡된 상태 ② 하나 이상의 척추가 측면으로 10도 이상 만곡되고 회전되는 3차원적 변형이 있는 질환 ③ 해부학적인 정중앙의 축으로부터 척추가 측방으로 만곡 또는 편위되어 있는 관상면상의 기형 ④ 척추 측면의 만곡, 늑골의 비대칭을 일으키는 척추의 회전, 흉부의 척추후만증을 포함		
	(1) 비구조적 (= 기능성) 척추측만증	정의	척추의 구조적 이상이 아닌, 불균등한 다리의 길이와 같은 다른 기형(다른 외부 원인에 의한 이차적 증상)
		원인	자세이상, 스트레스와 근육 뭉침, 다리길이 차이, 염증, 허리디스크
		치료	자세 개선 등으로 원인 제거 → 증상 사라짐, 악화되는 경우 거의 없음
	(2) 구조적 척추측만증	정의	선천적이거나 다른 질병, 특히 신경근육 질병(소아마비, 뇌성마비, 척추 신경손상 등)이나 마비와 관련되어 근육이상으로 인해 척추모양이 변하는 경우
		원인	척추골 및 지지구조의 변화(선천적, 골절 등의 외상, 각종 감염, 호르몬 이상)와 더불어 유연성 소실
			교정이 불가능한 기형
		치료	휜 척추의 개선과 유연성 회복 및 심폐기능 개선을 위해 전문적인 치료를 받아야 함
	(3) 특발성 척추측만증	정의	척추가 변형되나 원인을 알 수 없음 → 전체의 85% 이상 차지
		원인	① 아동의 80%가 뚜렷한 원인 없이 발생 ② 불완전한 상염색체 우성으로 유전, 복합적 요인으로 발생
			청소년기: ① 남자 13~14살, 여자 10~12살에 호발(by 정형외과학회) ② 10세 이전에 잘 나타나지 않음. 기형이 두드러질 때까지 불편감이 겉으로 드러나지 않고 증상이 없음
		예후	교정하지 않으면 더 심한 변형과 장애 초래
	▶비구조적 척추측만증이 구조적 척추측만증과 다른 점 ① 척추를 앞으로 구부리면 등쪽의 늑골 돌출부가 사라짐 ② 척추측만증에서는 복위를 취하거나 똑바로 앉으면 측만증이 없어짐 ③ 자세를 바르게 하면 척추측을 똑바로 펼 수 있음 ④ 방사선 소견상 척추의 회전이 없음 ⑤ 하나의 긴 흉요부 만곡이 C자형으로 나타나나 똑바로 펼 수 있음		
건강 증진	청소년에게 측만증이 흔히 발생하는 이유	습관	① 체격발달 조건에 맞지 않는 사이즈의 책상·의자 사용으로 인한 바르지 못한 자세 ② 나쁜 자세, 운동부족, 스트레스, 장시간 컴퓨터 사용 등으로 증가
		발달 특성	① 키의 급성장기 → 집단 등심대 검사 실시 ② 여자에게 많은 이유는 남자보다 조숙하기 때문임. 또한 사춘기가 되면서 여성호르몬이 증가하여 인대가 유연해지기 때문이라고 추정하기도 함 ③ 키가 크고 마른 학생에게 흔함
	목적 및 필요성		① 측만정도를 줄여서 측만이 진행되는 것을 방지하고 → 외견상 상태는 물론 측만으로 인한 내부 장기의 기능저하도 함께 개선시키는 것 ② 초등학교 고학년부터 정기적인 신체검사를 실시하여 조기발견하는 것이 중요 → 초등학교 5학년은 성장발육이 가장 빠른 시기이므로 집단 등심대 검사를 실시 → 척추가 휘어진 상태에서 평생 고통스럽게 살게 되므로 조기발견, 조기치료를 통해 심하게 휘어져 가는 것을 예방할 수 있고, 수술 없이 치료가 가능함

[구조적 변형]

병태생리	▶ 척추가 측면으로 굴어지기 시작 ⇨ ① 척추와 늑골은 굴곡의 볼록한 부분을 향해 회전, 늑골돌출 92 임용 ② 오목한 부분에는 근육과 인대가 수축되어 두꺼워지는 반면, 볼록한 부분에서는 얇고 약해짐 ③ 직립자세를 유지하기 위한 노력으로 보상성 굴곡 생김 ④ 흉골강 변화와 비대칭, 호흡문제 야기	
진단검사 98,03,14, 19 임용 / 01,02,04, 08,12,13,14, 16,22 국시	※ 검사절차	
	1단계	매년 학교에서 실시하는 건강검사 시 척추형태에 대한 육안검사
	2단계	1차 선정된 자세 이상자는 굴곡검사(등심대 검사) + 아동이 옷이 잘 맞지 않거나 학교의 신체검사결과에서 비정상 소견이 나타났을 때 ⇨ 병원을 방문함
	※ 등심대 검사(전방굴곡검사) 절차	
	기본자세	① 러닝셔츠만 입힌 상태나 윗옷을 모두 벗은 상태에서 바른 자세로 약간 다리를 벌리고 바로 세움
	서 있는 자세	② 앞에서 — • 좌우 어깨 높이의 차이 • 여학생이라면 가슴의 크기 차이 등을 보고
		③ 등 뒤에서 14,19 임용 — • 좌우 어깨의 높이 • 견갑골의 대칭성 • 허리선의 대칭성, 골반 높이의 차이 관찰 • 늘어뜨린 각각의 팔과 몸통과의 거리 비교
	굴곡 자세 (아담스 전방굴곡검사) 19 임용	④ 양발을 모으고 무릎을 편 자세에서 양팔을 앞으로 나란히 한 다음 허리를 약 90도 정도 전방으로 구부리는 자세를 취하게 함
		⑤ 검사자는 피검사자의 뒤쪽에서 눈높이를 등과 같이 하고 ⇨ 좌우 등 높이의 돌출(늑골 돌출고) 관찰
		⑥ 조금 더 허리를 굽혀 ⇨ 허리 높이의 돌출(요추부 돌출고) 관찰
	학교건강검진실시방법 및 기재방법 등에 관한 고시에 제시된 척추측만증 검사법 ① 우선 똑바로 선 환자의 뒤에서 시진 ② 양측 장골능의 높이, 어깨선, 엉덩이나 견갑골의 돌출, 늘어뜨린 각각의 팔과 몸통과의 거리 비교 ③ 환자가 옷을 벗은 상태에서 양손을 몸 중앙선에서 잡고 앞으로 90도 허리를 구부리게 한 뒤 후부흉곽의 대칭성을 보고(Adams test) 만일 한쪽이 다른 쪽보다 높으면 측방만곡을 시사하며 scoliometer를 사용할 수도 있음 ④ 10도 이상의 외측척추만곡을 척추측만증으로 진단 ⑤ 환자의 옆에서도 관찰하여 척추의 앞뒤 굴곡을 살펴봄	

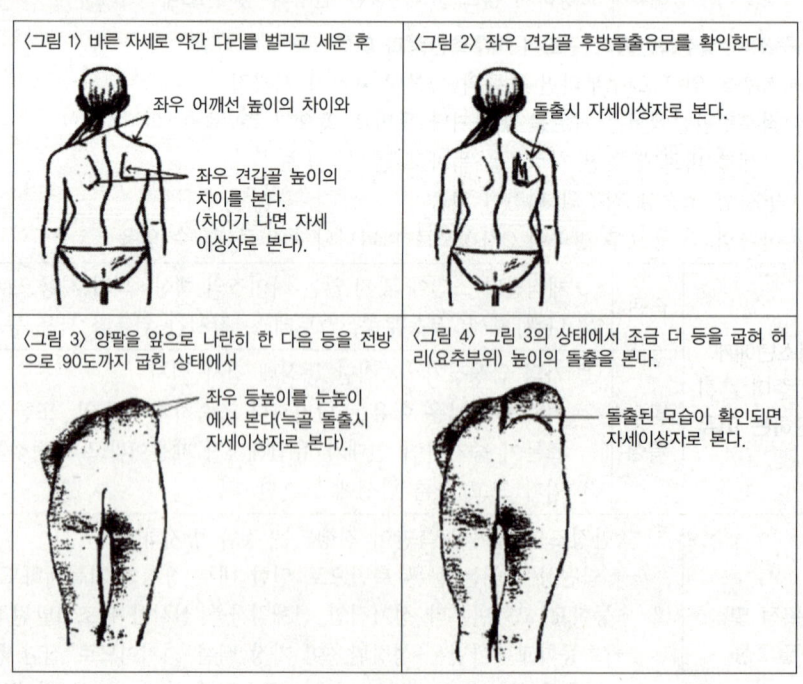

〈그림 1〉 바른 자세로 약간 다리를 벌리고 세운 후 좌우 어깨선 높이의 차이와 좌우 견갑골 높이의 차이를 본다. (차이가 나면 자세이상자로 본다).

〈그림 2〉 좌우 견갑골 후방돌출유무를 확인한다. 돌출시 자세이상자로 본다.

〈그림 3〉 양팔을 앞으로 나란히 한 다음 등을 전방으로 90도까지 굽힌 상태에서 좌우 등높이를 눈높이에서 본다(늑골 돌출시 자세이상자로 본다).

〈그림 4〉 그림 3의 상태에서 조금 더 등을 굽혀 허리(요추부위) 높이의 돌출을 본다. 돌출된 모습이 확인되면 자세이상자로 본다.

진단검사 98,03,14, 19 임용 / 01,02,04, 08,12,13,14, 16,22 국시	▶ 3단계 : X-선 검사 → 척추의 측만각을 확인할 수 있음 (cobb technique로 만곡 정도 결정 : 가장 많이 기울어진 척추의 끝을 상단과 하단에서 각각 결정한 후 상하부 양쪽의 척추 끝을 따라 선을 그은 후 직각으로 교차된 각을 측정함) → 요추부 측만증을 발견할 수 없음 "자세이상자의 경우 대부분 척추가 휘기 시작하는 모습이 X-선 검사에서 관찰되지만, 10도 이상의 휜 각도가 측정될 때 임상적으로 척추측만증이라고 진단함"	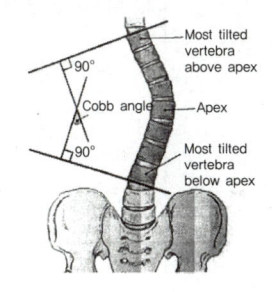

증상 03 임용	신체 (외형 & 증상)	① 양쪽 어깨 높이의 비대칭 ② 어깨가 앞쪽으로 구부정해짐(Rounded shoulder) ③ 영구적 변형 : 디스크, 흉곽 함몰 또는 아래쪽 만곡의 증가, 굽은 등 자세(sway back) ④ 하지 길이 불균형 : 양쪽 다리의 길이가 달라짐 92 임용 ⑤ 등과 가슴 양쪽의 균형이 안 맞아 보기 흉함 ⑥ 척추측만증이 계속 진행되면 심폐기능의 장애, 소화기 장애 동반 ⑦ 어깨, 등, 허리가 불편하고 아픔
	사회	① 게을러짐 ② 공부가 하기 싫고 직장생활도 어려워지고 결혼생활도 힘들어짐
	정신	① 아프면 짜증스럽고 기분이 나빠져 만사가 귀찮아짐 ② 우울증 및 정서적인 장애를 초래할 수 있음

치료		10도 이하 만곡은 자세변형으로 간주, 20도 이하는 경한 것으로 진행성이 아니면 별도의 치료를 요하지 않음. 그러나 만곡이 진행되는지를 알아보기 위해 성장이 끝날 때까지 3~4개월마다 방사선 촬영을 하여 이전 사진과 비교할 것	
	(1) 보조기	조기발견 시 수술 없이 치료 가능 92 임용 . 성장기 아동과 청소년에서는 보조기 착용이 많이 이용됨. 척추가 중정도 만곡(20~45도) 되었을 때 주로 보조기 착용을 적용함	
		① 보스톤 보조기	경한 요추만곡 20~40도에서 주로 사용
		② TLSO 보조기	기형의 교정과 고정을 위해 플라스틱 자켓 모양으로 조립된 것으로 팔 아래 착용
		③ Millwaukee 보조기	흉추만곡이 심한 경우에는 후두부에서 골반까지 연결하여 만곡부위를 등 뒤쪽에서 압력을 주어 교정력이 있음
		[흉요 천추 보조기(TLSO)]　　　　　　　[Millwaukee 보조기]	
	(2) 운동	보조기 치료를 하는 동안 척추 및 복부근육을 유지하고 강화하기 위하여 함께 실시	
	(3) 수술	보통 40도 이상 만곡을 나타내거나 진행성, 선천성인 경우에는 보조기나 운동만으로 해결이 안 되어 조기에 척추융합술을 추천함	

예방 06 임용	1. 척추측만증 원인제거			
	(1) 책상/의자		① 앉을 때는 전체를 받쳐 줄 수 있는 높이의 등받이가 있으며, 똑바르고 딱딱한 의자를 이용 ② 신체발달에 맞는 책상, 의자 사용하기
	(2) 바른 자세	학습 자세	① 의자에 앉을 때는 엉덩이를 뒤로 바짝 붙이고 머리를 들어, 턱을 안으로 잡아 당기어 허리가 똑바로 되게 하고 복부근육에 힘 주고 가슴을 편 자세 ② 공부할 때는 목과 허리를 반듯하게 가지도록 어릴 때부터 습관을 들이도록 함
		수면 자세	① 누울 때는 침요가 너무 딱딱하거나 너무 푹신한 것은 좋지 않음 ② 베개 높이는 너무 높거나 낮지 않게 함 ③ 잠 잘 때 바로 누워 무릎 밑에 베개를 대어 무릎과 엉덩이 관절을 굽히면 좋음
		서 있는 자세	① 서 있을 때는 발뒤꿈치가 벽에서 5cm 떨어지고 뒷머리와 엉덩이가 벽에 닿는 자세로 있기 ② 장시간 서 있거나 일할 때는 한쪽 다리를 발판 위에 올려놓고 있을 것 ③ 허리를 구부릴 경우에는 무릎을 구부림
	(3) 기타		가방무게를 줄일 것
	2. 척추측만증 예방을 위한 운동/체중조절			
	운동		① 오래 앉아 있는 것은 허리에 부담을 주므로 한 시간 수업 후 쉬는 시간에 일어나 허리 운동 ② 근육강화운동 : 자전거, 수영, 테니스, 줄넘기, 훌라후프
	적정한 체중유지		과체중은 중력이 어느 한쪽으로 치우치게 되어 근육이나 골격, 인대, 추간 디스크 등에 무리한 부담을 주게 됨
	3. 척추측만증 정기적 사정			
	① 정기적 신체검사 : 초등학교(5, 6학년) 시절부터 건강검사를 실시할 때 확인 ② 학부모가 목욕을 같이 하면서 척추이상을 확인하는 것이 바람직함			

8 류마티스 관절염 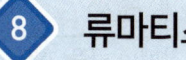 성인질환

정의	활막관절 내의 결합조직의 염증성 변화를 가져오는 만성적, 전신적인 자가면역질환
역학	여성(2~3배) > 남성, 나이가 들면서 발생률이 증가(40~60대 발생빈도↑)
원인	① 자가면역 요인 　㉠ 활액막 내의 림프구 증가 　㉡ 혈장 내 류머티즘 인자(RF) 존재 ② 유전 ③ 감염 : 바이러스, 미생물 ④ 대사장애, 호르몬의 부조화 등

병태 생리 92,12,14 임용 🎧 막판 섬골	(1) 활액막 염증 → 증식 92 임용	① 면역복합체가 활액막, 관절연골 등 결합조직의 표면층에 침착 → 다형핵 백혈구, 단핵구, 림프구가 식균작용 → ㉠ 면역복합체 비활성화, ㉡ 염증 산물 분비 → 충혈, 부종, 종창 초래 ② 활액막의 울혈, 부종 92 임용 → 림프구, 형질세포 침윤 → 활액막 내의 일부가 괴사되고, 섬유아세포에 의해 활액막 외측이 섬유성 조직으로 덮힘 → 비후된 활액막은 주위조직을 침범하여 과립조직(육아조직)을 형성
	(2) 판누스 형성	활액막에서부터 생긴 염증성의 얇은 육아조직으로 관절 내 활액막선 따라 관절면까지 파급 → 관절연골로 가는 영양공급 차단 → 연골이 용해됨 → 관절연골 파괴・부식・흡수, 뼈의 미란 → 경계면이 모호해지며 탈구 또는 섬유성 결체조직으로 대치 ** 육아조직 : 손상 후 초기 치유단계에 형성됨 　섬유성 결체조직 : 육아조직이 성숙하면서 수주에서 수개월 후에 형성되는 섬유조직
	(3) 섬유성 관절 강직	활액막의 육아조직(판누스)이 섬유조직으로 변하면서 근섬유가 퇴행되어 근육은 탄력성과 수축력이 저하되어 관절변형이 초래되고, 관절은 가동력이 저하됨
	(4) 골강직	활액막이 탁해짐, 백혈구수 증가, 관절낭 손상 → 골단 부분의 골화(섬유조직이 골화됨) → 골강직 형성 → 근육위축(근섬유 퇴행 → 근육탄력성, 수축력 약화)

정상 / 류마티즘 관절

해면질 / 치밀질 / 골막 / 섬유질 관절포 / 관절포 / 활막 / 관절 연골 / 관절강(관절액을 포함)

골 미란(뼈의 파괴) / 판누스(증식하여 뼈를 파괴하는 활막 조직) / 증식한 활막 / 연골이 파괴되어 얇아진다.

X-선 사진에서는 연골이 보이지 않기 때문에 뼈와 뼈 사이에는 빈틈(열극)이 있다.

활막이 증식하여 뼈를 침식한다. 연골도 파괴되고, 관절의 빈틈(열극)이 좁아진다.

증상				
	(1) 비특이적 증상	① 초기 증상	발열, 피로, 허약감, 식욕부진, 체중감소, 감각이상 등 호소	
		② 후기 증상	창백증, 빈혈, 손(발)가락의 색깔변화(청색, 발적, 창백), 근육 허약, 위축, 관절기형, 부전마비, 관절운동 감소(경축, 아탈구, 탈구), 통증 증가	
	(2) 관절증상	침범된 관절의 통증 및 관절강직, 열감, 부종, 운동제한, 기능상실 발생 [활액낭염, 삼출물 있음(부드러움), 근육통, 건, 인대까지 퍼짐]		
		습한 날씨, 과로, 피로, 스트레스 시 악화		
		주요 이환 관절 14 임용 / 19 국시	주로 소관절 부위에 대칭적으로 발생[손, 손목, 팔꿈치, 무릎, 발(중족지 관절)] → 점점 손목, 팔꿈치, 어깨, 대퇴, 무릎, 발목 관절, 경추, 측두하악관절, 흉쇄관절 등 모든 관절에서 다 나타날 수 있음	
			손에는 특징적으로 근위지 관절 부종, 제2, 3손가락의 중수지(MCP)관절에는 대칭적인 부종이 나타남. 주먹을 쥐기 힘들고 손목 관절은 대체적으로 굵어지며 굴곡운동이 제한	
		조조강직 14 임용	아침에 조조강직으로 뻣뻣하며 30분~1시간이 지난 후에야 부드러워짐(골관절염에서 나타나는 아침강직은 30분 이내에 완화됨)	
		위축, 기형	증상이 심하면 → 골 강직, 근육허약, 위축 → 운동제한, 기능장애, 변형(기형), 통증(자발통으로, 안정 시에도 통증이 있음)	
			부토니어(Boutonniere) 기형 14 임용	근위지(굴곡), 원위지(과신전)로 수지배측부(등쪽) 건막이 근위지관절 부분에서 찢어져서 그곳을 굴곡된 근위지 관절이 빠져나가서 발생됨
			백조목(Swan-neck) 기형 14 임용	근위지(과신전), 원위지(굴곡)로 중수지절 관절염에 의한 손바닥쪽의 아탈구(부분 탈구)와 원위지관절의 굴곡이 백조가 목을 쳐든 모양임(근위지 관절의 신전이 백조의 긴 목임)
			손가락 척골일탈 (= 척골편위, 척골기형, Ulnar Deviation) 12 임용	손가락 또는 손목이 척골방향(새끼손가락 방향)으로 구부러지는 현상으로 지속된 중수지절 관절염과 관절의 아탈구로 발생됨
			발가락 경직, 꼬임 증상	외반기형, 첨내반족, 갈퀴발 등 → 통증, 보행 장애
	(3) 관절 외 증상	피하결절 (류마티스 결절) 14 임용	① 팔꿈치, 아킬레스건 등 신전면에 부착되는 대칭성, 무통성 소결절 ② 관절 부위에 뼈 돌출	
		수근관터널 증후군	손목에 2차적으로 활액막염(= 윤활막염)이 나타나면, 횡수근인대 바로 아래 정중신경을 압박하여 발생할 수 있음	
		골다공증(** 골관절염은 골다공증과 관련 없음)		

증상	(3) 관절 외 증상	쇼그렌 증후군	① 약 10~15%에서 발생함 ② 외분비기관장애 : 눈물, 타액 분비 감소 → 안구 통증, 이물감, 가려움, 광과민성 ③ 단독으로 발생하기도 하나 RA, SLE 등과 함께 나타나기도 함
		펠티 증후군	류마티스 결절이 심하게 발생한 경우로 비장비대, 염증성 안질환, 림프선증, 폐질환, 혈액이상(빈혈, 혈소판 감소증, 과립구 감소증) 등 발생
		기타	판막성 병변, 심낭염, 심근염, 말초신경증, 건초염, 근염, 림프선종, 수근관증후군, 류마티스성 맥관염, 말초부종, 레이노 현상 등
		주호소	▶심한 피로감, 허약, 식욕부진, 체중감소 등 호소 ① 움직이면 더 아픈 통증(운동통증) ② 관절부 피부표면의 열감 ③ 얇고 윤기 있는 사지의 피부 ④ 차고 습한 손가락 : 레이노 현상
	(4) 합병증		▶류마티스 결절로 인한 피부, 결절의 궤양, 성대결절(쉰 목소리), 척추결절로 골 구조 파괴 ① 말초신경증, 말초부종 ② 혈관염 : 관상동맥 / 뇌혈관 / 장간막 혈관 및 말초혈관의 혈관염 ③ 말기 : 흉막염, 흉막삼출증, 심낭염, 심낭삼출증, 심근증 등
진단 검사	임상 검사	혈액 검사 [14 임용]	류마티스인자(RF)	면역글로불린 IgG에 결합하는 자가항체로, 류마티스관절염 환자의 80%에서 양성으로 나타남
			항핵항체(ANA)	세포를 구성하는 핵물질과 세포질에 대한 자가항체의 총칭으로 역가가 높아짐
			anti-CCP 항체	진단 표식자, 앞으로 RA로 진행될지 여부를 예측 가능
			ESR, CRP의 상승	활동성 질환에서 나타남
		활액 분석 검사		① 질환 초기 활액은 일반적으로 볏짚색깔로 탁하고 점도가 저하 ② 활액 내 백혈구 : 약 50,000/mm³으로 상승됨. 대부분 중성구가 증가되어 있음
		방사선 소견 [14 임용]		① 초기 : 연조직 부종 ② 점차적으로 관절 주위의 골다공증이나 관절면 말단부의 연골 침식, 골 미란(연골과 활막이 만나는 관절위 주변부위에서 시작하여 이러한 파괴적 병변을 나타내는 판누스의 영향으로 낭포가 동반될 수 있음), 관절강 협착(연골 침식 때문), 아탈구, 변형 등이 나타남 cf) 골관절염 : 골극, 연골하 낭종과 경화, 관절면 미란, 관절강 협착 등 ③ 질환 진행 시 관절주위의 골다공증이나 관절 말단부의 연골침식, 관절강 협착이 나타남 ④ 더욱 진행되면서 관절변형, 골강직이 나타남
		골스캔 검사		초기 관절변화를 발견하고, 확진하는 데 유용한 검사

[류마티스관절염의 관절 외 증상]

진단검사	진단기준	[2010 류마티스 관절염 진단기준(미국, 유럽 류마티스학회 공동연맹)] : 이들 4개 영역의 합산 점수가 6점 이상에서 10점인 경우 진단함	
		항목	점수
		A. 관절침범 양상에 따라(관절의 수와 위치)	
		대관절(어깨, 팔꿈치, 골반, 무릎, 발목) 1개	0
		대관절(어깨, 팔꿈치, 골반, 무릎, 발목) 2개	1
		소관절 1~3개	2
		소관절 4~10개	3
		관절 10개 초과(최소 1개의 소관절 포함해서)	5
		B. 혈청화학 검사(최소 한 가지 검사 이상)	
		류마티스 인자와 항 CCP 항체 모두 음성	0
		류마티스 인자 혹은 항 CCP 항체 양성(기준치 상한선의 3배 미만)	2
		류마티스 인자 혹은 항 CCP 항체 양성(기준치 상한선의 3배 이상)	3
		C. 급성기 반응물질(최소 한 가지 검사 이상) : 급성기 과민 반응	
		적혈구 침강속도(ESR)와 C-반응단백질(CRP) 모두 정상	0
		적혈구 침강속도(ESR) 혹은 C-반응단백질(CRP) 수치 상승	1
		D. 증상 지속기간(증상의 이환기간)	
		6주 미만	0
		6주 이상	1

치료 및 간호	(1) 원인제거 (2) 대증요법 　① 약물치료 & 간호 → 아래의 사항을 교육(안내)				
		진통제	NSAIDs → aspirin	효과	진통, 항염, 항응고 작용
				주의 사항	㉠ 소화불량, 상복부 통증, 위궤양, 위출혈, 오심 등 → 반드시 식후복용 (우유, 음식, 제산제와 함께) ㉡ 간 기능 저하 → 주기적인 간 기능 검사 ㉢ 다른 약물과 병용투여 금지 　| 항고혈압제 병용 시 | 신질환 발생위험 증가 | 　| 항응고제(와파린) 병용 시 | 출혈경향 증가 | ㉣ 복용 시 과음 주의 : 위장관계 출혈 위험 증가 ㉤ 독성 수준에서는 이명 초래하므로 정확한 용량복용
			acetaminophen	효과	통증조절 / NSAIDs와 달리 COX-2를 간접적으로 억제해 통증 감소 복용 시 과음 주의
		steroids		주의사항	정해진 용량, 기간에 맞추어 정확하게 복용하고 임의로 끊지 않아야 함을 교육(∵ 부신 기능저하)
				약리기전	㉠ 말초림프구와 대식세포의 기능저하 및 억제 ㉡ 인지질 용해제(phospholiphase A2) 저해로 막결합인지질로부터 아라키돈산 유리 저해
				부작용	㉠ 체내 수분저장, 지방 증가 → 식욕 증가, 체중 증가 ㉡ 정서적 부작용 : 불안정, 우울 ㉢ 사지근육 약화, 면역계 억제, 잦은 감염 ㉣ 시력장애, 백내장, 녹내장 ㉤ 가는 머리카락, 다모증 ㉥ 성장장애, 골다공증의 원인, 무혈성 골괴사 ㉦ 고혈압 / 위장장애(위궤양 등) ㉧ 피부발적, 여드름, moon face

치료 및 간호	항류마티스 약물	⊙ 안정형 – 하이드록시클로로퀸(hydroxychloroquine)	
		효능	염증, 부기, 뻣뻣함, 관절의 통증 조절 (원래 말라리아 치료제이나 염증성 관절염을 조절하는 데 상당히 효과적임)
		투약	1일 1~2회 투여
		부작용	• 입에서 쓴 느낌, 식욕부진, 오심, 구토, 설사, 두통, 어지러움, 피부, 발진, 가려움 등 • 망막부종으로 실명 초래 위험(장기간 사용 시 발생할 수 있으므로 안과검사 받아야 함)
		주의사항	• 투약 전 / 복용 중 1년마다 안과검사 • 신장 기능 평가를 위한 CBC & 소변검사
		ⓒ 세포 독성형 – 메토트렉세이트 : 면역억제제 [19 국시]	
		약리기전	T림프구를 억제하고 DNA, RNA 및 단백질 결합에 필요한 엽산을 고갈시켜 면역억제 작용을 함(= 대사길항제로 DNA와 RNA 합성에 필요한 핵산과 단백질의 합성을 방해함)
		효능	빠른 항염 효과 有, 염증이 있는 관절의 수를 줄이고 질환의 진행 억제 (원래 항암제이나 암치료 용량보다 훨씬 적은 용량으로 RA 치료에 이용)
		투약	주 1회 구강 또는 주사
		금기	신질환, 간질환, AIDS
		부작용	오심, 구토, 식욕부진, 설사, 구강궤양, 간독성, 골수억제유발
		주의사항	• 임신 2~3개월 전 중단(∵ 임신 초기에 신경관의 형성이 이루어지기 때문에 이 시기에 태아에게 부정적인 영향을 주지 않기 위해서) • 복용 전 엽산 보충제(folic acid) 복용(부작용↓) • 복용 전과 중간에 간 기능 검사(간독성이 나타날 수 있음), 백혈구 감소증을 확인하기 위해 혈액검사(WBC, RBC, PLT), 소변검사 실시 • 광과민성이 있으므로 자외선 차단제를 사용하게 함 • 가장 흔한 부작용은 위자극과 위염이므로 이를 알려줌 • 알코올중독, 당뇨, 비만, 고령, 신장질환은 독성효과(간독성, 골수억제, 간질폐렴)의 위험을 증가시킴 • 호흡곤란, 기침, 발열 시 병원
		ⓒ 설파살라진(sulfasalazine) : Azulfidine(기능 : 면역조절제)	
		약리기전	5-ASA(5-aminosalicylic acid, mesalazine)으로 분해됨. 5-ASA는 aspirin과 같이 cyclooxygenase를 억제하는 salicylate로 arachidonic acid에서 prostaglandin으로의 전환을 억제함. 또한 lipoxygenase를 억제하여 arachidonic acid의 다른 산물인 leukotriene의 전환을 억제하여 면역조절 기능을 함
		효능	관절 파괴 예방과 염증 감소
		투약	1일 4~6회 경구투여
		부작용	오심, 구토, 설사, 피부반점 등
		② 심한 독성형 – 면역억제제 : 백혈구감소증 검사 실시	
		ⓜ 금 치료	
		효능	서서히 점진적으로 작용
			치료 시작 후 2~6개월 후 효과
		부작용	설사, 피부발진, 단백뇨, 백혈구 감소
		주의사항	투여 전 혈액검사, 소변검사 실시

② 통증간호(안위간호)

통증관리 + 기형방지	안정	• 관절휴식(급성기 : 절대안정) • 단단한 침요 • 앙와위, 체위 자주 변경 • 목, 발목, 팔꿈치에 베개나 타올 대기
	관절부목 (석고붕대)	• 관절보호 • 보조기구 활용 : 관절변형, 구축예방
	물리치료	• 냉/온요법 적용(15~20분 유지 → 5분 후 조직손상 관찰/감각저하 대상자 적용 시 주의) • 수욕요법(월풀 목욕) • 관절주변부 마사지 : 부종부위 × • 스트레스 전환요법

	(3) 지지, 보존	
치료 및 간호	영양관리	• 균형 잡힌 영양(칼슘 - 우유) • 체중과다 예방(1일 85g의 육류 섭취)
	정서적 지지 → 자존감 증진	• 처치, 치료계획 설명 • 환자 감정 스스로 표현하도록 유도 → 자가관리, 긍정적 태도 • 정서적 문제로 통증 더욱 악화
	사회적 지지 (자조집단)	• 자조집단 참여 격려 • 평생 조절하는 병임을 인식 • 추후관리의 중요성

간호진단	간호중재
통증과 관련한 운동장애	① 통증의 정도, 양상, 시간, 특성 등 사정 ② 필요시 진통제 사용 후 움직이도록 함 ③ 되도록 규칙적으로 움직이도록 함 ④ 통증 부위를 지지하고 서서히 움직이도록 함 ⑤ 거동이 어려운 경우, 수동적 또는 능동적 관절운동을 해 줌
관절변형과 관련한 신체상 장애 or 자존감 손상	① 보조기구 착용 ② 정서적 지지 → 자존감 증진 　㉠ 질병과 외모의 변화 등에 관한 걱정을 말로 표현하도록 격려 　㉡ 주어진 질병에 관한 정보 제공 　㉢ 환자와 가족을 정서적으로 지지 　㉣ 외모에 대한 비현실적인 확신은 심어주지 않도록 함 　㉤ 환자의 프라이버시를 보호함 　㉥ 보호자가 곁에 있도록 격려함 　㉦ 방문자들에게 환자의 외모에 대해 먼저 설명하여 환자에게 상처가 되는 표현을 하지 않도록 함
질병 급성기 침상 절대 안정과 관련한 피부 통합성장애	① 단단한 침요 ② 앙와위, 체위 자주 변경 ③ 목, 발목, 팔꿈치에 베개나 타올 대기 ④ 급성기 절대 안정 시에도 침상에서 가벼운 운동 실시 ※ 부동 관련 피부통합성 장애 예방 중재 ① 피부를 깨끗하고 건조하게 유지하며 압력을 받지 않도록 함 ② 규칙적으로 체위를 변경시킴 ③ 체위 변경 시 잠재적인 피부손상 증상(발적, 부종)을 사정 ④ 침요는 주름이 없도록 함 ⑤ 적절한 수분공급과 균형 잡힌 식이를 격려함 ⑥ 지속적인 압박은 욕창의 원인임을 알려줌

9 강직성 척추염 [성인질환]

정의		① 1차적으로 축을 이루는 골격에 만성적인 염증을 일으키는 질환으로서 척추인대의 골화가 특징임 ② 초기에 천장관절인 요추부위와 양쪽 미추골 관절에서 시작하여 고관절과 어깨관절에도 침범되며 건의 부착부, 인대, 섬유성 관절낭에 골성강직이 생김 ③ 15~35세 사이인 사춘기나 성인 초기에 서서히 시작됨 ④ 남성의 유병률이 여성보다 3~4배 높음
원인 및 병태생리		① 정확한 기전은 밝혀지지 않았음 ② 관절과 인접조직의 무균성 활액염증이 육아조직(pannus)과 연골조직에 섬유성 반흔형성을 초래함 ③ 관절 외 염증증상으로 눈, 폐, 심장, 신장, 말초신경조직에 영향을 주기도 함
증상과 징후	등과 척추의 변형	① 주로 아침에 일어났을 때 요통과 강직이 심함 [23국시] ② 활동하면 통증과 강직이 완화되지만 한 자세로 오랫동안 앉아있으면 다시 통증과 강직이 반복됨. 이런 통증과 강직은 몇 달 사이에 더 악화되며 다른 척추 부분, 인대, 근육 등으로 퍼짐 ③ 심한 근육경직이 있으면 척추전체와 등이 둥글게 굽어지거나 척추후만증이 나타남 ④ 척추 사이 결합조직이 침범되어 경화되고 염증과정이 모든 척추에 퍼지면 척추 전체가 한 덩어리의 뼈로 보이는 죽상척추(bamboo spine) 현상이 생김 ⑤ 둔부, 무릎, 어깨 관절 역시 진행성 질병의 발현과 함께 침윤되고 경화됨
	기타 관절 외 증상	① 열, 피로, 식욕부진, 체중감소 등이 드물게 나타남 ② 홍채염은 관절염 증상이 발생되기 이전에 나타나는 가장 흔한 관절 외 증상임 ③ 골다공증으로 인해 척추골절의 위험성이 증가함
진단검사	X-선	활용이 진단에 필수적임 : 척추전만곡이 없어지고 척추골화가 수직으로 진행되어 죽상의 척추윤곽이 보이며 척추후만증이 증가됨. 말기에 죽상척추가 나타남
	혈액검사	류마티스 인자는 대부분 음성임
	소변검사	17-ketpsteroid(부신에서 분비되는 안드로겐 분해 시 형성되는 물질임) level이 24시간 소변수집에서 증가됨
치료와 간호	일반치료	척추를 직선으로 유지하기 위해 단단한 매트리스와 매우 얇은 베개를 사용하거나 전혀 사용하지 않게 함
	물리요법	온요법과 습포, 근육의 과다사용을 줄이기 위해 허리보조기를 적용할 수 있으나 장기간 사용은 권하지 않음
	수술	일상생활 수행이 어려운 경우 고정술 고려
	약물요법	진통제로 아스피린 같은 해열제를 복용하게 하거나 NSAIDs 사용

10. 전신홍반성 낭창 [92,96,20 임용] 성인질환

정의 [92,96,20 임용]	① 혈관 및 결체조직을 침범하는 만성 전신성 질환으로 관절, 혈액, 심장, 폐, 신사구체에 영향을 미치는 것 ② 자가항체의 과다생산으로 인한 자가면역질환(자가면역질환이란 자기와 비자기를 구별하지 못한 면역계가 자기에 대한 면역반응을 일으켜 조직손상을 초래하는 질환임)
원인 및 관련 요인	① 확실치는 않지만 면역학적 요인과 밀접하다고 보여지며 그 외에 바이러스, 유전인자, 호르몬, 약물들과도 관계가 있다고 생각됨 ② 가임기 여성에게 호발, 대다수의 젊은 흑인 여성에게서 발생됨 ③ 자외선 노출이나 스트레스는 SLE 피부병변과 관련성이 높음
병태생리 [20 임용]	① 비정상 항핵항체가 세포핵 안에 있는 DNA에 영향을 미쳐 혈액과 조직 속에 면역복합체를 만들어 염증과 손상을 유발함 ② 면역복합체들이 인체기관에 직접 침투하거나 콩팥, 심장, 피부, 뇌, 관절 같은 모세혈관 기저막에 침착하여 혈관염을 일으켜 기관의 혈액이나 산소를 빼앗아 감으로써 조직을 손상시킴 ③ 광범위한 조직손상 유발
진단기준	① 뺨 부위 나비모양의 발진 ② 원반모양 홍반 : 얼굴, 목, 팔, 다리에 생기는 발진, 햇빛 노출부위에서 관찰됨 ③ 광선과민증 : 태양광선 노출 시 발진 발생 ④ 구강궤양 : 무통성이며 입안이나 코, 인후에 나타남 ⑤ 비미란성 관절염 : 2관절 이상 말초 관절의 압통, 부종, 관절변형은 흔치 않음 ⑥ 장막염(흉막염 또는 심장막염) ⑦ 신장장애 : ㉠ 1일 0.5g/dL 이상 또는 3+ 이상의 지속성 단백뇨, ㉡ 세포성 원주 ⑧ 신경장애 : ㉠ 경련, ㉡ 정신장애(혼돈, 우울 등) ⑨ 혈청이상 : ㉠ 용혈성 빈혈, ㉡ 백혈구 감소증(< 4,000/μL), ㉢ 림프구 감소증(< 1,500/μL), ㉣ 혈소판 감소증(< 100,000/μL) ⑩ 면역이상 : ㉠ anti-ds DNA 항체 양성, ㉡ anti-Sm 항체 양성, ㉢ anti-phospholipid 항체 양성 ※ anti-phospholipid 항체 양성 　• IgM 또는 IgG anticardiolipin 항체의 이상치 　• lupus 항응고인자 양성 　• 매독혈청 반응 생물학적 위양성 ⑪ 항핵항체(ANA : antinuclear antibody) 양성 * 상기 항목 중 4항목 이상을 충족시키는 경우에 SLE를 진단함
활동성의 판정기준	① 발열(> 37℃) ② 관절통 ③ 홍반(얼굴 이외도 포함) ④ 구강궤양 또는 대량 탈모 ⑤ ESR 항진(30mm 이상 / 1시간) ⑥ 저보체혈증(C3 < 60mg/dL, CH50 < 20단위) ⑦ 백혈구 감소증(4,000/mm^3) ⑧ 저알부민혈증(< 3.5g/dL) ⑨ LE cell 또는 LE test 양성 * 상기 항목 중 3항목 이상이 양성이면 활동기라고 판정함

증상 및 징후 03,17 임용	근골격계	① 활막 표면에 섬유소 침전물 증가, 동맥과 정맥 염증, 건의 염증 등 이러한 염증들로 인한 근섬유의 괴사와 퇴화 및 섬유화 ② 관절염의 증상(열감, 부종, 압통, 아침에 관절의 뻣뻣함) : 초기에 흔함 ③ 장기간 스테로이드 치료를 받으면 관절에 혈액을 공급하는 작업 혈관을 수축시켜 조직을 괴사시킬 수 있음 ④ 둔부가 가장 영향을 많이 받아 움직임이 감소됨
	피부	① 면역복합체의 침전, 피부의 상피 연결부위의 염증, 혈관염 등 ② 뺨에 나비모양의 발진 92임용 과 같은 특징적인 증상을 보이며 비늘(낙설)과 발진(발진은 태양에 노출된 부위에 특히 흔함), 원형탈모증, 구강이나 비강의 궤양, 레이노드현상 ③ 레이노드 현상 20임용 : 추위나 진동, 스트레스 등에 노출되었을 때 손끝, 발끝, 코끝 등의 혈관이 연축이 일어나거나 과도한 수축으로 푸르게 변하고, 감각이상과 통증이 유발되기도 함. 증상조절을 위해서 추위나 찬물에 노출되는 것을 피하여 손과 발을 따뜻하게 보호해야 함. 그리고 고혈압 치료제로 사용되고 있는 혈관확장제(칼슘길항제, 교감신경차단제)를 투여하기도 함 (한랭자극 →→ 혈관연축 →→ 허혈 →→ 청색증 →→ 충혈) ↓ ↓ ↓ 흰색 보라색 붉은색
	호흡기계	① 늑막염, 간질성 폐렴, 폐고혈압 등 ② 늑막이 침범되어 흉통이 있고 늑막마찰음이 청취되면 X-선상 늑막성 삼출액 발생
	심혈관계	산재성 혈관염, 방실결절과 동방결절의 염증 및 반흔조직 형성
	위장관계	콜라겐 퇴화, 혈관염으로 정맥궤양 유발, 장기의 경색과 괴사
	신장	사구체 기저막에 면역복합체가 침전하여 단백뇨, 혈뇨, 혈압상승 등이 나타나고 신부전과 사망으로 진행될 수 있음 → 루프스 환자의 주된 사망원인임
	중추신경계	면역복합체 침전, 항신경항원의 활동으로 뇌염, 발작, 유기성 뇌증후군 및 말초신경염 발생 → 경련, 정신증, 신경증, 정서적 불안, 뇌신경 장애, 편두통, 운동신경 약화 등
	혈액	용혈성 빈혈, 백혈구 감소증, 임파구 감소증, 혈소판 감소증 등
	기타	열, 권태감, 관절통, 근육통, 임파선증, 식욕부진, 체중감소, 오심과 구토, 복통, 수명
	조기증상	극도의 피로가 나타나고 월경장애가 흔함

※ SLE의 합병증을 위한 사정

관련 계통	주관적, 객관적 결과
심폐계	과호흡, 호흡곤란, 좌위호흡, 빈맥
신장계	체중증가, 요량감소, 부종, 혈뇨, 단백뇨, 원주세포, 혈압상승
소화기계	오심과 구토, 설사, 통증, 팽만, 장음의 감소 또는 소실
신경계	복시, 안검하수, 안구진탕, 운동실조, 발작, 성격변화, 편집증 또는 정신 이상적 행동
혈액계	권태감, 쇠약, 발열, 오한, 점상출혈, 비출혈, 토혈, 양성 잠혈검사

치료 및 간호중재 01,08,13,24 국시	① 원인제거 ② 대증요법 　㉠ 약물요법 | Salicylate	관절통, 관절염, 근육통, 열
항말라리아제제	피부문제, 망막증을 유발시키므로 매 6개월마다 안과검사를 받도록 한다.
코르티코스테로이드	중추신경계나 신장침범, 심낭염, 늑막염, 심한 근염, 용혈성 빈혈, 응고장애, 백혈구감소증, 혈소판감소증 : 증상이 완화되더라도 악화를 예방하기 위해 유지용량 투여

　㉡ 대상자와 가족에게 약의 이름, 용량, 효능, 부작용, 복용시간 등에 대해 알려준다.
　㉢ 스테로이드를 투약받는 대상자는 투약 팔찌를 착용해야 하는데 그 이유는 큰 사고나 대수술이 발생한 경우 투여량이 증가되어야 하기 때문이다. 또한 복용 시 금단증상이 나타나므로 갑자기 중단하지 말아야 하고, 면역반응을 억제시키므로 감염 등에 주의해야 한다.
　㉣ 처방 없이 약물과 머리 염색약 또는 화장품을 사용하지 않도록 한다.
　㉤ 스트레스를 가져오는 상황을 피하며 운동과 이완요법 등의 방법을 사용한다.
　㉥ 매일 주기적으로 휴식을 취하고 밤에 8시간 수면을 취하며, 낮잠을 자도록 한다.
　㉦ 군중과 감염환자를 피한다.
　㉧ 피부증상이 있으면 태양광선을 피하고 피부크림을 바르거나 햇빛가리개를 사용하도록 한다.
　㉨ 구강궤양이 있으면 부드러운 음식을 먹도록 하고 세심한 구강간호를 받도록 한다.
　㉩ 레이노드 현상이 있으면 손을 따뜻하게 하고 냉방장치가 된 방은 피한다.
　㉠ 관절염이 있으면 관절가동 범위 운동과 냉온요법을 수행한다.
　㉤ 규칙적인 건강관리가 중요하다는 것을 강조하고, 긍정적인 자아상을 유지하도록 용기를 북돋아준다.
　㉦ 급성으로 질병이 악화되는 기간을 제외하고는 독립하여 일상생활을 유지하는 것이 가능하다. |

11. 연소성 류마티스양 관절염(= 소아 특발성 관절염) 08 임용 [아동질환]

정의	① 아동에서 관절 및 결합조직을 침범하는 자가면역성 만성 염증성 질환군으로 15세 이하에서 최소 6주 이상 지속되는 관절염이 1개 이상 있음 ② 아동기의 가장 흔한 류마티스성 건강문제를 보이며, 전신형, 소수관절형(4개 이하 관절침범), 다수관절형(동시에 5개 이상의 관절을 침범)의 세 가지 형태 중 한 가지로 발현됨
원인	① 유전적, 환경적, 면역학적 요인들이 상호 관련되어 있는 것으로 추정됨 / 남 < 여 ② 개인의 면역 유전적 감수성과 바이러스나 세균 등의 외부자극이 아마도 합쳐져서 유전적으로 표적이 되는 인체세포에서 염증과정이 시작된다고 봄
병태 생리	① T세포 활성화는 항원-항체 복합체가 만들어지는 것을 촉진하여 관절이나 피부와 같은 표적기관에 사이토카인이라고 불리는 염증성 물질의 방출을 초래함 ② 이는 활막과 다른 조직에 염증을 야기 : 관절에 삼출물과 부종을 유발하고 미란 발생, 염증성 물질의 지속증가로 열, 발진, 림프절 비대 등의 증상 발생

증상

발병 후 6개월 동안 나타나는 증상에 따라 분류함

다수 관절형	특징	① 5개 이상의 관절에서 관절염 관찰 ② 다양한 관절에서 대칭적으로 발생 ③ 여아에서 호발	
	분류	RF(+)	소아후기 발병, 류마티즘 모양 결절 동반, 관절염 심하고 만성화 형태를 보임
		RF(-)	소아전기 발병

소수
관절형
08 임용(지문)
	특징	① 4개 이하의 관절에서 관절염이 관찰됨
		② 주로 비대칭적으로 큰 관절을 침범함. 그러나 고관절 침범은 드묾
		③ 가장 흔함(약 40% 차지)
		④ ANA가 양성인 환아
		   ㉠ 안과검진 : 무증상 전방 포도막염의 위험이 있으므로 안과검진 필요함
		   ㉡ 포도막염 증상 : 축동, 안구통증, 안구부종, 광선눈통증(= 수명증), 시력장애, 충혈 등	

	분류	지속형	전 질병기간 동안 4개 이하 관절을 침범함
		확장형	발병 6개월 이후 5개 이상의 관절을 침범함

전신형	정의	1개 이상의 관절에서 발생한 관절염.
		최소 2주 이상 지속된 발열(최소 3일 이상 매일 발생)과 함께 ②~⑤의 증상이 1개 이상 동반
		① 고열
		   ㉠ 매우 특징적. 매일 1~2번씩 고열(39℃ 이상)이 올랐다 내렸다 함
		   ㉡ 열이 있을 때는 오한 동반. 열이 내리면 멀쩡함
		   ㉢ 대부분 열은 해열제로 반응 안함, prednisone에만 반응함
		② 일과성 발진 : 열이 있을 때 잘 나타남. 작은 홍반, 주로 몸통, 대퇴부, 상완부에 발생
		③ 전신 림프절 비대
		④ 간과 비장의 비대
		⑤ 장막염	

	검사실 소견	① 진단에 도움이 되지 않음 ② 급성기 대개 ESR(+), CRP(+), ANA(-), RF(-)	
	예후	50%는 결국 거의 완전히 회복되나, 50%는 침범되는 관절 수가 증가하여 중증장애 초래	

합병증	성장장애	① 연소성 류마티스양 관절염이 활동기에 있을 때에는 성장이 느려짐 ② 연소성 류마티스양 관절염이 치료제로 사용되는 스테로이드에 의해 성장이 지연될 수 있음 ③ 병의 초기 활동기에 성장인자 등의 국소생성으로 관절염 부위의 뼈가 과도성장하거나 혹은 골단의 조기융합으로 더 이상 성장이 멈추면서 길이 변화가 발생	
	포도막염	① 소수관절형 1형에서 주로 발생함 ② 서서히 발생하여 축동, 안구통증, 안구부종, 광선눈통증(= 수명증), 시력장애, 충혈 등이 나타날 수 있음 ③ 대부분 관절염 발생 후 5~7년에 나타나고 양측성으로 나타남	
	대식세포 활성 증후군	① 전신형 관절염의 가장 심각한 합병증임 ② 임상양상 : 갑작스러운 고열, 림프절 비대, 간비 비대, 뇌증, 범혈구 감소, 출혈성 경향 ③ 진단검사 : 골수검사상 혈구 탐식성 대식세포(대식세포가 조혈세포를 탐식)가 보이면 진단함	
	강직성 척추염	소수관절형 2형에서 발생할 수 있음	

진단	① 과거력과 사정결과를 바탕으로 이루어짐 : 아동의 나이, 성별, 인종, 현재 경험하는 증상에 대한 문진 결과 및 혈액 검사 결과 모두 고려
	② 미국 류마티스 학회의 진단기준(1999)
	   ⊙ 15세 이전에 발병
	   ⓒ 하나 이상의 관절에서 최소 6주간의 관절염 증상의 객관적 관찰 : 관절의 종창이나 삼출 또는 관절부위에서 느껴지는 열감, 움직일 때 통증, 제한된 관절운동범위 등
	   ⓔ 발병 특징에 따라 하부 유형분류
	   ⓒ 다른 류마티스 질환이나 감염성 관절염, 염증성 대장질환, 뼈와 관절의 비류마티스성 질환과 같은 건강문제로부터 배제되어야 함
	③ 진단을 위해서는 아동의 나이, 성별, 인종, 현재 경험하는 증상에 대한 문진 결과 및 혈액검사 결과까지 모두 고려되어야 함
	④ 류마티스 인자 검사의 양성반응은 JLA에 이환된 아동의 약 10%에서 보이면, 이러한 아동들에서 예후가 불량하고 류마티스 결절이 관찰되면, 신체 기능수준이 서서히 감소되는 것으로 알려져 있음
	⑤ X-선 촬영 : 연조직 부종 및 관절 내 삼출물 발생과 같은 특징적인 변화를 보여줄 수 있음. 뼈의 부분 탈구와 부정교합도 관찰가능
	⑥ 뼈 스캔(악성여부 판별), MRI(관절과 연조직 평가)		

치료 및 간호 08 임용 / 98,03 국시	대증 요법	통증 완화	① 비약물 요법	⊙ 적절한 활동과 휴식의 조화, 충분한 휴식과 수면 ⓒ 아침에는 온습포, 따뜻한 통목욕 권장 ⓔ 휴식기 자세 : 복위를 취하게 해서 고관절과 무릎을 곧게 유지하게 함
			② 약물요법	⊙ NSAIDs와 스테로이드성 약물로 염증과 통증을 줄이는 데 사용 ⓒ 비마약성 치료에 반응하지 않는 통증은 마약성 진통제를 다른 통증 완화요법과 함께 단기간 사용
		관절 관리	① 관절운동 범위를 유지하기 위해 야간 부목사용과 규칙적 운동 수행 ② 습열 : 통증과 뻣뻣함을 완화하는 데 효과적임 ③ 급성 관절염 시에는 운동 금기	

치료 및 간호 08 임용 / 98,03 국시	대증 요법	약물 요법	① NSAIDs : 최소 6주 이상 투여, 활동성이 없어져도 1~2년간 투여, NSAIDs에 반응하지 않는 아동은 설파살라진, 메토트렉세이트(MTX) 사용 ② 스테로이드 : 홍채염과 심내막염에 사용하고, 약물 복용 중에 저지방 및 저염식이 섭취
	보존 및 지지 요법	영양 관리	① 충분한 칼로리를 가진 균형 잡힌 식사로 성장 유지 ② 칼슘 섭취 : 하루 3~4잔의 우유 제공, 필요시 비타민 D가 보충된 칼슘제 권장 ③ 정상체중 유지를 위한 식이 : 관절의 체중부하를 줄이기 위함
		감염 예방	상부호흡기 감염과 같은 일반적 아동기 질병이 관절염을 악화시킬 수 있으므로 사소한 질병이라도 철저히 예방하고 조기치료
		지지 요법	① 아동과 가족의 적응을 최대화하기 위해서 지지 제공 ② 부모 및 가족교육 : 질병과 약물에 대한 정보, 진단검사와 그 중요성, 신체활동, 수면, 영양 등

약물	작용	흔한 부작용	간호
NSAIDs	PG생성 방해	복통, 위궤양 (+아스피린 중독증상)	• 음식이나 물과 함께 • 위장출혈, 혈변, 빈혈 등 감시
aspirin	• PG생성 방해 • 항혈소판 작용 • 해열/진통작용	• 발한, 고열 • 이명, 청각소실 • 위궤양 • 초기 호흡성 알칼리증, 후기 대사성 산증, 출혈경향(간독성) • 빈맥, 불안, 섬망, 환각, 경련, 혼수	• 다량 복용 시 독성 증상 사정 • 음식과 함께 제공 • 독감 증상 시 투약 중단 • 금기 : 과민증, 천식, 출혈성질환, 위장관 출혈 환자
sulfasalazine	항생제, 항염증제	설파계 알레르기 반응	• 저용량으로 시작 • 서서히 증량
methotrexate	엽산길항제	• 오심 • 간 효소 수치 증가	• 엽산보충제 투여 : 부작용 감소 • 간 효소 수치 감시
hydrochloroquine	항말라리아제	망막병증	눈 검진 : 6개월/1년마다
corticosteroids	항염증제	• 만월형 얼굴, 혈압상승, 체중증가 • 골밀도 감소, 여드름, 들소목, 백내장, 체모증가	• 저염 및 저지방식이 • 골밀도 감시, 칼슘섭취 격려 • 갑자기 투약 중단×
cytotoxics	세포생성 방해	• 탈모, 감염위험성 증가, • 생식기 기능문제	• 부작용 설명 • 감염예방

12 골관절염 [12 임용] [성인질환]

정의	① 관절의 연골부의 마모(관절의 점진적 퇴행과 관절의 과부하 등으로 인한 연골파괴)로 인하여 관절면의 뼈가 과잉 증식하는 퇴행성 변화 [12 임용] ② 만성적, 비염증성 관절질환	
역학	연령(55세~) : 50세 미만 – 남성 > 여성, 50세 이상 – 여성 > 남성 • 폐경기 이후의 에스트로겐 감소와 관련 질환 : 골관절염, 골다공증, 고지혈증 → IHD 등 – 에스트로겐 감소 : 연골세포 증식 감소, 분해 증가	
원인	① 원발성	㉠ 65세 이상 연령↑ ㉡ 여성↑ ㉢ 비만(2배 이상 / 체중이 감소되면 질병 진행이 늦춰짐) → 체중이 부하되는 큰 관절에 영향을 미쳐 부가적 장애를 초래 ㉣ 유전
	② 이차성 (속발성)	관절 연골에 손상을 줄 수 있는 모든 외상, 기형, 질환이 원인이 되며 노인뿐만 아니라 어느 연령층에서도 볼 수 있음 ㉠ 선천성 관절 이상(선천성 고관절 탈구, 내반족) ㉡ 관절 감염(화농성 관절염, 결핵성 관절염), 관절의 비특이적 염증반응(류마티스성 관절염, 강직성 척추염), 대사성 관절염(통풍) ㉢ 혈우병(반복되는 관절 내 혈종) ㉣ 내분비장애(DM – 결체조직의 퇴행, 상피세포의 기능장애) ㉤ 무혈성골괴저(스테로이드 사용으로 인함) ㉥ 직업적 특성(쭈그리고 앉아서 일하는 직업) ㉦ 외상(관절 내 골절, 반월상 연골파열) ㉨ 심한 운동 or 운동부족
병태생리	관절 연골의 국소 변형으로 시작 → 점차 퇴행성 변화를 보이며 연골하골의 비대와 활액막의 이차적 염증 반응이 특징적으로 나타남	
	① 연골부 마모 현상	(RA와 달리 활액막이 아닌) 관절면 연골부에서 골기질 성분이 마모됨으로써 시작 → 관절 면에 미란(erosion)이 생김 → 연골부가 갈라지고 얇아지며 뼈가 노출 → 뼈의 마찰로 인한 통증, 부종, 뼈와 관절의 구조 변화, 가동력 제한
	② 골증식체 → 골관절 구순 형성 [12 임용]	㉠ 연골부의 뼈가 과잉으로 증식되어 관절의 주변에 골증식체가 형성됨 ㉡ 헤베르덴 결절, 부샤드 결절 발생 : 손가락의 골증식체임 Heberden 결절 : 손가락 원위지 관절의 뼈 과잉 증식 Bouchard 결절 : 손가락 근위지 관절의 뼈 과잉 증식
	③ 활액막 강직	연골에서 떨어져 나온 조각들이 활액막 내에 부착되어 강직 → 뼈의 모양, 관절의 구조 변형, 관절의 가동력 제한됨

병태생리 12 임용	1단계 : 초기 단계	2단계 : 중간 단계	3단계 : 중증 단계
	관절연골이 연화되고, 연골 세포군 사이가 분열되면 연골이 파골이 된다.	연골파괴가 계속되고, 연골손상에 대한 보상으로 연골 아래의 뼈가 비정상적으로 증식한다.	연골이 심하게 파괴되고 관절강이 좁아진다.

증상 12 임용	① 초기 증상 → 관절증상		침범된 관절의 (국소 통증) 및 관절(강직), 운동제한, 기능상실 발생(열감×, 부종△, 삼출물×, 기관침범×)
		이환부위	㉠ 주로 체중부하부위에 비대칭적으로 발생, 무릎, 척추(경추, 요추), 둔부, 등, 손, 손가락 ㉡ 고관절 굴곡 구축(근육경직으로 휴식 후에도 통증발생)
		조조강직	30분 이내 사라짐, 활동 시 관절의 뻣뻣함이 심해졌다 휴식을 취하면 감소함
			춥고 습한 기후에 매우 민감(저기압 → 체중부하 증가)
		운동통증(활동 시 악화되는 통증), 운동 후 통증	앉았다 일어서면 통증이 심하고 관절을 구부리기 힘듦 21 국시
		염발음	관절 변형으로 관절면이 고르지 않아서 움직일 때 삐걱거리는 뼈의 마찰음
	② 후기 증상		없음
	③ 관절 외 증상		없음(전신적인 증상 없이 국소적인 증상이 초래)

진단검사	① 병력 ② X-선 검사 : 골극, 연골하 낭종과 경화, 관절강 협착, 관절면 미란 등이 관찰됨 ③ 골스캔, CT 등 방사선 검사 ④ 활액 검사 : 백혈구 증가, 연골파편이 포함되어 있음

치료 및 간호
 22 국시
	치료의 목적 : 통증과 염증조절 및 장애 예방, 관절기능유지 및 향상
	 (1) 원인제거 : 이차성(속발성) 원인 질환 치료
	 (2) 대증요법
	   ① 약물치료 & 간호
	     ㉠ NSAIDs, 진통제 : RA와 동일
	     ㉡ Steroids는 국소부위에만 제한적 적용(전신치료 금지)
	   ② 통증간호(안위간호) : RA와 동일			

		운동	특히 고관절 주위의 신전근, 외전근의 근육을 강화하기 위한 등장성 운동 (근육길이의 변화) → 근력강화운동	
			목표	월 1~2kg 감량
	식이	㉠ 올바른 식습관	• 한꺼번에 많이 → 여러 번 나눠서 • 천천히 오래 씹기(포만감, 소화증진) • 규칙적 하루 세끼(정해진 장소에서 천천히 먹기) • 간식은 하루에 1~2회 / 다른 일 하면서 음식섭취 금지 • 조리법의 변경 : 튀긴 요리 → 삶거나 데치기 등	
		㉡ 칼로리 섭취 감소	1일 섭취량 500kcal 감소 → 월 2kg 감량	
		㉢ 올바른 음식 선택 방법 지도	• 고열량×, 저열량 ○ • 무조건 제한× / 만족감 주는 대체 음식 제공 • 계획된 열량을 골고루 섭취 • 섬유소, 단백질, 비타민, 무기질 섭취↑ • 가금류, 생선, 육류(살코기), 우유(저지방, 탈지방), 생과일	
		㉣ 식욕조절방법 안내	공복 시, 식전 30분에 물을 충분히 섭취	
	기타	㉠ 인지행동요법	과식 등 부적절한 식습관 교정을 위한 문제해결기법	
		㉡ 자기조절(자기통제)	내적 강화를 통한 체중조절 동기화	
		㉢ 집단요법(집단치료)	비슷한 문제를 가지고 있는 사람끼리 자조모임	
	③ 비만관리(체중관리) 체중조절을 위한 교육내용 ④ 기타 : 수술 (3) 지지, 보존 RA와 동일			
간호진단	간호진단	질병의 진행과정과 관련한 만성통증		
	간호중재	① 통증의 정도, 양상, 시간, 특성 등을 사정 ② 필요시 진통제 사용 후 움직이도록 함 ③ 물건을 잡을 때 몸 가까이서 잡기 22 국시 ④ 산책 시 지팡이 사용 22 국시 ⑤ 등받이가 있는 높은 의자에 앉고, 양손으로 의자 팔걸이를 잡고 일어나기 22 국시		
	간호진단	질병 급성기 침상 절대 안정과 관련한 피부통합성장애		

	간호중재	① 단단한 침요
		 ② 앙와위, 체위 자주 변경
		 ③ 목, 발목, 팔꿈치에 베개나 타올 대기
		 ④ 급성기 절대 안정 시에도 침상에서 가벼운 운동 실시
		 ※ 부동 관련 피부통합성장애 예방 중재
		   ① 피부를 깨끗하고 건조하게 유지하며 압력을 받지 않도록 한다.
		   ② 규칙적으로 체위를 변경시킨다.
		   ③ 체위 변경 시 잠재적인 피부손상 증상(발적, 부종)을 사정한다.
		   ④ 침요는 주름이 없도록 한다.
		   ⑤ 적절한 수분공급과 균형 잡힌 식이를 격려한다.
		   ⑥ 지속적인 압박은 욕창의 원인임을 알려준다.		

	간호진단	질병의 치료와 관련한 불이행		
	간호중재	① 질환의 특성에 대한 설명 ② 약물의 효과, 부작용에 대한 설명 ③ 약물 투약 방법, 주의사항 안내		

	변수	류마티스 관절염	골관절염
류마티스 관절염과 골관절염 비교	발병 시기	젊은 나이(중년 이하)	보통 40세 이상
	성별	여성 : 남성 = 2 : 1(60세 이후에서는 3 : 1)	50세 이전에는 남성에서, 50세 이후는 여성에서 흔함
	체중	비교적 정상이거나 감소	과체중
	질병과정	악화기와 완화기를 가진 전신질환	진행적 양상을 가진 국소질병
	이환관절	처음에 소관절(PIP, MCP, MTP) 침범되고 난 뒤에 손목, 팔꿈치, 어깨, 무릎 등이 침범되며 대개 양측성, 대칭적	체중부하관절(무릎, 고관절), MCP, DIP, PIP, 경추와 요추가 주로 침범되며 대개 비대칭적
	통증, 강직	비활동 기간이 지속된 후 발생, 조조강직, 통증과 강직이 1시간 이상 지속	활동 시 통증, 일반적으로 강직은 안정 후 몇 분 내에 완화됨(30분 이내 완화됨)
	삼출증	흔함	흔하지 않음
	결절	피하결절, 특히 신전면(extensor surface)에 존재	Heberden(DIP), Bouchard(PIP)결절 존재
	활액	WBC > 2000/μL(주로 중성구)	WBC < 2000μL
	X-ray	골미란, 관절강 협착, 아탈구, 스테로이드 사용과 관련된 골다공증	골극, 연골하 낭종과 경화, 관절강 협착, 관절면 미란
	검사 결과	환자의 80%에서 RF(+) 급성 염증 시 적혈구 침강속도, CRP 상승	RF(−) 활액 염증 시 적혈구 침강속도 상승

13 골다공증 [98,08,10,13 임용] [성인질환]

정의	골질량이 감소되는 만성적이고 진행적인 골 대사성 질환(by 조골세포의 기능저하, 뼈 재흡수 > 뼈 형성)

진단 지침 (WHO)	골밀도(T-값)	
	정상	정상 T-값 ≥ -1 표준편차
	골감소증	-1 ≥ 정상 T-값 > -2.5 표준편차
	골다공증	정상 T-값 ≤ -2.5 표준편차, 골절 병력이 없는 상태
	중증 골다공증	정상 T-값 ≤ -2.5 표준편차이면서 골절 병력이 있는 경우
	골밀도 수치는 T-값(T-score)으로 표시되며, 정상인의 평균 T-값을 기준으로 하여 뼈가 약해지는 정도를 표준편차를 이용하여 표시한 것(예 T-값이 "0"으로 측정된 경우에는 정상인과 같은 뼈의 강도를 유지한다는 것 의미, "-2.5 표준편차"는 정상인에 비하여 2.5의 편차만큼 뼈가 약해져 있다는 것 의미)	

원인 98,10,13 임용	조절할 수 없는 요인(4)		조절 가능한 요인(6)	
	선천적 요인과 가족력 ※ 여성이 남성보다 많은 이유 ① 식이(칼슘섭취 적음)에서 더 적게 섭취하는 경향 ② 골격구조(골질량 적음) : 여성 골격구조가 남성 골격구조에 비해 일반적으로 골질량 적음 ③ 골흡수가 이른 나이에 시작되고 폐경기에 가속화 ④ 임신과 수유기에 칼슘섭취↓ → 저장된 칼슘고갈 ⑤ 여성의 수명이 길어짐		칼슘흡수 저해	과다한 음주, 카페인
				흡연
			칼슘 결핍	① 칼슘섭취 부족(부갑상선 호르몬 분비↑로 골질량 손실↑) ② 칼슘 흡수방해질환, 약물
			비활동적 생활습관	운동부족, 장기간 침상안정 (근육운동, 중력에 대항하는 운동은 기계적 힘으로 작용해 뼈 형성 자극)
	인종	백인, 아시아계	약물	① 스테로이드 : 장에서 칼슘흡수 저해 [13 임용 / 20 국시] ② 갑상선호르몬 보충제 : 칼슘의 이용과 대사를 방해함 ③ 항경련제, Lasix 등의 장기복용 : 부작용으로 저칼슘혈증 초래 ④ 헤파린 : 고용량 투약 시 골흡수를 촉진함
	체형	마르고 작은 체격(지방조직은 폐경여성에서 에스트로겐의 주요 공급원임 : 부신에서 분비된 안드로겐이 지방세포에서 에스트론으로 전환되기 때문에 마른 사람보다 발병률이 낮음)	질환	① DM : 인슐린 부족으로 단백질 이화 촉진 [10 임용(보기)] ② 신경성 식욕부진 ③ 만성 간질환 : 비타민 D 저장 저하 ④ 만성 신질환 : 신장에서 칼시페롤 합성저하
	노인여성 (폐경) [98 임용]	폐경 이후 에스트로겐 호르몬 부족으로 골 소실 가속화됨(뼈의 칼슘저장 저하)	비타민 D 결핍 [13 임용(보기)]	장에서 칼슘흡수 감소 ** Vit D : 칼슘흡수, 골대사에 중요

병태 생리	① 골세포의 기능저하(조골세포 감소, 파골세포 증가) ② 골기질 형성장애(뼈 재흡수가 뼈 형성보다 빠르게 진행 : 35세 이후) ③ 골조직의 무기질 성분이 지속적으로 감소 ④ 피질골이 얇아짐, 골소주 감소(골밀도 감소)

증상 [08 임용]	전반적인 모습	허약, 불안한 걸음걸이, 경직			
	통증	흉곽의 하부나 요부에 통증(요통 흔함)			
	골절	① 병리적 골절 : 외상에도 쉽게 골절(대퇴경부, 요골하단 - Colles Fx, 상박골) ② 압박골절 : 흉추와 요추에 흔히 발생함, 신경계 합병증은 발생하지 않음 [골다공증에 의한 골절의 호발 부위]			
	척추기형	척추 후굴(by 체중부하) : 키가 작아짐, 척추후만증			
	골질량 손실	치아소실(by 턱뼈 골질량 손실)로 식사 힘들고 외모 변화			
진단	X-ray검사	방사선 투과성이 증가 : 무기질 소실로 장골에서 피질이 얇아져 있고, 전반적으로 투과도가 증가되어 있음			
	골밀도검사	골절이 흔히 일어나는 부위(척추, 골반, 전박 등)의 골밀도 측정			
	혈청검사	골절 시 혈청 알칼리 인산효소 수치 상승(평소에는 정상)			
치료 및 간호	원인제거	(1) 원인질환 치료			
		(2) 약물요법	① Estrogen		폐경기 여성에게 효과적이나 자궁암 발생 위험 有
			② 선택적 에스트로겐 수용체 조절제 raloxifen, bazedoxifene cf) tamoxifen은 1세대 선택적 에스트로겐 수용체 조절제로 가장 심각한 부작용으로 자궁내막증식과 폴립, 자궁내막암 발생위험임	작용	㉠ 근골격계와 심혈관계에 작용하여 골흡수 억제 작용과 혈전형성을 예방함 ㉡ 유방과 자궁에는 작용하지 않아 유방암과 자궁암의 발생을 감소시킴
				부작용	혈전증 발생위험요인을 가진 대상자에서는 혈전증이 부작용으로 초래될 수 있음
			③ 골수흡수억제제 (bisphosphonates) alendronate (Fosamax) risedronate (Actonel)	작용	뼈에 대한 화학적 흡착작용으로 수산화인회석 결정을 형성한 후, 침착되어 파골세포의 기능과 활성을 저해하는 작용(= 파골세포의 성숙을 지연시키고, 빨리 소멸하게 함으로써 골흡수를 억제하는 작용을 함)
				주의점	㉠ 복용 시 앉아서 복용 ㉡ 장관에서 잘 흡수되지 않으므로 공복에 투여할 것 ㉢ 약물을 완전히 삼키지 않으면 식도염, 식도궤양 등의 발생위험이 있으므로 투약 후 다량의 물을 먹고, 투약 직후 눕지 말 것

원인제거	(2) 약물 요법	④ Calcitonin		골흡수 저하시키는 호르몬 + 진통 효과(피하나 근육주사)
		⑤ 비타민 D		소장에서 칼슘 흡수를 위해 필요함
		⑥ 칼슘	주사제	칼슘글루코네이트
			경구제제	칼슘카보네이트

치료 및 간호	대증요법	(1) 통증 조절	① 심할 때는 ABR ② 안정 시 앙와위, 측위 & 체위교정 ③ 약물요법 : 진통제, 마약성 진통제 ④ 온요법 ⑤ 보존요법 : 기분전환, 바이오피드백, 심상요법
		(2) 운동 요법	① 침상 안정 시 : ROM운동, 사지의 경한 저항운동 ② 체중부하운동 : 1주일에 적어도 3번씩 걷기가 매우 효과적임 (운동효과 : 골밀도 유지, 근육의 힘과 안정성, 균형감 및 조정력 향상 등으로 낙상위험을 감소시킬 수 있음) ③ 골다공증 환자는 골절위험이 있으므로 낙상방지 ④ 단단한 매트리스와 바른 자세 유지
		(3) 식이 요법	① 칼슘섭취(매일 1g) : 우유, 콩, 견과류 또는 칼슘보조제(음식과 함께 복용해야 흡수력↑) ② 비타민 D, 적당량의 단백질(과도한 단백질 섭취는 칼슘배출을 증가시킴. 단백질 섭취부족은 뼈형성 장애 초래)의 영양소 ③ 칼슘섭취 방해 음식제한(카페인, 소다, 알코올, 고나트륨 식이, 인은 칼슘소실을 증가시킴)
		(4) 골절 예방	① 낙상으로 인한 상해 예방교육 ② 편한 신발을 신고 무리한 행동은 삼갈 것

예방법 12 임용 / 21 국시	치료보다 예방에 초점(골 소실 예방) **폐경기 여성 골다공증 예방** 98 임용 ① 에스트로겐 투여 : 부작용 및 자궁암의 위험이 있으므로 신중투여 ② 체중부하운동 : 걷기, 에어로빅 등 ③ 칼슘 섭취 및 보충제제 섭취 : 매일 1,500mg 이상 비타민 D와 함께 섭취

예방법 12 임용 / 21 국시	① 에스트로겐요법 실시		파골세포 자극물질 억제(단, 자궁암 유발 주의)
	② 규칙적인 체중부하 운동 23 국시	방법	1주 3회, 한 번에 30분씩 가벼운 중력부하운동(걷기, 뛰기, 등산 등)
		효과	㉠ 골밀도 유지(골질량 유지) ㉡ 근육의 힘, 안정성, 반응시간, 균형감, 조정력 향상으로 낙상위험 감소
	③ 매일 적당량의 Ca^{2+}과 비타민 D 섭취(Vit D 강화음식 섭취, 일광욕), 단백질 + 칼슘 흡수방해 음료 피하기(Ca^{2+} : P = 1 : 1)		
	④ 흡연과 과도한 음주를 피하기 13 임용(지문)		
	⑤ 이상적인 체중 유지		

14 통풍 92,14,18 임용 [성인질환]

정의 92 임용 (보기)/ 14 임용	퓨린의 신진대사장애로 요산이 과잉 공급되거나 배설장애로 혈중 요산농도가 높아져 → 관절 주위 연부조직에 요산결정체가 축적되어 발작성 관절통을 일으키는 질환 (= 혈청 요산침전물 증가로 인해 관절 및 결체조직에 요산나트륨이 축적되어 발생하는 질환) **퓨린은 간에서 생합성되거나 식사 동안 섭취하는 것		
원인	위험요인	가족력, 남성, 비만, 알코올 섭취, 고지혈증, 신부전, 이뇨제 사용, 납 노출 등	
	원발성 요인	① 퓨린 대사의 유전적인 이상 ② 비만한 남성(> 여성, 폐경 전 여성에게는 통풍발생이 드묾) ③ 연령 : 30~50세	
	속발성 요인	① 요산 과잉 공급	㉠ 혈액질환 : 적혈구 증가증, 백혈병, 다발성골수종, 악성빈혈 ㉡ 건선 ㉢ 고퓨린 식사(고등어, 정어리, 새우, 조개, 말린 콩, 내장류, 간)
		② 요산 배설 감소	㉠ 질환(당뇨병성케톤산증, 고혈압, 고지혈증, 자간전증, 신질환) ㉡ 약물(세포독성약물, 항암제, 알코올중독, 이뇨제, 납 노출)
병태생리 12,14,18 임용	① 활액막, 인대, 연골하부, 관절면에 요산소듐 고여서 반응 시작(온도저하, pH 저하 시 요산 용해도가 저하됨) ② Tophi(요산결절) : 요산이 축적되어 섬유성 경직이 나타난 상태(피하조직, 근막, 신장, 심장 등 장기) ③ 진행 시 이차적 퇴행성 변화 & 염증 가속화(신장손상, 젖산축적, pH 저하)		
증상	급성기 (염증 4대 Sx)	▶ 외상(장기적 보행), 고지방식이, 약물의 금단현상 후에 나타남	
		① 발작성 통증	• 발생기전 : 요산결정체가 관절에 축적되어 염증반응이 일어나 심한 발작성 관절통증을 유발한 것(= 관절주위 연부조직에 요산결정체가 축적되어 발작성 관절통을 일으키는 것) • 야간에 심함(통풍발작 시 백혈구 과다증이 수일~수주간 지속됨)
		② 관절의 발적, 부종, 열감	
		③ 부위	엄지발가락 관절 → 족저내측부, 슬관절, 주관절 침범(고관절, 척추 등 큰 관절×) (엄지발가락은 혈류가 부족한 말초로 저온이며, 운동량이 많은 부위로 pH 저하가 쉽게 발생할 수 있어 호발부위임)
		④ 특징	colchicine 투여로 통증은 24시간 이내 소실
	만성기	▶ 급성 관절통과 염증이 반복된 후 나타남(수개월~수년간 후) 관절부에 크림같이 하얗게 요산나트륨이 축적되어 염증반응을 유발하고, 통풍결절 형성 18 임용(지문)	
		① 요산결절 (Tophus) & 백색물질 돌출	이륜에서 제일 먼저 나타남 → 활막, 팔꿈치, 피부, 엄지발가락 : 통증과 관절면의 불규칙으로 섬유성 경직이 오게 됨
		② 특징	무증상기는 짧아지고 지속적인 경한 통증 및 퇴행성관절염 증상이 나타남. colchicine 투여 효과 없음. 백혈구 증가 / 젖산증가로 pH가 저하되고 더욱 요산이 축적되어 심한 염증반응이 유발됨
	증상 4단계	급성	① 무증상성 고요산 혈증 (7.0mg/dL 이상)	관절증상×, 요산결석을 형성하기도 함(칼슘결석 형성을 요산이 촉진함)
			② 급성 통풍성 관절염	야간에 발작성 통증 18 임용(지문)
		만성	③ 간헐적 통증	1년 내 재발 or 무증상 → 두 번째 발작은 더 심하고 오래 지속됨
			④ 만성 tophaceous 통풍	여러 관절에 Tophi(희고, 부드러운 요산결정체) 형성 12 임용

진단	문진과 신체검진	① 가족력		
		② 병력 및 주호소	통증발작의 간격, 신기능장애, colchicine의 반응정도	
		③ 시진	통풍결절(Tophi) 및 통증 확인	
	혈청검사	혈청 내 요산(uric acid) 6mg/dL 이상 상승 cf) 요산의 정상치 : 남(5~6mg/dL), 여(4~5mg/dL)		
	소변검사	24시간 소변 내 요산치 상승		
	활액검사	활액 내 요산결정체 발견 → 확진		
간호 중재	원인제거 (요산공급↓, 배설↑)	식이요법	① 고퓨린 식이제한(내장, 육즙, 정어리)(∵ 퓨린대사장애로 요산나트륨이 축적되므로, 고퓨린 식이 섭취 시 질병을 악화시킴 – 고퓨린 식이를 섭취하면 퓨린대사산물로 요산이 다량 형성됨. 혈중 요산 농도가 높아지면 요산염 결정을 형성하게 되고, 이때 요산염 결정이 관절 및 결체조직에 축적되어 부종과 통증 등의 염증반응을 일으켜 질병을 악화시킬 수 있음) 18 임용(지문) ② 저퓨린 식이권장(야채, 곡류, 과일, 우유, 치즈)	
			고퓨린 식이 (100g당 150mg 이상)	내장류, 진한 고기국물, 등푸른생선, 멸치, 술 등
			중퓨린 식이 (100g당 50~150mg 미만)	고기류, 흰살생선, 콩류, 곡류(도정 안된 것), 버섯류, 시금치, 아스파라거스
			저퓨린 식이 (100g당 50mg 미만)	곡류(쌀밥), 유제품(우유, 치즈, 달걀), 과일(1일 사과 1개, 주스 1잔 정도, 대부분의 채소) 23 국시
			③ 알칼리성 식품(바나나, 우유 등) 섭취 : 요산이 소변에 잘 녹게 함 ④ 과량의 수분섭취 : 요배설↑ ⑤ 고지방식 금기 : 체중조절 ⑥ 알코올 금기 : 알코올은 요산의 생성을 촉진하고 배설을 억제함	
		약물요법	① 요산 생성 억제	㉠ 알로퓨리놀(allopurinol) : 크산틴산화효소억제제로 퓨린대사에 작용하여 요산 생성을 감소시킴 → 혈청과 소변에 요산의 농축을 감소시킴. 과민반응이나 신독성을 일으킬 수 있음 ** 크산틴산화효소는 퓨린이 분해되어 요산으로 전환되는 마지막 단계에서 작용하는 효소임 ㉡ 페북소스타트(febuxostat) : 크산틴산화효소억제제에 속하는 통풍 치료제로 체내 요산 생성에 작용하는 잔틴 산화효소를 억제해 요산 생성을 저해함. 알로퓨리놀에 반응하지 않는 경우 투약하면 효과가 좋음. 간으로 대사되어 변으로 배출되므로 신장기능이 다소 나빠도 사용이 가능하고 부작용이 적은 편임
			② 요산 배설 증가(금기가 아니면 충분한 수분 섭취) 18 임용	㉠ 콜히친(colchicine) • 면역세포인 백혈구 중에서 호중구의 작용을 방해하여 염증의 활성화와 이동을 억제함(질병진행을 막을 수는 없지만 발작빈도를 줄여주고, 통증을 경감시키는 억제성 및 예방적 효과가 있음) • 혈중요산수치를 변화시키지 않고 요산결정 침착만 차단함, 통증완화에 효과적임 • 1~2mg 하루 4번 투약(예방용량), 급성발작 시 통증 소멸 시까지 투약해야 하는데, 이때는 10~20mg을 통증이 없어질 때까지 매 시간 투여

간호 중재	원인제거 (요산공급↓, 배설↑)	약물요법	② 요산 배설 증가(금기가 아니면 충분한 수분 섭취) 18 임용	• 부작용 22 국시 – 장기복용으로 골수저하, 재생불량성 빈혈 등의 혈액장애, 말초신경염, 신경병증 등의 말초신경장애 및 탈모, 피부발진, 혈뇨, 감뇨, 무뇨, 자주색의 멍이 나타날 수 있으며 관찰을 충분히 하고 이상이 인정되는 경우 투여중지 – 근육통, 무력감, CPK 상승, 혈중 및 요중 미오글로빈 상승 등의 특징이 있는 횡문근융해증 및 근육병증이 나타날 수 있으므로 이러한 경우 즉시 투여를 중지하고 적절한 처치를 해야 함 – 설사, 구토, 오심, 구토, 복부산통 등 소화기계 증상을 나타내는 경우에는 감량 또는 휴약 등 적절한 처치를 해야 함 – 전신가려움증, 발진, 피부염 등 과민증상이 나타나면 투여중지 – 투여중단 시 회복될 수 있는 무력감, 무정자증이 나타날 수 있음 ⓒ probenecid : 요산 배설 증가(프로베네시드는 사구체를 통해 여과되어 요산 대신 재흡수되어, 요산의 재흡수를 방해해서 혈중 요산농도를 낮춤) ⓒ 콜히친으로 통증조절이 안될 때는 phenylbutazone(NSAIDs) 200mg TID ⓔ ACTH : 요산제거와 항염증 효과
	대증요법 (통증 및 변형방지)	급성 발작 시 18 임용		① 절대적 안정 18 임용 ② colchicine 1.0~2.0mg 매시간 + NSAIDs ③ 하지의 부목고정 18 임용 ④ 냉 적용 18 임용(지문) cf) 아스피린 금지 : 고용량 ASA는 요산배설을 촉진하나, 저용량(100mg 이하) ASA는 요산배설을 감소시킴
		보존적 치료		① 크래들 사용(∵ 통증부위에 가해지는 침구 무게를 줄이기 위함) ② 통증이 없을 때 ROM 운동 ③ I/O check ④ 통풍결절이 심할 때 외과적 수술 고려

15 골연화증, 구루병 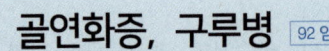 아동질환 성인질환

정의		① 새로 생성되는 골기질의 석회화의 이상으로 골밀도의 감소가 초래되는 질환 ② 어린이의 골연화증을 구루병이라고 하고, 성인은 골연화증이라고 함
원인 92 임용	① 비타민 D 부족	일광 노출 부족, 비타민 D 섭취 부족, 비타민 D 대사이상, 흡수장애, 신부전, 간부전
	② 인산 부족	섭취 부족, 흡수 부족, 신장에서 재흡수 장애
	③ 산증	신세뇨관 산증
	④ 약물	비스포스포네이트(장기간 사용시), 항경련제(비타민 D 대사를 억제함), 알루미늄(소장에서 비타민 D 흡수 억제), 납(칼슘길항작용), 카드뮴(카드뮴이 뼈에 침착하여 뼈의 칼슘과 인의 배설을 촉진함)
	⑤ 일차성 골 무기질 장애	저인산혈증(성염색체 우성 유전)
증상 및 징후		골연화증은 특별한 이상증상이 나타나지 않을 수 있으나, 특징적으로 전반적 근육의 약화와 골 통증이 있을 수 있음 ① 근육 약화 증상은 대개 근위(부)를 침범. 보행 시 좌우로 흔들리는 것을 특징으로 하는 보행장애 발생 ② 골 통증은 척추, 골반, 하지에서 주로 나타나며 동일한 부위에 골절 호발. 통증은 특징적으로 활동하거나 무거운 것을 들 때 악화됨 ③ 골절은 저강도의 외상에 의해 또는 저절로 발생할 수 있는데, 주로 갈비뼈, 척추뼈와 긴 뼈들에서 발생함 ④ 골의 변형은 성인에서는 드물지만 장기간 동안 골연화증에 이환된 경우에는 척추만곡의 변형이나 흉곽이나 골반의 변형 초래 ⑤ 어린이에서 구루병이 발생하면 다리가 휘는 등 관절이나 골격이 변형되고 폐렴에 잘 이환됨
치료 및 간호		기저 원인 질환에 따라 달라짐 ① 비타민 D의 단순 결핍 혹은 일광 부족으로 발생된 골연화증 : 일광 노출 증가, 비타민 D와 칼슘, 인산 보충 ② 흡수장애에 의하여 발생된 비타민 D 결핍증 : 대량의 비타민 D 투여 ③ 활성형 비타민 D의 생성장애나 비타민 D가 작용하는 표적세포의 저항성이 있는 환자 : 활성형 비타민 D(칼시트리올)를 투여 ④ 저인산염성 구루병환자 : 인산염 용액을 일생 동안 복용

• 영양과 관련된 건강문제 92 임용

비타민 A 92 임용	① 눈의 영양공급, 눈의 간상세포상에서 물체를 볼 수 있게 해주는 로돕신 합성에 필수인자 ② 야맹증, 각결막염, 안구건조증, 골성장 장애(골다공증, 골절, 골간단부 불규칙한 형성) ③ 홍역 : 비타민 A 부족 시 사망률과 실명가능성 높아짐 ④ 식이 : 달걀노른자, 버터, 치즈, 당근, 시금치, 녹황색 채소, 과일, 해조류, 간, 어류
비타민 B_1	부족 시 가성근시, 조절력 약화(감귤, 딸기)
비타민 B_2	시력둔화, 백내장, 광선공포증
비타민 B_6	INH 장기투여시 비타민 B_6 병용으로 말초신경염을 예방할 수 있음
비타민 B_{12}	① 부족 시 악성빈혈 ② 간, 우유, 달걀 등의 동물성 식품 多, 야채 속에 없음
비타민 C	① 부족 시 괴혈병 ② 부족 : 고용량의 살리실산 투여(류마티스 관절염), 담배연기 노출(아스코르브산 농도 저하) ③ 식이 : 과일, 녹황색 채소, 양배추, 브로콜리
비타민 D	① 부족 시 구루병(골연화증) ② 부갑상선기능저하증 치료 92 임용
엽산	① 부족 시 엽산결핍성 빈혈, 기형아 발생 증가 ② 녹색 야채, 간, 감귤류, 효모균, 말린 콩, 견과류, 곡류 등
비타민 부족 시	레버씨 시신경 위축증(시신경의 손상으로 통증을 동반하지 않으면서 진행되는 양쪽 시력이 약화되는 유전질환으로 비타민 B_{12}, 비타민 A, C, E가 함유된 식이가 초기에 도움이 됨)
비타민 과잉복용	영양 권장량의 10배 섭취 시
단백질 부족 시	소모증, 콰시오커

16 골연골종(Osteochondroma) 〔93 임용(보기)〕 [아동질환]

정의 및 특성	① 외골종(exostosis)이라고도 하며, 골종양 중 가장 빈도가 높은 종양 ② 남녀 차이는 없고, 대개 10~25세 사이에 호발 ③ 흔히 급성장기에 같이 커지다가 성장이 종료되면서 더 이상 커지지 않음 ④ 호발부위 : 무릎 주변과 어깨 관절 주변에서 호발하며, 어디에서나 발생이 가능
증상 및 징후	① 일반적으로 경미하고 우연히 만져지거나 다쳐서 찍은 방사선 검사 등에서 우연히 발견됨 ② 갑자기 통증이 증가하거나 많이 붓거나 성장완료 후에도 커진다면 악성종양으로 변한 것일 수 있으므로 병원을 방문해야 함 ③ 단순 방사선 검사로 진단가능함 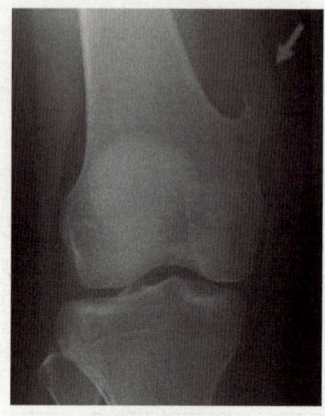　　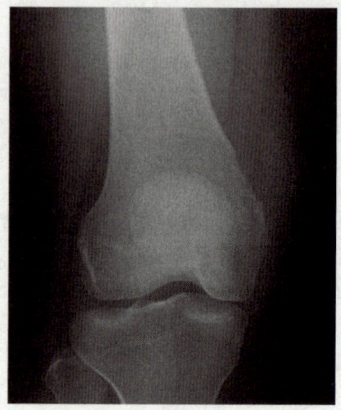 　　　　[골연골종]　　　　　　　　　[정상]
치료 및 간호	증상이 있거나 운동 시에 제한을 보이는 경우, 신경이나 혈관을 눌러 증상을 유발하는 경우, 병적 골절이 동반되는 경우 또는 악성화 의심 시 절제수술 적용

17 골수염 [아동질환] [성인질환]

정의	① 혈행성 감염질환으로 화농성 세균에 의한 뼈, 골수, 연조직의 감염 ② 주로 소아, 청소년기 남성에게 자주 발생함	
원인 07 국시	황색포도상구균(80%), 연쇄상구균, E-coli 등	
병태생리	발병은 잠정적으로 또는 급성으로 일어남	
	감염 초기	① 골수조직에서 괴저과정이 시작 ② 충혈과 부종이 있으며 백혈구 증가
	1단계	단백질 분해효소에 의하여 조직이 괴저되면 화농(3일 내 발생)이 생겨서 골막하 농양 형성(농양은 골막을 밀고 외측 피질 표면으로 퍼짐)
	2단계	① 혈관과 림프조직을 통해서 골간단부의 해면골로 감염이 전파되고 장골의 중간간부를 따라 퍼져 뼈에 농양이 쌓임 ② 골막하 농양으로 골막이 박리되면 골막하에 자극으로 인해 신생골이 생기고 이것이 골막의 내면에 부착되어 골구를 형성(신생골 형성) ③ 골조직은 혈전증으로 괴저되며 분리되어 패혈상태가 되어 부골(사골)이 생김

[골수염의 진행단계]

증상 및 징후	호발 부위	대퇴하부, 경골 상부, 상완부 요골(장골의 골간단에 호발함)
	급성기 (초기)	전신 허약, 발열, 국소통증이 심해짐, 국소적인 증상은 심하지 않으나 환부의 근육 경직으로 걷지 않으려 함
	\multicolumn{2}{l}{백혈구(15,000~40,000/mm³)와 적혈구 침강속도(ESR) 증가}
	\multicolumn{2}{l}{감염이 진전되면 압통, 부종, 발적, 열감 등이 동반}
	\multicolumn{2}{l}{증상이 매우 심하면 고열(38~40℃)이 있으며 관절통이 있음}

치료 및 간호	급성기	투여	골수염이 치료될 때까지 항생제의 상당시간 투여 ◆ 항생제 치료가 효과 없으면 배농루가 생겨 농이 흐르며 만성 골수염이 되고 근육 위축이나 운동 장애 등의 부작용이 초래됨
			필요에 따라 수액과 전해질 투여
		침상안정	기능적 체위 유지
		영양공급	고단백, 고칼로리 식이, 소량을 자주 섭취
	만성기	절개 배농술	증상이 완화되지 않으면 외과적으로 환부를 절개
		부골 절제술	괴저된 뼈 조직을 제거

18. 의족착용 및 관리방법 13임용

재활목적	신체적	① 규칙적으로 운동을 하여 근육강도와 지구력 증가 ② 절단부 상처가 완전히 치유되기 전까지는 체중부하 통제 13임용 ③ 새로운 의족 사용을 연습하여 능숙하고 자연스러운 보행이 되도록 할 것 ④ 슬관절 절단수술 후 관절구축 예방을 위한 중재		
		교육	대상자에게 관절신전과 근육강화 훈련의 시행에 대해 교육	
		체위	무릎 위 절단 시	하루 정도 복위를 취해줄 것
			무릎 아래 절단 시	무릎을 신전시킨 상태에서 절단부위 상승
		운동	2~4시간마다 모든 관절의 능동적 혹은 수동적인 관절범위운동이 시행되어야 함	
		금지사항	절단부 다리가 외전되지 않도록 규칙적으로 내전시킬 것 13임용 ㉠ 휠체어에 단단부 걸쳐두기 ㉡ 둔부나 슬부 아래에 베개 놓기 ㉢ 침대에 단단부 걸쳐두기 ㉣ 목발 손잡이 위에 단단부 두기 ㉤ 단단부 외전(내전시킬 것) ㉥ 대퇴 사이에 베개 놓기 ㉦ 슬부나 둔부를 굴곡 시킨 채 눕기 ㉧ 척추 구부리기	
	정신적	새로운 의지가 자아상으로 수용되어야 하고, 진정으로 독립적인 생활을 할 수 있게 됨		
의지에 대한 적응		① 절단부는 계획된 운동 스케줄에 따라 운동을 하고, 힘과 내구력을 길러 의지사용에 대비 ② 상처가 완전히 치유될 때까지 체중이 절단부에 심하게 가해지지 않도록 할 것 13임용 ③ 정신적으로 적응하기 위하여 변형된 자신의 모습과 의수족 착용상태를 수용하여 적응해 나갈 것 ④ 압박붕대 ㉠ 처음에는 물리치료와 목욕하는 시간 외에 하루 종일 적용, 매일 풀고 여러 번 다시 감음(순환을 방해할 정도로 너무 조여서는 안 됨) ㉡ 절단부 부종의 감소를 위해서는 압박붕대를 균일하고 일정하게 감는 것이 중요함 ㉢ 치유되면 잔존사지는 의족을 신지 않았을 때는 붕대만 하고 부종 형성을 최소화하기 위해 잔존사지를 침상가에 걸쳐 내려놓고 흔들지 않게 함		
의지 착용 후 합병증	절단부의 피부손상	① 보철물 사용 훈련을 방해, 입원 기간 장기화시킴 ② 증상은 일단 치유된 상처가 헐거나 수포나 괴사발생 (특히 당뇨병, 말초혈관신경질환 대상자는 더 심함) ③ 의지 착용 후 처음 보행 시 자주 절단부면을 관찰하고 만약 피부자극이나 찰과상이 있으면 의지 착용을 잠시 중단할 것 ④ 상처가 치유되지 않으면 절단부를 재절개한 후 재봉합함		
	절단부 허약 또는 전신허약증	운동과 기동력 훈련에 대한 세심한 계획으로 근육의 힘과 내구력 기르기		
	절단부 간호 13임용	① 매일 관찰하여 발적, 수포, 찰과상의 유무 살피기 ② 찰과상이 있을 때 일회용 밴드는 사용하지 말 것(연한 피부면을 자극하므로) 13임용 ③ 절단부 청결을 위해 매일 부드러운 비누로 씻고 잘 닦은 후 말리기 ④ 청결 후에는 아무것도 바르지 말 것(알코올은 피부를 너무 건조하게 하고, 기름이나 크림은 절단부를 너무 부드럽게 하여 의지 사용에 불편함) ⑤ 절단부에 목양말 신기(목양말은 줄거나 구겨지지 않게 세탁에 유의하기)		
의지 관리 13임용	점검 및 관리	의지를 매일 점검하여 땀과 먼지를 제거		
	닦기	매일 아침 의지 착용 전 의지 속(소켓)을 깨끗이 마른 수건으로 닦기(의지 속이 젖어 있으면 절단부의 감염과 손상유발)		
	조절	대상자 스스로 의지의 크기를 조절하지 말고, 의지가 크거나 작으면 전문가에게 의뢰하고 정기적으로 의지 전문가에게 의뢰할 것		

08 신경계 건강문제의 간호와 관리

영역	기출분석 영역		페이지
병태생리	신경계 구조와 기능 : 혈관뇌장벽 명칭 2021		450
건강사정	GCS 점수가 의미하는 자극-반응 2015		460
	뇌신경 검사	측두근과 저작근 운동에 관계되는 뇌신경 1992, 1995	
		우측 연구개가 올라오지 않고, 목젖이 왼쪽으로 편위되는 것과 관련된 뇌신경 1992	
		제1, 제3, 제7, 제8, 제11 뇌신경 검진방법 2012	
	슬개건 반사 : 2+ 의미 2009		
	병리적 검사의 의미 1992		
기능장애	ICP 상승	나타나는 증상 1992	472
		두통의 생리적 기전 5단계 2005	
뇌성마비	수반되는 가장 두드러진 장애 - 언어장애 1994		476
수두증(= 뇌수종)	일몰 징후, 마퀴인 징후 2018		478
이분척추증			480
라이증후군	아스피린 사용 시 라이증후군이 나타날 수 있는 질환 1993		483
다발성 신경감염증후	= Gillian-Barre 증후군 1993-보기		485
감염성 질환	뇌수막염	의심되는 학생에게 적용할 수 있는 뇌막자극 징후 2가지 이름과 그 설명 1992, 2007, 2014, 수막자극징후 : 경구강직 2025	487
뇌종양	흔히 발생하는 뇌세포 2021		490
	뇌종양에 의해 발생되는 기전을 구토 중추의 명칭을 포함하여 서술 2021		
뇌전증 (= 간질)	소발작 간질 - 설명 1992		494
	Dilantin 복용하는 간질환자에게 나타나는 부작용 1995		
	간질발작 중재 2002, 2013		
열성경련	뇌전증과 비교 1996		500
뇌혈관성 질환	뇌동맥경화증	동맥경화증의 뇌 징후와 노인성 치매 비교, 증상(기억력 장애, 실어증), 예후 1993	501
	뇌졸중	증상 2018-지문, 신시내티 병원 전 뇌줄중 척도(CPSS) 2025	
		일과성 허혈성 발작 진단 후 아스피린 투여 목적(약 효능중심으로) 2025	
퇴행성 질환	파킨슨씨병	병태생리, 역학, 약물, 관리 : 운동 1992	508
	알츠하이머병	증상(기억장애, 작화증, 지남력 장애와 진행순서, 실행증/실인증, 병태생리) 1993, 2010	511
		메만틴 약물 작용기전, 증상(섬망, 파국증상, 일몰증후군) 2022	
	중증근무력증		515
	다발성 경화증		518
말초신경질환	삼차신경통		520
	안면신경마비		521
추간판탈출증			522

학습전략 Point

1st	신경계 건강사정	GCS, 뇌신경검사, 심부건반사 등이 자주 출제되었다. 따라서 신경계 건강사정의 구체적인 사정방법과 결과 해석 방법에 관해 학습한다.
2nd	파킨슨병, 알츠하이머병	노인인구의 증가와 관련하여 대표적인 노인성 질병이다. 두 질환의 발생기전, 치료와 중재를 비교 학습한다.
3rd	뇌전증, 뇌종양, 뇌혈관질환 등 과년도에 기출되었던 질병	과년도에 기출되었던 질환들에 대해서 병태생리, 대표적인 증상과 징후, 특징적인 치료와 중재들에 관해 학습한다.

한눈에 보기 — 신경계

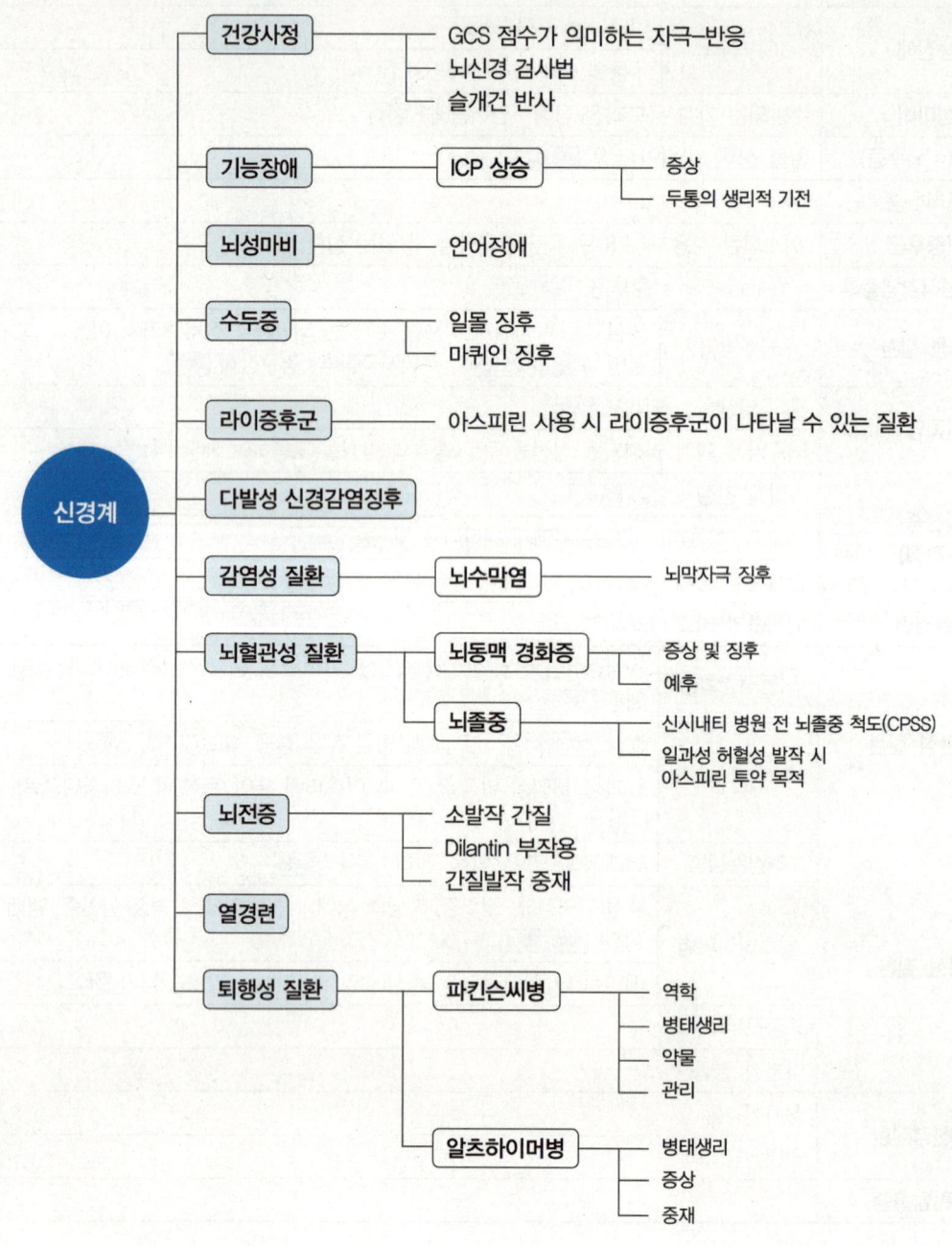

15-B1. 김○○ 학생은 장난치다가 넘어지면서 머리를 다쳐 의식을 잃었다. 보건교사는 학생의 상태 확인에서부터 병원 이송까지를 보건 일지에 기록하였다. 밑줄 친 ㉠의 각 점수가 의미하는 자극-반응을 구체적으로 설명하고, 보건교사가 병원 이송 직전까지 학생에게 확인한 ㉡, ㉢의 징후를 순서대로 서술하시오.

보건 일지			
상담일	2014년 11월 28일	성별	남
이름	김○○	나이	18세

〈관찰 및 처치 내용〉
- 10 : 15am, 현장 도착 당시에 학생은 의식을 잃고 쓰러져서 누워 있는 상태였음
- 귀와 코에서 맑은 액체가 흘러나오고 있었음
- 10 : 16am, 학생의 호흡 상태를 사정하고 기도를 확보한 상태로 119에 신고함
- 10 : 18am, 앰뷸런스 도착 직전까지 글래스고 혼수 척도(Glasgow coma scale)를 사용하여 의식 수준을 사정함
- 10 : 30am, 앰뷸런스 도착 직전의 사정 결과 ㉠눈반응 2점, 언어반응 2점, 운동반응 3점으로 혼수상태임. 두개 골절을 의심할 수 있는 ㉡ 라쿤 징후(racoon sign, racoon eye) 및 ㉢ 배틀 징후(Battle's sign)는 없었음
- 10 : 35am, 119요원에게 학생의 의식 수준의 변화 과정 및 그 밖의 상태를 인계해 주고 병원까지 동행함

92-34. 측두근과 저작근 운동에 관계되는 뇌신경은?
① 활차신경 ② 삼차신경
③ 안면신경 ④ 미주신경

92-59. 〈보기〉와 같은 연구개 모양은 어느 신경의 장애로 나타나는가?

〈보기〉

올라오지 못한다.   왼쪽으로 편위된다.

① 제2뇌신경 ② 제7뇌신경
③ 제8뇌신경 ④ 제10뇌신경

05-12. 두통은 신경학적 문제의 공통적인 징후이다. 두개내 용량의 증가로 뇌압상승이 원인이 되어 나타나는 두통의 생리적 기전을 5단계로 구분하여 순서에 따라 기술하시오.

12-34. 뇌신경 검진 방법 (가)~(마)와 그에 해당하는 뇌신경 ㄱ~ㅁ을 옳게 연결한 것은?

(가) 빛을 비추어 직접·간접 동공반사를 확인한다.
(나) 웨버(Weber) 검사와 린네(Rinne) 검사를 한다.
(다) 대상자의 얼굴을 찡그리도록 한 후 대칭성을 관찰한다.
(라) 검진자의 손에 저항하여 어깨를 으쓱하듯이 올려보게 한다.
(마) 눈을 감고 한쪽 비강을 막아 냄새(커피, 비누 등)를 맡게 한 후 그 냄새가 무엇인지 말하게 한다.

ㄱ. 제1뇌신경
ㄴ. 제3뇌신경
ㄷ. 제7뇌신경
ㄹ. 제8뇌신경
ㅁ. 제11뇌신경

94-10. 뇌성마비 아동에게 수반되는 가장 두드러진 장애는?
① 지능장애 ② 언어장애
③ 시각장애 ④ 청각장애

18-03. 다음은 보건교사와 분만 휴가를 마치고 학교에 나온 동료교사의 대화 내용이다. 〈작성 방법〉에 따라 서술하시오.

보건교사: 선생님, 오랜만이에요. 아기는 잘 자라나요?
동료교사: 우리 아기가 입원했어요.
보건교사: 어디가 아픈가요?
동료교사: 아기가 평상시와 다르게 무기력하고, 젖을 잘 못 빨아서 병원에 갔더니 수두증이라고 해서 입원했어요. 의사가 질병을 설명하는데 ㉠일몰 징후(sun-setting sign)도 있고, ㉡마퀴인 징후(Macewen sign)도 있다고 하네요. 그런데 설명을 들어도 무슨 뜻인지 이해를 잘 못했어요. 그게 무슨 뜻인가요?

〈작성 방법〉
- ㉠의 양성 소견과 발생 기전을 서술할 것.
- ㉡을 검진하는 방법과 양성 소견을 서술할 것.

93-13. 다음 중에서 주로 남아에게서 볼 수 있는 질환은?
① 소아마비(polioyelitis)
② 다발성 신경감염 증후(Gullain-Barre 증후군)
③ 진행성 근육 퇴화증(Progressive muscular dystrophy)
④ 골연골증(osteochondroma)

92-53. 〈보기〉와 같은 병적 반사를 보이는 것은?

〈보기〉
환자를 뉘어 다리를 쭉 편 다음, 머리를 전면으로 구부리면 하지도 따라서 구부러진다.

① 브루진스키 징후
② 오펜하임 징후
③ 케르니그스 징후
④ 바빈스키 징후

07-04. 뇌수막염이 의심되는 학령기 아동이 있다. 보건교사가 경부 강직 외에 확인해 볼 수 있는 뇌막자극 징후 2가지의 이름을 쓰고 그 징후에 대해 각각 2줄 이내로 설명하시오.

14-10. 세균성 뇌막염(bacterial meningitis)의 징후를 확인하기 위하여 그림과 같이 검진을 시행하고 있다. 괄호 안의 ㉠, ㉡에 해당하는 명칭을 차례대로 쓰시오.

- (㉠) 징후
방법: 앙와위로 눕히고 대퇴를 복부 쪽으로 굴곡시켜 무릎을 대퇴와 90°가 되게 한 후, 무릎을 신전시키면 대퇴 후면의 통증과 무릎 저항 및 통증을 느낀다.

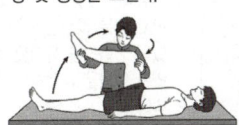

- (㉡) 징후
방법: 앙와위로 눕히고 목을 가슴 쪽으로 굴곡시키면, 목의 통증과 함께 양쪽 대퇴, 발목, 무릎이 굴곡된다.

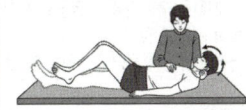

93-43. Aspirin을 사용했을 때, Reye증후군이 나타날 수 있는 질환으로 옳은 것은?
① 결핵, 수두
② 수두, 종양
③ 수두, 소아마비
④ 수두, 인플루엔자

25-B2. 다음은 중학교 보건교사가 작성한 보건 일지의 일부이다. 괄호 안의 ㉠에 들어갈 임상적 징후와 밑줄 친 ㉡의 상황 시 취해야 하는 체위를 쓰시오.

[보건 일지]
1학년 1반, 이○○, 여

일자(요일)	내용
9.6.(금)	• (14:20) 주 호소: 어제 저녁부터 두통, 오한, 근육통, 오심, 구토, 요통 증상 있음. • 활력징후: 고막 체온 38.0℃, 맥박 88회/분, 호흡 18회/분, 혈압 110/60mmHg • 수막 자극 징후(meningeal irritation signs): (㉠), 브루진스키 징후(Brudzinski sign), 케르니그 징후(Kernig sign)를 확인함. • 조퇴 후 병원 진료를 받도록 안내함.
9.9.(월)	• (10:40) 1학년 1반 학생들이 보건실로 와서 같은 반 학생이 음악실에서 갑자기 쓰러졌다고 하여 현장으로 감. • 학생이 교실 바닥에 쓰러져 있었음. • 즉시 119에 신고함. • 기도(airway): ㉡입이 벌어진 상태에서 침을 흘림, 반사 있음. • 호흡(breathing): 자발 호흡 있음. • 순환(circulation): 이상 소견 없음. … (중략) …
9.10.(화)	• 학부모님으로부터 확인한 내용 - 9월 6일 조퇴 후 병원에 가지 못했다고 함. - 9월 9일 응급실 이송 후 수막염(meningitis)이 의심된다는 진료 소견이 있었다고 함.

24-B9.
다음은 고등학교 보건교사와 보건 동아리 학생들이 대화한 내용의 일부이다. 〈작성 방법〉에 따라 순서대로 서술하시오.

보건교사 : 지난주에 백혈병에 대해 특강을 들었죠? 오늘은 특강 내용에 대해 이야기해 보려고 해요. 먼저 아동의 백혈병에 대해 이야기해 볼까요?
학생 A : 백혈병은 혈액암의 하나이고 소아암에서 가장 흔한 질병이라고 하셨어요.
학생 B : 그리고 아동의 백혈병은 일반적으로 급성 림프구 백혈병과 급성 골수성 백혈병이 있는데, 이 중에서 ㉠급성 림프구 백혈병이 더 흔하대요.
보건교사 : 백혈병에 대해서 자세하게 공부했군요. 그럼 이번에는 백혈병의 검사에 대해서 이야기해 볼까요?
학생 A : 백혈병은 혈액검사에서 ㉡범혈구감소증이 나타나고 빈혈, 출혈, 감염이 생긴다는 것을 알았어요.
보건교사 : 백혈병 환아의 혈액검사는 중요하죠. 다른 검사에 대한 설명도 있었는데 특별히 생각나는 검사가 있나요?
학생 B : 저는 특강에서 본 동영상 중에 요추천자가 기억에 남아요. 선생님, ㉢백혈병 환아에게 요추천자를 하는 목적이 궁금해요.
… (하략) …

〈작성 방법〉
- 밑줄 친 ㉠의 정의를 서술할 것.
- 밑줄 친 ㉡이 나타나는 이유를 서술할 것.
- 밑줄 친 ㉢을 서술하고, 요추천자를 할 때 아동의 자세에 대해 서술할 것.

21-B4.
다음은 보건교사가 지도하고 있는 고등학교 보건 동아리 학생이 작성한 영상 제작 대본의 일부이다. 〈작성 방법〉에 따라 순서대로 서술하시오.

작성일자	○년 ○월 ○일
주제	뇌종양 바로 알기
대본	학 생 : 안녕하세요? 오늘은 뇌종양이라는 질병에 대해 알아보려고 합니다. 도움 말씀을 주실 보건선생님을 한 분 모셨습니다. 보건교사 : 반갑습니다. 보건교사 정○○입니다. 학 생 : 선생님! 뇌종양은 뇌조직 중에서 어디에 많이 생기나요? 보건교사 : 네, 뇌종양은 뇌신경세포보다는 지지세포인 (㉠)에서 흔히 발생합니다. 학 생 : 그렇군요. 그러면 뇌종양이 생기면 어떤 증상이 나타나나요? 보건교사 : 뇌종양의 증상은 종양의 위치와 성장 속도에 따라 다양하게 나타날 수 있지만 종양이 커지면서 두통과 ㉡구토가 나타납니다. 학 생 : 그렇군요. 그런데 뇌종양이라고 하면 뇌에 생기는 암이죠? 보건교사 : 그렇지는 않아요. 양성 종양도 있고 보통 암이라고 불리는 악성 종양도 있어요. 학 생 : 뇌종양이 다 암은 아니라고 하니 다행이네요. 악성 뇌종양의 경우는 어떻게 치료하나요? 보건교사 : 수술이나 항암 화학요법(chemotherapy)으로 치료를 하게 됩니다. 단, 항암 화학요법은 제한점이 있는데, 뇌에는 다른 부위와는 달리 (㉢)(이)라고 하는 특수한 구조가 있어서 이것을 통과할 수 있는 약물을 사용해야 합니다. … (하략) …

〈작성 방법〉
- 괄호 안의 ㉠에 들어갈 명칭을 쓸 것.
- 밑줄 친 ㉡이 뇌종양에 의해 발생되는 기전을 구토 중추의 명칭을 포함하여 서술할 것.
- 괄호 안의 ㉢에 들어갈 명칭을 쓸 것.

93-42. 뇌동맥 경화증에 대한 설명으로 옳지 않은 것은?
① 뇌동맥 경화증의 뇌증후는 일반적으로 노인성 치매보다 훨씬 뒤늦게 나타난다.
② 기억력의 장애가 시간이 감에 따라 점차 심해지며 현저해진다.
③ 실어증을 보이며 불안이 증가하고 질투와 의심이 많아진다.
④ 뇌동맥 경화증에 의한 만성 뇌증후군은 경감될 수 있으나 완치는 어렵다.

92-20. 소발작 간질을 설명한 것은?
① 급작스런 의식 상실과 함께 온 몸의 근육이 굳어지는 상태가 10~20초 계속된다.
② 간대성 경련기(clonic phase)로 이행되며, 혀를 깨물기도 하고 대소변의 실금이 있다.
③ 의식 상실이 약 5~30초 동안 오며, 경련을 일으키거나 혼수상태에 빠지는 일은 없다.
④ 경련이 수반되지 않으며, 의식상실이 아닌 의식장애가 삽화적(episodically)으로 일어난다.

02-05.
수업 도중 학생이 대발작을 일으켜 교실바닥에 쓰러져 있다. 발작이 있는 동안과 발작 후 보건교사가 취해야 할 응급처치 중 우선적으로 해야 하는 처치내용을 5가지만 쓰시오.

96-13. 열성경련과 간질을 비교한 것 중 틀린 것은?

		열성경련	간질
①	발생 연령	6개월~3년	무관
②	뇌파 소견	정상	언제나 이상소견
③	발생 빈도	빈도 높다.	빈도 낮다.
④	발작 특성	언제나 전신성	전신성 또는 국소성

18-06.
다음은 보건교사가 작성한 보건 상담일지이다. 괄호 안의 ㉠에 해당하는 시각전도로와 ㉡부위가 손상되었을 때 나타나는 시야 결손을 쓰시오.

보건 상담일지

2017년		△△고등학교	
이름	김○○	학년/반 담임교사	2학년 1반
성별	남	연령	48세

번호	월/일 (요일)		상담 내용
1	○○/ ○○ (월)	주호소	• 옆에서 다가오는 학생을 보지 못해 부딪힘. • 몸이 왼쪽으로 기울어진다는 이야기를 들음. • 걸음걸이가 불안정함.
		면담 및 검진	• 항고혈압제 복용 중임. • 혈압 : 140/100 mmHg • 맥박 : 82회/분 • 대면법 검사 결과 시야장애가 있음.
		조치 사항	• 전문의 진료를 빨리 받도록 조치함.
2	○○/ ○○ (금)	주호소	• 병원에서 시각 전도로(시각경로) 장애로 관련 질환을 검사 중임. • 시각 전도로에 대해 알고 싶어 보건실을 찾음.
		조치 사항	• 시각 전도로를 설명함. - 시 자극이 망막에서 대뇌의 후두엽까지 전달되는 경로 - 망막 → 시신경 → (㉠) → 시삭 → 외측슬상체 → 시방사 → 후두엽 시각피질 • 김○○ 교사에게 나타난 시야결손을 다음 그림을 이용하여 설명함. [그림] 시각 전도로와 시야결손

25-A11. 다음은 보건교사와 119종합상황실의 전화 통화 내용의 일부이다. 〈작성 방법〉에 따라 순서대로 서술하시오.

| 119 종합상황실: 119종합상황실입니다. 무슨 일이 있습니까? |
| 보건교사: ○○ 중학교 보건교사입니다. 50대 남자 선생님이 5분 전에 복시와 두통 증상으로 보건실에 방문하셨는데, 뇌졸중이 의심되는 상황입니다. 선생님은 현재 학교 본관 1층에 있는 보건실에 있습니다. |
| 119 종합상황실: 선생님 상태는 어떤가요? |
| 보건교사: 의식은 명료합니다. 기도, 호흡, 순환 모두 이상 소견 없습니다. 뇌졸중 가족력이 있으신 분으로 학교에서 ㉠<u>신시내티 병원 전 뇌졸중 척도(CPSS)</u>로 실시한 검사에서 이상 소견이 확인되었습니다. |
| 119 종합상황실: 현장 구급대원 출동하였습니다. 증상은 언제부터 있었다고 했나요? |
| 보건교사: 오늘 아침 7시부터 복시 증상이 있었다고 합니다. |
| 119 종합상황실: 현장 구급대원에게 전달할 특이 사항은 없습니까? |
| 보건교사: 몇 달 전에 일과성 허혈 발작으로 진단받고 ㉡<u>아스피린</u>을 처방받았는데 위염 증상으로 복용을 중단하셨다고 합니다. |
| … (하략) … |

─── 〈작성 방법〉 ───
- 밑줄 친 ㉠으로 확인할 수 있는 이상 소견 3가지를 서술할 것.
- 일과성 허혈 발작을 진단받은 환자에게 밑줄 친 ㉡을 투여하는 목적을 약의 효능을 중심으로 서술할 것.

95-05. Dilantin을 복용하고 있는 간질 환자에게서 자주 나타나는 부작용은?
① 호흡저하 ② 잇몸비대
③ 체액정체 ④ 저혈압

13-28. 그림은 P학생(남, 12세)의 간질 발작의 경위를 나타낸 것이다. 그림을 바탕으로 보건교사가 P학생에게 실시해야 하는 응급처치 내용으로 옳은 것만을 〈보기〉에서 있는 대로 고른 것은?

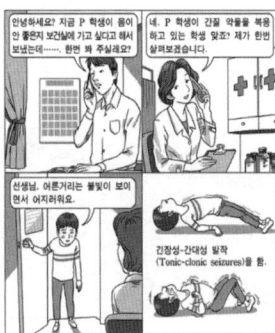

긴장성-간대성 발작
(Tonic-clonic seizures)을 함.

─── 〈보기〉 ───
ㄱ. 혀를 깨물거나 혀가 기도를 막을 위험이 크므로 기도 확보를 위해 발작 중인 학생의 치아 사이에 개구기를 삽입함.
ㄴ. 발작 중 기도 유지가 중요하므로 가능하면 학생을 측위로 취해주고, 입에서 흘러나오는 분비물을 닦아줌.
ㄷ. 발작을 하는 동안 신체 손상이 우려되므로 학생의 머리 아래에 담요를 받쳐 보호하고, 팔과 다리를 억제함.
ㄹ. 발작이 끝난 후 기도 개방 여부를 확인하고, 발작 동안 다른 부위의 외상이 없는지 전신 상태를 확인함.

92-44. 파킨슨씨병에 해당하지 않는 것은?
① 중추신경계의 기저 신경절을 침범한다.
② 50세 이상, 백인, 남자에게 더 많다.
③ 벨라돈나(Belladonna)계 약물을 사용한다.
④ 움직이는 것보다는 안정하는 것이 좋다.

95-36. 저작 운동에 관여하는 뇌신경은?
① 제1차 뇌신경
② 제3차 뇌신경
③ 제5차 뇌신경
④ 제7차 뇌신경

10-27. 다음 사례에서 (가)~(마)에 대한 설명으로 옳지 않은 것은?

김 씨는 75세의 노인으로 약 18개월 전부터 (가) 아침 식사를 했는지 안 했는지를 모르고, (나) 이웃집 여자를 아느냐는 질문에 "물론 알지, 어제 그 여자 남편과 맥주를 마셨어."라고 대답했다. 그녀의 남편은 5년 전에 사망하였고 김 씨는 그녀의 남편을 한 번도 만난 적이 없었다. 그리고 (다) "올해(2009년도)가 몇 년도냐?"는 질문에 1991년이라고 답하였다. (라) 시력장애가 없음에도 불구하고 의자나 연필 같은 물건을 지각하지 못하더니 결국은 가족까지도 알아보지 못했다. 이러한 증상으로 김 씨는 딸과 함께 병원에 가서 검사한 결과 양성자방출 단층촬영(PET) 검사에서 양쪽 두정-측두엽 부위의 포도당 대사율이 떨어졌으며 (마) 알츠하이머(Alzheimer's disease)으로 진단받았다.

① (가)는 기억장애로 질병 초기에는 장기기억보다 최근 기억을 하지 못한다.
② (나)는 작화증으로 기억이 잘 나지 않은 부분을 무의식적으로 상상이나 사실이 아닌 경험으로 채우는 것이다.
③ (다)는 지남력장애로 대부분 시간, 장소, 사람의 순으로 지남력 상실이 온다.
④ (라)는 실행증으로 측두엽과 두정엽의 손상으로 인하여 나타난다.
⑤ (마)는 치매의 한 종류로 대뇌 신경세포에서 콜린아세틸 전달효소 효능이 떨어지고 아세틸콜린의 흡수가 저하된다.

09-12. 성인의 건강사정 결과 전문가에게 의뢰하여 추후 검사가 필요한 비정상 소견을 〈보기〉에서 고른 것은?
─── 〈보기〉 ───
㉠ 폐 타진: 탁음이 들린다.
㉡ 광선 투시법으로 부비동 검진: 전두동에 빛이 투시된다.
㉢ 슬개건 반사: 등급이 2+이다.
㉣ 고환검사: 1.5cm 이하로 작고 부드러운 고환이 촉진된다.
㉤ 린네 검사: 골 전도가 공기 전도 소리보다 더 오랫동안 들린다.

92-18. 뇌압 상승 시 나타나는 증상으로 옳은 것은?
① 맥박은 1분에 90회 이상으로 올라간다.
② 수축기 혈압과 이완기 혈압이 동시에 떨어진다.
③ 피부는 차고 축축하다.
④ 쿠스마울(Kussmaul) 호흡이 특징이다.

22-B11. 다음은 보건교사가 동료교사와 나눈 대화 내용이다. 〈작성 방법〉에 따라 서술하시오.

동료교사: 선생님, 안녕하세요? 알츠하이머(Alzheimer's disease)을 앓고 있는 어머니께서 도네페질(donepezil)을 드시고 계셨는데, 약이 추가되었어요. ㉠<u>메만틴(memantine)</u>이라는 약인데 부작용은 없나요?
보건교사: 흔한 부작용으로 어지러움, 두통, 변비, 혼돈 등이 있어요.
동료교사: 어머니를 돌보면서 주의할 것은 무엇인가요?
보건교사: 알츠하이머병과 함께 ㉡<u>갑자기 의식의 변화가 심하고 과다한 행동, 환각 및 초조함을 보이며 시간과 장소에 대한 인식을 못하는 증상</u>을 보일 수 있는데 이럴 땐 즉시 치료를 받으셔야 합니다. 그리고 일상적인 생활에서 ㉢<u>파국반응(catastrophic reaction)</u>이나 ㉣<u>일몰증후군(sundown syndrome)</u>을 보일 수 있어요. 이때는 안전함을 인지시키고 공포나 불안 요소를 제거하여 산만함을 최소화하는 것이 필요해요.
동료교사: 네, 그렇군요. 알려 주셔서 감사합니다.

─── 〈작성 방법〉 ───
- 밑줄 친 ㉠의 약리작용을 서술할 것.
- 밑줄 친 ㉡의 명칭을 제시할 것.
- 밑줄 친 ㉢과 ㉣의 의미를 순서대로 서술할 것.

17-B3. 다음은 자간전증(preeclampsia)으로 치료 중인 35주된 임부의 간호기록지 일부이다. 〈작성 방법〉에 따라 순서대로 서술하시오.

간호 기록지
성명: 이○○   성별/연령: 여/40세
- ㉠<u>황산마그네슘(MgSO₄)</u>을 정맥으로 주입 중임
- 두통 있음. 흐린 시야 없음
- 태아 심박동수(fetal heart rate): 130회/분
- 혈압: 160/90mmHg, 맥박: 90회/분, 호흡: 12회/분, 체온: 36.8°C
- ㉡<u>심부건 반사(deep tendon reflex)</u>: 양쪽 무릎 관절 1+

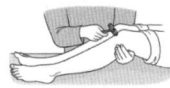

… (하략) …

담당 간호사: ○○○
○○병원

─── 〈작성 방법〉 ───
- 밑줄 친 ㉠을 투여하는 이유를 서술할 것.
- 밑줄 친 ㉡을 확인하는 이유와 양쪽 무릎 관절 1+의 의미를 서술할 것.
- 황산마그네슘으로 인한 독성 작용이 나타났을 때 투여하는 약물을 제시할 것.

1 신경계 구조와 기능

1 신경계의 기본구조 : 신경계의 세포에는 신경원과 신경교가 있으며 태생학적으로 외배엽에서 발생함

신경원 (뉴런)	신경계의 가장 기본 단위, 세포체 / 수상돌기 / 축삭으로 구성		
	세포체	세포형질과 핵으로 구성, 신경원의 성장과 대사에 기여, 인접한 신경세포로부터 정보를 받아들이고 통합하는 중추역할을 함	
	수상돌기	인접한 신경세포로부터 신호를 전달받아 세포체로 보내는 역할을 함	
	축삭	여러 개의 돌기 중 가장 길게 뻗어 나온 줄기로 신경세포는 대부분 1개당 1개의 축삭이 있음, 세포체에서 통합된 신경세포를 세포 내에서 전도시키고 다른 세포로 전달해주는 역할을 함. 축삭이 모여 다발을 이루면 신경섬유가 형성됨	

[신경원의 구조]

신경원과 연접	시냅스	① 신경계는 하나의 신경섬유로 연결된 회로 ② 정보가 한 신경원에서 다른 신경원으로 이동하는 현상 ③ 활동전위에 따라 연접 전 축삭말단에서 신경전달물질이 저장 또는 방출	
	신경흥분 전달 영향요인	영향 요인	효과
		충동전달거리	거리가 가까울수록 증가
		자극의 강도	자극의 강도가 강할수록 증가
		최면이나 마취와 같은 산소결핍	신경세포 활동 감소
		세포외액의 산도	산증에서 신경세포 활동 억제
		카페인 22 임용, 테오필린	신경세포 활동 증가
		세로토닌, 도파민, GABA	신경충동 억제
		아세틸콜린, 노르에피네프린, 엔돌핀, 엔케팔린	신경충동 흥분
신경	① 신경섬유(축삭)는 많은 신경원이 연접하여 만들어짐 ② 신경은 기능에 따라 감각, 운동, 연합신경으로 분류함		
	감각신경	• 감각수용기가 인지한 체내, 체외의 변화를 중추신경으로 전달 • 감각신경에서 오는 정보는 중추신경계의 시상에 모이고 다시 대뇌피질의 두정엽에 도달하여 지각 통합함	
	운동신경	중추에서 효과기로 흥분 전달	
	연합신경	• 자극을 감각신경에서 운동신경으로 전달 • 중추신경에만 국한되어 있음	

신경교세포 (= 지지세포) 21 임용	① 중추신경계와 말초신경계에 분포 ② 신경세포의 대사작용, 영양공급, 보호작용, 신경전달물질의 농도유지 작용 담당 ③ 중추신경계 세포 용량 40% 차지, 신경원보다 5~10배 많음 ④ 종류	
	별아교세포 (= 성상세포, Astrocyte)	• 혈액뇌장벽(Blood-Brain Barrier, BBB)을 형성·유지하고 화학적 항상성 유지 • 혈액에서 포도당을 흡수해서 뉴런에 공급함 • 뉴런들을 지탱함 • 주로 회백질에서 발견
	뇌실 세포 (Ependymal cell)	• 뇌척수액을 생산하고 섬모를 통해 뇌척수액이 흐르게 함 • 신경줄기세포의 역할을 수행함
	미세아교 세포 (= 소교세포, Microglio)	• 중추신경계의 면역세포 역할을 함 • 식균작용을 통해, 세포 파편과 병원균을 제거함
	희돌기교 세포 (Oligodendrocyte)	• 중추신경계의 수초를 형성함(수초형성하는 지단백 복합체 생산) • 한 개의 세포가 여러 축삭을 감싸고 있음 • 주로 백질에서 발견

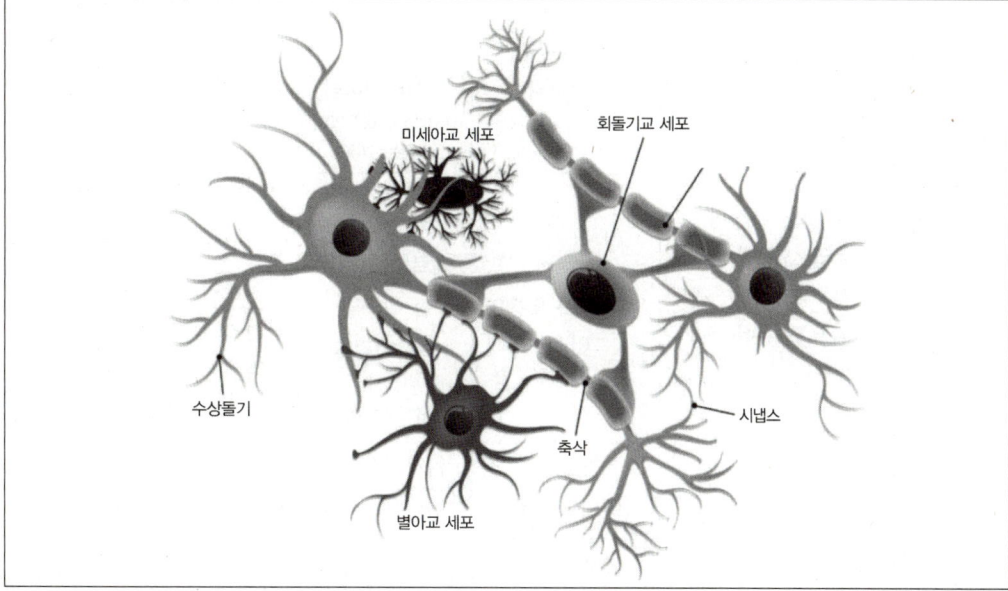

2 중추신경계

(1) 뇌

	구조			기능
뇌				
대뇌 [14 국시]	① 뇌 전체 무게의 80% 차지 ② 좌우 두개의 반구로 구성 ③ 전두엽, 두정엽, 측두엽, 후두엽으로 구분, 때로 변연계도 엽으로 분류	전두엽 (두개골 전면부위)	일차운동영역	추체로, 수의적인 근육활동
			운동앞영역, 보조운동영역	추체외로, 몸통과 몸쪽 근육조절 운동계획과 순서
			이마눈운동영역	안구의 수의적인 동향운동
			이마앞연합영역	판단, 예지, 행동통제 등 정신능력
			브로카영역	언어의 표현(표현성 언어영역)
		두정엽 (두개골의 천정부위)	일차몸감각영역	물체의 모양, 질감 및 크기 구별(체성감각)
			몸감각연합영역	일차몸감각영역의 정보와 시상겉질섬유를 받음
			모이랑, 모서리위이랑 (두정엽과 측두엽이 맞닿는 부위)	몸의 감각, 청각, 시각 정보를 서로 연관시키는데 관여
		측두엽 (전두엽과 두정엽 아래)	청각연합영역	음의 소재와 의미를 파악
			베르니케 영역	언어의 이해(수용성 언어 영역) : 손상 시 언어의 뜻을 이해할 수 없음 [06,10 국시]
			속후각겉질	뇌섬엽(뇌의 외측고랑)에 위치, 후각자극의 처리
			일차청각영역	음의 높낮이와 음조를 판별
		후두엽 (대뇌의 뒤쪽)	일차시각영역	시각자극의 수용과 처리
			시각연합영역	움직임과 색깔 분석
		변연계 (측두엽 깊숙이 위치, 시상하부 주변을 둘러싸고 있음)		① 편도체(정서조절), 해마(기억), 시상하부를 포함 ② 일차적인 감정반응 : 생존과 관련된 정서와 본능적 패턴 (불쾌, 분노, 쾌감, 충만감, 배고픔, 공격성, 성적 흥분 등) ③ 학습과 기억
간뇌	① 대뇌피질 아래 위치 ② 시상과 시상하부로 구성	시상		① 많은 신경핵들이 포함되어 있어서 대뇌, 소뇌, 시상하부에서 신경섬유를 받음 ② 후각을 제외한 모든 감각(통증, 온도, 촉각)을 대뇌피질까지 전달 : 모든 오름섬유들을 거쳐 대뇌겉질의 감각영역으로 전달하는 중계역할과 통합기능을 함 ③ 각성, 반사운동 담당 ④ 통증, 분노, 공포 등의 원초적 정서반응
		시상하부		① 본능욕구조절 : 항상성 조절 ② 수분대사 조절 : 갈증중추 ③ 음식섭취조절 : 섭식과 포만 중추 ④ 체온조절중추 ⑤ 정서기능조절 ⑥ 각성과 수면조절

	구조		기능
뇌간	① 반구중심의 깊은 곳, 간뇌와 척수 사이에 위치 ② 인식과 각성을 조절하는 망상활성계가 넓게 분포되어 있음 ③ 뇌신경이 뇌간 가까이 연결되어 있음	중뇌	① 몸의 자세 유지 ② 청각, 시각반응 중개역할 ③ 3(동안), 4(활차) 뇌신경 신경핵 위치
		뇌교	① 심장가속 기능과 혈관수축 중추 ② 호흡양상과 호흡률을 통제하는 호흡중추(심한 뇌부종으로 인해 뇌교 하부까지 압박하게 되면 무호흡 발생) ③ 5(삼차), 6(외전), 7(안면), 8(청) 뇌신경 신경핵 위치
		연수	① 뇌와 척수 연결 ② 생명유지에 필요한 심박동 조절 중추, 연하중추, 구토중추, 딸꾹질 중추, 반사중추, 호흡중추 ③ 9(설인), 10(미주), 11(부), 12(설하) 뇌신경 신경핵 위치, 7(안면), 8(청) 뇌신경 일부 수행
망상계	뇌간의 중심부를 이루며 대뇌, 뇌간, 소뇌와 연결		① 간뇌와 대뇌피질을 활성화 ② 수면과 각성 반복하게 함 ③ 손상 시 의식변화
기저핵	① 대뇌반구의 안쪽 깊은 곳에 위치 ② 대뇌반구의 시상외측에 위치하는 회백질체		① 추체외로계의 시발점으로 대뇌피질과 협력하여 수의운동을 발생시킴 ② 감각자극과 환경변화에 반응 ③ 장애 시 파킨슨병, 헌팅톤무도병, 진전, 무정위 운동, 과긴장증 등이 발생함
소뇌	대뇌의 후두엽 아래, 뇌교의 후방에 위치		① 골격근 활동을 조절 ② 자세, 근육의 평형과 긴장을 유지 ③ 정교한 운동 조절 ④ 내이 반규관(세반고리)과 연결되어 신체운동의 방향과 자세변화를 지각하고 전정신경과 뇌간을 경유하여 소뇌로 정보 전달 ⑤ 손상 시 움직일 때 진전이 있음. 발음하는 근육의 부조화된 운동으로 부정확한 발음

뇌의 보호구

	구조	기능
뇌막	경막, 지주막, 연막으로 구성	① 대뇌와 척수를 지지하고 보호함 ② 영양과 혈액공급의 통로 ③ 종류 ㉠ 경막(dura mater) : 가장 바깥층에 위치한 단단한 섬유층, 골막층과 뇌막층으로 구성됨. 동맥이 있음 ㉡ 거미막(= 지주막, arachinoid) : 경막하에 위치, 거미줄과 같이 생긴 막, 정맥이 있음. 지주막하에 뇌척수액이 순환함 ㉢ 연막(pia mater) : 뇌 및 척수와 가장 인접한 막

	구조	기능
뇌척수액	무색투명한 액체로 측위에서 압력은 약 60~180mmH$_2$O, 순환경로가 막히면 두개내압 상승, 수두증 발생	① 뇌실에 있는 맥락총의 분비 및 확산 작용에 의해 혈액으로부터 시간당 18mL 속도로 생산되어 지주막 융모를 통해 두개골 정맥순환으로 흡수됨 : 지주막하 순환으로 뇌로 돌아오면 지주막 융모를 통해 재흡수되고 경정맥을 상대정맥으로 흐름 ② 기능 : 1) 뇌와 척수를 보호하고 충격을 흡수하며 2) 뇌의 무게지지, 3) 신경세포에 영양공급, 노폐물 제거 ③ 무색, 투명한 액체, 뇌척수 공간에 약 140mL 정도 있음. 1일 500mL 생성 및 흡수 ④ 포도당, 단백질, 포타슘, 소듐 포함 ⑤ 뇌척수액 순환경로 폐쇄 시 두개내압 상승으로 오심, 구토, 두통, 수두증 발생
뇌의 혈액 공급	① 양측경동맥에서 시작하는 전뇌순환, 양측 추골동맥에서 시작하는 후뇌순환으로 구성 → 뇌기저부에서 연결되어 윌리스 환 형성 ② 대뇌정맥 혈액은 경막동을 거쳐 상대정맥으로 순환	① 뇌는 심박출량의 15%인 분당 750mL의 혈액을 공급, 신체에 소모되는 전체 산소의 약 20% 공급, 하루 약 400kcal 정도의 당분 소모 ② 뇌 순환이 20초가량 정지되면 의식소실, 4~6분 지속되면 중추신경계에 비가역적 변화 ③ 뇌혈류 조절영향 요인 : 이산화탄소, 수소이온, 산소농도 ④ 뇌관류압 : 정상 70~100mmHg ⑤ 하나의 혈관이 막히더라도 다른 혈관을 통해 혈액공급이 가능한 측부순환 발달 ⑥ 윌리스 환 : 뇌 기저부에 존재하는 가장 중요한 측부순환로
혈액뇌장벽 21 임용	뇌모세혈관 내피세포가 혈액뇌장벽에 밀착해서 결합하고 있으며, 주변을 별아교세포가 에워싸고 있는 밀착된 구조를 통해 약물이나 대사산물이 내부로 들어오지 못하게 함으로써 뇌와 척수조직 보호, 뇌척수액 순환과 혈장 내의 일부 물질 보존	① 산소, 당, 이산화탄소, 알코올, 물 등은 뇌로 쉽게 이동하나, 분자량이 큰 알부민, 항생제 등은 BBB(Blood-Brain Barrier) 때문에 천천히 통과하거나 통과하지 못함 → 뇌와 척수조직을 보호 ② 뇌 질환의 치료나 약물 선택시 BBB 특성을 고려해야 함

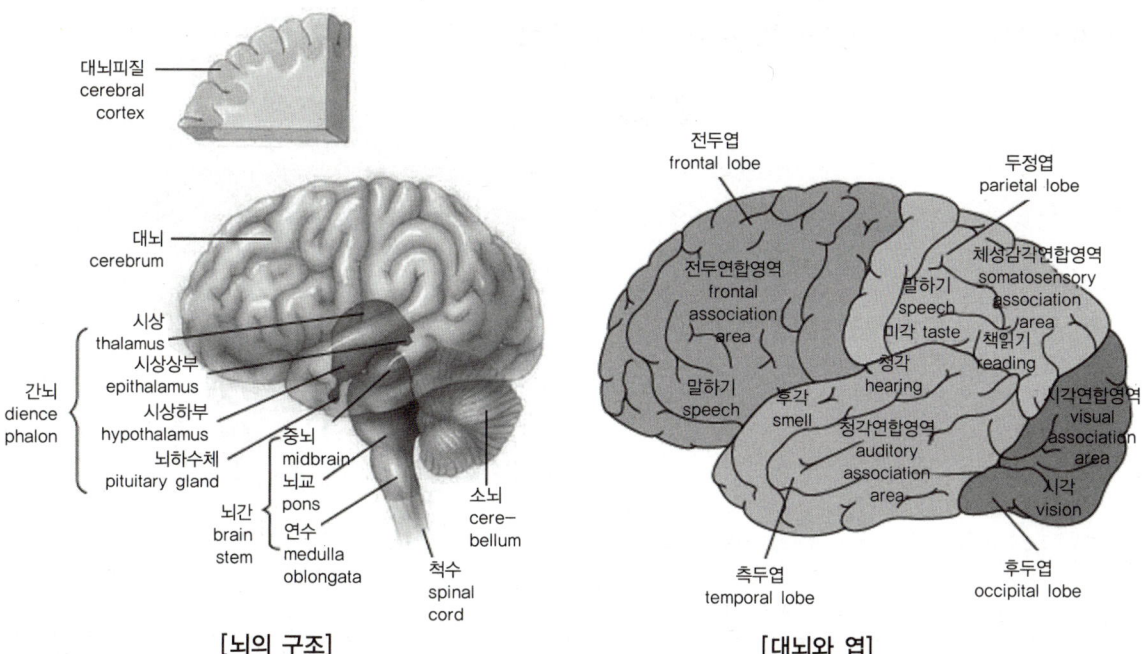

[뇌의 구조] [대뇌와 엽]

(2) 척수

구조	기능

① 척추관 속에 위치하는 손가락 굵기의 원추모양 신경
② 전체 길이는 성인 경우 40~45cm
③ 피질은 백질(지질이 많이 포함된 축삭), 수질은 회백질(세포질)로 H모양으로 구성
  cf) 대뇌는 피질이 회색질로 세포체가 모여있는 곳임
④ 위로는 연수와 연결되고 아래로는 1~2요추까지 내려와 있음
⑤ 31개의 분절로 구성
  ㉠ 8개의 경수 : 목과 상지, 횡격막, 늑간 관장
  ㉡ 12개의 흉수 : 흉강과 복부관장
  ㉢ 5개의 요수 : 하지와 복부관장
  ㉣ 5개의 천수 : 하지관장, 요로계와 장 조절
  ㉤ 1개의 미수
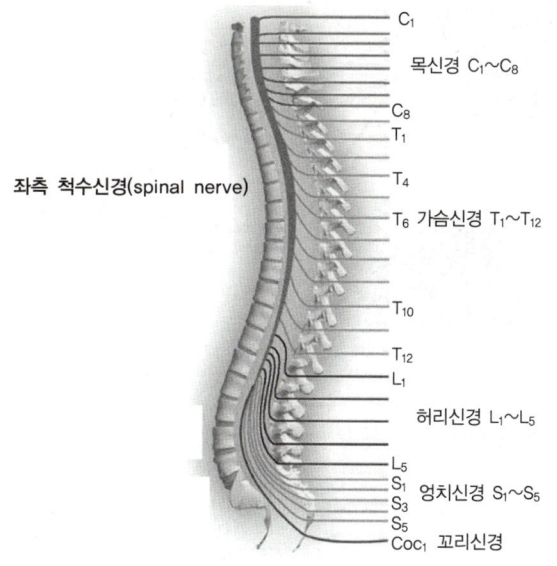
	① 뒤뿔은 감각신경, 앞뿔은 운동신경, 가쪽뿔은 자율신경을 담당함 🔑 뒤상감 전하운 가자
	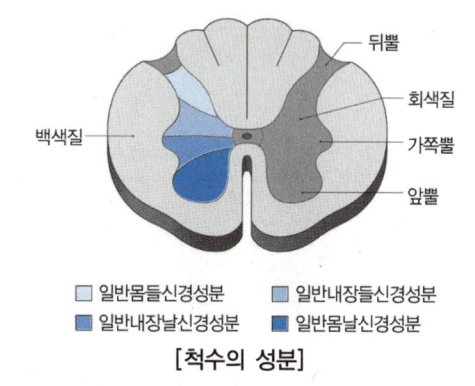
	[척수의 성분]
	② 척수의 하행로 : 대뇌피질, 뇌간, 소뇌의 운동 정보를 전각으로 전달
	③ 척수의 상행로 : 피부와 내장의 신경흥분을 척수후각을 통해 중추신경으로 전달
	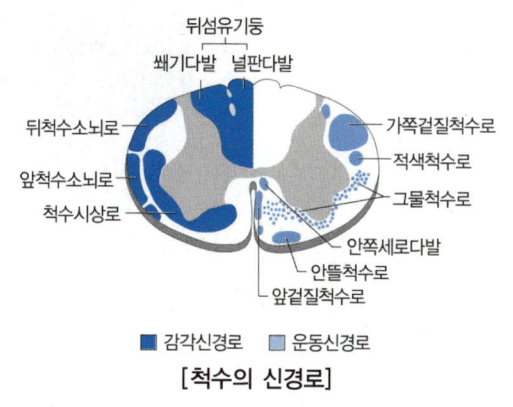
	[척수의 신경로]
	④ 말초신경과 관계하여 반사작용

③ 말초신경계 - 뇌신경, 척수신경, 자율신경으로 구성

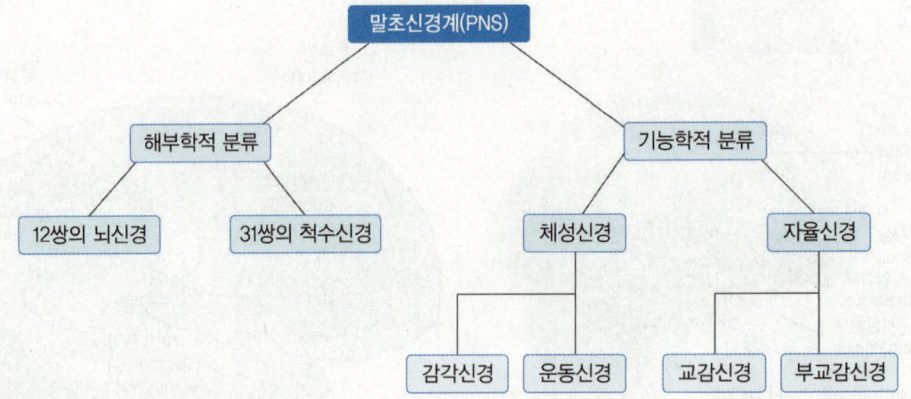

(1) 뇌신경 10,11,14,15 국시

12쌍이 있으며 감각, 운동 또는 혼합기능을 하고 있음

Ⅰ, Ⅱ, Ⅷ 뇌신경	감각신경
Ⅲ, Ⅳ, Ⅵ, Ⅺ, Ⅻ 뇌신경	운동신경
Ⅴ, Ⅶ, Ⅸ, Ⅹ 뇌신경	혼합신경

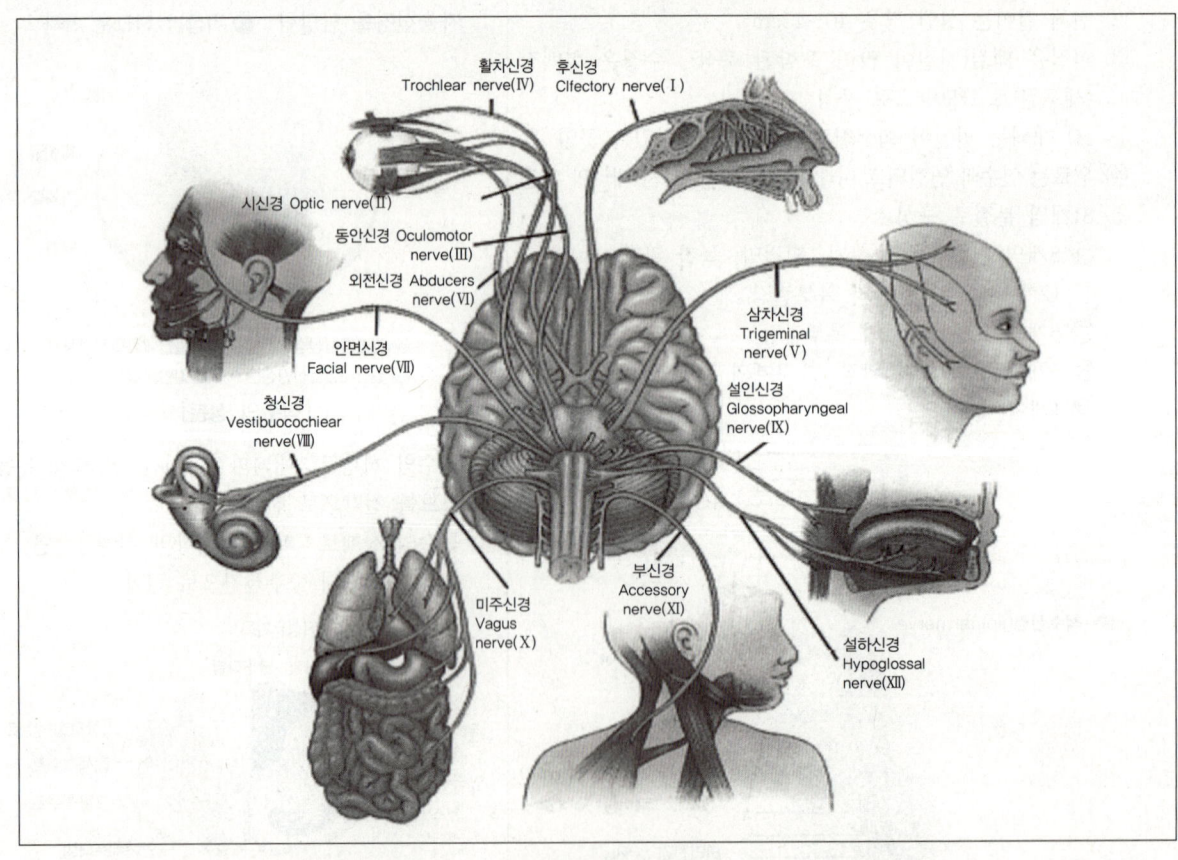

[뇌신경과 분포영역]

명칭		기능	기시부
제Ⅰ신경 – 후신경		후각	측두엽
제Ⅱ신경 – 시신경		시각	후두엽
제Ⅲ신경 – 동안신경		① 안구운동 ② 동공축소 ③ 안검거상	중뇌
제Ⅳ신경 – 활차신경		안구운동	중뇌
제Ⅵ신경 – 외전신경		안구측면운동	뇌교
제Ⅴ신경 – 삼차신경		① 안가지 – 얼굴 감각 ② 상악가지 – 구강, 혀, 치아감각 ③ 하악가지 – 저작기능	뇌교
제Ⅶ신경 – 안면신경		① 얼굴표정 ② 혀 전방(2/3)미각 ③ 타액분비	뇌교
제Ⅷ신경 – 청신경		① 전정신경 – 평형 ② 와우신경 – 청각	뇌교
제Ⅸ신경 – 설인신경		① 혀 후방(1/3) 감각 ② 인후감각, 구개반사 조절 ③ 연하작용, 침 분비	연수
제Ⅹ신경 – 미주신경		① 인두, 후두, 외이감각 ② 연하작용 ③ 흉곽과 내장기관 활동(자율신경계 기능 　조절 : 부교감신경)	연수
제Ⅺ신경 – 부신경		① 목운동 ② 어깨운동(흉쇄유돌근과 승모근 운동)	연수
제Ⅻ신경 – 설하신경		혀 운동	연수

(2) **척수신경**

① 척수의 후근은 감각정보 전달, 전근은 운동정보 전달, 말초는 각각 근육과 피부의 일정영역에 분포
② 신체의 감각수용기는 통증, 온도, 촉각, 진동, 압력, 내장감각, 고유 감각과 시각, 미각, 후각, 청각과 같은 특수 감각 모니터하고 전달
③ 각각 척수신경축삭은 척수를 떠나 다른 척수신경과 연합하며 신경총 형성 → 신경총은 체간, 구간, 척수로 연결 → 마지막에 개별적 말초신경인 척수신경으로 가지 분지

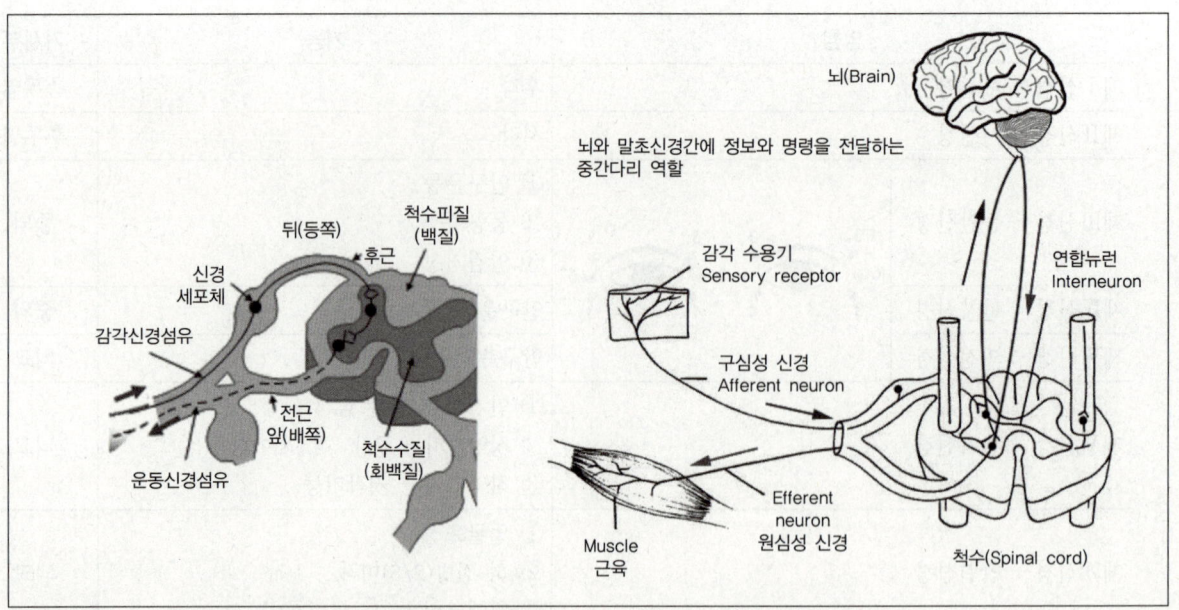

(3) 자율신경계

① 내장, 혈관, 샘에 분포
② 대뇌의 의지와 상관없이 조절되는 신경
③ 무의식적으로 작용하며 호흡, 소화, 순환, 대사, 체온, 분비, 생식 등 생명유지의 항상성을 유지하는 데 중요한 역할
④ 중추는 간뇌(시상하부)와 척수, 변연계 등임
⑤ 교감신경계와 부교감신경계로 나뉘고 상호 길항작용

교감신경계	부교감신경계
• 흉·요부 분지 • 항상성 유지, 스트레스원 대항기능 • 신체가 응급상황에 재빨리 반응하도록 조력 • 절전섬유말단(시냅스)에서 아세틸콜린 분비, 절후섬유말단(표적기관)에서 에피네프린, 노어에피네프린을 분비함	• 두개·천골 분지 • 에너지를 절약하여 신체에 저장함 • 절전섬유와 절후섬유 모두에서 아세틸콜린 분비 • 장의 연동운동 증가

[신체기관에 대한 자율신경계의 자극 영향]

기관	부위	교감신경 자극영향	부교감신경 자극영향
눈	동공	확대(멀리 떨어진 구조물의 정확도를 증가시키기 위해 빛의 양을 증가시킴)	동공수축(지나치게 밝은 빛으로부터 동공보호)
	모양체근(섬모체)	이완	수축하여 수정체를 두껍게 조절함
피부	털세움근	털을 세움(소름, 닭살)	효과 없음(도달하지 않음)
	말초혈관	혈관수축(피부와 입술을 창백하게 하고, 손가락 끝을 푸르게 함)	효과 없음(도달하지 않음)
	땀샘	땀분비 증가	효과 없음(도달하지 않음)
다른 샘	눈물샘	분비가 약간 감소	분비 증진
	침샘	분비량 감소, 진하고 좀 더 끈적이게 함	분비량 증가, 묽은 분비물 분비촉진
심장	심근	박동수와 수축력 증가	심박동수와 수축력 감소시켜 에너지를 보존함
	관상동맥	부교감신경의 효과를 억제하여 심장혈관 이완	심장혈관 수축
폐	기관지평활근	부교감신경의 효과를 억제하여 이완(기관지 확장)하여 가스교환 극대화	수축(기관지 좁힘)하여 에너지를 보존함
	기관지분비	분비 감소	분비 증가
	기관지동맥	수축	이완
소화관	소화관벽 근육	연동운동(꿈틀운동) 억제	연동운동 항진
	항문괄약근	수축하여 배변억제	이완하여 배변유도
	선(gland)	혈관수축에 의해 분비 감소	분비 증가
간		글리코겐을 포도당으로 전환하여 혈당 증가	글리코겐 생성과 보존 촉진
담낭		이완	수축
부신	수질	에피네프린/노르에피네프린을 혈중으로 방출	효과 없음(신경분포 없음)
방광	방광벽(배뇨근)	이완으로 배뇨억제	수축으로 배뇨유발
	방광괄약근	수축으로 배뇨억제	이완으로 배뇨유발
음경과 음핵		사정과 혈관수축으로 발기완화	외부생식기관의 발기유발
동맥	피부	수축	
	복부내장기관	수축(α수용체), 확장(β수용체)	
	골격근	수축(α수용체), 확장(β수용체)	
골격근		당원분해와 근력증가	
지방세포		지방분해	
기초대사		100%	
정신활동		증가	

2 건강사정 92,95,09,12,15,17 임용

1 대뇌기능 사정

① 사람, 장소, 시간에 대한 지남력 확인, 이름 부르기, 통증반응으로 확인
② 의식 정도에 따라 명료, 기면, 혼미, 반혼수, 혼수로 구분 01,10,22,23 국시

단계	설명
명료	시각, 청각, 기타 감각에 대한 자극에 충분하고 적절한 반응이 즉시 나타남
기면	졸음이 오는 상태로 자극에 대한 반응이 느려지고 불완전하며 환자로부터 반응을 보기 위해 자극의 강도를 증가시켜야 함 17 임용(지문)
혼미	계속적이고 강한 자극, 즉 큰 소리나 통증 또는 밝은 빛에 반응, 통각자극에 대해서는 어느 정도 피하려는 듯한 의도적인 행동 보임
반혼수	표재성 반응 이외에 자발적인 근육 움직임은 거의 없고 고통스러운 자극을 주었을 경우 어느 정도 피하려는 반응 보임
혼수	모든 자극에 반응 없음, 무의식 상태 15 임용(지문)

③ Glasgow Coma Scale(GCS) 이용(13~15점 : 정상, 9~12점 : 중등도, 3~8점 : 혼수, 3점 미만 : 완전 혼수) 15 임용 / 04,07,11,19,20,21 국시

반응범주		자극	반응	점수
의식수준	눈의 반응	• 환자 곁에 가까이 감 • 구두 명령 • 통증자극 🔸 자부통×	자발적으로 눈을 뜸	4
			부르면 눈을 뜸	3
			통증자극에 의해서 눈 뜸	2
			눈을 전혀 뜨지 못함	1
			검사할 수 없음	0
	언어 반응	• 큰 소리로 물어봄 🔸 명상부불×	지남력이 있고 명료함	5
			혼돈스러운 상태로 하나 이상 영역의 지남력 상실	4
			말은 하나 부적절한 단어사용으로 대화 유지 부족	3
			이해 불명의 말 소리	2
			소리를 전혀 내지 못함	1
			검사할 수 없음	0
	운동 반응	• 언어지시를 한다. (팔을 들어보세요, 두 손가락을 잡아보세요) • 통증자극 🔸 명반회굴신×	명령에 따름	6
			국소통증 자극에 반응함(유해자극을 제거하려고 시도함)	5
			통증에 대하여 비정상적인 굴곡자세 없이 회피성 굴곡	4
			비정상적인 굴곡 반응(제뇌피질경직자세) : 상완을 옆으로 붙이고 팔꿈치, 손목, 손가락을 굴곡하고 다리는 내전하며 펴고 발을 발바닥 쪽으로 굽힘. 피질 척수로 병변 시 나타남	3
			비정상적인 신전 반응(제뇌경직자세) : 목을 펴고 이를 악물고 손바닥을 밑으로 가게 하여 팔을 펴고 옆으로 붙임, 다리는 반듯이 펴고 발은 발바닥 쪽으로 굽힘. 이는 중뇌, 뇌교, 간뇌에 병변이 있을 때 나타남	2
			반응 없음(이완마비상태)	1
			검사할 수 없음	0

- 의식수준 관련 용어

혼돈	지남력이 소실되고 기면이나 흥분상태에 있으며 감각자극에 대하여 잘못된 판단을 하고, 주의집중 기간이 단축됨
섬망	혼돈과 비슷하지만 환각, 초조함, 과다행동(잠 안자고 소리지르는 등) 등이 나타남
무동무언증	명료한 상태처럼 보이지만 자발적 운동이 없으며 정신활동이 없음
감금증후군	언어나 동작에 의한 의사소통이 불가능하지만 의식은 명료함 뇌간의 양측성 마비에 의해 이차적으로 발생함
만성식물상태	심한 뇌손상 후에 발생하며 혼수시기를 지난 후에 주로 발생함 생명징후는 보존되나 정신기능의 활동은 없음

주의력과 집중력	① 주의력 : 특별한 자극, 상황에 초점을 맞출 수 있는 능력 ② 집중력 : 주의력을 지속할 수 있는 능력 ③ 주의력과 집중력 저하는 섬망의 초기 증상 가능 ④ 환자에게 숫자빼기 등으로 평가
기억력	오래된 기억, 최근 기억, 새로운 기억 등 사정
언어와 모방	단순한 그림을 따라 그리게 하기, 언어능력 사정
인지	지적 기능 사정, 추상적 사고 평가 등
통증반응	통증자극을 한 후 반응을 평가

2 소뇌기능 검사

(1) 두점 간의 운동(교호운동)

① Finger-to-nose(지적검사), Nose-finger-nose test

[Finger-to-nose]

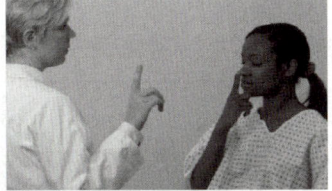
[Nose-finger-nose test]

실시방법		① 대상자에게 좌위를 취하게 함 ② 대상자에게 양팔을 신체의 옆면에서 뻗도록 함 ③ 대상자에게 양쪽 눈을 뜨고 있게 함 ④ 대상자에게 우측 검지손가락으로 코끝을 만지도록 하고, 그 후에 그 우측 팔을 뻗어 다시 뻗은 자세로 돌아오도록 함 ⑤ 대상자에게 좌측 검지손가락으로 코끝을 만지도록 하고, 그 후에 그 좌측 팔을 다시 뻗은 자세로 돌아오도록 함 ⑥ 이 과정을 몇 번씩 반복함 ⑦ 대상자에게 양쪽 눈을 감게 하고 이 반복적인 동작을 반복시킴 ⑧ 팔의 움직임, 움직임의 매끄러움과 손가락이 닿는 점을 관찰할 것 (대안적 기술로 대상자에게 검지로 코에 닿게 한 뒤 검사자의 손가락에 닿게 함)
결과판정	정상	수행함
	비정상	눈을 감은 채로 소뇌질환이 있는 대상자는 자세의 감각에 영향을 주기 때문에 코의 위쪽을 만지게 됨

② Heel-to-shin test(발뒤꿈치-정강이 조정검사)

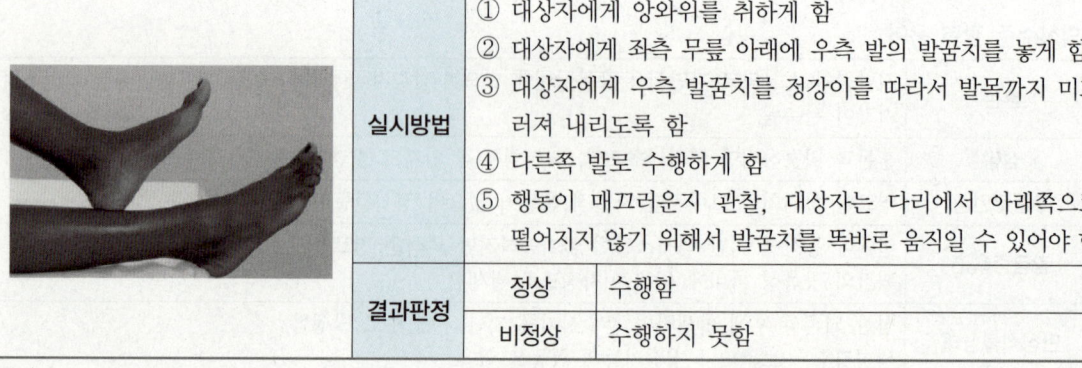

실시방법	① 대상자에게 앙와위를 취하게 함 ② 대상자에게 좌측 무릎 아래에 우측 발의 발꿈치를 놓게 함 ③ 대상자에게 우측 발꿈치를 정강이를 따라서 발목까지 미끄러져 내리도록 함 ④ 다른쪽 발로 수행하게 함 ⑤ 행동이 매끄러운지 관찰, 대상자는 다리에서 아래쪽으로 떨어지지 않기 위해서 발꿈치를 똑바로 움직일 수 있어야 함	
결과판정	정상	수행함
	비정상	수행하지 못함

(2) **균형**

Romberg test(양쪽 발을 모으고 서서 눈 감고 서기) : 소뇌질환 시 눈을 뜨거나 감을 때 모두 심하게 움직이고 전정 고유 수용기(관절과 근육에서 감지, 몸의 위치와 움직임에 대해 알 수 있게 해줌) 문제 시에는 눈을 감은 상태에서만 흔들린다.

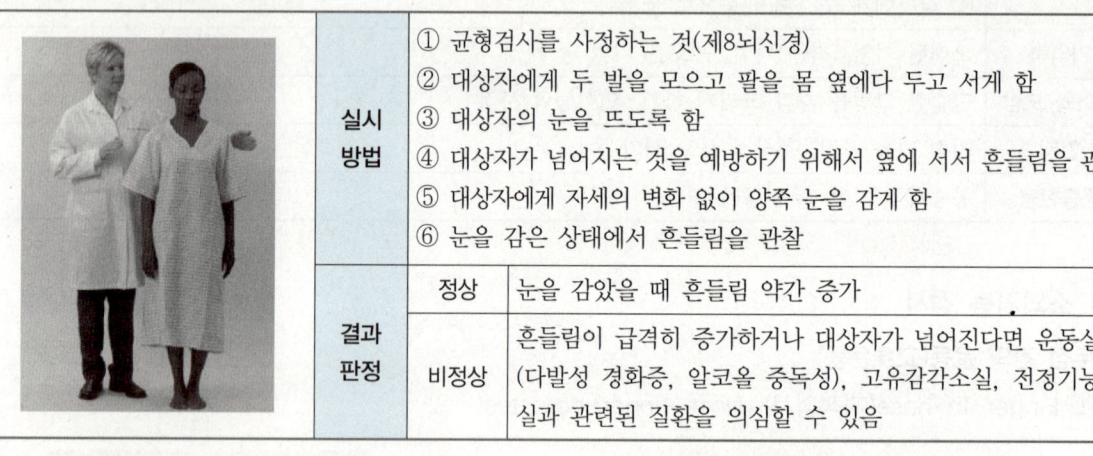

실시방법	① 균형검사를 사정하는 것(제8뇌신경) ② 대상자에게 두 발을 모으고 팔을 몸 옆에다 두고 서게 함 ③ 대상자의 눈을 뜨도록 함 ④ 대상자가 넘어지는 것을 예방하기 위해서 옆에 서서 흔들림을 관찰 ⑤ 대상자에게 자세의 변화 없이 양쪽 눈을 감게 함 ⑥ 눈을 감은 상태에서 흔들림을 관찰	
결과판정	정상	눈을 감았을 때 흔들림 약간 증가
	비정상	흔들림이 급격히 증가하거나 대상자가 넘어진다면 운동실조(다발성 경화증, 알코올 중독성), 고유감각소실, 전정기능소실과 관련된 질환을 의심할 수 있음

(3) **빠른 반복운동검사** : 빠른 교대운동손 뒤집기

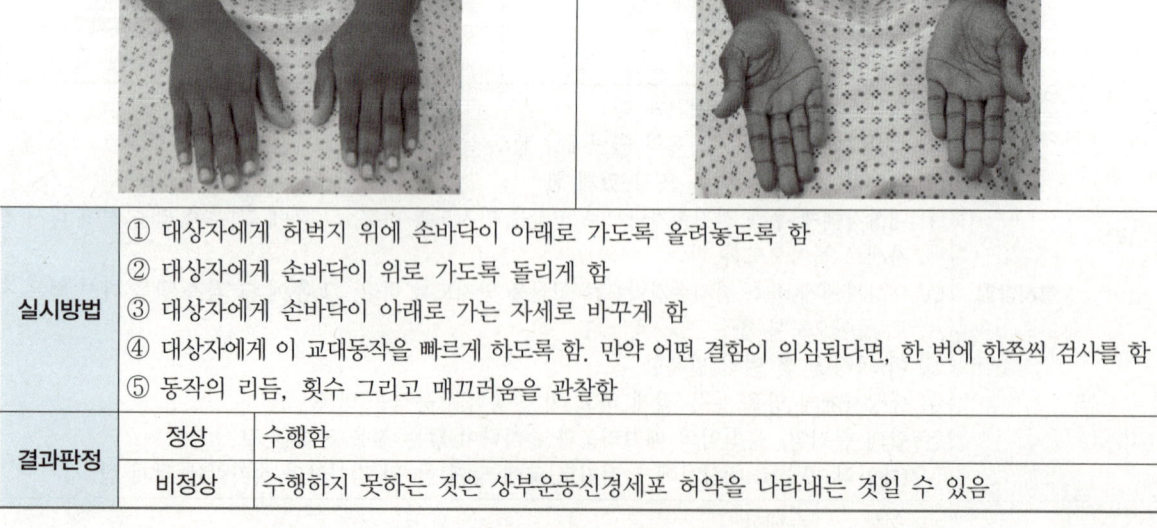

실시방법	① 대상자에게 허벅지 위에 손바닥이 아래로 가도록 올려놓도록 함 ② 대상자에게 손바닥이 위로 가도록 돌리게 함 ③ 대상자에게 손바닥이 아래로 가는 자세로 바꾸게 함 ④ 대상자에게 이 교대동작을 빠르게 하도록 함. 만약 어떤 결함이 의심된다면, 한 번에 한쪽씩 검사를 함 ⑤ 동작의 리듬, 횟수 그리고 매끄러움을 관찰함	
결과판정	정상	수행함
	비정상	수행하지 못하는 것은 상부운동신경세포 허약을 나타내는 것일 수 있음

(4) 걸음걸이 : 직렬보행(Tandem gait), 한 발로 뛰기, 한 다리로 서서 구부렸다 일어나기

- 검사걸음걸이의 형태

걸음걸이	설명
계상보행 (steppage gait)	• 다리의 무기력함과 발처짐(족하수)와 관련됨 • 대상자가 걸을때 다리를 높이 들어올렸다가 바닥에 떨어뜨림. 계단을 올라가는 것처럼 보임
실조성(ataxic)	• 다리를 넓게 벌리고 비틀거리며, 조정이 불가능함 • 두 다리가 함께 설 수 없음
경련성(spastic)	• 다리를 들어올리지 않고, 두 다리가 뻣뻣한 상태로 발을 끌며 보행함
파킨슨성 (Parkinsonian)	• 걷는 동안 팔을 흔들지 않음 • 머리와 몸만 앞으로 숙이고 다리는 뻣뻣하며 보폭은 짧고, 걸음속도는 느림

3 뇌신경 검사 [10,11,14,15,20 국시]

제1뇌신경 [95(보기),12 임용]	명칭	후각신경(olfactory)
	기능	후각
	형태	감각신경
	검사법	눈을 감고 비강을 막아서 한쪽씩 커피, 비누 등의 냄새를 맡을 수 있는지 검사 [12 임용]
	이상	냄새를 식별하지 못함
제2뇌신경 [92 임용(보기)]	명칭	시신경(optic)
	기능	시력
	형태	감각신경
	검사법	시력검사, 시야검사, 색맹검사, 안저검사(시신경 유두)
	이상	① 한쪽 움직임만 인지 ② 반맹증, 시야의 1/4 결손
제3뇌신경 [95(보기),12 임용]	명칭	동안신경(oculomotor)
	기능	동공수축, 안구운동, 안검올림
	형태	운동신경
	검사법	동공반사, 안구운동검사(안구를 굴려보게 함) * 동공반사 검사법 ① 방을 캄캄하게 하고 작은 불빛을 동공에 직접 비춰 빛이 망막에 집중되면 정상적으로 빠르게 수축함 ② 한쪽의 동공이 빛에 의해 직접적으로 자극되면, 다른 동공도 수축됨 : 시신경교차에서 양쪽 신경섬유가 교차하기 때문에 같은쪽과 반대쪽의 동공 모두가 빛에 대해 반응하는 공감성 반사가 이루어짐 * 동공반응은 PERRL(Pupil, Equal, Round, Reactive Light)로 기록
	이상	안검하수증, 동공이완, 안구가 외측으로 돌아감
제4뇌신경	명칭	활차신경(trochlear) [92 임용(보기)]
	기능	눈을 내측과 하방으로 움직임
	형태	운동신경
	검사법	안구가 아래쪽과 중간 쪽으로 움직이는 것을 검사

	명칭	삼차신경		
제5뇌신경 92(보기),95 임용 / 14 국시	기능/ 형태	안와신경(이마부위)	각막, 비점막, 얼굴 체감각	감각신경
		상악신경(양뺨부위)	안구, 구강, 혀의 전방 2/3와 치아의 체감각	감각신경
		하악신경(턱부위)	안면하부 체감각	감각신경
			저작(측두근, 저작근)	운동신경
	검사법	측두근과 저작근 저작능력, 안면의 촉각·통각·온각검사, 각막검사 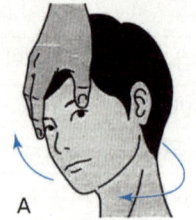 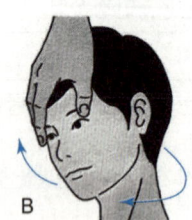 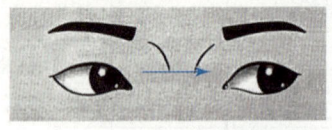 [저작운동 검사] [얼굴감각 검사] [각막검사]		
	이상	① 일측성 측두근과 교근의 무력증 ② 각막반응, 얼굴감각 소실		
제6뇌신경	명칭	외전신경(abducens)		
	기능	눈의 외측 움직임		
	형태	안구측면운동		
	검사법	안구의 외전운동		
	이상	안구 내측의 변위		

 PLUS⊕

- **안구두부반사(눈머리 반사) 검사**

① 정의 : 머리를 갑자기 한쪽 방향을 민첩하게 전환시킬 때 안구가 반대쪽으로 공역되는 현상으로 간뇌 기능장애 시 doll's eye현상이 나타나는지 확인하는 검사
② 목적 : 무의식 환자의 안구운동 사정방법으로 뇌간기능을 평가하는 방법
③ 검사법 : 검사자가 대상자의 침대에 가까이 서서 누운 자세에 있는 대상자의 머리를 좌우로 회전시키면서 안구운동을 관찰함

정상반응 : 머리를 한쪽으로 움직이면 안구는 반대방향으로 움직임

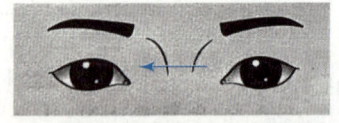
비정상반응 : 머리를 한쪽으로 움직이면 안구는 서로 다른 방향으로 움직이거나 움직이지 않음

제7뇌신경 92(보기),95(보기), 12 임용 / 01,11,20 국시	명칭	안면신경(facial)	
	기능/ 형태	얼굴표정	운동신경
		미각(혀 전방 2/3)	감각신경
		타액분비	부교감신경
	검사법	표정짓기(눈썹 올리기, 찡그리기, 미소짓기, 이 보이기, 양쪽 뺨 부풀리기)하게 한 후 대칭성 관찰, 미각검사, 타액분비 A. 입을 부풀린다.　　B. 웃어본다. [안면운동 검사의 예]	
	이상	손상된 쪽에서 눈물, 하안검의 하수증, 입은 마비된 쪽에서 반대쪽으로 돌아가고, 휘파람을 불지 못함. 혀 전방 2/3의 미각상실	
제8뇌신경 95(보기),12 임용	명칭	청신경(vestibulocochlear) – 전정, 와우신경	
	기능/ 형태	전정신경(vestibular)	평행	감각신경
		와우신경(cochlear)	청각	감각신경
	검사법	청력검사, 청력이 상실된 상태라면 Weber 검사(음차), Rinne 검사(음차), 롬베르그 검사	
	이상	청력소실, 평형감각의 장애	
제9뇌신경 92 임용(보기)	명칭	설인신경(glossopharyngeal)	
	기능/ 형태	미각, 혀의 후방 1/3, 인후감각	감각신경
		연하	운동신경
	검사법	연하작용, 미각검사, 타액분비	
	이상	연하곤란증, 혀 후방 1/3의 미각상실	
제10뇌신경 92 임용(보기)	명칭	미주신경	
	기능/ 형태	인두, 후두 감각	감각신경
		연하	운동신경
		부교감신경활동	부교감신경
	검사법	최토반사, 소리낼 때 연구개와 목젖의 움직임, 목소리 내기	
	이상	① 목젖 자극 시 자극된 연구개가 올라가지 않음. 소리 낼 때 목젖이 마비된 쪽에서 정상인 쪽으로 돌아감 ② 쉰 목소리는 성대의 마비, 비음은 구개의 마비 ③ 최토(구역)반사, 연하반사의 소실 – 제9, 10신경의 손상	

제11뇌신경 12 임용	명칭	척수부신경(spinal accessory)
	기능	목과 어깨운동
	형태	운동신경
	검사법	흉쇄유돌근을 검사하기 위해 손을 대상자의 얼굴에 댄 다음 고개를 돌려 밀어 보게 하여 반대편 흉쇄유돌근 수축을 관찰하고, 승모근은 검사자의 힘에 대항하여 어깨를 으쓱해서 위로 올려보게 함 [목운동(흉쇄유돌근 근력) 검사]　　[어깨운동(승모근 근력) 검사]
	이상	승모근의 위축, 근력 저하
제12뇌신경	명칭	설하신경(hypoglossal)
	기능	혀의 운동
	형태	운동신경
	검사법	혀의 표면·크기·형태·위치·운동검사
	이상	① 발음 부정확, 비대칭, 혀는 문제가 있는 쪽으로 편향 ② 속상연축(근육의 일부가 움찔거리는 것), 위축

④ 말초신경 검사

(1) 감각기능 검사

① 일반감각 : 촉각, 통각, 온각, 진동각, 압각
② 복합감각 : 입체감각, 두점 구별, 글씨 알아맞히기

	입체감각	두점 구별	서화감각(글씨 알아맞히기)
실시 방법	① 대상자에게 양쪽 눈을 감도록 함 ② 대상자의 우측 손에 안전핀을 올려놓고 대상자에게 이것을 구분할 수 있는지 질문 ③ 좌측 손에 다른 물체를 올려놓고 대상자에게 이것을 구분할 수 있는지 질문을 함 ④ 우측 손에 동전을 올려놓고 대상자에게 이것을 구분할 수 있는지 질문을 함 ⑤ 좌측 손에 다른 동전을 올려놓고 그것을 구분할 수 있는지를 질문을 함 ⑥ 익숙하고 안전하게 쥘 수 있는 물건(날카롭지 않은 물건)을 사용해야 함 ⑦ 각 물건을 독립적으로 검사를 함	① 주어진 영역 위의 2가지의 자극을 대상자에게 동시에 닿게 함 ② 두 개 면봉의 패드가 없는 부분을 사용함 ③ 두 지점 사이의 다른 거리를 두고 신체부위를 자극함. 신체부분에서 좀 더 근위부 위치일수록, 변별능력이 더 예민함 ④ 정상적으로, 대상자는 다음 거리와 위치의 두 지점을 인식할 수 있음 　㉠ 손가락 끝 : 0.3~0.6cm 　㉡ 손과 발 : 1.5~2cm 　㉢ 아래쪽 다리 : 4cm ⑤ 대상자에게 별개의 두 지점 중에서 첫 번째로 인식되는 자극이 있을 때 '지금'이라고 말하도록 함 ⑥ 대상자가 인식할 수 있는 2가지 구분된 자극의 지점 사이의 가장 작은 거리를 기록 ⑦ 면봉을 버림	① 면봉의 패드가 없는 부분 또는 연필의 반대부분으로 대상자의 우측 손바닥에 3과 같은 숫자를 씀 ② 대상자 방향으로 숫자를 써줌 ③ 대상자에게 숫자를 구분하도록 함 ④ 좌측 손에 5 또는 2와 같은 숫자를 사용함 ⑤ 대상자에게 그 숫자를 구분하도록 함
정상/비정상	익숙한 물건을 구분해낼 수 없는 것은 피질질환을 나타냄	정상거리 안에서 2개의 떨어진 점을 인식할 수 없는 것은 피질질환임을 나타냄	피부 위에 쓰는 숫자를 인식하지 못하는 것은 피질질환을 나타냄

(2) 운동기능
  ① 상위 운동신경원 장애 : 중추신경이나 추체로의 병변을 의미, 경직성 마비, 과도반사
  ② 하위 운동신경원 장애 : 척추나 말초신경의 손상을 의미, 근섬유성연축이나 긴장도가 저하된 연성마비, 반사저하

- 상위 운동신경원과 하위 운동신경원

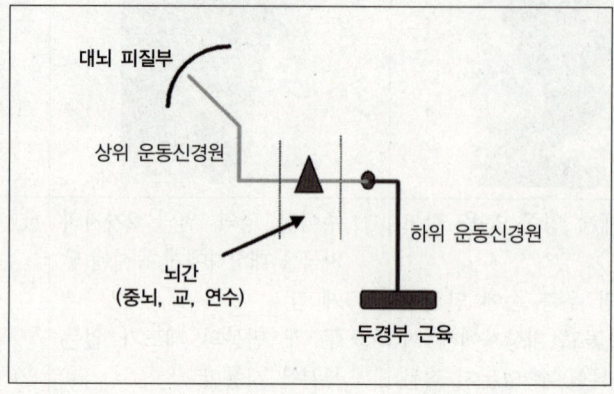

① 상위 운동신경원 : 대뇌의 운동피질로부터 척수까지 연결하는 신경원
  ㉠ 피질척수로 또는 추체로 : 글씨쓰기와 같은 숙련되고 목적 있는 수의운동 조정
  ㉡ 추체외로 : 근육긴장유지, 신체운동조정, 걷기 같은 크고 자동적인 운동조정
  ㉢ 소뇌로 : 평형과 자세유지 돕도록 돕는 복합적인 운동계, 근육과 관절의 위치나 신체 평형에 대한 정보를 받고 운동정보들을 피질로부터 근육에 보냄
② 하위 운동신경원 : 척수에서 나오는 운동신경과 뇌신경의 운동신경

	심부건반사	표재반사	병적반사
추체로 손상	항진	감소 또는 소실	유(바빈스키반사 양성)
추체외로 손상	정상	정상 또는 약간 증가	무
말초신경 손상 시	감소 또는 소실	감소 또는 소실	무

❺ 반사기능 검사 09,17 임용

반사	방법	반응	위치
심부건 반사 : 건을 순간적으로 두드릴 때 근육과 척수, 뇌간 분절과 접한 두 신경이 관계하며 즉각적 수축이 나타나는 반사기능임. 평가기준이 0~4까지이고, 0은 <u>무반응</u>, 1+ <u>약간 감소</u>, 2+ <u>정상</u>, 3+ <u>항진</u>, 4+ <u>현저한 항진</u>을 의미함. 심부건 반사의 소실은 신경증이나 하위 신경원(말초)의 손상을 의미하고, 항진은 상위 신경원(중추)의 손상을 의미함			
이두근건 반사	① 검사자의 우세하지 않은 손과 팔로 대상자의 아래쪽 팔을 지지하고, 대상자의 팔은 손바닥이 위로 간 상태에서 팔꿈치를 약간 구부리게 함 ② 이두근 위로 검사자의 엄지손가락을 올려놓기 ③ 반사해머의 뾰족한 부분을 사용하여 재빠르게 검사자의 엄지손가락을 침 ④ 이두근의 수축을 쳐다보고 아래쪽 팔이 약간 굴곡되어 있음	팔꿈치의 굴곡	C_5~C_6
삼두근건 반사	① 대상자의 팔꿈치를 지지하고, 반사해머의 끝이 뾰족한 부분으로 주두돌기 위의 근을 날카롭게 타진 ② 신전된 아래팔의 삼두근의 수축을 관찰	팔꿈치의 신전	C_7~C_8
상완요골근 반사	① 팔꿈치가 굴곡되고 손은 손바닥이 아래로 가도록 하여 대상자의 무릎 위에 쉬는 상태로 놓이게 함(회내, pronation) ② 반사해머의 편평한 끝을 사용하여 손목의 약 2~3인치 위 요골을 향해서 건을 재빠르게 침 ③ 아래팔의 굴곡과 손의 뒤침(회외)을 관찰	엄지와 다른 손가락의 굴곡	C_5~C_6
슬개건 반사 09 임용	① 슬개골 아래에 있는 슬건의 위치를 촉진함 ② 반사해머의 편평한 끝으로 건을 재빠르게 침 ③ 하지의 신전과 대퇴사두근의 수축을 기록함(<u>정상반응 : 2+</u>)	다리의 신전	L_2~L_4
아킬레스건 반사	① 다리를 무릎에서 굴곡시킴 ② 다리의 발을 후방으로 굽히고(배굴) 검사함 ③ 우세하지 않은 손으로 가볍게 발을 잡기 ④ 반사해머의 편평한 끝으로 아킬레스건을 침 ⑤ 발의 발바닥쪽 굴곡을 관찰	발바닥 반사, 족저굴곡	L_5~S_2

반사	방법	반응	위치
표재성 반사 : 피부나 점막 자극 시 신경과 연접하여 근수축이 발생하는 반사반응으로 추체로 손상 시 소실 또는 감소됨			
각막반사	각막을 면솜으로 가볍게 자극함	눈을 감음	5번, 7번 뇌신경
구개와 인두반사	연구개와 인두를 면봉으로 가볍게 자극함	구개의 상승, 토하려 함	9번, 10번 뇌신경
복부 표재성 반사	① 면봉이나 설압자 등을 사용하여 측면에서 제대를 향해서 재빠르게 쓰다듬기 ② 근육수축과 자극을 향하여 제대가 움직이는 것을 관찰함 ③ 복부의 다른 3사분면에 이 과정을 반복함 이상 시, 비만과 상부 그리고 하부 운동신경세포 병증은 복부반사 반응이 감소됨	복벽의 수축	복부상부: $T_7 \sim T_9$ 복부중앙: $T_9 \sim T_{11}$ 복부하부: $T_{11} \sim T_{12}$
거고근 반사	상부 대퇴의 내측 부위를 면봉으로 자극함(아래쪽에서 위쪽으로 올라가면 고환거고근반사로 고환이 복강쪽으로 올라가 버릴 수 있어서 잠복고환 사정 시 위에서 아래로 훑어야 함 → 대퇴내측을 해머의 손잡이 끝이나 손으로 문질러 반응을 확인)	동측 음낭과 고환의 상승	$T_{12} \sim L_1$
항문반사	회음부위를 자극함	외항문 괄약근의 수축	$S_3 \sim S_5$
발바닥 반사	① 다리를 골반에서 외측으로 약간 각도를 주고 회전시킴 ② 측면에서 발바닥부터 발의 볼까지 발바닥 자극, 발바닥의 볼을 지나서 엄지발가락까지 진행 ③ 발가락이 발의 발바닥을 향해서 구부려지는, 발바닥쪽 굴곡을 관찰 이상 시, 바빈스키반응은 성인에서는 비정상 반응으로 간주됨 상부 운동신경세포 질환임(2세 전까지는 정상 반응으로 간주함)	이상 시 엄지발가락은 배굴되고, 다른 발가락은 부채살처럼 펴짐	$L_4 \sim S_2$

6 병리적 반사

반사	검사방법	비정상 반응(반사 존재)	의미
바빈스키 징후 (Babinski sign) 92 임용(보기)	발바닥을 발꿈치에서 측면을 따라 다섯째 발가락을 거쳐서 엄지에 이르도록 긁기 → 모든 발가락이 굴곡하면 정상, 족저반사 없음으로 표현	첫째 발가락의 신전(배굴), 다른 발가락의 부채살 모양으로 펼침	피질척수로 (추체로- 피질에서 시작하여 척수로 내려가는 운동신경) 질환
오펜하임 징후 (Oppenheim sign) 92 임용(보기)	검사자가 두 손가락으로 대상자의 경골의 능을 따라 발목까지 자극을 가하면서 내려감		
고든 징후 (Gordon sign)	검사자가 대상자의 비복근(장딴지)근육을 꽉잡기		
호프만 징후 (Hoffman sign)	셋째 손가락의 손톱을 찰싹 때림	첫째, 둘째, 셋째의 말단부의 굴곡	
케르니그 징후 (Kernig sign) 92(보기), 07,14,25 임용	환자를 앙와위로 눕히고 → 대퇴를 복부 쪽으로 굴곡시키고, → 무릎을 대퇴와 90도를 이루게 한 후, 무릎을 신전시킴 (환자가 누운 상태에서 종아리를 90도로 들어 올린 후 신전할 때 저항과 통증이 동반될 경우, 뇌수막의 자극으로 인함임)	대퇴후면 통증 및 무릎의 저항과 통증을 느낌	수막 불안정
브루진스키 징후 (Brudzinski sign) 92,07,14,25 임용	앙와위로 누운 상태에서 → 수동적으로 목을 가슴 쪽으로 굴곡시킴 (환자가 누운 상태에서 환자가 머리를 굽힐 경우 엉덩이 관절과 무릎관절이 지속적으로 굽혀지는지 확인)	목의 통증과 함께 양하지(대퇴, 발목, 무릎)에 굴곡이 생김	

3 뇌압상승 92,05 임용

정의	두개강내 압력이 20mmHg 이상으로 상승한 상태(정상 : 0~15mmHg)	
	두개내압(ICP)	두개내 3가지 구성성분인 뇌 조직, 혈액, 뇌척수액 등의 총 용적에 의해 생기는 압력
	정상적 조건에서 ICP 상승 영향요인	동맥압, 정맥압, 복부·흉부압, 자세, 체온, 혈액가스(CO_2 수준 변화)
	※ 뇌관류압(CPP)의 계산 CPP = MAP(평균동맥압) − ICP(두개내압) MAP = 이완기압 + 1/3(수축기압 − 이완기압) 또는 [수축기압 + (2 × 이완기압)] / 3 정상 CPP = 70~100mmHg 정상 ICP = 5~15mmHg	

원인 13 국시	① 공간을 점유하는 병변(종양, 부종, 출혈 등) ② 뇌척수액 흐름의 폐색 ③ 뇌경색, 농양, 독성분의 흡수 및 축적, 뇌로부터 또는 뇌로의 혈류손상, 증가된 이산화탄소 분압(PCO_2), 감소된 산소 분압(PO_2), 전신 고혈압, 증가된 흉곽내압 등	
	위험요인	뇌손상, 뇌종양, 뇌출혈, 뇌수종, 수술이나 손상에 의한 부종 등

병태 생리	▶ 두개내압 조절과 유지기전		
	(1) 정상적인 보상기전	Monro-kellie원리 : 두개골이 팽창할 수 없기 때문에 세 구성물 중 하나가 팽창하였을 때 전체 뇌용량과 두개내 압력을 유지하기 위해 다른 두 구성물이 부피를 줄이는 것으로 보상한다는 논리	
		보상기전 ① 뇌척수액 생산 감소 or 흡수하여 뇌척수액을 지주막하강 부위로 흐르게 함 ② 두개내 혈액의 용적 변화로 뇌혈관 수축이나 이완, 정맥 흐름의 변화 ③ 뇌조직 용적 수준의 보상은 경막이나 뇌 실질 조직의 압박으로 보상	
		초기의 보상기전은 ICP의 심한 상승 없이 증가하는 두개내 용적을 수용할 수 있지만, 두개내 용적이 보상기전을 초과하게 되면 ICP는 상승함	
	(2) 뇌혈류	뇌혈관의 자동조절	① 뇌는 전신 동맥압의 변이와 무관하게 스스로의 대사 요구에 반응하여 뇌로 가는 혈액 공급을 일정하게 유지하기 위해 뇌혈관의 지름이 자율적으로 적응해 자신의 혈류를 조절하는 능력 있음 • 목적 : 뇌조직의 대사 요구를 준비, 정상적인 제한 내에서 뇌관류압을 유지하고자 함 ② ICP가 높은 범위에서 자동조절 상실(둘러싸인 뇌조직의 압력에 대항하여 혈관이 효과적으로 이완될 수 없기 때문에)
		뇌혈류 (CBF) 영향요인 22 국시	① 화학적 조절 : 이산화탄소, 산소, 수소이온이 영향을 미침 (CO_2 분압↑ → 평활근 이완, 뇌혈관 확장, 뇌혈관 저항↓, 뇌혈류↑) ㉠ 심하게 동맥혈의 산소분압↓, H^+ 농도↑ ㉡ 병태생리적 상태의 영향 : 호흡마비, 전신출혈, 당뇨성 혼수, 뇌 병증, 감염 등 ㉢ 뇌관류압(뇌로 가는 혈류를 보장하기 위해 요구되는 압력으로, 정상치 70~100mmHg)이 감소하면 뇌혈류의 자동조절이 안 되고 뇌혈류↓
	(3) 뇌부종	① 뇌조직의 혈관 외강에 액체 축적이 증가하는 현상 ② ICP 상승에 기여하는 중요한 요인으로 뇌부종의 원인과 관계없이 보상이 적절하지 않으면 ICP 상승이 초래됨	

	뇌 실질 증가 → 보상	보상기전 손상
병태생리	① 척수강 내로 뇌척수액 이동	→ 뇌신경손상 → IICP
	② IICP 시 자동조절	→ O_2↓, CO_2↑, H^+↑ → 산증에 빠져 뇌조직 허혈, 저산소증 초래 → 뇌혈관 확장 → IICP
	③ 뇌실질조직 압박	→ 후두공으로 탈출(hernaion)해 뇌간을 압박 → 허혈, 부종↑

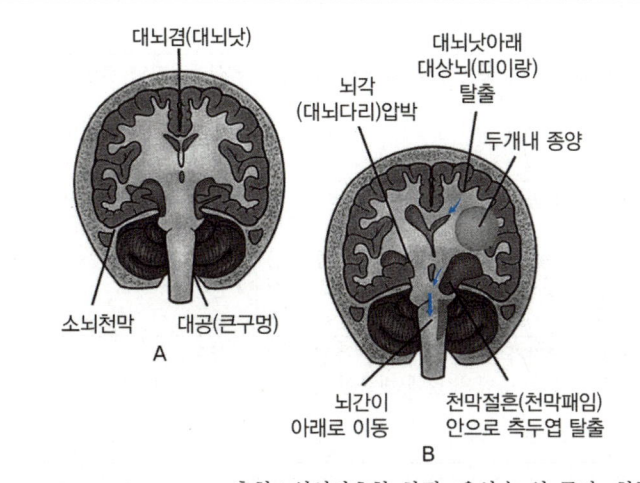

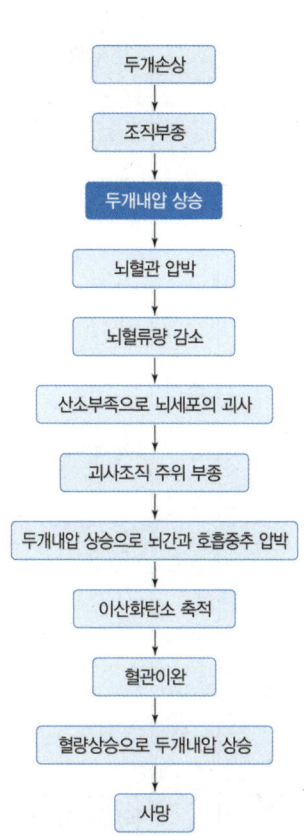

[두개내압 상승의 진행과정]

∴ 뇌실질 증가로 인한 용적 변화에 대한 보상작용에 한계가 오고 나서 계속 용적이 증가하면 두개내압은 상승
→ 보상 실패
→ 뇌조직 압박, 국소빈혈을 가져오게 됨
→ ① 뇌간(중뇌, 교, 연수)기능 부전 ② 국소빈혈(뇌조직 손상)
   ③ 뇌 헤르니아(뇌간 압박)

증상	3대 증상 🔒 구두 유두	(1) 두통(초기)	기전 05 임용	뇌혈관 긴장	① 뇌혈관 압박으로 통각장치 자극 ② 뇌간의 호흡중추가 압박받아 CO_2가 상승되어 뇌혈관확장
				CSF 압력증가	③ 뇌혈관, 뇌실의 통각장치 자극
				뇌실질 염증	④ 뇌세포부종으로 인한 IICP → 뇌실질 조직손상으로 염증유발 ⑤ 염증 시 염증 화학매개물질이 혈관확장, 부종으로 압박유발
			특징		IICP 초기에 오전에 두통 심함. 긴장과 움직임으로 통증 악화
		(2) 사출성 구토			오심 없이 반복적으로 분출성 구토양상(후기, 소아 多)
			기전		IICP 시 뇌간의 압박으로 연수의 구토중추가 자극되어 발생함
		(3) 유두부종	기전		IICP 시 CSF에 의한 정맥울혈(후기) ** 시신경은 눈의 시신경 유두에 부착되어 있으며, 뇌수막이 둘러싸고 있음. ICP 상승 시 거미막하 공간에 있는 뇌척수액을 통해 압력이 눈과 시신경 유두로 전달되어 발생됨 ** 뇌척수액은 측뇌실, 제4뇌실이 있은 맥락총에서 만들어짐. 뇌척수액은 측뇌실 → 제3뇌실 → 제4뇌실 → 지주막하강으로 흐름 → 정맥으로 흡수

증상				
92 임용 / 01,02,06,13, 17,21 국시	초기	(1) 의식수준 변화	가장 민감한 지표[by 뇌피질세포와 망상활성계(RAS)에 영향 미치는 신경계 손상] : 대뇌피질에 산소공급이 감소하고 망상활성계에 영향을 미치는 신경계 손상으로 초래됨	
		(2) 두통	기침과 긴장은 강도를 증가(∵기침과 긴장으로 복부와 흉부내압이 증가하여 심장귀환혈액과 심박출량 감소 → 두개강내 혈관확장 → 두통발생)	
		(3) 눈의 변화	① 동공의 변화 : 느린 반응과 확장(동안신경압박으로 초래됨)	
			사정자료	가능한 원인
			• 한쪽 동공의 확장 및 고정 • 빛에 반응하지 않음 • 안검하수가 동반될 수 있고, 좌우 및 아래로 편위	• 경막 외 또는 경막하 혈종이 동반된 두부손상, 동안신경의 압박, 안압상승과 관련된 동안신경 손상
			• 빛에 반응이 없는 양쪽 동공의 확장 및 고정(나쁜 징후)	• 심폐정지와 관련된 저산소증 • 중뇌의 압박 • 심한 중추신경계 장애 • 항콜린성 약물 과다복용
			• 빛에 반응하지 않는 양쪽 동공의 축소 및 고정 • 간뇌의 손상에 의해 발생하는 경우 운동결손, 졸음, 혼돈, 두통, 구토, 요실금 동반	• 모르핀 같은 마약의 부작용 • 축동제 점안 • 뇌교출혈 • 간뇌손상
			• 동공 크기가 다름, 병리적인 측면이 없으면 양쪽 동공은 빛에 반응함	• 안구염증 • 선천성 변형 • 유착(각막이나 렌즈에 홍채가 유착) • 신경경로의 장애
			② 복시(Diplopia) : 뇌압상승 → 중뇌압박 → 3번 뇌신경 손상 ③ 안검하수(Ptosis)	
		(4) 운동이나 감각의 편측상실	전두엽의 1차성 운동영역과 두정엽의 감각영역 사이 신경전달로 압박 → 반대쪽의 운동과 감각 기능상실	
	후기	(1) 진전된 의식수준 저하		
		(2) 구토와 딸꾹질		
		(3) V/S변화 92 임용	① Cushing Triad	㉠ 수축기압 상승, 이완기압 저하, 평균 동맥압 상승 ◆ 뇌간압박 → 혈관운동중추의 허혈 → 혈관수축섬유를 흥분시킴 → SBP 상승
				㉡ 서맥 ◆ SBP 상승 → 대동맥궁과 경동맥동의 압수용체 활성화 → 미주신경 자극 → 부교감신경흥분, PR↓
				㉢ 불규칙한 호흡양상
			② 체온변화	명백한 감염의 근거가 없는 발열
		(4) 운동·감각의 상실(자세변화)	전두엽과 두정엽에 있는 일차성 운동영역과 감각영역 사이의 운동신경전달로와 감각신경전달로 압박 → 압박된 반대쪽의 운동과 감각의 기능상실 초래	
			① 제뇌피질자세	자발적 운동경로 중단 → 팔꿈치 / 손목 / 손가락 굴곡 / 팔은 내전되어 회전되고, 다리는 신전, 발은 족저굴곡
			② 제뇌경직자세	중뇌와 간뇌의 운동섬유 파열 → 상지, 하지가 모두 과도신전, 발은 족저굴곡
			③ 심부건 반사 과잉, 바빈스키반사(+)	전두엽의 운동억제성 섬유 차단
		(5) Cushing 궤양	식도, 위, 십이지장의 심한 위장출혈(∵ 시상하부 자극 → Gastrin 증가 → HCl 분비↑) ◆ 전시상하부 자극 시 부교감신경 흥분, 교감신경 억제 초래 　후시상하부 자극 시 부교감신경 억제, 교감신경 흥분 초래	
		(6) 경련	대발작형태(∵ 뇌의 신경원 내 전기에너지가 과도하게 방출)	

증상 92 임용 / 01,02,06,13, 17,21 국시	※ 두개내압의 상승과 관련된 비정상 호흡양상 🎧 체 중 무 기 군 운동 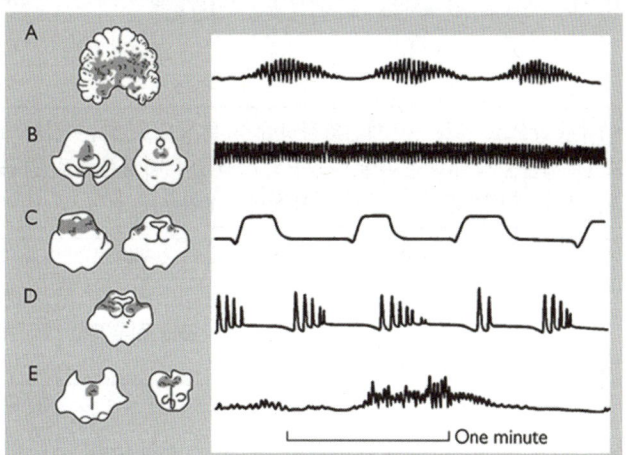		

종류	병변의 위치	특징
A. 체인-스톡 호흡 95 임용 (Cheyne-Stokes respiration)	양측 대뇌반구질환 또는 대사성 뇌기능 장애	과호흡과 무호흡의 반복
B. 중추신경에 의한 과호흡 95 임용 (Central-Neurogenic hyperventilation)	중뇌하부와 뇌교상부 사이	빠르고 깊은 호흡이 규칙적으로 지속
C. 무기문식 호흡 95 임용 (Apneustic breathing)	뇌교의 중·하부	흡기가 연장되거나 호기 전 호흡이 중단되는 시기 반복
D. 군집 호흡 (Cluster breathing)	연수 또는 뇌교하부	불규칙적인 호흡의 중단 후에 집락성 호흡이 뒤따름
E. 운동실조성 호흡 95 임용 (Ataxic breathing)	연수의 망상계	완전히 불규칙적인 느린 호흡

치료 및 간호 01,02,05, 10,11,14, 16,17,19, 20,22,23 국시	뇌조직 관류 증진 (IICP와 관련된 뇌조직 관류 장애 위험성)	(1) 자세 & 활동	① 안정 + Head elevation 30도(경정맥을 통한 정맥귀환에 효과적임. 가스교환을 돕고 뇌부종을 완화시킴) 20 국시 ② 금기 : 고관절 굴곡, 경부 굴곡, 기침, 재채기, 발살바 수기 ③ 옷이나 벨트 느슨하게 ④ 등척성 운동 금지 ⑤ 변비예방
		(2) 과도환기유도 22 국시	혈관 수축으로 허혈 초래하지 않은 정도, $PaCO_2$ 30~35mmHg 수준 (CO_2는 혈관 벽을 확장시키는 작용을 하여 이는 뇌내압을 증가시키는 결과를 초래함. 그러므로 더욱 치명적인 손상을 일으키지 않기 위해서는 CO_2를 감소시켜야 함. 과환기는 CO_2를 감소시켜 혈관 확장을 예방하고 신경조직에 산소를 공급하여 뇌조직 손상을 최소화함)
		(3) 통증과 체온 조절	진통해열제, 정상체온 유지
		(4) 환경조성	자극 없고 조용한 환경
		(5) 영양관리	대사 요구도와 체액과 전해질 상태에 맞게 진행. N/S사용(5% DW 금기)
	약물요법	(1) 이뇨제	① Mannitol : 삼투성 이뇨제 21,22 국시 ** 기전) 1) 사구체에서 여과되고 다시 재흡수되지 않음, 2) 삼투질 농도를 발생시켜 세뇨관으로 수분을 끌어당기게 됨(세뇨관은 고삼투성 상태이므로 혈관 내 체액은 세뇨관으로 이동함), 3) 체액이 조직에서 혈관으로 이동하게 되고 두개내 체액량 감소로 두개내압 감소에 기여함 ② Loop 이뇨제 ⇨ 체액, 전해질 불균형관찰(탈수) + 구강간호
		(2) Corticosteroid	BBB 안정시켜 뇌 부종↓ - 천천히 tapering
		(3) 항경련제	Phenytoin, phenobarbital 등은 뇌 대사량과 뇌 부종을 감소시킴
		(4) 진통 해열제	Acetaminophen를 두통완화, 체온상승시 이를 중재하기 위함
		(5) 제산제와 히스타민 수용체 길항제	

4. 뇌성마비   94 임용 / 99,02,03,06,07,12,15,21 국시 [아동질환]

정의	① 뇌의 운동중추손상으로 운동 및 체위조절장애를 특징으로 하는 질환으로 비진행성 장애임 ② 추체외 또는 추체운동체계(운동피질, 기저핵, 소뇌)의 비정상으로 근육조절에 어려움이 따름 ③ 아동기에 나타나는 가장 흔한 영구적 신체장애 21 국시
관련 요인	<table><tr><th>시기</th><th>요인</th><th>시기</th><th>요인</th></tr><tr><td rowspan="2">산전(44%)</td><td>① 유전 혹은 염색체 이상 ② 뇌 기형 ③ 기형 발생물질에 노출 ④ 다태아 ⑤ 자궁내 감염 ⑥ 태반이상으로 태아에게 적절한 영양과 산소공급 부족</td><td>분만 전후(8%)</td><td>① 중추신경계 감염 또는 패혈증 ② 핵황달 ③ 미숙아</td></tr><tr><td>출산(19%)</td><td>① 자간전증 ② 난산 ③ 두부외상 등의 분만 손상 ④ 제대 감돈 후 질식</td></tr><tr><td>불명(24%)</td><td></td><td>아동기(5%)</td><td>① 두부외상 ② 뇌막염 ③ 독성물질의 섭취나 흡인</td></tr></table> → 산소결핍으로 병리적 뇌손상 초래
분류	**일부분 침범**: 경직형(spastic) — 반신마비(hemiplegia), 양쪽마비(diplegia), 팔다리마비(quadriplegia) / 피라미드(pyramidal) **몸전체 침범**: 운동이상형(dyskinetic) — 느린 비틀림 운동형(athetoid), 긴장이상형(dystonic) / 실조형(ataxia) — 실조형(ataxic) / 피라미드바깥(extrapyramidal) □ 정상 ■ 약한 침범 ■ 심한 침범
증상과 징후	**무정위형 (= 운동이상성)** ▶ 기저핵 내 손상 있을 때 발생 ① 느리고 비틀거리며 조절 안 되는 불수의적 운동이 사지에 나타남 : 무도병(불수의적, 불규칙적, 율동성 움직임). 사지, 몸통, 목, 안면근 및 혀를 주로 침범. 근긴장도의 이상을 유발하는 불수의적 운동(특히, 스트레스를 받거나 청소년기에 강도가 증가) ② 근긴장 이상 : 몸통이나 사지를 천천히 비틀듯 움직임, 비정상적 자세 ③ 인두, 후두, 근육 침범 시 침을 흘리고 구음장애(= 발음장애)를 동반 ④ 인지능력은 다른 유형보다 양호함 ⑤ 경축과 경련은 흔하지 않음. 심부건 반사는 정상임 **강직성 (= 경직성)** ▶ 뇌의 피질에 장애 발생 : 일측성 혹은 양측성으로 발현 – 가장 흔한 유형 ① 강직사지마비 ㉠ 원시반사가 계속 나타나며, 과장되어 구축이 발생됨 ㉡ 근긴장도 증가, 균형감 부족, 움직임 부조화, 통합된 운동조절이 결핍된 긴장과다상태가 나타날 수도 있음 ㉢ 굴곡, 구축, 내전과 내회전 상태에서 고관절 굴곡 ㉣ 조이는 발뒤꿈치 건 때문에 발끝으로 걷기도 함

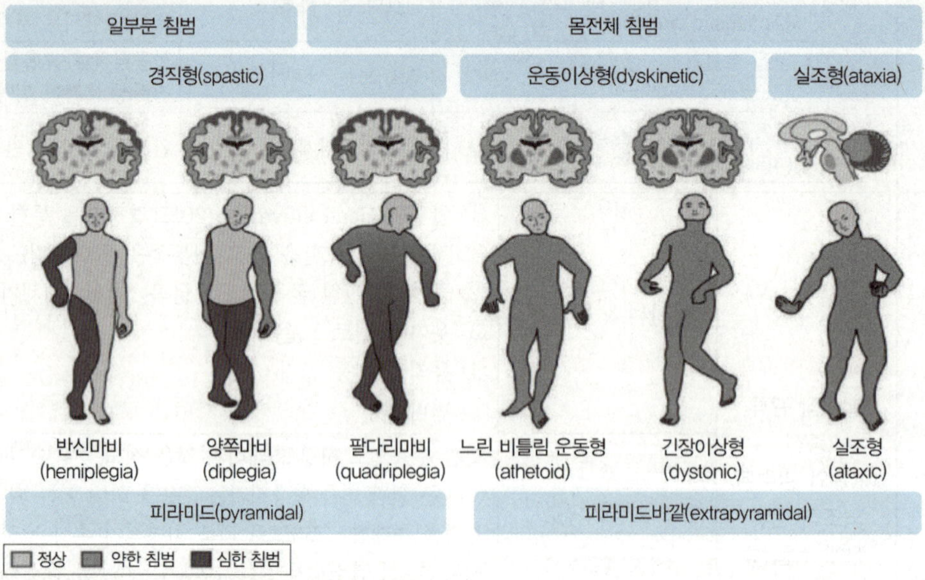

증상과 징후	강직성 (= 경직성)	② 가위질 보행, 바빈스킨 반사 지속, 심부건 반사 증가		
		• 원시반사(긴장경 반사, 모로반사, 잡기 반사 등)가 지속되는 것은 뇌성마비를 암시하는 초기 단서 중의 하나로 정상발달의 지연을 의미함		
		cf) 원시반사는 태내에서 출현하여 생후 6개월이나 최대 12개월 이후에 억제되어 나타나지 않음. 생존반사는 생존과 관련된 반사로 흡철반사 등이 포함됨		
		③ 자세, 균형 및 조정운동의 조절이 결여된 긴장항진		
		④ 전체운동, 미세운동 기술의 손상		
		⑤ 의도적 운동 시 비정상적인 자세와 신체의 다른 부분의 움직임이 과도하게 증가됨		
		※ 수의운동흥분 전도로인 추체로계와 추체외로계는 상위 운동신경원과 하위 운동신경원과 연결됨 • 상위 운동신경원 : 대뇌피질에서 시작, 손상 시 경직성 마비, 손상이 일어난 대뇌반구의 반대편에 마비, 근육부피에 변화가 오지 않음 • 하위 운동신경원 : 척수의 전각에서 시작, 손상 시 이완성 마비, 손상입은 쪽 마비, 시간이 지남에 따라 근위축 초래		
		▶ 유형		
			편마비	① 신체의 한쪽에만 마비가 오고, 상지의 기능장애가 하지보다 더 심각함 ② 감각장애 ③ 불균형적인 자세 ④ 마비가 있는 곳에 비전형적인 반사반응이 나타남 ⑤ 근육 긴장도에 변화
			양지마비	① 사지와 같이 비슷한 부위에 마비가 옴 ② 하지의 기능장애가 상지보다 더 심각함 ③ 근육상태의 변화(고긴장증 또는 경련) ④ 앉기, 서기, 걷기와 같은 대근육 운동기술 발달이 지연됨 ⑤ 미세운동기술 발달은 보통 정상적으로 이루어짐
			사지마비	① 사지가 골고루 마비되며 보통 상지는 굴곡되고 하지는 신전됨 ② 운동능력에 따라 발달에 지연이 옴 ③ 언어장애 : 삼키는 능력이 없을 수 있음 ④ 정서불안이 흔하게 나타남
	운동 실조성 (무긴장증)	① 소뇌에 문제가 있는 경우 발생 : 저긴장성 ② 다리를 넓게 벌리고 걸음 ③ 근육조절이 제대로 이루어지지 않는 빠르고 반복적인 운동 ④ 협응, 평형, 운동감 소실 : 아동이 물건을 잡으려 하면 상지운동 분열이 나타남		
	혼합형	① 강직성과 무정위 운동증이 복합적으로 나타남 ② 특정 운동유형이 우세하게 나타나지 않을 때 혼합형으로 구분		
	① 기타 동반되는 장애 : 지능장애 94 임용(보기) (뇌성마비 아동의 70%), 언어장애(가장 흔함 80%) 94 임용, 시각장애(34~50% : 안구운동 장애, 안구진탕과 약시) 94 임용(보기), 청각장애(15%) 94 임용(보기), 경련(50%), 감각장애(13.6%), 감정장애, 학습능력의 감퇴, 주의력 결핍 / 과잉행동장애, 구강 근육조절 미숙, 운동장애, 충치 등 ② 원시적 반사(태내에서 출현하여 생후 6개월이나 최대 12개월 이후에는 억제되어 나타나지 않음)가 지속되거나 대근육 운동발달이 지연되거나 발달진보 지연 등 증상이 하나 또는 그 이상 나타날 수 있음			
치료 및 간호	대증요법	기도유지		경련 시 질식을 막기 위해서 입의 침이 흘러나오도록 고개를 옆으로 돌려줌. 흡인기로 흡인, 상기도 감염 시 즉시 치료(폐렴 예방)
		상처를 예방		머리에 헬멧 착용, 경련에 대비
		필요시 외과적 수술 치료		증상완화 목적
	보존 및 지지요법	① 충분한 영양제공 : 계속적인 근 경련에 필요한 추가적인 칼로리 필요, 식사는 천천히 하고 조용한 환경 제공 ② 일상생활 동작수행을 위한 교육, 물리치료, 언어치료, 보호장구 활용, 가족지지 등 ③ 뇌성마비인 아이를 둔 부모간호 ㉠ 효과적으로 아동의 요구에 따른 스트레스를 극복하도록 돕는 것 ㉡ 지지와 정서반응 수용(죄책감을 표현하게 하고 지지제공)		

5 수두증(= 뇌수종) 18 임용 아동질환

정의	① 뇌척수액의 생성, 순환, 흡수의 불균형으로 뇌에 비정상적으로 뇌척수액이 축적된 상태 18 임용 ② 수막척수류가 동반되기도 함
병태생리	뇌척수액의 생성, 순환, 흡수의 불균형으로 뇌척수액이 뇌실계 또는 지주막하강(거미막밑 공간)에 비정상적으로 많이 축적되어 두개내 압력이 항진된 상태 가쪽뇌실 → 뇌실사이구멍 → 셋째뇌실 → 중간뇌수도관 → 넷째뇌실 → 정중구멍 → 거미막밑공간 넷째뇌실 → 척수중심관 → 종말뇌실 가쪽구멍 → 거미막밑공간 [뇌척수액 순환 모식도] [뇌척수액 순환]

유형	폐쇄성 수두증	① 뇌척수액의 순환장애에 의한 것 ② 대부분 특발성 중간뇌수도의 협착으로 발생. 선천성 유행성 이하선염 감염, 출혈 등으로 인해 중간뇌수도에 협착이 생기면서 발생. 그 외 제4뇌실에 뇌종양 및 여러 병변으로 초래됨
	비폐쇄성 수두증	① 뇌척수액의 배출장애에 의한 것 ② 대부분 지주막하(거미막밑) 뇌출혈로 인한 수두증이 발생되는 경우이며, 결핵 및 폐렴균으로 인해 초래되기도 함

증상 18 임용 / 03,06,12 국시	뇌압증가가 가장 특징적임			
	신생아와 영아	특징적인 외모	눈	① 움푹 꺼진 눈
			이마	② 앞쪽으로 돌출되고, 이마부분의 피부가 반투명하고 두피의 정맥이 두드러져 있으며 두개골 봉합선이 넓고 뚜렷함
			천문	③ 대천문이 불룩하고 팽팽함
			두위	④ 머리가 안면에 비해서 굉장히 큼(두위증가)
			징후(2)	⑤ 일몰 징후 : 뇌척수액의 증가에 따라 두개내압 증가되어 눈을 위로 올려보지 못하고 눈동자가 아래로 가라앉아 동공 위로 공막이 보임 ⑥ 마퀴인 징후 : 대뇌피질이 얇고 두개골의 밀도가 낮으면 Macewen 징후(골을 두드렸을 때 텅빈 소리 또는 깨진 항아리 소리가 남)가 나타남
		신경학적 징후		① 까다롭거나 불안하거나 신경질적이거나 냉담한 반응 ② 빛에 대한 동공반응의 소실을 동반한 의식수준 저하, 부정형 반사 반응, 하지말단의 경직 ③ 바르게 자세를 잡거나 삼키는 데 어려움이 있어 충분히 음식섭취가 되지 않고 울음소리가 높고 고양이 울음 같을 수 있음 ④ 무기력하고 젖을 잘 빨지 못함 ⑤ 극단적인 경우 심폐기능의 저하가 올 수 있음
	아동과 청소년	두개의 비대는 나타나지 않고, 두개내압의 증가와 관련된 징후와 증상을 보임 ① 호소 : 아침에 일어나서 오심, 구토와 함께 두통 호소 ② 지각 및 정서 : 민감증, 무기력감, 냉담, 혼돈 등 ③ 판단과 추론 능력 장애 ④ 운동능력 : 운동기능 이상(운동실조, 경직) ⑤ 눈 : 유두울혈(유두부종), 사시, 시신경 압박에 의한 시력감퇴 등		
진단검사	뇌 자기공명검사	뇌실크기 확대 확인		
	방위성 동위원소 검사	뇌척수액의 흐름 분석		
치료 및 간호	원인 제거	신생물, 낭종, 혈종의 절제를 통해 폐색부위를 직접적으로 제거하거나 맥락총의 제거를 통해 뇌척수액의 과다생산을 막음		
	대증 요법	천자		① 요추천자 : 대상자는 한쪽 옆으로 누워서 대퇴부와 다리를 최대한 구부려서 척추의 가시돌기 사이의 공간을 증가시켜서 요추 3~4번째나 요추 4~5번째 사이의 지주막하 공간으로 바늘을 삽입하여 두개내압을 측정하고 뇌척수액 배액으로 뇌압하강. 단, 두개내압 상승이 명백한 경우에는 뇌탈출 우려가 있어서 금기임 24 임용 ② 뇌실천자 : 마취하에서 뇌실천자 부위의 두피를 절개하고, 두개골 천공 → 뇌경막 절제 → 뇌피질의 절제 후 뇌실천자 → 뇌척수액 배액에 의한 뇌압하강
		약물		뇌척수액 생산을 감소시키는 acetazolamide(Diamox-탄산탈수효소억제제로 이산화탄소와 물에서 수소이온과 중탄산염의 생성을 줄임으로써 근위세뇨관에서 물, 나트륨, 탄산수소염의 재흡수를 억제하는 이뇨제임) 투약 cf) 중탄산염은 안방수 생성을 촉진하는데, 탄산탈수효소억제제는 중탄산염 생성을 억제하므로 녹내장 치료제로 사용됨
		단락술		① 카테터를 삽입하여 과잉 축적된 뇌척수액의 순환을 우회시키는 수술방법으로 뇌실-복강 단락술, 요추-복강 단락술, 뇌실-심방 단락술 등의 방법이 있음 ② 뇌실복강 단락술 : 가장 흔히 적용되는 단락술로, 과량의 뇌척수액을 복강에서 흡수할 수 있도록 통로를 만들어줌. 복부에 문제가 있을 때는 뇌실심방 단락술 적용

6. 이분척추증 [아동질환]

정의	태생기 신경관의 융합부전으로 초래된 신경관 결함의 하나로 척추와 신경관의 골 폐쇄부전을 특징으로 함			
원인	① 배아발달시기(임신 3~4주)에 신경관이 불완전하게 닫혀 생기는 신경관 결손 : 임신 초기 엽산부족으로 발생 → 임신 전부터 엽산제(하루 복용권장량 0.4mg)를 섭취하면 신경관 결손을 예방하는데 효과적임 [12,19 임용] ② 히스패틱인종, 임신중 당뇨, 방사선 노출, 화학물질, 영양부족, 엽산대사의 유전자 돌연변이, 이전 임신에서 신경관결손 기왕력, 임신 중 항경련제(예 valproic acid)와 같은 약물 복용			
분류	폐쇄성 이분척추	특징		① 후척추궁(척추 뒤쪽에 있는 돌기)의 결함부전과 척추뼈 자체에 결함이 생긴 것 ② 주로 요천추부 L_5, S_1에 호발 ③ 이분척추증 유형 중 가장 흔함
		증상	무증상	관찰가능한 증상이 없는 경우가 흔함
			피부증상	피부증상 중 한 가지 이상 동반 가능함 ① 피부함몰과 움푹 파임 ② 포트와인 혈관성 모반 ③ 검은 머리 같은 털뭉치 ④ 부드러운 피하지방종
			신경근육 장애 동반가능	① 발의 쇠약을 가진 진행성 보행장애 ② 장관 및 방광 괄약근의 기능장애
		진단		① 단순 방사선 촬영 : 증상이 있는 부위에 정확한 뼈의 기형을 알아보고, 질환이 의심되지만 증상이 없는 다양한 폐쇄성 이분척추를 진단하기 위해 시행 ② 자기공명영상(MRI) : 가장 민감한 검사 ③ 컴퓨터단층촬영(CT), 초음파, 척수강조영술 : 폐쇄성 이분척추와 다른 척수질환을 감별하기 위해 사용
	낭성	수막류	특징	① 결손부위를 통해 수막이 돌출되어 낭포를 형성한 것 ② 낭은 뇌척수액으로 차 있고 얇고 투명한 점막이나 피부로 덮여 있음 → 척수에 결함 없음, 신경학적 후유증 동반되지 않음 ③ 낭내 뇌척수압 증가 시 파열가능성 有 - 빠른 시일 내 수술 ④ 때로 두개골에 생긴 수막류는 뇌수종을 동반할 수 있고, 수막류에서 뇌척수액이 새면 뇌막염에 이환될 수 있음
			감각장애	보통 운동기능장애와 병행됨
			제2요추 이하	① 하지의 이완성 부분마비 ② 다양한 정도의 감각장애 ③ 소변이 지속적으로 흐르는 실금 ④ 배변조절장애 ⑤ 직장탈출(때때로)
		증상	제3천추 이하	① 운동장애는 없음 ② 방광과 항문괄약근 마비 동반 가능
			관절기형	① 발의 내반 혹은 외반족 ② 척추후만증 ③ 요추천골 척추측만증 ④ 고관절 탈구

분류	낭성	척수수막류 09 국시 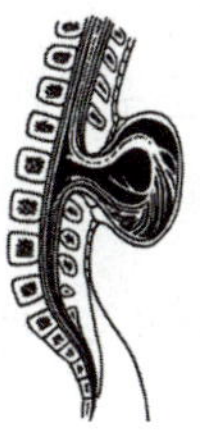	특징	① 척추뼈의 결함으로 척수와 수막이 모두 밀려나와 낭을 형성한 것으로 낭내 수막, 뇌척수액, 신경조직 포함 → 침범부위에 따라 다양한 신경학적 후유증이 동반됨 ② 근골격계 기형과 수두증이 동반되기도 함
			증상	운동 및 감각장애 (수막류 위치에 따라 다양) ① 제2요추 이하 부위에서 수막척수류 발생 : 하지의 무기력 및 부분마비, 감각장애, 요실금, 배변조절장애 ② 제3천추 이하 부위에서 수막척수류 발생 : 방광 및 항문조임근 장애 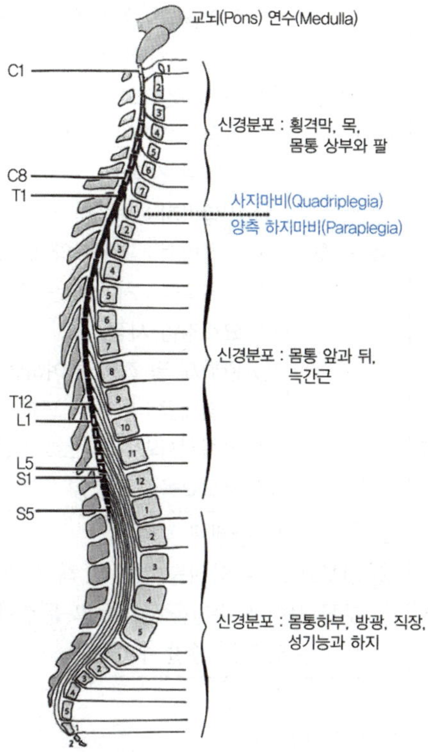 [척수와 척수신경의 우치 및 관련 신체조직] 출처 : 아동건강간호학 Ⅱ. 김효신 외 공저. 수문사. 그림 34-7
			관절기형	① 가끔 자궁 내에서 발생 ② 외반첨족 혹은 내반첨족, 척추측만증, 대퇴관절 탈구
진단	출생 전			알파태아단백(AFP) 수치 측정을 위한 혈액검사 또는 양막천자, 산전 초음파 검사 20 임용
	출생 후			신체검진과 기공명영상(MRI), 컴퓨터단층촬영(CT), 초음파 등
치료	수술 전후 간호	수술 전 99,00,02,03,14,24 국시	낭포파열과 뇌척수액의 누수방지	① 낭의 긴장을 최소화하기 위해 복위로 눕히고 둔부를 약간 구부린 체위로 측면을 지지하여 대퇴관절 탈구방지 ② 기저귀 채우지 않고 그 부위 바닥에 패드를 깔아줄 것. 패드 자주 교환해서 건조하게 유지 ③ 도넛모양의 소독된 패드 적용
			대소변의 오염으로 인한 감염방지	① 둔부를 매일 공기에 노출 ② 열 램프를 적용 ③ 피부보호 크림도포 ④ 척추 하부에는 기저귀를 채우지 않도록 함
			하지의 괴사 방지	① 발목을 받쳐서 발뒤꿈치가 침대에 닿지 않도록 함 ② 낭의 보호와 건조를 막기 위한 습한 무균드레싱 ③ 수동적 관절운동

치료	수술 전후 간호	수술 전 99,00, 02,03, 14,24 국시	정상 영아와 같은 정서적 지지와 발달촉진	① 포유 중 자주 휴식 ② 복위에서 수유 시 머리를 한쪽으로 돌려 수유제공 ③ 장난감 제공, 감각자극 제공, 접촉자극, 모빌, 음악 제공
			합병증 관찰	① 두위의 증대, 천문의 팽창 관찰(수두증 의미) ② 체온의 변화, 농이나 발열/경련 등 관찰(뇌수막염 의심) ③ 농축되고 악취 나는 소변, 불안정, 포유곤란 등 관찰
			가족의 정서적 지지	
		수술 후	① 영양공급 : 초기에는 정맥투여하며 수술 4시간 후 구강수유 가능, 처음에는 포도당으로 시작해서 점차 우유제공 ② 쇼크예방 : 보온, 척추보다 머리를 낮추어 뇌척수압을 유지하고 수술부위 압력을 줄임 ③ 호흡 : 복와위, 측위, 산소공급 ④ 배액관 간호 ⑤ 기형방지 : 수동적 관절운동 시행 ⑥ 욕창방지 : 피부궤양 방지간호, 지속적이고 규칙적인 체위변경 ⑦ 두위측정 : 처음에는 약간 증가할 수 있으나 점차 정상범위를 유지함 ⑧ 요로감염 사정 ⑨ 완화제 및 좌약 투여하여 복압 감소시키기 ⑩ 감염예방 : 외과적 드레싱, 활력징후 측정, 피부색 및 복부팽만 등 관찰 ⑪ 가족지지와 가정간호 수행 ⑫ 부모교육	
	대증 요법	① 약물투여 : 항생제 투여 ② 피부보호 : 복와위를 취하게 해서 소변이나 대변이 장애가 있는 부위에 닿는 것 방지 ③ 무릎 사이에 수건을 말아두고 둔부가 약간 굽고 다리가 외전되도록 함 : 골반이 정렬되고 낭에 가해지는 압력을 줄일 수 있음		

PLUS+

- 신경관 결손

두개파열	두개 손상을 통하여 다양한 조직들이 돌출되어 나온 상태
뇌노출기형	뇌 전체가 노출되거나 관련된 두개 결손을 통해서 돌출된 상태, 태아는 보통 유산됨
무뇌증	뇌노출기형을 가진 태아가 생존한다면, 뇌는 뼈가 덮이지 않은 스폰지 형태로 퇴화됨, 보통 며칠밖에 생존하지 못함
뇌류	뇌와 수막이 두개의 결손부위를 통해서 탈출되어 수분이 찬 낭을 만듦
척수열 혹은 이분척추	척주의 누공으로 수막과 척수가 노출된 상태
수막류	척수액으로 찬 수막낭종이 돌출된 것
척수수막류, 수막척수류	수막, 척수액, 신경을 포함한 척수가 담긴 낭종이 돌출된 상태

7 라이증후군 93 임용 [아동질환]

정의	감기나 수두 등의 바이러스에 감염된 어린이나 사춘기 청소년들이 치료 말기에 뇌압상승과 간기능 장애 때문에 갑자기 심한 구토와 혼수상태에 빠져서 생명이 위험한 상태에까지 이르는 질환(= 간과 신장의 미세혈관에 지방축적을 동반하는 생명을 위협하는 뇌질환)		
원인	불명확		
	바이러스	인플루엔자 B, 수두, adenovirus, 엡스타인 바이러스, 콕사키 바이러스와 같은 경미한 바이러스 질병 후 발생 → 질병 치료를 위해 아스피린의 사용과 라이증후군의 관계가 의심됨 93 임용	
	연령	학령 전기 아동이나 학령 초기 아동(6~11세)	
	계절	연중, 인플루엔자나 수두 유행 시 빈발	
병태생리 93 임용	아스피린으로 치료한 열성 바이러스성 질환 후에 미토콘드리아(미토콘드리아는 세포대사에 필요한 에너지 생산기관) 기능 장애로 간과 신장의 미세혈관의 지방축적을 동반하며 동시에 두개내압 상승을 동반하는 뇌부종이 초래되는 질환		
	간	간의 광범위한 지방변성으로 간 비대, 지방 축적물로 인해 노란빛을 띠며 포도당이 고갈되고 암모니아를 요소로 전환하는 효소가 감소되는 간기능 저하를 초래하나, 황달은 나타나지 않음	
	뇌	심한 부종으로 뇌압상승	
증상과 징후	① 주된 증상 : 두개내압 상승, 뇌병증, 간기능 장애(혈중 암모니아 수치 상승, 황달 없이 간효소 상승, 혈액응고시간 연장) ② 임상 경과		
		초기	가벼운 바이러스 감염의 증상을 보이며 회복의 징후가 나타나기도 함
		진행	㉠ 24~48시간 내에 아동의 상태가 악화됨 <table><tr><td>1단계</td><td>구토, 기면, 간기능 장애, EEG 변화</td></tr><tr><td>2단계</td><td>지남력장애, 섬망, 과다호흡, 과다반사, 간기능 장애, 고함을 치며 말함</td></tr><tr><td>3단계</td><td>혼수, 과다호흡, EEG 변화</td></tr><tr><td>4단계</td><td>깊은 혼수, 동공확대와 고정, 각막반사 소실</td></tr><tr><td>5단계</td><td>심부건 반사 소실, 제뇌피질 자세(상지 – 과다굴곡, 하지 – 과다신전), 제뇌 자세(상하지 – 과도신전, 발 – 족저굴곡), 호흡정지, 이완, 동공이완</td></tr></table> ㉡ 3단계 이상 진전되지 않으면 합병증 없이 회복가능하나 4단계는 심한 신경계 손상, 5단계는 뇌사를 초래함
치료 및 간호	사정	(1) 조기진단, 적극적 치료가 중요	① 의식장애 관찰 : 의식상태의 변화, 뇌압상승 ② 활력징후와 혈당 수시로 측정 : 저혈당 예방 ③ 경련 관찰 ④ 구역반사, 동공/각막반사 이상 확인
		(2) 간 기능 저하	▶ 황달 없는 급성 간부전이 특징임(빌리루빈 정상) ① AST/ALT/LDH 증가 ② 저혈당, 고암모니아 혈증 ③ PT, PTT 상승(응고인자 합성 저하로 인함) ④ 간 생검(명확한 진단, 지방침윤)
		(3) 신장 기능 저하	BUN/Cr 상승

치료 및 간호	대증 요법	(1) 경련 : 자극 최소한으로, 경련 시 항경련제로 조절
		(2) ICP 상승 완화에 초점 : 만니톨, 페노바비탈 투여 → 우선 간호계획 포함
		(3) 간 부전 증상
		  ① 응고시간 비정상 시 : 출혈 시 Vit K 투여, 동결된 혈장투입
		  ② 혈중 암모니아 수치 낮추기 위해 네오마이신 혹은 Lactulose enema 또는 경구투여
		
		Lacrulose의 작용
		  ㉠ 갈락토스(젖당)와 프락토스(과당)으로 결합된 이당류로, 소장에서 분해되거나 흡수되지 않고 대장에 도달하여 대장 내 pH를 5 이하가 되도록 하여 암모니아(NH_3)를 암모늄이온(NH_4^+)으로 전환시켜 흡수되지 않고 배설되도록 함
		  ㉡ 장내로 물을 끌어들여 일일 배변횟수를 증가시킴
		  ㉢ 암모니아를 형성하는 장내 상주균을 감소시킴
		
		(4) 중환자실에 입원, 삽관 : 기도 유지, 충분한 환기제공, 호흡성 산증/알칼리증 교정, 두개내압 감소 위해 신경근 차단제, 진정제, 진통제 투여

	지지 요법	(1) 급성기가 지나면 정서적 지지, 적절한 놀이 활동, 다른 사람과의 상호작용 제공 (2) 부모가 죄책감을 느끼지 않도록 질병의 원인에 대하여 설명

8 다발성 신경감염증후(Guillian-barre 증후군) 93 임용(보기) [성인질환]

정의	① 진행성으로 갑자기 말초신경이 탈수초화되는 드문 감염성 다발성 신경병증, 보통 상행성 이완성 마비를 동반함(cf. 중추신경의 탈수초화가 진행되는 질환은 다발성경화증)
	  ㉠ 아동은 성인보다 덜 이환됨
	  ㉡ 4~10세의 아동이 감수성이 더 높음, 남녀의 발생빈도는 1.5 : 1
	② 흔히 다량의 바이러스 혹은 세균 감염이나 백신의 투여와 관련된 면역 매개성 질환

관련 요인	① 보통 비특이성 바이러스 감염, 상기도 감염 후 약 10일 후에 발생 ② 전염성 단핵구증, 홍역, 볼거리, 캠필로박터 제주니, 헬리코박터 파이로리, 마이코플라즈마 등의 감염과 관련됨 ③ 공수병, 인플루엔자, 소아마비, 뇌수막염 같은 백신 접종 이후 발생하기도 함
병태 생리	① 증상의 출현은 일차감염 후 10일 이내에 보통 발생함 ② 자가면역장애로 척수신경 및 뇌신경의 병리적 변화를 초래하여 신경근에 급속한 분절성 탈수초화 및 압박을 동반한 염증과 부종이 나타남 → 신경충동의 전도 비약, 신경전도 분산, 전도속도 지연 또는 상실 → 침범된 신경의 지배를 받는 근육의 부분 혹은 완전마비가 상행성으로 발생 ③ 수초가 얇은 통증, 접촉, 온도 신경섬유가 더 영향을 받으며, 감각기능은 가장 영향을 많이 받아 저리거나 벌레가 기어가는 느낌, 통증 등을 느낌 ※ 진행과정 | 급성기	증상의 출현과 동시에 시작, 새로운 증상이 중지되거나 새로운 증상이 악화되지 않을 때까지 지속되며 4주 정도 지속됨
정체기	증상이 더 이상 악화되지 않고 여전히 일정하며 수일에서 수주간 지속됨
회복기	증상이 호전되기 시작하며 완전한 회복으로 진행되는 시기, 보통 수일에서 수주 정도 지속됨	
증상 23 국시	① 10~21일 동안 비특이적 증상 후 갑자기 다리가 움직이지 않는 근허약, 통증 등 발현 ② 의식수준, 대뇌기능에 영향 미치지 않음 ③ 진행 정도에 따라 상행성, 운동성, 하행성 길리안바레증후군으로 분류함 | 상행성	㉠ 가장 흔함 ㉡ 허약과 감각이상이 하지부터 시작하여 점차 위로 올라와 몸통, 팔 또는 뇌신경을 침범하는 상행성 마비가 나타남 ㉢ 가벼운 이상감각~완전 사지마비까지 다양함 ㉣ 사지의 심부건 반사 상실, 마비 ㉤ 호흡문제 발생(50%)
운동성	감각증상이 없는 것을 제외하고 상행성과 같음
하행성	㉠ 얼굴, 턱의 구근육, 흉쇄유돌근, 혀, 인두, 후두근이 먼저 허약해지고 점차 하지로 진행 ㉡ 숨차고 얕은 호흡, 호흡곤란, 폐활량 감소 가능 ㉢ 하행성 마비는 안근마비 초래, 복시 나타남 ㉣ 사지 심부건 반사 소실, 운동실조증이 나타날 수 있음 ㉤ 뇌신경 침범으로 안면마비, 연하곤란, 언어곤란, 혈압변화, 빈맥 등 발생 ㉥ 통증	

신경 섬유(축색 돌기)
수초
정상 수초
손상된 수초

진단	뇌척수액 검사	① 단백질 농도 상승(정상치 : 15~45mg/dL) ② 당수치 정상(정상치 : 50~75mg/dL) ③ 백혈구는 10(WBCs/mm³)보다 낮음(정상치 : 0~5개/mm³)
	근전도 검사	탈신경 소견

치료
및
간호
		▶ 일차적으로 지지적인 치료
		① 급성기
		   ㉠ 환기 보조요법, 때로 일시적인 기관절개술 필요
		   ㉡ 급성기 동안에는 연하곤란과 호흡기계 침범 여부를 주의깊게 관찰
		② 회복기 동안에는 적절한 체위, 잦은 체위변경, 압박부위 피부사정 및 수동적 관절범위운동 실시
		③ 스트레스성 궤양이 발생되지 않도록 관리, 프로톤 펌프억제제 투약
		④ 심부정맥 혈전증 예방 위해 저분자량 헤파린 투여, 조기이상과 운동격려
		⑤ 적극적인 환기 지지, 면역글로불린의 정맥투여, 스테로이드 요법, 혈장분리반출법, 면역억제제 투여
		⑥ 급성기 이후 회복기에는 물리치료, 작업치료, 언어치료 등

9 뇌수막염 92,07,14 임용 | 아동질환 | 성인질환

정의			뇌와 척수를 둘러싸고 있는 연막, 거미막의 급성 감염으로 뇌척수액의 염증
원인	무균성	바이러스성 염증	이하선염바이러스, 단순포진바이러스
		뇌막자극	뇌농양, 뇌염, 백혈병, 림프종 등에 기인하거나 지주막 하강에 생긴 혈종이 원인
	세균성 14 임용(지문)	혈행	인플루엔자균 — 소아, 특히 상기도 감염 후 흔함
			폐렴구균성 폐렴 — 모든 연령에서 가능함, 그러나 어린이와 노인에서는 심각한 증상을 보일 수 있음
			나이제리아 수막염구균 (= 수막알균 수막염구균) — 코/인두 분비물로 비말감염에 의해 즉시 전파, 주로 6~12개월 된 영아에게 가장 호발하고, 청소년에서 두 번째로 많이 발생됨
		두개 구조물	중이염, 급성 부비동염의 세균
		뇌척수액	뇌나 척수수술, 기저부 두개골절 시에 이루나 비루가 있을 때 감염될 수 있음
	결핵성		결핵성
	진균성		면역력이 억제된 사람에게 발생가능
병태생리			① 세균과 바이러스 등이 여러 통로를 통해 신경계를 침범하여 뇌에 도달하면 지주막, 지주막하의 뇌척수액과 연막, 지주막이 감염됨 ② 염증반응으로 화농성 삼출액이 형성 → 뇌척수액을 따라 다른 곳으로 전파 → 신경계 결손 초래 ③ 지주막 융모 폐쇄, 뇌조직 부종, 뇌척수액 생성 증가 → 두개내압의 상승 → 뇌탈출, 사망 가능
증상 및 징후	바이러스성		① 두통, 발열, 눈부심, 경부강직이 주로 나타남 ② 보통 뇌의 침범은 없음
	세균성 25 임용		① 첫 징후 : 두통, 오심, 구토, 오한, 근육통, 요통증상, 경부경직 ② 의식 : 불안정 → 혼미, 반혼수 ③ 경련성 발작 : 점상 혹은 용혈성 반점이 수막알균 수막염에서 동반됨 ④ 체온상승, 맥박증가, 호흡증가, 혈압은 비교적 정상
	3대 징후 92,07,14,25 임용 / 03,05,13,21 국시	경부 경직	목을 굴곡시켰을 때 목이 뻣뻣해지고 통증이 동반됨(저항 느껴짐)
		케르니그 (Kernig) 징후	환자를 앙와위로 눕히고 → 대퇴를 복부 쪽으로 굴곡시키고, → 무릎을 대퇴와 90도를 이루게 한 후, 무릎을 신전시키면 → 대퇴후면 통증 및 무릎의 저항과 통증을 느낌
		브루진스키 (Brudzinski) 징후	앙와위로 누운 상태에서 → 수동적으로 목을 가슴 쪽으로 굴곡시켰을 때 → 목의 통증과 함께 양하지(대퇴, 발목, 무릎)에 굴곡이 생김

합병증			① 두개내압 상승 → 시신경 압박 → 유두부종, 시력상실
			② 신경학적 손상 : 제3, 4, 6, 7, 8번 뇌신경 손상
			   ㉠ 안검하수증, 동공부동, 복시, 반맹증, 각막반사감소, 안면마비, 이명, 현훈, 난청, 반신부전마비, 연하곤란
			   ㉡ 손상은 대개 몇 주 안에 사라지나 청력상실은 영구적일 수도 있음

		병력과 신체검진					
진단검사		▶ 뇌척수액의 변화(단백질수치 상승, 포도당 감소, 농성, 혼탁, 다형백혈구 증가)					
			압력	색깔	세포	당	단백질
		세균성 뇌막염	급상승	혼탁, 농성	>1,000 (호중구 증가)	저하	상승
		바이러스성 뇌막염	상승 또는 정상	맑음	2~500 (림프구 증가)	–	약간 상승
		결핵성 뇌막염	상승	무색, 가끔 황색변색증	10~500 (림프구 증가)	저하	상승
		진균성 뇌막염	–	맑음	50~500 (림프구 증가)	–	–
		• 바이러스성, 세균성, 결핵성 등 어떠한 뇌막염에서도 뇌척수압과 단백질은 반드시 상승하므로 세포수의 증가, 특히 다핵성과 단핵성 어느 쪽의 백혈구가 우위로 증가하는지 여부와 당저하 발생 여부가 감별의 포인트가 됨 • 뇌막염에서는 당이 정상이면 바이러스성임 • 당이 저하되면 바이러스 이외의 원인을 생각해야 하는데, 다핵성(특히 호중구↑)이면 세균, 단핵성(특히 림프구↑)이면 진균과 결핵 등의 원인균임					
	요추천자	▶ 검사방법과 검사 후 중재					
		검사방법	대상자는 한쪽 옆으로 누워서 대퇴부와 다리를 최대한 구부려서 척추의 가시돌기 사이의 공간을 증가시켜서 요추 3~4번째나 요추 4~5번째 사이의 지주막하 공간으로 바늘 삽입이 용이하게 함 24 임용 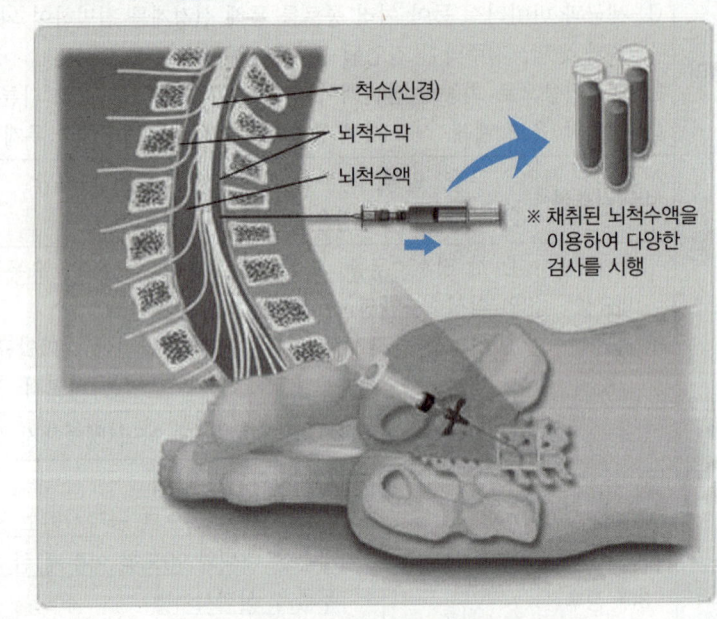 [요추천자를 통한 뇌척수액 채취] 출처: 질병관리청 국가건강정보포털				
		검사 후	뇌척수액의 누출을 막기 위해 앙와위나 엎드린 자세를 6~8시간 유지하게 함. 특히 엎드린 자세를 취하면 두통 예방에 더욱 효과적임. 수분공급 증가 22 국시				
	그람세균 염색 검사	항생제 치료 전에 병원체 확인하기 위해 실시					
	X-ray, CT, MRI 스캔검사	① 부비동의 감염 확인 ② 두개내압 상승, 뇌 농양으로 인한 수두증 등 합병증 규명					

치료 및 간호 04,07,18 국시	원인제거	항생제	조기에 항생제 다량 주입하며(4~6회 / 일 10일간), 적절한 수분전해질 균형 유지
	대증요법	항경련제 및 코데인	경련예방 및 통증완화
		고삼투성 제제와 스테로이드	뇌부종 감소
		해열제	타이레놀, 아스피린(+ 저온담요)
		고열 관리	탈수사정하고 적절한 수분공급
	보존 및 지지요법	체위	편안한 자세로 머리를 약간 올려줌
		환경관리	방안을 어둡게 하며 수명으로 인한 불편감 방지. 섬망 환자는 자극 최소화(낮은 조명으로 환각↓, 손상 방지, 억제대×)
		활동 및 운동	급성기 후에도 정상적 활동을 시작하기까지 몇 주간의 안정 필요. 점진적인 관절가동범위 운동 + 따뜻한 물 목욕
		식이	고단백, 고열량 식이, 소량씩 자주
		지속적 사정 및 추후관리	후유증 발생관찰: 폐렴알균 수막염 시 치매, 경련, 난청, 반신마비, 수두증 발생 가능
			회복 후 시각, 청각, 인지기능, 운동, 감각능력 사정
			영아기 수막염: 학령기에 학습능력 저하와 행동적 문제 발생 가능하므로 사정
			예방: 폐렴알균 폐렴, 인플루엔자 예방접종

10 뇌종양 21 임용 [아동질환] [성인질환]

정의	두개내(뇌실질만이 아니라 수막, 뇌신경 등도 포함)에 발생하는 신생물
특성	① 모든 연령층의 사람에서 발견되지만 초기 아동기와 50~70대 성인기에 발생빈도가 높음 ② 아동은 후두와의 천막하종양인 수모세포종(소뇌정중선에 발생하는 종양)이 흔하고, 성인은 다양한 형태의 신경교종이 흔함 ③ 신경교종과 신경종은 남자에게 더 흔하며, 수막종과 뇌하수체선종은 여아에게 흔함 ④ 원발성 뇌종양은 림프배액체계를 갖고 있지 않기 때문에 전신적으로 전이는 드묾
원인	① 원발성 두개내종양의 정확한 원인은 밝혀지지 않았으나 뇌신경세포보다는 뇌조직의 지지아교세포에서 시작됨 ② 종양이 자라면서 뇌조직에 침범하여 뇌조직을 대신하고 신경학적 증상을 일으킴 ③ 일반적으로 비정상적인 세포의 돌연변이와 세포성장의 상실을 유도하는 세포성장의 유전적 조절변화로 발생함

분류		
	신경교종	① 전체 원발성 뇌종양의 약 45~50% 차지, 가장 많이 발생함 21 임용 / 02 국시 ② 시작 : 뇌의 결체조직, 아교조직에서 시작됨 ③ 치료 어려움 : 일차적으로 대뇌반구의 조직을 침범하며 피막이 없어 절제하기가 어려움 ④ 종양은 빠르게 성장하며, 대부분의 사람들은 진단 후 몇 년밖에 살지 못함 ⑤ 신경교종은 별아교세포종, 뇌실막세포종, 희돌기교세포종, 다형교모세포종으로 나뉨 | 별아교세포종 | 신경교종 중 빈도가 가장 높으며, 흔히 전두엽에 발생함 21 임용 | | 뇌실막세포종 | 뇌실계에 있는 세포로부터 기원하며, 어느 연령에서나 발생함 | | 희돌기교세포종 | 희돌기교세포는 중추신경계에서 수초를 만드는 세포로 주로 뇌의 백질에 발생하나 전두엽과 두정엽 피질에서도 발생함. 종양은 천천히 자라서 석회화됨 | | 다형교모세포종 | 일차줄기세포에서 발생하는 것으로 원발성 뇌종양 중 가장 파괴적임 |
	뇌수막종	① 뇌와 중추신경계를 둘러싸고 있는 막에서 종양이 발생함 ② 수막종은 성인에게 가장 흔한 양성종양임 ③ 주요증상은 두통, 뇌전증, 시력문제, 뇌기능소실, 연하곤란, 미각과 후각소실 등 발생부위에 따라 다르게 나타남 ④ 서서히 성장하므로 점차 종양에 적응되어 증상이 나타나면 종양이 아주 커진 상태임
	뇌하수체 선종	① 천천히 자라는 양성종양으로 뇌하수체 전엽에만 침범하거나 제3뇌실의 바닥까지도 침범할 수 있음 ② 일반적인 조기증상은 시야장애로 양귀쪽 반맹(시신경교차 침범으로 발생)이며, 뇌하수체 기능항진이나 기능저하를 동반하기도 함
	신경세포종	① 젊은 연령층 또는 중년기 성인에게 자주 발생하는 종양 ② 뇌실에서 주로 시작되기 때문에 수두증이 나타남 ③ 천천히 자라는 양성종양이지만, 악성인 경우도 있음 ④ 보통 수술로 치유됨
	수모세포종	① 일차적 신경외배엽세포 종양이며, 제4뇌실 근처에서 발생함 ② 빨리 성장하고, 침습적 종양이며 척수로 전이됨 ③ 어린이에게 주로 나타나며 남자아이에게 더 흔함

분류		
	신경종 (수초에 발생)	① 신경손상이 있는 부위에서 주로 발생하며, 비정상적인 신경조직이 자라는 것 ② 보통 양성종양이나 낮은 단계의 악성종양임 ③ 통증이 있으며, 내과적 치료에 통증이 반응하지 않을 때에 수술을 고려함 ④ 신경초종 또는 신경섬유종이라고도 함 ⑤ 12쌍의 뇌신경 중 주로 감각신경에서 발생하며, 발생빈도는 청신경이 압도적으로 많음, 다음으로 삼차신경과 실인신경, 안면신경 등에 발생함 : 청신경에서 발생하는 신경종은 주로 편측으로 발생하며 증상은 이명, 청력감퇴, 안면감각저하 등을 보이며 종양이 커지면 소뇌의 기능장애와 수두증의 유발로 뇌압상승 증상을 보임
	전이성 뇌종양	① 두개내 종양의 약 10%를 차지 ② 신체의 각 부위에서 발생하는 모든 악성종양과 육종은 뇌로 전이가 가능함 ③ 종양의 원발성 부위는 주로 폐와 유방이며, 그 외 소화기계, 갑상샘, 방광암, 전립샘암, 자궁경부암도 뇌경막 또는 뇌조직으로 전이될 수 있음
병태생리		① 원발성 뇌종양은 비정상적 DNA를 가진 세포 또는 세포군에서 발생됨 ② 뇌종양은 크기, 위치, 침습의 정도에 따라 다양한 신경학적 증상을 유발하며, 종양이 커지면 뇌조직을 침범하고 압박하여 사망의 원인이 될 수 있음 ③ 종양은 뇌공간을 점유하여 뇌부종을 유발함 ④ 종양이 성장함에 따라 CSF의 부분적 폐쇄를 초래하며 CSF가 축적되면 뇌실이 확장되고 ICP가 상승하면 수두증이 발생함(특히 신경세포종에서 수두증이 흔히 발생됨) ⑤ 종양은 두개내 어디든지 발생할 수 있으며, 조직학적으로 양성 또는 악성이든 간에 국소적인 뇌조직의 파괴와 두개내압 상승으로 인한 뇌압박과 뇌탈출이 일어나 생명을 잃을 수 있음
증상 및 징후 [21 임용]		① 두개내압 항진에 의한 증상(3대 징후)
	두통	㉠ 가장 흔한 증상. 보통 둔하고 일정하게 나타나나 가끔 박동성 통증이 되기도 함. 전두부와 후두부에서 가장 심함 ㉡ 기전 : 초기에는 큰 혈관벽과 경막이 늘어나서 발생(종양의 인접한 뇌수막이나 혈관을 압박하고 팽창시켜서 두통이 발생됨), 후기에는 뇌종양의 크기가 자라면서 뇌압이 상승하여 뇌수막을 자극하여 두통 발생
	구토	㉠ 두개내압이 상승하면 연수의 구토 중추가 자극받아 오심증상 없이 구토가 발생함 ㉡ 구토 후 두통이 경감되는데, 그 이유는 구토 시 과도호흡으로 혈중의 산소량이 증가되고, 그로 인해 뇌혈관이 수축하여 뇌압이 감소되기 때문임
	유두부종	㉠ 종양이 시신경을 압박하여 눈의 정맥귀환이 폐쇄되어 중심망막동맥의 압력이 증가하기 때문에 발생됨 ㉡ 두개내압 상승이 시신경수막으로 전달되어 시신경유두로부터의 정맥순환을 압박하여 유두부종의 발생함(= 두개내압 상승 시 뇌척수액에 의한 정맥울혈로 발생함)
		② 발작 : 신경아교종과 전이성 암에서 흔히 나타나며, 명백한 원인이 없는 발작은 두개내 종양의 첫 번째 증상일 수 있음 ③ 복시, 시야변화, 안구진탕 ④ 반신마비, 운동저하, 발작, 청력상실, 인지능력 혹은 성격의 변화 ⑤ 안면통증, 연하장애, 쉰 목소리, 구음장애 ⑥ 전이가 잘 안됨 : 뇌의 혈관에는 혈액뇌장벽(Blood Brain Barrier)이라는 경계선이 있어 뇌 안에서 종양이 발생하더라도 혈관을 타고 다른 기관으로 전이가 잘 안됨

합병증	수두증	① 뇌척수액 흐름이 폐쇄되면 수두증이 발생함 ② 폐쇄성 종양에 의해 발생할 수 있지만, 종양을 제거하는 수술도 수두증의 잠재적인 합병증임
	요붕증과 항이뇨호르몬 부적절 분비 증후군	① 뇌하수체 부위의 수술 환자들은 요붕증의 위험이 높은데, 이는 항이뇨호르몬이 뇌하수체에서 저장되고 분비되기 때문임 ② 수술, 외상 혹은 신경학적 질병으로 발생하는 대부분의 뇌부종은 필수적인 수분조절기전의 미세한 균형을 방해함
		요붕증: 신세뇨관에서 물의 재흡수 기능을 하는 항이뇨호르몬이 불충분할 때 발생하는 것으로 희석된 소변이 많이 분비되어 심한 탈수 위험성이 따름
		항이뇨호르몬 부적절 분비 증후군: 요붕증과 반대되는 상황으로 두개내 수술, 중추신경계질환, 시상하부의 손상 또는 다른 요인들에 의한 합병증으로 발생하며, 너무 많은 항이뇨호르몬이 분비되어 요세관에서 과도한 양의 물을 재흡수하게 됨 → 환자의 소변량이 적고, 전신에 수분축적이 발생하며, 수분축적의 희석효과로 환자의 혈청 소듐과 삼투압 농도가 낮아짐
	위궤양	① 신경외과 수술 환자는 쿠싱궤양(Cushing ulcer)이 흔히 발생함 ② 스트레스의 반응, 또한 수술 후 스테로이드의 사용이 장의 분비를 증가시키고, 위자극과 궤양에 영향을 주는 것으로 추측됨
진단검사	뇌척수액 검사	두개내압 항진이 명백할 때는 금기. 임상적으로는 두개내압 상승증상을 확인하지 않고 천자했을 경우 뇌척수액 압력이 상승하는 경우가 있음
	단순 X-선 검사	두개골의 부자연스러운 편위, 안장의 변화, 석회화된 송과선의 편위 등을 볼 수 있음. 두개인두종, 뇌수막종 등에서는 종양 자체가 석회화된 상이 나타남
	CT 검사	뇌종양은 종양의 형태, 발생부위에 따라 저흡수역~고흡수역 또는 흡수역이 혼재되어 있는 것 등 다양한 상을 나타냄
	MRI 검사	뇌간, 소뇌, 뇌하수체 등 CT에서는 뼈의 허상 때문에 충분히 관찰할 수 없었던 부위의 관찰이 가능함. 출혈의 정도, 위치, 석회화와 뇌부종도 확인할 수 있음

치료 및 간호	투약	① 종양치료와 증상관리의 보조적 치료로 뇌종양의 관리에 사용
		② 종양의 종류에 따라 선택적으로 사용되며, 외과적으로 종양을 제거한 후 방사선 치료를 마친 후 종양이 재발하였을 때 환자에게 병용하여 사용
		③ 뇌종양환자에게 화학요법은 약물이 <u>혈액뇌장벽(Blood-Brain Barrier)을 통과하기 어렵고, 종양세포의 이질성, 종양세포의 약물에 대한 저항성으로 제한적으로 사용됨</u>
		`21 임용`
		   ㉠ Nitrosoureas(carmustine, lomustine)이 뇌종양치료에 사용됨
		   ㉡ Temozolomide(Temodar)는 혈관뇌장벽을 통과하는 구강용 약물. 기존의 화학요법제가 효과를 발휘하기 위해 대사활성화가 요구되는 것에 비해 이 약물은 종양의 성장을 직접적으로 방해하는 반응물질로 자발적으로 전환되는 약물임
		④ 종양주변의 뇌부종을 감소시키기 위해 덱사메타손과 같은 부신피질호르몬을 투약 : 스테로이드제를 사용할 때는 소화성 궤양의 위험을 감소시키기 위해 제산제를 같이 투여해야 함
		⑤ 두통해소를 위해 코데인이나 아세트아미노펜을 사용하며 경련을 예방하기 위해 항경련제를 투여함

	방사선 치료와 방사선 수술	① 대부분 종양을 외과적으로 절제한 후에 시행되는데, 종양의 외과적 접근이 불가능할 때는 일차적인 치료로 사용될 수도 있음 ② 방사선요법의 목적은 종양세포막을 변조시켜 파괴하는 것 ③ 전이병소와 수모세포종은 방사선에 가장 반응을 잘 보임 ④ 감마 나이프는 심부종양을 제거하는 방사선 수술기법으로 비침습적으로 치료하는 방법임. 이는 정상 뇌조직에 방사선 손상을 최소화함

치료 및 간호	수술	① 가장 확실한 치료방법 ② 종양 크기를 줄여 두개내압을 하강시키고 증상을 줄여서 생존율을 높임 ③ 수술 후 간호		
		사정		활력징후, 신경계증상(의식수준, 운동기능, 실어증, 시력변화, 인격변화 등)
		약물요법		항경련제, 항히스타민제, 코데인, 타이레놀, 항생제, 스테로이드제 투여
		체위	천막상 수술 (두개골 절개)	• 침상머리를 30도 상승시킴(∵ 정맥혈 배액촉진) 03,16 국시 • 심한 고관절이나 목 굴곡 금지 • 머리는 중앙에 위치, 중립적 자세, 앙와위나 측위유지 • 큰 종양제거 시 수술하지 않은 쪽으로 눕도록 함(∵중력에 의한 두개 구성물 변위 방지) ** 천막은 대뇌와 소뇌를 나누는 막임
			천막하 수술 시 (후두골 부위 목절개)	• 편평하게 눕히고 24~48시간 동안 한쪽 옆으로 누인 자세 유지 (∵ 목절개 부위압력과 수술부위 위쪽의 뇌구조물이 주는 압력을 차단) • 24시간 금식(∵ 연수와 뇌신경부위 부종으로 구토와 흡인위험성)
		안구관리		• 안구 주위 부종과 점상출혈 시 냉찜질 • 따뜻한 생리식염수로 눈세척, 인공눈물 점적 • 동공사정 시행(크기, 형태, 동일성, 빛반응 등) <table><tr><td>대광반사가 느려짐</td><td>두개내압 상승의 초기증상</td></tr><tr><td>동공산대, 대광반사 소실</td><td>뇌조직 탈출 증상</td></tr></table>
		운동기능 증진		• 상지 운동 강도 사정 위해 쥐는 힘과 회내 운동 검사 11 국시 • 관절가동운동 2~3시간 간격 시행, 2시간마다 체위변경 • 압박스타킹 적용(∵ 심부정맥혈전증 예방)
		두개내 관류증진		섭취량, 배설량 측정하고 수분량은 1,500mL 이하로 제한

11 뇌전증(= 간질) 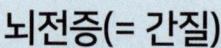 아동질환 성인질환

정의	발작(Seizure)	뇌의 비정상적인 전기방출로 갑자기 불수의적이고 비정상적으로 과다하게 방전되는 현상
	간질(Epilepsy)	다른 급성질환을 동반하지 않고 발작행위가 반복적으로 나타나는 것
원인	특발성 간질	정확한 원인은 모름. 유전, 모든 간질의 77%가 20세 이전에 처음 발병
	속발성 간질	머리의 외상, 수막염 등의 급성손상, 저산소증, 타격, 지적장애, 뇌성마비
병태생리	▶신경세포막의 통합성 변화 ① 뇌의 신경원 내 전기에너지가 과도하게 방출. but, 피질의 폭발적인 전기활동이 조정되지 않음 ② 세포막의 안정화 실패(발작 역치) ③ 발작(갑작스럽고 일시적) ④ 억제신경원들에 의해서 신경의 흥분상태가 느려지면 경련이 멈춤 　　만약, 지속된다면 산소공급이 불충분 → 뇌세포 손상 → 사망	
진단	뇌파검사(EEG), 혈액검사, 소변검사, 전해질, 간 기능, 공복 시 혈당, 척수천자, MRI, MRA, PET-Scan 등	
합병증	중첩발작 (= 지속성 뇌전증)	① 모든 종류의 발작 합병증 ② 발작 사이에 회복 없이 발작이 10분 이상 지속되거나 30분 이상 반복적으로 발생하는 응급상황 ③ 장시간의 발작으로 대뇌의 대사활동과 대사요구가 크게 증가하므로 즉시 치료하지 않으면 대뇌혈류장애로 비가역적 뇌손상이나 저산소증, 부정맥, 저혈압, 저혈당, 유산산증이 발생해 뇌세포가 손상되고 생명 위험 ④ 근육이 파괴되고 마이오글로빈이 신장에 축적되어 신부전과 전해질불균형을 초래함
	두부외상	낙상으로 발생함

발작장애의 분류

	발작형태	의식	전조/원인	증상/징후	
부분 발작 (대뇌 피질의 일부에서 시작되어 인지· 정서· 행동 증상이 나타남)	단순부분 (초점성 운동발작, 감각발작, 잭슨발작)	정상, 발작자각, 지속 시간: 1분 정도	전조증상 없음 / ① 국소손상 ② 종양 ③ 동정맥기형		※ 전두엽의 1차 운동 피질 침범
				운동증상	▶간헐성 경련, 안구운동(눈의 위쪽 또는 일직선의 운동), 발작 동안 눈은 감겨 있음 • Rolandic(Sylvian) 발작: 4~13세 사이에 호발하며, 주로 수면 중에 뇌전증 발작이 발생하는 특징이 있음. 유전경향이 있으며, 남아에게 더 많이 발생함. 한쪽 입 주위의 씰룩거림 같은 짧은 간대성 경련이나 언어정지, 침 흘림, 안면감각이상 등 주로 안면부 주위에서 시작되는 발작이 나타남. 10대 후반에 완전히 소실되는 경우가 많음. 특징적인 뇌파특성이 있어 진단이 어렵지 않음 • Jacksonian march(아동에게는 드묾): 간대성 움직임이 발, 손, 얼굴에서 시작하여 근접한 몸의 부분으로 순차적이고 연속적으로 진행함
				감각증상	▶무감각, 주삿바늘이나 핀으로 찌르는 듯한 따끔거림 • 청력: 윙윙거리거나 쉿쉿 하는 소리 • 시각: 빛이나 섬광
				자율신경계 증상	상복부의 팽만, 홍조, 창백, 발한, 동공확대
				정신적 증상 발생	언어정지, 발성, 두려움, 불쾌함, 화, 성급함

발작형태	의식	전조/원인	증상/징후		
복합부분 (측두엽 발작) 92 임용	의식장애 지속시간 : 1~3분	전조증상 있음 / ① 병소, 종양 ② 주산기 손상 ③ 국소적 경화 ④ 혈관기형	※ 측두엽, 변연계 침범		
			연령	3세~청소년에 이르기까지 종종 관찰됨	
			전조증상	목 쪽으로 올라오는 위 하부의 이상한 느낌, 불쾌한 냄새 또는 맛, 혼란스러운 소리나 시각적 환각, 데자뷰, 기시감, 울음, 두려움과 불안함	
			자동증	목적 없이 반복되는 무의식적 활동, 꿈꾸는 것 같은 상태	
				구인두 활동	입맛 다시기, 입술빨기 / 씹기, 침흘림, 삼키기, 단어반복
				보행활동	돌아다니거나 달리기와 같은 행동, 길거리 헤매기
			운동·감각 변화	비정상적인 운동활동, 뒤틀림, 긴장도감소, 저림 혹은 무감각, 전신발작으로 발전	
			발작 이후	의식상실 없음, 발작기억 없음(발작 후 기억상실)	

부분 발작

단순 부분 발작
- 자율신경 발작
  - 발한
  - 안면 홍조
  - 안면 창백
- 정신 발작
  - 공포감
  - 데자뷰
  - 플래시백 등
- 시각·청각 발작
  - 암점
  - 빛이 번쩍거림
  - 잡음을 내는 등
- 수족·안면의 경련

복합 부분 발작
- 한 곳 응시
- 입을 우물거림
- 혀를 참
- 의미 없이 배회

발작형태	의식	전조/원인	증상/징후
소발작 (결신발작) 92 임용	의식상실 5~30초	전조증상 없음/ ① 고혈압 ② 유전적 요인	① 5~12세 사이, 종종 십대에 자발적으로 멈춤, 남<여, 대발작으로 진전 ② 촉발요인 : 과호흡, 섬광 등 ③ 갑자기 발병하고 간단한 의식소실, 무표정한 응시, 자동증 ④ 말하거나 먹기 등 운동 활동의 일시적 정지 　㉠ 머리 떨굼, 물건을 떨어뜨리는 원인이 될 수 있음 　㉡ but, 근긴장성이 유지되어 넘어지지 않음, 경미한 근력감소 ⑤ 자동증 : 입술의 혀 차기, 눈꺼풀과 얼굴의 초조함, 옷을 만지작 ⑥ 잦은 발작(50~100회/일)으로 인한 학습장애 : 발작, 공상, 태만의 구분 어려움 ⑦ 실금 없음, 발작 후 혼동·무기력·졸림 없음 ⑧ 아동은 자신이 발작했다는 사실을 인지하지 못한 채 발작 직전에 하던 행동이나 상황으로 복귀함 ⑨ 특징적인 뇌파가 보임(특히 과호흡 상태에서 이상 뇌파 발생)

전신 발작

소발작
- 눈을 크게 뜬다.
- 안구의 상전
- 갑자기 동작을 중지
- 수초에서 수십 초 후 회복된다.

대발작
- 큰 소리를 냄
- 몸을 젖힘
- 청색증
- 안구의 상전
- 발한, 사지 경직
- 강직성 → 간대성 → 몽롱한 상태
- 사지를 부들부들 떤다.

	발작형태	의식	전조/원인	증상/징후		
전신 발작	긴장성- 간대성 (대발작) 92 임용	의식상실	대개 전조증상 없음, 간혹 전조증상이 나타나는 경우도 있음 ① 주산기 손상 ② 유전 ③ 원인불명	강직기 (= 긴장기)	10~20초간 지속, 의식상실, 전신근육강직, 복부와 가슴 경직과 팔이 굴곡되고 경축, 목과 다리 신전, 눈동자가 위로 올라가거나 편위됨, 호흡곤란(호흡근의 지속적인 수축은 일시적으로 호흡정지를 일으킬 수 있음), 혈압상승, 심장박동 증가, 타액분비 증가(기도폐쇄 가능)	
				간대기	30~40초 근육이 율동적으로 경련, 청색증, 침을 흘림, 실금, 실변, 혀를 깨물 수 있음	
				발작 후	깊은 수면, 피로호소, 기억상실, 전 연령(6M 이후부터)	
	무긴장성 발작	순간적 의식상실		① 2~5세 사이에 발병, 낮 동안이나 아침 시간 ② 갑자기 발병 → 순간적으로 근긴장 저하 → 얼굴, 치아, 두부손상(안전모 필요) : 갑작스럽게 목을 떨어뜨림, 땅으로 쓰러짐, 몇 초 후 아무 일 없었다는 듯 행동함		
	근간대성 발작			갑작스럽게 근육이나 근집단의 단시간의 수축		
	긴장성 발작			긴장성 증가, 평균 10초, 쓰러짐, 고함, 1~7세 사이 시작 (혼동, 피로, 두통)		
	간대성 발작			의식을 잃는 것, 말초의 경련에 따른 근긴장의 감소, 1분~몇 분(혼동)		

	구분	단순부분	복합부분	결신발작(= 소발작)
임상 증상	발병연령	모든 연령	3세 이전은 드묾	3세 이전은 드묾
	빈도(하루당)	다양함	거의 1~2번 이상 드물게	다양함
	기간	일반적으로 30초 미만	일반적으로 60초 초과, 10초 미만은 드묾	일반적으로 10초 미만이고 30초 초과는 드묾
	전조증상	발작의 단일 발현일지도 모름	빈번함	없음
	의식손상	없음	항상	항상, 간결한 의식상실
	자동성	없음	빈번함	빈번함
	간대성 움직임	빈번함	때때로 일어남	때때로 일어남
	발작 후 손상	드묾	빈번함	없음
	정신 지남력 상실	드묾	일반적임	일반적이지 않음

치료 및 간호	약물요법 95 임용 / 10,16,17,22 국시	약물치료의 원칙	① 발작을 통제하거나 독성이 나타나기 전까지 한 번에 한 가지 약물 선택 ② 규칙적인 시간에 투여 : 혈중 농도 유지하고 최고 효과를 나타내기 위함 ③ 부작용 관찰 ④ 갑자기 중단하면 중첩간질이 발생하여 뇌에 심각한 손상을 초래하거나 생명을 잃을 수 있으므로, 완전히 치료될 때까지 차츰 감소시킨 후 중단
			긴장성-간대성 발작 치료약물 : phenytoin(Dilantin), carbamazepine(tegretol), Phenobarbital 등 * carbamazepine(tegretol) 장기간 투여 시 골수억압현상이 나타날 수 있으므로 CBC 감시
		응급상황	간질중첩증 등 즉각적 치료가 요구되는 경우 → ① lorazepam(ativan) or diazepam(valium) 정맥주입 후 ② phenytoin(Dilantin), Phenobarbital 등
		일반적 항경련제의 부작용	복시, 졸림, 운동 실조증, 기면, 피부홍조, 잇몸출혈, 혈액질환, 간독성, 신독성

치료 및 간호	약물요법 95 임용 / 10,16,17,22 국시	phenytoin (Dilantin)	작용 (기전)	세포막의 Na^+ 농도를 떨어뜨림 → 신경자극이 발생하는 동안 운동피질에서 세포막을 통한 나트륨 이온의 유출증가 또는 유입감소로 신경막을 안정화시키고 발작활성을 감소시킴	
			부작용	① 아동이나 젊은 사람에게서 잇몸출혈 유발 ② 임파 조직의 증식으로 잇몸비대/편도선비대 ③ 여드름, 다모증 ④ 일시적 저혈압, 순환정지, 심정지 쇼크 ⑤ 골다공증 ⑥ 이독성	
			약물배설	소변이 붉은 갈색으로 보일 때도 염려할 필요는 없음	
			간호 교육	복용법	적정량의 식이와 수분공급	지나친 열량과 수분은 오히려 경련을 통제하는 데 좋지 않음
					식사 후 복용	강알칼리성이므로 위의 자극을 최소화하기 위해
					비타민 D, 엽산, 칼슘 충분히 섭취	비타민 D 대사를 억제하여 골연화증 초래, 거대아구성 빈혈 초래 가능
					잦은 치아관리 격려	무통성 치은 비후가 대표적 부작용, 치은 마사지와 구강위생관리

일반명	주된 치료대책	독성효과		약제 상호작용
		신경	전신성	
Phenytoin	① 긴장-간대성(성인) ② 단순부분 ③ 복합부분 ④ 실신발작에는 금기	① 운동실조 ② 협동운동실조 ③ 착란	① 잇몸증식 ② 림프절종창 ③ 다모증 ④ 골연화증 ⑤ 피부발진 ⑥ 엽산대사의 변화	① INH로 작용증강 ② carbamazepine, phenobarbital 작용변화(상승 또는 저하) ③ 엽산에 의해 길항됨
Carbamazepine	① 긴장-간대성(성인) ② 단순부분 ③ 복합부분	① 운동실조 ② 현기증 ③ 복시 ④ 현훈	① 골수억제 ② 위장자극 ③ 간독성	phenobarbital, phenytoin 작용변화(상승 또는 저하)
Phenobarbital	긴장-간대성(소아)	① 진정 ② 운동실조 ③ 착란 ④ 현기증	피부발진	valproic acid 작용증강
Ethosuximide	실신발작	① 운동실조 ② 기면	① 위장자극 ② 피부발진 ③ 골수억제	
Clonazepam	① 실신발작 ② 간대성 근경련발작	① 운동실조 ② 진정 ③ 기면	식욕부진	valproic acid와 함께 이용하면 실신상태를 촉진시킬 수 있음
Valproic acid	① 실신발작 ② 긴장-간대성(소아)	① 운동실조 ② 진정	① 간독성 ② 골수억제 ③ 위장자극 ④ 체중증가 ⑤ 일과성탈모증	clonazepam과 함께 이용하면 실신상태를 촉진시킬 수 있음

치료 및 간호	케톤 식이요법 적용		① 고지방, 저단백, 저탄수화물 식이요법(단백질과 탄수화물의 제한식이로 케톤치 상승) : 식이칼로리의 90%를 지방으로 섭취, 지방 : 탄수화물 = 4 : 1 ② 효과 : 발작역치 개선, CNS 안정효과
	대상자 교육	투약 관련	① 처방대로 정확한 시간에 정확한 용량의 약물을 복용이 중요함. 적절한 약물치료로 일상생활을 정상적으로 유지가능함 ② 항경련제 투여 후 진정, 졸음, 기면과 같은 효과가 있으면 운전을 하거나 기계를 조작하지 않도록 함 ③ 담당주치의와 상의 없이 갑자기 항경련제 복용을 중단하거나 과량을 복용해서는 안됨 ④ 항경련제를 투여하기 전에 다른 약물과의 상호작용을 확인해야 함 : 항응고제, 경구피임약, 디곡신, 아스피린, 특정 항생제, 제산제, 엽산제 및 다른 약물과의 상호작용에 주의해야 함 ⑤ 항경련제를 복용하는 경우 매 1~3개월마다 정기적으로 혈액검사를 수행하여 치료적 혈중농도나 기관의 기능장애를 확인해야 함 ⑥ 모든 항경련제는 발열이나 백혈구 감소증과 같은 부작용이 발생할 수 있음 ⑦ 신체적 의존성은 페노바비탈이나 프리미돈을 복용하는 대상자에게 문제가 될 수 있음 ⑧ 운동실조, 졸음, 메스꺼움, 진정, 현기증과 같은 독성 부작용이 흔함 ⑨ 일부 항경련제는 선천성 기형을 유발할 수 있으므로 가임기 여성은 임신 전에 의사와 상담할 것
		위험 요인 관련	① 약을 복용하지 않는 것, 수면부족, 알코올 섭취, 스트레스, 광선과민증 등을 피할 것 ② 적절한 영양섭취 ③ 스트레스 감소를 위한 이완요법 ④ 혼자 수영하지 않기 ⑤ 발작 유발 음식(카페인, 초콜릿, 알코올 등)을 피하기 ⑥ 감염, 외상 등에 노출되지 않도록 하기 ⑦ 처방없는 약물 복용하지 않기 ⑧ 자조그룹 참여하기 ⑨ 의사와 추후진료 일정에 따라 병원 방문하기 ⑩ 대상자와 의사의 전화번호와 약물목록을 지갑에 넣고 다니거나 의료경고 팔찌나 목걸이를 지니고 다니도록 함
	가족교육		① 가능하다면 원인규명 시도, 반복적인 발작을 예방, 대상자와 환경과의 관계 이해 ② 적절한 휴식과 수면, 가능한 생활스트레스를 관리하는 계획을 세우도록 지지 ③ 규칙적으로 정상적인 일상생활, 식이, 운동을 권장하고 심한 에너지 소모 및 정서적 과잉자극과 알코올 음료 섭취 금지 　㉠ 아동이 잠자거나 쉴 때 침상난간을 올림 　㉡ 침상난간이나 다른 날카로운 물건에 패드를 덧댐 　㉢ 침대나 유아용 침대에 방수매트나 패드를 깔 것 　㉣ 잠재적으로 위험한 활동 동안의 적절한 예방조치 : 동반자와 함께 수영, 자전거 타기나 스케이트 보드 등을 즐길 때는 안전헬멧과 보호패드를 착용케 함 ④ 대상자나 가족의 간질에 대한 태도의 재교정, 간질은 조절가능하며, 아동이 학교를 중단하거나 성인이 일을 중단할 필요 없음

치료 및 간호	응급처치 02,13 임용 / 09,10,15,16, 19,20 국시	① 바닥에 눕힘	발작하는 동안 대상자를 눕히고 조용히 곁에 지켜보기
		② 기도유지	질식을 막기 위해 입의 침이 흘러나오도록 고개를 옆으로 돌려놓아 줌
		③ 손상방지	㉠ 넘어진 장소의 위험물을 제거하여 손상 방지 ㉡ 목과 팔목 및 가슴 주위의 옷을 느슨하게 하여 호흡을 도움 ㉢ 몸의 움직임을 강제로 억제하지 말고, 대상자를 이동시키지 말 것 ㉣ 경련으로 인해 혀가 상처 나지 않게 환자의 치아 사이에 거즈를 감은 설압자 또는 개구기를 끼워줌. but, 강직 등으로 입을 다물고 있을 때는 강제로 물리지 않음. 경련 중에는 입에 아무것도 넣지 말 것 ㉤ 입안에 어떤 것도 넣지 말 것 ㉥ 머리는 바닥에 닿지 않도록 타월이나 담요를 받쳐 안전한 환경 조성함
		④ 관찰 및 기록	㉠ 정확한 경련기간, 경련의 종류, 특성, 무의식 기간, 얼굴 색깔의 변화 등을 관찰 ㉡ 기도확보 후 발작 동안 발생했을 수도 있는 미란, 타박상 혹은 혀를 깨무는 것과 같은 외상을 확인하기 위해 대상자 사정 → 발작 시 입술의 거품, 무의식중의 실금, 동공의 변화 등을 기록
		⑤ 회복	㉠ 발작 끝난 후 기도개방 여부를 확인하고, 발작 동안 외상은 없었는지 여부와 전신상태 확인 ㉡ 조용한 환경유지와 프라이버시 유지를 도움 ㉢ 경련 후 그냥 자게 둔다 : 보온 해주고 의식이 명료해질 때까지 자주 상태 관찰 ㉣ 대상자가 주위에 대해 완전히 반응을 보일 때까지 대상자 옆에 누군가 있도록 조정 ㉤ 깨어난 후 발작의 유발요인, 몇 번째 발작인가 알아보고 교육함
		⑥ 병원에 후송해야 할 경우	㉠ 첫 번째 간질양상 : 과거력 없는 경우 ㉡ 과거력 : 최근 약물 복용× ㉢ 발작이 5분 이상 지속 시 ㉣ 호흡곤란, 머리손상 동반 시 ㉤ 숨을 쉬지 않는 경우 ㉥ 상처가 있거나 당뇨병이 있는 경우 ㉦ 발작 후 양쪽 동공크기가 다른 경우 ㉧ 발작 후 무의식 상태가 지속되는 경우 ㉨ 수중 발작인 경우

12 열성경련 96 임용 아동질환

정의	신경계는 정상이지만 바이러스로 인한 상기도 감염(약 70% 정도) 등에 의한 급속한 체온상승과 관련된 일시적 장애 ① 긴장성/간대성 발작의 한 유형으로 보통 39℃를 넘는 갑작스런 고열을 동반함 ② 영유아기(6~24개월) 호발, 5세 이후에는 흔하지 않음 ③ 남 > 여(남자가 여자의 2배) ④ 가족력 3~4배 ⑤ 재발률 높음, 반복되는 경우 드물게 뇌전증으로 발전		
원인	체온상승	상기도 감염, 편도염, 인두염, 중이염, 위장염, 돌발진	
	유전		
증상 96 임용 / 97,98,99,01, 03,07,12,18, 22 국시	구분	열성경련	뇌전증
	발생연령	생후 6개월~3세	연령과 관련 없음(무관함) (호발연령 : 10대 후반~20대 중반)
	발생지속시간	짧음(15분 이내)	수초~수시간으로 다양함
	발작특성	① 전신형, 강직성-간대성 발작 ② 발작 후 국소적 신경계 손상 없음	전신형, 국소형 등 다양함
	뇌파소견	경련 중에도 정상	간질 동안 간질파, 간질 이후에는 정상임
	체온상승과의 관계	① 체온 상승 직후 또는 상승하는 동안 ② 39도 이상 체온 상승 시 ③ 열이 떨어지면 경련증상 사라짐	체온 상승과 관계없이 간격을 두고 반복되어 발생함
	발생빈도	1년에 4~5회	매일~매년
	유전 여부	높음	낮음
치료 19 국시	원인제거	① 가장 먼저 해야 할 일은 열의 원인을 밝히는 것이고, 이후 해열제나 항생제 투여 ② 항생제 투여 : 세균감염으로 인한 경우	
	대증요법	해열	해열제 투여	아세트아미노펜, 이부프로펜
			미온수 마사지	오히려 오한으로 인해 대사량을 증가시키고 체온을 상승시킬 수 있으므로 적용 시 주의
		경련 발생 시 손상방지	① 심한 경우 항경련제(benzodiazepine 계열의 lorazepam, diazepam 정주 or 항문 투여)의 예방적 투약 : 후유증 발생의 의심 없는 한 번의 열성경련 아동의 경우에 예방적 항경련제 사용은 하지 않음, 추천되는 치료법은 아님 ② 주변 환경 안전하게 정리 ③ 기도유지, 고개를 옆으로 돌려줌 ④ 설압자 외에는 적용하지 말 것	
		산소투여	청색증 발생 시 산소투여	
		병원방문	5분 이상 경련이 지속되거나 의식회복이 없이 경련이 반복되거나, 생후 6개월 미만인 경우 등에는 병원 방문	
	지지요법	① 탈수증상과 경련증상 사정 ② 환아의 부모지지		

13. 뇌혈관성 질환 : 뇌졸중 - 뇌동맥경화증 [93,10,25 임용] [성인질환]

정의	뇌졸중	뇌의 갑작스런 혈류 감소로 인해 중추신경계의 기능장애가 오는 응급상황을 포괄적으로 나타내는 용어
	허혈성뇌졸중	뇌의 어느 한 부분에 혈전 or 색전에 의해 혈액공급의 장애로 인해 기능을 갑자기 상실
	출혈성뇌졸중	뇌혈관이 파열되는 뇌실질 내 출혈, 거미막하 출혈을 일으키는 뇌동맥류가 있음

관련 요인	조절 가능 요인	건강문제	① 고혈압이 가장 주된 위험요인 ② 심장병, 비만, 수면무호흡, 대사증후군
		생활습관	① 흡연, 과도한 음주, 약물남용 ② 운동부족 ③ 불량한 식습관
	조절 불가능 요인		① 연령 : 65세 이상　　② 성별 : 남성 > 여성 ③ 인종 : 흑인　　　　④ 가족력, 유전 등

종류	구분	허혈성		출혈성	
		혈전성	색전성	뇌내 출혈	지주막하 출혈
	원인	죽상경화증, 고혈압, 응고기전장애	심방세동, 대동맥과 승모판 질환, 심근경색, 죽상경화	고혈압성 심혈관질환, 응고장애	뇌동맥류(주로 거미막하 공간), 외상, 혈관기형(윌리스 환에 생긴 동맥류의 파열)
	경고 증상	TIA (대상자의 30~50%)	없음	두통(대상자의 25%)	두통(흔함)
	질병 진행/예후	죽상경화 부위에 → 혈전이 형성되고 폐색이 일어나 → 허혈과 경색을 초래하게 됨. 증상이 서서히 발현, 단계적 호전	갑자기 발생 (심장에서 떨어져 나온 혈전덩어리가 뇌혈관 순환 중에 통로를 막아 뇌졸중이 발생)	탄력이 떨어진 혈관이 터지면서 뇌 실질 출혈 → 혈종형성, 24시간 이상 진행 시 예후가 나쁨, 혼수 시 치명적	갑자기 발생, 혼수 시 치명적
	활동 관련	휴식 중 발병	활동과 관련 없음	주로 활동 중에 출혈	머리 외상과 관련
	의식 수준	깨어 있음	깨어 있음	무의식	무의식
	경련	드묾	드묾	흔함	흔함
	호전	몇 주에서 몇 달 후 호전	빠르게 호전되는 편	다양함, 영구결손 가능성 있음	다양함, 영구결손 가능성 있음
	뇌 척수액	정상	정상	혈액성	혈액성

※ 일과성 허혈성 발작(TIA) [20 국시]
① 일시적이고 국소적인 대뇌허혈로 인한 단순 가역성 갑작스럽고 짧은 신경학적 기능부전
② 신경계 기능장애는 흔히 1~2시간 이내 회복 / 평균 10분(완전 회복)
③ 대부분 혈전성 뇌졸중의 경고 증상으로 여겨짐 → 허혈이 없는 기간에 신경학적 사정을 실시하면 정상
④ 증상 : 다리, 팔의 갑작스런 허약감이나 마비감, 언어 양상의 변화, 한쪽 눈의 시야장애
⑤ TIA가 뇌졸중으로 발전하는 것을 방지하는 내과적 중재가 필요함

75~80%가 뇌경색, 15%가 뇌간 또는 거미막하 출혈, 10%는 다른 원인

병태
생리
	정상 구조와 기능
	① 뇌의 혈류는 윌리스 환을 통해 끊임없이 순환할 수 있는 구조로 되어있음
	  - 윌리스 환 : 전대뇌동맥과 후대뇌동맥은 전교통동맥과 후교통동맥과 함께 윌리스 환을 형성 → 뇌혈류가 감소되면 측부순환이 발생. 뇌의 어떤 부위에 혈액 공급이 차단되더라도 다른 혈관으로부터 혈액을 공급받을 수 있음
	② 뇌혈류의 자동조절기전
	  → But, 혈관의 폐색으로 인한 뇌혈류의 감소로 산소공급이 감소되면 신경세포는 호기성호흡을 유지하지 못하고 혐기성호흡을 함에 따라 충분한 ATP는 생성하지 못하면서도 다량의 젖산을 생성하게 되어 pH가 낮아지고 기능을 멈추게 됨
		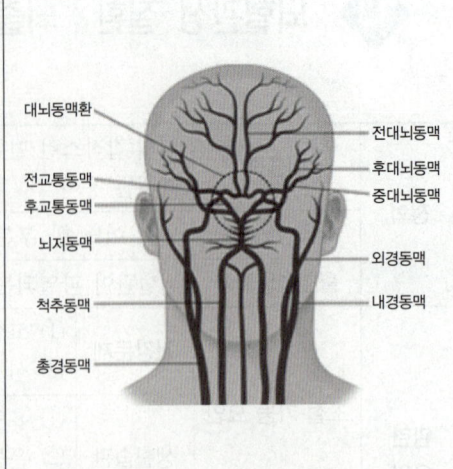

	① 초기 : 경색부위 괴사, 주변은 반음영 영역이 됨(손상된 부위의 회백질 → 진흙색 / 백질에 약간의 변색, 연화가 옴 → 4~5분 안에 세포 내에서 변화가 나타나며 분당 2백만의 뇌세포가 죽음)
	② 허혈은 경색부위 세포 내 칼슘의 양↑, 글루타민산염 유리↑ → 혈관 수축, 자유기 생성
	  : 이 과정을 통해 손상부위는 경색부위에서 반음영 영역으로 점차 확대
	    (반음영 영역은 tissue plasminogen activator, t-PA를 투여함으로써 다시 정상화되기도 함)
	③ 후기(48~72시간 후) : 경색, 괴사, 병소 주변의 부종과 손상된 부위의 변성이 분명 → 낭종		

	• 점진적인 혈관경색은 측부 혈액공급이 충분하다면 경색을 유발하지 않을 수 있음 • 완전히 폐색되지는 않았으나 경화된 혈관들이 많아 허혈부위에 측부 혈액 공급이 어렵다면 경색은 더욱 촉진 • 출혈성 뇌졸중은 뇌혈관 장애의 원인과 유형에 따라 병태생리에 차이가 있음		

증상
및
징후
11 국시
	뇌동맥경화증
	93 임용
		① 뇌동맥에서 죽상동맥경화(동맥의 내벽에 죽처럼 생긴 덩어리가 생기는 것)가 진행되면 현기증, 이명, 몸이 공중으로 뜨는 것 같은 부양감이 발생
		② 이런 동맥경화가 더욱 진행되면 뇌졸중이 되기도 함(뇌동맥 경화증에 의한 만성 뇌증후군은 경감될 수 있으나 완치는 어려움)
		  ** 만성뇌증후군 : 집중력 감소 기억력 저하, 피로감, 우울 등의 증상
		③ 뇌의 작용이 서서히 떨어져 건망증, 기억력 상실, 집중력 저하, 감정의 불안정 등 정신 증상이 나타나며 심하면 치매를 일으키기도 함
		  → 이런 종류의 치매는 혈관이 막히거나 좁아져 뇌에 충분한 혈류를 공급하지 못해 발생하는 것으로 혈관성 치매라고 하며, 뇌졸중이나 다발성 뇌경색이 원인임
		  → 혈관성 치매는 일반적으로 노인성 치매보다 먼저 나타남
		
		※ 혈관성 치매와 알츠하이머 치매의 비교
		
		| 특징 | 혈관성 치매 | 알츠하이머 치매 |
		|---|---|---|
		| 치매발생 빈도 | 전체 치매의 20~30%를 차지함, 2위 | 전체 치매의 60% 이상 차지, 1위 |
		| 원인 | 뇌혈관 질환에 의한 뇌조직 손상 | 대뇌피질세포의 점진적 퇴행 |
		| 고혈압, 뇌혈관 질환과의 연관성 | 높음 | 낮음 |
		| 발병 시기 | 갑자기 발병됨 | 느린 진행 |
		| 뇌검사 특징 | 다발성 뇌경색, 뇌백질 부위의 변화 | 뇌가 전반적으로 위축되고, 신경세포수가 현저히 감소 |

		특징	혈관성 치매	알츠하이머 치매
	뇌동맥경화증 93 임용	경과 (진행양상)	단계적 진행과 중단 반복함, 계단식 경과를 가짐	점진적 진행되며 서서히 악화됨
		인지장애	부분적	전반적
		신경증상	마비, 언어장애, 어지러움증, 보행이상 등 신경학적 이상 증상이 흔히 동반됨	말기에 심해지나 초기에는 증상 없음
	전기 경고증상	일과성 허혈 발작	일시적 반신부전, 언어장애, 편측 감각마비 등	
		고혈압 환자	심한 후두골통증, 경부통, 현기증, 기절, 감각장애, 비출혈, 망막출혈	

증상 및 징후
11 국시

뇌졸중 척도
🎧 마약언어

▶ 신시내티 병원 전 뇌졸중 척도(Cincinnati Prehospital Stroke Scale, CPSS)

구분	방법	정상	이상
얼굴마비 (Facial droop)	치아가 보이게 웃어보라고 함	얼굴의 좌우대칭	한쪽이 다른 쪽과 같이 움직이지 않음, 얼굴의 한쪽이 반대쪽에 비해 움직이지 않음
팔근육약화 (Arm drift)	환자의 눈을 감게 하고 양 팔을 펴서 손바닥을 위로 향하게 한 후 10초 이상 들고 있게 함	양쪽 팔을 똑같이 들고 있을 수 있음	한쪽 팔만 들지 못하거나, 반대쪽에 비해 처져있음
언어장애 (Abnormal speech)	환자에게 말을 하게 함	지체하지 않고 정확히 말할 수 있음	뚜렷하지 않은 말, 발음이 늘어짐, 잘못된 말 또는 전혀 말할 수 없음

출처 : Akamoto S. 응급상황 자신있게 대처하기(김영설 번역). 서울 : 대한의학서적. 2017; 405, 422

뇌혈관 손상 후 증상

손상 뇌 부위에 따라 경미한 증상에서부터 심각한 기능 장애까지 그 정도가 다양

허혈성 뇌졸중	좌반구의 폐색	• 신체 우측의 마비, 허약함 • 우측 시야장애 • 실어증 : 언어의 이해와 표현장애 • 지적 능력의 변화 • 기억력 결핍
	우반구의 폐색	• 신체 좌측 마비나 허약함 • 좌측 시야장애 • 지남력 상실 • 공간-지각장애 : 깊이, 좌우, 위아래 구별에 어려움 • 혼란, 충동적 행동과 판단력 저하, 지각의 결여

뇌내 출혈의 증상	피각(기저핵)과 내포(시상, 미상핵, 렌즈핵으로 둘러싸인 백질)의 출혈	• 오심, 구토를 동반한 심한 두통 • 편측부전 • 느린 언어 • 안구 진탕, 반신마비, 동공고정 및 확대 • 비정상 자세, 혼수
	시상의 출혈	감각기능의 손상이 있는 반신 마비
	시상하부의 출혈	시력이나 안구의 움직임에 문제 초래
	소뇌 출혈	심한 두통, 구토, 연하곤란, 구음장애, 안구 움직임 장애
	뇌교 출혈	반신마비, 혼수, 비정상 자세, 고정된 동공, 고체온증

증상 및 징후 [11 국시]	지주막하 출혈 증상	압박증상	시력 손상, 동공산대, 복시
		혈관파열	두통, 의식혼돈, 현기증, 현훈, 구토, 경련
	편마비와 반신부전	\① 대뇌피질의 운동 영역, 추체로의 손상으로 인해 발생 ② 우측 뇌경색은 좌측 반쪽에 기능장애 일으킴(좌측 뇌의 경색은 그 반대) ③ 그 외 다른 피질영역이 손상되면 반신감각마비, 반맹증, 실행증 등 국소적 증상이 나타남 ④ 흉부와 복부근육은 뇌의 지배를 받지 않아 마비되지 않음	
	실행증	① 움직일 수는 있으나 자신이 의도하는 대로 사용하지 못하는 것 ② 근육에 메시지를 전달하는 양상이나 틀을 재조직하지 못함	
	실어증과 구음장애 [93 임용]	감각성 실어증 (베르니케 실어증)	① 언어이해 능력의 장애 ② 구음이나 문법은 정확하나 내용이 부적절(유창성 실어증)
		운동성 실어증 (브로카 실어증)	① 언어구사 능력의 장애 ② 무슨 말을 해야 할지는 알지만 소리를 말, 음절로 만들지 못하는 것 (비유창성 실어증)
		전체성 실어증	감각 및 언어구사 능력의 장애를 모두 포함(완전 실어증)
		구음장애	뇌신경장애로 입술, 혀 및 후두의 근 쇠약 or 마비, 발음이 불완전
	착어증	① 자발적 언어에 착오가 일어나는 것 ② 자신이 의도한 말과는 다른 말을 하고 틀린 것을 알아차리지 못함	
	시력변화	후두엽 시각로 병변 → 시야결손 발생 → 걸음, 자세, 운동에 문제 발생	
		Honer 증후군	4대 징후 : 동공수축, 안검하수, 무한증, 안구함몰
			눈과 연결된 교감신경 장애
	실인증 [10 임용]	① 시각, 청각, 촉각, 기타 감각 정보의 해석 장애로 감각은 있으나 물체 인식 못함(감각기관에 손상은 없으나 대뇌 일부의 손상으로 대상에 대한 식별이 안 되는 상태) ② 편측무시 : 자신의 신체 반쪽을 인지하지 못함 ③ 손상부위별로 증상은 다양하게 나타남 | 손상부위	증상
---	---
두정엽	낯익은 물체를 식별하는 데 어려움을 겪음
후두엽	낯익은 물체를 눈으로 볼 수는 있어도 인식할 수 없는 시각실인증 초래
하부후두측두엽	안면인식장애 초래
측두엽	귀로 소리를 들을 수는 있지만 소리를 인식할 수 없는 청각실인증 초래
후두엽과 측두엽	낯익은 장소를 인식하지 못하는 환경실인증 초래		
	연하곤란	인두에서 식도로, 식도의 연동운동으로 음식물을 삼키는 작용에 장애가 발생	
	운동감각	신체 반쪽에 감각소실, 이상감각, 근관절 실조	
	정서적 불안정	① 뇌졸중 후 정서적으로 취약해짐 : 불안 증가, 질투와 의심이 많아짐 [93 임용] ② 잘 잊어버리고 쉽게 좌절, 우울(회복에 부정적인 영향을 미침), 사회적 위축 등	
	어깨통증	대부분 환측 어깨, 팔의 통증 호소하며 균형 장애와 근관절 범위 운동장애로 기동성, 자가간호의 제한을 유발	
	추상적 사고장애	① 물체의 위치를 찾지 못하고 크기, 거리를 추정하지 못함 ② 기억력 장애, 공간 인지장애, 방향감 상실 때문임	
	실금	비억제 신경인성 방광 : 배뇨를 수의적으로 조절하지 못하고 빈뇨나 긴박뇨가 나타남	

		증상 및 징후 11 국시	발생부위별 증상

부위	중대뇌동맥 (전두엽/두정엽/ 측두엽 외측)	전대뇌동맥 (전두엽/두정엽 내측)	후대뇌동맥 (후두엽/측두엽/ 시상)	내경동맥	기저동맥
운동	반대측 반신부전, 편마비 (상지에 심함)	반대측 반신부전, 하지 심함, 족저굴곡	반대측의 경한 반신부전, 의도적 진전	얼굴비대칭 있는 반신부전	운동변화로 쇠약, 보행장애, 운동조정곤란
감각	반대측 감각변화	반대측 반신감각부전	광범위한 감각 소실	반대측의 감각 변화	혀의 무감각
시각	동측성 반맹증, 병변쪽의 안구움직임 장애 (시삭에 영향, 시교차 이후 부위 손상)	병변쪽의 눈의 이탈 (시교차 이전 손상으로 장애 없음)	동공기능장애, 협동운동상실, 안구진탕증	반맹증, 동측맹	복시, 동측성 반맹증, 안구진탕증
언어	실독증, 난서증, 실어증	운동성 실어증	보속증, 실독증	연하장애	구음장애, 연하장애
정신	기억력 장애	혼란, 건망증, 단조로운 정신, 기민성 감소	기억력 장애, 환시		기억력 장애, 지남력 장애
기타	구토	실행증		경동맥 잡음	이명, 청력상실

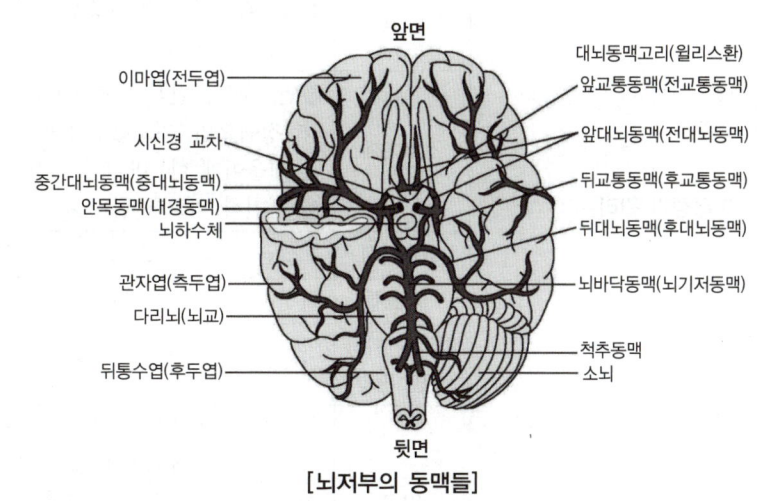

[뇌저부의 동맥들]

※ 윌리스 환 : 2개의 전대뇌동맥이 전교통동맥과 연결되고, 이들은 중대뇌동맥과 후교통동맥을 통해 후대뇌동맥으로 연결된다.

진단 검사	(1) 일과성 허혈성 진단	① 주로 자가보고로 진단 ② 지속시간 : 1시간 이하(24시간 이상 지속×) ③ 경동맥 잡음 청진하거나 촉진 / 경동맥 혈관검사
	(2) 컴퓨터 단층촬영술(CT)	우선적으로 사용
	(3) 자기공명영상(MRI)	
	(4) 요추천자	거미막하 출혈
	(5) 뇌혈관 조영술	경동맥의 협착, 폐색, 출혈 유무 진단

치료 및 간호 중재 11,19,20 국시	(1) 일과성 허혈증의 관리 25 임용	① 항고혈압제 ② 혈소판 응집억제제 : 아스피린 처방(∵ 혈소판 응집을 억제하여 혈전형성을 감소시키므로 저용량 아스피린 투약으로 이차 뇌졸중의 위험도를 감소시킴) ③ 항응고제	
	(2) 출혈성 뇌졸중의 관리	절대안정, 조용한 환경	
		산소공급	저산소성 뇌조직 장애 또는 뇌부종 예방
		변비	경한 완화제 사용
		고체온증	해열제, 저온담요, 얼음팩
		약물	항섬유소 용해제(플라즈미노겐의 플라즈민 활성화를 억제하는 약물로 혈전파괴를 지연함), 항경련제, 진통제 23 국시
		두개내압 상승	수분제한, 스테로이드, 혈중 탄산가스분압 조절, 침상머리 30도 상승 19,21 국시
	(3) 급성기 관리	호흡기계	기도의 개방성 유지, 산소 공급 20 국시
		신경계	GCS / 침상머리 30도 올리고 머리 중립 유지 / 삼투성이뇨제 / $PaCO_2$ 30~35mmHg / EVD
		심혈관계	수분정체, 탈수, 혈압의 변동으로 심장 기능의 약화
		피부	실금, 감각상실, 혈액순환장애, 부동, 영양부족, 탈수, 부종으로 피부손상위험성
		소화기계	흡인, 구토, 질식 위험 → 금식, 수분전해질 균형 유지, 위관영양, 정맥요법, 기도흡인예방 중재(식사 시 머리와 목을 앞으로 약간 기울이게 함, 마비가 되지 않은 쪽 입에 음식 넣어주기, 음식을 천천히 먹도록 함) 20,23 국시
		비뇨기계	요실금 / 간헐적 도뇨 시행 / 방광 재훈련 프로그램
		의사소통	천천히 조용하게 간단하게 단어나 문장을 사용
		감각 인지적 측면 관리	건강한 시력 쪽으로 다가가 간호 / 복시 환자 안대
		약물	① 혈전용해치료법 : 조직-플라즈미노겐 활성제(t-PA) ② 고용량 혈액희석법(혈관확장제) : 생리식염수와 알부민 투여 ③ 항응고제, 항혈소판제제 ④ 두개내압 하강제, 항경련제 ⑤ HMG-CoA 환원효소 억제제
	(4) 아급성기 관리	① 물리치료 ② 작업치료 : 보조기구사용 재교육 ③ 언어치료	
	(5) 외과적 치료	① 두개내외 우회술 ② 경동맥 내막절제술 ③ 경동맥 스텐트 ④ 동맥류 클리핑과 싸기	
간호 진단	① 비효율적인 조직관류 ② 체액과다 ③ 불용증후군 위험성 ④ 자가간호 결핍 ⑤ 연하곤란 ⑥ 감각 지각 장애		

> **PLUS⊕**
>
> • 뇌졸중의 증상을 분별하는 방법 FAST(국제뇌졸중협회, 2012)
>
> | F(face) | 대상자에게 웃어보도록 해라. 얼굴 한쪽에 처짐이 있는가? |
> |---|---|
> | A(arm) | 대상자에게 양팔을 들어올리게 해보라. 한쪽 팔의 떨어짐이 있는가? |
> | S(speech) | 대상자에게 간단한 문장을 따라 해보게 하라. 발음이 어눌하거나 이상한 점이 있는가? |
> | T(time) | 만약 이런 증상이 관찰된다면, 119로 바로 전화하거나 가까운 뇌졸중 센터 혹은 병원으로 가도록 하라. |

14 헌팅톤병 [성인질환]

정의		근육 간의 조정능력 상실과 인지능력 저하 및 정신적인 문제를 동반하며 15~20년에 걸쳐 점진적으로 진행되는 4번 염색체의 우성유전질환
특성		① 사회·경제적 활동이 왕성한 30~50대에 발병함 ② 유색인종에게 드물고, 나이가 젊을수록 빠르게 악화됨 ③ 50% 정도 유전됨
증상	초기	미세한 동작이 필요한 작업 수행에 어려움을 겪고 걸을 때 중심을 잘 잡지 못하여 자주 넘어지거나 손에 잡은 물건을 잘 떨어뜨리고 글씨체가 바뀜
	진행	① 무도증, 틱, 근육경련과 같은 빠르고 제어하기 힘든 근육운동 발생이 특징적임 ② 감정이나 성격의 변화가 먼저 나타나서 불안증세가 심해지거나 쉽게 우울해지며 점차 폭발적인 언어, 연하장애, 호흡장애, 요실금과 실변, 집중력과 판단력 감소, 기억력 상실, 인격장애, 치매 등
	특징적 증상	무도양 움직임[기저핵의 glutamic acid decarboxylase(GADC)의 저하, cholic acetyltransferase의 감소로 나타남] : 사지, 몸통, 안면근육을 침범하여 얼굴을 찡그리고, 상지가 비틀리며 시간이 지나면서 몸통과 사지는 더욱 심하고 빠르게 뒤틀려 춤추는 듯한 걸음걸이가 나타남
	임상경과	3단계 진행됨, 각 단계는 대략 5년 정도이며 전체는 평균 15년 정도 진행됨 ① 1단계 : 신경적 또는 정신적 증상 ② 2단계 : 다른 사람에게 간호를 받아야 하는 의존성 증가 ③ 3단계 : 독립적 기능을 완전히 상실
	합병증	심부전 또는 호흡부전, 극도의 전신피로, 충동적 자살 등
진단		① 질병의 가족력과 임상증상에 기초해서 진단내림 ② 질병검증 3대 증상 : 우성유전, 무도무정위운동, 치매
진단 검사		① 유전자 검사 : 헌팅톤병의 유전자 발견 ② 뇌파검사 ③ 컴퓨터단층촬영 : 뇌실의 확장과 미상핵의 퇴행성 변화 ④ 소변·혈액검사 : 정상이나 혈장 내 성장호르몬 수치가 비정상임
치료 및 간호	대증요법	① haloperidol : dopamine의 효과를 차단하여 비정상적인 동작과 행동 조절 ② diazepam : 불안을 완화하고 동작 조절, 항우울제도 도움이 됨 ③ choline제 : 신경전달물질인 acetylcholine의 전구물질로 신경이완제의 부작용없이 비정상적인 운동을 감소시킴 ④ 정신퇴행이 진행되면 일상생활활동에 도움이 필요하며, 약물요법은 보조적으로 이용
	보존 및 지지요법 — 안전한 환경	침대에 누워있을 경우에는 침대난간을 올려주고, 패드를 적용하여 심한 경련시에도 다치거나 낙상하지 않도록 예방
	보존 및 지지요법 — 자가간호 증진	정신력과 인지능력이 퇴행하므로 가족은 대상자의 위생, 영양, 배설 등의 자가간호에 더 많은 관심을 가져야 하며, 인내와 민감성이 필요함
	보존 및 지지요법 — 정서지지	대상자가 느끼는 두려움과 공포에 대처하는 것
	보존 및 지지요법 — 유전상담	질병유전을 방지하는 것이 유일한 예방법이므로 유전상담이 필요함

15 파킨슨씨병 92 임용 / 03,05,07,10,11,14,16,19,20,21 국시 [성인질환]

정의	파킨슨씨병	움직임을 조절하는 두뇌구조에서 신경전달물질인 도파민 부족으로 발생하는 만성 진행성 신경계 질환
	파킨슨증	파킨슨씨병 유사증상이 뇌졸중, 뇌손상, 뇌염, 뇌종양, 약물 등과 같은 다른 질환 등의 원인에 의해 초래되는 것

특성 92 임용	① 50대 이후에 발생률이 가장 높음 ② 남 : 여 = 3 : 2 ③ 백인남자에게 흔함 ④ 사회적 계층과는 무관함

원인	① 특발성 ② 동맥경화성 ③ 뇌염, 뇌종양, 뇌수종, 뇌의 허혈성 손상 후 ④ 독성물질(일산화탄소, 망간, 수은 흡입 등) ⑤ 신경매독 ⑥ 항정신성 약물

병태 생리	중추신경계의 기저신경절을 침범하여 기저핵 안의 흑색질에 있는 도파민 생성 신경세포의 퇴행으로 인하여 추체외로계가 손상되어 조화를 이룬 움직임과 반자율적 운동조절을 못하는 질병 92 임용 ① 중뇌 흑질의 도파민을 생성하는 신경원 파괴 → 도파민의 양 감소 → 도파민성 활동의 상대적 감소 → 불수의적 움직임 증가, 수의적 섬세한 움직임 감소(흑색질에서 만들어진 도파민은 기저핵의 선조체에서 작용하여 신체의 운동기능을 조절하는 역할을 담당함) ② 아세틸콜린의 흥분성 활동이 도파민에 의해 조절되지 못함 → 콜린성 활동의 상대적 과잉 → 운동불능증과 경직 유발(∵ 아세틸콜린은 흥분효과, 도파민은 억제효과를 나타내는 길항작용을 함) * 도파민 저하 시 불수의적 움직임↑, 아세틸콜린 증가 시 운동불능, 경직유발

증상 04,08,11, 14 국시	4대 증상 (TRAP) 🎧 서 경 진 불안	3대 증상 🎧 서경 진	서행증(운동완서, 운동불능) (Akinesia)	① 동작 고정 ② 움직임의 시작이 어려움
			경축(뻣뻣) (Rigidity)	① 관절경축 21 국시 ② 움찔거리는 율동적 경축 ③ 근육통증(머리, 상체, 하지, 척추) → 구부러진 자세, 가속보행(질질 끄는 종종걸음)
			안정 시 진전 (=떨림) (Tremor)	① 휴식 시 떨림(수면 시나 집중 시 사라짐) 21 국시 ② 정서적 긴장이나 피곤, 추위 등에 노출 시 더 심해짐 ③ 환약 제조양 떨림 ④ 손가락에서 시작되어 팔로 진행됨. 이후 나머지 신체부위로 진행됨 (손가락 → 팔 → 사지 순)
		불안정한 체위 (Postural instability)		걸음걸이의 변화 ① 발가락 끝으로 종종걸음을 침 ② 시작이 어려우나 일단 걷기 시작하면 가속화되어 걸음걸이가 빠른 속도로 증가해 정지하기 힘듦 ③ 앞이나 뒤로 돌진적으로 가속보행하며 잘 넘어짐

증상 04,08,11, 14 국시	기타 증상	① 안면 : 무표정, 앞만 응시하는 눈 ② 언어장애 : 저음, 떨리고 단조로운 음색 ③ 시력장애 : 흐릿한 시야, 안검 경련 ④ 변비, 요정체, 빈뇨 ⑤ 연하곤란, 침 흘림 ⑥ 50%가 우울증, 치매 동반 ⑦ 미세한 운동기능 변화 : 손의 기민성 감소, 소서증, 동작이 굳어짐
진단		특별한 진단법이 없어 병력, 신체검진에 근거 ① 3대 증상(서행증, 경축, 진전) 중 2개가 나타남 ② 항파킨슨 약물에 반응

간호
03,05, 07,10, 16 국시

(1) 약물치료

① 일반명 / ② 상품명	설명
도파민 관련 약물	
도파민 전구체 ① levodopa ② L-dopa	• 작용 : 도파민 탈탄산효소억제제(탈카르복실화효소, decarboxylase inhibitor)에 의해 도파민으로 전환하여 도파민 수용체를 자극함 • 완화되는 증상 : 서맥, 경직, 진전 • 부작용과 주의점 : 오심, 운동장애, 저혈압, 심계항진, 부정맥, 격앙, 환각, 혼돈, 도파민 효과를 억제하는 비타민B6가 함유된 음식섭취 금기, 녹내장 대상자에게 금기
① levodopa-carbidopa ② Sinemet, Paracopa	• 작용 : 말초에서 레보도파의 탈카르복실화로 도파민으로 전환되는 것을 억제시켜 기저핵에서 더 많은 레보도파가 도파민으로 전환하게 됨 • 완화되는 증상 : 서맥, 경직, 진전 • 부작용과 주의점 : 운동장애, 혼돈, 환각, BUN, WBC, Hct를 주기적으로 확인, 소변색을 어둡게 함을 미리 교육할 것, 흑색종/녹내장 대상자에게 금기, reserpine/methyldopa/ guanethidine/항정신성 약물 등과 병용 금기
도파민 수용체 효능제 ① 브로모크립틴(bromocriptine)	• 작용 : 레보도파와 함께 투여 시 최적의 치료효과를 나타냄
기타 ① 아마타딘(amantadine) ② 시메트렐(Symmetrel)	• 작용 : 알려지지 않은 기전에 의해 CNS에서 도파민의 분비를 증강시키며, 도파민 재흡수 수용체를 억제하는 항바이러스성 약물, 파킨슨병 초기 단계 혹은 레보도파 치료의 보조약으로 사용됨 • 완화되는 증상 : 서맥, 경직, 진전 • 부작용과 주의점 : 기립성 저혈압, 오심, 구토, 정신질환, 사지부종, 정맥염, 어지럼증, 두통, 불면증
항콜린제제(= 벨라돈나계 약물) 92 임용	
Anticholigergics ① 트리헥시페니딜(triexyphenidyl) ② 아르탄(Artane)	• 작용 : 중추신경계의 아세틸콜린 수용체에 결합하여 길항적으로 작용하므로 도파민의 작용을 증강시킴(콜린제와 도파민제 활동의 균형조절) • 완화되는 증상 : 진전 • 부작용과 주의점 : 구강건조, 뿌연시야, 변비, 망상, 불안, 격앙, 환각, scopolamine이 포함된 약물이나 항히스타민제(Sominex)/항경련제(Donnatal)/삼환계항우울제(imipramine, amitriptyline) 작용과 비슷한 약물을 처방없이 투여하는 것 금기
항히스타민제	
Antihistamine ① 디펜히이드라민(diphenhydramine) ② 벤나드릴(Benadryl)	• 작용 : 항콜린제제 효과 • 완화되는 증상 : 경직, 진전 • 부작용과 주의점 : 진정, 항콜린제와 주의점 동일

	기타	
간호 03,05, 07,10, 16 국시	Monoamine Oxidase(MAO) Inhibitors ① 셀렌길린(selegiline)	• 작용 : MAO-B의 작용을 억제하여 도파민이 분해되지 않게 함 ** MAO-B는 뇌에서 도파민을 불활성화시키는 효소임 • 완화되는 증상 : 서동, 경직, 진전 • 부작용과 주의점 : 도파민 작용제와 비슷
	Catechol O-methyltransferase(COMT) 억제제 ① entacapone	• 작용 : COMT 차단, 레보도파 파괴지연, 레보도파/도파 탈탄산효소억제제의 보조치료제 ** COMT는 말초와 중추에서 도파민과 레보도파를 변환시키는 효소임 • 완화되는 증상 : 서동, 경직, 진전 • 부작용과 주의점 : 간기능장애를 초래할 수 있으므로 정기적으로 간기능 검사, 레보도파/도파 탈탄산효소억제제와 함께 복용

레보도파의 투여지침 20 국시
① 공복 시 흡수가 잘되나 오심이 있으면 음식과 함께 투여(혈중 도파민 농도가 급격히 상승 시 오심/구토 발생, 위의 산도가 높거나 커피 등의 자극에 의해 심해지므로 금할 것)
② 알코올은 레보도파에 길항작용을 하므로 알코올 섭취를 제한하거나 최소화할 것
③ 아미노산은 레보도파의 흡수를 방해하므로 일정기간 단백질 섭취를 피할 것(우유, 돼지고기, 생선, 고기, 치즈, 땅콩, 달걀, 콩 제품, 해바라기씨 등을 제한할 것)
④ 피리독신(Vit B_6)은 간에서 전환을 증가시키고 뇌에서 도파민의 전환능력을 감소시키므로 Vit B_6 보충제제는 금할 것
⑤ 체위성 저혈압의 가능성에 주의하며, 체위변경을 서서히 하게 하고, 증기목욕, 사우나, 온탕은 피할 것
⑥ 폐쇄각 녹내장, 중증 협심증, 일시적 뇌허혈증 또는 흑색종 환자에게 투여금기
⑦ 연하장애 시 연식, 찬 음식으로 제공, 흡인 예방할 것
⑧ 부작용 : 구강건조(껌이나 사탕), 직립성 저혈압(자세변경 시 서서히 하도록 안내), 우울증이나 감정변화가 나타날 수 있고 불면증, 불안, 혼돈 등의 인지-행동적 변화가 나타나면 의료진에게 보고해야 함

(2) 활동과 운동보조
　① 마사지, 스트레칭
　② 베개 없이 딱딱한 침대 + 엎드려 눕기
　③ 보행훈련 : 보폭 넓게, 양손 허리 뒤로 할 것, 가동력 증진을 위해 의식적으로 발을 올리고 내리면서 걷도록 함 21 국시
　④ 안전한 환경, 보조기착용
(3) 변비완화 & 배뇨양상 증진
(4) 영양관리 : 기도흡인 방지
(5) 의사소통 : 발성 훈련

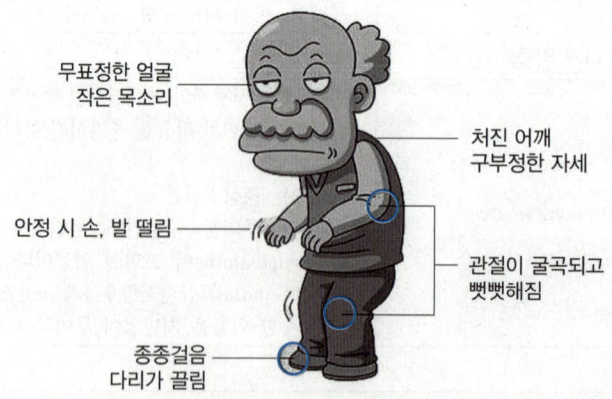

[파킨슨병의 주요 운동증상]

출처 : 질병관리청 국가건강정보포털

16 알츠하이머  성인질환

정의	지적기능이 진행성으로 회복 불가능할 정도로 악화되는 치매의 유형
특성 92 임용	치매: 만성적, 진행성인 뇌피질 기능장애 ① 혈관성치매 - 예방가능 ② 알츠하이머 - 퇴행성(60%)
원인	① 노화 ② 외인성 독소(알루미늄) ③ 유전적 소인(아밀로이드 β 단백질)
병태 생리	① 크로모좀21(21번 염색체)의 유전자 결손으로 아밀로이드 베타 단백질 전구체 분해하지 못함 등과 같은 다양한 원인으로 인해 발생됨 ② 아밀로이드 베타 단백질을 포함한 퇴행성 축삭과 수상돌기 말단이 뭉쳐서 신경반을 형성하고, 뇌의 해마와 뇌피질 영역에 비정상적인 신경원의 세포질에 신경섬유덩어리를 형성하여 기억과 학습조절에 장애를 일으킴 → 뇌의 피질과 백질손실을 동반한 뇌위축이 두정엽과 측두엽에서 현저함 → 언어기술과 판단력 장애, 초조 증상과 같은 정서장애, 배회 등의 행동장애를 초래함 ③ 대뇌신경세포에서 콜린아세틸전달효소효능 감소 ④ 아세틸콜린 흡수 저하 ⑤ 인지기능 저하(대뇌신경세포에서 콜린아세틸전달효소의 효능이 감소되어 아세틸콜린 흡수저하)
증상 04,08, 11,14 국시	▶ Sx은 5~20년에 걸쳐 서서히 진행됨

1단계	① 기간: 1~3년 ② 기억장애: 특히 최근 기억(전진성 기억상실) 10 임용 ③ 판단력, 문제해결력, 작업수행 서툼 ④ 정서장애: 불안정, 의심, 무관심, 흥분 → 일상생활 OK, but 도전적인 일 저하
2단계	① 기간: 2~10년 ② 지남력 상실(시간 → 장소 → 사람 순으로 상실) 10 임용 ③ 작화증: 기억나지 않는 부분을 무의식적으로 상상 or 사실 아닌 경험으로 채움(이는 기억상실 부분에 대한 자존심 저하를 숨기기 위한 방어기전이 작용한 것임) 95,96,10 임용 ④ 전반적인 실어증(감각성 실어증인 베르니케 실어증과 운동성 실어증인 브로카 실어증 동반) ⑤ 착어증: 자발적 언어에 착어가 일어나는 것 ⑥ 판단과 논리기능 저하
3단계	① 기간: 8~12년 ② 심한 지적기능장애와 혼돈 - 실인증(사물을 정확히 인지하지 못함, 측두엽과 두정엽, 후두엽 손상 시 발생함) 10 임용 ③ 섬망: 갑자기 의식의 변화가 심하고 과다한 행동, 환각 및 초조함을 보이며 시간과 장소에 대한 인식을 못하는 증상을 보임 22 임용 ④ 파국반응: 일상적 상황에 대한 과도반응으로 전형적으로 언어적 또는 신체적 공격성, 폭력성, 초조하거나 불안한 행동, 감정적 폭발, 소란행위, 강박 충동적이거나 반복적 행위가 포함됨 22 임용 ⑤ 일몰증후군: 안절부절못함과 불안정감이 치매에서 나타나는데, 특히 밤에 발생하는 극단적인 불안정감 22 임용 ⑥ 의사소통장애 ⑦ 일상생활수행능력 안 됨 - 실행증(신체기능상 문제가 없음에도 운동성 활동을 수행하는 능력이 없는 것으로 전두엽 손상 시 발생됨) ⑧ 사지강직과 굴곡 ⑨ 요실금, 변실금

구분									
진단	(1) MMSE	기억력, 계산, 언어, 시공간 지각력, 민첩성 초점 ※ 한국형 간이정신상태검사(K-MMSE, 치매 등 인지장애의 선별검사 도구), 1997 **K-MMSE(Korean version of Mini-Mental State Exam)**							

K-MMSE(Korean version of Mini-Mental State Exam)

항목			점수		항목			점수	
지남력	시간 5점	년	0	1	기억회상 3점		비행기	0	1
		월	0	1			연필	0	1
		일	0	1			소나기	0	1
		요일	0	1	언어 및 시공간 구성 9점	이름 대기	시계	0	1
		계절	0	1			볼펜	0	1
	장소 5점	나라	0	1		명령 시행	종이를 뒤집고	0	1
		시·도	0	1			반으로 접은 다음	0	1
		무엇하는 곳	0	1			저에게 주세요	0	1
		현재 장소명	0	1		따라 말하기	"백문이 불여일견"	0	1
		몇 층	0	1		오각형	⬠	0	1
기억등록 3점		비행기	0	1		읽기	"눈을 감으세요"	0	1
		연필	0	1		쓰기	"오늘 기분이나 날씨에 대해서 써보세요'"	0	1
		소나무	0	1					
주의집중 및 계산 5점		100-7	0	1					
		-7	0	1					
		-7	0	1					
		-7	0	1					
		-7	0	1	총점			/30점	

30점 만점으로 24점 이상은 정상이고,
18~23점은 인지기능 손상, 0~17점은 분명한 인지장애로 평가함

(2) MRI, SPECT (단일광자단층촬영)	포도당대사율저하	
(3) 유전검사	혈중 Apo E-4	

간호	(1) 약물요법(증상완화)				
03,05,07, 10,16,19, 20,21,22 국시	① 콜린에스테라제억제제				

작용	콜린에스테라아제를 차단함으로써 아세틸콜린이 시냅스 후 세포로 메시지를 전달하기 위한 시간을 연장시켜줌(뇌에서 아세틸콜린의 수준을 증가시킴)	
적응증	경증에서 중등도의 알츠하이머 치매 치료	
투약시간	Tacrine(cognex)	식전 1시간에 투여
	Aricept(donepezil)	잠자기 전에 투여
	Rivastigmine(exelon)	음식과 같이 투여
투약 시 주의점 / 섭취방법	액상타입	희석하지 않거나 물이나 주스 등과 섞어서 투여
	패치타입	매일 동일한 시간에 1일 1회 붙이고 흉곽 또는 팔 위쪽에 부착
부작용 관리	간독성	황달, 빌리루빈 증가, 간기능을 사정하여 간 효소수치가 정상수치의 4배 이상으로 상승되면 용량을 줄이고, 5배 이상에 도달하면 중단
	기타	어지러움증은 흔한 부작용이므로 움직일 때 주의하고, 당뇨환자는 혈당조절에 주의해야 함

② 항우울제 : Zoloft, Fluoxetine

작용	중추신경계에서 신경전달물질인 세로토닌의 재흡수 차단
적응증	우울, 흥분
간호	감정의 변화와 졸음, 불면증 관찰

③ 항정신성약 : Risperidone, Olanzapine

작용	도파민이나 세로토닌의 차단제로 작용
적응증	망상, 환각, 초조, 호전성
간호	약물치료 시 의식상태 관찰, 기립성저혈압과 졸음 관찰

④ Memantine

작용 [22 임용]	흥분성 신경전달물질인 글루타메이트(이온형 글루타민산)의 수용체 중에 NMDA(N-methyl-d-asparate) 길항제로, 글루타메이트의 세포 내 유입을 억제하여 글루타메이트에 의한 뇌세포손상을 방지함. 그로 인해 보통에서 중증에 해당하는 신경인지장애 환자의 인지기능과 일상생활능력을 향상시킴(= 글루타메이트의 작용 억제, NMDA 수용체의 활성화 감소) ** 치매에서 신경원의 퇴화를 가져오는 영구적인 세포 내 칼슘농도를 증가시키는 글루타메이트의 만성적인 방출이 있다고 가정하고 있음. 글루타메이트는 기억과 학습에 중요한 역할을 하는 글루탐산성 신경전달물질에 작용하나, 과잉 시에는 뇌세포을 손상시킴 ** 글루타민산 : 신체의 모든 세포에서 발견되는 흥분성 아미노산계 신경전달물질임
적응증	중등도에서 중증의 질환 치료
간호	어지러움, 두통, 변비, 설사, 복부불편감, 혼동 등의 부작용 관찰 [22 임용(지문)]

(2) 인지와 행동장애 관리
① 적절한 자극 있는 환경 → 일상생활 유지(옷 입고 벗기, 음식준비 참여, 가사일 참여 등)
② 인지자극과 기억력 훈련(현실안내, 단기반복교육, 과거기억회상 등)
③ 밤에는 야간 등을 밝혀두기
④ 눈을 맞추며 의사소통
⑤ 쉽고 + 간단 + 명료 + 반복해서 대화(한 번에 한 가지씩 천천히 지시, 간단한 문장을 사용해서 말하기), 일관성 제공(자주 사용하는 물건 제자리에 두기, 달력비치, 익숙한 사진 제공 등)
⑥ 행동장애가 심할 땐 자극 감소시키는 환경
⑦ 일몰증후군이 발생한 경우에는 1) 안전함을 인지시키고 2) 공포나 불안요소를 제거하여 산만함을 최소화하는 것이 필요함 [22 임용(지문)]
⑧ 일몰증후군이나 파국반응을 보이는 대상자와의 구체적인 의사소통 방법
  ㉠ 한 번에 한 가지씩 천천히 지시하기
  ㉡ 간단한 문자를 사용해서 말하기
⑨ 흥분 시 흔들의자, 좋아하는 음악, 비디오, 가족사진 보여주기, 산책으로 안정
⑩ 섬망이 나타난 경우에는 즉시 치료를 받아야 함 [22 임용(지문)]

(3) 안전한 환경관리
① 낙상예방 : 미끄럼 방지 매트, 안전지지대, 모서리에 보호대 설치
② 위험한 물건 없애기
③ 정돈된 환경 : 물건은 제자리에 정돈
④ 신분확인용 팔찌나 목걸이 착용

(4) 영양장애
① 적은 양을 자주 + 식간에 음료수
② 손으로 먹을 수 있는 음식
③ 식사 중 TV 끄고 낮은 조명, 음악
④ 구강간호

간호
03,05,07,
10,16,19,
20,21,22
국시

간호 03,05,07, 10,16,19, 20,21,22 국시	(5) 감염예방 : 폐렴, 요로감염 위험 (6) 가족지지 & 교육 ① 질병에 대한 지식제공으로 이해 도모 ② 가족의 분노, 무력감, 무기력 감정이해 ③ 대상자에게 가족이 회상요법 적용 격려 : 생애회상요법의 효과는 1) 과거기억을 활용하여 인지능력을 향상, 2) 최근 기억장애로 인한 자존심의 회복, 3) 대화로부터 소외되지 않음으로 우울감, 고립감, 외로움 감소 ④ 단기적/장기적 대처방안에 대한 정보 ⑤ 지역사회 자원 활용 : 주간치매센터 등

- **치매, 섬망, 우울 비교**

치매는 만성적, 점진적으로 발생하고 초기에는 의식수준의 장애가 없으며 경과가 비가역적이다. 그러나 섬망은 단기간에 발생하며 하루에도 악화와 호전을 반복하고, 주로 밤에 악화된다.

양상	치매	섬망	우울
발생	보통 서서히 알지 못하는 사이에 발생	빠르게 발생, 야간에 발생, 명확한 간격을 나타냄	생의 변화와 일치하며 갑자기 나타나기도 함
질병과정	장기적이며 증상이 진행성이지만 비교적 안정적임	기복이 있으며 밤에 더 악화되고 명확한 간격을 나타냄	낮에 나타나며 특히 아침에 악화됨. 상황에 따라 기복이 있음
진행	느리지만 일정함	갑작스러움	다양하며 빠른 것에서부터 느린것까지 완만하나 일정하지 않음
기간	수개월에서 수년간	수시간에서 한달 이내	적어도 2주 정도이며, 수개월에서 수년간임
의식	대체로 정상	기복이 있으며, 기면상태이거나 경계과잉 상태임	정상
지남력	장애가 진행성임	정도에 따라 변화가 심하며 대체로 장애가 있음	집중력과 주의력의 장애로 선택적 지남력 장애가 있으며 기억결핍이 나타남
사고	사고의 빈곤, 판단장애, 적당한 언어를 찾는 것과 추상적인 것을 다루는 데 어려움이 있음	조직적이지 못하고 왜곡되고 단편적 ; 느리거나 점점 빨라지는 말 시작과 일관성이 없는 화법	정상이나 무감동, 피로, 살기를 원하지 않음, 자살위험이 있음
지각	지각이상이 나타남 ; 착각, 망상, 환각	왜곡됨 ; 착각, 망상, 환각	우울을 부인하기도 함
정신운동성 행동	실행증	다양함 ; 운동감소, 운동과다 또는 혼합됨	다양함 ; 정신운동성 지체 또는 흥분
수면-각성 주기	자주 깨어남	장애가 있으며 수면주기가 역전됨	장애가 있으며 이른 아침에 깨게 됨
정신상태 검사	잘못된 답을 자주하며 검사하기 힘들고 적절한 답을 하는 데에 많은 노력을 함. 수행능력이 낮음	산만하여 과제에 집중하지 못하므로 성취가 낮으나 환자가 회복되면 향상됨	모른다는 답을 자주 하며 노력을 거의 하지 않고 자주 포기하며 무관심함

17 중증근무력증 [성인질환]

병태생리
03,08,16 국시

① 효율적인 근수축은 시냅스 후막에서 활동전압을 생성하기 위해 이용할 수 있는 아세틸콜린의 양에 달려 있음
② 운동신경 축삭 속의 미토콘드리아는 아세틸콜린을 생성하고 신경이 자극을 받을 때 방출됨 : 아세틸콜린은 신경근접합부를 통과하여 시냅스 후막에 있는 아세틸콜린 수용체와 결합하여 활동전압을 일으킴
③ 자가면역반응으로 아세틸콜린 항체가 아세틸콜린 수용체의 수를 감소시키고, 아세틸콜린 분자들이 근육 수축을 자극하거나 근육에 부착되는 것을 방해함
④ 아세틸콜린 분해효소(AchE) 역시 시냅스 틈새로 분비됨, AchE는 아세틸콜린을 분해시켜 근수축 시간을 줄임
⑤ 그 결과 아세틸콜린의 양이 충분해도 수축하는 근육의 기능이 감소됨
⑥ 근육 반응의 강도는 감소되고, 반복된 자극으로 아세틸콜린의 양은 꾸준히 감소하여 심각한 근피로를 야기함

증상	① 얼굴(안구운동, 표정, 씹기, 삼키기, 목소리, 숨쉬기 등) → 목 → 몸통(어깨, 둔부 : 근위부) → 팔다리(원위부) 순으로 진행됨 ② 침범부위 : 모든 골격근, 초기에는 가벼운 활동 후 근력감소 및 피로, 휴식을 취하면 곧 회복되나 진행하면서 점차 악화됨. 2/3에서 1년 내 증상 최고에 도달됨 ③ 안검하수와 복시(80%에서 초기증상으로 나타남), 구음장애, 연하곤란, 목소리가 약해짐 ④ 사지근육 위축 및 마비, 만성 근육 피로 ⑤ 호흡부전 : 근무력증 위기(콜린성 위기와 감별이 중요함) 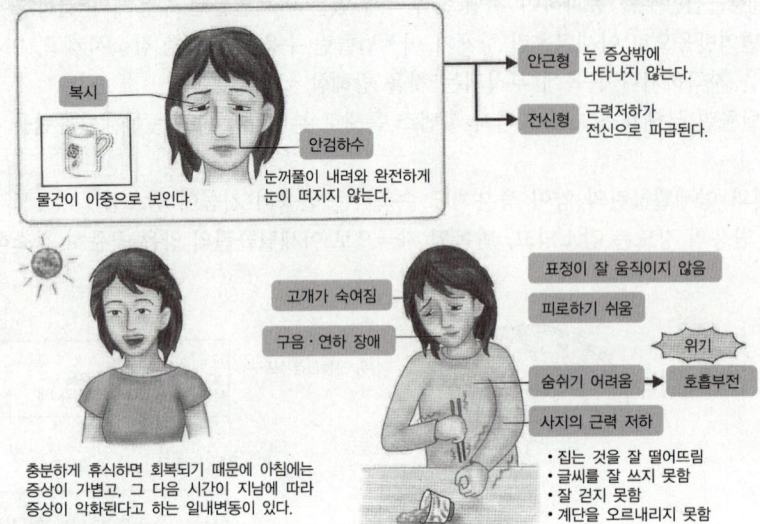	
합병증	콜린성 위기	① 약물 과다사용으로 인한 중독반응 ② 심각한 허약감, 과다한 호흡기 분비물, 호흡부전을 경험
	근무력성 위기	① 질환이 악화되는 기간에 내늑간근과 횡격막 근육이 심각하게 허약해지면서 발생 ② 빈맥, 빈호흡, 중증 호흡기증후군, 연하장애, 안절부절 등
진단	혈액검사	중증근무력증 환자의 85~90%가 아세틸콜린 수용체 항체증가
	근전도	반복적으로 자극되는 근섬유에서 전달이 지연 혹은 차단되는 것 확인가능
	텐실론 검사 (Tensilon Test) 22 국시	① 항아세틸콜린에스테라아제 성분인 텐실론을 정맥주사한 후 근육수축력의 향상을 보이는 것 ② 약해진 근육이 잠시나마 근력이 강해진 느낌을 받는 것이 양성(항아세틸콜린에스테라아제 약물의 과다사용으로 인한 콜린성 위기와 불충분한 약물 사용으로 인한 근무력성 위기를 구분하는 데 사용)
치료 및 간호	원인제거	
	대증요법	약물요법	항콜린에스테라아제(Neostigmine, prostigmin), 코르티코스테로이드(Prednisone), 면역억제제(Prednisone으로 조절되지 않을 경우) 등
		외과적 치료	흉선절제술(흉선에서 아세틸콜린 수용체의 항체를 생산하므로), 수술 적응증은 선종 환자와 60세 이하 환자임
		혈장교환법	자가면역반응으로 형성된 아세틸콜린 항체를 혈장에서 제거하나 효과가 일시적임
		기도청결	2시간마다 체위변경, 심호흡, 기침, 반좌위 유지, 적절한 수분상태 유지하고 탈수정도 사정
		근무력성 위기와 콜린성 위기 관리	감별과 적절한 처치

		근무력성 위기	콜린성 위기
치료 및 간호	대증요법		
		원인	
		• 근무력증을 악화시키는 촉발요인에 노출된 경우 : 스트레스, 외상, 감염 등 • 약물용량이 부족하거나 복용하지 않은 경우	자연적으로 또는 흉선절제술 후 증상이 완화되거나 수용체 부위에서 아세틸콜린이 증가됨으로써 복용 중이던 항콜린에스테라아제 약물용량이 과다해진 경우
		감별진단	▶ Tensilon 검사 03,07 국시
			항콜린에스테라아제 정맥주입 후 근육수축 생길 때	항콜린에스테라아제 복용 1시간 이내 허약감, 안검하수, 연수증상, 호흡곤란과 같은 골격근 허약증상이 나타날 때(즉, 증상이 호전되지 않거나 증상이 악화되는 경우)
			▶ 증상 비교	
			안검하수, 분명한 발음이 되지 않는 연수증상 등 골격근의 허약이 나타날 때	동공축소, 타액분비, 설사, 오심, 구토, 복부경련, 기관지분비물 증가, 발한 또는 눈물 흘림과 같은 증상을 포함하는 평활근 증상 나타날 때
		치료	대상자의 증상에 따라 적정 용량 투여	• 대상자의 증상에 따라 적정 용량 투여 • 해독제 : 아트로핀
	보존 및 지지요법	**영양관리**	연하장애가 있으므로 쉽게 씹을 수 있고 삼킬 수 있으며 영양학적으로 균형 잡힌 식사제공	
		환자/가족 교육	안전한 약물투여와 부작용의 관리, 휴식과 활동의 균형 맞추며 걷기에 편안한 신발을 신도록 교육	

18 다발성 경화증(MS, Multiple Sclerosis) 성인질환

정의	중추신경계의 수초탈락으로 인한 진행성 신경학적 손상 → 축삭전도에 영향 초래(= 만성 퇴행성 신경근질환)
원인	① 원인불명, 환경학적 요인과 유전의 결합 고려 ② 추정요인 : 감염, 외상, 정신적 스트레스, 피로, 자가면역질환, 임신(임신 자체보다는 분만 스트레스나 산욕기 피로와 관련) ③ 20~40세, 여성에게 호발

병태생리	중추신경계의 만성염증, 수초파괴, 반흔조직의 형성
	① 1차적인 신경병리학적 현상 : 자가반응에 의한 자가면역질환
	② 바이러스 감염 등에 감작된 T세포가 체순환 과정에서 중추신경계로 이동하고 뇌-혈관 장벽을 파괴시킴
	  → 중추신경계 내부에서 항원-항체반응이 계속해서 일어나 염증반응이 활성화되고, 신경종말기관의 축삭에서 탈수초화가 야기됨
	  → 질병이 진행되면 수초파괴와 함께 축삭 또한 침범당함
	  → 수초가 없어 축삭의 파괴는 모든 자극의 전달을 차단시키며 영구적인 기능상실을 가져옴
	
	[탈수초]

증상 09 국시	일반적인 증상		감각소실, 시력장애, 허약감, 감각장애, 현훈 등
		초기증상	흐린 시야 또는 복시, 적록색맹, 피로감 호소
		감각장애	무감각, 저린감, 지각이상, 암점으로 인한 실명, 흐린 시야, 현기증, 이명, 청력 감소, 만성 신경병적 통증, 온도와 진동 및 심부감각 감소
	소뇌증상		흔히 후기 발생. 경련성 마비, 조정력 상실, 운동실조성, 의도적인 행동을 할 때 상지에서 떨림 현상 관찰. 발음이 불분명하고 말을 더듬으며, 발음하는 근육들이 부조화로 음절 사이에 갑자기 심하게 나타나기도 하고, 수개월에서 수년간 서서히 진행하기도 함
	레미떼 징후 (Lhermitte's sign)		흉부하부와 복부에서 신경근 통증, 목을 구부릴 때 전기 쇼크와 같은 감각이 척수 아래로 퍼져나가는 듯한 증상

증상 09 국시	시신경염	시신경염으로 인한 시야장애, 복시	
	소뇌침범	운동실조(소뇌침범)	
	척수침범	방광 및 배설기능 장애(척수침범)	
	진행양상	악화와 호전 양상으로 점차 진행	
	기타	피로, 쇠약감, 저림(감각장애), 어지러움, 불명료한 언어, 연하곤란, 사지강직, 우울 등	
	다발성 경화증은 중추신경계에서 탈수초가 일어나는 질환이다. 탈수초가 생긴 부위에 따라 증상이 다르다. 현기증 / 치매 / 우울증 시력장애 / 안구운동 장애 소뇌 증상 - 평형감각 장애, 떨림, 휘청거리는 걸음 감각 장애 - 둔해지는 감각, 찌릿찌릿 저림 방광·직장 장애 운동 마비		
진단	진단하는 결정적인 검사는 없으나, 병력과 임상증상 등을 근거로 진단내림		
	MRI	수초탈락부위를 찾아내는 데 유용함	
	혈액검사	T4 림프구와 IgG 증가	
치료 및 간호중재 07 국시	원인제거		
	대증요법	약물요법	스테로이드제제 (prednisone 등)	① 수초탈락부위 부종과 염증감소 목적으로 투여함 ② 급성기에 단기 사용하고, 장기치료에는 interferon beta(중추신경계로 가는 림프구의 수와 대식세포의 생산억제, 다발성 경화증 악화의 빈도와 정도를 감소시킴)를 투여
			면역억제제	자가면역질환으로 고려되므로 투여
			항경련제	경련증상이 있을 때 투여
		수술요법	항경련제로 조절되지 않은 경련에서 신경절제술 등 수술적용	
	보존요법	물리치료	신경학적 기능장애를 최소화하고, 신경기능유지를 위해서 적용	
			관절범위운동	
		영양관리	영양가 높고 균형 잡힌 식사제공, 섬유소가 풍부한 식이 등	
		체위변경	부동으로 인한 합병증 예방	

19 삼차신경통 [성인질환]

정의	제5번 뇌신경장애로 삼차신경의 3개 분지인 안와신경가지, 상악신경가지, 하악신경가지 중 하나 이상의 신경분지에 견디기 어려운 반복적인 발작적 통증

[삼차신경의 분포]

관련 요인	① 삼차신경 안에 있는 신경섬유가 과다하게 흥분하여 뇌간의 억제기전에 장애 발생 ② 특히 상소뇌동맥이 삼차신경을 압박하면 삼차신경의 근 진입부위가 만성적으로 자극이 되어 통증 유발 ③ 헤르페스 감염, 치아와 턱의 감염, 뇌간의 경색 시 발생 가능

증상	통증의 악화/유발요인	가벼운 촉각이나 진동자극에 예민, 뜨겁거나 차가운 온도, 외상, 충치 등
	통증의 양상	칼로 베는 듯한, 타는 듯한 통증, 발작적 통증
	통증의 부위	주로 편측으로 발생, 안면중앙부 얼굴, 눈 아래쪽의 안면부, 코, 뺨, 입술, 혀 등
	통증의 지속시간	수초~수분 지속되다가 자연적으로 사라짐

치료 및 간호 00,09, 20,21,22 국시	원인제거		
	대증요법	영양관리 (하악신경가지 손상 시)	① 너무 뜨겁거나 차면 통증발작을 유발하므로 음식은 적당한 온도로 공급함 ② 하루 3번 주는 것보다 소량을 자주 공급함 ③ 유동식, 반고형음식을 소량씩 자주 공급함 ④ 침범되지 않은 쪽으로 씹음
		통증완화	① 통증이 없을 때 운동하고 음식섭취 ② 찬바람, 찬물, 심한 더위, 추위는 통증을 유발하므로 노출을 피함 ③ 눈 비비지 말고, 인공눈물액 투여 ④ 구강청결제 사용, 정기적으로 치과 방문 ⑤ 투약 : 항경련제(phenytoin, carbamazepine, valproate) 투약 시 신경말단에서 흥분 전달을 감소시켜 통증을 완화시킴
		각막감각상실	눈 간호(제5, 제7뇌신경)
	보존 및 지지요법	① 통증발작으로 세수, 구강관리, 면도를 피함 ② 미지근한 물로 목욕 ③ 구강위생을 위해 가볍게 함수	

20 안면신경마비 〔성인질환〕

정의	안면신경(제7뇌신경)을 침범하는 가장 흔한 신경학적 장애 [안면신경마비] — 이마는 찌그러지지 않음 / 안구는 위로 올라가고, 안검은 닫히지 않음 / 편평한 비구순 주름, 안면하부의 마비 [벨마비] — 안면신경(Facial nerve)
관련 요인	① 안면신경 주위의 염증성 부종반응으로 신경의 압박 ② 추운 날씨에 오랫동안 노출되었을 때 ③ 정신적 스트레스 ④ 연령 : 20~60세에 발생, 연령 증가에 따라 유병률 증가 ⑤ 외상, 두개내 출혈 ⑥ 종양 ⑦ 유양돌기염 ⑧ 임신 중 여성에서 발생하기도 함
증상 및 징후	① 안면마비가 나타나기 수시간, 1~2일 전에 귀 뒤쪽부터 통증이 시작 ② 이마에 주름잡기, 눈 감기, 휘파람 불기, 뺨에 바람넣기, 웃는 동작 등이 불가능해짐 ③ 마비된 쪽의 안검이 닫혀지지 않고, 입은 반대편으로 비뚤어짐 ④ 마비된 쪽의 눈과 입에서는 계속 눈물과 침이 흐름 ⑤ 혀의 전방 2/3의 미각이 상실됨 ⑥ 환자가 눈을 감으려고 하면 안구가 상방과 내측으로 돌아감(Bell's 현상) ⑦ 각막반사 소실과 청각과민증(hyperacusis)이 나타남 ⑧ 단순포진이 동반되면 심한 소양감 호소 [말초성 신경마비]　[중추성 신경마비]
치료 및 간호 14 국시	대부분, 몇 주 이내에 회복되며, 후유증도 남기지 않으므로 대증요법 제공 ① 뇌신경에 염증으로 인한 통증 → 진통제 ② 안면신경 감염을 감소시키기 위해 스테로이드 투여 ③ 온습포적용, 마사지, 물리치료 → 안면신경자극, 위축예방 ④ 각막을 보호하기 위해 안대, 인공눈물 적용(4시간마다) ⑤ 안면마비 대상자의 80%는 수주에서 수개월 안에 완전히 회복됨을 설명, 불안감 완화 ⑥ 하루에 거울을 보면서 얼굴 찡그리기, 휘파람 불기, 뺨에 바람 넣기 동작 연습 ⑦ 저작근 무능력에 대해 　㉠ 침범받지 않은 쪽으로 저작함 　㉡ 부드러운 음식 소량씩 제공함 　㉢ 구강간호 → 충치/잇몸질환 예방함 　㉣ 감각이 결여되어 있으므로 너무 차거나 더운 음식을 피할 것

21. 추간판탈출증 [22임용] 성인질환

정의		① 척추간판은 각 척추의 추체와 추체를 연결하는 구조로서 척추에 작용하는 충격을 흡수하는 쿠션 역할을 하며 굴곡과 신전운동, 회전운동 등을 가능하게 함 ② 각 추간판은 중앙에 반고체성의 수핵과 이를 둘러싸고 있는 섬유륜으로 구성되어 있음 ③ 수핵 탈출증은 수핵이 섬유륜을 뚫고 나가서 탈출을 일으키는 것을 말하며, 추간판 탈출증이라고도 함 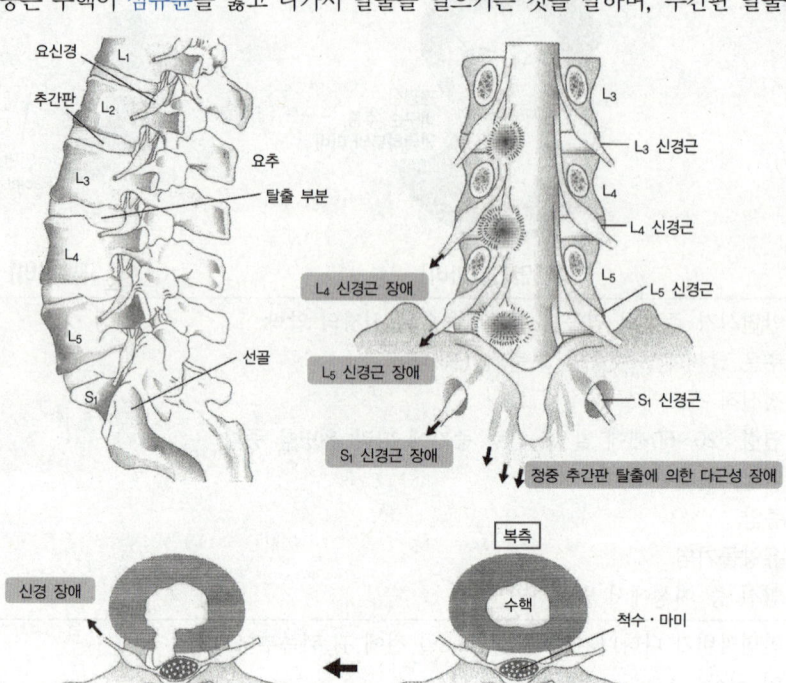
원인	노화	나이가 듦에 따라 환상섬유가 찢어지면 이 부위로 수핵이 튀어 나옴
	외상	급격한 굴신운동 시 수핵이 환상섬유가 찢어지면서 탈출
	기타	흡연, 비만, 류마티스 관절염, 나쁜 자세 등
위치에 따른 분류와 증상 04,07,11,16,17,24 국시	경추간판탈출증	① 수핵탈출: 수핵이 섬유륜을 뚫고 탈출하여 신경근 압박하여 통증유발 ② 목과 환측 팔 아래 운동과 감각기능에 영향 ③ 흔한 침범부위: 경추 5번, 6번
	요추/천추 간판탈출증	① 경추통증보다 흔하게 발생 ② 근육좌상, 경련, 염좌, 추간판 퇴행, 수핵탈출로 급성 통증 발생 ③ 흔한 침범부위: L_4~L_5, L_5~S_1 ④ 다리와 발쪽으로 방사되는 심한 작열통, 찌르는 듯한 통증호소 ⑤ Lasegue 검사(= 하지직거상 검사) (+) ⑥ 하지 심부건반사 감소 ⑦ 운동과 감각기능의 변화(종아리 둘레의 비대칭성, 하지근육의 허약, 통증, 지각이상) ⑧ 누웠을 때 통증 완화(좌골신경과 하부근육이완)

진단검사 11,17 국시	① Lasegue 검사(= 하지직거상 검사) : 대상자를 베개를 베지 않고 똑바로 눕게 한 후 검사자는 대상자의 발목 뒤를 잡고 무릎을 신전시킨 상태를 유지하며 다리를 올릴 때 30~70도 사이에서 허리와 다리에 방사통이 발생하면 추간판탈출증 의심함 → 하지직거상 검사에서 추가로 시행하는 방법으로, 하지직거상 검사 시 통증 유발점에서 다시 하지를 약간 내리고 발목을 배굴시키면 허리와 다리에 방사통이 발생할 때 추간판탈출증 의심 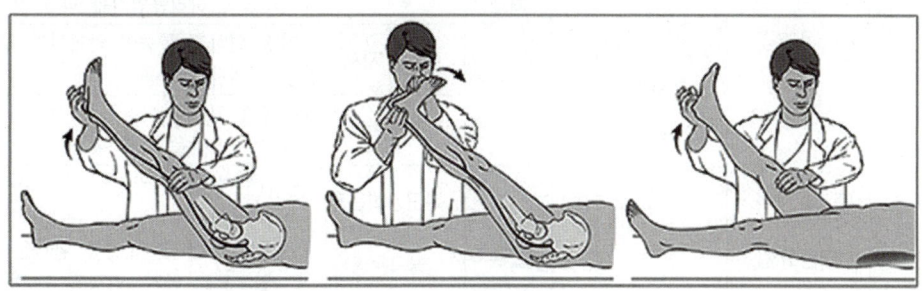 하지를 45도 거상 시 통증 증가, 발목굴곡을 하면 때로 통증 증가, 반대편 다리 직거상 시에도 통증지속 ② 척수 조영술 ③ CT, MRI ④ 근전도(EMG)			
치료 및 간호	원인제거	외과적 중재 적응증 : 증상 4주 이상 지속, 통증이 심해 움직이지 못함, 신경근 기능장애 증상(마비, 방광 및 괄약근 마비)		
	대증요법	급성기 07,20,21 국시		① 안정 : 추간판에 가해지는 압력 감소, 증상이 심할 경우 침요 위에서 안정 ② 자세 : William's position – 반좌위에서 무릎세우기 → 효과 : 반좌위는 추간판 후면 간격이 넓어져 추간판 내압 저하, 무릎굴곡으로 하부근육과 좌골신경 이완 – 요추가 땅에 닿아 등근육 긴장완화 ③ 통증관리
			투약	NSAIDs와 근육이완제(요추신경의 척추신경인 말초신경계에 작용하여 경직된 근육의 이완 및 고통 경감의 목적으로 투여) *근육이완제는 장기사용하면 경련을 야기시키므로 단기사용해야 함
			환자 교육	• 척추의 구조와 기능 설명 • 만성 요통의 원인과 위험요인 • 기립, 들기, 앉기, 운전 등 적절한 신체역학 유지 • 허리근육 강화운동 • 체중감량(적정체중 유지) • 요통에 대한 대처방법과 일상생활 중의 주의점 • 우울관리
			물리적 방법	마사지 : 진정작용, 순환자극 및 경직된 근육이완
				냉요법 : 급성 근육손상과 인대손상 시 효과적임, 염증반응을 경감시키고 통증을 감소시킴
				열요법과 냉요법 교대 : 하루 4회
				보조기 사용 : • 압력제거(6주간 코르셋 적용하고 증상이 완화되면 제거하게 함) • 요추가동 범위를 제한함
				바이오피드백 : 요통환자의 만성우울증, 무기력감, 분노 등의 감정완화와 근육이완을 위해 근전도를 이용한 바이오피드백 사용

치료 및 간호	대증요법	급성기 07,20,21 국시	올바른 자세	바로눕는 자세	척추전위증과 퇴행성 관절염 환자는 복위로 눕지 않기, 복위로 누우면 요추전만이 증가되어 더욱 통증이 증가됨
				기립자세	요통이 있으면 서 있는 동안 의식적으로 허리를 바로 펴서 배와 엉덩이에 힘을 줄 것, 오랫동안 서 있어야 할 때는 교대로 한쪽 다리로 서고 다른 다리는 발판에 올려놓아 허리근염좌를 피할 것
				앉는 자세	가장 편하고 통증이 악화되지 않도록 단단하고 등이 곧은 의자를 사용
				등 굽히기	무릎과 고관절을 굴곡한 상태에서 등을 굽히면 등근육이 긴장감을 피할 수 있음
			운동 06 임용 (지문)	복근강화운동 (= 윌리엄운동, 골곡운동)	누워서 윗몸일으키기, 누워서 자전거 타기, 누워서 엉덩이 들기 ** 급성기 추간판탈출증 환자는 증상을 악화시킬 수 있으므로 금기, 안정된 후 적용시 적용가능
				신전근강화운동 (= 맥켄지운동, 신전운동)	엎드려 다리를 뒤로 들어올리기와 엎드려 윗몸일으키기 각각의 운동을 약 5~10초간 지속하는 것을 10~20회 반복
		회복	운동		▶ 4일 정도 침상안정 - 등척성 운동(등근육 강화) • 통증완화 후 근력강화운동 : 에어로빅, 보행, 정지형 자전거 타기, 조깅
			식이요법		체중조절 - 허리로 가는 압박 저하
		수술 후 관리 15,16 국시			① 2~4일간 침상안정 ② 통나무 굴리기(6주 동안), 좌위는 4주 이상 되어야 가능
	보존 및 지지요법	자세변경			① 침대 한쪽 끝으로 굴러가서 일어나게 함 ② 허리를 똑바로 한 채 다리는 침대 밖으로 내리고 손을 짚고 똑바로 일어남. 이때 몸을 비틀지 않도록 함
		누운 자세			단단하지만 딱딱하지 않은 침요에서 자도록 함
		앉은 자세			① 의자에 비스듬히 앉은 자세를 피하게 함 ② 장거리를 운전하거나 차를 타지 않도록 함 ③ 허리를 꼿꼿이 펴고 앉도록 함 ④ 낮은 소파를 피함. 안락의자가 편안함 ⑤ 고정되어 있는 의자 ⑥ 의자 깊숙이, 등받이 有 ⑦ 높이조절 : 높을 경우 발판 사용
		서 있는 자세			장시간 서 있어야 할 경우, 허리의 긴장을 감소시키기 위해 한쪽 다리의 무릎을 굽혀 발판에 올려주고, 체중을 양 다리에 교대로 이동시킴 21 국시
		물건 들기			① 물건을 들 때는 신체역학 이용, 등이나 몸을 비틀지 않음 ② 물건 가까이에 몸을 대고 허리는 곧게 펴고 무릎은 굽힌 상태에서 대퇴근육을 이용하여 물건을 들어올림 22 임용 ③ 물건이 무거우면 끌어당기기보다는 밀어서 이동시킴
		기타			① 굽이 낮은 구두를 신고, 여성의 경우 장시간 굽이 높은 구두를 신고 걷거나 서 있지 않도록 함 ② 변비로 인해 배변 시 힘을 주지 않도록 수분과 섬유질을 충분히 섭취하게 함

09 내분비계 건강문제의 간호와 관리

영역	기출영역 분석					페이지
병태생리	내분비계 구조와 기능					531
	성장호르몬 분비기관 `1996`					538
뇌하수체 장애	시몬드병 : 정의 `1992`					539
	시한증후군 `2019`					
	뇌하수체 선종 : 증상 `2011`					541
갑상선 장애	갑상선 호르몬 기능 `2024`					542
	기능항진	안구 돌출증 `1992`				
	기능저하	점액수종/크레티니즘 `1992, 1996`				
부갑상선 장애	부갑상선 호르몬 기능 `2024`					549
	기능항진	정의 `1992`				
	기능저하					
부신장애	피질장애	기능항진	쿠싱증후군 : 정의 `1992, 1996-보기`			552
			알도스테론증			
		기능저하	에디슨병 : 정의/기초대사량 이상 감소와 관련 질환 `1992`, 증상 `1995`, 글루코르티코이드 호르몬을 고용량으로 투여하다가 갑자기 중단하면 위험한 이유 `2021`			554
	수질장애	기능항진	갈색세포종			
당뇨병	특징	• 증상이 나타나는 병태생리 기전 `1999` • 소아당뇨 : 특징 `1992, 1994, 1996`, 밀월(허니문) 기간의 특징 `2025`				556
	진단	당화혈색소 `2010, 2014`				
	합병증	급성	저혈당	증상 `1995, 1997, 2016`		
				응급처치 `1997`, 중재 `2011, 2012`, 글루카곤 `2022`		
			DKA	3다 증상(다뇨, 다갈, 다식) 외에 보건교사가 관찰할 수 있는 증상 6가지 `1999, 2006, 2010`		
				산-염기 불균형 및 증상의 발생기전 `2017`		
		만성	당뇨발	발 관리 `2009, 2011, 2019`, 병태생리 `2019`		

당뇨병	치료	식이 2010	교환식이 2014		556
			식이구성 : 탄수화물 구성 비율 2009		
		인슐린	종류	속효성 인슐린 1993, 2012, 중간형 인슐린 2011, 2012	
			인슐린 주사	주사부위 2009	
			합병증	소모기 현상의 명칭과 기전 2016	
		경구혈당강하제	클로르프로파미드(chlorpropamide, Diabinese) 2012		
		운동	운동지침 1997 , 운동을 금기 시 해야 하는 때 2000, 2010 , 혈압이 높을 때 소변검사 항목 2025 , 케톤 검출되는 고혈당 상황에서 운동 시 고혈당 악화기전 2025 , 인슐린 맞는 부위 근육을 사용하는 운동을 피해야 하는 이유 2025		
		기타	당뇨 지침을 잘 이행하는지 확인하기 위해 미리 보건교사가 알고 있어야 할 내용 1997		
			감염이 혈당에 미치는 영향 2009		

학습전략 Point

1st	당뇨병	질병과 관련하여 병태생리, 약물의 작용기전과 효과, 특징적인 중재 등이 자주 출제되고 있다. 따라서 내분기계 대표 질병인 당뇨병의 철저한 학습을 통해서 내분비계의 병·생리기전과 대표약물, 대표중재들에 관해 학습한다.
2nd	뇌하수체 장애, 갑상선 장애, 부신장애 등 과년도에 기출되었던 질병	과년도에 기출되었던 질환들에 대해서 병태생리, 대표적인 증상과 징후, 특징적인 치료와 중재들에 관해 학습한다.

한눈에 보기 — 내분비계

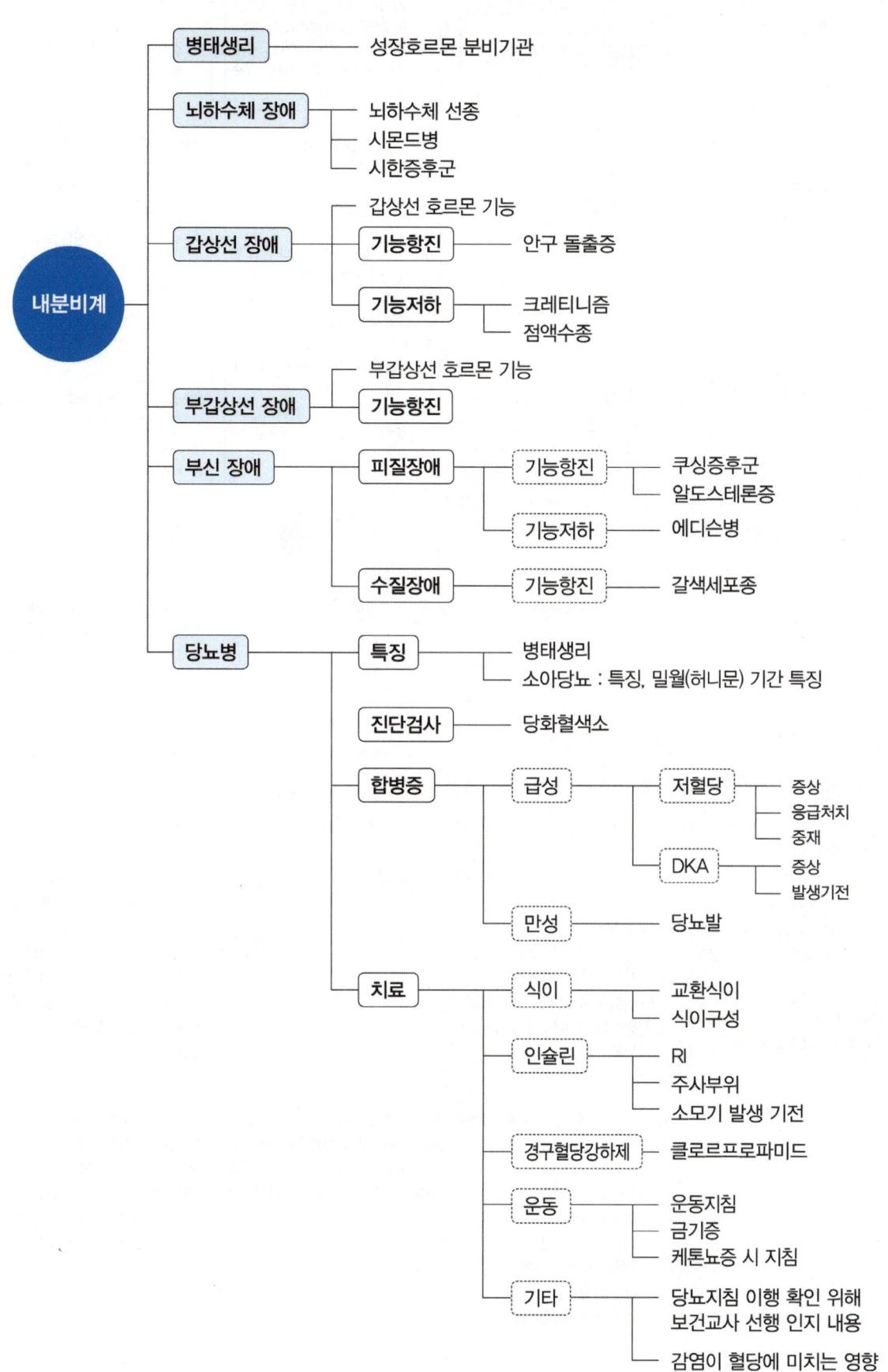

96-42. 성장 호르몬이 분비되는 기관은? ① 갑상선 ② 부갑상선 ③ 뇌하수체 전엽 ④ 뇌하수체 후엽	24-A2. 다음은 보건교사와 동료교사가 나눈 SNS 대화 내용이다. 괄호 안의 ㉠과 ㉡에 들어갈 용어를 순서대로 쓰시오. 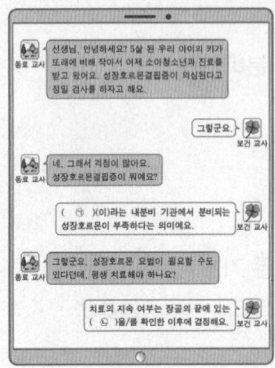	24-B8. 다음은 보건교사와 학생이 대화한 내용이다. 〈작성 방법〉에 따라 서술하시오. 학 생: 선생님, 친구가 ㉠ 제 귀 앞부분을 가볍게 톡 쳤는데 얼굴에서 경련이 일어났어요. 예전에도 몇 번 그랬거든요. 아무래도 이상해서 선생님께 온 거예요. 무슨 문제가 있을까요? 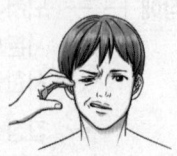 보건교사: 혹시 숨이 차거나 손과 발에 감각이 없거나 저리지는 않니? 학 생: 오늘은 아닌데……. 가끔 그럴 때도 있었어요. 보건교사: 그럼 선생님이 생각하는 증상이 맞는지 검사를 더 해 보자. 학 생: 네, 선생님. 보건교사: 이것 보렴. ㉡ 팔에 혈압커프를 감아 3분간 압박했더니 손목이 구부러지네.  학 생: 팔을 꽉 조이니까 손에 쥐가 나고 손목이 뒤틀리면서 너무 아파요. 보건교사: 그래, 선생님이 판단하기로는 우리 몸에서 필요로 하는 전해질 중 ㉢ 칼슘이 매우 부족한 증상으로 보여. 부모님과 빨리 병원에 가서 정확하게 진단 받는 게 좋겠구나. 〈작성 방법〉 · 밑줄 친 ㉠과 ㉡의 징후를 각각 순서대로 쓸 것. · 밑줄 친 ㉢을 조절하는 호르몬 2가지의 명칭과 각각의 기능을 서술할 것.	92-60. 소아 당뇨의 특징으로 옳은 것은? ① 식이요법만으로 조절이 잘 된다. ② 대부분 인슐린 의존형이 아니다. ③ 인슐린 과잉, 체중감소, 탈수 증상이 있다. ④ 갑자기 발생하여 바이러스 감염 후 종종 발병한다.
19-05. 다음은 보건교사가 여고생을 대상으로 실시한 '태반조기박리'에 대한 교육 자료이다. 〈작성 방법〉에 따라 순서대로 서술하시오. 태반조기박리 ○정의 · 태아만출 이전에 태반이 착상 부위로부터 부분적 또는 완전히 박리되는 것 ○원인 · 자궁 나선동맥 변성 · 코카인 등 약물 복용, 자궁 크기 감소, 외회전술 적용 시, 다산 ○분류 · 박리 정도와 태아에게 미치는 영향에 따른 분류: 0~3등급 · 출혈 양상에 따른 분류: 외출혈, 은닉출혈 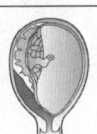  외출혈　㉠ 은닉출혈 ○증상 · ㉡ 복통, 질출혈, 자궁 압통 ○진단 · 초음파 검사, 양수 검사 ○산모와 태아에게 미치는 영향 · 산모: 저혈량 쇼크, 파종성혈관내응고, 2차적으로 ㉢ 시한증후군(Sheehan's syndrome) 발생 · 태아: 질식, 사망 … (하략) … 〈작성 방법〉 · 밑줄 친 ㉠일 때 복부촉진으로 확인할 수 있는 증상과 자궁 수축 양상을 제시할 것. · 태반조기박리에서 밑줄 친 ㉡의 전형적인 특징을 제시할 것. · 밑줄 친 ㉢의 정의를 제시할 것.	11-09. 김 교사가 두통을 호소하며 보건실을 방문하였다. 보건교사가 병원 진료를 받도록 권한 결과 김 교사는 뇌하수체 선종(pituitary adenoma)에 의한 말단 비대증(acromegaly) 진단을 받았다. 건강 상담 내용을 읽고 김 교사에게 추가적으로 나타날 수 있는 증상을 나열한 것으로 옳은 것은? 건강상담내용 성명: 김○○ 성별: 여성 나이: 41세 · 건강문제 · 1년 전 발의 크기가 235mm이었는데 지금은 245mm로 커짐 · 월경이 불규칙하여 '벌써 갱년기 증상인가?'라고 생각함 · 수 개월 전부터 두통이 자주 있었다고 함 · 입술도 커지고 턱이 돌출되는 것 같은 느낌이 들었다고 함 ① 시력 장애, 고혈압, 고혈당 ② 저혈당, 발한, 고지혈증 ③ 무기력, 저혈당, 성욕저하 ④ 관절통, 저콜레스테롤혈증, 저혈압 ⑤ 저콜레스테롤혈증, 성욕저하, 시력장애		94-03. 소아당뇨병에 대한 설명으로 맞는 것은? ① 비만증과 관계있으며 서서히 진행된다. ② ketoacidosis가 성인보다 흔하다. ③ 내복용 혈당저하제가 1/3에서만 도움이 된다. ④ 식사요법만으로 충분하며 insulin이 꼭 필요하지 않다.
			96-58. 소아형 당뇨에 대한 설명으로 옳지 않은 것은? ① 갑자기 시작 ② ketoacidosis가 잘 온다. ③ 식사 용법으로 충분하다. ④ 흔히 신우신염, 호흡기 감염이 진행된다.
			97-06. 어린이의 당뇨 관리는 주위 사람의 도움이 반드시 필요하다. 보건교사는 당뇨 어린이 명단을 확보하여 이들이 계속적인 의학 관리를 받도록 해야 한다. 당뇨로 확진되어 인슐린 치료를 받던 5학년 어린이가 오전 11시 체육시간에 공놀이를 하다가 쓰러졌다. 의식이 있는 상태였고 보건교사가 혈당을 측정하였을 때 20mg/dL로 나타났다. 6-1. 이 어린이를 위한 응급처치 내용을 설명하시오. 6-2. 응급상황이 지난 다음에 보건교사가 저혈당에 빠진 이유로 사정해 보아야 할 질문내용을 기술하시오. 6-3. 이 학생이 당뇨의 지침을 잘 시행하고 있는지 확인하기 위해 보건교사가 미리 알고 있어야 할 내용을 서술하시오.
	92-28. 다음 중 옳게 연결된 것은? ① 갑상선 기능항진증 　- 점액수종(Myxedema) ② 갑상선 기능저하증 　- 안구 돌출증 ③ 부갑상선 기능부전증 　- 시몬드(Simmond)병 ④ 부신 기능항진증 　- 쿠싱(Cushing)증후군	99-06. 당뇨병은 고혈당, 당뇨, 다뇨, 다음과 다식, 체중감소 등의 증상 및 대사성 과산증을 일으킬 수 있다. 이들 증상이 나타나는 병태생리 기전을 각각 기술하시오.	06-02. 당뇨병이 있는 청소년에게 혈당관리는 특히 중요하다. 인슐린이 부족하여 나타나는 합병증인 당뇨병성 케톤산증에서 3대(3多: 다뇨, 다갈, 다식) 증상 외에 보건교사가 관찰할 수 있는 증상을 6가지만 쓰시오.

16-A11.
다음은 중학교 보건교사가 체육교사 및 학부모와 대화한 내용이다. 밑줄 친 ㉠의 저혈당 증상이 나타난 기전을 쓰고, ㉡의 현상에 대한 명칭과 기전을 서술하시오.

체육교사: 보건 선생님, 아까 정말 감사했어요. 저 이런 일을 처음 당했어요. 체육시간에 축구를 하고 있었는데 영수가 주저앉아 있었어요. 운동하기가 싫어 꾀병을 부리는 줄 알았어요. 가까이 가 보니 ㉠얼굴이 백지장처럼 하얗게 변하면서 땀을 비오듯 흘리고 있더군요. 그리고 배도 아프고 토할 것 같다고 했어요. 그래서 바로 보건실로 데리고 온 거예요.
보건교사: 선생님, 많이 놀라셨죠!
체육교사: 담임 선생님이 그러는데 영수는 지난 1학기에 당뇨병 진단을 받았데요. 오늘 아침에 밥도 잘 먹고, 주사도 맞고 왔다는데 체육시간에 왜 그런 증상이 일어난 거죠?
보건교사: 그건 저혈당 때문이에요. 다행히도 선생님께서 보건실로 학생을 빨리 데리고 오신 건 잘 하신 거예요. 제가 영수 어머니께 오늘 일을 전화드릴게요.
체육교사: 네, 선생님께서 잘 조치해 주셔서 감사합니다.
… (중략) …
보건교사: 안녕하세요? 저 영수 중학교 보건교사입니다. 오늘 영수가 체육시간에 저혈당 증상이 있었어요. 체육 선생님이 빨리 보건실로 데리고 오셔서 바로 조치를 했답니다. 집에서는 별일 없었나요?
학부모: 선생님, 감사합니다. 영수가 지난번 중간고사 기간에 ㉡스트레스를 많이 받았는지 머리가 아프다고 하면서 잠이 들었는데 새벽 2시경에 악몽을 꾸는지 소리를 지르고 식은땀을 흘리더군요. 걱정이 되어 당을 체크해 보니 저혈당이었어요. 아침 7시에 다시 혈당을 체크했는데 이번에는 고혈당이었어요. 그래서 병원에 데리고 갔더니 의사선생님이 인슐린 처방을 바꿔 준적이 있어요.
보건교사: 그렇군요. 학교에서도 영수를 잘 살펴보도록 하겠습니다.

11-주관식 01.
다음 사례를 읽고 박 교사가 저혈당이 된 요인을 분석하고, 저혈당이면서 의식 있는 경우에 대한 간호 중재 4가지와 예방법 5가지를 기술하시오. 또한 박 교사가 주의해야 할 발 관리 방법 9가지를 기술하시오.

한국고등학교 국어 담당 박 교사가 오후 4시경 운동장에서 학생들과 달리기를 한 후 보건실에 들어왔다. 박 교사는 평소에 당뇨병으로 매일 오전 7시에 NPH(중간형 인슐린)로 치료를 하고 있었다.
박 교사: 지금 매우 피곤하고 약간 어지러운데…… 발을 철봉대에 부딪쳤거든요. 좀 봐 주세요.
보건교사: 혈당 먼저 측정해 보고, 발의 상처를 봐 드릴게요.
혈당을 검사한 결과 60mg/dL이었다.

12-01.
다음 사례에서 간호사가 가장 먼저 해야 하는 중재로 옳은 것은?

당뇨병으로 입원한 박씨(남, 54세)는 중간형 인슐린(Neutral Protamine Hagedom, NPH)과 속효성 인슐린(Regular Insulin, RI)을 아침 7시 30분에 투여받았으며, 8시에 아침식사를 하였다. 박씨는 오전 11시경에 순회를 하고 있던 간호사에게 기운이 없으며 떨린다고 말하였고 당시 의식은 명료하였다.

① 50% 포도당을 정맥 주사한다.
② 고지방 우유를 마시도록 한다.
③ 혈당 검사로 혈당치를 확인한다.
④ 탄수화물과 단백질로 된 소량의 간식을 준다.
⑤ 클로르프로파미이드(chlorpropamide, Diabinese)를 투여한다.

09-14.
45세 김 교사는 최근 교직원 신체검사를 통해 체질량 지수가 25kg/m²이며 고혈당이 있어 제2형 당뇨병으로 통보받았다. 보건교사가 김 교사를 위해 실시해야 할 당뇨교육 내용으로 옳지 않은 것은?

① 움직임이 많은 부위에 인슐린을 주사하여 저혈당을 예방한다.
② 감염은 혈당을 상승시키므로 감염되지 않도록 주의한다.
③ 총섭취량의 55~60%는 탄수화물로 섭취한다.
④ 고혈당과 함께 케톤증이 있는 동안에는 운동은 금기이다.
⑤ 발톱을 일직선으로 자르고 환기가 잘되는 신발을 신는다.

19-B1.
다음은 보건교사가 작성한 건강 상담 일지이다. 〈작성 방법〉에 따라 순서대로 서술하시오.

건강 상담 일지

일자	2018년 ○○월 ○○일	이름	윤○○
대상	교사	연령/성별	52세/남

〈건강 문제〉
○ 오른쪽 엄지발가락 외측에 물집이 터지고 피부가 벗겨짐

〈면담 및 신체 사정〉
○ 제2형 당뇨병으로 혈당강하제 복용 중임.
─ ○ 오른쪽 엄지발가락 상처 부위 통증은 없음.
  ○ 양쪽 발이 자주 쑤시고 저리며 화끈거림.
(가) ○ 단사(monofilament)를 이용한 양측 발가락과 발바닥 접촉검사에서 감각저하가 있음.
─ ○ 최근 3층 이상 계단을 오를 때 간헐적 파행증이 있음.
  ○ 오른쪽 엄지발가락의 모세혈관 충만 시간은 4초임.
  ○ 발등 동맥의 맥박이 약하게 촉진됨.
(나) ○ 양쪽 다리를 올렸을 때 발이 30초 이내에 광범위하게 창백해짐.
  ○ 양쪽 다리를 내렸을 때 발에 의존성 발적이 나타남.
─ ○ 평소 '발 관리 방법'을 확인함.
  • 매일 발을 따뜻한 물로 잘 씻고 완전히 말린다고 함.
  • 잘 보이지 않는 곳은 거울을 이용해 관찰한다고 함.
  • 발톱은 상처가 나지 않도록 일직선으로 자른다고 함.
  • 건조하지 않도록 발과 발가락 사이사이에 로션을 바른다고 함.

〈조치 사항〉
○ 발의 상처를 소독함
○ ㉠병원에서 발 검사를 받도록 권유함
○ 발 관리법을 교육함

〈작성 방법〉
• (가)와 (나)의 신체 사정 결과로 알 수 있는 당뇨병의 합병증을 각각 제시할 것.
• 밑줄 친 ㉠과 같이 조치한 이유를 설명할 것.
• 윤 교사의 평소 '발 관리 방법' 중 잘못된 것을 찾아 올바른 방법으로 고쳐 쓸 것.

93-37.
당뇨병에 의한 혼수상태시 즉시 투여해야 할 인슐린은?
① NPH
② Lente insulin
③ Regular insulin
④ Ultralente insulin

95-40.
당뇨병으로 인해서 인슐린요법을 쓰고 있는 학생에게 사탕이나 오렌지 주스를 주어야 할 경우는?
① 깊고 빠른 호흡
② 바싹 마르고 붉은 혀
③ 창백하고 축축한 피부
④ 호흡 시 아세톤 냄새

21-A7.
다음은 고등학교 보건교사가 2학년 학생과 상담한 내용이다. 〈작성 방법〉에 따라 순서대로 서술하시오.

학 생: 선생님! 저희 할머니가 ㉠바이러스성 폐렴으로 병원에 입원하셨어요.
보건교사: 그랬군요. 많이 놀랐겠네요.
학 생: 할머니가 기침도 심하게 하시고 숨쉬기도 힘들어하셨는데, 프레드니손(prednisone)이라는 약을 쓰시고 많이 좋아지셨어요. 프레드니손은 어떤 약인가요?
보건교사: 그것은 우리 몸에서 분비되는 글루코코르티코이드(glucocorticoid) 호르몬 역할을 하는 약물이에요.
학 생: 그렇군요. 그 약은 어떤 효과가 있나요?
보건교사: 네, 여러 가지 방법으로 항염증 작용을 하는데, 그중에서도 (㉡)의 작용을 억제하여, 세포막으로부터 프로스타글란딘과 류코트리엔의 전구물질인 (㉢)이/가 생성되는 것을 방해합니다. 즉, 염증 관련 물질의 생성 억제를 통해 항염증 효과를 나타내는 거예요.
학 생: 네, 알겠습니다. 혹시 그 약을 투여할 때 주의해야 할 사항이 있나요?
보건교사: 있어요. 그 약이 글루코코르티코이드 호르몬 역할을 하기 때문에, ㉣고용량으로 투여하다가 갑자기 중단하면 위험하므로 양을 서서히 줄여가야 해요.
학 생: 네, 알겠습니다. 자세한 설명 감사드립니다.

〈작성 방법〉
• 밑줄 친 ㉠에서 삼출액의 양과 관련하여 나타나는 기침의 양상을 제시할 것.
• 괄호 안의 ㉡에 들어갈 효소의 명칭과, 괄호 안의 ㉢에 들어갈 물질의 명칭을 순서대로 쓸 것.
• 밑줄 친 ㉣의 이유를 서술할 것.

17-B4. 다음은 제1형 당뇨병을 앓고 있는 중학생의 응급실 방문 기록의 일부이다. 〈작성 방법〉에 따라 순서대로 서술하시오.

진료 기록지

성명	박○○	성별/연령	남/14세
응급실 도착 시간	2016년 ○○월 ○○일 ○○시 ○○분		
주호소	• 의식 상태 : 기면(drowsy) • 응급실 방문 당일 아침 8시 경 시야가 흐려지고 어지러워 쓰러짐. • 심한 감기로 3일 전부터 란투스(Lantus) 주사를 맞지 않음. • 내원 2일 전부터 심한 복통과 함께 잦은 설사, 오심, 구토가 계속됨. • 중학교 2학년 재학 중임.		
검사 결과	• 혈중 포도당 농도 : 389mg/dL • 백혈구 : 10,800/mm³, 혈색소 : 15.6g/dL, 헤마토크릿 : 58.9% • ㉠ 동맥혈 가스 분석: pH 7.24, PaCO₂ 31mmHg, PaO₂ 98mmHg, HCO₃⁻ 18mEq/L • 소변 검사: 요비중 1.05, ㉡ 케톤+++, 포도당+++		
신체 검진	• 혈압 : 90/50mmHg, 맥박수 : 120회/분, 호흡수 : 24회/분, 체온 : 37.2℃ • ㉢ 쿠스마울(Kussmaul) 호흡이 나타남. • ㉣ 호흡 시 과일냄새가 남. • 피부의 긴장도 감소, 건조한 점막 • 홍조를 띤 건조한 피부, 빠르고 약한 맥박		
작성자	면허번호	○○○○○	
	의사명	○○○	

〈작성 방법〉
• 산-염기 불균형의 4가지 중 밑줄 친 ㉠이 나타내는 산-염기 불균형을 제시할 것.
• 밑줄 친 ㉡~㉣의 발생 기전을 각각 서술할 것.

92-38. 기초 대사량의 이상 감소가 나타나는 질환은?
① 백혈병
② 바세도우(Basedow)씨 병
③ 당뇨병
④ 에디슨(Addison)씨 병

96-05. 〈보기〉 중 갑상선 기능저하로 올 수 있는 질환은?
〈보기〉
㉠ Grave's disease
㉡ Myxedema
㉢ Cretinism
㉣ Cushing syndrome

95-07. 에디슨씨 병의 증상으로 모은 것은?
① 저혈압, 체중감소
② 고혈압, moon face
③ 저혈압, 고혈당증
④ 고혈압, 월경불순

10-07. 1형 당뇨병으로 진단받은 초등학생의 부모를 대상으로 하는 보건교육 내용으로 옳은 것을 〈보기〉에서 모두 고른 것은?
〈보기〉
㉠ 하루 세 번 규칙적으로 식사를 하고 간식은 주지 않는다.
㉡ 저혈당 시에는 다뇨, 다갈, 둔감한 감각, 느리고 약한 맥박 등이 나타난다.
㉢ 고혈당 시에는 케톤산증을 일으킬 가능성이 높다.
㉣ 혈당이 300~400mg/dL 이상인 경우에는 강도가 높은 운동을 하도록 한다.
㉤ 당화혈색소 검사치는 혈당 조절 상태를 반영한다.

14-08. 다음은 김○○ 학생의 건강 상담 일지이다. 괄호 안의 ㉠, ㉡에 해당하는 내용을 차례대로 쓰시오.

건강 상담 일지
○○초등학교

이름	김○○	성별	남
상담 일시	○월 ○일 ○시	학년-반	5-1
특이 사항	• 최근 1형 당뇨병 진단을 받음 • 당뇨병 관리에 대한 지식이 부족함		
관리 목표	• 식이 및 운동요법을 실천한다. • 혈당 검사와 인슐린 주사의 필요성에 대해 이해한다.		
당뇨병 관리			
혈당 관리	• 매 식사 전과 잠자기 전 하루 총 4번 검사한다. • 최근 3개월 동안의 혈당조절 상태를 반영하는 (㉠)을/를 검사한다.		
식이 요법	• 일일 필요 열량을 계산하여 세 번의 식사와 두 번의 간식에 대한 식이 계획을 수립한다. • (㉡)을/를 활용하여 개인의 기호에 따라 6가지 기초 식품군을 바꾸어 먹을 수 있도록 한다.		
운동 요법	• 혈당 조절이 잘 되도록 규칙적인 일상생활과 운동을 하도록 한다.		
인슐린 요법	• 혈당을 기준으로 인슐린 용량을 결정하여 주사기나 펌프를 이용하여 피하 주사한다.		

25-B11. 다음은 1형 당뇨 진단을 받은 중학생의 어머니와 보건교사의 상담 내용의 일부이다. 〈작성 방법〉에 따라 순서대로 서술하시오.

학부모 : 저희 딸이 1형 당뇨로 진단을 받고 걱정이 많았는데, 지난번 협의회 때 선생님을 뵙고, 안심이 되었습니다. 그런데, 한 가지 궁금한 점이 있어서 다시 찾아 왔습니다.

보건교사 : 어떤 점이 궁금하신가요?

학부모 : 저희 딸이 운동을 굉장히 좋아합니다. 체육 수업과 관련하여 혈당 관리를 어떻게 해야 하는지 궁금합니다.

보건교사 : 체육 수업 전에 연속혈당측정기로 혈당을 확인하고 250mg/dL 이상이면 보건실에 와서 다시 혈당을 측정합니다. 혈당이 지속적으로 높다면 혈액 또는 소변에서 (㉠)을/를 확인합니다. 그 결과에 따라 학부모님과 상의하여 체육 수업 참여 여부를 결정합니다. (㉠)이/가 양성이고 혈당이 높을 때 체육수업을 하면 ㉡ 고혈당이 악화될 수 있어서 체육 수업에 참여하지 않는 것이 좋습니다.

학부모 : 그렇군요. 그러면 체육수업 시 주의해야 할 점이 또 있나요?

보건교사 : 수업 전후로 수분 섭취를 충분히 하고, 운동 강도가 강한 경우 탄수화물 간식을 섭취해야 합니다. 그리고 ㉢ 인슐린을 맞은 부위의 근육을 주로 사용하는 운동은 피하는 것이 좋습니다.

학부모 : 바쁘신데 시간 내 주셔서 정말 감사합니다.

보건교사 : 제가 파악한 바로는 요즘 혈당 조절은 잘 되고 있는 것 같더라고요.

학부모 : 네, 지난달에 진단받고 인슐린 치료를 시작했는데 병원에서 지금은 ㉣ 밀월(허니문) 기간이라고 하더라고요.

…(하략)…

〈작성 방법〉
• 괄호 안의 ㉠에 해당하는 항목을 쓰고, 밑줄 친 ㉡의 기전 1가지를 서술할 것.
• 밑줄 친 ㉢의 이유를 서술할 것.
• 밑줄 친 ㉣의 특징을 서술할 것.

1 내분비계 구조와 기능

❶ 내분비와 호르몬

일반적 특징	① 내분비계는 모든 신체계통과 연관되어 생리적 영향을 미치는 상호전달체계로, 신경계와 함께 신체기능을 조절, 통합함 ② 모든 내분비계는 호르몬을 분비하여 혈류를 통해 표적기관으로 운반 ③ 내분비계 구성 : 샘, 샘조직, 표적기관 또는 수용체 ④ 샘 단위 : 시상하부, 뇌하수체, 갑상샘, 부갑상샘, 부신, 췌장의 랑게르한스섬, 생식샘 등 ⑤ 성장자극, 생식에 영향, 적절한 내적환경 유지, 응급상황 시 교정 및 적응적 반응, 표적세포변화, 음성회환기전으로 상호작용 호르몬의 역할 ① 에너지 생산 & 당질/단백질/지방대사　② 수분과 전해질의 균형을 이룸 ③ 세포막을 통과하는 물질의 이동률　　　④ 신체적-지적 성장 발달을 도움 ⑤ 생산과정 조절, 신체의 전반적 기능 통합/조절　⑥ 스트레스 요인에 대한 적응반응
조절기전	① 내분비샘의 호르몬 분비 영향요소 : 시상하부, 뇌하수체 전엽, 자율신경계, 혈장 내 영양소, 이온농도 등 ② 내분비계는 호르몬 분비 통해 대사과정의 동화작용, 이화작용, 근육의 기능, 성장과 생식, 에너지 생산, 스트레스 반응, 전해질 균형, 성격발달 등을 조절 | 영향요소 | 작용 | |---|---| | 시상하부 | ⓐ 펩타이드 분비 → 뇌하수체 전엽 호르몬 분비 자극 또는 억제 ⓑ 옥시토신과 항이뇨호르몬 직접 생산 | | 시상하부방출호르몬 | 뇌하수체 전엽에서 생산되는 성장호르몬, 프로락틴, 갑상선자극호르몬, 난포자극호르몬, 황체화호르몬, 부신피질호르몬 등의 분비조절 | | 뇌하수체전엽호르몬 | 갑상샘호르몬, 테스토스테론, 에스트로겐, 프로게스테론의 방출 직접 조절 | | 자율신경계 | 부신수질의 에피네프린/노에피네프린 분비, 위장관호르몬/췌장의 인슐린과 글루카곤/신장의 레닌방출 직접 조절 | | 신경 | 부신수질과 뇌하수체 후엽에 영향(자율신경계의 한 부분으로 기능) | | 혈청 내 호르몬 | 부갑상샘호르몬, 글루카곤, 알도스테론의 분비 직접 조절 | ③ 음성되먹임기전과 양성되먹임기전에 의해 이루어짐 　ⓐ 음성되먹임 기전 : 대부분의 호르몬은 호르몬 수준이 정상으로 돌아오면 호르몬 분비를 억제함 　ⓑ 양성되먹임 기전 : 호르몬의 양이 많아도 분비억제인자를 방출하지 않으며, 월경주기를 조절하는 FSH, LH, estrogen, progesteron 등이 해당됨 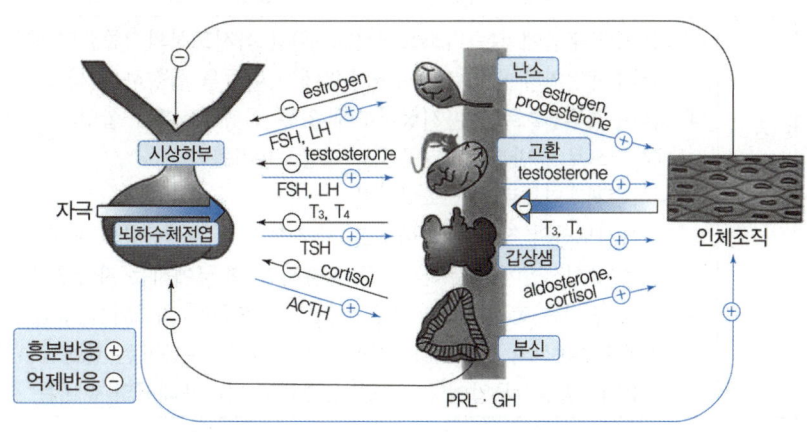 [시상하부 - 뇌하수체전엽 - 표적기관의 되먹임기전] 출처 : 성인간호학 하권. 유양숙 외 공저. 현문사.

❷ 내분비샘

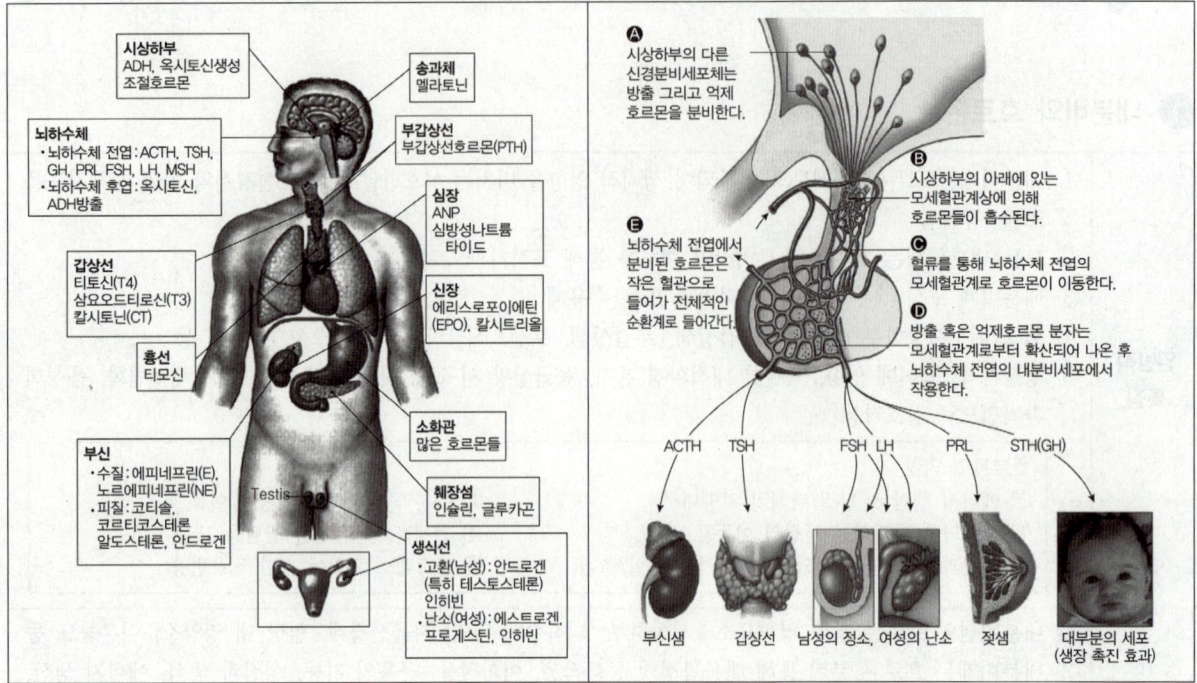

(1) 시상하부와 뇌하수체

시상하부	① 대뇌 제3뇌실의 주위를 차지하는 간뇌의 일부 ② 내분비와 자율기능 관여, 즉 섭식·체온조절 등에 관여하는 중추 ③ 다른 기능을 갖는 몇 개의 핵(중추신경세포의 집단)들로 구성되는데, 그중 시상상핵 및 방실핵의 신경축삭돌기는 다발이 되어 뇌의 아래쪽으로 돌아가고 있는데, 이것을 하수체경이라고 하며, 이 종말부의 팽창된 부분이 뇌하수체임(혈관으로 시상하부와 뇌하수체 연결)

뇌하수체 전엽	① 혐색소세포, 호산세포(성장호르몬, 프로락틴 분비), 호염기세포(부신피질자극호르몬, 갑상선자극호르몬, 난포자극호르몬, 황체화호르몬 분비)의 3종류의 호르몬 분비세포가 있음
	② 뇌하수체전엽호르몬은 시상하부 호르몬의 자극을 받아 분비됨
	③ 시상하부-뇌하수체전엽호르몬의 조절기전
	   ㉠ 시상하부-뇌하수체전엽-표적 내 분비선에서는 상위의 호르몬이 하위의 호르몬 분비를 자극하는 계층적인 관계에 있음
	   ㉡ 상위 호르몬은 하위 호르몬에 의해 음성되먹임을 받음

뇌하수체 후엽	① 뇌하수체후엽에서는 바소프레신(ADH)과 옥시토신의 2종류의 호르몬이 분비됨
	② 뇌하수체전엽과 달리 뇌하수체후엽에는 이들을 합성하는 세포가 없음
	③ 뇌하수체후엽호르몬은 시상하부에 있는 신경세포에서 합성되어 축삭 안을 통과해 뇌하수체후엽으로 운반된 후 그곳에서 저장·분비됨
	④ 뇌하수체후엽호르몬의 조절기전
	   ㉠ 옥시토신의 작용과 분비조절: 옥시토신은 유선선방의 평활근세포를 수축시키고, 유즙을 유선선방에서 유선관으로 분출시킴. 자궁에서는 자궁평활근을 수축시킴으로써 분만의 진행을 촉진시키고 태반만출 후의 출혈을 최소화함 15 임용
	   ㉡ 바소프레신의 분비조절: 시상하부의 삼투압수용체는 혈장삼투압의 변화에 민감하게 반응함. 혈장삼투압이 1~2%만 상승해도 바소프레신의 분비는 증가함

(2) 갑상선

구조		① 목의 전면 중앙의 윤상연골 바로 아래 위치 ② 좌우 2개의 엽과 이를 연결하는 협부로 구성(무게 15~20g) ③ 여포세포(T_3, T_4 분비)와 칼시토닌을 생산하는 여포주위 세포로 구성 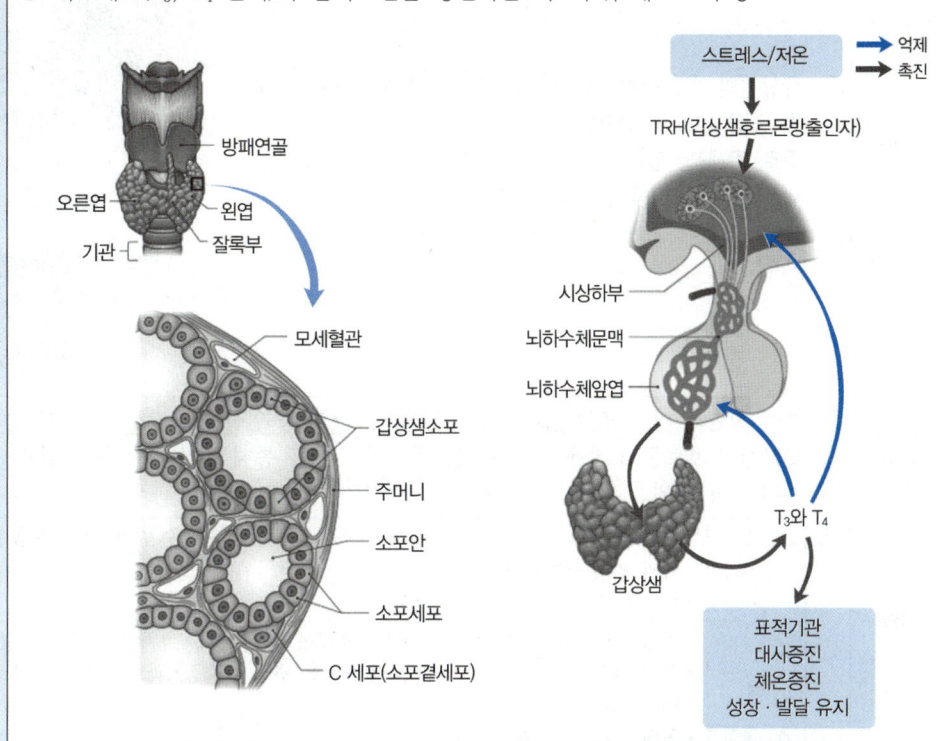 [갑상샘과 조직]　　　　　　[갑상샘 호르몬의 분비조절]
갑상선 호르몬	합성	합성요소: 요오드, 단백질, 비타민 등이 필요함
		합성기전: 음식을 통해 요오드를 소장에서 흡수 → 무기요오드 형태로 혈류 통해 이동 → 갑상선의 요오드 펌프에 의해 요오드 흡수 및 농축 → 갑상선호르몬 형태로 전환
	기능	T_3, T_4 — 분비: 여포세포(follicular cell) = 소포세포
		기능: ① 탄수화물대사(당 내인성 감소 → 혈당상승) ② 지방대사(유리지방산 방출 자극) ③ 단백질 합성과 분해 촉진 ④ 비타민 대사(Vit B_{12} 흡수 관여) ⑤ 호르몬 작용(카테콜라민의 심근작용 촉진 → 심박수, 심박출량 증가) ⑥ 열생산 증가 ⑦ 세포대사율 조절 → 산소소비 증가 ⑧ 기타: 적혈구 생산, 유즙생산, 성장호르몬 분비유지, 골격의 성숙 등에도 관여
		Calcitonin — 분비: 비여포세포(parafollicular cell)
		기능: ① 뼈에서의 칼슘유리를 억제 → 혈청 칼슘농도의 저하 [24 임용] ② 파골작용 억제 ③ 비타민 D의 활성화 억제로 위장관에서의 칼슘흡수 감소
	분비 기전	① 시상하부에서 TRH 분비 → 뇌하수체 전엽 자극 → TSH(갑상샘자극호르몬) 분비 → 갑상선 자극 → 티록신 분비 → 혈청 내 티록신 증가 → TRH, TSH 분비 감소 → 티록신 합성 감소 ＊＊ 갑상선에서 주로 T_4라는 호르몬 분비, 이는 간장 등 장기에서 T_3로 전환되어 갑상선호르몬으로 역할을 함 ② 티록신: 단백질과 요오드 섭취가 충분한 상태에서 생성될 수 있으며 환경 요인(추위 등) 및 스트레스에도 영향을 받아 생성 증가 ③ 갑상샘종 형성 식이 및 약물의 과잉이나 장기간 열에 노출될 경우 생성이 억제됨

(3) 부갑상선

구조	① 갑상선의 배부(등쪽) 피막하에 좌우/상하 모두 4개 존재 ② 총 중량 120mg 전후의 작은 장기 ③ 주로 주세포, 일부는 호산성 세포로 이루어지며 호산성 세포는 나이가 듦에 따라 증가됨 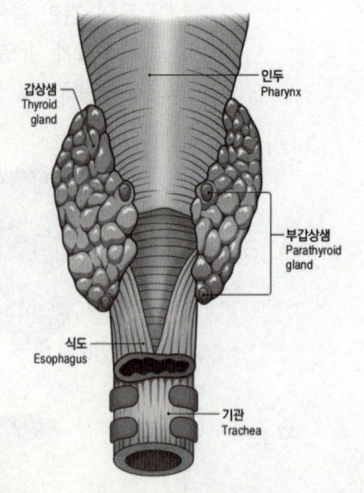
기능	① 혈청 칼슘과 인을 조절(혈청 칼슘농도 증가 → 혈청 인산농도 감소, 반비례 관계) 24 임용 ② 부갑상선 호르몬의 작용을 위해서는 반드시 식이를 통해 비타민 D 흡수 필요 ③ 주된 작용 부위

신장	• 부갑상선호르몬이 신세뇨관에 직접 적용 → 칼슘의 재흡수 증가, 인의 재흡수 억제 → 혈청 내 칼슘과 인의 균형유지 • 비타민 D_3를 활성형태로 전환시킴
뼈	• 혈청 칼슘농도 저하 시 → 부갑상선호르몬 방출 증가 → 뼈에서 칼슘을 혈액으로 방출시킴 • 혈청 칼슘농도 증가 시 → 부갑상선호르몬 방출 감소 → 과도한 칼슘을 뼈로 보내거나 소변으로 배설시킴 • 골형성 감소, 골파괴 증가
위장관	• 부갑상선호르몬은 십이지장과 공장에서 칼슘과 인의 흡수를 도움 • 비타민 D는 장점막을 통한 칼슘과 흡수를 도움

(4) 부신

피질	① 황색을 띤 단단한 3층의 조직으로 구성 ② 호르몬을 분비하여 염류, 수분, 당질, 지질 대사의 중요한 조절작용을 함

당류피질 호르몬	• 코티솔이 95% 차지 • 단백질 대사 : 이화작용으로 단백질을 분해하고 뼈, 근육에서의 단백질 합성 억제 • 포도당 대사 : 조직의 포도당 사용억제, 간의 포도당 신생작용 촉진 • 지방대사 : 지방분해를 촉진하여 혈중 지방산 농도 상승 • 혈압유지 : 알도스테론, 카테콜라민과 작용하여 정상으로 혈압 유지 • 수분과 전해질 균형조절, 근육정상 기능유지, 조혈기능, 면역에 관여 • 스트레스 대응 : 스트레스 시 단백질과 지방분해하여 에너지로 이용 • 손상에 대한 정상적 염증반응 억압 - 감염저항력 낮춤 • ACTH 회환기전 : 뇌하수체 전엽에서의 ACTH 분비 조절
염류피질 호르몬	• 알도스테론이 가장 강력한 호르몬으로 작용 • 신세뇨관과 위장관 상피에서 작용 : 칼륨과 수소이온 배설, 나트륨이온 흡수 증가 • 나트륨의 균형을 장기간 조절(레닌 - 엔지오텐신 - 알도스테론 기전)
성호르몬	• 테스토스테론, 에스트로겐 생산 • 여성에게 남성 호르몬의 주요한 공급원 역할

수질	① 선 분비세포들을 가진 교감신경절로 이루어지며, 교감신경계 자극 시 카테콜라민(epinephrine, norepinephrine)이 분비
	② epinephrine(Adrenaline) 90%, norepinephrine 10%로 구성
	  ㉠ 대사경로를 조절하여 축적된 연료의 이화작용 촉진
	  ㉡ 노르에피네프린 : 혈관 축소, 심장활동 촉진, 소화관 활동 억제, 동공확대 92 임용
	  ㉢ 에피네프린 : 노르에피네프린과 거의 유사한 작용을 하나 심장에서 20배 정도로 강하게 작용. 또 비상상황에서 심장, 골격근과 같이 중요한 조직으로의 혈류를 증가시키고 글리코겐을 포도당으로 전환시킴
	③ 유리지방산의 분비 촉진, 기초대사율을 증가시켜 혈당수준을 상승시킴
	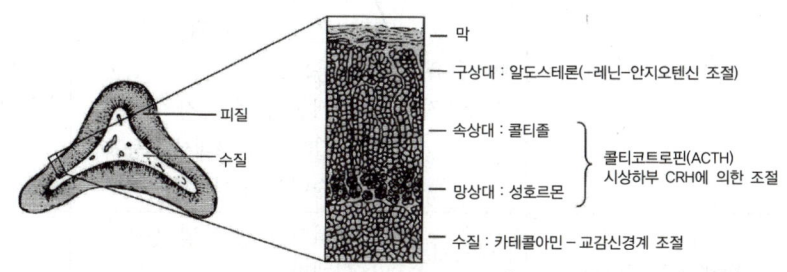
	[부신의 구조와 분비 호르몬]

(5) 췌장

구조	① 좌상복부, 위의 뒤쪽에 위치, 두부 – 체부 – 미부로 구성 ② 췌도, 일명 랑게르한스섬은 태생기의 췌소관 내에 발생하는 미소한 내분비 조직으로 췌장 내에 대부분 무수하게 존재, 특히 체부와 미부에 많음			
랑게르한스섬의 기능	랑게르한스섬 세포는 알파세포, 베타세포, 델타세포, pp세포의 4종류로 구성되고 각각의 순으로 글루카곤, 인슐린, 소마토스타틴, 췌장 폴리펩티드(pp) 분비			
	β세포	인슐린		글리코겐·지방·단백의 합성, 아미노산의 삽입, 세포막의 포도당 투과성 촉진
			탄수화물 대사	근육, 지방세포의 포도당 흡수와 이용을 증가시킴
			지방 대사	유리지방산의 산화를 줄이고, 케톤형성 억제
			단백질 대사	아미노산을 세포 내로 이동, 단백질로 전환하여 근육에 축적되도록 작용
			인슐린과 간의 작용	혈당상승 시 포도당을 간이나 근육에 글리코겐으로 저장하고, 혈당저하 시 간에서 글리코겐이나 지질 또는 단백질을 포도당으로 분해함
			수분전해질 균형작용	인슐린은 포타슘, 마그네슘과 인을 세포 내로 이동
	α세포	글루카곤		글리코겐을 혈중으로 이동하도록 촉진하여 혈당상승(인슐린 길항작용)
	δ세포	소마토스타틴		인슐린과 글루카곤 분비 억제
	PP세포	췌장 폴리펩티드		췌장의 외분비 억제

❸ 주요 호르몬 작용 05,07,14 국시

내분비선	호르몬	표적기관	작용	증가 시	감소 시
뇌하수체 전엽(8)	갑상샘자극호르몬(TSH)	갑상샘	T_3, T_4, calcitonin 생성 및 분비촉진	갑상선종	갑상샘종, 갑상샘 활동감소
	부신피질자극호르몬(ACTH)	부신피질	당류피질호르몬, 염류피질호르몬, 성호르몬 분비	쿠싱증후군	에디슨병
	성장호르몬(GH) 96,24 임용	뼈, 근육, 신체조직	① 신체성장 촉진 ② 당원/지방분해(항인슐린 작용) ③ 단백질 합성 촉진 ④ 지질대사 및 당대사 기능지연 ⑤ 칼슘대사 영향	거인증, 말단비대증	소인증/난쟁이
	황체화호르몬(LH)	난소의 여포	① 생식기관 성장 및 성숙 ② 황체형성 ③ 프로게스테론 생산		
	간질세포자극호르몬(ICSH)	고환	testosterone 생산		
	여포자극호르몬(FSH)	난소 또는 세정관	① 난소여포의 성숙 ② estrogen 분비 ③ 정자생산		
	유즙분비호르몬(prolactin)	황체, 유방	① 황체의 유지 ② progesterone 분비 ③ 유즙분비자극(유즙분비↑)		
	색소자극호르몬(MSH) (=멜라토닌자극호르몬)	피부	① 부신피질을 자극할 수 있음 ② 색소침착		
뇌하수체 후엽(2) 96 임용(보기)	항이뇨호르몬(ADH)	신장의 집합관	① 수분재흡수 증가로 소변배설 감소, 수분균형 유지 ② 혈압상승 ③ 동맥의 수축	항이뇨호르몬 부적절 분비증후군	요붕증
	Oxytocin 15 임용	자궁, 유방	① 자궁수축, 자궁운동 자극 ② 유즙배출촉진(모유사출) ③ 난관의 나팔관 내에서의 정자운동성 증진	분만촉진, 유즙과다 분비	
갑상샘 96(보기), 24 임용	thyroxine(T_4), triiodothyronine(T_3)	광범위 표적기관	① 대사율, 에너지 대사 증진 ② 성장조절 ③ 당원신생작용 자극, 지방이동, 단백질대사	그레이브스병	갑상선기능 저하증
	calcitonin	골격	혈장칼슘농도 감소(부갑상선호르몬과 반대작용)		
부갑상샘 96(보기), 24 임용	부갑상샘호르몬(PTH)	뼈, 신장, 위장관	① 혈장칼슘농도 증가 ② 골흡수 증가	부갑상선 기능항진증 (고칼슘혈증)	부갑상선기능 저하증 (저칼슘혈증)

내분비선	호르몬	표적기관	작용	증가 시	감소 시
부신피질	당류피질호르몬 96 임용(보기)	광범위 표적기관	① 탄수화물 / 지방 / 단백질 대사, 당원신생작용 증진, 혈당상승, 지방분해, 아미노산 이동 ② 염증반응 억압 ③ 스트레스 반응	쿠싱증후군	에디슨병
	염류피질호르몬 96 임용(보기)	원위세뇨관	① 수분균형 유지 ② 나트륨 재흡수, 칼륨배설	원발성 알도스테론증	
	성호르몬	성샘	2차 성징 발현과 성장에 영향		
부신수질	epinephrine	심장, 평활근, 소동맥, 골격근간	응급작용(스트레스에 대한 교감신경반응) : 혈관수축, 혈압상승, 당원신생작용, 혈당증가, 대사활성화, ACTH 분비	갈색세포종	
	norepinephrine 92 임용	동맥	응급작용(스트레스에 대한 교감신경반응) : 혈관수축, 대사촉진, 동공확대, 심장활동 촉진, 소화관 활동억제		
췌장	insulin 96 임용(보기)	광범위 표적기관	① 혈당감소 ② 세포 내로의 포도당 이동 촉진 ③ 단백질이화작용 감소		당뇨병
	glucagon 96 임용(보기)	간, 근육, 지방세포	① 당원분해작용 ② 당원신생작용 ③ 지방분해에 의한 혈당상승		
	성장억제호르몬 (GIF) (= 소마토스타틴)	췌장, 위	insulin과 glucagon 분비억제		
성샘	estrogen	생식세포	2차 성징 발현, 생식기관의 성숙, 성적기능		
	progesterone	자궁, 유방	유선발달, 임신유지, 자궁내막의 준비		
	testosterone	광범위 표적기관	동화작용, 2차 성징 발현, 생식기관의 성숙, 성적기능		
신장	renin	레닌기질	angiotensinogen을 angiotensin I 로 전환(혈압조절)		
	EPO	골수	적혈구생산		
	1,25-dihydroxy-cholecalciferol	신장	혈중 칼슘농도 증가		
위장관계	gastrin 96 임용(보기)	위	① 위액분비와 위운동성 증진 ② pepsin과 내적인자 생산		
	secretin 96 임용(보기)	위, 췌장	위액분비 감소		
	CCK-PZ 96 임용(보기)	췌장	위 운동성 감소		
흉샘	thymosinthy	면역체계	림프구 발달, 신경근육전달통로 폐쇄		
	thymopoietin	면역체계			
송과샘	melatonin	시상하부, 중뇌, 성샘	GH분비 촉진, 혈중 LH 감소, 수면촉진, 안녕감 증진, 성적성숙		

2 성장호르몬 96 임용

성장호르몬 분비샘		뇌하수체 전엽 96,24 임용
성장호르몬 작용	대사작용	① 항인슐린작용(혈당상승) ② 지방분해작용 ③ 전해질의 재흡수 촉진
	성장촉진작용	① 골단 / 연골형성 촉진 ② 단백질 합성촉진
성장호르몬의 분비를 증가시키는 자극	에너지 대사를 위한 재료가 없어졌을 때	저혈당, 운동, 금식 등
	스트레스	심리적 스트레스, 감염, 바소프레신, 외상 등
	도파민 작용제	레보도파, 브로모크립틴
	기타	테스토스테론, 노르에피네프린
성장호르몬의 분비를 감소시키는 자극		① 성장호르몬 ② REM 수면 ③ 포도당 ④ 코르티솔 ⑤ 유리지방산
성장호르몬 분비장애	분비과잉증상	① 고혈당, 당뇨병 ② 지질이상증 ③ 고혈압, 고인(P)혈증 ④ 고신장(소아) → 뇌하수체성 거인증 ⑤ 사지말단비대(성인) → 말단비대증 11 임용(지문) ⑥ 연부조직 비대
	분비저하증상	① 저혈당(소아) ② 체지방의 증가 ③ 저신장, 골연령 지연 → 성장호르몬 결핍성 저신장증 14,24 임용 ④ 근력저하

3 뇌하수체 장애 [92(보기),19 임용] [성인질환]

1 뇌하수체 기능항진증과 뇌하수체 기능저하증

	뇌하수체 기능항진증 [09 국시]		뇌하수체 기능저하증(시몬드병 : 범하수체기능저하증) [92 임용(보기)]	
정의	뇌하수체종양이나 증식으로 호르몬 회환조절기전의 비정상적 상태로 뇌하수체에서 분비되는 한 가지 이상의 호르몬이 과잉분비		뇌하수체 전엽에서 분비되는 한 가지 이상의 호르몬이 결핍되어 초래	
원인	뇌하수체분비종양 : 혐색소세포종양 90% (ACTH, GH 과잉분비)		뇌하수체 샘종, 분만 후 뇌하수체 괴사(Sheehan 증후군), 결핵, 매독, 수술 [19 임용]	
증상	(1) 성장호르몬 과잉분비 거인증 : 어린이 : 골단 융합 전 장골이 과도 성장 말단비대증 : 성인 : 골단 융합 후 → 뼈의 두께 증가, 연조직이 비후됨 (2) 쿠싱병 (3) 유즙분비 호르몬 과잉분비 여성 : 배란, 월경장애, 불임, 유즙분비, 성교통증, 질점막 위축, 질분비 감소, 성욕감소 등 남성 : 성욕감소, 발기부전, 정자수 감소, 여성형 유방, 유즙분비	호르몬 결핍증상	① 부신피질자극호르몬 결핍 : 저혈압, 피부색소의 감소, 저혈당, 전신권태감, 소화기증상, 식욕부진, 저나트륨혈증 등 ② 갑상선자극호르몬 결핍 : 피부건조, 느린맥, 추위에 대한 저항감소, 변비 ③ 성장호르몬 결핍 소아 : 저신장, 발육장애, 근력·근육량 감소 성인 : 저혈압, 저혈당, 체지방 증가, 근력·근육량 감소 ④ FSH, LH 결핍 소아 : 성성숙장애 남성 : 성욕저하, 발기부전, 고환위축, 음모감소, 치모의 여성화 여성 : 월경불순, 무월경, 성모탈락, 유방·성기의 위축 ⑤ 프로락틴 결핍 : 유즙분비 장애	
		원인 질환에 의한 증상	① 뇌하수체가 손상을 입으면 그 근처에 있는 시신경 교차도 장애를 받아 시신경장애, 시력장애나 시야협착을 호소하는 경우가 있음 ② 시야협착은 양이측반맹(양귀쪽반맹)이 특징적임 ③ 시상하부가 장애를 받고 있는 경우에는 그 부위에 따른 증상이 나타남 : 요붕증, 식욕부진, 식욕항진, 비만, 체온이상, 발한이상 등	
치료	① 뇌하수체 절제술, 방사선조사 ② 약물치료		원인(종양 등)의 제거와 표적기관에서 분비되는 호르몬의 영구적인 대치로 치료	

❷ 뇌하수체 후엽 장애

	항이뇨호르몬 부적절분비증후군(SIADH)	요붕증(ADH)
정의	뇌하수체후엽의 질환으로 항이뇨호르몬의 과잉분비로 초래되는 수분대사질환	뇌하수체후엽의 질환으로 항이뇨호르몬의 결핍으로 초래되는 수분대사질환
원인	두부손상, 뇌막염으로 시상하부 장애 → ADH 분비 증가	① 신경성·중추성 : 시상하부에 문제(종양, 두부손상 등) ② 신성 : 세뇨관이 ADH 반응 없음 ③ 다량의 수분섭취 → ADH 분비 감소
병태 생리	항이뇨호르몬 계속 분비 → 수분축적 → 혈액희석 → 저나트륨혈증 → 혈량증가 → 사구체여과율 증가 → 레닌-알도스테론 분비 억제 → 소변의 소듐 손실 증가 → 저나트륨혈증 악화	항이뇨호르몬의 결핍 → 신장의 원위세뇨관과 집합관에서 수분재흡수 기능 손상 → 다량의 희석된 소변 배설 (소변삼투압 저하) 23 국시
증상 21,22 국시	① 수분과 전해질 변화 　㉠ 저나트륨혈증(→ 심부건 반사 저하 등), 혈청삼투압 저하(< 280mOsm/kg) 　㉡ 수분정체, 체중증가 　㉢ 배뇨감소, 요비중 증가(> 1.030) ② 소화기계 증상 : 오심, 구토, 갈증, 식욕부진 ③ 신경학적 변화 : 두통, 혼돈, 무기력, 경련, 발작	① 수분과 전해질 변화 　㉠ 고나트륨혈증, 혈청삼투압 증가 (< 290(295)mOsm/kg 이상) 　㉡ 심한 갈증과 탈수(체중감소) 　㉢ 지속적 다뇨(5~20L) : 요비중 감소(< 1.005) ② 두통, 시력장애, 근육쇠약, 근육통
진단 검사	혈청검사 : 전해질, BUN/Cre, 혈청 삼투압 요검사 : 요비중	수분제한 검사 : • 당뇨와의 구별을 위해 실시 • 수분 제한 후 소변의 농축 농도 확인 : 당뇨는 농축도 증가 / 요붕증은 여전히 낮음
치료	① 원인질환 치료 ② 이뇨제 (심부전시 투여) ③ 고장성 용액(3% N/S) 투여 : 혈장 나트륨 120mEq/L 이하시 ④ Tolvaptan 정맥투여 : 집합관에서 바소프레신 작용을 차단시켜 수분재흡수 억제로 수분만 배설케 함 ⑤ 수분 제한 ⑥ 안전한 환경제공	① 원인질환 치료 ② 약물요법 　㉠ 항이뇨호르몬(vasopressin)을 흡입 또는 근육주사로 투여 　㉡ 신성 요붕증에서는 치아자이드 이뇨제 투여 ③ 수분과 전해질 균형 유지

❸ 시한증후군(Sheehan's syndrome)

정의 19 임용	분만 중 심한 출혈, 과도한 초기 산후출혈 등 과다출혈로 인한 저혈량 쇼크로 뇌하수체의 허혈성 괴사로 인하여 뇌하수체의 기능이 저하되는 것
원인	임신 중에는 정상적으로 뇌하수체의 크기가 약간 커짐, 분만 중 심한 출혈, 과도한 초기 산후출혈 등 과다출혈이 발생하면 커진 뇌하수체에 적절한 혈류 공급이 부족해져서 뇌하수체의 허혈성 괴사가 발생함
증상	① 수유 장애, 무월경, 유방의 위축, 치모와 액모의 손실 ② 갑상선 기능저하증 ③ 부신피질호르몬 결핍증
치료	대증요법으로 부족한 호르몬 투여

4 뇌하수체 선종 [11 임용] [성인질환]

정의	① 뇌하수체 선종은 뇌하수체전엽세포에서 발생하는 양성종양 ② 뇌하수체 선종은 기능성 선종과 비기능성 선종으로 분류됨		
원인	호색소 세포 종양	호산세포 종양	① 성장호르몬, 유즙분비 자극호르몬 과량 생성 ② 20~50대 남성, 양성 선종 ③ 어린이 : 거인증 　성인 : 말단비대증
		호염기 세포종양	① 부신피질자극호르몬, 갑상샘자극호르몬, 여포자극호르몬, 황체화호르몬 ② 쿠싱 질환 ③ 악성은 드묾
	혐색소 세포 종양 (분비세포 주변을 싸고 있음, 음성 피드백기전과 수송에 기여함)		① 뇌하수체 종양 중 가장 흔하며 약 90% 차지, 양성선종 ② 분비성 혐색소 세포 종양 : 부신피질자극호르몬, 성장호르몬 분비 　→ 뇌하수체 기능항진증 [11 임용] ③ 비분비성 혐색소 세포 종양 : 종양 자체가 너무 커 뇌하수체샘을 파괴 　→ 뇌하수체 기능저하증
증상	시야장애 및 시력저하 [11 임용]		시각교차가 압박받으면 시각신경의 일부가 장애를 받아 양이측반맹(양귀쪽반맹)이 됨
	두통 [11 임용]		안격막과 기저경막이 자극을 받으면 이마나 안와의 둔통, 중압감이 나타남
	안구마비		종양이 해면정맥굴로 진행되면 동안신경, 활차신경, 외전신경 기능에 장애를 받아 안근마비 초래함

분류	기능성 선종은 생산 호르몬에 따라 다시 분류되어 각기 다른 질환을 일으킴		
		뇌하수체선종	호르몬분비 과잉에 의한 질환
	기능성 선종	성장호르몬 생산 선종	성인 - 말단비대증, 소아 - 뇌하수체성 거인증
		프로락틴 생산 선종	고프로락틴 혈증
		부신피질자극호르몬 생산 선종	쿠싱병
		갑상선자극호르몬 생산 선종	이차성 갑상선기능항진증
	비기능성 선종		대부분 LH, FSH 생산세포에서 유래

진단 검사	① 두부 MRI 검사 ② 두부 CT검사 ③ 두부 단순 X-선 검사	
치료	수술요법	① 경접형골동수술 ② 전두개두법
	방사선요법	정위방사선조사(감마나이프 등) : 제한된 부위에 고선량의 방사선 조사, 수술 후 잔존 종양에 대해 실시하는 경우도 있음
	약물요법	① 소마토스타틴 유도체 : 성장호르몬 생산선종에 사용되며, 성장호르몬 분비억제효과가 높음 ② 도파민수용체작용제(브로모크립틴) : 프로락틴분비종양, 성장호르몬 생산선종에 대해 사용됨 　㉠ 도파민수용체를 자극하고 성장호르몬과 프로락틴 분비를 억제함 　㉡ 프로락틴 분비종양에서 효과가 높으며 경구투여가 가능하고 간편함

5 갑상선 장애 92,96 임용 | 성인질환

갑상선 호르몬의 주요 기능	T₃, T₄	분비	여포세포(follicular cell)		
		기능	① 탄수화물 대사(당 내인성 감소 → 혈당상승) ② 지방대사(유리지방산 방출 자극) ③ 단백질 합성과 분해 촉진 ④ 비타민 대사(Vit B₁₂ 흡수 관여) ⑤ 호르몬 작용(카테콜라민의 심근작용 촉진 → 심박수, 심박출량 증가) ⑥ 열생산 증가 ⑦ 세포대사율 조절 → 산소소비증가 ⑧ 기타 : 적혈구 생산, 유즙생산, 성장호르몬 분비유지, 골격의 성숙 등에도 관여		
	Calcitonin	분비	비여포세포(parafollicular cell)		
		기능	① 뼈에서의 칼슘유리를 억제 → 혈청 칼슘농도의 저하 ② 파골작용 억제 ③ 위장관에서의 칼슘흡수 감소		
갑상선 기능검사	검사	대상자 준비	절차	정상소견	비정상소견
	티록신(T₄) / 삼요오드 타이로닌(T₃)	• 음식이나 수분제한 없음 • 최근에 섭취한 약물에 관해 조사	• 정맥혈을 뽑아 검사실에 보냄	• 4.5~11.5mg/dL / 80~200ng/dL	• 갑상선호르몬의 농도가 낮으면 갑상선기능저하증이며, 호르몬의 농도가 과다하면 갑상선기능항진증임
	갑상선자극 호르몬(TSH)	• 음식이나 수분제한 없음	• 정맥혈을 뽑아 검사실로에 보냄	• 0.34~4.25μIU/mL	• 상승하면 원발성 갑상선
	방사선요오드 흡수와 배출검사 (¹³¹I uptake)	• 검사 6~8시간 전부터 금식 • 방사선요오드의 투여량은 아주 소량이며 해가 없음을 설명하여 안심시킴 • 최근에 요오드를 포함한 약물을 섭취했거나 요오드 포함 시 약을 쓰는 검사를 받았는지 확인함	• 방사선요오드 소량을 구강으로 투여 • 소변은 약물투여 시부터 24시간 동안 수집함, 24시간 후 갑상선에 흡수된 방사선요오드의 양을 목에서 섬광체로 측정함, 24시간 동안 모은 소변을 검사실로 보냄	• 15~35% 흡수가 정상이며, 소변배설량은 처음 24시간 내에 40~80% 방사성요오드(¹³¹I) 배설	• 흡수결과 : 방사선요오드(¹³¹I) 흡수가 증가되면 갑상선기능항진증을 의미함 • 소변배설량 : 40% 이하의 배설은 갑상선기능항진증을 의미하고 80% 이상 배설은 기능저하증을 의미함
	갑상선분비 호르몬(TRH) 자극검사	• 없음	• 혈청 내에서 TSH를 측정한 후 TRH를 정맥내로 투여하고 30분 후 혈청 내 TSH를 측정함		• 속발성 갑상선기능저하증시에는 TSH가 증가하지 않음

		갑상선기능항진증(그레이브스병 多) 92(보기),96 임용 / 21국시	갑상선기능저하증(점액수종, 크레티니즘) 92,96 임용 / 11,12,18 국시
원인		▶ T_3, T_4의 증가, TSH 수치 저하, 가임기 여성 (20~40대) 多 ▶ Graves병 : 갑상샘기능항진, 갑상샘종, 안구돌출의 세 가지 징후 동반 21국시 ① 자가면역 장애 : 갑상샘자극면역글로불린이 TSH 수용체에 결합하여 T_3, T_4 과다분비 ② 갑상선기능저하증의 과잉치료, 시상하부, 뇌하수체 질환	▶ T_3, T_4 감소, 30~60대 여자 多 ▶ 점액수종 : 전신적 대사율 감소된 갑상선저하증 합병증 ① 원발성 : 만성 갑상샘염, (하시모토) 선천적, 요오드결핍, 갑상선 수술 → T_3, T_4 감소, TSH 증가, TRH 증가 ② 이차성 : 뇌하수체 전엽문제로 TSH의 자극 부족으로 갑상샘 위축, 기능상실 → T_3, T_4 감소, TSH 감소, TRH 증가 ③ 삼차성 : 시상하부 이상으로 TRH(갑상샘자극 방출호르몬)을 생성할 수 없음 → T_3, T_4 감소, TSH 감소, TRH 감소
증상 02,13,15,17,18,21 국시	심혈관	① HR↑, C/O↑, 산소 소모량↑ ② SBP↑(고심장박출성 심부전), DBP↓(말초조직의 산소소비 항진으로 혈관확장), 맥압 증가 ③ 심계항진, 빠르고 강한 맥박, 심방세동	① HR↓, C/O↓, 심근 산소요구량↓ ② DBP↑ : 혈중 콜레스테롤농도를 낮추는 기능을 하는 갑상샘호르몬이 감소되어 죽상경화증과 동맥경화를 초래하여 말초혈관 저항↑ ③ 고지혈증, 고콜레스테롤혈증, 약한 심음 ④ 조혈장애 : 빈혈(적혈구조혈호르몬 생산감소), 비정상적 혈액응고
	호흡계	호흡 횟수·깊이↑	산소요구↓, RR↓, 호흡기 근육허약, 쉰 목소리
	위장계	① 연동운동·식욕↑ ② 체중↓, 설사, 저장된 지방과 단백질 이용↑, 혈중 지방↓ ③ 위장분비↑ ④ 구토, 복통, 영양불량	① 연동운동↓, 식욕부진, 체중↑ ② 변비 ③ 단백질 대사↓, 혈중 지방↑, 포도당 흡수↓
	근골격	① 골다공증(뼈흡수 > 뼈형성) ② 피로감, 근육 허약감, 근육소모	관절통, 느린 행동, 관절강직
	감각계	① 심한 발한, 축축한 피부 ② 윤기 있고 부드러운 머리카락, 손발톱 박리증(손발톱 빠지는 증상) ③ 열에 못 견딤, 홍조 21국시 ④ 안구돌출(기전 : 안구 뒤에 다당류인 글리코사미노글리칸과 수분 축적으로 발생함 = 안구후방조직에 자가면역 때문에 안구후방근육과 지방층에 용액이 축적되기 때문임) ㉠ 충혈된 결막, 각막궤양 ㉡ 외안근 비대, 안구운동 장애, 안검하수 ㉢ 흐린 시야, 복시, 수명 등	① 마르고 거칠며, 껍질이 벗겨지는 피부 ② 머리카락이 빠지고, 두껍고 부서지는 손톱 ③ 무표정한 얼굴, 눈 주위 부종, 거칠고 푸석푸석한 얼굴 ④ 추위에 못 견딤 ⑤ 점액부종 : 전신의 결합조직에 비오목 부종이 나타남. 이는 간질강 내에 점액단백질[친수 프로테오글리칸(proteoglycan)]의 축적으로 수분이 정체되어 나타나는 것으로 건조하고 창백한 형태의 부종이 주로 정강뼈 앞부분과 안면부에 나타남. 이는 비함요 부종임[단백질 이화가 이루어지지 않아 피부와 조직 점액소(= 뮤신)에 비정상적인 침착으로 건조하고 창백한 형태의 부종이 초래됨]

		갑상선기능항진증(그레이브스병 多) 92(보기),96 임용 / 21국시	갑상선기능저하증(점액수종, 크레티니즘) 92,96 임용 / 11,12,18 국시
증상 02,13,15,17, 18,21 국시	신경계	① 심부건반사 증가 ② 미세한 떨림 ③ 신경질적임, 안절부절못함, 정서적 불안정	① 심부건반사 감소, 근육반응 느려짐, 피로감 ② 느리고 답답한 언어구사 ③ 무감동, 우울, 망상, 무력감
	생식기 여	무월경, 불규칙한 월경, 불임, 자연유산 가능성↑	무월경, 배란저하, 불규칙한 월경, 성욕감퇴
	생식기 남	발기부전, 성욕감퇴, 2차 성징 발달감소	성욕감퇴, 발기부전
		[갑상선기능항진증의 전신증상] 불안, 안구돌출, 모발손실, 안검뒷당김(눈꺼풀뒤당김), 안검하향지연(눈꺼풀내림지연), 갑상샘종, 빈맥, 심계항진, 심방세동, 체중감소, 무월경·불규칙한 월경, 설사, 따뜻하고 촉촉한 손바닥, 진전, 손발톱박리증, 선단비대증, 골다공증, 근위근육병증	[갑상선기능저하증의 전신증상] 점액수종, (난청), (갑상샘종), 땀분비 저하, 행동 느림, 체중증가, 월경 불규칙, (근육 약화), 정신질환, 건조한 모발, 점액수종 얼굴, 거친 음성, 허혈성 심장질환, 심전도 변화, 서맥, 변비, 수근관증후군(손목굴증후군), 건조하고 차가운 피부, (경골전 점액부종)
합병증	안구 돌출증 92 임용 (보기)	① 갑상샘기능항진을 치료하면 안구돌출증은 더 이상 악화되지 않음 ② Dalrymple 징후 : 안열 확대 ③ Stellwag's 징후 : 깜박임 횟수 감소 ④ Graefe 징후 : 아래를 보면 위눈꺼풀은 함께 내려오는 것이 정상반응인데, 상안검이 부종으로 느리게 반응하는 것	점액 수종성 혼수 11 국시
	심장 질환	① 갑상샘 중독성 심장질환은 거의 항상 빈맥증이 있으며 심방세동을 동반할 수 있음 ② 울혈성 심부전은 나이 많은 환자에게 많이 나타남 → 높은 신체 대사량에 적합한 심박출량을 내기 위해 박동이 빠르지만 대사요구량을 충족시키지 못하기 때문	

점액수종성 혼수 11 국시

정의	전신의 대사율이 저하된 위험한 상태로 저체온과 혼수가 동반된 상태
원인	갑상샘 치료요법을 이행하지 않거나 수술, 감염과 같은 스트레스에 의해 초래될 수 있음
증상	저체온, 서맥, 저혈압, 호흡률 감소로 호흡성 산증, 저소듐증, 저혈당, 전신부종, 의식장애, 혼미, 혼수
치료	① 기도유지 ② 갑상샘호르몬을 포도당, 코티졸과 함께 정맥투여 ③ 포도당 투여로 저혈당 교정 ④ 수분공급 ⑤ 보온

		갑상선기능항진증(그레이브스병 多) 92(보기),96 임용 / 21국시	갑상선기능저하증(점액수종, 크레티니즘) 92,96 임용 / 11,12,18 국시
합병증	갑상샘 위기	**정의**: 갑상샘기능항진증의 증상이 급하게 심해지는 상태 **원인**: 적절한 내과적 치료를 받지 못한 상태에서 수술 시 또는 감염, 외상 등에 의해서 유발 **증상**: ① 고열, 심한 빈맥, 심계항진, 발한, 저혈압 ② 복통, 설사, 구토 ③ 즉각적 중재 없으면 섬망, 혼수, 사망 가능 **중재**: ▶ 응급상태이기 때문에 중환자실에서 관리가 필요 ① 체온조절(저온담요 사용, 아세트아미노펜 투여가능, 아스피린은 금기 – 유리갑상선호르몬 수치 증가시키므로) ② 탈수교정(수액 투여) ③ 유발요인 교정 ④ 베타차단제 투여 : 교감신경자극 감소 ⑤ 코티졸, 스테로이드, 항갑상샘 약물(PTU) 경구 투여 ⑥ 실내온도 낮추고 시원한 환경 조성	
진단검사	혈액 검사	① T_3, T_4, free T_4 모두 증가 ② 갑상선자극호르몬(TSH) 　㉠ 그레이브스병 : 저하 　㉡ TSH 분비 뇌하수체 종양 : 증가 ③ 갑상선자극물질 면역글로불린 : TSI ④ 혈청 콜레스테롤 감소	① 혈청 TSH 상승 ② 혈청 콜레스테롤 증가
	갑상선 스캔	방사선 요오드 흡수 증가	방사선 요오드 흡수 감소

▶ 갑상선기능항진증과 기능저하증의 검사결과 비교

검사	갑상선기능항진증	갑상선기능저하증	
		일차성(원발성)	이차성(속발성)
갑상선자극호르몬	↓	↑	↑
티록신	↑	↓	↓
총콜레스테롤	정상	↑	↑
저밀도지단백	↓	↑	↑
중성지방	정상	↑	↑
기초대사율	↑	↓	↓
Thyroid peroxidase(TPO)항체	음성	양성 (자가면역성 갑상선기능저하증시)	음성

		갑상선기능항진증(그레이브스병 多) 92(보기),96 임용 / 21국시	갑상선기능저하증(점액수종, 크레티니즘) 92,96 임용 / 11,12,18 국시
치료 및 간호 중재 02,04,05, 11,12,13, 16,19,20, 21,22 국시	원인제거	원인질환 제거	원인질환 제거
	대증요법	① 항갑상샘제 : Propylthiouracil 증상 경감에는 몇 주(1~2주의 약물치료 후 호전을 볼 수 있으며, 4~8주 정도면 좋은 결과를 볼 수 있음) 걸리며, 처음부터 비교적 많은 용량 투여 → 서서히 줄임 【Propylthiouracil은 가장 많이 사용하는 약물임】 ・기전: 요오드 이용을 차단시켜 갑상샘 호르몬의 합성을 방해 ・복용법: 하루에 여러 번 투여(반감기가 짧음) ・부작용: 관절통, 호중구 감소증, 혈소판 감소증, 알레르기성 피부발진, 소양증 등(→ 주기적으로 발열, 피부발진, 소양증, 혈소판 감소 등 관찰하기 위해 전혈검사 실시) 20 국시 ② β-blocker : Propranolol ・기전: 교감신경계 과잉활동 조절, T4에서 T3로 전환억제 ・효과: 빈맥, 떨림, 신경질 완화 ③ 요오드 요법: Lugol's solution, SSKI(요오드화칼륨), 방사선 요오드 요법 ・기전: 갑상샘호르몬의 유리를 감소시키고, 갑상선의 크기와 혈관분포를 줄이고, 다량의 요오드는 일시적으로 요오드의 갑상선 내로의 이동을 억제하여 갑상선호르몬의 합성을 방해함 ・적응증: 갑상샘 수술 전, 갑상선 위기 예방 ・복용법: 물, 우유, 과일주스에 5~10방울을 떨어뜨려 희석하여 복용, 치아 착색 방지를 위해 빨대 사용, 장기간(6~14주 이상) 투여 시 갑상선기능항진 증상 재발될 수 있으므로 주의할 것 ・부작용: 피부발진, 치아착색, 구강점막 부종, 과도한 타액분비, 금속성 맛 ・교육지침: • 변기 사용 후 물 2~3회 내리기 19 임용 • 수분섭취 증가로 배출촉진 • 식기, 타월 분리 사용, 침구류 분리세탁 • 사용한 세면대 및 욕조를 철저히 세척, 화장실 사용 후 손 씻기 강화 • 치료 시 격리, 타인과의 접촉 제한 • 치료 후 6개월간 피임 • 모유수유 금지 • 갑상샘호르몬 대체약물 공복에 평생 복용	▶ 갑상샘제 : Levothyroxine(Synthyroid) 심혈관 질환예방을 위해 소량으로 시작하여 점차 양을 늘려 유지량 지속 ・기전: 갑상샘호르몬 투여로 결핍 교정 ・복용법: ① 처방된 약을 매일 같은 시간에 복용 ② 흡수율을 최대화하기 위해 이른 아침 공복에 투여 ③ 매일 아침에 복용하여 불면증 예방 ④ 복용을 잊은 경우, 생각난 즉시 약물 복용하고, 투약을 하루 못한 경우에는 다음날 2배 용량 복용 ⑤ 비타민 D와 철분 공급(골형성과 조혈증가로 요구도가 증가되므로) ・부작용: 고량투여 시 잠을 못자고 떠들며, 음식은 많이 먹으나 체중은 감소하고, 초조하며, 배변횟수 증가, 설사, 더위를 견디지 못함 ・주의점: ① 관상동맥질환자, 고혈압, 심부전 환자에게는 투여제한 및 신중한 투여 ② 부작용(심계항진, 빈맥, 협심증, 두통, 홍분, 식욕부진, 구토 등) ③ 흉통, 부정맥, 발진 시 투여중단 후 병원방문

		갑상선기능항진증(그레이브스병 多) 92(보기),96 임용 / 21국시	갑상선기능저하증(점액수종, 크레티니즘) 92,96 임용 / 11,12,18 국시
치료 및 간호 중재 02,04,05, 11,12,13, 16,19,20, 21,22 국시	대증요법	④ 수술 : subtotal thyroidectomy	
		적응증: 항갑상샘 약물에 부작용이 있는 경우, 방사선 요오드 치료가 부적절한 경우, 종양이 커서 주위조직을 압박하는 경우에 시행	
		수술 전 간호: • 갑상샘의 과잉활동 억제 위해 항갑상샘제 투여 • Lugol 용액을 수술 7~10일 전에 투여하여 갑상샘의 크기와 혈관분포를 감소시켜 수술 시 출혈 방지	
		수술 후 간호: • 합병증의 관찰 • 호흡부전 관찰 21 국시 • 통증완화 : 수술 부위 긴장피하고 필요시 진통제 투여 • 영양상태유지 : 고탄수화물과 고단백식이 권장 • 반좌위, 머리옆에 모래주머니 대주기(머리와 목 부위 부동유지로 과다신전예방)	

※ 갑상선 절제술 후 초래되는 합병증

	중재
목 부위의 긴장감 감소	① 수술실에서 돌아온 후에는 마취에서 깨어나자마자 반좌위를 취해 주고 머리와 목을 지지하여 목이 뒤로 넘어가거나 앞으로 구부러지지 않게 해줌 ② 수술 부위의 실이 제거되면 목의 강직을 예방하기 위하여 목운동을 하며 의사와 상의한 후 목을 앞뒤로 구부리는 운동을 매일 몇 차례씩 수행함
출혈	① 드레싱 관찰 ② 혈액이 목 뒤로 흘러 내려갈 수 있으므로 손을 목 뒤로 넣어 만져서 출혈 유무를 확인 ③ 수술 후 몇 시간 동안은 15분마다 맥박과 혈압을 측정해 내출혈의 징후를 확인 ④ 수술 부위 얼음주머니 적용 : 출혈 조절 ⑤ 환자가 질식감, 드레싱 부위에 압박감 호소하면 주위 조직의 출혈을 뜻하므로 드레싱을 풀고 의사에게 연락
호흡장애 21 국시	① 호흡기도 폐쇄는 성문부종, 양쪽 회귀후두신경 손상, 출혈로 인한 기관 압박 등으로 올 수 있음 ② 회귀후두신경은 후두 근육을 조절하여 성문을 열어 목소리를 내게 하는데 양쪽 신경이 손상되면 후두의 양쪽 근육 마비를 초래하여 결과적으로 기도가 폐쇄 ③ 환자는 말을 할 수가 없고 청색증이 오게 되므로 기관 내 삽관이나 기관 절개술 필요
회귀후두신경 손상 24 국시	① 수술 중 한쪽의 회귀후두신경 손상은 목소리의 허약함이나 쉰 소리를 내게 함 ② 이 상태는 보통 일시적이며 몇 주 내에 좋아짐 ③ 성대를 너무 오래 쓰면 쉰 소리가 오래 가기 때문에 불필요한 말은 하지 않게 함
강직(Tetany)	① 갑상샘 절제술 중 실수로 부갑상샘이 절제되면 칼슘이 결핍되어 강직(트루소 징후)이 나타날 수 있음 19 국시 ② 증상은 보통 수술 후 1~7일에 발생 ③ 근육 강직이나 경련 시 calcium gluconate를 즉시 정맥 내로 투여 ④ 드물게 부갑상샘 기능저하증이 발생할 경우 수주에서 수개월 정도 칼슘과 비타민 D를 투여하면 대개는 회복됨

				갑상선기능항진증(그레이브스병 多) 92(보기),96 임용 / 21국시	갑상선기능저하증(점액수종, 크레티니즘) 92,96 임용 / 11,12,18 국시
치료 및 간호중재 02,04,05, 11,12,13, 16,19,20, 21,22 국시	보존 및 지지요법	안위 유지		① 신체적·정신적 안정할 수 있는 환경 제공, 활동을 제한하여 피로 경감 ② 다량의 발한으로 매일 목욕, 자주 침구나 면섬유 옷 갈아입기 ③ 실내온도 낮추기, 시원한 환경, 피부간호	손상 예방
		안구 돌출 관리	사정	① 안구돌출 증상이 심해지는지 관찰 ② 안면근육의 마비징후가 있는지 관찰	① 진정제, 진통제 제한 : 신진대사율의 저하되어 있으므로 약물요구량이 감소됨. 따라서 정상투여량을 감량해서 투여할 것 ② 감염예방으로 점액수종 혼수의 발생을 예방
			부종 완화	③ 이뇨제를 투여하여 눈 주위 부종완화 ④ 밤에는 침대머리를 높이기 ⑤ 염분섭취제한	
			불편감 완화	⑥ 눈의 불편감을 감소시키고 각막궤양과 감염을 예방하기 위하여 검은 선글라스나 안대를 사용하며, 수면 시에는 눈가리개를 사용 ⑦ 인공눈물을 사용하여 자극을 줄임	
			운동	⑧ 매일 눈 주위 근육운동을 격려하여 눈 기능 증진	
			수술	⑨ 안와감압 수술, 안검수술 및 근육수술 작용	
		영양 공급		① 고칼로리(4,000~5,000kcal/일), 고탄수화물, 고단백, 고비타민, 지방과 미네랄이 풍부한 식이제공 ② 과도한 섬유소와 카페인 섭취 제한 ③ 영양결핍 시 비타민 B 복합체 추가 제공	영양 간호	① 체중이 안정될 때까지 저칼로리, 고단백, 고섬유소 식이 제공 ② 충분한 수분 섭취 격려
				정서적 지지	체온 유지	① 환경을 편안하고 따뜻하게 유지 ② 담요 및 옷을 더해줌
		수분 공급		4,000mL/일 섭취 권장		

6 부갑상선 장애 [92 임용(보기)] [성인질환]

	부갑상선호르몬의 정상생리
PTH	▶ 혈청 Ca^{2+} 농도↓ → 부갑상선 자극 → PTH 분비 → 혈청 Ca^{2+}↑ [24 임용] <table><tr><td>뼈</td><td>PTH → 파골세포 활성화 → 뼈에서 Ca^{2+} 방출 → 혈청 Ca^{2+}↑</td></tr><tr><td>장</td><td>음식 Ca^{2+}의 장내 흡수 증가 → 혈청 Ca^{2+}↑</td></tr><tr><td>신장</td><td>Vit D 활성화 → 세뇨관 Ca^{2+} 재흡수↑, P^- 배설↑ → 혈청 Ca^{2+}↑</td></tr></table> 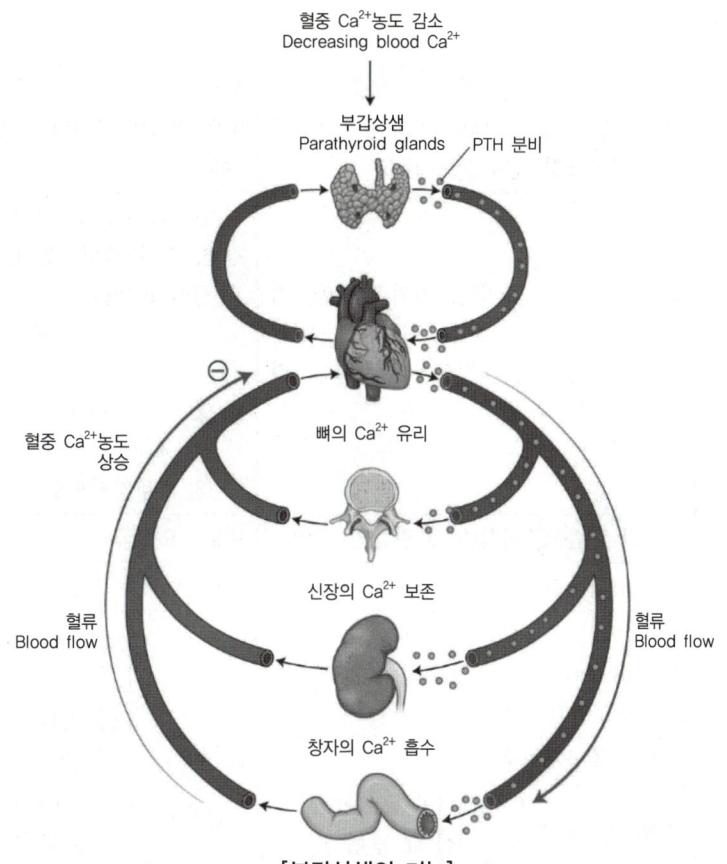 [부갑상샘의 기능]
칼시토닌	① 갑상샘에서 생성 ② Ca^{2+}을 혈청에서 뼈로 이동 → 혈청 Ca^{2+}↓ [24 임용]
인	혈청 내 Ca^{2+}와 P^-은 반대작용

	부갑상선기능항진증 [92 임용(보기) / 01,12,16 국시]	부갑상선기능저하증 [92 임용(보기) / 10,14 국시]
원인	▶ PTH 증가 → 고칼슘혈증, 저인산혈증, 골흡수↑, 신경근 활동↓ ① 원발성 : 부갑상샘종, 증식, PTH 과잉분비 ② 2차성 : 신기능부전, 골연화증, 파제트병, 다발성 골수종	▶ PTH 감소 → 저칼슘혈증, 고인산혈증, 골흡수↓, 신경근 활동 증가로 강직(tetany)발생 ① 갑상선 수술 후 ② 자가면역

		부갑상선기능항진증 92 임용(보기) / 01,12,16 국시	부갑상선기능저하증 92 임용(보기) / 10,14 국시
증상	심혈관	부정맥, QT간격 단축, 고혈압	① 심근 수축력 감소, 심박출량 감소 ② QT와 ST간격의 연장, 저혈압, 서맥
	혈액계	–	응고시간 지연
	호흡계	–	후두경련, 후두연축, 후두강직, 천명, 호흡곤란
	위장계	복통, 식욕부진, 오심·구토, 변비, 췌장염, 소화성궤양, 담석증, 체중감소	① 장운동 증가, 장음증가, 복부경련, 설사, 복부 경련 ② 노인의 경우 변실금 ③ 흡수장애
	피부계	피부 괴사, 촉촉한 피부	건조하고 비늘이 일어나는 피부, 두피와 신체의 털 소실, 약한 손톱, 치아 에나멜 부족
	근골격	뼈의 통증, 허약감, 피로감, 체중부하 시 통증, 골다공증, 긴뼈의 병리적 골절, 척추의 압박골절, 근육강도 감소	피로감, 허약감, 통증을 동반한 근육경련, X-선상에 뼈의 변화인 골경화 발생, 연조직 칼슘화, 보행의 어려움
	신경계	성격장애, 정서 불안정, 기억력 장애, 정신병, 섬망, 혼돈, 혼수, 협동운동 장애, 심부건반사 저하, 비정상적 걸음걸이, 정신운동 지체, 두통	성격변화, 우울증, 불안, 불안정, 기억력 장애, 두통, 경련, 심부건반사 항진, 노인의 경우 지남력 상실 ※ 강직(tetany) ① Chvostek's 증후 : 얼굴 한쪽 가볍게 두드리면 얼굴근육 강직 12,24 임용 / 20 국시 ② Trousseau's 증후 : 팔을 압박 시 손목 굴절 12,24 임용 ③ 후두강직으로 호흡기 폐쇄, 부정맥
	신장	과다한 칼슘뇨, 신석증, 요관감염, 다뇨	빈뇨, 요실금
	기타	칼슘의 칼슘화	백내장, 유두부종 등 눈의 변화
치료 및 간호중재 06,10 국시	대증 요법	수액(N/S), 이뇨제(furosemide), Alendronate(fosamax, 골흡수억제제), 칼슘과 Vit D 적게	급성기	① 10% Ca^{2+} gluconate 용액을 10~15분 동안 정맥투여 12 임용 ② 기관내관과 기관절개 세트 준비 ③ 안정 시 Vit D, 경구용 칼슘(calcium carbonate) 복용 ④ 산혈증 : 10% Ca^{2+} gluconate 투여 중 종이가방 호흡으로 자신의 탄산가스를 흡입하게 하면 경한 호흡성 산증을 초래하여 혈액 내 이온화된 Ca^{2+}을 상승시키기 위함
		갑상선 종양제거술		
	보존 및 지지 요법	골절예방간호	① 침대난간 올리기 ② 움직일 때 보조	
		신결석 예방	① 수분섭취 22 국시 ② 소변 산성화(과일주스) ③ Ca^{2+} ↓	
		위장장애간호	① 저칼슘 식이 ② 제산제, H_2 수용체 차단제	만성	① Thiazide 이뇨제, 인산염 결합약물 (aluminum hydroxide) 투여 ② 칼슘염, Vit D ③ Ca^{2+} 풍부한 식이(우유, 치즈, 멸치, 해조류 등), 저인산 식이(우유, 치즈 등)
		변비완화	① 변비 완화제 ② 저칼슘 식이	
		교육	디기탈리스 중독증 쉽게 올 수 있음	

- 인체 내 칼슘대사에 작용하는 인자

	뼈	신장	소화기계	혈중칼슘
PTH	• 뼈의 재흡수↑ (뼈에서 칼슘이 빠져나옴) • 골세포 골연화↑	• 신장의 칼슘 재흡수↑ • 인 재흡수 역치수준↓ → 칼슘배출 방해	• 비타민 D_3 활성화 자극 → 칼슘 재흡수↑	↑
칼시토닌	• 뼈의 재흡수↓ (뼈에 칼슘이 머무름)	• 칼슘과 인의 재흡수↓	• 직접적인 작용 없음	↓
비타민 D	• 뼈에서 PTH와 상승작용 : 인의 칼슘펌프 자극	• 최소한의 신작용 : 칼슘 재흡수↑	• 소화기계에서 칼슘과 인의 흡수↑	↑

7. 쿠싱증후군 `92,96 임용(보기)` `성인질환`

부신피질기능항진

	쿠싱증후군 `92,96 임용(보기) / 11,12,15 국시`	알도스테론증
정상 호르몬 생리	▶ Cortisol(Glucocorticoid) ① 당 신생 : 간에서 글리코겐 → 포도당 전환, 당 신생 증가 ② 단백질대사 : 단백질 이화작용 증가 ③ BP 상승 ④ 염증반응 억압 ⑤ 조혈기능	▶ 알도스테론(mineralocorticoid) ① Na^+ 정체 ② K^+ 배출
정의	부신기능항진으로 초래되는 질환으로 코티졸의 과도한 분비로 발생되며, 일반적으로 당류피질호르몬 과잉증후군이라고 함	알도스테론의 분비증가로 수분과 전해질 대사이상이 초래되는 질환
원인	▶ Cortisol 증가 | 원발성	부신 종양(30%)
속발성 (ACTH분비↑)	뇌하수체 종양, ACTH 이소성분비(기관지암)
의원성	코티졸의 장기투여		▶ 알도스테론 과도분비 | 원발성	양성 종양(aldosteronoma), 부신피질암
속발성	심부전, 간경화, 신장증, 신동맥 질환 → 레닌의 활성도 증가	
증상 01,02, 06,08, 09 국시	① 탄수화물대사 장애 : 고혈당, 당뇨 (간의 당원 형성↑, 인슐린 분비장애) ② 단백질대사 장애 : 근육 소모, 허약감, 반상출혈, 붉거나 자색 피부선(콜라겐 감소), 요중 질소 배설↑(조직 단백질 파괴↑) ③ 지방대사 장애 : 만월형 얼굴, 들소목, 체간비만 (지방합성 촉진, 지방산 대사 느려짐) ④ 수분·전해질 대사 장애 : • 소듐, 수분 정체 → 부종, 고혈압 • 칼륨과 염소배설↑→ 저포타슘혈증 → 부정맥, 근육 허약, 신장애 ⑤ 혈액학적 장애 : 체내조혈조절인자 분비와 작용 촉진 • RBC : Hgb, HCT↑ • 백혈구 증가, 호중구↑, 호산구↓ • 응고인자·혈소판↑→ 혈전 색전증 ⑥ 골대사 장애 : 골아세포 억제, 장관 내에서 칼슘흡수↓/ 신장에서 칼슘배설 촉진→ 골다공증, 신결석, 병리적 골절, 하부요통, 무균적 괴사 ⑦ 면역반응 억압 : cortisol↑→ 림프구 감소 → 감염 증가 ⑧ 안드로젠 증가 : GnRH 분비를 억제하여 남성화, 다모증, 대머리, 여드름, 성기능이상, 불규칙적 월경 / 발기부전 초래 ⑨ 색소침착 : ACTH 증가 → 멜라닌 색소 자극 ⑩ 소화성궤양 : HCl, pepsin 분비 증가 ⑪ 정서변화 : 불안정, 불안, 기억력 감퇴, 우울, 조증	※ 과도 알도스테론 분비 → 요세관, 상피세포의 Na^+, 수분 재흡수 자극 및 H^+, K^+ 배설↑ (1) Na^+ & 수분 정체 ① 고혈량 ② 고혈압 → 시력장애, 심부전, 신 손상, 뇌졸중으로 발전 (2) 저칼륨혈증 → 정상 신경근 흥분↓ ① 심부정맥, 심전도 변화 ② 다뇨(신세뇨관 소변 농축능력 상실 시), 다음, 다갈증 ③ 대사성 알칼리증 ④ 근육약화, 마비, 심부건 반사 감소 (K^+↓ → 원위세뇨관에서 H^+와 K^+ 교환을 위해 세포 내로 이동 → 대사성 알칼리증 → 이온화된 Ca^{2+}↓ → tetany 초래)

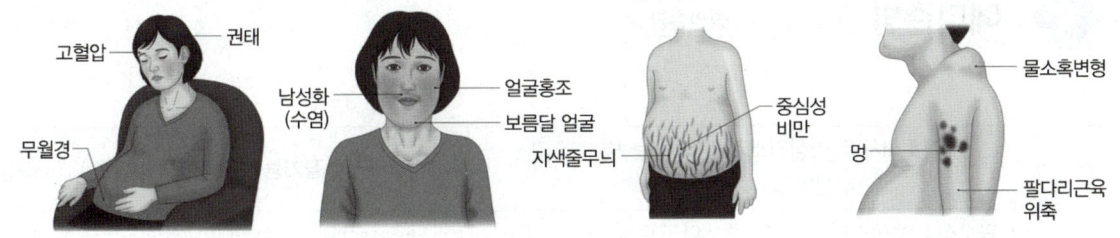

[쿠싱증후군의 증상]

		쿠싱증후군 92,96 임용(보기) / 11,12,15 국시		알도스테론증	
치료 및 간호 중재	원인제거	원인질환 치료		원인질환 치료	
	대증요법	약물요법	① 세포독성 항호르몬제 (mitotane) ② 부신피질 호르몬 합성 억제제 (aminoglutethimide)	약물요법	이뇨제 : Spironolactone (aldactone)
				부신절제술	
		방사선치료		고혈량 및 고혈압 간호	① I/O check, V/S check ② 고혈압으로 인한 증상과 징후 관찰
		뇌하수체절제술, 양측 or 부분 부신절제술			
		대사장애 간호	혈당조절, 저지방식이, 저소듐 식이	저포타슘혈증 간호	① 저포타슘혈증 증상 사정 ② 고단백, 저소듐, 고포타슘 식이
		손상예방 간호	낙상예방, 부축, 적당량의 단백과 칼슘 식이		
		소화장애 간호	① 제산제를 투여 ② 필요시 위관과 구강간호		
		전해질 교정	① 포타슘이 풍부한 식이(귀리, 기장, 감자, 곶감, 바나나, 무화과, 고사리, 마른 미역, 소고기, 돼지고기, 원두커피, 토마토주스 등)나 보충제 ② 체중측정으로 수분정체 사정		
	보존 및 지지요법	감염예방	① 내과적 무균술 ② 항생제 ③ 감염원 노출 방지	① 야뇨로 인한 불면 해소를 위해 낮잠 ② 적당한 휴식 제공	
		심리간호	① 감정표현 ② 지지와 수용 ③ 치료 후 좋아짐 설명		

8. 에디슨병 92,95 임용 [성인질환]

	기초대사량 이상감소가 나타나는 병 92 임용 부신피질저하증(에디슨병)		부신수질기능항진증(갈색세포종) 20 국시	
원인	▶원발성 : 알도스테론, 코티졸, 안드로젠 모두 감소 　속발성 : 코티졸, 안드로젠 감소 ① 원발성(부신조직자체) : 결핵, 특발성 부신위축(자가면역) ② 속발성(시상하부-뇌하수체 체계 이상) : 시상하부 / 뇌하수체		▶catecholamine(에피네프린, 노르에피네프린) 증가 20 국시 ▶부신수질 내의 종양(대부분 양성)	
병태생리	부신피질자극호르몬의 비정상적 분비, 부신조직장애, 시상하부-뇌하수체 체계 장애 → 부신의 스테로이드 생산 감소		① 에피네프린 과잉분비 : 심장수축력 증가로 심박출량 증가, 심계항진, 발한, 떨림, 불안 등 ② 노르에피네프린 과잉분비 : 혈관수축시켜 말초혈관 저항증가로 이완기압과 수축기압 상승	
증상 95 임용 / 13 국시	알도스테론 감소 증상	탈수, 저혈압, C/O저하, 심장크기 감소 → 순환성 허탈, 쇼크, 일차적 - Na$^+$↓, K$^+$↑, 산증	고혈압	① 심한 두통과 빈맥 동반(1차적 증상) ② 항고혈압제제, 마약, 조영제, 삼환계 항우울제 등에 의해 촉발 ③ 심한 발한, 복통, 흉통 ④ 조기치료 안 한 경우에 심혈관계 손상, 뇌출혈, 심부전 진행 가능
	당류 코르티코이드 감소 증상	① 저혈당, 허약, 식욕부진, 오심, 구토 ② 우울증 ③ 피부와 점막에 색소침착(ACTH 증가로 MSH 증가) ④ 기초대사량 이상감소, 체중감소	교감신경 과다활동	① 발한, 불안, 심계항진, 오심, 구토 ② 카테콜라민이 인슐린 억제 → 혈당상승 ③ 발작 동안 고혈당과 당뇨 발현 ④ 악화요인 : 정신적 스트레스, 육체적 노동, 자세변경 등
	안드로젠 감소 증상	남성은 고환이 있어 증상이 없고, 여성은 과소월경, 무월경, 겨드랑이나 음모의 체모감소	갑상선 기능항진	대사항진
			고혈당, 신경정신증	

	기초대사량 이상감소가 나타나는 병 [92 임용] 부신피질저하증(에디슨병)	부신수질기능항진증(갈색세포종) [20 국시]
치료 및 간호중재 [08 국시]	(1) 전신용 스테로이드 자가 요법 교육 • 부작용, 용량 부족과 과다 증상, H^+ 증량해야 할 상황, 자가 주사용기, skip해야 할 때, 함부로 D/C× 등 | 코티졸	prednisone, dexa, methylprednisone, hydrocortisone ① 6~8시간마다 투여 ② 오전에 투여(정상 호르몬과 유사한 농도) | |---|---| | 염류피질 호르몬 | fludrocortisone, Cortate ① $Na^+ - K^+$ 균형 ② 발열, 스트레스 시 용량 증가 | (2) 부신위기(급성 부신기능저하증) 주의 | 정의 | 만성 부신피질저하증 대상자가 신체적·정서적 긴장, 부적절한 약물치료로 상태가 급성으로 진전하여 순환허탈의 치명적 상태임 | |---|---| | 원인 | 장기적인 스테로이드 복용을 갑자기 중단했을 때 시상하부-뇌하수체-부신 축이 억제되어 발생, 스트레스를 받을 때, 발열/탈수, 식욕부진, 감염, 금식, 임신 등 | | 증상 | BP↓, Na^+↓, K^+↑, BT↑, 오심, 구토, 복통, 혼수 | | 예방 | 스테로이드 용량 증가(스트레스, 감염 등), 수술 전 투여 | (3) 증상에 따른 대증 치료	(1) 부신 절제술 (2) 고혈압 관리 : 항고혈압제 (3) 두통 관리 : 조용하고 쉴 수 있는 공간, 휴식 (4) 혈당 관리 (5) 대사장애 간호 : 안정, 진정제 투여, 안전관리, 목욕 (6) 영양 간호 : 비타민, 무기질 섭취, 커피, 홍차, 콜라 금기

9 당뇨병 92,93,94,95,96,97,99,06,09,10,11,12,14,16,17,19 임용 | 아동질환 | 성인질환

정의	췌장에서 분비되는 호르몬인 인슐린의 수요와 공급의 불균형에 의하여 탄수화물, 지방, 단백질에 대한 대사능력 저하로 고혈당을 특징으로 하는 대사질환	
정상 생리	(1) 인슐린의 생성 및 분비 　베타세포(의 내형질세망)에서 생성, 저장 → 인슐린을 분비할 자극요인이 있으면(고혈당) 세포 밖으로 유리	
	(2) 인슐린의 작용 96 임용(보기), 03 국시 　① 인슐린 : 동화작용 호르몬, 포도당을 조직세포 내 특히 (간, 근육, 지방조직)으로 운반, 저장, 이용하는데 관여 　② 인슐린 의존성 조직 → 골격근, 지방조직은 인슐린의 특이한 수용체가 있음 　　뇌, 간, 혈구는 인슐린에 직접 의존×, but 정상 기능을 위해 적절한 포도당 공급 필요	
	탄수화물대사	① 포도당을 근육, 지방조직 세포로 능동적 이동 자극(인슐린↓ → 포도당이 세포 내로 이동하는 속도가 느림 → 혈액 내에 남게 되어 혈당 농도 비정상↑) ② 당질이 에너지로 이용되도록 세포에서 연소되는 비율 조절 　식후, 혈당↑ → [간, 포도당 → 글리코겐] → 혈당↓ (고혈당 방지) 　식전, 혈당↓ → 인슐린 분비 낮음 → [간, 글리코겐 → 포도당] → 혈당↑ (저혈당 방지) ③ 포도당 → 저장형태인 글리코겐으로 전환 → 간에 저장 / 글리코겐이 포도당으로 전환 억제
	지방대사	① 혈액 속의 포도당이 세포막을 통과하여 지방세포로 이동하게 함 ② 유리지방산의 산화를 줄이고 케톤형성 억제 ③ 유리지방산을 지방세포에 흡수시켜 축적하고 지방합성을 촉진, 지방분해 억제
	단백질대사	① (세포 내) 단백질 합성 촉진 : 아미노산 → (세포 내로 끌어 들여) 근육에 단백질 축적(anabolism) ② 단백질 분해 억제 : 아미노산의 포도당 전환 억제, 인슐린 부족 → 단백질 신생 정지, 저장 단백질 분해 → 혈중 아미노산 농도 증가, 아미노산 일부는 간에서 포도당 신생에 이용, 일부는 조직세포의 에너지원으로 이용 → 조직은 단백질을 잃어 무력해짐
	전해질 균형	칼륨을 세포 내로 끌어들여 혈청 내 칼륨↓, 마그네슘, 인을 세포 내로 이동
	(1) 인슐린 분비 자극물질 : 포도당(대표적), 아미노산, 지방산, 케톤체, 가스트린, 세크레틴 등 　※ 아미노산은 인슐린뿐만 아니라 글루카곤의 분비도 촉진시킴(단백질만 섭취할 경우 인슐린, 글루카곤 모두 분비되어 심한 저혈당 방지됨)	
	(2) 당질 대사 영향 호르몬 05 국시	
	당류코르티코이드 (Cortisol)	① 포도당 신합성↑ → 혈당↑ ② 단백질 이화작용↑, 음성질소균형을 이루며 지방분해↑ → 혈당↑
	글루카곤 96 임용(보기)	① 당원 분해 → 혈당↑(주로 간에서 작용함) ② 근육 → 간으로 아미노산 이동↑, 지방분해↑ → 혈당↑
	카테콜라민	① 당원분해, 포도당 신생 → 혈당↑ ② 포도당 산화↑, 지방분해↑, 단백질 분해↑ → 혈당↑
	갑상샘호르몬	① 포도당 신생, 당원분해↑, 단백질 분해, 인슐린 분비↑ ② 말초조직에서 포도당 흡수↑
	성장억제호르몬	① 성장호르몬과 갑상샘자극호르몬 방출인자의 분비 억제 ② 인슐린 및 글루카곤 모두 억제, 가스트린 억제 　→ 과다분비 시 비만이나 고혈당 등 당뇨병 유사 증상 유발
	(3) 당뇨병에 이환되지 않은 사람들은 혈당이 떨어지면, 인슐린 분비저하, 글루카곤 분비, 에피네프린 분비, 성장호르몬 및 코티졸의 분비가 순차적으로 일어나면서 혈당을 올려서 저혈당이 발생하지 않도록 함. 그러나 당뇨병에 이환된 사람은 인슐린의 수요와 공급의 불균형에 의해 대사능력이 저하되어 고혈당이 초래됨. 따라서 외부에서 인슐린을 투여하는데, 인슐린 투여 후 식사를 하지 않으면 저혈당이 초래됨	

반응순서	호르몬	작용	참고사항
첫 번째	인슐린 분비저하	혈당저하 방지	인슐린이 높으면 두 번째와 세 번째 반응이 잘 나타나지 않아 혈당저하가 지속됨
두 번째	글루카곤 상승	혈당상승 유도	구토유발 가능
세 번째	에피네프린 상승	혈당상승 유도, 케톤체 형성	자율신경계 증상 유발
네 번째	성장호르몬 상승, 코티졸 상승	혈당상승 유도	저혈당이 심하거나 오래 지속되는 경우에 분비 증가

(I) 1차 당뇨병 92,94,96,10 임용				
		① 제1형 당뇨병 (인슐린 의존성 당뇨병, 소아당뇨병, IDDM)	② 제2형 당뇨병 (인슐린 비의존성 당뇨병 NIDDM)	
분류	기전	췌도의 림프구 침윤, 내분비세포의 파괴, 소실(베타세포 파괴, 탈과립) → 인슐린 결핍	(베타세포 존재) → 인슐린저항성 증가, 인슐린 분비 방해 등으로 추측, unknown	
	원인	㉠ 유전	일반인보다 10배 이상↑	㉠ 비만	- 인슐린요구량↑ - 체질량지수 23 이상
		㉡ 자가면역 반응	1형 당뇨 환자 85%에서 베타세포 자가항체(+)	㉡ 유전	직계가족 중 DM 있는 경우
				㉢ 과거력	공복혈당장애, 당내인성 장애 과거력, 임신성 당뇨 혹은 4kg 이상 거대아 분만 경험(태반호르몬의 인슐린 작용 억제)
		㉢ 환경	• 겨울철 발생↑(HLA를 가진 Pt → 바이러스 감염에 의한 베타세포 파괴) 92 임용 • 흔히 신우신염, 호흡기감염이 진행됨 96 임용	㉣ 현병력	고혈압, 고지혈증, 심혈관질환
				㉤ 다낭성 난소낭종	인슐린 저항성으로 고혈당 (인슐린 증가는 안드로겐을 증가시킴 → 안드로겐은 말초지방세포에서 아로마타제효소에 의해 에스트론(E1)형성 촉진 → 혈중 에스트로겐 농도 증가 → FSH/LH 억제)
	발병	보통 15~30세 이전, 갑자기 발생, 뚜렷하게 시작(갑자기 급격한 고혈당과 함께 발생) 92,96 임용	보통 35세 이후에, 서서히, 뚜렷하지 않음(무증상이거나 몸은 느리게 발생하는 고혈당에 적응함)	
	경과	밀월기(부분적 완해기) : 당뇨병 진단을 받고 난 이후로도 췌장의 인슐린이 지속적이고 효과적으로 분비될 수 있는 시기임 25 임용 • 혈당 조절이 쉽게 이루어질 수 있다고 하여 '밀월기'라고도 함 • 만족할 만한 혈당 조절을 위하여 필요한 인슐린 용량이 0.5unit/kg/일 이하인 시기로 정의함 • 30~60%의 소아와 청소년들에게서 인슐린 치료를 시작하고 첫 1~6개월동안 가장 많이 부분적인 완해가 나타남 • 대부분의 소아에서 진단 후 1~2년 이내에 베타세포의 기능은 거의 완전히 소실됨		
	상태	비만(-), 정상체중이거나 마른 체형 / 케톤증(잦음), 체중감소, 탈수증상 등 94,96,10 임용	비만인 경우 발병률 높음, 비케톤성	
	치료	인슐린요법(1st) + 식이요법, 운동요법	식이요법, 운동요법(1st) + 경구용 혈당강하제 또는 인슐린요법	

(2) 2차 당뇨병

다른 질환[만성췌장염(알코올성), 갈색 세포종, 쿠싱증후군, 갑상선기능항진증, 말단비대증, 지방이영양증, 위축성 근경직증]이나 약물, 화학물질 사용에 의해 나타나는 고혈당에 의해 발생하는 당뇨병

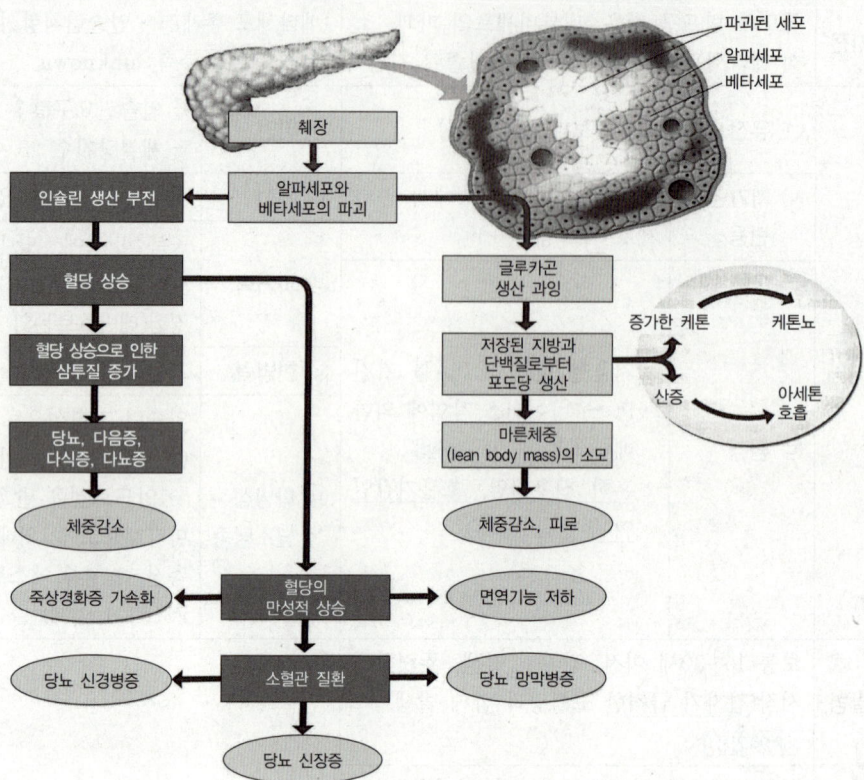

[당뇨병 기전]

랑게르한스섬의 알파세포와 베타세포가 파괴되면서 대사 작용이 다양하게 변한다.
당뇨병이 잘 관리되지 않으면 급성 징후와 증상에 이어 단기와 장기 합병증이 발생한다.
cf) 임신성 당뇨 : 임신 중 처음 발견하는 것으로 임신부는 임신 24~32주 사이에 당뇨검사를 실시, 출산 후 대부분 회복되나, 약 60%에서 15년 이내에 다시 당뇨병이 발생함

원인	병태생리	증상
인슐린 부족	① 췌장의 랑게르한스섬 베타세포 파괴 or 세포막 수용체의 인슐린 반응 저하 → 세포의 포도당 흡수·저장 장애 cf) Ⅱ형 당뇨에서 인슐린은 지방산의 과다한 사용은 막을 수 있으나 포도당 사용을 원활히 할 정도로 충분하지는 않음	고혈당 09임용 • NIDDM → 비케톤성 혼수
	② 지방이용 증가 → 지방대사 산물로 케톤 형성 → 케톤은 수소이온을 형성해 산-염기 불균형 발생	케톤산혈증, 대사성산증
	③ 당 공급을 위해 단백질 이용 증가 → 단백질의 이화작용↑(포도당이 세포 내로 들어가지 못하므로 간에서 단백질이 분해되어 포도당으로 전환되고 이 포도당은 고혈당을 가중시킴, 탄수화물이 에너지원으로 사용되지 않으면 신체의 지방과 단백질이 고갈됨)	체중감소(탈수, 수분고갈, 소변 내 칼로리 소실로 발생), 질소혈증 09임용

※ 인슐린 결핍 시 대사

	탄수화물	단백질	지방
간세포	글리코겐 분해↑, 당질생성↑	이화작용↑	케톤합성↑
근육세포	글리코겐 분해↑, 포도당 흡수↓	이화작용↑, 아미노산 유리↑, 흡수↓	
지방세포	포도당 흡수↓		지방분해↑, 지방합성↓

병태 생리/ 증상 99,06 임용/ 09,14 국시	세포에 에너지원 부족	① 간에서 아미노산이 포도당으로 전환 → 고혈당, 혈액농축 ② 혈액농축 → 혈장 삼투압 높음	혈전증, 무산소증 → 젖산산증 의식상태의 변화
		혈당 180mg/dL 초과 → 신장은 여과된 포도당 재흡수× → 소변에서 당 배설(인슐린이 부족하면 포도당은 세포 내로 들어갈 수 없어서 포도당의 혈중 농도 증가, 혈관 내 고장액 상태가 되어 삼투압이 증가되면 수분이 세포에서 혈관으로 이동하고, 신장의 역치를 초과한 포도당은 재흡수되지 않고 다량의 소변으로 배설됨)	당뇨 99 임용
		혈당 증가 → 혈관 내 고장액 상태(삼투압↑) → 수분의 이동(세포 → 혈관) → 세포의 탈수상태 → 신장의 수분 재흡수× → 다량의 수분배설	다뇨
		혈당 증가 → 세포 탈수, 다뇨 → 대뇌, 갈증중추 자극 → 갈증 느낌 → 다량의 수분 섭취	다갈, 다음 99 임용
		간에서 아미노산이 포도당으로 전환 → 칼륨이동(세포 내 → 세포 외)	고칼륨혈증, 세포 내 칼륨저하
		지방조직 : 과량의 지방산이 유리, 간으로 이동 ↳ (1) 유리지방산 증가 → 혈중 지방산(중성지방) 농도 증가	죽상경화증
		↳ 간 : 이화작용을 통해 　(2) 케톤 형성, 소듐결핍 (지방은 지방산으로 분해되고 지방세포 안의 글리세롤은 간에서 케톤체로 전환됨, 과다한 케톤체는 케톤뇨와 아세톤 호흡으로 배설됨)	오심, 구토, 대사성산증(케톤산증, 당뇨성 혼수) 99 임용, 케톤뇨 쇼크, 혼수증상
		⇄ 보상작용 : 호흡의 깊이와 횟수 증가(폐에서 이산화탄소 배출증가)	kussmaul호흡
		당 배설과 당을 만들기 위해 지방과 단백질의 파괴가 진행되며 허기증을 초래하고 이를 충족하기 위해서 많이 먹게 됨	다식 99 임용

진단기준		당뇨병 고위험군	
① 당화혈색소 : 6.5% 이상	정상혈당	① 공복혈장혈당 100mg/dL 미만 ② 75g 경구포도당부하 2시간 후 혈장혈당 140mg/dL 미만
② 8시간 이상 공복혈장혈당 : 126mg/dL 이상		
③ 75g 경구포도당부하검사 후 2시간 혈장혈당 : 200mg/dL 이상	공복혈당장애	공복혈장혈당 100~125mg/dL
④ 당뇨병의 전형적인 증상(다뇨, 다음, 설명되지 않는 체중감소)과 임의혈장혈당 : 200mg/dL 이상	내당능장애	75g 경구포도당부하 2시간 후 혈장혈당 : 140~199mg/dL
①~④ 항목 중 한 항목이라도 해당하면 당뇨병으로 진단	당화혈색소	5.7~6.4%

▶ 임신성 당뇨의 선별검사와 진단검사

진단 검사 11,17,21 국시	선별검사	검사방법	임신성 당뇨의 70% 정도는 증상없이 발생하므로 모든 임부에서 임신 24~28주에 선별검사 실시 ① 식전이나 하루 중의 시간에 상관없이 50g의 포도당을 구강으로 투여하고 1시간 후에 혈청 내 포도당을 측정 ② 대부분의 임신성 당뇨임부는 공복 시 혈당이 정상이므로 시간 상관없음
		결과해석	검사 1시간 후 혈청 내 혈당이 140mg/dL 이상이면 포도당 100g투여 검사(진단검사)를 실시하여 결과평가하고, 정상 시에는 다음 정기검진일에 방문
	진단검사	검사방법	① 산모는 검사 전날 자정부터 금식 ② 공복혈청 포도당 농도를 측정한 다음 임부는 100g의 포도당 용액을 마시고 1시간 후, 2시간 후, 3시간 후에 혈청 포도당 농도 측정
		결과해석	① 결과 수치 중 2개 이상이 증가되면 임신성 당뇨로 진단 ② 결과 수치 중 1개라도 증가되어 있는 경우 32주에 다시 검사 | 당 측정시간	혈장 내 혈당(mg/dL)
---	---
공복시	≥ 95
1시간	≥ 180
2시간	≥ 155
3시간	≥ 140	 cf) 75g 권고 	공복시	≥ 92mg/dL
---	---
1시간	≥180mg/dL
2시간	≥153mg/dL
하나 이상 증가 시 진단		

	진단검사		정상치
진단 검사 11,17,21 국시	당화혈색소 (HbA1c) 10,14 임용 / 21 국시	① 포도당은 적혈구의 헤모글로빈 분자에 밀착 ② 2~3개월(장기적) 동안의 평균 혈당치 반영 지표 (최소 3개월 동안 혈당조절 상태 반영)	① 정상치 5.5% 이하 ② 치료적 목표 6~8%
	당화알부민	① 포도당은 알부민과 같은 단백질에도 부착 ② 2~3주간의 평균혈당을 나타냄	205~285mol/L, 2~3주
	C-펩타이드	인슐린과 동일한 양 생성 → 인슐린 생성수준 파악, I형, II형 당뇨 분류함(I형의 경우 0.6ng/mL 이하) ** 췌장의 베타세포에서 분비된 프로인슐린은 간에서 활성화된 인슐린으로 전환됨. 이때 C-peptide가 생성되어 소변으로 배출됨(분비된 인슐린의 양은 C-peptide 농도로 측정됨)	정상치는 공복 시 1~2ng/mL, 당부하 시 4~6ng/mL
	혈당검사	공복혈당: 공복혈당은 8시간 동안 수분을 제외한 음식을 섭취하지 않은 상태에서 검사	100mg/dL 미만
		식후 2시간 혈당검사: 식후 2시간 혈당은 식사 시작 2시간 후 혈당 측정	① 식후 30분~1시간 후 최고농도 ② 100~140mg/dL ③ 식후 2시간 후 정상 혈당
		경구 당부하 검사: 아침 일찍 공복 상태에서 검사 시작 시 혈액 채취 후 75g의 포도당을 250~300mL의 물에 타서 마시고 30, 60, 90분 간격으로 혈액을 채취해 혈당이 정상으로 돌아오는 데 걸리는 시간 확인	검사 후 2시간 혈당 140mg/dL 미만이면 정상
		자가혈당 검사: 규칙적인 검사를 통해서 1) 저혈당과 고혈당을 감지하고, 2) 혈당을 유지함으로써 당뇨합병증을 줄이는 데 도움이 됨	자가혈당 측정 시 목표 • 공복: 80~130mg/dL • 식후: 180mg/dL 미만
	요케톤	혈당수준이 200mg/dL 이상일 때 지방이 포도당 대신 에너지원으로 이용되고 있는지 확인	음성이면 정상
	인슐린 자가항체 검사	인슐린 의존형과 인슐린 비의존 당뇨병을 구별하기 위해 인슐린 검사	6~26μU/mL
	정기검진	① 보통 1년에 2~4회 ② 흉부 X-선, 안저 검사, 복부초음파, 심전도, 채혈(간기능, 지방, 전해질검사), 신장기능검사, 근전도, 건반사	

치료 및 간호중재

1. 약물요법

	적응증	금기
경구 혈당 강하제	식이와 운동요법으로 조절되지 않는 II형 당뇨병 환자 19 임용(사례), 40세 이상, 케톤증의 병력이 없는 사람, 1일 인슐린 사용량 40unit 이하로 조절되는 경우, 당뇨병 발병 5년 이내	I형 당뇨병 환자, 임산부, 모유 수유자, 수술 등 극심한 스트레스, 설파제 알레르기자
인슐린 요법	① I형 당뇨병 환자, 일부 II형 당뇨병에 대한 환자 ② 인슐린 요법이 필요한 경우 ㉠ 경구 혈당강하제나 당뇨 식이로 혈당수준을 조절할 수 없는 pt ㉡ 감염, 수술과 같은 신체적인 스트레스를 경험하고 있거나 부신피질호르몬을 복용하고 있는 pt ㉢ 식이로 혈당조절을 할 수 없는 임신성 당뇨 pt ㉣ 당뇨병성 케톤산증이나 비케톤성 고삼투성 pt ㉤ 고열량의 장관영양을 받거나 비경구적 영양을 받고 있는 pt	

(1) 경구용 혈당강하제(Hypoglycemics)
 - 작용 및 용도 : 위장관을 통해 흡수, 혈관을 통해 체내로 분포, 일차적으로 간에서 대사, 대부분 소변으로 배설

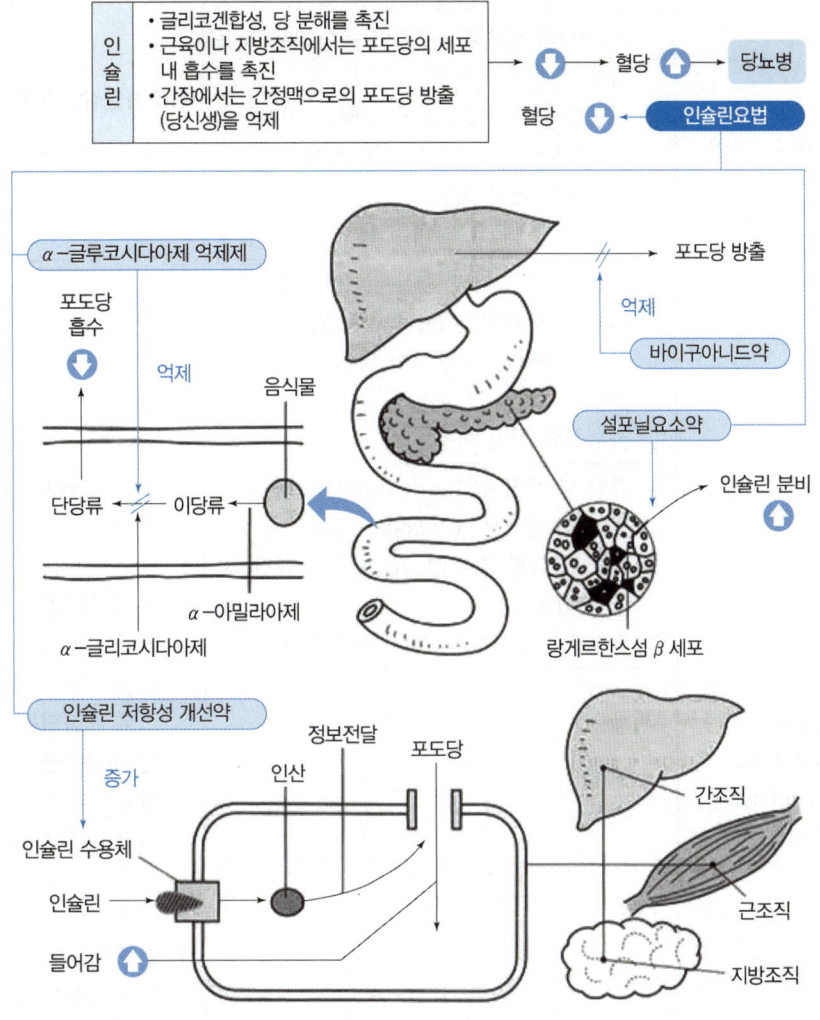

종류		작용기전	부작용
인슐린 분비 촉진	Sulfonylureas : glipizide(Glyco), glimepiride(Amaryl) chlorpropamide (Diabinase) 12 임용(보기)	① 췌장의 베타세포에서 인슐린 분비 촉진 ② 당원합성 & 분해 감소(인슐린 수용체에 대한 세포 내 감수성 증가로 인해 발생됨) ③ 공복혈당을 낮춤 ④ 식전 투여	① 당뇨병 또는 당뇨병 환자라도 과잉 투여 시 저혈당을 일으킴 ② 발진을 일으키는 경우도 있음 ③ 드물게 간장애, 위장장애, 백혈구 감소, 빈혈을 일으키는 경우가 있음 ④ 약제의 상호작용 ㉠ 페닐부타존(phenylbutazone), 프로베네시드(통풍약), 살리실산, 베타차단제와 병용시 약물 작용 증강 ㉡ 반대로 부신피질호르몬, 갑상선호르몬, 경구피임약, 이뇨제 등을 병용 시 작용감소
	속효성 인슐린 분비 촉진제 (meglitinide)	① Sulfonylureas와 유사(속효성) : 인슐린 분비증가, 식후 고혈당 개선 ② 속효성이기 때문에 식후 고혈당을 나타내는 경증 당뇨병 환자가 식전에 복용하면 식후 고혈당 개선효과가 있음	체중증가, 저혈당, 상기도 감염, 변비, 케톤산증 등

	종류	작용기전	부작용
식후 고혈당 개선 (포도당 흡수 억제)	α-Glucosidase 억제제 (acarbose, voglibose)	① 식사를 통한 탄수화물 흡수 지연(상부위장관에서 복합당질의 흡수 억제) → 식후 혈당과 인슐린요구량이 높아지는 것을 방해 ② 다당류에서 단당류로의 분해를 지연시키기 때문에 탄수화물을 지나치게 많이 섭취한 환자에게 적합 ③ 식후 고혈당을 나타내는 환자에게 적합함	복부팽만감, 방귀, 설사
		④ 유일하게 인슐린과 관계 없이 혈당을 낮추어 주기 때문에(혈당을 높이는 원료인 탄수화물의 분해를 억제) 1형 당뇨에서도 사용 가능 ⑤ 하루 3회 식전 복용	
인슐린 저항성 개선	Biguanide : metformin (Glucophage, Diabex)	① 간의 당 생산 감소, 조직(근육)의 당 흡수 증가, 소장에서 포도당흡수 감소 ② 말초 인슐린 감수성 개선(∵ 인슐린 저항성 감소) ③ 소량부터 투약시작, 식사함께 투약	① 소화기장애(금속 맛, 오심, 구토, 설사) ② 탈수, 신기능저하(요오드계 조영제는 일시적으로 신기능을 변화시키거나 기존의 신부전을 악화시킬 수 있음, 메트포민은 90% 이상 신장으로 배출되는 약으로 신기능 손상된 대상자에게 유산증을 유발할 수 있으므로 조영제 투여 검사가 계획되어 있을때는 2일전부터 복용을 중단해야 함) ③ 심폐부전 ④ 젖산증(설사, 구토, 호흡곤란, 근육통, 의식저하 등의 증상이 나타나고 심각한 경우 사망을 초래할 수 있음) ⑤ 비타민 B_{12} 부족증
		④ 적응증 : 비만한 Ⅱ형 당뇨병 환자에게 적용 → 체중감소에 효과적임, 저혈당 증상 없음	
	치아졸리딘디온 (Thiazolidinedione)	① 근육·지방조직에서 인슐린 감수성을 높여줌(인슐린 저항성 개선) ② 간에서 포도당 생성 감소 ③ TG 감소, HDL 증가 ④ 인슐린으로 치료받은 사람의 인슐린 필요량도 감소시키는 효과가 있음 ⑤ 식사 관계없이 일 1회 복용 ⑥ 대사증후군 동반 환자	① 수분의 저류(부종, 심부전) : 울혈성 심부전 시 투약 금기 ② 드물게 간기능 장애 ③ 변비, 상기도 감염

(2) 인슐린요법 : 체중 1kg당 0.5~1unit를 투여하는 것으로 시작 11국시 → 경구복용이 안됨, 장에서 비활성화됨

적응증	• 1형 당뇨병 • 식사요법·운동요법·혈당강하제로 조절되지 않는 2형 당뇨 • 고삼투성 혼수 및 당뇨성 케톤산증 • 심한 스트레스 동반한 2형 당뇨	• 심한 만성 합병증 동반된 경우 • 간부전과 신부전 동반 • 심한 고혈당과 이에 따른 증상(다음, 다뇨, 다식 등) • 혈당강하제로 부작용이 발달한 경우 • 식사요법에 반응없는 임신성 당뇨

	인슐린 종류	작용시간	최대시간	지속시간	주의사항
초속효형	Humalog(Lispro)	15분	60~90분	2시간	주사 직후 저혈당이 나타날 수 있음
속효형	Regular(RI), Human R(Novolin R) 93,12(지문) 임용	30분	2~3시간	3~6시간	① 식사 30분 전 주사 ② 아침 식전, 초속효형과 투여 시 간식으로 인한 혈당상승 조절 ③ 식사와 식사 간격이 길어질 때 기저 인슐린 역할 ④ 당뇨병 혼수에 즉시 투여해야 할 인슐린 93 임용
중간형	NPH(Novolin N), Humulin NPH, lente, Insulatard, Monotard 93(보기),11(지문),12(지문) 임용	2~4시간	4~10시간	10~16시간	① 자기 전 투여 시 새벽현상으로 인한 혈당상승의 조절 ② 늦은 아침과 점심 사이의 혈당을 정상으로 유지 ③ 점심식사로 인한 혈당상승 조절 ④ 점심식사를 거르면 오후에 저혈당 초래
장시간형	Ultralente 93 임용, protaminezeine Lantus	1~2시간	특별하게 최대효과 없음	24시간	① 최대효과 없이 24시간 동안 고르게 작용 ② 부위에 따른 흡수율의 차이가 거의 없음 ③ 다른 인슐린제제와 혼합 불가
혼합형	Mixtard(30% regular, 70% NPH) Novolin(70% regular, 30% NPH)	30분~1시간	이중효과	18~24시간	

간호진단 1. 지식부족과 관련된 인슐린 자가 주사방법의 비효율적인 이행 → 인슐린 자가 주사교육

준비	① 정보제공
	② 손 씻기
	③ 혈당검사 　㉠ 초속효형(Humalog) : 식사 후 주사(주사 직후 저혈당 주의) 　㉡ 속효형(Regular) : 주사 후 15~30분까지 음식섭취하지 말 것

약병 확인	처방된 인슐린 형태, 유효기간, 상태(결정체, 부유물, 색깔 등) 관찰 – 응결되면 폐기	
	보관	① 상온에서 1개월간 보관 가능 ② 상온의 인슐린 투여(차가운 인슐린은 피하조직의 변화 일으킴)
	혼탁한 인슐린	손바닥 사이로 부드럽게 굴림(흔들면 기포가 생겨서 정확한 용량 측정 어려움)

약 뽑기	① 주사기 선택	인슐린 투여 농도에 맞는 주사기 사용 / 소독된 주사기와 바늘(27~29G)
	② 공기 넣기	약물 처방량과 동일한 양의 공기 넣기
	③ 맑은 속효형 먼저 뽑기 → 뿌연 흰색 중간형 → 혼탁한 장기형 순서로 뽑음(혼합형도 마찬가지)	

주사부위 09 임용		이전 주사부위에서 1~2cm 떨어진 곳에서 피하주사
	회전방법 12 국시	① 2~3주 동안 같은 곳에 한 번 이상 주사× ② 배꼽 주위 5cm 바깥쪽 전체를 사용함 → 주사부위 번호 매긴 후 → 최소 2cm 간격을 두고 순회하며 주사
	주요 주사부위	복부, 대퇴부, 둔부, 팔 ① 쉽게 주사를 놓을 수 있는 곳 ② 통증에 비교적 덜 민감한 곳 ③ 감각이 정상인 곳 ④ 흡수율이 일정한 곳 ⑤ 신경분포가 많은 곳 피함
	주의점 25 임용	① 반복적, 한정된 곳에 주사하면 주사부위 위축, 비후 나타날 수 있음 　→ 인슐린 흡수 저하 → 혈당조절이 안 됨 ② 근육, 사지에 주사하지 말 것 : 움직임이 많은 부위는 운동으로 인슐린 흡수율이 증가하므로
주사 방법	피하주사	엄지, 검지로 피부를 들어 올림(모든 손가락으로 피부를 들어 올리면 근육까지 올라옴) 　→ 다른 한 손은 주사기를 잡고 90도 각도로 피하주사 　→ 약 주입 후 문지르지 않음, 소독 솜으로 수초간 누름
	통증 감소법	① 상온의 인슐린주사 ② 알코올이 완전히 마른 후 주사 ③ 인슐린 주사 전 주사기 내 공기 제거 ④ 심호흡을 하여 근육 이완 ⑤ 주사할 때 피부를 빠르게 찌름 ⑥ 주사 시 바늘 방향 그대로 제거 ⑦ 주삿바늘 재사용 하지 말 것
	하루 일과에서 인슐린주사	① 식전 당뇨병치료의 적절한 순서 : 검사 → 주사 → 식사의 순서로 기억 　(식사 전 / 잠자기 전 하루 총 4번 검사 : 혈당, 인슐린 양, 저혈당 반응, 식이의 변화기록) 　14 임용(지문) ② 저혈당에 관련된 정보제공 : 원인, 증상, 처치, 응급처치 후 간식섭취 ③ 저혈당 예방에 관한 정보제공
	인슐린 펌프	정의	인슐린을 주입하는 장치로서, 초속효성 인슐린이나 속효성 인슐린을 기저속도로 하여 지속적 투여
		장점	펌프를 통해 24시간 지속적으로 체내에 투여하기 때문에 체내 인슐린과 유사하게 작용할 수 있게 해줌
		사용 시 주의 사항	① 인슐린 펌프는 건전지로 작동되기 때문에 건전지가 작동하지 않는 경우 당뇨성 케톤산증의 위험성이 증가될 수 있으므로 기계의 작동유무를 항상 확인하여야 함 ② 주사 감염을 막고 인슐린 흡수를 원활하게 하기 위해 2~3일마다 주사부위를 바꾸어 주어야 함
		합병증	① 주사부위의 감염 ② 인슐린 용량의 계산을 잘못하였거나, 부적절한 펌프 기능, 잘못된 용량 주입으로 인한 대사성 산증
		적용 대상	주로 제1형 당뇨병과 임신성 당뇨병이 주 대상임

합병증 13 국시	과민반응/ 인슐린 알러지	원인	인슐린 단백질 성분, 알코올 소독, 피하조직에 깊게 투여×	
		증상	2시간 후 저혈압, 혈관신경성 부종, 두드러기	
		간호	고순도 인슐린 주사, 주사 1시간 전 항히스타민 투여	
	저혈당	원인	인슐린의 과량 투여, 식사 거르기, 너무 많은 양의 운동 등	
		증상	① BST 40~70mg/dL 시 CNS활성을 억제해 두통, 시야장애, 공복감, 졸림, 어지러움증 ② BST 50mg/dL 미만 시 의식수준 저하, 이상한 행동, 경련, 혼수	
		대처	의식이 있는 경우 단당류 섭취(소다수 180~240mL, 주스 120~180mL, 저지방우유 240mL, 시럽, 꿀 1~2스푼, 1~3티스푼, 콩알 사탕 1개 또는 2~3개의 작은 사탕)	
	조직비후 (인슐린 종양)	지방합성 작용 → 섬유성 지방조직 생성 → 주사부위의 피하조직이 두꺼워지는 것. 한 부위를 반복적으로 사용할 때 발생됨	처치	조직이 손상된 후에는 이 부위가 회복될 때까지 새로운 주사부위에 놓아야 함
	조직위축 (= 지방 위축증)	주사부위의 피하조직이 상실, 함몰된 상태	예방법	• 인슐린을 주사하기 몇 시간 전에 냉장고에서 꺼내서 실온으로 하여 주사 • 주사부위는 팔, 다리, 등, 복부를 회전하고 같은 부위에 주사는 최소 2~3주, 최대 4~6주 후에 반복 • 근육과 지방층이 아닌 사이 공간에 주사
	인슐린 저항	원인	혈액 내 인슐린 길항물질, 인슐린 파괴 항체 등	
		치료	간헐적 인슐린 투여(저항 정도에 따라 하루 100단위 이상의 인슐린)	
	소모기 현상 (저 → 고) 16 임용/ 05,19,23 국시	정의	저혈당의 반동 현상	▶소모기현상, 새벽현상을 구분하기 위해 새벽 2~3시에 혈당 체크 • 소모기현상 : 저혈당 • 새벽현상 : 정상 또는 고혈당
		원인	① 과도한 경구혈당강하제 또는 인슐린 투여 시 ② 저녁에 과다한 인슐린 투여 ③ 적절한 칼로리 섭취 없이 운동을 하는 경우 ④ 아침 혈당검사 시 계속적으로 높은 혈당으로 과량의 인슐린 투여	
		기전	잠자는 중(오전 2~4시)에 저혈당 유발 → 인슐린 반대 작용 호르몬 유리 → 아침 공복 시 반동성 고혈당(오전 7시 180~200mg/dL) 상태	
		증상	아침에 잠에서 깬 후 심한 두통, 심한 발한 등	
		중재	① 약제 감량, 주사 시간 변경(저녁시간에 투여하던 인슐린을 잠자기 전으로 변경) ② 자기 전 간식 투여	
	새벽현상 (정상 or 고 → 고) 05 국시	원인	1형 당뇨병의 경우 성장호르몬이 밤중 분비 → 새벽 3시까지 혈당이 정상이다가 그 이후부터 증가 → 인슐린 분비 억제 → 혈당 상승(공복 고혈당) 등	
		중재	인슐린 분비 증가 등(약제 증량)	
	기타	인슐린과 약물의 상호작용		

2. 식이요법 09,10,14 임용 / 01,10,14 국시

간호진단 2. 당뇨식이와 관련된 지식 부족 → 당뇨 식이요법 교육

당뇨식이의 일반적 원칙	목적	① 농축된 당질음식, 지방음식 제한 ② 비만증 조절
	영양학적 목표	① 가능한 한 정상 혈당 수준 달성, 유지 ② 혈관성 질환의 위험을 경감하기 위해 혈중지질(cholestelol, LDL, TG)의 정상 범위 유지 ③ 정상 범위의 혈압 유지 ④ 식이 섭취와 생활양식을 변화시켜 당뇨병으로 인한 만성 합병증의 발현 예방, 지연 ⑤ 혈당치의 광범위한 변화 예방 ⑥ 어린이와 청소년의 정상적인 성장발달 유지 ⑦ 개인에 따른 체중감소 목표달성(주당 1~2kg 감소가 적당)
교환식이 (식품 교환표) 14 임용	정의	영양소가 비슷하고 신체에서 같은 기능을 하는 것끼리 6가지 식품군으로 나누어 묶은 표 cf) 6가지 식품군 : 곡류군, 어육류군, 채소군, 지방군, 우유군, 과일군
	원칙	간편하고 교육하기 쉽고 실천가능하며 한국인의 식습관에 알맞아야 함
	장점	① 대상자에게 처방된 범위 안에서 변화성 있게 식단을 선택할 수 있는 기회제공 ② 대상자가 음식의 무게를 직접 측정하는 것보다는 가정에서 쓰는 컵이나 큰 숟가락 등의 단위로 잴 수 있으므로 쉽게 적용할 수 있음
당지수(GI)	정의	① GI는 탄수화물을 포함한 식품 섭취 후의 혈당상승 반응을 설명하는 용어 ② 당질 50g을 함유한 표준식품(포도당 또는 흰빵)과 비교 후 백분율로 표시한 값 : 55 이하는 저당지수 식품, 56~69는 중혈당지수, 70 이상 시 고당지수 식품임
	활용	탄수화물 GI는 식단 계획에 고려됨 ① GI가 높은 음식(감자, 흰빵)은 혈당을 급격히↑ ② GI가 낮은 음식(현미)은 장시간 걸쳐 혈당↑
	당지수를 낮추는 식사요령	① 흰쌀보다는 잡곡밥을, 흰빵보다는 통밀빵을, 찹쌀보다는 멥쌀 선택 ② 채소류, 해조류, 우엉 등 식이섬유소 함량이 높은 식품 선택 ③ 주스보다는 생과일, 생채소 형태로 섭취 ④ 잘 익은 과일, 당도가 높은 과일 피하기 ⑤ 조리 시 레몬즙이나 식초를 자주 이용하기 ⑥ 식사 시 한 가지 식품만 먹기보다는 골고루 섭취 ⑦ 천천히 꼭꼭 씹어먹기
	효과	GI가 낮은 음식은 GI가 높은 음식에 비해 혈당을 천천히 상승시키므로 ① 인슐린 필요량을 줄임 ② 포만감을 늘려 식사섭취량을 감소시킴 ③ 인슐린 저항성 개선 효과가 있음

당뇨식이 계산		① 1일 필요 열량은 연령, 성별, 활동량, 체중의 증감, 질병의 정도에 따라 결정 ② (칼로리를 위한) 3대 영양소의 배분 : 당질 55~60%, 단백질 20%, 지방 20%	
	비타민과 무기질	우유, 채소, 과일 등 다양한 식품 선택하여 섭취하도록 권장	
	당뇨식이 처방 시 고려사항	① 당질, 단백질, 지방의 분포 고려(1일 칼로리 요구량에 기초) 예) 총 섭취량의 55~60%는 탄수화물로 섭취 09 임용(보기) ② 식사시간(인슐린 반응과 함께) 고려	
식이조절 원칙		Ⅰ형	Ⅱ형
	칼로리	양질의 적합한 식이제공	체중감소 위해 필요
	양, 횟수	하루 세끼, 적당한 간식 필요 10(보기),14 임용(지문)	주당 체중감소 0.5~1kg → 칼로리 조절
	저혈당 예방, 관리	① 운동 시에는 칼로리 섭취 증가 ② 저혈당 시 : 단당류 제공	규칙적이고 합리적인 식사로 예방됨
	운동	적절한 인슐린 요법 + 운동	체중감소 위해 필요
	필요열량	하루 열량(kcal) = 표준체중×30~35	
저혈당 예방	늦은 식사	식사를 기다리는 동안 우유, 크래커 섭취	
	식욕 저하	굶지 말고 국물, 주스의 형태로 당질 섭취, 준비된 음식 모두 먹기	
	운동	칼로리 섭취량 증가	
	지나친 공복	금지(다음 끼니 과식으로 고혈당 위험도 있음)	
당뇨환자 외식 시 고려사항		① 식사 전 음식의 종류, 한 끼 식사량 염두(일정 식사량 유지) ② 외식 전 식사 거르지 않기 ③ 영양소의 균형을 유지할 수 있는 메뉴, 채소류를 많이 이용할 수 있는 메뉴, 기름기가 적은 메뉴 선택 ④ 과식 시 충분한 운동을 통해 과잉 열량 소모	
권장식이	불포화지방산	식물성 기름(올리브유, 포도씨유, 견과류)	
	고섬유질 식품	채소류, 콩, 율무, 보리, 현미	
		효과 / 인슐린요구량↓	장운동 항진 → 음식이 장에 머무는 시간↓ → 당질흡수↓ → 혈당↓
		효과 / 콜레스테롤↓	장운동 항진 → 음식이 장에 머무는 시간 감소 → 콜레스테롤 배출 촉진, 지방산합성 방해 → 콜레스테롤, LDL↓
	순수한 과일주스, 얼린 과일주스, 맑은 고깃국, 블랙커피, 홍차, 녹차		
제한식이	단순당질	설탕, 꿀, 시럽, 잼, 젤리(당성분이 많은 음식)	
	포화지방산	동물성지방, 코코넛, 팜유, 쇼트닝	
	고콜레스테롤 식품	낙농제품(우유)	
	알코올	중추신경억제작용으로 자제력×	
		알코올성 저혈당	간, 당원신생 감소 / 혈중 알코올 분해 → 혈중 방출되는 포도당 감소 → 저혈당 초래 → 유리지방산 증가, 케톤체 증가 → 대사성 산증, 젖산혈증 동반하기도
	소금, 화학조미료, 염장식품, 가공식품, 즉석식품		

3. 운동요법 ｜14 임용(지문) / 13,14 국시｜

간호진단 3. 운동과 관련한 당뇨환자의 건강유지능력의 변화

(1) 운동효과		① 근육세포 인슐린 이용 촉진 → 당질대사 증가 → 혈당감소 ② 인슐린 수용체 민감성 증가 → 인슐린저항성 감소 ③ 카테콜라민 감소 → 혈압 감소 ④ 섬유소용해 증가, 혈청콜레스테롤 감소, TG 감소, LDL 감소 → 죽상경화증 감소 ⑤ 심장기능 향상 → 심장에 혈액을 공급하는 혈관분포 증가 ⑥ 내인성 엔돌핀 생성 → 이완, 긴장의 배출 등	
(2) 운동방법		제1형 당뇨병	제2형 당뇨병
	지침	① 고혈당이나 저혈당을 자주 경험하는 환자는 → 혈당조절이 향상되기 전까지는 운동을 오래하는 것은 피해야 함 ② 운동으로 인한 저혈당의 위험은 → 아침 식전이 가장 높음 ③ 운동의 강도는 중간이 적당 　- 규칙적이며 짧은 고강도 운동은 약간의 고혈당증을 일으키는 경향 　** 저강도 운동은 최대심박수의 64%, 중강도 운동은 최대심박수의 65~75%, 고강도 운동은 최대심박수의 76% 이상 　- 오랜 시간 운동하는 것은 저혈당을 초래 ④ 인슐린의 효과가 최대로 작용하는 시점에서 운동하는 것은 저혈당 초래 ⑤ 운동 시 물의 섭취는 필수적	① 운동프로그램 전에 → 진단되지 않은 고혈압, 신경병증, 망막증, 신병증을 확인하기 위해 의학적 스크린을 해야 함 ② 중간 정도의 운동프로그램으로 시작하고 → 점차 강도와 시간을 늘려나가도록 한다. ③ 일주일에 적어도 150분 정도의 규칙적인 주 3회 이상의 운동 추천 ④ 근력강화운동과 저강도의 유산소운동을 포함시키도록 함
	강도	최대 심박수 60~75%(80%)까지 운동, (220-연령)×60~75%	
	횟수	1주일에 3회 이상, 20~45분(30분)가량	
	종류	유산소운동 : 걷기(걸으면서 대화가 가능할 정도의 빠른 걸음), 수영 등	
	주의	① 운동 시작 전, 의사와 상의 / 규칙적으로 알맞은 운동을 지속적으로 / 개인의 능력과 취향에 맞게 ② 합병증이 있는 DM 환자 　｜ 당뇨병성 망막증 ｜ 운동, 고혈압 → 망막출혈 위험 ｜ 　｜ 허혈성 심질환 ｜ 운동으로 인한 협심증 ｜ 　｜ 신경병증 ｜ 하지손상 위험 → 운동 시 적절한 신발을 신도록 하며, 운동 후 매일 발 점검 ｜ ③ 준비운동 - 본 운동 - 정리운동 / 운동 전후 혈당체크 / 운동 후 발 확인 ④ 탈수 예방 - 수분섭취 ⑤ 저혈당 예방 　• 제1형 당뇨 : 저혈당 유발 가능 약물 투여 환자 → 식후 운동 1시간의 계획된 운동, 운동 후 탄수화물 섭취, 혈당 모니터링 권고 　｜ 운동 전 ｜ 단백질 포함된 복합 탄수화물 간식 투여 ｜ 　｜ 운동 중 ｜ 운동시간, 운동량에 따라 추가로 간식섭취 가능 ｜ 　｜ 운동 후 ｜ 메스꺼움, 구토, 불규칙한 심박동수, 과도한 피로감 등 나타나면 즉시 운동 중단 ｜	
(3) 운동금기 09(보기), 10,25 임용		① 지나치게 춥거나 더운 날 ② 혈당이 70mg/dL 미만이거나, 300mg/dL 이상이거나, 250mg/dL 이상이며 혈액이나 소변에서 케톤 확인 ▶ 고혈당 상태 + 운동 → (체내 고혈당 상태 인식 ×) 　• 글루카곤, 성장호르몬, 카테콜라민↑ 　(인체는 격렬한 운동을 신체에 스트레스로 인식해 혈당을 일시적으로 올리는 역조절호르몬 분비) 　• 간에서 글리코겐을 포도당으로 전환하고, 중성지방 대사로 케톤형성 → 고혈당, 케톤생성 심화 → 케톤산증 위험	

4. 예방교육 – 합병증(급성, 만성) 관리

분류			
	급성		저혈당
			당뇨성 케톤산증(DKA)
			비케톤성 고삼투성 혼수
	만성	혈관병증	대혈관 병증 : 동맥경화증
			미세혈관 병증 : 당뇨병성 망막증, 당뇨병성 신증
		신경병증	말초신경 병증
			자율신경 병증
			뇌신경 병증
		기타	감염증, 족부병변

(1) 저혈당 95,97,10,11,12,16 임용 / 06,09,13,17,18,20,21 국시

원인	① 약물	과량의 인슐린 투여, 인슐린의 흡수 이상, 경구용 혈당강하제(Sulfonylureas, Meglitinide 사용하는 Ⅱ형 당뇨 시)
	② 음식 관련	적은 양, 식사 시간의 지연, 음주
	③ 기타	과다한 운동, 과도한 구토 및 설사

증상	교감신경계 징후	기전	저혈당으로 인하여 교감신경계를 자극해 → 부신수질에서 에피네프린 분비를 자극함(발한, 떨림, 저혈당 경고증상)
		증상	떨림, 빈맥, 심계항진, 발한(or 식은땀), 초조, 불안, 창백함, 신경과민(감각이상), 배고픔(→ 심한 허기감으로 복부통증, 오심 호소), 무력감 16 임용
	신경저혈당 징후	기전	저혈당 → 중추신경계 기능 부적절 → 신경저혈당 증상
		증상	흐린 시야, 복시, 느린 말투, 불분명한 언어, 혀와 입술의 무감각, 근육운동실조, 정서변화, 두통, 정신이상, 집중력 저하, 기억력 저하, 나른함, 어지러움
	중증 저혈당 지속		중추신경계 손상 (지남력 상실, 각성×, 혼돈, 기면, 의식소실, 혼수, 발작, 사망)

예방	사탕 휴대(단당류), 주사용 글루카곤 사용, 당뇨환자용 팔찌, 카드 등 착용, 자가혈당 측정방법

치료 및 간호 중재 95,97, 11,12,16, 20 임용 / 20,21 국시	▶ 의식이 없을 때에는 필요시 심폐소생술을 실시하고 병원으로 후송 ① 혈당 검사로 혈당치 확인(혈당이 60mg/dL 미만) 12 임용(보기) ② 의식 있으면, 10~20g 당질 투여 : 오렌지 주스 1/2~1컵, 2~3개 사탕, 설탕 4t스푼, 저지방우유 180~240mL 12 임용(보기) ③ 무의식(구강섭취×)이면, 글루카곤 피하주사 또는 근육주사 : 50% 포도당 정맥주사 12 임용(보기) ** 글루카곤 주사 : 간의 글리코겐을 포도당으로 전환시키는 것을 증진시키는 항저혈당 제제. 피하/근육/정맥으로 1mg 투여(글루카곤은 빠른 흡수를 위해 가장 큰 근육인 대퇴의 중간 또는 상완부 바깥쪽에 90도로 주사). 지속시간이 짧으므로 곧이어 발생할 수 있는 저혈당의 재발을 예방하기 위해 환자가 의식이 있다면 구강이나 정맥으로 탄수화물 공급. 심한 저혈당의 경우에는 가족이 글루카곤을 근육이나 피하로 투여할 수 있음. 글루카곤은 가루약으로 되어 용매가 다른 앰플에 들어있으므로 섞어서 주사하는 방법을 가르쳐주고 환자가 깨어날 때 오심과 구토를 경험할 수 있음을 교육 ④ 증상완화 후 장기간 작용하는 당질, 단백질 제공 : 우유, 치즈, 크래커 등 ⑤ 2~3회 당질 투여 후 증상호전이 없고, 100mg/dL 이상 혈당 올라가지 않으면 병원 후송

		저혈당	고혈당
비교	원인	① 음식섭취 없음·소량의 음식 섭취, 음주 ② 당뇨 약물 과량 투여 ③ 보상 없이 지나친 운동 ④ 약물변화 없이 체중 감소 ⑤ β-아드레날린 차단제(증상인식을 방해) 사용	① 정서·신체적 스트레스(질병이나 감염은 혈당을 상승시킴 : 인슐린 저항과 관련됨. 신체적 스트레스로 에피네프린, 노르에피네프린의 영향으로 당신생 증가로 혈당이 상승됨. 이후 코티졸의 영향으로 혈당이 상승됨) 09 임용 ② 과식, Corticosteroid 투여 ③ 당뇨약물을 너무 소량이거나 약물을 투여하지 않음, 인슐린 흡수 저하 ④ 활동하지 않음
	발병	급성(몇 분간)	점진적(며칠간)
	검사	혈당이 60mg/dL 미만	혈당이 250mg/dL 이상
	증상	① 집중, 언어, 협응, 조정 등의 어려움 ② 어지러움증, 공복감, 두통, 현기증, 창백, 발한 ③ 정상 혹은 빠르고 얕은 호흡, 냄새 정상 ④ 빈맥, 심계항진	① 둔감한 감각, 혼돈 ② 갈증, 허약, 오심, 구토, 복부통증 ③ 피부 상기, 탈수증상, 건조, 딱딱한 점막 ④ Kussmaul 호흡(깊고 빠른 호흡), 호흡 시 과일 냄새, 아세톤 냄새 ⑤ 반사기능 감퇴, 지각이상, 흐린 시야 ⑥ 다뇨, 다갈

(2) 당뇨성 케톤산증 06,10,17 임용 / 01,08,11,13,14,15,20,21 국시
- I형 당뇨병 환자의 1차 합병증, II형 당뇨병은 드물지만 심한 스트레스를 받는 경우 진전

정의	① 인슐린이 현저하게 부족하거나 전혀 없을 때 탄수화물, 단백질, 지방의 대사에 이상 발생 ② 탈수, 전해질 손실, 산증이라는 세 가지 주요한 특징이 있음
원인	① 인슐린 용량의 부적절(혹은 투여하지 않은 경우) ② 인슐린 요구량이 증가한 경우 – 수술, 외상, 임신, 스트레스, 사춘기, 감염 등 09 임용(보기) ③ 인슐린 항체로 인한 인슐린 저항이 생긴 경우
병태 생리/ 증상 06 임용	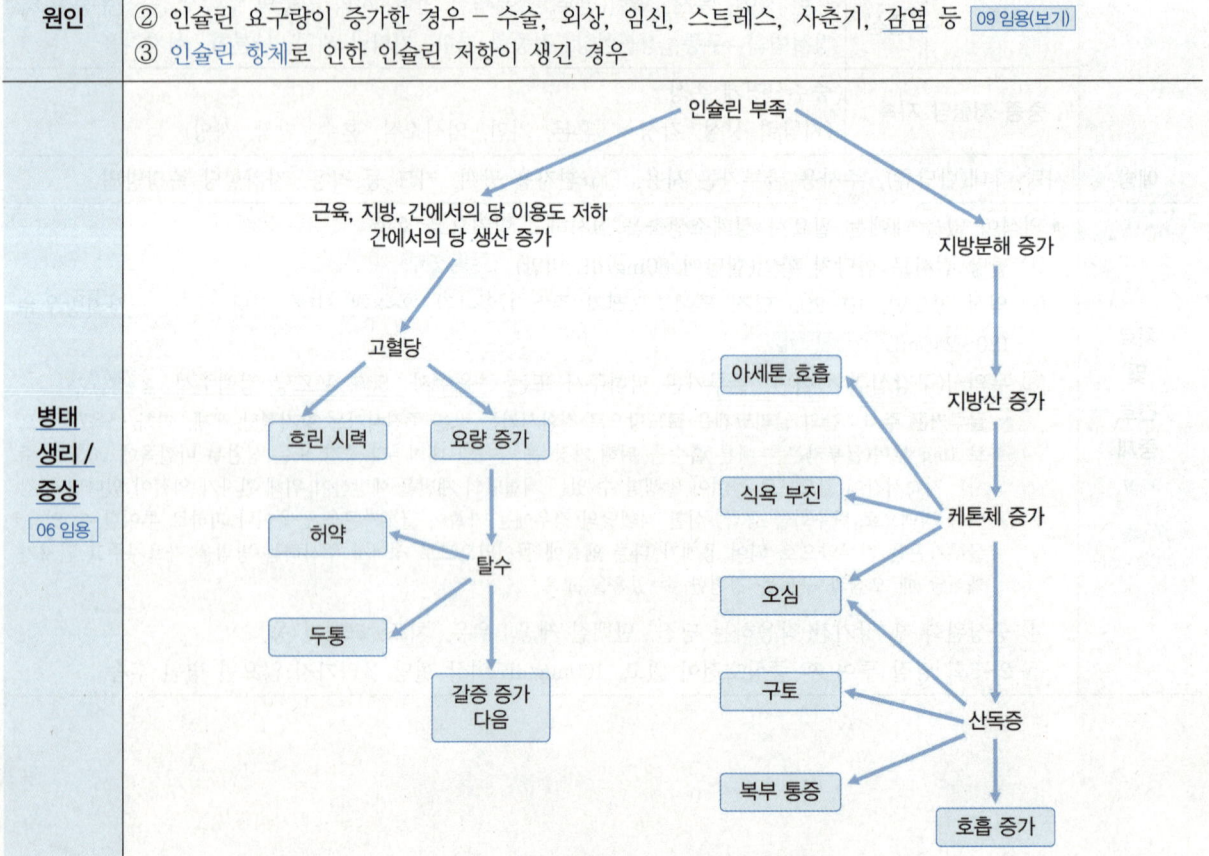

병태 생리/ 증상 06 임용 / 21,22 국시	① 불완전한 지방대사	정상생리	케톤체는 간에서 생성되는 지방대사 중간산물로 체내 탄수화물이 고갈된 경우나 공복 시에 생성됨. 이는 순환을 통해 근육이나 뇌와 같은 대사활성조직으로 분포되어 에너지를 공급하고 여분의 케톤체는 호흡과 소변을 통해 배설됨 ※ 케톤체의 종류 : 아세토아세테이트(acetoacetate), 베타-하이드록시뷰티르산(β-hydroxybutylic acid), 아세톤(acetone) - 체내에서 에너지로 사용되기 좋은 형태는 베타-하이드록시뷰티르산임, 아세토아세테이트는 소변으로 배출되고, 아세톤은 호흡으로 배출됨
			인슐린 부족 → 당질(포도당)이 에너지로 이용될 수 없는 상태로 중성지방의 가속화로 케톤체 과잉 형성 : 케톤의 과잉 형성에 대한 3가지 방어선 활용 ㉠ 즉각적으로, 폐 → (CO_2 형태로) 탄산 배설 / 신장 → 초산염(= 질산염, 아세트산염) 배설 ㉡ 호흡기계는 아세톤을 계속 호흡으로 불어냄 → Kussmaul 호흡(호흡의 깊이와 횟수가 증가함), 호흡 시 과일냄새가 남 17 임용 ㉢ 신장, 케톤산증 조절 위해 매일 케톤체 배설 → 한계치를 넘으면 혈액에 축적 → 알칼리 보유 부족 → 당뇨성 혼수
	② 탈수		인슐린부족 → 고혈당, 케톤체 과잉 형성 → ㉠ 신장 : 포도당, 케톤체 배설 위해 다량의 소변 배설로 다뇨, 당뇨, 케톤뇨 초래, ㉡ 위장 : 오심, 구토, 복통, 복부경련 등 위장계 증상 발생으로 수분과 전해질(소듐, 염소) 소실 발생, ㉢ 호흡 : 아세톤을 호흡으로 불어냄 → 호흡의 횟수 증가로 수분소실 21국시 → ㉠ 탈수 : 구강점막 건조, 피부탄력성 저하, 따뜻하고 홍조, ㉡ 요량감소로 무뇨, ㉢ 허약, 두통, 빈맥 등 초래
	③ 젖산산증 (유산산증)		인슐린부족 → 고혈당, 케톤체 과잉 형성 → 수분손실 심화 → 혈량 감소, 혈액농축 → 조직순환 저하 → 전신조직의 무산소증 → 젖산생성 → 수소이온생성↑→ 산증상태 더 가속화, 케톤산증 더 심화 → 혼수상태(후기)
	④ 전해질 불균형		㉠ 인슐린부족 → 고혈당, 간에서 아미노산이 포도당으로 전환의 가속화로 젖산산증 초래, 간에서 지방산이 케톤체로 전환되어 케톤산증 초래 → pH저하 → 수소이온이동(세포외액 → 세포내액) → 칼륨이동(세포내액 → 세포외액)] = 세포 내 칼륨저하증, 고칼륨혈증 ㉡ 과량의 나트륨, 인, 염소, 중탄산이온이 소변, 구토물로 상실 cf) 저칼륨혈증 : 인슐린 주입으로 칼륨이동(세포 외 → 세포 내) (케톤산증 치료 안 한 상태에서는 고칼륨혈증, 인슐린 치료하면 저칼륨혈증)
치료 및 간호	① 수분과 전해질 조정		㉠ 0.9% NaCl IV 투여(수분, 전해질 조정) → 이후 혈당이 250mg/dL에 근접하면 저혈당 예방 위해 5% 포도당을 추가, 수분섭취 격려 20국시 ㉡ 사정 : V/S 확인(1~2시간마다), 의식상태, 장운동상태 사정, 체중, 피부탄력성(탈수평가), 호흡음 사정(수포음, 악설음이 들리는 경우 수분 과다) ㉢ 칼륨 불균형 조정 : 초기는 세포 내에서 칼륨이 빠져나와 혈청 칼륨이 높아질 수 있음 → 치료 시 칼륨은 포도당을 따라 세포 내로 들어가고 탈수가 완화, 신장 기능이 회복되며 칼륨이 소변으로 빠져나감 → 저칼륨혈증(허약감, 심한 호흡곤란, 심장마비) 오게 됨 • 고칼륨혈증 징후 확인 : 서맥, 허약감, 축 처진 마비, 핍뇨 등 관찰 (EKG상 T파 상승, P파 없음, QRS파 분산) • 환자가 충분히 회복된 이후에 고칼륨 식이(오렌지주스, 바나나) 섭취 ㉣ 소변배설량 확인(요량저하, 핍뇨 시 의사에게 알리기)
	② 인슐린 요법		㉠ 인슐린 작용이 빠른 속효성인슐린을 정맥 주사함(∵ DKA 환자의 경우 탈수되어 혈액관류가 좋지 않아 인슐린 피하투여는 흡수와 작용시간이 너무 오래 걸리게 되므로 적당하지 않음) ㉡ 혈당 1~2시간마다 측정 ㉢ 250mg/dL 이하 시 저혈당 예방 위해 정맥으로 포도당 투여, but 체액보충이 진행 중일 때는 인슐린을 투여하면 세포 안으로 들어가는 포도당을 따라 수분이 함께 들어가 혈량이 부족해짐

치료 및 간호	③ 산도조정	pH가 7.1 이하이면 중탄산염을 투여할 수 있음
	④ 뇌부종 예방	흔하지 않으나 어린이에게 흔히 발생, 사망률 50% ㉠ 의식상태 변화 관찰 중요 ㉡ 치료 : 스테로이드(BBB안정화), mannitol, Lasix 등 이뇨제 사용

학교에서 처치	① 의식이 없다면 CPR을 실시한다. ② 쇼크에 대비하여 shock position을 취한다. ③ 의식이 있다면 → 1st. 탈수증상을 확인 후 소금물을 경구 투여한다. ④ 2nd. 인슐린 투여 → 인슐린 소지 여부를 확인하여 있다면 자가 주사하도록 한다. ⑤ 호전되지 않으면 병원으로 후송한다.

예방 교육	▶당뇨성 산증을 예방하는 가장 좋은 방법은 규칙적인 혈당검사, 당뇨병 프로그램의 이행, 경한 케톤체의 인식 및 조기 치료 ① 처방대로 인슐린을 투여한다. ② 혈당을 주기적으로 측정한다(적어도 매 식전과 잠자기 전에 측정한다). ③ 혈당이 250mg/dL 이상 오르면 소변 내 케톤검사를 한다(소변 내 혈당을 측정할 수 있는 소변검사용 스틱이 필요함을 교육한다). ④ 병원방문을 주기적으로 혈당검사 결과, 체중상태, 일반 건강상태에 대해 상담한다. ⑤ 감염의 증상징후를 인식한다. ⑥ 환자에게 질병이 발생했을 때 먹을 수 있는 음식과 앞으로 주의할 사항에 대해 알려준다. ⑦ 다음의 상태일 때는 급히 병원에 방문하도록 한다. : 식욕부진, 오심, 구토, 설사, 8시간 이상 계속되는 소변 내 케톤체 존재, 열성질환이나 감염, 산증의 어떤 증상이나 징후

(3) 비케톤성 고삼투성 혼수 - 나이가 많은 Ⅱ형 당뇨병 환자가 흔함 15,18 국시

원인	① 만성질환 : 신장질환, 심장질환, 고혈압, 과거 뇌졸중, 알코올 중독, 정신과 질환, 갈증반응소실, 췌장암, 뇌졸중 ② 급성질환 : 감염(요로감염, 패혈증) 09 임용(보기), 화상, 위장관계 출혈, 괴저, 심근경색증 ③ 약물 : 당류코르티코이드, 이뇨제, 베타차단제 등 ④ 복막투석, 혈액투석, 총 비경구 영양, 수술관련 스트레스 등 유발
병태 생리	감염, 스트레스 등 인슐린의 작용 감소 → 갑자기 혈당 상승(600~2,000mg/dL) → 포도당 분자는 세포 속으로 들어가기에는 너무 큼 → 혈중 포도당을 희석시키기 위해 간질과 세포로부터 수분의 삼투현상이 일어남 → 삼투성 이뇨 → 탈수, 의식저하 → 혼수상태

주요증상	① 심한 고혈당(600~2,000mg/dL) : 다뇨, 다갈, 둔감한 감각, 느리고 약한 맥박 등 10 임용(보기)
	   (초기에는 탈수와 함께 빈맥이 나타나고, 후기에는 느리고 약한 맥박이 나타날 수 있음)
	② 케톤산증 없거나 있어도 약함 / 케톤뇨도 거의 없음
	   : 인슐린의 분비능력이 남아 있으므로 Kussmaul 호흡, 아세톤 호흡도 없음
	③ 심한 탈수(전체 수분의 10~15% 결핍)
	④ 혈장의 고삼투압, 혈액요소질소 상승 → 의식변화(혼수, 혼돈), 고열, 빠른 호흡, 젖산산증, 저혈압, 쇼크

치료 및 간호	① 다량의 수분 보충, 인슐린, 전해질 보급(칼륨, 소듐, 염소를 정맥 투여) ② 혈당 250mg/dL 이하이면 포도당 투여(저혈당 방지) ③ 대부분 고령자이므로 수분, 전해질 변화 주의 깊게 관찰

(4) 당뇨병의 만성합병증

혈관병증	대혈관 병증	기전	① 고혈당 지속으로 혈관손상 ② 부족한 에너지를 보충하기 위해서 지방이화촉진으로 혈중 지질농도 증가 ③ 죽상경화증, 동맥경화증 유발 ④ 관상동맥질환(심근경색), 고혈압, 뇌졸중, 말초혈관계 폐쇄(하지의 심한 폐쇄성 동맥질환이 초래되면 말초맥박의 감소, 간헐적 파행증, 하지의 괴저 등이 나타남)
		치료 및 간호	동맥경화증 예방(식이요법, 운동, 비만관리 등 + 금연, 혈압관리)
	미세혈관 병증	기전	① 혈당증가 지속 ② 효소계에서 혈당을 낮추기 위해서 포도당을 소르비톨이나 과당으로 전환함 ③ 소르비톨과 과당은 세포 내에 축적됨 ④ 세포 내 부종초래, 세포의 기저막이 두꺼워짐 ⑤ 세포의 영양소, 노폐물의 전달과 이동장애 ⑥ 세포는 산소와 영양분 부족, 노폐물 제거가 힘듦 ⑦ 미세혈관장애를 초래함
		당뇨병성 망막증	① 비증식성(배경성) : 모세혈관 투과성이 증가, 미세 동맥류, 삼출물, 모세혈관벽의 약화, 망막 내 미세출혈, 시력손상은 초래하지 않음 ② 전증식성 : 모세혈관 폐쇄, 혈류 감소 → 국소적 허혈, 시야변화 ③ 증식성 : 초자체까지 새 혈관이 생성 → 빈혈로 확장, 약화 손상 → 파열, 출혈, 섬유성 반흔, 망막박리 등 실명
		치료 및 간호	• 광응고요법(레이저), 안구 내 중재술 / 초자체 절제술 • 고혈압조절, 혈당조절, 금연
		예방	• 정기검진, 안과 전문의 관리, 혈당 및 혈압관리
		기타	• 백내장(발생, 진행↑) • 시력 흐림 증상(비정상적으로 높게 상승된 혈당에 의해 수정체 내의 수분축적으로 수정체가 두꺼워짐 - 당뇨병이 조절되면 해소)
		당뇨병성 신증	① 고혈당의 지속으로 인해 미세혈관병증의 발생 결과 → 신장의 사구체 모세혈관의 손상, 상실 → 알부민뇨, 고혈압, 부종, 점차적으로 진행하는 콩팥기능 부전을 특징으로 하는 신장병 ② 당뇨 환자의 말기 신장질환(End-Stage Renal Disease : ESRD)의 가장 높은 요인, 제2형 당뇨병 환자 중 5~15%에서 신부전이 발병
		위험요인	부적절한 혈당조절, 병의 지속기간, 고혈압 등
		진단	소변검사에서 단백뇨 검출, 혈청 Cr↑ 23 국시
		치료 및 간호	• 혈당 조절, 혈압 조절, 단백질 섭취의 감소 • 단백뇨 감소 위해 ACE 억제제 투약 • 신기능 상실 시 투석, 신장이식

신경병증 10 국시		기전		신경은 자체 혈관을 갖고 있지 않음, 세포막을 통한 확산 → 산소, 영양소를 공급받음, 그러나 당뇨병성 신경병증은 ① 신경에 영양분을 공급하는 혈관벽이 두꺼워짐 ② 슈반세포(신경교세포)의 수초탈락으로 신경전도가 늦어짐 ③ 슈반세포(신경교세포) 내에 소르비톨(포도당이 전환된 당의 종류)의 축적으로 신경전도가 손상되어 발생
	말초신경병증 19 임용 (지문)	증상		발과 발가락의 감각이상(찌르르, 저린, 과잉감각), 작열감(밤), 발의 감각소실, 고유 감각 저하, 불안정한 걸음걸이, 통증, 온도감각 저하, 심근반사 감소, 진동감각 감소 / 손과 손가락에도 나타날 수 있음 ▶ 대부분 대칭성 다발성 신경병증 수주 또는 수개월 내 통증은 호전 but 근육위축은 점차 진행 → 피부감각 마비 → 통증을 못 느낌 → 상처인식 못함
		진단		근력, 반사, 감각기능검사
		치료 및 간호		혈당조절(유일한 증상 조절방법임), 진통제, 항우울제, 항경련제, 항부정맥제, 발 간호(발관리교육) 경피 신경전기자극(TENS)
	자율신경병증	증상	심혈관계	심박동수가 유연하지 않음(빈맥 또는 스트레스 상황 시 정상적인 반응으로 심박동 증가가 없음), 체위성 저혈압, 실신
			위장계	조기포만감, 복부팽만, 경증의 위 운동지연, 오심, 구토, 변비, 설사(야간), 흡수부족, 식후 저혈당
			비뇨기계	방광의 긴장저하, 요정체, 방광팽만에 대한 감각소실, 요로감염
			부신	떨림・발한・불안・초조・심계항진이 없음, 치명적 저혈당 / 인식 어려움
			피부계	사지의 무한증, 발의 건조, 궤양
			생식기계	발기불능, 질의 윤활제 감소
		치료 및 간호		① 모든 상처는 즉시 치료 ② 발 관리의 중요성을 강조, 신발과 양말 선택 시의 고려 사항 교육 ③ 고혈당, 알코올 남용, 흡연 등의 위험인자를 주기적으로 사정 평가 ④ 발의 상처와 손상은 즉시 치료하고, 배출물은 균배양검사 실시 ⑤ 손상받은 다리에 하중을 받지 않게 하고 테이프 사용 금할 것
	뇌신경병증	증상		눈꺼풀 처짐, 복시, 안와통증, 감각상실, 비정상적인 반사반응 등
감염증		원인		백혈구 기능손상(당뇨가 다형핵 백혈구 활동 억제), 당뇨성 신경병증 및 혈관의 문제, 조절되지 않는 혈당
		기전		① 혈액순환장애 → 산소, 영양소, 백혈구, 항체 등의 이동이 안 됨 → 감염부위 상처치유 느림 ② 감염은 혈당상승 → 인슐린 요구 증가 → 케톤산증 초래 위험 ※ 당뇨병 환자는 여러 종류의 감염에 취약, 감염 발생하면 치료가 어려움 　감염예방교육 : 일상생활, 인슐린 주사부위, 시술부위 등 / 간호제공 시 감염예방

족부병변 11,19 임용 / 14,15 국시	① 당뇨환자가 발 병변 많은 이유		
		신경병변	감각신경의 병변은 <u>통증과 압력에 대한 감각을 없애고</u> 자율신경의 병변은 땀의 분비를 감소시켜 발을 건조하게 하고 갈라지게 함
		말초혈관장애	하지의 혈액순환이 불충분하여 괴저가 잘 생기고, 상처는 잘 낫지 않음, 간헐적 파행증 발생 19 임용(지문)
		면역손상	고혈당증은 박테리아를 파괴하는 특정 백혈구의 능력을 손상, 감염에 대한 저항력 감소 ⇨ 따라서, <u>병원에서 정기적 검진과 이상 증상 시 병원을 찾도록 교육해야 함</u> 19 임용 , 발에 생긴 작은 상처로 세균이 침입하면 급속히 퍼져나가 발가락이 썩어가는 괴저가 발생하는데 이러한 당뇨병성 족부괴저는 치료에 잘 반응하지 않고 세균감염이 점차 진행하여 발목이나 무릎을 절단해야 하는 경우가 있으므로 철저한 관리로 심각한 합병증을 예방해야 함
	② 증상 ㉠ 대개 양쪽 발의 감각손실, 비정상적 감각, 통증, 지각이상(쑤시고 저리고 화끈거림 등), 발등 동맥의 약한 맥박, 다리를 올렸을 때 30초 이내 창백해지고 <u>양다리를 내리면 의존성 발적이 발생함(기전: 고혈당으로 인한 혈액점도 증가 및 유리지방산 증가로 초래된 고지혈증로 인해 혈관손상으로 발생됨)</u> 19 임용(지문) ㉡ <u>단사(monofilament)를 이용한 양쪽 발가락과 발바닥 접촉검사 결과, 감각저하</u> 19 임용(지문) ㉢ 대칭성 신경병증(Stocking-glove 신경병증, 대칭성 다발성 신경장애)이 가장 흔한 형태로 나타나는데, 증상은 손이나 발 양쪽에 감각손실, 비정상적 감각, 통증, 지각이상 등이 초래된 것 ㉣ 샤코트(Charcot) 기형 : 통각신경의 장애로, 관절을 과도하게 사용해도 통증을 느낄 수 없어 관절에 염증과 변형이 초래된 상태		
	③ 당뇨환자 발 관리 교육 11 임용		
		신발, 스타킹의 구매와 착용	• 신발의 크기는 발가락을 펴고 꼼지락거릴 수 있도록 1.27~2cm 정도의 여유공간이 있어야 한다. 신발의 바느질 라인과 그 안쪽은 부드러워야 하고, 안창은 발등을 부드럽게 감싸고 보호해야 한다. 발바닥 부분은 유연하고 충격을 흡수해야 한다. 뒤꿈치 부분도 편안해야 한다. • 발가락부분이 트인 샌들, 하이힐, 슬리퍼를 신지 않는다(∵ 외상위험이 높아짐). • 발이 가장 커지는 오후 늦은 시간에 신발을 구매한다. • 신발을 신기 전에 신발 안에 이물질이 있는지, 안창이 구겨졌는지, 부상을 야기할 수 있는 균열이 생겼는지 검사한다. • 땀을 배출하는 천연섬유로 제작된 신발(환기가 잘되는 신발)을 구매한다. • 혈액순환을 방해하는 스타킹 밴드, 무릎 스타킹 또는 팬티 스타킹을 착용하지 않는다. • 겨울에는 보온부츠를 신는다.
		발 검사 19 임용(지문)	• 매일 밤, 발(발가락 사이사이 포함)을 검사하면서 붉은색 부위, 찰과상, 물집, 티눈, 굳은살, 균열 등을 확인한다. <u>잘 보이지 않는 곳은 거울을 이용한다.</u> • 발 피부를 확인하면서 건조한 부분이나 움푹 파인 부분이 있는지 거울로 발바닥과 뒤꿈치를 확인한다. • 자신이 직접 발을 매일 검사할 수 없다면, 다른 사람이 대신해야 한다.
		발 닦기 19 임용(지문)	• <u>미지근한 물로 발 닦기</u> • 발을 씻은 후에 수건으로 두드리듯 닦고 발가락 사이도 잘 말려야 한다. • <u>로션을 발등과 바닥 전체를 펴 발라서 문지르고, 발가락 사이에는 로션을 바르지 않도록 해야 한다.</u>
		발톱 관리 19 임용(지문)	• 발톱은 씻은 후에 깎는다. 씻은 후에는 부드러워서 깎기 쉽다. • <u>발톱깎이로 일자로 깎고, 손톱 줄로 모서리와 구석진 곳을 다듬는다.</u> • 면도날로 발톱이나 굳은살을 다듬지 않는다. • 발을 제대로 볼 수 없거나 발에 쉽게 손이 닿지 않으면, 다른 사람을 통해 발톱을 다듬는다. 발톱이 매우 두껍거나 안쪽으로 자랐거나 서로 중첩되었거나 혈액순환이 좋지 않다면, 발 전문가에게 관리를 받는다.
		일반 정보	• 절대 맨발로 다니지 않는다. • 시판되는 티눈 약품 또는 패드, 화학물질(봉산, 요오드 또는 과산화수소 등) 또는 처방전 없이 구매 가능한 코르티손 약품을 발에 사용하지 않는다. • 전기장판, 뜨거운 물병 또는 얼음 팩을 발 위에 놓지 않는다. 밤에 발이 차가우면 양말을 신거나 담요를 추가한다. • 발을 햇볕에 그을리지 않는다. • 발에 테이프를 붙이지 않는다. • 무릎이나 발목을 교차한 상태로 앉지 않는다.

• 당뇨병케톤산증, 고삼투압성 고혈당 상태 및 저혈당증 비교

구분		당뇨병케톤산증	고삼투압성 고혈당상태	저혈당증
당뇨병 유형		주로 제1형	제2형	제1형/제2형 모두
시작		느림	느림	빠름
원인		인슐린 감소 감염	인슐린 감소 고령	인슐린 증가 식사 또는 간식을 건너 뛰었을 때 인슐린 투여량 오류
위험요인		수술 외상 질병 인슐린 투여 누락 스트레스	수술 외상 질병 탈수 약물 투석 영양과다	수술 외상 질병 운동 약물 지방이상증 신장기능 상실 알코올 섭취
측정	피부	홍조, 건조, 따뜻함	홍조, 건조, 따뜻함	창백함, 촉촉함, 차가움
	땀	나지 않음	나지 않음	많이 남
	호흡	과일향(fruity)	정상	정상
	활력징후	혈압↓ 맥박↑ 쿠스마울 호흡	혈압↓ 맥박↑ 정상 호흡	혈압↓ 맥박↑ 정상 호흡
	정신상태	혼동	졸음증	불안감, 안절부절
	갈증	증가	증가	정상
	수분 섭취	증가	증가	정상
	위장 증상	구역/구토, 복통	구역/구토, 복통	공복감
	수분 손실	보통	심함	정상
	의식 수준	저하	저하	저하
	에너지 수준	약함	약함	피로
	기타	체중 손실 시야 흐림	체중 손실 권태감 극심한 갈증 발작	두통 시력 변화 기분 변화 발작
검사결과	혈당	>300mg/dL	>600mg/dL	<70mg/dL
	혈장 케톤	증가	정상	정상
	요당	증가	증가	정상
	케톤뇨	증가	정상	정상
	혈청 칼륨	비정상	비정상	정상
	혈청 나트륨	비정상	비정상	정상
	혈청 염화물	비정상	비정상	정상
	혈장 pH	<7.3	정상	정상
	삼투질 농도	>300mOsm/L	>320mOsm/L	정상
치료		인슐린 정맥 주사액 전해질	인슐린 정맥 주사액 전해질	글루카곤 속효성 탄수화물 50% 포도당 정맥 주사액

CHAPTER 10 신장·요로계 건강문제의 간호와 관리

영역		기출영역 분석	페이지
기능		신장의 기능 `1996, 2000`	581
		신장 기능 확인물질 `1995`	
염증성 질환	비뇨기계 감염	비뇨기계 감염을 일으키는 가장 흔한 원인균 `1996`	583
		여성이 남성에 비해 하부요로감염이 빈번한 이유 `2004, 2024`	
		요로감염 확진 검사명 `2024`	
		하부요로감염을 완화시킬 수 있는 자가간호 방법 3가지 `2004`	
		하부요로감염의 예방법 `2024`	
급성 사구체 신염		의심 시 사정해야 할 주요내용 4가지 `2007`	585
		간호중재 `2011`, 체중 측정 이유 `2018`	
		원인균 `2018`	
신증후군		설명 `1995`	588
		병태생리와 특성 4가지, 간호진단과 진단별 간호계획 `2013, 2020`	
요로결석			591
요실금			595
신부전	만성	증상, 식이관리, 추후관리 `2009`	598
	급성	증상(고칼륨혈증), 인슐린 투여 이유 `2022`	
투석	혈액투석	혈액투석 주요 목적 2가지 `2022`	605
		혈액투석 동안 사정내용 `2009`	
		동정맥루 관리 `2013`	

학습전략 Point

1st	신부전	질병과 관련하여 병태생리, 약물의 작용기전과 효과, 특징적인 중재 등이 자주 출제되고 있다. 따라서 신장·요로계 대표 질병인 신부전의 철저한 학습을 통해서 신장·요로계의 병·생리기전과 대표약물, 대표중재들에 관해 학습한다.
2nd	급성 사구체신염·신증후군	학령기와 청소년기에 호발되는 신장·요로계 대표질병으로 출제빈도가 높은 대표질환이다. 두 질환은 병태생리, 치료 및 간호중재 등을 비교하여 학습한다.
3rd	비뇨기계 감염 등 과년도에 기출되었던 질병	과년도에 기출되었던 질환들에 대해서 병태생리, 대표적인 증상과 징후, 특징적인 치료와 중재들에 관해 학습한다.

한눈에 보기 — 신장·요로계

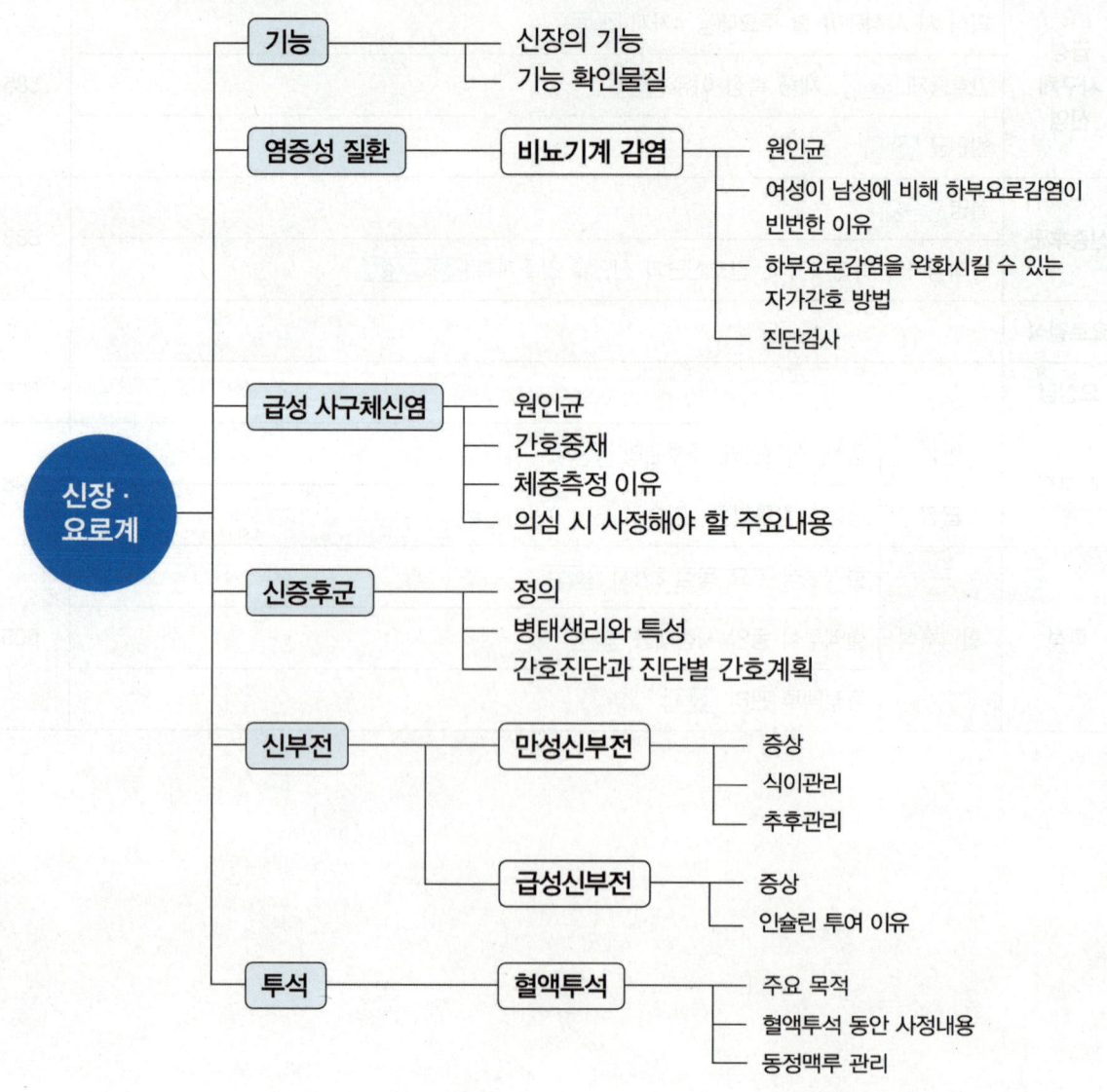

95-66. 사구체의 여과율을 재는 데 가장 편리한 물질은?
① 이눌린 ② 인산염
③ 황산염 ④ 비타민 C

20-A11. 다음은 초등학교 보건교사가 학부모와 상담 후 작성한 상담 일지 내용이다. 〈작성 방법〉에 따라 순서대로 서술하시오.

상담 일지			
이름	최○○	성별/연령	남 / 7세
상담일시	○월 ○일 ○시	학년-반	1-3
주요문제	미세변형 신증후군		
상담개요	○ 주요 병력 · 3세경에 신증후군으로 치료 받은 병력 있음. · 최근 4주간 체중이 서서히 증가함. · 1주일 전 병원을 방문함. ○ 병원 방문 당시 증상 · 체중 증가 · ㉠ 전신 부종 · 얼굴의 부종(특히 눈 주위) · 복부 팽창(복수) ○ 병원 검사 결과지(학부모가 가져옴.) · ㉡ 혈액 검사 · ㉢ 소변 검사 ○ 최근 진단명 · 미세변형 신증후군(minimal change nephrotic syndrome)		

정보 제공자: 최○○ 학부모
(연락처 010-△△△△-○○○○)
… (하략) …

〈작성 방법〉
· 밑줄 친 ㉠이 발생되는 과정 중 저혈량증에 대한 신장의 보상 기전을 2단계로 서술할 것(단, 안지오텐신 II 증가 단계 이후부터 서술할 것)
· 미세변화형 신증후군에서 밑줄 친 ㉡, ㉢으로 확인할 수 있는 필수적인 검사 소견을 순서대로 제시할 것.

00-08. 1998년 1월 1일부터 모든 초·중·고생은 집단 소변검사를 하게 되었다. 이와 관련하여 다음 질문에 답하시오.
8-1. 신장의 기능을 3가지 이상 쓰시오.
8-2. 학생소변검사 결과 [단백]이 검출되었을 때, 의심해 볼 수 있는 대표적인 질환을 4가지 이상 쓰시오.
8-3. 보건교사가 [단백]이 검출된 학생들에게 취해야 할 조치 사항을 5가지 이상 제시하시오.

04-08. 한 여교사가 배뇨 시 작열감, 빈뇨를 호소하면서 보건실을 방문하였고 보건교사는 이를 하부요로감염의 증상으로 판단하였다. 이와 관련하여 다음 물음에 답하시오.
8-1. 일반적으로 여성은 남성에 비해 하부요로감염이 빈번하다. 그 이유에 대하여 3가지만 쓰시오.
8-2. 하부요로감염을 완화시킬 수 있는 자가간호 방법을 3가지만 쓰시오.

11-01. 윤호(남, 7세)는 2~3일 전부터 핍뇨와 부종이 나타나 병원을 방문하여 다음과 같은 결과를 받았다. 윤호를 위한 간호중재로 옳지 않은 것은?

진단명	급성 사구체신염
주 호소	핍뇨, 눈 주위에 현저한 부종
활력징후	혈압: 140/100mmHg 체온: 38.3℃(액와) 호흡: 28회/분 맥박: 92회/분
요분석	혈뇨(++++), 요단백(+++) 적혈구 조직절편(cast) 양성
혈액요소질소(BUN)	42mg/dL

① 염분 섭취를 제한한다.
② 단백질 섭취를 제한한다.
③ 신체 활동 놀이에 참여시킨다.
④ 두통, 오심 및 경련의 징후를 사정한다.
⑤ 칼륨이 많이 들어 있는 음식 섭취를 제한한다.

24-A11. 다음은 보건교사가 여학생을 상담한 내용의 일부이다. 〈작성 방법〉에 따라 서술하시오.

여 학 생: 선생님, 제가 열이 나고 소변볼 때마다 아파서 병원에 갔어요. 이전에도 걸린 적이 있었는데, 이번에도 요로 감염이래요.
보건교사: 많이 불편했겠구나.
여 학 생: 네, 병원에서 요도 입구를 소독솜으로 닦은 후에 중간 소변 받은 것으로 검사를 했는데, 소변 검사를 왜 했을까요?
보건교사: ㉠ 요로 감염을 확진하기 위함이란다.
여 학 생: 그렇군요. ㉡ 요로 감염은 여자가 남자보다 잘 걸린다던데요.
보건교사: 잘 알고 있구나. 그래서 예방이 중요해. 예전에도 요로 감염 걸린 적이 있다고 했는데, 평소 생활 습관은 어떠니?
여 학 생: ㉢ 조이는 속옷은 입지 않고 ㉣ 면으로 된 속옷을 입어요. ㉤ 물을 충분히 마시려고 하고요, ㉥ 소변이 마려우면 참지 않고 바로 화장실에 가요. 그리고 ㉦ 대변보고 난 후에 항문은 뒤에서 앞으로 닦아요.
… (하략) …

〈작성 방법〉
· 밑줄 친 ㉠에 해당하는 검사명을 쓸 것.
· 밑줄 친 ㉡의 이유를 서술할 것.
· 밑줄 친 ㉢~㉦ 중에서 잘못된 내용 1가지를 찾아 기호를 쓰고, 이를 바르게 고쳐서 서술할 것.

18-04. 다음은 보건교사와 담임교사의 대화 내용이다. ㉠에 해당하는 원인균의 명칭과 괄호 안의 ㉡에 들어갈 내용을 순서대로 쓰시오.

담임교사: 선생님, 갑자기 우리 반 아이가 급성 사구체 신염으로 입원을 했어요. 학부모님께서 말씀하시기로는 3일 전에 갑자기 얼굴이 붓고, 소변 색이 진해지더니 점점 배가 나오고 소변 양이 줄어 병원에 갔대요.
보건교사: 아 그래요. 평소 건강이 안 좋았어요?
담임교사: 아니요, 평소엔 건강했어요. ㉠ 2주 전 급성 인두염으로 열이 심해 며칠 결석을 했었는데, 병원에서 그게 원인이 되었다고 하더라고요. 오늘 제가 병문안을 갔었는데, 아이의 얼굴이 많이 부었고, 평소보다 소변 양이 반으로 줄었대요. 그리고 체중을 자주 재서 짜증난다고 하더라고요. 체중 측정은 왜 자주 하나요?
보건교사: 체중 측정은 (㉡)의 정도와 영양 상태를 확인하는데 필요해요.

13-주관식 02. ○○초등학교 1학년 7세 남아가 신증후군(nephrotic syndrome)으로 어제 병원에 입원하였다. 보건교사가 이 아동의 상태에 대해 아동의 어머니로부터 전달받은 내용은 다음과 같다.

· 1주일 전보다 체중이 3kg 증가되었다.
· 소변량이 많이 감소되었다.
· 병원침대에 계속 누워 있다.
· 입맛이 없다며 먹지 않으려 한다.

신증후군의 병태생리와 이에 따른 4가지 특징적인 증상을 서술하시오. 또한 이 아동에게 가능한 간호진단 3가지와 간호진단별 간호계획을 각각 4가지씩 수립하시오.

96-34. 다음 중 pH를 조절하는 기관은?
① 방광 ② 간
③ 신장 ④ 심장

96-39. 비뇨기계의 감염을 일으키는 가장 흔한 원인균은?
① 대장균 ② 칸디다균
③ 포도상구균 ④ 연쇄상구균

07-11. 초등학교 2학년 학생이 혈뇨가 있어 보건실을 방문하였다. 보건교사가 '연쇄상구균 감염 후 급성 사구체신염'으로 의심하였을 때 사정해야 할 주요내용을 4가지만 쓰시오.

95-31. 신증후군에 관한 설명으로 옳지 않은 것은?
① 신정맥 혈전증의 발생 빈도가 높다.
② 신세뇨관 상피의 퇴행성 질병이다.
③ 혈청 알부민에 대한 반응으로 저지혈증이 생긴다.
④ 단백뇨, 저알부민혈증, 부종 등의 임상소견을 보인다.

09-28. 만성 신부전 환자의 간호중재로 옳지 않은 것은?
① 근육 경련, 오심, 산통과 같은 고칼륨혈증 증상이 있는지를 관찰한다.
② 배설 기능 저하로 칼슘이 침착되고 인산이 부족해지므로 저칼슘, 고인산 식이를 섭취하도록 한다.
③ 적혈구 생성이 억제되어 빈혈을 초래하므로 헤마토크릿을 정기적으로 검사한다.
④ 혈액투석 동안 출혈성 경향이 있으므로 응고 시간을 자주 감시한다.
⑤ 혈액투석 동안 저혈량 쇼크를 사정하기 위해 활력징후를 자주 측정한다.

13-07. 다음은 말기 신질환(End-Stage Renal Disease, ESRD)으로 동정맥루(arterio-venous shunt)시술을 받은 M 교사(남, 45세)가 혈액투석(hemodialysis) 시 알아야 할 내용이다. 옳은 것을 〈보기〉에서 고른 것은?

─〈보기〉─
ㄱ. 동정맥루 시술 후 처음 투석을 하는 중 혹은 투석 직후에 두통, 경련 등이 나타날 수 있음.
ㄴ. 투석을 주 3회 정기적으로 5년 이상 꾸준히 받다 보면 투석 불균형 증후군(dialysis disequilibrium syndrome)이 나타날 수 있음.
ㄷ. 동정맥루가 있는 부위를 압박하지 말아야 하며, 동정맥루가 있는 팔로 무거운 물건을 들지 않아야 함.
ㄹ. 처음 투석할 때 낮은 pH의 투석액이 복막을 자극하여 복부 통증을 유발할 수 있음.
ㅁ. 손으로 동정맥루가 있는 부위를 촉진하여 진동(thrill)이 느껴지면 동정맥루가 개통(open)되어 있는 상태임.
ㅂ. 나트륨 섭취를 제한해야 하므로 칼륨이 든 대용 소금(salt substitutes)을 섭취하도록 함.

① ㄱ, ㄴ, ㅂ ② ㄱ, ㄷ, ㅁ
③ ㄴ, ㅁ, ㅂ ④ ㄷ, ㄹ, ㅁ
⑤ ㄷ, ㄹ, ㅂ

22-B9. 다음은 보건교사와 동료교사의 대화 내용이다. 〈작성 방법〉에 따라 서술하시오.

보건교사: 선생님, 어머니께서 급성신부전(acute renal failure)으로 입원하셨다고 들었는데 치료는 잘 받고 계신가요?
동료교사: 네. 그런데 어머니께서 다리에 쥐가 나고 입술이 얼얼하고 속이 메스껍다고 해요. 병원에서는 급성 신부전으로 인한 ㉠<u>전해질 불균형</u> 때문이라고 해요. 더 심해지면 부정맥이 발생할 수 있고 심정지까지 올 수 있다고 하니 걱정이 많아요.
보건교사: 그러시겠어요. 그 외에도 설사, 장 경련, 간헐적인 위장관 급성 통증 등의 증상이 나타날 수 있으니 잘 살펴보셔야 합니다.
동료교사: 궁금한 게 있어요. 어머니는 당뇨가 없는데 수액에 인슐린을 혼합해서 맞고 계신다고 해요. 그 이유는 무엇 인가요?
보건교사: 그건 인슐린의 (㉡) 작용 때문입니다.
동료교사: 병원에서는 혈액투석의 가능성을 말씀하시던데, 왜 하는 건가요?
보건교사: 혈액투석을 하는 이유는 전해질 불균형을 교정하는 것과 (㉢)입니다. 치료 잘 받으시고 빨리 회복되시기를 바랍니다.

─〈작성 방법〉─
• 밑줄 친 ㉠에 해당하는 상태를 제시할 것.
• 괄호 안의 ㉡에 해당하는 내용을 서술할 것.
• 괄호 안의 ㉢에 들어갈 주요 목적 2가지를 서술할 것.

1 신장의 기능 95,96,00 임용

구조	① 적갈색을 띤 강낭콩 모양, 피질, 수질, 신우로 구분			
	② 신장의 기능적 단위 : 네프론(100만개 이상), 　　　　　　　　신소체, 근위세뇨관, 헨레고리관, 원위세뇨관, 집합관으로 구성			
		사구체 여과	세뇨관 재흡수	세뇨관 분비
		• 여과불가 물질 : 혈장단백질, 지방, 혈구 등 • 여과가능 물질 : 수분, 전해질 　(→ 보우만주머니)	사구체 여과액의 99%를 신체로 되돌아오게 하는 것(간질조직 안의 모세혈관에 의해 흡수)	혈액으로부터 세뇨관 안으로 물질을 이동시키는 화학적 활동
		사구체 여과율(정상치 : 분당 125mL) : 분당 사구체에서 여과되는 양, 이눌린을 주사하여 요로 배설되는지 확인하고 측정(이눌린은 사구체에서 여과되지만 세뇨관에서 재흡수와 분비가 되지 않음) 95 임용	• 삼투력 : 근위세뇨관에서의 재흡수 • 삼투력 + ADH : 원위세뇨관, 집합관에서의 재흡수	K^+, H^+, 암모니아, 요산 등
	③ 신장 유입혈량 : 분당 1L 이상, 심박출량의 20~25% 차지			

기능 00 임용	① 요 형성	사구체에서 여과, 세뇨관에서 재흡수, 분비과정을 통해 형성	
		근위세뇨관	등장성 여과, 재흡수(80%의 수분과 전해질, 100% 포도당과 아미노산, 나트륨, 칼륨, 염소, 중탄산, 요소 등을 혈액으로 이동시킴), 분비(크레아티닌, 수소이온)
		헨레고리관	고장성 여과로 상행에서는 나트륨(능동기전)과 염소이온의 재흡수(혈액으로 이동), 하행에서는 수분 / 요소 / 중탄산염 / 요산염 등의 재흡수
		원위세뇨관	등장성 또는 고장성 여과로 수분 / 나트륨 / 중탄산염의 재흡수, 칼륨 / 수소이온의 배설
	② 대사성 노폐물과 약물의 배설		
	③ 수분, 전해질 조절	㉠ 체액량 감소 : RAA, ADH분비 촉진(원위세뇨관과 집합관에서 알도스테론은 Na^+, 수분 재흡수 / ADH는 수분 재흡수) ㉡ 알도스테론은 K^+, H^+를 세뇨관으로 분비해 혈청 포타슘 수준과 신장의 산-염기 균형 조절 96 임용	
	④ 산-염기균형 96 임용 / 13 국시	㉠ 폐의 이산화탄소 제거를 보완하여 신체의 산-염기상태 조절 ㉡ 신장은 HCO_3^-의 농도를 26~28mEq/L로 일정하게 유지해 혈장 pH 7.4로 유지 ㉢ 신장은 HCO_3^-의 재흡수로 소변을 산성화함. H^+를 분비함으로써 HCO_3^- 재흡수	
	⑤ 혈압조절	㉠ 사구체옆 세포는 혈액 내 Na^+ 감소 ㉡ 신혈류량 감소 ㉢ 신동맥압 감소 시 renin 분비 　→ renin은 angiotensinogen에 작용해 angiotensin Ⅰ으로 변화 → angiotensin Ⅰ은 폐의 전환효소에 의해 활성도가 높은 angiotensin Ⅱ로 변화 → 부신피질에서 알도스테론 분비촉진으로 원위세뇨관, 집합관에서 Na^+와 수분 재흡수가 증가하고 혈관에 직접 작용 　→ 혈관을 수축시켜 혈압조절 ⊕ 체액량 변화가 현저한 경우에는 좌심방의 용적 수용체가 시상하부와 뇌하수체 후엽에서 ADH 분비	

기능 00 임용	⑥ 내분비 기능	㉠ 인슐린 분해·배설: 인슐린은 세뇨관에서 비활성화되고, 췌장에서 분비된 인슐린의 약 20%가 세뇨관에서 분해되고 배설됨 ㉡ 프로스타글란딘 합성(혈관확장 작용): 프로스타글란딘은 인체 대부분에서 생성됨, 신장속질에서도 생성되어 신혈류 증가/나트륨 이온분비 촉진/혈관 확장, 엔지오텐신과 노르에피네프린의 길항작용을 함 ㉢ 적혈구 조혈호르몬의 생성(erythropoietin) ㉣ 비타민 D를 활성화하여 장의 칼슘 흡수 자극(비타민 D는 음식, 피부에 있는 콜레스테롤이 자외선을 통한 합성에 의해 얻어짐. 간에서 1차적 활성화되고, 이후 신장에서 활성화됨) 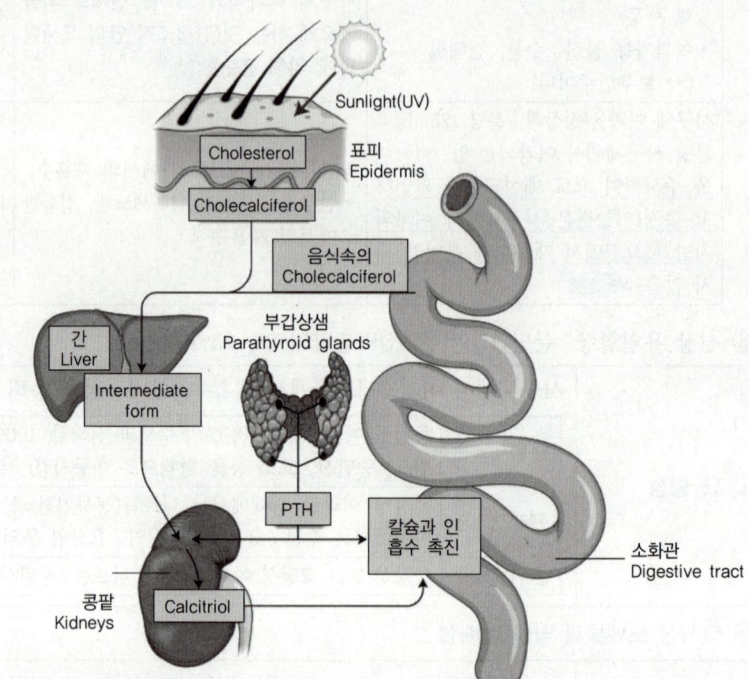

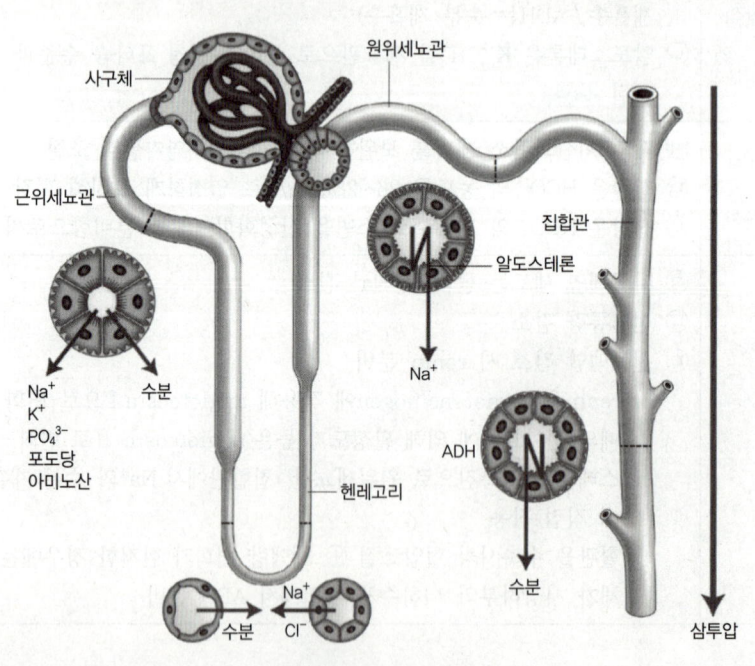

[네프론의 구조와 기능]

2 비뇨기계 감염 96,04 임용 [성인질환]

원인균	가장 흔한 원인균 : E-coli 96임용/10국시		
원인 (위험요인)	① 여성 04,24 임용	구조	요도가 짧고 질과 항문에 가까운 거리
		시기	갱년기 이후 감염 방지 역할을 하는 에스트로겐 감소, 질 젖산균 감소
		임신	에스트로겐, 프로게스테론으로 임신 중 골반 내 장기의 순환증가로 방광과 요도충혈 → 방광 점막이 쉽게 손상
		피임기구	• 살정제(질의 pH 증가, 질상주균 변경시킴, E-coli 군집 증가) • 질 삽입기구가 잘 맞지 않은 경우에 방광압력으로 방광이 완전히 비워지지 않아서 발생됨
		자극	합성섬유로 된 속내의, 조이는 옷, 거품목욕, 향기 화장지 등 자극에 의함
	② 소변배설방해 요인	내적요인	결석, 요로계 종양, 요도협착, 전립샘 비대 등
		외적요인	종양, 요로계를 압박하는 섬유증
		요정체요인	신경성 방광을 포함한 배뇨근 수축력 저하
	③ 구조적 문제		• 선천성 기형 • 방광요관역류 • 누공 : 피부, 질, 직장으로 연결되는 비정상적 요로
	④ 요로계 이물질		• 요로결석 • 카테터 : 유치도뇨 및 간헐적 도뇨, 요관부목 • 요로계검사 기구 : 내시경, 요역동학 검사 등
	⑤ 면역기능 저하		• 노화 • 당뇨병이나 악성종양과 같은 소모성 질환 • 후천성면역결핍증
	⑥ 기타 요인		탈수, 폐경기여성, 잘못된 배뇨습관(습관적으로 배뇨를 참음), 불결한 개인위생, 빈번한 항생제 또는 살정제 사용, 다수의 성파트너, 피임기구 사용
병태생리	① 감염과 세균증식 : 세균은 요로를 통해 방광과 요관으로 상행해서 감염을 일으키고, 요정체는 세균성장을 증진시킴 ② 염증이 있는 조직은 출혈발생이 쉬움		
증상과 징후 06,18,21 국시	흔한 임상증상		① 빈뇨, 긴박뇨, 배뇨곤란, 야뇨증, 혈뇨, 배뇨 시 작열감, 빈뇨 호소 ② 배뇨 시작 시 어려움 또는 배뇨지연 ③ 요통 ④ 요실금, 요정체 ⑤ 치골상부의 통증이나 충만감 ⑥ 방광이 완전히 비워지지 않는 느낌 ⑦ 뿌옇고 악취나는 소변
	드문 증상		열, 오한, 오심, 구토, 권태감, 옆구리 통증
	노인에게 발생할 수 있는 비전형적 임상증상		① 이유 없이 잦은 낙상, 정신착란 상태의 증가 가능 ② 갑작스러운 실금 발생, 실금 악화가 초기 요로감염의 유일한 증상 ③ 요로계 패혈증 증상 : 비뇨기 증상이 전혀 없는 상태의 발열, 빈맥, 빈호흡, 저혈압 등 ④ 식욕상실, 야뇨증, 배뇨곤란 등이 흔한 증상

진단검사 24 임용	소변검사	• 소변 내 세균, 백혈구, 적혈구 등을 검사 • 소변배양검사 : 미생물의 종류와 집락 수 확인 • 배양검사결과에서 양성이면 민감성 검사를 하여 적절한 항생제 선택
	혈액검사	백혈구수 증가는 감염을 의미함
	그 외	항생제 치료에도 잘 반응하지 않거나 요로감염이 재발할 경우에는 방광내시경, 역방향신우조영술, 요로조영술, 복부초음파, 컴퓨터단층촬영 등으로 방광염의 원인이 되는 방광결석, 방광게실, 요도협착, 요로폐쇄, 방광요관역류 등의 문제를 찾을 수 있음
치료 및 간호중재	원인제거	항생제, 요에서 균이 검출되지 않을 때까지 완전하게 치료하여 재발 예방
	대증요법	노인 : <u>에스트로겐</u> 질용 크림 사용(하부비뇨생식기의 순환 증가, 폐경기 여성에게 흔히 나타나는 위축된 질 조직의 점막층을 재생)
	보존 및 지지요법 24 국시	여성	합성섬유로 된 속내의, 팬티스타킹, 조이는 청바지, 젖은 목욕가운에 눕기, 여성위생 스프레이, 거품목욕, 향기 화장지, 위생냅킨, 비누 등의 위험요인 예방
		남성노인	요로폐색, 전립선액의 살균력 감소, 방광을 비우는 능력 감소, 내과적 질환에 의해 발생됨을 교육
		성교	성관계 전에 잘 씻고 성교 후 곧바로 배뇨
		방광자극 식품제한	카페인, 알코올, 토마토, 양념이 강한 식품, 초콜릿, 딸기류 등
		배설촉진	매일 3,000mL 이상의 수분 섭취, 요를 산성화시키는 음료, 비타민 C 권장(크랜베리주스)
		통증조절	진통제 복용, 따뜻한 좌욕(요도점막 평활근의 경련 감소), 치골상부 온찜질(방광경련, 치골부위 통증 완화)
	지속적 사정 및 추후관리	임산부 약 10% 요로감염이 발생되므로, 수분 섭취를 늘리고, 2시간 간격 배뇨하고, 감염 증상을 모니터할 것
	요로 감염 예방 04,19,24 임용 / 19,23 국시.	여아	① 외음부 청결 : <u>대변을 보고 난 후 앞쪽에서 뒤쪽으로 닦도록 함</u> 24 임용 ② <u>조이는 속옷을 입지 말고, 면으로 된 속옷을 입게 함</u> 24 임용 ③ 꽉 조이는 옷이나 기저귀 착용을 피하게 함 ④ 재발이 잦으면 통목욕보다 샤워, 거품목욕 제한 ⑤ 환아가 다리 사이를 긁는 경우 질염이나 요충검사 실시
		방광요관 역류와 과도한 팽창 예방	① <u>소변을 참지 않고 자주 배뇨하도록 함</u> 24 임용 ② 특히 장기간 여행이나 그 외 화장실을 이용할 수 없는 상황에서는 미리 배뇨하도록 권장함 ③ 매 배뇨 시마다 완전히 방광을 비움
		농축되고 알칼리화된 소변 예방	① <u>충분한 수분(매일 2~3L)섭취 권장</u> 24 임용 ② 사과주스와 동물성 단백질 함유식품을 섭취하여 요를 산성화시킴(방광 내벽에 세균이 달라붙는 것을 막고 비뇨기계에서 씻겨 내려가도록 함)
간호진단	① 방광점막의 자극과 관련된 배뇨장애 ② 방광과 요도점막의 자극과 관련된 통증 ③ 요정체, 임신 등의 위험요인과 관련된 감염 위험성 ④ 정보부족과 관련된 지식부족(질병관리)		

3 급성 사구체신염 07,11,18 임용 [아동질환]

정의	① 면역복합체에 의한 사구체 기저막의 염증성 반응을 일으킨 질환 ② 제3형 과민반응	
역학	학령초기(6~7세), 남 > 여	
원인	① Group A β-용혈성 연쇄상구균의 상부호흡기 감염, 피부감염 07(지문),18 임용/20 국시 ② 이전의 사구체 신염 ③ 면역장애 질환 : SLE, RA	
병태 생리	① 항원-항체 면역복합체	혈액을 순환하다가 사구체 기저막에 침전·축적
	② 사구체 염증	사구체가 커지고 다형핵 백혈구 침윤(면역반응)
	③ 신기능 저하	모세혈관 내경 폐색 → 혈장의 여과 감소 → 수분과 염분보유 증가 → 혈장과 간질액의 양 증가 → 순환성 울혈과 부종 발생

	증상	병태생리
주요 증상과 병태생리 07,11 임용(지문)	혈뇨, 콜라색 소변	사구체모세혈관막이 파괴되면 적혈구가 혈관으로부터 보우만 피막 안으로 빠져나가 결국 소변으로 배출
	단백뇨	혈장단백질이 손상된 사구체모세혈관막을 지나 여과액에 섞여 소변으로 배출
	염분과 수분의 정체, 핍뇨	혈장단백질이 줄어들면 여과를 억제하는 힘이 약해져 혈장 삼투압을 감소시킴. 여과량이 많아지면 레닌-안지오텐신-알도스테론 체계를 자극하고 수분과 염분의 정체를 촉진시킴
	눈 주위 부종, 얼굴 부종, 의존성 부종	염분과 수분의 정체로 인해 증가된 혈액량은 감소된 혈장 삼투압과 함께 모세혈관에서 사이질조직으로 더 많은 수분이 빠져나가게 됨
	고혈압	레닌-안지오텐신-알도스테론 체계가 활성화되면 혈관수축과 말초혈관 저항뿐만 아니라 염분과 수분 정체로 인한 혈액량의 증가 초래
	질소혈증	혈관 수축은 신장혈류를 감소시켜 대사된 노폐물의 여과와 배설 감소
	피로, 식욕부진, 구역과 구토	정체되어 있는 대사산물, 수분, 전해질과 산-염기 불균형은 중추신경계에 있는 에너지 생산과 구토중추에 영향을 미침
	옆구리 통증	해부학적 구조상 신장부위 통증
	두통	혈관 내 용적의 증가와 수분과 전해질 및 산-염기 불균형은 뇌혈관 확장 유발

증상 07,11(지문), 18(지문) 임용 / 16,22 국시	(1) 신증상		
		혈뇨와 단백뇨	거품 많고 콜라색 같은 소변 : 혈뇨와 단백뇨 ① 단백뇨는 일반적으로 혈뇨와 유사하게 평행을 이루면서 나타나는데 혈뇨가 심할 때는 단백뇨도 3+ 혹은 4+로 나타날 수 있음 ② 적혈구와 혈색소가 소변에 포함되어 있어 소변색이 심하게 변함(침전물을 현미경으로 살펴보면 적혈구, 백혈구, 상피세포, 과립상 및 적혈구 원주가 많이 보임, 그러나 세균은 보이지 않음)

		부종	주로 얼굴과 눈 주위, 몸무게 증가, 복수, 늑막삼출물, 울혈성 심부전, 폐부종
			① 면역복합체가 사구체 기저막에 축적되어 염증이 발생됨
			   ㉠ 그로 인해 사구체는 부종으로 커져 있고 다형핵 백혈구가 침윤되어 있어 이로 인해 모세혈관 내경 폐쇄 → 혈장의 여과감소로 수분축적과 나트륨 보유가 과도하게 발생 → 혈장과 간질액의 양이 증가되어 순환성 울혈과 부종 발생
			   ㉡ 또한 레닌이 과도하게 발생될 수 있음

		핍뇨	사구체 여과율 감소로 인함(소변색 짙어짐)
		중등도 고혈압	① 사구체 기저막에 면역복합체가 축적되어 염증이 발생하여 부종과 다형핵 백혈구 침윤으로 모세혈관 내경폐쇄로 수분축적과 나트륨 보유가 과도하게 발생되어 순환성 울혈과 부종이 초래됨 ② 간질액 증가로 인한 부종으로 RAA 체계가 활성화되면 혈관수축과 말초혈관 저항 뿐 아니라 염분과 수분 정체로 인한 혈액량 증가로 초래됨 ③ 200/120mmHg 이상 ④ 발병 후 1~2주 이내에 나타남 → 혈관경련에 의한 뇌빈혈 : 두통, 구토, 시력 흐림
		통증	① 옆구리동통(Flank pain) ② 늑골척추각 압통(CVA pain)
	(2) 전신증상 : 열, 오한, 쇠약감, 창백, 식욕부진, 구토, 질소혈증, 빈혈(신장-조혈인자 분비 ×)		

	※ 다음과 같은 사항이 보이면 급성 사구체신염 가능성에 대해 평가함
	  1. 눈 주위 부종, 특히 아침에 심해짐
	  2. 식욕상실
	  3. 콜라 혹은 홍차색 소변
	  4. 연쇄상구균 감염의 선행		

진단	혈액 검사 12 임용(지문)		WBC, ESR, BUN/Cr, NPN(Non protein nitrogen, 비단백태 질소 화합물) 증가
	혈청학적 검사		연쇄상구균에 대한 항체 ASO titer 증가, C_3보체 감소 : 연쇄상구균 감염 후 질병 초기에 혈청보체 활성도가 저하됨. 그래서 혈청보체수치 상승을 질병의 경과가 좋아지는 지침으로 삼아야 함. 발병 후 8주 후에 거의 모든 환자에서 정상이 되어야 함
	U/A 21 국시		RBC와 WBC 다량, 과립원주(+), 세균(-), 적혈구 조직절편(적혈구 응괴), 혈뇨, 단백뇨
	흉부 X-선 검사		급성기의 부종 → 심장확대, 폐울혈, 늑막삼출물 확인

▶급성 부종기 : 4~10일 정도 지속

① 핍뇨, 무뇨 → 신손상 발생
② 무기력, 식욕부진, 무감동
③ 회복 첫 징후 - 체중감소
           - 요 배설량 증가

⬇

▶이뇨기 : 식욕회복, 부종과 혈압 감소

① 혈뇨 감소
② BUN, 크레아티닌 수치 감소
③ 단백뇨가 수주간 지속되기도 함

치료 및 간호	원인 제거	약물요법	① 항생제 : 페니실린 10일간 투여, 다른 가족에게 전파 방지 ② 스테로이드, 면역억제제
	대증 요법	(1) 사정	체중, I/O, 복부둘레, V/S(특히 BP)을 매일 같은 시간 측정(∵ 부종의 정도와 영양상태, 고혈압 발생 등을 확인하기 위함) 18 임용 / 19 국시
		(2) 휴식 & 활동	급성기에는 침상안정 18 임용 / 20 국시 → 활동과 안정의 적절한 균형 급성기 이후 피로방지
		(3) 부종간호 (수분제한초점)	▶수분 & 염분제한(0.5~1g/day) 18 임용, 핍뇨 시 칼륨제한 ① 구강간호 　㉠ 갈증해소 : 얼음조각 / 사탕 / 껌 or 극소량의 물을 빨대로 　㉡ 이뇨기 : 점차 단백질과 수분 등 섭취량 증가 ② 나누어서 섭취, 작은 그릇 사용 ③ 입술에 윤활제 ▶부종 있는 피부간호
		(4) 영양간호	① 급성기 단백식 : 1kg당 1~1.5g 섭취 11 임용 　㉠ 고단백식 금기(적정량 단백유지) 　㉡ BUN/Cr 상승 시에는 저단백식 　㉢ 포타슘을 많이 함유한 식이를 제한, 저염식이, 적절한 단백질 식이 ② 고탄수화물 식이 + Vit C
		(5) 혈압관리	① 항고혈압제 ② 이뇨제 ③ 응급 고혈압은 diazoxide(Hyperstat) 정맥주사 : 말초혈관확장
		(6) 합병증관리	울혈성심부전, 폐부종, 급성 신부전, 고혈압성뇌증(심한 고혈압 → 뇌혈류자동조절능력 방해 → 전신 혈압이 변화에 따라 대뇌혈류량 변화 → ICP 상승) 증상 (두통, 오심, 경련 징후 등) 관찰
	지지 요법	감염예방	① 손 씻기 ② 호흡기계 / 요로계 감염 예방교육
간호 진단	① 빈혈과 증가된 대사요구와 관련된 피로, 소변량 감소와 관련된 체액과다 ② 부종과 관련된 피부손상 위험성 ③ 면역반응의 변화와 관련된 감염위험 ④ 식욕부진과 관련된 영양부족 ⑤ 환아와 관련된 가족 기능장애 ⑥ 질병과 임상경과 / 치료에 대한 정보부족과 관련된 지식부족 등		

4 신증후군 [95,13,20 임용] [아동질환]

정의	범발성 사구체 손상(신세뇨관 상피의 퇴행성 질병)으로 인해 혈장단백의 소실에 의한 임상징후를 나타내는 일련의 증후군 [95,20 임용(사례)]
역학	유아기, 2~7세, 남아 2배 > 여아
원인	① 급·만성 사구체 신염 ② 전신질환 : 전신성 홍반성 낭창, 당뇨병, 심한 울혈성 심부전증, 악성종양, 대상포진, 신장이식 등 자가면역반응 ③ 알레르기 반응 : 페니실린, 항경련제, captopril, 비스테로이드성 항염증 약물 등
병태 생리 [95,13,20 임용]	① 사구체기저막 손상(기공 커짐) ↓ ② 혈장단백 투과 : 단백뇨, 저알부민혈증 ↓ ③-1. 부종 : 저알부민혈증 　　　→ 교질삼투압 감소 　　　→ 전신부종 　　　→ 혈장량 감소 → 저혈량 　　　→ RAA 체계 활성화, ADH↑ 　　　→ 신세뇨관에서 염분, 수분 재흡수 증가 → 소변량 감소 [13 임용(지문)] 　　　→ 부종심화(체중증가, 전신부종, 얼굴부종-특히 눈주위, 복부팽창-복수) [20 임용(지문)] ③-2. 고지혈증 : 혈장알부민의 저하에 대한 반응으로 간에서 단백, 지단백 합성증가 ↓ ④ 혈전 위험(by 저혈량으로 높은 혈액의 점도, 혈액의 과응고력)
증상 및 징후 [95,13,20 임용(지문) / 03,07,10 국시]	① 다량의 단백뇨	거품이 있고 뿌옇게 보임(하루 단백질 4~30g 손실) cf) 혈뇨는 아주 드묾
	② 부종	눈 주위 → 전신(음낭, 음순, 복수, 하지), 부종으로 납처럼 창백한 색
	③ 저알부민혈증 (2.5g/dL 이하)	손톱 & 발톱 조반월에 평행한 하얀선
	④ 고지혈증	콜레스테롤 증가
	⑤ 전신증상	식욕부진, 권태, 불안정, 무월경, 체중증가, 소변량 감소, 입맛 없음 [13 임용(보기)]
	⑥ 합병증	저혈량증으로 인한 순환장애, 혈전, 색전(신정맥의 혈전증 발생빈도가 증가), ARF, 감염(복막염, 봉와직염, 폐렴)

진단	혈액검사		① 혈청 알부민 감소(2.5g/dL 이하) ② 혈청 콜레스테롤 증가(450~1,500mg/dL 이상) 20 임용
	소변검사		단백뇨(3+~4+)
	신장 생검		기저막의 발돌기는 합쳐진 듯이 보임(미세변화성 : 면역기전에 의해 초래된 것) 20 임용(사례)
치료 및 간호 13 임용 / 06,12,15,21, 22 국시	원인 제거	약물요법	① Corticosteroids : 최소 3개월 이상 투여 ② 면역억제제
	대증 요법	사정	체중, I/O, 복부둘레, 저혈량 Sx 확인
		안정	급성기에는 BR → 활동과 안정의 적절한 균형
		부종간호 (피부간호초점)	① 피부사정 : 발적, 압통, 궤양 ② 체위변경(q1hr) + 공기 매트리스 ③ 느슨한 옷 ④ 연령에 맞는 놀이와 활동 ⑤ 부종부위 상승 ⑥ 피부청결 + 마사지 ⑦ 시트교환 : 청결
		영양간호	① 단백질은 정상처럼(고단백식이는 제한) ② 저염분식이 + 수분제한 : 부종이 심할 때만 적용 ③ 소량씩 자주 섭취
		혈전예방	① 압박스타킹 ② 적절한 운동 : ROM + 다리운동 ③ 다리상승 ④ 적절한 수분섭취 ⑤ 제한 : 꽉 끼는 옷, 무릎 구부리기 ×
	지지 요법	감염예방	① 환경관리 + 방문객 관리 ② 스테로이드 복용법과 부작용 교육
간호 진단과 간호 계획 13 임용	간호진단		간호계획
	부종과 관련된 피부손상 위험성		① 세심한 피부간호를 제공한다. ② 음낭과 같이 쉽게 부종이 오는 부위를 올려준다. ③ 따뜻한 생리식염수로 부종이 있는 눈꺼풀을 깨끗이 한다. ④ 체위를 자주 바꾸어 준다. ⑤ 부종의 정도에 따라 운동량을 정한다. 심한 환자는 먼저 침상안정을 취하고 체액의 균형이 정상으로 회복하는 정도에 따라 활동량을 늘린다. ⑥ 감염에 대한 주의 깊은 자가 평가방법과 예방에 대해 교육한다.
	식욕상실과 관련된 영양불균형		① 소량씩 자주 음식을 섭취하고 철분이 포함된 풍부한 비타민을 섭취하게 한다. ② 부종기와 스테로이드 치료 동안에는 염분을 제한하며, 소변 내 단백질 손실량에 따라 섭취량을 조절하여 양질의 단백질을 섭취하게 한다. ③ 규칙적으로 구강간호를 제공한다. ④ 환아, 부모, 그리고 영양사가 협력하여 영양학적으로 적절한 식이를 제공하도록 돕는다. ⑤ 대상자에게 자신의 체액상태를 사정하는 법을 교육하여 혈량저하증과 혈량과다증 상태를 알도록 한다. ⑥ 체중의 지나친 증가와 감소를 막기 위해 매일 체중을 측정한다.
	피로와 관련된 활동의 지속성 장애		① 심각한 부종 시 처음에는 침상안정하도록 한다. ② 적절한 활동을 계획하고 실시하도록 돕는다. ③ 대상자가 피곤하다고 느낄 때는 쉬도록 한다. ④ 영양필요량에 맞는 칼로리 및 영양소 종류를 결정한다. ⑤ 가족의 지지정도를 확인하고, 가족이 어떻게 도울 수 있는지에 대해 설명한다.

- 급성연쇄상구균성 사구체신염과 미세변화형 신증후군의 비교

증상	급성연쇄상구균 사구체신염	미세변화형 신증후군 20 임용(사례)
연쇄상구균 항체 지수	상승	정상
혈압	상승	정상 혹은 감소
부종	1차적으로 안와주위와 말초	전신성, 심함
순환성 울혈	흔함	없음
단백뇨	약함~중등도	대량
혈뇨	육안적 혹은 미세형	미세형 혹은 없음
적혈구 원주	있음	없음
고질소혈증	있음	없음
혈중칼륨수준	정상 혹은 증가	정상
혈중단백수준	최소 감축	현저히 감소함
혈중지질수준	정상	상승
발병 시 최고 나이(년)	5~7세	2~3세

5. 요로결석 [성인질환]

정의	소변 성분의 일부가 침전하고 결정화해서 요로 내(신장, 요관, 방광, 요도)에서 비정상적으로 침착하고 커져 돌모양으로 형성된 구조물	
역학	30~50대에 호발하며, 남성에서 많이 발생하고 일상에서 남성이 이환될 확률은 9%임	
호발부위	요관이 좁아지는 부위. 즉, 요관 신우부위, 요관 혈관부위 및 요관 방광부위는 결석이 쉽게 걸릴 수 있는 지점으로 상부 요로결석(신장결석, 요관결석)이 95% 이상, 하부 요로결석(방광결석, 요도결석)이 5% 이하임	
원인 11,20 국시	내분비·대사 이상	부갑상선기능항진증, 요세관산증, 쿠싱증후군, 통풍 등의 내분비 이상이나 대사 이상
	투여 중인 약물이나 식이	요산배설촉진제, 스테로이드, 아세타졸아미드 등의 약제, 식생활의 서구화(고단백식, 고퓨린식 섭취)
	오랜 병상생활	오래 누워지냄으로 일어나는 뼈 흡수의 촉진, 소변정체와 요로감염 등의 위험 증가
	수분섭취 부족	체액량 감소, 소변의 농축 등
	요로 통과 장애	소변정체 초래
	요로 감염	대장균 등이 소변 속의 요소를 분해해서 암모니아를 생성하며 소변을 알칼리화함으로써 인산마그네슘 암모늄이 다량으로 침전됨(감염결석)

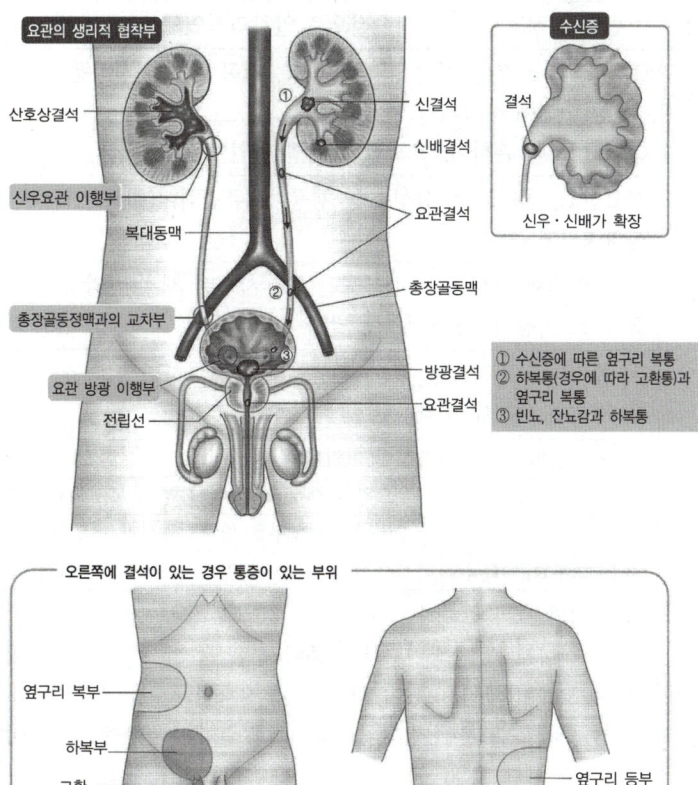

[신장·요로결석의 병태생리]

병태 생리	정상기전	① 신장의 수질부분에서는 최고 약 1,500mOsm까지 소변의 농축이 이루어짐 ② 혈장의 약 5배까지 소변을 진하게 만들고 있음 ③ 이와 같은 환경 속에서는 다양한 염류가 포화상태로 존재하고 있기 때문에 어떤 결정이나 이물질이 핵이 되어(결정화) 결석이 형성되는 일이 쉽게 일어날 수 있음 ④ 보통은 결정화를 막기 위한 억제인자(pyrophosphate, 인산, 구연산, 마그네슘 등)가 작용하여 결정 형성을 막는 기전이 존재하고 있음
	병리기전	① 결석 형성 억제인자의 이상 : 피로인산염(pyrophosphate)이나 인산염(phosphate), 구연산, 마그네슘 등의 이상으로 발생할 수 있음 ② 요중에 포화되어 있는 결정염을 더욱 과포화상태에 이르게 하는 환경 : 식이습관, 신장기능, 대사상태, 해부학적 이상 등 ③ 탈수와 같이 수분섭취가 불충분하면 농축은 더 심해지고 칼슘복합체에 다른 물질이 침전되어 결국 결석을 형성함 ④ 결석이 요관을 막아 소변의 흐름이 막히면 요관이 팽창되고, 폐쇄를 해결하지 않으면 소변정체로 인해 수신증(물콩팥증)이나 감염이 생길 수 있고 비가역적인 신장손상이 발생할 수 있음
유형 03,11, 18 국시	수산칼슘결석	① 수산 칼슘(calcium oxalate)이 가장 많고 다음으로 인산 칼슘이 흔함 ② 수산은 일부 과일과 채소에 존재함, 체내 수산은 대부분 간에서 대사과정 중 발생함 ③ 특정한 음식물이나 비타민 D를 과다섭취하거나 일부 장애 시행된 수술, 여러대사 장애로 인해 소변 내의 칼슘과 수산농도가 높아져 수산칼슘결석을 형성함
	인산칼슘결석	소변량이 적고 소변이 지속적으로 알칼리성인 상태에서 발생함
	인산마그네슘 암모늄석	① Struvite 결석, 붉은 고기나 내장, 전곡류, 고인산식품 섭취를 과다하게 하거나 알칼리성 소변에서 크기가 커짐 ② 여성에서 흔하며, 요로감염의 주 원인이 됨
	요산결석	과요산뇨, 체액고갈, 산성소변, 통풍, 고퓨린식이(내장, 가금류, 생선, 알코올, 정어리 등), 항암치료제 [20 국시]
	시스틴 결석	① 상염색체 열성유전 : 신세뇨관에서 시스틴 재흡수 감소 → 시스틴뇨증 ② 주로 아동기·청소년기에 발생
증상 및 징후 03,11, 18,20 국시	통증	① 예리하고 갑작스런 통증, 진통제로도 완화하기 어려움 ② 결석의 위치에 따라 | 신배결석 | 증상이 거의 없음 | |---|---| | 신우결석 | 신우요관 이행부 폐색, 측복부 둔통, 신우신염 초래 | | 상부요관 결석 | 옆구리 통증, 복부로 방사, 오심과 구토를 동반함 | | 하부요관 결석 | 측복부 통증, 서혜관 따라 음낭(남성), 음순(여성)으로 방사 | ③ 결석의 크기에 따라 　㉠ 작아서 잘 움직일수록 통증이 심함 　㉡ 결석이 크면 수신이 되어 둔통 지속됨 ④ 늑골척추각압통 : 신결석의 25%, 요관결석의 75%에서 나타남

증상 및 징후 03,11, 18,20 국시	방광자극증상		① 결석이 방광을 자극하여 방광염이나 혈뇨 증상을 보이기도 함 ② 결석이 방광 경부를 폐쇄하면 요정체가 일어남
	전신증상		대상자는 흔히 오심, 구토 및 혈뇨를 경험하며 감염이 있을 경우 오한과 발열을 호소
	합병증	요관수종	신장에서 형성된 결석이 요관을 막아 소변의 흐름을 막으면 요관 팽창
		수신증	하부요로가 막혀서 발생
		혈뇨	요관내벽 손상 시 발생

진단	소변검사	• 소변분석검사에서 적혈구, 백혈구, 세균 등이 나타날 수 있음 • 소변현미경검사에서 결석을 형성할 수 있는 결정체를 발견할 수 있음
	혈액검사	감염 시 혈청백혈구수 상승 혈청칼슘, 혈청인산염, 혈청요산 등의 수치가 증가하면 결석형성의 요인으로 봄
	방사선검사	• 컴퓨터단층촬영(CT) : 결석의 위치와 크기를 빠르고 쉽게 진단할 수 있음 • 경정맥신우조영술 : 요로폐쇄를 확인할 때 유용, 그러나 조영제로 인한 급성신부전의 위험이 있어 최근에는 잘 사용하지 않음 • 초음파나 요로조영술 : 시스틴 결석이나 요산결석은 X-선 검사에서 잘 보이지 않아 초음파나 요로조영술로 결석을 확인함
	초음파 검사	신장초음파검사는 초음파를 통해 다양한 밀도의 구조를 재생함, 결석과 같은 단단한 구조는 매우 진하게 나타나 분명하게 보이나 작은 결석은 보이지 않을 수 있음

치료 및 간호	원인 제거			① 체외충격파 쇄석술
				  ⊙ 방법 : 결석을 작은 파편으로 부수기 위해 대상자를 쇄석기가 달린 편평한 시술대에 눕힌 후 30~45분 동안 500~1,500회의 충격파를 전달하는 시술, 쇄석술 후 결석 파편의 배출을 확인하기 위해 소변을 거름
				  ⊙ 적응증 : 상부요로결석의 80~90%가 치료됨, cystine 결석은 일반적으로 체외충격파쇄석술에 효과가 없음
				  ⊙ 주의점 : 출혈경향이 있거나 임신한 경우에는 금기이며, aspirin이나 혈전용해제 복용여부를 반드시 확인해야 함
				② 역방향 요관신장경 결석제거술 : 내시경적 시술로 요관경은 요도와 방광을 지나 요관으로 들어감. 결석을 발견하면 그물망, forceps, 올가미 등을 이용해 결석을 제거함
				③ 경피적 신장·요관결석 제거술 : 전신마취상태에서 복위나 측위를 취한 후 투시촬영으로 피부를 통해 바늘을 신장으로 삽입, 일단 신장안으로 길이 만들어지면 내시경을 보면서 결석을 제거하고 결석이 클 경우 결석을 깨뜨려서 제거함
				④ 개복수술 : 결석을 제거하지 못하거나 요관이나 신장에 영구적인 손상위험이 있을 경우 수술적용

	대증 요법	통증조절		마약성 진통제 정맥주입, NSAIDs 투여, 항경련제
		감염예방		① 적절한 항생제 투여 ② 적절한 식이 섭취 : 영양균형을 맞춘 충분한 영양섭취 ③ 충분한 수분섭취 : 2~3L/일
		약물요법	인산칼슘결석	hydrochlorothiazide(신세뇨관에서 칼슘 재흡수 증가) 투여
			수산칼슘결석 (calcium oxalate)	allopurinol과 비타민 B_6 투여 | allopurinol | 요산 생성억제 | | 피리독신 (비타민 B_6) | 수산화칼슘 배설 촉진 |

치료 및 간호	대증 요법	약물요법	요산결석	allopurinol, 소변중화를 위해 중탄산나트륨, 구연산 등 투여
				allopurinol: 요산 생성억제
				중탄산나트륨: 소변의 알칼리화 (요산은 알칼리성 소변에서 잘 녹음)
				구연산: 소변에서 수산칼슘 결정체 응집억제 인자
			삼중인산염결석	인산결합제(암포젤) 투여로 인배출 촉진
		식이요법	① 부갑상선호르몬 생성자극을 막기 위해 비타민 D 함유 식품 섭취 제한 ② 결석 종류에 따라 식이섭취 조절	
			인산칼슘결석	차, 코코아, 인스턴트 커피, 콜라, 맥주, 사과, 포도 등 제한
			수산칼슘결석	고단백식품섭취 제한(단백섭취가 요중 수산 배설 증가)
			요산결석	고기내장, 가금류, 생선, 육즙, 적포도주 등 퓨린식이 금지
			삼중인산염결석	적색고기/고기내장/고인산식품 제한과 소변의 산성화를 위한 크랜베리주스 등을 섭취함(알칼리 상태에서 인산암모늄마그네슘 형성)
	지지 요법	재발방지를 위한 교육 ① 수분섭취 권장 : 1일 3리터 이상 ② 단백섭취 제한 : 육류 식사 1일 2회 이하 ③ 저염식이(하루 2g 이하) ④ 적절한 양의 칼슘섭취 권장 ⑤ 감귤류 과일주스 섭취 증가 ⑥ 요정체가 유발되지 않도록 규칙적 배뇨 ⑦ 적절한 활동		

6 요실금 [성인질환]

정의		요의 흐름을 조절할 수 없어 요가 저절로 새어나오는 상태
병태생리	정상 배뇨과정	방광 내에 400~500mL의 소변이 차면 방광근이 늘어나 방광내에 있는 신장수용기가 자극을 받음 → 신장수용기 자극은 구심성 신경을 활성화하여 뇌의 배뇨중추를 자극하고 부교감신경을 활성화하여 요도괄약근을 이완하고 방광을 수축하여 배뇨가 시작됨
	중추신경장애	대뇌는 방광의 활동성을 억제하고 외요도괄약근을 조절하여 배뇨를 수의적으로 조절함 • 기저핵이나 시상에 병변이 발생할 경우 비억제성 배뇨근 수축 발생가능 • 뇌색전·뇌출혈·뇌종양·뇌막염·뇌외상 발생 시 대뇌신경계의 전달통로에 문제가 생겨도 실금이 생길 수 있으며 흔히 절박요실금이 나타남
	척수손상/ 말초신경장애	척수는 방광과 대뇌의 배뇨중추를 연결하며 구심성 신경과 원심성 신경의 통로가 됨 • 척수기형, 척수손상, 종양이나 척추골절에 의한 척수압박, 추간판탈출증, 전이성 종양, 척수수술 후 부종 등으로 요실금이나 요정체가 발생할 수 있음 • 척수손상의 부위에 따라 다양한 양상의 방광기능장애가 발생할 수 있음 　- 척수의 S2 상부나 대뇌피질중추의 손상은 배뇨반사를 억제하는 대뇌피질의 조절작용을 방해하여 절박요실금을 유발할 수 있음 　- 척수의 S2~S4 손상은 배뇨근의 수축력을 저하시켜 요정체를 유발함 　- 골반강 내 수술, 당뇨 등으로 말초신경 손상이 발생한 경우에도 방광기능장애가 발생할 수 있음
	방광장애	• 여러 요인으로 방광이 충분히 수축하지 못하면 잔뇨가 발생하며 이로 인한 세균의 성장으로 요로계 감염이 흔히 발생함 → 요로계 감염은 소변 속의 세균이 방광점막을 자극하여 요도방광반사를 비정상적으로 자극하여 실금을 초래할 수 있음 • 방광의 수축력 저하는 요정체로 인한 범람요실금을 유발할 수 있음
	골반근육장애	• 기구사용, 수술, 외상, 요도감염으로 인한 반흔, 조임근 병변, 회음부 구조의 이완(출산 후) 등에 의한 요도괄약근 장애로 요실금이 유발될 수 있음 • 복압요실금은 일차적으로 골반저근이 약화된 여성에게 흔하나 남성의 경우 전립샘절제술 후에 볼 수 있음
진단검사	소변검사	요로감염여부를 확인하고, 감염이 있다면 실금치료 전에 감염을 먼저 치료
	패드검사	요실금으로 인한 요누출의 양을 측정하는 검사로 검사 15분 전 500mL의 수분을 섭취한 후 1시간 동안 요실금을 유발하는 활동을 시행하며 패드의 무게 측정 → 1시간 소변누출량이 1g 이상일 때, 24시간동안 4g 이상일 때 양성으로 판정
	요역동학 검사	• 요실금의 정확한 원인을 파악하기위해 시행 • 저장 시 방광의 유순도 저하나 배뇨근의 과활동성(절박요실금) 유무, 괄약근의 활성도 측정(복압요실금), 배뇨 시 배뇨근 수축력(저하 시 요정체 또는 범람요실금)과 배뇨 후 잔뇨량 측정 • 소변누출압은 성인의 기능적 방광용적의 절반정도인 200mL 방광충만 상태에서 배에 힘을 주게 하여 소변누출 유무를 확인하고 소변누출 발생 시 압력 측정

	유형	정의/특징	원인	치료	
유형 14 국시	스트레스성 요실금 (복압성, 긴장성) 09,12,14,15, 23 국시	갑작스런 복압상승으로 소변 흐름을 조절 못함 - 기침, 웃음, 운동, 계단을 급히 오를 때, 무거운 물건을 들어올릴 때	① 골반근육 이완(치골미골근 약화) ② 폐경, 여성에게 흔함 ③ 비만 등 ④ 남성의 전립샘수술 후 발생	알파 교감 신경작동제 투여	요도괄약근을 수축시킴
				에스트로겐 제제	폐경기 여성에서 요도기능회복과 요도자극 감소
				골반저근육 운동	치골미골근 강화
				체중감소	복압 감소
	절박성 요실금 (긴박성) 05 국시	요의를 느낀 후 화장실 도착 전에 불수의적으로 요 누출이 발생하는 것	배뇨근의 불안정이나 과민성에서 기인함 ① 다발상경화증, 뇌졸중, 파킨슨병, 척수종양, 비뇨기계 감염, 전립샘 비대증 등에서 나타날 수 있음 ② 카페인, 알코올, 이뇨제로 인한 방광의 불안정성과도 관련됨	① 원인치료 ② 골반저근육 운동, 방광훈련 ③ 항콜린성 약물 : 방광의 평활근 이완 ④ 전기자극	
	일류성 요실금 (역리성)	방광이 완전히 비워지지 않고 지속적으로 새어나오는 넘쳐 흐르는 요실금	① 방광출구 폐쇄 : 전립선 비대 등으로 인한 요폐쇄 상태 ② 신경근육질환(추간판 탈출증, 당뇨병성 신병증)이나 수술 및 마취 등으로 인한 이완성 방광	① 인공도뇨, valsalva 수기 ② α-교감신경차단제(doxazosin) : 요도괄약근을 수축시키는 알파 교감신경을 차단하여 요배출 시 저항감소 ③ 콜린성제제(베타네콜 등) : 이완성 방광에서 방광수축을 자극하여 소변배출 촉진	
	반사성 요실금	방광에 소변이 찰 때 예측가능한 간격으로 일어나는 불수의적 요실금	S_2 수준 이상의 비정상적 척수반사로 인해 배뇨근의 과잉반사	원인교정, 간헐적 도뇨, α-교감신경 차단제	
치료 및 간호 01,02,05, 14,20,23 국시	대증요법	행동요법	① 골반저근육 운동(케겔운동) ㉠ 경미한 요실금의 1차 치료방법 ㉡ 여성의 복압요실금은 출산전후 골반저근운동으로 예방할 수 있음 ㉢ 방법 : 방귀를 참듯이 근육을 위로 당기듯 끌어올려야 함, 운동 시 수축시간 6~8초, 1회 운동 시 8~10회, 하루 3회 운동 권장 ㉣ 골반저근운동은 구심성 음부신경을 활성화하여 배뇨근의 불수의적 수축을 억제하는데 도움이 됨 ② 방광훈련 ㉠ 배뇨일지를 분석하여 배뇨간격, 실금시간 파악, 실금하지 않는 범위내에서 배뇨간격을 1~2주마다 15~30분씩 늘려가도록 하여 정상배뇨 형태를 유지하게 함 ㉡ 요절박 증상을 억제하기 위해서 화장실로 뛰어가지 막고 움직임을 멈춘 상태에서 이완법, 주의 분산법, 골반저근을 빠르고 강하게 수축과 이완하는 방법 등을 설명 ㉢ 약물치료와 병용할 경우 방광훈련의 치료효과를 높일 수 있음		

			약물	작용	간호중재
치료 및 간호 01,02,05, 14,20,23 국시	대증요법	약물요법	항콜린제 (propantheline bromide, oxybutynin, dicyclomine)	방광의 평활근을 이완시켜 방광근 긴장도를 감소시킴	• 협우각 녹내장 환자에게 금기 • 구갈, 안구건조증, 장운동 저하, 인지장애 등의 부작용이 발생할 수 있음
			베타교감신경작용제 (mirabegron)	배뇨근의 베타수용체를 자극하여 배뇨근을 이완 시킴	• 항콜린제에 비해 구강 갈증의 발생률이 현저히 낮음
			삼환계항우울제 (imipramine, desipramine)	• 항콜린과 알파교감신경 차단효과가 있음 • 기립성저혈압의 가능성이 매우 높음	• 아침에 현기증이 있을 수 있으므로 가능하면 취침 전 투여 • 항콜린 또는 알파교감신경 차단효과로 인한 부작용을 알려줌 • MAOI와 병용금지
			알파교감신경차단제 (prazosin, phenoxybenzamine)	배뇨근을 이완시키고 방광경부의 근긴장도를 감소시킴	• 기립성저혈압을 주의하도록 교육 • 복압요실금이 악화될 수 있음
			PDE(phosphodiesterase) 억제제		
			sildenafil	cAMP 생성을 자극하여 배뇨근을 포함한 평활근을 이완시킴	
			botox	• 보툴리눔독소로 배뇨근을 마비시켜 방광 용적을 증가시킴 • 항콜린제 약제에도 효과가 없을 경우에 시행 • 방광근육에 직접 주사	• 흔한 부작용은 통증, 경미한 혈뇨임 • 요축적이 발생할 수 있음
			콜린제(bethanechol, neostigmine)	방광수축을 자극하여 이완성방광을 치료함	구토, 설사, 복통, 호흡곤란 등의 부작용이 나타날 수 있음
		수술	요도주위콜라겐 주입, 중부요도테이프거치술, 인공요도괄약근		
		기타	전기 자극법, 기계적 압력(질내 삽입된 페서리는 방광의 목부분에 압박을 가함/ 남성은 음경겸자 적용), 체외 배뇨(방수팬티, 외부콘돔배출)		
	지지요법	① 금기가 아니라면 하루 2~2.5L의 수분 권장 ② 카페인 섭취 제한 ③ 피부보호를 위해 침상, 의복 관리			

7 신부전 09,22 임용 [성인질환]

정의	급성신부전	신기능의 갑작스런 상실 → 치료로 회복되는 가역적 상태
	만성신부전	심각한 신기능 저하 → 치료로 회복되지 않는 비가역적인 상태
	말기신부전	신장 기능의 10%만 남은 상태

급성 신부전 20 임용 (사례)			신전성	신성	신후성
	원인 10 국시		① 체액부족(설사, 구토, 출혈, 이뇨제, 화상 등) ② 심박출량 저하(심부전, 심장압전, 심박동장애 등) ③ 말초혈관저항 감소(패혈증, 쇼크, 아나필락시스, 산증, 혈관확장제 투여, 저혈압 등) ④ 신혈관 혈류 감소(양측성 신정맥 혈전증, 색전증, 간신성 증후군, 신동맥 혈전증, 신동맥 폐색과 같은 혈관협착) ↓ 혈액 순환량 감소 ↓ 자율 조절기전(신장혈관수축, RAA 체계의 활성화, 항이뇨호르몬의 분비)이 작동하여 소변량이 감소해 핍뇨증(1일 소변배설량 400mL 미만) 야기	① 신독성 물질(항생제, 화학물질, 중금속) ② 수술, 압박손상, 전기쇼크, 심한 근육운동 ③ 유전적 요인 ④ 질환 : 사구체질환(사구체신염 등), 전신질환(당뇨, 고혈압, SLE, 다낭성 신증, 신결핵 등), 신장혈관성 문제(DIC, 혈전, 색전 등) ⑤ 신 이식 거부반응 ↓ 세뇨관이 손상되고 세뇨관 세포가 괴사되면서 여러 성분(예 적혈구, 원주체)이 세뇨관내강을 막으면 소변의 흐름을 방해하여 소변형성과 배출장애를 초래함	① 전립선 비대, 요관 결석, 종양, 신경성 방광 ② 척수손상 : 방광을 비우는 능력 감소 ↓ 혈청 BUN과 creatinine 수치가 점진적으로 상승함, BUN이 혈청 creatinine 수치보다 빠르게 상승하는 것은 주로 단백질 이화과정의 증가나 체액감소 원인이나 BUN과 creatinine 수치 모두가 상승하면서 둘 사이의 비율이 일정하게 유지되면 신부전이 발생된 것으로 봄
	병태 생리 14 국시		저혈량과 신혈류 감소는 레닌의 분비 자극 → RAA 체계를 활성화 → 말초동맥, 구심성 동맥(사구체에 혈액공급) 수축 → 신혈류 감소 → 사구체 여과율 감소, 세뇨관 기능장애 → 핍뇨 ** 원심성 동맥 : 사구체에서 혈액운반		특정부위의 폐색 → 배출되지 못한 소변의 역류 → 신장 내 압력의 증가 → 신기능 손상 → 무뇨, 핍뇨, 다뇨 등
	경과	① 발병 초기 (시작기)	• 기간 : 수시간~수일간 • 유발요인에 의해 시작되어 증상이 나타날 때까지의 기간 • 혈청 creatinine과 BUN 상승 • 조기중재로 신장 기능을 되돌리고 더 이상의 손상을 예방할 수 있는 단계		
		② 핍뇨기	• 기간 : 시작기 이후 1~7일에 나타난 2주간 지속(몇달간 지속될 수 있음) • 원인이 허혈일 경우 24시간 내 핍뇨(소변감소증)이 나타남 • 독성약물이 원인일 경우 소변량은 유지되지만 노폐물을 배출하지는 못함 • 신장세뇨관 손상으로 요농축 능력 상실을 나타냄 • 사구체막 이상일 경우 단백뇨 • BUN, 혈청 creatinine, 혈청 칼륨, 마그네슘, 인산 등이 증가 • 혈청칼슘, 중탄산염의 감소 • 대사산증 : 신장에서 암모니아 합성장애(암모니아는 수소이온 배출에 필요)와 중탄산이온 재흡수 장애로 인해 발생 • 뇌와 신경계에 질소 노폐물이 축적되어 뇌증상(피로, 집중장애, 발작, 혼미, 혼수 등) 발현 • 핍뇨가 길어질수록 예후가 나쁨		

급성 신부전 20 임용 (사례)	경과	③ 이뇨기	• 기간: 핍뇨성 급성신부전이 발병된 후 2~6주 후에 시작하여 1~3주간 지속 • 세뇨관 요농축 능력의 상실로 인해 소변량은 1일 1~3L에서 시작하나 3~5L까지도 증가 • 지나친 이뇨로 저혈량, 저혈압 초래 • 혈청내 나트륨과 칼륨 감소, 탈수
		④ 회복기	• 신부전 발생 후 12개월까지 신기능이 계속 나아짐 • 사구체여과율이 증가하고 BUN과 creatinine이 감소함 • 신부전의 중증도와 합병증의 정도에 따라 회복이 달라짐 • 만성신부전으로 진행될 수 있음 • 젊은 사람에 비해 나이가 많을수록 신기능이 저하됨

만성 신부전	병태생리 09 임용 / 13 국시	① 신장의 70~80%가 기능하지 못해도 효과적인 사구체여과율을 유지할 수 있음, 이는 손상된 네프론이 기능을 하지 못해도 남은 정상 네프론이 이를 보상하기 때문임 ② 이 상태가 오래 지속되면 보상기전이 파괴되어 신부전 상태가 됨 ③ 사구체여과율이 감소하고, 소변생성과 수분배설에 이상이 오며 전해질불균형이 발생함	
	단계	단계	사구체여과율(mL/min)
		1단계	≥ 90
		2단계	60~89 (신 손상의 초기 단계, 임상증상 없음)
		3단계	30~59 (전해질 불균형 등 임상증상이 나타남)
		4단계	15~29 (신기능 저하에 따르는 다양한 대사 이상(대사성 신부전, 신성 골이영양증, 빈혈, 고혈압 등)이 나타남)
		5단계	< 15 (투석 또는 이식 필요)
	원인	당뇨병(가장 흔함), 고혈압, 사구체신염(주로 아동) 등	
	발병률	남녀 동일, 20~64세, 중년기 호발	

증상과 징후 14 국시	소변량 변화	핍뇨 (혹은 무뇨)	① 1일(24시간) 소변 배설량 400cc 이하(시간당 30~40mL 이하) ② 고삼투압, 요비중 높은 소변 배설 ③ 약간의 단백뇨 ④ BUN : Cr = 40 : 1			
		다뇨(비핍뇨)	① 1일(24시간) 소변 배설량 2L 이상(정상 소변량 1일 400mL~2L) ② 저삼투압, 요비중 낮은 소변 배설 ③ 탈수증상 ④ 구강점막건조, 피부탄력성 저하, 따뜻하고 홍조, 허약, 두통, 빈맥(보상작용), 기립성저혈압			
		무뇨, 다뇨의 반복	신후성 신부전(요로계 폐색)			
	요비중 변화	요비중↑	신전성 신부전	요검출의 이상	단백뇨	신성신부전, 신후성신부전 등
		요비중↓	비핍뇨성, 다뇨성 신부전 시		혈뇨	신성신부전(사구체 신염)
		희석뇨 (요비중↓) 야간뇨	네프론 손상 → 사구체 여과율 감소 → 신장의 수분 분획 배설률 증가 (희석능력 유지) → 다량의 희석뇨, 야간뇨		과립성 원주체, 탁한 갈색뇨	신성신부전(급성세뇨관괴사)
					지방원주체	신증후군, SLE, 당뇨사구체경화증 등으로 인한 신부전
					BUN : Cr 상승	사구체 여과율 감소 → 단백질 대사산물 축적

증상과 징후 14 국시	노폐물 배설	고질소혈증 → 요독 증후군 발생	고질소혈증 (azotemia)	사구체 여과율 저하(정상의 20~35%까지 감소) : 혈액 요소 질소(blood urea nitrogen), 크레아티닌과 같은 질소 대사 산물의 상승 • BUN : 신기능 저하 외에도 단백질 섭취, 탈수, 간기능 장애, corticosteroids 복용 등이 있을 때 증가하므로 혈청 creatinine과 신장의 크레아티닌청소율이 더 정확한 신기능 평가지표가 됨 • creatinine : 골격근 속에 있는 creatinine과 근육 속에 있는 크레아티닌산에서 나옴, 근육량과 신체움직임이 크면 혈청 creatinine 수치가 상승하여 같은 정도의 신장손상이라도 노인은 젊은 사람보다 혈청 creatinine치가 낮음
			요독증 (uremia)	① 신기능의 저하에 따른 임상 증상들의 증후군을 총칭 ② 신장기능의 장애와 해독성분의 여과장애로 인하여 수분 및 전해질대사의 이상이 나타남
			(1) 신경계	각종 대사물질의 축적으로 중추신경계 이상과 전신기능장애 발생 → 혼동, 혼수, 발작, 감각변화, 자세고정 불능, 말초신경병증 말초신경병증 • 약 60~80%의 만성 신부전증 환자에서 말초신경병증이 발생 • 양쪽 대칭적으로 감각 및 운동신경을 동시에 침범하는 형태로 흔하게 관찰 • 주로 하지에서 상지로 증상이 발생함 • 증상 - 발의 작열감, 하지불안증후군, 근경련, 통증이 없는 이상 감각증, 감각소실, 운동장애 등 - 건망증, 집중력 저하, 주의력 감소, 사고력 장애, 판단력 장애, 안구진탕증, 청력장애 - 요독성 흑내장(눈에 칼슘염 침착으로 일시적 시력상실, 그러나 수시간~수일 내 호전)
			(2) 위장 관계	① 요독성입냄새, 요독성구내염, 호흡 시 요독성입냄새 유발 : 질소성 노폐물의 증가와 대사산증 때문에 발생함 ② 소화성 궤양 : 만성신부전에서 나타나는 고가스트린혈증으로 위, 소장, 대장 등에 궤양을 형성하고 위장계 출혈 발생
			(3) 호흡 기계	① 대사산증을 보상하기 위한 쿠스마울 호흡 ② 체액과다로 인한 폐부종 ③ 요독성 흉막염, 흉막삼출액, 폐포의 대식세포 활동저하 등 ④ 요독성 폐나 요독성 폐렴 : 흉부 X-선 검사에서 간질부종소견을 보임, 이 부종은 투석치료동안 빠르게 감소함
			(4) 심장계	① 울혈성 심부전 : 빈혈, 고혈압, 수분과다 등은 심장의 부담을 증가시켜 좌심실비대와 울혈성심부전을 유발함 ② 요독성심낭염 : 심낭은 요독성 물질에 의해 자극을 받아 염증상태가 됨, 심낭염으로 인해 심낭삼출과 심장압전이 생기면 사망할 수 있음
			(5) 혈액계	① 빈혈 : 적혈구생산 감소, 적혈구수명 단축 09 임용(보기) ② 요소 축적 → 혈소판 응집방해, 출혈경향(점상출혈, 자반증)
			(6) 생식 기계	요독소 축적 & 호르몬 대사 이상 무월경, 불임 / 발기부전, 고환위축, 정자과소증, 성욕감퇴 등
			(7) 피부계	대사산물이 신장으로 배출 안 됨 → 피부 모세혈관으로 배출 피부색 변화 : (오렌지색, 회색, 갈색) 반복되는 과도한 수혈로 발생하는 과잉철분에 의한 침착 또는 urochrome 축적 등 ① 연한색의 결정체, 힘없는 머리카락 ② 얇고 약한 손톱, 붉은 띠의 손톱-Muehrcke's line ③ 반과 반 손발톱(half and haf nail) : 근위부 하얗고 원위부 갈색으로 변함
			(8) 기타	감염위험 증가(속발성 감염으로 인한 사망률↑) : 헤르페스 바이러스 등 ① 영양실조, 세포 내 칼슘 증가, 철분과잉, 투석막, 요독 물질 등 → 다형핵 백혈구 등의 기능변경 ② 투석 카테터, 반복적인 주사침 삽입 등으로 인한 피부 방어벽 손상으로 원인균 노출 위험 증가 ③ 노폐물의 심장막 자극으로 인한 심낭염(심낭마찰음, 흉막통, 열, 빈맥 등)

증상과 징후 14 국시	전해질 불균형 03,12,13, 18 국시	나트륨 불균형		① 세뇨관 손상으로 나트륨을 보존하지 못하게 되어 혈청나트륨은 정상이거나 낮음 ② 다량의 수분이 정체되면 희석성 저나트륨혈증이 나타나고, 나트륨이 정체되면 부종, 고혈압, 심부전이 나타날 수 있음	
			증상	심한 갈증, 오심, 구토, 식욕부진, 호흡곤란 → (뇌세포의 탈수) → 안절부절못함, 운동실조, 의식 혼미, 섬망, 경련, 혼수 등	
		고칼륨혈증 09(보기),22 임용 / 20 국시		① 네프론 손상 → 사구체 여과율 감소(→ 고칼륨혈증) ② 대사성 산증에 의한 고칼륨혈증 ③ 식품에 함유된 카륨섭취, 조직의 손상, 수혈, 출혈 등	
			증상	심혈관계	① 초기에는 빈맥, 후기에는 서맥 ② 부정맥	푸르키녜(Purkinje) 섬유와 방실결절을 통한 심장 전도의 장애로 인해 기외성 박동을 야기하고 이완기가 연장됨 심박조율기와 기외성 자극 증가
					③ 저혈압, 심근 수축의 약화 ④ 심장 수축의 약화, 심장마비(심정지)	심한 칼륨상승으로 나트륨 통로의 불활성화
					심전도 변화 ① T파 높이 증가 ② QRS 간격 연장 ③ P파 소실 ④ QT 간격 단축	고칼륨혈증 진폭이 감소된 R간격, 좁아지고 높아진 T파, 넓고 평평해진 P파, 길어진 PR간격, 내려간 ST절
				위장관계	오심, 간헐적인 위장관 산통, 장 운동 증가와 장음 항진, 장경련, 설사 등	평활근 수축과 장 연동 운동 증가
				신경근육계	허약감과 손·발·얼굴이 저리거나 무감각이 있을 수 있음	혈청 내 칼륨의 상승은 근육의 탈분극을 차단시켜 근육 허약
					지각이상, 근육경련, 통증이 있음	골격근의 신경근 흥분성의 증가
				신장계	핍뇨, 후기에는 무뇨	기존의 신장기능 장애로 인함 소변에서 칼륨 배설의 제한
		• 저칼슘혈증 8.5~11mg/dL↓ • 고인산혈증 3.0~4.5mg/dL↑		① 음식으로 섭취한 인산염은 소변으로 배설되는 것이 정상인데, 신기능이 저하되면 사구체여과율 감소로 인의 배설량이 줄어 혈청인 수치가 증가(고인산혈증)하면서 칼슘수치는 감소(저칼슘혈증) ② 신장은 소장에서 칼슘흡수를 촉진하는 비타민 D 생성에 필요한 호르몬 1,25-dihydroxycholecalciferol(디하이드록시콜레칼시페롤)을 생성하는데 신기능이 저하되면 활동성 비타민 D 생산이 감소하므로 소장점막에서 흡수하는 칼슘량도 적어짐	
			증상	① tetany : 입 주변 뒤틀림, 손가락 저림 - 무감각, 손목-발-얼굴경련, 후두 경련(→ 후두연축, 천명음) ② 부정맥 : ST분절 증가, QT간격 증가, 전도지연 ③ 심계항진, 약한 맥박, 저혈압 ④ 병리적 골절, 피부건조, 머리카락 건조 ⑤ Trousseau's sign(+), Chvostek's sign(+) ※ 변비 : 고인산혈증 치료 시 사용하는 인산염결합약물(암포젤 등)에 의해 발생 또는 수분제한, 고섬유질 음식제한		

증상과 징후 [14 국시]	대사 조절 이상	고마그네슘 혈증	마그네슘은 일차적으로 신장에서 배설되므로 신부전으로 마그네슘을 적절히 배설하지 못해 고마그네슘혈증을 초래함
			증상: 반사소실, 각성상태의 저하, 심장리듬장애, 저혈압, 호흡부전 등
		부갑상선 호르몬↑ (속발성 부갑상선 기능항진증)	정상) PTH → ① 신장 자극, 장의 칼슘흡수 증진 → Vit D 활성화 → ② 신장에서 칼슘 재흡수 증가, 인배설 촉진, 뼈에서 칼슘 유리
			신장 기능 저하 → Vit D 활성화 전환 물질의 저하 → 장 칼슘흡수 저하 → (저칼슘혈증, 고인산혈증 상태) 부갑상선호르몬 분비 촉진 → 뼈로부터 칼슘의 유리 촉진(뼈의 탈 무기질화) → 체내 피하혈관, 내강조직에 석회화(용해되지 않음) 물질 축적(과도한 인은 칼슘과 결합해 전신에 축적) → 골이영양증, 골연화증, 골경화증, 섬유성 골염 등 발생(관절통, 골기형 등 잦은 골절, 성장지연)
		신성 골이영양증	① 만성 신질환에서 칼슘, 인대사 변화로 인해 나타나는 골격계 변화 징후 　㉠ 비타민 D 활성화 전환물질의 저하 → 활성형 비타민 D 감소 → 골연화증 초래 　㉡ 인 축적 → 칼슘감소 → 부갑상선 기능 항진증(비타민 D 활성화 전환물질의 저하로 십이지장과 공장에서 칼슘흡수 저하로 저칼슘혈증, 고인산혈증이 초래됨, 그로 인해 부갑상선호르몬 분비 촉진) 　㉢ 암포젤 과다사용 → 알루미늄 축적 　㉣ 대사성 산증, 복막 투석 → 무형성성 골이영양증 ② 형태 　㉠ 골연화증 : 골 전환율이 저하되어 새로 형성된 뼈의 무기질화에 결함이 있는 탈무기질화 상태 / 신장의 알루미늄 배설 능력 저하로 나타날 수 있음 　㉡ 낭성 섬유성 골염 : 뼈의 탈칼슘화, 뼈 조직이 섬유조직으로 대체됨으로써 나타남
		호르몬 이상	뇌하수체호르몬 상승(성장호르몬, 유즙분비호르몬, 난포자극호르몬, 황체화호르몬 등), 갑상선자극호르몬 반응 둔감에 따른 갑상선기능저하증 등
		소양증	① 저칼슘혈증, 고인산혈증으로 인한 2차적인 부갑상선기능항진 → 피부에 칼슘 축적 → 심한 소양증 ② 투석환자의 50~90%에서 나타남 : 동정맥루 부위 등
		대사성산증	① 정상 : 신장의 균형조절 : HCO_3^-의 농도를 26~28mEq/L로 일정하게 유지하여 pH를 7.4 유지(HCO_3^- 재흡수, H^+ 배설) ② 네프론 손상, 신장기능 저하 → 세뇨관의 HCO_3^- 재흡수 저하, H^+ 배설 저하 ※ 대사성 산증 : 세포내액 → 세포외액으로 K^+ 이동해서 고칼륨혈증 유발
			증상: 두통, 기면, 설사, 혼미, 혼수, 경련 / 식욕부진, 오심, 구토 보상작용 → Kussmaul respiration : 깊고 빠르며, 과일 냄새 나는 호흡
		탄수화물 대사장애	외인성 인슐린, 신장에서 분해됨 : 신장기능 저하 → 사구체 여과율 감소 → 인슐린 분해 감소 → 인슐린 요구량 감소
		중성지방의 상승	신장기능 저하 → 요독증 → 지단백 지방분해효소(lipase)의 감소와 인슐린 저항(간에서 triglycerides 생산을 자극하고 고지혈증은 죽상경화증을 악화하는 결정적인 위험요인이므로 말기 신장질환이 있는 당뇨환자의 죽상경화증을 더욱 악화시킴) → 고지혈증
			장기적으로 복막투석을 받는 경우 복막투석액에서 흡수된 포도당 양의 증가로 혈당치가 상승하고 인슐린 용량의 증가는 간에서 triglycerides 생산을 자극함
		고가스트린 혈증	신기능 저하 → 가스트린 대사 저하 → 가스트린 축적 → 위의 벽세포에서 HCl 분비
			궤양질환 발생 + 식도염, 위염, 대장염, 위장관 출혈, 설사 등 발생
		저단백혈증	단백뇨, 부적절한 단백질 섭취 등으로 발생 (저단백혈증 → 혈관 내 교질삼투압 감소)

증상과 징후 14 국시	혈압 조절 이상	고혈압 ↓ 심부전 등 심혈관계질환 뇌출혈 위험 등	① 체내 수분축적, 나트륨 과잉으로 인해 발생 → 폐부종, 말초부종, 체중증가 ② 신 혈류 감소, 사구체 여과율 감소 → RAA 활성화 → 안지오텐신 II(강력한 말초혈관 수축작용) → 알도스테론 분비, ADH(바소프레신) 분비 자극 → 세뇨관 수분 보유, 체액량 증가 → 혈압상승
	조혈 이상	빈혈	① erythropoietin 장애→적혈구 생성감소(∴정기적으로 혈액검사 실시) 09 임용(보기) ② 요독증, 식이제한으로 인한 영양부족, 위장관에서의 철분흡수장애, 부갑상선 호르몬 증가로 인한 골수의 섬유화 → 적혈구 생존시간 단축
		증상	창백한 피부, 피로, 쇠약, 추위에 예민, 호흡곤란 → 조직으로 산소공급 저하, 심박출량 증가, 좌심실비대로 인한 울혈성 심부전, 인지기능 저하, 정신력 저하 등 발생
치료 및 간호 중재 11,12,13, 14,17,19, 21,23,24 국시	원인 제거		신부전의 원인이 되는 신독성물질(약물 등) 사용 제한 & 제거, 기저질환 치료 등
	대증 요법	체액부족	탈수간호 : 입술 보호제, 부드러운 칫솔모, 알코올 세척제 사용×, 체위변경 천천히 (체위성 저혈압 예방), 2시간마다 1번씩
		체액증가	① 피부간호 : 발뒤꿈치 관찰(심박출량 부전에 따른 말초조직 관류장애) → 붉게 변하면 탄력스타킹 적용 가능 ② 머리를 30~40도 정도 올린 자세(중력으로 인한 횡격막 복압 감소) & 뇌부종 방지(경정맥으로 혈류 복귀 향상)
		저나트륨혈증	수분제한(갈증 → 얼음조각)
		고나트륨혈증	염분제한(500~2,000mg/일)
		고칼륨혈증	① EKG 변화(T파 변화 등) 모니터링, 이상증상 관찰 21 국시 ② 금식하고 인슐린(RI) 10~20UNIT과 함께 10% 포도당 100mL를 주입하여 포타슘을 혈청에서 세포 내로 이동시킴 22 임용 ③ Kayexalate, 이뇨제 투약 19,23 국시
		저칼슘혈증 고인산혈증	① 칼슘섭취(식사 30분 전, 우유와 함께) ② 병리적 골절 예방 위해 체위변경 시 주의
		빈혈	① 헤마토크릿(적혈구 용적률) 수치를 33~36%로 유지 - 합성에리스로포이에틴 투여 ② 헤마토크릿 수치가 심하게 떨어졌을 경우 - 수혈
		소양증	① 피부건조 방지(피부연고, 로션 등), 부분목욕(때수건으로 미는 것 금지) ② 심할 경우 광선치료(자외선)
	지지 및 보존 요법	(1) 신부전 환자의 식이요법 09 임용	
		고칼로리	• 충분한 열량을 공급하지 않으면 필요한 열량을 얻기 위해 근육 조직의 단백질을 쓰게 됨 (근육 단백질 분해 → 체내 노폐물 생성 위험) • 설탕, 젤리, 꿀 등(당뇨가 있는 경우는 다소 제한) 간식으로 자주 섭취 • 조리할 때 식물성 기름을 충분히 넣거나, 튀김 등의 방법으로 열량을 보충함
		단백질 제한	고기, 생선, 해물, 두부, 달걀, 콩 등을 대상자의 상태에 따라 적정량 제공
		염분 제한	• 소금, 간장, 된장, 고추장 등의 양념의 양을 반으로 줄여 사용 • 신맛을 내는 소스(식초, 레몬즙, 오렌지즙)와 겨자, 고추냉이, 후추 등 향신료를 이용 • 젓갈, 장아찌, 김치, 햄, 인스턴트식품 등을 피함
		칼륨 제한	• 식사 내 칼륨을 감소시키기 위해 채소는 재료의 10배 이상의 물에 2시간 이상 담근 후 (또는 데친 후 여러 번 헹굼)에 조리하는 것이 좋음 • 고칼륨식품 : 고등어, 연어, 감자, 딸기, 바나나, 오렌지, 멜론, 건포도, 시금치, 호박, 토마토, 치즈, 땅콩, 잣 등
		인 섭취 제한	잡곡류(현미, 검정쌀, 차수수, 차조, 율무, 팥, 녹두)와 감자, 옥수수, 토란, 은행

치료 및 간호 중재 11,12,13, 14,17,19, 21,23,24 국시	지지 및 보존 요법	(2) 신경 기능의 보존을 위한 간호 ① 필요할 때마다 반복적으로 오리엔테이션, 정보제공, 안내, 교육 ② 모든 일을 규칙적으로 하고 되도록 변화를 줄임 ③ 정신상태의 변화를 관찰 : 졸림, 권태, 피로, 안절부절못함, 실언, 몸의 꼬임, 발작 등 ④ 졸리거나 권태로 인해 활동이 저하될 수 있으므로 안전하게 활동하고 움직이도록 권장하고 도움 : 미끄럽지 않은 바닥의 신발, 필요하면 보행 시 보조기 적용 등 ⑤ 안정 도모 : 이완요법, 부드러운 목소리, 편안한 분위기 등 (3) 환자교육 ① 급성 질병 후 장기간 신장 기능 손상이 있는 상태가 지속될 수 있음을 설명함 ② 정기적인 요검사와 추후검사 필요함 ③ 처방 없이는 어떠한 약물도 투약하지 않도록 함

신장기능장애 환자의 주의를 요하는 약물	
NSAIDs, ACE억제제, 안지오텐신수용체 길항제, 항생제, 조영제 등 • NSAIDs : cyclooxygenase 억제→PG합성 억제하여 약리효과 • PG : 신장혈관확장물질	
약물을 짧은 기간 과용량 사용 또는 장기간 지속적으로 사용 시 급성세뇨관 괴사, 만성신부전 등 유발	
기전	신기능 장애환자의 NSAIDs 사용 → PG합성 감소→(신혈관 수축 → 신혈류 감소 → R-A-A활성화) 과도한 요농축 → 수분축적, 저나트륨혈증

④ 과도한 대사 작용으로 근육쇠약이 있을 수 있으므로 점차적으로 활동함(무리한 신체활동×)
⑤ 감염예방
  ㉠ 충분한 영양 섭취 / 체력단련 / 적절, 충분한 투석을 받음 / 혈관통로(동정맥루)를 청결히 함
  ㉡ 목욕이나 손을 자주 씻고 청결 상태를 유지함 / 예방접종(인플루엔자, 폐렴구균)

(4) 심리적·정서적 지지

① 사정	환자, 가족의 기분변화(불안, 우울, 좌절, 분노), 신체상 손상, 자존감 손상, 자살위기 등 사정
② 정서적 지지	㉠ 기본적인 처치, 치료계획, 질환 및 증상, 경과 등에 관한 설명제공 ㉡ 환자에게 두려움을 표현하도록 격려 ㉢ 가족도 함께 지지제공
③ 성적인 문제	성공적인 출산을 한 환자를 만나는 경험 등 자조모임, 상담 등 지원
④ 사회적응	사회적응능력 향상을 위한 자원 연결, 사회적인 재활정보 도움 등

8 혈액투석 09,13,22 임용 / 10,14 국시

정의		요독증 증상의 개선이 불가능한 경우에 체내 노폐물과 과잉수분을 인공적으로 제거하는 과정
원리	① 확산	반투과막을 통해 용질이 고농도에서 저농도로 이동, 투석액 이동(요소, 크레아티닌, 요산, 전해질 – K^+, P^-)
	② 삼투	반투과막을 통해 수분이 저농도에서 고농도로 이동(수분의 양이 많은 곳에서 적은 곳으로 이동), 투석액(포도당을 첨가한 고농도의 용액)
	③ 초여과	혈액과 투석액 사이의 인위적인 압력경사를 만들어 혈액 내 수분이 반투과막을 통과, 투석액으로 이동
		혈액투석은 확산(혈액과 중탄산염이 풍부한 투석액 사이에서 농도 차이에 의해 체내에 축적된 노폐물은 투석액 구역으로 제거되고 산성화된 혈액을 중화시키는 중탄산염은 혈액쪽으로 공급함), 초여과(인공신장기 내에는 현미경으로 볼 수 있을 만한 아주 작은 통로나 구멍을 가진 얇은 판이나 관을 가진 반투과막이 있는데, 이는 구멍보다 작은 입자는 통과하지만 더 큰 입자는 통과하지 못하게 함) 원리를 적용하고, 복막투석은 확산(복강 내 주입된 투석액에는 노폐물이 전혀 없으므로 혈액 내에 높은 농도로 존재하는 노폐물이 복막 모세혈관 벽의 미세한 구멍을 통해 투석액쪽으로 빠져나감), 삼투(투석액의 포도당 농도가 혈액 내의 포도당 농도보다 높아 혈액 내의 수분이 복강 내 투석액쪽으로 빠져나감) 원리를 적용함

종류	혈액투석	복막투석
정의	체외투석기를 통해 혈액 내 노폐물과 수분을 제거하고, 전해질 불균형을 교정하는 것 22 임용	고장액을 복막강으로 순환시켜 노폐물과 수분 제거
목적 22 임용	요독물질과 체액제거를 통해 신장기능의 고유한 기능인 세포내액과 세포외액의 항상성을 유지하는 것 ① 혈액요소질소와 크레아티닌 등 단백질 최종 대사산물과 체내 과잉 수분제거 ② 전해질 및 산-염기 균형 조절 ③ 요독증상의 완화 ④ 고혈압 조절 및 빈혈 상태 개선을 통해 사회적 재활을 가능케 하고 삶의 질 향상	
기전	인공신장기를 통한 체외순환을 통한 혈액정화로 확산과 초여과 원리 적용	복막강에 고장성 투석액을 주입하고 반복적 주기로 실시, 노폐물들이 복막통해 교환되어 투석액으로 이동
장점	① 짧은 치료시간 : 3~5시간 ② 노폐물, 수분의 효과적 제거	① 환자가 손으로 쉽게 조작가능 ② 야간시간에 투석함으로써 직장과 일상생활의 용이 ③ 주입량, 정류시간, 교환횟수 조절에 용이함 ④ 저혈압과 수분전해질 불균형 드묾 ⑤ 혈액화학물의 상태를 일정하게 유지할 수 있음 ⑥ 식이제한이 비교적 적음(고단백식이 권장) ⑦ 혈역동적으로 불안할 때 사용가능 ⑧ 누워있는 자세가 유지되면 복압이 감소하여 탈장예방
단점	① 전문적 지원과 장비 필요 ② 저혈압과 수분전해질 불균형 자주 발생 ③ 전신적인 헤파린 요법 필요	① 긴 치료시간 : 10~14시간 ② 복막염 위험 ③ 복강 내 수분축적 : 낮 동안 복강 내 투석액 장기 저류로 인한 수분재흡수로 부종발생 ④ 단백소실 ⑤ 전용키트 비용 발생 ⑥ 경고음으로 수면 방해 ⑦ 투석액의 pH는 산성을 띄고 삼투압도 혈액에 비해 높아 첫 복막투석 시 복막을 자극하여 통증을 일으킬 수 있음

종류	혈액투석			복막투석
합병증 09 임용 / 10,12,14, 15,20 국시	① 감염, 공기 색전, 출혈, 전해질 불균형 ② 혈액역동의 변화			① 복막염(초기 증상 : 혼탁하거나 불투명한 삼출액) : 유출액 균배양검사 20 국시 ② 단백질 손실 ③ 탈장 : 복압상승 ④ 장천공 ⑤ 호흡곤란, 고혈당, 출혈
		저혈압	투석 시 급속한 수분이동으로 발생	
		심부정맥	칼륨, 수소 등 전해질과 산-염기 변화로 발생	
		빈혈증	혈액손실로 발생	
	③ 투석불균형 증후군			
		기전	노폐물이 투석으로 빨리 제거되는 것에 비해 뇌 안의 노폐물은 제거되는 시간이 오래 걸림, 뇌 안에 노폐물이 많이 남아 있으면 삼투압이 높아져 뇌부종 유발	
		증상	구토, 오심, 권태감, 경련, 의식장애, 두통 등 발생	
		예후	처음 투석을 시작할 때 일어나기 쉬우나 시간이 지나면서 증상이 나아짐	
금기증	혈액역동의 불안정한 상태			선택적 금기: ① 15세 미만 어린이 ② 심기능 저하 ③ 혈압조절이 어려운 환자 ④ 심한 동맥경화, 혈관 이상 ⑤ 신장이식 예정 환자 ⑥ 직업, 학업적 이유 ⑦ 잦은 해외 방문 ⑧ 의료기관과 먼 지역 거주 ⑨ HIV 양성환자 절대 금기: ① 복부수술 경력 ② 탈장 ③ 다낭성 신장질환 ④ 비만 ⑤ 요통 ⑥ 위생불량 ⑦ 순응도 낮은 환자
투석 과정	① 혈관통로 필요	일시적	쇄골하, 내경정맥 필요	① 카테터 삽입 : 배꼽 아래 3~5cm 부위 ② 장과 방광을 비워 투석 시 불편감 완화, 카테터 삽입 시 천공예방 ③ 카테터 내 혈액응고예방 위해 헤파린 투여 ④ 투석액은 체온정도로 가온 ⑤ 투석액의 주입과 배액은 중력에 의해서만 이루어지도록 할 것 ⑥ 투석액 배액이 안 되면 체위변경, 복부를 후복막강을 향해 압박하거나 앉도록 함 ⑦ 배액 : 약 20분간(붉은색이다가 점점 깨끗해짐)
		영구적	동정맥루, 동정맥 이식	
	② 투석액		혈액 중 노폐물, 과잉수분과 전해질 제거하면서 부족한 전해질 보충	
	③ 항응고제		체외순환 혈액이 투석튜브나 투석막과 접촉 시 응고예방, 흔히 헤파린 사용	

간호
09,13 임용
	① 투석 동안 출혈성 경향이 있으므로 응고시간 자주 감시 09 임용(보기)
	② 투석 동안 저혈량성 쇼크 사정 위해 활력징후 자주 측정 09 임용(보기)
	③ 투석 후 부작용 감시
	④ 활력징후를 투석 전 측정치와 비교 : 투석 중 체액과 용질을 급격하게 제거하면 저혈압이 유발될 수 있으므로 혈액역동의 안정성을 확인하기 위해 실시함
	⑤ 체중을 투석 전 측정치와 비교 : 수분제거 등 혈액투석의 효과를 확인하기 위해 실시함
	⑥ 투석하는 날 아침에는 항고혈압제를 복용하지 말 것
	⑦ 헤파린요법으로 출혈위험이 있으므로 출혈증상 감시, 정맥천자 피할 것
	⑧ 저혈당증 예방 : 투석 전 또는 투석 중 식사(개인 취향에 따름)
	⑨ 좋은 영양상태 유지
	   ㉠ 양질의 단백질 식사 적절한 열량유지
	   ㉡ 수분과 염분제한, 칼륨과 인 제한
	   ㉢ 필수약물 : 수용성 비타민, 철분, 인결합제, 칼슘보충제, 활성 비타민 D, 항고혈압제
		① 복막투석에 관한 환자교육
		② 도관삽입 후 상처치유기간(5~7일) 이후부터 투석시도
		③ 투석 전, 중, 후 활력징후 관찰
		④ 매일 같은 시간 투석액 배출 전후 체중측정
		⑤ 투석액 투입 중에는 Fowler's position(복강 내 투석액이 횡격막을 압박하여 호흡을 방해하므로)
		⑥ 투석액은 체온정도로 데워서 사용
		⑦ 통목욕 금지, 매일 샤워
		⑧ 단백질 소실 예방 : 충분한 단백질 공급

혈관 통로 13 임용 / 19 국시	혈액투석을 위해 혈류의 흐름이 빨라야 하고 큰 혈관을 확보해야 함		
	션트	감염, 혈전 등의 합병증으로 오늘날에는 거의 사용하지 않음	
	동정맥루	① 전박의 요골이나 척골동맥과 요골정맥 사이의 문합이 가장 흔함 ② 혈액 투석 3개월 전에 시술 ③ 동정맥루 시술 후 처음 투석을 하는 중 혹은 투석 직후에 저혈압이 발생 : 이는 빠른 혈량 제거, 감소된 심박출량, 감소된 전신혈관 내 저항으로부터 기인하여 몽롱함, 오심, 구토, 두통, 발작, 시력저하, 심장허혈로부터 오는 흉통, 경련 등이 나타날 수 있음 13 임용(보기) ④ 간호	
		투석 전 확인내용 및 이유	• 수분상태(체중, 혈압, 말초부종, 폐음과 심음) 및 활력징후 측정 : 투석의 효과와 합병증을 초기에 확인할 수 있도록 하기 위함 • 혈관통로 개존성 여부 확인 : 손으로 촉진하여 진동을 느끼고 잡음 청진(동정맥루 개통상태 확인) 13 임용(보기) / 19 국시 • 일반적인 피부상태 : 감염 등 합병증을 확인하기 위함
		동정맥루 관리방법	• 동정맥루 혈관 발달을 돕기 위해 수술 직후는 팔과 손의 부종이 있으므로 팔을 심장보다 높게 상승시키고, 쭉 뻗은 상태유지 • 수술 2일 후 통증과 부종이 감소한 때부터 운동시작 : 손등 밑에 베개 등을 사용하여 팔을 약간 높이고 정구공 같은 부드럽고 작은 공을 주무르는 운동교육, 수술 1주일 후에는 상박을 고무줄로 감고 공을 주무르는 운동(60~90초)을 하루 3~4회 실시 • 동정맥루 압박하지 말고, 동정맥루가 있는 팔로 무거운 물건을 들지 않아야 함 (∵ 동정맥루의 감염이나 폐쇄가 유발될 수 있음) 13 임용 • 혈관통로가 있는 사지에는 혈압측정이나 정맥주사/채혈 등 금기 • 바늘삽입 부위의 출혈유무나 감염증상 사정 • 말초맥박과 순환 사정 • 수면 시 혈관통로가 있는 사지 위로 무게가 가해지지 않게 함
	일시적 혈관 통로	① 경정맥, 대퇴 정맥에 이중관의 카테터 삽입 ② 1~3주까지 유지 가능	

11 남성 생식기계 건강문제의 간호와 관리

영역		기출영역 분석	페이지
병태생리		남성 생식기계의 구조와 기능	610
건강사정		고환검사 : 고환의 크기와 촉진 감각 2009	612
질환	양성 전립선 비대증	점진적 요로폐색으로 나타날 수 있는 일차적 증상 4가지 2007	612
	전립선암	검사(직장지두검진, 전립선 항원검사 : PSA) 2015	615
	선천성 매독	전파경로, 증상, 예방법 1992	616
		허친슨 치아의 특징 1992	

> **학습전략 Point**
>
> | 1st | 양성 전립선 비대증, 전립선암 | 과년도에 기출되었던 질환들에 대해서 병태생리, 대표적인 증상과 징후, 특징적인 치료와 중재들에 관해 학습한다. |
> |---|---|---|

| 한눈에 보기 | 남성 생식기계 |

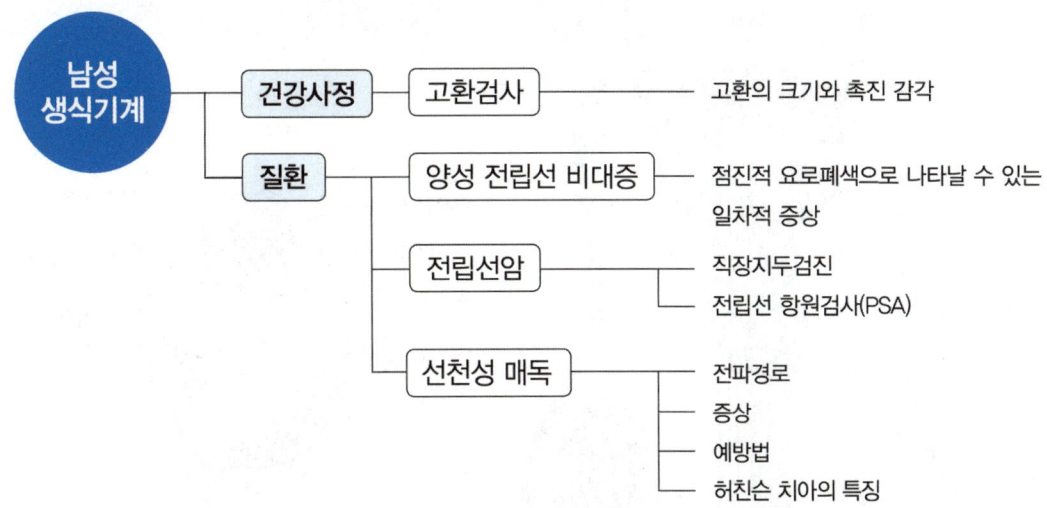

09-12. 성인의 건강사정 결과 전문가에게 의뢰하여 추후 검사가 필요한 비정상 소견을 〈보기〉에서 고른 것은?

〈보기〉
㉠ 폐 타진 : 탁음이 들린다.
㉡ 광선 투시법으로 부비동 검진 : 전두동에 빛이 투시된다.
㉢ 슬개건 반사 : 등급이 2+이다.
㉣ 고환검사 : 1.5cm 이하로 작고 부드러운 고환이 촉진된다.
㉤ 린네 검사 : 골 전도가 공기 전도 소리보다 더 오랫동안 들린다.

15-05. 다음은 보건교사와 김 교사(남, 57세)의 대화 내용이다. 밑줄 친 ㉠에 해당하는 검사명과 ㉡에 해당하는 종양 표지자의 명칭을 순서대로 쓰시오.

김 교사 : 제가 요즘 화장실에 자주 가는데, 소변도 예전처럼 잘 나오지 않고, 소변볼 때 통증이 있어서 힘들어요. 혹시 전립선암이 아닌가 걱정이 되어 검사를 해 보고 싶은데 병원에서 간단하게 할 수 있는 검사가 있나요?
보건교사 : 병원에 가시면 의사가 ㉠촉진을 통해 전립선의 크기나 단단함의 정도를 직접 확인할 것입니다. 이는 전립선이 해부학적으로 직장벽과 가깝기 때문에 가능한 검사입니다. 또한 ㉡혈액검사를 통해 전립선과 관련된 의미 있는 종양 표지자를 확인할 수 있습니다. 그러나 문제가 있는 경우에 초음파 및 CT 등의 추가 검사를 받을 수도 있으니 담당 의사와 잘 상의하시기 바랍니다.

7-05. '양성 전립선 비대증'이 의심되는 아래의 남성에게서 점진적 요로폐색으로 인해 나타날 수 있는 일차적 증상 4가지만 쓰시오.

68세된 남성이 소변을 보기 어렵고 요의가 있을 때 참지 못하며 밤에 소변을 보기도 한다고 호소하였다. 이 남성이 최근 가족문제로 갈등을 겪으면서 평소보다 많은 술을 마신다고 하였다.

92-45. 〈보기〉 중 선천성 매독에 해당하는 것만으로 짝지어진 것은?

〈보기〉
㉠ 임신 5개월 이내에 모체의 태반을 통해서 감염된다.
㉡ 비성 호흡(snuffles), 패혈증, 뇌막염 등이 나타난다.
㉢ 출생 직후 안염 예방을 위해 1% 질산은 용액을 점적시킨다.
㉣ 입, 코, 항문의 점막 부위에 반점상 구진이 생긴다.

92-63. 허친슨(Hutchison) 치아의 특징이 아닌 것은?
① 정상치아보다 작다.
② 깨무는 표면에 절흔이 생긴다.
③ 치아 사이의 간격이 넓어진다.
④ 유치에 침범을 받는다.

1 남성 생식기계의 구조와 기능 09 임용

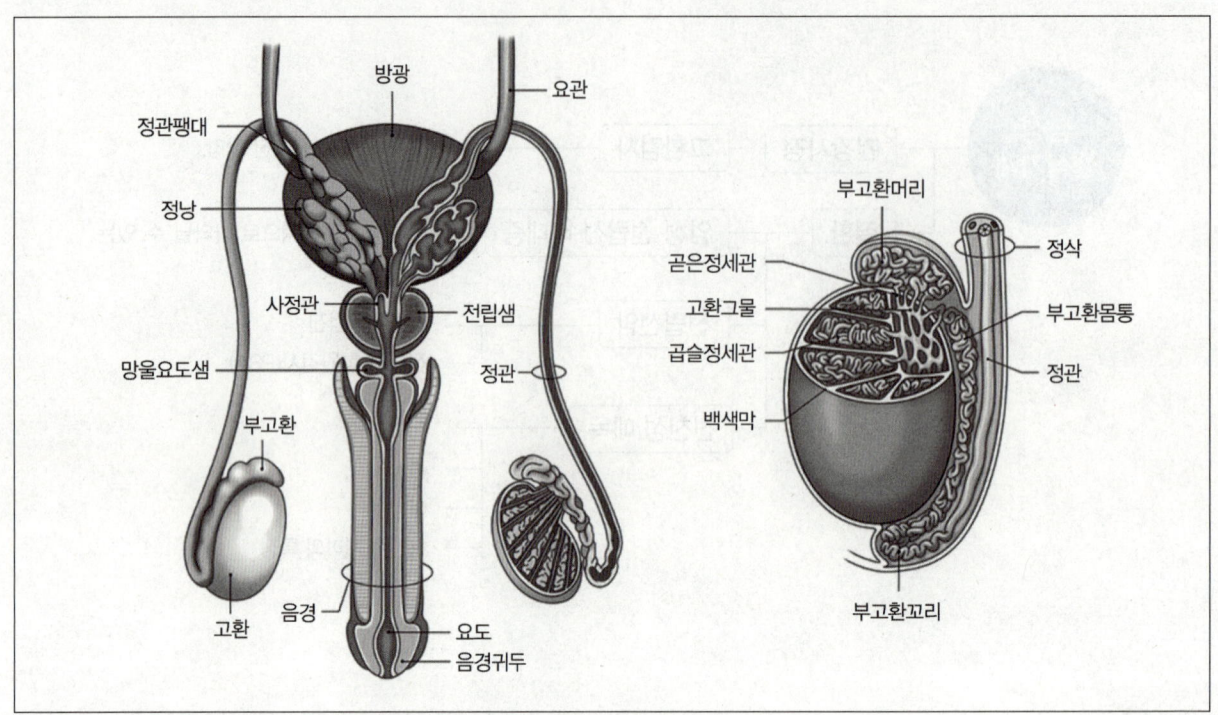

[고환, 부고환, 정관]

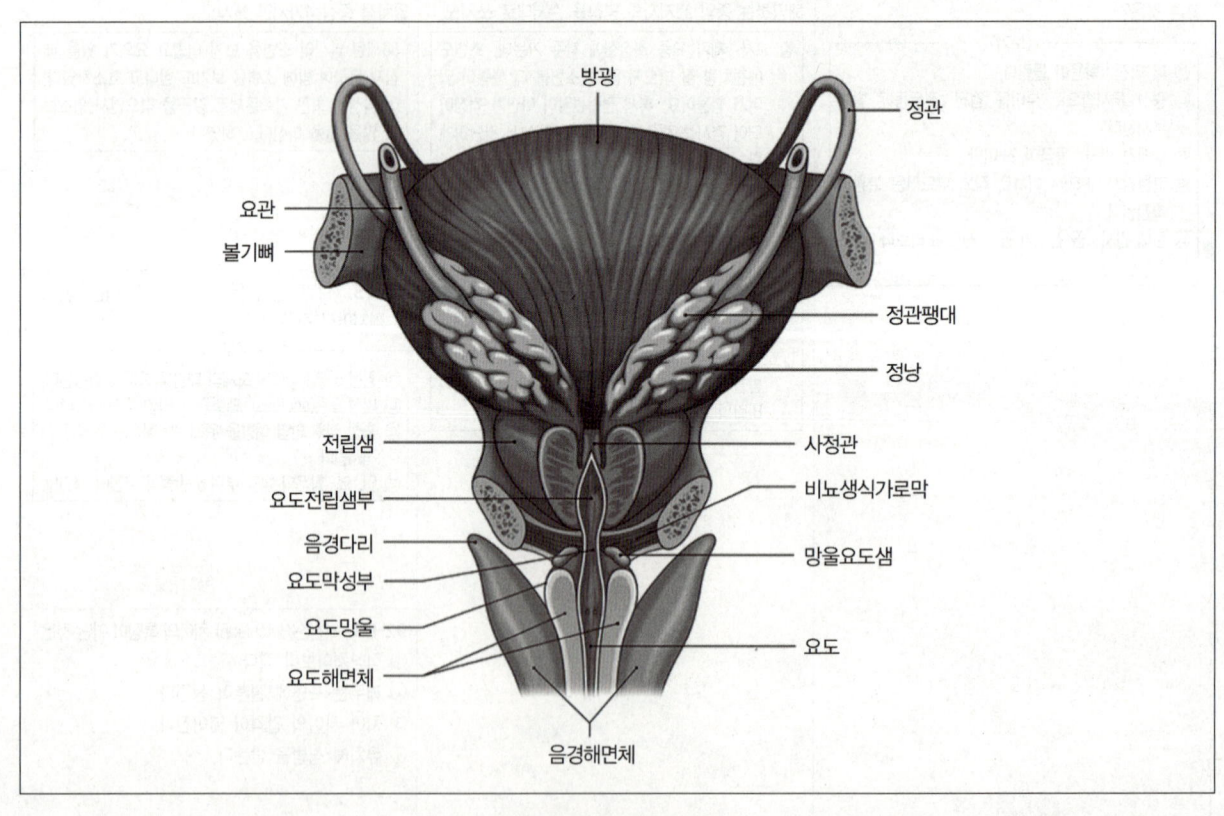

[남성생식기의 부속샘]

외생식기	음낭	구조	① 고환, 부고환과 생식관을 둘러싼 피부낭 ② 결합조직 격막에 의해 양분되어 좌우 1개씩 고환을 가짐 ③ 비대칭, 좌측이 우측보다 약 1cm 아래에 위치
		온도	체온보다 2℃ 정도 낮음(정자생성 최적의 온도)
	음경	구조	① 얇은 피부로 덮여 있으며, 느슨한 피부주름이 귀두를 덮고 있음 ② 직경 8~9mm의 요도, 3개의 발기성 조직(2개의 음경해면체, 요도해면체) ③ 교감신경, 부교감신경, 체신경이 지배를 받음
		기능	① 성교 ② 배뇨
내생식기	고환 09 임용	구조	길이: 3.5~5.5cm 폭: 2~3cm의 크기로 난원형의 매끄러우면서도 단단한 기관
		기능	각 고환에 600~1,200개의 정세관이 있음(정세관 사이의 고환간질세포에서 테스토스테론 분비) ① 혈관과 림프관의 분포가 풍부 ② 정자생산 : 정세관이라 불리는 꼬불꼬불한 관에서 정자를 생산(FSH는 정자 형성을 촉진함) ③ 신경지배 : 부교감신경과 교감신경의 지배를 받음 ④ 분비 : 남성호르몬인 테스토스테론 분비
	부고환	구조	① 정자 운반하는 생식관의 첫 번째 부위, 고환의 후면에 쉼표모양의 4~6cm의 꼬인 관 ② 정자가 통과하는 기간 : 6주 정도 소요(통과하면서 성숙, 운동력 생성)
	정관	구조	① 점막층, 근육층, 외막으로 구성된 가늘고 긴 관, 약 45cm ② 정낭과 합쳐져 전립선에 개구되어 있는 사정관을 통해 요도와 연결
부속선	정낭	구조	정관에서 파생되어 확장된 낭선, 좌우에 존재, 방광 바로 뒤에 직장과 방광 사이에 존재함
		기능	사정 시 정자와 알칼리성 점액 배출(과당과 단백질로 구성, 정자의 운동성 증진)
	구요도선 (쿠퍼선)	기능	① 정액의 일부분을 구성하는 알칼리성 점액 생성 ② 알칼리성 점액 : 사정 시 요도의 산성을 중화시켜 정자 보호
	전립샘	구조	① 방광 아래 요도부위 둘러싸고 있는 생식샘 ② 무게 : 15~20g, 길이 4~6cm ③ 직장벽과 밀착되어 있어 직장수지검사로 촉진가능
		기능	① 테스토스테론의 자극을 받아 약알칼리성 액체 생성 ② 사정 시 교감신경의 작용으로 수축 → 정액과 약알칼리성 액체 혼합 → pH 7.5 정도 유지하면서 요도 통해 배출

2 고환자가검사

1. 시작 전 준비			따뜻한 목욕이나 샤워(∵ 음낭 이완)
2. 검진	① 음낭 확인		한 손으로 음경 올리고 음낭의 형태, 크기, 색깔의 변화
			정상 : 음낭의 왼쪽이 우측보다 약간 아래에 있음
	② 고환 촉진 [09 임용]		고환의 덩어리나 종양을 확인하고, 고환 뒤에 초생달 모양의 구조인 부고환 촉진
		고환	크기는 3.5~5.5cm, 폭 2~3cm, 난형이고, 고무 같으며 음낭 내에서 움직이고 탄력적인 기관
		부고환	부드럽고 압통이 없음
	③ 정삭 촉진		왼쪽의 엄지와 시지 두 손가락을 이용해 정삭을 서서히 눌러짜며 검진

3 양성 전립선 비대증 07임용 성인질환

정의	① 전립샘 상피세포 수의 증가와 지지조직이 비대된 것으로 요도출구 폐색이 발생 ② 하부요로증상, 요로감염, 출혈, 상부요도기능을 약하게 하는 증상을 초래 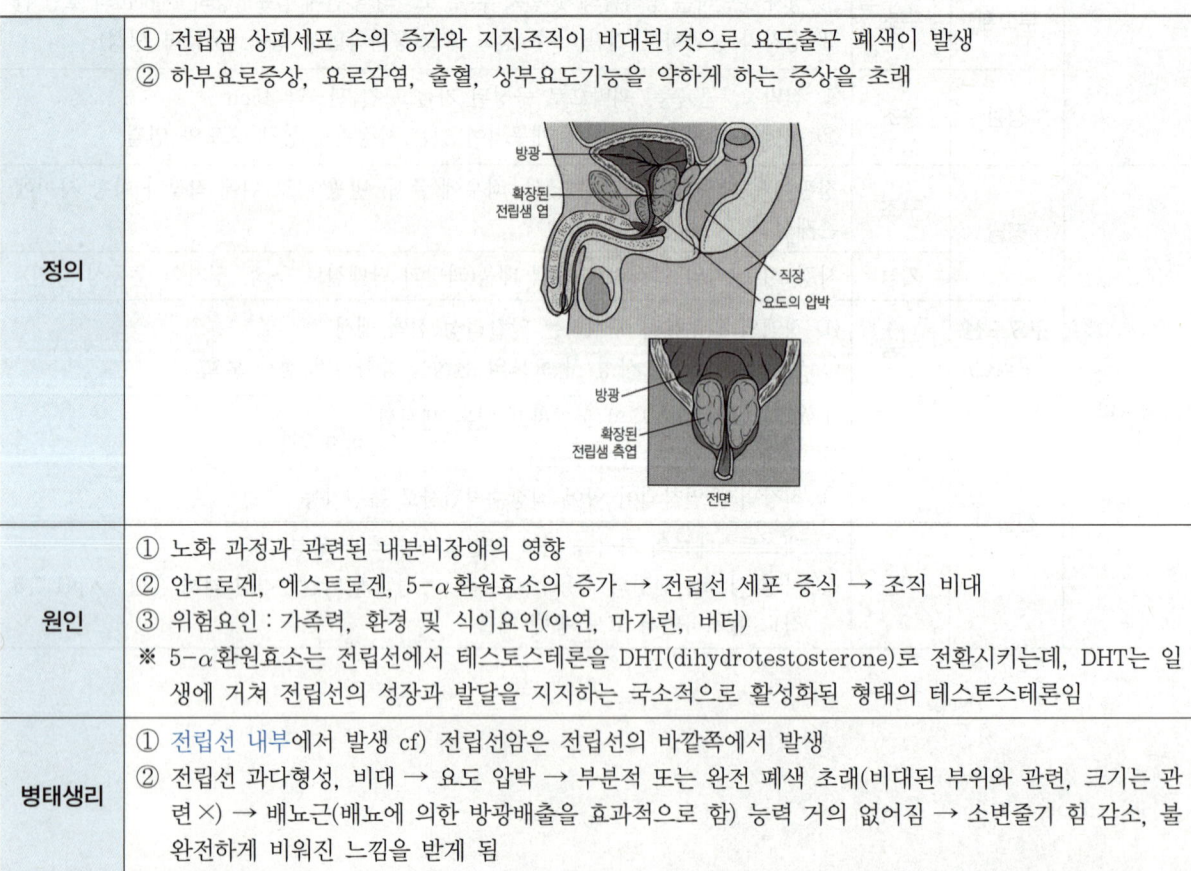
원인	① 노화 과정과 관련된 내분비장애의 영향 ② 안드로겐, 에스트로겐, 5-α환원효소의 증가 → 전립선 세포 증식 → 조직 비대 ③ 위험요인 : 가족력, 환경 및 식이요인(아연, 마가린, 버터) ※ 5-α환원효소는 전립선에서 테스토스테론을 DHT(dihydrotestosterone)로 전환시키는데, DHT는 일생에 거쳐 전립선의 성장과 발달을 지지하는 국소적으로 활성화된 형태의 테스토스테론임
병태생리	① 전립선 내부에서 발생 cf) 전립선암은 전립선의 바깥쪽에서 발생 ② 전립선 과다형성, 비대 → 요도 압박 → 부분적 또는 완전 폐색 초래(비대된 부위와 관련, 크기는 관련×) → 배뇨근(배뇨에 의한 방광배출을 효과적으로 함) 능력 거의 없어짐 → 소변줄기 힘 감소, 불완전하게 비워진 느낌을 받게 됨

증상과 징후 07 임용 / 08,09,15 국시	제1기(점진적 요로폐쇄 증상)	폐색증상	약한 소변줄기, 지연뇨, 불완전한 방광비움(배뇨력 감퇴), 소변 후 소변의 점적, 간헐적으로 끊기는 소변, 소변보기 어려움
		자극증상	빈뇨, 긴박뇨, 절박요실금, 야뇨
	제2기(대상기능장애)		잔뇨량 증가, 배뇨 후 곧 요의(요의가 있을 때 참지 못함), 배뇨 후 완전히 배뇨하지 못한 느낌
	제3기(대상부전)		잔뇨량 증가, 방광의 배뇨력 약화, 요정체, 과도충만방광
	① 방광 확장증, 양측 요관 확장증, 요신증 초래 ② 잠복성 요독증 → 안면 창백, 식욕부진, 건태		
	합병증		급성 요정체, 요로감염, 잠재적인 2차적 패혈증, 방광결석, 수신증, 신우신염, 방광손상, 급성 신부전

진단검사	병력, 신체검진		
	직장지두검진(DRE) 출처 : 국가암정보센터	설명	촉진을 통해 전립선 크기, 대칭성, 일관성 파악 → BPH의 경우 전립선 비대, 단단하며 매끈매끈함
		방법	① 검사 직전 배뇨해서 방광비우기 ② 슬흉위나 잭나이프 체위를 취하게 하기 ③ 고무장갑에 윤활제를 바른 손가락을 삽입하여 직접 전립선을 만져서 상태를 확인할 수 있음
	요 검사		① 염증, 적혈구의 존재(혈뇨), 암세포의 존재 등을 확인함 ② 소변배양 검사를 통해서 균 감염 여부 확인함
	혈액검사	신기능 검사	① 혈중요소질소(BUN) 농도 ② 혈중 크레아티닌 농도
		PSA	전립선 특이항원으로 약간 상승(전립선에서 생성, 전립선액에서 발견, 정액 액화 도움)
	혈청 크레아티닌		신부전 의심 시
	경직장 초음파 촬영술 경요도초음파 하복부초음파		① DRE 비정상, PSA상승 시 시행 ② 전립선의 크기를 정확히 측정해서 전립선 비대증이 얼마나 심한지 알 수 있고, 동시에 일부 전립선암의 발생여부, 결석이나 전립선 석회화, 급성 전립선염이나 전립선 농양, 때때로 방광 이상소견도 확인할 수 있어 매우 유용함 ③ 생검
	요속측정법		① 요속검사 : 소변배출속도를 측정해 그래프로 표시해주는 검사법 ② 잔뇨량 측정 : 배뇨 직후 방광에 남아있는 소변량을 초음파 기기를 사용해 측정
	배뇨 후 잔뇨량 측정		
	방광요도경		

치료 및 간호중재	경요도 절제술	수술방법	요도를 통해 절제경을 넣은 후 고주파 전류로 제거
		수술 후 간호	① 활력징후 측정 ② 배액유지, 카테터 개방상태유지, 꼬임 관찰 ③ 폐쇄적 방광세척 : 0.9% 생리식염수를 이용해서 지속세척, 세척액 주입 시 저항이 있거나 배액이 안 되면 의사에게 보고 ④ 3-way foly-cath 삽입 : 풍선은 전립선 수술부위의 지혈효과 ⑤ 출혈여부 관찰 : 수술 후 12시간 동안 혈뇨가 나타나는 것은 정상이나 도뇨관 제거 후 출혈이 나타나면 도뇨관 재삽입 후 혈괴를 씻어내고 풍선으로 수술부위 압박 실시 ⑥ 항경련제, 진통제, 하제 투여 ⑦ 치골상부 온찜질, 좌욕 실시 ⑧ 조기이상, 심호흡과 기침 격려 ⑨ 방광세척 시 맑은 소변이 나오기 시작 2~3일 후 유치도뇨관 제거 23 국시
		퇴원교육	① 충분한 수분섭취 격려 ② 힘든 운동이나 신체활동 삼가기 ③ 오래 앉아있지 않기 19 국시 ④ 무거운 물건 들지 않기 ⑤ 4~6주 성생활 금지 ⑥ 배변완화제 복용
	대증요법	※ 약물요법 | 5α-환원효소 억제제 finasteride(Proscar)	작용	테스토스테론이 디하이드로테스토스테론(DHT)을 생성하는 효소를 억제하여 전립선 크기를 작게 함
---	---	---
	부작용	성감의 감소, 불임, 사정장애
α-adrenergic 수용체 차단제(terazosin)	작용	수축된 전립선 평활근을 이완시켜 배뇨를 원활하게 함
	부작용	기립성 저혈압 23 국시		
	보존 및 지지요법		① 카페인, 인공감미료, 향료, 산성식품 : 방광을 자극하므로 제한함 ② 충혈제거제, 항콜린 제제 투약 피함 ③ 저녁에 수분섭취 제한
간호진단	① 요도폐색과 관련된 절박감, 소변줄기의 변화, 요실금, 요정체 혹은 야뇨로 인한 배뇨장애 ② 수술과 관련된 배뇨장애 위험성 ③ 요도 카테터의 삽입, 수술과 관련된 복압긴장성 또는 긴박성 요실금 ④ 입원, 요로문제, 치료와 관련된 불안 ⑤ 요로증상과 수액섭취 제한과 관련된 체액부족 위험성 ⑥ 질환과 치료에 따른 성욕감퇴와 관련된 자긍심 저하 ⑦ 수술 후 출혈과 관련된 체액부족 위험성 ⑧ 방광 경련과 관련된 통증 ⑨ 요로 카테터의 삽입, 세척, 치골상부 배농과 관련된 손상위험성 ⑩ 수술 후 운동 및 요로기능 회복과 관련된 지식부족 ⑪ 역류성 사정, 불임과 관련된 성기능 장애			

4 전립선암 15 임용 성인질환

정의	전립선 실질에 일어나는 악성종양
원인	① 잘 알려지지 않았음 ② 전립선암 가족력 : 선암종의 발생위험이 높음 ③ 유전 ④ 연령이 증가하면 발생위험 증가 ⑤ 인종 : 아시아 남성들이 서구 남성들에 비해 발생률이 낮음 ⑥ 식이 : 과포화 동물성 지방섭취는 발생위험을 높이고, 녹황색 채소와 토마토 등은 발생위험을 감소시킴 ⑦ 비타민 D 결핍
병태생리	전립선에서 발생하는 모든 암의 90% 이상은 선암종임 - 전형적으로 전립선 말단부위에서 발생 cf) 양성 전립선 비대증은 이행부위에서 발생됨
증상과 징후	① 전형적인 임상증상은 없음(전립선암의 70%가 피막인접부위나 전립선 바깥쪽에서 발생하며, 20%는 전립선의 중앙부에서, 나머지 10%는 요도를 둘러싸고 있는 중심부에서 발생함. 보통 전립선의 바깥쪽으로 증대하므로 요도압박과 배뇨곤란 증상은 질병이 진척될 때까지 발현되지 않음) ② 배뇨장애, 배뇨통 등 15 임용(지문)

진단검사 15 임용

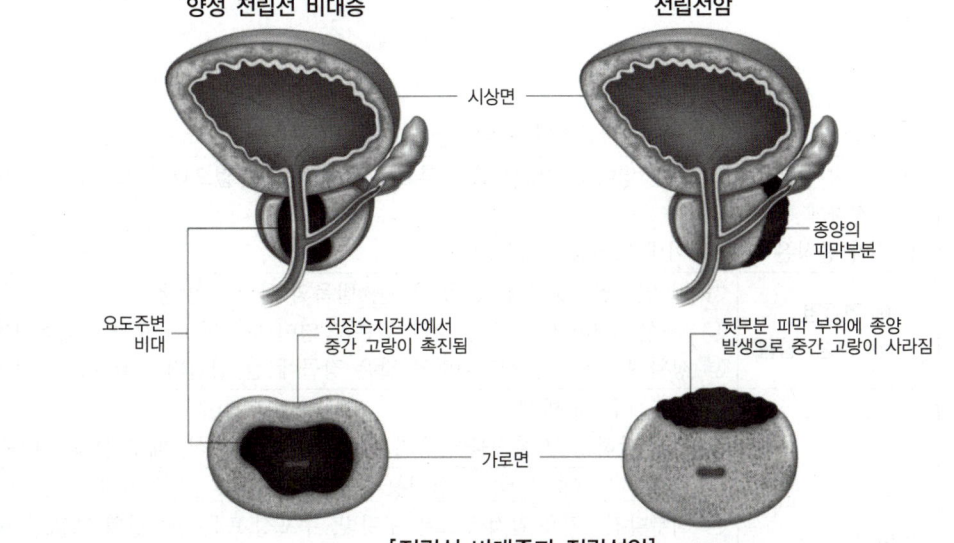

[전립선 비대증과 전립선암]

직장수지검사(직장지두검진)
① 전립선과 정낭을 조심스럽게 촉진해야 함
② 촉진 시 엽 사이의 비대칭성경결, 직장 벽에 고정된 돌과 같은 선들이 있으면 전립선암 의심
③ 검사자는 장갑을 끼고 검지에 윤활제를 바른 후 직장벽 전방으로 밀어 넣어 전립선 후방을 촉진하여 크기, 형태, 단단한 정도와 대칭성 사정

출처 : 국가암정보센터

혈청 전립선 특이항원 측정 (Prostate Specific Antigen, PSA)	PSA는 전립선에서 생산되는 당단백질(종양표지자) 전립선암이나 양성 전립선 비대증, 전립선염 등일 때 상승함, 정상수치는 2.6ng/mL 이하임
경요도 초음파, 경직장초음파, 하복부초음파	PSA나 직장수지검사에서 비정상인 경우 실시
기타	CT, 생검 등

치료

외과적 치료	근치전립선 절제술
호르몬 요법	안드로겐 수치 감소
기타	방사선 치료, 항암치료

5 선천성 매독 [아동질환]

정의	임부의 매독균(Treponema pallidum)에 의해 태아가 선천성 매독아가 되는 것
원인 [92 임용]	① 매독에 걸린 임산부가 전염원으로 매독균이 태반을 통해 감염 ② 감염위험도는 임산부의 임신시기에 따라 다르나 대부분 임신 후기에 감염됨 ③ 임신기간 동안 매독을 초기에 치료하지 않을 경우 태아사망률 40% ④ 초기 매독인 임부에게서 태어난 신생아는 매독균이 태반을 통과하여 선천성 매독아가 될 가능성 높으므로 임신 5개월 이전에 치료할 것
분류	발현시기에 따라 분류 : 첫 감염 이후 임신 5개월 이후 태반 통과, 유산 / 사산 [92 임용] (1) 초기 선천성 매독 [08 국시] ① 비성호흡, 비익호흡, 패혈증, 뇌막염, 입 / 코 / 항문의 점막부위에 반점상 구진 발생 [92 임용] ⊕ 비염, 피부 벗겨짐, 뼈의 파괴성 변화(정강이뼈의 변화)로 인한 통증으로 일시적 마비증세 ② 생후 1~2주에 콧물이 심하게 흐르고 입 주위, 손발바닥에 홍반과 각질이 나타날 수 있음 ③ 성인의 2기 매독진들이 나타날 수도 있음 ④ 대부분 미숙아로 출산되고 빈혈이나 혈소판 감소 소견 (2) 만기 선천성 매독 : 2~16세 사이에 증상이 나타남 ① 허친슨 치아(영구치에 침범함 : 정상치아보다 작고 깨무는 표면에 절흔 발생, 치아 사이 간격이 넓음) [92 임용] ② 내이성 난청 ③ 실질성(간질성) 각막염 ④ 코가 내려앉거나, 골이나 관절의 이상증상이 나타남
증상	(1) 선천성 감염을 갖고 있는 영아의 60%는 출생 후 1주 안에 증상이 없으나 즉시 치료하지 않으면 증상이 발전하게 됨 (2) 초기 증상은 1~2주 이내 나타남

	① 뼈 연골염 (뼈 통증, 압통)	㉠ 뼈 연골염 : 팔꿈치, 손목, 무릎, 발목의 골단에 발생 ㉡ X-선 사진에서 골단을 따라 짙은 음영이 나타남 : 선모양은 움푹하거나 톱니모양 ㉢ 상완뼈, 대퇴뼈, 정강이뼈와 같은 장골에 잘 침범되고 두개골에 나타나기도 함
	② 비염	㉠ 생후 1주 내 발생 ㉡ 코가 막히고 코 분비물이 증가하고 점액성, 화농성, 때로 혈성 분비물이 나기도 함
	③ 발진	㉠ 입/코/항문의 점막부위 반점상 구진, 수포 이후 낙설 발생 [92 임용] ㉡ 피부발진 : 처음 암적색 또는 구릿빛, 수포성 또는 천포창의 모양, 손바닥/발바닥에 잘 생김 ㉢ 항문 주위에 편평콘딜로마 발생, 구강 내 점막에서 내진을 볼 수 있음
	④ 간·비장비대	간비대, 비장비대, 황달, 간효소 상승, 출생 시 선천 매독의 단독증상으로 출현하기도 함
	⑤ 중추신경계	수막염 드묾, 경련, 수두증
	⑥ 외배엽변화	손톱의 화농 또는 탈락, 탈모 흔히 발생
	⑦ 기타	㉠ 발열, 쿰스 음성 용혈성 빈혈, 혈소판 감소, 림프절 비대 ㉡ 호흡 : 백색폐렴, 폐렴 ㉢ 신장 : 부종, 저단백혈증, 신염, 신증후군, 고혈압, 혈뇨, 단백뇨 ㉣ 소화기계 : 위장염, 췌장염, 영양장애 ㉤ 눈 : 녹내장, 맥락 망막염 등 발생

CHAPTER 12 감각계 건강문제의 간호와 관리

12-1 눈 건강문제

영역		기출영역 분석	페이지
눈	구조와 기능	안구에 영양을 공급하는 혈관성 조직으로 포도막(맥락막, 모양체, 홍채)에 포함되지 않는 것 1994	621
	시각전도로와 각 부위의 손상 시 나타나는 시야결손 2018		624
	건강사정	대광반사 2009	626
		안저검사 2009, 2022	
		각막외상검사 2009, 2017	
		시야검사 2009, 2017	
		스넬렌 차트 테스트 : 검사목적, 검사방법, 결과해석 1992, 1993, 1996, 2013, 2017, 2022	
	시력장애	약시의 정의 1992, 1996	631
	사시	검사법 1992, 2008, 2009, 2016, 2022	634
		사시검사 시 안구가 고정되지 않고 움직이는 이유 2016	
	급성 결막염		635
	유행성 각결막염 1995		636
	망막박리 : 원인, 증상, 진단, 중재 2013		638
	녹내장 : 위험요인, 예방법 2013		
	백내장 2025		
	황반변성 2025		641
	눈다래끼 : 정의, 중재 및 관리법 1992		

✓ 학습전략 Point

1st	눈 검사방법	대광반사, 안저검사, 각막외상검사, 시야검사, 시력검사, 사시검사 등 다양한 눈 검사의 실시방법과 그 해석방법이 자주 출제되었다. 따라서 각종 눈 검사의 실시방법과 해석법을 꼼꼼히 학습한다.
2nd	사시, 결막염, 망막박리, 녹내장 등 과년도에 기출되었던 질병	과년도에 기출되었던 질환들에 대해서 병태생리, 대표적인 증상과 징후, 특징적인 치료와 중재들에 관해 학습한다.

한눈에 보기 — 눈

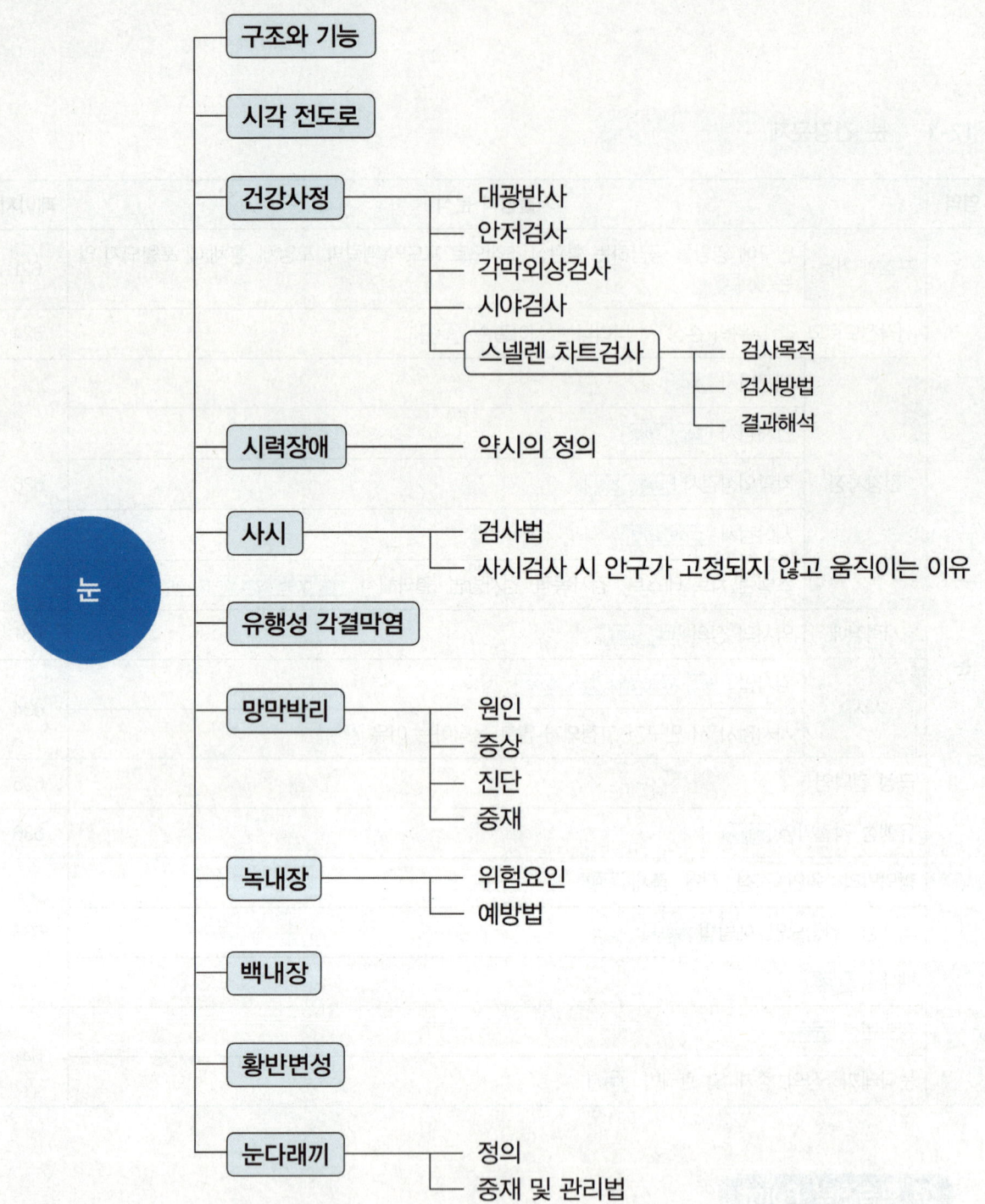

94-20. 안구에 영양을 공급하는 혈관성 조직으로 포도막에 포함되지 않는 것은?
① 홍채 ② 모양체
③ 맥락막 ④ 섬유막

13-05. 다음은 K교사(여, 43세)와 보건교사의 대화내용이다. (가)~(마) 중 옳은 것만을 있는 대로 고른 것은?

> K 교사 : 안과에서 20/30이라는 시력검사 결과가 나왔는데 이게 무슨 뜻인가요?
> 보건교사 : (가) 근거리 시력을 검사하는 스넬렌(snellen) 차트로 검사하셨군요, (나) 20/30은 정상 시력이랍니다. 차트 몇 미터 앞에 서서 측정하셨어요?
> K 교사 : (다) 차트에서 6m 떨어진 곳에서 서서 정면을 보고 측정을 했어요. 큰 시표부터 차차 작은 시표로 읽어서 읽을 수 있는 최소 시표까지 읽었어요. 그런데 선생님, 저의 부모님께서 두 분 모두 녹내장 수술을 하셨는데 저는 괜찮을까요?
> 보건교사 : (라) 녹내장은 가족적 소인, 고혈압, 당뇨병 등이 위험요인이 됩니다. (마) 녹내장 가족력이 있는 경우에는 정기적으로 안압을 측정하여야 합니다.

92-08. 1.5m 거리에서 3m용 시력표의 0.1을 볼 수 있다면 그의 시력은 얼마인가?
① 0.02 ② 0.03
③ 0.05 ④ 0.06

93-21. A학생의 시력검사 결과 거리 2m에서 시력표(5m용)의 0.1에 해당하는 기호를 읽었다면, 이 학생의 시력은 얼마인가?
① 0.01 ② 0.02
③ 0.03 ④ 0.04

18-06. 다음은 보건교사가 작성한 보건 상담일지이다. 괄호 안의 ㉠에 해당하는 시각전도로와 ㉡ 부위가 손상되었을 때 나타나는 시야 결손을 쓰시오.

보건 상담일지

2017년			△△고등학교
이름	김○○	학년/반	2학년 1반 담임교사
성별	남	연령	48세

번호	월/일 (요일)		상담 내용
1	○○/○○ (월)	주호소	• 옆에서 다가오는 학생을 보지 못해 부딪힘. • 몸이 왼쪽으로 기울어진다는 이야기를 들음. • 걸음걸이가 불안정함.
		면담 및 검진	• 항고혈압제 복용 중임. • 혈압 : 140/100mmHg • 맥박 : 82회/분 • 대면법 검사 결과 시야장애가 있음.
		조치 사항	• 전문의 진료를 빨리 받도록 조치함.
2	○○/○○ (금)	주호소	• 병원에서 시각 전도로(시각경로) 장애로 관련 질환을 검사 중임. • 시각 전도로에 대해 알고 싶어 보건실을 찾음.
		조치 사항	• 시각 전도로를 설명함. ― 시 자극이 망막에서 대뇌의 후두엽까지 전달 되는 경로 ― 망막 → 시신경 → (㉠) → 시삭 → 외측슬상체 → 시방사 → 후두엽 시각피질 • 김○○ 교사에게 나타난 시야결손을 다음 그림을 이용하여 설명함. [그림] 시각 전도로와 시야결손

〈작성 방법〉
• 괄호 안의 ㉠에 들어갈 내용을 서술할 것.
• 밑줄 친 ㉡이 설명하고 있는 검사명을 제시할 것.
• 보건교사가 말한 부분 중 잘못된 내용이 있는 문장 1개를 찾아 그 내용을 바르게 서술할 것.

17-11. 다음은 동료교사(여/40세)와 보건교사의 대화 내용이다. 〈작성 방법〉에 따라 순서대로 서술하시오.

> 동료교사 : 책을 볼 때 작은 글씨가 잘 안보여 안과에 갔어요. 양쪽 눈 모두 20/20이라는 시력검사 결과가 나왔는데 시력이 어떻다는 거죠?
> 보건교사 : 20/20이라는 결과는 정상 시력이라는 의미예요.
> 동료교사 : 시력을 분수로 표시하던데 분수에서 분자와 분모는 각각 무엇을 나타내는 건가요?
> 보건교사 : (㉠)
> 동료교사 : 일반적인 시력검사와 다르게 측정하던데요?
> 보건교사 : 시력검사에는 근거리 시력검사와 원거리 시력검사가 있어요. 근거리 시력검사는 포켓용 근거리 시력표를 눈에서 35cm 떨어진 거리에서 읽도록 합니다. 원거리 시력검사는 차트에서 3m 떨어진 곳에 서서 정면을 보고 측정하고, 작은 시표부터 차차 큰 시표로 읽도록 합니다.
> 동료교사 : 시력표의 맨 위에 있는 글자를 읽지 못하면 어떻게 하나요?
> 보건교사 : 검사 대상자가 1m씩 앞으로 나갑니다. 1m 앞에서도 맨 위의 시표를 읽지 못하면 50cm 앞에서 손가락 세기, 30cm 앞에서 손 움직임을 검사하는 수동 운동(hand movement)으로 측정합니다.
> 동료교사 : 녹내장 가족력이 있다고 말했더니 ㉡검사자와 마주보고 한쪽 눈을 가린 다음, 검사자가 팔을 뻗어 손가락(또는 연필)을 주변의 여러 방향에서 중심을 향해 움직이며 제가 볼 수 있는 각도를 측정하는 검사도 했어요. 양쪽 눈 모두 검사 결과가 귀쪽 70°, 코쪽 50°, 위쪽 40°, 아래쪽 60°라고 하던데 어떻다는 건가요?
> 보건교사 : 양쪽 눈 모두 시야 범위가 감소했네요. 추가 검사가 필요할 것 같아요.

〈작성 방법〉
• 괄호 안의 ㉠에 들어갈 내용을 서술할 것.
• 밑줄 친 ㉡이 설명하고 있는 검사명을 제시할 것.
• 보건교사가 말한 부분 중 잘못된 내용이 있는 문장 1개를 찾아 그 내용을 바르게 서술할 것.

92-10. 약시의 정의로 맞는 것은?
① 양안 시력이 0.2 이하
② 양안 교정시력이 0.4 이하
③ 양안 시력이 0.02 이상, 0.1 이하
④ 양안 교정시력이 0.04 이상, 0.3 이하

96-14. 약시는?
① 양안 교정시력 0.2 이하
② 교정 안하고 0.2 이하
③ 양안 교정시력 0.4 이상
④ 교정 안하고 0.4 이상

09-23. 사시를 검사하는 방법으로 옳은 것은?
① 검진자는 어두운 방에서 대상자의 동공에 광선을 직접 비추어 동공반응을 관찰하고 빛을 사선으로 한쪽 눈에 비추어 반대편 눈의 동공 반사도 관찰한다.
② 대상자에게 먼 곳을 주시하도록 한 후 검진자는 검안경의 불빛을 동공에 유지하고 15도 각도에서부터 대상자의 눈에 가까이 이동하여 눈의 시신경 유두와 혈관을 검사한다.
③ 대상자의 눈 표면에 손전등을 옆에서 비추어 표면의 만곡도를 관찰하고 형광물질 염색약을 떨어뜨려 녹색으로 변화하는지를 관찰한다.
④ 검진자와 대상자의 반대편 눈을 가리고 두 사람의 중간지점에서 검진자의 손가락을 주변에서부터 중심까지 이동하여 검진자와 대상자의 시야를 비교한다.
⑤ 멀리 있는 물체를 주시하도록 한 후 한쪽 눈을 가리고 가리지 않는 쪽 눈의 움직임을 관찰하고 가리개를 제거한 후에도 가리지 않는 쪽 눈의 움직임을 관찰한다.

22-B10. 다음은 보건교사와 담임교사의 대화 내용 일부이다. 〈작성 방법〉에 따라 서술하시오.

> 담임교사 : 요즘 초등학생들이 컴퓨터나 핸드폰을 많이 사용하니까 눈 건강이 중요한 것 같아요. 눈이 건강한지는 어떤 검사를 통해 알 수 있을까요?
> 보건교사 : 눈의 이상을 알기 위해서는 ㉠ 한쪽 눈을 가리고 가까운 곳(3 cm)이나 먼 곳(6m)에 있는 물체를 바라볼 때 다른 쪽 눈의 움직임을 관찰하는 검사를 합니다.
> 담임교사 : 또 다른 검사도 있나요?
> 보건교사 : 안저검사라고 하는 눈의 내부 구조를 알아보는 검사가 있는데, 불을 끈 깜깜한 방에서 검안경의 불빛을 학생의 동공에 비추면 정상적으로 (㉡)이/가 일어나게 됩니다.
> 담임교사 : 시력을 측정하기 위해서는 어떻게 하나요?
> 보건교사 : 시력 측정은 가장 흔히 문자 시력표를 이용하는데, 학생을 시력표로부터 3m 정도 떨어진 거리에 세운 후 문자열을 읽게 해요. 먼저 한쪽 눈을 가리고 다른 쪽 눈부터 검사를 하는데, 안경을 쓰고 있는 학생은 안경을 쓴 상태에서 검사를 합니다.
> 담임교사 : 그렇군요. 저희 반 학생이 ㉢ 스넬른(Snellen) 차트를 이용해서 시력을 측정했을 때, 양쪽 시력이 20/40으로 나왔어요.
> … (하략) …

─〈작성 방법〉─
- 밑줄 친 ㉠에 해당하는 검사명과 가리지 않은 쪽 눈 움직임의 정상소견을 각각 서술할 것.
- 괄호 안의 ㉡에 들어갈 반사의 명칭을 제시할 것.
- 밑줄 친 ㉢의 의미를 분모와 분자의 수치를 포함하여 서술할 것.

92-07. 사시 검사방법이 아닌 것은?
① 히르쉬버그 테스트(Hirschberg test)
② 스넬른 이 차트 테스트(Snellen E. chart test)
③ 커버 테스트(Cover test)
④ 프리즘 테스트(Prism test)

08-13. 눈의 부정렬(사시)을 사정하기 위해 보건교사가 시행할 수 있는 검사 2가지를 쓰고 각 검사의 시행방법을 쓰시오.

16-05. 다음은 보건교사가 사시가 의심되는 아동의 학부모와 전화상담한 내용이다. 밑줄 친 ㉠에 들어갈 차폐검사 절차를 순서대로 쓰고, ㉡이 나타나는 이유를 서술하시오.

> 보건교사 : 안녕하세요? 어머니 저는 서준이 학교 보건교사입니다. 다름이 아니라 서준이가 보건실에 왔었는데 저를 볼 때 눈이 한쪽으로 몰리는 것 같아 전화드렸어요.
> 학부모 : 어머, 심각한가요?
> 보건교사 : 심각해 보이진 않는데, 안과 검사가 필요한 것 같아서요.
> 학부모 : 어떤 검사를 해야 하나요?
> 보건교사 : 차폐검사를 받아보면 좋을 것 같아서요.
> 학부모 : 그 검사는 어떻게 하는 건가요?
> 보건교사 : 차폐검사는 ㉠ _____ 순서로 합니다.
> 학부모 : 검사에서 비정상일 경우 어떻게 나타나나요?
> 보건교사 : 서준이가 사시가 있다면 ㉡ 안구가 고정되지 않고 움직일 거에요.
> 학부모 : 네, 그렇군요. 선생님 감사합니다. 당장 서준이를 데리고 안과에 다녀와야겠어요.

95-56. 유행성 각결막염의 원인균은?
① 포도상구균
② 연쇄상구균
③ 엔테로 바이러스
④ 아데노 바이러스

13-22. 다음은 망막박리(Retinal detachment)로 진단받은 S 교사(남, 58세)가 알아야 할 내용이다. (가)~(바) 중 옳은 것만을 있는 대로 고른 것은?

- 원인 : (가) 노화, 백내장 적출, 망막의 퇴화, 외상, 고도 근시 및 가족적 소인으로 인해 나타날 수 있음.
- 증상 : (나) 섬광이 나타나고, 눈앞에 커튼이 쳐진 것 같으며, 시야가 점점 더 흐려지면서 충혈과 통증이 나타남.
- 진단 : (다) 시야검사로 확진할 수 있음.
- 중재 : (라) 안대로 눈을 가리는 것이 좋음. (마) 갑작스럽게 머리를 움직이는 것과 같은 행동은 안압이 상승하므로 하지 말아야 함 (바) 치료하지 않으면 실명이 될 수 있음.

92-09. 다래끼(external hordeolum)에 대한 설명으로 옳지 않은 것은?
① 안검 가장자리 모낭과 부선에 나타나는 바이러스성 감염이다.
② 일단 농이 형성되기 시작하면 온습포를 계속하여 완전히 곪도록 한다.
③ 분비물의 접촉으로 재발되는 수가 있다.
④ 초기에 짜면 오히려 감염이 퍼져 안검 근육염이 될 수 있다.

25-B1. 다음은 보건 교사와 동료 교사의 대화 내용의 일부이다. 괄호 안의 ㉠과 밑줄 친 ㉡에 해당하는 질병의 명칭을 순서대로 쓰시오.

> 동료교사 : 선생님, 저희 어머니가 얼마 전부터 앞이 잘 안 보이고 생활하는 데 불편이 많다고 하세요.
> 보건교사 : 어떻게 불편하다고 하시나요?
> 동료교사 : 직선이 구부러져 보이거나, 사물이 찌그러져 보여서 독서나 바느질같이 집중해서 봐야 하는 활동을 할 때 힘드시대요.
> 보건교사 : 그러시군요. (㉠)이/가 의심되네요. 대부분 건성 유형으로 나타나는데, 망막의 색소상피하부에 결정체(drusen)가 쌓여서 병세가 조금씩 진행되는 질환이에요. 가운데는 잘 안 보여도 그 주위를 보는 데는 어려움이 없는 것이 특징입니다.
> 동료교사 : 노화로 인한 눈의 질병에는 또 어떤 것이 있을까요?
> 보건교사 : 노화로 인해 ㉡ 수정체가 혼탁해지는 질환이 있어요. 이런 경우 망막에 선명한 상이 맺히지 못해서 흐릿하게 보이거나 뿌옇게 보여요.

1 안구의 구조와 기능 [94 임용]

			구조	기능
안구	외막 (섬유층) [94 임용] (보기)	각막	투명한 막으로 공막에 연결	안구보호, 광선굴절
		공막	① 불투명한 하얀색 ② 콜라겐 섬유로 구성 ③ 많은 혈관과 신경이 분포 ④ 6개의 외안근이 부착되어 있음	각막과 시신경을 제외한 안구 전체를 싸고, 안구보호 및 안구형태 유지
	중막 (포도막층)	맥락막 [94 임용]	① 공막과 망막 사이의 흑갈색 막 ② 모양체에서 시신경까지 눈의 전후방을 싸고 있으며 혈관이 풍부	① 공막과 망막에 영양공급 ② 공막을 통해 들어오는 광선차단
		모양체 [94 임용] (보기)	홍채 밑에 있으며 밖에서 보이지 않고, 모양근과 모양돌기로 나뉨	모양체근: 수정체 두께 조절 모양체돌기: ① 방수생산과 배출 ② 홍채에 혈액공급
		홍채 [94 임용] (보기)	① 눈동자의 색이 있는 바깥부분 ② 도너츠 모양으로 중앙에 동공이 있음	동공의 크기와 눈에 들어오는 광선의 양을 조절(조리개 역할)
	내막	망막	① 안구의 가장 안쪽막 ② 무수히 많은 신경세포와 섬유망으로 구성, 망막 중심부에 황반, 여기서 3mm 떨어진 지점에 맹점이 있음	① 망막에 초점을 맞추어 상을 맺어 시각을 나타냄 ② 황반에는 가장 시력이 좋게 나오고 맹점(시신경유두)은 시야결손부

[눈의 내부 구조]

굴절 구조와 매체	방수	① 투명한 수정액 ② 정상압력 : 10~22mmHg		① 수정체와 각막에 영양을 공급 ② 안압유지	
	수정체	① 낭에 싸여 있어 젤리같은 무색투명한 섬유조직으로 양쪽이 볼록함 ② 앞쪽에 방수, 뒤에 유리체가 위치	눈의 주된 굴절기능	빛을 굴절시켜 망막에 물체의 상이 맺히도록 함	
	유리체(초자체)	수정체 뒤의 안구 내 대부분을 차지, 젤라틴과 비슷하게 점도가 높음		빛 전달, 안구형태와 투명도 유지	
외부 구조	안검	얇은 피부층		눈을 보호, 깜박임으로 눈물을 고루 퍼지게 하고 들어온 광선의 양을 일부조절	
	안각	눈의 끝에서 두 안검이 만나는 지점		-	
	결막	① 안구의 전반부를 싸고 있는 투명한 점막 ② 혈관이 분포되어 붉게 보임 ③ 안검 위아래 표면에 두꺼운 혈관성 막인 검결막과 공막 위에 위치한 얇고 투명한 안구결막으로 구성		검결막은 눈꺼풀을 싸고 있으며 안결막은 안구를 싸고 있어 안구를 자유롭게 움직이게 하며 안검과 안구를 연결하여 안구가 빠지는 것 방지	
	누선	① 안와의 바깥쪽에 위치, ② 누선을 통해 상결막원개로 눈물분비		분비된 눈물은 안구를 세척, 윤활제 역할	
근육	상직근	외직근과 함께 측두쪽 위로 눈 움직임, 내직근과 함께 코쪽 위로 눈 움직임			
	외직근	내직근과 함께 눈을 수평으로 유지, 측두쪽으로 눈 돌림			
	내직근	코쪽으로 눈 돌림			
	하직근	외직근과 함께 측두쪽 아래로 눈 움직임, 내직근과 함께 코 아래쪽으로 눈 움직임			
	상사근	눈을 아래쪽으로 내림			
	하사근	눈을 위쪽으로 올림			
신경	동안/활차/외전신경	외안근 지배			
	시신경	시신경유두(맹점)에서 뇌로 연결			
	삼차신경	안신경가지가 각막반사(눈깜박 반사)를 일으킴			
	안면신경	눈물샘을 지배하고 안검을 감게 하는 근육을 조절			
혈관	동맥	안동맥은 안와구조와 망막에 혈액공급 모양동맥은 공막, 맥락막, 모양체, 홍채에 혈액공급			
	정맥	정맥배액은 2개의 안정맥을 통해 이루어짐			

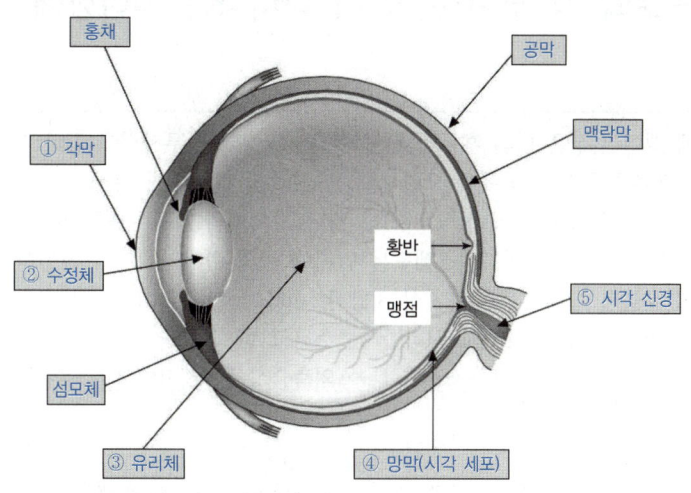

▶ 시각의 성립 경로
빛 → ① 각막 → ② 수정체 → ③ 유리체 → ④ 망막(시각 세포) → ⑤ 시각 신경 → 대뇌

▶ 눈의 조절 작용

명암(밝기 조절)	홍채의 수축과 이완에 의해 동공의 크기가 조절되어 눈으로 들어오는 빛의 양이 조절됨	
	밝을 때	홍채 이완 → 동공 축소 → 빛의 양 감소
	어두울 때	홍채 수축 → 동공 확대 → 빛의 양 증가
	밝을 때 / 어두울 때 (홍채, 동공 그림)	
원근(거리) 조절	섬모체의 수축과 이완에 의해 수정체의 두께가 조절되어 망막에 정확히 상이 맺힘	
	가까운 곳을 볼 때	섬모체 수축 → 수정체 두꺼워짐
	먼 곳을 볼 때	수정체 얇아짐 ← 섬모체 이완

CHAPTER 12. 감각계 건강문제의 간호와 관리

2 시각전도로와 각 부위 손상 시 나타나는 시야장애 [18 임용]

시각전도로	① 망막에 맺어진 상은 대뇌 후두엽의 브로드만 17영역에 투사되어 망막의 상과 같은 겉질상을 맺음 ② 왼쪽·오른쪽 눈의 망막에서 모인 신호는 시각신경을 통해 시각교차(optic chiasm)를 이룬 다음 반대쪽의 시각로(시삭, optic tract)를 지나 사이뇌의 가쪽무릎체(lateral geniculate body)에 들어감. 여기서 출발한 이차신경세포는 반대쪽 눈의 관자부위에서 기원한 섬유들 중에서 교차하지 않은 섬유들과 합쳐져 시각부챗살(시방사, optic radiation)을 이루어 반대쪽 뒤통수엽의 시각중추로 들어감. 중간뇌를 일차 시각반사중추라고 함 (망막 → 시신경 → 시교차 → 시삭 → 외측슬상체 → 시방사 → 후두엽 시각피질) [18 임용] 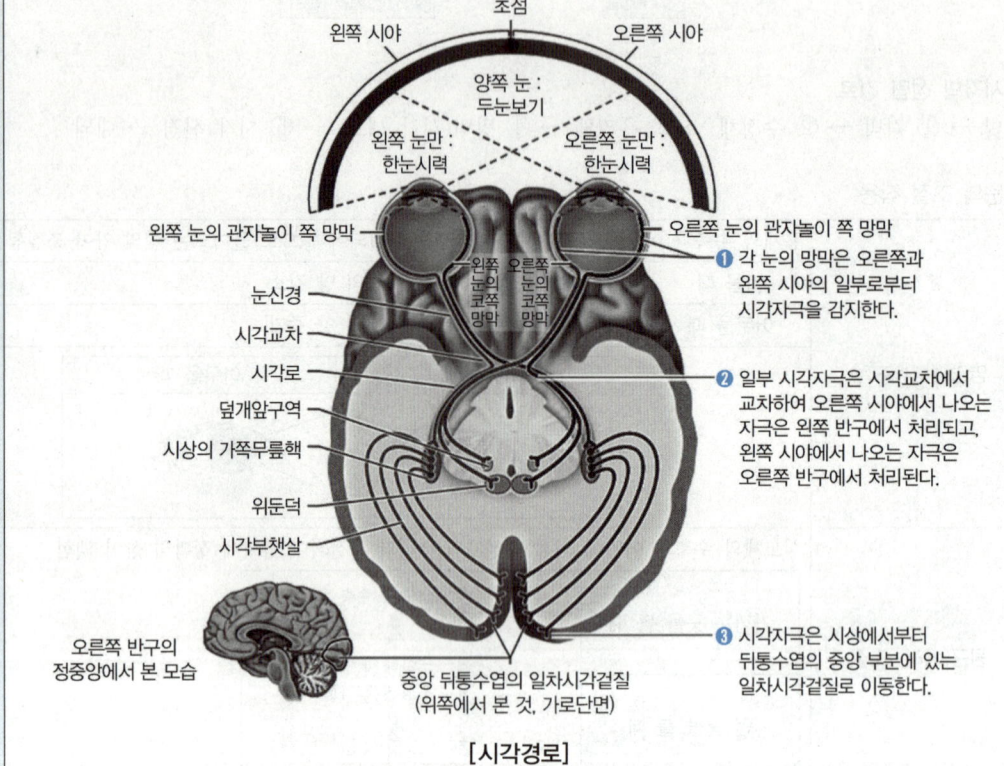 [시각경로]
시각피질영역	① 시각의 정시영역은 일차시각영역에서 들어온 신호를 저장 또는 회상하는 연합영역으로 작용 ② 이곳이 손상되면 같은 쪽 인식장애가 생기는 읽기언어상실증(alexia) 또는 정신시각상실(psychic blindness)이 일어남

① 시각전도로에 장애가 발생하면 여러 가지 형태의 반맹증(hemianopsia)이 나타남
② 오른쪽 시각로(시삭)에서 오른쪽 시각영역이 차단되면 각 눈의 왼쪽 절반의 시야가 소실
③ (5), (6) 부분의 소실을 왼쪽 같은 쪽 반맹증(right homonymous hemianopsia)이라고 함
④ 시각신경교차 안쪽부위(3)에 장애가 나타나면 관자엽쪽의 시야 결손이 나타나는데 이를 관자쪽반맹증(bitemporal hemianopsia)이라 하며, 시각신경교차 양쪽(4)에서 장애가 나타날 경우 양코쪽반맹증(binasal hemianopsia)이라 하여 양쪽 코쪽 시야의 장애가 옴
⑤ 시각부챗살(optic radiation)의 한쪽만 손상되면 반맹증이 되나 중심오목의 시력은 남게 되는데, 이는 중심오목이 양쪽 겉질의 지배를 받고 있기 때문인 것으로 해석

시각장애

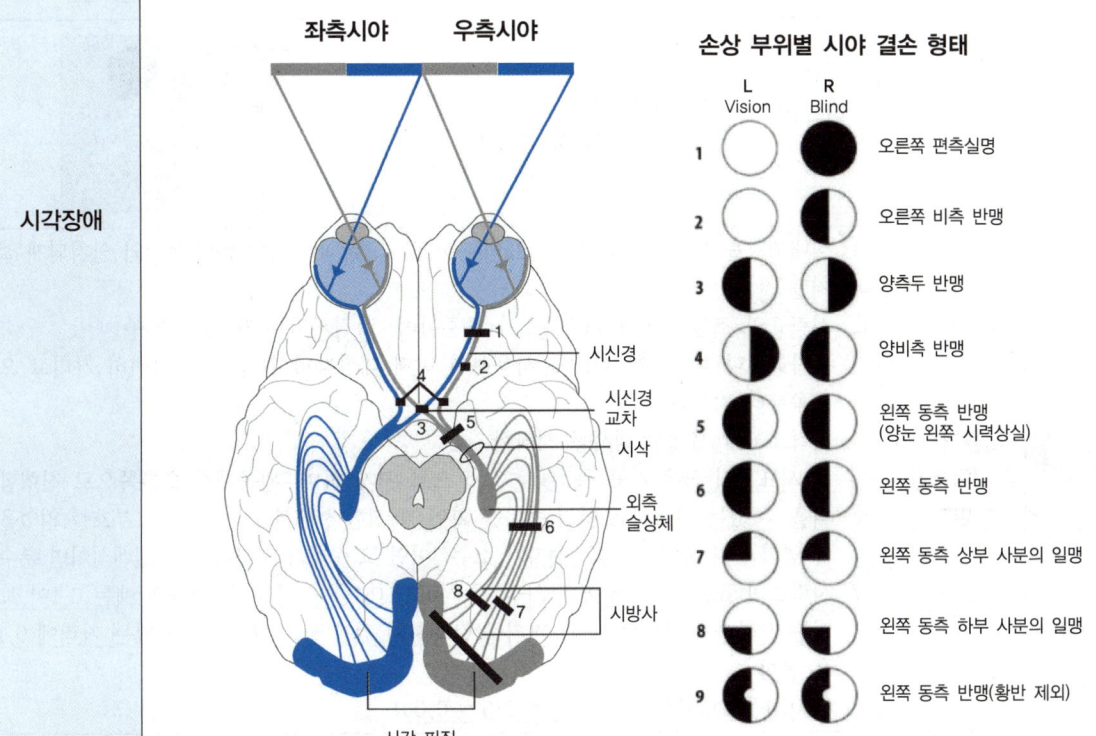

3 눈의 건강사정 `92,93,96,08,09,13,16,17,22 임용`

시력검사 `92,93,96,13, 17,22 임용`	중심 시력검사	근거리	로젠바움 검사(35cm)	
		원거리	스넬렌 검사(6m), 한천석시력표(5m용, 3m용)	
	원거리 시력측정 방법		① 실내조명을 일정하게 하고 시력표의 1.0(20/20)이 피검자의 눈의 높이와 일치되게 설치할 것 ② 시력표의 조명은 200~500룩스가 표준이며, 측정거리는 6m임 `13 임용(보기)` ③ 눈가리개나 불투명한 카드를 사용하여 먼저 대상자의 왼쪽 눈을 완전히 가리고 오른쪽부터 검사함 ④ 시력표 0.4 선에서 검사를 시작함 ⑤ 큰 시표부터 작은 시표 쪽 `13 임용(보기)` 으로 읽게 하며, 왼쪽에서 오른쪽으로 진행함 ⑥ 읽을 수 있는 최소시표 옆의 숫자를 확인, 특정한 선에서 4개 중 3개의 부호를 읽었을 때 옆의 숫자 확인 → 옆의 숫자가 소수식이면 그 숫자가 시력이고, 스넬렌식이면 분수 ⑦ 시력표의 표준거리(5m)에서 가장 큰 시표인 0.1을 식별할 수 없을 때에는 0.1이 보이는 거리까지 앞으로 1m씩 거리를 단축시켜 검사 → 시표를 볼 수 있는 거리에 0.1을 곱함 (예) 0.1을 2m에서 보면 0.1 × 2/5 = 0.04)	
	근거리시력 검사방법		로젠바움(Rosenbaum) 차트를 이용하여 대상자의 눈으로부터 30~35cm 앞에 놓고 사정	
	해석	분자	대상자와 시력표와 거리(보통사람들이 1.0을 볼 수 있는 거리)	
		분모	정상인이 시표를 볼 수 있는 거리	
		근거리 시력 정상치	14/14, 원거리 시력 정상치 : 20/20 (예) 6/60 : 보통사람은 60m에서 읽는 글자를 대상자는 6m에서 읽을 수 있다. → 분자가 작을수록 근시가 심함을 의미(분모가 클수록 시력이 나쁜 것)	
	손가락지수 (FC)		① 1m 미만의 거리에서는 50cm 앞에서 손가락 개수를 세도록 하여 FC로 표시 ② 위 방법으로 보이지 않는 경우에는 30cm 눈앞에서 손을 움직여 이를 알 수 있다면 수지운동(HM)으로 기록 ③ 수지운동도 보지 못하면 암실에서 광선의 유무를 판단, 광각(LP, Light perception)의 유무로 표시	
	정기적인 시력검사 시기		① 출생 직후(감염, 손상이나 기형의 유무 검사) ② 2.5~5세(취학 전에 사시 등 발견) ③ 10세 때와 청년 전기 ④ 청년기에는 5년마다 ⑤ 40세 이후에는 2.5년마다(나이가 들면 시력장애의 빈도가 높고 수정체의 탄력성이 감소함) ⑥ 그외 눈 증상이 나타날 경우(가족 중 녹내장의 병력이 있으면 1~2년마다 안압 측정)	

대광반사 12 임용	목적	뇌신경과 뇌간기능 확인
	검사방법	어두운 방에서 → 대상자에게 앞을 바라보게 함 → 한 눈에 Penlight를 직접 비추어 동공 크기(정상 크기 : 2~6mm)·모양·양측 균등성·수축(PERRL : pupil equal, round, reactive to night) 확인 → 빛을 사선으로 한쪽 눈에 비추면서 검사한 눈의 동공과 동시에 반대쪽 눈의 동공 확인(어두운 방에서 대상자의 동공에 광선을 직접 비추어 동공반응을 확인하고, 빛을 사선으로 한쪽 눈에 비추면 반대편 눈의 동공반사도 관찰함) 09 임용(보기)
	종류	**직접대광반사**: 빛을 비춘 눈의 동공수축반응
		교감대광반사: 반대편 눈의 동공수축(시신경교차에서 양쪽 시신경섬유가 교차하므로 같은쪽과 반대쪽 동공 모두가 빛에 대해 반응하는 공감성 반사가 이루어짐)
주변 시야 측정	대면법 09(보기),17, 18 임용(지문)	검사자와 대상자가 50cm~1m의 거리를 두고 마주 앉음 → 검진자와 대상자의 반대편 눈을 가리기 → 두 사람의 중간지점에서 검진자의 손가락을 주변에서 중심까지 → 검진자와 대상자의 시야(4가지 방향 : 코, 귀, 위, 아래)
		① 검사자가 정상이라는 전제 아래 시행 ② 정상 : 검진자와 대상자가 동시에 볼 수 있어야 함 ③ 이상이 발견되면 시야계를 사용해 검사(좁아진 시야는 노화로 발생하거나 녹내장, 망막박리, 신경학적 장애 같은 안질환에 의해 나타날 수 있음)
	주변 시야계	① 회전하도록 된 반구형 모양, 각도가 세분되어 있는 기구 ② 시야 장애를 정확하게 평가할 때 사용 ③ 주변시야 범위 : 상부측 50°(60°), 비측 60°, 하부측 70°, 측부측(이측) 90°
조절검사		먼 곳의 물체를 주시 → 코 앞의 10cm 떨어진 물체에 초점 → 동공수축반응 ⇨ 정상은 가까운 물체 볼 때는 동공이 수축, 먼 곳을 볼 때는 동공이 확장

쉬르머 검사 (Shirmer's test)	목적	눈물 분비량을 검사하는 방법	
	방법	일반적으로 5분 동안 하안검에 종이(검사전용 용지, blotting paper)를 끼우고 있는 동안 10mm 이상 종이를 적시는 눈물 양이 확인될 경우 정상으로 간주	
	결과해석	정상	10mm 이상
		비정상	5mm 이하이면 심하게 눈물 생성이 저하되어 있는 것으로 판단할 수 있음
	비정상 결과 판정시 추후검사	안구건조증의 확진을 위해서 세극등 현미경 검사, 눈물막 안정성 검사, 염색약물 투여 후 안구검사 등이 처방될 수 있음	
안저검사 (검안경 검사)	설명	검안경을 이용하여 눈의 안쪽 구조물을 사정하는 검사법으로 검안경은 수정체와 유리체액, 망막을 시각화해줌 [정상 안저]	
	검사법	어두운 곳 + 먼 곳 응시 → 대상자와 30cm 떨어진 곳에서 약 15도 각도 맞춘 상태로 검안경의 불빛을 동공에 유지(Red reflex) → 시신경유두와 혈관을 검사 09 임용(보기)	
	적색반사 검사 22 임용	① 검안경의 불빛이 동공을 통과하여 망막세포에 반사되어서 발생함 ② 결과해석 • 정상 : 명확하게 보여야 함 • 적색반사 소실 : 종종 검안경의 부적절한 위치 때문에 나타날 수 있지만, 백내장에 의한 동공의 전체 혼탁이나 유리체의 출혈을 의미할 수 있음	
	수정체와 유리체 검사	① 백내장은 수정체의 혼탁으로 검안경 검사 시 어두운 그림자처럼 보임 ② 어두운 그림자처럼 보이는 것은 노화, 외상, 당뇨 또는 선천성 결손에 의해서도 초래될 수 있음	
	망막 검사	출혈, 삼출물, 흰색 패치는 당뇨나 오래 지속된 고혈압의 결과일 수 있음	
	시신경 유두 검사	정상 시신경 유두는 명확하고 잘 구분된 경계를 가진 동그란 모양이어야 함. 시신경 유두의 소실과 생리적 컵의 크기 증가는 안압상승으로 인한 시신경 유두부종에서 나타남	
	망막혈관 검사	망막혈관은 뚜렷하게 보여야 함. 녹내장은 증가된 안압으로 인해 시신경 중앙으로부터의 혈관변위를 일으킬 수 있고, 고혈압은 세동맥의 교차지점에서 정맥의 협착을 일으킬 수 있음. 부풀어오른 혈관은 당뇨나 동맥경화증, 혈액장애로 발생할 수 있음	

안저검사	망막주위 검사	망막은 시신경 유두 주변 부위가 좀 더 밝아지는 균일한 붉은 오렌지색이어야 함. 색의 변화나 전체적으로 창백한 색은 질환을 나타낼 수 있음
	황반 검사	황반은 시신경 유두의 바깥쪽에 보여야 함. 중심와의 소실은 노인환자에서 흔함. 이것은 중심시력손실을 일으키는 황반변성에서 나타날 수 있음
	※ 정상 안저 : 주황(정상 시신경유두 : 노란색)	
각막외상 검사	대상자의 눈 표면에 손전등을 옆에서 비추어 표면의 만곡도를 관찰 → 형광물질염색법을 시행할 때는 하안검 안각 결막에 플루오레세인 스트립 끝을 확실하게 적시도록 한다.	
	⇨ 외상 시 녹색 09 임용(보기)	
사시검사 92,08,09, 16,22 임용	외안근 검사 (시야주시 검사)	서로 마주보고 30cm 떨어져 앉기 → 검진자의 손가락을 6가지 기본주시방향(H) 움직임 → 대상자가 그 방향대로 눈을 움직임 확인 ※ 안구운동(제3, 4, 6뇌신경 : 3뇌신경 - 내측직근, 상직근, 하직근, 하사근, 4뇌신경 - 상사근, 6뇌신경 - 외측직근)
		사시	근육이 약하거나 조절하는 신경이 손상되면 눈은 정한 위치로 회전하지 못함
	각막 빛반사 검사 23 국시	히르쉬버그(Hirschberg test) 92 임용(보기) : 플래시 불빛을 30cm 떨어진 곳에서 콧등에 직접 비추어 불빛이 각막에 반사되는 위치를 관찰
		정상	불빛이 양쪽 동공에 대칭으로 비춰짐
		사시	빛이 한쪽 눈의 중심을 벗어나 반사(눈동자가 다른 곳에 있기 때문) ① 내사시 : 불빛은 각막의 바깥쪽 가장자리에 비춰짐 ② 외사시 : 불빛은 각막의 안쪽 가장자리에 비춰짐
	차폐 검사 (cover- Uncover test)	근거리(33cm), 원거리(6m) 모두에서 물체를 주시 → 물체를 바라볼 때 가리지 않은 눈의 움직임을 관찰 → 가리지 않은 눈이 집중할 때까지 기다린 후 cover 카드를 치우고 가리지 않은 눈과 가리개를 치운 눈의 초점과 움직임을 평가한다. 09(보기),22 임용
		정상	가리지 않은 눈이 움직이지 않고, cover 카드를 없앴을 때 양쪽 눈 모두 움직이지 않음
		사시 16 임용	눈의 움직임 관찰되는데, 그 이유는 외안근육의 약화나 마비로 인해 초래되는 것임

사시검사 92,08,09, 16,22 임용	교대 가림 검사 (= 가림-안가림 검사) (alternate cover test)	근거리(33cm), 원거리(6m) 모두 가리개 하기 → 한쪽 눈에서 다른 쪽 눈으로 바꾸면서 검사를 시행 → 앞쪽 한 지점을 응시하는 동안 가리개를 떼면서 바로 가려져 있던 눈의 움직임을 관찰	
		정상	한쪽에서 다른 쪽 눈으로 옮겨도 바로 가려져 있던 눈에 움직임이 없음
		사시	가리개를 제거하면 바로 가려져 있던 눈이 움직임
		\<그림\>	우측 내사시 환자 검사 결과 (a) 오른 눈이 약간 안쪽으로 벗어나 있음 (b) 왼눈을 가리개로 가리면 오른 눈이 시선고정을 위해서 밖으로 이동, 가리개 안 왼눈은 오른쪽으로 이동 (c) 왼눈의 가렸던 가리개를 치우면 왼눈의 왼쪽으로 이동 (d) 오른 눈을 가리개로 가려도 왼눈은 움직이지 않음 (e) 오른 눈의 가리개를 치워도 눈의 움직임 없음
	프리즘 테스트 92 임용(보기)	사시각을 측정하는 검사 : 빛의 상이 어디에 맺히느냐를 측정함	

4 시력장애(근시, 약시, 원시, 난시) 92,96 임용 아동질환 성인질환

	근시	약시 92,96 임용	원시	난시
정의	① 평행광선이 망막의 전방에 초점을 맺음 → 원거리 시력감퇴, 근거리는 정상임 ② 나안시력 0.7 이하	눈에 질병이 없지만 교정 후에도 시력이 저하된 상태로 다음의 경우 진단함 : 양안시력이 시력표상 두 줄 이상 차이가 날 때 또는 양안 교정시력 0.04 이상 0.3 이하일 때	① 눈의 망막 뒤에 초점을 맺기 때문에 근거리 시력이 감퇴, 6m 이상의 시력은 정상임 ② 나안시력 2.0 이상 ③ 연령관계 없음	① 각막의 만곡 혹은 수정체의 구면이 바르지 못함
병태 생리	안구의 전후직경이 정상보다 길어서 전방에 상이 맺힘	① 사시가 있을 경우 두 눈이 보는 방향이 달라서 복시가 생기게 되는데 이로 인한 혼동을 막기 위해 대뇌 피질에서 능동적 억제가 일어나 한 눈의 시력발달이 저해됨 ② 신생아기에는 두 눈으로부터의 신경 섬유가 시각 피질에 있는 모든 신경 세포에 함께 작용하지만 양쪽 눈에서 들어오는 시각 정보가 경쟁적으로 작용하여 점차적으로 특정 세포로 고정됨. 신생아기에 질병이나 외상 등으로 한쪽 눈에 시각 차단이 계속되면 정상 눈은 시각 피질에 있는 모든 신경 세포를 흥분시키지만 시각 정보가 차단된 눈으로부터 어떤 자극도 들어오지 않게 되므로 시각 피질의 세포를 흥분시키지 못함. 그 결과 정상 눈이 시각 피질 세포 전체를 지배하게 되고 가려진 눈은 시각 피질 세포를 흥분시키지 못하기 때문에 눈은 정상이지만 시력이 상실됨	안구의 전후 직경이 짧거나 각막이나 수정체의 굴절력 감퇴로 일어남	각막이나 수정체의 불규칙으로 어느 방향에서도 물체의 상이 선명하지 않음

	근시	약시 92,96 임용	원시	난시
증상	① 눈을 지나치게 문지름 ② 머리를 기울이거나 앞으로 내밈 ③ 책을 읽거나 정밀한 작업 시 어려움 있음 ④ 현기증, 두통 호소함 ⑤ 물체가 있는 곳으로 걸어가는 것이 서툼 ⑥ 정밀한 작업 시 평소보다 눈을 더 깜박임 ⑦ 사물을 정확히 보는 것이 어려움	손상된 쪽 시력저하	① 조절할 수 있는 능력 때문에 아동은 대체로 모든 범위에서 사물을 볼 수 있음 ② 대부분의 아동은 정상적으로 약 7세까지 원시임	밖에서 들어오는 광선이 한 점에 모이지 않기 때문에 물체가 바로 보이지 않음

치료	근시	안경	① 시력을 향상시키고 굴절이상으로 오는 문제점을 감소시킴 (굴절이상에서 발생하는 증상은 시력장애, 눈을 자주 비비거나 감게 되며 물체를 주시할 때 눈을 찌푸리고, 광선 눈통증, 출혈, 두통, 현훈, 때로는 구토가 일어남) ② 도수가 가장 약한 안경을 끼워주는 것이 원칙 ③ 1~2년 또는 성장함에 따라 안경교환 ④ 테가 단단하고 안경알이 잘 빠지지 않는 유리나 플라스틱으로 만든 렌즈가 좋음 (플라스틱 렌즈는 가볍지만 쉽게 상처가 나고 가격이 높음)
		콘택트렌즈	① 원시, 고도근시, 난시, 안검내반, 무수정체증, 무홍채증, 원추각막 등의 치료목적으로 사용됨 ② 미용상의 문제, 안경착용의 어려움이 있을 경우 ③ 아동, 노인, 눈에 염증이 자주 생기는 사람, 안구건조증 환자, 위생상태 불결, 지능이 낮은 사람, 감염, 알레르기, 안구돌출증, 익상편이 있는 대상자에게는 부적절함 ④ 콘택트렌즈를 끼는 대상자는 신분증을 소지하고 다니도록 함 ⑤ 무의식이나 눈의 손상이 심한 환자를 간호할 경우 조심스럽게 눈꺼풀을 벌려 옆으로 빛을 비춰 보아 콘택트렌즈가 있으면 제거하나 응급 시에는 억지로 제거하지 말고 환자의 이마에 "콘택트렌즈 끼고 있음"이라고 표시하여 병원에 보내야 함
		근시교정술 - 엑시머 레이저	① 각막의 분자 결합만을 선택적으로 분쇄함으로써 각막의 변형 없이 계획된 양만큼의 각막편을 정확히 절제, 표면을 매끄럽게 갈아내는 효과를 갖고 있다. ② 이 레이저를 이용해 각막의 중앙 부분을 원형으로 연마하여 근시를 치료하고 정상 시력을 얻게 한다. ③ 그러나 이 수술 방법도 고도근시의 경우에는 각막 혼탁이 생길 확률이 높고 수술 후 시간이 경과되면 다시 근시로 이행되는 경우가 있다.
		근시교정술 - 라식수술	① 고도근시 교정을 위해 개발된 방법이다. ② 우선 미세 각막 절제기를 사용해 각막 두께의 약 1/3~1/4 정도 되게 일부를 깎아 낸 후, 엑시머 레이저로 남아 있는 부분을 필요한 만큼 제거하여 근시 교정을 하고 떼어 냈던 각막 뚜껑을 원래의 자리로 다시 붙여 주는 방법이다. ③ 그러나 이 방법 역시, 엑시머 레이저 수술에 비해 부정 난시라는 합병증이 발생할 우려가 있으므로 주의가 필요하다.

치료	원시		① 아동의 원시는 대부분 교정할 필요 없음 ② 성장하면서 조절력이 생김
	난시		① 특수렌즈를 사용하여 교정할 수 있음 ② 고도난시는 약시를 예방하기 위해 빨리 교정해야 함
	약시	조기발견, 조기치료	시력이 완성되는 6세 이전에 치료를 시작해야 시력회복 가능성이 큼
		가림치료	① 시력 좋은 눈을 안대로 가려 억지로 못 보게 함 ② 사시가 없는 눈을 가려서 사시가 있는 눈을 사용하게 함으로써 시각자극을 주어 환측눈 시력 올리는 치료법 ③ 안대가림법, 가림 안경
예방	〈학교보건 – 건강증진프로그램 시력관리 프로그램 참조〉 (임수진 보건임용 1권 참조)		

5 사시 [92,08,09,16 임용] [아동질환]

정의	① 눈의 신경 근육의 결함으로 한쪽 눈은 보려고 하는 사물을 향해 있지만 반대쪽 눈은 시선이 다른 곳에 있는 상태 ② 분류 : 내사시(안쪽) / 외사시(밖) / 상사시(위쪽) / 하사시(아래쪽)
원인	① 가족력 ② 선천적 문제 : 선천성 시신경 발육부전, 망막이상, 각막이상, 선천성 백내장 ③ 뇌염, 디프테리아 감염 후 망막 종양 ④ 영아성 사시 : 출생 3~4개월 이후 눈의 위치가 정상이 아닌 경우 ⑤ 원시로 인한 내사시 : 대개 2살 반에서 발생 → 치료가 늦으면 실명 또는 약시가 될 수 있음 ⑥ 성인 사시 : 눈 손상 후에 발생하기도 하는데 뇌암, 두부외상, 뇌졸중, 갑상선질환, 눈 병변과 관련됨
병태 생리	① 외안근이 조정을 잘하지 못하면 눈의 편위(deviate)나 사시를 일으킴 : 외안근이 눈을 조화롭게 움직이도록 조절할 때 상이 망막의 중심와에 맺고 상이 하나의 이미지로 융합하게 함. 따라서 외안근이 조정을 잘 하지 못하면 한쪽 눈이 편위되면 복시가 나타남 ② 아동에서 한 눈의 시력이 좋지 않으면 복시가 나타나기보다는 다른 눈의 시력을 억제하게 되어 양 눈의 시력이 모두 손상을 받을 수 있음 → 6세 이전에 교정하지 않으면 교정하기 힘듦 ③ 눈은 편위되어 양안시와 거리인지(depth perception)가 장애를 받게 됨 ④ 2세 이하의 어린이에서 갑자기 사시가 발생하면 안 종양을 배제하기 위하여 검사를 받아야 함
진단	각막빛반사가 양 각막에서 같지 않을 때 차폐검사(cover-uncover test)를 시행하고, 이후에 프리즘을 사용하여 편위가 명백한지를 확인

증상	안구편위	① 외안근의 평형장애로 양 눈이 동시에 기능하지 못하는 것 ② 안구편위가 일측성 또는 양측성으로 나타날 수 있음
	기울임	머리를 한쪽으로 기울임
	복시	복시로 인해서 사물을 잡는데 서툴거나 더듬거리는 등의 어려움이 관찰됨
	중심시력 장애	한쪽 눈을 잘 사용하지 않으므로 눈의 중심시력에 장애
	정서적 문제	타 아동이 눈에 대해 비웃어서 충격받음

치료	원인제거		6세 이전에 치료하면 정상시력을 회복, 유지할 수 있음	
	대증요법	안대 착용	효과	정상 눈에 안대를 하여 환측눈 근육의 힘을 길러줌
			적용법	24시간 착용, 6~8주간, 1주일에 한번 시력측정
		교정용 안경		눈의 굴절 이상에 맞는 교정용 안경 착용(잘 때만 벗고 항상 착용)
		수술		① 눈의 움직임의 균형을 이루기 위해 선택적으로 외안근을 약화(recession), 강화(resection) 또는 물리적으로 변이(transposition)를 만듦 ② 장액혈액성 눈물이 흘러나오면 면봉이나 깨끗한 거즈로 조심스럽게 닦아냄 ③ 결막출혈이 나타나고 자극이 있으면 진통제를 투여할 수 있음
		약물 치료		① 수술을 대치하거나 결합하여 사용할 수 있음 ② botulinum neurotoxin(Botox)을 투여 ㉠ 투여방법 : 보톡스를 외안근 안으로 직접 주사 ㉡ 효과 : 신경근접합부에서 아세틸콜린의 방출을 방해하여 외안근의 과도한 수축을 완화시킴. 톡신을 주입한 근육은 길항적 근육의 강화나 약화가 몇 주에서 몇 달까지 지속됨
	보존요법			① 사시 의심 증상 관찰 ② 정기적인 안구 검진

6 급성 결막염 [아동질환]

원인	신생아 결막염	① 클라미디아 트라코마, 임균, 단순포진(심각한 시력장애의 원인) ② 24시간 내 안약 점적시 화학성 결막염 초래
	영아	잦은 재발성 결막염으로 비루관 폐쇄
	아동	바이러스, 세균, 알레르기, 이물질 대부분 세균(Haemophilus influenzae와 Streptococcus pneumoniae)

증상	박테리아성	바이러스성	알레르기성	이물질
	① 화농성 분비물의 양이 많음 ② 안검의 가피(잠에서 깨어 났을 때) ③ 결막의 염증 ④ 눈꺼풀의 부종	① 보통 상기도 감염과 함께 발생 ② 점액성 삼출물로 양이 적음 ③ 결막의 염증 ④ 눈꺼풀의 부종	① 소양증 ② 진한 액성, 끈끈한 분비물 ③ 결막의 염증 ④ 눈꺼풀의 부종	① 눈물 ② 통증 ③ 결막의 염증 ④ 보통 한쪽 발생

진단	배양 및 민감도 검사	분비물에서 감염여부와 감염균을 파악하기 위함
	Fluorescein 염색으로 세극등 검사	녹색으로 나타나는 각막궤양이나 찰과상을 검사
	결막찰과표본	병원균을 알아내기 위해 현미경 검사나 배양검사를 함

치료 간호중재	① 특별한 치료법 없음(1~3주 정도 지나면 자연 치유됨) ② 눈 분비물에 주의(전염성 매우 강함)

급성 결막염 관리방법	세균성	국소항생제 요법 : 국소점안액 − tobramycin, erythromycin, sulfacetamide 등의 물약은 낮에 사용하고, 밤에는 연고를 사용함
	바이러스성	인공눈물, 각막염이 있는 경우 국소스테로이드를 투여할 수 있으나 세균에 대한 눈의 저항력을 약화시키므로 안과의사의 처방에 따름
	알레르기성	① 알려진 항원을 피하고, 만성 알레르기성 결막염의 경우에는 안과의사에 의뢰함 ② 냉찜질, 전신 혹은 국소 항히스타민제, 비스테로이드성 항염제, 국소 대식세포안정제
	교차감염 관리	① 눈 비비지 말고 손 잘 씻기 ② 수건 따로 쓰기 ③ 따뜻한 물로 안에서 바깥으로 속눈썹 청결히 하기 ④ 분비물이 많은 경우 깨끗한 더운 물수건으로 덮어두었다가 분비물 제거 ⑤ 눈을 씻은 후 즉시 안약점안
	전문의뢰	2~3일간의 치료에 반응이 없거나 시력저하, 통증이나 광과민성과 관련된 증상, 심한 결막염, 각막 또는 안구 봉와직염이 동반되는 경우 안과 의사에 의뢰
	눈병 감염 예방 수칙	① 비누를 사용하여 흐르는 수돗물에 손을 자주 씻도록 한다. ② 손으로 얼굴, 특히 눈 주위를 만지지 않도록 함 ③ 눈에 부종, 충혈, 이물감 등이 있는 경우에는 손으로 비비거나 만지지 말고 안과 전문의 진료 ④ 전염기간(약 2주간) 동안에 놀이방, 유치원, 학교 등 사람들이 많이 모이는 장소는 피하기

7 유행성 각결막염 [95 임용] 아동질환 성인질환

구분		유행성 각결막염 [95 임용]	급성 출혈성 결막염(아폴로 눈병)
원인		Adeno-virus type 8, 19 : 호흡기, 장 증상발현 (호흡기 증상 없을 수도 있음)	Entero-virus 70(아데노, 콕사키바이러스 등)
증상과 징후		① 충혈, 안구통증, 눈물, 수명(눈부심) ② 이물감, 상피성 각막염, 눈꺼풀 부종 ③ 각막상 피하혼탁 ④ 결막 여포증, 결막하 출혈 ⑤ 가성막 발생, 검구 유착(눈꺼풀과 안구가 붙는 것) → 주로 양안 모두 침범	① 결막염 증상 + 결막하 출혈 동반 ② 갑작스런 두통 ③ 이물감 ④ 다량의 유루 ⑤ 안검종창 ⑥ 결막여포증, 부종, 각막염 ** 여포(follicle) : 림프반응으로 작은 낭종과 같은 모양, 가운데는 하얗고 그 주변을 혈관으로 둘러싸는 모양

치료 및 간호	교차감염 관리	① 눈 분비물에 주의
		   - 전염성이 매우 강하므로 수건이나 세면도구 등을 따로 사용
		   - 수영장 같은 곳에서 급격히 다른 사람에게 옮길 수 있으므로 자제하도록 함
		② 자주 손 닦기 : 비누를 사용하여 흐르는 수돗물에 손을 자주 씻도록 함
		③ 손으로 얼굴, 특히 눈 주위를 만지지 않도록 함
		④ 따뜻한 물로 안에서 바깥으로 속눈썹 청결히 하기
		⑤ 눈을 씻은 후 즉시 안약점안	

	전문의에게 의뢰	① 특별한 치료법은 없고 대개 1~3주 정도 지나면 자연 치유됨 그러나 2~3일간의 치료에 반응이 없거나 시력저하, 통증이나 광과민성과 관련된 증상, 심한 결막염, 각막 또는 안구 봉와직염이 동반되는 경우 안과 의사에 의뢰 ② 안질환에 걸린 환자의 경우는 증상완화 및 세균에 의한 이차감염 또는 기타 합병증 예방을 위하여 안과 치료를 받도록 함	
	눈병감염 예방수칙	① 전염기간(약 2주간) 동안에 놀이방, 유치원 및 학교 등은 쉬고, 사람들이 많이 모이는 장소는 피할 것 ② 눈에 부종, 충혈, 이물감 등이 있는 경우에는 손으로 비비거나 만지지 말고 안과 전문의의 진료를 받음 ③ 비누를 사용하여 흐르는 수돗물에 손을 자주 씻도록 함 ④ 손으로 얼굴, 특히 눈 주위를 만지지 않도록 함	

- **안약점적법**
① 손 씻기
② 분비물이 있는 경우에는 장갑 착용하기
③ 투약과정 설명하기
④ 약물의 이름, 작용, 유효기간 확인하기
⑤ 머리를 뒤로 젖히고 눈을 뜨고 위를 보도록 함
⑥ 대상자의 머리를 처치자의 몸쪽으로 고정하기
⑦ 안약병을 들지 않은 손을 관골(광대뼈) 위에 놓은 다음, 하안검을 아래로 잡아당기기
⑧ 연필처럼 약병을 잡고 끝을 아래로 함
⑨ 결막에 병 입구가 닿지 않도록 하고 부드럽게 병을 짜서 결막낭내로 정확히 두세방울 투여하고 연고의 경우 부드럽게 튜브를 짜주기
⑩ 전신적인 효과가 있는 약물이라면 하안검에 있는 눈물점을 가볍게 압박하기
⑪ 하안검을 부드럽게 놓기
⑫ 눈을 꼭 감지 않고 부드럽게 감게 함
⑬ 연고에 의해 일시적으로 시력이 흐려질 수 있음을 알리기
⑭ 정확한 간격으로 시간을 맞춰서 투여하기, 두 약물을 동시에 점안할 때는 5분 간격으로 점안하기
⑮ 양 눈에 같은 약물이 필요할대 한 쪽 눈이 감염되었다면 약병을 따로 사용하기

8 망막박리, 녹내장, 백내장 [13 임용] [성인질환]

	망막박리 [13 임용]	녹내장	백내장 [25 임용]
정의	망막과 공막(눈의 흰자위) 사이에 위치하며, 혈관들이 존재하는 치밀막인 맥락막에서 망막이 분리되는 것	모양주, 슐렘관의 폐쇄로 방수유출이 안 되어 안압이 상승되고 망막세포와 시신경의 위축을 가져와 시야결손 및 시력상실을 가져옴	• 수정체가 혼탁해지고 그 결과 시력감소, 상실을 초래하는 것 • 수정체를 통해 망막으로 빛 전달 방해
병리 과정	① 외상, 노출 등에 의해 망막이 찢어지거나 구멍이 생김 ② 초자체에서 나온 삼출액이 망막 밑으로 스며들어 맥락막과 분리되어 영양공급을 차단함 ③ ㉠ 섬광(∵ 초자체가 망막을 끌어들여 발생) ㉡ 눈앞의 부유물(∵ 망막파열 시 초자체 내로 혈구유출) ㉢ 커튼 시야	안압상승 → 시신경판 축삭이 파괴 〈유형〉 ① 원발성 개방각 녹내장(= 만성 광각형 녹내장) 전방각 넓이 (홍채와 각막 사이의 각) 정상 ㉠ 방수유출 통로의 지속적 손상(섬유주 부분의 장애) ㉡ 방수의 생산에 비해 배액이 줄어들어 안압 상승(25mmHg 이상) ㉢ 시신경세포 허혈 → 시신경 변성 ㉣ 시력상실(초생달모양의 암점 → 점진적 시야결손 → 터널시야) ② 폐쇄각(협우각) 녹내장(= 급성 협각형 녹내장) 전방각의 해부학적 협착 ㉠ 홍채가 비정상적으로 앞쪽에 위치하여 홍채 팽창 ㉡ 섬유주와 슐렘관이 압력받아 방수 흐름을 차단 ㉢ 배액이 완전히 막혀 안압상승(50mmHg 이상) ㉣ 망막, 시신경 세포의 손상 ㉤ 오심, 구토, 안통증, 시력감소(광원주위 달무리)	① 미숙기 : 수정체가 혼탁하지만 빛이 일부 물체는 볼 수 있음 ② 성숙기 : 수정체 완전 혼탁, 시력감소 ③ 과숙기 : 수정체의 단백질 파괴, 수정체낭을 통해 새어나오며, 단백질은 대식세포에 의해 포식 → 모양주 막아 녹내장 초래
위험 요인	① 노화, 백내장 적출, 망막퇴화, 외상, 고도근시 ② 다른 쪽 눈이 망막박리를 일으킨 과거력 ③ 가족적 소인	① 당뇨, 고혈압, 심맥관계 질환, 흡연, 카페인, 알코올 ② 부신피질 호르몬, 약물 ③ 유전 : 녹내장 가족력 있는 35세 이상 성인은 1~2년마다 안압측정 권장 [13 임용]	① 자외선 노출 ② 용접공 ③ 전신질환(당뇨, 신경 피부염, 파상풍, 다운증후군), 외상, 열상, 방사선 조사, 부신피질호르몬 사용, 임신초기 풍진, 이하선염, 간염 ** 백내장(cataract)의 위험요인 | C	Congenital(선천성)
---	---
A	Aging(연령)
T	Toxicity(독성-스테로이드 등)
A	Accidents(사고, 외상)
R	Radiation(방사선, 햇빛)
A	Altered metabolism (대사변화 - 당뇨)
C	Cigarette smoking(흡연)	

	망막박리 13임용	녹내장	백내장
증상	① 섬광: 초자체가 망막을 끌어들여서 일어남 ② 눈앞의 부유물: 망막파열 시 초자체 내로 혈구유출로 시야 내에 불규칙적인 검은색 선이나 점 ③ 갑작스럽게 시작됨, 통증이나 충혈 없음 ④ 시야에 그림자나 커튼이 쳐져 있는 것 같은 느낌, 한쪽 눈의 시야가 흐리고 점점 악화됨	① 개방각 녹내장 (= 만성 광각형 녹내장) ㉠ 초기 초생달 모양의 암점 → 점진적으로 시야결손, 터널시야(주변시야 완전 소실) 19국시 ㉡ 안압 상승(25mmHg 이상) ㉢ 암순응(어둠에 적응)이 어려움 ㉣ 과도한 눈물 분비 ㉤ 지속 시 둔한 통증 ② 원발성 폐쇄각 녹내장 (= 급성 협각형 녹내장) ㉠ 갑작스런 안압상승(50mmHg 이상) ㉡ 급성: 오심, 구토유발, 안구 통증 ㉢ 시력감소: 동공확대·고정, 앞이 흐림, 광원주위의 달무리 (각막 주위 공막위에 충혈이 발생하고 각막부종으로 시력저하와 불빛을 볼 때 불빛주위 달무리 현상이 초래됨) ㉣ 결막 발적, 뿌연 각막	① 수정체 혼탁 → 점진적이고 무통의 어른거리는 시력감퇴로 복시, 광선통증, 야간에 동공이 확장되었을 때 시력이 좋아짐 ② 복시, 시력저하 ③ 무통성, 양측성(양 눈의 진행 속도는 다름)으로 나타남 ④ 망막관찰 어려움, 안저반사 소실됨 ⑤ 성숙기에 동공이 육안으로도 흰색이나 회색으로 보임
진단	확진검사: 안저검사에서 박리된 부분은 적분홍의 정상 색과 달리 푸른빛을 띄는 회색으로 보임(정상 시신경 유두는 명확하고 잘 구분된 경계를 가진 동그란 모양이어야 함, 시신경 유두의 소실과 생리적 컵의 크기 증가는 안압상승으로 인한 시신경 유두 부종에서 나타남)	① 안압측정: tonometry로 측정하며 안압이 23mmHg 이상 증가됨, 방수유출 검사법은 2~4분 이상 지속적으로 안압을 기록하여 방수 흐름의 저항을 추정함 ㉠ 개방각 녹내장: 22~23mmHg ㉡ 폐쇄각 녹내장: 30mmHg ② 검안경 검사: 시신경 유두부의 위축이나 함몰 혹은 컵 모양으로 변화된 것을 볼 수 있음 ㉠ 유두함몰 증가 ㉡ 시신경 유두가 회백색, 창백 ③ 시야검사: 주변 시야계를 사용하여 시야결손 검사 ㉠ 개방각 녹내장: 초기에 작은 초생달 모양의 암점에서 점진적으로 큰 시야결손으로 진행 ㉡ 폐쇄각 녹내장: 시야가 빨리 감소 ④ 세극등 현미경 검사: 급성 폐쇄각 녹내장에서 홍반성 결막이 나타나며 방수가 혼탁하고 동공반응이 나타나지 않음 ⑤ 우각경 검사: 우각과 우각 주변의 변화로 눈의 홍채, 섬모체, 각막과 만나는 지점의 구조를 검사함 • 폐쇄각 녹내장에서 홍채와 각막각의 협착	① 시진(불투명한 수정체) ② 시력검사(시력저하) ③ 검안경 검사(적반사가 뒤틀리거나 없음): 백내장이 성숙하면 적반사 대신 검은부위가 보임. 비록 백내장이 검안경 검사로 쉽게 진단될 수 있지만, 정확한 유형과 수정체의 길이 변화 확인을 위해 세극등 검사가 필요함 ④ 세극등 현미경 검사(수정체 혼탁정도 확인)

	망막박리 13임용	녹내장	백내장
치료	투열요법, 냉동요법, 광응고요법, 공막버클링 ※ 치료하지 않으면 망막의 신경세포가 혈액공급의 차단으로 죽게 되어 실명할 수 있음	① 방수 생산 감소(베타차단제, 탄산탈수효소억제제), 방수유출 (pilocaroine, 축동제 ; 모양체근, 홍채괄약근을 수축시켜서 홍채가 전방각에서 떨어지게 하여 방수 흐름을 증가시킴) 23 국시 ② 부교감신경차단제(산동제) → 폐쇄각에서는 사용금기 ③ 모양근 마비제, 모양주 성형수술, 누공술, 홍채절제술 A. 정상적인 방수 흐름 B. 녹내장수술로 형성된 새로운 방수 흐름	① 낭내 적출술 : 노인성 백내장 ② 낭외 적출술 : 선천성, 외상성 백내장
간호	① 수술 전 간호 • 눈가리기 : 양안을 안대로 가려서 안구안정을 하도록 해주어야 함 • 안압상승 감소 - 음식 먹여주기, 편안한 체위, 머리움직임 감소, 변 완화제 ② 수술 후 간호 : 공막버클링 (→ 항생제 점안, 압박드레싱) • 48시간 이내 : 진토제, 진통제, 산동제, 항생제, Steroids • 부종 : 냉찜질, 박리된 열공 위치에 따라 앙와위 혹은 수술한 쪽으로 눕도록 함 • 퇴원 후 : 진통제, 냉찜질, 산동제 투여 시 검은 안경쓰기, TV시청 허용, 독서는 3, 4주까지 금하고 가벼운 일은 수술 3주 후에 가능, 충분한 활동은 수술 6주 후에 가능	① 응급간호 : 글리세린(당뇨인 경우 합성글리세린) : 안내구조에서 수분을 제거함 ② 예방 | 1차 예방	금연, 질병예방(당뇨, 심맥관계 질환, 고혈압), 체중감소, 수분제한
2차 예방	알코올, 카페인 제한, 호르몬 치료 관련 효과 검토
3차 예방	고개를 숙이는 활동 금하기, 발살바 수기 피하기		수술 후 간호 ① 드레싱 교환(수술 후 6시간) ② 항생제, 아트로핀, 스테로이드 점안 ③ 안압상승 : 글리세린 구강투여, 만니톨 정맥주입 ④ 배변 시 힘주지 않음 : 변비예방 ⑤ 무거운 물건을 들 때 허리 펴고 무릎 구부리기

9. 기타 안과 장애 [성인질환]

맥립종 (= 눈다래끼) [92 임용]	정의	눈꺼풀 선에 생기는 감염, 안검 가장자리 모낭과 부속선에 나타나는 세균성 감염으로 분비물 접촉으로 인한 재발이 흔함
	원인	포도상구균
	증상	국소 자극, 통증, 충혈, 종창으로 시작되어 점차 눈꺼풀에 굳은 덩어리가 생김, 화농되어 피부로 터져나옴, 화농(감염된 지 3~4일 후)
	치료	① 초기에는 냉찜질 및 항생제와 설파제 투여(초기에는 짜면 오히려 감염이 퍼져 안와근염이 될 수 있음) ② 더운물 찜질 후 화농되면 절개 / 배농
포도막염	정의	① 포도막은 홍채, 모양체, 맥락막으로 구성되어 있는 눈의 혈관층으로 망막에 혈액을 공급함 ② 포도막염은 혈관층의 일부 또는 전체에 염증이 일어나는 것
	원인	미생물 감염 후 과민반응, 자가면역과정, 감염, 기생충병, 외상 등
	증상	통증, 흐릿한 시력, 수명, 축동, 충혈 등
	진단 검사	세극등 현미경 검사: 각막, 홍채, 수정체, 안구전방과 같은 눈 앞쪽의 구조물을 검사하는데 사용 안저검사: 검안경을 이용하여 눈 안쪽 구조물을 사용하는 검사법으로 수정체와 유리체, 망막을 시각화해줌
	치료	① 시간이 지나면 치유되는 병 ② 근원이 되는 질병을 치료하면서 눈 휴식을 위해 산동제를 투여해서 수정체와 홍채의 유착을 막고 통증과 수명을 경감시키며 종창을 줄여줌, 홍채와 모양체의 긴장을 완화함 ③ 진통제 투여
	합병증	녹내장, 백내장, 망막박리 등
각막 찰과상	정의	각막상피층의 파괴
	원인	콘택트렌즈, 눈썹, 먼지, 손톱 같은 이물질, 안구표면 건조, 화학적 자극물질 등
	증상	심한 통증, 광선눈통증, 눈물흘림, 찢어짐으로 인하여 각막 표면의 손상, 만일 감염이 있으면 각막궤양이 됨
	치료	① 아주 작은 찰과상은 흉터없이 자연치유됨 ② 통증이 심하므로 안위제공이 중요함 ③ 이차감염을 줄이기 위해 항생제를 투여함
	합병증	심부 찰과상이나 열상으로 간질층이 손상을 받으면 감염위험, 치유지연, 흉터 형성

노인성 황반변성 25 임용	정의	주로 65세 이상에서 황반과 주위 조직에 위축성 변성이 나타나면서 중심시력이 상실되는 것
	원인	① 가족력이 있으나 확실한 이유는 알려져 있지 않으며 50세 이상에서 발병률이 증가되고 있음 ② 잘 알려져 있지 않지만 노화, 여성, 흡연, 인종, 유전적 요인, 감염 등
	병태 생리	망막의 한 가운데 위치한 황반이 시기능의 90% 이상을 담당하는데, 망막의 황반부에 색소상피 하부에 결정체(drusen)가 쌓여서 진행되는 질환 ** 망막색소상피는 한쪽 면으로는 시세포와 상호작용하고 반대편에는 맥락막과 접해 위치함, 망막색소상피는 빛의 흡수, 열 교환, 비타민 A 대사, 탐식작용, 맥락막 모세혈관 내피를 유지하는 혈관내피성장인자의 분비 등을 통해 시세포아 맥락막 모세혈관에 필수적인 기능을 수행함 비삼출성(= 건성)과 삼출성(= 습성) 두 가지로 나뉘며 진행성으로 양측에 생김 [나이 관련 황반변성] 출처 : 질병관리청 국가건강정보포털
	비삼출성 변성 (= 건성)	① 망막이 위축되면서 퇴화됨 ② 검안경을 통해서 결정체라고 하는 황색의 둥근 반점이 망막과 황반에 보임 ③ 이 결정체는 망막의 색소성 외피세포로부터 무정형의 물질이 축적된 것이며 시간이 지나면서 점점 커지고 결석화됨 ④ 색소성 상피화는 작은 부위에서 박리되어 위축되고 황반의 감각부분을 방해함
	삼출성 변성 (= 습성)	① 망막과 맥락막 사이에 잠재적 공간에 연약한 신생혈관 생성이 특징임 ② 신생혈관은 맥락막이 망막을 상승시켜 누출이 일어나 시력왜곡을 일으킴
진단 검사	기본검사	① 시력검사 : 원거리 시력검사를 나안과 교정시력 모두 측정 ② 안압검사 ③ 굴절검사 : 원시, 근시, 난시 등 확인 ④ 세극등 현미경 검사
	안저검사	망막과 유리체의 상태를 확인하기 위해서는 산동을 통한 안저검사 실시
	형광안저 혈관조영술	① 망막의 혈관을 검사하는 방법으로 특수한 형광조영제를 팔에 정맥주사하고, 이 조영제가 몸의 전체를 순환하여 망막혈관에 도달하게 되면 형광안저카메라로 망막을 연속적으로 촬영함 → 이를 통하여 맥락막 신생혈관을 확인할 수 있어 습성 나이 관련 황반변성의 진단에 필수적인 검사로 사용됨 ② 당뇨망막병증이나 망막혈관폐쇄 등의 다른 망막혈관의 질환 또한 확인할 수 있음

노인성 황반변성 25 임용	진단 검사	빛간섭단층 촬영검사	드루젠, 맥락막 신생혈관, 망막의 삼출물 및 혈액, 망막신경세포 손상을 확인할 수 있음
		암슬러 격자를 이용한 자가검사법	① 평소에 안경을 착용하는 사람은 안경을 착용하고 검사실시 ② 밝은 빛 아래서 33센티미터 정도 띄우고 격자를 주시하게 함, 이때 한쪽 눈을 가리고 반대편 눈으로 암슬러격자의 가운데에 위치한 점에 초점을 맞춤 ③ 시야에 격자의 네 모퉁이가 모두 들어와야 하며, 모든 선이 곧게 보여야 하고, 모든 사각형의 크기가 같아야 함, 그렇지 않은 경우에는 안과에 내원하여 망막 정밀검사를 받아야 함 A. 암슬러 격자(Amsler grid) B. 노인성 황반변성이 있는 사람에서 나타날 수 있는 암슬러 격자 모양 (중심 시력이 흐릿해지고, 직선이 물결모양 등으로 왜곡되어 나타남)
	증상		① 직선이 구부러져 보이거나 사물이 찌그러져 보임 ② 독서나 바느질같이 집중해서 봐야하는 활동을 할 때 힘듦
	치료 및 간호	비삼출성	특별한 치료방법이 없음
		삼출성	① 안구 내 주사, 광역학 요법, 레이저광 응고술 등 ② 황반변성의 진행을 낮추기 위해 항산화제 섭취, 선글라스 착용 권장 21 국시

12-2 귀 건강문제

영역		기출영역 분석	페이지
귀	구조와 기능	귀의 구조와 기능	646
	건강사정	음차를 활용한 청력검사 결과 골전도가 공기전도보다 오래 지속 시 예상되는 장애 2004	648
		웨버검사와 린네검사 방법, 웨버검사와 린네검사의 정상소견 1992, 2004, 2015	
	난청	전음성 난청 1992, 전도성 장애가 발생하는 원인 4가지 2004	655
		내이신경이나 뇌신경의 신경전도 장애가 있을 때 발생하는 난청 유형 1995	
		중추성 난청	
	중이염	급성 중이염 증상 1993, 급성 중이염의 원인/예방법/치료 및 추후관리 2012	651
		만성 중이염 1993	
		합병증 1996	
	이경화증		653
	메니에르병		654

✓ 학습전략 Point

1st	청력 검사방법	웨버검사, 린네검사의 실시방법과 그 해석방법이 자주 출제되었다. 따라서 각종 이들 검사의 실시방법과 해석법을 꼼꼼히 학습한다.
2nd	난청, 중이염 등 과년도에 기출되었던 질병	과년도에 기출되었던 질환들에 대해서 병태생리, 대표적인 증상과 징후, 특징적인 치료와 중재들에 관해 학습한다.

한눈에 보기

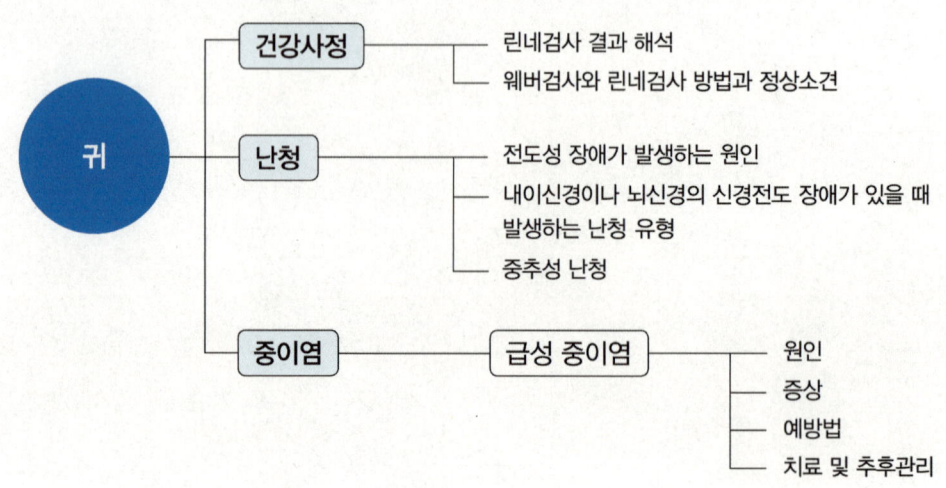

644 PART 06. 소아질환, 성인간호 각론

04-04. 보건교사는 청력장애가 의심되는 학생에게 음차(소리굽쇠)를 이용한 청력검사를 실시하였다. 이와 관련하여 다음 물음에 답하시오.

4-1. 검사결과 골전도가 공기전도보다 더 오래 지속되었다면 이는 어떤 장애를 의미하는가?

4-2. 문항 [4-1]과 같은 결과가 발생될 수 있는 원인을 4가지만 쓰시오.

92-16. 〈보기〉와 같은 이마에 음차를 대고 청력검사를 했을 때, 전음성 난청으로 판단되는 것은?

〈보기〉

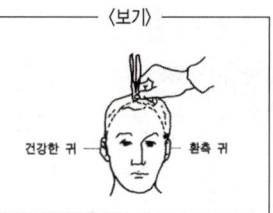

건강한 귀 — 환측 귀

① 환측 귀에서 더 크게 들린다.
② 건강한 귀에서 더 잘 들린다.
③ 양쪽 귀에서 같이 들린다.
④ 양쪽 귀 모두 들리지 않는다.

15-03. 다음은 교직 실습 중인 간호대학생과 보건교사와의 대화 내용이다. 보건교사가 대답한 ㉠~㉣에 해당하는 내용을 순서대로 서술하시오.

간호대학생: 선생님, 제 친구가 이어폰으로 음악을 많이 듣더니 소리가 잘 안 들린다고 해요.
보건교사: 그래요. 요즘 젊은 층에서 청력 감소가 빈번하다는 이야기를 나도 들었어요.
간호대학생: 보건실에서 간단히 청력검사를 할 수 있는 방법이 있나요?
보건교사: 네, 음차를 이용하는 청력검사로 린네 검사(Rinne test)와 웨버 검사(Weber test)가 있어요.
간호대학생: 그러면 린네 검사와 웨버 검사는 어떻게 하는지 알려주세요.
보건교사: 린네 검사의 방법은 ㉠ _____.
웨버 검사의 방법은 ㉡ _____.
간호대학생: 아, 그렇군요. 그럼 정상 소견은 무엇인가요?
보건교사: 린네 검사의 정상 소견은 ㉢ _____.
웨버 검사의 정상 소견은 ㉣ _____.

95-26. 내이 신경이나 뇌신경의 신경전도 장애가 있을 때 난청 유형은?
① 전도성 장애
② 감음성 난청(= 감각신경성난청)
③ 중추성 난청
④ 혼합성 난청

93-31. 다음 〈보기〉와 같은 증상을 나타내는 질병은?

〈보기〉
• 이폐색감, 이통, 이명
• 고막 천공 후는 이통이 약화됨
• 발열(38~40℃), 박동감, 두통

① 외이도염
② 구씨관염
③ 급성 중이염
④ 만성 중이염

96-63. 중이염의 합병증이 아닌 것은?
① 뇌막염   ② 부비동염
③ 패혈증   ④ 유양돌기염

12-25. 급성 중이염에 관한 신문 기사 내용 (가)~(마)에 대한 설명으로 옳지 않은 것은?

○○ 신문
제○○호 ○○판   2021년 ○○월 ○○일 수요일

• 최근 날씨가 쌀쌀해지면서 감기 환자가 급증하고 있다. 특히 3세 이하의 영·유아는 감기에 걸리기 쉽고, 적시에 치료를 하지 못하면 급성 중이염으로 진행되기 때문에 각별히 주의해야 한다.
… (중략) …
• 어린 자녀가 열이 나고, 잘 먹지 않으며, 귀의 통증으로 머리를 좌우로 흔들고, 양쪽 귀를 잡아당기면서 심하게 울고 보채는 행동 반응을 나타내면 급성 중이염을 의심할 수 있으니 즉시 병원을 방문하여 진단 검사를 받도록 한다.
• 급성 중이염 예방과 재발방지를 위해 영·유아기 자녀를 둔 부모들은 자녀가 (가) 간접흡연에 노출되지 않도록 하고, (나) 생후 6개월 이상 모유수유를 실시하며, 감기에 걸렸을 때에는 코를 세게 풀지 않도록 한다. 또한 (다) 젖병 수유 시에는 아기를 똑바로 눕힌 상태에서 수유하지 않는다. 급성 중이염을 앓고 있는 어린 아이들에게 치료를 할 때에는 (라) 증상이 호전되더라도 처방된 약을 모두 먹이고, (마) 치료 후에는 병원을 방문하여 귀 검진을 받도록 한다.

○○○ 기자 k0001@○○○.com

① (가) 담배연기는 유스타키오관을 자극하여 중이염을 유발할 수 있다.
② (나) 모유 속에 함유된 면역 성분이 유스타키오관과 중이점막을 병원체로부터 보호해준다.
③ (다) 3세 이하 영유아의 유스타키오관은 성인에 비해 짧고 좁으며 중이와 수직으로 연결되어 있기 때문이다.
④ (라) 처방받은 대로 충분히 치료하지 않으면 중이염은 재발이 잘 되기 때문이다.
⑤ (마) 치료 효과를 확인하고 고막의 운동성 회복 여부 및 청력 상실 유무를 판단하기 위해서이다.

1 귀의 구조와 기능

1 귀의 구조

명칭		구조	기능
외이	귓바퀴(이개)	신체외부로 돌출된 깔때기 모양, 피부와 섬유연골층으로 구성	소리를 모으는 기능
	외이도	약 2.5cm, 약간 S자형, 외측 1/3은 탄력성 연골로 내측 2/3은 뼈로 구성	귀지샘이 있어 귀지형성 - 자가청결, 건조방지, 항균성기능
	유양돌기	외이에 포함, 측두골 일부, 내부는 유양돌기 공기세포로 구성된 빈공간	중이의 압력변화에 적응
중이	고막	외이도와 중이의 경계, 회색의 투명하고 윤기있는 얇은 막	중이를 보호, 외이로부터 이소골까지 음파를 전달
	이관	유스타키오관이라고 하며, 비인두와 중이를 연결시켜주는 35mm관(비강쪽 입구는 평상시에는 닫혀 있고, 하품할 때나 연하 시에는 열림)	공기의 출입과 압력조절이 가능, 고실 분비물 배출(고막내부와 외부의 평형유지)
	이소골	인체에서 가장 작은 3개의 뼈로 구성(추골, 침골, 등골), 등골이 난원창에 부착	고막으로부터의 공기진동을 기계적 진동으로 바꾸어 내이로 전달하는 역할
	난원창과 정원창	난원창은 등골의 끝부분에 싸여있기 때문에 전형적인 창은 아니나 내이로 열려 있음	난원창은 음파를 내이 안으로 전달, 정원창은 내이에서 나오는 음파 출구역할
내이	반고리관 (삼반규관)	3개의 반륜상의 관	유모세포에 의해 평형감각유지
	와우	나선형 달팽이모양, 고실계와 전정계로 구분, 고실계와 전정계 가운데 부분을 중간계로 코르티기관을 포함	음파를 신경흥분으로 전환, 중간계에 내림프 / 고실계와 전정계에는 외림프가 차 있어 머리의 갑작스런 움직임에 쿠션기능으로 와우보호
	전정	골성 미로에는 반고리관, 전정, 와우로 이루어져 있는데 골성미로의 가운데 약간 넓은 부분에 위치	몸의 운동감각과 위치감각을 중추에 전해주는 수용기관, 직진운동과 회전운동 또는 운동의 가속 등을 느끼는 감각기로 평형감각이라고 함
	코르티기관	전정의 기저막에 위치한 청력기관의 마지막 수용기	전정은 소리에서 진동을 막아주는 유모세포를 포함하고 8번 뇌신경을 자극
		[내이의 미로] 출처 : 성인간호학 하권. 유양숙 외 공저. 현문사.	
혈액공급과 신경지배	혈액	내외경동맥 분지, 상악, 측두와 후두동맥을 통해 공급	
	신경	전정신경과 와우신경으로 구분되는 청신경과 삼차신경, 안면신경, 설인신경, 미주신경의 지배를 받음	

② 소리의 전환과정

① 소리파장은 외이도를 들어가서 고막을 진동시킴
② 이소골의 움직임은 고막에서 난원창까지 소리를 전달하고, 소리파장의 힘을 증폭함. 등골이 난원창에 저항하여 움직임으로써 전정에서 외림프가 움직임
③ 외림프의 압력증가는 기저막의 섬유층으로 전도되고, 다시 코르티기관까지 전도됨
④ 기저막 섬유소의 상하 움직임은 코르티기관의 털세포를 잡아당겨 활동전압이 발생하여 8번 청신경으로 전달되고 이것은 뇌로 전달되어 소리를 해석함

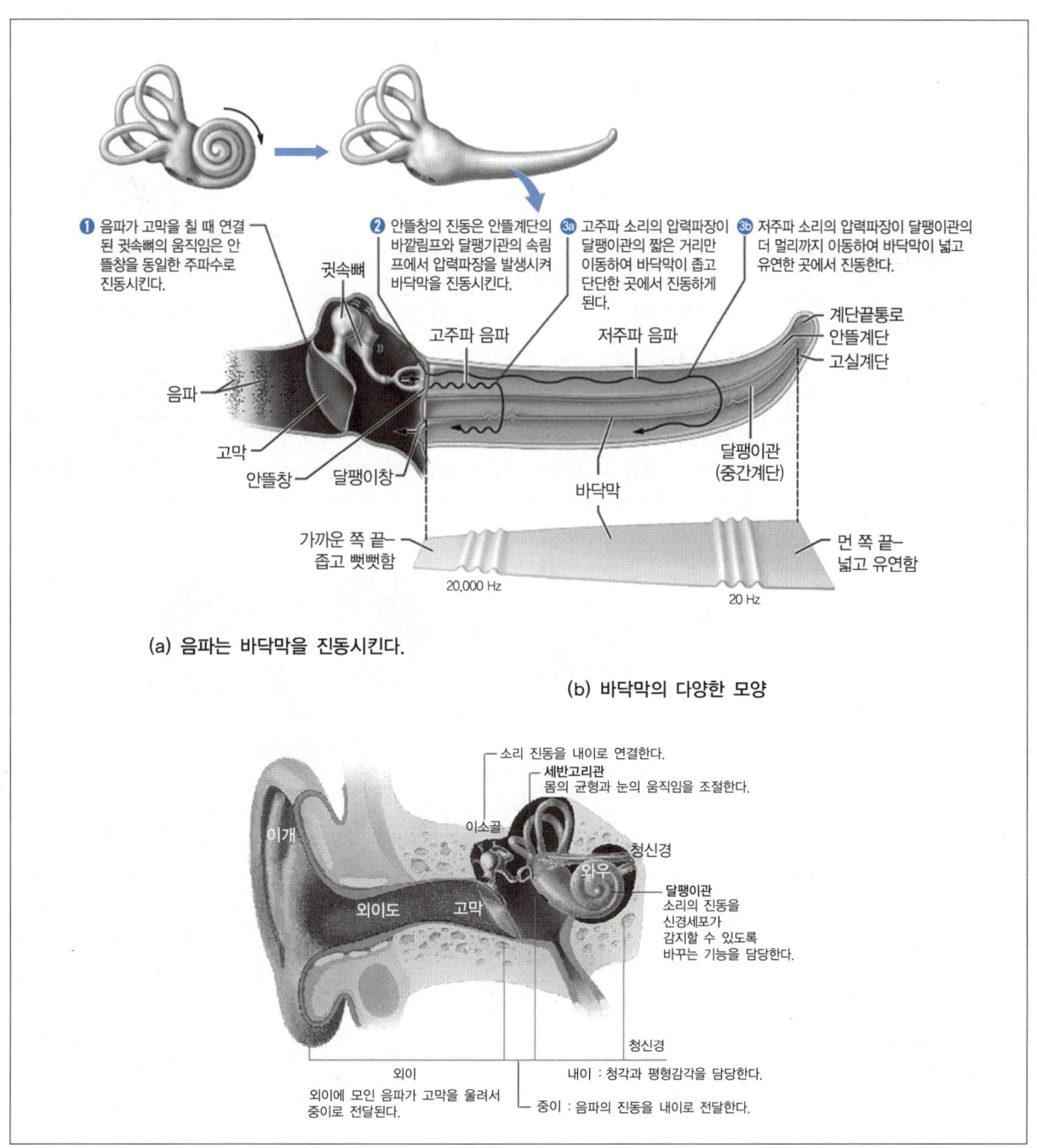

[귀의 구조]

2. 귀의 건강사정 92,95,04,15 임용

이경검사	검사법	이개를 (성인 : 후상방, 아동 : 후하방으로) 잡아당겨 → 외이도가 직선이 되도록 하여 검사 이경은 적절한 크기를 선택해 외이도에 넣은 후 연골부위를 약간 벌려주고 검사		
	판별	정상	고막 색깔	투명한 진주빛에 가까운 회색
			고막 형태	원추모양, 배꼽모양, 약간 오목
			움직임	광추(cone of light : Rt.ear — 5시 방향, Lt.ear — 7시 방향)
		비정상	고막의 움직임(고막천공 시 움직이지 않음)	
음차 검사	Weber Test (편기검사)	목적	양쪽 똑같이 들리는지 확인(한쪽 또는 양쪽 귀의 청력상실을 확인하기 위해서 실시함) 15 임용	
		검사법 15 임용	음차 손잡이를 잡고 음차를 손바닥에 쳐서 진동 → 이마 중앙 또는 두정엽의 전방부분의 중앙에 갖다 댐 → 어느 쪽 귀로 소리가 크게 들리는지 확인	
		판별 15 임용	정상 청력	양쪽에서 똑같이 들림
			전도성 난청	난청 귀에서 더 잘 들림 92 임용
			감각신경성 난청	정상 귀에서 더 잘 들림
	Rinne test (린네검사)	목적	AC, BC시간 확인하여 청력상실이 감각장애 때문인지, 전도장애 때문인지 확인함	
		검사법 15 임용	음차 손잡이를 잡고 음차를 손바닥에 쳐서 진동 → 대상자의 유양돌기에 대기 → 소리가 들리지 않을 때(골전도 시간 = BC) 시간측정 → 음차의 갈라진 부분을 귀 앞으로 옮김 → 더 이상 소리가 들리지 않는 시간(공기전도 시간 = AC) 확인	
		판별	정상[공기전도 : 골전도 = 2 : 1(Rinne positive)]	

출처 : 성인간호학 하권. 유양숙 외 공저. 현문사.

	정상	전도성 난청	감각신경성 난청
Weber	편위 없음	난청 귀가 잘들림	정상 귀 잘 들림
Rinne	AC : BC = 2 : 1 09,15 임용	BC가 AC보다 오래 걸림 04 임용	AC : BC ≥ 2 : 1 AC가 BC보다 2배 이상 길게 들리지만 정상 귀의 전도시간보다는 전체 듣는 시간이 짧음

초시계검사 (Watch tick test)	목적	고음 결손을 확인하기 위해 실시
	검사법	검사하려는 대상자의 반대쪽 귀를 막고 그 귀로부터 13cm 내에 초시계를 댄 후 청력 확인
	판별	각 귀마다 13cm 거리에서 시계의 초침을 들을 수 있어야 하며, 고음 난청 시 듣지 못함

		목적	저음 결손을 확인하기 위해 실시
속삭임검사 (Whisper test)		검사법	대상자는 검사하려는 자신의 반대쪽 귀를 막게 한 후 대상자의 30~60cm 뒤에 서서 작은 소리로 말한 것이 들리는지 확인
		판별	대상자는 각 귀마다 30~60cm 떨어진 거리에서 속삭인 대부분의 단어를 반복할 수 있어야 하며 저음 난청 시 반복하지 못함
순음청력검사 (= 순음검사)		목적	청력을 측정하는 표준검사법으로 음차에서 음을 발생하는 것과 같이 음을 전기적으로 발생시켜 각 주파수에 따라 음의 강도와 높낮이를 조절한 신호자극음을 들을 수 있는 가장 작은 음의 강도인 청력역치를 측정하여 양쪽 귀의 청력상실 정도를 확인함
		검사법	방음장치가 된 방에서 청취기를 착용하고, 청력검사기를 사용하여 서로 다른 데시벨의 소리를 듣고 단추를 누르게 하여, 소리를 들으면 청력을 표시함
		판별	정상범위 : 0~20dB(A)
평형 사정 (전정 기능 검사)	온도 안진검사 (caloric test)	목적	청신경과 구분되는 전정과 뇌간(뇌줄기) 기능의 검사법으로 고막이 정상일 때만 적용할 수 있음
		검사법	옆으로 눕히고 한쪽 귀에 냉수를 주입을 하거나 온수를 주입하고 안진 관찰
		정상	냉수 주입한 경우에는 주입한 쪽으로 안구가 옮겨온 뒤 반대쪽으로 안진이 발생하고, 온수 주입한 경우에는 주입하지 않은 쪽으로 안구가 편위된 후에 온수 주입한 쪽으로 안진 발생
		비정상	안진(안구운동) 소실은 뇌간기능 손상을 의미함
	Romberg 검사 (평형검사)	목적	눈을 뜨고 감으면서 팔을 앞으로 움직이며 선자세를 유지하는 능력의 검사법
		검사법	내이의 평형상태를 검사하기 위해 눈감고 두 팔 양옆으로 붙이기 → 20초 동안 똑바로 서게 하기
		정상	약간의 흔들림은 있을 수 있으나, 20초 동안 설 수 있음
		비정상	넘어지지 않기 위해 발을 따로 움직이거나 흔들림(소뇌장애, 전정기능장애)

3 외이도염(바깥귀길염) 성인질환

정의	외이도에 염증이 생긴 것	
원인	① 외이도의 방어기전이 깨지면 흔히 발생함, 그 이유로는 잦은 수영, 습하고 더운 기후, 좁고 털이 많은 외이도, 귀지의 이상, 보청기 또는 이어폰의 이용, 습진 등의 피부질환, 당뇨병, 면역저하상태 등 ② 주 원인균 : 녹농균, 포도상구균 ③ 진균 ④ 만성 외이도염의 흔한 원인 : 접촉성 알레르기, 이용액(귀에 넣는 물약)에 대한 감작, 지루성 피부염, 건선 등	
증상	① 가벼운 가려움증과 움직일 때 이개의 통증 ② 염증이 외이도를 폐쇄하면 청력이 감소되고 귀가 막힌 느낌을 호소함	
진단검사	문진 및 신체검사	선행요인이 있는지 문진 후 이경을 통해서 외이도 상태와 고막상태 관찰
	청각검사	① 청력감소를 호소하는 경우에 청각검사 시행 ② 대개 외이도염에서 청력의 저하는 외이도의 부종이나 분비물로 외이도가 막혀서 생기는 전도성 난청이 흔히 발생됨
	방사선검사	악성외이도염 등 염증이 외이도를 벗어난 것이 의심되거나 암이 같은 다른 병을 감별하기 위해 실시
치료 및 간호중재	원인제거	① 항생제와 스테로이드를 점적하여 스며들도록 주입하며, 부종으로 외이도가 막히면 귀심지 삽입 ② 증상이 심하거나 림프절비대, 봉와직염이 있으면 정맥내로 항생제 투여
	대증요법	① 진통제 : 통증이 심하면 마약성 진통제, 통증이 가벼우면 아스피린이나 아세트아미노펜 투여 ② 온열요법 : 국소감염과 통증을 완화하기 위해 1회에 20분씩 하루 3번 따뜻한 수건이나 더운 물주머니 적용
	보존 및 지지요법	① 수영 시 귀마개 사용 ② 염증이 완화되면 희석된 알코올로 귀를 청결하게 하고 건조시킴

4 중이염 93,96,12 임용 [아동질환]

정의	표준 용어	중이염	원인이나 병인에 관계없이 중이의 염증상태
		급성 중이염	급성염증 증상과 징후(발열과 이통)의 빠른 발병과 함께 중이강 내의 염증상태
		삼출성 중이염	급성염증의 증상 없이 중이강에 수액이 축적된 상태

원인	① 6개월~2세까지 호발, 2세 이후 급격히 감소
	   ㉠ 3세 이하 영유아의 유스타키오관이 성인에 비해 짧고, 넓으며, 중이와 수평으로 연결되어 있어 점액배출이 잘 안됨 12 임용(보기)
	   → 중이에 점액이 잘 축적
	   → 축적된 점액질과 이물질로 인한 중이염 발생 多
	   ㉡ 연골 윤곽이 확실하지 않아 이관이 팽창성이 좋기 때문에 부적절한 시기에 열려 있는 경향이 있음
	   ㉢ 후두의 림프조직이 발달되어 있어 유스타키오관을 막기 쉬움
	   ㉣ 미성숙한 면역체계가 감염 위험을 높임(따라서 생후 6개월 이상 모유수유를 권장함. 모유수유 시 모유 속에 함유된 면역성분이 유스타키오관과 중이점막을 병원체로부터 보호해줌) 12 임용(보기)
	   ㉤ 주로 누워 있는 영아는 우유나 분비물이 유스타키오관에 들어가기 쉬운 자세
	② 비행 중 대기압의 급격한 변화로 인한 후유증, 알레르기 및 세균질환
	③ 담배연기는 유스타키오관을 자극하여 중이염 유발 12 임용(보기)
	④ 만성 중이염 : Pseudomonas, staphylococcus, Klebsiella

병태 생리	① 이관이 폐쇄되어 중이의 정상 통기가 저해되어 장액성 삼출액이 고이면서 나타남 ② 중이감염 → 중이의 점막과 이관에 부종

증상 및 징후	급성 중이염 19 국시	① 발열, 이충만감, 이통, 이명, 식욕저하, 보챔, 오심 / 구토, 콧물, 귀를 잡는 행동 ② 이경을 통해 확인할 수 있는 것 : 팽만, 불투명 또는 붉은색, 운동성 저하 ③ 임상경과

구분	증상과 징후	호소
발적기	• 이통, 발열(38~40℃), 박동감, 이명, 귀의 충만감(=이폐색감), 충혈성 부종, 두통 등 93 임용(지문) • 청력 : 정상	이통과 열감, 박동감, 귀의 충만감, 두통 등
삼출기	• 삼출물 형성으로 구토, 심한 이통, 발열 • 전도성 난청, 어지러움증	청력저하, 오심과 구토
화농기	• 고막천공 전에는 이통이 심함 19 국시 → 고막 터지고 나면 화농성 분비물이 배출, 통증, 발열 없어짐 93 임용(지문) • 전도성 난청이 심함	청력저하, 귀에서 분비물 흘러나옴

	만성 중이염	① 고막천공(특징적 증상) ② 악취가 나는 분비물 ③ 전도성 난청 혹은 혼합성 난청 : 고막위축, 천공, 고막이나 이소골에 괴사 일어남 ④ 안면마비 : 안면신경을 덮고 있는 뼈의 괴사 ⑤ 측두골의 구조상 뇌농양

합병증 96 임용	① 전도성 청력상실, 언어와 관련된 문제발생 ② 중이인접 조직의 농양, 부비동염, 패혈증, 측부비동 혈전, 안면신경마비, 경부농양 ③ 두개 내 합병증 : 귀의 심한 통증, 두통, 발열, 구토, 경련, 의식소실, 뇌막염, 뇌염, 뇌농양 ④ 귀 : 고막의 함몰, 고막의 천공, 귓속뼈의 괴사, 고실 경화증, 만성 화농성 중이염, 유착성 중이염, 진주종의 형성, 미로염, 유양돌기염, 추체첨담화농증

진단검사	고막검사	• 이경이나 내시경을 이용하여 고막 관찰 • 급성중이염은 대개 병력과 이 검사만으로 쉽게 진단가능 • 삼출성 중이염 진단시 삼출액의 여부 확인이 중요함, 공기주머니가 달린 이경을 통해 고막운동성을 확인함으로써 삼출액 여부 확인가능
	고실측정법	고실은 중이를 의미하며, 중이의 체액존재, 중이 감염, 고막천공, 유스타키오관 기능장애 등을 확인하는 검사
	청력검사	순음청력계를 사용하여 청력역치를 측정하여 청력도를 나타냄

	구분	급성 중이염	만성 중이염
치료 및 간호	원인제거	화농성 중이염 – 항생제 투여(증상이 완화되어도 처방받은 기간 동안 투여 – 재발이 흔함) 12 임용(보기) / 22 국시	① 청력손상과 심각한 합병증 예방 ② 조기에 고실 성형술 실시 ③ 배액을 위해 고막천공을 시켜주면 중이와 외이의 압력이 균등하게 됨
	대증요법	① 약물 : 해열진통제, 충혈제거제 ② 적절한 휴식, 수분섭취 ③ 이관개방 : 껌을 씹거나 사탕을 빨아 먹는 등 자주 삼키고 하품을 하게 함	
	지지요법	① 샴푸나 수영으로 인한 감염이 일어나지 않도록 주의 ② 상기도 감염이 있을 때는 코를 세게 풀지 않도록 유의 ③ 모유수유, 젖병 수유 시 아기를 똑바로 눕힌 상태에서 수유하지 않도록 함 • 모유수유는 아동에게 IgA 등 면역성분을 제공하고, 수유동안 머리를 높인 자세를 유지하게 하여 중이염을 예방할 수 있음	
	고막절개술	극도의 통증, 발열, 고막의 팽륜 시	
	치료효과를 확인하기 위해서 치료를 마친 후에도 병원에 방문하여 귀 검진을 받아야 함  ① 고막의 운동성 여부를 확인할 것 ② 청력상실 유무를 확인할 것		

PLUS⊕

• 귀 점적액 주입방법
① 가온 : 주입할 점적액을 체온정도의 따뜻한 물에 담그기
② 확인 : 정확한 용량과 시간 확인하기
③ 세척 : 귀심지 제거 후 고막이 정상이면 귀 세척
④ 체위/점적 : 환측이 위로 오도록 머리를 기울이고 귓바퀴를 후상방(성인기준, 3세 이하는 후하방) 잡아당긴 후에 투약 점적기를 삽입한 후 점적
⑤ 머리를 부드럽게 앞뒤로 5번 정도 움직이게 함
⑥ 거즈나 솜으로 느슨하게 막아줌

5 이경화증 성인질환

정의	중이 이소골의 하나인 등골이 경화하여 난청이 되는 질병으로 수술로 90% 완치가 가능함
원인	유전적 질환으로 10~20대 초반 여성에서 흔함
증상 및 징후	이명, 진행성 전도성 난청(부드럽고 작게 말하는 소리를 듣기 힘듦)
진단검사	청력검사(음차검사) : 골전도가 공기전도보다 큼
치료 및 간호중재	① 청력증진을 위해 보청기 착용 ② 외과적으로 등골 가동술

6. 메니에르병 [성인질환]

정의	① 막미로의 확장과 내림프액의 양이 증가된 질환 ② 내이의 장애로 전정과 삼반규관의 막미로 안에 내림프액의 과다한 생산이나 흡수장애로 내림프액의 양이 증가
특징	20~50대 호발하고, 남성 유병률이 높음
원인	① 정확한 원인은 잘 모름 ② 관련 요인 : 내림프액 흡수장애, 바이러스 감염, 알레르기, 정서적 긴장, 음식을 짜게 먹는 것 등 [21 국시]
증상 및 징후	3대 증상 : 이명, 감각신경성 난청, 현훈 ① 이명 ② 감각신경성 난청 ③ 오심과 구토를 동반한 현훈 ④ 균형 장애, 이충만감 ⑤ 안구진탕증, 운동실조
진단 검사	롬베르그 검사, 전기안진검사, 청력검사

치료 및 간호	대증요법	약물요법	진정제 (Diazepam)	피질하 변연계에 영향으로 억제성 신경전달물질인 GABA를 강화, 어지러움, 안정, 오심, 구토에 효과	
			항콜린성 약물 (Atropine)	오심, 구토 조절	
			이뇨제	내림프액의 양을 저하시켜 귀의 충만감, 압력 완화	
			진토제	phenothiazine	도파민 수용체를 차단함으로 작용
				ondansetron(zofran)	세로토닌 수용체 차단제
			항히스타민제 (diphenhydramine : benadryl)	진토작용(전정기관억제기능으로 어지러움 완화에 도움됨)	
		수술			
		간호	침상안정	심한 현훈 시 편평한 바닥에 눕혀서 현훈이 멈출 때까지 눈을 감고 움직이지 않도록 베개로 머리 양쪽을 지지하고 침대 난간을 올려 사고 예방 [19 국시]	
			식이 [23 국시]	제한	초콜릿, 커피, 설탕, 염분과 수분, 화학조미료, 흡연, 알코올 섭취 등은 내림프를 증가시키므로 피해야 함
				권장	저염식이
			균형훈련운동 (전정재활운동)	뇌에 손상된 균형체계를 보상하여 현훈을 감소	
			기타	① 운전, 기계작동, 수영 제한 ② 집중과 수면을 도모하기 위해 이명의 지각을 줄일 수 있는 대안으로 라디오나 음향시스템에서 나오는 은은한 소음을 활용할 수 있음 ③ 알레르기 원인물질을 제거, 이차적으로 탈감작 ④ 증상 유발요인 제거, 소음, 불빛, 스트레스, 피로 감소	

7. 난청  성인질환

전도성 청력장애 (= 전음성 난청) 95(보기),04 임용	정의	외이나 중이의 문제로 인해 내이까지 음을 전달하는 데 장애가 나타남
	원인	외이가 귀지나 이물로 막혔을 때, 감염 시, 고막의 비후나 경화, 고막파열, 중이염, 이경화증, 외이와 중이의 선천성 기형
	특징	① 모든 주파수의 소리에 동일한 청력장애 ② 소리를 지각하는데 장애가 있으나, 언어식별력은 나쁘지 않음
감각신경성 청력장애 (= 감음성 난청)	정의	청신경 또는 청각중추장애로 음파가 청피질에 전달되는 않는 것(내이신경이나 뇌신경의 신경전도장애) 95 임용
	원인	소음에 의한 손상, 노화(노인성 난청), 메니에르병, 미로염, 홍역/볼거리/뇌막염 등의 감염, 임신 시의 풍진, 이독성 물질(아스피린, 라식스, 아미노글리코사이드, 스트렙토마이신, 반코마이신 등)에의 노출 등이 주요 원인, 콜라겐 질환, 당뇨병, 파제트병과 같은 전신장애로도 발생됨
	특징	① 전형적으로 저주파음보다 고주파음을 듣는 능력에 장애가 있음 ② 소음이 있는 환경에서 언어식별이 어려움 ③ 확인하기 위한 음차검사 : 린네검사

※ 전도성 난청과 감각신경성 난청의 임상증상

	전도성 난청 04 임용	감각신경성 난청 95 임용
음질	부드러운 음조	시끄러운 음조
청각에 미치는 환경소음의 영향	청각증진	청각이 나빠짐
언어감별 검사	좋음	나쁨
전화기로 들을 수 있는 능력	좋음	나쁨
웨버검사의 편측성	이환된 귀	정상적인 귀
린네검사의 결과	음성, 공기전도 < 골전도	양성, 공기전도 > 골전도

혼합성 난청 95 임용(보기)	정의	전도성 난청과 감각신경성 난청이 동시에 존재하는 청력의 손상으로 선천적 혹은 후천적으로 발생함
중추성 청력장애 95 임용(보기)	정의	① 청각자극을 해석하지 못하는 난청으로 종양이나 뇌혈관의 장애로 유발됨 ② 청각기능은 정상이지만 무슨 말인지 이해하지 못하여 난청이 됨
	원인	① 측두골의 종양으로 발생, 가장 흔한 양성종양은 청신경종으로 내이강에서 뇌간으로 파급되어 신경학적 문제를 야기하며 치명적임 ② 소뇌종양은 제7번과 제8번 뇌신경을 거쳐서 귀로 침범함 ③ 중이와 유양돌기부의 악성종양도 내이 전체로 퍼짐
기능적 청력장애	정의	귀에 기질적인 장애가 없을 때 나타날 수 있는 청력장애

12-3 피부 건강문제

영역	기출영역 분석		페이지
피부계	피부의 구조와 기능 2015 지문		660
	건강사정	1차 발진에 속하는 피부발진 1995	661
	바이러스성 감염증	바이러스성 전염병 종류 1996	662
		대상포진 | 원인, 역학적 특성, 증상과 징후, 후유증, 관리, 예방법 1992, 2013	663
	세균성 감염증	농가진 1992, 2011, 2013	664
		절종, 독종, 절종증	665
		봉와직염(= 연조직염) 2013	666
	진균 감염	백선증, 칸디다증	667
	기생충 감염증	머릿니 2011	668
		옴 1993	669
	습진성 피부염	영아습진 원인 1996	670
		아토피성 피부염 : 진단기준 / 간호문제 / 간호중재 2009 기입형, 2차주관식, 진단에 활용할 수 있는 혈청검사 항목/태선화/로션도포 이유 2021	670
	염증성 질환	여드름(심상성 좌창) 2020	674
	수포성 질환	천포창	677
	피부암		678

✓ 학습전략 Point

1st	아토피성 피부염, 대상포진, 이 기생충 등 과년도에 기출되었던 질병	과년도에 기출되었던 질환들에 대해서 병태생리, 대표적인 증상과 징후, 특징적인 치료와 중재들에 관해 학습한다.

한눈에 보기: 피부

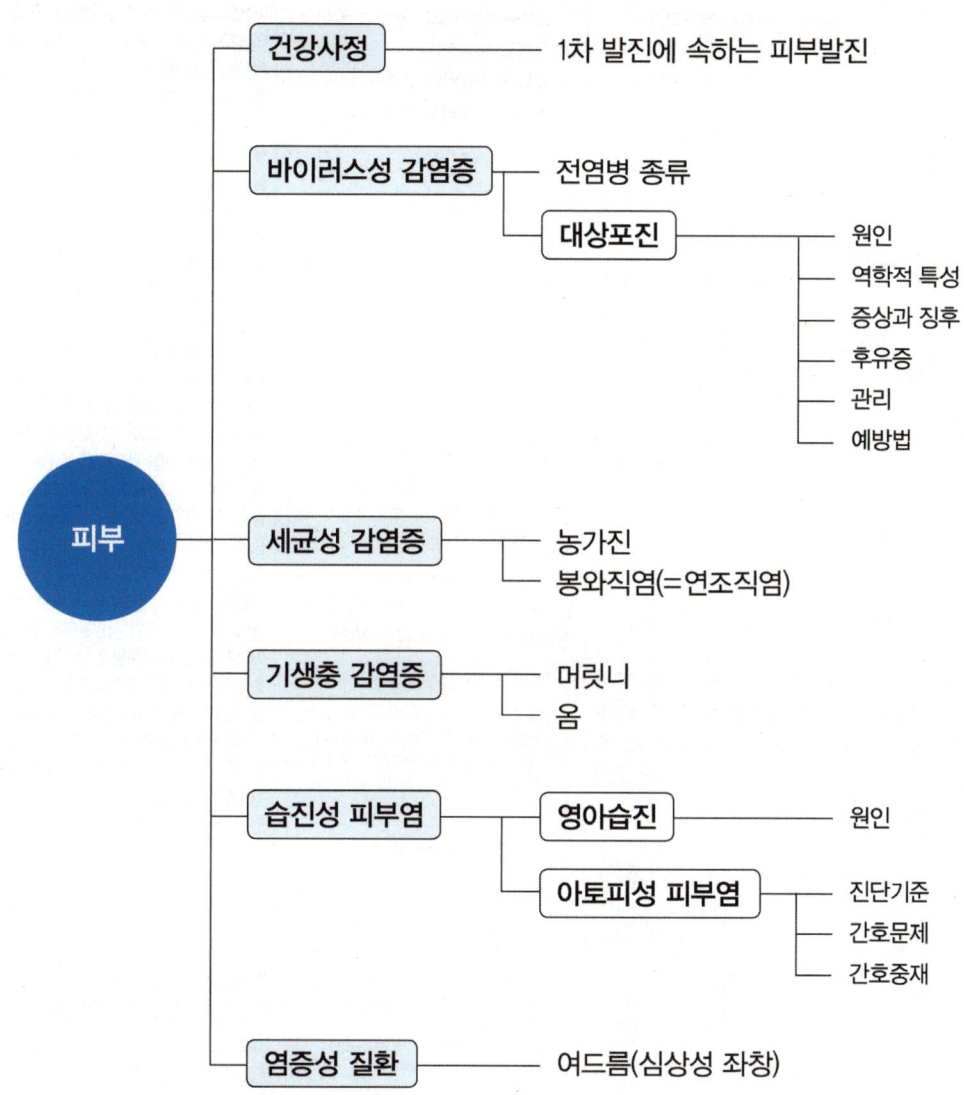

95-03. 1차 발진에 속하는 피부 발진은?
① 인설   ② 가피
③ 농포   ④ 궤양

96-17. Virus성 전염병은?
① Carbuncle – Fruncle – Herpes simplex
② Herpes simplex – Warts – Tinea pedis
③ Fruncle – Herpes zoster – Warts
④ Herpes simplex – Warts – Herpes zoster

92-43. 대상포진(Herpes zoster)을 바르게 설명한 것은?
① 20~30세에서 많이 발생한다.
② 주로 몸의 한 쪽에만 나타난다.
③ 피부 발진 전에는 동통이 없다.
④ 홍반성 구진과 수포가 산재하여 나타난다.

13-01. 다음은 보건교사가 K 교사와 상담한 보건 일지 내용이다. (가)~(바) 중 옳은 것만을 있는 대로 고른 것은?

보건 일지		
상담일	2012. 9. 00	장소	보건실
이름	K	성별/나이	여/45세

주 호소
• 오후가 되면 심한 피로감이 생김을 호소함
• 2~3일 전부터 오른쪽 옆구리에 소양증과 콕콕 찌르는 통증이 발생함(통증이 점점 심해지고 있음)

관찰 내용
• 오른쪽 옆구리 피부 분절(dermatome)을 따라 여러 형태의 크고 작은 물집이 생김
• 물집이 있는 부위의 피부는 약간 부종이 있고 홍반성임
• 발진 부위가 넓은 띠 모양으로 퍼져 있음

간호교육 내용
(가) 원인은 varicella zoster 바이러스임
(나) 잠복하고 있던 바이러스가 재활동하여 발생함
(다) 수포에는 감염성이 없음
(라) 손 씻기와 같은 개인위생을 철저히 하도록 함
(마) 70% 알코올을 도포하여 병소를 소독함
(바) 포진 후 신경통(postherpetic neuralgia)이 발생할 수 있음

92-23. 농가진(impetigo)에 대한 설명으로 옳은 것은?
① 원인균은 바이러스이다.
② 상처의 고름이 전염원이다.
③ 겨울철에 많이 발생한다.
④ 임파절은 커지지 않는다.

11-17. 농가진(impetigo)의 특성 중 옳지 않은 것은?
① 불량한 위생상태와 관련이 깊다.
② 얼굴, 입 주위에 흔하게 나타난다.
③ 홍반과 소양증을 동반한 소수포가 있다.
④ 자가면역질환이며, 수포가 쉽게 터진다.
⑤ 전염성이 강하므로 피부접촉을 피하도록 한다.

13-12. 다음은 찰과상을 입은 N 학생(남, 12세)의 보건 일지이다. 보건일지를 바탕으로 N 학생에게 일어난 '합병증'과 '원인균'을 바르게 연결한 것은?

〈합병증〉   〈원인균〉
① 농가진(Impetigo)   연쇄상구균
② 농가진(Impetigo)   피부사상균
③ 연조직염(Cellulitis) 피부사상균
④ 연조직염(Cellulitis) 포도상구균
⑤ 패혈증(Sepsis)   그람음성 장내세균

93-20. 옴(scabies)에 대한 설명으로 옳은 것은?
① 곰팡이에 의해 발생한다.
② 가려움은 야간보다 주간이 더 심하다.
③ 소아에서는 머리, 손바닥, 발바닥 등에도 발생한다.
④ 별다른 치료약이 없으며, 내의 및 침구는 소독해서 사용한다.

96-10. 영아 습진의 원인으로 옳은 것은?
① 감염
② Allergy
③ 피부의 손상
④ 피지선의 폐색

11-05. M 초등학교 보건교사가 학생들 사이에 유행하고 있는 머릿니(Pediculus humanus capitis)의 확산 방지를 위해 작성하여 배포한 가정 통신문의 내용 중 옳지 않은 것은?

●◦● 가정 통신문 ●◦●
환절기 계절입니다. 댁내 평안하십니까?
요즘 본교 학생들 사이에 '머릿니'가 급속히 유행하고 있어 이의 확산 방지를 위해 다음과 같은 안내 자료를 전해드리고자 합니다. 자녀들과 함께 읽어 보시고 위생 지도에 만전을 기해 주시길 당부드립니다.

■ 머릿니의 예방과 관리
① 알(서캐)는 귀 뒤, 뒤통수 쪽에 많이 있으므로 이 부위를 주의 깊게 관찰해 주십시오.
② 머릿니는 모자, 빗, 침구류 등을 통해 전파될 수 있으니 남과 함께 사용하지 않도록 합니다.
③ 머릿니의 수명(life span)은 약 30일 정도이므로 지속적인 관리가 필요합니다.
④ 머릿니의 성충은 사람에게서 떨어져 나와도 10일 이상 살 수 있으므로 꾸준한 관리가 필요합니다.
⑤ 극심한 소양증으로 학생이 두피를 긁게 되면 2차 감염의 우려가 있으니 주의 깊은 관찰이 필요합니다.

09-33. 아토피 피부염 아동을 위한 간호중재로 옳은 것을 〈보기〉에서 고른 것은?

〈보기〉
㉠ 아동의 손톱을 짧게 자른다.
㉡ 덥지 않은 환경을 유지한다.
㉢ 모직의류보다는 면으로 된 옷을 입힌다.
㉣ 피부가 접히는 곳에 파우더를 도포해 준다.
㉤ 보습제는 목욕 후 물기를 완전히 제거한 후 빠른 시간 내에 발라준다.

09-주관식 01. 다음 사례를 읽고 물음에 답하시오.

초등학교 4학년 여학생이 체육시간에 달리기를 한 후 땀을 흘리면서 피부의 가려움증을 호소하여 담임교사가 그 학생을 데리고 보건실을 찾았다. 학생의 양쪽 팔과 무릎 뒤의 겹쳐진 부위에서는 피부발진과 함께 심하게 긁어 생긴 상처와 부종이 관찰되었다. 보건교사가 학생과 면담한 결과 학생은 너무 가려워서 밤에 침구나 침대에 얼굴을 비비거나 긁는 것을 멈출 수 없으며 이로 인해 밤에 자다가 종종 깬다고 호소하였다. 또 학교 학예회 때 무대에 나가 발표를 하고 싶지만 피부가 드러나서 할 수 없으며 다른 아이들이 자신의 피부를 보고 '코끼리'라고 놀린다고 속상해 하였다. 학생의 부모님은 많은 종류의 화초를 가꾸고 있었고 집안에서는 애완동물로 강아지를 기르고 있었다. 학생은 밤에 잘 때는 인형을 안고 자며 평소에 과자를 즐겨 먹는다고 하였다. 가려움증이 있을 때마다 간헐적으로 병원을 방문하였지만 이러한 증상이 계속 반복되고 완치되지 않아 최근 2개월 전부터는 증상이 있어도 병원을 방문하지 않는다고 하였다. 학생의 어머니는 주위 사람들에게 들은 이야기를 근거로 1주일에 1회 정도 식초를 희석한 물로 피부를 닦아내고 이를 지속적으로 시행하면 앞으로 학생의 병이 완치될 수 있다고 믿고 있다. 또 앞으로 가려움증을 없애기 위해서 학생에게 고기반찬을 주지 않고 야채만을 줄 것이라고 말했다고 한다. 학생은 학교 수련회도 가고 싶지만 항상 어머니의 보호를 받아야 한다는 이유 때문에 참여할 수 없다고 말하였다.

보건교사는 학생과의 면담, 신체검진과 사정을 기초로 현재 학생에게 아토피성 피부염이 있음을 확인하였다. 위 사례에 나타나 있지 않은 아토피성 피부염의 진단 기준을 나열하고 위 사례에서 나타난 간호문제와 이에 따른 간호중재에 대해 논하시오.

21-B10. 다음은 중학교 보건교사가 작성한 상담 일지이다. 〈작성 방법〉에 따라 서술하시오.

상담 일지			
성명	김○○	성별	여
상담 일시	○월 ○일 ○시	학년/반	2/3
주요 문제	㉠ 아토피 피부염(atopic dermatitis)		
상담 개요	• 학생 현황 　- 체육 시간 이후에 양쪽 팔과 무릎 뒤의 겹쳐진 피부와 발목에 가려움증을 호소하며 방문함. • 상담 내용 　- 피부의 ㉡ 태선화(lichenification)가 관찰됨. 　- 병원의 지시 사항을 잘 이행하지 않고 있음. 　- 병원에서 알려준 대로 샤워 후 ㉢ 로션을 충분히 바르도록 함. 　- 일상생활 중에 아토피 피부염 증상의 완화를 위한 여러 가지 방법에 대해 상담하고 교육함. 　… (하략) …		

─〈작성 방법〉─
• 밑줄 친 ㉠의 진단에 활용할 수 있는 혈청검사의 항목을 쓸 것.
• 밑줄 친 ㉡의 피부 상태를 서술할 것.
• 밑줄 친 ㉢의 이유를 제시할 것.

20-09. 다음은 고등학교 보건교사가 작성한 건강 게시판 자료이다. 〈작성 방법〉에 따라 순서대로 서술하시오.

─[건강 게시판]─
여드름 제대로 알아봅시다!
❖ 여드름이란?
　○ ㉠ 사춘기와 젊은 연령층에 흔히 발생하는 피부 질환
❖ 분류
　○ 면포의 수와 유형 및 영향을 받는 피부의 정도에 따라 구분
❖ 치료적 관리
　○ 일반적 관리
　　• 적당한 휴식, 알맞은 운동, 균형 잡힌 식이, 정서적 스트레스 감소
　○ 청결
　　• 자극이지 않은 순한 비누로 하루에 1~2회 세안
　○ 약물 관리
　　• 국소용 : tretinoin 연고 – ㉡ 감광성 주의
　　• 전신용 : 경구용 항생제

─〈작성 방법〉─
• 밑줄 친 ㉠ 시기 남학생의 여드름 발생에 관련된 호르몬 2가지와 작용을 서술할 것.
• 밑줄 친 ㉡의 특성을 고려하여 연고 도포 시 주의해야 할 내용 2가지를 서술할 것.

15-B8. 다음은 ○○고등학교 보건교사가 피부의 상처치유 과정을 지도하기 위해 작성한 〈교수·학습 지도안〉이다. 다음 내용에서 괄호 안의 ㉠, ㉡에 해당하는 단계의 명칭을 순서대로 쓰시오.

교수·학습 지도안			
단원	피부의 기능	지도교사	김○○
주제	상처치유 과정	대상	남학생 35명
차시	2/3 차시	장소	2-3교실
학습 목표	• 상처치유 과정을 이해한다.		
단계	교수-학습내용		시간
도입	• 전시 학습 내용 확인 : 피부의 구조 • 동기 유발 : 상처치유 과정에 관한 애니메이션 동영상 시청 • 본시 학습 목표 확인		5분
전개	• 손상으로 피부가 벗겨져 피가 나는 상처의 치유 과정에 대해 알아본다. 　- 상처치유 과정 　1) 지혈 단계 : 손상된 혈관을 막아 주고 안정된 혈괴를 형성하기 위하여 혈소판이 작용한다. 　2) (㉠) : 불필요한 조직과 미생물을 파괴하는 단백질 분해 효소가 상처 부위에서 분비된다. 　3) 증식 단계(섬유 증식기) : 상처가 육아조직으로 채워지고 수축되어 상피화에 의해 상처 표면을 재형성한다. 　4) (㉡) : 콜라겐이 재조직화 되고 흉터가 재건되어 상처가 치유된다. 　… (중략) …		40분
정리 및 평가	• 상처치유 과정 O, X 퀴즈		5분

1 피부의 구조와 기능

피부 기능 🔊 항체면역분방합감	항상적 기능	수분과 전해질의 상실을 막고 피하조직의 건조예방
	체온조절 기능	음식물 대사 결과 생긴 열을 피부를 통해 방출/열소실은 방사, 전도, 대류를 통해 조절
	면역기능	표피의 Langerhans 세포(이물질 식균작용과 림프구에 의한 면역반응)와 각질형성 세포
	분비기능	요소, 소량의 소금을 땀으로 분비
	비타민 D 합성	자외선을 받으면 피부의 콜레스테롤 형태가 비타민 D로 교환
	방어와 보호기능	피부는 세균, 이물질의 침입을 막고 화학물질에 저항
	감각기능	통각, 촉각, 압각/외부환경의 상태를 지속적으로 감각

구조	부분	기능
표피	각질층(케라틴)	① 수분의 상실이나 투입방지 ② 손상이 없으면 병원체와 대부분의 화학물질의 투입방지
	기저세포막(배아층)	계속적인 유사분열이 새로운 세포를 생성하고 표면으로 올림
	랑게르한스세포	각질층과 진피에 흩어져 있으며, 이물질 식균작용과 림프구에 의한 면역반응을 자극
	멜라닌세포	자외선에 노출되면 멜라닌 생성, 기저세포막(배아층)으로부터 생성됨
	유두층	배아층에 영양을 공급하는 모세혈관을 가지고 있음
진피	모낭	① 눈썹과 비강 털은 눈과 비강을 먼지로부터 보호 ② 머리카락은 머리를 추위로부터 보호
	손발톱	손가락 끝과 발톱 끝을 기계적 손상으로부터 보호
	수용체	피부감각 - 촉각, 압각, 열, 추위, 통증의 변화를 탐지
	기름샘	피부와 털의 건조를 막는 기름을 생성
	귀지샘	귀지를 생성하여 고막의 건조를 막아줌
	땀샘	몸을 식히기 위해 과다한 체온이 기화되도록 땀을 분비
	소동맥	① 더위에 대한 반응으로 열소실을 증가시키기 위해 이완 ② 추위에 대한 반응으로 열보존을 위하여 수축 ③ 스트레스 상황에서 중요한 기관으로 혈액을 보내기 위하여 수축 ④ 자외선에 노출되면 콜레스테롤이 비타민 D로 전환
		진피에 포함된 혈관기능 ① 세포에 영양분 공급과 노폐물 제거 ② 혈관수축과 확장을 통한 체온조절 ③ 스트레스 상황에서 중요기관으로 혈액을 보내기 위해 수축 ④ 자외선에 노출되면 콜레스테롤을 비타민 D로 전환함
피하 지방 조직	결체조직	① 피부와 근육을 연결 ② 피부로 들어온 병원균을 파괴하기 위해 많은 백혈구를 가지고 있음 ③ 지방을 저장하고 있음
	지방조직	① 뼈돌출 부위에 쿠션역할을 함 ② 추위를 차단하는 단열효과를 줌

2. 1차 발진의 종류 95, 21 임용

피부검진(문진 - 시진, 촉진)			
문진	① 현재력, 과거력, 가족력, 생활양식과 건강행위와 관련된 질문 ② 일반적 건강력 + 문제 중심력 : 건강력 : 피부, 모발, 손톱		
피부 시진	(1) 피부 색깔	갈색, 청색, 적색, 노란색, 창백한지 관찰 - 갈색(멜라닌 침착), 청색(산소부족), 적색(산화혈색소 증가, 혈관확장), 노란색(황달 : 빌리루빈 증가), 색소의 감소(멜라닌 색소 감소, 산화혈색소 감소, 부종)	
	(2) 혈관상태 & 출혈, 타박상의 유무, 피부의 혈관병변 및 자반성 병변 관찰		
	(3) 병변	1) 색깔 : 색깔의 한계가 분명한지, 확산되었는지 확인	

		2-1) 유형 : 1차 병변		2-2) 유형 : 2차 병변	
		① 피진(반점, macule)	1cm 미만, 편평, 색소변화만 有 예 주근깨, 모반, 기미, 홍역, 성홍열	① 가피(crust) 95 임용(보기)	약간 융기 + 크기, 색깔 다양 + 혈액, 농, 혈청이 마름 예 찰과상의 딱지, 습진
		② 반 (patch)	1cm 이상, 편평, 불규칙한 모양의 반점 예 백반	② 인설 (scale) 95 임용(보기)	불규칙 + 크기, 색깔 다양 + 비늘박리조각(비정상적 각질화와 탈락) 예 비듬, 건선, 박리성 피부염
		③ 구진 (papule)	0.5cm 미만, 단단하게 융기, 경계가 뚜렷 예 융기된 모반	③ 태선화 (lichenification) 21 임용	거칠고 두터운 피부 by 지속적 문지름, 피부자극 후 표피 두꺼워짐 예 만성 피부염, 접촉성 피부염
		④ 팽진 (wheal)	융기, 직경 다양, 불규칙한 모양 예 두드러기	④ 열구, 균열 (fissure)	표피부터 진피까지 선형으로 생긴 틈새 by 건조, 습한 환경 예 무좀
		⑤ 결절 (nodule)	0.5~2cm, 융기, 구진보다 깊고 단단 예 통풍결절, Heberden결절	⑤ 미란 (erosion)	표피소실(진피까지 확대 ×), 함몰, 습함 by 수포가 터짐 예 수두, 아프타성 궤양
		⑥ 종양 (tumor)	1~2cm보다 큼. 융기, 단단 예 지방종, 흑색종, 섬유종	⑥ 반흔 (Scar)	상처 이후 피부에 남은 흔적 예 아문 상처, 외과적 절개
		⑦ 소수포 (vesicle)	0.5cm 작게 융기 + 장액성 체액 예 포진, 수두, 헤르페스	⑦ 궤양(ulcer) 95 임용(보기)	표피와 진피(피하조직까지도)까지 움푹 패이고 삼출물 예 욕창, 3도 화상
		⑧ 대수포 (bulla)	0.5cm보다 큰 소수포 예 화상으로 인한 큰 수포, 천포창	⑧ 위축(atrophy)	표피가 얇고 건조, 투명, 주요혈관 보일 정도(표피와 진피가 얇아져서 생기는 피부 함몰) 예 선, 노화피부
		⑨ 농포 (pustula) 95 임용	크기 상관없이 농으로 채워짐 예 여드름, 농가진, 두창		
		3) 형태, 배열상태, 분포상태, 부위, 분비물 유형 관찰			

피부 촉진	(4) 습도	건조한지, 땀이 있는지 확인
	(5) 온도	손가락 등쪽을 통해 체온 확인
	(6) 살결 촉감	매끄러운지 거친지 확인
	(7) 운동성, 탄력성	피부주름 잡아당겨서 확인
모발(시진, 촉진)		분포상태와 모발의 양과 질을 확인
손톱(시진, 촉진)		손톱의 유무, 만곡상태, 색깔, 부종, 형태, 두께, 성장속도, 표면의 규칙성 여부 확인 / 정상손톱은 손톱모양이 볼록하고 손톱 기저각이 160도(각도가 180도 이상 시 곤봉지)

3 바이러스성 감염 96 임용 성인질환

1 사마귀(Wart) 96 임용

정의	피부 또는 점막에 인유두종 바이러스 감염이 표피에 증식을 초래하는 질환	
원인	인유두종 바이러스(대개 2, 4, 27번)	
병태생리	피부 또는 점막에 인유두종 바이러스는 표피를 과다증식하는 편평상피세포의 증식 유발	
증상 및 징후	대체로 표면이 거칠게 융기되는 구진이나 판 형태의 병변	
치료 및 간호	전기 소각법	흔히 사용되는 간단한 방법이나 반흔이 잘 생기고 재발률이 높은 단점이 있음
	냉동요법	액화질소를 병변에 직접 접촉시키거나 분사하여 해동될 때까지 방치하는 과정을 수차례 반복하는 치료
	약물	살리실산이나 젖산의 혼합물 또는 trichloroacetic acid가 흔히 이용됨
	레이저	이산화탄소 레이저가 주로 이용됨

2 단순포진 96 임용

정의	단순포진 바이러스 감염증
원인	herpes simple virus 1형
형태	입술헤르페스, 생식기 헤르페스
병태생리	① 1차 감염 후 바이러스는 말초 신경을 타고 올라가 체내 신경절에 잠복해 있다가 면역력이 저하되면 피부의 감각신경 경로를 따라 옮겨다니면서 반응 ② 나이, 면역 등에 의해 질병양상은 다양함
증상 및 징후	① 소양감, 작열통, 통증 등 ② 수포는 군집을 이루어 피부, 점막 등에 나타남, 주로 입 주위에 흔함 ③ 농포, 가피 형성
치료 및 간호	① 항바이러스제(acyclovir) 투여 ② 전염력이 있을 때 접촉 피하기 ③ 피로, 정서적 스트레스 주의

4. 바이러스성 감염, 대상포진(Herpes zoster) [92,96,13 임용] [성인질환]

정의	척수의 후근신경절을 손상시키는 바이러스성 질환
원인	① 수두바이러스의 재활성화(=수두를 앓은 후 바이러스가 척수후근이나 뇌신경절에 비활성으로 존재하다가 면역이 억제되었을 때 활성화됨) [13 임용] ② 수두에 이환된 적이 없어도 예방접종으로 병원체를 보유하고 있는 대상자에게도 발생함 ③ 수두에 비해서 전염성이 극히 적지만, 수두를 앓은 적이 없는 사람이 수두병소를 가진 사람에게 노출된 후에 대상포진을 앓을 수 있음, 그러므로 민감한 사람(HIV 감염자, 림프종 환자, 장기이식이나 골수이식을 받은 사람 등 면역결핍증 환자 등)은 대상포진 환자를 간호해서는 안 됨
역학	대개 50대 이후에 흔함, 면역저하 대상자나 AIDS 환자에게 호발
병태생리	잠복하고 있던 수두바이러스의 재활동 또는 면역력 저하로 발생(림프종, 백혈병, 후천성 면역결핍증 환자에게 호발) ① 수두가 진행되면서 varicella zoster virus가 뇌, 척수로 들어와 잠복 → 후에 잠복바이러스가 재활성화되면서 피부의 말초신경을 따라 움직임 • 수두는 주로 비말에 의해 감염되지만, 대상포진은 감염되지 않음 ② 대상포진은 잠복기 바이러스의 재활성에 의해 감염된다. 그러나 면역력이 결핍된 대상의 경우 타액이나 수포로부터 바이러스를 직접 접촉함으로써 감염됨 [바이러스에 노출된 환자는 전염성 감염병을 예방하기 위해 Varicella zoster immune globulin(VZIG)과 생백신을 이용한 능동면역을 접종해야 함]

증상 및 징후 92,13 임용/ 03,11,13 국시	선행증상	① 증상 출현 2(4)~5일 전부터 통증이 선행 [13 임용(지문)] ② 권태감, 소양증, 피부발진, 불쾌감, 감각이상, 통증, 소화기장애가 수반되거나 선행되어 발생
	병소특성	① 수포가 나타난 부위는 홍반성이고 피부는 부종발생 [92(보기),13 임용(지문)] ② 초기 수포는 혈청을 포함함 → 진행기에는 농포(화농성) → 후기에는 가피형성함(수포는 보통 얼굴과 신체의 좁은 부위에 국한됨) ③ 수포는 선형으로 배열되어 나타남 ④ 일반적으로 일측성이며, 수포성 발진이 말초신경을 따라 나타날 때 소양감 있고, 압각과 촉각에 대해서 민감(바이러스가 척수후근이나 뇌신경절에 비활성으로 존재하다가 면역이 억제되었을 때 활성화되므로 몸의 한쪽에만 나타남) ⑤ 말초감각신경을 따라 나타나므로 병소가 척추를 건너 신체 반대편에 나타나지 않음 ⑥ 염증은 일측성이며 흉수신경, 경수신경, 뇌신경을 따라 띠모양을 이룸(2/3는 흉부에 병소가 나타남) [13 임용(지문)] ⑦ 통증 : 신경이 분포하고 있는 부위 전체에 방사, 포진 후 신경통이 발생할 수 있음 [13 임용]
	합병증	전층 피부괴사, 안면마비, 눈의 감염, 포진 후 통증 [13 임용]

진단검사	Tzanck 도말검사 : 수포를 터트려서 검사물을 얻은 후 슬라이드에 얹어 실온에서 건조시킨 후 메탄올로 고정한 후 염색하여 다핵성거대세포를 확인함

치료 및 간호	목적	통증완화와 합병증(감염, 상흔형성, 신경통) 예방	
	항바이러스제 (acyclovir) 투여	치유를 도와 급성 통증을 완화시킴, 그러나 신세뇨관을 침범하므로 약물 투약 시 다량의 수분섭취를 권장해야 함	
	대증요법	통증조절	진통제(NSAIDs, 심하면 Demerol)
		소양감 조절	항히스타민제 투여
		피부의 국소적인 불편감 완화	냉찜질과 진양제 로션(알코올 소독 금지)
	보존 및 지지요법	수포형성 시기(급성기)의 전염성에 대해 교육, 면역억제상태에 있는 사람들이나 수두에 민감한 사람들에게 전염성이 높다고 이해시킴, 개인위생(손 씻기)의 필요성 강조 [13 임용 / 21 국시]	
	예방접종	대상포진의 과거력 유무에 상관없이 예방접종을 통해 예방할 수 있는데, 60세 이상 성인에서 1회 접종만 하면 됨	

5 농가진 [92,11,13 임용] [아동질환]

정의·특징 92,11,13 임용	① 포도상구균, 연쇄구균 등 다양한 세균이 원인이 되는 피부의 표면적 감염 ② 흔한 피부감염으로 대개 위생이 불량한 아동기 때 많이 발견(불량한 위생상태와 관련이 깊으며 여름철에 호발) ③ 몸, 얼굴(주로 코와 입 주위), 손, 목, 사지 등 노출된 부위가 가장 쉽게 감염되는 부분
원인균 92,11,13 임용	황색포도상구균, 연쇄상구균, 혼합감염
병태생리 92,11 임용	① 전염성이 있어 병변을 만지거나 긁은 후 다른 부위를 만지면 자가감염 발생 ② 개인-개인의 접촉에 의해 전파 ③ 수건, 빗과 같이 병변의 삼출물이 묻은 물건의 접촉을 통해 감염되기도 함(상처의 고름이 전염원임) ④ 수포성 농가진은 황색포도상구균이 원인이고 피부의 심부층이 감염되는 것으로서 처음 생기는 수포에서 물집이 형성되는 것이 특징 ⑤ 항생제 비누를 과도하게 사용한 경우 저항성 세균이 생성되어 농가진이 발생되기도 함

[비수포성 농가진]　　　　[수포성 농가진]

출처 : 질병관리청 국가건강정보포털

증상 및 징후 92,11 임용	수포성	① 홍반과 소양증을 동반한 소수포가 있음 ② 소아나 신생아에게 호발함 ③ 전신적으로 병변이 확산되는데 안면, 손, 체간, 회음부, 손과 발의 소수포가 대수포로 변함, 초기의 내용물이 맑으나 이후 혼탁해짐 ④ 수포의 중심부가 터지면 쭈그러지면서 가장자리는 고름이 테를 두르는 듯한 형태로 수일간 잔존함
	비수포성 (전염성)	① 전체 농가진 환자의 70%를 차지하는 형태 ② 2~4mm의 붉은 반점으로 시작해서 빠르게 수포나 농포로 발달, 쉽게 터지면서 삼출물이 나옴(삼출이 점염원임) ③ 작은 상태에서 붉은색 반점이 나타나면서 시작 → 빠른 속도로 수포로 변함 → 수포가 터져 노란색(꿀색)의 가피로 덮이게 됨. 이 가피들은 부드럽고 붉은색의 습한 표면을 가지고 있어서 새로운 가피가 금세 생기면서 없어짐 ④ 여름에 유치원, 초등학교 어린이에게 호발함 ⑤ 코나 입주위, 사지 등에 홍반과 구진 발생, 소수포, 농포로 진행하며 농성 분비물과 두꺼운 황갈색의 가피가 형성됨 ⑥ 병변주위는 홍반, 가피는 쉽게 박리되며, 붉고 축축한 미란상태로 삼출액이 존재함
	대개 전신증상이 나타나지 않지만 임파절비대, 발열 등이 동반될 수 있음	
합병증	연쇄상구균에 의한 사구체신염(약 5%)	

치료 및 간호중재	원인제거	① 항생제치료를 통해 전염력을 줄이고 심부감염까지 치료하며 합병증으로 발생할 수 있는 급성 사구체신염을 예방 ② 따뜻한 미온수로 가피를 제거하고 항박테리아성 비누로 부드럽게 씻음(병변의 중앙부에 세균 성장을 막고 국소적 항생제가 감염 부위에 도달할 수 있도록 하기 위함) ③ 상처부위가 작은 경우 국소 치료로 bactroban을 도포하고 감염이 넓게 퍼져 있다면 구강용 항생제가 처방됨(일반적으로 호흡기로부터 연쇄구균이 전파되는 것을 예방하거나 박멸하는 데는 전신적 항생제투여가 효과적)
	대증요법 피부 병소가 존재하는 동안 전염예방 중요	① 전염성질환이기 때문에 감염된 사람은 병변이 완전히 치유될 때까지 다른 사람과 접촉하는 것을 피해야 함(전염성이 강하므로 피부접촉을 피해야 함) ② 철저히 손을 씻기 ③ 환자의 의복, 장난감, 수건, 홑이불, 식기 등을 분리하고 청결함을 유지하도록 함 ④ 약물 도포 시 장갑 착용 ⑤ 발진 부위를 만졌다면 곧 손을 씻도록 하고 사용한 면봉이나 거즈는 잘 싸서 소각 처리
	상처소독	포비돈요오드(betadine)와 같은 소독제를 이용하여 피부를 깨끗이 하여 감염부위 내의 세균 수를 줄이는 것이 전파를 막는 데 도움

6 절종(종기), 독종(큰종기), 절종증(종기증) 성인질환

절종(종기, furuncle)	설명	• 모낭염이 악화되어 나타나는 농양 • 포도상구균에 의해 심한 염증반응과 감염이 초래되어 피지선이 폐색되었을 때 진행됨 • 전체 모낭과 그 주위 피하조직에 깊숙이 발생한 병변, 병변은 대개 지름 1~5cm
	호발부위	자극과 마찰, 압력, 수분 등에 노출되는 얼굴, 두피, 목, 둔부, 겨드랑 등
	증상	화농성삼출액이 나오는 단단하고 붉고 건조한 결절과 궤양이 생기며, 통증과 압통이 뚜렷함
독종(큰종기, carbuncle)	설명	• 인접하는 2개 이상 모낭의 화농성 염증으로 다수의 농루가 있는 응어리를 형성한 것 • 모낭주위에 발생하고 병변은 지름 3~10cm임
	호발부위	주로 목 뒤나 등 뒤에 잘 생김
	증상	• 절종과 유사하나 종종 파열되어 악취가 나는 다량의 농이 나옴 • 부종과 발적이 있으며 통증이 심함 • 치유가 느리며, 치유된 후에 흉터가 남음
절종증(종기종, furunculosis)	설명	• 재발빈도가 높음 • 면역력이 저하되거나 영양불량, 당뇨병, 특히 인슐린주사 시에 잘 나타남
	호발부위	대개 목, 대퇴부 등에 나타남
	증상	• 발열과 불쾌감 같은 전신증상이 함께 하는 매우 고통스러운 다발성 병변
치료와 간호	원인제거	• 박트로반이나 네오스포린 등의 항생제 연고를 이용하거나 에리스로마이신 등의 전신 항생제 투여 • 환부를 더운 물에 담가 감염을 국소화하고 환부에 생긴 농을 절개하여 배농
	보존 및 지지요법	• 철저한 손씻기 • 대상자에게 사용한 린넨 등은 구분하여 세탁

7 봉와직염(= 봉소염, 연조직염) 13 임용 성인질환

정의·특징	① 진피와 피하조직에 국한된 세균성 감염(= 피부감염이 진피와 피하조직까지 퍼진 것으로 깊고 붉은 홍반이 확실한 경계 없이 조직층에 넓게 퍼진 것) 13 임용 ② 일차 감염이기도 하나 이차적인 합병증으로 발생하기도 함 ③ 대개의 경우 궤양, 욕창, 창상, 피부염 등으로 발전하는 흔한 감염		
원인균	① 흔한 발병원인은 포도상구균, 화농성 연쇄상구균(베타 용혈성 연쇄상구균) 13 임용 ② 위험군 : 당뇨, 영양결핍, 스테로이드 치료, 상처나 궤양 등으로 인해 저항력이 떨어진 상태, 부종, 다른 피부염, 상처(백선, 습진, 화상, 외상) 등이 있는 사람		
병태생리 13 임용	① 세균과 직접 접촉하거나 오염된 기구에 의해 전파됨 (포도상구균의 약 1/3은 보통 피부나 코에서 발견되며 현재 병을 앓고 있지 않다면 다른 사람에게 전파할 수 있고 집락된 상태) ② 작은 외상 후 1~2일째 나타나며 진피와 깊은 피하조직에 발생되는 세균성 감염 ③ 림프관 폐색이 있는 부위는 재발 가능성이 높음		
증상 및 징후	초기증상	국소증상	상처부위의 발적과 압통, 열감 등
		전신증상	염증을 빠르게 확산시키는 효소 때문에 발열, 오한, 빈맥, 혼돈, 저혈압 등과 같은 증상 및 두통, 근육통, 식욕부진 등
		 〈국소증상〉 〈전신증상〉 열감 발열/오한 두통/근육통/식욕부진	
	진행 후 증상	홍반, 압통, 함요부종, 수포형성, 고름, 림프관염 및 림프절 종대, 피부괴사, 근막염 등	
합병증	① 림프부종(오른쪽 다리 찰과상 부위의 심한 통증과 서혜부 림프절 부종이 있음), 림프관염, 괴저, 농양, 패혈증 등 유발 ② 감염이 증가하는 전신증상으로 열, 두근거림, 오한, 근육통 등이 나타날 수 있으며 국소증상으로는 홍반이 증가하거나 병변의 크기나 배액이 증가함을 교육		
치료 및 간호중재	원인제거	배양검사나 항생제 감수성 검사를 실시해 원인균에 효과적인 항생제의 사용	
	대증요법	① 침수욕 실시 : 부종이나 염증을 감소시켜 줌 ② 감염의 전파 예방 : 손 씻기를 철저히 하도록 함 ③ 피부의 통합성 유지와 정상 체온범위에 있도록 관리 : 체온을 측정하고 처방된 해열제 투여	

8 진균 감염 [성인질환]

정의·특징			• 진균류는 표피의 각질화된 세포에 삶 • 몇몇 종류는 정상 피부상주균의 일부로 간주되지만 대부분의 진균류는 고통스러운 피부감염의 원인
백선증	유형		• 손상유형, 해부학적 위치, 감염된 유기체 종류에 따라 여러 형태로 나타남 • 침범부위에 따른 유형 : 체부백선증, 족부백선증
	원인		• 면역기능이 저하될 때 발생되나 밀집된 장소, 위생불량이나 꽉 조이는 의복착용시에 호발 • 백선은 피부사상균에 의해서도 발생하나 주로 백선균에 의해 발생됨
	증상		타는 듯하거나 얼얼한 통증, 가려움증
	치료 및 간호	원인제거	국소 2% miconazole 크림을 도포하거나 전신적으로 griseofulvin, itraconazole 등 투여
		보존 및 지지요법	체부백선, 두부백선, 족부백선은 교차감염의 비율이 높으므로 빗, 의복, 신발과 같이 오염된 개인 물품을 공동으로 사용하지 않도록 교육
칸디다증	정의		피부 또는 점막츠을 침범하는 표재성 진균감염으로 당뇨, 임신 시에 발생할 수 있음
	호발부위		구강점막, 액와(겨드랑), 둔부, 항문 주위와 손가락 옆면에 호발함
	증상		• 붉고 촉촉하며 침식된 가피(딱지)가 형성되고 가려움이 있음 • 질의 칸디다증은 심한 소양증이 있고, 점액성분비물을 배출함
	진단검사		potassium hydroxidase(KOH)검사로 확인할 수 있음
	치료 및 간호	원인제거	• 국소적인 항진균성 파우터나 크림을 사용하거나 fluconazole을 사용함 • 칸디다증은 전신적으로 퍼져있다면 구강이나 정맥용 항진균제 투여
		보존 및 지지요법	피부를 건조하고 서늘하게 유지

9 머릿니 기생증 아동질환

정의	표면 기생충인 머릿니에 의한 감염증			
특징	① 가족, 접촉자 감염을 일으킴 : 전염력 매우 강함 ② 학령기 아동에게 흔함			
원인	인간 이 기생충(pediculus humanus capitis)			
	기생장소 : 몸의 표면에 거주 11 임용	① 알(서캐) : 암컷이 두피에 하루에 4~10개 알을 낳음, 밤에 낳으며 따뜻한 환경을 요구하기 때문에 머리카락 줄기부위나 두피 가까운 곳(귀 뒤, 뒤통수 쪽에 알이 많음)에 낳음 ② 성장과정 : 알은 머리카락에 단단히 붙어 지내다가 7~10일 후 유충(애벌레)이 되고, 7~14일 후에 성충이 됨 ③ 흡혈 : 하루에 대략 5회 정도 피를 흡혈 ④ 수명 : 수명은 30일이나 사람의 몸에서 떨어진 이는 2일 정도면 죽지만 알(서캐)은 따뜻한 환경에서 부화능력 유지, 1주일 이상 생존가능		
감염경로	직접전파	직접접촉		
	간접전파	모자나 빗 같은 매개물을 통한 간접 전파		
병태생리	① 직접접촉이나 간접접촉을 통해 머릿니 감염 ② 머릿니는 두피에서 가까운 부위에 항상 머무르며 흡혈함 ③ 암컷은 알을 낳을 때 접착성 물질을 분비하여 알이 머리카락에 잘 붙어있도록 함 ④ 머리카락이 자라면 알이 점차 두피에서 멀어지게 되므로 머리털의 다양한 위치에서 발견할 수 있음			
증상	국소	가려움증(피부에 기어다니는 곤충과 타액으로 인해 발생함), 출혈(머릿니가 물어서 유발)		
	전신	대부분 무증상이나 미열, 권태감 등 초래		
치료 11 임용	원인제거	항기생 충제		① 치료는 1주 간격으로 2회 실시 : 서캐로부터 유충이 부화될 경우 7~14일이면 배란을 하므로 이를 치료하기 위함 ② 치료제
			일반 의약품	퍼메트린 (permethrin, NIX)	• 로션으로 병변부위에 도포 후 10분 후 씻어내기 • 성충뿐만 아니라 서캐를 죽이는 잔류 효과도 있음 • 임산부/수유부와 2세 미만의 아동에게 독성이 나타날 수 있어 금기임
				피레트린 (pyrethrins)	• 샴푸로 사용 • 성충과 유충에 효과가 있으나 서캐 제거효과는 적음 • 부작용이 별로 없어서 안전하게 사용할 수 있음
			전문 의약품	린단 (Lindane)	• 샴푸로 사용 • 일반의약품 치료에 실패한 경우 사용 • 주의점 – 중추신경계 독성이 있으므로 사용 시 주의 – 임산부나 2세 미만의 아동에게 사용금기 – 목욕 후 1시간 이내 사용금기 : 젖거나 따뜻한 피부는 약제의 피부 흡수를 도와 독성 발현 가능성이 높아짐
	빗질	알(서캐) 제거를 위해 촘촘한 빗으로 하루에도 여러 번 머리카락 빗기		
예방법 11 임용	보건교육 11 임용	① 손 씻기 ② 병변 긁는 것 금지 ③ 약물 용량, 자극증상, 과민반응, 질환의 특성 & 예후교육		
	환경관리	커튼 / 휘장, 러그, 바닥, 가구(침대, 소파, 의자)는 진공청소		
	재발방지	① 가족 내 감염방지를 위해 함께 치료 ② 침구나 의복 등은 뜨거운 물로 세탁하고 고온 건조할 것, 뜨거운 물로 세탁할 수 없는 것들은 드라이 클리닝할 것 ③ 브러쉬와 같은 개인용품을 세척(이 살충제에 1시간 이상, 또는 끓는 물에 10분 이상 담가두기) ④ 개인용품 함께 사용하지 말 것		

10 옴 93,96 임용(보기) 　아동질환

특징	① 옴진드기(Sarcoptes scabiei)라는 기생충성 진드기 종류에 의해서 생기는 전염성 피부질병 93,96 임용(보기) ② 가족, 접촉자 감염을 일으킴		
기생 장소	접하는 부위	주로 액와, 손가락 사이, 손목, 전박, 슬와, 허리와 등 하부, 유방, 배꼽주위, 남자 생식기 주위, 서혜부와 같이 피부가 접히는 부위	
	영아	얼굴, 경부, 머리, 손바닥, 발바닥 93 임용(보기)	
	각질의 터널	각질의 터널을 만들어 매일 2~3개 알을 낳음 ① 피부에 침투하여 조그만 선모양의 누공 형성 ② 2달 동안 알 낳고 성충은 죽음 ③ 3~4일 이내 부화, 10일 이내 성숙	
	접촉부위	긁고 난 후 다른 접촉한 부위로 빠르게 진행	
감염 경로	① 직접적 피부접촉 ② 매개물을 통한 간접전파 : 더러운 의복, 수건, 이불 공동사용		
증상	① 옴이 접촉이 된 지 약 4주 후 나타남 ② 누공 ③ 야간에 심해지는 전신소양증(∵ 옴진드기는 주로 야간에 각질층 내에 굴을 만들고 이때 진드기에서 나오는 소화액과 같은 분비물이 알레르기 반응을 일으켜 가려움을 나타냄) ④ 피부박리 : 지속적인 긁음으로 피부 벗겨짐 ⑤ 전형적인 홍반성 수포발진 : 몇 개의 홍반성 수포와 농포에서 수백 개 병변까지 있을 수 있음 ⑥ 영아의 짜증, 수유부진		
옴치료 93 임용 (보기)	5% permethrin (Elimite) 크림	독성 위험 낮음, 2세 이후 유아에게 사용가능, 2세 미만의 영유아, 임부, 수유부에게 사용할 수 없음	1~2회 약 도포하고, 1주일 후 증상이 남아 있으면 다시 치료 약물 도포
	1% lindane 크림	① 부작용 : 신경독성 → 50kg 이하의 사람에게 주의해서 사용 ② 얇게 바르고 주의 깊게 피부에 문지르며 목 아래에서부터 전신에 사용 ③ 약을 바른 후에는 의복을 완전히 갈아입도록 함 ④ 약은 12~14시간 동안 그대로 두었다가 조심해서 닦아냄 ⑤ 보통 1회의 약물 도포로 치료가 됨 : 처방 없이 사용 못함	
	목욕 및 피부를 차게 유지	따뜻한 물로 비누 목욕하고 완전히 건조시킨 후 피부를 차게 함	
예방법	① 긴 잠복기(2~6주) : 모든 가족, 접촉자 모두 예방적 치료 ② 치료 2일 이전까지 아동이 사용한 모든 옷, 침구류, 이불은 뜨거운 물로 세탁하고 뜨거운 건조기로 건조 +입던 옷과 린넨류, 타올은 격리하여 세탁함		

11 영아습진 [96 임용] [아동질환]

정의	① 영아에서 가장 흔한 알레르기성 질환 [96 임용] 으로 대개 알레르기성 체질에서 가장 먼저 나타나는 증세임 ② 영아습진은 대개 생후 3개월에 시작되는데 좀 더 일찍 나타날 수도 있음
증상	심한 소양감 유발, 이로 인한 2차적 습진형성, 주로 양 볼과 머리에 발생
소양감을 최소화하고 예방할 수 있는 방법	① 소양증 증가요인(양모의류나 거친 섬유, 열과 습기, 세제 잔유물 등) 제거 ② 부드러운 면제품 의류 ③ 피부보습 유지(친수성 세제 사용, 목욕 후 3분 이내 보습제 도포) ④ 전분 목욕 ⑤ 국소 스테로이드 제제 사용

12 아토피 피부염 [09,21 임용] [아동질환]

정의		알레르기 유전 경향이 있는 사람에게 만성으로 재발하는 소양증 피부질환
원인		① 유전 : 고초열, 천식, 알레르기성 비염 ② 환경 / 면역(정신적 스트레스, 불안, 좌절, 적개심) ③ 기타(정맥부전증, 알레르기원, 자극제, 악성종양) ④ 악화요인 : 먼지진드기, 동물먼지, 꽃가루, 미세먼지, 비누 / 세제, 기후와 온도변화, 발한, 옷감, 정서적 스트레스, 감염
병태생리 [21 임용]		① 표피에 있는 랑게르한스 세포 등 피부의 방어벽 기능의 저하, 감염되기 쉬운 상태인 건조한 피부 ② 특정알레르기원에 노출 시 IgE 수치 증가와 호산구, 단핵구, 호중구 침윤으로 인한 염증반응 발생 → 히스타민 등 염증산물 분비 → 부종, 홍반, 소양증 등을 초래 ③ 계속 긁으면 피부가 벗겨지고, 손상, 삼출물 형성, 가피 형성 등을 초래하고, 피부의 방어벽의 기능 손상으로 수분손실의 증가로 피부는 건조해지고 점점 더 손상과 자극에 대한 위험 증가
증상과 징후 [21 임용]	연령별 증상	유아형 (생후 2M~2Y)	① 두피나 얼굴(주로 양볼)에서 증상이 시작하며 점차 목과 체간을 거쳐 사지로 퍼져나감 ② 홍반, 부종 및 급성 습진 증상이 흔하고 갑자기 악화되는 경우가 많음
		소아형 (2~10Y)	① 전완부, 목, 손목과 발목 등 주로 안쪽 접힌 부위에서 습진 발생 ② 삼출성 급성병변보다는 아급성 내지 만성 병변으로 점차 변하면서 단단하고 거친 잔주름들이 두드러지도록 피부가 두꺼워지는 태선화된 병변이 흔함
		성인형 (10Y 이후)	① 사춘기 이후 처음 발생하거나 유아형 또는 소아형의 증상이 소실되었다가 다시 재발하는 경우 ② 소아형과 비슷한 병변양상을 보임 ③ 사춘기 이후에는 유두습진이 잘 발생하며 여성에서 더 흔함
	동반 증상	피부 동반증상	전반적인 피부건조증, 모공주위 피부의 두드러짐, 잔주름이 많은 손바닥, 닭살, 백색잔비늘증 등이 흔하게 발생함
		눈 동반증상	눈 주위 색소침착으로 색이 변하고 아래쪽 눈꺼풀의 만성습진으로 주름관찰
		피부감염	피부장벽손상 또는 면역반응이상 등으로 인해 세균에 의한 농가진, 바이러스 감염에 의한 사마귀 등이 흔히 발생됨

진단검사	피부단자검사	① 특이 알레르기항원에 대한 IgE 존재를 확인하는 검사법 ② 주로 등이나 아래쪽 팔의 내측에 여러 가지 항원을 표피에 주입한 후 15~20분 후 부종 및 발적의 발생여부 확인
	특이항원검사	① 피부단자검사와 같은 목적으로 알레르기 원인항원을 확인하기 위해 실시하며 각각의 항원들에 대한 면역글로불린 E(IgE)의 수치를 측정하는 방법 ② 피부단자검사와 달리 다른 약물을 복용하는 중이거나 심한 피부염이 있을 경우에도 사용할 수 있고, 임산부 및 2세 미만의 유아에게도 실시할 수 있는 장점이 있음
	혈청 IgE 검사	면역글로불린 E(IgE)의 총량을 측정하는 검사
진단기준 (주진단기준 2가지 + 부진단기준 4가지 이상) (대한아토피 피부염학회, 2005) 09 임용	주진단 3개 중 2개 이상 🔺 아가특징	① 아토피 가족력 : 알레르기 비염, 천식, 아토피 피부염의 개인 및 가족력 ② 가려움증(소양증) ③ 특징적인 피부염의 모양 및 부위 | 2세 미만 | 얼굴, 몸통, 팔다리 바깥 펼쳐진 부위(신측부, 넓은 부위)의 습진 | | 2세 이상 | 얼굴, 목, 사지 안쪽 접힌 부위(굴측부)의 습진 |
	보조진단 14개 중 4개 이상 🔺 유손묘비이딴단 감이건누구잔털	① 유두습진(유) ② 손, 발의 비특이적인 습진(손) ③ 백색 피부 묘기증(묘) ④ 비듬(두피 인설)(비) ⑤ 입술염(구순염)(이) ⑥ 땀(발한)에 의한 소양감(딴) ⑦ 피부단자검사 양성(단) ⑧ 피부감염의 증가(감) ⑨ 혈청 IgE 증가(이) ⑩ 피부건조증(건) ⑪ 눈 주위의 습진성 병변 혹은 색소침착(누) ⑫ 귀 주위의 습진성 병변 혹은 색소침착(구) ⑬ 백색 잔비늘증(백색 비강진, 백색 버짐)(잔) ⑭ 모(毛)공 주위 피부의 두드러짐(털)

간호진단 & 계획 [09 임용]	병소의 존재와 소양증에 의한 긁힘과 관련된 피부통합성 장애	회피요법 (원인 제거)	노출 최소화	염증을 일으키는 자극물이나 알러지원을 알고 있다면 노출 최소화
			환경 관리	① 옷, 침구류, 환경알레르기 등 소양증을 악화 자극 회피 or 최소화 ② 먼지가 쌓일 만한 책, 천, 장난감, 털 인형기구를 피하기 ③ 꽃가루나 황사가 나는 날에는 마스크를 착용하고, 창문을 닫기 ④ 금연, 공기청정기로 깨끗한 공기의 환경 조성 ⑤ 찬 공기의 노출 제한 ⑥ 적절한 온·습도 유지(습도 50%, 온도 20도), 덥지 않은 환경유지 [09 임용] ⑦ 면제품 사용, 진드기 제거 위해 주 1회 세탁하며 햇빛에 말리기 [09 임용] ⑧ 애완동물은 키우지 않기 ⑨ 천식유발 약물금지 : 아스피린(PG억제 → 기관지 수축), NSAIDS, β-blocker 또한 피부병소(습진병소, 피부 접히는 부위)에 자극이 되는 파우더는 도포하지 않기 [09 임용] ⑩ 알레르기 음식 제거 : MSG, 맥주, 포도주의 방부용 첨가제
		대증요법 (소양증 간호)	자극물↓, 습화, 약물	
			약물요법	처방된 국소적 치료제나 전신적 치료제를 투여 또는 도포
			습화	① 치유를 위해 드레싱이나 차단성 연고 같은 습기가 있는 환경을 제공 ② 가려움증을 진정시키는 목욕 : 타르나 오트밀, 베이킹 소다 등의 입욕제를 사용하고 물의 온도는 너무 뜨겁지 않게 함 ③ 목욕 후 두드려서 물을 제거한 후(물을 완전히 제거하지 않고, 대충 닦아내기), 즉시 연고나 크림을 발라 피부 수분 유지 [21 임용]
	병소를 긁음과 관련된 이차 감염의 위험	소양증 간호		① 아동의 손톱을 짧게 잘라주기 [09 임용] ② 아동의 손을 벙어리장갑으로 씌여주기 ③ 아동에게 밝은 색의 청결하고 느슨한 면으로 된 옷을 입히기
		감염간호		① 드레싱을 교환할 때 손을 씻거나 멸균장갑 이용 ② 가족이 손을 씻을 때 항균 비누를 사용하는 등 감염을 막기 위한 위생적인 방법 교육
		투약		① 처방된 항히스타민제를 복용시키기 ② 감염의 위험이 있는 부위나 삼출물이 많은 부위에 습포 시행 및 국소항생제 연고 사용 ㉠ 박트로반, 후시딘 연고, 엘리델 크림(2년 이상)
	외모의 지각과 관련된 신체상 간호	① 아동이 외모에 대한 느낌을 말로 표현할 수 있게 격려 ② 아동이 연령에 적절한 행동을 할 수 있도록 용기주기 ③ 아동의 활동에 대한 긍정적 피드백 주기 ④ 옷이나 다른 도구를 이용하여 아동의 외모를 개선시켜 주기 ⑤ 병소가 없는 신체부위를 신체적 접촉을 하여 인정받는 느낌 주기		
	소양증과 관련된 수면장애	① 아동의 긴장이 풀리도록 취침시간을 일정하게 정해놓기 ② 약물 : 가려움증을 진정하기 위해 잠자기 전에 크림도포, 취침 전에 처방된 항소양제 투여		
	만성피부질환 아동과 관련된 가족장애	라포형성		① 부모가 절망, 분노, 죄책감, 불안감 등을 표현할 수 있도록 지지 ② 부모가 간호를 잘했을 때 칭찬하고, 아동의 상태가 나빠졌을 때 부모의 잘못이 아님을 강조하기
		교육		① 부모에게 치료를 수행하기 위한 필요한 기술 교육 ② 부모에게 아동에 필요한 약과 복용방법 교육 ③ 부모에게 질환의 특성과 지속적인 추후관리의 필요함 교육하기

13 접촉성 피부염 [성인질환]

정의	표피와 진피층의 급성, 아급성, 만성 형태의 흔한 피부질환으로 유발인자는 자극성물질과의 접촉 또는 알레르기성 반성임		
유발요인	자극성물질은 화학물질, 의복, 신발, 고무, 금속(니켈), 염료, 방부제, 비누, 살충제, 산업용 기름, 화장품, 머리염색약 등과 독성 담쟁이, 옻나무, 참나무 등과 같은 식물		
병태생리	① 세포매개면역 반응과 연관되어 지연성 과민반응을 일으킴 ② 알레르기원에 노출된 시간, 피부의 침투성, 면역생성 정도에 따라 피부발적은 12~24시간 내에 나타남		
증상	① 원인물질과 접촉한 부위에 발진이 생기면서 소양증과 작열감 호소 ② 원인물질과 접촉한 부위에 홍반, 부종, 구진, 물집, 삼출물 발생 ③ 급성 접촉성 피부염은 강도가 크고 대수포가 생기며 부식되거나 궤양이 생김		
진단	부착포검사 (= 첩포검사)	목적	접촉 시 피부 알레르기를 유발하는 물질을 찾기 위함
		검사법	① 의심되는 항원물질을 조금씩 떼어내 전박이나 등의 상부에 붙인 후 부착포를 둥근 형태로 만들어 붙이기, 만약 통증이 나타나면 부착포를 즉시 떼기 ② 48시간 후에 홍반, 구진, 소수포 등의 습진성 반응이 있는지 여부를 판독 ③ 양성 반응이 없으면 부착포를 떼어내고 20~30분 후에 다시 판독
치료 및 간호	원인제거		부착포검사를 통해 정확한 원인을 확인 후 원인노출을 피할 것
	대증요법	급성	① calamine lotion을 사용 ② 재발을 예방하기 위해 0.1% triamcinolone 크림 사용 ③ 심각한 급성피부염인 경우에는 전신치료로 prednisone 구강 투여
		아급성	중정도 corticosteroids인 0.1% triamcinolone이나 amcinonide 등과 같은 고용량 corticosteroids를 사용
		만성	고용량 corticosteroids 연고 도포

14 여드름 96,20 임용 [아동질환] [성인질환]

정의	고농도의 피지 분비로 피지선이 폐쇄되며 생기는 질환
원인	① 피부자극 : 피지생산을 증가시키고 모낭의 정상균인 propionibacterium acnes의 활동 증가 ② 가족적 경향(유전적 요인) ③ 내분비계의 불균형, 호르몬(corticosteroid, androgen) [20 임용] ④ 경구피임약, 약물(dilantin, lithium) ⑤ 정서적 스트레스(피로나 정서적 긴장) ⑥ 가을과 겨울에 악화되고 뜨겁고 습한 날씨와 불결상태는 병변을 더욱 악화(열, 습도, 심한 발한) ⑦ 여자는 월경 시 더욱 심해짐 ⑧ 고지방식이 ⑨ 사춘기 시기에 발생 빈도가 높음

병태생리 [96 임용]

여드름 발생에 가장 큰 영향을 미치는 요인 : 과도한 피지생산, 면포형성, 상재균(P. acnes)의 과성장

과도한 피지생산, 면포형성	사춘기에 안드로겐의 기능항진으로 피지선 분비가 왕성해지면 모낭의 상피가 이상각화를 일으켜 모낭이 막히고, 면포 형성 : 면포는 피질, 각질 및 이상각화세포와 미생물로 구성되어 모낭 개구부를 메우고 있는데 색소침착을 보이는 열린 면포와 닫힌 면포가 있음
상재균(P. acnes)의 과성장	모낭 내 상주균 중 propionibacterium acnes는 중성지방을 분해하여 유리지방산을 형성하는데 이 지방산은 피지를 싸고 있는 모낭벽을 깨뜨리고 염증반응을 일으켜 호중구 등의 염증세포를 불러 모으게 하고, 그 결과 면포가 구진, 농포, 결절, 낭종 등으로 변화하게 한다.

A. 미세 면포 B. 면포 형성 C. 염증성 구진 D. 결절 형태

[여드름의 발생 과정]

출처 : 질병관리청 국가건강정보센터

분류

면포의 수와 유형 및 영향을 받는 피부의 정도에 따른 구분

면포성 여드름	① 피지가 축적되어 만들어진 여드름으로 염증반응은 나타나지 않음 ② 모낭 입구가 닫혀 있을 때 생기는 것은 폐쇄 면포(피부 표면에서 하얗게 보임), 모낭 입구가 열려 있을 때 생기는 것은 개방 면포(피부 표면에서 까맣게 보임)임
구진성 여드름	딱딱하게 굳은 피지인 면포가 오래 방치되면 주위에 세균이 증식하고 그 주위에 염증세포가 모여 피부가 붉게 되는데 그 크기가 1cm 미만일 때임
농포성 여드름 (= 화농성 여드름)	모낭 벽이 파괴돼 피지선과 모낭 내부에 염증이 발생하거나, 염증이 생긴 피지선과 모낭 주위로 염증 세포가 퍼져 형성된 여드름
결절성 여드름	① 피부 속에서 깊게 자리 잡아 크기가 크고 통증이 있으며 열이 나고 단단하게 만져지는 결절이 있는 여드름 ② 구진성 여드름과 비슷하나 사이즈가 더 크고 깊게 발생한 여드름으로 대부분 진피층까지 침투한 여드름
낭포성(낭종성) 여드름	① 가장 심한 정도의 여드름으로 발열과 통증이 있음 ② 여드름과 주변 조직이 손상되어 생긴 고름이 가득 찬 1cm 이상의 거대한 주머니 형태를 낭종이라 하며, 주위의 여드름과 합쳐져 큰 여드름을 형성함

증상	① 비염증성으로 폐쇄성 면포를 보이기도 하고 홍반성 구진, 농포, 결절, 낭포 등의 염증성 여드름을 보이기도 함 ② 호발부위 : 피지선이 밀집되어 있는 안면, 목, 가슴

	원인제거	① 강한 화장품, 의약성 화장품, 피부세정제는 피하도록 하며 모직이나 거친 옷감을 피함 ② 지방성화장품은 피함 ③ 기름기가 많은 머리와 피부는 자주 감음 ④ 음식은 지방질이 많은 것, 초콜릿, 아이스크림, 너무 단 것 등은 피함 ⑤ 세수는 중성비누를 사용하고 피부를 건조(자극적이지 않고 순한 비누로 하루 1~2회) 20 임용 ⑥ 지나친 긴장, 피로, 발한은 피하도록 함 ⑦ 여드름을 짜내지 않도록 함 ⑧ 비타민 A가 많이 들어있는 음식을 먹도록 함 ⑨ 가끔 햇빛에 노출시키는 것이 유익함		
치료 20 임용 / 03,04,05, 10,18 국시	대증요법	약물요법	각질용해제 (트레티노인, 아다팔렌, 아젤라인산) 도포제	적용	경증 혹은 중등증의 여드름에 주로 사용함
				기전	각질제거와 함께 피지배출이 잘 되도록 하는 작용을 함
				사용법	① Tretinoin(Reti-A, stieva), Adapalene 0.1% 젤은 자기 전에 씻은 후 하루 한 번 도포하고, azelaic acid 20% 크림(아젤리아크림)은 하루 두 번 바름 ② 병변의 국소부위만 바르지 말고, 모든 병변에 도포
				주의점	① 사용 초기에 홍반과 작열감이 느껴질 수 있으니, 농도를 낮은 것부터 사용할 것. 또한, 점차 완화될 증상임을 교육할 것(효과는 도포 시작 6~8주 이후 천천히 나타남) : 피부를 자극하므로 1) 적정 용량 사용을 강조하고, 2) 세안 후 20~30분간은 바르지 말고, 3) 매일 충분한 보습제를 바르게 해야 함 ② Tretinoin(Reti-A, stieva) 등은 햇볕에 노출되면 일광화상을 입을 수 있으므로 1) 주로 밤에 도포하고, 2) 낮에 바를 때는 자외선 차단제를 바르도록 교육제공
			피지분비 감소제 (isotretinoin, Roaccutane) 경구제	적용	심한 여드름에 사용(대부분의 환자에서 눈에 띄는 효과가 나타남)
				기전	모낭의 각질형성세포에서 각질화의 과정 억제, 아크네균의 증식 억제, 면포 제거와 항염증 효과가 있음
				사용법	① 복용 초기에는 오히려 여드름이 악화되는 것처럼 보일 수 있어 낮은 용량 0.1~0.5mg/kg/day로 시작하고 서서히 용량을 증가시켜 1개월에 1mg/kg/day로 씀 ② isotretinoin는 중증의 여드름에서 20주간 치료를 지속해야 함
				주의점	① 비타민 A의 유도체로 몸의 피지선을 건조시키므로 부작용으로 구순염, 피부건조증, 안구건조증, 잦은 코피, 근육통 등이 나타날 수 있음 ② 태아기형을 유발하므로 가임기 여성의 경우는 투여 전과 매월 임신여부를 확인 ③ 리파아제 매개 지방분해를 억제하므로 콜레스테롤을 높일 수 있고, 간수치가 상승할 수 있으므로 치료 전과 2~4주, 이후 매 1~2개월마다 추적검사를 실시해야 함

치료	대증요법	약물요법	국소항생제 (erythromycin, clindamycin, Benzoyl peroxide) 도포제	① erythromycin, clindamycin
				   ⊙ 여드름 원인균인 P. acnes를 죽이는 데 효과 있음
				   ⓒ 로션이나 젤 타입으로 나와 있으며 하루 두 번 도포하게 함, 여드름이 심하면 경구로 복용하게 함
				   ⓒ 부작용 : 홍반, 건조, 작열감 등이며 부작용이 나타난 때에는 격일 사용하면 완화됨
				② Benzoyl peroxide : P. acnes 성장을 억제함, 여드름 1차 약물로 염증성·비염증성 여드름 모두에서 효과적임, 크림·로션·젤·세안제로 사용가능함 : Benzoyl peroxide 또는 Tretinoin과 병용 시 효과가 좋아서 최근에는 두 가지 성분이 혼합된 복합제가 많이 사용됨
				③ 복용 후 6주부터 효과가 나타나며, 총 투여기간은 4~6개월

(20 임용 / 03,04,05, 10,18 국시)			경구피임약	① 여드름을 완화시키는 데 효과 있음 ② 경구피임약의 부작용인 두통, 유방통, 기분변화, 구역 등이 생길 수 있고 무엇보다도 혈전증의 위험도를 높이므로 주의 ③ 국내에서는 전문의약품으로만 판매되며, 경구용 항생제에 반응하지 않는 여드름에 사용하도록 규정하고 있음
			보조치료	보조치료로 여드름 전용 세안제(abrading cleanser), 면포 박출, CO_2 laser, 585nm pulse laser가 사용되기도 함
		외과적 요법		① 면포를 제거하는 방법과 낭포에 스테로이드를 주입하고 낭포의 배액을 시키는 방법 ② 세균감염 예방, 털주머니의 폐쇄 예방, 염증 완화를 위함과 상흔을 최대로 줄이기 위한 치료 및 증상을 악화시키는 요인들의 제거가 중요

15 천포창 [성인질환]

정의·특징	① 피부와 점막에 수포를 형성하는 만성 물집질환으로 조직학적 각질형성세포와 각질형성세포 사이의 결합이 풀어지는 현상을 특징으로 하는 질환임 ② 대부분의 환자가 혈청 내에 각질세포에 존재하는 항원에 대한 자가항체를 가지고 있는 대표적인 자가면역질환 ③ 천포창의 유형에 따라 물집의 위치와 형태는 다양하게 나타나며, 만일 치료받지 않고 그대로 두면 물집의 숫자와 크기가 점차 증가하여 심한 통증과 생활에 불편을 가져올 뿐만 아니라 생명을 위협할 수도 있음 ④ 천포창의 발생률은 남녀 간 차이가 없으며, 대개 40~50세 사이에서 호발하지만 드물게 어린이에게서 나타나기도 함
원인균	① 면역글로불린 G항체가 유발하는 자가면역질환 ② 표피 내 수포 형성과 극세포분리증 유발
진단검사	챙크검사 : 천포창 특징은 가시세포분리로서 세포가 서로 분리되면서 사이에 체액이 고이는 현상인데, 챙크검사에서 가시세포가 분리되면 천포창을 진단함
증상 및 징후	① 수포가 잘 터지고 악취 나는 분비물 방출, 굳어지고 벗겨진 피부 남음 ② 니콜스키 징후 : 표피가 경미한 마찰이나 부상에 의해 벗겨짐 ③ 병소 : 주로 안면, 등, 흉부, 서혜부
치료 및 간호중재	① 다량의 스테로이드, 면역억제제 투여, 혈장 반출법이 도움됨 ② 염분손실은 생리식염수로 보충, 필요시 혈장 수혈 ③ 체내 단백질을 다량 상실하므로 고단백, 고칼로리 식이 제공 ④ 감염예방 위해서 항생제 투여, 구강병소 있을 시 철저한 구강 위생 ⑤ 과망간산칼륨 용액 습윤 드레싱 : 소양감 완화와 환부 진정효과가 있음, 피부상태에 따라서 멸균적용 또는 청결적용을 결정함. 수포·농포·궤양성 질환에서 효과적임 ⑥ 냉습포 : 혈관을 수축하여 염증완화를 도모하여 피부의 삼출물, 가피, 인설을 제거하는 데 효과적임 ⑦ 기본적으로 심한 화상 환자의 간호원칙을 적용함

16 피부암 [성인질환]

원인 및 위험요인	자외선, 방사선, 피부의 만성 궤양 및 반흔, 면역억제	
분류에 따른 임상증상 및 치료 [10,15 국시]	종류	임상 증상 및 치료
	기저세포암	① 무통성 성장, 태양에 노출된 얼굴, 귀·머리·목 또는 손에 발생, 때로 등 상위나 가슴도 침범함 ② 가장 흔한 임상증상은 마디모양, 돔 형태의 구진으로 진주모양 조직, 중심에 궤양 → 병변부위 절제, 방사선 요법 시행
	편평세포암	① 태양에 노출되는 외층 표피에 생기는 암으로 얼굴, 입술, 입, 손등에 호발하고 전이도 가능함 ② 궤양, 편평한 붉은 부위, 피부각질, 과각화성 구진 또는 작은 마디 형태 → 절제, 소파술, 전기건조, 방사선 치료
	악성 흑색종	① 치명적 피부암, 수개월에 걸쳐 나타나는 피부 변화 ② 위험요인 : 유전소인, 과도한 자외선 노출, 비정상 사마귀와 유사한 병소 ③ 3개월에서 8개월 사이 2배로 증식, 출혈 및 소양증, 궤양 → 절제, 재발 방지 위해 알파인터페론과 백신 치료
피부병변 악성여부 확인하는 방법 (ABCDE 법)	① Asymmetry(비대칭성) : 양성 모반은 대부분 좌우 대칭적인 형태를 보임, 종양의 좌우나 상하의 반으로 나누어 보았을 때 모양이 비대칭성을 보일 때에는 악성 흑색종의 가능성을 의심해야 함 ② Border irregularity(불규칙한 경계) : 양성 종양은 종양의 가장자리 모양이 굴곡이 없는 부드러운 곡선의 형태를 보임. 그러므로 가장자리가 울퉁불퉁하고 들쭉날쭉 할 경우에는 악성 흑색종의 가능성을 의심해야 함 ③ Color variegation(색조의 다양함) : 양성 종양은 표면의 빛깔이 한 가지 색으로 균일한 색조를 보이므로 만일 검은색, 갈색, 적색, 회색, 청색 등 두 가지 이상의 다양한 색조 및 음영을 보인다면 악성 흑색종의 가능성을 의심해야 함 ④ Diameter(직경이 0.6cm 이상) : 양성의 일반적인 검은 점은 대부분 크기가 0.6cm를 넘지 않으므로 비교적 최근에 새로 생긴 검은 점이 0.6cm보다 클 경우에는 악성 흑색종의 가능성을 의심해야 함 ⑤ Evolving or change(진행 혹은 변형 여부) : 기존의 반점의 색조가 변하거나 크기가 커지거나 두께가 두꺼워지는 등의 변화가 나타나면 악성 흑색종의 가능성을 의심해야 함	A 비대칭 B 경계 C 색 D 직경 [흑색종의 특징]
피부암 예방	① 자외선으로부터 피부보호 ㉠ 불투명한 옷, 양산, 모자, 기타 보조기구 사용 ㉡ 자외선 차단제 사용 ② 피부 병변 위해 균형 잡힌 영양섭취 ③ 피부 자가검진 : 모반의 변화나 새로운 피부성장은 피부암의 경고 신호이므로 즉시 병원을 찾도록 함	
치료 및 간호중재	기저세포암	① 외과적 절제가 가장 일반적임 ② 그외 소파 및 전기소작술, 방사선 치료, 냉동치료 등
	편평상피암	① 소파 및 전기소작술, 냉동치료, 외과적 절제술 등 ② 보조요법으로 방사선 치료를 적용키도 함
	악성 흑색종	① 조기진단과 완전한 수술적 절제가 가장 중요함 ② 화학요법, 면역요법, 방사선 요법 등 병용 치료

참고문헌

강희승 외 공저(2024). School Saver. 코스모스메딕
간호학 학점은행제 운영기관 협의회 편(2019). 건강문제와 간호 1/2. 수문사
강지연 외 공역(2023). 간호사를 위한 건강사정. 군자출판사
권소희 외(2023). 핵심건강사정. 수문사
김세규 외 편저(2018). 해부·병태생리로 이해하는 성인간호학 1~15. 정담
김미예 외(2020). 신생아 건강간호. 수문사
김수경 외(2022). 알기 쉬운 임상약리학. 학지사메디컬
김숙영 외(2019). 간호진단. 군자출판사
김숙영 외(2023). 성인간호학 Ⅰ/Ⅱ. 수문사
김영혜 외(2022). 아동간호학 총론/각론. 현문사
김옥수 외 편역(2021). 성인간호학 상/하. 현문사
김옥숙 외(2020). 간호에서의 비판적 사고 사례. 수문사
김윤수 외(2018). 쉽게 배우는 간호약리학. 군자출판사
김정애 외(2018). 간호사를 위한 진단검사. 수문사
김종임 외(2020). 건강사정과 간호. 수문사
김효신 외(2020). 아동건강간호학 Ⅰ/Ⅱ. 수문사
김희순 외(2023). 시뮬레이션을 적용한 아동청소년간호학 Ⅰ/Ⅱ. 수문사
김희순 외(2018). 아동청소년 건강문제 관리. 수문사
박억승 외(2023). 약리학. 수문사
박억승 외(2023). 병리학. 수문사
박혜숙 외(2020). 새로 쓴 병리학. 수문사
박호란 외 번역(2019). 근거기반실무 중심의 아동간호학 상/하. 현문사
신경림 외 번역(2019). 성인간호학 상/하. 현문사
신나미 외(2022). 성인간호학 Ⅰ/Ⅱ. 학지사메디컬
신은주 옮김(2014). 근거중심 질환별 간호과정 1. 한언출판사
박연환 외(2025). 성인간호학 Ⅰ/Ⅱ. 수문사
양춘희 외(2021). 성인간호학 Ⅰ/Ⅱ. 수문사
엄미란 외(2022). 알기 쉬운 건강사정. 학지사메디컬
유양숙 외(2022). 성인간호학 상/하. 현문사
윤은자 외(2021). 성인간호학 Ⅰ/Ⅱ. 수문사
은영 외(2021). 생애주기별 건강사정. 수문사
은재순 외(2021). 임상약리학. 현문사
이강이 외(2022). 건강사정. 현문사
이민자 역(2014). 근거중심 질환별 간호과정 2, 3, 4. 한언출판사
이수연 외(2019). 최신 아동건강간호학 총론/각론. 수문사
이영휘 외(2020). 간호과학의 임상적용을 위한 성인간호학 Ⅰ/Ⅱ. 학지사메디컬
이윤미 외 공역(2019). 간호사를 위한 약리학. 수문사
이준철 외(2020). 간호사를 위한 해부학. 수문사
임경춘 외(2020). 건강사정 8판. 학지사메디컬
임동윤 역(2009). 리핀코트의 그림으로 보는 약리학. 신일북스
장군자 외(2023). 아동건강간호. 수문사
최은경 외(2018). 소아청소년 신체검진. 수문사
최은녀 외(2022). 알기 쉬운 병리학. 수문사
홍은영 외(2020). 간호사를 위한 병리학. 수문사
MACHITANI Yasunori(2022). 그림으로 이해하는 알기쉬운 약리학. 신흥메드싸이언스

저 자
임수진

경희대학교 간호학 박사
경희대학교 보건학 석사
경희대학교 간호학 학사

현 G스쿨 보건교수
경희대학교 교육대학원 출강

전 경희대학교 간호학과 겸임교수
삼육대학교 간호학과 겸임교수
윌비스 임용고시학원 보건교수
희소고시학원 보건교수

저서 임수진 보건임용 이론서(1~4권)
임수진 보건임용 기본이론 복습노트(1~4권)
임수진 보건임용 기출분석 완전학습(1, 2권)
임수진 보건임용 임수진 마이맵
임수진 보건임용 쏙쏙 암기노트(e-book)
임수진 보건임용 DSM-5-TR
임수진 전공보건 1~4(이론서 + 기출응용편)
임수진 전공보건 암기카드
임수진 전공보건 단권화 노트 기출분석편(1, 2권)
임수진 전공보건 단권화 노트 기출응용편(1, 2권)

임수진
보건임용 [3]

인 쇄	2025년 2월 13일
발 행	2025년 2월 19일
편저자	임수진
발행자	윤록준
발행처	B T B
등 록	제2017-000090호
주 소	서울 동작구 보라매로 19길 8
전 화	070-7766-1070
팩 스	0502-797-1070
가 격	43,000원
ISBN	979-11-92327-99-0 13510

ⓒ 임수진, 2025
· 낙장이나 파본은 교환해 드립니다.
· 이 책의 무단전재 또는 복제행위는 저작권법 제136조에 의거하여 처벌을 받게 됩니다.